U0815961

藤县志

TENG XIAN ZHI

（1991—2005）

藤县地方志编纂委员会 编

方志出版社

图书在版编目（CIP）数据

藤县志 ：1991-2005 / 藤县地方志编纂委员会编.
-- 北京 ：方志出版社，2019.12
ISBN 978-7-5144-4130-7

Ⅰ. ①藤… Ⅱ. ①藤… Ⅲ. ①藤县—地方志—1991-2005 Ⅳ. ① K296.74

中国版本图书馆 CIP 数据核字(2020)第 035689 号

藤县志（1991—2005）

编　　者： 藤县地方志编纂委员会
责任编辑： 冯　松

出 版 者： 方志出版社
地址　北京市朝阳区潘家园东里 9 号（国家方志馆 4 层）
邮编　100021
网址　http：//www.fzph.org
发　　行： 方志出版社图书经销中心
电话（010）67110500
经　　销： 各地新华书店
装帧设计： 南宁市佳彩广告设计有限公司
印　　刷： 深圳市精一瑞兰印刷有限公司

开　　本： 889 ×1194　1/16
印　　张： 51.75
字　　数： 1482 千字
版　　次： 2019 年 12 月第 1 版　2019 年 12 月第 1 次印刷
印　　数： 0001 ～ 2000 册

ISBN　978-7-5144-4130-7　　**定价：** 388.00 元

· 版权所有　翻印必究 ·

修志机构和审验单位

藤县地方志编纂委员会

主　　任:秦国明(2001 年 7 月—2002 年 11 月)
李军平(2002 年 11 月—2006 年 11 月)
何　棠(2006 年 11 月—2010 年 12 月)
黄东明(2010 年 12 月—2016 年 11 月)
覃仕平(2016 年 11 月—)

《藤县志(1991—2005)》编纂委员会

主任、主编:何　棠(2006 年 11 月—2010 年 3 月)
李军平(2002 年 11 月—2006 年 11 月)
覃仕平(2016 年 12 月—)
总　　纂:欧定锋(2012 年 3 月—)

藤县史志办公室

主　　任:欧定锋(2002 年 3 月—2010 年 7 月)
梁杰荣(2011 年 12 月—2013 年 11 月)
石踏征(2015 年 3 月—)
副 主 任:梁杰荣(2002 年 4 月—2011 年 12 月,其中 2010 年 7 月—2011 年 12 月主持全面工作)
蓝　田(2003 年 9 月—2007 年 4 月)
黄寿凤(女,2011 年 12 月—2016 年 7 月,其中 2013 年 11 月—2015 年 3 月主持全面工作)
陆功彦(2012 年 11 月—)
黄湘惠(女,2016 年 11 月—)
工作人员:欧定锋　梁杰荣　石踏征　黄寿凤　蓝　田　陆功彦
黄湘惠　黄旭炜　何云鹰　唐春健　黄惠坤　聂住莲

《藤县志(1991—2005)》审查验收委员会

主　　任:覃成号

成　　员:邓敏杰　韦　晓　韦韩韫　韦坚祥　梁燕鸣　柳玉秀　覃成号　范　敏　黄素朝　陈范生　邓桂豪　廖永基　陆功裕

《藤县志(1991—2005)》主要提供资料人员

（按姓氏笔画先后排序）

王雨丽　韦荫杰　韦承梭　韦容华　韦照林　韦耀灯　石　丽　龙玉燕
卢渭琼　许　译　朱名灯　刘扬伟　刘丽萍　陈丽燕　孙钧杰　朱雪玲
张家祥　李　根　李　莉　李　翱　李光平　陈丽坤　陈欣飞　陈金波
李林贤　苏炎萍　何绍林　李茂林　吴奋雄　吴秋明　陆春燕　李海希
陈梦超　李裕尧　吴裕誉　何锦奋　周化远　郑立志　林汉赵　林军霞
杨其文　林起森　罗海丽　林霜玲　胡　武　胡　炳　姚美金　胡品妙
胡锦松　海　兰　聂敏莉　黄　斌　雪　颖　黄飞飞　黄永东　黄东华
黄光隆　梁奇才　梁显芳　黄恩艺　黄献强　黄翠丽　黄静思　覃　倩
覃丹华　覃孔昌　温建有　覃翔华　童耀东　蒙　柱　蒙观昌　蒙胜昌
窦祖贻　蓝振炯　黎日明

序

藤县人民政府组织编纂的《藤县志(1991—2005)》出版发行,这是藤县文化领域的新奉献。志书系统地记述藤县历史的发展,传承中华民族优秀文化,点赞时代文明风尚,是一部存史、资政、教化、育人的资料文献,值得庆贺。

凝聚几千年历史文化的岭南古藤州,物华天宝,人杰地灵,文化底蕴厚重。浔江沿北回归线在这片古老的大地中部穿过,青山绿水赐予藤县人民祖祖辈辈繁衍生息。一方水土养育一方人,在这片神奇的土地上,曾出现广西第一个进士李尧臣、宋代"三元及第"冯京、"明教大师"契嵩、明末兵部尚书袁崇焕、太平天国"四王"和琼崖纵队副司令员李振亚等历史名士。改革开放以来,勤劳勇敢的藤县人民,创造了一个又一个丰功伟绩,立起了一座又一座时代丰碑。《藤县志(1991—2005)》,由卷首图照、概述、大事记、24 篇专志、附录等组成,图文并茂,资料翔实,内容丰富,系统地记载了藤县自然、政治、经济、文化、社会等方面情况,具有鲜明的地方特色,集历史性、科学性、权威性于一体。旨在让藤县人民进一步认识藤县、热爱藤县、建设藤县;让国内外人士更加了解藤县、关心藤县、支持藤县,让藤县成为更加富饶、繁荣、和谐的新藤州。"以铜为鉴,可正衣冠;以古为鉴,可知兴替;以人为鉴,可明得失"。翻开《藤县志(1991—2005)》,可以探究藤县历史的足迹,特别是改革开放以来藤县经济社会建设的成败与得失。明察古今,启迪未来。

近年来,藤县主动作为,稳增长、调结构、促改革、惠民生。经济实力明显增强,三大产业提质增量,基础设施日臻完善,城市面貌焕然一新,社会事业全面进步。先后获得广西县域经济进步奖和广西科学发展十佳县、广西招商引资工作先进县和全国农业综合开发百强县、全国林业生态建设先进县、全国绿化百佳县、全国经济林建设先进县、全国商品粮食基地县、全国森林经营示范县、全国松脂生产基地县、全国晚熟江口荔枝生产基地县、全国科普示范县、全国蔬菜清洁生产示范项目县等称号。为中国钛白之乡、中国肉桂之乡、中国八角之乡。

当前,在习近平新时代中国特色社会主义思想的指引下,藤县着力推进"十三五"规划的实施,按照主体功能区的定位要求,充分发挥临港、临空的区位优势,借力承接东部产业转移的大好机遇,加快农业现代化进程,建设全国农业综合开发强县,优化工业结构,打造"南国瓷都",大力发展第三产业,促进经济提质增效。通过延伸现代农业产业链,促进三产业融合,加快实现与全国、全区、全市同步全面建成小康社会,实现基本建成"珠江—西江经济带"产城融合、生态宜居的新兴城市,让人民群众获得更多的幸福感。

回首过去,欢欣鼓舞;展望未来,豪情满怀。让我们记住昨天,留住今天,成就明天。衷心期望藤县新时代盛世,新藤州更加康宁。

藤县人民政府县长:覃仕平

2019 年 12 月

凡　例

一、《藤县志(1991—2005)》(简称“本志”),以马克思列宁主义、毛泽东思想、邓小平理论、“三个代表”重要思想、科学发展观、习近平新时代中国特色社会主义思想为指导,坚持实事求是的原则,运用辩证唯物主义和历史唯物主义的立场、观点和方法,全面客观地反映藤县行政区域内自然、政治、经济、文化和社会的历史与现状。

二、本志为1996年版《藤县志》(简称“前志”)的续志。上限一般自1991年,少部分内容时间往前追溯;下限一般至2005年,个别事物时间适当下延。

三、本志采用述、记、志、传、图、表、录等体裁,以志为主。全志设24个分志(篇),章节体为主,节下为条目体。全书前设地图、图片专辑、序、凡例、目录、概述、大事记;中为24个分志,表随文设,随文配插图(照片);志末为附录、索引、编后记。

四、本志采用规范语体文。文字、标点符号、数字用法、计量单位等执行国家有关标准规定。

五、本志纪年方法,清代及以前,用朝代帝王纪年,民国时期用民国纪年,均括注公元纪年。中华人民共和国成立后使用公元纪年。

六、本志人物篇设人物传和人物表。坚持“生不立传”原则。人物表收录获自治区级以上表彰的劳动模范、先进工作者,厅(师)级以上人员、获副高级以上职称专业技术人员。中共藤县委员会、县人民代表大会常务委员会、县人民政府、县政协领导及正科级单位正职领导和乡镇党委书记、乡镇长、人大主席,在相关篇章随机构记载。

七、本志资料主要来源于各单位提供、档案资料、图书报刊以及经考证核实的口碑资料,统计数据以统计部门发布为准,统计部门欠缺的数据,则用各职能部门提供的数据。资料不注明出处。本志图片主要由各单位提供,部分由档案部门或摄影者提供,图片不署名。

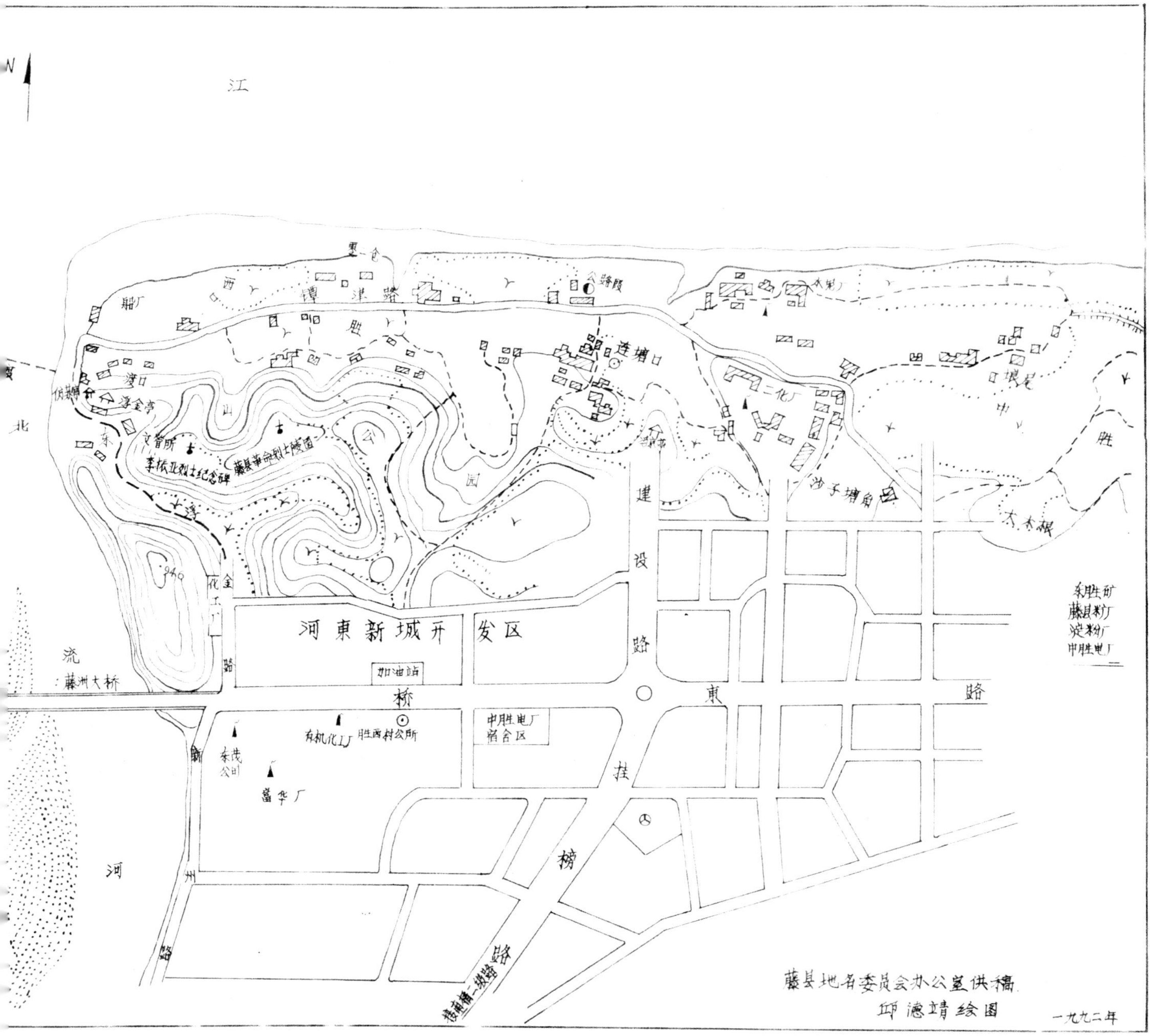

N
江
北
流
河
船厂
渡口
净金亭
文管所
藤县革命烈士陵园
公
园
公路段
莲塘口
二化厂
沙子塘角
中
胜
东胜矿
藤县粉厂
淀粉厂
中胜电厂
河東新城开发区
加油站
建设路
東
路
桥
挂
榜
中胜电厂
宿舍区
有机化工厂
胜西村公所
东茂
公司
藤州大桥
藤县地名委员会办公室供稿
邱德靖绘图
一九九二年

藤县行政区划图

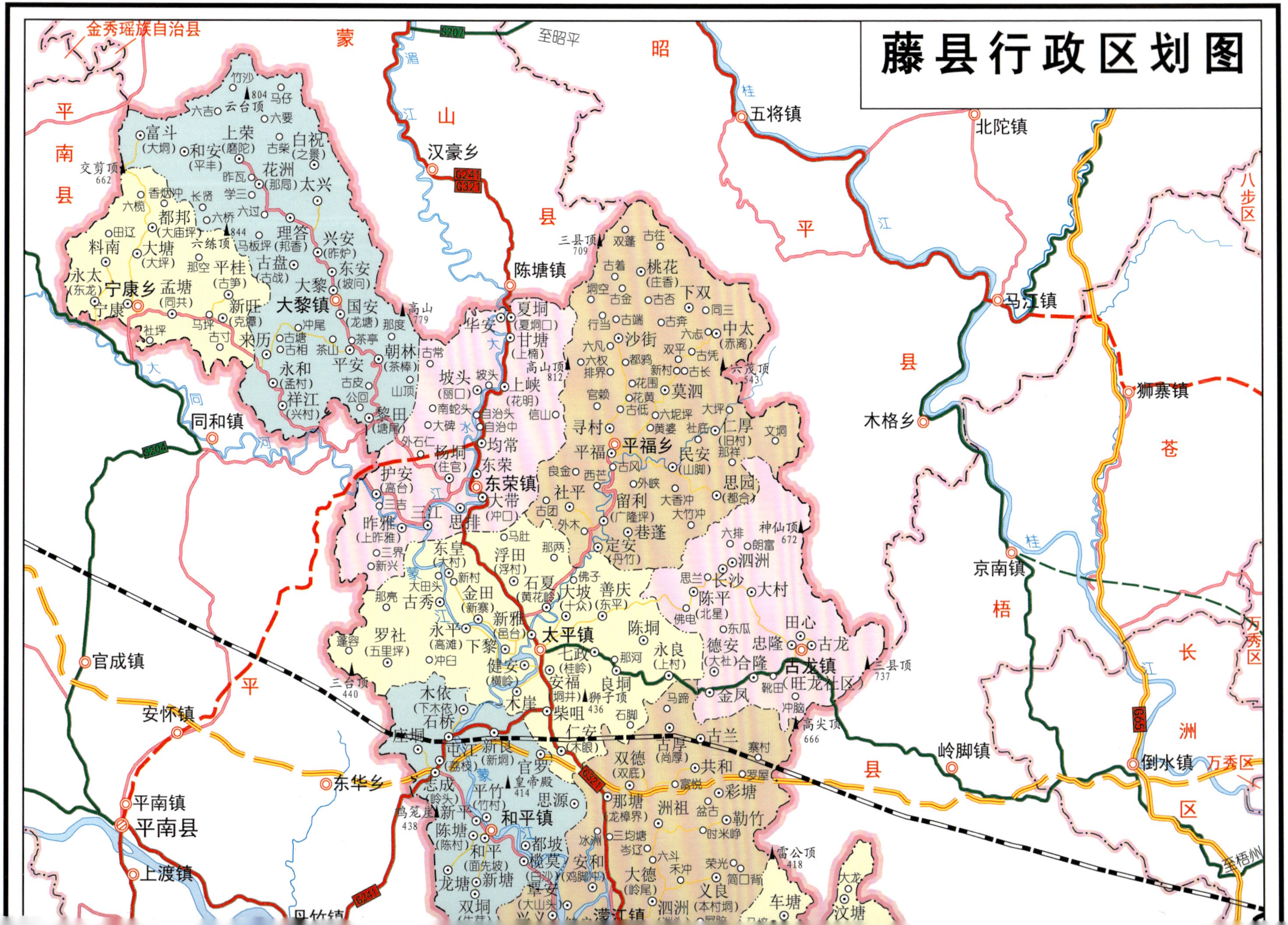
金秀瑶族自治县
蒙
山
县
昭
平
平
南
县
平
苍
梧
县
长
洲
区
万秀区
八步区
至昭平
至梧州
五将镇
北陀镇
马江镇
狮寨镇
木格乡
京南镇
岭脚镇
倒水镇
汉豪乡
陈塘镇
同和镇
官成镇
安怀镇
东华乡
平南镇
平南县
上渡镇
丹竹镇
宁康乡
大黎镇
东荣镇
平福乡
太平镇
古龙镇
和平镇
濛江镇
三县顶
709
高山
779
高山顶
812
六茂顶
543
神仙顶
672
三县顶
737
高尖顶
666
雷公顶
418
三台顶
440
狮子顶
436
皇帝殿
414
鸡笼崖
438
交剪顶
662
云台顶
804
六练顶
844
S207
S204
G241
G321
G65

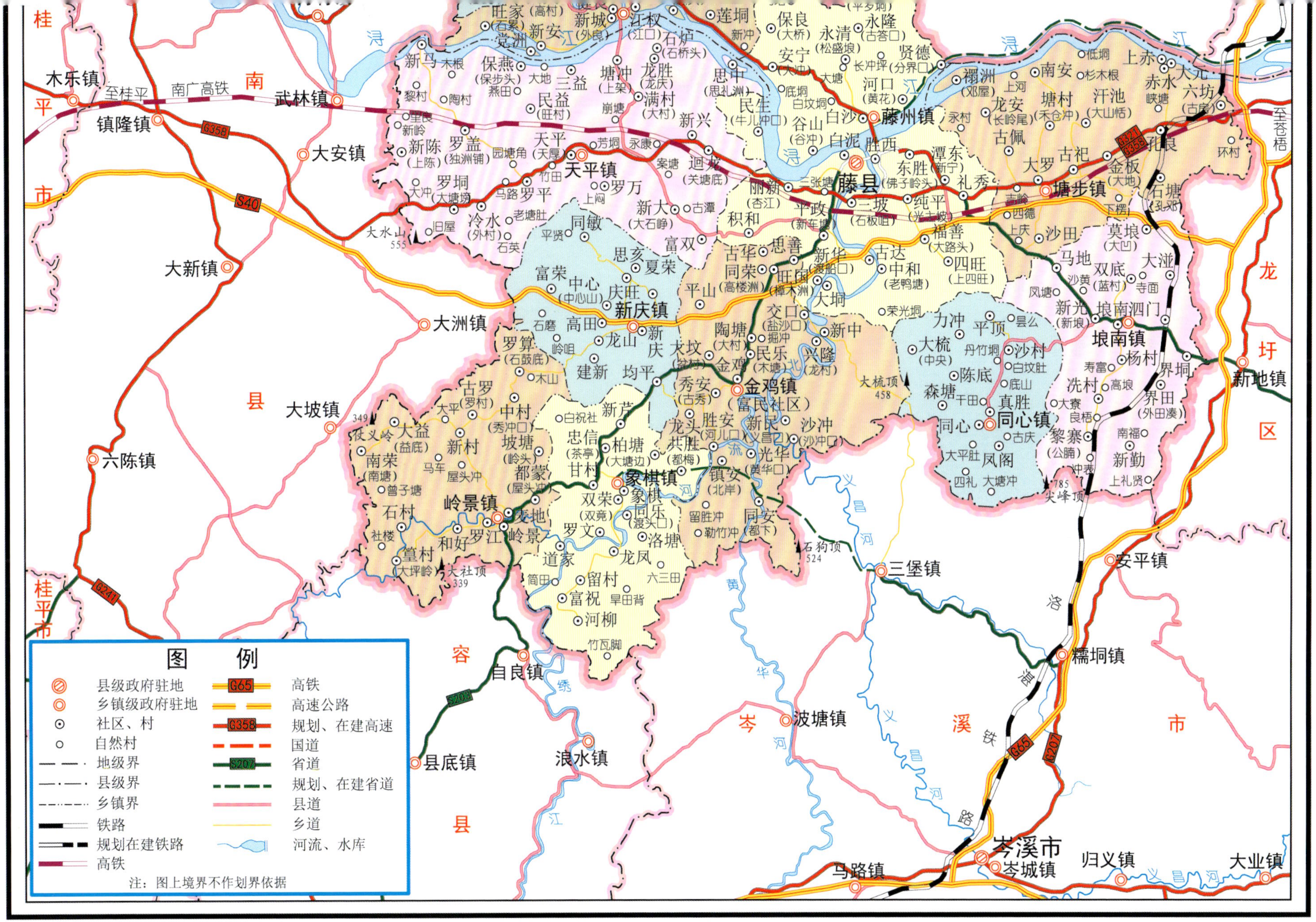

广西南宁六维地理信息服务有限公司编制

审图号：桂S（2018）23号

藤城镇地名图

比例尺 1:4200

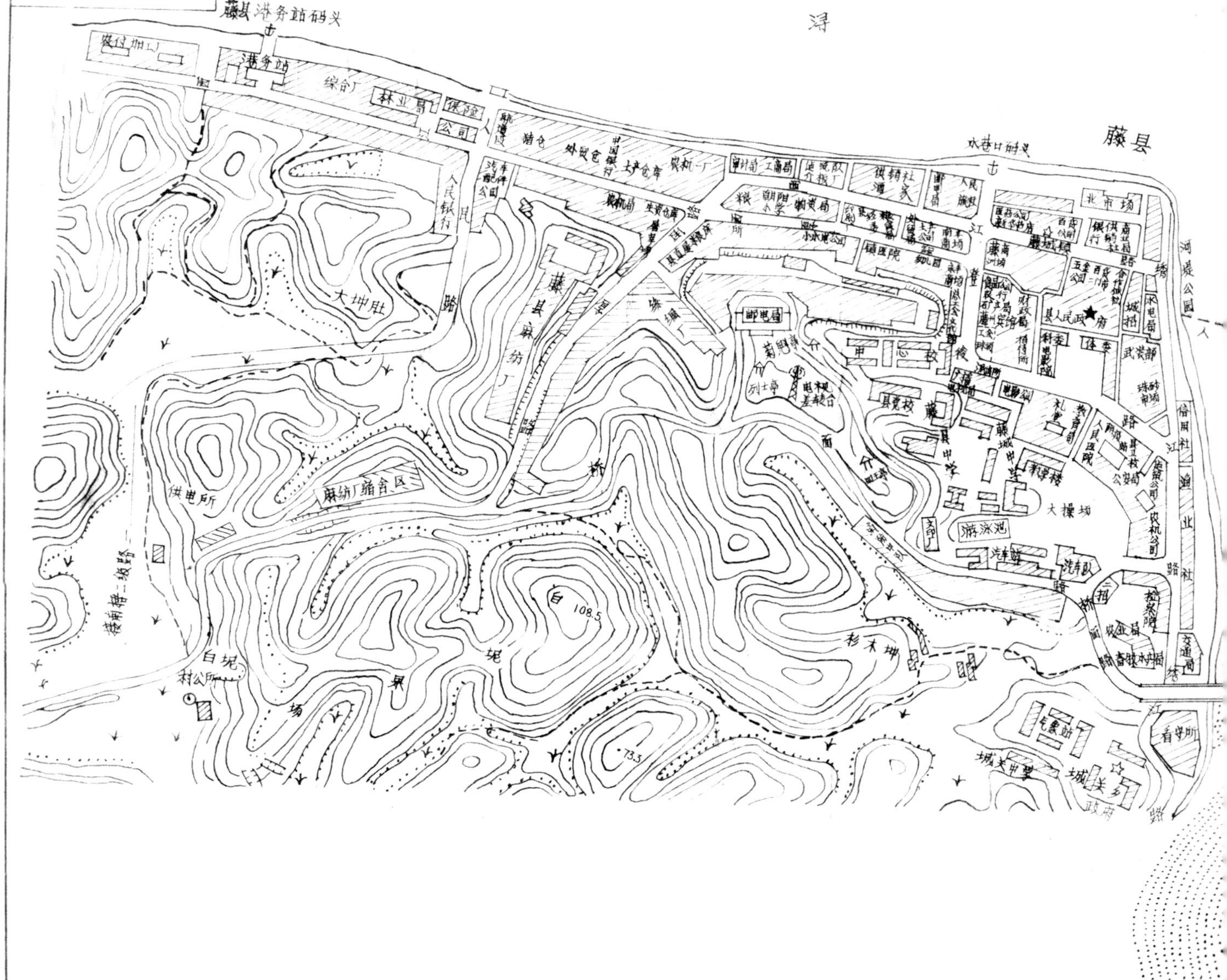

领导视察

1991 年，中共广西壮族自治区委员会（简称自治区党委）书记赵富林（前排中）在藤县调研

1994 年，自治区党委书记赵富林（前排右三）在赤水乡检查指导抗洪救灾工作

1999 年，自治区党委书记曹伯纯（右一）在藤县调研农产品流通情况

2002 年 10 月 1 日，自治区党委书记曹伯纯（前排中）在和平镇新良村慰问受灾群众

2006 年，自治区党委书记刘奇葆（右一）在古龙镇调研

2006 年 1 月 11 日，国家审计署副审计长令狐安（左一）在藤县天平镇新马村调研

城建　交通

2000 年建成的河东广场（2005 年摄）

2005 年建成的县城河西防洪堤

1996年，县城河东新区40米大街建成剪彩

县城河西城区一角（2004年摄）

藤县县城全景图（2005 年摄）

县城河西防洪堤（2005 年摄）

县城河东城区（2003 年摄）

太平镇全景（2005 年摄）

象棋镇新农村建设——道家村（2008 年摄）

藤县潭东镇礼秀新村（2001 年摄）

同心镇全景（2005 年摄）

1993 年 7 月建成的藤县太平客运站

1996 年 7 月 1 日，藤县汽车总站建成投入使用

2003 年 10 月，藤县西江大桥通车典礼

2004 年，容（县）藤（县）二级公路开工

2009 年 9 月，洛湛铁路第一列火车通过藤县泗门大桥

抗洪救灾

2005年6月20日8时至22日8时，县境浔江、蒙江上游普降大雨、暴雨至特大暴雨，导致县境浔江、蒙江河水急剧上涨，藤县出现百年一遇的特大洪水灾害。21日21时42分蒙江河太平水位站洪峰水位43.03米，超警戒水位6.53米；23日11时县城浔江洪峰水位达29.59米，超过警戒水位10.59米。全县19个乡镇、236个村委会（社区）受灾，受灾人口66.41万人，紧急转移安置19.31万人；因灾倒塌民房6.11万间，损坏房屋36.06万间；因灾死亡2人。全县因灾造成直接经济损失11.17亿元。

灾情发生后，县委、县政府迅速采取各种有效措施，启动应急预案。组织干部职工和居民群众开展抗洪抢险。全县出动救灾人员16.8万人，组成抢险救灾组、案件侦破组、治安巡逻组、交通管制组、后勤保障组、现场督查组开展抢险救灾，确保灾区社会治安稳定。同时，民政部门迅速组织物资救援，确保灾区群众有吃、有穿、有住。24日，县委、县政府召开全县生产救灾工作紧急会议，部署洪水过后全县生产救灾工作。开展食品卫生监督检测、疫病预防监测与生产自救，重建家园。

太平镇江口村民房屋被洪水冲毁

和平镇灾情

送医上门

转移受灾人员

转移受灾人员

藤县民兵应急分队抢运物资

梧州电视台等媒体到藤县开展“情系藤州”慰问演出

县农业部门为灾民发放种子

中国红十字会向藤县灾民发放救灾物资

太平镇横桥村灾民临时使用的救灾帐篷

东荣镇夏垌村受灾群众新村

农业

1996 年，林业部考察组到藤县考察

走向产业化的西江网箱养鱼（2004 年摄）

2002 年，潭东镇美优 138 等水稻优质新品种中试示范基地

1991 年，南安镇沙田村推广测土配方施肥技术

天平镇马尾松基地（2003年摄）

濛江黑叶荔枝（2004年摄）

古龙镇八角示范基地（1999年摄）

天平镇生猪养殖基地（2005年摄）

工业

南安钛矿场（1992 年摄）

潭东镇红砖厂（2003 年摄）

藤县东茂钛白粉厂厂区一角（2001 年摄）

藤县松脂厂松香产品储运场（1998 年摄）

藤县工业集中区（2005 年摄）

藤县悦生电气公司电烤炉生产车间（2005 年摄）

藤县加裕电子科技有限公司（2005 年摄）

藤县东林人造板有限公司（2005 年摄）

藤县通轩立信化学有限公司（2005 年摄）

金茂钛白粉有限公司（2005 年摄）

藤县通轩公司开展招商引资活动（2004 年摄）

名优特产品

1991 年，藤县太平松脂厂生产的“三环牌”松香和松节油被评为部优产品

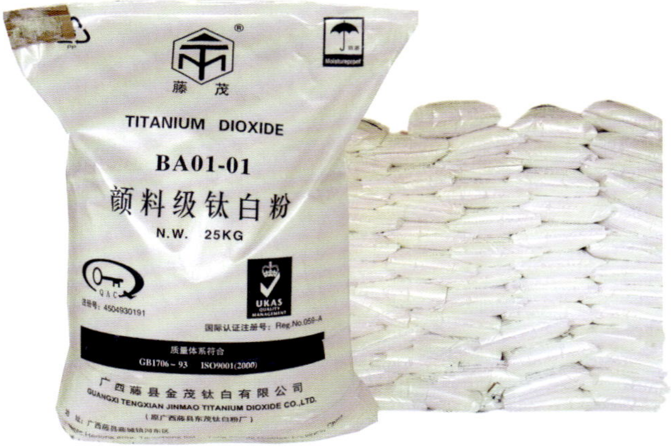

颜料级钛白粉

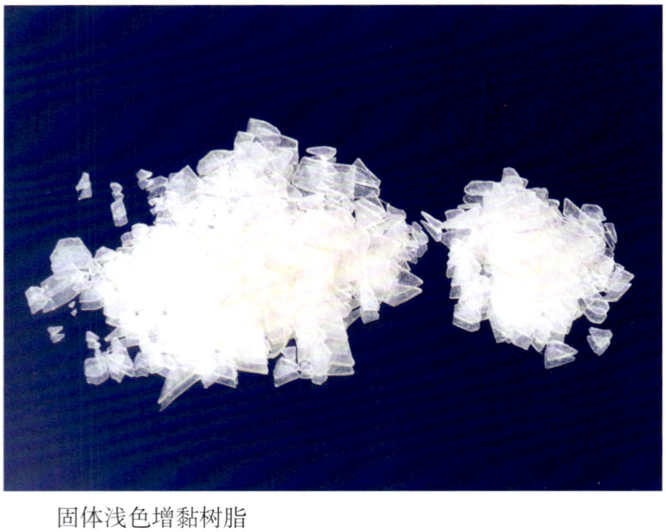

固体浅色增黏树脂

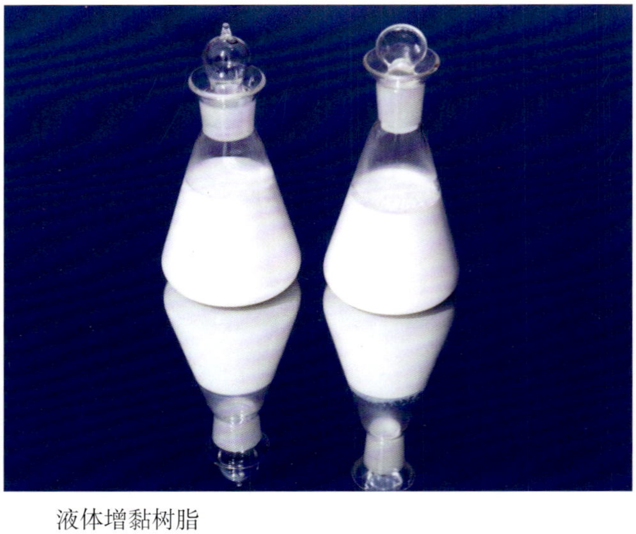

液体增黏树脂

同心米粉

2006 年 9 月，藤县金茂钛白有限公司生产的藤茂牌二氧化钛颜料 BA01–01 获广西名牌战略推进委员会、自治区质量技术监督局授予“广西名牌产品”称号

藤县八角

2000 年 3 月，藤县获国家林业局授予“肉桂之乡”称号

藤县肉桂

尚书柚

野生红菇

江口荔枝

方形特品西瓜

无籽西瓜

藤县香芋

藤县粉葛

黑皮冬瓜

教育　科技

1999 年建成的藤县中学科教楼

藤州中学校园（2004 年摄）

1999 年，全县中小学基本配备语音学习系统。图为藤城中心小学校学生在上英语课

2001 年，藤县第一幼儿园幼儿活动

2002 年 9 月，藤县中学开展“反对邪教、崇尚科学”集体签名活动

2000 年，藤县一中河西校区

2005 年，藤县一中搬迁至河东新校区

2004 年 5 月，藤县开展科技活动周活动

2002 年 4 月，法国园艺专家（左一）在辣椒园与科技人员交流国际现代农业栽培技术

2005 年 3 月 19 日，县水果技术部门在潭东镇万头场举办荔枝、龙眼栽培技术现场讲座

2005 年 12 月，藤县在金鸡镇开展文化、科技、卫生三下乡活动

藤县气象局（2003 年摄）

文体　卫生

1999 年 5 月，藤县召开纪念五四运动 80 周年大会

2005 年，太平镇乞巧节

2000 年 11 月 18 日，藤县文工团参加南宁国际民歌艺术节展演

2017 年 12 月 26 日，召开《藤县志（1991—2005）》评稿会

2004 年，藤县狮队参加在马来西亚举办的第六届“云顶杯”世界狮王争霸赛获冠军和“东方狮王”称号。图为藤县狮队在县内表演场景

藤县牛歌剧表演（2005 年摄）

1998 年，藤县举办龙舟赛

2018 年 12 月 18 日，召开《藤县志（1991—2005）》审查验收会议。图为审验专家和与会人员合影

风景名胜

位于大黎镇的太平天国四王故里

位于天平镇新马村的袁崇焕纪念碑

位于象棋镇的石表山云海

位于太平镇的狮山云雾

位于太平镇的狮山净瓶峰

位于埌南镇的蝴蝶谷飞瀑

位于国营小娘山林场的小娘山主峰

位于古龙镇的授三公祠

目　　录

概　述

大事记

第一篇　行政区划　自然环境

第二篇　人口　计划生育　居民生活

第三篇　国土资源　环境保护

第四篇　城乡建设　交通

第五篇 政党 群团

第六篇　人大　政府　政协

第七篇　政法　军事

第八篇　民政　信访　扶贫

第九篇　机构编制　人事　劳动　社会保险

第十篇　农林牧渔业

第十一篇　水利　电力

第十二篇　工业　乡镇企业

第十三篇　商贸服务业

第十四篇　邮政　电信

第十五篇　财政　金融

第十六篇　计划　统计　审计

第十七篇　物价　工商行政管理　质量技术监督

第十八篇　食品药品安全监督　安全生产监督管理

第十九篇　旅游　名优特产

第二十篇　教育　科技

第二十一篇　卫　生

第二十二篇　文化　体育

第二十三篇　民族　民俗　宗教　语言

第二十四篇　人　物

附　录

索　引

概述

太平狮山风光 (2005 年摄)

一

藤县位于广西壮族自治区东南部，梧州市西部。介于北纬23° 02′ 33″ ~24° 03′ 09″，东经110° 20′ 58″ ~111° 11′ 24″之间。最东点六坊村石桥岭，连苍梧县；最西点大黎镇料南村竹篙冲儿顶，接贵港市平南县；最南点象棋镇河柳村山子辽，靠玉林市容县；最北点大黎镇上荣村竹沙顶，与蒙山县毗连；南部与岑溪市接壤，东北界贺州市昭平县。境内地势南北高，中间低，呈马鞍形，西部高于东部，北部高于南部，由西北向东南倾斜。总面积3945.62平方千米，居梧州市县（市、区）第一。县境地处低纬度，北回归线沿浔江从中部穿过，亚热带季风气候，夏长冬短，四季分明，光照充足，雨量充沛。1991年—2005年，平均气温21.4℃，年均日照1605小时，年均降水量1409.9毫米。

县境秦属桂林郡，秦末汉初属南越王国。汉为苍梧郡。三国属吴，隶苍梧郡。西晋仍隶苍梧郡，东晋改隶永平郡。南朝梁于永平郡置石州，石州为今县地地方最高行政建制之始。隋开皇九年(589年)，石州改为藤州。大业三年(607年)，藤州废改为永平郡。隋末，永平郡计辖永平、武林、隋建、安基、普宁、戎城、宁人、大宾、淳人、贺州等11个县。唐武德四年(621年)，废永平郡置藤州，领县依旧。唐末，藤州计辖镡津、感义、义昌、宁风等4个县，治镡津县。五代先属楚，后周属南汉。宋开宝五年(972年)，感义、义昌、宁风县并入镡津县，属藤州。元代沿用宋制。明洪武二年(1369年)九月，镡津县废省入藤州。同年十月，藤州改隶梧州府。次年五月，藤州降改为藤县，是藤县得名之始。清属梧卅府。民国2年(1913年)2月，藤县隶属郁江道。次年六月，藤县改隶苍梧道。16年(1927年)，藤县直隶广西省。21年(1932年)四月，藤县改隶梧州民团区。23年(1934年)三月，藤县改属梧州行政监督区。

中华人民共和国建立初期，属广西省梧州专区。1951年7月，属容县专区。1958年7月，属梧州专区，1971年11月，属梧州地区。1997年4月，属梧州市管辖。2005年，全县辖15镇、1乡、266个村，13个社区，总人口953297人，汉族人口占99.56%，少数民族占0.44%，通用粤语。县治藤州镇，位于浔江南岸，东距梧州市区公路48千米，西距南宁350千米。

1991年，全县土地面积351461.07公顷，其中水田27448.76公顷，旱地6117.09公顷，多分布于江河沿岸台地和平原。全县合计径流量25.31亿立方米，地下水储量7.42亿立方米，共计水资源总量32.73亿立方米。此外，浔江、蒙江、北流河、泗培河的客水共1945亿立方米，可作提汲、航运和水能开发利用。境内已发现有钛矿、铅矿、锌矿、金矿、银矿、钒矿、铜矿、铁矿、锰矿、磷矿、硫铁矿、煤、凝灰岩、建筑用花岗石、饰面用花岗岩、玻璃用脉石英、重晶石、陶瓷土、砖瓦用页岩、砖瓦用砂岩、建筑用砂岩、建筑用砂等22个矿种。查明矿床、矿（化）点共93处。其中钛矿保有资源储量为368.91万吨，高岭土探明储量196.87万吨，铅金属量8558.87吨、锌金属量4196.36吨。

二

1990年以前，藤县基础设施薄弱，浔江从县境中部穿过，形成南北两片，互不沟通，全县没有高等级公路；城镇规模小。藤县经济发展受到制约。1991年后，藤县县委、县政府多方筹措资金，调动社会各方力量，着力解决交通、城镇建设、通信和能源问题。1991年—2005年，全县固定资产累计投资68.39亿元，基础设施逐步完善，为藤县经济发展夯实基础。

交通设施由低等级公路向高等级公路发展，由建制乡镇相通至村村通公路，形成公路网络；航道由300吨级船舶的Ⅴ级航道建设成为可常年通航1000吨级船队的Ⅲ级航道。1991年，全县公路通车里程568.9千米，其中柏油路24.5千米，其余为砂石路面。1993年10月，南（宁）梧（州）二级公路藤县段如期竣工并通车，境内里程68.246千米，共投资1.35亿元。形成了县境南部的干线公路，并改善了与县外的交通连接，增加了与贵港市平南县的直接连通，结束了县内无二级公路的历史。是年，县委、县政府决定，全县干部职工和群众自筹资金建设西江大桥与津（津北镇）濛（濛江镇）二级公路。规定：干部职工每人每年贡献1个月工资、居民群众每人每年贡献15千克稻谷（或折合价款24元），连续3年。至1995年末，津（津北镇）濛（濛江镇）公路完成公路7千米，后因施工难度与资金严重不足，工程建设曾一度中断；西江大桥开工建设。1998年9月，全县开展村级道路建设大会战，至1999年，全县新建公路里程140.496千米，改建15.6千米。2003年10月西江大桥竣工通车。县城河东区与津北区得以连通。2005年，全县公路总里程1215千米，是1991年的2.14倍。浔江为藤县主要水运干道，1996年5月，经一、二期航道整治后，航道由原来通航300吨级船舶的Ⅴ级航道建设成为可常年通航1000吨级船队的国家Ⅲ级航道，极大地提高通航能力。

电信事业从公用、单位拥有电话到全民普遍使用，电话交换从手工交换到自动交换、数字程控，移动电话，实现质的变化。1990年，藤县开通自动交换电话，1991年开通国际直拨程控电话。1992年，全县所有乡镇开通自动电话。1993年3月，开通无线寻呼。9月，藤县市话通信实现数字程控化。11月，开通无线模拟移动电话。1996年1月，开通"全球通"业务，实施模拟移动电话向数字移动电话转换。2001年始，启动"村村通""路路通"移动网络覆盖工程建设。12月起，模拟移动电话全部转为数据移动电话网。2003年实现村村通电话。2005年，数字移动电话网覆盖率达到96%以上，全县有移动电话用户70718户，每100人拥有移动电话7部；全县有固定电话用户11.03万户，电话机拥有量每百户43台。

随着工商业的发展，电力供应逐步以县内水电站发电为主转向以购外网电力为主，通过电力设施的改造，逐步扩大供电能力，提高供电质量。1991年，全县水力发电共装机338台，装机容量28243千瓦，全年水力发电共5753.26万千瓦时。此后，先后建成竹田水电站、江口水电站等4座小型水库（水电站）。1996年—1997年，先后建成大黎变电站和古龙变电站并投入运行。1998年—2005年，全县先后开展一、二期农村电网建设与改造工程建设，根治了农网"过负荷"，解决"卡脖子"和"低电压"等问题，农村入户电价水平普遍下降。2003年金鸡水利枢纽工程开工建设。2005年，全县拥有中小型水力发电站20座，年均发电量6799.64万千瓦时。1991年—2005年，全县水力发电总计141725.93万千瓦时。

城镇化建设，县城城区面积由1991年3平方千米扩展至2005年12平方千米，城镇基础设施逐步完善；乡镇集镇先后开发，集镇区面积不断扩大，村庄建设逐步向新农村方向发展。1991年城区总面积3平方千米。城南雷堂顶一坪、二坪、三坪住宅小区基本建成，共开发土地12.6万平方米。同时，开发建设大冲肚小区，至90年代中期，共开发利用土地103.2万平方米。1992年8月，在河东举行新城区开发动工典礼，正式拉开河东新城区开发建设序幕。1993年，平整建设用地13.81万平方米；开通24米街道路基1.39千米，铺设40米街及支路泥结碎石简易路面1.68千米。1995年，河东挂榜路、南进城路工程先后竣工；政贤路、藤州大道陆续开工建设。7月，河东新城区中的望天螺小区开发动工。1996年—1999年，相继建成东兴花园、聚宝盘、望天螺小区。其间，南湖小区开发完成。2003年，津北新区已利用土地3万平方米。年末，河东新城区已开发利用土地230万平方米。至此，县城基础设施逐步完善。与此同时，全县各乡镇政府驻地出现土地开发热潮，集镇面积迅速扩展。太平镇，至2005年，先后建成河塘市场小区、共青林塔小区、河塘小区、宁风小区、园岭小区、康城居小区、太平农副产品综合批发市场小区、市场南侧小区、大冲岭小区。1997年5月被自治区小城镇综合改革领导小组确定为第二批自治区小城镇综合改革试点镇；11月，被自治区建设厅评为全区"八五"期间小城镇建设先进镇；2001年被自治区人民政府确定为自治区级重点镇；2003年10月被自治区人民政府确定为自治区小康示范镇。2004年2月国家建设部、国家发展和改革委员会、民政部、国土资源部、农业部、科技部确定太平镇为全国重点镇。2005年，县城建成区面积12平方千米，居住人口9.4万人。

三

藤县属农业大县，农作物以水稻、玉米、大豆、红薯、花生、木薯、蔬菜、西瓜为主；水果以龙眼、荔枝、沙田柚、柑橘为主；养殖业以猪、鸡、鸭、牛、蜜蜂为主；水产业有天然捕捞和人工饲养；林业以松、杉、玉桂、八角、竹子为主。1991年，个体承包经营还是农业生产的主体，由于对农业投入不足，农产品商品化水平低，导致农业效益不高。1994年，县委、县政府决定，全县范围内在稳定粮食产量的前提下，全面开展农业产业结构调整；同时，作出“关于稳定土地承包关系，再次延长耕地承包期30年不变、开发性荒山荒水承包期50~70年不变和允许土地使用权依法有偿转让的决定”。同时，不断加大农业投入，开展科技惠农，提高农产品科技含量，逐步向高产、高质、高效发展，农业商品化水平进一步提高。农业生产经营逐步向集约化、产业化发展。1995年开始出现股份制经营。2001年出现公司与农户相结合的产业化经营模式。2005年，出现农业产业化重点龙头企业，现代农业模式逐渐显现。是年，全县农业总产值16.19亿元(1990年不变价)，是1991年的2.57倍。

藤县工业，通过对国有、集体工业企业以产权为核心的体制改革，工业企业逐步以民营、合资、股份制企业为主，形成多元化工业体制格局。20世纪80年代中后期，开始实行厂长责任制和内部承包责任制。1990年后，开展工业体制改革，国有工业实行承包经营和租赁经营，一些企业实行产权改革。1998年，加大产权改革力度，实施国有企业资产出让，实行多家股份的跨地区、跨行业的股份集团公司，或改组为私营企业、公私合营企业，实行国有民营。2000年，深化企业体制改革，调整产品结构，严抓管理，技改扩产，节能降耗，国有企业扭亏为盈。至2005年，初步形成了化工、建材、电力、造船、采矿、农林产品加工为主的工业体系。涂料钛白粉获自治区优质产品奖，三环牌松香获全国林化优质产品。以钛矿为原料生产的搪瓷钛白粉和涂料钛白粉，为市、县的拳头工业产品，年产量占全国的十分之一。“藤钛”牌钛白粉分别于1990年、1996年、2000年、2003年获广西优质产品称号。2001年“藤茂”牌BA0101通过了ZISO9001 (2000)国际质量认证，2003年被评为广西“著名商标”。东茂化工厂成为广西第一家化工行业通过认证的企业。2005年，全县工业企业8075家，工业总产值42.60亿元(当年价)，比上年34.60亿元增长23%。“十五”期间工业产值年均增长18%。

藤县商贸业，由以国有、集体企业为主，逐步转变为以个体私营商业为主体。1991年，以国有、集体企业为主，均实行经营承包责任制。1992年后，商业体制改革不断深入，国有、集体商业虽经过经营承包责任制、国有民营、撤并优化、产权改革等改革措施实行转制，但仍逐渐衰落，所占市场份额进一步缩小。由于政府出台政策扶持个体私营商业，使其快速发展，个体私营商业的灵活性、多样性显现出巨大的活力，逐渐成为市场主体。2005年，全县社会消费品零售总额18.07亿元。其中国营和集体商业社会消费品零售总额3.40亿元，占社会消费品零售总额18.82%；私营及个体商业社会消费品零售总额14.67亿元，占81.18%。私营及个体商业完全成为商业市场的主体。

2005年，全县地区生产总值46.80亿元，是1991年的6.17倍；全社会固定资产投资13.99亿元，是1991年的12.50倍；财政收入2.33亿元，是1991年的5.76倍；全社会消费品零售总额18.07亿元，是1991年的6.60倍；城乡居民储蓄存款余额21.17亿元，是1991年的9.01倍；农民人均纯收入2509元，是1991年的4.05倍。

四

1991年—2005年，县委、县政府通过实施教育、卫生、劳动人事等一系列体制改革，民生保障体系逐步完善。

实施“科教兴县”、教育优先发展战略，通过加大教育资金投入，教学环境得到彻底改善；不断充实教师队伍，教育质量逐步提高。1988年后，藤县教育体制实行“分级办学、分级管理”，实行高中县管、初中乡(镇)管、小学由村管的管理体制，鼓励社会办学；教育经费实行乡镇与教育局包干使用。发展职业教育和成人教育，积极开展教师培训，县教师进修学校被国家教委评为“全国成人中等专业教育先进学校”。1992年，县人民政府制定《关于多渠道筹措教育经费的暂行规定》，实行分工负责，集资办学。同年开征教育费附加。全县出现集资办学高潮，校舍迅速增加。1996年—1998年，全县通过多渠道筹措教育经费11563.40万元，新建、扩建、回建中小学校舍154965.70平方米。2000年开始，办学资金筹措的主渠道是中央和自治区财政的资金支持，至2005年，共取得中央、自治区、县财政预算外拨款28972.90万元，回建校舍565047平方米。2003年，学校管理体制调整，乡镇中学及乡镇中心校由县教育局和乡镇人民政府共同管理；农村小学由乡镇所在地中心校具体实施管理。1997年，扫盲工作通过国家验收。1999年，普及九年义务教育工作通过自治区验收。2005年，全县义务教育阶段学校学生全部免收学杂费。全县有各类科技人员37727人，比1991年增长4.95倍。1991年至2005年，共承担自治区科技项目39项，梧州市科技项目8项，其中22项获地市级以上奖励。累计引进种养新技术215项、新品种300个，推广应用新技术新成果100项。

加强基础医疗卫生建设，支持各种所有制形式的医疗机构共同发展，着重加强乡村医疗建设，逐步改善卫生医疗环境，提高医疗质量。1991年全县各乡镇均有公立卫生院，有村卫生室270个。此后，个体私营诊所逐步增加。1997年8月起，卫生工作的重点放在开展农村合作医疗。1998年制定《藤县农村合作医疗制度实施方案》，推行乡村医疗机构一体化管理，各乡镇卫生院对辖区内的村卫生所（室）实行管理，村级卫生室得到巩固发展。全县形成县乡（镇）村三级医疗机构全覆盖，公立、民营、集体、个体多种形式办医共同发展的医疗体系。2005年，有医疗机构26个，共有西医人员983人，中医人员42人。建制村卫生所256个，村医925人。

通过建立和实施社会保险制度、城市居民最低生活保障制度，救灾救济，加强社会福利事业建设，社会保障体系不断完善。1988年开始实行企业合同制职工养老保险缴费制度。1991年，继续实施救灾救济，社会救助，五保供养。11月开始实行企业职工基本养老保险制度改革。1995年2月，开展农村社会养老保险业务。4月起实行最低工资标准制度。1996年，开始在农村建设敬老院。2001年进行公费医疗制度改革，1月开始实施城镇职工医疗保险。1998年1月，藤县待（失）业保险工作正式起步，首先在国有企业职工实行待（失）业保险制度。1999年，实施城市居民最低生活保障制度和下岗职工自谋职业政策扶持。2002年4月开始承办工伤保险与生育保险业务。5月，建设县社会福利院，社会上的孤儿及弃婴由县社会福利院接收。是年，县人民政府启动“农村富余劳动力转移就业工程”。2004年，实施农村富余劳动力转移培训“阳光工程”项目。2005年，全县有敬老院6所，共有床位160张；全县有76560人次领取最低生活保障金，共计发放478.40万元；农村“五保”对象基本生活费执行每人每月30元标准。

五

通过开展宣传教育活动、创建活动，推进精神文明建设。1991年—2005年，以爱祖国、爱科学，学英模、赶先进，开展“社会公德、职业道德、家庭美德”宣传教育活动等为主要内容，开展文明单位、文明村镇、文明庭院创建，以及文明县城创建活动和讲文明树新风活动。全县获自治区级文明单位10个，文明村7个，文明庭院16个。地（市）级文明单位63个，文明村17个。县级文明单位159个，文明村96个，文明庭院15个。

加大文化、体育设施建设，以多种形式开展文化体育活动，推进文化、体育事业不断繁荣发展。1991年—2005年，藤县县委、县政府重视文化设施建设，县有文化馆、图书馆、博物馆，乡镇有文化站，村有图书室；县城及集镇歌舞厅、卡拉OK、互联网终端服务日益发展。文学艺术创作十分活跃，小说、诗歌、散文、歌曲、舞蹈、摄影作品多次获全国、全区奖励。群众文化形式多样，牛歌戏团队、民间曲艺团不断发展。2005年，全县有各类业余文艺团体40多个，其中学校2个，社区18个，农村20多个。节庆文化活跃，有龙母诞、乞巧节、抢花炮、二月二拜社等。广播电视事业发展迅速，1995年5月，成立调频广播电台，呼号为“藤县人民广播电台”。6月，投资137万元建成广播电视中心大楼。1999年，实施“村村通”广播电视工程。2001年5月，实施农村电影放映“2131”工程。至2005年，每年投入农村公益电影放映专项资金76.6万元，实现1村1月放映1场电影的目标。体育事业不断发展。县内群众体育十分活跃，1995年成立禤洲武术醒狮队，1999年成为国家A级狮队，2004年7月，获马来西亚“云顶杯”第六届世界狮王争霸赛冠军，赢得“东方狮王、世界狮王”的称号。县内群众体育以篮球、羽毛球、乒乓球、象棋等为主。2005年，有篮球场435个，其中灯光球场110个；有排球场100个，田径小运动场30个。

六

1991年—2005年，藤县社会经济全面发展，群众生活水平不断提高，社会治安稳定，人民安居乐业。但仍然存在困难和问题，如经济总量小，增长后劲不足；工业化、城镇化水平较低；农业基础薄弱，产业投入不足，商品化水平低；就业压力大，财政收支矛盾突出。县委、县政府制定的《藤县国民经济和社会发展第十一个五年计划纲要》指出，将加大基础设施投入，增强工业后劲，拓展陶瓷产业、钛白产业，发展现代农业，加速旅游业、服务业的发展作为主攻方向，将藤县建设为广西强县。在全县人民的共同努力下，藤县的明天将更加美好灿烂！

连通藤县南北的藤县西江大桥于2003年10月建成通车　（2003年摄）

大事记

2005 年 11 月 27 日，太平镇健安大桥举行动工仪式

1991年

1月6日，南（宁）梧（州）二级公路藤县段破土动工。1993年10月18日，全线通车。藤县在二级公路富吉桥头举行庆祝活动。

2月28日，自治区党委书记赵富林到藤县调查研究和指导工作。

5月1日起，对县内国家供应的主要粮油实行提价，给国家干部和职工增加粮油差价补贴。

6月，实施普及九年义务教育。

8月6日，县人民政府颁发《关于鼓励外商投资的暂行规定》和《关于奖励引进资金、人才、项目、技术的暂行规定》。对外商投资实行优惠，对引进资金、项目等进行奖励。

9月4日，县委、县政府从县直单位中选拔一批中青年干部到乡镇挂任科技副乡（镇）长职务。

10月26日，中国共产党藤县第八次代表大会在藤城召开。大会选举产生中共藤县第八届委员会和新的中共藤县纪律检查委员。县委书记为苏荣纲。

11月27日，县委、县政府决定在金鸡镇旺国、思善村建立133公顷江口荔枝生产基地，作为全县农业综合开发样板。组织机关干部职工到基地参加种植荔枝树，并在县直干部职工中每人筹集50元作为果场投资。

1992年

1月14日，县第十届人民代表大会第三次会议在藤城召开。会议补选曾南城为县长。

8月3日，县委、县政府为加快开发河东新城区，在县城举行4000多人总动员大会。县长、河东新城区开发指挥部指挥长曾南城作总动员报告，会后在县城街道开展游行活动。8日上午8时，河东新城区工程破土动工。

11月14日，自治区计委批复同意建设西江大桥。1995年8月17日，县委、县政府发出《关于在全县干部、职工和城乡居民群众中筹集西江大桥、津濛公路建设资金的通知》，决定在全县干部职工和城乡居民群众中筹集资金。10月27日，藤县西江大桥正式开工。2003年10月，大桥竣工通车。桥长1517.03米，宽16.5米。全桥共有墩台40座，为当时广西最长的内河大桥。

是年，县委、县政府向各乡镇和县直各战线下达开发花岗岩石上马300条锯大会战任务。至1993年3月，全县石材开发已安装圆盘锯38台，其中已有9台锯投产。后因没有做好预先石材勘探测试鉴定，石质硬度不够，荒料成材率低，造成严重亏损，因而停止增锯上马，已开锯的逐渐停锯撤走。

是年，为实现藤县造林灭荒达标，县委、县政府组织发动全县干部职工、学校师生及群众，开展全县性造林大突击活动。凡是由县财政拨款的干部职工，按行政职级高低每人交100元~300元不等的风险抵押金，从而掀起造林灭荒热潮。当年造林2600公顷。年终经自治区检查验收合格达标。

是年，全县所有乡镇开通自动拨号电话，结束电话“摇把子”历史。

是年，县城开始实施清洁卫生收费。

1993年

1月起，藤县取消城镇居民定量供应口粮。粮食票证除军用粮票、农村生活安排、库区移民粮食供应凭证外，其他粮食票证全部停止使用。

1月，太平至容县公路（S211线）建成通车。

3月28日，藤县第一次城镇国有土地使用权出让拍卖大会在藤州电影院门前举行。藤县正式开始实施城镇国有土地使用权出让。

3月，藤县邮电局在鸡谷山电信楼建无线寻呼基站，正式开通无线寻呼（俗称BP机）126人工台。

9月19日，藤县数字程控电话交换机割接开通使用，市话通信实现数字程控化。

10月13日—15日，中国共产党藤县第九次代表大会在藤城召开。大会选举产生中共藤县第九届委员会和中共藤县纪律委员会，县委书记为黎志逵。

11月14日—17日，政协藤县第五届委员会第一次会议在藤城召开。大会选举产生政协藤县第五届委员会，主席为玉振全。

11月15日—17日，藤县第十一届人民代表大会第一次会议在藤城召开。大会选举产生县第十一届人大常委会，主任石先绪；选举产生县第十一届人民政府，县长为彭庆伟。

11月，县邮电局在县城鸡谷山电信楼建成容量8个信道模拟蜂窝移动电话基站，藤县开始有移动电话。

是年，县供水公司投资建设的第一个村级水厂——潭东自来水厂建设工程完工。

是年，县城开始有公共交通，县建设部门投放公共交通车辆2辆，营运线路2千米。

是年，藤县机关、事业单位工作人员年度考核工作正式实施。

1994年

2月26日，县委制订《1994年至1998年农业综合开发规划》，确定农业综合开发"523389"工程(即到1998年全县实现种植玉桂面积50万亩、八角20万亩、水果30万亩、蔬菜30万亩、生猪出栏80万头、网箱养鱼9万平方米)的奋斗目标。从而在全县掀起农业综合开发高潮。28日，县委九届二次全体委员(扩大)会议通过了《关于在我县实施农业综合开发"523399"工程的决议》。

3月8日，县人民政府印发《藤县城镇住房制度改革实施方案》，藤县开展住房制度改革。实施单位公有住房出售，推行住房公积金制度。

4月29日，县委、县政府决定，再次延长耕地承包期30年不变，开发性荒山承包期延长50年至70年不变，并允许土地使用权依法有偿转让。

5月5日，县委、县政府印发《关于深化国有企业产权改革，建立现代企业制度的若干试行办法》，对国有企业采取多种形式，推进产权改革。

6月19日，受第三号热带风暴袭击，县内连降暴雨，导致县境浔江、蒙江、北流河水位急剧上涨，全县20个乡镇均发生解放以来罕见的洪涝灾害，沿江的藤城、城关、津北、南安、赤水、金鸡、天平、濛江、和平等乡镇灾害特别严重。县城最高水位达28.84米，超过警戒水位9.84米，是藤县有水位记载后的第三次特大洪水。全县20个乡镇247个村(街)，53万多人受灾。损失稻谷7.82万吨；受灾房屋34万间，其中倒塌民房22674间，被洪水围困群众75302人，工厂停工，学校停课，交通通信中断。直接经济损失22亿元。

7月12日，自治区党委书记赵富林到藤县洪涝重灾区和平镇和平村了解灾情。

8月，藤县女选手黄静欣参加全国技巧青少年锦标赛，获女子第一套第一名、全能第一名，第二套第3名。

12月4日，藤县电话并入梧州本地网，电话号码由6位升至7位，用户可直拨梧州市及市辖各县0774区号范围电话。

是年，县委、县政府决定在县城河东开发区创办县级重点初级中学"藤州中学"，面向全县招生。12月，藤州中学破土动工，设计建筑总面积30634平方米。

是年，在县城范围内实行上门代收垃圾有偿服务试点。

1995年

2月21日，县委、县政府发出《关于一九九五年如期实现农村电气化县若干问题的通知》，决定在全县及自治区、地区驻藤县的行政、事业、企业单位的干部、职工中征集工资总额的3%资金投入县电气化建设专款使用。

4月起，藤县实行最低工资标准制度。

5月8日，藤县成立调频广播电台，呼号为“藤县人民广播电台”，发射频率104.1000兆赫。

5月25日，撤销村公所，改设村民委员会。

5月，藤县开始实施企业单位人员生育保险。

7月，藤县开启土地利用总体规划编制。1998年8月规划编制工作全部完成。

9月11日，县委、县政府发出《关于县、乡（镇）直机关单兴办农业综合开发样板点的决定》和《关于党政机关、企事业单位干部职工停新留职从事农业综合开发的暂行规定》。鼓励机关单位参与农业综合开发，支持干部职工停薪留职从事农业开发。

10月中旬，受当年16号台风影响，北流河洪水急剧上涨。10月14日，金鸡水文站实测流量6240立方米每秒（历史实测最大流量为1970年8月4日6830立方米每秒），使沿河的象棋、金鸡、潭东、藤城4个乡镇遭受洪涝灾害。象棋、金鸡2镇沿岸村庄房屋多处倒塌，象棋镇道家村、双荣村有成片房屋倒塌，损失惨重。

12月22日，广东省番禺市发生一起震惊全国及海内外的特大持枪杀人抢劫银行解款车案件，被抢人民币1500万元。其主要案犯之一是藤县太平镇下黎村村民吴××。1996年2月19日凌晨（正月初一），公安机关将吴××抓获，当场缴获“五四”式手枪4支、子弹219发；缴获赃款460多万元。并将吴××移送广东警方收审。

12月27日，自治区副主席刘洪到藤县西江大桥工地考察，了解大桥工作进展情况。

是年，藤县第一幢商品房—东兴花园上市出售。

是年，藤县开始实施工伤保险。

1996年

1月29日，县政府发出《关于依法办理土地使用权抵押登记的通知》，在全县范围内办理土地使用权抵押业务。

4月1日，藤县人民武装部收归军队建制。

4月，县政府公布实施《关于整顿县城交通秩序的通告》。规定参加营运客车集中在河东汽车站统一售票统一发车，规定营运车辆运行线路。

5月，经西江一、二期航道整治后，航道等级提升。境内浔江段已建设成为可常年通航1000吨级船队的国家Ⅲ级航道。

6月24日，自治区党委书记赵富林考察藤县南梧二级公路沿线果场、高产示范田、河东新城区、藤州中学工地、西江大桥工地、部分国营工业企业。

6月，藤县被国家农业部农垦局、农业部发展南亚热带作物办公室命名为“南亚热带作物名优基地”“晚熟江口荔枝生产基地”。

7月1日，藤县汽车站建成投入使用。

9月，全县“十五小”企业主要有小选金、小造纸两大类，对这两类企业全部实施关闭。

12月24日，县政府发出《关于基本普及九年义务教育的通告》。

12月，藤县开通110报警电话。

是年，藤县软枝沙田柚参加全国第四届柚类评比，获得金杯奖和优质柚类奖。

是年，中华人民共和国成立后第一部《藤县志》出版发行。

1997年

2月16日，县委印发《关于实行领导干部离任审计制度的通知》。离任审计对象是：县委管理的干部，包括正、副局（乡）级单位和企事业单位党政正职领导（包括二层机构主要负责人）；非县委管理的干部离任，由任命单位委托审计机关审计。

7 月 12 日，东荣乡、津北乡和城关乡改为镇建制。城关乡改镇后更名为潭东镇，镇人民政府驻地迁至原城关乡潭东村。

11 月 30 日，公安机关成功解救被埌南镇马地村梁 ×× 两兄弟在地牢中关禁长达 1 年多的李姓、卢姓两少女。1998 年 4 月 30 日，梧州市中级人民法院在藤县县城召开宣判大会，对震惊全国的“11·30”非法拘禁强奸少女案主犯梁 ×× 两兄弟宣判执行死刑并立即执行枪决。

是年，全县取消农用柴油平价供应。

是年，在县城全面推行上门代收垃圾有偿服务。

1998 年

1 月 15 日起，在县城的县直机关（含藤城镇镇直机关）范围内禁止或限制燃放烟花炮竹。县城旧城区范围内一律禁止燃放烟花；县委、县政府大院内机关、宿舍和大院外机关办公室、宿舍区一律禁止燃放鞭炮。

1 月 21 日，县政府制订藤县城镇最低生活保障线救济暂行办法，从 2 月 1 日起实行。对城镇贫困居民、职工，实行定期定量救济、临时救济、一次性救济。

6 月中旬后，由于浔江上游普降大到暴雨，浔江水位急剧上涨。6 月 28 日上午 8 时，县城最高洪峰水位 29.23 米，超过警戒水位 10.23 米。沿江 9 个乡镇洪涝灾害特别严重。全县 234 个村 56.6 万人受灾，被洪水围困群众 24.8 万人。因灾造成经济损失 80138 万元。

9 月 28 日，县委、县政府召开全县干部大会，对藤县铺开村级道路建设大会战作动员。至 1999 年，全县村级道路建设大会战完成项目 29 个，接通 32 个村委会，增建 9 座码头。

10 月 1 日，藤县南安镇政府办公驻地搬迁到塘步。

10 月 8 日—9 日，中共藤县第十次代表大会在藤城召开。会议选举产生中共藤县第十届委员会和中共藤县纪律检查委员会，县委书记为彭庆伟。

10 月 12 日，县委机关报《藤州报》创刊。

12 月 21 日，县委、县政府第一次向社会公开选拔 5 名副科级领导干部（教育局、卫生局、审计局、畜牧水产事业局、广播电视事业局各 1 名），有 5 名青年干部分别当选副局长，试用期 1 年。

12 月，县城防洪堤工程开工建设。

12 月，藤县尚书柚被自治区水果办评为广西果树优良单株。是年参加第五届全国柑类评比荣获金杯奖。

是年，全县开始推行水污染物排放许可证和排污申报制度。

1999 年

1 月 1 日起，藤县实施新的土地管理法，农村居民使用集体土地建住宅，统一由县人民政府审批。

1 月 6 日—9 日，中国人民政治协商会议藤县第六届委员会第一次会议在县委第一会议室召开。大会选举产生政协藤县六届委员会，主席为陈华。

1 月 7 日—11 日，藤县第十二届人民代表大会第一次会议在县城召开。会议选举产生藤县第十二届人民代表大会常务委员会，主任为玉振全；选举产生藤县第十二届人民政府，县长为秦国明。

6 月 21 日，藤县举行首届“两广”八市县（区）龙舟邀请赛，来自广东、广西共 15 个龙舟队参加比赛。藤县润通公司濛江龙舟队获总分第一名。

7 月 14 日下午，县城大雨，突然停电，水厂抽水机房因突然停电造成水倒流，机器被浸，中断抽水。下午 5 时 30 分全城停水。15 日，全城居民到河边担水，或到潭东水厂、白坭村水井、镇中运水；县城消防车设 13

个供水点。15 日晚上 12 点恢复抽水，16 日中午恢复正常供水。

8 月 26 日，藤县首先在藤城镇试行实施城市居民最低生活保障制度，将无生活来源、无劳动能力、无法定赡养人或法定抚养人的居民（简称“三无”人员）作为第一类救助对象，首批发放“三无”人员和少数特困人员 50 人，共 0.62 万元。

9 月 11 日，自治区主席李兆焯到藤县考察西江大桥工程、县城防洪堤和潭东亚热带果场。

9 月，旱灾。全县受旱面积 10133.33 公顷，其中水田 7133.33 公顷（其中严重受旱 1866.67 公顷，绝收 333.33 公顷）。

10 月 14 日—15 日，自治区发展村级集体经济经验交流会在藤县召开。藤县县委书记彭庆伟代表藤县在会议上作典型经验介绍，藤县和平镇座垌村党支部、古龙镇党委分别在会上作典型发言。

10 月起，居民身份证编号由原来的 15 位数上升到 18 位数。

11 月 1 日起，开征个人储蓄存款利息所得税，按利息收入的 20% 计征。

11 月，岭景乡改镇建制称岭景镇。

12 月 20 日—27 日，藤县遭遇历史上罕见的寒害，冰冻、霜冻同时出现。极端最低温度 -2.9℃（12 月 23 日，县气象中心站百叶箱），除沿江地区轻霜影响较小外，新发展的荔枝、龙眼、杧果、蕉类等不耐寒亚热带水果 90% 以上遭到严重冻害，严重冻伤甚至冻死 4666.67 多公顷。全县水果生产受到重创，经济损失 13 亿元。

12 月，新庆乡改镇建制称新庆镇。

12 月，自治区“普九”验收团对藤县普及九年义务教育工作逐项进行评估验收，认为藤县普及九年义务教育的普及程度、师资配备及水平、教学经费、教育质量、办学条件等基本达到国家和自治区规定的标准要求，顺利通过验收团的验收。2004 年 10 月，通过自治区普及九年义务教育评估验收团的复核验收。

2000 年

3 月，藤县农村电网建设与改造工程正式启动施工，4 月在全县全面铺开。

4 月 26 日，自治区党委书记曹伯纯到藤县检查指导“三讲”教育工作。

6 月 13 日，以色列荔枝生产技术专家斯德博士，考察太平镇江口村荔枝基地及濛江镇健良翰冲荔枝基地。下午 3 点，斯德博士在藤县招待所会议室举行荔枝技术专题讲座。

6 月，藤县获得“全国林业生态建设先进县”称号。

6 月至 9 月下旬，旱灾。全县水稻受旱面积 15666.67 公顷，占全县晚造面积的 72%，重旱 8000 公顷，枯死 2333.33 公顷，因缺水无法下插约 2000 公顷。旱情较严重的乡镇是象棋、金鸡、岭景、和平等乡镇。

9 月 7 日，藤城镇、太平镇开通小灵通业务。

10 月 18 日，藤县事业单位登记管理局成立，负责实施全县事业单位的登记管理工作，事业单位的设立、变更、注销需向事业单位登记管理局申请登记或者备案。12 月开始实施全国统一的事业单位初始登记工作。

10 月，象棋镇龙凤大桥通车，大桥全长 178.1 米，宽 9 米，每拱跨度 50 米。

是年，藤县实行税费改革试点工作，取消农村“五保”统筹费。

是年，全县取消农话收费，城乡电话统一为市话。

2001 年

1 月，藤县开始实施城镇职工基本医疗保险。

6 月 24 日，藤县首届西瓜节暨太平农副产品综合批发市场落成开业庆典同时举行。引资兴建的太平农副产品综合批发市场占地 9.1 公顷，总投资 7600 万元，总建筑面积 13.5 万平方米，有商铺 200 多间，摊位 500 个，时为自治区内最大的乡镇级市场。

7月9日下午，自治区党委书记曹伯纯一行赶往藤县考察灾情，指导抗洪救灾工作。

是年，藤县移动公司对“GSM”网络改造升级为“GPRS”网络，采用无线分组技术，将无线通信与因特网紧密结合，拥有永远在线、按量计费、快速登录、自如切换和高速传输五大优势。

是年，开始对关系群众切身利益的公用事业价格、公益性服务价格、自然垄断经营的商品价格等政府指导价、政府定价，实行价格听证制度，由政府价格主管部门主持，征求消费者、经营者和有关方面的意见，论证其必要性和可行性。

是年，藤县开始实施农村饮水安全解困工程建设。

是年，县城河东广场建成。

2002年

3月7日，藤县获国家林业局授予“中国名特优经济林肉桂之乡”称号。

3月24日，葡萄牙客商罗祖治与藤县人民政府签订投资太平松脂厂深加工合同。

4月，南安镇与赤水乡合并，设立塘步镇。

6月30日至7月1日，由于连降大暴雨，藤县北部和平、太平、东荣、大黎等乡镇发生中华人民共和国成立以来最大的洪涝灾害。

10月19日—20日，中共藤县第十一次代表大会在县城召开，会议选举产生中共藤县第十一届委员会和中共藤县纪律检查委员会，县委书记为秦国明。

10月26日—30日，中国人民政治协商会议藤县第七届委员会第一次会议在县城召开。大会选举产生政协藤县七届委员会，主席为陈华。

10月27日—31日，第十三届人民代表大会第一次会议在县城召开，会议选举产生藤县第十三届人民代表大会常务委员会，主任为刘仕强；选举产生藤县第十三届人民政府，县长为李军平。

是年，取消定购粮收购任务，实行粮食购销市场化。

是年，藤县首次公开招考国家公务员和机关工作者。

是年，藤县电信分公司开通宽带业务。

是年，古龙镇政府投资350万元建设古龙八角市场，占地面积2.67万平方米。

2003年

3月，新型农村合作医疗管理委员会正式挂牌运作，开始筹备合作医疗的具体工作。各乡镇合管办亦相应成立。

6月17日15时40分，一辆广东珠海市信禾交通发展有限公司平沙汽车客运所的粤CJ0378大客车，从广东珠海沿南梧二级公路往桂平方向行驶，至南梧二级公路346KM+800M处（潭东镇松塘路段）时，与从藤县县城往埌南方向行驶的桂D30116中巴车相撞，造成20人死亡、4人重伤、11人轻伤。

6月30日，塘步镇六坊村发生沉船事故，造成6人死亡。

8月26日，县委印发《关于进一步加大招商引资力度和加强项目管理工作的通知》，对成功引进资金和项目的干部，除按照招商引资奖励办法兑现奖励外，视贡献大小给予记功、授予称号，直至提拔使用。设立藤县招商局，与外经局一套人马两块牌子。

8月29日，县委、县政府从县农业局、畜牧水产管理中心选派科技人员10人，作为首批科技特派员，派驻潭东、和平、太平和古龙4镇共10个村实施科技项目开发。

9月，建立藤县工业集中区。

10月15日，藤县西江大桥建成通车。

11 月，藤县开始实施农村税费改革，取消乡统筹费、农村教育集资等专门面向农民征收的行政事业性收费和政府性基金、集资，取消屠宰税，取消统一规定的劳动积累工和义务工。调整农业税，按照农作物的常年产量和规定的税率依法征收，常年产量以 1998 年前 5 年农作物的平均产量确定，将原农业税附加并入新的农业税。对在非农业税计税土地上生产的农业特产品，继续征收农业特产税。改革村提留征收使用办法。村干部报酬、五保户供养、办公经费，除原由集体经营收入开支的仍继续保留外，凡由农民上缴村提留开支的，采用新的农业税附加方式统一收取。

同月，街（居）民委员会改为社区居民委员会。

12 月 13 日，藤县金鸡水利枢纽工程开工建设。总投资约 1.7 亿元。

是年，投资 800 万元建设河东体育馆，占地 3500 平方米，建筑面积 8600 平方米。

2004 年

1 月 1 日起，取消农业特产税。

6 月，藤县三农牧业有限公司成立，该公司集品种改良、繁育、养殖、销售于一体，以“公司 + 基地 + 农户”的模式带动农户发展瘦肉型商品猪生产。2005 年 8 月，被评为梧州市第一批农业产业化龙头企业。

7 月，藤县禤州狮队在第六届马来西亚云顶杯世界狮王争霸赛中，夺取世界狮王冠军。同时获得“东方狮王”美誉。

10 月，落户藤县的梧州市巨东种养有限公司，以“公司＋农户”的模式发展养鸡业。由公司出种苗、饲料、技术及包销售，农户出场地及劳动力的方式从事三黄鸡产业生产。

12 月 11 日 21 时 58 分 39 秒，藤县塘步镇发生里氏 2.0 级地震。

12 月 15 日，洛湛铁路藤县段全线开工。

是年，太平镇被确定为全国重点镇。

2005 年

1 月 1 日起，全县取消农业税。

5 月，藤县汇能电力有限公司属下的交口水电站、和平水电站、三江水电站的经营权交给通过拍卖竞得电站的私营公司，由其进行经营管理。

6 月下旬后，藤县遭受百年一遇的特大洪水袭击。23 日上午 11 时，县城浔江洪峰水位达到 30.31 米（藤县水位站观测断面，即藤县藤州镇西江路 391 号）；蒙江河流域太平水位站 21 日 21 时 42 分洪峰水位 43.03 米，超警戒水位 6.53 米，为超 200 年一遇的特大洪水。外洪内涝给藤县造成极大的经济损失。多处交通、通信、电力等设施被洪水冲毁，大面积农作物受淹绝收，企业停产或半停产。全县 19 个乡镇 236 个村委会（社区）受灾，受灾人口 664083 人，紧急转移安置 193055 人；因灾倒塌民房 61082 间，损坏房屋 360587 间；因灾死亡 2 人；全县因灾造成直接经济损失 11.17 亿元。

7 月 28 日，经自治区人民政府批准，藤县撤销宁康乡，整建制并入大黎镇。

8 月，撤销藤城镇、潭东镇、津北镇，合并设立藤州镇，藤州镇办公地点设在原津北镇政府机关大院内。

12 月中旬，全县进行第二代居民身份证受理工作。

第一篇

行政区划　自然环境

大楼江　（2005 年 9 月摄）

第一章 行政区划

藤县位于广西壮族自治区东部，是长形低山丘陵区，总面积3945.62平方千米，1999年勘定县界，县边界线总长为604.85千米。

秦以前属百越地。秦属桂林郡，秦末汉初属南越王国。汉永平十四年(71年)，置鄣平县，旧治今属藤县境。三国吴置丰城县，治辖今县地。与鄣县同隶苍梧郡。隋开皇九年(589年)改石州为藤州，为藤州得名之始。明洪武二年(1369年)五月降州为县，始名藤县。清属梧州府。民国时先后属梧州道、郁江道、苍梧道、梧州区。1949年11月29日，藤县解放，先后属梧州专区、容县专区、梧州地区。1997年4月，藤县归梧州市(地级市)管辖。

1991年，藤县设9个乡、11个镇、265个村公所、8个街(居)民委员会。此后，几经调整。1995年5月，全县撤销村公所及其下辖的村民委员会，村公所改为村民委员会。2003年11月，街(居)民委员会改为社区居民委员会。2005年，全县设15个镇、1个乡，13个社区居民委员会、266个村民委员会。

第一节 位 置

藤县位于广西东部。东接苍梧县和梧州市长洲区，与苍梧县界线长125.59千米，与长洲区界线长2.2千米；南界岑溪市和玉林市容县，与岑溪市界线长78.45千米，与容县界线长42.62千米；西邻贵港市平南县，与平南县界线长220.37千米；北与蒙山县和贺州市昭平县毗邻，与蒙山县界线长70.25千米，与昭平县界线长65.37千米。介于北纬23° 02′ 33″ ~24° 03′ 09″，东经110° 20′ 58″ ~111° 11′ 24″之间。是长形低山丘陵区。最东点赤水乡六坊村石桥岭，最西点是宁康乡料南村竹篙冲儿顶，东西最大横距86千米；最南点象棋镇河柳村山子辽，最北点大黎镇上荣村竹沙顶，南北最大纵距112千米，总面积3945.62平方千米，合394562公顷，居梧州市第一。县治藤州镇，位于浔江南岸。2005年，沿南梧二级公路向东，经塘步镇、苍梧县龙圩镇，至梧州市区53千米；西经平南、桂平、贵港市、宾阳，至南宁市区350千米；沿浔江上溯至平南县城73千米，南宁市区458千米；下至梧州市区45千米，广州市区320千米。

第二节 建 置

今藤县境域，秦以前属百越地。秦属桂林郡(前志记载属南海郡，此据谭其骧《中国历史地图集》改。桂林郡治所在今贵港市境内)，秦末汉初属南越王国。汉武帝元鼎六年(前111年)，属苍梧郡(治广信县，在今梧州市城区)猛陵县(治所在今苍梧县西孟陵)地。汉永平十四年(71年)，置鄣平县，治所在今藤县境，隶属苍梧郡。为今藤县最早的县级行政建制。

三国吴置丰城县，治辖今县地，与鄣平县同隶苍梧郡。

西晋改丰城县为农城县，仍隶苍梧郡。东晋时，农城县复名丰城县。升平五年(361年)，丰城县改隶永平郡(治安沂县，郡、县治所在今岑溪市西北)。义熙(405-418年)中，置夫宁县(治所在今藤县东浔江南、北流河东岸)，隶永平郡。至晋末。

南朝梁于永平郡置石州，属石州。

隋开皇九年(589年)，石州改为藤州(一说开皇十二年改石州为藤州。因县南百里有白藤岭，又称白藤山，山上生长白藤，故以“藤”为州名)。开皇十一年(591年)，永平郡废，夫宁县改为永平县，隶藤州。开皇十九年(599年)，置淳人县(谭其骧《中国历史地图集》、复旦大学历史地理研究所《中国历史地名辞典》均作“淳民县”。此从长孙无忌《隋书·地理志》、谢启昆《广西通志》和《中国县情大全》)，治所在今藤县西北，隶藤州。大业三年(607 年),藤州废改为永平郡,治永平县。隋末,永平郡辖永平、武林、隋建、归安、安基、普宁、戎城、宁人、大宾、淳人、贺川等 11 个县。设在今藤县境内的有永平、淳人县。

唐武德四年(621 年),废永平郡置藤州,治永平县,领县依旧,并复置辖孟陵县。武德七年(624 年),淳人县更名感义县,依旧隶藤州。贞观五年(631 年),于今县西北太平置宁风县,隶燕州(治所在今平南县东北)。贞观七年(633 年),燕州改为泰州,治所迁至宁风县。次年,泰州复名燕州并迁治安基县。贞观十八年(644 年),燕州废,宁风县改隶藤州。贞观年间,永平县改为镡津县,因县内藤江(浔江)有龙潭湾,大深阔,也称镡津,故以"镡津"名县。藤州治镡津县。天宝元年(742 年),藤州改为感义郡。乾元元年(758 年),感义郡复改为藤州。唐末,藤州辖镡津、感义、义昌(原安基县)、宁风 4 个县,治镡津县(李贤《大明一统志》称治宁风县。此从刘煦《旧唐书·地理志》、欧阳修《新唐书·地理志》)。今藤县境内有镡津、感义、宁风 3 个县。五代仍属藤州,先属楚,后周属南汉。

宋开宝五年(972 年),宁风、感义、义昌 3 县废省入镡津县。镡津县依旧为藤州治。开宝六年(973 年),州治西移 1 千米至绣江(北流河)西岸(今县城所在地)。熙宁四年(1071 年),藤州划辖原隶南仪州的岑溪县。宋末,藤州实领镡津、岑溪 2 县。元因之。

明洪武二年(1369 年)九月,镡津县废省入藤州。同年十月,藤州及所辖岑溪县改隶梧州府。洪武三年五月,藤州降改为藤县(前志载,洪武十年五月降州为县。此从谢启昆《广西通志》、黄诚沅《广西郡邑建置沿革表》、胡毓潘《藤县志》、张廷玉《明史·地理志》),为藤县得名之始。清因之。

民国 2 年(1913 年),藤县隶属郁江道(驻苍梧县,次年 6 月更名苍梧道)。16 年(1927 年),藤县直隶广西省。19 年(1930 年),藤县隶属苍梧民团区(驻梧州)。21 年(1932 年)4 月,藤县改隶梧州民团区(驻桂平)。23 年(1934 年)3 月,藤县改属梧州行政监督区(治桂平。民国 25 年迁治梧州)。29 年(1940 年)3 月,藤县改属第三行政督察区(驻梧州)。37 年(1948 年)9 月,藤县划出樟树乡改隶蒙山县,并以河流中心线为蒙山县与藤县之县界。

1949 年 11 月 29 日,藤县解放。县人民政府驻藤城镇,属梧州专区。1951 年 7 月 9 日,藤县改属容县专区。1958 年 7 月,属梧州专区。1971 年 11 月,藤县改属梧州地区。1997 年 4 月,梧州地区、梧州市行政区划调整,藤县归梧州市管辖。2005 年,县人民政府驻藤州镇登俊路。

第三节　行政区域划分

1991 年 1 月,藤县辖藤城镇、城关乡、津北乡、南安镇、赤水乡、埌南镇、同心乡、金鸡镇、新庆乡、象棋镇、岭景乡、天平镇、濛江镇、和平镇、太平镇、平福乡、古龙镇、东荣乡、大黎镇、宁康乡,共 9 乡、11 镇、266 个村公所、8 个街(居)民委员会,1191 个村委会、6640 个村民小组。1995 年 5 月,全县撤销村公所及其下辖的村民委员会,村公所改为村民委员会。1997 年 7 月,城关乡改镇建制,称潭东镇;同心乡改镇建制称同心镇;津北乡改镇建制称津北镇;东荣乡改镇建制称东荣镇。1999 年 11 月,岭景乡改镇建制称岭景镇。12 月,新庆乡改镇建制称新庆镇。2002 年 4 月,南安镇与赤水乡合并,设立塘步镇。2003 年 11 月,街(居)民委员会改为社区居民委员会。2005 年 7 月,宁康乡并入大黎镇;8 月,藤城镇、潭东镇、津北镇合并,设立藤州镇。

2005 年末,全县辖藤州镇、塘步镇、埌南镇、同心镇、金鸡镇、新庆镇、象棋镇、岭景镇、天平镇、濛江镇、和平镇、太平镇、平福乡、古龙镇、东荣镇、大黎镇。共 15 镇、1 乡。

2005 年藤县政区表

表 1-1-1

乡镇(16 个)	社区、村(社区 27 个、村 266 个)
藤州镇	社区(6):大东、东风、朝阳、城西、城南、城东
	村(27):胜西、白泥、东胜、潭东、礼秀、福善、四旺、纯平、三坡、新华、中和、古达、大垌、平政、积和、丽新、民生、白沙、河口、贤德、永隆、汶塘、永清、车塘、安宁、保良、谷山

续表

乡镇(16个)	社区、村(社区27个、村266个)
塘步镇	村(16):南安、古祀、古佩、大罗、汗池、沙田、金板、禤洲、龙安、塘村、石塘、大元、六坊、上赤、孔良、赤水
埌南镇	村(13):埌南、新光、马地、双底、泗门、界垌、大湴、莫埌、杨村、界田、冼村、新勤、黎寨
同心镇	村(9):真胜、同心、深塘、大梳、陈底、沙村、平顶、力冲、凤阁
金鸡镇	村(20):金鸡、民乐、秀安、龙头、大玟、平山、陶塘、旺国、思善、同荣、古华、兴隆、交口、新中、镇安、胜安、同安、光华、新民、沙冲
新庆镇	村(11):新庆、均平、夏荣、中心、建新、庆旺、富荣、高田、思亥、龙山、同敏
象棋镇	村(15):象棋、双荣、甘村、罗文、中信、共胜、龙凤、柏塘、同乐、留村、道家、河柳、富祝、新芹、洛塘
岭景镇	村(14):岭景、篁村、石村、和好、罗江、麦地、坡塘、都蒙、南荣、大益、新村、古罗、中村、罗算
天平镇	村(20):天平、龙胜、罗万、罗平、冷水、罗垌、新陈、新马、罗盖、民益、保燕、三益、塘冲、满村、石炉、回龙、思中、新兴、新大、富双
濛江镇	社区(1):河西
	村(21):旺家、党洲、新安、新城、健良、江权、泗洲、安和、覃安、兴义、大德、义良、莲垌、洲祖、勒竹、彩塘、双德、共和、那塘、古兰、古厚
和平镇	社区(1):和平街
	村(17):和平、石桥、座垌、龙塘、屯江、榄莫、双垌、平竹、陈塘、官罗、都坡、志成、木依、新良、新平、思源、新塘
太平镇	社区(5):上元、正东、德胜、泰州南、泰州北
	村(20):下黎、健安、新雅、安福、浮田、七政、柴咀、良垌、大坡、木崖、古秀、陈垌、善庆、仁安、石夏、永平、罗社、金田、永良、东皇
古龙镇	村(10):古龙、田心、忠隆、合隆、金凤、德安、大村、泗洲、长沙、陈平
平福乡	村(14):平福、社区、留利、定安、巷蓬、思园、仁厚、民安、寻村、莫泗、下双、沙街、桃花、中太
东荣镇	村(13):东荣、思排、杨垌、华安、夏垌、甘塘、护安、上峡、三江、大带、坡头、昨雅、均常
大黎镇	村(18):大黎、朝林、平安、国安、东安、兴安、古盆、祥江、永和、来历、和安、上荣、花洲、理答、白祝、太兴、黎田、富斗、宁康、大塘、孟塘、永太、新旺、料南、都邦、平桂

2005年藤州镇村(社区)、自然村表

表1-1-2

社区、村(社区6个、村27个)	自然村(351个)
大东社区	驻西江路城基巷13号
东风社区	驻登俊路小南巷16号
朝阳社区	驻西厚路大社巷5号
城西社区	驻人民路38号
城南社区	驻绣江路52号
城东社区	驻留鹅街33号
胜西村	自然村(10):莲塘口、渡口、地边村、埌尾、岭尾、大木根、沙子塘、雅瑶、烧灰冲、新洲头
白泥村	自然村(13):白泥塘、大冲口、招排顶、大冲肚、狗温冲、杉木冲、田寮、花冲、岭咀、三张塘、双豆塘、岭顶、富吉埌
东胜村	自然村(11):佛子岭头、带塘、莲子冲、牛栏塘、新地塝、江口、大桥冲、峡口、山塝、新立、新立口
潭东村	自然村(7):新宁,兴龙,兴安,安宁,万头场,岭咀,石蓬背

续表

社区、村(社区6个、村27个)	自然村(351个)
礼秀村	自然村(10):礼秀,新村,龙塘山,陈王,上白沙,下白沙,大地山咀,田埌,半边月,[illegible]角寨
福善村	自然村(7):大路头、社尾咀、竹围、垌尾塘、牛栏山、定春塘、白梅
四旺村	自然村(12):上四旺、中村、下四旺、古淡、勉垌、雅塘、冲腰、大垌、昙弼、山口、高田[illegible]、长冲
纯平村	自然村(15):黎塘坪、沐浴、松塘、大龙、大光顶、光主坡、榕木塘、久雅埌、石人岭背、汶塘、交塘、吉岭、纯咀、白坟岭脚、梭塘
三坡村	自然村(21):十丈坡、野鸭塘、西塘、大邮、大埌、葫芦塘、油村、务水角、大运埌、埌[illegible]尾冲、汶底、岳冲、琅脚、克木桥头、马王垌、两岸垌、三门滩、新垌、鸡儿塘、致寨岭、垌头
新华村	自然村(7):浪滩、秧地田头、思王、学沙、富冲、深塘、古桑塘
中和村	自然村(16):老鸦塘、九冲口、九冲、石排坪、鸡藤、古枚洲、水牛景、平岭头、朱烈垌、着掘地平、黎山口、车冲、古寮、荣光垌、力木、大埌顶
古达村	自然村(10):黄村、刘屋、坡头、潭寺、界首、秧地咀、大塘坡、上桥、龙湾、垌口
大垌村	自然村(4):大垌、太埌、车塘、大竹塘
平政村	自然村(16):新车塘、八塘、青草洲、度村、大石田、古亮塘、塘尾埌、单山、新村、藤冲、佛儿岭咀、突塘、覃屋、潘屋、李屋、潘山
积和村	自然村(16):茶山脚、松山岭、古萨、百和地、木教、和平、甲己、下埌、甘冲口、罗[illegible]山、王落坪、白米咀、积和、百和、界头、牛吊颈
丽新村	自然村(17):杏江、蒙辽河口、松木弯、长坡头、邓屋、马地坡、丽垌、大磨、芝麻垌、荔枝、高垌埌、新塘埌、新塘、大塘、大埌、丽山、钵塘
民生村	自然村(13):牛儿冲口、大村、唐屋、谢屋、白坟岭、冲儿口、芜冲塘、挂山塘、蛤石、登洲、登简、丽新渔业社、民生渔业社
白沙村	自然村(12):白沙、旺村垌、岭脚、龙巷、容屋、祝屋、唐屋、白坟垌、岐山、纯练、护[illegible]、白石埌
河口村	自然村(22):黄花村、河口咀、斗肚垌、上岸垌、照村、水浸垌、樟木根、滗垌、新村、茶山垌、珠沙垌、长冲坪、少枚垌、旺岭、山儿咀、沙柳坡、金鸡、社垌、柴脚、竹埌、白坟垌、锁底垌
贤德村	自然村(5):分界口、果子埌、旧屋、金狗、高禁
永隆村	自然村(24):古答口、旱冲口、大田背、水到、社岭、大垌、鱼良垌、都扶、平山塝、三众、大坪顶、平带口、古社塝、古佛埌、古答尾、旧屋、石爷山、大竹咀、自田界、爽埌、瓦胡坪、积良山、[illegible]头田、大塘肚
汶塘村	自然村(11):平罗垌、雅屋背、井埌、汶塘、大龙、水对界脚、水对坪、薯木垌、竹山、大田坎、桂境
永清村	自然村(16):旧屋垌、大塘、大车、松盛埌、大坪、底村、转屋村、大竹根、黄茅埌、高岭塝、瓦窑灶、均荣、高山垌、新屋、岭顶、岭凹
车塘村	自然村(12):春埌、马培、社垌、车塘、塘木埌、上埌、牛窝界、西村、吉州埌、火烧[illegible]、文山、亚三埌
安宁村	自然村(10):大冲、大地、垌心、上垌头、莲塘、罗姑、茶山、想思塘、金冲、底垌
保良村	自然村(14):大桥、独州、武烈、北合口、车田塝、怀空、六里埌、十里、社山、藤龙社、倒肖埌、大塝、罗应尾、河尾
谷山村	自然村(6):谷冲、谷山、上龙巷、民盛、天太、龙太

2005年塘步镇村(社区)、自然村表

表1-1-3

社区、村(社区2个、村16个)	自然村(215个)
富藤社区	驻塘步街
南安街社区	驻南安圩
南安村	自然村(27):南安圩、石王、白沙、塘洲、鸡母社、上河村、下陆地、社底、上江口、河口、掘垌、屋地、坭埠咀、木暗冲、低垌、托洲、新田咀、大冲、新村、英埌、旧屋埌、马络底、蒙生、杉木根、禾丰、佛子坡、上余垌

续表

社区、村(社区2个、村16个)	自然村(215个)
古祀村	自然村(16):古祀、白鸠咀、佛子山、利草山、古再、古巴、大方局、丽禾冲、塘步、上垌、古达、黄塘底、步田、丹塘咀、垌口、鸭脚冲
古佩村	自然村(12):古佩、湴塘、桥头、神井底、大寺、大腩、下垌山、大田村、燕村、霸埌、犁双底、水婆埌
大罗村	自然村(18):大罗、尧观、吉庆、四德、蒙灯、王东角、马列口、大垌角、大造、井口、吉岭、长塘岭咀、大宁、王姜界、新村、丹村、地洲埌、塘步开发区
汗池村	自然村(20):大山恬、狗早、通永、上筒洲、木欧、车头、岳底、塘燕、象塘、象塘坡、大山咀、河儿口、汗池、神田、谷种坡、南村、贵景、碑底埌、白牛坡、大山脚
沙田村	自然村(21):沙田、坛荡、开来、甘富冲、吉庆、上庆、瑸冲、蒙村、埌雅、白泥冲、木力、埌雅地坡、神埌顶、佛子埌坡、升村埌、对面埌、桐油氹、屋岸、寨州、岭凼、凤亭
金板村	自然村(13):大坦、下楞、律村、盘龙山、金板坦、舞龙垌、平光坦、州冲、古令、任田塘、大地、立新、龙门肚
禤洲村	自然村(18):邓屋、石屋、梁屋、李屋、栗木社、地头、里头地、四和、竹围地、獭塘、祝屋、宋屋、雷屋地、苏屋、外水、洲尾、蔡屋、唐屋
龙安村	自然村(9):长岭尾、答村、平章、永村、陇村、鸡头咀、鸡头峥、龙颈、埌咀
塘　村	自然村(5):禾仓冲、森村、塘村、大村、蒙强
石塘村	自然村(13):石塘、新村、坛稍、孔邓、蒙郎、水生口、二大塘、古赖、下桃洲、湴塘口、石狗埌、孔色脚、坛透
大元村	自然村(6):岭尾、石后、任塘头、大元垌、埌垌、玫瑰新村
六坊村	自然村(12):茅恬、金冲、孔断、埌景、楞冲、坏村、塘角、旧环、三垌、鹤咀、水筒口、古房
上赤村	自然村(4):维定、瓦埌咀、圳口、上赤
孔良村	自然村(19):古埌、马路头、务塘、马山脚、义良寨、樟木根、底村、大石根、峡塘底、峡塘、料塘旁、坛塘咀、西江村、桥头岭、岭儿头、烈山口、柳埌、木饭埌、孔良开发区
赤水村	自然村(2):赤水圩、下赤

2005年埌南镇村、自然村表

表1-1-4

村(13个)	自然村(146个)
埌南村	自然村(7):地坡、埌南、仁者、古弄、白土、昙任、新村
新光村	自然村(10):新埌、神梯、甘白、旺羌、龙光、金斗、沙黄、洋河、关垌
马地村	自然村(13):马地、三桥头、大塝、大塘角、马冲口、人寿冲、四河、新寨、孔星、凤塘、神村、集村、双底口
双底村	自然村(8):蓝村、上周村、中周、下周村、外寺面、双底、盖村、大埌
泗门村	自然村(6):泗门、昙略、罗头崩、上垌、孔麋、牛塘角
界垌村	自然村(2):界垌、古沙底
大湴村	自然村(6):大湴、泗芦、新开田,兰坦、上管埌、神塘表
莫埌村	自然村(9):大塘口、神田、莫埌、大四、城村、大埌脚、凤凰、新屯、佚村
杨　村	自然村(10):杨村,昙脉、外寨、屋蒙、寻塘、寿富、田礼、公肚垌、平城、交埌、大埌、坛透村、瓦埌、罗佐垌、大崩、孔聘、到渊、大山、中白土、大汶塘
界田村	自然村(16):外田凑、里田凑、铺头、塘尾、汉塘口、界头、新安顶、王板、石咀、斗楼、旧村埌、三吉埌、迷埌、十份、大耀坪、睇牛坪
冼　村	自然村(14):冼村、朱皂、大地坪、里村、霍屋、大塘山、龙寨、平坡、勒竹底、胜塘坡、大屋背、峡口、南模、大寮

续表

村(13个)	自然村(146个)
新勤村	自然村(17):屋勒、上礼贤、下礼贤、上交刀、二坳、庙旁、孔伏、斑鸠坡、瓦甑岭、六祥口、芝华垠、新村、南福、昙念、文道、大塘、石砍冲
黎寨村	自然村(19):公腩、对黎、大路塝、观塘、冲表、石梯口、那蓬、坡平、寨贝、山心、掘明口、佛子村、九牙垠、宝鸭咀里寺面、国保寨、六煲、下交口、四务垠

2005年同心镇村、自然村表

表1-1-5

村(9个)	自然村(107个)
真胜村	自然村(10):古楼坡、真胜、新村、芝华、塘表、塘底、双上、孔黎、王哈水、地龙村
同心村	自然村(8):同心、干田、大平肚、井冲、屋底幺、山儿脚、牛角冲、深伯辽
森塘村	自然村(13):森塘,沙冲口、王岭、鸭舌冲、旧寨顶,田礼、庆塘、架简塘、沙冲口、厘七坡、大冲、碑冲、马冲
大梳村	自然村(7):中央村,黎地垠,大垠,新村垠,四楞,丰门塘,王幺口
陈底村	自然村(5):陈底、龙屋、榄寨、马力围、竹马冲
沙　村	自然村(31):沙村、大垠头、小段口、匙羹逐、浥塘、替豆、高离垠、油村、上寨、上垠、松木冲、六辣口、大屋垠、底山、岭儿头、白坟肚、丹竹垌、大垠、崩塘、大塘幺、桂塘、青圣、大昧、古笔、昙幺、田僚、鲁塘、昙杠、吉幺山、昙罗岭咀、六勃坡
平顶村	自然村(8):平顶、屋高、孔礼、孔龙、罗位、鸡六垠、乌石、替梅
力冲村	自然村(4):力冲、下厢、严岭、教屈
凤阁村	自然村(20):凤阁、垠塘、六蓬、古庆、古督、小垠、寨脚、上水、元址、塘乐、杜塘、六妣、大塘冲、四署脚、十王冲、四礼、向出咀、大垠、新兴垠、大崩口

2005年金鸡镇村、自然村表

表1-1-6

村(20个)	自然村(273个)
金鸡村	自然村(15):大乐塘、寻塘、西塘、雾水塘、新村、白坟垠、大坪、碑胜冲、虎跳、陈屋、佛岭、合水塘、垌尾、大街、金鸡街
民乐村	自然村(12):木塘、马木塘、六鸡塘、瓦窑垠、小塘、大石塘、藤梨垌、佛子、九枝塘、石骨、古相、下马垠
秀安村	自然村(16):古秀、大化、大岸冲、水邓塘、社岭咀、木格桥、大冲、九路塘、柏塘、公田塘、富冲、大贯塘、大垠、关塘、石头塘、割麻垠
龙头村	自然村(16):龙头,大坡,十丈岗,蛇山咀,禾仓寨,学良塘,仓地洲,旧屋地,铜钟岭,社儿岗,中央垌,螺显坪、罗显坪、大园、大屋山、洲儿冲、新塘湃
大坟村	自然村(18):盆村、古道、三张塘、西冲,加禾塘、新地塘、底村、龙胜塘、大榄塘、务寅、想思冲、甘塘、古台冲、石龟肚、大岭脚、旧村督、木呼岭、大龙铺
平山村	自然村(30):平山、冲表塘、岭咀、白庙山、勒连塘、外垌、沙塘、胜古冲、茶洲、胡塘、昌管坪、塘坪、都步、上楠、木河头、黎村、上井湃、暗崇窝、勒山冲、马路头、田鸡岭、龙角塘、岑坡坪、狗仰荣、羊儿咀、大碑头、荷木塘咀、荣儿顶、狸下垠
陶塘村	自然村(12):大村、鸡母岭、陶垌、严垌、掘冲、鸭塘、木薯咀、村头坡、北冲、木塘咀、屋背坪、鸡儿垠咀
旺国村	自然村(9):樟木洲、新村、旺国、大井、林田、三水垠、大屋山、圣枝岭、鸡岭咀。
思善村	自然村(7):务日垠、社儿坪、桥头、地坪、万坡、大厅、冲里
同荣村	自然村(13):洲尾、荣垌屡、道塘屡、牛儿塘湃、垌头、中村、平山尾、洲共、钦生冲、高楼洲、姚屋垠、底铺、洲围岭尾

续表

村(20个)	自然村(273个)
古华村	自然村(16):古打、旺地塘、大埌、古棒、武勇、大社山、井上、武郑、大门洲、大坟背、大竹湃、社磅、掘屋肚、竹芽寨、坡六塘、武郑、河口
兴隆村	自然村(5):龙村、曾子垌、山枣垌、鸡潭、富祝
交口村	自然村(9):盐沙口、崩塘头、上村垌、大湴垌、窖塘、思榄、木花咀、大坪、打铁咀
新中村	自然村(12):岭背、大坡、地坡、长塘、河口、瓦山、暗垌、扶坭垌、大地湃、旱埌、茅塘、窖洲、连塘口
镇安村	自然村(19):北岸、潘垌、下冲、十二垌、黄茅坪、留胜冲、龙井、桂地坪、富冲口、勒竹冲、深辽、关塘口、洲村坡、村坡、旧屋背、坡鹿口、旺岭、坡积山、新地湃
胜安村	自然村(10):河儿口、田寮岭、石子岭、马鹿岗、芝蔴坡、大沙埌、荒冲、禾仓冲、石田埌、龙屈垌
同安村	自然村(11):都卞、竹山坪、平田、平冲、中心坡、七斗坡、白竹埌、桃源垌、大挽冲、银石、落窑坪
光华村	自然村(16):黄华口、平寻、元崇、连塘、下埌、旭柴塘、蚊帐冲、李核埌、罗垣、茶塘、大沙、山秀塘、陈冲、长尾塘、木坪、仲辉埌
新民村	自然村(13):义昌口、水岸、良塘、石围寨、新村、山根、大地、洲地、里冲口、长骨岗、山塘、和地、田冲
沙冲村	自然村(13):沙冲口、熊胆坪、禾稿口、拖船坪、黄坭头、水局头、河到、垌头、高车、大玻、斗冲、邓公口、埌景

2005年新庆镇村、自然村表

表1-1-7

村(11个)	自然村(142个)
新庆村	自然村(19):大路圩、振隆圩、沙村、石咀、瓜湃、保倍垌、亦面、龙角塘、大塘口、饶古、大垌、旱垌、木坪、牛塘、禾地咀、木地埌、水口、灶冲、丹竹坡
均平村	自然村(17):黄沙、平塘、高坡垌、良均、上街、豆地垌、新荣、石基坡、河儿口、竹根埌、独洲、梅冲、巢垌、突冲、板表、坡积、平山
夏荣村	自然村(9):上河、山脚、莫村、掘冲、昌稿塘、大埌、夏垌、荣台、十二冲
中心村	自然村(7):中心山、石根、连塘冲、石头、罗齐坟、冲表、麒麟州
建新村	自然村(13):朝岭冲、众塘水、社塝、白坟咀、龙胫、洲村、高田坡、双龙社、水狗景、山口、平坡咀、真竹园、岭咀尾
庆旺村	自然村(6):古呈山、独州、陈村、同古寨、升米塘、长尾塘
富荣村	自然村(20):上化、旱村咀、岭尾、大冲、底村、介板头、路冲、周村、长田塝、贺塘咀、井岭坪、木儿冲、门楼肚、林道口、扶岭、大成塘、古湴、黄湾咀、鸭儿辽、塘州荣
高田村	自然村(11):大岭脚、村头、上村、中央村、村尾、井冲、旱塘圩、大枧、礼坡、良村、罗谢坪、埌垌
思亥村	自然村(11):思亥、马曹、上垌、新村、寺中州、旺村、莲塘、勒根冲、鸡单塘、四劳塘、西水
龙山村	自然村(13):陈村山、周知坡、都永村、山花村、佛头冲、石硖、胡屋、地坪、岭咀、九冲、沙公冲、石磨、大坦
同敏村	自然村(14):旧口、山鸡、岑冲、坪岭、湴塘、州安、大平、敏村、半冲、平山车、石垌、塘化、平贤、石榴

2005年象棋镇村、自然村表

表1-1-8

村(15个)	自然村(221个)
象棋村	自然村(14):象棋、大田垌、翰塘、勤崇塘、下埌、地背、花滩、禾仓地、有头鸡、坟塘肚、旱田景、白步埌、石古大塘、石古冲
双荣村	自然村(8):双竞、石贵湾、榨油营、古程山、大坪山、岭岗顶、车脚塘、罗凤冲

续表

村(15个)	自然村(221个)
甘　村	自然村(22):甘村、石道冲、白石、富练冲、上训、平坡垌、到告塘景、埌塘咀、沙田冲、张屋、桂塘咀、东瓜冲口、大平冲、黄糯塘、跃塘、山六塘、屋塘、坪塘、鱼尾、尖猪冲、荒田冲、木寮头
罗文村	自然村(12):罗文、塘梨冲、崩塘、竹根冲、富田埌、簸箕冲口、大格化、柑子塘、骑马洲、木路口、银岭冲、社山景
中信村	自然村(15):茶亭、西塘儿、蒲芦岭、佛子咀、坪冲口、大平岗、中根垌、高塘冲、乌云塘、白祝社、岭塘、岭咀尾、旱禾地、茶山岗、神塘
共胜村	自然村(7):都梅、交枝琅、龙滩、叶塘、简田、简头、湴塘
龙凤村	自然村(28):鸡咀冲、大化、山鸡、新龙村、牛栏垌、新塘、木路洲、塘头、车头、粉塘、牛皮埌、松木塘、大小塘、杏院、桥头、长塘岗、石咀、江山、旱田背、塘梨冲、三八顶、大榄根、大冲、架简冲、冬笋、独田、尖岭隆、蛇蛟窿
柏塘村	自然村(12):大塘边、磨刀冲、李子冲、良浩塘、茅田垌、上垌塘、社塘、汤耙头、柏榔埌、木境冲、龙凤塘、长浪冲
同乐村	自然村(14):渡头口,木夹口、云洲垌、屋头冲、珠沙埌、木幻垌、虾冲、饮酒冲、花田冲、马儿脚,秧地塘,山根、沙洲堡、禾辽背
留　村	自然村(18):留村、木坪、塘边、芋地冲、岭咀、勒塘、鸭塘、班垌、芝板冲、芝箩塘、桂心、雪塘底、白屋、丹竹化、大塘、芝箩冲、罗鸦景、端塘平
道家村	自然村(9):道家、古旁、泗户、枫木根、江口、马坪埌、当喜冲、石龙塘、深毫
河柳村	自然村(25):河柳、大塘垌、大山、大化、修力塘、山心塘、四锦、灯照、山王冲、响水垌、竹瓦脚、新塘头、白石、四留、双背、石茂、扶官塘、旱脚、十五冲、关头冲、架垌塘、大份塘、贫塘、木林、里村垌
富祝村	自然村(18):白祝口、富祝、洲尾、洲头、塘梨塘、乐安村、竹子塘、陀田、中村、高山冲、石城、简田、狂榔塘、黎竹景、谢塘、石塘、朱脚塘、岭嘴
新芹村	自然村(12):新芹、冲屎、爽山、路村口、石头塘、马鞍岭、兰河冲、竹围、兰塘口、马力坡、外村、巢塘湃
洛塘村	个自然村(7):洛塘,双道、六三田、胜乐冲、茶山冲、黑石冲、独石军

2005年岭景镇村、自然村表

表1-1-9

村(14个)	自然村(190个)
岭景村	自然村(24):岭景、车面、石田山、大秧地背、狗坡、龙冲、屋头冲、陈冲咀、大冲、蓬冲景、社垌、铁炉冲、大化、佛堂山、枫棋埌、华留洲、清水塘、大田头、勤有冲、何木塘、板塘、藤吊塘、爽冲、韭菜冲
篁　村	自然村(19):大坪岭、大圳头、地方垌、大坑、小岔、井冲、石坎顶、牛尾冲、茶山、官田垌、新圩、凤尾坪、马村、白坟脚、岭景、下步、金近、社楼、盘龙尾
石　村	自然村(10):石村、云底冲、米湾、耕思田、佛山塘、大碑岗、道岗、七山顶、鹿伏垌、鹿伏垌口
和好村	自然村(19):和好、双田、山坪、细旺塘、大旺塘、丽塘、六伏、保豪、登塘、旧村山、古湴、长河田、大湾背、佛子塘、思兰、加坪坡、训九冲、白石冲、大冲
罗江村	自然村(10):罗平、大榕、睡狗头、埌口垌、村平、车田山、罗傍、如良垌、大坪、石冲
麦地村	自然村(6):麦地、云藤、良村、佛子岭脚、猫头、田寮
坡塘村	自然村(6):岭头、岭咀、大桥、上垌、抱岭、塘面
都蒙村	自然村(11):屋头冲、石塘埌、都蒙河口、罗英景、沙零洲、大湾冲、东家埌、容屋、莫屋、林屋、石硖冲
南荣村	自然村(12):南塘、大旺、珠塘、上龙、双井、石桥头、水老口、凤凰胫、曾子塘、白竹、木林、长田边
大益村	自然村(10):益底、大村、留山、仗山、平塘、其秧塘、大冲、骨都冲、猪屎冲、车塘口
新　村	自然村(21):新村、荔枝、大平、长塘、长古、黄炼景、下罗云、上罗云、百狗塘、樟木化、大塘、里双头,灯草坪、里都、外都、屋头冲、岭咀田、马车咀、石带、马车、六伏。

续表

村(14个)	自然村(190个)
古罗村	自然村(10):罗村、古城垌、古榄咀、陈屋、黎屋、大榄头、木根田、竹围肚、黎冲、旺坡
中　村	自然村(14):秀冲口、蓝地咀、上中村、石沙冲、金坡垌、蓬滗山、陈里屋、长塘、鹅景岗、石仍、黄坡山、路塘冲、大平山、关塘山
罗算村	自然村(18):石鼓底、巢塘塝、庙头、杜底景、岭咀尾、塘肚、大埌、介板冲、冬叶、长田坡、木山、鲤鱼尾、耙齿岭、金板岭、凤鸣冲、凤鸣冲儿、柏木坪、现底冲

2005年天平镇村、自然村表

表1-1-10

村(20个)	自然村(301个)
天平村	自然村(13):天厚、天平、龙旺、竹田、瓦窑岭、瓦灶口、族岸到、旺军冲口、旺军冲屎、旺花冲、马六冲、民叹塘、虾子塘等
龙胜村	自然村(10):龙庆、亦面、胜塘、埌坡、大秧地、河口、松竹湾、崩塘、旱禾垌、大刀田
罗万村	自然村(6):罗万村,上闷,尖刀塘,茶山屎,牛竹塘,莲塘屎
罗平村	自然村(17):罗平、小井塘、社山、马路、甲特、罗孔垌、园塘角、山瑶塘、铺面坪、石景、黄塘、十字州、松木洲、关塘、石狗肚、虾蚶、担水冲等
冷水村	自然村(15):外村、垌心、秧地背、竹窑口、燕塘、保得冲、大冲屎、里村、新民、汉塘州、罗狄州、石英、胡垌州、老塘肚、洲五屎
罗垌村	自然村(21):大塘塝、古岭脚、勒掉塘、冲儿屎、大村头、白竹坡、瓦秀岗、寻龙冲、罗密塘、新屋、旧屋、铺面冲、邦君冲、大洲顶、旺庙顶、旺庙头、大平岭、旺塘山、羊桥辽、爽塘、大塘
新陈村	自然村(20):上陈村、下陈村、利化冲、珠塘、安垌、新岭、鹧鸪冲、合水口、白坟岭、旱塘、羊屎冲、武柳、大冲、社洲、大榄咀、大怀、谷冲、十字咀、秧地冲、深水
新马村	自然村(17):新马圩、底垌、井塘、社坡、木根、大村、西冲、田寮、陶村、本元口、罗旺、外良、藤山、山鸡塘、大松岗、黎村
罗盖村	自然村(23):独洲铺、都印、勒竹、枫木坡、洲村、大塘垌、大袦、羊母、思恩塘、藤底、罗盖、罗洲、村肚、大湾、大田垌、旱冲口、社头岭、寻龙塘、罗唤、上街
民益村	自然村(16):旺村、新村肚、里河、外河、大河坪、湖广洲、许村、滗叉、藤山、光额步头、古星冲口、大岭、甜竹表、岑冲屎、岑冲口、旱冲口、旱垌湃
保燕村	自然村(17):保步头、樟背、黄獭头、石腮、大地、勒竹根、大化、垌塘山、加雀、燕田、芳冲屎、大填肚、木竹咀、独洲脚、加雀冲口、石东、荔枝
三益村	自然村(7):三益、江口、独塘排、里佛子、外佛子、樟村、大平
塘冲村	自然村(8):上架、塘冲、步头、双冲口、马坡、州儿背、里塘冲、旧村、矮岭
满　村	自然村(18):大村、咸塘角、大塘社背、滗埌、旱冲口、满村、新基、新平、六眼、上垌、门头、礼四埌、仁寿埌、两头塘口、鸡公垌、深水塘、万力塘、狗仰埌
炉　村	自然村(19):石桥头,屋背塘,旱冲岭,大塘肚,岭咀,岭化,鸡六岭,大秧地旁,冲底,大塘山,新塘垌,黎伯塘,岭儿头,茶山倒,石炉步头,大地儿,大湾,大坪,大燕岭
回龙村	自然村(18):关塘底,回龙、大貌塘、大栏冲、埌头、社垌、马王坪、獭背、松木坪、格木桥、高楼岭、盛米冲、潭水、社埌、上石塘、更楼埌、明义
思中村	自然村(8):思礼洲、思涯步头、龙塘坪、佛子岭、古榄木根、里思涯、大木冲、灯心冲
新兴村	自然村(17):新村、罗云、公辽、瑶垌、陈村垌、朝塘湃、横木、荣耳塘口、大埌、永康、凤塘底、姜冲、大塘头、井塘、猪母塘、鸭石塘、滗汶
新大村	自然村(24):大石峥、鸡窝、旺地金、地平、沙田垌、富垌、底掉、飘辣、务埌、下爽、虾蚪塘、寨塘、舞黎湃、连塘屎、木棉、古潭、坡坪岭、凤项、古对、岭咀、林村、大垌、上掉、木棉屎
富双村	自然村(4):富双、大塘垌、鸡屎稠、大涌

2005年濛江镇村(社区)、自然村表

表1-1-11

社区、村(社区1个、村21个)	自然村(268个)
河西社区	驻濛江街
旺家村	自然村(4):旺家、石累、大南地、十二基
党洲村	自然村(3):党洲、党洲头、洲儿
新安村	自然村(9):新安、状塘、寨头、罗沙、尖刀垌、蟠龙、旺德、鸡公岛、岭脚
新城村	自然村(9):独松、外良、大田垌、崩山咀、木魁、狗屁咀、沙尾垌、佛子垌
健良村	自然村(9):峡景、沙塘岗、翰冲、沈屋、木坎、新屋、大良、马健、辣头
江权村	自然村(8):权下、权上、江口、大塘头、蒙大、大佛秧地、山脚、松木山
泗洲村	自然村(3):洲头、石屋、洲尾
安和村	自然村(19):鸡脚冲、上汶塘、下汶塘、老屋、寻鼓湾、高雁、送冲、大坟岗、洲儿、大心坡、北马星、独田、蚊子山、牛皮圩、石咀、交冲、大隆岭、三其、石漕
覃安村	自然村(13):大山头,覃村,上伦坡,交塘,大洲,洲峡,冷水冲,石眼洲,平分坪,浧塘,井尾木根,羊廖,羊歪塘
兴义村	自然村(5):高村、放塘、逢村、茅田唐、屋山廖
大德村	自然村(22):岭尾、冲口、塘塝、社背、都本垌、山儿口、底岸、岭儿头、上岸、大冲、动德垌、大坡垌、大坡、浧垌、桥头、学木山、大田背、秀水、枫木垌、岭亚、象山、高埌
义良村	自然村(19):本村垌、义良、茅社背、沙田埤背、禾冲、长冲、南塘、车较垌、奕田、六眼塘、白塘、白村、荣光、简口背、石柱垌、踏对冲、独冲、都木、蒲垌
莲垌村	自然村(24):屋脑、埌头、开荒、稿冲、东岸、屋岸垌、莲垌、塘嘴、念子坡、四和冲、大爽冲、上垌头、平田垌、夏郡、合理冲、新冲口、第一步河、新冲、马王、旱垌、上村、大河塝、木魁、田冲
洲祖村	自然村(26):必背、上河、高埌、天户、大社、岑辽、八马嘴、六斗、塘儿头、崩庙、木季冲、马栏嘴、山寮、公船口、外垌、丽水、六崩、洲祖、李社、屯兴洲、大屋背、坛蒙岭嘴、新村、时米峥、旧村、公琼
勒竹村	自然村(11):勒竹、里杠、中村、木背岭脚、仰盎塘、赋诗垌、木底埌、井塘、大秧地、马坡、大界埌
彩塘村	自然村(12):彩塘、中村、寨村、白竹、四另、罗屋、文正田、众塘、盆古、竹儿埌、山塘、瓦瑶
双德村	自然村(20):双底、十庙坡、龙腾、九旺坡、三界、天川岭、牛睡冲、夹祥塘、德唛、敌塘、车田、公洁、大陆冲、茶山村、庙背坪、那容、大塘坪、六桥、天户窈、富悦
共和村	自然村(10):烟寮、旺坡、丰田峥、旺济垌、乐闲垌、尚村、江运、大塘、高顺垌、尚方埌
那塘村	自然村(15):龙樟界、平山、界村、瑶塘、那碌、木空、蟠古、鸡公头、马村、冰洲、三均塘、甘村、六燕口、十哥、天塘
古兰村	自然村(12):古兰、白木岭嘴、崩冲塝、想思坝、料木口、木桥垌、文高垌、廊山、文离山、外例、里例、罗冲口
古厚村	自然村(15):尚厚、高田、高车、大村、社垌、马蹄、古湾、英良山、高镰、六凛、岭噴、独州、独啦、旺四、禾寮垌

2005年和平镇村(社区)、自然村表

表1-1-12

社区、村(社区1个、村17个)	自然村(184个)
和平街社区	居民点(7):上西街、下西街、上中兴街、下中兴街、振东街、南街、北街
和平村	自然村(7):面先坡、思明、大粒、桥头、塘塝、大心坡、珠塘坡
石桥村	自然村(11):石桥、桥头、庙弯、石岭、马鹿坟、石桥村、中央垌、寺村、河村、大塘、十里

续表

社区、村（社区1个、村17个）	自然村(184个)
座垌村	自然村(5)：座垌、山寮、塘窝、棋盘脚、王官背
龙塘村	自然村(11)：龙塘、马王垌、岭咀、水滴、马塘、社排、桂寮、上塘、大冲口、大岭脚、勒背
屯江村	自然村(14)：荔枝、月塘、都竹、竹园、白冲、赤泥、上厢、下厢、沙地河、罗山、街外、交场坪、大木根、西门岭
榄莫村	自然村(5)：白沙、广村、榄塝、莫村、旧村坡
双垌村	自然村(16)：双村、平安、窑寨、村头、大王岭脚、牛路塘头、林山、风堆、佛子洲、中村、清塘、六塘岭、生芽、特洲、什岸、村尾
平竹村	自然村(8)：竹村、沙嘴、罗意、平溪、深冲口、佛子脚、石磊脚、银牛屎
陈塘村	自然村(14)：岭尾、山寮、马塘脚、蒙头、罗社塘、陈村、蔡村、良岸、白石、垌心、覃九塘、沙仔岭、栗塘、中三铺
官罗村	自然村(13)：外罗、中罗、里罗、出水坪、古彰嘴、牛场冲、沙垌、地塘嘴、都管、牛辇、六茂冲、雷垂、野鸭冲
都坡村	自然村(12)：都坡、六禾咀、大冲口、留村、官塘、六对垌、古心、簝箕塘、练村、旱岭、罗畔、垌头岭
志成村	自然村(13)：岭头、大坟湾、岭冲、上坝岭、猪肚岭、磨刀石、大坪岭、务伦、独屋儿、社背、罗塘、岭脚、鸡嘴坡
木依村	自然村(11)：下木依、上木依、莲花岭、旺岭、长敢、大冲、三角坪、灯草冲、搞手椅、大禾田、万盛岐
新良村	自然村(28)：新垌、风柜岭、公寮岭、古肖岭、洲院、石桥头、望星、鸡公冲、中央垌、雷庙、石标、大涎、六社、大化、班垌、英塘、大城肚、车田、洲村、长能、上题诗、时有、下题诗、下岭洲、河东厢、罗蛮、新村、新英
新平村	自然村(3)：营盘肚、滩头、蒙椤
思源村	自然村(3)：里思园、外思园、罗笛嘴
新塘村	自然村(10)：新塘、新村、鸭颈岭、冯屋、田寮、窑村、荒岭脚、白竹、罗胡背、罗胡垌

2005年太平镇村（社区）、自然村表

表1-1-13

社区、村（社区5个、村20个）	自然村(257个)
上元社区	居民点(7)：上元街、共青路、青元巷、青平巷、青华巷、兴元巷、二帝庙
正东社区	居民点(3)：石地路、合兴街、正东街
德胜社区	居民点(1)：德胜街
泰州南社区	居民点(10)：泰州南路、梧太路、新政路、新马街、新民街、康城居、紫微街、中华巷、中元巷、中兴巷
泰州北社区	居民点(9)：泰州北、宁风路、河塘1路、河塘2路、百兴1-8路，石阶路、三文街、田福街、白云街
下黎村	自然村(1)：下黎
健安村	自然村(8)：中楼、上楼、大平岭、横岭、村主、牛排塘、大胜、朗寮
新雅村	自然村(21)：雅片、江口、石地岭、岭儿顶、河塘、邑台、竹强、榄垌、候线、罗丈、勒竹、社垌、马路、旧屋、大鸭、金步州、新村、坛西、古扎、高来、那公平
安福村	自然村(11)：东水、那罩、班乐、古德、那良、金田、石塘、大案、石山、垌井、欧村
浮田村	自然村(15)：浮村、石窝、六全、弯化、公教、红桥、马肚、大界、大山、英来、那花洲、旱田辽、坛空、里坛空、丁田
七政村	自然村(14)：桂岭、班削、横岭、塘头、大村、公连冲、岑岭、罗魁、龙德、任村、木余、旺建州、大涎、桂岭新村

续表

社区、村(社区5个、村20个)	自然村(257个)
柴咀村	自然村(16):柴咀、藤口、屋塘、义廉、大竹窝、白运、白竹口、乌淡、三加、公流、大平、社龙、方塘、都更、真砖、龙头
良垌村	自然村(10):东观、塘冲、九槐、古碌、月榄、石脚、桂冲、大竹冲、良垌、那河
大坡村	自然村(22):十众、旺简、龙塘、水寨、那良垌、高车、杨江、桥头、大坡、大塘、新村、佛子、旺牛、龙田、石达、那塘、来怜、良肖、利山、岭咀、都贡、岭顶
木崖村	自然村(5):木崖、六庙口、大塘、岭背、昨炉等
古秀村	自然村(20):古秀、底垌、那蓬、列垌、后性、社背、里林、社木棒、上兴、下角、大山、横岭、加建、养牛棒、南栏、那老、那亮、田州、石人、上垌
陈垌村	自然村(4):陈垌、佛制、围三垌、龙垌等
善庆村	自然村(16):东平、樟木山、丹竹根、下平、西平、中垌、车田、寺村、旺妖、六接、旺九、古架、旺语、公荫、坡社、古答
仁安村	自然村(18):步算、东光、白竹、塘坎、公良、双桥、山口、木眼、雅瑶、排浸、梧柏、六堤、大塘、佛子、坛容、六榄、坛调、付众
石夏村	自然村(13):罗学州、全村、那两、那三当、中央村、里村、文脚坝、古笃、下车、中乇、石夏、表岭、黄花岭等
永平村	自然村(14):下寨、大瑶、岩作、水口、桂山、背垌、六和、垌田、把伞、长滩、黄垌、东荣、冲白、高滩
罗社村	自然村(6):五里坪、罗云、社坪、六文棒、山耙、蓬容等
金田村	自然村(14):新寨、新垌、金田、陈屋、温屋、高城、东养、暗段、下马、横桥、石仁、大旺、石燕山口、横桥新村
永良村	自然村(12):上村、底村、竹山、石义、烟辽岭、塘州、那容、桥头、地坪、乐九、思旺、石冲
东皇村	自然村(17):孔村、黄皮、西黄皮、东黄皮、自希、亲村、大村、周冲、周胡、池冲、福船、南口、大塘、黄基、西岸、石剑、大田头

2005年古龙镇村、自然村表

表1-1-14

村(10个)	自然村(132个)
古龙村	自然村(10):古龙、大垌、福船寨、齐村、田塝、大冲河、罗马、冲凹、下廊、都旧
田心村	自然村(18):田心、坡头、胜山、马景、料村、良村、大廊、廊冲、白枚、岑赵、六廊、寨头、沙村、大坡、满塘凹、底河、白灭垌、羊角冲
忠隆村	自然村(16):忠隆、河村、成村、古另、汶井、伏村、大地坪、油麻、高英、林村、塘村、新村、中坡、大山、又田、龙母社
合隆村	自然村(15):利田、四六、湴垌、大坪、大水冲、冲脑、靴田、上寨、大塘塝、峥顶、思竞、寺顶、大燕、兰田、松花垌
金凤村	自然村(10):凤村、水圳、寨、邦播、金坡、蒙埌、六坡、大塝、山儿界、唱歌塝
德安村	自然村(16):大社、冲口、东京、高段、旺赖、竹山、面先田、石奇、田凹、栗木、东瓜、大竹根、那白、杉木脚、石桥、十庙塝
大　村	自然村(13):大村、寺坡、高田、六双、京村、效村、旺舍、那斋、管村、大山、陆贝、陆中、龙京坪
泗洲村	自然村(7):模村、木河、朗富、寨根、天祥、全村、大田
长沙村	自然村(15):长沙、六村、英台、屯良、沙冲、公亮、六排、桂平、横肉岭、思兰、六了、狮子顶、状元山、利了、德文
陈平村	自然村(12):北星、思罗、六郑、大垌、佛电、陈山、长陈、六板、广古、平竹、石蛤、佛子

2005年平福乡村、自然村表

表 1-1-15

村(14个)	自然村(299个)
平福村	自然村(23)：平福、中村、合水、上铺、四方、白石、那状、古风、古店、古池、西芒、王畔、山琶、六怀、外峡、里峡、大冲、藤空山下、山料、田背、良金、文龙、六倍
社平村	自然村(18)：社平、新屋、岭及、能牙冲、古集、大坎、古叮、尚鬼冲、古团、大爽崎、大冲、东京、茶子辽、高田、东广、焕村、里木、六双
留利村	自然村(21)：广隆坪、长圳、里利、公恩、留利、横龙、大真砖、真砖儿、那问、付乐、六埒、六勒、中两、外木、黄坭、田辽、古例坪、那要、古忠隘、排碗、藤兰
定安村	自然村(11)：丹竹、兰够坪、新田、西黄牛、丹乐、东兰顶、那两、那坛、冲口、古模、所垌
巷蓬村	自然村(20)：巷蓬、罗行、六麋、新明、古道、兰秀、花瑶、桐油墙、花围、巷碌、大地、高潭、新安、普济、上垌、钢鉠、藤冲、古蓬、塘浸、古荻
思园村	自然村(23)：都合、把虾、佛子、雅村、平田、下料、高超、上料、古垌冲、那蓬、那兰、那平、大竹冲、大垌、石头磊、德荣、六板、公坪、东平、木桂、新田、塘头、观当
仁厚村	自然村(24)：旧村、三蒙、文垌、桃花、六坛、班超、龙门、里古活、山猪坪、那东、大垌、六迁、大坪、班下、那西、六观、上堂、大油、桐油街、古容、社底、中村、扶桃、那祥
民安村	自然村(19)：山脚、同碌、上寨、六嘲、大冲、古雷、大蓝、新地、大东、古离塝、大香冲、巷碌、巷播坪、新菜、下呤、步丰、外中六、里中六、那益
寻　村	自然村(18)：寻村、龙江、花寻、岐养坪、官赖、白屋、民生、大胜、桥卢、垌两、古低、花黄、花围、那空、横杈、也西、进香、学校
莫泗村	自然村(23)：莫泗、里斗、外斗、下莫泗、十排、六坭坪、古碟、黄婆、中旧、饭浸、新屋、新村、古长、双平、六花、古朝、古强、古凭、古蛟、那平、东眼、那郎、长梨
下双村	自然村(18)：下双、古奔、古龙、古栈、门白、白书、行江、马路、同三、古浸、新寨、下计、古强、同再、长江、上巷、石榴、藤空
沙街村	自然村(35)：沙街、那空、古端、下寨、那成、行当、古满、垌空、古乐、高山冲、岭应、六凡、卜卢、官符、北够、北够口、上莫九、下莫九、香地、彭社、雷冲、古流、六权、磨脏界、丰门、都鸦、排界、东良、安垌、新村、社冲、上爽、西京、进香、古喜
桃花村	自然村(26)：庄香、佛金、那磨、苍雅、花赵、古否、黄家口、古金、三界、长华、那碌、古带、古蝉、北合、常四、料屯、古往、六够、古蝉坪、古着、横岗、料垌、双蓬、那当、上信、六麋
中太村	自然村(20)：赤离、上利祝、下利祝、西眼、古旦、那鸡、再田、双横、古览、古小、横龙、金榜、六忑、六社、毛吊、马坭、古夯、上垌、桥头、古岭

2005年东荣镇村、自然村表

表 1-1-16

村(13个)	自然村(221个)
东荣村	自然村(8)：东荣、上道姑、道姑、下道姑、班角、小带、高村、桥头
思排村	自然村(6)：思排、龙公、旺耐、朝信、那东、罗汶
杨垌村	自然村(23)：住官、里石仁、外石仁、社背、新村、德架、白坟、小垌、遵治、替村、替脑、那黎、杨垌、桂山、六怀、黄香、东三、大碑、同良、高良、南蛇头、南蛇尾、山白
华安村	自然村(7)：上坡、罗湖、罗湖中、六皮、利道中、嵩岩、塘劝
夏垌村	自然村(11)：夏垌口、金团脑、夏垌脑、茶三、社咀、那兰、林秀、那邹冲、朋再、朋茶、杈积
甘塘村	自然村(13)：上楠、外塘、里塘、高埌、大垌、德架、公星、古泻、楞头、下虎、垌尾、古快、凤柜
护安村	自然村(26)：下坡、上坡、垌尾、思垌、大村坪、禾寮咀、大全、大缠、车田、高台、上列、谷屯、社垌、常山、陈竹、益头、三吉、庭轶、庭寿、周村坪、六禾垌、坡治、新衣、外棒、湾灶、公香

续表

村(13个)	自然村(221个)
上峡村	自然村(19):花明、礼周、古考、东黎、那么、六勒冲、德架、古彬、子贡、罗锄冲、塘留、郧开、下六、满村、三角、那越、交冲、那庆、强龙
三江村	自然村(12):三江、茶棒、幕依、六禾垌、莫四、下昨雅、山脚、车仔垌、那坡、周冲、冲脑、西坪
大带村	自然村(27):冲口、塘背、古浪、新旺、六怀、大带、大峡、六凛、六卜、古龙冲、峡口、外公歪、公歪、里公歪、六巢冲、瓜坪、高雨坪、古朝、石垌、那蒲、高雨冲、那强、班北、渔汕、中奖、新村、班桂
坡头村	自然村(27):丽口、大村、社棒、木王、长田、地再、大碑、六我、茶三、蓝山、六鹿坪、古决坡、古棉营、加晏、岭辽、古常、小东岸、大东岸、义和祥、坡头、垌空、地贡、雅屋、佛子、那保、藤坪、大马
昨雅村	自然村(13):上昨雅、大垌、新兴、候豆、安塘、三界、六豆、新荣、上垌、六旺、乐中、木范、陈田
均常村	自然村(29):均常、自治头、自治中、自治村、鸡塘、鸡滩、京垌、妙两、朗里、简辽、北府、大棒、红毛冲、竹益辽、田长、岭咀、信山、克石、齐佛冲、古腰顶、茅冲、社辽、三厅冲、六歪冲、茶山棒、岦竹顶、上巴顶、底巴、茅冲垌

2005年大黎镇村、自然村表

表1-1-17

村(26个)	自然村(449个)
大黎村	自然村(11):大黎街、旺官、车田、东项、长垌、武林、高村、寨顶、古制、长地、中央垌
朝林村	自然村(17):茶棒、朝林、坡霞、那度、藤六、大棒、能告、六再冲、古志、社屯、竹围、三只、夏柳大树、山顶、六属、旱雷坪、高浪
平安村	自然村(19):那兰、大段、利有、古雨、那黎、荣耳、茶山、六先、大村、桂山、地平、冲尾、扃村、茶亭、那望、六连、班寨、古决、三法冲
国安村	自然村(8):三达、龙塘、岩村、佛子、务本、塘楼、学堂、大榕坪
东安村	自然村(19):坡冋、黄婆、西岸、木鸭、古安、三水、六怀冲、五里、大垌、中兴奇、北连、对丰、六怀、东岸、松山脚、六富、台都、瓦厂、钳辽
兴安村	自然村(9):昨炉、六禀、六巢、古再、古正、那巢、六蓬、三门、那营
古盘村	自然村(11):古战、白马山、白马顶、蓝光、古龙、山顶、古荣、大道、志坚、古湾、排碗
祥江村	自然村(24):兴村、长山冲、登找、大畔、六怀、登道、旺江、三佰碌、华景、旺柏、江口、匏坪、北容、白石、花莲、进良、中门冲、连交、大冲口、回龙、那齐、大进坪、山顶、古辽
永和村	自然村(11):孟村、那黎、利照、康乐、六杰、六香、进香、旺江、北兼、古泛、兴兰冲
来历村	自然村(16):来历、大湴、山顶、旺佰、六仙尾、朝八、崖门、古相、六内口、古塘、香地垌、兰岗垌、禾寮塝、古眼、大田塝、山扃
和安村	自然村(10):瓦厂、文塘、古致、六斋、林丈、都六、田寮、长滩、卡化坪、平丰
上荣村	自然村(20):上荣、西雅、下盟、塘田、大山、佛子、古幼、六吉、鱼跳、加庆、竹沙、磨陀、高山、坭冲、古未、六再、六车、平杉、那益、六足
花洲村	自然村(23):那局、花洲、古借、六邓冲、学叁、古作、长贤、古传、两头坪、那两、昨瓦、六桥、小大界、古羌、被假、新屋、东岸冲、苗壮、古罗、古叙、回龙、容扶、茶来
理答村	自然村(23):理答、东良、邦香、六广冲、古替、朝廉、六过、六过山、马板坪、旧屋坪、六脑坪、藤大口、蓝山、古塘、西源冲、西勃冲、理答冲、中垌、理埔坪、那教、古服、黑石、六晓
白祝村	自然村(23):六谷、白祝、藤桃、六者、彭降、六兰冲、六要、排再、马仔、祝光、德假、蓝光、三保、光朗、古柴、夏汁、六践、大安崎、六传、外六要、六崖口、之景、蓝山
太兴村	自然村(30):那蓬、高埌、新旺、东梅、社背冲、东庙、新屋、那味、德哇、德哇仔、金北、牛栏冲、六蓬、古希、山顶、三益、排吊、排吊垌、昨炉、益利、藤水垌、那权、垌三傍、新田冲、知教、夏照棒、六萎口、高桥、古杉、立猛
黎田村	自然村(24):黎田、古廉、教化、野仙、古皮、宏客、那我、西冲、同降、岭崎嘴、茶子、公回、罗湾、塘尾、英谭、王正、三叉冲、王姜冲、罗姑、那寨、古罗、台良、彭散、山石

续表

村(26个)	自然村(449个)
富斗村	自然村(9):大垌、禾仓、盐水、同观、皮冲、皮冲尾、正冲、枇杷冲、古利
宁康村	自然村(13):寺垌、独田、也里、垌美、中垌、寺村、六回、垌丰、垌观、碑垌、垌妙、连敲、大榜
大塘村	自然村(18):大坪、大塘、古猫冲、古猫口、六榜冲、同碌、那福、满冲、盆龙、六容、新村、六容口、小容、安田塝、六豆坪、中甲、大宅、白马
孟塘村	自然村(21):油麻、同英、瓦厂、德柜、马王口、马王冲、岭垄、都兵、狀龙坪、六兰尾、蓝光、王章、古泻、高埌、社坪、古晏、那两共、六礼、杨梅、德毛、六兰
永太村	自然村(16):东龙、新屋、榕木、大冲、竹高冲尾、水对垌、六垌、刘屋、平太、庙背、六修冲、中村、旧村、古救、禾棉垌、六里垌
新旺村	自然村(18):克潭,那丁,那黑,马坪,藤展,甘村,大岭脚,利留,社垌,塘口,利蓬,桥头,德羌,大江塝,同古,大石垌,古寸,大冲
料南村	自然村(19):料南、社垌、那蓬、盘古、丈义、古泻、高埌、古丢、大石口、大石、加马、那拉、能油坪、安京、田辽、高黎、桐油坪、古碌、高兰冲
都邦村	自然村(14):大庙坪、都邦、石桥、古柜外、古里、古蛟平、香烟冲、六兰口、大兰冲、六榄、六合冲、大界、碑垌、长灯口
平桂村	自然村(24):古笋、平桂、古烟、古豆、古福、利假、藤孟坪、六古坪、大塝、那蓬山、潭北脚、金富、那荡冲、古线、山顶、六万、那蓬口、米贵垌、六兰、大白冲、那空、冲尾、古有、岭坪

第四节　行政区域界线

县界

2001年9月,藤县与相邻的岑溪市、苍梧县、贺州市昭平县、蒙山县、长洲区、贵港市平南县、玉林市容县人民政府联合完成县、市、区边界线勘定。共计勘定藤县界线604.85千米,其中:藤县与岑溪市界线长78.45千米,藤县与苍梧县界线长125.59千米,藤县与蒙山县界线长70.25千米,藤县与贵港市平南县界线长220.37千米,藤县与玉林市容县界线长42.62千米,藤县与梧州市长洲区界线长2.2千米,藤县与贺州市昭平县界线长65.37千米。2000年,与周边县、市、区在交界处设立双面界碑9块,三面界碑6块。藤县与岑溪市交界处的界碑有1块,设立在同心镇森塘村地域上;与苍梧县交界处的界碑有1块,设立在古龙镇古龙村地域上;与昭平县交界处的界碑有2块,1块设立在平福乡中太村地域上,另1块设立在古龙镇共青林场地域上;与蒙山县交界处的界碑有1块,设立在东荣镇夏垌村地域上;与长洲区交界处的界碑有1块,1块设立在塘步镇大元村地域上;与平南县交界处的界碑有2块,1块设立在天平镇罗垌村地域上,另1块设立在和平镇志城村地域上;与容县交界处的界碑有1块,设立在岭景镇岭景村地域上;与昭平县、蒙山县交界处的界碑(指三面界碑)设立在平福乡桃花村地域上;与昭平县、苍梧县交界处的界碑设立在古龙共青林场地域上;与岑溪市、苍梧县交界处的界碑设立在埌南镇新勤村地域上,与平南县、容县交界处的界碑设立岑景镇篁村地域上;与平南县、蒙山县交界处的界碑设立在大黎镇富斗村的地域上;与长洲区、苍梧县交界处的界碑设立在塘步镇大元村地域上。

乡镇界

2002年,开展乡镇边界勘定,至2003年11月结束,勘定全县19个乡镇边界线33条,总长534千米。确定乡镇边界交会点50个。编写毗邻乡镇行政区域界线协议书33份,标绘边界线地形图90幅。

第五节　县城　乡镇

县城

县城藤城镇位于县境中部偏东南,浔江下游南岸,北流河(绣江)与浔江交汇处。是藤县县委、县政府驻地。藤（县）新（地）公路、藤（县）容（县）公路、南（宁）梧（州）二级公路、潭（东）太（平）公路交汇于此。浔江航道上通贵港、南宁、柳州，下达梧州、广东、港澳，北流河机船可至容县、北流。

建城始于晋代，历为郡、州、县治所。晋穆帝升平五年（361 年），郡、县治设于现藤城胜西村一带，县城范围包括现胜西村和东胜雅瑶自然村。安基、夫宁、永平、石州、藤州、建陵等州郡县治曾设于此，宋开宝六年（973 年）州治西移 1 千米至绣江西岸今河西城区，其后为州县治所至今。

1990 年，县政府开发河西大冲肚，建设人民路。20 世纪 90 年代初，城南雷堂顶一坪、二坪、三坪土地开发完成，利用土地 12.6 万平方米。1991 年，城区扩展东至胜西村藤州糖厂附近，南至雷堂顶二平、西至招牌顶港务客运站，面积 3 平方千米，居住人口 3.8 万人。主要街道 14 条，总长 7.07 千米。水厂供水规模每天 1 万立方米，城区排水道长 3872 米。主要工业企业有麻纺织厂、丝绸厂、印刷厂、农机厂、五金厂、汽车修理厂、造船厂、水泥厂、化工厂、塑料厂、糖厂、淀粉厂、碾米厂、食品加工厂，以及属地区的中胜火力发电厂等 20 多家。商业有百货、五金交电、糖烟酒、土产、食杂等综合商场 10 家，酒家、旅社、招待所 10 多家。文化设施有电视转播台、影剧院、文化馆、图书馆、博物馆、文化宫、舞厅、体育场等。教育设施有教师进修学校 1 所、中学 4 所、小学 5 所、幼儿园 1 所。医疗卫生设施有县医院 2 所、乡镇医院 2 所，以及防疫站、妇幼保健站等。城内还有东山公园、河堤公园，以及浮金亭、访苏亭、太平天国四王亭、菊魁亭等名胜古迹。

1992 年，县委、县政府决定开发河东新城区。8 月，县城河东新区开发动工。1993 年，平整建设用地 13.81 万平方米；开通 24 米街道路基 1.39 千米，铺设 40 米街及支路泥结碎石简易路面 1.68 千米。1994 年，平整土地 49.83 万平方米。1995 年，河东挂榜路、南进城路工程先后竣工；政贤路、藤州大道也陆续开工建设。1996 年—1999 年，相继有东兴花园、聚宝盘、望天螺小区先后开发成功。同时，河西南湖小区开发完成。1999 年年末，县城城区面积 3.31 平方千米，人口增至 5.61 万人。1999 年—2000 年，建设河东广场，占地面积 3 万多平方米。

2003 年，投资 800 万元建设河东体育馆，占地 16 万平方米，建筑面积 6500 平方米。投资 240 多万元建设西江大桥至河东大转盘街道，按城市主干道三级标准建设，总长 580 米。投资 240 万元建设藤州大桥东桥头至大转盘大道，总长 638 米，按城市三级道路标准设计、车行道为双向 4 车道。年内，共有 320 栋私宅动工建设，总投资约 5500 万元，其中已竣工验收 110 栋，竣工建筑面积 3.1 万平方米。公建住宅有 22 栋动工建设，总投资 2200 万元，其中竣工验收 8 栋，竣工建筑面积 1.5 万平方米。至年末，已利用土地 230 万平方米，其中街道用地 51.7 万平方米，公用设施用地 35 万平方米，私人住宅用地 143 万平方米。按规划，尚待开发土地 50 公顷；在已平整的土地中，尚待建设利用土地 16 公顷。是年，为适应县城工业发展，开始在河东区东南边缘建设松塘新区为工业园区，新区规划面积 2.5 平方千米，至 2004 年 6 月，已开发土地 53.33 公顷，共利用土地 8 公顷。园区内供电和供水排水设施已建设。随着西江大桥和津濛公路的设计建设，县城规划向江北津北发展，津北新区规划面积 2.5 平方千米。至 2003 年，津北新区已平整土地 3 万平方米，已利用土地 3 万平方米，尚待开发和建设土地 7 万平方米。

2004 年—2005 年，政府加大对河东新开发区市政道路建设力度，新建津南路、民安路、挂榜路、南进城路、政贤路、藤州大道（藤州桥头至县交警大队）、东山路、津南路、民安路、藤州中学至教育局街道，以及 12 米以下街巷和各小区 12 米以下的街巷，河东区的街道已基本建设完成。

2005 年，县城建成区面积 12 平方千米，城区街道、道路总长 49.21 千米。城区绿地面积 32.76 公顷。城区内有藤州大桥，沟通河东、河西区；西江大桥，沟通江南、江北区。全城有供水管 DN100 以上管网 40.65 千米，全年水厂销售成品水 640 万立方米。有东山公园、挂榜岭公园。河东广场占地面积 3 万多平方米，其中有舞台、健身器材、花草绿化地等。有县级医院 6 家，有藤县中学、县一中、县五中、县职中、藤城中心小学、潭津小学、朝阳小学。有体育馆 1 座，配备国际标准篮球场地 1 个，观众坐席 4000 个，用于提供体育及相关服务的面积 2500 平方米。馆内设有国民体质测试室、舞蹈室、舞狮训练室等。体育馆前建有广场，面积 2500 平方米，设有小舞台，可进行文艺表演、电影放映等。

藤州镇

位于藤县中部，东接塘步镇、苍梧县人和镇，南界同心镇、金鸡镇，西连天平镇、濛江镇，北与苍梧县岭脚镇毗邻。2005年8月，由藤城、潭东、津北3镇合并设立，总面积369平方千米。镇政府驻县城津北小区。是县政府驻地，为全县的政治、经济、文化、金融、交通中心。镇内水陆交通便利，过境省道公路主干线有南（宁）梧（州）二级公路、藤（县）容（县）公路、藤（县）岑（县）公路、藤（县）太（平）公路；县境最大的河流浔江及其支流北流河穿腹而过，在县城交汇。2005年末，辖27个村民委员会和6个社区居民委员会与民生、丽新2个渔业社，636个村民小组，总人口145385人，占全县总人口的15.25%。

经济以工业、贸易、农业为支柱产业。工业以建材业、加工业、造船业为主。商业贸易以建材、汽车、摩托车、五金、电子产品、服装、家具、日用百货、农产品等为大宗。农业作物以水稻、花生、木薯、蔬菜、西瓜、龙眼、荔枝为主；养殖业以牛、马、猪、鸡、鸭为主，水产业发达，以人工捕捞和养殖两大类，江河网箱养殖面积大、产量高。主要林产品有木材、松脂、桂皮、八角、簕竹。

2005年，全镇耕地面积3154公顷，其中水田2532公顷，旱地622公顷。粮食作物播种面积4727公顷，总产量24153吨，其中稻谷产量20935吨。经济作物播种面积2385公顷。全年出栏肉猪69574头，家禽出栏369.29万羽，肉类总产量9551吨；水产品总产量3416吨，其中捕捞产量442吨，养殖产量2974吨。全年水果总产量9881吨，松脂产量1371吨，桂皮528吨，簕竹78.29万根。全镇有中心校5所（其中县直3所），小学校25所，教学点40个；有初级中学4所。镇内有县级医疗机构5个；乡镇级医疗机构3个；有个体诊所15个，中西药店68间。

藤城镇

藤城镇位于浔江下游南岸，北流河（绣江）与浔江交汇处。东、南、西面与潭东镇相连，北依浔江与津北镇隔江相望。藤城镇是一个沿江古镇，历为郡、州、县治所。清代称藤城。民国22年（1933年）为藤城区。民国31年（1942年）撤区并乡，称藤城镇。1951年4月属第一区。1955年5月改为城厢区。1958年1月撤区并乡，仍称藤城镇。8月撤乡镇，成立人民公社，隶城关人民公社。1959年4月从城关公社分出成立藤城公社。1961年5月，称藤城镇属城关区辖。1962年10月，从城关区分出设藤城镇。1968年11月，称藤城镇人民公社。1969年8月，藤城镇人民公社改称藤城公社。1984年8月，公社改为乡镇建制，藤城人民公社复称藤城镇。镇政府所在地县城区，是县政府驻地，为全县的政治、经济、文化、金融、交通中心。全镇总面积22.43平方千米，2004年总人口61525人。2005年8月，与潭东镇、津北镇合并设藤州镇。

20世纪90年代初，开辟河东新城区，总体规划范围3.74平方千米，并在老城区西部边缘开发大冲肚居住小区，面积1.03平方千米。至2001年，大冲肚小区已开发平整土地13.73万平方米，除公共设施用地外，已全部出让使用；河东新城区平整土地1.33平方千米，且已达“三通一平”（电通、水道、路通、土地平整）。占地3万平方米的县人民政府广场及10多个单位的综合大楼在区内相继落成。城区总面积3.20平方千米。

镇内经济以工业、商贸为主。1991年，藤城镇共有企业1145个，从业人员3276人。其中镇办企业5个、村街办企业4个、个体企业254个、其他882个。企业总收入1752.80万元。1992年，藤城镇胜西村多渠道筹资553万元，兴办造船厂、轧钢厂、自动化包装机械厂、纸箱厂、粘胶厂等。同年，镇政府引港商投资850万元，建成年产800万吨，产值1300万元的“健标”喷胶棉厂，为梧州地区乡镇级最大的中外合资企业。1994年，藤城船厂与梧州华洋股份有限公司、南宁市海达港澳轮船公司联合成立广西南宁海达港澳轮船公司藤县分公司。该公司是梧州地区首家乡镇级具有直航港澳地区资格的船运公司，也是广西首家拥有能同时上落两艘500吨级铁船的船埠坞公司。2002年，藤城镇有乡镇企业3667个，从业人员1.5万人，企业总收入6.10亿元。2003年，藤城镇引进项目12个，引进资金1.10亿元。

80年代中期后，私营商业、服务业发展迅猛，个体商户经营规模逐步扩大，经营范围遍及旅宿业、饮食业、娱乐业、照相、修理、服装、五金家电、农副土特产品等行业。县城西江路东起角嘴，西至粮所码头，登俊路南连绣江路，北连水巷口码头，成为商业中心。2001年，全城集贸市场有朱砂井、城西、城北及河东新城区金叶市场等，市场年成交额8.8亿元。有国营、集体商业网点120余家，个体工商户1306户，从业人员4500

多人。此后增建南湖、金华、西后、朝阳、文化宫、新世纪、兴达等市(商)场。

1990年,全镇有高完中2所(其中县直1所),初中6所,中心小学校4所,小学校27所。90年代中期后,学前教育迅速发展,每个小学均开设学前班,社会力量办幼儿园迅速增加。至1997年普及九年义务教育。

境内农业以渔业与蔬菜为主,2004年水产品总产量891吨,其中捕捞产量144吨,养殖总产量747吨;蔬菜种植面积128公顷,总产量2795吨。

津北镇

位于县境中部,南临浔江与藤城镇、潭东镇塘步镇隔江相望,西界濛江镇,东北两面分别与苍梧县人和镇、岭脚镇接壤。清代属孝义乡辖。民国22年(1933年)为藤城区。民国31年(1942年)撤区并乡,称津北乡。1951年4月属第一区。1955年5月改属城厢区。1958年1月撤区并乡,仍称白沙乡。8月撤乡镇,成立人民公社,属城关人民公社。1960年6月从城关公社分出,设立白沙公社。1961年5月属城关区。1968年11月,区改称公社,城关区复称城关公社。1969年8月,从城关公社分出白沙人民公社。1984年8月,公社改为乡镇建制,白沙人民公社改称白沙乡。同年11月,白沙乡改称津北乡。1997年改为镇建制称津北镇。2005年8月,藤城镇、潭东镇、津北镇3镇合并,设立藤州镇至今。全镇总面积151.56平方千米。驻地白沙村距县城2千米。1958年属城关人民公社,1960年6月,从城关公社分出,设白沙人民公社,1962年为城关区辖,境内设安宁、永清、永隆、白沙、河口5个乡(小公社)。1968年11月,城关区改称城关人民公社,乡改称生产大队。1969年8月,从城关公社分出,复称白沙公社。1984年11月,改称津北乡。1997年7月乡改镇建制,称津北镇。2004年,辖10个村民委员会,总人口21381人。2005年8月,与藤城镇、潭东镇合并,设藤州镇。

境内地形属丘陵地带,东西北面为丘陵山区,山脉南北走向,地势南低北高。北回归线从境内穿过,属亚热带季风气候。

农业为境内经济支柱之一,主要农作物有水稻、花生、木薯、蔬菜等;水果以荔枝、龙眼、三华里、柚子、香蕉等为主;林业以松、杉为主。主要林产品有木材、松脂、玉桂、篙竹。北部山区村,林业发达,林产品丰富;南部浔江沿岸村则航运发达,且多种植蔬菜以商品出售县城。20世纪90年代后,境内劳动力多流向县城与外出务工。

1991年,乡镇企业有塑料制品厂、造船厂等企业。1993年有塑料制品厂2家,造船厂4家,种养场2个。2002年,有乡镇企业750个,总收入1.73亿元。

2004年,全镇粮食作物播种面积1453公顷,总产量7353吨,其中水稻播种1114公顷,产量6136吨;蔬菜种植面积737公顷,产量1.33万吨。全年出栏肉猪1.35万头,家禽出栏47.73万只,肉类总产量2022吨;全年水产品总产量308吨,其中天然捕捞量75吨,养殖产量233吨。全年生产松脂301吨,桂皮199吨。全镇有小学11所,初中1所,有文化广播电视站;有卫生院1所,医疗点7个。

潭东镇

潭东镇位于县境中部,浔江从北部边缘通过,北流河由南向北从境内穿过。东邻南安镇、埌南镇,南接同心镇、金鸡镇,西界天平镇,北临浔江与津北镇隔江相望。清代属孝义乡辖地。民国22年(1933年)为藤城区。民国31年(1942年)撤区并乡,称潭东乡。1951年4月属第一区。1955年5月改为城厢区。1958年1月撤区并乡,设潭东乡、平政乡、白沙乡。8月撤乡镇,成立人民公社,称城关人民公社。1959年4月从城关公社分出藤城公社,1960年6月从城关公社分出白沙公社。1961年5月称城关区,辖藤城镇、潭东公社、平政公社、白沙公社。1962年10月,从城关区分出藤城镇。1968年11月,区改称公社,城关区复称城关公社。1969年8月,从城关公社分出白沙公社。1984年8月,公社改为乡镇建制,城关人民公社改称城关乡。1991年,辖15个村公所,总人口5.10万人。1997年改为镇建制,城关乡改称潭东镇。镇政府驻县城。总面积194平方千米。2004年辖15个村民委员会,总人口6.09万人。境内有自治区级重点文物保护单位—宋朝中和窑址。2005年8月,与藤城镇、津北镇合并设藤州镇。

境内地形以丘陵山地为主,属亚热带季风气候,日照充足,气候温和,雨量充沛,无霜期长,土地肥沃,适合农作物生长,属农业大镇。粮食作物以水稻为主,为县内粮食主产区;经济作物有花生、甘蔗、西甜瓜、甜玉米、蔬菜、蚕桑等;水果主要有龙眼、荔枝、香蕉、柑橙等;畜牧水产业以猪、牛、家禽和"四大家鱼"的养殖为主。境内林业，用材林以松、杉为主；经济林有玉桂、八角、竹子等。2004年，全镇粮食作物播种面积3301公顷，总产量2.08万吨，其中水稻播种面积2622公顷，总产量1.88万吨；其他农作物播种面积3089公顷。全年出栏肉猪4.15万头，家禽102万羽，肉类总产量5480吨。全年水果总产量8239吨。水产品总产量1640吨，其中天然捕捞量144吨，养殖总产量1496吨。全年生产松脂269吨，篙竹24.45万根。

乡镇工业以航运及红砖、松脂生产、矿业、精细化工、木材加工等为主。1991年，有农械厂、钛矿场、建筑队等，年产值364.71万元。此后，加大招商引资力度，创造宽松环境，制订一系列投资优惠政策，吸引客商前来投资办企业。1994年，引进私营联办企业有船运公司、红砖厂、松脂厂、矿业公司、精细化工厂、木业公司等。2003年，引进项目3个，引进资金950万元。

2001年—2002年，镇成立业余合唱团1个，有村级文化大楼1座。2004年，全镇有中心小学1所，村小学14所，49个教学点；有初中3所。1998年，潭东镇卫生院与县精神病医院组成藤县第三人民医院。2002年，有医务人员62人，病床50张。

塘步镇

位于藤县东部，东邻苍梧县龙圩镇，南接埌南镇和苍梧县新地镇，西连藤州镇，北临浔江与苍梧县人和镇、长洲区长洲镇隔江相望，是藤县东大门。2002年4月，由南安镇、赤水乡合并设立塘步镇。总面积238.10平方千米。境内地形以低山丘陵为主，矿产资源丰富，以钛矿和高岭土而著名，其贮藏量为县内乡镇之首；此外还有金、银矿。钛矿主要分布于塘村、汗池、龙安、六坊等4个村；高岭土主要分布于古祀村和沙田村；金、银矿主要分布于石塘、六坊、孔良3个村。2005年辖16个村民委员会，总人口58302人，人口自然增长率5.42‰。浔江从境内北部边缘通过，境内禤洲岛，是县境最大岛屿。南梧二级公路从中部穿过。在建的梧州港赤水作业区在境内东部建设；在建的洛湛铁路过境。镇政府驻地塘步，沿公路向西距县城18千米，往东距梧州28千米。2005年，塘步集镇建成面积95公顷，居住人口5000人。

辖区地处亚热带，北回归线从北部边缘穿过，气候温暖，无霜期长；境内土地肥沃、水源充足，利于农作物生长，为县内粮食主产区之一。主要农作物有水稻、花生、甘蔗、西甜瓜、甜玉米、蔬菜、蚕桑等，其中禤洲黑皮冬瓜较负盛名；水果主要有砂糖橘、柚子、龙眼、荔枝、香蕉、柑橙等，其中砂糖橘量大品优；畜牧水产业以猪、牛、家禽和鱼的养殖为主。2005年全镇粮食作物播种面积4841公顷，总产量2.57万吨，其中水稻播种4373公顷，产量2.45万吨；蔬菜种植面积1556公顷，产量5.86万吨。全年出栏肉猪5.57万头，家禽103.03万只，肉类总产量6669吨。全年水果总产量2654吨，水产品总产量1111吨，其中天然捕捞量53吨，养殖总产量1058吨。全年生产松脂81吨，篙竹59.95万根。

镇内民间体育活跃。禤洲村武术醒狮队，1995年成立，至2005年，多次获得国内、国际大赛好成绩。2003获中国舞狮艺术赛金杯奖；2004年7月，获马来西亚第六届云顶狮王争霸“世界狮王”“东方狮王”称号，2006获国际狮王金奖。赤水龙舟队在梧州市闻名。

2005年，全镇有中心校1所，小学校15所，教学点40个；有初级中学4所。镇内有医疗点49个。

南安镇

位于县境东部，浔江南岸。东界赤水乡，南邻埌南镇，西接潭东镇，北与津北镇、苍梧县人和镇隔江相望。民国22年(1933年)，境内设陇村、南安、赤水、律村、开来5乡，属埌南区辖。31年，撤区并乡，仍为南安乡。1950年，属第二区。1955年5月属赤水区。1958年1月撤区并乡，复设南安乡。同年8月撤乡，与赤水乡合并称南安人民公社。1961年5月，分设南安、沙田人民公社。1962年10月设南安区，辖南安、赤水、沙田等14个小乡(小公社)。1968年11月，复称南安人民公社。1969年划莫埌大队归埌南公社。1984年8月，改称南安乡，并分出赤水乡。1990年2月，改为镇建制，称南安镇，总面积173.40平方千米。2001年辖10个村民委员会，总人口44197人，人口自然增长率9.0‰。2002年4月，撤销南安镇、赤水乡，合并成立塘步镇。政府驻地由南安街迁至南梧二级公路边的大罗村塘步。南梧二级公路从境内中部穿过，浔江从北部边缘通过，镇内水陆交通运输便利。

1996年，在南梧二级公路两旁新建塘步开发区，占地面积0.1平方公里。1998年10月，镇政府驻地由

南安镇砂糖橘丰收　（2005年摄）

南安圩搬迁至塘步新区，镇直单位亦随之迁移。由于镇政府搬迁，南安圩逐步衰落，塘步新区则不断发展。

农业、工业为南安镇经济支柱。主要农作物有水稻、花生、甘蔗、西甜瓜、甜玉米、蔬菜、蚕桑等，其中濛洲黑皮冬瓜较负盛名；水果主要有砂糖橘、柚子、龙眼、荔枝、香蕉、柑橙等，其中砂糖橘量大品优；畜牧水产业以猪、牛、家禽和鱼的养殖为主。工业以采矿业、陶瓷业、航运业为主。2001年，全镇耕地面积2184公顷，其中水田1764公顷。全年粮食作物播种面积3544公顷，总产量1.95万吨，其中水稻播种3277公顷，产量1.87万吨；蔬菜种植面积1039公顷。全年出栏肉猪3.26万头，家禽69.15万只，肉类总产量4034吨。全年水果总产量833吨，水产品总产量395吨，其中天然捕捞量17吨，养殖总产量378吨。全年生产松脂75吨，篙竹48.45万根。

矿产资源丰富，以钛矿和高岭土而著名，其贮藏量为县内乡镇之首，钛矿主要分布于塘村、汗池、龙安等3个村；高岭土主要分布于古祀村和沙田村。境内工业以采矿业、陶瓷业、建材、饲料加工、钛品加工为主。

赤水乡

位于县境东部，浔江南岸。东界苍梧县龙圩镇，南邻埌南镇、苍梧县新地镇，西接南安镇，北与苍梧县人和镇、梧州市长洲区隔江相望。民国22年（1933年），称赤水乡，属埌南区辖。31年，撤区并乡，仍为赤水乡。1950年，属第二区。1955年5月改称赤水区。1958年1月撤区并乡，复设赤水乡。同年8月撤乡，与南安乡合并称南安人民公社。1961年5月，分设赤水人民公社。1962年10月，设赤水小乡属南安区辖。1968年11月，复称南安人民公社。1984年8月，从南安公社分出成立赤水乡。全乡总面积64.70平方千米。乡政府驻地赤水圩距县城水路31公里，南（宁）梧（州）二级公路从境内穿过，水路有客运港口。2001年辖6个村民委员会，67个村民小组，总人口1.33万人。2002年4月，撤销南安镇、赤水乡，合并成立塘步镇。

境内经济以农业为主。1991年，耕地面积704.93公顷，其中水田594.6公顷，旱地110.33公顷。粮食作物播种面积1282.92公顷，总产量5757.2吨。全年生猪出栏5346头。以后，农业经济不断发展，畜牧水产业、水果业发展迅速。2001年，耕地面积717公顷，其中水田585公顷，旱地132公顷。粮食作物播种面积1321公顷，总产量7706吨。全年生猪出栏1.24万头，家禽出栏32.41万羽。肉类总产量1120吨。水产品总产量374吨，其中天然捕捞量88吨，养殖产量286吨。水果总产量244吨。

埌南镇

地处藤县东南部，东与苍梧县新地镇相邻，南与岑溪市安平镇接壤，西界同心镇，北连塘步镇。镇政府驻地距县城公路28公里，距梧州50公里。藤（县）新（地）公路横穿其境。民国22年（1933年）称埌南区，31年撤区并乡，改称埌

埌南镇柑橘丰收　（2005年摄）

南乡至新中国成立初。1951年属第三区。1958年8月改称东风公社。1961年5月复称埌南区。1968年11月改称埌南公社。1969年8月分出同心公社。1984年8月改为埌南乡。1990年撤乡改镇，称埌南镇。2005年辖13个村民委员会，总人口45078人。全镇总面积201.38平方千米，有耕地面积1887公顷，其中水田1599公顷。镇政府驻地坡圩。20世纪90年代后，当地政府加大小城镇建设，不断扩大集镇面积，先后分3期开发。2005年，集镇建成总面积0.65公顷，居住人口5018人。

境内属低山丘陵区，主要河流有白石河及其支流龙溪河。土壤以赤红、砂质土为主。矿产资源丰富，主要有钛矿、高岭土、重晶石、金、银等，其中钛矿、高岭土品位高、储量大，为县内主产区之一。

境内自然条件有利于农作物生长。粮食作物以水稻为主，20世纪90年代是县内粮食主产区。经济作物以水果、花生、蔬菜为主。林业主要有松、杉、八角、玉桂、水果、竹等，其中木材、松脂产量大；水果中的砂糖橘，由于产量大，品质优而闻名县内外。畜牧业以猪、牛、鸡、鸭为大宗。

2005年，全镇粮食作物播种面积2798公顷，总产量15179吨；年产木材600立方米、松脂165吨；水果总产量278吨，其中砂糖桔65吨。全年出栏肉猪34810头，家禽出栏85万羽。

同心镇

位于县境南部，东邻埌南镇，西界金鸡镇，南与岑溪市三堡镇相连，北与塘步镇接壤。镇政府驻地真胜村，距县城公路35千米。民国22年（1933年）至1950年属埌南区。1958年8月为东风公社辖地。1960年，从东风公社分出成立同心公社。1963年复归埌南区。1969年8月从埌南公社分出，复称同心人民公社。1984年8月，改称同心乡。1997年改镇建制称同心镇。2005年，全镇总面积134.65平方千米，有耕地面积994公顷，其中水田829公顷。辖9个村民委员会，总人口22310人。

镇政府驻地真胜村，为境内主要集市。1991年作出集镇建设规划，1991年—1995年完成圩镇建设开发区第一阶段，共0.85公顷，建成12米街110米，总投资43万元；1999年—2002年完成圩镇建设第二阶段开发，共1.67公顷，总投资138万元，建成246米长、12米宽的大街。2005年，集镇建成面积0.21平方千米，居住人口2500人。

境内丘陵起伏，峰岭连绵，最高山峰天堂顶，海拔643.20米，是藤、岑两县界山。矿产资源主要有钛矿、重晶石、铁矿、花岗岩等。

同心镇林业资源丰富，以松、杉为主，兼有黎木、荷木、樟木、格木等；经济林有八角、玉桂等。年产木材约1万立方米，最高年产松脂4100吨。1992年被国家林业部命名为全国产脂乡镇基地之一，是梧州市木材、松脂生产基地之一。1999年，全镇林地面积11766.67公顷，林木面积10980公顷，活立木蓄积量35.37万立方米，林地利用率94%，森林覆盖率80.2%，居全县乡镇第二位。

境内粮食作物以水稻为主，主要经济作物有花生、木薯、西瓜、蚕桑、佛手、砂糖橘、辣椒等；畜牧业以饲养猪、牛、鸡、鸭、鹅为主。2005年，全镇粮食作物播种面积1319公顷，总产量7614吨；全年出栏肉猪2.02万头，家禽出栏48万羽。2002年，全镇有桑园131.33公顷，获梧州市命名为5个乡镇桑蚕基地之一。

同心米粉，是藤县名优土特产品之一。有500多年历史，清朝时曾为宫廷贡品。1982年推行家庭联产承包责任制后，同心米粉迅速发展，一般年产量300~400吨。2005年，同心米粉产量最高峰，全年生产800吨，加工专业户145户，从业人员300多人，成立了多个米粉专业合作社。是年注册“正心”牌商标。

金鸡镇

位于藤县西南部，东接同心镇，南邻岑溪三堡、波塘镇，西界象棋、新庆镇，北连天平、潭东镇，全镇总面积250.4平方千米。藤（县）容（县）公路穿境而过，镇政府驻地距县城公路20公里。北流河从胜安村入境，流经9个行政村，于交口出境；其支流黄华河、义昌河分别于光华村、新民村与北流河交汇。境内中部和北部属低丘陵区，海拔80~150米。旺国盘地位于丘陵间，地势平缓；南部属中丘陵区，海拔150~300米之间。山地土壤以紫色土为主。村庄和稻田多分布于丘陵谷地及河流阶地。境内主要矿产资源有重晶石、铅锌矿，北流河金鸡段河砂丰富。

清嘉庆二十一年（1816年），属义昌乡，民国22年（1933年）称金鸡区。1953年称第七区，1958年称金星公社，1961年属象棋区，1962年设金鸡区，1968年称金鸡公社。1969年分出新庆。1984年称金鸡乡。1990年撤乡改镇，称金鸡镇。2005年辖金鸡、民乐、秀安、龙头、大垃、平山、陶塘、旺国、思善、同荣、古华、兴隆、交口、新中、镇安、胜安、同安、光华、新民、沙冲等20个村民委员会，总人口67040人。

金鸡集镇，1990年建成区面积0.05平方公里。此后，通过引资，加大集镇建设。2001年年底，集镇面积1.30平方千米，人口4514人。2005年，集镇建成区面积1.4平方千米，居住人口5814人。

金鸡镇街道一角　　(2002年摄)

1991年—2005年，全镇农村建房2800座，建筑面积计84万平方米，其中：框架结构780座，占28%，砖混结构2020座，占72%。旺国村新农村建设为典型示范村。1996年投资34万元，铺设旺国过境公路大街；投资37万元开发旺国小康示范村，并逐步建成乡村小集市。2001年，有旺国新市场，村委办公楼，旺国信用社，自来水厂，兽医站门市部，卫生院门诊部，学校等公共设施。2003年，加大招商引资力度，共引进项目3个，项目资金13082.9万元。其中金鸡水利枢纽工程引资12979.9万元，是县内引资较大的项目之一。

境内气候条件有利于农业生产发展，农业发达。2005年，全镇耕地面积2190公顷，其中水田1863公顷；粮食作物以水稻为主，1991年—2005年，年平均生产粮食18873吨；经济作物以无籽西瓜最著名，各村均有种植。以旺国、陶塘、大垃产量为最大。20世纪80—90年代，年均种植330公顷，亩产一般为2000~3000千克。金鸡无籽西瓜在粤、港、澳享有盛名，香港市场曾打出藤县金鸡旺国无籽西瓜招牌。此外，蚕桑、蘑菇、粉蕉、蔬菜等，亦有规模；畜牧业以猪、牛及家禽为主。2005年出栏生猪48271头，家禽127.84万羽。木材、松脂、竹子、玉桂是镇内林业主产品。玉桂多分布于南部，竹子是县内主产区之一，分布在北流河、黄华河、黄沙河两岸。2005年，生产松脂1097吨，桂皮185吨，篙竹230.70万支。水果，于20世纪90年代大兴种植。1990年，镇政府兴办旺国果场，面积133.33公顷，此后种果专业户不断兴起，至1999年，全镇水果总面积658公顷，由于受1999年特大霜冻，大部分果树被冻死，水果生产大幅下降，21世纪后逐步恢复。茶叶，为该镇特产，以金鸡绿茶最为著名，年产成品茶叶3吨。

新庆镇

位于藤县西南部，东界金鸡镇，南连象棋镇，西与平南县大洲镇毗邻，北与天平镇接壤。全镇总面积136.67平方千米。镇驻地距县城公路32千米，距镇驻地6千米处接藤（县）容（县）公路。民国22年(1933年）属象棋区，辖区内设高田乡、黄沙乡。31年，撤区并乡，称三达乡，辖9个村。1953年6月，属第七区。1955年5月，属象棋区辖。1958年1月，设新庆乡。同年8月，并入金星人民公社。1960年6月，从金星人民公社分出，称新庆人民公社。1962年属金鸡区。1968年属金鸡人民公社。1969年8月，从金鸡公社分出复称新庆人民公社。1984年改为新庆乡。1999年12月，改镇建制称新庆镇。2005年，辖11个村民委员会，总人口38776人。全镇耕地面积1000公顷，其中水田915公顷。镇驻大路圩。

新庆镇街道一角　　(2002年摄)

境内地貌以丘陵为主，主要河流有龙山河、

庆旺河，均属北流河支流。土壤以赤红壤、沙质土为主。全镇经济以农业为主。粮食作物主要为水稻，1991年播种面积1917.27公顷，总产量1.03万吨。2005年，粮食产量1.39万吨。主要经济作物有花生、西瓜、番茄、辣椒等。畜牧业以猪、牛、家禽为主。1991年生猪出栏6673头，2005年出栏30273头；2005年家禽出栏60.93万羽。主要林产品有木材、松脂、玉桂，2005年生产松脂470吨，桂皮73吨；水果有蜜柚、荔枝、龙眼、葡萄、香蕉、柑橘等，2005年水果总产量1422吨。

象棋镇

位于藤县西南部，东交金鸡镇和岑溪市波塘镇，南邻容县自良镇、浪水乡，西连岭景镇，北接新庆镇。境内河柳村为县境最南端。全镇总面积183.20平方千米，境内矿产资源主要有铅锌矿，北流河河砂丰富。藤（县）容（县）公路从境内穿过，距镇驻地2千米；北流河从中部贯穿全境，龙凤大桥跨过北流河而沟通全镇南北。镇驻地距县城公路38千米。民国22年（1933年）称象棋区，辖金鸡、大坟、高田、黄沙、潘垌、甘村、新村、岭景等乡。31年撤区改乡，称象棋乡。1950年2月，属第四区。1951年2月，属第六区。1958年称卫星公社。1960年改称象棋公社。1984年称象棋乡。1990年撤乡改镇称象棋镇。2005年辖15个委员会，总人口42703人。

沟通象棋南北的龙凤大桥　　（2001年12月摄）

境内地貌以丘陵为主，属南亚热带季风气候。林业生产发达，有松脂、玉桂、篙竹、沙田柚四大特产。玉桂种植面积大，桂皮、桂油产量高，是藤县主产区之一。20世纪90年代，大力推进林业产业结构调整，玉桂种植面积得到进一步扩大。2005年，全镇玉桂面积3876.7公顷，生产桂皮460吨，占全县总产量21.43%；松脂亦为镇内的大宗林产品，篙竹是镇内林业的支柱产业。象棋沙田柚，因其量大质佳而闻名县内外。20世纪90年代，该镇实施农业综合开发，着力产业结构调整，沙田柚种植面积得到进一步扩大，2005年，全镇种植面积614公顷，总产量1980吨。除四大特产外，远近闻名的象棋大红菌为新兴土特产。1991年—1992年，外商开始到象棋收购大红菌贩往外地销售，从此逐步引起群众对大红菌的关注，随着社会对大红菌价值的认识，使之价格不断升高，从而形成知名的特产。

2005年，全镇耕地面积1507公顷，全年粮食作物播种面积2596公顷，总产量1.59万吨，其中稻谷产量1.54万吨。全镇生猪出栏2.91万头，家禽出栏61.5万羽。水产品养殖面积99公顷，产量686吨。

象棋镇传统体育活动丰富，最著名为篮球，1952年县第一届运动会、1968年县办农民篮球赛，象棋女子队获冠；1982年、1984年，象棋镇被梧州地区评为农村体育运动先进单位，1986年，被评为自治区农村体育先进单位；1988年—1993年，县举办的小学生“萌芽杯”篮球比赛中，象棋中心小学女子队获六连冠，男子队获五连冠。

岭景镇

位于藤县西南部，东接象棋镇、新庆镇，西与容县县底镇、平南县寺面镇、大坡镇相连，南邻容县自良镇，北接新庆镇、平南县大洲镇。民国22年（1933年）至1950年属象棋区。1951年2月，划入第六区。1958年1月撤区并乡，为岭景乡。1958年8月归卫星（象棋）人民公社管辖。1960年6月从象棋公社分出称岭景公社。1961年5月划入象棋区管辖。1962年10月，分出为岭景区。1968年11月，复称岭景公社。1984年8

月改称岭景乡。1999 年 11 月建镇，称岭景镇。2005 年辖 14 个村民委员会，总人口 38750 人。全镇总面积 190.26 平方千米。境内有泗罗河，属北流河一级支流。藤容公路从境内通过。

镇政府驻地距县城公路 48 千米，于 1956 年建圩，1992 年镇政府征地 2.40 公顷，建设新区。1993 年—1999 年，投入资金，加强集镇基础设施建设，从而带动居民住宅楼建设，2005 年集镇建成区面积 0.8 平方千米。

境内属低山丘陵地区，土地肥沃。2005 年，全镇耕地面积 1230 公顷，其中水田 1056 公顷。粮食作物以水稻为主，全年粮食作物播种面积 2225 公顷，总产量 1.25 万吨；经济作物有花生、木署、蔬菜等。畜牧业以猪、牛、家禽为主，2005 年出栏肉猪 3.17 万头，家禽 59.02 万羽。林业以松、杉、玉桂、竹子为主。主要林产品有木材，2000 年采伐量达 5500 立方米；松脂，为县内主产区之一，2005 年产脂 1137 吨；桂皮为该镇的林业支柱产业，2005 年，生产桂皮 284 吨，桂油 10 吨。水果生产以沙田柚为主，兼有柑、橙、柿、荔枝、龙眼等。2005 年沙田柚产量 930 吨。境内福鼎茶场位于岭景镇海拔 572.8 米的鹿伏岭，种植茶叶的山峰距村庄 5 千米。茶山良好的生态环境为种植有机茶奠定基础。2000 年，开始筹建福鼎茶场，第一期投资 120 万元，按有机茶标准种植 33.33 公顷福鼎名茶，2005 年，种植面积扩大至 100 公顷。所生产加工的茶叶，曾有一定的声誉。

天平镇

位于藤县西部，浔江南岸，是梧州市的西大门。东界潭东镇，南接新庆镇，西与平南县大安、大洲镇毗邻，北临浔江与濛江镇隔江相望。境内属丘陵地区，地势南高北低。主要河流有：浔江，从新马村入境，流经 6 个行政村，于思中村出境，境内流程 31 千米；天平河，发源于境内石英村，属浔江一级支流，全长 26.2 千米。南梧二级公路贯穿其中，镇驻地大沙坪距县城公路 30 千米。民国至 1950 年，天平属大沙、濛江区。1951 年为第八区。1958 年 8 月，称红旗人民公社。1961 年 5 月，属濛江区。境内设天平、新马、永康 3 个公社。1963 年改为天平区。1968 年 11 月，改称天平人民公社。1984 年 8 月，改为天平乡。1989 年撤乡改镇建制，称天平镇，属藤县大镇。1991 年，全县乡镇总面积第一，总人口第三。是明末兵部尚书袁崇焕故里。2005 年，全镇总面积 348 平方千米。辖 20 个村民委员会，总人口 74353 人。

镇政府驻地大沙坪，为镇内主要集市，1987 年集镇面积 0.049 平方千米，1992 年，对旧城区进行改造，1993 年开发新城区，建成一区，1994 年建成二区，1995 年开发建成三区。2001 年，集镇面积 2.50 平方千米，此后，城区面积继续扩展，2005 年，集镇建成面积 0.8 平方千米，居住人口 3952 人。天平镇依托南梧二级公路，在公路两旁的新兴村、龙胜村、新大村建设乡村集市。2005 年发展较成熟的有新兴村和新大村，逢农历三、六、九为圩期。

境内属亚热带季风气候，年平均气温 21℃，平均降水量 1400 毫米。境内山地土壤以红壤紫色土为主，耕地土层厚，地力肥沃。2005 年全镇耕地面积 2681 公顷，其中水田 2217 公顷。农作物以水稻为主，辅以经济作物，全年稻谷产量 2.75 万吨；主要经济作物有花生、木薯、西瓜、蔬菜等。畜牧业以猪、牛、家禽为主，全年出栏生猪 6.53 万头，家禽 132.63 万羽。水产品总产量 982 吨，其中天然捕捞 27 吨，人工养殖 955 吨。

主要林产品有：木材，2001 年为采伐量最大年，达 4000 立方米；松脂，1974 年生产松脂 2000 吨，被国家林业部授予"青山常在、松脂常流"殊荣，2004 年为产量最高年，达 2310 吨；竹子，以篙竹为主，2005 年产量 166 万支；桂皮，为县内主产区之一，1990 年产量 250 吨，2005 年 152 吨；大果红花油茶是境内特产。水果生产，以龙眼、荔枝、沙田柚、柿子、柑橘为主，1995 年总产量 745 吨，2001 年 908 吨，2005 年 1500 吨。

旅游资源，主要有袁崇焕故里，位于新马村，县城西 30 千米的浔江南岸；罗漫山，坐落于罗万村，距南梧二级公路 0.2 千米、天平圩公路 6 千米，距县城公路 25 千米。

濛江镇

位于藤县中部，东连津北镇和苍梧县岭脚镇，西接和平镇及平南县丹竹镇，南与天平镇隔江相望，北交太平镇、古龙镇。全镇总面积 296.66 平方千米。镇政府驻地濛江圩，距县城公路 40 千米，水路 29 千米。为县内第二大集市镇，是藤县重点镇之一。境内交通发达，公路有濛（江）太（平）公路、柴咀至平政公路，沿该公路往南 10 公里接南梧二级公路；水路有浔江，上通贵港、南宁、柳州；下达梧州广州；蒙江，可通航和平、太平、东荣。民国至1950年属濛江区，1952年，属第五区管辖，翌年归第九区。1958年8月成立濛江公社，1963年称濛江区，1968年11月复称濛江公社，1984年8月，改镇建制称濛江镇。2005年辖21个村民委员会、1个居民委员会，总人口81768人。

濛江集镇，为藤县古镇，地处浔江与蒙江交汇处，明朝时称安城圩，民国22年(1933年)有新街、上新街、水街3条街道，总长350米。1991年—2005年，当地政府着力城区建设，先后完成河东一期、二期、富士街、时田垌小区开发，同时投资53万元，改造旧城区。

境内属亚热带地区，气候温和，土地肥沃，农业生产发达。2005年全镇耕地面积2973公顷，其中水田2191公顷。粮食作物播种面积4115公顷，总产量1.77万吨。经济作物以蔬菜、蚕桑、甘蔗、西瓜、花生为主。其中濛江大头菜，久负盛名，濛江镇是桂东地区最大的头菜生产基地，2005年，注册"头彩"牌商标，并开发薄膜袋真空精美小包装。其他蔬菜量大质佳，且品种多样，广销县内外。20世纪90年代后，濛江镇大力发展多种经营，以"桑—蚕—厂"的形式，推广种植桑树，以满足镇丝厂的需求。1992年，蚕丝产量150吨，2001年，种桑面积增加至144.8公顷。镇内畜牧业生产，以猪、牛、家禽饲养为主，2005年，全年出栏肉猪5.44万头、家禽141.77万羽；水产业以饲养四大家鱼与江河捕捞为主，2005年水产品产量1717吨，其中江河捕捞420吨，人工养殖1297吨。

濛江林果业，以松、杉、玉桂、八角、荔枝、龙眼为主。濛江黑叶荔枝为县内名优水果。果实于6月中下旬成熟，肉厚、果味甜蜜，可食率68.7%~78.3%，果肉可溶性固形物17.5%~20.6%。2005年种植面积480公顷。

镇内乡镇企业发达，20世纪50—60年代，有陶瓷厂、造船厂、农械厂、副食品加工厂、电站等；70—80年代，增加花果山、新民林场、园艺场、造纸厂、红砖厂、玻璃厂、胶绳厂、水厂等；1993年为鼎盛时期，全镇有造船厂73家，年造船250艘，产值2亿多元。

和平镇

位于藤县西部，东南与濛江镇相邻，西与平南县丹竹镇相接，北连太平镇。境内公路南北接荔(浦)濛(江)线，西通平南县，容(县)太(平)公路从镇境北部穿过。屯江(蒙江)从境内通过，可通机帆船，上达太平、蒙山县，下通濛江镇入浔江。镇驻地和平圩距县城公路56千米。民国至1950年，先后属太平区、濛江区管。1957年，属第九区管辖。1958年8月，成立和平人民公社。1963年，改称和平区。1968年11月，复称和平人民公社。1984年8月，改为和平乡。1990年2月，撤乡设镇称和平镇。2005年，辖17个村民委员会、1个居民委员会，总人口75214人。全镇总面积172.95平方千米，耕地面积2867公顷，其中水田2106公顷。镇政府驻地和平圩，1990年集镇面积0.13平方公里。1991年—2005年，当地政府加大集镇建设，不断开发土地，扩展集镇面积。

境内属丘陵地区，地处亚热带，气候温暖。其土地平整，土壤肥沃，有利农作物生长。全镇农业以粮食生产和经济作物种植为主。和平农民耕作水平极高，对经济作物采用立体种植的模式，20世纪90年代在全市推广。本地农民将有限的土地，利用粉葛、芋头、生姜或其他蔬菜的根薯对土壤需要不同的深度，分深、中、浅层；利用农作物需要不同的采光量，分上、中、下，形成立体形态，使土地与空间均得到充分利用，创造出亩产最高效益。此立体种植模式，1995年种植面积400公顷。1996年，实施

和平镇屯江古城　　(2000年摄)

“农业万亩亿元”工程，经济作物立体种植超666.67公顷。12月，自治区在和平镇召开全区农业生产现场会，通过自治区农业厅“农业万亩亿元”验收。

和平镇种植无籽西瓜，为藤县之最早。1973年繁育无籽西瓜四倍体种子，创自治区制种最高纪录；无籽西瓜生产曾为该镇主要产业，2005年为种植最多年份，种植面积达1050公顷，产量7.9万吨；甘蔗与桑蚕茧亦为藤县主要产区和基地之一。和平水果，以荔枝、龙眼为主，上世纪90年代，3.33公顷以上连片果场共有7个，最大果场400公顷。

粮食生产以水稻为主，2005年，水稻种植面积1960公顷，总产量1.11万吨；畜牧业，以饲养猪、牛、家禽为主，2005年，全年出栏肉猪5.15万头，家禽140.60万羽。

太平镇

位于藤县中部，东接古龙镇，西界平南县东华乡，南连濛江、和平镇，北靠东荣镇、平福乡。全镇总面积298.90平方千米。镇驻地在北回归线以北24公里处，距县城公路60千米、梧州91千米、桂林320千米。为藤县浔江以北地区的经济、文化、交通中心，是广西十大重镇之一。境内地形以低山丘陵为主，城区东南面属丘陵地带，西面有大楼平原，北面有雅片小平原。主要矿产资源有金、银、铅、锌、石英等。山地土壤以紫色土为主，水田以潴育性水稻土为主。属亚热带季风气候，日照充足，气候温和，水资源丰富，年平均气温20.8℃，年均降水量1663毫米。蒙江河、大黎河、勒竹河、大同江汇集于城区西的大楼江（蒙江），流经镇驻地南从木崖村出和平镇，经濛江镇注入浔江。境内公路发达，国道321线、省道容（县）太（平）公路、荔（浦）濛（江）公路、在建的潭（东）太（平）公路均从境内通过，并连接城区。太平汽车站至县境北部各乡镇，均有直达班车。

唐贞观五年（631年），于今县西北太平析置宁风县，隶燕州。今太平镇地属宁风县，县治今太平镇。贞观七年（633年），燕州治所移至宁风县，并更名泰州。泰州为今太平地最高行政建制。次年，泰州复名燕州，并迁治安基县。贞观十八年（644年）燕州废，安基县、宁风县改隶藤州。唐末，宁风县仍属藤州。五代十国时代，仍称宁风县。

宋开宝五年（972年），撤销宁风县，并入镡津县（注:《广西政区集成》载）。宁风县降为宁风乡。明洪武二年（1369年）九月，镡津县废，省入藤州。次年五月，藤州降改为藤县，宁风乡属藤县。至清朝仍为藤县宁风乡。

民国22年（1933年），今太平镇属太平区。31年（1942年），撤区拼乡，太平区撤销，其属地分为太平镇、石桥乡、东雅乡、坡头乡、大黎乡、留利乡、旺龙乡和孟塘乡。今太平镇境属太平镇、东雅乡、旺龙乡。33年（1944年），重新成立太平区，至解放。

1950年2月，今太平镇属太平区。9月，太平区改为六区。1951年2月，全县划为12区，今太平镇分别属太平（十区）区、大坡（十一区）区。1952年，为方便土地改革，划分小乡。1953年6月，土改复查结束，复并乡镇，今太平镇境大部分属第十区，设安福、仁安、健安、新雅、永平、古秀、东皇、石桥、屯江、新良、三江、思排、护安等13乡和太平镇，属第四区的有大坡、全田、善庆、永良、七政5个乡。乡镇为一级政权组织。1955年5月，原区名“第十区”更换名为“藤县人民政府太平区公所”、“第四区”更换名为“藤县人民政府太坡区公所”。1958年1月1日，撤销大坡区，保留太平区，太平区辖11乡。5月，撤销区，撤并安福乡。8月，撤乡镇，成立太平人民公社，公社下设大队。1961年5月，全县划分为6区，今太

太平镇正东街　（1995年摄）

平镇分别属太平公社、七政公社、永平公社、太平镇公社。均属太平区辖。1967年3月，太平区改名为红卫区，太平镇公社改名为红卫镇公社。1968年11月，区改称公社，乡改称大队。红卫区改称红卫公社，其中红卫镇公社改称太平镇大队。1972年4月，红卫人民公社恢复太平人民公社的名称。1980年8月，太平公社分出太平镇公社。1984年8月，太平公社改称太平乡；太平镇公社改称太平镇。1987年1月，太平乡与太平镇合并，称太平镇。2005年，辖20个村民委员会、5个居民委员会，总人口96519人，为藤县第二人口大镇。

太平于清乾隆四年(1739年)设圩而成商埠，民国期间开始建镇，有正东、上元、德胜、胜利、南河等街道。20世纪80年代初城区面积0.5平方公里，1986年扩大至0.76平方公里。翌年，开始进行大规模的城镇建设，1992年—1997年，为建设高峰期，新扩建18个小区，建成街道24条，房屋2100间，城区面积扩展至4.5平方千米。1996年6月，太平镇被列为自治区小城镇建设试点镇。1997年5月，被列为自治区小城镇综合改革试点镇。11月，被自治区建设厅评为“全区八五期间小城镇建设先进镇”。1998年开发“康城居”住宅示范小区，面积1.90万平方米。2000年7月，建设农副产品综合批发市场，面积11.13万平方米，2002年，建成开业，为广西乡镇级最大规模的农贸市场。2001年，被自治区人民政府确定为自治区级重点镇。此后，分别建成河塘、宁风路、共青林塔、园岭农副产品综合批发市场、兵营岭、大菜地、旧化肥仓等小区。城区基础设施与配套设施基本完善。2003年10月，自治区人民政府确定太平镇为自治区小康示范镇。2004年2月，国家建设部、国家发展和改革委员会、民政部、国土资源部、农业部、科技部确定太平镇为全国重点镇。2005年末，城区总面积4.5平方千米，居住人口4.2万人。

太平镇工业基础好，发展快。1985年全镇工业总产值220万元，1990年后，当地政府加大招商引资力度，努力改善投资环境，乡镇企业迅速发展。1991年，工业总产值达2782.90万元。1995年，太平镇获自治区党委、区政府授予发展乡镇企业先进(乡镇)称号。2005年，乡镇企业有40家，总收入4.51亿万元。主要工业产品有胶合板、松香。

境内农业发达。2005年全镇耕地面积3043公顷，其中水田2452公顷，全年粮食播种面积3970公顷，总产量2.12万吨。主要农产品有：太平咸酸菜，为江口村民间传统产品，年产量1500吨。由于产品成品鲜黄，入口脆嫩，咸酸选中，略带甜味，获得消费者欢迎而闻名县内外。大楼萝卜，以其肉洁白，脆嫩清甜，制成干丝片，其色泽金黄，质地柔软，味香且甜而盛名，年产1200吨。无籽西瓜、甘蔗均为县内重要产区。其他蔬菜产量大，一般年产约1万吨。畜牧业以猪、牛、家禽养殖为主，2005年全年出栏肉猪5.54万头，家禽148万羽。

境内旅游资源丰富，主要为太平狮山。1988年9月，自治区政府将太平石山列为首批自治区级风景名胜区。2002年县政府把太平石山定名为狮山森林公园。2003年12月，太平狮山森林公园被命名为国家森林公园。此外，还有大壬景区、大楼江景区。

古龙镇

位于藤县东北部，东邻苍梧县岭脚镇、昭平县木格乡，西接太平镇，南连濛江镇，北界平福乡。全镇总面积187.76平方千米。国道321线从境内通过，镇政府驻地距梧州市区公路74千米，距县城90千米。古龙以盛产“龙淳”牌大红八角而闻名。民国至1950年属太平区，1958年8月从大坡区分出成立红星公社。1959年4月称古龙公社，1963年改为古龙区，1968年11月复称古龙公社，1984年8月改为古龙乡，1990年2月改镇建制称古龙镇。2005年辖10个村民委员会，总人口40752人。境内属丘陵山区，峰岭连绵。有古龙和大村两个小盆地，盆地内

20世纪90年代古龙镇集镇

土地肥沃，水源充足。属中亚热带季风气候，年平均气温 20.5℃，年均降水量 1480 毫米。2005 年，耕地面积 1360 公顷，其中水田 1213 公顷。

古龙八角，因其量大质佳而闻名国内，主要品种为红花柔枝八角，其颗粒饱满，色泽大红，富有光泽，含油量高，纯馥味浓，香气浓郁，可提制香料，为饮食加香及制药和化妆品的珍贵原料。该树属偏阴树种，适宜种植于海拔 300 米以上山地，境内山地均适宜种植。1991 年后，当地政府号召和引导林农，加大八角林的营造，八角面积迅速扩大。2000 年，梧州市政府确定建立“百里八角长廊”，古龙位于中心位置和重点乡镇，八角生产加速发展。2005 年，全镇八角总产量 2888 吨。古龙林业，除八角外，松、杉亦为大宗，2005 年松脂产量 408 吨。

古龙农业，以粮食生产为主，2005 年，全年水稻播种面积 2106 公顷，稻谷总产量 1.54 万吨。经济作物以西瓜、木薯、花生等为主，2005 年，西瓜播种面积 779 公顷，产量 2.92 万吨；木薯播种面积 532 公顷，产量 3219 吨。畜牧业以猪、牛、家禽养殖为主，2005 年，全年出栏肉猪 2.86 万头，家禽 58.61 万羽。

境内文物古迹有古龙窑址，位于忠龙冲坡村，1963 年发现窑炉 6 座，清理废窑 2 座。为东汉至南北朝时期陶瓷古窑。1981 年 8 月，自治区人民政府列为自治区级重点文物保护单位。

平福乡

位于藤县东北部，东接昭平县木格乡，西连东荣镇，南与古龙、太平镇接壤，北与蒙山县陈塘镇、昭平县五将镇毗邻。乡政府驻地距县城公路 86 公里，公路连接荔（浦）濛（江）干线。民国至 1950 年平福属太平区所辖，1951 年属大坡区，分为民安、留利、沙街 3 个乡。1958 年改称英雄人民公社，1961 年，改名平福人民公社，1962 年 10 月称平福区，1968 年 11 月复称平福人民公社，1984 年改称平福乡。2005 年辖 14 个村民委员会，总人口 30676 人。全乡总面积 322.05 平方千米。境内属丘陵山区，主要山峰有高山顶和三县顶，海拔分别为 812.10 米和 709.20 米。其中高山顶为县内第二高峰。境内有沙街、莫泗、民安 3 条河流，均在平福村合水处汇合成平福河，平福河向南流至留利村的高潭处汇合思园河后，至太平与蒙江汇合。境内矿产资源主要有黄金，以脉金为主，沙金为辅，主要分布于桃花山一带。20 世纪 90 年代后，随着黄金产量的减少，开采矿点和开采人员也逐年减少。

境内属中亚热带季风气候。土壤以红壤、紫色土为主。山多田少，林业发达，林种以松、杉、八角、油茶、玉桂、篙竹为主。1992 年通过自治区造林灭荒达标验收。1995 年有林面积 15780 公顷，林木蓄积量 83.12 万立方米，为全县蓄积量之首。同年 3 月，被全国绿化委员会授予“全国造林绿化百佳乡（镇）”称号。1995 年，全乡松脂产量达 5000 吨，2000 年全乡商品林采伐量 2.1 万立方米。2005 年，全乡耕地面积 1168 公顷，其中水田 997 公顷。农作物以水稻、木薯为主。全年水稻播种面积 1982 公顷，产量 1.06 万吨；木薯种植面积 1454 公顷，产量 4317 吨。畜牧业以猪、牛、家禽养殖为主，全年出栏肉猪 2.12 万头，家禽 56.2 万羽。

东荣镇

位于藤县西北部，东与平福乡接壤，西与大黎镇及平南县同和镇相连，南与太平镇毗邻，北与蒙山县陈塘镇交界。明清时期，属宁风乡，民国 22 年（1933 年）属太平区，31 年，撤区并乡，为东雅乡、坡头乡辖地，1950 年 2 月，县划区属太平区，1958 年 8 月，撤区并乡，

东荣镇全景　（2005 年摄）

成立秀成人民公社，1969 年 9 月，坡头人民公社改称东荣人民公社。1971 年 3 月，公社机关由坡头迁至东荣新驻地。1984 年 8 月，公社改称乡。1997 年 8 月，撤乡建镇称东荣镇。全镇总面积 204.17 平方千米。镇驻地东荣村距县城公路 80 千米。2005 年辖 13 个村民委员会，总人口 36551 人。

东荣地处交通要道，国道 321 线从境内通过，河流主要有蒙江河，从蒙山陈塘镇入境，经 10 个行政村后出太平，流程 27 千米；其支流有上峡河、罗垌河、金团河、大带河、均常河、杨垌河和大同河。境内属中亚热带季风气候，蒙江沿岸一带河谷形成带状和盆地式小范围气候。山地土壤以红壤为主，水田以潜育性、潴育性为主。矿产资源主要有黄金、石英石、晶硅石、铅锌矿。

2005 年，全镇耕地面积 1306 公顷，其中水田 1105 公顷。全年水稻播种面积 1795 公顷，稻谷总产量 9725 吨；经济作物以木薯、花生、甘蔗为主。其中木薯种植面积大，产量高，2005 年种植 940 公顷，总产量 3877 吨。林业发达，用材林以松、杉为主，经济林以玉桂、八角为主。1993 年通过自治区森林绿化达标验收。1999 年林业普查，全镇林地面积 14933.3 公顷，其中马尾松、杉分别占 61.92% 和 8.46%。森林覆盖率 70.8%，林地利用率 96.7%，各类林木蓄积量 458946 立方米。2001 年，被划定为梧州市种植八角长廊的乡镇。2002 年全镇共种植八角 1876 公顷。2005 年，松脂产量 520 吨，油茶籽 470 吨，八角产量 125 吨。

大黎镇

位于藤县西北部，东与东荣镇、蒙山县陈塘镇交界，西邻宁康乡，南与平南县同和镇接壤，北连蒙山县文圩镇和夏宜瑶族自治乡。在县内属边远山区乡镇。驻地大黎圩距县城 100 千米，公路迮接荔（浦）濛（江）干线（321 国道）与平南县。明清时期，属宁风乡。民国 22 年（1933 年）属太平区。31 年（1942 年），撤区并乡，设大黎乡。1950 年 2 月，属太平区，9 月改为第六区。1951 年 2 月大黎属十二区；1953 年 3 月改大黎区为第五区。1955 年改称大黎区。1958 年 1 月，撤区并乡，保留大黎区。5 月撤销区改为大黎乡。8 月撤乡，成立秀成人民公社。1960 年秀成公社分出坡头公社。1961 年 5 月，称大黎区，下设秀成、理答、宁康、永和 4 个中等公社。1962 年 10 月大黎区辖 21 个乡。1968 年 11 月区改称公社革委会，乡改称生产大队。1969 年 8 月，大黎公社分出宁康公社革委会。1980 年，公社革委会改为公社管委会。1984 年 8 月，大黎人民公社改称大黎乡。1990 年 2 月，撤乡建镇，称大黎镇，辖 17 个村民委员会。2005 年 7 月，宁康乡并入大黎镇。全镇总面积 431.93 平方千米。大黎镇地处北回归线以北，属中亚热带季风气候。全镇呈带状，南北长，东西窄。藤县最北点位于镇境上荣村竹山顶。镇驻地西北 8.7 千米的六练顶海拔 844.10 米，为全县最高峰。境内属低山高丘地貌，河谷平地较小。主要河流有大黎河、古常河；矿产资源有石英、铅锌、金、银、铜等。其中石英储量大，品位高；铅锌矿储量在 2000 万吨以上。大黎镇自古钟灵毓秀，英贤辈出。太平天国“四王”陈玉成、李秀成、李世贤、陆顺德为大黎镇新旺、西岸等村人；解放战争时期，大黎是中共湄江游击队的根据地，2002 年，大黎被梧州市划为解放战争革命老区根据地乡镇。2005 年年末，辖 26 个村民委员会，总人口 59120 人，其中瑶族 1874 人，壮族 336 人。

镇政府驻地大黎圩，20 世纪 90 年代开始，当地政府重视集镇建设，1993 年开发建设北街，1996 年建南街。1988 年—1996 年，开发圩镇建设用地 1.02 公顷。2005 年，集镇建成面积 2.5 平方千米，居住人口 7230 人。

境内林业资源丰富。1999 年林业普查，全镇林地面积 24420 公顷，林地利用率 94.2%，森林覆盖率 78%，各类林木蓄积量 731660 立方米，其中森林蓄积量 717403 立方米，是全县第二大蓄积量乡镇；用材林面积、蓄积量为全县乡镇之首；八角林面积居全县第二位。森林植被以马尾松为主，占有林面积 22980 公顷的 45.7%，其次是阔叶林，占 11.04%；杉，占 10.24%；八角，占 25%；油茶，占 3.66%。2005 年，全镇生产松脂 1600 吨、八角 864 吨、桂皮 70 吨。

境内粮食作物以水稻为主，2005 年水稻播种面积 2799 公顷，总产量 1.63 万吨。经济作物主要有木薯、花生、茶叶等。木薯，为历史传统作物，1987 年 7 月，大黎淀粉厂建成投产，木薯种植面积逐年增多，2005 年种植面积 1985 公顷，总产量 9100 吨。畜牧业以猪、牛、马、家禽养殖为主，蜂蜜产量为全县最大之乡镇。2005 年全年出栏肉猪 4.35 万头，家禽 84.21 万羽，蜂蜜 85 吨。

宁康乡

位于藤县西北部，东与大黎镇接壤，西、南与平南县马练乡毗邻，北与蒙山县夏宜乡交界。属藤县边远山区乡。民国至1950年属太平区。1951年属第十二区，1953年属第五区，1955年属大黎区。1958年8月，属秀成人民公社。1961年5月设宁康公社为大黎区辖。1968年11月属大黎公社。1969年8月，从大黎公社分出，成立宁康公社。1984年改乡建制。全乡总面积138.33平方公里。2004年，辖9个村民委员会，总人口1.86万人，其中有瑶族、壮族、侗族、水族、土家族等少数民族3761人。乡政府驻地宁康圩，距县城公路117公里，公路连接平南至东荣。2005年7月，宁康乡并入大黎镇。

境内属中亚热带季风气候区，全境属山区，地形坡度较大，河溪纵横交织，主要河流有古长河、宁康河。矿产资源主要有黄金、铅锌矿。全乡的山地、旱地均属红壤，水田以淹育性与潴育性水稻土为主。

境内用材林以松、杉为主，经济林以八角、油茶、玉桂为主。1999年全乡有林地面积11166.67公顷，林木蓄积量41.76万立方米。有八角652.4公顷，油茶405公顷，玉桂157公顷。粮食作物以水稻为主。2004年，耕地面积545公顷，其中水田为417公顷。粮食作物播种面积993公顷，总产量5591吨。经济作物有木薯、花生等，2004年木薯播种面积853公顷，产量3840吨。畜牧业以猪、牛、马、家禽、蜜蜂为主。2004年肉猪出栏1.35万头，家禽出栏20万羽。

第二章　自然环境

藤县地质处南岭纬向构造和华厦—新华厦构造的复合部位。浔江伴随北回归线从中部穿过，把县境分成南北两片。地势南北两端高，向中部浔江倾斜。地形复杂，低山、丘陵、平原错综分布。北流河从南向北，蒙江自北向南分别于藤城镇、濛江镇与浔江汇合。百多条支流分别注入三大主流，形成分布均匀的叶脉状河网。亚热带季风气候。年均气温21.4℃，日照1605小时，降水1409.9毫米。因降雨不均，气候变化大，旱、涝、洪、风、雹灾害较频繁。

第一节　地质　地貌

地质

古生代初期，桂东南除云开大山是陆地，其余均为海洋。藤县地处云开大山北缘，接受浅海相沉积。古生代中期，广西运动发生，使广西大部分升出海面。但不久又下沉，大多为浅海环境。这个阶段，藤县沉积了海陆交互相地层。中生代初期，印支运动发生，地块整体抬升，从此为陆地。其间形成山间湖盆，接受湖相沉积。中生代末期，本区构造活动极为活跃（燕山运动），许多地段大幅度隆起，形成高山峻岭，局部凹陷形成大小不等的盆地，如古太平盆地。地壳隆起的同时伴随着大规模的岩浆入侵，经过燕山运动，本县的基本地质地貌格局即告形成。第三纪以来，尤其是喜马拉雅造山运动以后，地质作用以断块差异性升降活动为主，升降有快有慢，幅度各地不等，西部上升快，边缘地段上升较多，从而加强了现代地形的反差。差异性升降活动的另一结果，形成和发展了断块构造，同时也为本县河流地貌的发育奠定了基础条件。

县内出露地层有寒武系(t)，奥陶系(O)，泥盆系(D)，侏罗系(J)，白垩系(K)，第三系(EN)、第四系(Q)。岩性主要为砂页岩、砾岩，其次为河流相的现代冲、洪积物，还有以侵入体形式存在的岩浆岩分布。寒武系（距今5.70亿~5亿年）。分布于大黎、宁康、东荣、平福、古龙、津北、藤城乡镇的全部；太平、濛江、天平镇东面；城关、南安乡镇北面地带。岩性由浅变质的砂页岩互层组成，原岩浅灰色，单层厚度1~1.50米。页岩薄层2~30厘米，产状不一。奥陶系（距今5亿~4.40亿年）。分布在和平镇大部，濛江镇西面，同心乡南面，埌南镇东面及象棋镇东面小部分地带。岩性以灰褐色细砂岩和紫红色页岩或夹层，层理清楚，层厚0.90~1米，轻微变质，产状走向北西，倾角 24° ~40°。泥盆系（距今 4.05 亿 ~3.50 亿年）。分布在和平镇北面和西面一带，天平镇南面小部分。岩性以紫红色夹白色砂岩、砾岩、石英砂岩、粉砂岩、砂质页岩、白云质及炭质灰岩透镜体组成。层厚 1 米左右。产状平缓，倾角 20° ~25°。侏罗系（距今 1.95 亿 ~1.37 亿年）。分布在新庆乡北西面与岭景乡。上组紫红色泥质粉砂岩与砂质岩互层；下组灰白紫红色砾状岩，含砾粗—细粒砂岩，底部砂砾岩夹透镜状泥灰岩。走向北东、倾向北西、倾角 25° ~35°。沉积在大容山侵入体之上。白垩系（距今 1.37 亿 ~0.67 亿年）。分布在南安镇和城关乡南面，金鸡镇、象棋镇大部，太平镇南面、和平镇北面一带。岩性以紫红色钙质砂岩、泥质粉砂岩、薄层页岩、砾状长石砂岩、凝灰质砾岩组成。产状向北东倾斜。倾角 15° ~35°。沉积在寒武系和侏罗系地层之上，呈不整合接触。老第三系（距今 0.67 亿 ~0.25 亿年）。分布在金鸡镇东南面、南安镇西面、天平镇东面、濛江镇南面一小块及太平镇中部一带。岩性以红色、紫红色砾岩、砂岩和薄层砾岩为主。下部砾石成分有大理石、方解石、石英石和变质砂岩。上部砾石成分有花岗岩、石英岩、砂岩钙质胶结，呈北东走向。倾角 10° ~20°。沉积在白垩系之上。新第三系（距今 0.25 亿 ~0.15 亿年）。仅见于天平镇龙胜村。岩性为砂岩、泥岩含褐煤层。第四系（距今 0.015 亿年至近代）。分布在全县各地沟谷阶地，河流两侧等地方。以冲积、坡积和残积为主。成分有各种沉积岩火成岩、变质岩碎屑的砾石及砂土。结构疏松，无胶结，无层理的堆积物。

大容山侵入体。主要是燕山期产物，多为花岗岩类和闪长岩类岩石。岩石结构成分及分布：中粗粒花岗岩。分布在大黎东南面，古龙中部和北面，濛江南、东部，呈岩株产出。岩性灰—灰白色，中—粗粒结构，块状构造。主要成分长石 60%左右，石英 15% ~20%，黑云母 5% ~10%，角闪石 5% ~8%，还有其他矿物。属加里东期侵入体(s—D)。中粒花岗岩。分布于城关乡西面，南安镇北面，埌南镇东北面。呈岩株产出，岩性灰色中粒花岗结构。主要成份有钾长石 13%，斜长石 40% ~50%，石英 29%，黑云母 5% ~8%，普通角闪石 5% ~8%。属燕山期侵入体(J—K)，花岗斑岩。大容山侵入体，分布于天平南部、新庆西部、象棋北部、岭景东南部一带。岩体从内部至边缘分为三个岩相。内部相为粗粒斑状，堇青石黑云母花岗岩，过渡相以粗——痺中粒斑状堇青石黑云母花岗岩为主，斑晶含量不一，边缘相为中细粒堇青石黑云母花岗岩，呈带状分布，成份变化大，捕携体增多，多数边缘与围岩呈断层接触，北东延伸，呈岩基产出，属海西期侵入体(D—C)。石英闪长石——辉石闪长石。分布于城关乡东北面，藤城镇东面，南安镇中部、北部和东部，埌南镇中部和南部，同心乡西部一带。呈岩株状产出。岩性特征灰色、细—中粒结构，块状构造。主要成分长石占 50% ~65%，石英 3% ~8%，黑云母 12% ~25%，普通辉石 5% ~10%，角闪石和黑云母伴随出现。有铁锰质和绿泥石等矿物，是钛铁矿和钒钛磁铁矿的母岩。属印支期侵入体(T—j)。

县境属南岭纬向构造带和华夏—新华夏构造的复合部位。地质构造南北差异明显。南部以北东构造为主。主要构造形迹为断块构造隆起及其与之相间的断陷盆地。如燕山期的丹村构造盆地，沿寒武系砂页岩隆起的边缘，有海西期的大洲构造盆地等。构造裂隙以压扭性为主，如夏郢—赤水断裂带。北部以接近南北向的断裂构造为主，其次为北东向和北西向的褶皱构造。有向斜、背斜褶皱。其主要褶皱为二个单式向斜和三个单式背斜一起构造的复式背斜构造的复式背斜褶皱。

地貌

特征 地貌以丘陵低山为主，沿河有狭窄冲积平原。地势南北高，中部低，呈马鞍形。但西部高于东部，北部又高于南部。总的由西北向东南倾斜。

地形以低山丘陵为主，平原和盆地所占比例较小。其中低山占 1.16%，丘陵占 81.73%，平原和盆地占 17.11%。

浔江横贯县境中部，构成侵蚀基准面，河面高程不足 30 米。由浔江向南、向北，地势迅速增高至 500 多米，最高峰六练顶 844 米，因此，地形坡度较大，地形相对高差 800 余米。

以流水作用为主要地貌外营力。河谷地貌十分发育，主要河道偏南北向平行注入浔江，构成羽状水系。河网密度为 0.40 千米每平方千米。

类型 低山(500~1000 米)。主要分布于宁康向东南至大黎黎田、太平黄牛至濛江彩塘一线以北，与岑溪交界的南部边缘各乡镇，中、东部只有零星分布。全县海拔500米以上的低山43座，总面积45.86平方千米。北部低山以与蒙山、昭平交界处为高峻，除宁康与大黎间的六练顶外，还有大黎北部云台山，东荣、平福间的高山顶，均800米以上。宁康北部交剪顶，大黎北部湖广山、大山顶、老猪岭、白祝顶、高山，平福北部桃花山、双曹顶、双线顶、谷毛岭、古至顶、凤凰顶，古龙东部的登苗岭、神仙顶、犀牛顶、三县顶、佛修顶、黄就顶，蒙江东部的高尖顶均600米以上。北部高山峻岭多为大瑶山余脉。群山绵延，峰峦叠嶂，构成藤县北部屏障，名为藤北山地。藤北山地发源了平福河、马河、合水河等溪流，并受蒙江、大黎过境河的切割，因此流水切割强烈，山势陡峻。同时，由于山地高峻、地形坡度大，河谷崎岖不平，多陡坡，河水湍急。

南部山地以与岑溪交界的尖峰顶为最高山。其他，同心天堂顶、谷棵顶，埌南文之顶，金鸡石狗顶，岭景鹿伏岭，新庆大旱岭，天平大水山，均500米以上。这些山地虽比北部高山低，但相对更临近浔江，相对高度大，因而山势仍陡峻、雄伟，构成县南部屏障。名为藤南山地。多系大容山余脉。

中部低山仅岑山寨，519米。其余均400米以下。因周围为低丘、台地，山的相对高差大，显得特别峻伟。该山由产状水平的红色砂岩构成，发育了比较典型的丹霞地貌，有奇特的孤峰、文笔、塔林、犬牙状石，通天蜡烛，长岩石洞等地貌景观。

丘陵（海拔200~500米）。相对高度100米以上的丘陵地貌十分发育，面积3224.50平方千米，占全县总面积80%以上。集中分布于中部和东南部以及山前地带。山前地带的丘陵多为350米以上的高丘，为低山的延伸，波浪起伏，丘陵之间除谷地外，还可形成盆地。中部高丘有天平的大英岭496.10米，罗万山450米，和平的皇帝殿414米，其余均为400米以下，一般为海拔200米至300米的低丘。其外貌呈馒头状。切割强烈，多般离立，但分布密集。丘陵间谷地或盆地面积狭小。多数丘陵虽然地势不高，地形坡度不大且坡形连续，但岩性多为浅变质的砂页岩，结构疏松，而丘陵的切割密度又较大，因此，山丘前的崩塌，滑坡和水土流失比较严重。

盆地。主要分布于山前及丘陵之间，以中部和南部相对较多，计有古龙、和平、潭东、旺国、新庆和同心等盆地。盆地高程均200米以下，底部普遍有河谷汇集穿越，除河流冲积物，还有大量洪积物堆积，地势相对平缓，是良好的耕作地带。

平原。由地势相对较高的台地、河岸平原和河道中的洲渚三部分构成。

台地。在海拔100~200米左右，计有大黎、太平、濛江、埌南台地，总面积达281.70平方千米，以大黎台地、埌南台地地势较高，濛江台地地势最低，面积以太平台地最大。

在浔江及其主要支流蒙江和北流河的下游，都有沿岸阶地发育，高程普遍在100米以下，属于河流的一级、二级或三级阶地，由河流冲积物构成。但面积不大，成狭长形，断断续续。主要分布于南安、城关、津北、天平、濛江一带。以江权至石累、藤城至雅窑大桥，三益至保燕较为连片。

洲渚。主要分布于浔江、蒙江、北流河的河道中，高程均在50米以下。浔江境内有黄鸵洲、党洲、泗洲、思礼洲、登洲、回龙洲、穲洲和托洲等，穲洲最大。蒙江河道自东荣乡华安村至河口共17个洲，濛江镇的大洲最大。北流河中县境有6个洲，交洲最大。这些洲渚成因：一是河道裁弯取直而成，二是河流夹带的泥沙于回水河段沉积而成。洲渚地势较低，洪水期常遭淹没。较大的洲渚有居民并可耕作，洲上居住约1万人。

主要山峰 据勘查，全县山峰211座。其中海拔800米以上3座，700~799米8座，600~699米14座，500~599米18座。400~499米27座，400米以下141座。

六练顶。海拔844.10米。在大黎镇驻地西北8.70千米，是藤县最高山峰。

高山顶。海拔812.10米。在平福乡驻地西北7.30千米。

云台顶。海拔807.60米。在大黎镇驻地西北15.50千米。

尖峰顶。海拔785.30米。在埌南镇驻地西南13千米，是岑溪和藤县界山。

高山。拔779.70米。在大黎镇驻地东南4千米。

大山顶。海拔769米。在大黎镇驻地西北12千米。

三县顶。海拔 737.80 米。在古龙镇驻地东南 5.50 千米。山峰横跨藤、苍、昭三县，故名。
老猪岭。海拔 712 米。在大黎镇驻地北 12.40 千米，是藤、蒙两县界山。
三县顶。海拔 709.20 米。在平福乡驻地北 16.50 千米，因跨越藤、蒙、昭三县而得名。
双曹顶。海拔 709 米。在平福乡驻地北 18 千米。
胡广山。海拔 702.40 米。在大黎镇驻地西北 16 千米。
白祝顶。海拔 642 米。在大黎镇驻地北 10.50 千米。
木竹顶。海拔 626.50 米。在宁康乡驻地北西面 12.70 千米，是平南藤县界山。
交剪顶。海拔 662.70 米。在宁康乡驻地北 9.40 千米，是平藤两县界山。
凤凰顶。海拔 601 米。在平福乡驻地东北 15.20 千米。
双线顶。海拔 668 米。在平福乡东面与昭平县交界处。
谷毛顶。海拔 696.10 米。在平福乡驻地东北 15.60 千米。
古至顶。海拔 655 米。在平福乡驻地东北 .22.50 千米。
登苗顶。海拔 657 米。在古龙镇驻地东北 12.20 千米，是藤县和昭平界山。
神仙顶。海拔 672 米。在古龙镇东北 7.80 千米，是藤县和昭平界山。
犀牛顶。海拔 607.20 米。在古龙镇驻地东北 3.50 千米。
黄就顶。海拔 602 米。在古龙镇驻地北 3.50 千米。
佛修顶。海拔 657 米。在古龙镇驻地西北 5.30 千米。
高尖岭。海拔 666 米。在濛江镇驻地东北 20.50 千米。
天堂顶。海拔 643.20 米。在同心乡驻地西南 3.50 千米，是藤、岑两县界山。
六足岭。海拔 589 米。在大黎镇驻地西北 15.40 千米。
里信顶。海拔 515 米。在大黎镇驻地东北 5.50 千米，是藤、蒙两县界山。
苦练顶。海拔 543.90 米。在平福乡驻地东北 10.20 千米。
尖峰顶。海拔 500 米。在平福乡驻地北 14.50 千米。
凤凰顶。海拔 502.60 米。在古龙镇西北 3.50 千米。
黑石顶。海拔 525 米。在古龙镇驻地南 3.50 千米。
双髻顶。海拔 565 米。在古龙镇驻地东 4.50 千米。
五马归槽。海拔 547 米。在古龙镇驻地南 4.70 千米。
状元顶。海拔 589.70 米。在古龙镇驻地西北 10.20 千米。
岑山寨。海拔 519.70 米。在太平镇驻地东南 7.40 千米。
岳锦岭。海拔 521 米。在濛江镇驻地东北 16.50 千米。
大水山。海拔 555.80 米。在天平镇驻地西南 14 千米，是藤县与平南县界山。
鹿伏岭。海拔 572.80 米。在岭景乡驻地西北 6.80 千米。
大旱岭。海拔 509.80 米。在新庆乡驻地西 7.50 千米。
石狗顶。海拔 524 米。在金鸡镇驻地东南 13 千米，是藤县、岑溪界山。
谷棵顶。海拔 582 米。在同心乡驻地东南 3.80 千米，是藤县、岑溪界山。
文之顶。海拔 584 米。在埌南镇驻地西南 11.40 千米。是藤县、岑溪界山。
那祥顶。海拔 503 米。在平福乡驻地东南 8.50 千米。
北虎顶。海拔 462 米。在大黎镇驻地东南 2.80 千米。
石劳岭。海拔 462 米。在大黎镇驻地东 1 千米。
北帝顶。海拔 441 米。在大黎镇驻地南 2.80 千米。
荣耳顶。海拔 420 米。在大黎镇驻地西南 4.20 千米。
猫儿顶。海拔 499 米。在平福乡驻地东南 7 千米。

莫九岭。海拔 495 米。在平福乡驻地东北 10.10 千米。

六板顶。海拔 411 米。在平福乡驻地东南 6.80 千米。

石墨顶。海拔 460.70 米。在平福乡驻地东南 9.90 千米。

天堂顶。海拔 481 米。在平福乡驻地东南 8 千米。

独石顶。海拔 401.90 米。在古龙镇驻地西南 5.40 千米。

观音坐莲。海拔 406 米。在太平镇驻地东南 5.80 千米。

狮子岭。海拔 436 米。在太平镇驻地东南 5 千米。

皇帝殿。海拔 414 米。在和平镇驻地北 4.20 千米。

鸡笼崖。海拔 438.90 米。在和平镇驻地西北 4 千米。

雷公顶。海拔 418.90 米。在濛江镇驻地东北 13.20 千米。

尖峰顶。海拔 447.90 米。在濛江镇驻地东北 16.50 千米。

大英岭。海拔 496.10 米。在天平镇驻地西 7.50 千米。

罗万岭。海拔 450.20 米。在天平镇驻地东南 2.20 千米。

虎榜岭。海拔 458.30 米。在象棋镇驻地北 6.30 千米。

皇坟顶。海拔 406.40 米。在象棋镇驻地南 9.10 千米。

龙殿顶。海拔 484.90 米。在新庆乡驻地西南 4.30 千米。

石狗头。海拔 433 米。在新庆乡驻地西北 10.30 千米。

秀子顶。海拔 489 米。在金鸡镇驻地东南 7.50 千米,东南延伸到岑溪境内。

小娘山。海拔 474.30 米。在金鸡镇驻地东约 13 千米。

大梳顶。海拔 458 米。在同心乡驻地西北 7.50 千米。

望天狮。海拔 408 米。在埌南镇驻地西南 9.50 千米。

大娘山。海拔 450 米。在埌南镇驻地东南 6.70 千米。

第二节　气　候

藤县地处亚热带地区。大黎、宁康、东荣、平福、古龙五个乡镇属中亚热带季风气候,其余各乡镇属南亚热带季风气候。其特点是夏长冬短,四季分明。春季多阴雨天气;夏季多热雷雨,有时产生大风暴雨和冰雹;秋季常有秋旱和寒风;冬季多数年份有霜冻。根据气候划分,以候平均温度小于或等于 10℃为冬季,大于 10℃而小于 22℃为春秋季;大于 22℃为夏季。春季从 2 月 9 日至 4 月 25 日共 76 天;夏季从 4 月 26 日至 10 月 13 日共 171 天;秋季从 10 月 14 日至 12 月 29 日共 77 天。冬季由 12 月 30 日至次年 2 月 8 日共 41 天。由于境内地形构造复杂,有部分带状和盆地式小范围气候。如濛江沿岸太平、东荣一带河谷,比藤北其他地区气温高些和湿些。藤南同心镇所在地形成小盆地高温小气候。

日照

北回归线横贯县境中部,太阳入射角度大,全年接受光能多。1957 年—1990 年,年均日照 1722 小时,最多 1958 年 2028 小时,最少 1970 年 1475 小时。1991 年—2005 年,年均日照 1605 小时,最多 2003 年 1807 小时,最少 1997 年 1308.8 小时。由于太阳入射角度不同,日照时数自北向南逐渐增多,藤北比藤南全年约少 197 小时。全年平均日照时数占年可照时数的 38%。日照时数各月的时间分配:7—8 月份是光照高值期,月均在 190 小时以上。1—3 月份是最低值期。

气温

1957 年—1990 年,藤县平均气温 21℃,最高 21.60℃(1966 年)。最低 20.30℃(1976 年)。最北的大黎、宁康 20.10℃,最南的岭景、象棋 21.30℃,南北差 1.20℃。2—11 月份县气象站(简称县站,下同)大于或等于 12℃,小于或等于 27℃有效积温 3206.20℃;大于 0℃活动积温 7175℃。此后气温呈升高的趋势。

1991年—2005年，年平均气温21.4℃，比1957年—1990年高0.4℃。最高21.9℃(1991年)，比1957年—1990年高0.3℃。最低20.6℃（1996年），比1957年—1990年高0.3℃。

1991年—2005年藤县年平均气温统计表

表1-2-1　　单位：℃

年度	1991	1992	1993	1994	1995	1996	1997	1998	1999	2000	2001	2002	2003	2004	2005
气温	21.9	20.9	21	21.4	20.9	20.6	21.3	22	21.7	21.6	21.4	21.7	21.9	21.2	21.5

1月份是最冷月。1957年—1990年，月平均气温县站11.70℃。太平站11.60℃。极端最低气温县站-4.10℃（1965年1月15日），太平站-2.30℃（1967年1月16日），高寒山区-4℃至-6℃。最高1966年1月平均气温14.20℃，最低1977年1月平均气温7.30℃。1991年—2005年，月平均气温县站12.3℃，比1957年—1990年高0.6℃。极端最低气温县中心站-2.9℃（1999年12月23日）。

7月份是最热月。1957年—1990年，月平均温度28.40℃。极端最高气温县站39℃(1977年7月29日)，太平站41℃（1972年7月10日），南北相差2℃。高寒山区一般相差2℃左右。7月份平均气温比1月份平均气温高16.70℃，极端最高、最低气温较差43℃(县站)。1991年—2005年，月平均气温28.2℃，比1957年—1990年高0.2℃。极端最高气温县站39.4℃（2003年7月23日），比1957年—1990年高0.4℃。7月份平均气温比1月份平均气温高15.9℃，比1957年—1990年低0.8℃。极端最高、最低气温较差39.9℃（县站），比1957年—1990年少3.1℃。

气温日较差多年平均9℃，最大为10.30℃，最小7.60℃。日较差的变化夏半年小于冬半年。由于夏季温差小，所以日夜觉得炎热，冬季温差大，有日暖夜寒的感觉。

1957年—1990年，年均有霜5天，初霜日最早出现在11月24日(1958、1975)，终霜日最迟在3月4日(1972)。平均初霜日12月25日，终霜日2月1日。一般连续降霜3~5天，最长14天(1973年12月26日至1974年1月8日)。1991年—2005年，年均有霜3.3天，比1957年—1990年少1.7天。初霜日最早出现在12月8日(1995年)，比1957年—1990年迟14天。终霜日最迟在2月5日(1999年)，比1957年—1990年早27天。平均初霜日12月28日，比1957年—1990年迟3天。平均终霜日1月20日，比1957年—1990年早11天。一般连续降霜2天，最长7天(1993年1月27日至2月2日)。

1991年—2005年藤县月平均气温统计表

表1-2-2　　单位：℃

年＼月	1月	2月	3月	4月	5月	6月	7月	8月	9月	10月	11月	12月
1991	12.7	15.4	17.9	22.7	25.6	27.9	28.5	28.3	27.5	23.1	17.9	14.7
1992	11.6	11.7	14.2	22	24.5	27.1	27.8	29.3	27.3	21.5	17.2	15.8
1993	10.1	14.7	17.2	21.4	25	27.1	28.6	28.7	26.7	21.4	18.4	12.6
1994	13.9	13.6	15	23.8	26.3	27.1	27.4	27.2	26.2	21.6	19.1	15.5
1995	11.1	12.5	16	22.3	25.3	27.7	28.5	27.2	26.5	23.1	17.2	12.6
1996	10.9	11.3	15	18.7	25.1	27.8	27.9	27.5	26.2	23.1	19.5	14.1
1997	13.3	13.2	18	21.6	25.4	26.9	26.8	28	24.7	23.8	18.9	14.6
1998	12	14	17.8	23.8	25.7	26.9	28.5	29.1	27.2	24.4	19.3	14.8
1999	13.6	16	17.3	23.3	24.1	28.3	28	27.4	26.4	24.3	18.8	12.5
2000	13.4	12	17.6	22.4	25.7	28.1	29	28.3	26.5	23.2	16.9	15
2001	14.1	13.4	18	21.4	25.5	26.8	28.1	28.2	26.5	24.3	17.4	12.5

续表

年＼月	1月	2月	3月	4月	5月	6月	7月	8月	9月	10月	11月	12月
2002	13	16.8	19	23.6	25.8	27.9	28	27.2	25.4	22	17.8	13.9
2003	12.1	16.2	17.6	23.4	26.8	27.2	29.6	28.6	26.8	22.6	19	12.5
2004	12.1	14.7	16	23.1	24.3	27.8	27.2	28.4	26.9	22	19	13.4
2005	11.3	12.4	16	21.9	27.3	27.2	28.9	28.3	27.2	23.9	20	12.8

降水

藤县地处低纬度区，海洋较近，受西南季风影响，降水量较充沛。县境内降水北部多于南部，西南部最少。据全县15个雨量站从建站至1990年统计，平均年降水量1470.90毫米。其中藤南7站1379.70毫米，藤北8站1550.80毫米。最多平桂站27年平均降水1816.90毫米，降水最少岭景站，16年平均1306毫米。年降水量多集中在4—9月，占全年总降水量75.30%。其中5—6月份是高峰期，占全年降水量32.08%。雨季一般始于4月中旬初，最早出现在3月上旬初(1957年)，最迟5月下旬中期(1974年)。雨季结束期在9月下旬初，最早结束在8月中旬中期(1971年)，最迟10月底(1975年)。多年平均降水日数160.50天，最多年份204天(1980年)，最少124天(1958年)。5—6月份最多，月均降水18~19天；10—11月份最少，月均7.80天。

1991年—2005年，平均年降水量1409.9毫米，月平均降水量最多219毫米，出现在6月，月平均降水量最少38毫米，出现在12月。24小时最大降水量175.1毫米(1996年4月19日)。年降水量多集中在4—9月，占全年总降水量的75%。其中5—6月份是高峰期，占全年降水量的31%。雨季一般始于3月下旬，结束期在9月下旬。15年平均降水日数152天，最多年份176天(1997年)，最少116天(1993年)。

1991年—2005年藤县月降雨量统计表

表1-2-3　　单位：毫米

年＼月	1	2	3	4	5	6	7	8	9	10	11	12	合计
1991	54.6	6	75.4	40.7	149.4	137.8	137.5	167.1	2	4.6	39.7	20.2	835
1992	208.9	159.8	69.4	170.6	359.2	193.3	132.9	23.3	126.2	0.7	10	45.2	1499.5
1993	42.6	60	60.6	191.4	323.7	276.1	145.2	73.3	93.3	8.2	38	8.5	1320.9
1994	7.7	66.6	114.1	64.8	261.5	213.6	485.9	232.8	147.7	42.2	17	180.2	1833.8
1995	43.7	88.4	124.8	140.7	141.7	319.9	105.4	179.3	117.3	317	60.5	25.5	1664.2
1996	31.7	42.2	84.7	256.1	220.2	197.6	289.6	192.6	94.8	28.2	0.2	4.2	1442.1
1997	55.3	91.6	167.1	269.9	353.8	138.1	334.8	195.9	95.5	122.4	30.8	69.4	1924.6
1998	56.1	91	60.9	183.8	344	376.6	257.4	64.8	27.5	21	15.3	23.4	1521.8
1999	75	0.6	83.2	157.7	132.8	143.6	153.1	346.2	62.6	4.6	87.3	24.3	1271
2000	15.2	34.5	59.1	139.7	147.7	64.5	106.6	226.5	41.1	91.5	27.4	11.8	965.6
2001	82.1	72.3	93.2	165.7	296.7	261.4	303.9	236.9	125.1	47.5	29.6	33.5	1747.9
2002	38.4	34.5	104	61.7	168.8	175.6	270.8	368.4	79.5	165.2	83.2	91.1	1641.2
2003	50	9.9	81.9	58.6	116.2	330	53.3	107.1	83.1	2.4	7.4	13.4	913.3
2004	112.4	49.8	54.2	95.8	340.9	153.7	259.5	143.7	11.9	0	39.7	10.9	1272.5
2005	17.3	30	85.9	189.6	163.6	311.7	136.4	273.1	34.5	0	42.9	10.4	1295.4

蒸发　湿度

蒸发　县境蒸发量大于降水量。1957年—1990年，县站平均年蒸发量1530.20毫米，同期降水量

1459.20毫米，少71毫米。只有4—8月份降水量大予蒸发量，其余均为蒸发量大于降水量。1991年—2005年，县站平均年蒸发量1479毫米，同期降水量1409.9毫米，少69.1毫米。蒸发量最高2003年，1691.2毫米，最小1997年，1302毫米。

湿度 1957年—1990年，年平均相对湿度81%，最高1983年83%，最低1984年78%。1991年—2005年，平均相对湿度80%。

气压 风

气压 1991年—2005年，县内平均气压1006.4百帕。1993年最高，为1007.3百帕；2000年最低，为1005.4百帕。月平均最高气压出现在12月，为1015.3百帕，月平均最低气压出现在7月，为997.9百帕。

风 境内春夏季多吹偏南风，包括东南风、西南风，从低纬度的海洋吹来，水汽较多，湿度较大；秋冬季多吹偏北风，从高纬度内陆吹来，相对湿度小，气候干燥。1957年—1990年，年均风速1.30米每秒。其中春季吹西南风，风速2.70米每秒；夏季吹西南风，风速2.40米每秒；秋季吹东北风，风速2.50米每秒；冬季吹东北风，风速2.30米每秒。17米每秒以上大风105次，年均3.20次。最多1962年10次，最少1975年0次。最大风速25米每秒(1978年8月27日)。大风主要出现在4—8月，多属地方性雷雨大风，以河峪盆地发生较多。4—5月份，主要受强冷空气南下影响，常出现偏北大风。6—9月份受热带低压或台风外围影响，往往出现偏南大风。历年没出现大风的有1月、2月、11月、12月份。3月和10月偶有出现。

1991年—2005年，年均风速1.1米每秒。期间，共有17米每秒以上大风14次，年均0.9次；最多1992年、1996年，每年出现3次；1991年、1993年—1995年、2001年、2004年—2005年无大风出现。大风主要出现在4—8月，多属地方性雷雨大风。4—5月份，主要受强冷空气南下影响，常出现偏北大风。6—9月份受热带低压或台风外围影响，往往出现偏南大风。没有出现大风的有1—3月、10—12月份，9月偶有出现。

第三节 水 文

境内河流属珠江流域西江水系浔江段。水系较为发育，除浔江外，流域面积50平方千米以上河流26条，均属浔江支流，其中一级9条，二级9条，三级7条，四级1条。流域面积10~49平方千米71条，属浔江支流一级5条、二级38条、三级18条、四级9条、五级1条。直接注入浔江、蒙江、北流河流域面积5~9平方千米的小溪14条。含浔江共112条，除浔江、蒙江，北流河、泗培河主流，其余大多发源于境内。河流分南北水系共同注入浔江。北流水系贯于县境南部，最大的为北流河，其次为白石河、蒙辽河、都榜河、下六河、黄冲河；南流水系贯于县境北部。最大为蒙江。此外有泗培河、合水河。全县流域面积10平方千米以上河流总长1596千米，河网密度为每平方千米0.40千米，主要河流呈叶脉状分布，大小河流构成均匀河网。

河流

浔江 县境河段又称藤江、剑江、镡江，是西江干流。于天平镇新马村入境，经天平、濛江、藤州、塘步4个镇，从塘步大源洞出苍梧县。境内长74.30千米，全县集雨面积3945.62平方千米。正常洪水期水面87.26平方千米。境内河面平均宽1100多米，洪水高峰期，最宽处禤洲头，2005年6月23日，宽度为1235米，最窄处龙潭峡，枯水期宽622米。藤县水文局测验断面(即招牌顶处)2005年6月23日大洪水河面最宽处为931米。1991年—2005年，平均流量每秒6144立方米，最大流量2005年6月22日达每秒46000立方米，多年平均径流量1752亿立方米。最高水位，2005年6月23日，县城(藤县水位站观测断面，即藤县藤州镇西江路391号)30.31米，为百年一遇洪水(历史最高水位为1915年的31.17米)。最低水位，1999年1月24日，县城水位为9.58米(历史记录最低水位为1955年4月29日，县城9.45米。)

北流河 又称绣江。因向北流而得名。发源于北流县塘屏寨乡石成猫村。经北流、容县，从象棋镇富祝村青草洲头入境，经象棋、金鸡、藤州镇，于县城注入浔江。境内长82.50千米。1991年—2005年，平均径流量78.47亿立方米。最高水位，1995年10月14日金鸡水文站38.39米。实测最大流量，1995年10月14日金鸡水文站6240立方米每秒，历史实测最大流量为1970年8月4日，金鸡水文站6830立方米每秒；最小流量10.8立方米每秒(1991年3月27日)。多年平均含沙量0.512千克每立方米，最大含沙量1995年10月14日，金鸡水文站3.45千克每立方米。

蒙江　源于金秀县忠良山区。蒙山县境称湄江，从蒙山县陈塘镇至藤县东荣乡三江村称大水江，以下古称屯江。自东荣镇塘劝村入境，经东荣、太平、和平、濛江镇，于濛江镇政府驻地注入浔江。境内长88.75千米，流域面积1744.43平方千米。1991年—2005年，平均径流量34.67亿立方米。最大流量2005年6月21日，太平水文站实测每秒8220立方米；最小流量2005年4月8日太平水文站实测每秒6.8立方米，历史最小流量为1959年8月，太平水文站实测每秒4.35立方米。多年平均含沙量每立方米0.127千克，最大含沙量2005年6月21日，太平水文站实测为每立方米4.11千克。

自然落差51米，可利用落差39.80米，水能理论蕴藏量3.43万千瓦。1990年前已建和平、石眼洲、三江、陈滩、东荣5座发电站，总装机容量8875千瓦。

黄华河　源于广东信宜县鸭刀山北侧，流经岑溪县南渡镇，从金鸡同安村入境，至黄华口汇入北流河，为北流河一级支流。境内长9.25千米。自然落差7米。水能理论蕴藏0.35万千瓦。

1966年9月建光华水轮泵站，70年代后扩建成光华电站。

义昌河　源于广东罗定县嘉益镇大芒顶。流经岑溪县三堡镇，从金鸡镇新民村入境，至义昌口注入北流河，为北流河一级支流。境内流域面积17.60平方千米，长6.80千米。

大同河　源于金秀县忠良乡根广村，流经平南北部，从东荣乡护安村入境，至三江汇入蒙江，为蒙江一级支流。境内长10.75千米。自然落差7米，水能理论蕴藏量0.25万千瓦，可开发0.16万千瓦。

泗罗河　源于大容山。于岭景乡皇村入境，至象棋镇道家村注入北流河，为北流河一级支流。境内长30.35千米。自然落差20米，可利用17米。理论蕴藏量0.40万千瓦，可开发0.18万千瓦。

留利河　又称平福河、勒竹河，源于县境平福乡桃花村。至太平镇江口汇入蒙江，为蒙江一级支流。全长49.50千米，流域面积560.70平方千米，多年平均径流量35596万立方米。正常基流2.57立方米每秒。平均比降8.28‰，自然落差410米，可利用118米。水能理论蕴藏量2.35万千瓦。可开发0.57万千瓦。

白石河　源于县境南镇屋勤村交刀界，流经埌南、塘步镇汇入浔江为浔江一级支流。全长69.95千米。流域面积335.20平方千米。多年平均径流量18700万立方米。正常基流1.40立方米每秒。平均比降5.85‰，自然落差408米，可用94.50米。水能蕴藏量0.30万千瓦，可开发0.10万千瓦。

大黎河　源于蒙山县六洛村。从大黎镇坭冲入境，至大黎罗湾出平南境，于平南妙客汇入大同河。境内长41千米，自然落差154.30米，可用80米。水能理论蕴藏量1.55万千瓦，可开发0.79万千瓦。

黄沙河　源于境内岭景乡大益村。流经新庆乡至金鸡镇胜安村汇入北流河为北流河一级支流。长51.25千米，流域面积220平方千米。多年平均径流量12320万立方米，正常基流0.94立方米每秒。平均比降2.73‰，自然落差140米，可用57.50米，水能理论蕴藏量0.25万千瓦，可开发0.15万千瓦。

马河　古称牛皮江。源于境内古龙镇田心村，至濛江镇石咀汇入蒙江为蒙江一级支流。长48.90千米，流域面积186平方千米。多年平均径流量11904万立方米，正常基流0.37立方米每秒。平均比降2.95‰，自然落差144米，可用80米，水能理论蕴藏量0.20万千瓦，可开发0.05万千瓦。

泗培河　源于苍梧县人和乡思太村，流经大隆、车田至藤州镇永隆村入境。从河口村汇入浔江，为浔江一级支流。县内长14.75千米，平均比降1.49‰，自然落差22米，可利用15米，水能理论蕴藏量0.10万千瓦，可开发0.04万千瓦。

莫泗河　源于境内平福乡石榴村，至合水村汇入平福河，长26千米，流域面积130.10平方千米。多年平均径流量8392万立方米。正常基流0.60立方米每秒。自然落差238米，可用108米。水能理论蕴藏量0.15

万千瓦，可开发0.05万千瓦(水能量已入平福河)。

蒙辽河 源于境内天平镇新大村，流经城关乡蒙辽河汇入浔江，长17.75千米，流或面积117.10平方千米，多年平均径流量6558万立方米，正常基流0.50立方米每秒。

大任河 源于境内古龙镇高达林场，至太平镇水寨村汇入平福河。长31.80千米，流域面积106.20平方千米，多年平均径流量6850万立方米，正常基流0.60立方米每秒。自然落差240米，可用58米，水能理论蕴藏量0.20万千瓦，可开发0.15万千瓦。

天平河 古称都榜河。发源于天平镇石英村，流经冷水、罗平、天平、龙胜村，从江口村汇入浔江为浔江一级支流。长26.20千米，流域面积100平方千米，多年平均径流量5713万立方米。正常基流0.45立方米每秒。自然落差128米，可用42米。水能理论蕴藏量0.10万千瓦，可开发0.02万千瓦。

大坡河 源于平南县大坡乡瓦水村，至岭景乡石村汇入泗罗河。境内长7.30千米，流域面积17.60平方千米。

合水河 源于境内濛江镇彩塘村，流经洲祖至大德冲口汇入浔江。流域面积88平方千米，长26.50千米，多年平均径流量5676万立方米，正常基流0.41立方米每秒。

石子河 古称龙溪河，源于境内同心乡尖锋顶，流经同心，新光至洲村汇入白石河，长33千米，流域面积86.90平方千米，多年平均径流量4866万立方米，正常基流0.39立方米每秒。

下六河 源于境内南镇马地村，流经沙田、大罗、龙安等村从鸡母社汇入浔江，为浔江一级支流。长25千米，流域面积86.70平方千米。多年平均径流量4855万立方米。正常基流0.39立方米每秒。自然落差40米，可用13.50米，水能理论蕴藏量0.03万千瓦，可开发0.01万千瓦。

古长河 源于境内宁康乡米贵垌。至大黎镇祥江村汇入大同河。长31.25千米，流域面积86.10平方千米，多年平均径流量5553万立方米，正常基流0.40立方米每秒。自然落差340米，可用28米，水能理论蕴藏量0.20万千瓦，可开发0.05万千瓦。

古刁河 源于境内同心乡深塘村，流经城关中和村汇入北流河，长17千米，流域面积61.10平方千米。多年平均径流量3422万立方米，正常基流0.26立方米每秒。自然落差85米，可用10米，水能理论蕴藏量0.05万千瓦，可开发0.02万千瓦。

民安河 源于昭平县大垌寨，流经平福乡仁厚、民安，至平丰村汇入莫泗河。境内长23.50千米。

庆旺河 源于新庆乡石狗岭东南面，经同敏、庆旺至水口村汇入黄沙河，长18千米，流域面积52.40平方千米，多年平均径流量2934万立方米。正常基流22立方米每秒。

黄冲河 源于境内同心乡平顶村，流经城关乡的四旺、潭东、东胜村至藤城镇雅窑村汇入浔江。全长12千米，流域面积51.50平方千米，多年平均径流量2900万立方米，正常基流0.22立方米每秒。

宁康河 源于宁康乡都邦村交剪顶，至宁康乡独田出平南境，从水晏汇入大同河。县境内长16.40千米，自然落差320米，可用40米，水能理论蕴藏量0.20万千瓦，可利用0.10万千瓦。

地下水

藤县仅和平、金鸡石灰岩地区有地下水冒出。按广西壮族自治区地下水资料计算，县境储量约7.42亿立方米。经查证现有8处泉水。最大出水量0.06立方米每秒，最小0.01立方米每秒。

水筒水 位于天平镇高村东南角，从石罅喷出，夏冷冬温，清洁异常，流量约0.01立方米每秒。

古登冲水 在天平镇天厚村西面约300米处，源于和尚硪，出水量约0.05立方米每秒。

龙井塘 在金鸡镇安村，从塘中涌出，流量约0.02立方米每秒。

汶塘 在金鸡镇古华村水塘中，流量0.02立方米每秒。

大汶河 在和平镇新塘村勒竹头河流的沙洲中，流量0.06立方米每秒。

桂察秋风塘 在和平镇龙塘村，流量0.02立方米每秒。

汶水陂 在城关乡潭东村前的黄冲河中。

汶塘 在城关乡纯平村，从塘中流出泉水约0.02立方米每秒。

第四节　土壤　植被

土壤类型与分布

1980年，开展全县土壤普查。全县土壤面积35.15万公顷，其中水田2.80万公顷，旱地5890.67公顷，山地31.76万公顷。全县土壤分为水田土、旱地土和自然土3大土类，15个亚类，53个土属，90个土种。

水田土　全县2.80万公顷，占总面积7.97%，占耕地面积82.60%。分成7个亚类，22个土属、52个土种。

淹育性水稻土　全县6496.87公顷，占水稻土面积23.20%。分布于丘陵、缓坡、台地和阶地上。其地势比其他各类水稻土高，有机质丰富的占20%，中等的占49.80%，低缺的占29.70%；速效磷丰富的占12.60%，中等的占32.50%，低缺占54.90%；速效钾丰富的占6.90%，中等的占50.70%，低缺的占42.40%。有机质缺乏和速效磷，钾缺乏面积比例低于水稻土平均值，偏酸面积比例高于水稻土平均值，有机质、钾、磷、氮含量居水稻土最低位。一般情况下产量较低。淹育性水稻土又分为：红坭田、黄坭骨田、沙质黄泥田、黄泥田、铁子田、沙土田、壤土田、腊坭田、粉结田、潮沙田、潮坭田、石子田、含砾沙坭田、含砾沙土田、含砾黄泥田、杂沙田、紫沙田、紫泥田18类。

潴育性水稻土　全县1.38万公顷，占水田面积49.30%。分布于丘陵广谷、盆地、平原和河床阶地的垌田，灌排条件好。地下水位一般在1~2米，耕作时间长，熟化好，有机质丰富的占26.70%、中等的占54.20%，低缺的占19.10%；速效磷丰富的占17%、中等的占25.60%、低缺的占57.40%；速效钾丰富的占10.50%，中等的占43.30%，低缺的占46.20%；pH值弱酸和近中性的58.90%，酸性和强性的40%。有机质、速效磷、速效钾丰富面积比例高于水稻土平均值，偏酸面积比例低于水稻土平均值。全量养分，有机质、全氮、全磷居水稻土第三位，金钾居第二位，一般属中、高产田。潴育性水稻土分潴育黄坭田、黄坭肉田、潴育沙土田、油沙田、沙坭田、沙坭肉田、潮沙田、潮油沙田、潮泥田、潮坭肉田、洪积沙坭田、潴育杂沙田、杂沙坭肉田、潴育紫沙田、紫油沙田、潴育紫坭田、紫坭肉田、腊坭肉田18类。

潜育性水稻土　全县6994.2公顷，占水田面积25%。分布在丘陵、山区狭谷中。多属地势低洼，平缓的冲田，灌水条件良好，排水条件较差；缺乏环山防洪沟，田边冷水沟，田中排水沟，或因沟渠淤塞，渍水潜育化。养分状况：有机质丰富的占29.90%，中等的占50.30%，低缺的占19.80%；速效磷丰富的占8.20%、中等的占24.80%、低缺的。67.80%；速效钾丰富的占7.80%、中等的占37.90%、低缺的占54.30%。全量养分，全钾含量居水稻第一位；有机质、全氮、磷含量居水稻土第二位，属于低产田。潜育水稻土又分为潜底田、冷浸田。潜底田分浅、中、深3个土种；冷浸田分浅、深2个土种。

沼泽性水稻土　全县653.13公顷，占水稻土面积的2.30%，分布在丘陵区地势低洼、排水困难的狭谷中。有机质丰富的占55.20%、中等的占32.70%、低缺的占12.10%；速效磷丰富的占8.00%、中等的占24.80%，低缺的占67.20%；速效钾丰富的占8.10%、中等的占36.40%、低缺的占55.40%；酸性和强酸性占40%、弱酸和近中性的占59.80%。属于低产田。土壤分为烂浻浻田和埋藏黑坭田2个土属。

侧渗性水稻土　全县26.33公顷，占水稻土面积0.09%。零星分布于丘陵缓坡靠近溪河的梯田。因地下水向一方侧渗，土体中的铁、锰随水流失，硅、铝相对积累，产出灰白色的漂洗层，土体养分缺乏。对作物生长不利，属低产田。土壤分为白胶泥田和白散沙田2种。

盐渍性水稻土　全县8.47公顷，分布在和平镇石桥村的缓丘广谷，成土母质砂页岩坡积物。耕层不厚。犁底层薄，土壤板结，干时结块坚硬，田面开裂；湿时黏韧成团，耕作较难。土壤通气性、透水性差，土性偏凉，磷钾缺乏，土壤黏质容量大，影响水稻根生长，根弱茎细，穗短粒少。

矿毒性水稻土　全县11.2公顷，濛江彩塘村4.87公顷，因长期引用硫磺矿泉水灌溉，土壤中硫磺含量增加，土壤偏酸，水稻常出现发黄、早衰；南安莫垠村6.33公顷，因开采钛铁矿的水长期浸泡淤积，土壤变酸，水稻产量下降。

旱地土　全县557.33公顷，占总面积1.68%。主要有红壤、赤红壤、紫色土和洪冲积土4类。

红壤 全县512.46公顷，占旱地面积8.70%。其中，砂页岩红壤364.53公顷，主要分布在大黎、宁康、东荣、平福和古龙等乡镇；花岗岩红壤77.67公顷。主要分布在古龙的田心、中隆、大村一带；砂岩红壤67.93公顷。分布在平福乡的定安、留利、平福村；砾石红壤2.33公顷，主要分布在和平镇志诚村。

砖红壤性红壤（赤红壤） 全县3218.93公顷，占旱地面积54.60%，其中：赤红土593.13公顷，分布在城关、津北、南安，濛江、和平乡镇；砂页岩赤红壤976.27公顷，分布在太平以南各乡镇，濛江、天平、和平、津北面积较大；花岗岩赤红壤565.2公顷，主要分布在埌南、新庆、同心、南安、天平、岭景、象棋等乡镇；赤红沙土1084.33公顷，主要分布在和平、城关、太平、金鸡、南安和天平等乡镇。

紫色土 全县1260公顷，占旱地面积21.40%。其中酸性紫沙土174.47公顷，主要分布在岭景、濛江、太平、南安、同心等乡镇；砂页岩酸性紫色土797.07公顷，主要分布在象棋、新庆、天平、太平等乡镇；酸性紫黏土183.93公顷，分布于金鸡、天平、太平等乡镇；石灰性紫色土68.4公顷，分布在金鸡、天平镇；石灰性紫黏土36.13公顷，分布在濛江、金鸡、天平等镇。

中积土和洪积土 全县899.34公顷，占旱地面积15.30%。其中酸性潮沙土663.87公顷，分布在濛江、和平、太平、南安、象棋、津北等乡镇；酸性潮泥土229.4公顷，分布在南安、太平、濛江、天平、金鸡、藤成等镇；砾质沙土6.07公顷，分布在大黎、和平镇，由洪积物发育而成，土壤沙、石、泥相混。

自然土（山地） 全县31.75万公顷，占总面积90.35%。分为红壤、砖红壤性红壤（赤红壤）、紫色土、黄壤4类。

红壤 全县9.70万公顷，占自然土的30.54%。其中砂页岩红壤9.24万公顷，主要分布在平福、古龙、东荣、大黎、宁康等乡镇，濛江、同心等乡镇也有分布；花岗岩红壤3215.73公顷，分布在同心、天平、古龙、大黎等乡镇；砂岩红壤160.8公顷，主要分布在大黎镇；页岩红壤30.67公顷，分布在大黎镇；砾石红壤性土466.67公顷，全部在城关乡；砂页岩黄红壤719.47公顷，全部在大黎镇。

赤红壤 全县13.20万公顷，占自然土的41.54%。其中红土赤红壤529.47公顷，分布在城关、南安、岭景乡镇地域开阔的低丘缓坡；砂页岩赤红壤7.69万公顷，由砂页岩风化物发育而成，分布在太平以南乡镇，濛江、天平、城关、和平、津北、岭景面积最大；花岗岩赤红壤3.15万公顷，主要分布在南安、同心、新庆、象棋、岭景、天平等乡镇海拔500米以下的丘陵，由花岗岩风化物发育而成；砂岩赤红壤2.16万公顷，由砂岩风化发育而成，主要分布在城关、南安、金鸡、天平、和平等乡镇；页岩赤红壤1443.33公顷，分布在津北、城关、和平等乡镇，由页岩风化物发育而成。

紫色土 全县8.84万公顷，占自然土的27.85%。其中砂岩酸性紫色土1.47万公顷，新生代第三纪沉积的砂岩、砾岩风化发育而成，主要分布在岭景、平福、金鸡、同心、新庆、城关等乡镇；砂页岩酸性紫色土6.25万公顷，由紫色砂页岩风化物发育而成，分布在南安、太平、金鸡、象棋、濛江、天平、岭景、新庆等乡镇；页岩酸性紫色土1.11万公顷，由紫色页岩风化发育而成，分布在南安、金鸡、城关乡镇；砂页岩石灰性紫色土114.67公顷，主要分布在濛江镇。

黄壤 全县193.33公顷，占自然土壤的0.06%。由砂页岩风化物发育而成，主要分布在大黎镇白祝村的马儿顶（海拔760米）。

土壤评价

据1980年普查县内土壤的评价是：

水热条件好，有利岩石风化和土壤熟化，土体较厚，但养分流失强烈，含量不高，磷钾低缺。县境气候使岩石易风化破碎为母质，母质易转化成土壤，生土易化为熟土。土体厚度超过一米的耕地占99.50%，自然土壤占77.20%，碱解氮含量小于70PPM低缺的水田占26.40%，旱地占67.90%；速效磷小于或等于2.50PPM低缺的水田59%旱地占60.50%其中藤城、古龙、南安、象棋、城关、天平乡镇稻田缺磷面积超过60%；速效钾小于等于40PPM低缺的水田占46.90%，旱地占43.90%。其中大黎、宁康、藤城、古龙、和平、南安、漾江、城关乡稻田缺钾面积超过50%。

土壤质地和耕性较好，过半土壤沙坭比例适中。但赤有偏沙偏黏。沙泥比例适中的土壤（壤土），水田占63.20%，旱地占50.60%，山林地占56.60%；此外，质地沙壤的，水田占19.20%，旱地占35%，山林地占30.40%。这两部分土壤质地和耕性都较好，但偏粘土壤水田占12.30%，旱地占3.70%，偏沙土壤水田占5.30%，旱地占10.70%，需客沙掺泥改良。

高产稻田的培肥有一定基础，潴育型稻田比例大，但中低产田面积大，潜育化稻田比例多，有利提高单产。有高产稳产泥肉田，油沙田1883.8公顷，占6.70%；潴育性稻田1.38万公顷，占49.30%。双季稻年产700千克以上的高产田2639.27公顷，占9.40%。中低产田面积大，年亩产500~700公斤的中产田1.15万公顷，占41%。年亩产500千克以下低产田1.39万公顷，占49.60%。其中潜育化稻田7647.33公顷，占27.30%；山冲田7983.93公顷，占28.50%；易旱田4643.33公顷，占16.60%；低水田（藤城水位25米以下）2153.33公顷，占7.70%；偏沙浅薄田4900.07公顷，占17.50%。均有浅、冷、浸、旱、漏的特点。

丘陵地面积大，有利发展农林牧生产和多种经营，但森林覆盖度不高。

土壤偏酸，强酸性和酸性水田1.22万公顷，占43.50%，强酸性和酸性旱地2085.33公顷，占35.40%。其中新庆、南安、同心、宁康、大黎稻田偏酸面积超过50%，全县自然土壤有99.90%偏酸。

土壤养分

有机质、全氮、碱解氮　据1980年土壤普查速测和化验结果，县内土壤的养分情况是：耕地土壤有机质含量，水田以含量中等居多，旱地有机质特别缺乏，低缺面积比例超过80%。全氮、碱解氮含量与有机质含量成正比。

全磷和速效磷　耕地中的水田土壤速效磷含量大于5PPM的3949.53公顷，占14.10%；2.50~5PPM的7535公顷，占26.90%；等于和小于2.50PPM的1.65万公顷，占59%。旱地土壤速效磷含量大于5PPM的1431.4公顷，占24.30%；2.50~5PPM的895.4公顷，占15.20%；等于和小于2.50PPM的3563.87公顷，占60.50%。农化样品分析，土壤速效磷大部分属中等至低缺。

全钾和速效钾　土壤全钾和速效钾含量以中等居多，耕地中，水田土壤速效钾含量大于80PPM的2577公顷，占9.20%；40~80PPM的1.23万公顷，占43.80%；等于和小于40PPM的1.31万公顷，占46.90%。旱地土壤速效钾含量大于80PPM的1030.87公顷，占17.50%；40~80PPM的2276.27公顷，占38.70%；等于和小于40PPM的2583.53公顷，占43.90%。农化样品分析，土壤速效钾大部分属中等。

微量元素　据1982年区农科院土肥所化验26个主要耕地土种耕作层的锌、铜、铁、锰含量，全县土壤有效铁、有效铜含量丰富，不小于缺乏临界值（铁2.50PPM、铜0.20PPM）；有效锰含量不小于缺乏临界值1PPM的，占7.70%；有效锌含量小于缺乏临界值0.50PPM的有2个土种，占7.7%，小于1PPM的，占73.10%。尤其是砂页岩，紫色砂页岩、河积物、第四纪红土风化发育的土壤，需要开展锌肥的试验。

植被

县境属亚热带季雨林植被区。除荒山、草地和部分疏林山地外，均为人工植被。人工植被分森林、园林和农作物3类。森林树种有49个科148种，其中马尾松最多，分布最广；园林植被以果类为主；农作物植被以水稻为主。

1991年，森林、荒山、草地和农作物总覆盖面积率达70.14%。其中，森林19万公顷，占总面积的48.2%；荒山草地5.01万公顷，占总面积12.68%；农作物3.36万公顷，占总面积8.53%；园林2893.33公顷，占总面积0.73%。森林中马尾松最多，分布最广，占有林面积的75.45%。其次有杉、椎、格、樟、楠及大叶栎、桐、苦楝、桉、泡桐、油茶、八角、玉桂、簕竹、榕、丹竹、甜竹、勒竹、马蹄竹等。园林植被以果类为主，有柑、橙、沙田柚、橘、金桔、荔枝，龙眼、芭蕉、沙梨、柿、枣、杨桃、杧果、李、桃、梅、仁面、甘榄、黄皮等，柑面积最大；农作物植被以水稻为主，品种286种，其中早稻230种，晚稻56种，其他粮食作物有小麦12种、玉米6种、豆类4种、芋头4种、红薯5种、木薯3种、粟米4种；油料作物有花生、油菜、芝麻等；经济作物有甘蔗、黄红麻、茶叶、蚕桑、烟叶、西瓜、蔬菜等。据1999年森林资源普查，全县森林面积26.23万公顷，占91.7%；疏林面积264.7公顷，占0.1%；灌木林面积1.20万公顷，占4.2%；无立木林地面积1.16万公顷，占4.0%。全县园林面积1.17万公顷，农作物种植面积9.21万公顷。2005年，全县森林面积27.56万公顷，占林地面积97.8%；全县园林面积1万公顷，农作物种植面积 9.91 万公顷。

第五节 自然资源

土地资源

全县总面积 3945.62 平方千米，其中低山 4586.13 公顷，占总面积 1.16%；高丘 60931 公顷，占 15.44%；中丘 159214.6 公顷，占 40.35%；低丘 79868.87 公顷，占 20.42%；台地 22435.93 公顷，占 5.69%；平原 13793.6 公顷，占 3.50%；河流 18651.8 公顷，占 4.73%；其他 35080.07 公顷，占 8.89%。

1991 年，全县土壤面积 37.58 万公顷，其中水田 27448.76 公顷，旱地 6117.09 公顷，林地面积 27.98 万公顷，牧草地 2455.2 公顷，占全县总面积 0.62%，山塘水库 1633 公顷，占 0.41%，城镇工厂 301 公顷，占 0.08%，村庄 8768 公顷，占 2.22%，道路 3716 公顷，占 0.94%，田埂、地埂 1.61 万公顷，占 4.08%，疏林草地 24727.53 公顷，占 6.27%，其他土地 4759.27 公顷，占 1.21%。

2005 年，全县耕地面积 32042 公顷，其中水田 26160 公顷，旱地 5882 公顷。

水资源

据县气象部门统计，1991 年—2005 年，年平均降水量 1409.9 毫米，径流系数以 0.455 计，径流深为 669 毫米，全县面积 3945.62 平方千米，合计径流量 25.31 亿立方米。地下水储量 7.42 亿立方米。共计水资源总量 32.73 亿立方米。此外，浔江、蒙江、北流河、泗培河的客水共 1945 亿立方米，可代提汲、航运和水能开发利用。全县水能理论蕴藏量（不含浔江）15.86 万千瓦，可开发 7.40 万千瓦（不含花果山蓄能电站），电能 3.10 亿千瓦小时。至 1990 年年底，已建成蓄水工程 2628 处，拦截集水面积 600 平方千米，总库容 1.64 亿立方米，有效库容 1.20 亿立方米，塘库水面面积 16.33 平方千米，引水工程 3283 处．正常引水流量 14.20 立方米每秒，提水工程 416 处。1990 年水利工程总供水 3.35 亿立方米。建成水电站 135 处，171 台 26588.50 千瓦。2005 年，全县有中小型水力发电站 20 座，全年发电量 6799.64 万千瓦时。

矿产资源

1991 年—2005 年，境内已发现有钛矿、铅矿、锌矿、金矿、银矿、钒矿、铜矿、铁矿、锰矿、磷矿、硫铁矿、煤、凝灰岩、建筑用花岗石、饰面用花岗岩、玻璃用脉石英、重晶石、陶瓷土、砖瓦用页岩、砖瓦用砂岩、建筑用砂岩、建筑用砂等 22 个矿种。查明矿床、矿（化）点共 93 处。其中金属矿床 46 处，非金属矿床 47 处。在金属矿床中，有大型矿床 2 处，中型矿床 1 处，小型矿床 15 处，矿点、矿化点 28 处。在非金属矿床中，小型矿床 33 处，矿点及矿化点 14 处。

铅矿、锌矿 主要分布于大黎镇、象棋镇等地。现有小型矿床 5 处，矿点 3 处，矿石含铅品位 1.12%~2.22%，含锌品位 6.46%~10.27%，已断续开采多年。现保有资源储量铅金属量 8558.87 吨、锌金属量 4196.36 吨。

钛矿 与磁铁矿共生。主要分布在埌南、藤州、塘步等镇。现有矿床 9 处，大型矿床有东胜钛矿、塘村钛矿，中型矿床有三吉埌钛矿，小型矿床 2 处，矿点 4 处。钛矿保有资源储量为 368.91 万吨，由于城区建设压覆查明资源储量钛铁矿矿物 209.23 万吨，规划城区压覆查明资源储量钛铁矿矿物 42.71 万吨，村庄和水田压覆查明资源储量钛铁矿矿物 104.40 万吨，可供开采资源储量仅为约 13 万吨。钒与钛矿伴生，未利用，查明资源量 9175 吨。为风化壳型砂矿床。钛矿平均品位为：20~31.54 千克 / 立方米，钛磁铁矿品位 2.24~42.62 千克 / 立方米，在钛矿内有钴元素共生，钒钛磁铁矿内有镓元素共生。

金矿 共有小型矿床 3 处，矿点及矿化点 16 处，保有资源储量不详。主要分布桃花、料洞、莫九、古否、民安村一带，矿体平均品位为 1.10~20 克 / 吨。

银矿 分布在塘步镇。现有小型矿床 2 处，银矿保有资源储量 208.11 吨，矿体平均品位为 237.05 克 / 吨。

重晶石 主要分布于和平镇、天平镇、金鸡镇、同心镇等地的奥陶系、泥盆系断裂带附近，有矿点 1 处，矿化点 4 处。矿石品位含硫酸钡一般为 91.0%~98.5%。

锰矿　分布在天平镇林村一带，有矿点1处，属淋积型矿床。在锰矿石内含钴元素，氧化锰品位含量为27%~32%，钴含量为1.0%~1.5%，最高达2.3%。

磷矿　主要分布于藤州镇潭东村，有小型矿床1处，矿石含磷为13.86%~14.10%，含钾3%~4%，保有资源储量32.2万吨。

硫铁矿　分布在大黎镇、藤州镇、太平镇、天平镇等地，有矿点5处，储量不明。硫铁矿呈细脉状、网格状、浸染状产于断层裂隙间，脉长在10~250米，厚0.1~2米，含硫平均品位14.86%~22.30%。

铁矿　分布于埌南镇界田村、界垌村、礼贤村，大黎镇祥江村，天平镇黄塘。有小型矿床2处，矿点2处，含全铁25%~45%，最高品位达60%，保有资源储量3617.3万吨。

饰面用花岗岩　分布于岭景镇等地，有矿点1处，硬度为7.1，抗压强度大于每平方厘米700千克，抗折强度大于每平方厘米60千克。有矿点1处，资源储量未查明。

建筑用花岗石　分布于古龙镇、新庆镇、象棋镇、岭景镇等地，有小型矿床6处，保有资源储量109.92万立方米。

玻璃用脉石英　主要分布在大黎镇、古龙镇。有小型矿床2处，矿点1处，保有资源储量25.46万吨。

建筑用凝灰岩　分布于藤州镇潭东一带，有小型矿床1处，保有资源储量6万立方米。

铜矿　分布于和平镇的砂咀、双新、胜塘，有矿化点3处，资源储量未查明。

煤　分布于太平镇，有矿点1处，资源储量未查明。

建筑用砂　建筑用砂分布在西江河流浔江藤县河段、濛江河石桥河段、北流河河段，有小型矿床4处，保有资源储量569.06万立方米。

建筑用砂岩、砖瓦用砂岩　全县均有分布，主要分布于藤州镇、塘步镇、古龙镇、新庆镇、象棋镇、岭景镇等地，有小型矿床10处，保有资源储量291.18万立方米。

砖瓦用页岩　全县均有分布，主要分布于太平镇、藤州镇、塘步镇、古龙镇、金鸡镇等地，有小型矿床8处，保有资源储量113.82万立方米。

野生动植物资源

野生动物　动物主要有兽类、鸟类、爬行类、鱼类、甲壳类和昆虫类。

兽类。主要有野猪、箭猪、黄掠、果子狸、白额狸、黄狸、水獭、穿山甲、野猫、水狗、龙狗、黑脚狸、大间狸、竹鼠、松鼠、蝙蝠、老鼠豹等。

鸟类。主要有鹰、乌鸦、黄鹤、白鹤、斑鸠、鹧鸪、猫头鹰、啄木鸟、鹩歌、喜鹊、白头翁、翡翠、莺、鸳鸯、麻雀、燕子、野鸭、布谷鸟、长尾雀、金眼圈、青丝雀、高髻郎、黑雀、石炭雀、毛鸡、竹鸡、雉鸡、黄鹌、鹌鹑、水鸡、山鸡、大头鹛、画眉、田鸡、猪屎雀、白鹇、沙钻等。麻雀近年少见。

爬行类。主要有蟒蛇、南蛇、金环蛇、银环蛇、草花蛇、青竹蛇、水伏蛇、眼镜蛇、黄梢蛇、三索蛇、五步蛇、黑肉蛇、涎蛇、草盐蛇、马鬃蛇、黄颈蛇、索蛇、老鼠豹、金钱豹、鹧鸪斑、花带蛇、滑油蛇、壁虎、蛤蚧、蟾蜍、青蛙、石蛤、大鲵(娃娃鱼)、蚯蚓、水蛭等，大鲵(娃娃鱼)1984年6月1日在泗培河捕获1条。

鱼类。见畜牧水产篇

甲壳类。主要有螃蟹、蚌、蚬、虾、田螺、石螺、龟、鳖、蜗牛等。

昆虫类。有蟋蟀、蜘蛛、蚂蚁、蜻蜓、山蚕、黄蜂、蜜蜂、竹蜂、蝴蝶、螳螂、寄生蜂、蜈蚣、地龟虫、金龟子。

野生植物　药用植物600多种，列入国家收购的500种左右，收购量较大的有鸡骨草，其次是黄枝子、金银花、佛手、大良羌、鸡血藤、山芝麻、罗汉果、天星木糯等；油料植物80多种，产量较大的有山苍子、蓖麻、乌桕等；纤维植物100多种，主要有芭芒、山棉皮、地棉皮、山羌麻等；淀粉植物80多种，主要有黄狗头、金刚根、土茯苓等；化工原料植物80多种，主要有野漆、牛甘木皮等。

植物主要为木本、藤本、草本和菌藻四类。木本植物除人造林外、有鸭脚、牛尾、荷木、罗锟、杉花、丹桂、黄羊、山枝、水枝、木饭、乌桕、牛甘、山稔、狗牙、盐夫、扫把枝、牛奶、山膝、洗手果、野洛木等乔木或灌木；藤本植物有杜鹃、金婴子、羊角纽、木鳖子、鸡血藤、黄藤、使君子、大茶藤、鸡腿藤、牛贯藤、金刚藤、葫芦藤、鸡爪藤、猫爪藤、酸菜藤、过江龙、山白藤等；草本植物有路边菊、牡丹、芍药、百合、牵牛、水仙、仙人掌、万年青、昙花、美人蕉、凤仙、吊兰、剑兰、食虫草、蒲公英、灯盏菜、山羌、石莲、千斤拔、凤尾草、草碌子、蚩头婆、芝麻、水草蒲、水葫芦、水浮莲、铁芒、芽草、黄背草、野枯草、铁线草、龙须草、竹节草、狗尾蕨、罗鸦酸、地构草、还魂草、黑墨草、黄茅草、蕨居草、纤毛鸭嘴草、白茅、野古草、马唐、人字草等80多种；菌藻类植物有黑木耳、白木耳、草菇、香菇、芝麻菌、大红菌、灵芝、鸡咀菌、黄獠菌、青台菌、火炭菌、马勃等。

第六节　自然灾害

藤县是国内气象灾害较严重的县区之一，气象灾害种类多、分布广、活动频繁、危害严重。藤县常见的气象灾害有暴雨、热带气旋、干旱、雷暴、霜（冰）冻等。

洪涝

藤县暴雨灾害频繁。每当汛期（4—9月），强降水天气常造成山洪暴发、河水上涨，冲毁、淹没农作物、道路、街道、房屋，冲毁水库、桥梁、电站等设施，引发山体滑坡、泥石流等地质灾害。年受灾面积少则几百公顷，多则上千公顷。暴雨发生频率大的地区北部大于南部，其中暴雨中心在大黎镇和宁康乡，年平均降雨量超过1900毫米，日降雨量达到暴雨和大暴雨（24小时降水≥100毫米）的频次远远大于其他乡镇；其次是平福乡、太平镇、东荣镇；和平镇和古龙镇年平均降水量在全县平均水平线上，出现暴雨和大暴雨的频率比其他乡镇要高，降水强度比较大。

由于大气环流和地理环境的综合影响，藤县的雨季一般开始于4月中下旬。5月是藤县暴雨的最集中时段，汛期（4—9月）暴雨出现的频率占全年85%以上。

藤县汛期各月洪涝发生的频率为：4月10%，5月14%，6月8%，7月8%，8月14%，9月10%。藤县三大河流中，浔江洪水特点是峰高、量大、历时长，常常对濛江镇、和平镇、天平镇、藤州镇、塘步镇、金鸡镇6个乡镇造成巨大损失；北流河洪水的特点是峰高、量大、历时短、涨速快，常可造成很大的破坏力；濛江洪水特点是峰高、历时短、涨幅大，常发生在5—6月间。

1994年，年降水量1833.8毫米，其中6月、7月，月降水量分别为213.6毫米、485.9毫米。浔江6—7月间出现了3次26米以上的洪峰，6月19日最高水位达28.84米，是解放后最大一次。全县20个乡镇、234个村940280人次受灾，受灾商业点2963处，仓库1079间，房屋375703间，被淹水田250662亩，摧毁防洪堤7条，河堤294处，公路186.76千米，桥梁64座，中断通信54处，毁坏或被淹大小电站4座，10万伏以上高压线路85千米等，造成16人死亡，死亡牲畜160277头。造成直接经济损失15.7亿元。7月23日，又一次大洪涝袭来，外涝内涝同时出现，使播种后出苗不久的晚稻及前次洪水退后抢种的西瓜、红薯、玉米、蔬菜，有遭灭顶之灾，农业生产雪上加霜。

1995年10月中旬，受当年16号台风影响，北流河洪水急剧上涨，使沿江的象棋、金鸡、潭东、藤城4个乡镇遭受洪涝灾害。象棋、金鸡2镇沿岸村庄房屋多处倒塌，象棋镇道家村、双荣村有成片房屋倒塌，损失惨重；正于杨花灌浆期的晚稻受浸失收1633.33公顷，全县晚稻减产8239吨，经济作物也遭损失。

1998年6月下旬，西江洪水急剧上涨，至6月28日上午8时，藤县水位达29.23米，是1916年以来的最高水位，超过警戒水位10.23米。全县粮食作物受灾15005公顷，经济作物受害5471公顷，破坏耕地2334.67公顷，淹死果树20.4万株，经济损失15946万元。使当年早稻减产25135.4吨，经济作物损失极其惨重。

2001年6月中旬，广西大部分县（市）出现大雨、暴雨甚至特大暴雨的强降雨天气过程，同时下游的广东省也普降大雨、暴雨，造成境内浔江、北流河、蒙江水位上涨。6月14日22时，县城洪峰水位24.41米，超过警戒水位5.41。全县8个乡镇，68个村，11万人受灾。据统计，全县因洪灾造成直接经济损失4030万元。

2002年，藤县连续遭受6月19日浔江洪水、7月1日特大暴雨洪水灾害、8月6日12号热带风暴洪涝灾害和8月19日—20日14号热带风暴西江洪水灾害，全县遭受严重损失。在这4次洪涝灾害中，农作物受灾26796公顷，成灾20129公顷，绝收14859公顷，减产粮食75304吨（占全县全年粮食产量的26%）；全县民政、城建、农牧渔业、工业交通运输、商业、水利设施等方面直接经济损失共计88078万元，其中水利设施直接经济损失共计10969万元。

2005年洪水灾害

2005年6月20日8时至22日8时，全区和县境内普降大雨、暴雨至特大暴雨，21日零时至20时，县内太平站降雨量159.7毫米，大任水库降雨量180毫米，黄垌水库降雨量201毫米。造成山洪暴发，河水急剧上涨，濛江河流域太平水位站21日21时42分洪峰水位43.03米，超警戒水位6.53米，为超200年一遇的特大洪水。导致交通、通信、供电中断，大量农田冲坏，房屋连片倒塌。内涝加上浔江上游普降大雨、暴雨，致使县境浔江水位急剧上涨，泛滥成灾。6月23日11时县城浔江洪峰水位达29.59米，超过警戒水位10.59米，为100年一遇洪水。外洪内涝给藤县造成极大的经济损失。据统计，全县19个乡镇、236个村委会（社区）受灾，受灾人口664083人，紧急转移安置193055人；因灾倒塌民房61082间；损坏房屋360587间；因灾死亡2人。全县因灾造成直接经济损失11.17亿元，其中农业直接经济损失3.72亿元。

热带气旋

热带气旋包括热带低压、热带风暴、强热带风暴、台风、强台风和超强台风。藤县位于广西东南部，一般情况下，热带气旋中心进入19° N以北、112° E以西，都会对藤县造成不同程度的影响。近50年来，影响藤县的热带气旋平均每年2~3个，最多时一年有6个。对藤县有影响的热带气旋多发生在7—9月，占影响总个数的72%，其次是6月和10月，各占11.9%和9.8%。造成较重灾害的热带气旋，较早的发生在5月底6月初，较晚的发生在10月中下旬。

热带气旋对藤县的影响与其登陆路径及强度有很大关系，影响藤县的热带气旋登陆路径有两类：Ⅰ类在湛江以东至珠江口以西登陆；Ⅱ类在珠江口以东至福州以南登陆。第Ⅰ类路径的热带气旋若登陆时强度较强，中心深入内陆，如果移动缓慢，则可造成境内出现暴雨、大风天气。第Ⅱ类路径的热带气旋往往影响范围大，维持时间长，也会使藤县全境出现暴雨以上的降水。

旱灾

受冬、夏季风交替影响和境内复杂地理环境的作用，藤县季节差异显著，年际变化大，造成干旱灾害频繁发生。

按干旱发生的季节划分，藤县有春旱、夏旱、秋旱和冬旱。历年以秋旱和春旱发生频率较大，对农业生产的危害也较大，冬旱发生频率较高。藤县的春旱频率为42%，秋旱发生频率达52%，冬季雨水明显偏少，冬旱发生的频率比较高。但由于藤县冬季不是主要农作物的生长发育季节，因此冬旱在藤县历史上灾情记载不多，但随着国民经济的发展以及藤县冬季农业的开发，冬旱危害已经日益明显。

1991年春旱。据4月29日统计，全县仅插下早稻18980公顷，占早造计划得78%。尚有5486.67公顷因旱未插。全县20个乡镇没有一个乡镇完成春插任务，最旱的和平镇只完成插秧任务的31%。是年晚造，遇到历史上罕见的“卡脖子”旱灾。全县大部分晚稻抽穗不齐，包颈严重，秕谷增多，谷粒饱满差；部分稻田受旱不能抽穗，导致当年晚稻减产17106.9吨，经济作物损失也严重。

1998年9月旱灾。7月下旬后，西太平洋副热带高压牢牢控制着广西，全区以晴热高温少雨天气为主。自7月下旬至9月下旬，藤城降雨量97.90毫米，大任水库153.9毫米，白石水库151.8毫米。藤城降雨量仅占多年同期平均降雨量的30%左右。据9月30日统计，全县晚造受旱面积5000公顷，占播种面积的21.7%，受旱较严重的和平镇，受旱面积600公顷，占全镇晚造播种面积的43.2%，濛江镇受旱面积1333.33

公顷，占全镇晚造播种面积的69%，天平、太平、象棋、金鸡等镇亦受较为严重的灾害。

1999年旱灾。9月后，全县以高温晴热少雨天气为主，连续2个月，降雨量仅66.4毫米（藤县气象局），占正常年份同期降雨量的35%。致使全县水库山塘水位下降，蓄水总量3743万立方米，仅占全县有效库容的33%；河流流量骤减，水位降低，水源少，水轮泵、机电泵提水困难，饮水工程饮水流量也显著减少，全县发生严重的秋旱。据统计，全县受旱面积10133.33公顷，其中水田7133.33公顷（其中严重受旱1866.67公顷，绝收333.33公顷），旱地作物3000公顷。旱情分布较为严重的乡镇是和平、太平、濛江、金鸡、象棋、岭景等乡镇，其中和平镇最为严重。

2000年旱灾。由于受西太平洋副热带高压控制，藤县6月至9月下旬以高温少雨天气为主，日气温25℃~35℃。6月份县气象站、太平、象棋、金鸡等水文站降雨65~100毫米，仅占正常年份的30%；7月降雨在100~200毫米，占正常年份的50%；8月份，除藤城站降雨与历年持平外，太平、象棋、金鸡3个站降雨均为50~60毫米；9月1日—24日，全县降雨普遍在20~25毫米，占历年同期17%。全县1—9月份降雨约750毫米，为藤县有气象记录以来的降雨量最低值。由于降雨少，全县水库、山塘水位下降，有效蓄水量为1866万立方米，占有效库容的16.6%，其中有76座水库、2050座山塘干涸，全县出现历史上最严重的旱情。至9月25日统计，全县水稻受旱面积15666.67公顷，占全县晚造面积的72%，重旱8000公顷，枯死2333.33公顷，因缺水无法下插约2000公顷。旱情较严重的乡镇是象棋、金鸡、岭景、和平等乡镇。

雷电

藤县是广西雷暴活动最频繁的地区之一。尤其在4—9月，雷暴的频繁出现，给建筑物、供电设施、电子电器设施及人畜的生命安全造成极大的危害。随着经济的发展和人民生活水平的不断提高，各种高技术电器装备越来越普及，雷电灾害越来越突出。根据历年气象统计，藤县一年四季都有雷暴发生，初雷平均日期在2月下旬至3月初，最早为1月6日（1983年），最迟为4月2日（2000年）。终雷平均日期在10月下旬，最早为9月11日（1967年），最迟为12月31日（1963年）。平均每年雷暴90.6天，最多达128天。据不完全统计，每年受雷击经济损失达100万元之多，雷灾严重年份损失高达500万元，雷击伤亡事故也时有发生。

霜（冰）冻

冬季，由于强冷空气入侵，常使藤县出现霜（冰）冻等寒害。藤县霜冻日的地域分布特点是：北部多于南部，山区多于河谷。平均霜冻日为5天。年最多霜日数24天，出现在1963年，近年出现霜（冰）冻的日数有减少趋势。

藤县的霜（冰）冻主要出现在12月和1月。各地平均初霜期：总趋势是北部早、南部晚；山区早、河谷晚。平均初霜期在12月上、中旬，初霜最早出现在1958年11月24日；平均终霜期：总趋势是南部早、北部晚，在1月下旬至2月中旬，终霜最晚出现在1972年3月4日。

1999年12月20日至27日，藤县遭遇历史上罕见的寒害，冰冻、霜冻同时出现。全县水果除濛江等荔枝老产区外，1991年以后新发展的荔枝、龙眼、杧果、蕉类等不耐寒亚热带水果90%以上遭到严重冻害，严重冻伤、冻死4666.67多公顷。农作物甘蔗受灾1400公顷，冬种作物受灾（玉米、蔬菜、红薯等）6486.67公顷。全县经济损失13.32亿元。

第二篇

人口　计划生育　居民生活

2005年春节，太平镇举办迎春活动

第一章　人　口

1991年—2005年，藤县人口正值生育高峰期，年平均结婚登记5565对，比1978年—1990年年平均4944对，增加621对。虽然多年来执行人口生育政策，居民生育观念不断转变，但藤县人口总量逐年增加。同时，由于经济社会的不断发展，城镇人口发展迅速，农村人口所占比例逐年下降，男女性别比逐渐拉远，人口文化素质不断提高。2005年总人口953297人，比1991年净增人口154795人，增长19.39%。本章人口统计数据，除特别说明外，均为县统计局提供。

第一节　人口规模

人口数量

1991年，全县总户数162612户，总人口798502人，其中农业人口729673人，占总人口91.38%，非农业人口68829人。当年出生人口9613人，死亡人口3703人，出生率12.04‰，死亡率4.66‰，人口自然增长率7.43‰。据2000年人口普查统计资料，全县总户数213260户，总人口91.61万人（包括外出人口，不包括外来人口）；户籍总人口917713人；常住总人口848648人。与1990年普查比较，增加人口数149363人，增长19.45%，年平均增长1.74%。自然增长率10.42‰，和1990年普查的自然增长率22.76‰对比下降12.34%。2005年，全县总户数255438户，总人口953297人，其中农业人口850777人，占总人口89.25%，非农业人口102520人。人口自然增长率8.08‰。

1991年—2005年，总人口逐年增长。2005年总人口953297人，比1991年净增人口154795人，平均每年净增11057人。

1991年—2005年藤县人口统计表

表2-1-1　　单位：户、人

年度	总户数	总人口					当年出生人口	当年死亡人口	出生率（‰）	死亡率（‰）	自然增长率（‰）
		合计	男	女	农业人口	非农人口					
1991	162612	798502	425216	373286	729673	68829	9613	3703	12.04	4.66	7.43
1992	172700	824139	438770	385369	749134	75005	15993	5014	19.71	6.13	13.53
1993	175812	832703	442818	389885	756892	75811	12252	4724	14.79	5.72	9.07
1994	181140	846945	449683	397262	767759	79186	9453	4252	11.26	5.06	6.20
1995	182944	856127	454020	402107	770825	85302	10438	4605	12.26	5.42	6.85
1996	191265	866786	459310	407476	778593	88193	13018	4861	15.1	5.6	9.5
1997	200153	875071	462804	412267	785973	89098	11510	4354	13.2	5.0	3.2
1998	208271	881579	466333	415246	790996	90583	11280	4449	12.8	5.1	7.7
1999	214742	887878	470618	417260	796146	91732	12435	4155	14.1	4.7	9.4
2000	222840	917713	485794	431919	823952	93761	13389	4515	14.8	5.0	9.8
2001	225525	921631	487544	434087	825054	96577	11150	3837	12.1	4.2	7.9
2002	229326	927847	490953	436894	830494	97353	11892	3538	12.86	3.83	9.03
2003	232069	934871	494919	439952	834723	100148	12319	3588	13.23	3.85	9.38
2004	248014	937958	497301	440657	836465	101493	11260	3814	12.02	4.07	7.95
2005	255438	953297	511979	441318	850777	102520	13076	5438	13.83	5.75	8.08

人口密度

1991年，全县平均人口密度每平方千米202.38人。乡镇中，藤城镇为县城所在地，人口密度最大，平均每平方千米1794.87人，其次为和平镇平均每平方千米356.41人；密度最小是平福乡，平均每平方千米81.85人，其次是大黎镇117.64人。2005年，全县人口密度平均每平方千米241.61人。16个乡镇中，人口密度最大和平镇，平均每平方千米435人，其次藤州镇395人；最小的是平福乡，平均每平方千米95.25人，其次是大黎镇136.87人。

人口分布

城乡分布　藤县城乡人口悬殊。1991年，全县总人口798502人，其中农业户口729673人，占总人口91.38%。此后，农业户口总人数所占比例逐年下降，1997年占89.82%。2005年农业户口占89.25%，比1991年降低2.13个百分点。

1991年—2005年，随着社会经济发展，县城和各乡镇集镇不断开发建设，经济条件好的农民逐步流向县城或经济发达、交通条件好的集镇居住。形成山区、经济欠发达、交通不便地区人口密度逐步下降；反之，人口密度逐年增大。

地域分布　藤县人口分布，主要以浔江、绣江（北流河）、蒙江沿河两岸和小平原、小盆地、丘陵地、山区为主。

浔江沿岸。包括塘步镇赤水、南安、禤洲，藤州镇县城、河口、白沙、东胜、胜西、谷山、安宁、丽新、民生；天平镇三益、保燕、思礼洲、新马，濛江镇莲垌、泗洲、江权、濛江圩、健良、新城、新安、党洲、旺家；绣江沿岸包括藤州镇三坡、古达、中和、大垌、新华；金鸡镇新中、兴隆、新民、光华，象棋镇象棋、双荣、共胜、同乐、龙凤、富祝、窦家；蒙江沿岸包括濛江镇覃安、兴义，和平镇榄莫、都坡、和平街、屯江、石桥、新良、木依，太平镇建安、下黎、永平、金田、东皇；东荣乡三江、恩排、东荣、均常、坡头等村（街）。约占全县总人口32.11%。

小平原（盆地）。包括藤州镇平政、积和、潭东、礼秀、纯平，塘步镇沙田、金板、翰池、孔良、六坊，埌南镇马地、杨村、埌南，同心镇真胜、同心；金鸡镇旺国、思善、古华，岭景镇罗江，新庆镇高田、新庆、龙山、庆旺、夏荣，天平镇天平、龙胜、新大，濛江镇新城、共和、那塘，和平镇双垌、新塘、龙塘、陈塘、志威，太平镇仁安、柴咀、安福、新雅、大坡、善庆、浮田、七政，古龙镇大村、忠隆、田心、古龙，大黎镇大黎、国安、东安等村。占全县总人口28.48%。

丘陵地区。包括藤州镇福善、白坭，南安镇古祀、大罗、古佩、塘村，埌南镇冼村、黎寨、新勤、界田、界垌、泗门、双底，金鸡镇金鸡、大坟、龙头、胜安、秀安、陶塘、镇安、同安、沙冲，象棋镇甘村、忠信、罗文、留村、河柳，岭景镇都蒙、岭景、麦地、罗江、和好、石村、南荣、新村、古罗、中村，新庆镇龙山、富荣、同敏，天平镇罗垌、罗平、新陈、罗盖、民益、满村、新兴、回龙、富双，濛江镇大德、洲祖、彩塘、勒竹、双德、共和，和平镇官罗，太平镇良垌、永良、陈垌、石夏、木崖、安福，古龙镇合隆、金凤、德安、长沙，平福乡定安、留利、平福、莫泗、民安，大黎镇黎田、永和、平安、理答、上荣、大塘、新旺、永太、料南等村。占全县总人口24.23%。

山区，包括大黎、平福、东荣大部分地区以及其他各乡镇部分地区。占全县总人口15 16%。

政区分布　1991年，全县9乡、11镇，人口最多太平镇，76202人，其次濛江镇71003人；最少赤水乡，12117人，其次宁康乡16465人。

2002年4月，行政区划调整，南安镇与赤水乡合并，时全县人口最少的乡镇为宁康乡，16465人。

2005年7月，宁康乡并入大黎镇；8月，藤城镇、潭东镇、津北镇合并，设立藤州镇。乡镇中，人口最多藤州镇，145385万人，其次太平镇，96519人；最少同心镇22310人，其次平福乡30676人。

2005年末藤县各乡镇人口分布和密度统计表

表2-1-2　　单位：户、人

乡镇	总户数		总人口				总面积（平方千米）	人口密度（人/平方千米）
	总户数	农业户	总人口	男	女	非农人口		
合计	255438	200892	953297	511979	441318	102520	3945.62	241.6
藤州镇	41678	22731	145385	76939	68446	55219	367.99	395.07
塘步镇	15247	11780	58302	31182	27120	1783	238.1	244.86
埌南镇	10838	9119	45078	24132	20946	1260	201.38	223.85
同心镇	6072	4965	22310	12288	10022	632	134.65	165.69
金鸡镇	18063	15106	67040	36478	30562	2504	250.4	267.73
新庆镇	10344	9077	38776	20913	17863	986	136.67	283.72
象棋镇	12173	10431	42703	23094	19609	1108	183.2	233.1
岭景镇	11122	9338	38750	21105	17645	979	170.26	227.59
天平镇	19668	17068	74353	40302	34051	1817	348.54	213.32
濛江镇	21875	17575	81768	43890	37878	11764	296.66	275.62
和平镇	19442	17538	75214	39371	35843	3212	172.95	434.88
太平镇	25531	19547	96519	50891	45628	16111	278.91	346.05
平福乡	7262	6543	30676	16945	13731	1194	322.05	95.25
古龙镇	11365	8753	40752	21522	19230	1539	187.76	217.04
东荣镇	9397	8437	36551	19872	16679	1048	204.17	179.02
大黎镇	15361	12884	59120	33055	26065	1364	431.93	136.87

第二节　人口变动

自然变动

人口出生　1991年，全县出生人口9613人，人口出生率12.04‰。此后，随着国家计划生育政策的深入开展，人口增长速度减缓。至2005年，人口出生最少是1994年，全年出生9453人，出生率11.16‰，人口出生最多2000年25418人，出生率27.79‰。2005年，全年出生22987人，出生率24.11‰。

人口死亡　1991年，全年死亡人数3703人，人口死亡率4.64‰。至2005年，人口死亡最少是2002年，全年死亡3749人，死亡率4.04‰，人口死亡最多2005年7089人，死亡率7.44‰。

人口净增　1991年，净增人口5910人，人口自然增长率7.40‰。至2005年，人口净增最多是2000年，净增人口20981人，人口自然增长率22.94‰，人口净增最少1994年，净增人口5201人，人口自然增长率6.14‰。2005年净增人口15898人，人口自然增长率16.68‰。

1991年—2005年藤县人口自然变动情况表

表2-1-3　　单位：人

年度	出生人口	出生率（‰）	死亡人数	死亡率（‰）	净增人口	人口自然增长率（‰）
1991	9613	12.04	3703	4.64	5910	7.40
1992	15993	19.41	5014	6.08	10979	13.32

续表

年度	出生人口	出生率（‰）	死亡人数	死亡率（‰）	净增人口	人口自然增长率（‰）
1993	12252	14.71	4724	5.67	7528	9.04
1994	9453	11.16	4252	5.02	5201	6.14
1995	10438	12.19	4605	5.38	5833	6.81
1996	13018	15.02	4861	5.61	8157	9.41
1997	11510	13.15	4354	4.98	7156	8.18
1998	11280	12.80	4449	5.05	6831	7.75
1999	12435	14.01	4155	4.68	8280	9.33
2000	25418	27.79	4437	4.85	20981	22.94
2001	11788	12.79	3985	4.32	7803	8.47
2002	12237	13.19	3749	4.04	8488	9.15
2003	13512	14.45	3858	4.13	9654	10.33
2004	11359	12.11	5005	5.34	6354	6.77
2005	22987	24.11	7089	7.44	15898	16.68

迁移变动

1991 年—2005 年，藤县人口迁出大于迁入，平均年迁出人口 5807 人，其中迁出最多 2004 年，共迁出 9818 人，最少 1991 年，2567 人；平均年迁入人口 4345 人，最多 2005 年，共迁入 8690 人，最少 1991 年，1274 人。

第三节　人口构成

性别

据藤县公安局人口资料统计，1991 年—2005 年，全县人口男性多于女性。1991 年，全县男性 425216 人，占总人口 53.25%，女性 373286 人，占总人口 46.75%，男女性别比为 113.91（女为 100，下同。）；1991 年—1994 年，性别比在 113.20~113.91 之间；1995 年—2004 年，性别比在 112.26~112.85 之间；2005 年男女性别比最大，为 116.01。

年龄

1990 年，全国第四次人口普查，全县 772357 人，其中少年儿童 264692 人，占总人口 34.27%，成年人 460979 人，占总人口 59.68%，老年人 46686 人，占总人口 6.05%，其中 80 岁以上 8333 人，占总人口 1.08%。

2000 年，全国第五次人口普查，全县总人口 871130 人，其中少年儿童(0~14 岁）275083，占总人口 31.58%，成年人(15~59 岁）502410 人，占总人口 57.67%；老年人(60 岁以上）93637 人，占总人口 10.75%，其中 80 岁以上 11158 人，占总人口 1.28%。

据 2000 年全国第五次人口普查统计资料，全县各阶段年龄构成如下：0 岁 13737 人，占总人口 1.58%；1~4 岁 46993 人，占总人口 5.39%；5~9 岁 85773 人，占总人口 9.85%；10~14 岁 128580 人，占总人口 14.76%；15~19 岁 83690 人，占总人口 9.6%；20~24 岁 64372 人，占总人口 7.39%；25~29 岁 68931 人，占总人口 7.91%；30~34 岁 77831 人，占总人口 8.93%；35~39 岁 63453 人，占总人口 7.28%；40~44 岁 41891 人，占总人口 4.8%；45~49 岁 42348 人，占总人口 4.86%；50~54 岁 31232 人，占总人口 3.59%；55~59 岁 28662 人，占总人口 3.29%；

60~64 岁 28967 人，占总人口 3.33%；65~69 岁 24140 人，占总人口 2.77%；70~74 岁 18146 人，占总人口 2.08%；75~79 岁 11226 人，占总人口 1.29%；80~84 岁 6693 人，占总人口 0.77%；85~89 岁 2880 人，占总人口 0.33%；90~94 岁 1146 人，占总人口 0.13%；95~99 岁 348 人，占总人口 0.04%；100 及以上 91 人，占总人口 0.01%；百岁老人 91 人，其中男 7 人、女 84 人。

民族

县统计报表：1991 年，全县汉族 796747 人，瑶族 831 人，壮族 746 人，苗族 36 人，侗族 55 人，么佬族 49 人，回族 12 人，满族 15 人，毛难族 8 人，蒙古族 1 人，藏族 2 人。少数民族合计 1755 人。据 1991 年民族识别工作确定，全县少数民族中只有瑶族等少数世居藤县外，其他或由外地迁来或因通婚形成。

2000 年，据全国第五次全国人口普查登记，全县有民族 25 个。其中汉族 911187 人，占全县总人口的 99.29%；少数民族 6526 人，占 0.71%。其中瑶族 4209 人，占全县总人口的 0.46%；壮族 1467 人，占全县总人口的 0.16%；有苗族 194 人，侗族 131 人，仫佬族 114 人，布依族 104 人，蒙古族 70 人，水族 66 人，毛南族 34 人，满族 30 人，回族 27 人，藏族 15 人，维吾尔族 12 人，彝族 11 人，朝鲜族 9 人，土家族 8 人，仡佬族 7 人，白族 6 人，黎族 4 人，高山族 4 人，哈尼族 1 人，傣族 1 人，佤族 1 人，京族 1 人。

2005 年，据县公安局资料，全县总人口 953297 人，其中汉族 949102 人，瑶族 2603 人，壮族 1363 人，其他少数民族 229 人。

文化

1990 年，全国第四次人口普查，全县具有小学以上文化程度 555922 人，占总人口 71.98%，其中小学文化程度 370276 人，占总人口 47.94%；初中 145756 人，占 18.87%；高中（含中专）38016 人，占 4.92%；大学 1874 人，占 0.24%。该年度每万人有大学文化程度 24 人，高中 492 人，初中 1887 人，小学 4794 人。文盲半文盲（15 岁及 15 岁以上）人数 92621 人，占总人口 12.03%，每万人有文盲半文盲 780 人。

1991 年后，随着当地政府对教育的重视，以及普及九年义务教育的实施，全县人口文化程度逐年提高。

2000 年全国人口普查资料统计，全县文盲半文盲（15 岁及 15 岁以上）人数 46225 人，占总人口 5.81%，比 1990 年下降 6.22 个百分点；具有小学以上文化程度 748475 人，占总人口 81.56%，比 1990 年提高 9.6 个百分点。其中，小学文化 429938 人，占总人口 54.1%，比 1990 年增 6.16 个百分点；初中文化程度 262372 人，占总人口 33.02%，比 1990 年增 14.15 个百分点；高中（含中专）文化 49528 人，占总人口 6.23%，比 1990 年增 1.31 个百分点；大专以上文化 6637 人，占总人口 0.84%，比 1990 年增 0.6 个百分点。

职业

藤县是农业大县，劳动人口的职业构成以从事农业为主。1991 年后，随着农村富余劳动力外出打工、经商的不断增多，城镇工业、服务业不断发展，劳动人口的职业构成呈现第一产业从业人数不断减少，第二、第三产业从业人数不断增多的趋势。

1991 年，全县劳动力 36.07 万人，其中从事农林牧渔劳动力 30.83 万人，占劳动力总数 85.47%。1995 年，全县劳动力 39.16 万人，其中从事农林牧渔劳动力 29.45 万人，占劳动力总数 75.2%，比 1991 年减少 10 多个百分点；从事工业、建筑业人数 2.02 万人，占劳动力总数 5.6%；从事交通运输、服务业人数 1.14 万人，占劳动力总数 3.16%。

2000 年，全县劳动力 41.67 万人，其中从事农林牧渔劳动力 29.69 万人，占劳动力总数 71.25%；从事工业、建筑业人数 2.53 万人，占劳动力总数 6.07%；从事交通运输、服务业人数 1.3 万人，占劳动力总数 3.12%。外出劳动力 6.61 万人。

2005 年，全县劳动力 46.24 万人，其中从事农林牧渔劳动力占劳动力总数 64.49%，比 1991 年少 20.98 个百分点；从事工业、建筑业人数占劳动力总数 6.53%，比 1995 年增 1.37 个百分点；从事交通运输、服务业人数占劳动力总数 3.88%，比 1995 年增 0.97 个百分点；外出劳动力 9.28 万人，比 2000 年增 2.67 万人。

第四节　人口普查

2000 年，藤县根据全国统一部署，开展全国第五次人口普查。11 月 1 日零时为标准时间。

总人口

根据《梧州市 2000 年人口普查资料》，全县总户数 213260 户，其中家庭户 212830 户，集体户 430 户。总人口 91.61 万人（包括外出人口，不包括外来人口）；户籍总人口 917713 人，常住总人口 848648 人，其中男 454963 人，女 393685 人，男女性别比 115.57。常住人口包括：1. 居住在本乡镇街道，户口在本乡镇街道的人口；2. 普查时居住在本乡镇街道半年以上，户口在外乡镇街道的人口；3. 在本地居住不满半年，离开户口登记地半以上的人口；4. 居住本乡镇街道，户口待定人口；5. 原住本乡镇街道，现在国外工作学习暂无户口的人口。普查登记人口 87.11 人（包括外来人口，不包括外出人口），其中男 467014 人，女 404116 人。当年城镇人口 139956 人，乡村人口 731174 人。

2000 年普查与 1990 年普查比较，增加人口 149363 人，增长 19.45%，年平均增长 1.74%。当年出生人口 13490 人，其中男 7478 人，女 6012 人，出生率 15.90‰，年自然增长率 10.42‰，和 1990 年全国第四次人口普查的自然增长率 22.76‰对比，下降 12.34%。死亡人口 4650 人，其中男 2712 人，女 1938 人，死亡率 5.48‰，和 1990 年第四次人口普查的死亡率 5.75‰对比，下降 0.27%。

性别构成

2000 年，人口普查全县登记人口 87.11 人（包括外来人口，不包括外出人口），其中男 467014 人，女 404116 人，性别比 115.56。家庭户总人口 868031 人，其中男 464779 人，女 403252 人，性别比 115.26，家庭户平均每户人数 4.08 人。县城男女性别比 115.79，家庭户平均每户人数 4.23 人。乡镇性别比 114.38，家庭户平均每户人数 3.44 人。

第五次人口普查藤县普查登记人口性别构成表

表 2-1-4　　　　单位：人、%

年龄组（岁）	人口数	占总人口	男		女		性别比
			人数	占总人口	人数	占总人口	
合计	871130	100	467014	53.61	404116	46.38	115.56
0~4	60729	6.97	33559	3.85	27170	3.12	123.51
5~9	85773	9.85	46561	5.43	39212	4.5	118.74
10~14	128580	14.76	67307	7.73	61273	7.03	109.85
15~19	83690	9.6	44918	5.16	38772	4.45	115.85
20~24	64372	7.39	33285	3.82	31087	3.57	107.06
25~29	68931	7.91	35896	4.12	33035	3.79	108.66
30~34	77831	8.93	41560	4.77	36271	4.16	114.58
35~39	63453	7.28	34437	3.95	29016	3.33	118.68
40~44	41891	4.81	23521	2.7	18370	2.11	128.04
45~49	42348	4.86	24467	2.8	17881	2.05	136.83
50~54	31232	3.59	18209	2	13023	1.49	139.82
55~59	28662	3.29	15504	1.78	13158	1.51	117.83

续表

年龄组(岁)	人口数	占总人口	男		女		性别比
			人数	占总人口	人数	占总人口	
60~64	28967	3.33	15699	1.8	13268	1.52	118.32
65~69	24140	2.77	12960	1.49	11180	1.28	115.93
70~74	18146	2.08	9421	1.08	8725	1	107.98
75~79	11226	1.29	5409	0.62	5817	0.67	92.98
80~84	6693	0.77	2899	0.33	3794	0.44	76.41
85~89	2880	0.33	1064	0.12	1816	0.21	58.62
90~94	1146	0.13	259	0.03	887	0.1	29.17
95~99	348	0.04	72	0.01	276	0.03	26.02
100及以上	91	0.01	7		84	0.01	8.54

民族构成

2000年，人口普查全县有民族25个。其中汉族人口占全县总人口的99.29%；少数民族6526人，占总人口0.71%。少数民族中瑶族4209人，占全县总人口的0.46%；壮族1467人，占全县总人口的0.16%；另有苗族194人，侗族131人，仫佬族114人，布依族104人，蒙古族70人，水族66人，毛南族34人，满族30人，回族27人，藏族15人，维吾尔族12人，彝族11人，朝鲜族9人，土家族8人，仡佬族7人，白族6人，黎族4人，高山族4人，哈尼族1人，傣族1人，佤族1人，京族1人。

年龄构成

2000年，人口普查全县登记总人口871130人。常住人口中，0~14岁人口为275083人，占31.58%。15~59岁人口为502410人，占57.67%；60岁及以上人口为93637人，占10.75%，其中65岁及以上人口为64670人，占7.42%。

第五次人口普查藤县人口年龄构成表

表2-1-5

年龄组(岁)	人口数(人)	构成比%	年龄组(岁)	人口数(人)	构成比%
合计	871130	100	50~54	31232	3.59
0	13737	1.58	55~59	28662	3.29
1~4	46993	5.39	60~64	28967	3.33
5~9	85773	9.85	65~69	24140	2.77
10~14	128580	14.76	70~74	18146	2.08
15~19	83690	9.6	75~79	11226	1.29
20~24	64372	7.39	80~84	6693	0.77
25~29	68931	7.91	85~89	2880	0.33
30~34	77831	8.93	90~94	1146	0.13
35~39	63453	7.28	95~99	348	0.04
40~44	41891	4.8	100及以上	91	0.01
45~49	42348	4.86			

家庭结构

全县家庭共有21.28万户。在家庭人口数量中，1人户27744户，点总户数13.04%；2人户25850户，点总户数12.10%；3人户31562户，点总户数14.83%；4人户38601户，点总户数18.14%；5人户41909户，点总户数19.69%；6人户22287户，点总户数10.47%；7人户13263户，点总户数6.23%；8人户6237户，点总户数2.93%；9人户2819户，点总户数1.32%；10人及以上户2558户，点总户数1.2%。其中5人户和4人户比重最大家庭户类别中，一代户44872户，点总户数21.08%；二代户132576户，点总户数62.29%；三代户34286户，点总户数16.11%；四代户1095户，点总户数0.51%；五代及以上户1户。其中二代户比重最大。

第二章　计划生育

1991年，藤县执行《广西壮族自治区计划生育条例》，坚持提倡生育一胎、严格控制二胎、杜绝三胎的原则。采取以宣传为主、避孕为主、经常性工作为主的“三为主”工作方法，大力开展宣传教育活动，坚持每年分上、下半年开展集中宣传服务活动，促进居民婚育观念转变，提高落实计划生育的自觉性。1993年开始，建立人口与计划生育目标管理责任制，形成党政一把手亲自抓、负总责，部门单位齐抓共管的工作局面。逐步完善县、乡两级计生服务设施。1995年，开展计划生育与发展农村经济相结合、与帮助农民勤劳致富奔小康相结合、与建设文明幸福家庭相结合的“三结合”活动。1996年开始妇检服务，并建立妇检制度。2004年实施计划生育家庭奖励扶助制度。2005年，据计生部门统计，全县人口出生率13.83‰，比1991年提高1.79个千分点，人口自然增长率9.44‰，比1991年降低3.48个千分点。

第一节　机　构

1991年，藤县计划生育委员会（简称计生委），为正科级行政管理机构，办公地址位于县城登俊路县政府办公楼内。计生委下设办公室、宣传法规股、财务统计股、计划生育协会；编制17人。有二层机构藤县计划生育服务站，人员编制5名。1993年6月，计生委办公地址搬迁至县城西江路北门巷角嘴。1997年1月，藤县计划生育委员会改称藤县计划生育局，内设办公室、宣传教育股、政策法规股、科技股、财务统计股和计划生育协会，人员编制17人。2001年5月，县计划生育服务站为独立核算事业单位，人员编制15人。2004年8月，县计划生育局改称县人口和计划生育局。9月，内设机构：办公室、政策法规股、宣传科学技术股。核定人员编制13人。2005年，内设机构：办公室、宣传教育股、政策法规股、科技股、财务统计股和计划生育协会，核定人员编制17人。

1991年—2005年县人口和计划生育局（计生委）历任局长（主任）：陈观昌（1987.10—1996.06）、廖明桂（1996.06—1999.03）、李炳汉（1999.03—2005.08）、唐有文（2005.08— ）。

第二节　人口规划

1991年—2005年，藤县制订的第八个、第九个、第十个“五年发展规划”，均对人口规模作出规划。县委、县政府每年均制定年度人口生育指标，并下达各乡镇执行。各乡镇人口生育指标执行情况，作为计划生育工作考核的主要招标。2005年人口出生计划1.30万人，实际出生1.31万人。

藤县 1991 年—2005 年人口计划与完成情况统计表

表 2-2-1

年度	总人口（万人）		出生人数（万人）		出生率(‰)		净增人口（万人）		自然增长率(‰)	
	计划	实际	计划	实际	计划	实际	计划	实际	计划	实际
1991	80.5	80.12	1.50	0.96	21	12.04	1.1	1.04	15	12.92
1992	82.0	82.17	1.60	1.60	21	19.71	2.0	2.05	15	12.90
1993	83.5	83.28	1.50	1.23	21	14.79	1.2	1.11	15	9.64
1994	84.5	85.00	1.50	0.95	21	11.26	1.5	1.72	13	8.32
1995	86.5	86.32	1.50	1.04	20	12.26	1.5	1.32	13	8.06
1996	88.0	87.67	1.40	1.30	19	15.10	1.4	1.35	13	9.77
1997	88.5	87.77	1.40	1.15	19	13.20	1.3	0.11	13	10.05
1998	88.5	88.33	1.40	1.13	19	12.80	1.0	0.56	13	9.56
1999	89.5	89.67	1.40	1.24	19	14.10	1.1	1.34	12	9.41
2000	91.0	91.05	1.40	1.34	19	14.80	1.4	1.38	12	8.54
2001	92.0	91.95	1.30	1.12	15	12.10	1.1	0.90	10	8.56
2002	93.0	92.89	1.30	1.19	15	12.86	1.0	0.95	10	8.91
2003	94.0	93.97	1.30	1.23	15	13.23	1.1	1.08	10	8.68
2004	95.0	94.73	1.30	1.13	15	12.02	1.0	0.76	10	8.87
2005	96.0	95.43	1.30	1.31	15	13.83	1.0	0.70	10	9.44

注：该表为计划生育部门统计资料

第三节 生育调节

生育政策

1991 年，藤县执行《广西壮族自治区计划生育条例》，鼓励晚婚晚育，一对夫妻只生育 1 个孩子。非农业人口符合条件的，由本人申请，经夫妻双方所在单位审查，经县以上计划生育行政管理部门批准，可以有计划地安排生育第二孩子；农村人口夫妻符合条件的，经乡镇人民政府批准，报县以上计划生育行政管理部门备案，可以有计划地安排生育第二孩子。夫妻中女方属非农业人口的，按非农业人口的条件规定申请生育第二孩子；夫妻中女方属农业人口的，按农业人口的条件规定申请生育第二孩子。符合其他特殊条件的，经批准可生育第二孩子。凡安排生育第二个孩子的，生育间隔时间不得少于 4 周年。1995 年 8 月 18 日，藤县人民政府印发《关于对全县农村农民中纯二女结扎的育龄夫妇实行养老生活补助的通知》，明确规定：对 1990 年 1 月 1 日后一对育龄夫妇终生只生育 2 个女孩，并有一方自愿落实结扎措施的，可以享受一次性每户 1000 元的养老生活补助。

1996 年 9 月 1 日，中共藤县委员会、藤县人民政府制订《关于贯彻执行广西壮族自治区计划生育条例的若干规定》，对计划外怀孕、符合生育条件但未领取生育证、计划外生育、间隔未满规定期限而生育、未达到法定婚龄非婚生育的，均给予经济处罚；属干部职工的，同时给予政纪处分。

2003 年 10 月中共藤县委员会、藤县人民政府制订《关于贯彻执行广西壮族自治区人口与计划生育管理办法等法律法规的若干规定》，明确对违法生育子女的对当事人，分别按违法行为被查出的上一年城镇居民年人均可支配收入或者农村居民人均纯收入的比例征收社会抚养费。

2004年5月13日，国家人口计生委、财政部下发《农村部分计划生育家庭奖励扶助制度试点方案(试行)的通知》，明确将同时具备以下条件人员列入奖励扶助对象：1.本人及配偶均为农业户口或界定为农村居民户口。2.1973年至2001年期间没有违反计划生育法律法规和政策规定生育。3.现存一个子女或两个女孩或子女死亡现无子女。4.年满60周岁。通知规定，符合上述条件的奖励扶助对象，按人年均不低于600元的标准发放奖励扶助金，直到亡故为止，已超过60周岁的，以该制度在当地开始执行时的实际年龄为起点发放。藤县按照文件精神，每年精心组织人员做好扶助对象的资格确认工作，按照要求及时向上级提交相关材料，及时发放奖扶资金。

此外，对少数民族、第一个子女经鉴定确诊为非遗传性疾病致残不能成长为正常劳动力的、夫妻一方为二等甲级以上或者夫妻双方属二等乙级革命残废军人的、夫妻双方均为独生子女的、夫妻一方为烈士的独生子女的、再婚夫妻一方只生育一个子女，另一方未生育的，均制定了可以申请安排生育第二个孩子的特殊政策。

1991年—2005年，男年满25周岁、女满23周岁的初婚为晚婚；女年满24周岁的初育为晚育。政府鼓励晚婚晚育，对晚婚者，除享受国家规定的假期外，另增加婚期12天；晚育者，除享受国家规定的假期外，另增加产期14天，同时给予男方护理假10天；在产假期间领取"独生子女父母光荣证"的，另增加产期20天。对晚婚、晚育者，婚假、产假期间，工资、奖金照发，不影响其应享受的福利及评奖评优。

节育政策

1991年，藤县执行1989年颁布的《广西壮族自治区计划生育条例》，加强优生优育、节育知识宣传，实行婚前检查，患有医学上不应生育的疾病者，禁止生育；坚持避孕为主，推行综合节育措施，已育一个孩子的，要采取放环为主的避孕节育措施，已生育两个孩子以上的，要求一方采取绝育措施。

1994年11月，自治区颁布《广西壮族自治区计划生育条例》，藤县根据条例制定《中共藤县委员会、藤县人民政府关于贯彻执行〈广西壮族自治区计划生育条例〉的若干规定》，规定：坚持避孕为主，推行综合节育措施，建立孕情管理制度。有生育能力的夫妻，已生育一个孩子的，要有一方落实长效避孕措施；已生育两个孩子以上的，要有一方采取绝育措施。

2001年6月后，执行国务院颁布的《计划生育技术服务管理条例》，公民享有避孕方法的知情选择权，国家保障公民获得适宜的计划技术服务的权利。2002年后，执行《广西壮族自治区人口与计划生育条例》，公民实行计划生育坚持避孕为主，并享有避孕方法的知情权、选择权。技术服务人员指导实行计划生育的公民选择安全、有效、适宜的避孕措施。至2005年不变。

第四节　技术服务

服务网络建设

1991年，县级计生部门设立服务站，乡镇设服务所，村(社区)设置服务室，共同开展计划生育技术服务。县、乡(镇)有技术人员19人；村级服务室293个，有服务人员293人。其中县服务站能开展放(取)环、结扎和小月份引产术。乡镇服务所能开展放(取)环业务。

随着计划生育事业的发展，技术服务网络逐步建立和完善，形成了由计生部门与卫生部门共同进行的技术服务格局。

1992年，县计生服务站业务用房面积由原来的100平方米增加至300平方米。是年，自治区配发黑白B超机、显微镜各1台；为了尽快开展女扎手术，用自有资金装备能开展三大常规检查的化验室。乡镇计划生育服务所也按要求设置，各乡镇服务所配备黑白B超机1台。1998年，自治区配发给每个乡镇1台便携式B超机和1台乳腺诊断仪。

1997年开始，计划生育技术服务部门注重对技术的引进和技术人员的培训，通过到高等院校招聘医技人员、选派骨干进修、组织技术人员参加区、市举办的培训、岗位练兵、技能竞赛等措施，提高技术人员的技术素质和服务质量。

1997年—1999年，招聘医技人员35人；县乡共选派22人到县、市、自治区服务机构和医疗机构进修。县计生局每年组织一次医技人员进行培训。

1998年，自购立式压力蒸汽灭菌器1台、彩色红外乳腺诊断仪1台、妇科治疗仪1台、单导心电图机1台。2000年，自治区配便携式B超机4台。2003年国家计生委配赠计划生育服务站车2辆，车载设备有微波治疗仪、便携式B超机、乳腺诊断仪各2台。通过增加医疗设备、陆续调入相应的专业技术人员和选派技术人员进修等方式来充实计划生育服务机构人员和技术力量，提高服务水平。

2005年，计划生育技术服务网络基本健全，技术力量和服务水平有所提高。

“四术”服务

1988年开始“四术”术后回访服务。1991年，术后回访对象：施行放环、结扎、人流、引产的对象。1991年—2003年，侧重于一孩放环、二孩及二孩以上结扎。接受节育措施的夫妻可以享受补助。受术者的手术费、药费、住院费、车船费、住宿费和手术补助费的开支，属职工和随职工居住的亲属由所在单位开支，属居民、农民的手术费、药费、住院费由计生事业费开支；车船费、住宿费、补助费由乡镇计生站从征收上的超生费开支。

2003年—2005年，侧重于知情选择安全、有效、适宜的避孕节育措施，已生育一个子女的已婚育龄妇女应当首选使用宫内节育器，已生育二个及二个孩子以上的夫妻，一方应当首选结扎措施。“四术”费用实行每例包干结算。农村人口和无用工单位的城镇居民履行计划生育义务的已婚育龄夫妇落实节育措施，经费由各乡镇和县财政负担；有用工单位的城镇居民和县、镇直单位干部职工由各用人单位负责。农村人口中的流动人口在流入地落实节育措施的，其费用按《流动人口计划生育工作管理办法》规定，有用工单位的，由用工单位负担，无用工单位的，由所在地的乡（镇）人民政府或者街道办事处报销。1991年—2005年，每年组织对术后对象进行回访和慰问，回访率达100%。术后回访内容：对于放取环、人流引产的对象，主要访视下腹部有无疼痛、阴道流血量等情况，对于结扎的对象，主要访视切口有无红肿、热痛、切口愈合情况，为他们送医送药、送温暖，使一些术后感到不适的对象得到及早治疗，有效减少并发症的发生；对已发生并发症的患者，积极给予治疗，并给予生产、生活上的帮助。

1991年—2005年藤县计划生育术后回访情况统计表

表2-2-2　　单位：人

年度	回访人数	年度	回访人数
1991	54800	1999	18310
1992	64025	2000	17684
1993	35223	2001	15277
1994	32590	2002	14944
1995	30197	2003	14854
1996	24423	2004	15134
1997	21160	2005	16642
1998	16909		

妇检服务

1996年9月1日开始妇检服务，并建立妇检制度，妇检的目的：以孕情、环情监测为契机，结合宣传咨询、避孕节育、优生优育、查病治病、术后药后随访等方面的优质服务，在提高育龄妇女生殖健康水平的同时提高孕情、环情监测率，巩固低生育率，提高人口与计划生育工作水平，优化人口结构，提高人口素质，逐步形成以优质服务为重点，以广大群众参与为基础，寓管理于服务之中的适应社会主义市场经济发展的人口与计划生育新格局，促进人口与经济、社会、资源、环境的协调发展。妇检对象：除持有当年或下年度生育证、丧偶、绝经、患有不育症、输卵管结扎或配偶输精管结扎术满一周年以上者外，其余的已婚育龄妇女均为服务对象。农业人口及流动人口已婚育龄妇女每季度检查一次；干部职工中的已婚育龄妇女每半年参加一次妇检。具体检查时间和地点，由计生部门安排。妇检内容：查环、查孕、查病。至2005年不变。

1996年—2005年藤县妇检服务人数统计表

表2-2-3

年度	妇检（人次）	年度	妇检（人次）
1996	42508	2001	217828
1997	183789	2002	229717
1998	200192	2003	233231
1999	202916	2004	243451
2000	216265	2005	256413

第五节　计划生育综合管理

计生宣传

1991年—2005年，县、乡（镇）、村（社区）三级设立人口学校，县、乡、村三级宣传网络实现有教室、有教材、有教案，配备电脑、电视机、投影仪、广播等宣传器械；并落实专（兼）职宣教人员。村村开辟计生宣传栏，县、乡（镇）开设电视、广播、报刊专题栏目。印发《你实行计划生育了吗》等宣传册子，发放到各村、各户；村（社区）、乡（镇）、县定期举办人口计生知识讲座和业务培训；县、乡（镇）每年组织深入村庄、校园、街道开展人口计生文体宣传教育活动；全县大量制作各种搪瓷宣传牌、宣传横幅和宣传标语。通过各种形式的宣传，使计生知识和计生政策"入村、入户、入眼、入耳、入脑、入心"，真正做到家喻户晓。21世纪后，开设"藤县人口计生门户网站""12356阳光计生热线"，公开办事程序，接受群众监督。

目标管理责任制

1993年开始实施人口与计划生育目标管理责任制，乡镇党委、政府及县直机关各部门单位与县委、县政府签订责任状；乡镇人口与计划生育领导小组办公室与县人口与计划生育领导小组办公室签订责任状；乡（镇）直单位、村（社区）与乡镇党委、政府签订责任状。把人口出生率、计划生育率、节育率等方面作为考核重点，实行年末考核，并将考核结果作为党政干部政绩和评先选优的主要内容之一，并实行"一票否决"制度。至2005年不变。

计生"三结合"

1995年，为使计划生育家庭优先享受改革开放成果，充分体现党和政府的关怀，让部分因多种原因仍生活在贫困线以下的计划生育家庭尽快脱贫致富，全县开展计划生育与发展农村经济相结合、与帮助农民勤劳致富奔小康相结合、与建设文明幸福家庭相结合。县政府先后制订了《藤县农村计划生育家庭就业创业援助行动工作方案》《藤县"你为国家做贡献，我们为你办件事"活动方案》《藤县人民政府关于开展农村计划生育家庭就业创业援助行动的通知》，开展生育"三结合"工作。至2005年不变。

第三章　居民生活

1991年—2005年，藤县城乡居民收入逐步增加，消费多样化发展，消费结构明显改善，市场商品品种丰富，城乡居民穿着水平提高，交通和通信费用明显增加，居住条件改善，居住面积逐年增大，家用耐用消费品拥有量逐年增多，生活质量普遍提高。2005年，单位职工年均工资收入10775元，是1991年的4.83倍。农村居民人均纯收入2509元，是1991年的4.06倍；人均消费支出2353.4元，是1991年的10.13倍。

第一节　城镇居民生活

城镇居民收入

城镇居民以收入性质分两类，一是在机关、事业和企业单位靠工资收入的人员，称职工；其余人员称自谋职业居民。

职工　1991年，列入全县职工统计范围的行政企事业工作人员总数25954人，职工年平均工资2229元。此后，职工工资收入逐年增长。1995年，全县职工年平均工资3720元，2000年，5197元。2005年，职工年平均工资10775元，是1991年的4.83倍。

1991年—2005年藤县职工年平均工资统计表

表2-3-1　　单位：人、元

年度	全县职工总数	职工年平均工资
1991	25954	2229
1992	26742	2782
1993	27300	3210
1994	27654	3392
1995	28539	3720
1996	29015	4175
1997	26358	4280
1998	23708	4630
1999	24035	4752
2000	24680	5197
2001	23166	6403
2002	20951	7115
2003	23801	8210
2004	21802	9270
2005	21658	10775

自谋职业居民　收入主要靠务工、经商、财产性收入、转移性收入和各种服务获取，收入来源多元化。2004年，全区开展县级城镇住户抽样调查，据抽样调查情况资料反映，2004年城镇居民人均可支配收入6394元，2005年城镇居民人均可支配收入7488元。

城镇居民消费

20世纪90年代初，城镇居民消费以日用必需品为主，一般家庭有收（放）音机、电视机、缝纫机、自行车，部分家庭购买摩托车；城镇居民有自建住房或居住单位宿舍。90年代中、后期，一般家庭有音响、彩色电视机、洗衣机、电话机、BB机、小灵通（电话机）、摩托车，部分家庭有移动电话。随着县城与集镇土地开发的兴起，城镇居民、干部职工购地建房为解决住房问题的主要考虑，也成为消费的大项支出。21世纪，一般家庭有电冰箱、移动电话，部分家庭有空调机、家用电脑，个别家庭有小汽车。居民注重居住环境，一般室内进行装修。2005年，城镇居民耐用消费品拥有量（每百户）：摩托车33.75辆，自行车77.5辆，洗衣机72.5台，电冰箱42.5台，冰柜10.0台，彩色电视机127.5台，影碟机51.25台，家用电脑43.75台，组合音响27.50套，照相机15架，空调器37.5台，普通电话88.75部，移动电话93.75部，接入互联网计算机33.75台。

2005年，县统计局按照自治区统计局住户调查制度，对抽中的80户城镇居民进行登记调查，调查结果：全年人均可支配收入7488.29元。全年人均生活消费支出5093.70元，占68.02%。其中：食品消费支出2465.02元，占生活费支出的48.39%；衣着消费支出398.46元，占7.82%；家庭设备用品及服务消费支出304.94元，占5.99%；医疗保健消费支出219.14元，占4.30%；教育文化娱乐服务消费支出657.77元（其中教育407.82元），占12.91%；居住消费支出578.93元，占11.37%；交通和通讯消费支出406.16元，占7.97%；杂项商品和其他服务消费支出63.28元，占1.24%。

第二节　农村居民生活

农村居民收入

20世纪90年代初，农村居民收入，主要靠种植、养殖和从事建筑、运输、商贸、饮食、外出务工、财产性收入、转移性收入等。据县统计局调查统计，1991年，农村居民年人均纯收入618元。此后，农村劳动力外出务工逐渐增加，成为收入主要来源之一。1995年，农村居民年人均纯收入1412元。随着社会经济的不断发展，农业效益的不断提高，农村居民收入渠道不断扩大。农村主要劳动力外出务工已为普遍，亦成为家庭经济收入的主要来源；部分劳动力离土不离乡开展流通业、第三产业，成为农村居民收入的来源之一。2005年，农村居民人均纯收入2509元，是1991年的4.06倍。

农村居民消费

1991年，农村居民年消费总支出232.42元，其中食品消费总支出123.33元，占总支出的53.06%；衣着支出20.53元，占总支出的8.83%；居住支出26.34元，占总支出的11.33%；家庭设备17.16元，占总支出的7.38%；医疗保健支出12.57元，占总支出的5.41%；交通通信，支出3.59元，占总支出的1.54%；文教用品娱乐及服务支出20.23元，占总支出的8.70%；其他商品和服务支出8.27元占总支出的3.56%。此后，居民消费水平逐年提高，消费结构也不断发生变化，各类消费中，食品消费所占比例始终在50%以上，交通、通信消费和教育文化娱乐服务消费所占比例明显增长。

1996年，居民年消费总支出955.22元，其中食品消费总支出457.73元，占总支出的47.92%；居住支出135.62元，占总支出的14.2%；家庭设备47.8元，占总支出的5.0%；医疗保健支出49.35元，占总支出的5.17%；交通通讯支出31.79元，占总支出的3.33%；文教用品娱乐及服务支出112.09元，占总支出的11.73%；其他商品和服务支出33.48元占总支出的3.50%。

2002年，农村居民人均居住面积19.8平方米。农村居民主要耐用消费品拥有量（每百户）：电冰箱0.7台，摩托车22.1辆，彩色电视机44.3台，影碟机17.9台，组合音响8.6台。

2003年，据县统计局对140户农村居民的登记调查，农村居民人均生活消费支出1436.9元，其中：食品消费支出 836.2 元，占生活费支出的 58.19%；衣着消费支出 53.9 元，占 3.75%；家庭设备、用品和服务消费支出 56.6 元，占 3.94%；医疗保健消费支出 63.6 元，占 4.43%；教育文化娱乐服务消费支出 183.6 元，占 12.78%；居住消费支出 122.3 元，占 8.51%；交通和通信消费支出 89.3 元，占 6.21%；其他商品和服务消费支出 31.5 元，占 2.19%。

2005 年农村居民人均消费支出 2353.4 元，其中：食品消费支出 1237.2 元，占消费支出的 52.57%；衣着消费支出 80.1 元，占 3.4%；家庭设备、用品及服务消费支出 106.6 元，占 4.53%；医疗保健消费支出 135.8 元，占 5.77%；教育文化娱乐服务消费支出 209.6 元，占 8.9%；居住消费支出 291.4 元，占 12.38%；交通和通信消费支出 236.3 元，占 10.04%；其他商品和服务消费支出 56.4 元，占 2.40%。农村居民人均居住面积 25.2 平方米。农村居民主要耐用消费品拥有量（每百户）：洗衣机 3.6 台，电冰箱 1.4 台，摩托车 61.4 辆，彩色电视机 97.9 台，影碟机 59.3 台，组合音响 22.9 台。

太平镇农村居民生活环境　　（2006 年摄）

第三篇

国土资源　环境保护

太平狮山　　（2005 年 7 月摄）

第一章　国土资源管理

1991年，县直机关、事业、企业单位用地，均从国有土地中无偿划拨。1992年，开展土地使用制度改革，推行国有土地有偿、有期限、可流动的划拨使用制度。1993年正式实施城镇国有土地使用权出让。1995年10月实施基本农田保护区管理制度。1995年—1998年开展土地利用总体规划。2001年—2002年，开展耕地后备资源调查评价工作。至2005年，藤县土地管理工作逐步走向规范化。

1991年，实行矿山采矿登记管理。此后，每年均开展矿业秩序整顿治理检查，取缔无证矿点，加强对矿山闭矿后的土地复垦和矿山开采地质环境监督管理。1994年下半年起至2005年，开始征收矿产资源补偿费。

第一节　机　构

县国土资源局

1986年5月，藤县编制委员会印发《关于成立县土地管理局和乡镇土地管理所的通知》，成立藤县土地管理局，属正科级行政单位，办公地点在县政府大院。1991年，内设秘书股、财务股、人事监察股、规划利用股、地政股5个职能股，核定编制23人。下辖机构有土地管理技术服务站，县土地管理监察队。1992年8月8日，县编委下文批准成立藤县地产公司；1995年4月1日，县编委下文批准成立藤县土地估价所。同年，县委发文将乡镇土地管理所归县土地局管理，实行人、财、物统一垂直管理。1996年3月15日，地政股改为地籍股。5月，设立土地纠纷调处股和政策法规宣传股，编制人员均从局内调整，总的编制数仍为23人。1996年6月24日，局办公地点搬迁至藤城镇藤州大道128号县土地管理局办公、住宅综合大楼办公。1997年2月撤销政策法规宣传股，将其职能并入秘书股。3月，又将乡镇土管所下放给乡镇管理。

2002年4月，藤县土地管理局和藤县地质矿产局合并，成立藤县国土资源局，内设办公室、执法监察和调处股、规划利用和耕地保护股、地籍和测绘管理股、矿产资源管理股5个股（室）；核定局机关行政编制数18名，后勤服务事业编制2人。全县国土资源系统共有300多人。

2005年，藤县国土资源局内设机构有办公室、执法监察和调处股、规划利用和耕地保护股、地籍和测绘管理股、矿产资源管理等股室；局机关行政编制18人，后勤服务事业编制2人。领导职数：局长1名、副局长3名。

1991年—2005年县国土资源局（土地管理局）历任局长：李华生（1990.10—1996.12）、江平（1996.12—2002.01）、黄锦仟（2002.01—2007.03）。

县国土资源局办公大楼　　（2005年摄）

县国土资源局二层机构

藤县国土资源管理监察队　1989年5月19日，经县编制委员会批准，成立藤县土地管理监察队，为自负盈亏事业单位，隶属县土地管理局管理。1991年编制16人。2002年改称国土资源管理监察队，为县国土资源局下属机构，赋予国土资源行政执法职能。2005年，改为县财政全额拨款事业单位，人员编制16人，参照国家公务员法管理。主要职责：监督检查全县土地法律、法规的执行和遵守情况；受理对土地违法行为的检举、控告；调查处理土地违法案件；

协助有关部门调查处理管理工作人员依法执行公务遭受打击投报的案件;对全县乡镇土地管理所履行土地管理职责的情况进行监督检查;指导乡镇土地管理所的土地监察工作。负责全县的土地纠纷和土地违法案件的调查和处理。

藤县土地估价所 1995年4月成立,为自负盈亏事业单位。主要职能是在县土地管理局的领导和管理下,评估城镇基准低价、标定地价、出让地价,为财税部门征收转让地块增值税提供征税依据,兼办国家机关、企事业单位、社会团体和个人的宗地地价的评估。2005年,藤县土地估价所撤销。原土地估价所人员脱钩成立土地估价有限责任公司(中介),为自负盈亏的企业单位。

土地管理技术服务站 1988年7月成立,为自负盈亏事业单位。主要职责是为土地管理开展测绘地形界址图,土地登记、发证、面积量算等技术咨询工作。1991年编制5人,实有人员5人。2005年编制6人,实有人员7人。

藤县地质矿产技术服务站 2002年12月24日,经县编制委员会批准成立。主要职责是负责藤县矿产资源技术服务工作,确保全县矿产资源生产安全。县地质矿产技术服务站在县桃花黄金管理站挂牌,实行一套人马,二块牌子,隶属县国土资源局管理。2005年人员编制6人。

藤县土地交易所 2002年12月24日,经县编制委员会批准成立。隶属县国土资源局管理,属自收自支事业单位,人员编制8名。主要职能是协助国土资源行政主管部门办理经县政府批准的有关土地使用权交易具体业务,包括土地使用权转让、出租、抵押等交易条件的初审、成交确认、税费测算及代收等;协助国土资源行政主管部门办理经县政府批准的有关招标、拍卖、挂牌交易土地使用权具体业务;提供信息业务、收集、汇总、储存、上报、定期发布土地使用权交易行情,本地区地价水平以及有关政策法规信息等,为交易双方提供信息咨询服务;为土地使用权交易、洽谈、招商、展销和举办招标、拍卖会提供场地,为地价评估、信息咨询、法律咨询、土地交易代理等中介服务机构提供营业场所。2005年,藤县土地交易所人员编制8人。

藤县地产公司 1992年8月成立,属事业单位,实行企业管理,隶属县土地管理局,编制15人。主要职能是根据城镇建设规划,对土地管理部门批准征用的土地,具体办理征地手续和拆迁、安置工作;统一进行基础开发;协助土地管理部门办理出让、划拨工作。代表县政府统揽土地第一市场。1998年,由事业单位改为国有企业单位,县编制部门不再管理地产公司的机构编制,原有编制的人员按规定办理编制注销手续。2005年,地产公司有员工26人。

藤县土地开垦整理中心 2001年,设立藤县土地开垦整理中心,为自收自支的社会中介服务机构,核定事业编制12名,所需人员在县土地管理局和藤县地产公司现有人员中调剂安排。主要职能是:开展土地开垦整理的调查研究,协助编制土地开垦整理项目计划;参与草拟土地开垦整理的有关政策、法律草案、技术规程和管理办法;负责土地开垦项目的施工管理,协助土地开垦、整理项目的选址、论证评估和验收工作;管理土地开发、整理项目的专项资金,负责土地开垦整理的招商引资工作;开展土地开垦整理技术研究、经验推广和技术培训,建立土地开垦整理信息系统,实施土地开垦政策、技术、信息咨询和项目服务;协调编辑整理土地开垦文献资料;指导有关单位和个人的土地整理和耕地开垦工作。2005年核定人员编制7人,实有人员10人。

乡镇国土资源管理所 1986年5月,县编制委员会发出《关于成立县土地管理局和乡镇土地管理所的通知》,全县20个乡、镇先后成立土地管理所,由乡镇政府与县土地管理局双重领导,根据土地管理的政策法规进行土地管理工作。

1995年,进一步明确乡镇土地管理所属县土地管理局统一领导,由县土地管理局对乡镇土地管理所实行人、财、物统一垂直管理,乡镇土地管理所是县土地管理局的派出机构,代表乡镇人民政府管理辖区内地政事务。至1996年,每个乡镇土地管理所配备编制人员3~8人。

2002年4月,改称国土资源管理所,乡镇国土资源管理所人员编制69名。同年,原南安、赤水土地管理所合并为塘步国土资源管理所。2005年8月,原藤城、潭东、津北土地管理所合并为藤州国土资源管理所;宁康乡合并入大黎镇,宁康所随之撤销。各乡镇国土资源管理所为县国土资源局派出机构,增挂国土资源执法监察中队牌子，经费纳入县财政预算，业务由县国土资源局管理。每个乡镇土地管理所配备事业编制人员 3~11 人，共 73 人。

县地质矿产局

1991 年，称藤县矿产资源管理局，属正科级行政单位，办公地址在藤城镇登俊路 14 号。内设秘书股、地质矿产股、经营管理股、财务统计股、黄金管理股。局机关在职人数 15 人，全系统共有 262 人。1994 年 6 月，藤县矿产资源管理局更名为藤县地质矿产局。1997 年 5 月，内设秘书人事股、矿管股、黄金股、财务股 4 个股。下辖藤县矿业总公司、藤县钛品实业总公司、藤县东胜矿、藤县三坡矿、藤县桃花黄金站。2002 年 4 月，藤县土地管理局和藤县地质矿产局合并成立藤县国土资源局。

1991 年—2002 年县地质矿产局（矿产资源管理局）历任局长：韦国柱（1990.02—1992.07）、黎棣海（1992.07—1999.03）、朱雪亮（1999.03—2002.04）

藤县矿业总公司

1989 年，县政府将藤县矿产管理局一分为三，改建为县矿产资源管理局、县矿业总公司、县钛品实业总公司。矿业总公司是独立核算、自负盈亏的经济实体，列入县财政预算管理。主要负责采矿许可证的审核，协助矿产资源管理局处理各种纠纷和防止矿产品外流的工作，负责探采、收购，统一经营钛铁矿及其他矿产品。辖附城矿产收购站、南安矿产收购站、赤水矿产收购站、埌南矿产收购站（含岭尾分站）、同心矿产收购站，共有干部、职工 100 多人。其经营的钛产品畅销全国各地，年销售钛矿品 4 万多吨，销售额 1000 多万元。每年为县财政上缴税利 300 多万元。1991 年后，受到政策性和自身经营等因素影响，经营业务逐步缩减。1997 年开始，处于半停产经营状态。1998 年，生产经营业务已全部终止。2000 年，除少数人员留守外，其余人员全部分流遣散。

1991 年—2002 年县矿业总公司历任总经理：唐险峰（1989.02—1993.02）、王醒悟（1993.03—1994.06）、黎棣海（兼，1994.07—1996.05）；罗全科（1996.05—2002.04）、苏志刚（2002.05— ）

县钛品实业总公司

1989 年，县政府将藤县矿产管理局一分为三，改建为县矿产资源管理局、县矿业总公司、县钛品实业总公司。

第二节　土地使用制度改革

国有土地

城镇国有土地划拨制度　1991 年前，县人民政府机关，事业、企业单位用地，均从国有土地中无偿划拨，不收取土地费用。对无偿取得划拨土地使用者依照规定缴纳土地使用税；土地使用者因迁移、解散、撤销、破产或者其他原因而停止使用土地的，县人民政府无偿收回土地使用权。划拨土地使用权，除土地使用者为公司、企业、其他经济组织和个人，领有国有土地使用证，具有地上建筑物、其他附着物合法的产权证明外，不得转让、出租、抵押。

1992 年起，藤县执行《中华人民共和国城镇国有土地使用权出让和转让暂行条例》和自治区人民政府相关文件精神，推行城镇国有土地有偿使用制度。

城镇国有土地使用权出让制度　1990 年 5 月 19 日，《中华人民共和国城镇国有土地使用权出让和转让暂行条例》颁布并实施。1993 年，藤县开始实施城镇国有土地使用权出让。出让土地使用权的范围包括县城、建制镇、工矿区范围内属于全民所有的土地，通过出让获得城镇国有土地使用权的对象及土地用途是：中华人民共和国境内外的公司、企业、其他组织和个人，除法律另有规定者外，均可依照规定取得土地使用权，进行土地开发、利用、经营。出让土地使用期限为：居住地 70 年，工业用地 50 年，教育、科技、文化、卫生、体育用地为 50 年，商业、旅游、娱乐用地 40 年，综合或其他用地 50 年。土地使用者必须向国家支付土地使用权出让金，土地使用权出让采取协议、招标、拍卖等方式，土地使用权出让由土地管理部门与土地使用者签订出让合同。3 月 28 日，藤县第一次城镇国有土地使用权出让拍卖大会在藤州电影院门前举行，县四家班子主要领导出席大会。此次拍卖出让的为河东新城区土地使用权，共成交 33 宗，面积 2042.82 平方米，成交金额 113.59 万元，最高价 540 元 / 平方米，最低价 515/ 平方米。1994 年县政府印发《关于城镇国有土地使用暂行规定》，正式制订城镇国有土地有偿使用制度具体办法，全县非农业建设用地坚持以项目带开发，以项目审批土地，坚持资产与资源并重管理原则。

2002 年后，藤县城镇国有土地使用权出让，用途属商住用地的出让年限是 40 年，住宅用地出让年限为 70 年，综合用地出让年限 50 年。至 2005 年不变。

国有土地使用权抵押 1996 年 1 月 29 日，为促进资金融通和商品流通，发挥土地资产在市场经济的积极作用，切实保障债券的实现，维护抵押双方当事人的合法权益，县人民政府发出《关于依法办理土地使用权抵押登记的通知》，在全县范围内办理土地使用权抵押业务，并对借贷、买卖等经济活动中需要以土地使用权做债券担保必须办理抵押登记的有关事项。同年，县土地管理局先后向各乡镇土地管理所发出《关于办理土地使用权抵押登记的程序通知》和《关于土地使用权抵押收费的通知》，对办理抵押登记程序做了相关规定，按规定收取抵押保证金和代收地价评估费。1997 年，办理国有土地使用权抵押登记 116 宗，抵押面积 9.53 万平方米，抵押金额 2427.05 万元。此后，国有土地使用权抵押逐步增多。1999 年办理抵押登记 212 宗，抵押面积 19.50 万平方米，抵押金额约 2479.56 万元。2002 年办理抵押登记 360 宗，抵押面积 45.44 万平方米，抵押金额约 6953.45 万元。2005 年办理抵押登记 445 宗，抵押面积 19.38 万平方米，抵押金额约 5029.28 万元。

集体土地

1991 年，农村居民使用集体土地建住宅，使用村内空闲土地建住宅的由乡镇人民政府审批，使用耕地建住宅由县人民政府审批。均为无偿使用。

1992 年，藤县开始推行农村宅基地有偿使用制度改革。5 月，县人民政府根据《中华人民共和国土地管理法》以及相关文件精神，颁发《藤县农村宅基地有偿使用的暂行规定》。明确农村宅基地有偿使用由农村集体经济组织成员申请获得，凡是使用县行政区域内集体土地作为宅基地的，以土地登记发证核实每户使用的面积为依据，实行有偿使用，收取土地使用费。并执行《广西壮族自治区土地管理实施办法》第四十二条规定的建房用地标准：农村居民建住宅使用耕地的，人均建房用地面积不得超过 22 平方米（含新建和原有宅基地及附属用房，下同），8 人以上的户最多不得超过 160 平方米；使用非耕地的，人均建房用地面积不得超过 30 平方米；8 口人以上的户最多不得超过 250 平方米的建房用地标准。核实每户使用宅基地面积，实行“少用地少收费，多用地多收费，级差收益低少收费，级差收益高多收费；自住少收费，出租经营多收费”的原则，确定如下收费标准：1982 年 5 月 31 日以前使用的宅基地，农村每平方米每年收 0.03~0.05 元，地处圩镇范围内的每平方米每年收 0.05~0.08 元；1982 年 6 月 1 日起新使用的宅基地，在规定用地标准内，按 5 月 31 日以前的标准执行，超过规定用地标准的，以户为单位按档次逐级加收。级别为：超标准 1~50 平方米的，对超过部分，农村每平方米收 0.1 元，圩镇每平方米收 0.15 元；超标准 51~100 平方米的，对超过部分，农村每平方米收 0.15 元，圩镇每平方米收 0.2 元；超标准 101~150 平方米的，对超过部分，农村每平方米收 0.2 元，圩镇每平方米收 0.25 元；超标准 151 平方米以上的，对超过部分，农村每平方米收 0.25 元，圩镇每平方米收 0.3 元。

规定还对出租房屋或以经营性质为主的用房作了收费标准规定。对五保户免收土地使用费，烈属（指烈士配偶、父母、未成年子女），残废军人免收标准内土地使用费。缴交土地使用费确有困难的贫困户，由个人申请，经村民委员会讨论，村公所审核，乡（镇）人民政府批准，可给予减缓或免收当年的使用费。

宅基地使用费的收取时间定为每年夏、秋之间一次性收取，最迟在当年 11 月份前收取结束。

收取的宅基地有偿使用费，村委会留 80%、村公所 10%，上交乡（镇）土地管理所 7%，上交县土地管理局 3%，作为业务活动指导经费。各村公所有专人负责，以户建立台账。村级留用的宅基地使用费实行村有乡（镇）管，专户储存，专款专用，财务公开，群众监督的制度；需要用时，由村委会写出书面报告，经村民代表会议通过，村公所同意，再报经乡（镇）人民政府批准，银行或信用社才能付款。以保证宅基地有偿使用费“取之于土，用之于土，取之于户，用之于村”的使用原则。

1992 年 11 月，在太平镇仁安村进行农村宅基地有偿使用试点工作。从县人民政府办公室、农委、土地管理局、司法局等有关单位抽调人员，组成了农村宅基地有偿使用试点工作队，工作队共 6 人。由县人民政府办公室副主任任队长，县土地管理局副局长任副队长。工作队于 11 月 18 日进点，到 12 月 10 日试点工作结束，历时 22 天。工作组在村干部和群众的支持配合下，共调查丈量了全村 968 户宅基地，面积为 10.598122 公顷。其中五保户 26 户，面积 0.1348 公顷；残废军人 1 户，面积 0.005 公顷；患精神病 1 户，面积 0.0104 公顷；特困户 13 户，面积 0.07287 公顷。全村应收使用费的面积 10.598122 公顷，应收使用费 5533.84 元，人均收费 1.12 元，实际收上使用费 5186.40 元，占应收使用费的 93.72%。

1993 年 7 月，藤县执行中共中央、国务院的通知精神，停止收取农村宅基地有偿使用费。

1999 年 1 月 1 日起，实施新的土地管理法，农村居民使用集体土地建住宅，统一由县人民政府审批。至 2005 年不变。

第三节　土地利用总体规划

1995 年前，藤县没有制订土地利用总体规划。

1995 年 6 月，藤县人民政府根据《中华人民共和国土地管理法》和国务院、自治区人民政府文件及梧州地区关于开展土地利用总体规划工作的部署要求，开始酝酿编制《藤县土地利用总体规划(1996—2010 年)》。7 月，成立土地利用总体规划暨划定基本农田保护区工作领导小组。由藤县人民政府常务副县长和分管副县长分别担任正、副组长，成员由土地、建委、民委、农业、计划、水电、林业等部门的主要领导组成。印发《关于编制藤县土地利用总体规划和划定基本农田保护区工作的通知》，组织开展编制全县土地利用总体规划。资料收集主要包括土地利用现状报告与图件；土壤、气候、水文等自然有关资料；农业综合区划、水果发展区划、利用建设区划；部门发展区划和历年统计资料等。

首先编制基本农田保护区规划，划定基本农田保护区；再在基本农田保护区规划确定的耕地利用综合平衡指标体系的基础上，运用专题研究成果，对照区域社会、经济发展目标和任务，找出当前土地利用中存在的各种问题及规划期内可能发展的各种问题。然后根据社会和经济对土地的需求和可能提供利用的社会资源情况，并结合各部门规划，运用多种数学方式，以社会、经济、生态效益为基本准则，提出几个不同规划目标、投入水平、保证条件和政策措施情况下的调整土地利用结构和布局的规划方案，供讨论和选择；编制出初稿后，广泛征求各部门、各乡镇和土地所有者、使用者代表对规划初稿的意见，经过反复论证和协调形成审议稿，交县人民政府讨论，最终优选出土地利用规划平衡方案。

至 1996 年 5 月底，共投入资金 70 万元。1998 年，藤县土地利用总体规划经自治区组织地、市有关专家组成的评审委员会验收，达到县级优秀成果水平。8 月规划工作全部完成。成为藤县实施土地用途管制的依据。土地利用总体规划，根据社会经济发展计划的要求，提出规划期间全县土地利用的目标和任务，编定土地开发利用的方针；提出全县各类用地调整平衡方案，并将调整指标分解至各乡镇等。

2000 年，全县各类用地结构布局如下：土地总面积 397506.64 公顷，其中耕地 70766.66 公顷、园地 10086.66 公顷、林地 273153.33 公顷、牧草地 1366.66 公顷、居民点及工矿用地 9346.66 公顷、交通 1840 公顷、水域 16560 公顷、未利用地 14386.67 公顷。

第四节　耕地保护

划定基本农田保护区

1987 年，藤县成立水土保持综合治理规划领导小组，开展水土保持综合治理，其中包括对耕地的保护工作。至 1994 年 9 月，改造渍害地产田 18.33 公顷，等高垄作 18.66 公顷，改造坡耕地 133.33 公顷，修复水塘碑坝 6 处，恢复灌溉面积 33.33 公顷。

1995 年 7 月，县政府印发《关于编制藤县土地利用总体规划和划定基本农田保护区工作的通知》，并成立领导小组，组织开展划定农田保护区工作。10 月 16 日，县政府制订《藤县基本农田保护区管理暂行规定》。制定了保护区规划，编制分布图，制订完善各项基本农田保护管理制度。全县共划定基本农田保护区 20 个，保护片区 266 个，保护块 4946 块，保护面积 29076.97 公顷，保护率 87.04%。其中 I 级为 22623.68 公顷，占 77.81%；II 级为 6453.29 公顷，占 22.19%。在各级保护区共设立保护牌 305 块，保护界桩 3012 根。1995 年 11 月 28 日经梧州地区行署组织地、县土地局、地区农委等领导、专家联合组成验收委员会，对城关、天平、金鸡、南安、埌南等 5 个乡镇抽检，认定全县 20 个乡镇的基本农田保护区划定工作全部合格，等级优秀。1996 年 5 月底，全县基本农田保护区划定工作全部结束。是年，藤县基本农田保护区成果被梧州地区评为一等奖。

土地开发复垦整理

1991 年，全县复垦土地 2500 平方米。1992 年，开发开垦复垦耕地 65.93 公顷。1993 年开始，为实现耕地占补平衡，藤县开始耕地补充工作。1995 年，开发复垦耕地 46.67 公顷，年终全县保有耕地 33513.33 公顷。1996 年，开发复垦土地 110.45 公顷，比上级下达的开发复垦土地指标 86.33 公顷多 24.12 公顷，其中开发复垦耕地 33.58 公顷，比上级下达的指标 33.33 公顷多 0.25 公顷。2001 年—2005 年，开发复垦土地 72.47 公顷，其中开发复垦耕地 60.38 公顷。

塘步镇塘村屋背岭土地复垦项目　2005 年 9 月 12 日，自治区国土资源厅批准项目立项。项目实施总面积 45.09 公顷，获得确认新增耕地面积 34.59 公顷，其中水田 30.59 公顷，旱地 4.00 公顷，项目总投资 337.18 万元。

塘步镇龙安村马鞍山土地复垦项目　2005 年 9 月 12 日，自治区国土资源厅批准项目立项。项目实施总面积 19.56 公顷，获得确认新增耕地面积 18.6 公顷，其中水田 15.41 公顷，旱地 3.19 公顷。项目总投资 220.16 万元。

塘步镇汗池村等两个耕地开垦项目　项目一为塘步镇汗池村神田大冲耕地开垦，项目二为埌南镇界田村岭尾头冲耕地开垦。2004 年 2 月 24 日，梧州市国土资源局对这两个项目批准立项。3 月 25 日，项目正式开工建设。2005 年 10 月 31 日经自治区国土资源厅验收确认。项目实施面积 7.83 公顷，新增耕地面积 7.2 公顷，其中水田 3.6 公顷，旱地 3.6 公顷，总投资 12.45 万元。

第五节　建设用地管理

用地审批

1991 年—2005 年，根据《中华人民共和国土地管理法》和《实施办法》规定，县人民政府有权审批国家建设用地征用耕地 0.2 公顷以下，其他土地 0.67 公顷以下。

1991 年，藤县的国家、集体建设用地管理依照《中华人民共和国土地管理法》和《广西壮族自治区土地管理实施办法》实行计划、科学、全程管理。列入国家固定资产投资计划的或者准许建设的国家项目，经过批准，建设单位方可申请用地。建设单位申报征用土地，分为申请、报批两项，县土地管理部门对用地单位的征地申报材料进行审查，并签署意见，按审批权限逐级向县级以上人民政府报批。经县级以上人民政府批准后，由县土地管理部门按照实际批准面积办理征（拨）用地手续，并核发土地使用证。全年审批国家建设用地 47 项，21.24 公顷。县土地部门协助南梧二级公路、国家建设项目天（天生桥）——广（广州）50 万伏转变电工程等项目征地 18.60 公顷。

1992 年—2005 年，对国家、集体建设用地在办理程序上进行了统一。国家、集体建设用地的办理程序与要求：由国家、集体单位持经批准的工程项目设计任务书和该工程项目的投资文件或其他批准文件，向县土地局提出用地初始书面申请。拟使用的土地坐落在规划区内的，要征得当地政府城规部门或县建委的同意；涉及公路、铁路交通的，要征得公路、铁路交通部门的同意；设计江河河道的，要征得航政部门的同意，易燃易爆性项目要征得公安消防部门的同意；设计环境保护、卫生防疫的项目要征得环保部门和卫生防疫部门的同意，并送交“四费处理方案”。县土地局根据提供的工程项目文件及初始申请书向用地单位及被征地（拨）土地单位和相关村公所、乡政府核发定点通知书。建设用地地址选定后，用地单位与县土地管理技术服务站联系，由技术服务站测绘界址图等；县土地局派员或委托乡（镇）、土地管理所组织单位与被征（拨）地单位协商征地，并签订征地协议。填写土地局发给的《国家建设征（拨）地用地呈报表》和《建设用地征询意见表》。收集、整理材料，上报土地局。土地局按照审批权限逐级上报到相应一级政府审批。形成批文，用地单位向被征（拨）地土地单位兑现各种补偿，土地局同时发给《建设用地许可证》用地单位动工兴建时，土地管理部门到现场监督用地。其间，审批国家建设项目 83 项。报上级批准 13 个乡镇开发区，总面积 52.07 公顷。

国有土地划拨

1992 年开始国有土地有偿划拨，全年全县划拨土地 5.87 公顷，收上规费 8 万多元。1993 年，有偿划拨 5 宗，面积 0.23 公顷。1994 年划拨 504 宗，面积 232.83 公顷。1995 年 2 月开始，县土地局协助县委、县政府开展“藤州大道”征地建设工作，在潭东、胜西两个村征地 55.27 公顷。至 6 月底，完成“西江大桥”征地 1.61 公顷，租用土地 0.71 公顷。对津蒙公路津北路段 2 千米、濛江路段 1.3 千米共征地 68.10 公顷。全年审批国家建设征地 12 宗，面积 5.02 公顷。其中耕地面积 4.25 公顷，补办征地 4 宗 3.92 公顷。全年有偿划拨 72 宗，面积 7.46 公顷。1997 年，办理县内 220KV 输变电技改工程等项目，征地 11 宗，面积 33.37 公顷。1998 年，配合小城镇建设和塘步、孔良、太平、藤城河东开发区建设工程和西江大桥、津蒙公路、藤州大道、天广 50 万伏转变电工程用地管理，全年审批（含补办）国家建设用地 101 宗，面积 148.99 公顷。2000 年有偿划拨 15 宗，面积 0.2 公顷。2002 年划拨 23 宗，面积 3.22 公顷。2003 年划拨 5 宗，面积 0.44 公顷。2005 年划拨 4 宗，面积 0.77 公顷。

国有土地出让

藤县国有土地出让始于 1993 年 3 月 28 日，藤县第一次土地使用权拍卖出让为河东新城区土地，此次拍卖成交 33 宗，面积 2042.82 平方米，成交金额 113.59 万元。最高价 540 元 / 平方米，最低价 515 元 / 平方米。全年全县共拍卖出让国有土地使用权总面积 1.55 万平方米，成交金额 340.46 万元。1994 年，出让 250 宗，面积 8.12 万平方米。1995 年，出让土地 56 宗，面积 1.27 万平方米。1996 年，国有土地使用权的出让有较大的进展，除河东新城区外，还有大冲肚小区、望天螺小区、富吉小区，全年共出让土地 208 宗，面积 7.56 万平方米，成交金额 2613.39 万元。1998 年，出让土地 65 宗，面积 2.48 万平方米。1999 年，出让土地 543 宗，成交面积 3.32 万平方米。2000 年，拍挂成交 480 宗，成交面积 4.83 万平方米。2002 年，藤县拍挂成交 11 宗，成交面积 3.4 万平方米，成交金额 1325.58 万元。主要用途为商住用地。出让较大宗有藤城镇河东桥头独山，面积 1 万平方米的住宅用地，成交价 208 万元。2003 年，全县拍挂成交 56 宗，成交面积 11.37 万平方米，成交金额 1612.35 万元。主要用途为住宅用地。出让较大宗为藤城镇河东区虎头山，面积 10.67 万平方米，住宅用地，成交价 1120 万元。2004 年，全县拍挂成交 72 宗，成交面积 38.61 万平方米，成交金额 9146.34 万元。主要用途为综合用地。出让较大宗的为濛江至津北二级公路附属用地 A.B 地块，面积 34.22 万平方米，综合用地，成交价 7185.76 万元。2005 年，全县拍挂成交 67 宗，成交面积 6.32 万平方米，成交金额 4407.51 万元。主要用途为住宅用地。出让较大宗的为县城登俊路一期购物中心(A 区)，面积 2618.87 平方米，为综合用地，成交价 481 万元。

农村居民宅基地申请办理

1991 年，审批农村个人建房 1428 户，用地 14.33 公顷。1992 年 3 月，县土地局具体规定农村居民住宅用地办理程序。农村居民户申请宅基地，必须是其所在的村民小组集体土地，界址分明，权属清楚，符合有关部门制定的村镇建设规划，并符合《广西壮族自治区土地管理实施办法》第四十四条所规定的条件。程序为：申请新宅基地农户，要先向所在的乡镇土地管理所提出书面申请。申请书的内容包括申请户主的住址及姓名；家庭成员及其构成；原有宅基地面积及新建住宅后对其处理意见；申请新宅基地的理由；新宅基地坐落地点、面积、地类。在申请书背面，申请户所在的村民小组 80% 以上的户主签字（盖章）同意。村民委员会在申请书下方作书面审核意见。然后，将该申请书送给所属的乡镇土地管理所进行初步审查。经土地管理所派员对申请户的新旧宅基地实地丈量，调查核实面积，确认符合条件的，发给《建房用地审批表》；农户根据《建房用地审批表》表格内容及土地管理所的要求，逐项填写。各级组织签署意见；依据本级组织的审批权限，用地面积必须严格遵照《实施办法》第四十二条规定。占用非耕地的，经乡镇人民政府批准，送一份到县土地局备案；需要占用耕地的，逐级审核，报县土地局或转县人民政府审批。是年，审批农户建房 2590 户。1993 年，审批（补办）农民建设房屋 2267 宗，面积 22.33 公顷。1995 年，审批农民建房使用耕地 693 宗，面积 9.09 公顷；非耕地 1120 宗，面积 2.64 公顷。1996 年，审批农民建房用地 2957 宗，面积 30.10 公顷。1991 年—1996 年，审批农村居民建房用地 193.73 公顷（耕地 34.18 公顷）。1998 年，审批农民建房用地 233 宗，面积 2.57 公顷。

土地征用

征用面积与用途　1991 年—1992 年，全县共征地 53.67 公顷，其中征用耕地面积 23.07 公顷，非耕地 30.60 公顷。主要用于藤县石材加工区项目、城关乡潭东圩镇综合建设项目、南安镇塘步经济开发区项目及塘步孔良小区项目等。

1993 年—1995 年，全县征地面积 121.18 公顷，其中征用耕地面积 68.14 公顷，非耕地面积 53.04 公顷。主要用于藤县县城河东新区、大冲肚小区、太平镇松脂厂、太平镇综合建设、南安镇塘步镇新区、濛江镇桥东住宅区、濛江镇桥西商住小区、濛江永恒锁厂、太平镇荒塘垌商住小区等项目。

1996 年—1998 年，全县征地面积 217.29 公顷，其中征用耕地面积 100.52 公顷，非耕地面积 116.77 公顷。主要用于藤州大道、大冲肚小区、濛江广恒钢管有限公司建设厂房、金鸡大道建设、城关乡潭东圩镇综合建设、南安镇塘步圩镇综合建设、津濛二级公路、藤州镇水泥厂、藤城镇初级中学等项目建设。

1999 年—2000 年，全县征地面积 122.55 公顷，其中征用耕地面积 67.16 公顷，非耕地 55.39 公顷。主要用于太平至蒙江二级公路项目、古龙镇农贸综合市场、藤县科技局住宅小区项目建设。

2001 年—2004 年，全县征地面积 25.92 公顷，其中征用耕地面积 5.34 公顷，非耕地 20.58 公顷。主要用于大冲肚小区、潭津小学、独山体育馆、古龙镇龙州八角加工场等项目建设。

2005 年，全县征地面积 104.96 公顷，其中征用耕地面积 24.72 公顷，非耕地 80.24 公顷。主要用于藤县金鸡水利枢纽工程、藤县坡头电站、城东中学、县医院、蓝天液化气站、藤县常青园、蒙山至太平公路陈塘至太平段项目。

1991 年—2005 年，全县各项建设共征用土地面积 645.57 公顷，其中征用耕地面积 288.95 公顷，非耕地 356.62 公顷。

征地补偿与安置　1992 年，藤县支付被征地农民征地补偿费共 275.55 万元，其中：土地补偿款 123.06 万元，各类青苗及地上附着物补偿款 54.25 万元，安置补助费 98.24 万元。1993 年，藤县支付被征地农民征地补偿费共 1854.32 万元，其中：土地补偿款 499.39 万元，各类青苗及地上附着物补偿款 964.21 万元，安置补助费 390.72 万元。1994 年，藤县支付被征地农民征地补偿费共 108.15 万元，其中：土地补偿款 38.25 万元，各类青苗及地上附着物补偿款 18.07 万元，安置补助费 51.83 万元。1995 年，藤县支付被征地农民征地补偿费共 192.27 万元，其中：土地补偿款 48.04 万元，各类青苗及地上附着物补偿款 78.73 万元，安置补助费 65.50 万元。1996 年，藤县支付被征地农民征地补偿费共 454.49 万元，其中：土地补偿款 235.46 万元，各类青苗及地上附着物补偿款 69.56 万元，安置补助费 149.47 万元。1997 年，藤县支付被征地农民征地补偿费共 528.66 万元，其中：土地补偿款 249.67 万元，各类青苗及地上附着物补偿款 100.75 万元，安置补助费 178.24 万元。1998 年，藤县支付被征地农民征地补偿费共 94.11 万元，其中：土地补偿款 46.49 万元，各类青苗及地上附着物补偿款 23.62 万元，安置补助费 24 万元。1999 年，藤县支付被征地农民征地补偿费共 459.88 万元。其中，土地补偿款 418.4 万元，各类青苗及地上附着物补偿款 37.81 万元，安置补助费 3.67 万元。2000 年，藤县支付被征地农民征地补偿费共 4.1 万元。其中，土地补偿款 0.05 万元，各类青苗及地上附着物补偿款 3.97 万元，安置补助费 0.08 万元。2001 年，藤县支付被征地农民征地补偿费共 129.96 万元。其中，土地补偿款 91.15 万元，各类青苗及地上附着物补偿款 38.81 万元。2002 年，藤县支付被征地农民征地补偿费共 663.8 万元。其中，土地补偿款 440.65 万元，各类青苗及地上附着物补偿款 223.15 万元。2004 年，藤县支付被征地农民征地补偿费共 4.75 万元。其中，土地补偿款 4.6 万元，各类青苗及地上附着物补偿款 0.15 万元。2005 年，藤县支付被征地农民征地补偿费共 1072.56 万元。其中，土地补偿款 708.02 万元，各类青苗及地上附着物补偿款 16.03 万元，安置补助费 348.51 万元。

1999 年—2005 年，藤县支付被征地农民征地补偿费 513.95 万元，安置补偿费 553.07 万元。因征地出现的问题主要有就业问题、补偿金使用问题、社会保障问题和粮食安全问题。藤县人民政府对以上问题作如下妥善处理：对就业问题。征地时预留一定的土地，作为失地农民建房或发展第三产业用地；个别耕地少的农户，在征地时，经政府批准，另行进行货币安置；通过就业培训后推荐、指导失地农民从事建筑装修业、交通运输业、服务业等行业，或外出务工。对补偿金管理使用问题。征地的青苗费、房屋及地上附着物拆迁费直接支付给农户，土地补偿费和安置补助费支付给被征地的农民集体，在村委会指导下使用。社会保障问题。2005 年前，藤县尚未建立完善的失地农民社保基金，但县人民政府已经开始着手制定通过建立失地农民社保基金，为失地农民提供最低生活、养老、医疗等基本保障的方案，以解决失地农民的后顾之忧。1999 年—2005 年，藤县因征地实际减少的耕地面积 4.31 公顷，仅占全县耕地总面积的 0.007%。因此，征用耕地对藤县粮食安全的影响不大。1999 年，藤县粮食总产量 33.28 万吨，2005 年粮食总产量 35 万吨，粮食总量供应安全；补充耕地水田单产 850 公斤 / 年・亩，现状耕地水田单产 880 公斤 / 年・亩，补充耕地的质量和等级与 2005 年耕地现状相差不大。

第六节　地籍管理　土地监察

土地调查

1988 年 7 月至 1991 年 4 月基本完成，县人民政府执行国务院和广西壮族自治区人民政府文件精神，在全县范围内开展土地利用现状调查，获得全县第一手关于土地类型、面积、分布、利用现状以及行政境界和土地权属关系方面的图、文、表、卡、片（航片、照片）等珍贵资料，解决了解放后全县土地家底不清的重大课题。调查结束后，经过成果资料立卷归档，总计 1049 卷 32690 份。其中，综合材料 17 卷 125 份，土地利用现状材料类 707 卷 31169 份，转绘材料 27 卷 237 份，权属调查材料类 298 卷 1123 份。

1993 年 2 月，为建立健全地籍管理制度，县土地局对县城 5 平方千米进行地籍调查。至 12 月底，完成县城 3000 多宗宗地权属调查外业勘测丈量任务和 58 幅地籍图的编绘工作。

1994 年，进一步完善藤城镇地籍调查工作，并在太平、濛江两镇开展地籍调查的前期准备工作。1995 年，重点进行太平、濛江镇的城镇国有土地地籍调查；在全县进行土地权属调查，丈量国有土地 3991 宗，面积 172.13 万平方米；丈量集体土地 4231 宗。1997 年，开展住宅用地、国家建设用地、交通用地的地类变更调查，调查通过了市土地局验收。1998 年，开展变更权属调查，完成土地变更调查 122 幅树脂薄膜图和 2 份工作图。

2001 年 8 月至 2002 年 7 月，藤县人民政府根据国土资源部《关于西部大开发土地资源调查评价工作的通知》和自治区人民政府《关于开展土地资源调查评价工作的通知》的精神，在全县范围内开展土地资源调查评价工作，进一步摸清全县坡耕地和耕地后备资源的数量、权属、分布质量及与之相关的生态环境、人口、自然、经济、社会状况，为实施西部大开发战略提供科学的依据。2002 年 7 月，藤县国土资源局作出《藤县耕地后备资源调查评价报告》，标志着藤县耕地后备资源调查评价工作的顺利完成。该次调查主要利用的资料有乡（镇）1∶1 万土地利用现状图、土地利用总体规划资料、后备资源专项调查资料、1∶1 万地形图、土壤普查资料、农业区划资料、自然生态环境、人口及经济状况资料及乡镇土管所了解和掌握的当地后备资源情况。根据2001年藤县耕地后备资源调查评价成果，全县耕地后备资源共计2345.75公顷，其中可开垦耕地后备资源2345.75公顷，占100%，来源构成为可开垦荒草地2286.56公顷，可开垦滩涂57.81公顷，可开垦苇地0.79公顷。藤县耕地后备资源中集体土地为2345.75公顷，占后备资源总量的100%。全县没有集中连片面积可开垦耕地后备资源大于200公顷、可复垦耕地后备资源大于66.67公顷的国家级耕地后备资源项目调查区。能形成自治区级耕地后备资源项目调查区31个，市级144个，县级40个，合计面积为2345.75公顷，其中可开垦土地2345.75公顷，来源构成为荒草地2286.55公顷，滩涂58.41公顷，苇地0.79公顷。符合自治区级耕地后备资源项目中集体土地929.96公顷，占全县耕地后备资源的39.6%，来源构成为可垦荒草地。

土地登记发证

1990年，全县全面铺开土地登记发证工作。1991年，核发土地使用证书36268本。1992年，核发农村建设用地证书47122本。1993年，核发国有土地使用证1500本。1994年，核发国有土地使用证2513本。1995年，重点进行太平、濛江镇的城镇国有土地地籍调查发证工作，共核发国有土地使用证1901本。全县核发国有土地使用证3706本，面积168.82万平方米；核发集体土地使用证4231本，核发面积66.15万平方米。是年，藤县城镇地籍调查成果通过自治区验收，获得合格证。1996年，全年丈量集体土地2000宗，核发集体土地使用证2000本，面积18万平方米；丈量国有土地1500宗，核发国有土地使用证1500本，面积9.5万平方米。

1991年—1996年，全县丈量国有土地57.27万平方米，完成国有土地初始登记发证70%；丈量集体土地879.75万平方米，核发集体土地建设用地使用证9.80万本，完成集体土地初始登记发证90%；颁发土地使用权出租、抵押证明书一批。1996年8月，广西壮族自治区人民政府组织有关部门对藤县的土地初始登记进行了验收，成果优秀。

1997年，全年共核发集体土地使用证3189本，面积55.2万平方米；核发国有土地使用证638本，面积42.2万平方米。1998年，全年核发土地使用证书2863本，面积13万平方米。其中，国有土地证书1013本，面积11万平方米；集体证书1850宗，面积2万平方米。1999年，全年土地登记发证1146宗，面积9.88万平方米。其中，国有967宗，面积7.83万平方米；集体179宗，面积2.05万平方米。

1997年—2000年，全县核发国有土地使用证3465本，面积73.49万平方米；核发集体土地使用证6149本，面积69.03万平方米。2002年，全县共换发集体土地使用证13564本，办集体土地使用证803本。

2004年4月—6月，藤县在全县范围内开展土地登记清理工作。对1999年以后全县土地登记成果进行清理。1999年至2004年6月，全县土地登记成果有11352宗。其中，国有土地使用权4393宗，不规范的有662宗；集体土地6959宗，不规范的有46宗。

2005年，共核发国有土地使用证890本，集体土地使用证2058本。2001年—2005年，全县共核发国有土地使用证16303本，集体土地使用证22423本。

地籍档案管理

1991年，藤县开始颁发“土地使用证”，县土地局开始为每宗地建立档案，制定案卷目录，装订成本，按区域存进档案柜。1998年，整理地籍档案446宗，完成土地变更调查122幅树脂薄膜图和2份工作图，并建立了初始统计台账、簿等资料285本。1999年，建立乡镇初始土地统计台账，完成186幅土地变更工作聚酯薄膜工作底图，完成县城土地档案75%（共5250宗）的整理。2000年，县土地局开始建立地籍电子台账，实行地籍档案软件管理，变更地籍调查和证书登记、年检工作步入常态化，地籍档案管理步入规范化。

2001年—2005年，藤县实行地籍网络管理和土地登记全程化监控。土地登记使用的表、卡、簿和证书都按照国家级标准要求实行微机统一打印，并进行地籍图和宗地图的制作，进一步提高地籍工作的科技含量，地籍资料的查询、更新、传输也实现了自动化。

土地监察

群众来访与土地纠纷调处　1989年，成立县土地监察队后，由监察队分管信访工作，各乡镇土地管理所分工1名土地管理员兼职负责。1991年，全年接受群众来信120件，来访250人次，均作了具体处理。1996年9月，县土地管理局增设土地纠纷调处股，专门负责土地纠纷调处工作及群众来信来访，向群众宣传解释有关法律法规、讲解土地纠纷问题。至年末，土地纠纷调查股共接待群众来访300多人次，口头协商调解土地纠纷5宗，正式立案受理权属争议6宗。1991年—1996年，县土地管理局共收到群众来信667件，接受群众来访1104人次。

1997年，县土地管理局受理土地纠纷19宗，调解8宗，立案9宗。1998年，全县土地管理系统全年接待来访群众105人次，处理来信32件。

1999年—2000年，县土地管理局处理群众有关土地纠纷来信102件，接待来访群众325人次。

2001年，县土地管理局处理群众有关土地纠纷来信96件，接待来访群众108人，调处土地权属争议16宗。2002年9月27日，自治区九届人大常委会第三十二次会议通过《广西土地山林水利权属纠纷调解处理条例》并颁布实施。藤县执行该《条例》规定，乡（镇）内发生的土地权属纠纷由乡（镇）人民政府受理调处，跨乡镇的土地权属纠纷由县国土资源局受理调处。2003年，县国土资源局全年接待来访群众49人次，处理来信54件，立案调查处理土地、地矿纠纷14件。2005年，县国土资源局全年接待来访群众45人次，处理来信17件，受理藤州镇纯平村、象棋镇富祝村个人之间土地权属纠纷案件各1件，经调解，达成双方当事人签订了调解协议书。

违法占地案件查处　1991年，藤县境内土地开发以太平、濛江、藤城3圩镇为主，计用地42宗，总用地面积7.24公顷。是年，县人民政府制订《关于加强土地管理若干问题的规定》《关于及时制止违法占用耕地建私房的紧急通知》，土地执法监督以对乡镇政府和县、乡（镇）单位以及农村个人违法违章占用土地和非法买卖土地行为的处理为重点。全年查出农村集体土地违法案6290起，结案1825起。对濛江镇买卖土地问题，太平乡、太平镇政府私分公地给个人建房问题，作出了处理。年内，县土地管理监察队在巡回检查时，查处和平镇49户农民违法占地建房，收缴罚没款1.54万元；查处天平镇三益水运公司部分职工私自向农民买地建房4户，收缴罚款3.77万元；查处天平镇私分工地建房33户，总面积2649平方米，收缴罚没款4.86万元。全县依法处理占用水田（耕地）建房，处理拆屋还地32户（间），总面积2800平方米。1992年，全县发生土地违法案件1180起，依法查处1166起，结案率98.81%。年内，开展农村集体土地违法案件遗留问题查处工作，共查处土地违法案件3237起，结案2794起，收缴罚没款38万元，完成查处历史遗留问题占86.3%。1993年，查处违法案件158起，收缴罚款10.81万元；拆除违章违法建房16起，面积1085.96平方米，收上罚款7万多元。是年起，藤县执行广西壮族自治区人民政府指示精神，在全县20个乡镇开展创建“无违法批地、无违法管地、无违法用地”的“三无”乡镇活动。年内开展创建“三无”乡镇活动宣传中，出墙报45期，举行报告会25次。年末，全县有7个乡镇达到“三无”标准。1994年，在土地执法工作中，查处雷庙顶少批多占地30多户，查处北流河岸一带非法占地乱搭乱建23户。在县城清理整顿土地市场工作，计清理未经批准出租436户，721宗，非法转让44户，面积2537.64平方米，收上土地转让金12万多元。全年土地违法案件发案596宗，同比下降36.8%，结案542宗。是年，达到“三无”标准乡镇增至10个。

1995年，全县全年查办案件828宗，结案824宗。其中申请法院强制执行17宗，限期拆除面积1400平方米，结案率99.5%。其中，以太平镇开发小区的17户违章建房户案件较为突出，由于案件时间长、案情复杂，县土地监察队会同法院、太平镇政府共同调查取证，依法处置。5月24日，县国土局对该17户违章建房户分别发出《土地违法案件行政处罚决定书》。8月20日，经县法院强制执行全部拆除完毕。年内，县土地管理局土地监察队派出工作组，深入各乡镇处理违法案件。工作组到濛江镇清理，共清理买卖土地28宗，非法转让土地10宗，共收缴各种规费14.51万元。在象棋镇查处违法案件38宗，在新庆乡查处215宗，金鸡镇查处70多宗，东荣乡查处40多宗，城关乡查处54宗，南安镇查处44宗，平福乡查处241宗。年内，全县“三无”乡镇达到12个。1996年,县土地管理局从各乡镇抽调8名工作人员,充实监察队伍,分成3个小组,分片到各乡镇清理土地违法案件,共立案706起,土地面积6.099公顷,处理489起,土地面积3.749公顷,收缴罚没款17.28万元。年内,全县20个乡镇,已有17个乡镇达到“三无”标准,占85%。1997年,开展非农业建设用地大清查活动。共清查出自1991年后非农业建设用地944.08公顷,其中耕地355.22公顷;未批准用地787.25公顷,其中耕地51.20公顷;闲置地36.98公顷,其中耕地21.56公顷,对未批和闲置地进行了罚款处理,并落实闲置土地复耕40宗,面积30.37公顷,其中耕地15.42公顷。全年受理违法案件109宗,面积1.99公顷,处理53宗,面积1.14公顷。其中,非法转让25宗,面积0.16公顷;非法占地28宗,面积0.98公顷。1998年,县土地管理局加大对土地违法案件的查处力度,全年立案查处非法占地案件251宗,面积2.68公顷;查处30宗,面积0.5公顷。收缴各种罚没款20.64万元。清理违法违规砖瓦窑850个,面积2.58公顷。1999年,以清理建设建房用地和生产用地为重点,共清理7个钛矿场临时用地3.3公顷;查处新庆、太平、藤城等乡镇65宗土地违法案件,并立案查处东荣均常村委非法买卖土地、炒卖地皮案,维护了土地管理秩序。

2000年,藤县深入开展创建土地执法模范县活动,查处违法土地案件22宗,清理整顿40多个钛矿用地。2001年,全县查处土地违法案件113宗。2003年,全县立案查处非法转让国有土地案18件,查处非法占有国有土地建住宅案4件,查处非法占用土地采矿案28件,查处红砖厂非法占用土地案10件。当年11月中旬,县人民政府组织县乡两级工作人员180人,开展全县清查违法用地活动,查处违法占地案211宗,涉及违法占用土地2.4公顷,345宗土地违法案当事人主动报案。

第七节　矿产资源管理

矿产资源

1991年,藤县20个乡镇共发现和开采的矿产资源有黄金、白银、钛矿、钒钛磁铁矿、铅锌矿、锰矿、钪、铅、钴、钒、镓、钼、铁矿、褐铁矿、水晶、汞、磷矿、硫铁矿、重晶石、萤石、红铁氧、石铁石、钾长石、花岗石、石灰石、大理石、白云石、油贡岩、硅石、云母、石棉、膨润土、煤、黏土、建筑用沙、石等品种。

钛矿　1991年,全县已探明钛矿保有储量439.2万吨。探明储量的矿区有:东胜矿区,分布在藤城田寮、胜西和潭东镇的三坡、东胜等村;南安塘村—汗池矿区,分布于塘村、汗池等村;埌南三吉矿区,分布于杨村和界田等村;南安龙安矿区,分布于龙安陇村至鸡头峥一带;潭东—燕村矿区,分布于塘村矿区及东胜矿区之间;大垌矿区,位于埌南镇南7千米冼村东面山头。另外有未经勘探在产的钛铁点,在同心镇大梳村一带和赤水乡六坊村一带。

1991年—1999年,藤县钛矿保有储量分别是439.2万吨,431.1万吨,424.1万吨,418.2万吨,412.2万吨,408.2万吨,404.2万吨,399.2万吨,394.1万吨。钛矿的表外储量1991年—1999年是33.8万吨。其中1992年藤县开发建设项目——河东新城区压覆钛矿136万吨。至2005年,由于道路、村庄、基本农田和建设项目压覆,已探明储量只是边角残矿。

高岭土　1984年经广西地质勘查大队开展勘查,全县已探明储量196.87万吨。主要分布于南安镇木力大山中,属南安镇的沙田、古祀和埌南的马地村辖区。

铅锌矿　主要分布于大黎镇岩村冲一带和象棋镇中信村等地。未有探明储量。

重晶石　此矿种分布范围广,主要在和平镇的新良村、官罗村、龙塘等村,天平镇的罗平村,金鸡镇的镇安村、秀安村,赤水乡的石塘村,埌南镇的六市村、南安镇沙田孔星等地方出露。未有探明储量。

稀土　经普查储量为10万吨。主要分布在南安镇南安村一带,分布面积达20平方千米。含有铕、钇、镧等10多种稀有元素。属花岗岩风化壳离子吸附型高钇富铕重稀土,为广西稀有。未有探明储量。

花岗岩　分布于天平、古龙、同心、象棋、岭景等乡镇。未有探明储量。

黄金、白银　主要分布在平福、东荣、大黎、宁康、濛江、津北、赤水、埌南等乡镇。未有探明储量。

开采审批

1991年，已经开采利用的矿产有10多种。全年发放采矿许可证67个。其中，钛矿16个，砂石场47个，铅锌矿2个，重晶石2个。签订黄金、白银承包书53份。1992年，发放采矿许可证34个。其中，钛矿15个，石材19个。签订黄金、白银承包书35份。1993年发放采矿许可证19个。其中，钛矿17个，其他2个。签订黄金、白银承包书42份，并对17个钛矿进行年检，年检率达90%。1994年发放采矿许可证44个。其中，钛矿26个，石场7个，铁矿1个。签订黄金、白银承包责任书89份。1995年，发放采矿许可证55个。其中，钛矿35个，其他矿种20个。1996年发放采矿许可证63个。其中，钛矿35个，其他8个，对年产100万块红砖以上的砖厂颁发采矿许可证10个，此外报自治区黄金局申办黄金采矿1个。1997年发放采矿许可证44个。其中，钛矿28个，铅锌矿3个，黏土5个，重晶石5个，石场3个。1998年发放采矿许可证75个。其中，钛矿29个，黏土13个，砂石场12个，重晶石13个，铅锌矿5个，高岭土3个。换发采矿许可证29个，占应换证矿场数的82.9%。1999年发放采矿许可证64个。其中，钛矿17个，砂石场17个，铅锌矿17个，其他13个。换发采矿许可证38个，占应换证的88.4%。2004年，全县持采矿权矿山24个。其中，区厅发证4个，主要矿种是铅锌矿；县级发证20个，主要是钛矿和砂石土矿。2005年，全县持县级发证采矿权矿山20个。

执法监督管理

1991年，藤县处理矿业权纠纷13起，查封、炸毁无证采矿矿点60个。1992年7月，随着市场经济的发展，藤县钛矿产品放开经营，市场上出现了掺假杂和磷铁高的劣质钛矿，导致钛矿信誉度下降。全年进行10次矿山安全检查，取缔36个无证采矿点，处理矿业权纠纷11起。1993年，处理矿业权纠纷5起，依法查处炸毁无证矿点16个。1994年4月，县政府发文规定钛矿重新归由县矿业总公司统一经营。此后，县政府和县矿业总公司加强对钛矿的管理，钛矿管理逐渐走上正轨。5月，县矿业总公司会同公安、劳动部门举办1期120人参加的矿长、矿山安全员、爆矿员培训班，加强矿山安全知识培训。全年处理矿业权纠纷12起。1995年，查处6个无证采矿点，其中对一个无证采矿点罚款3000元。1996年，在全县开展矿业秩序整顿治理检查，取缔无证矿点38处，其中黄金开采25处，钛矿开采1处，淘金船12只。同时加强对矿山闭矿后的土地复垦和砖厂取土的管理。1997年，处理矿业权纠纷14起。1998年，依法取缔无证采矿点7处，处理矿业权纠纷10起。1999年，查处9个无证采矿矿场，处理7起矿业权纠纷，发出《制止矿产资源法规行为通知书》35份。2004年—2005年，为进一步加强对矿山秩序的管理，县国土部门专门成立了矿山资源管理工作组，负责全县矿山企业采矿权有偿出让、登记、临时用地审批和安全生产工作，承办矿山纠纷调处和矿山违法案件立案查处工作。

矿产资源补偿费征管

1994年下半年起，开始征收矿产资源补偿费，当年共收费0.28万元。1995年，全年征收矿产资源补偿费6.05万元。1996年，征收矿产资源补偿费6.49万元。1997年，征收矿产资源补偿费6.1万元。1998年，收矿产资源补偿费8万元。1999年，征收矿产资源补偿费6.2万元。

地矿法制宣传

1991年，纪念《中华人民共和国矿产资源法》颁布实施五周年，投入资金4000元，在全县主要交通要道刷写70条永久性标语。1994年，举办由各乡镇分管领导、乡镇企业办负责人、矿场法人代表参加的培训会议计5次共360人次，主要学习《中华人民共和国矿产资源法》《藤县乡镇集体及个体采矿安全规定》，印发资料500份。1995年，结合矿产资源费征收，组织全体地矿局干部深入各矿山企业开展宣传学习《中华人民共和国矿产资源法》《矿产资源补偿费征收管理规定》《中华人民共和国矿山安全法》和《群采矿山安全规程》等，印发资料600份。1996年，为全面推行地矿依法行政工作，加大矿产法律法规的宣传工作，印发《矿产资源补偿费征收管理规定》和《广西区矿管条例》有关知识420份，张贴到各乡镇、村委和矿区所在地；并在当地举行广播、电视宣传；利用矿区所在地的圩日举办2次地矿法律法规知识咨询活动。年内，根据地区矿产局和县人大常委会的部署，在全县范围内开展《中华人民共和国矿山资源法》执法检查。1998年，结合矿业秩序整顿，开展《矿产资源勘查区块登记管理办法》《矿产资源开采登记管理办法》和《探矿权采矿权转让管理办法》宣传活动，印发手册 200 多本分送各采矿权人。1999 年，重点对地质灾害方面进行宣传，与县司法局出版《地质灾害防治办法》宣传专栏 1 期。2000 年—2005 年，加强法规宣传，每年世界地球日发放宣传材料，通过上街宣传、电视等方式，宣传相关法规。

第八节　地质环境监督管理

矿产开采地质环境监督管理

1991 年，对钛矿矿山开采企业进行前期、中期、后期的地质环境监督管理。采矿前，采矿权人要获得环保部门发放的《采矿环境影响报告表》，落实尾矿库，开采钛矿不会对周边环境造成大的污染，然后地矿局才发放“采矿许可证”；中期，由地质矿产局经常检查矿山企业落实治理环境污染措施是否到位，如有污染农田、河流、耕地的现象或趋向，及时汇同环保部门督促其停产整改，达标后方可复产。在后期，要求矿山企业切实按照地矿部门制订的《矿山企业土地复垦方案》的规定做好土地复耕前的平整复垦工作，按时移交给土地使用权者恢复耕作。对黄金（白银）的开采，由于采矿后选金（银）的废沙、废水存在对人畜危害的可能，因此要由采矿者用碱氯法（或简化为撒石灰、食盐等）进行中和处理，将尾矿堆放在安全地点，在一定时间内防止人、畜进入，避免意外事故发生。是年，县矿产部门筹集资金 18 万元，在埌南城村黄金矿区筑坝六处，防止采金尾矿污染环境。1996 年，投入资金 7800 元，在赤水石狗头、石塘、埌南大冲、插牌等地筑 4 处尾矿坝。年内，矿产管理部门联合环保部门、平福乡政府完成《桃花矿区环境破坏及污染的调查报告》1.2 万字。1991 年—1999 年，共复垦闭矿后还耕土地 166.67 公顷。

地质灾害防治

1991 年—2005 年，藤县发生的地质灾害主要有：1994 年发生的埌南杨村滑坡群和 1995 年发生的藤州中学滑坡群。杨村滑坡群规模约 18 万立方米，在该村庄的正上方，对该村庄人员、财产造成威胁。藤州中学滑坡群，规模约 32 万立方米，对该中学的教学楼、学生宿舍楼、饭堂楼造成严重的威胁。为防治地质灾害，县地矿部门制订了《藤县汛期地质灾害预案》和《地质灾害点的监测办法》，宣传地质灾害防治办法，落实专业人员对藤州中学，埌南杨村两处滑坡点进行定期监测。

第二章　环境保护

1991 年，藤县各类环境监测设备简陋，没有能力开展环境监测，靠上级环保部门代为监测。城区大气污染呈发展趋势，江河水质基本保持稳定，北流河属中度污染，浔江属轻度污染。此后，每年开展环境污染整治，通过加强建设项目环保管理，并落实“三同时”制度，加强工业“三废”综合治理，环境污染基本稳定。1996 年，全县污染严重的“十五小”企业全部实施关闭。1998 年，制订工业污染源达标排放计划，并推行排污许可证制度，实行污染总量控制。1999 年，开展排污口规范化整治。2005 年，县城空气环境质量总体稳定，空气三项质量指标总悬浮微粒略有下降，地表水水质保持稳定达标。县环保监测部门能够开展包括水、气、噪声等 21 项监测项目，全县形成点面一体化的环境监测体系。

第一节　机　构

县环境保护局

1990 年 3 月，由县城乡建设委员会分置出来成立县环境保护局，为正科级行政机构，是县人民政府综合管理环境保护的职能部门。办公地点位于藤城镇绣江路 145 号。1991 年，内设办公室、法规宣教室、监督管理室，有行政编制 6 名，实有人数 5 人。1996 年，改为议事协调办事机构，称藤县环境保护委员会办公室，在县政府序列单设。内设秘书股、环境管理股、环境规划宣教股，重新核定行政编制 8 名，机关后勤服务人员事业编制 1 名，设主任 1 名、副主任 2 名。2001 年，复称藤县环境保护局。内设秘书股、法规规划宣教股、监督管理股，编制不变，设局长 1 名，副局长 2 名。2003 年 3 月 16 日，搬迁至藤城镇河东政贤路 73 号办公。2005 年，内设机构有办公室、法规宣教股、监督管理股 3 个股室。行政编制 8 名，后勤事业编制 1 名。

1991 年—2005 年县环境保护局（委员会办公室）历任局长（主任）：陈和真(1990.04—1999.03)，黄广(1999.03—2005.08)，黎柱石(2005.08—)。

县环保局二层机构

环境保护监测站 1990 年 7 月设立，属财政差额拨款、具有政府行为的社会公益性事业单位，核定事业编制 8 名，实有人员 4 人。1997 年 6 月机构改革，重新核定人员编制为 5 名，实有人员 5 人。2002 年 3 月，成立藤县环境保护科学研究所，与藤县环境保护监测站实行一套人马两块牌子。2005 年 3 月，藤县环境保护科学研究所增编制 2 人，合为保护监测站编制，即保护监测站编制增至 7 人，实有人员 5 人。

环境监察大队 2005 年 12 月成立，属财政差额拨款事业单位，隶属县环境保护局管理，在县环境保护监测站挂牌。无独立编制。

第二节 环境质量

大气环境质量

1991 年，城区大气污染呈发展趋势，氮氧化物呈上升趋势，地面扬尘造成总悬浮微粒浓度偏高。6 月，发生二氧化硫污染农作物事件，该次污染以胜西村为中心，东北到津北乡河口村公所，直到分界医院，东至南安镇禤洲永村，东偏南至潭东安宁，形成一个扇形污染区。经调查，二氧化硫为水泥厂、南方淀粉厂、化工厂产生的废气所致。经统计，共损失稻谷 42.94 万千克。1996 年，随着城区不断建设，尘土飞扬，有总悬浮微粒超过国家二级标准现象。以中胜电厂的烟囱为中心，半径 10 千米的范围内，经常遭受二氧化硫的污染。城区大气污染，其中工业污染是主要原因，县城电力、化工工业燃料以煤为主的能源结构，造成煤烟型污染严重。由于历史的原因，城区中工业布局不合理，一些污染企业在县城上风向和人口稠密区，再加上建设年代久，设备老化，工艺陈旧，排出的废气对县城环境造成污染。汽车尾气污染，为原因之二。县城机动车数量增长较快，由于发动机的燃烧水平较低，导致机动车尾气污染严重，特别是旧式三轮车，排放的尾气严重超标，其污染物排放量相当于一般摩托车 5~6 倍。再加上用车维修保养差，报废年限长，机动车对大气污染的影响程度越来越大。据测算，有 50% 的氮氧化物来自机动车污染。造成地面扬尘的因素：首先是县城建设发展快，施工项目比较多，一些工地不注意文明施工，随意堆料和运输遗洒，造成扬尘严重。其次是绿化程度较低，裸土面积大，一遇起风就尘土飞扬。再次，县城地面清扫和洒水不够，容易造成二次扬尘。1997 年，藤县二氧化硫监测点日均浓度范围 0.01~0.667 毫克 / 立方米，最大值超标 3.45 倍，出现在农机校点。城区二氧化硫年日均值为 0.067 毫克 / 立方米，超标 0.12 倍。按频率统计，80% 达到国家环境质量二级标准。氮氧化物日均浓度范围：0.010~0.082 毫克 / 立方米，最大值未超标，县城氮氧化物年日均值为 0.0225 毫克 / 立方米，功能区氮氧化物年日均值排序为：居民区＞混合区＞清洁区，全部达标。总悬浮微粒日均浓度范围：0.012~0.250 毫克 / 立方米，最大值未超标，县城总悬浮微粒年日均值为 0.091 毫克 / 立方米。从大气环境质量评价分析，采用大气污染综合指数评价，二氧化硫是当年县城大气环境的主要污染物。1998 年—2000 年，县城空气环境质量总体稳定，氮氧化物污染基本稳定。2001 年—2004 年，空气三项质量指标：总悬浮微粒略有下降，二氧化硫和氮氧化物虽然略有上升，仍基本平稳。2005 年，二氧化硫日均浓度在 0.012~0.084 毫克 / 立方米之间，平均浓度为 0.023 毫克 / 立方米；二氧化氮日均浓度在 0.010~0.082 毫克 / 立方米之间，平均浓度为 0.015 毫克 / 立方米，TSP（总悬浮物）日均浓度在 0.012~0.025 毫克 / 立方米之间，平均浓度为 0.083 毫克 / 立方米。

1991 年—2005 年，县城空气环境质量基本达到国家环境空气质量二级标准。

水环境质量

1991 年，城关乡东胜村新地自然村发生饮用水源污染事件，有村民因喝了污染的河水发生中毒现象，经抢救才脱离危险。经查主要是南方淀粉厂、东胜矿降磷车间、藤州糖厂废水超标排放所致。1991 年—1996 年，江河水质基本保持稳定。据梧州地区监测站多年在北流河、浔江布点进行水质变化的动态监测，结果表明：北流河属中度污染河流，浔江属轻度污染河流。虽然县城集中式饮用水达标率 100%，但地表水水质呈下降趋势。主要原因是北流河以及浔江上游工业废水及生活污水排放量大，森林植被受到破坏，水土流失严重。尤其是北流河上游小纸厂的废水不经处理直接排入河道，每到枯水期间，河水发黑，有机物污染严重。加之历史原因，城区中工业布局不合理，一些污染企业坐落县城附近，加上建设年代久，设备老化，工艺陈旧，排出的废水对县城环境造成污染。1997 年，对浔江、北流河枯水期 3 个断面进行采样检测，3 个监测断面分别是：白屋（浔江，水厂上游 200 米）、雅窑（浔江）、细州寮（北流河），采用“均值型污染指数法”评价。水质评价因子 11 项，其中有机物数为高锰酸盐指数、BOD5、挥发酚，无机物类为 NH3-N、NO3-N、NO2-N、氰化物，重金属类为 Cr+6、总砷、总 Cd、总 Pb。评价标准采用地面水环境质量标准(GB3838-88 中 III 类标准)(NH3-N ≤ 0.5 毫克 / 立方米)。综合评价藤县江河水均值属尚清洁级，浔江段水质略好，北流河段水质略差，属轻污染。县城生活饮用水源点只有一个，水源水监测超标项目为 NH3-N（氨氮）、SS（悬浮物），主要是上游的污染物均不经处理直接排入江河，且枯水期流量少，经自然降解还未达到生活水源饮用标准，枯水期水质综合评价为尚清洁级。1998 年—2000 年，加强污染源监管和排污口规范化整治，地表水水质保持稳定达标。2000 年，境内浔江、北流河、蒙江 3 条主要河流的水质均达到地表水Ⅲ类水质标准。2005 年，监测地表水符合国家Ⅲ类标准。

声环境质量

1991 年—1996 年，环境噪声环境质量基本达到《城市区域噪声标准》(GB3096-93)。1997 年，对居民住宅区文教区（城关中学）、工业集中区（中胜电厂、钛品厂）、商业混合区（科委）等功能区，对桥东路、绣江路、西江路等道路进行噪声监测，采用等效声级法评价，评价标准为《城市区域噪声标准》(GB3096-93)。检测结果表明功能区夜间超标率 100%，白天超标率为 25%，超标幅度最大的是商业混合区（夜间），最大超标 10.9 分贝(A)。道路交通噪声等效声级为 72.1 分贝(A)，比国家城市道路交通噪声的标准控制值 70 分贝(A)超出 2.1 分贝(A)。最大值为 76.5 分贝(A)（绣江路）。噪声主要声源是交通、建筑、生活及其他噪声。2000 年后，随着经济发展，交通噪声（鸣喇叭）和建筑噪声呈逐步上升的趋势。2005 年，通过完善基础设施建设、加强交通噪声监管，区域环境噪声和道路交通噪声基本达到《城市区域噪声标准》(GB3096-93)。但局部区域仍有超标情况，接到被投诉的多是歌舞厅、KTV、电子乐园等娱乐场所。主要由于营业点选址不合理，距居民住宅区比较近，甚至个别直接在居民住宅区内开设。

第三节　环境监测

1990 年 7 月，成立藤县环境保护监测站。1991 年，开始建设监测站实验室，面积约 40 平方米，并配置水温计、pH 值计、声级计、电热蒸馏水器、电热烘干箱等一些仪器设备。1992 年开始对藤县乡镇企业的废水、噪声进行监测，其他重点污染源由梧州地区环境监测站承担。1991 年至 1997 年上半年，梧州地区环境监测站每年均对藤县的重点污染源进行 1~2 次常规监测。1997 年，藤县环境空气监测点位设在中胜电厂、藤县第二招待所楼顶、农机校、电影院、中胜电厂、潭东共 6 个点位，监测项目为：二氧化硫、氮氧化物、总悬浮颗粒物。执行国家《环境空气质量标准(GB3095-1996)》中有的二级标准。是年，藤县环境保护监测站新购置 1 套动压平衡采样仪和 TH-600 烟气采样仪、1 台生化培养箱。此后，藤县环保监测站逐步开展污染源的废水、废气、噪声等监测工作。其中，废水监测主要的项目有 pH 值、悬浮物、化学需氧量、生化需氧量；废气监测的主要项目有二氧化硫、二氧化氮、烟（粉）尘、硫酸雾；噪声监测主要包括声源噪声和厂界噪声等监测。

2001 年 8 月 17 日，藤县首次获得广西壮族自治区计量认证资格，通过水（含大气降水和废水）、气（含环境空气和废气）、噪声等21个监测项目。其中，水和废水监测项目主要有pH值、溶解氧、色度、悬浮物、高锰酸盐指数、化学需氧量、生化需氧量、氨氮、六价铬、硫酸盐；空气和废气监测项目主要有有二氧化硫、二氧化氮、总悬浮微粒物、烟（粉）尘、硫酸雾；噪声监测包括环境噪声、厂界噪声、建筑施工场界噪声、声源噪声、城市区域环境噪声和道路交通噪声。藤县环境监测形成了点面一体化的监测体系。

1991年，县环保局在中胜火电厂开展环境监测

2002年，藤县环保监测站新增购买3台大气综合采样器，从此，该站开始独立承担藤县所有污染源和环境质量常规监测。环境空气监测，监测布点于县政府楼顶、环保局楼顶，主要项目有二氧化硫、二氧化氮、总悬浮微粒物、降水中pH值；监测频次为一年一次，分析方法按国家环保总局《空气和废气监测分析方法》（第三版）。水环境监测主要监测断面有：天平新马断面、县城取水口断面、北流河口断面、瓦窑断面、南安上元断面（赤水断面），主要监测项目有pH值、溶解氧、高锰酸盐指数、化学需氧量、生化需氧量、氨氮、六价铬、硫酸盐，分析方法按照《水和废水监测分析方法》进行，监测频次为1次/年。

2003年，实验室由藤城镇绣江路5号搬迁至藤城镇河东政贤路73号，实验室面积由原来的50平方米增加到200平方米，同时增添烟尘/烟气自动采样仪等设备。监测能力建设得到了极大的提高。

2005年，能够开展包括水、气、噪声等21项监测项目，并且均获得广西质量技术监督局的计量认证认可。年内，完成对县城区大气环境质量监测，全县主要工业企业及部分乡镇企业的废水、废气、噪声等项目的委托监测，藤县金茂钛白有限公司等10多家企业的燃烧含硫量的监督性监测，县华南钛合金材料有限公司等环评监测和县蓝天燃气有限责任公司等竣工验收监测以及全县五大矿区污染纠纷仲裁和雅窑鱼塘污染事故的跟踪监测工作，为当事人和有关企业提供及时、准确和公正有效的监测数据。共报出监测数据800多个。

2005年藤县环境监测站监测项目统计表（计量认证/审查认可项目）

表3-2-1

序号	检测项目类别	检测项目/参数		监测依据的标准（方法）名称及编号（含年号）	限制范围或说明（最低检出限或检测范围）
		序号	项目/参数名称		
一	水（含大气降水和废水）	1	pH值	水质　pH值有测定　玻璃电极法　GB6920-1986	0.02pH值单位
		2	六价铬	水质　六价铬的测定二苯碳酰二肼分光光度法　GB7467-1987	0.004毫克/升
		3	生化需养量	水质　五日生化需养量的测定　稀释与接种法　GB7488-1987	2毫克/升
		4	溶解氧	水质　溶解氧的测定　碘量法　GB7489-87	(0.2~20)毫克/升
		5	高锰酸盐指数	水质　高锰酸盐指数的测定　GB11892-89	0.5毫克/升
		6	悬浮物	水质　悬浮物的测定　重量法　GB-11901-89	4毫克/升
		7	色度	水质　色度的测定　稀释倍数法　GB-11903-1989	
		8	化学需氧量	水质　化学需氧量的测定　重铬酸盐法　GB-11914-89	10毫克/升
		9	硫酸盐	降水　硫酸钡比浊法　GB-13580.6-1992	0.4毫克/升
		10	氨氮	水质　氨的测定　钠氏试剂比色法　GB7479-87	0.05毫克/升

续表

序号	检测项目类别	检测项目/参数		监测依据的标准(方法)名称及编号(含年号)	限制范围或说明(最低检出限或检测范围)
		序号	项目/参数名称		
二	水(含大气降水和废水)	11	二氧化硫	环境空气　二氧化硫的测定　甲醛吸收副玫瑰苯胺分光光度法　GB/T　15262-94	0.02pH 值单位
				固定污染源排气中二氧化硫的测定　碘量法　HJ/T57-2000	0.00- 毫克/升
				固定污染源排气中二氧化硫的测定　定电位电解法　HJ/T57-2000	2 毫克/升
		12	总悬浮颗粒物	环境空气　总悬浮颗粒物的测定　重量法　GB/T15432-1995	0.2~20 毫克/升
		13	二氧化氮	环境空气　二氧化氮的测定　Saltzman 法　GT/T15435-1995	0.5 毫克/升
		14	硫酸雾	环境空气和废气　硫酸钡比浊法　GB/13580.6-1992	4 毫克/升
		15	烟(粉)尘	环境空气和废气　锅炉烟尘测试比浊法　GB/T16157-1996 固定污染源派其中颗粒物测定语气态污染物采样方法　GB/T16157-1996	烟(粉)尘:0.4 毫克/升
三	噪声	16	环境噪声	声学、环境噪声测量方法　GB/T3222-94	35~130 分贝(A)
		17	厂届噪声	工业企业厂届噪声测量方法　GB/12349\90	
		18	建筑师工场届噪声	建筑师工场界噪声测量方法　GB/T14623-93	
		19	城市区域环境噪声	城市区域环境噪声测量方法　GB/T17248.3-1999	
		20	声源噪声	声学　机器和设备发射的噪声现场简易方法　GB/T17248.3-1999	
		21	道路交通噪声	声学　环境噪声测量方法　GB/T3222-94	

第四节　环境治理

1991 年,县环保局在全县开展一次环保设施大检查。检查重要厂家 13 家,环保设施 17 套。经检查,全年防治污染设施投资共 169.6 万元,环保立项费用 16.88 万元,落实专职或兼职企业环保管理人员 44 人。各企业环保设施均投入立项,没有擅自拆除和闲置现象。其中,废水处理设施 9 套,全年处理废水 300 多万吨,处理率 86.18%;废气处理设施 7 套,处理废气 9500 标立方,废气净化率为 55%;废渣处理设施 1 套,处理废渣 2 吨。通过检查发现,造成城区大气污染的工业企业主要是化工、建材和电力等行业,这些企业能源消耗量大,环境污染重,对大气污染起直接作用。此后,对这类企业按照不同的情况采取相应的措施:一是搬迁改造,把污染严重的企业从城区迁出。二是严格控制发展规模,控制排污总量,并积极治理污染。三是努力推行清洁生产,实现污染全过程控制。四是加快企业污染治理的步伐,本着谁污染谁治理的原则,积极筹措资金,开展技术攻关,增强企业综合治污能力。五是对经济效益差、环境污染重、治理无望的企业,坚决按照国家的有关规定,实行关停并转。同时,加强建筑工地管理,严格要求做好相关环保设施,防止二次扬尘,控制大气中悬浮颗粒物浓度长期居高不下。绿化县城是改善环境的重要措施之一。

1992 年,县环保局对南方淀粉厂、太平糖厂、太平松脂厂、中胜火电厂等对环境造成污染的厂家督促其进行治理,提出整改意见。其中,经县人民政府批准,对南方淀粉厂的废水下达限期治理的决定。对太平糖厂的烟尘和废水进行整改。太平松脂厂的废气处理设施经地区环境监测站验收监测,仅烟尘一项超标 0.11

倍，基本上达到国家的排放标准。中胜火电厂文丘黑水膜除尘设施，由原来的2个喷头增加到10个，增加除尘除硫效果，在下半年夏季发电中，基本上没有造成环境危害。

1993年，全县列入环境统计的厂矿企业13家，工业废气年排放总量70987.23万标立方米，经过消烟除尘处理的47508.18万标立方米，消烟除尘率为66.9%；经净化处理的34013.45万标立方米，净化处理率为47.91%。工业废水年排放总量197.61万吨，处理量195.28万吨，处理率98.82%；工业废水达标排放量5.50万吨，综合利用量3.38万吨，综合利用率61.45%，工业固体年综合利用所增加的经济效益超过100万元。

1994年，全县工业废气处理年排放总量73793.78万标立方米，经过消尘除尘的47390.04万标立方米，消烟除尘率为64.22%，比上一年度下降2.68%；经净化达标排放47389.78万标立方米，达标排放率46.47%，比上一年度下降1.44%。工业废水处理，年排放总量157.19万吨，处理量154.88万吨，处理率98.53%，比上一年度下降0.31%；达标排放量42.24万吨，达标排放率26.87%，比上一年度增加0.66%。废渣处理，工业废渣年生产量5.1万吨，综合利用量4.8万吨，综合利用率（即处理率）94.11%，比上一年度增加32.66%，基本上把废渣处理完结，没有造成污染。工业废渣综合利用的产品产值211.8万元，比上一年度增加111.84万元，效益明显。全年每万元产值产生废水132吨，比上一年度下降6吨，略有好转。1991年—1995年，先后责成40多家企业补办环境影响报批手续、完善环保设施。每年均由环保部门与公安部门联合对县城部分生活噪声和文化娱乐场所噪声进行治理，通过接待信访案件，处置有关噪声污染问题，对产生噪音的原因及时查找处置。其中1994年，清理整顿县城文化娱乐场所20个，均有隔音设施，外接喇叭一律拆除，文化噪声比上一年度大为减少，生活噪声也有所减少。

1996年9月，全县"十五小"企业主要有小选金、小造纸两大类，对这两类企业全部实施关闭。1996年—1999年，由县环保部门牵头，会同矿产、水土保持等部门对黄冲河的淤积污染进行整治，共投资10多万元，恢复水田13.33公顷。

1997年，对18个原有矿山补办环评手续，对4个新矿场办理审批手续，对7个矿场责令限期治理，对1个矿山责令停产关闭。是年，环保和计划部门对煤场进行整治。通过采取措施，减少燃煤，增加天然气、液化石油气、多用电等清洁能源，优化能源结构，减少燃煤排放的烟尘、二氧化硫和氮氧化物。

1998年，制订《藤县1998—2000年重点工业污染源达标排放计划》。拟订和实现全县工业污染源到2000年达标排放的计划，对全县15个重点工业污染源进行分类，要求于1998年达标排放的厂矿企业有中胜电厂、华大饲料厂、太平胶合板厂、东胜矿雷蒙车间4家；要求于1999年达标排放的企业有太平糖厂、藤县松脂厂、太平松脂厂、藤县钛品厂4家；要求于2000年做到达标排放的企业有藤县东茂钛品厂、藤县富华厂、藤县南方淀粉厂、藤县雅照钛白粉厂、藤县水泥厂、藤县丝绸厂、藤县濛江锁厂共7家。年内，对中胜电厂、东茂钛白粉厂和有机化工厂等企业进行治理。是年开始，推行水污染物排放许可证和排污申报制度。当年发放许可证50个。全县有废水处理设施33套，对4个钛白粉厂进行季度检查，两个松脂厂和两个糖厂每年检查一次，对30个砂矿场每月检查一次。除4个矿场的尾矿处理设施不能正常运行外，其他设施均正常运行使用。

1999年，首次开展排污口规范化整治工作，共治理10家企业，安装排污口标志牌29块。同时对东胜矿区和南安汗池矿区矿场开展整治，恢复生态环境。是年开展对重点污染源监督性监测。结果，中胜火电厂、华大饲料厂、太平胶合板厂、东胜矿雷蒙车间等4家企业做到达标排放。其中二氧化硫的减量比较明显的是中胜火电厂，1998年总排放量2283吨，比1997年的4813吨减少排放2530吨。

2000年，开展全县工业污染源"一控双达标"（"一控"指污染物总量控制；"双达标"指工业污染源要达到国家或地方规定的污染物排放标准，空气和地面水按功能区达到国家规定的环境质量标准）治理。全县投入环保治理资金1400万元，除破产的县松脂厂、太平松脂厂、县糖厂和太平糖厂外，其余10家企业均通过梧州市环境监测站监测，主要污染物排放基本达到国家规定的排放标准。同时抓好钛矿业开采的环境管理，对近50个采矿点进行整治，减少污水排放。

2001年初，县环保办对各企业下达排污总量控制指标，为了跟踪总量控制执行情况，对其中的12家企业进行抽查监测，报出监测数据450多个，发现排污量能基本控制在指标内。对县中胜电厂等10家企业的用煤进行一次全面检查，发现电厂用煤含硫量能控制在市政府规定的1%以下，其他企业锅炉用煤含硫量能控制在市政府规定的2%以下。年内，印发《藤县县城及所辖乡镇城区环境空气质量功能区和县城噪声标准适用区划分》，对环境空气功能区区划范围、划分的依据及标准、术语解释、区划制定的原则和要求、区域划分、监督管理，环境噪声标准及使用区域、适用时段划定、适用区划分等做了规定，为噪声污染治理提供依据。同年，印发《藤县人民政府关于开展严肃查处环境违法行为专项行动的通知》，明确成立领导机构及负责单位、明确行动的查处范围、行动时间及行动分工、政府各职能部门的职责、环境违法行为的举报制度及处理办法等。

2002年，根据5月28日全国、全区环保电视电话会议精神，结合藤县实际，县环保局组织开展严查环境违法行为遏制污染反弹行动。重点检查"十五小""新五小"的关停、取缔情况，是否有死灰复燃的现象；检查建设项目的审批，是否进行环评，是否实行"三同时"等；检查排污单位是否有超标排放、停运防污设施、燃烧硫煤、拒交排污费等行为。6月，县环保局派出50多人次，对13个重点企业、33个新建项目、10个矿山进行全面检查，未发现有"十五小"复产的现象，"新五小"中的小钢铁厂已关停。所有新建的项目都有环评和审批手续，个别企业的防污治污设施由于损坏较重无法运行，责令其及时修复使用。

2003年，县环保局依法定期或不定期对辖区内的污染源及环境质量进行监测，随时掌握污染源质量基本情况。年初，县环保监测站对藤县地面水环境质量监测、藤县县城功能区环境监测、藤县城区大气环境质量等进行监测。3月，对大罗村下绿河污染、天平龙胜纸厂污染鱼塘等事故进行监测。全年共报出监测数据677个。下半年，县环保局配合区、市、县开展清理整顿不法排污企业行动，对"十五小""新五小"进行严查，对交口小钢铁厂等复产的"十五小""新五小"进行取缔，勒令其关停。

2004年，全面推行排污许可证制度，强化污染源监督管理，实行污染的总量控制。严格核批，统一核发"排放污染物许可证"，对已到期的则进行年审。同时，核定污染物排放总量，明确排污指标，实行持证排污，全年共年审、核发"排放污染物许可证"152个。

2005年，依法定期或不定期对辖区的污染源及环境质量进行监测，及时掌握污染源质量基本情况，依法对主要企业进行实地检查，掌握排放污染物达标情况。深入塘步、埌南、大黎等乡镇的矿山进行现场监测，及时提供科学数据，对反映污染大的企业和矿山，如贺州中胜火电厂、藤县金茂钛白粉厂、通轩立信化学有限公司、藤县加裕电子科技有限公司、佳源实业有限公司、大黎建大选矿厂、塘步镇白泥开采矿山等，按要求进行了应急监测和仲裁监测。是年，县城居民炊事气化率达到95%以上，从一定程度上缓和煤烟型的空气污染。

第五节　建设项目环保管理　排污管理

建设项目环保管理

1991年，共审批11个建设项目，均编制建设项目环境影响评价表，项目投资183.608万元，计划安排环保设施投入9.3万元。1992年共审查建设项目20个，其中责成5家工厂补办环境影响报批手续。全县建设项目环境影响报告书(表)的编报率达到100%，"三同时"制度的落实达到100%。

1994年，全年立项并投入建设的项目6个，均按照规定编报并审查各建设项目的环境影响评价报告书(表)，编报率为100%。全年建成投产并进行环保设施验收的项目1个。

1995年，对全县新增加的8个建设项目，进行了环境影响评价，分别编报了建设项目环境影响评价表，编报率为100%。

1997年，全年共审批建设项目28个，经初审后报市环保局审批的1个。此外，协助原梧州地区环保局对藤县永丰硫酸厂、藤县水泥厂扩建工程、濛江永恒镇厂扩建工程等3个项目进行评审，对藤县东茂化工厂的环保设施进行竣工验收。

1998年，全县建设项目18个，其中采矿企业项目15个，林产化工项目2个，钛铁矿加工项目1个，均编制了环境影响评价报告（表）书，环评率为100%。当年拟建的县城城区防洪堤建设、桂梧高速公路藤县路段等重大项目，县环保办都参加评审和选址方案的论证。此外，对县城10家较大的饭店酒楼，补办了环境评价手续。

1999年，新建设项目共20个，其中白泥加工4个，采矿10个，冶金、建材（钢厂、红砖厂）5个，小康示范村1个，均按规定编报或补报环境影响评价报告表，编报率达到100%。对县城300多家饮食店、发廊等对环境有影响的服务业进行了补办环保审批手续，填报环境影响登记表。对1999年建设的项目及竣工的项目，县环保办对其环保设施进行了验收。

2000年，全县新建建设项目113个。其中，钛白粉扩产3个，加油站42个，矿场39个，雷蒙3个，其他项目26个。全部建设项目均能按照《建设项目环境管理条例》的规定编报或补报了环境影响评价报告表（书），根据不同的行业和企业，县环保办提出具体的环境评价意见，并督促其落实措施，减少污染物的排放量。

2001年，新建建设项目128个。其中，小石场35个，铅锌矿15个，钛矿9个，加油站6个，砖厂4个，矿品加工4个，建筑施工、水产养殖、木器加工等38个，歌厅17个。这些建设项目按照《建设项目环境管理条例》的规定由县环保办编报了环境影响登记表112份（有16个较大的项目由市环境科研所环评），审批建设项目128个。县环保办根据不同的行业和企业，提出了具体的环境评价意见，并督促其落实措施，减少污染物的排放量。全年共进行了88个项目的竣工验收。

2005年，规范办事程序，严把建设项目审批关。凡申请的新建、扩建、改建、技改对环境有影响的建设项目，都执行环境影响评价制度。同时加强“三同时”制度落实情况的检查，防止项目一建成投产即变成新污染源的现象发生。保证经济高速增长的同时，全县污染物的排放量有所减少。全年共审批建设项目48个，“三同时”制度执行率达100%，环境保护竣工验收率100%。

1991年—2005年，全县立项建设的项目共491个，其中主要包括钛白粉扩产、加油站、矿场、石场、雷蒙车间以及其他三产等，都办理了环境影响报批手续，同时落实“三同时”制度，防止污染危害。环保部门做到建设项目投产后，对环境保护设施运行和使用情况进行检查监督。

排污管理

1986年，藤县开始推行排污收费制度。

1991年，县环保局依法对县一化厂、东茂化工有限公司、县钛品厂、县水泥厂、南方淀粉厂、藤县糖厂、县丝绸厂、县三化厂、县松脂厂、太平松脂厂等10家工厂征收排污费。经监测，县氮肥厂和太平糖厂排放的污染物达到国家规定的标准，免征其排污费。全年全县征收排污费18.25万元。根据国务院、自治区政府的有关规定，给县一化厂、二化厂、南方淀粉厂等单位补助治理资金共15.17万元，其中3.5万元从县财政专户中拨出。

1992年，全年共征收排污费32万元，超额完成地区环保局下达的征收任务。县环保局按照国务院《征收排污费暂行办法》的有关规定，在征收的排污费中，对太平糖厂、太平松脂厂、南方淀粉厂、藤县一化厂、藤县二化厂、藤县松脂厂等7家工厂补助治理资金共20.5万元。用于环境综合治理0.5万元，用于环保部门自身建设4万元，上缴自治区、地区环保部门2.1万元。至1993年年底，已对15家厂、矿企业开征排污费，累计收排污费128.47万元。用于补助污染治理资金91.28万元（含县财政排污专户拨出的补助治理资金），用于环保部门自身建设26.17万元（含上缴上级环保部门的管理费和环保科研基金），上缴县财政排污费专户存放11.02万元。

1994年，全年共征收排污费31万元，比地区环保局下达的征收任务超额14万元，完成任务的182%。给有关企业补助治理资金21.25万元，上缴县财政2万元，上缴上级环保部门的管理费和科研基金3.1万元，用于补助本部门经费4.65万元。排污费的收、管、用情况，无违纪违法现象。

1995年，依法对县东茂化工有限公司、县钛品厂、县水泥厂、松脂厂、西钛厂等10多家厂家征收排污费，全年征收 31.31 万元，完成年初收费计划的 147.6%。给予钛品厂、松脂厂、西钛厂等单位补助治理资金 19.24 万元。

1997 年，全年对 9 个国营厂矿企业、3 个乡镇企业、10 个私营矿山企业单位征收排污费，共缴纳 43 万元。给排污单位补助治理资金 25 万元，上缴县财政 1 万元，用于环保部门自身建设 16 万元。

1998 年，全年共征收排污费 23 万元（其中二氧化硫排污费 5 万元）。当年，开征企业 61 家，其中饮食服务行业开征排污费的 11 个（1 个洗车场，10 个酒家）。

1997 年，梧州市、藤县环保人员到二化厂检查

1999 年，县环保办加强了排污费的征收工作，截至 11 月 30 日，共计征收各企、事业单位超标准排污费约 29 万元，征收面包括国有、集体、个体企业单位及饮食服务等行业。

2004 年，依据国家环保法律法规、标准和程序，严格执行《排污费征收使用管理条例》，对全县的工矿企业、第三产业等有排放污染物的行业依法全面征收排污费，征收的排污费上缴县财政专户，列入县环保专项资金进行管理，以此来促进企业加强管理，节约和综合利用资源，从而达到治理污染、控制环境恶化的目的，全年共征收排污费 69.5 万元，全额上交县财政专户。

2005 年，督促企业加强排污申报登记工作，如实、按时申报污染物排放情况。对辖区内的排污者在规定时限内以最近一次监测所得数据或物料衡算所得数据申报污染物排放的种类和数量，经核定后作为环境监督管理和征收排污费的依据；同时，核定重点污染源污染物排放总量，明确排污指标，坚决纠正无证排污或超标、超量排放污染物的现象。全年共征收排污费 87.46 万元。

第六节　环保宣传　环保监察

环保宣传

1991 年，深入厂矿基层单位宣传环保法律法规和政策，了解情况，提出意见和建议，加强环境监督，为经济建设服务，向厂矿企业单位和有关部门共发放《中华人民共和国环境保护法》《国务院关于进一步加强环境保护工作的决定》140 多份；为厂矿企业订阅《中国环境报》28 份，出版宣传橱窗 4 期，纪念“六五”世界环境日张贴大小标语 200 多张。全年投入经费 2000 元。

1992 年，县环保局与团县委、县教育局合作，于 3 月参加全自治区开展的环保知识竞赛活动，获自治区三等奖 1 个；获地区一等奖 1 个，二等奖 3 个，三等奖 4 个。10 月，参加地区环保宣传竞赛活动，获 14 项一等奖的 9 项。县环保局、团县委、教育局获梧州地区颁发了“优秀组织奖”。县环保局为各厂、矿及有关单位订阅环保报刊 60 份，分发各种环保法规及资料 200 多册。全年用于环保宣传教育的经费开支 0.5 万元。

1991 年—1995 年，县环保办与县团委、县教育局合作，利用藤县中学、藤县一中、藤州中学作示范，开展环保知识竞赛，环境保护小论文、小调查报告比赛，环境保护小故事演讲比赛等活动。

1996 年—2000 年，将地处县城的 3 所中学（藤县中学、藤县一中、藤州中学）和 2 所小学（藤城中心校、朝阳小学）作为环境宣传教育的联络点，推动全县中小学开展环保教育。县环保办继续发动和组织这几所中学参加环保“红荔杯”“龙虎山杯”等知识竞赛，除毕业班的学生外，约有 4000 多名中小学生参加了活动。期间，结合环保重点工作开展的宣教活动主要形式有：电视广播专题报道，出版宣传栏、壁报，出版环保宣传资料，开展环保法律法规和环保知识的咨询活动，召开各种座谈会，书写和张贴各种标语、宣传画，设置固定标语和制作过街横幅等。共利用电视广播进行宣传报道 13 次，出版宣传栏和壁报 8 次，开展环境咨询活动

6次，印发各种宣传资料4期共1000多份，召开各种座谈会4次，制作和张贴各种宣传标语、宣传画1000多条（幅）。

1997年，全年共出版宣传橱窗3期，电视专题讲话和电视专题报道2次，召开环委会工作座谈会1次，对各厂矿环保干部培训2次，协助县乡镇企业局对厂长（经理）培训1次。全年共开支宣传活动经费7000多元。此外。还协助县水电部门、县林业部门等有关单位，开展各种资源保护的宣传教育活动。

1999年，环保部门与团县委等单位联合开展"保护母亲河绿色大行动"，组织太平、藤城的中小学生600多人次，分别在太平镇木崖村和县城进城路的北流河岸种竹子1200多株，绿化环境和防止水土流失。县环保办与团县委合办"环保杯"藤县青少年书画、摄影比赛和小学生环保夏令营活动，到祒州和小娘山去感受大自然，了解生态环境。结合"六五"世界环境日开展环保宣传月活动，通过电视、报纸、宣传栏、张贴标语及举办法律咨询等各种各样的形式宣传环境保护的重要性。10月，组织科技下乡宣传，制作移动宣传栏，印发宣传资料2000余份，并通过电视、录像等形式到藤城、太平等乡镇宣传普及环保知识。让群众进一步懂得保护环境，实施可持续发展战略的重要意义，自觉行动，保护生存及生活环境。

2000年，县委办、县政府办联文印发《关于开展2000年环境保护系列宣传活动的通知》，要求各乡镇、各单位认真组织干部、职工、学生学习国务院《关于环境保护若干问题的决定》，以及中央人口资源环境工作座谈会精神、自治区党委书记曹伯纯在全区计生、环保工作座谈会上的讲话等有关环保的方针、政策和科学知识。在6月5日世界环境日期间，县环保办组织开展环保宣传月活动，通过电视、报纸、宣传栏、张贴标语、发放宣传资料及举办环境保护法律咨询等各种各样的形式宣传环境保护的重要性。此外，在3月23日、4月22日世界地球日、11月份的科技下乡等活动中均发出宣传资料近2000份。9月，组织参加全区企业青少年"保护母亲河，决战污染源"环保科普知识比赛活动，全县各企业共有800多人参加。全年新增永久性环保宣传标语12条，挂放在街道或企业的显要位置。

2001年，县环保办首先结合"六五"世界环境日开展环保咨询及送法下乡活动。编印资料5000份，分别在藤城、太平、濛江、古龙、天平、埌南等乡镇开展咨询活动，展出环保知识挂图50条幅，过街横额4条，新增永久性固定宣传标语4条。接收这次咨询活动的群众达1万人次以上。其次，加强环境报刊的征订工作，征订《沿海环境》111份、《中国环境报》15份。再次，利用《今日藤州》和电视等媒体进行宣传。藤县电视台的《党建园地》和《社会空间》栏目连续3个星期播放环保法制与建设专题节目。通过宣传进一步提高公众的环保意识。

2002年3月9日，县环保局和团县委在工会球场联合举办保护母亲河暨捐款活动，参加活动的中、小学生1000多人。在"六五"世界环境日，县环保局组织了上街咨询宣传活动。发放宣传资料1000多份，接收咨询30多人次。7月1日，广西环境警示教育图片展在藤县展出，共组织700多干部、群众参观图片展出。

2003年—2005年，宣传国家新颁布的《中华人民共和国清洁生产促进法》《中华人民共和国环境影响评价法》及《排污费征收使用管理条例》等法律和条例。利用"六五"世界环境日及环境宣传活动月的契机，组织干部上街进行环保知识和环保法律法规咨询活动，发放宣传资料4500多份，接受咨询320多人次，从而提高公众的环保意识。县环保局配合区、市、县科技工作者在县城开展大型科普活动，组织干部在县城和太平等乡镇进行宣传，发放环保宣传资料3000多份，接受咨询250多人次。征订《中国环境报》240份、《广西沿海环境》135本及一套环保影视宣传资料光碟，及时掌握环境信息动态，为深入基层进行环保宣传教育打下基础。

环保监察

1991年，开展全县环保设施大检查。共检查重点厂家13家，环保设施17套，其中废水处理设施9套，废气处理设施7套，废渣处理设施1套，均没有发现擅自拆除和闲置现象，为污染防治工作打下基础。1994年，对全县20家厂矿企业、30多套环保设施的运行情况进行环保监察，及时制止非法排污，纠正闲置环保设施的现象。协助林业部门，对各乡、镇的酒家、饭店进行检查，制止捕猎、贩卖、食用野生保护动物的行为。共查获国家保护的二类野生动物猕猴2只，猫头鹰4只，青蛙1000多千克，并全部放生。全年，县环保局调查处理或参与调查处理的污染纠纷共6起,处理群众来信3件,处理群众来访20多人次,主要是饮用水污染问题。对城关乡东胜村公所新江村新地塝自然村饮用水源遭受污染的情况,作了反复多次调查,写专题调查报告,向有关群众提出处理意见。办结政协委员提案4件,群众来信来访和政协委员提案的办结率为100%。1992年,全年共处理群众来信8件,来访13人次,办结人大代表和政协委员议案、提案3件。主要是大气污染问题,办结率100%。根据群众的投诉,查处2起浙江人用废旧橡胶、塑料烧砖瓦而严重污染大气环境的人和事。1994年,全年共接受群众来信来访20多件(次),均进行处理,处理率为100%。

1995年,调查处理和参与调查处理污染纠纷5起,处理群众来信3件,处理群众来访10多次。对太平良垌化工厂的污染纠纷,作了多次反复调查,作出处理意见。办结人大和政协委员提案、议案3件,办结率100%。1996年,县政府印发《关于取缔、关闭、关停土法生产小企业的意见》和《关于贯彻执行〈国务院关于加强环境保护若干问题的决定〉的通知》,开展执法检查,先后责成40家企业补办环境影响报批手续,完善环保设施,有效地防治工业污染。1997年,每季度开展一次环境监察,重点开展矿山的环境管理工作,会同矿产部门对18个原有矿山补办环评手续,对4个新矿办理审批手续,对7个矿场责令限期治理,对1个矿山责令停产关闭,使矿山管理逐步走上轨道。全年共处理群众来信来访25件(次),处理率100%,其中作为环境污染事故和纠纷进行立案查处的共5件。1998年,加强环保设施现场监督管理。全县共有防治污染的设施43套(其中废水处理设施33套,废气处理设施9套,废渣处理设施1套),县环保办对其运行使用情况进行现场监督。其中对4个钛白粉厂做到每季度检查一次,对2个松脂厂和2个糖厂,做到每年检查1次,对30多个砂矿场,做到每个月检验1次。1999年,加大对东胜矿区、黄冲河、汗池矿区整治,关停4家破坏生态严重的矿场,对3家矿场进行处罚。年内,县环保办接到群众对环境污染事故的来信来访投诉共计20多起,接待来访100多人次。所反映问题绝大多数通过县环保办现场查处,落实措施,解决问题。其中立案2起,办结2起。一是潭东白泥厂污染周围农田造成的农作物减产,县环保办积极调查取证,通过调解,企业赔偿农民损失1500多元;二是濛江雅照、佳源两家钛白粉厂工业废水渗漏污染农田,造成农业损失,经县环保办现场调查取证,召集双方调解达成共识,企业赔偿事故损失4万余元,并采取积极措施,防止事故再发生。另办结1998年存案1件,是太平安福三家红砖厂废气污染附件果园,造成果树死亡。县环保办联合县水果局,深入现场,了解实际,确定为红砖厂的含氟、含二氧化硫的废气污染果树致死。经县环保办调解,三家红砖厂,赔偿果园损失1.3万元,并加高排气筒,使用低硫煤,尽可能减少污染物的排放。

2000年,开展钛矿专项检查,共检查大小矿场50多个,行政处罚22个,有效地控制了采矿破坏环境问题。县环保办共接到群众对环境污染事故的来信来访投诉共计33起,接待来访和电话投诉49人次。县环保办在接到群众来信来访时,高度重视,按照当年县环保办制订的服务承诺制度,在县城内的小污染事故,一个星期内均给予处理解决。对县城外的投诉,15日内均给予答复努力解决。对一些涉及面大,要求赔偿的投诉,及时调查取证,按照法律、法规进行处理。其中群众投诉象棋造纸厂污染河道一案,县环保办接到投诉后,及时派出人员到现场进行取证,并对生产者进行了行政处罚。2001年,县环保办积极协调地矿、水土保持部门对原有钛矿场的防治污染设施进行检查,主要检查尾矿库围堰,防止围堰发生崩塌;对南安汗池、龙安、谭东、东胜矿区尾矿库设在河边的矿场进行重点检查,查处偷排废水的行为,县环保办对龙安矿区的三个矿场进行取证,并处罚。与地矿、水土保持部门对开采钛矿污染农田赔偿问题及时处理,促成矿业主按时将赔偿款赔给村民。2002年,县环保局开展严查环境违法行为遏制污染反弹行动。6月,派出50多人次,对13个重点企业、33个新建项目、10多个矿山进行了全面检查,未发现“十五小”死灰复燃的现象,“新五小”中的小钢铁厂已关停;所有新建的项目都有环评和审批手续;个别企业的防止污染设施由于损坏较重无法运行,责令其及时修复使用。全年共发现和纠正15起违法排污行为,依法查处3起环境污染事故,发出限改通知书6份,责令有关矿场业主对遭受污染损失的群众作出经济补偿9.95万元。全县的高岭土矿主要集中在塘步镇,县环保局对高岭土的采矿点、堆放场地、装卸码头进行整治,使之规范、有序,把污染降到最低程度。2003年7月,县环保局对藤县宝马汽车修理部两座焗漆房废气污染的案件进行查处,在取得民营企业服务中心公事检查准入证后,及时派出监理股干部深入调查,做笔录,并作出处理决定,责成藤县宝马汽车修理部正常使用两座焗漆房废气处理设施，并加强维护，定期检查清洗，更换吸尘装置。2001 年—2003 年，共接到群众对环境污染的来信来访来电投诉 106 件，均及时作出处理。其中 2001 年受理投诉 58 件，结案 52 件。2002 年处置娱乐服务业方面的噪声投诉 2 件。

2004 年—2005 年，由政府办牵头，联合环保、水利、司法、国土、安监、工商等部门和有关乡镇政府开展环保专项行动，其间共出动 380 人（次）对无证或使用小马力柴油设备和小号螺旋槽的非法小采矿点进行检查。共查处矿山开采违法案件 13 起，责令整改企业 13 家，强制拆除违法小矿点 11 个；出动 120 多人（次）对全县的林产、钛白、化工、水泥、制砖、选矿等 60 多家工业企业的环保处理设施运行状况进行现场检查，督促企业加强维护和管理，落实专人负责，发现有环保设施闲置的责令改正，把污染反弹消除在萌芽状态。其中 2004 年，依法处理县城河东电脑调漆店废气污染、西市场经营鸡鱼档口污水污染、太平田福山庄噪声污染问题等共 16 起案件。2005 年，全年共处理群众来信 38 件，办结人大代表和政协委员提案 5 件，办结率为 100%。

藤县水绿山青。图为蒙江河太平段　　（2005 年摄）

第四篇

城乡建设　交通

县城河东区一角　　（2011 年摄）

1991 年，藤县城区总面积 3 平方千米，街道总长 7072 米，基础设施薄弱。1992 年县委、县政府决定开发河东新城区。县建设部门完成县城区总体规划修编及乡镇集镇规划。全县房地产业迅速发展。县城区先后开发河东新城区、大冲肚小区、南湖小区、津北新区；建成西江大桥、南进城路、藤州大道、潭东六车道、河东广场等主要市政工程。与此同时，各乡镇集镇也进入大规模开发建设。2001 年，太平镇被自治区人民政府确定为自治区级重点镇，2004 年确定为全国重点镇。2005 年，县城区河东区基本建成，基础设施配套完善。县城建成区面积由 1991 年的 3 平方千米扩展至 12 平方千米；绿化面积 32.76 公顷。

1991 年，藤县没有二级及以上等级公路，全县公路通车里程 568.9 千米，其中柏油路 24.5 千米，其余均为砂石路面；浔江航道等级为 V 级，通航船舶为 300 吨级。20 世纪 90 年代，县委、县政府加大公路建设力度，通过村级道路建设大会战、民工建勤等措施，藤县乡村公路建设快速发展。2005 年，全县公路里程 1215 千米，其中二级公路 68.25 千米。浔江航道为可常年通航 1000 吨级船队的国家Ⅲ级航道。

第一章　城建管理

《藤县县城总体规划》于 1981 年编制。1991 年，县城区建设管理主要由县综治办组织实施。1992 年对县城总体规划作修编，对县城规模、县城布局等作了较大调整。1994 年成立藤县城乡规划建设监察队，对县城区建设管理，依照《藤县县城总体规划》实施。2002 年再次对《藤县县城总体规划》修编。2003 年，藤县城建管理监察大队受权行使城市规划、市政设施、公共事业、市容环境卫生、园林绿化、建筑工程等方面的监督、检查、管理、执法职能，全面开展城市维护管理与监察工作。2004 年，为满足县城发展的需要，第三次对《藤县县城总体规划》作修编。

第一节　机　构

行政管理机构

1991 年，藤县城乡建设管理机构为藤县城乡建设委员会，属正科级行政单位，办公地点位于藤城镇西江路 35 号。内设秘书股、财务股、施工股、规划股；实有干部职工 48 人。下辖的事业单位有：藤县建筑工程质量监督站、藤县市政工程维修队、藤县房产管理所，藤县建设设计室、藤县房地产综合开发公司。

1992 年 4 月，县房地产综合开发公司划归县政府管理，藤县园林管理所从县林业局划归城乡建设委员会管理。7 月，增设藤县规划设计室，与规划股一套人马，两块牌子。10 月藤县建筑工程质量监督站，更名为藤县建筑工程质量安全监督管理站。1993 年，藤县市政工程维修队更名为藤县市政工程管理站。4 月，藤县县城环境卫生管理站从藤城镇政府划归县城乡建设委员会管理。1994 年 12 月，成立藤县城乡规划建设监察队。1996 年，设立市政公用事业管理股，增设藤县工程施工招标投标管理站。同年，藤县建筑工程质量安全监督管理站恢复为原名藤县建设工程质量监督站。

1997 年 1 月，藤县城乡建设委员会更名为藤县建设局，内设 5 个股室：秘书股、财务股、工程建设管理股、规划建设管理股、市政公共事业管理股。年内，成立藤县工程造价站，与藤县工程施工招标投标管理站实行一套人马两块牌子；成立藤县房地产估价事务所。7 月，撤销藤县建筑设计室，成立藤州建筑设计室。1998 年，将藤州建筑设计室与藤县规划设计室合并为藤县规划建筑设计室。是年，成立法规股。藤县城乡规划建设监察队更名为藤县城建管理监察大队（简称城监大队）。1999 年 4 月，藤县房地产综合开发公司重新划归县建设局管理。年末，下辖机构有：藤县园林管理所、藤县建设质量监督站、藤县工程造价站（含藤县工程施工招标投标管理站）、藤县房地产估价所、藤县房地产综合开发公司、藤县规划建设设计室、藤县城建管理监察大队；藤县县城环卫站，藤县市政工程管理站。藤县建设局全系统共有干部职工 142 人。2003 年 5 月办公地点搬迁至藤州大道 73 号。2004 年，建设规划股改称规划建设和房地产管理股。2005 年，县建设局内设 6 个股室：秘书股、财务股、工程建设管理股、规划建设管理股、市政公共事业管理股、法规股；下辖机构有：藤县园林管理所、藤县建设质量监督站、藤县工程造价站（含藤县工程施工招标投标管理站）、藤县房地产估价所、藤县房地产综合开发公司、藤县规划建设设计室、藤县城建管理监察大队、藤县县城环卫站，藤县市政工程管理站。全系统共有干部职工 139 人。

1991 年—2005 年县建设局（县城乡建设委员会）历任局长（主任）：柯德毅(1987.09—1991.03)、曾宪凡(1991.04—1993.02)、唐险峰(1993.03—1999.03)、胡朝权(1999.03—2002)、秦定伟(2002.03—2006.03)。

事业单位

藤县规划建筑设计室 1987 年 9 月 1 日成立藤县建筑设计室，隶属县建委，为企业管理、独立核算、自负盈亏的事业单位。设计人员 8 人，其中工程师 1 人，助理工程师 4 人，技术员 3 人，核准资质为丁级。

1994 年 6 月，藤县建筑设计室承担设计的金鸡信用社综合楼，在施工过程中发生坍塌事故，设计室负设计方面的次要责任，1995 年被自治区建设主管部门吊销资质证书。1997 年为解决设计室原有设计人员的工作问题和便于承担设计任务，经县政府的协调和县建设局的努力，重新成立藤县规划建筑设计室，在梧州地区设计局的争取下，自治区建设主管部门同意核定批准藤县规划建筑设计室具有丁级资质，可承担六层以下、跨度 12 米及以下一般工业与民用建筑项目的设计。2004 年核定资质为丙级。编制 29 人，在编职工 23 人，专业技术人员全部在高校聘用，其中规划及相关规划人员 8 人，建筑类技术人员 14 人，财务 1 人。2005 年藤县规划建筑设计室，有设计人员 18 人，其中工程师 5 人，助理工程师 8 人，技术人员 5 人，核定资质等级为丙级。

县房产管理所 1990 年 2 月，县建委房产管理股划出成立藤县房产管理所（简称房管所），作为独立事业单位，执行事业管理制度。经费实行自收自支，人员编制 12 名。主要负责管理全县范围内各乡镇的公房维修、管理及藤城、濛江、太平 3 镇私产房屋的管理（但对公房产权的变更，要经主管部门和县人民政府同意，按规定上报审批）。办公地址位于绣江路 3 号。1991 年 9 月，增加编制 5 名。1992 年办公地址搬至县城西江路 35 号三楼。1998 年增加编制 10 人。

2002 年 9 月，房管所设立白蚁防治中心，属集体企业性质，隶属房产所管理，负责全县房屋白蚁防治，人员编制占用房产管理所编制。2003 年 3 月，房管所办公地址搬至藤县建设局二楼。2005 年全所编制合计 27 名；主要负责全县直管公房和房产管理、登记、发证工作。

县质量安全监督站 1991 年称藤县建筑工程质量监督站，2005 年 12 月改称藤县建筑工程质量安全监督站。属独立核算、自收自支、自负盈亏的事业单位。负责建筑工程质量监督与施工安全。

县市政管理站 1990 年，县城乡建设委员会内设市政路灯维修组，1991 年成立县市政维修队，1995 年改称藤县市政工程建设管理站，属自收自支事业单位。编制由原来的 8 人增加至 23 人；工作职责由原来单一的路灯管理维护，增加至负责县城公共基础设施的建设、维护与管理。如街道、排污、排水、路灯及其他公共场所等。2005 年，核定编制 23 人，实有人数 11 人，其中合同聘用工 2 人。

招投标站 1991 年—2005 年，属县城乡建设委员会、县建设局自收自支下属事业单位，负责根据国家有关法律法规，对建设工程实行招投标以及标后的监督管理工作。

县墙体材料改革领导小组办公室 1998 年 3 月 16 日成立，属建设局二层机构，受县墙改领导小组双重管理。办公地点设在建设局。核定编制 2 人（在建设局事业单位在编人员解决）。2005 年核定编制 2 人，实有人数 2 人。

燃气管理办公室 1993 年，县政府机关事务局与广东客商联办藤城燃气储备站，开始对县城居民用气实行定额供应。1997 年 8 月成立藤县燃气管理执法中队，为藤县城乡规划建设监察大队内设机构。2000 年建立藤县燃气管理办公室，为建设局公用事业管理股内设挂牌机构，没有核定人员编制，没有财政拨款，为了便于开展燃气行业管理工作，从县城监大队抽调工作人员4人。

县住房制度改革工作领导小组办公室（简称房改办） 1992年9月，县人民政府印发《藤县人民政府关于调整县房改工作领导小组组成人员的通知》，由副县长任组长，领导小组下设办公室，办公室设在县财政局内。

1996年，列为事业单位，编制4人；同时成立县住房资金管理中心，与房改办一套人马两块牌子，主要业务是办理房改和住房公积金业务。1997年，藤县房改办属于事业编制参照公务员法管理单位。1999年4月，藤县住房制度改革领导小组办公室定为副科级事业单位。同年，藤县住房制度改革领导小组更名为藤县住房制度改革委员会，将"藤县住房制度改革领导小组办公室"更名为"藤县住房制度改革委员会办公室"。2004年11月，住房公积金管理中心从房改办脱离，单独设立；房改办转为县建设局下属二层机构，为参照公务员法管理的事业单位。主要职责：指导全县住房制度改革工作，拟订全县住房制度改革方案、配套政策和政策性住房资金管理措施，指导并监督实施；对全县出售公有住房和经济适用房成本价进行审核，并对已购公有住房和经济适用房上市交易进行审核；承办全县房改工作情况的调研、收集、整理、统计、上报和政策性住房档案管理工作；负责全县经济适用住房、限价商品房、城市危旧房改造的项目管理和指导工作。2005年核定编制2人。

梧州市住房公积金管理中心藤县管理部 1996年成立藤县住房资金管理中心，与县房改办一套人马两块牌子。2004年11月，按照《住房公积金管理条例》及上级相关政策的规定，梧州市住房公积金管理中心成立梧州市住房公积金管理中心藤县管理部，为梧州市住房公积金管理中心派出的副科级机构，属自收自支事业单位，负责藤县范围内的住房公积金业务管理工作。办公地址于藤县藤州镇西江路城基巷36号，人员编制3人。藤县住房资金管理中心的住房公积金业务移交至梧州市住房公积金管理中心藤县管理部。2005年机构性质、人员设置不变。

县城市建设管理监察大队 1994年7月21日，成立藤县城乡规划建设监察队，属财政全额管理事业单位，核定人员编制10名。1997年增加编制3名。1998年更名为藤县城建管理监察大队，事业性质，财政全额管理，为县建设局下属二层机构。办公地址：藤州镇登俊路1号（原公安水上派出所旧址）。2002年人员编制15人。2005年，建设局把涉及市政设施的违法违规案件的查处交由县城管大队建设监察中队处理。年末，核定编制15人，使用合同聘用工15人。职能是：受藤县建设局委托，根据国家法律法规和县政府的政策规定，行使城市规划、市政设施、公共事业、市容市貌、园林绿化、建筑工程等方面的监督、检查、管理、执法职能。

藤县县城环境卫生管理站 1991年，成立藤城镇环境卫生管理站，为藤城镇政府管辖；是年，由原定编制35名增加到40名。1993年9月，建立藤县县城环境卫生管理站，属县城乡建设委员会下属二层机构，为县财政全额拨款副科级独立核算事业单位，办公地点位于藤县藤州镇长虹街168号。1994年有职工39人，日工2人。1995年12月，设立广西藤县环卫综合服务有限责任公司，为独立核算、自负盈亏的集体企业单位，开展上门代收垃圾，接受委托开展对涉及环境卫生各项业务的有偿服务，共有工作人员27人。1997年，重新核定人员编制为44名。

2003年—2005年县环卫站实际在编职工41人，使用日工55人，公益岗位人员18人。

县园林管理所 1991年属林业局管辖。1992年划归藤县城乡建设委员会管辖，为下属二层机构，财政全额拨款的事业单位。主要职责是负责城区园林绿化规划、设计、种植工作，以及建成区内公园、广场、街道、街头绿地等公共绿地的养护管理和园林设施的维护。核定编制2人，在职2人。1996年编制12人，在职12人。2005年，核定编制10人，在编职工10人，使用合同聘用工2人，公益性岗位33人。

拆迁管理办公室 1995年成立，为县城乡建设委员会下属二层机构，财政全额拨款事业单位。2005核定编制4人，实有工作人员8人（全部在建设局内抽调）。负责全县范围内拆迁工作的监督管理。

藤县供水公司 1978年5月，由藤县水电厂分立为藤县自来水厂，归水利电力局管理。1982年起，划归基建局领导。1990年1月1日，又划归水利电力局管理。同年3月8日改称藤县供水公司，为副科级国营事业单位。办公地址位于朝阳街214号。1991年，公司设置行政事务股、财务物资股、生产技术股、安装队4个股队，在职员工51人。1994年公司办公地址改为西厚路135号。1998年9月，供水公司由事业单位改为企业单位。2001年，公司进行三项制度改革。内部管理和生产组织进行调整，划分为行政股、生产技术股、财务物资股、潭东水厂、供水劳动服务公司5个大股，以及6个车间、13个班组。2005年，在职员工208人。

企业单位

公共汽车公司　1997年10月成立藤县公共汽车有限责任公司，隶属藤县建设局属下的公益性企业，为自主经营、自负盈亏、自我发展、自我约束的法人实体和市场竞争主体，从事城市公共交通运输经营；公司下设太平分公司。内设机构有：经理室、办公室、安全生产科、生产经营科、财务科、调度室、工会、修理厂，共有员工148人。1997年，县城有公共汽车3辆，线路1条。1998年公共汽车增加至15辆线路4条。2004年—2005年公共汽车增加到35辆，线路9条。

藤县建筑材料实验室　1989年成立，办公地点设在藤州镇绣江路雷塘顶一坪，原隶属藤县建筑工程质量监督站。属于法人授权单位。2004年2月从该站分离出来，成立具有独立法人资格的企业单位。业务范围：为客户提供工程建筑材料，建筑配件及制品，建筑结构的质量检验服务。

藤县城乡规划综合技术服务中心　2000年1月13日成立，为建设局下属从事规划服务单位，与规划建筑设计室一套人马，两块牌子，财务独立核算，自收自支。职能：为建设项目业主提供现场踏勘选址，技术资料，规划设计和建筑设计论证，验线验基等技术服务。2003年，城乡规划综合技术服务中心与规划建筑设计室脱离，单独设立。主要职能为建设项目业主提供现场踏勘、地形测绘、放线验线等技术服务。2005年，机构职能不变，有职工7人。

藤县建设工程交易中心　2001年8月27日成立，属建设行业管理的企业单位，集体性质，独立核算、自收自支。服务范围：为工程建设提供服务信息，为工程建设发包双方提供招投标活动场所和相关服务，代办工程建设有关手续。

藤县建设工程造价管理站　1997年成立，属建设行业管理的集体性质企业单位，为建设局管理的下属机构。服务范围：负责全县范围内的建设工程计价管理工作；组织全县工程造价人员学习和掌握计价依据、计价办法；调查、收集、上报人工、机械设备等工程计价信息和材料价格信息以及价格波动幅度的建材价格走势预测，预警信息，探索实施价格信息，标准化管理，为建筑市场提供计价服务；负责全县建设工程招标控制价及相关资料的备案工作。2005年有职工2人。

第二节　城乡建设规划

县城总体规划

《藤县县城总体规划》（以下简称《总体规划》）于1981年编制。1992年为了满足县城发展的需要，再进行总体规划修编，1994年，藤县县城总体规划修编完毕并报自治区政府审批。2002年、2004年分别对县城总体规划进行修编。

县城性质　县城是全县政治、经济、文化中心，以建材工业、化工、钛产品加工和林产品加工为主导的、生态环境优美的内河港口工业城市。

县城规模　人口规模。1992年，《总体规划》，县城人口规模为4.34万人。2004年《总体规划》规划县城总人口规模为7.8万人，其中县城非农业人口7.07万人。县城人口规模近期至2010年为12万人，远期至2020年为20万人左右。

县城建设用地规模。1992年《总体规划》提出县城建设用地172.9公顷，人均40.2平方米。2004年《总体规划》提出县城建设用地面积473公顷，人均用地60.64平方米。至2010年近期规划，建设用地面积931公顷，人均用地为77.58平方米；至2020年规划期末，县城建设用地规模为2025公顷，人均用地101.25平方米。

县城布局　1992年《总体规划》。县城结构形态为：向东、向南发展是县城建设用地主导发展方向，适当发展城西和江北区。县城形态由西城区、河东区、城南区和津北区组成组团式结构。西城区以旧城改造为主，适当向西扩展。该区仍然是主要对外交通、仓储、商业、文娱等功能集中地段。其后大型公共建筑扩建和新建均应迁至河东区；河东区规划为全县性中心区，将具备涉外港口、商贸、文娱、居住等功能，尽可能控制新建工业；田潦区主要功能为轻工业和配套生活居住设施；城南区是二级公路、铁路交通、重工业等功能集中地段，并配置相应居住用地。

2002 年《总体规划》。县城结构形态为综合性组团：为河西区、河东区、潭东区。河西区：即北流河以西的城区，主要以商业、居住、行政、教育为主；河东区：即北流河以东的城区，形成城市新的行政、文化、娱乐、体育中心；潭东区：位于现状潭东镇政府附近的城区，主要以工业、仓储、对外交通、生活居住为主。专业型组团由三个功能构成，为津北区、潭东区、河西南区。津北区：位于浔江北岸，津北镇政府附近，主要以公园绿地、仓储、生活居住为主，可适当配置乡镇管理服务用地；河南区：位于北流河以南，南梧二级公路两侧，布置有一定污染的工业，设置物流中心、仓储及为产业服务的科研用地；河西区：位于北流河以西南面，布置工业区，并适当配置仓储、生活居住用地。

工业区布局，实行统筹考虑，规划共安排三个工业区，各工业区项目根据工业性质、污染程度在适当的工业区内选址布局。西部工业区：可布置一、二类工业用地，占地面积 48 公顷；中部工业区：可布置交通运输需求大的工业，主要以钛产品及林产品加工工业为主，占地面积 197 公顷；东部工业区：大力发展农副产品深加工及高新技术产业，占地面积 63 公顷。规划工业用地总面积 324 公顷，占总用地 16.72%，人均用地 16.2 平方米。

居住用地布局，规划共安排居住用地面积 774 公顷，人均用地 38.7 平方米，其中津北区安排居住用地 117 公顷，居住人口 3 万人；河东区安排居住用地 345 公顷，居住人口 8.5 万人；河西区安排居住用地 148 公顷，居住人口 4 万人。潭东区安排居住用地 136 公顷，居住人口 4 万人。河西南区安排居住用地 28 公顷，居住人口 0.5 万人。其中：一类居住用地主要安排在紧邻江河及河溪附近；二类居住用地主要安排在河东区及潭东区内；三类居住用地主要安排在旧城区一带。

城市中心区规划，共分为三个公共中心，其中河东中心区（含河西旧城中心区）为主中心，津北中心区及潭东中心区为副中心。河东中心区（含河西旧城中心区）：全县的行政办公、文化娱乐体育活动中心。安排有政府主要办公机构、图书馆、博物馆、影剧院、体育场馆、展览中心、银行商场、老年及青少年活动中心等项目；津北中心区：主要设有为该区服务的商贸、教育、医疗、娱乐设施等，兼有商务办公、旅游业职能；潭东中心区：主要为对外交通服务、商品交易市场，兼有为该区服务的商贸、教育、医疗、娱乐设施等功能。

行政办公用地保留原有行政用地，规划新行政办公中心设置在河东广场一带。

教育科研用地规划，期末幼儿园按总人口的 4%~5% 配建，小学按总人口的 7%~8% 配建，中学按总人口的 6% 配建。共需中学 10 所，小学 16 所，幼儿园 52 所。严格控制学校的用地规模，按照大专院校 30 平方米 / 生，中学 15~20 平方米 / 生，小学 13~15 平方米 / 生，幼儿园 10~12 平方米 / 生进行控制。保留原有的科研机构，专科学校，并做适当调整。规划的科研教育用地设置在南梧二级公路北侧，原有中学适当扩建、调整，按照国家有关的规范要求在各生活居住区内增设中学。

医疗卫生设施规划，按三级配置，现状各医院予以保留，重点发展综合性医院。综合、专科医院主要布置在潭东区和河东区，卫生院分布在居住区中心。卫生站的配置在居住小区规划中按有关配建标准设置，可附设于其他公共设施内，设 30~50 平方米。在独立地段应设门诊部。按每千人 5 张病床标准计算，共需 1000 张床位，其中新增 718 床，主要设置在河东区及潭东区的综合医院和专科医院内。

文化娱乐设施规划，文化宫活动中心：改善现有文化宫的设施条件和周边环境，建设成居民喜爱的群众艺术活动中心；图书馆：规划安排在河东区文化娱乐中心内；博物馆：规划安排在河东区文化中心内；展览馆：规划安排在河东区文化娱乐中心内，用地面积 10000 平方米；老年活动中心：在河东中心区及潭东居住中心与津北居住区中心各设一处，每处用地面积 2000~5000 平方米；青少年活动中心：在河东中心区及潭东居住区中心与津北居住区各设一处，每处用地面积 2000~5000 平方米；影剧院：藤县中心影剧院设于河东文化娱乐中心内，用地面积12000平方米，各生活居住区内影剧院除保留现有的电影院外，新增设的影剧院应根据市场需求而定，并可与其他文化及商业设施合并设置，建议设置在各居住区的公建中心附近，每处用地面积800~3000平方米。

体育设施规划，现状体育设施用地予以保留和完善，规划新建体育中心，安排在河东区东部，用地面积约10公顷。

商业金融服务设施规划，商业网点的规划布局分为县级、小区级二级服务中心体系。规划保留旧城商业服务设施，局部加以调整完善，使其形成具有地方特色的传统商业街。在河东区内设置为全县服务的大型高层次商业机构、超级市场等。河北区中心及潭东区中心为小区级商业服务中心，金融及商务办公主要安排在河东区内。

市场规划，农贸市场：按2万人设一处，服务半径700~800米，共设置12处，每处2000~3000平方米，均衡布置在各城区。综合性批发市场：规划安排在南梧二级公路县城至容县公路交叉口附近，以农副产品集散为主要功能，兼有日用轻工产品批发。工业产品批发市场：规划安排在南梧二级公路北侧附近，以服务于城市和周边市县的工业产品批发为主。

2004年《总体规划》。县城结构形态与城市总体布局：城市发展的基本空间布局模式为：一江两河展现内河港口城市风貌，西江、北流河两岸布置的港口码头，是藤县特定地理位置认知的精华所在，他们在为城市经济发展创造良好交通条件的同时，也为城市展现一道亮丽的风景线，规划应增强江河两岸的设计及管理，以形成颇具特色的内河港口城市风貌。"一江、两河、多山"奠定山水生态城市格局，西江、北流河及黄冲河良好的滨水地区和以绿化为主的丘陵所共同构筑的空间，是藤县山水环境的集中表现，也是藤县山水生态城市建设的核心地区，这些山、水形成的绿楔对城市组团的有机分隔构成了空间丰富各具特色的山水环境，一江两河及由山林地组成的楔状开敞空间和视觉艺术走廊应受到有效保护。

城市布局结构，根据各组团的规模及功能划分，规划县城由6个组团组成。河西区：即北流河以西的城区，主要以商业、居住、行政、教育为主，规划期内现有的城市综合性中心区的地位应弱化，疏解旧城人口，降低旧城区的人口密度，完善基础设施，增加公共绿地面积，提高居住的环境质量；河东区：即北流河以东的城区沿藤州大道向北扩展至浔江岸边，向南扩展至崩山及佛子岭山脚下。结合现状，形成城市新的行政、文化、娱乐、体育中心；潭东区：位于县城东南面。结合良好的地理条件，设置为生活居住组团；津北区：位于浔江北岸。为增强县城对县域北部乡镇的带动能力，结合现状良好的山体植被，设立综合组团，主要以公园绿地、仓储、生活居住为主，适当配置乡镇管理服务用地；河南区：南梧二级公路两侧。布置有一定污染的工业，结合优越的交通条件设置物流中心、仓储；河西南区：位于北流河以西现状工业一带。布置工业组团，并适当配置仓储、生活居住用地。

交通规划　1992年《总体规划》。对外交通规划：南梧二级过境公路在城南缘经过。规划东、中、西3条进城线；规划藤县西江大桥在河东经过，南接东进城线，北接藤蒙二级公路；玉梧铁路在城南紧靠二级公路南侧经过。火车站前大道接东进城线；保留原汽车站，新增河东及火车站前长途汽车站。在城区进出口分设停车场；规划近期在城西区现木材公司一带建100万吨的深水港，远期在河东区电厂码头西侧建300万吨的货运码头。在津北和城南工业区各设一个货运码头；在河东东进城线北尽端控制对外客运码头用地。在河东货运码头控制客运泊位。2002年《总体规划》指出对外交通规划：建设太平至潭东、埌南一级公路并连接到南梧高速公路，改建城区各主要对外出口公路为二级公路。

2004年《总体规划》。对外交通规划：建设太平至潭东、埌南高等级公路并连接到南梧高速公路，提高城区各主要对外出口的公路等级，加强县城与其他区域的联系；保留完善现状汽车客运服务站，规划新建汽车站场3处，客货汽车站设在中部工业区东面南梧二级公路旁及潭东区东南面南梧二级公路旁，方便对内对外交通联系，用地面积分别为8公顷和4公顷。货运站设在中部工业区，用地面积2公顷，承担城区货运，并为工业区货运服务。现有汽车站位于河西区中心，场地窄小，改建为停车场；整治西江航道，改建完善现有港口码头条件，提高吞吐能力。新建津北、城东及城西的港口码头，建设梧州深水码头，布置在塘步镇赤水。

住宅规划 1992年《总体规划》。西城居住用地以改造和完善为主，可适当向西扩展；河东居住用地是主要的生活用地，配套完善的公用设施和公建，成为全县性中心；城南居住用地主要配套对外运输和商贸；津北配套相应的居住用地。

2002年《总体规划》。完成旧城区居住用地的改造，同时逐步建成河东区现代化居住小区。潭东区注重改善现有居住用地，开始建设新型的居住小区。近期居住用地面积380.15公顷。

城市道路规划 1992年《总体规划》。规划采用"三纵三横"为骨架的道路系统，"三纵"为东、西、中3条进城线，"三横"为西江大道、藤州大道和南梧二级路；城区主干道道路红线24~40米，次道18~22米，一般联系道路12~16米。火车站前二级路红线60米；规划增设北流河二桥（连接西江大道）、北流河三桥（连接中进城线）、北流江四桥（连接火车站）、西江大桥；规划设东进城线入城交通广场、火车站广场和中心区活动广场。

2002年《总体规划》。规划城区由东西向和南北主干路构成的方格网格局，形成以主次干路为骨架的城区道路系统；主干路：是连接各个城的交通性道路，红线宽度为30~40米，设计车速30~40千米/小时；次干路：是与主干路衔接的城区内集散道路，红线宽度为24~30米，设计车速在20千米/小时左右，间隔主干路布置；支路：是满足各类非机动车及居民短距离出行要求的街坊及巷路，红线宽度在18以下。

2004年《总体规划》。在现有道路基础上，并结合县城组团式的布局结构，各自形成由东西向和南北向主次干路构成的方格网格局，建立以南北向主干路构成的城区道路系统，将各城区组团联系起来。主干路：是连接各个城区的交通性道路，红线宽度为30~40米，设计车速30~40千米/小时，规划城区主干路有2条东西向干道、4条南北向干道；次干路：是与主干路衔接的城区内集散道路，红线宽度为24~30米，设计车速在30千米/小时左右，间隔主干路布置；支路：是满足各类非机动车及居民短距离出行要求的街坊及巷路，红线宽度在18米以下。

给水排水规划 1992年《总体规划》。给水设施：规划用水指标500升/人/日，用水总量为5.0万吨/日；西江水是城区用水主要水源，水源水选在城区上游；现有水厂扩建至3.0万吨/日，在现水厂西侧新建水厂1座，供水能力2.0万吨/日；河东区设1座高位水池；城区给水向环状管网发展，增设2条跨北流河管道。排水设施：规划采用分流制排水系统，西城区近期分为合流制排水，远期改建为分流制排水。雨水就近排入河流水体。污水截流后送至污水处理厂处理后排放；三座污水处理厂分设在河西区、河东区和田潦区。

2002年《总体规划》。给水工程规划：近期（2010年）人均综合生活用水量指标400升/人/日，远期（2020年）500升/人/日。日需水量2010年4.8万吨/日；规划选择西江作为县城发展建设的主要供水资源。必须按照《中华人民共和国水法》《中华人民共和国水污染防治法》和国家《生活饮用水水质卫生规范》对水源卫生防护的要求，采取有效措施，切实加强水源的卫生防护管理，保护水体不受污染。大力提倡采用节水设备及节水工艺，提高工业用水循环率，保持城市水资源可持续发展。污水工程规划：排水体制，规划采用水、污分流制；污水处理厂，规划在县城河西、河东、城南、潭东、青草洲分别设污水处理厂5座；污水处理厂建成后，污水处理达标后排放，规划河西、城南污水处理厂采用二级处理，污水经处理水质指标需达到GB8978-1996《污水综合排放标准》一级标准；各工业企业生产污水自行处理应达CJ3082-1996《污水排入城市下水道水质标准》后方可排入市政污水管道网，特别是对水中的有毒物质和重金属，必须进行预处理，达标后才能排入。

2004年《总体规划》。现状水厂供水能力1.5万吨/日，已规划新建水厂规模5万吨/日，可解决县城近期发展用水需求，但离规划期末的用水需求尚有较大的距离。规划近期建设新水厂5万吨/日，并预留水厂扩建余地，远期可考虑扩大规模至10万吨/日。由于现状西江大桥设计未考虑过江供水管道，规划在津北新建水厂1座，规模2.5万吨/日；县城现状供水干管管网已形成部分环状、部分枝状，规划在现状供水管网基础上新建与改造供水管网系统，充分利用现有管网，逐步形成为环状管网供水，提高供水安全可靠性。排水设施规划：由于用地布局分散，污水统一收集，分散处理，达标后排放。规划在县城河东、津北、青草洲分别设污水处理厂（站）3座，规模分别为5.0万吨/日、2.5万吨/日、0.5万吨/日。污水处理厂随规划区建设情况分期建设。规划污水处理厂建成投产前，污水经管道截流收集后统一排放；待污水处理厂建成后，则县城污水经处理达标后排放。由于长洲水利枢纽工程建成后，北流河口至交口电站下游河段为静水状态，河道自净能力减弱，为减少对河流的污染，规划青草洲污水处理站及河东污水处理厂采用二级处理，污水经处理水质指标需达到GB8978-1996《污水综合排放标准》一级排放标准后排放。

电力规划　1992年《总体规划》。新建金鸡电站(4×3200千瓦）和扩建和平电站(3×1600千瓦），远期仍需地区电网和自治区电网供电；从金鸡电站引一回110千伏电力线至中胜变电站；藤城变电站升为110千伏，扩容至2×31500千伏安，并以110千伏电力线与中胜变电站连接；现有35千伏电力线作部分调整。

2002年《总体规划》。抓好金鸡水利枢纽工程建设，交口、三江和石眼洲电站应技改和升级，增加装机容量；现有中胜和藤城110千伏变电站继续保留，远期扩建容量为2×40兆伏安，近期在城南三坡建110千伏变电站，装机容量均为2×40千伏安；近期建津北35千伏变电站，装机容量近期为1×12.5兆伏安，远期为2×12.5兆伏安，远期建潭东35千伏变电站，装机容量远期为2×12.5兆伏安，中胜变电站至藤城、交口和马地变电站的35千伏线路对城市建设用地影响很大，近期应调整，其他至各乡镇的35千伏线路远期调整为从四周110千伏变电站引出；在城区内建5个10千伏开关站，占地500平方米，10千伏中压网络的规划应纳入城建详细规划，10千伏配电网主干电缆截面应按长远规划一次选型建成；规划中的新区10千伏配电线路应采用10千伏电缆沿地下埋设，城区内主要路段原有10千伏线路逐步改为沿地下埋设方式；电缆管沟的建设应纳入新建和改建的道路建设中，并且与道路建设同步进行；城区内及附近高压铁塔应采用窄基铁塔，110千伏单回高压廊宽度为25米，35千伏单回高压廊宽度为18米。

2004年《总体规划》。全县有大小河流128条，水能资源较丰富，水能资源理论储藏量14.93万千瓦，可开发11.37万千瓦，已开发3.27万千瓦，县城现有一个火电厂（中胜电厂），装机容量2×25兆瓦，全县供电主要依靠区主电网，小部分由县小水电供给，县城现有220千伏变电站一座，主变容量1×90兆伏安，两回220千伏进出线，一回电源进线取自220千伏林村变电站；现有110千伏变电站二座，一座位于县城西面附近(藤城变)，主变容量2×20兆伏安，两回110千伏进出线，一回电源进线取自藤县220千伏变电站，一回电源出线引至中胜电厂，另一座变电站位于中胜电厂，主变容量为1×31.5兆伏安，一回110千伏进线，2003年全县总用电量为17661万千瓦时，最大负荷为4.9万千瓦，县城总用电量为6527万千瓦时，最大负荷约1.0万千瓦。

电讯规划　1992年《总体规划》。远期程控市话交换机扩宽15000门，增设长途自动交换设备；增设4个邮电支局(所)，在河东区设邮电支局，在城西、火车站、田潦分别设邮电所；主干道上的通信线路为埋地电缆和管道电缆。

2002年《总体规划》。规划到2020年城区电话装机总数达10万门，电话普及率为50%；现有电信局继续保留，规划在城区建3个电信分局，近期在潭东建1个，远期在河南和河西各建一个，每个分局用地面积为1000平方米。城区移动电话普及率应达到30%，至2020年应达到6万门，建有线电视微波通讯塔，不许建房遮挡微波通道；规划要求市内通信电缆在城区主干路采用地下电缆，电讯管线的建设应纳入新建和改建的道路建设中，并且与道路建设同步进行。

2004年《总体规划》。根据藤县总体规划确定的人口指标以及国家和自治区规定的固定电话普及率，预测市话装机容量如下：县城现状：2003年人口7.8万人，普及率24%，实装户数2.5万门；近期：2010年人口12万人，普及率40%，实装户数4.8万门；远期：2020年人口20万人，普及率50%，实装户数10.0万门。全县远期2020年人口96万人，普及率40%，实装户数38.4万门。现有电信局继续保留，各乡镇的电信分局均应扩建和改建，增加装机容量，近期县城交换机容量应达到5.5万门，远期达到12万门，全县交换机总容量应达到40万门，近期应在潭东建1个电信分局，远期在城东和城南新开发区另建2个分局，分局用地应达到 1000 平方米，交换机容量均应达到 2 万门；移动电话应扩容，增加机站，设 1 栋移动公司标志大楼，占地 1000 平方米，城区移动电话普及率应达到 40%，至 2020 年应达到 6 万门。建有线电视微波通讯塔，不许建房遮挡微波通道，加快城区宽带互联网的建设，建设信息高速公路，积极开展多种电信业务，推动信息技术在工农业生产、管理和农产品流通中的应用，发展电子商务，推进电子政务管理和社会公共服务信息化，使藤县对内对外信息传输达到迅速、准确与多功能化。

防洪规划 1992 年《总体规划》。河西旧城区防洪堤按 10 年一遇标准(26.47 米)构筑；河东新区防洪堤按 20 年一遇标准(27.85 米)构筑，防洪堤均应考虑堤路结合。

2002 年《总体规划》。规划县城防洪标准按分区不同采用不同标准：河西区采用 50 年一遇洪水标准；河东区及津北区采用 20 年一遇的洪水标准。排涝工程自排按 20 年一遇最大 24 小时暴雨洪水，抽排按内、外江雨洪同期 10 年一遇 6 小时暴雨洪水设计。县城防洪堤规划分为 4 片 9 个堤段，即河西片的白泥塘、镇中心、藤中堤段，河东片的中胜、西胜堤段，江北片的上岸垌冲、大路口冲堤段，城南片的两岸垌、新垌堤段。县城城区排涝工程分为 4 片 7 个排涝区，分别为河西片（含客运码头、林业局码头、水巷口、渡口码头、中田寮区）、河东片（含冲头、雅瑶、黄冲河区）、津北区（含上岸垌、大路口冲区）、城南片（含两岸垌、新垌区）等，每片分别设置防洪闸及排涝泵站。规划设置 14 座排涝泵站和 9 座防洪闸。

2004 年《总体规划》。藤县城区所处地势较低，当洪水水位达 27 米时，主城区几乎全部被淹，对外水陆交通中止，全城受涝，损失很大。实测最高洪水位 29.83 米，出现于 1998 年 6 月 28 日，根据水文部门推算，10 年一遇洪水位 27.01 米，洪峰流量 39900 立方米 / 秒，20 年一遇洪水位 28.20 米，洪峰流量 43500 立方米 / 秒，50 年一遇洪水位 29.61 米，洪峰流量 48000 立方米 / 秒，100 年一遇洪水位 30.60 米，洪峰流量 51300 立方米 / 秒。根据县城现状、性质及发展规模，按照国家《防洪标准》(GB50201-94)及《城市防洪工程设计规范》(CJJ50-92)，确定县城防洪标准按分区不同采用不同标准：河西区采用 50 年一遇洪水标准；河东区、江北区及城南区采用 20 年一遇洪水标准。排涝工程自排按 20 年一遇年最大 24 小时暴雨洪水；抽排按内、外江雨洪同期 10 年一遇 6 小时暴雨洪水设计。

园林绿化规划 1992 年《总体规划》。规划东山公园是县级综合性公园。鸡谷山公园为西城区级游憩性公园。在田寮、城西、城南分设一个区级公园；规划在石人岭景区为全县性旅游森林景区。汶塘景点规划为疗养、体育、娱乐性公园；城区主干道是重点绿化道路；工业区与居住区之间设 50~60 米的绿化带。

2002 年《总体规划》。园林绿化规划目标：预计到 2020 年藤县城区人口到达 20 万人，公共绿地面积达到 214 公顷，人均公共绿地面积 10.7 平方米。

公园绿地：规划至 2020 年形成以沿江绿地、城市公园为主体并与街头绿地互为补充的游憩绿地体系。规划布置东山公园、城南公园、江北公园、谷山公园、城东公园、潭东公园。

绿地的服务半径：公园为 1000~2000 米，街头绿地为 300 米。

生产防护绿地：规划新建苗圃 1 处，近期苗圃面积为 15 公顷，远期苗圃面积 40 公顷。

在城南科研区东面布置 30~50 米宽的防护绿地，以保证科研区用地的环境少受工业污染。在南梧二级公路两侧也设置 30~50 米宽的防护绿地。

主干道、江滨路及联系各类公共绿地的道路属重点绿化路段，绿化树种选择抗污染且观赏性较好的乡土树种为基调，配植花灌木及观叶植物，增加道路彩化效果。

2004 年《总体规划》。公共绿地发展规模：根据国务院城市绿地系统编制纲要的要求，结合县城城市建设目标，2020 年调整公共绿地面积达为 294 公顷，人均公共绿地面积 14.70 平方米。

公共绿地布局及等级结构：县城内块状公共绿地大体分为公园、街头绿地二个层次。规划设置公园共 6 个，均匀分布在城区。此外城区内还设置街头绿地，主要提供居民日常游憩之用，占地面积一般在几百至一、二千平方米，均匀分布，可适当布置一些主题性设施。街头绿地应该规划在城区内主要地段及居民方便到达的地段。所有居住区到达公共绿地的步行时间在 10 分钟以内。

至 2020 年形成以沿江绿地、城市公园为主体并与街头绿地互为补充的游憩绿地体系。规划布置东山公园、城南公园、津北公园、谷山公园、城东公园、潭东公园。

环境保护规划　1992年《总体规划》。非工业区按国家二级大气标准控制，工业区按国家三级大气标准控制；西江按国家Ⅱ类水体标准控制，北流河按国家Ⅲ～Ⅳ类水体标准控制。环境保护规划措施：河东区限制有污染工业布置，重工业、有粉尘污染工业主要布置在城南区，并严格执行"三同时"措施。水泥厂应搬迁至城南区；居民生活燃料由煤向气化过渡，锅炉全部要求实行除尘设施，提高粉尘回收率；旧城区排水系统应逐渐过渡到分流制，新区全部按分流制规划，生活污水由污水处理厂处理后排放到西江和北流河；进一步健全大气、水质和噪声的监测制度，全面开展监测工作，实行环境质量责任制。

2002年《总体规划》。大气环境质量目标：居住、行政、文教、商贸区以及商业、居住于工业混合区等区域达到国家空气环境质量二级标准；西江工业区、中部工业区达到国家空气环境质量三级标准。

地面水环境质量目标：北流河城区河段的水质达地面水Ⅱ类标准；西江城区河段的水质达到地面水Ⅲ类标准。

固体废弃物：规划工业环境固体废弃物综合利用率达到98%，生活垃圾清运率达100%，无害化处理率达100%。

噪声控制：环境及交通噪声达到国家有关区域环境噪声标准，居住、文教、机关区：昼间≤50分贝(A)，夜间≤40分贝(A)；一般商业居住混合区：昼间≤55分贝(A)，夜间≤45分贝(A)；工业与居住混合区、商贸中心区：昼间≤60分贝(A)，夜间≤50分贝(A)；西部工业区、中部工业区：昼间≤65分贝(A)，夜间≤55分贝(A)；交通干线道路两侧：昼间≤70分贝(A)，夜间≤55分贝(A)。

2004年《总体规划》。2004年《总体规划》基本维持2002年《总体规划》。

环卫设施规划　1992年《总体规划》。配备环卫工人250人，环卫车辆20辆；在西城区和河东区各设一座环卫站；新建垃圾处理场两处；新建公厕43座，分散各区布置。城区道路分三级清扫。

2002年《总体规划》。公共厕所：规划公厕主要设置在新建、扩建、改建的住宅小区、繁华的商业区、农贸市场、车站等人流较密集的地方。按规划要求，人口高度密集的街道和商业闹市区公厕间距为300~500米，一般街道公厕间距750~1000米，旧区成片改造和新建小区每平方千米3~4座。规划公厕共60座。已有的公厕加以改造继续使用，新建公厕以保证规划的间距要求。

垃圾中转站：规划按居住区每平方千米1座，工业区2~3平方千米1座布置，每座占地120~160平方米，垃圾日转运量120~150吨。规划垃圾中转站10座；新建垃圾处理场位于南梧二级公路南侧汶塘附近山坳进行垃圾无害化处理，占地面积5.6公顷。

县城其他环卫设施按《城市环境卫生设施标准》要求设置，并依据规划进行布点。

2004年《总体规划》。2020年，共需环卫职工500人，环卫车辆40辆，保留现有环卫管理站，设置基层环卫站4个，安排环卫工人休息点14处，规划每个城区配备一个环卫停车场。在各主要出入口处布置进城车辆清洗点共5处。

公共厕所：规划公厕与现有公厕结合共同服务于整个县城。规划公厕主要设置在新建、扩建、改建的住宅小区、繁华商业区、农贸市场、车站等人流较密集的地方。按规划要求，人口高度密集的街道和商业闹市区公厕间距为300~500米，一般街道公厕间距750~1000米，旧区成片改造和新建小区每平方公里3~4座。规划整个县城共需要布置公厕约80座。已有的公厕加以改造继续使用，新建公厕以保证规划的间距要求。

垃圾中转站：规划按居住区每平方千米1座，工业区2~3平方千米1座布置，每座占地120~160平方米，垃圾日转运量120~150吨。规划垃圾中转站11座。

垃圾处理场：规划新建垃圾处理场，位于规划区南部石井冲附近，进行垃圾无害化处理，占地面积6公顷。

规划城区道路按三级清扫方式。一级清扫：主干道及商业文化娱乐网点集中的次干道，每天一扫二保洁；二级清扫：城区内车人流较少的次干道，每天一扫一保洁；三级清扫：过境公路及支路，每天一扫。

"人防"工程规划　2002年《总体规划》。人防建设标准按战时留城人口约占城市人口的40%，人防工程面积人均1.5平方米，共需人防工程面积约12万平方米。2004年的规划与2002年不改变。

人防工程设施布局：成片居住区按总建筑面积2%安排防空地下室；另为保证战时人员与物资掩蔽、人民防空指挥、医疗救护要求，在城区结合广场用地单独修建一处地下防护建筑。

消防规划 1992年《总体规划》。保留现有消防站，补充完善设备。在河东区和站前区各增设一个消防站；消防给水系统与生产、生活给水系统同网。沿街布置消防，间距不大于120米。

2002年《总体规划》。规划共设置6座消防站，除保留现状消防站并更新装备外，规划在河东、城南、津北、潭东、青草洲分别增设一座消防站。市政消火栓不大于120米间距布置。消防给水系统与城市生活、生产给水系统同网。

2004年《总体规划》。规划区域总面积2.03万平方米，按公安部规定及有关消防规范标准，消防站责任区面积按每座4000~7000平方米，对县城进行消防站点布置。根据总体规划布局，由于县城呈组团跨越式发展，各组团分布相对分散，故规划现状消防站保留并更新装备，另在河东、河南分别增设1座二级消防站，津北、潭东、青草洲分别增设1座三级消防站，共设置6座消防站。在城市建设及建筑设计中，要严格控制防火间距，保持消防通道畅通。

旧城改造规划 2004年《总体规划》，县城旧城区多数街巷窄小，布局较混乱，居住人口密度较高，缺少必要的公共绿地和活动场所，基础设施和卫生条件差，因此，在建设新区的同时应对旧城区逐步实行改造，使新区与旧城都成为设施齐全、环境优美的生活空间。

旧城改造采用局部改造（如道路沿线）与成片集中改造相结合的方针，量力而行，逐步展开。调整用地结构，完善基础设施和服务设施，重新塑造居住环境，营造商业环境和城市景观，并利用市场经济的原则，创造良好的投资环境，从政策上鼓励和激发各方面的积极性，减少在旧城改造中的困难。

旧城改造主要是河西区旧城，应在用地、人口、建筑质量等调查的基础上，做出相应的详细规划方案，在进行建筑改造的同时，应酌情拓宽道路，增加公共绿地和基础设施，以保持良好的生活居住环境。

郊区规划

面积规划 1992年《总体规划》。郊区范围划分为藤城镇全部、城关乡全部、津北乡全部、津北乡的谷山、白沙、河口3个村公所及南安镇的禤洲村公所。

2002年《总体规划》。规划郊区范围界定为藤城镇、津北镇的谷山、天泰、白沙、河口村，潭东镇的潭东、丽新、平政、三坡、纯平、东胜、礼秀村所辖范围，面积178平方千米（不含城区）。

2004年《总体规划》。郊区作为城镇和乡村间的缓冲地，从城区与郊区的关系出发，考虑藤县县城的发展要求，对藤县县城的郊区范围界定为藤城镇、潭东镇的潭东、丽新、平政、三坡、纯平、东胜、礼秀村及津北镇的白沙、谷山、天泰、河口村委会所辖范围，面积198平方千米（不含城区）。

蔬菜基地规划 1992年《总体规划》。规划南安镇禤洲村、城关乡东胜、三坡、礼秀3个村及津北乡的白沙村为主要蔬菜生产基地。

2002年规划：蔬菜基地主要安排在胜西、谷山、潭东、平政。需蔬菜生产基地613.33公顷。

2004年《总体规划》。蔬菜基地主要安排在胜西、谷山、潭东、平政，这里地势较平坦、土地肥沃，水源充足，排灌方便，交通便利。规划蔬菜需求量按0.75千克/人·日计，产量按90吨/公顷·年计，需蔬菜生产基地613.33公顷。

鱼塘规划 2002年《总体规划》。充分利用河塘水库发展养殖业，主要安排在四旺、兴龙村。

2004年《总体规划》。规划鲜鱼按20千克/人，年计，自给率70%，需鲜鱼量280万千克/年，充分利用池塘水库发展养殖业，主要安排在四旺、兴龙村。

肉禽蛋奶规划 1992年《总体规划》。规划城关乡的礼秀、纯平、福善、大垌、积和、新华作为主要的肉禽蛋奶生产基地。

2002年《总体规划》。建设礼秀、田埌、黄村3处禽蛋基地，扶持蓄养专业户、重点户，保证城区居民肉、食、蛋、奶等副食品供应。

2004年《总体规划》。规划肉类按50千克/人/年计,家禽10只/人/年计,禽蛋15千克/人/年计,自给率60%,则需肉类上市量600万千克/年,家禽120万羽/年,禽蛋180万千克/年。建设礼秀、田垠、黄村3处禽蛋基地,扶持畜养专业户、重点户,保证城区居民肉、食、蛋、奶等副食品供应。

水果生产基地规划　2002年《总体规划》。建设纯平、兴安水果基地。

2004年《总体规划》。建设纯平、兴安水果基地,利用山坡地发展亚热带水果种植。水果按30千克/人,年计,自给率80%,水果供应量480万千克/年。

第三节　建筑行业管理

质量和安全生产管理

1991年,藤县建筑工程质量监督站负责建筑质量监督管理,并具体办理工程质量监督申报手续和工程竣工验收工作。县建委的施工股具体负责建筑业的安全生产管理,并办理工程报建和核发施工许可证、组织技术人员培训、对施工企业资质年审等工作。建筑单位内部建立公司、工区和工地等三级管理网络,分别由主管经理和科室、工区分管主任和质安员、工地施工员、班组长和班组的质量安全员各司其职,共同负责施工质量的管理工作。是年,收到报建项目18个,发施工许可证17个,收到报监项目11个,竣工建筑面积12160平方米。在保证承建工程质量合格基础上,开展创优质工程活动,将优质工程与企业资质年审挂钩。建筑管理部门每年定期或不定期组织建筑企业检查评比,评出优良工程,作为样板进行推广,获奖企业可提升其形象、声誉和知名度,也增加工程招投标的硬性分。为确保安全生产,建筑单位建立安全生产制度,层层对照落实,并实行安全生产工作班组天天检、工区每旬检、公司季度检。一旦出现安全事故,彻底调查事故原因,做到"三不放过"(事故不明不放过、事故责任人不受到相应处理不放过、职工得不到教育不放过),让职工从事故中吸取教训,重视安全生产。施工现场机械设备统一由建筑单位设专人保管使用,工地需使用时,由工区主管签意见,同意后领用。小型机械可长期留在工地使用。较大的机械如搅拌机等随工地工序变动,用后退场,使用时由工地清洁维护并经验收后运回仓场保管。此后,随着城乡建设的不断发展,办理报建、报监工程项目逐步增多。1995年报建项目38个,发放施工许可证38个;报监项目18个,竣工建筑面积18936平方米。1999年,收到报监项目14个,发放施工许可证64个;报监项目14个,竣工建筑面积22138平方米。2003年10月1日起,城区内新开工的工程,禁止使用竹脚手架;所有在县城及县城以下新开工的建筑工程,高度超过20米的,禁止使用竹制品脚手架。对使用竹制品脚手架的建筑工程不列入"自治区安全文明工地"评选范围。

2005年,对从事符合核发施工许可证条件的各类建筑工程的新建、扩建、改建、拆除活动及其施工安全监督工作建设单位在申领施工许可证之前,应到工程所在地的监督机构办理建筑工程施工安全监督登记(报监)手续,施工安全监督登记手续可以与工程质量监督登记手续合并办理。县建设管理部门负责建立电子档案,将整改信息与不良记录、层级监督情况及时整理并记录在案,并通过互联网将整改信息与不良记录实时上报,经自治区建设厅批准发布的信息通过互联网在全区发布或在大众传媒公布。

技术管理

1991年,各建筑公司设置技术管理科室,结合各自公司实际制定和适时补充修订技术管理措施。主要有图纸会审制度,施工日记制度,技术交底制度,工程验收制度,技术档案保管制度。至2005年,从施工准备起,将以上几个制度贯穿于整个施工过程。建设项目和单位工程不断搜集积累施工组织设计(或施工方案)、施工定位放线和复核记录、基础(墙基、柱基、设备基础等)验槽记录及土壤岩石试验报告等技术资料。技术档案由施工单位负责汇集整理原件一份,于交工验收时经建设单位审核认可后,并报质量监督站核验合格,在签证交工验收证书的同时随工程移交建设单位立卷归档,长期保存。

建筑市场管理

1996年8月,藤县执行《广西壮族自治区建筑市场管理条例》。1997年9月,根据《关于修改〈广西壮族自治区建筑市场管理条例〉的决定》规定，从事建设工程经营活动的单位和个人，必须根据国家和自治区有关规定取得资质（资格）证书，并领取营业执照后，方可从事建设工程经营活动。且发包方必须办理报建手续，报建手续由工业、交通、水利等有关行政主管部门审批。发包方在建设工程发包及办理了质量监督和安全监督手续后，必须向负责办理报建手续的建设、工业、交通、水利等有关行政主管部门申请领取施工许可证。质量、安全监督手续按照国家和自治区有关法律、法规、规章的规定办理。《广西壮族自治区建筑市场管理条例》也根据本决定作相应的修正。为了确保项目能降低投资成本，控制投资风险，提高投资质量形成公开透明的竞争环境，项目必须通过招投标的方式进行公开透明的选取。

招投标的具体流程：招标人自行办理招标事宜，按规定向相关部门备案。委托代理招标事宜的立签订委托代理合同→按照法律法规和规章确定公开招标或邀请招标发布招标公告或投标邀请书；实行公开招标的，应在国家或地方指定的报刊、信息网或其他媒介，并同时在规定网站、媒体发布招标公告；实行邀请招标的应向三个以上符合资质条件的投标人发送投标邀请→编制、发放资格预审文件和递交资格预审申请书。采用资格预审的，编制资格预审文件，向参加投标的申请人发放资格预审文件。资格预审，确定合格的投标申请人→编制、发出招标文件→踏勘现场→编制、递交投标文件→组建评标委员会→开标、评标、定示→中标结果公示→中标通知书备。

第四节　城建监察

违章建筑监察

20 世纪 90 年代初期，由县综治办组织实施，主要对临街门店乱搭乱盖的违规行为进行处理。1991 年处理违章搭建 7 起，1992 年查处违章搭建 12 起，拆除违章搭建 4 处。1993 年查处违章搭建 15 起，拆除 3 处。1994 年成立藤县城乡规划建设监察队，建立藤县第一支住建系统专职监察队伍，加强对违章建筑、乱搭乱盖的查处。1994 年—1996 年，查处违章搭建 57 起，强行拆除 8 起。1997 年—1998 年，查处违章搭建 48 起，限期拆除 17 起。1999 年配合规划部门，依法对河西大冲口、西江路、绣江路等路段部分临时建筑强行拆除共 17 处；限期拆除 81 间。2000 年处理违章建房户 70 户，处罚 43 户，纠正 20 户，共罚款 3 万多元。2001 年结合河东区开发，对河东加油站旁及藤小路等路段 15 间违章临时建筑全部拆除。2002 年—2005 年，加强规划建设管理，对超红线、超面积的违章、违法建筑进行立案，依照法律程序查处，共查处违章、违法建筑 1150 间，涉及产权 980 户。在查处的案件当中，滴水线超规划红线占大部分。其中 2005 年，共查处违章违法建筑案件 108 件，实行依法拆除 1 件，立案 5 件，结案 5 件，罚款处理 46 件，罚款金额 9 万元，发出整改通知书 140 份。

建筑工地监察

20 世纪 90 年代，由于对建设工地的监察职责长期没有明确，基本上由建管、施工股、质监站负责，执法力度不够，管理往往不到位。2003 年，藤县城建管理监察大队受藤县建设局委托，根据国家法律法规和县政府的政策规定，行使城市规划、市政设施、公共事业、市容环境卫生、园林绿化、建筑工程等方面的监督、检查、管理、执法职能，同时配合职能部门联合执法，加强对违章建筑工地的环境卫生，材料乱堆放，污水、泥浆排入下水道等违章行为的监督管理。通过不定期召开工地负责人会议，检查文明施工情况，对不符合规定的，提出整改或发违章处理通知书。是年，查处材料乱堆放 4 处，乱排污水、泥浆 2 处，发放整改通知书 6 份。2004 年开展联合执法查处 4 起乱排污水泥浆，对建设工程开展生产检查 9 次，发放 1 份整改通知书。2005 年，对建设工程施工进行 27 次生产大检查，发出 5 份安全隐患停工整改通知书，43 份安全防护改进通知书，建筑工地基本上做到材料堆放整齐，大钻孔桩时设三级沉淀网，泥沙垃圾不排入下水道，工地设围栏，运泥车辆出街前冲洗轮胎，车厢盖网，防止撒漏。

第五节　市容与环境卫生管理

1991 年，县城市容维护由藤城镇负责，属县综治办管理。1994 年 5 月，县人民政府制定并颁布《藤县县城规划建设管理规定》，规定了城区的区域；县城改造方法和新旧城区街道要求建设宽度、各路段区域建筑限高规定以及违章建设、无证建设的处理方法程序。7 月 21 日，成立藤县城乡规划建设监察队。12 月 13 日颁布《关于县城市容市貌整治的通知》，规定：任何单位及个人不得占用和破坏街道及市政设施、各类车辆要停放在划定的停车线内、申请临时占道的要到县建委申请办理手续，按规定交纳市政设施占用费，户外广告设置要符合城市规划要求并经县建设委批准。县城内的广告经营、使用占道各项管理规范不断完善。1995 年，环卫部门内部设立环卫监察中队，监察街道卫生；当年集中开展打击以县城卫生问题为主要内容的环境卫生违法行为专项行动，教育整改 70 人次。

1996 年 4 月，县政府公布实施《关于整顿县城交通秩序的通告》。规定参加营运客车集中在河东汽车站统一售票统一发车，规定营运车辆运行线路。从此县城内营运客车实行统一规范，没有乱收费现象。1997 年 5 月 27 日县城整治指挥部发出《县城街道十不准的公告》：不准营运车辆无证进城营运；不准车辆在绣江路渔业社路段停放；不准车辆超出临时停车界线停车；不准拉货人力车、单车、摩托车停放街道；不准在藤州大桥头停放车辆；不准在门店外搭盖篷布经营；不准在街道两侧摆卖禽畜；不准在街道门口、门店外晾晒物品；不准在街道两侧修车洗车；不准把杂物堆放、乱倒到街上。市容管理以宣传教育为主，专项整治为辅。是年，共教育乱停乱放 76 起，乱摆卖 17 起，起到良好的效果，城区内车辆能有序停放，市容环境卫生得到改善。

1998 年，县城乡规划建设监察队更名为藤县城建管理监察大队，受行政主管部门委托，行使市容维护、城市规划建设管理等职责，市容管理开始走上轨道。此后，县人民政府加强市容管理，依法治城，依章管理。2000 年 3 月，县政府办公室发出《关于清理整顿城市出租汽车等公共客运交通意见的通知》，城建部门联合相关部门成立工作领导小组，对入城营运的公共汽车、公共专线汽车、7 位面包车、三轮车、两轮摩托车加强控制，严格清查非法营运车辆，对从业人员进行资格审查和培训，规范化服务等。全年共对违章摆卖、乱停乱放处罚 682 人次，罚款额 22400 元；教育整改 100 多人次；拆除违章搭建 30 多处；拆除不规范广告牌、灯箱 60 多块；新增临时停车位 13 个。

2001 年 5 月，县精神文明建设委员会印发《关于开展创建文明示范街活动工作的意见》，提出创建文明街，绿化美化街道，规范各种广告牌、标志牌、指示牌的标准，要求沿街各商店保持整治、不得乱搭挂有碍市容观瞻的物品，治理整顿各种有碍美观的物品。对县城内居民宣传动员，取得了良好的效果。7 月，县政府印发《藤县县城市容市貌街道等级管理标准》，规定了县城各路段道路等级标准和管理要求，规范临街门面标准要求，沿街建筑外墙规范、广告牌设置，规范书报亭、电话亭、各类服务亭的设置。是年，拆除户外违章广告 20 处，教育违章人员 6 人次。

2003 年 1 月，县政府印发《关于县城秩序整治的通告》，对县城街道、行人道、电影院小广场占道经营的商户必须入室经营，西厚路路边摆卖的商品统一搬到西厚路农贸市场经营；拆除清理各种无审批的广告牌、不按规定乱摆乱卖的摊点；车辆按规定停放。整治行动共清理占道经营 12 处，路边摆卖商贩统一搬到农贸市场有序摆放。

2004 年，加强县城交通秩序的管理，改变小车、三轮车、摩托车乱停乱放的现象，分别在河东区、河西区增设了小车、三轮车、摩托车停车泊车位 63 个。

2005 年 1 月，县政府办公室印发《关于县城市容市貌和环境卫生整治的通告》，对登俊路、水巷口—新世纪商厦—县二招—河东大转盘—汽车站河、东 40 米大街等路段进行市容和环境卫生整顿治理，清理各类占道经营、乱摆乱卖、乱停乱放、乱张贴。对摆卖蔬果、肉食的必须进入市场摆卖；各类大排档统一安排在挂榜路，其他街道一律禁止大排档；通过专项整治，加强巡查，清理 3 起影响市容乱搭建，夜市大排档得到统一规范经营。是年，对县城主要街道门店发放“门前三包”垃圾桶1650只，1月25日开始在门店前张贴“门前三包”责任书1400张。清理县城各类违章小广告2700平方米，清理横幅广告150条。组织城监大队全体职工清理县城占道堆放的建筑材料200处。

第二章　城区改造与开发

藤县县城地理位置东、北面临江，西、南面靠山，县城扩展受限制。当地政府在20世纪80年代开始，在完善和改造旧城区的同时，不断开发扩展新城区。1990年开始，县政府开发河西大冲肚，建设人民路。开发城南雷堂顶，至90年代初，城南雷堂顶一坪、二坪、三坪土地开发完成，利用土地12.6万平方米。1991年县城建成区总面积3平方千米，全部坐落在河西。1992年，随着经济社会的发展，县城河西区已无法满足发展的需要，县委、县政府决定开发河东新城区。8月，县城河东新区开发动工。至1999年，东兴花园、聚宝盘、望天螺小区先后开发。2003年年末，已利用土地230万平方米。2005年河东区的街道已经建设完成挂榜路、南进城路、政贤路、藤州大道（藤州桥头至县交警大队）、东山路、津南路、民安路、藤州中学至教育局，以及河东12米以下街巷。在河东区开发的同时，于1996年—1999年，南湖小区开发。2003年，津北新区开发已平整土地3万平方米，已利用土地3万平方米，尚待开发和建设土地7万平方米。2005年，县城建成区面积12平方千米，居住人口9.4万人。

第一节　河西城区改造

1991年初，县城河西区街道路面结构为水泥混凝土。因受地方限制，路面较窄，大东街、朝阳路、解放路机动车道宽度12.20米，人行道宽度6.40米，路面宽18.6米；工厂路（粮所—大冲口）宽度16米；滨江路（角咀—雷堂顶），宽度15米；西厚街宽度最宽处9米，最窄处5米。1992年，铺设雷堂顶二坪—三坪市民居住区道路方便居民的出行；对旧城区部分街道进行改造，硬化道路。1993年，改直扩宽藤州大桥西桥头至检察院路段及公安局门口道路。12月，改造绣江路即东门口西江1号至藤州大桥桥底路段，铺设水泥砼路面。1995年、1996年，分别对旧城区部分街道进行更新改造。1997年，对旧城区的大社码头至城西派出所的街道进行翻新。1998年，对旧看守所旁上坡道路及二坪至三坪道路扩宽并铺设砼；翻新河西旧街道面积6200平方米。4月，开工改造西江路砼街道（林业局至城西所），在原路面的基础上进行施工，原路面部分进行拓宽，重新浇筑砼街道3722平方米。2002年11月，开工建设登俊路Ⅱ标段市政基础设施工程，改造内容包括路面、排污渠等，工程总投资77.25万元。2003年1月竣工并通过验收。

县城河西区登俊路一角　（2005年摄）

2003年，投资170万元改造水巷口至公安局路段，使其成为城市三级次干道标准街道。总长768米，硬化路面1万多平方米，安装路灯50盏，铺设人行道2000多平方米，砌花圃16个，绿化街道102平方米，种植绿化苗1700多株。投资90万元，对体委球场和龙景花苑实施绿化改造建设。投资90万元铺设绣江路（从大社巷至县二招）沥青路面，总长1600米。总投资90万元,对体委球场和龙景花苑实施绿化改造建设。

2004年《总体规划》提出,县城旧城区多数街巷窄小,布局较混乱,居住人口密度较高,缺少必要的公共绿地和活动场所,基础设施和卫生条件差。因此,在建设新区的同时应对旧城区逐步实行改造,使新区与旧城都成为设施齐全、环境优美的生活空间。旧城改造采用局部改造(如道路沿线)与成片集中改造相结合的方针,量力而行,逐步展开。调整用地结构,完善基础设施和服务设施,重新塑造居住环境,营造商业环境和城市景观,并利用市场经济的原则,创造良好的投资环境,从政策上鼓励和激发各方面的积极性,减少在旧城改造中的困难。旧城改造主要是河西区旧城,对这些地区在用地、人口、建筑质量等调查的基础上,做出相应的详细规划方案,在进行建筑改造同时,酌情拓宽道路,增加公共绿地和基础设施,以保持良好的生活居住环境。2005年上半年完成西厚街(步行街)改造工程,全长504米,包括路面施工和路灯改造,总投资80万元。2005年年底,菊山路(党校至加油站路口)改造工程竣工,长291米,总投资10万元(含路灯、排水渠)。

第二节　河东区开发

1992年,县委、县政府按照城镇发展需要,决定开发河东新城区。规划开发区主要坐落于胜西村范围内。原规划征地100公顷,后又扩大至200公顷。由广西规划设计院进行规划、设计、修编。桂林工学院对河东地形进行测绘,藤县综合房地产公司作为开发主体。

1992年8月3日,在河东新区举行开发庆典活动,8月8日举行动工典礼,正式拉开河东新区开发序幕。当年征地78.06公顷,完成一、二期工程推(填)挖土方180万立方米,平整8千米大街1条。

1993年,组织开挖土方171.66万立方米,压实填方13.84万立方米,平整建设用地13.81万平方米;开通24米街道路基1.39千米,铺设40米街及支路泥结碎石简易路面1.68千米。1994年,完成推土338万立方米,平整土地49.83万平方米。除市政设施用地20.27万平方米,可供出让划拨作建设用地29.55万平方米。1995年,河东挂榜路、南进城路工程先后竣工;政贤路、藤州大道也陆续开工建设,并于1997年完工。第一个坐落在河东开发区的小区是中胜火力发电厂生活区。

1995年7月,河东新城区下辖的望天螺小区开发动工,至1996年底止,完成推土40万平方米,出让地块48宗,面积6000平方米,占出让面积50%,回收资金480万元。1997年望天螺小区进入第二期开发,挖土方2万立方米。

1996年—1999年,东兴花园、聚宝盘、望天螺小区先后开发。

2003年,投资800万元建设河东体育馆,占地3500平方米,建筑面积8600平方米。投资240多万元建设西江大桥至河东大转盘街道,按城市主干道三级标准建设,总长580米。投资240万元建设藤州大桥东桥头至大转盘大道,总长638米,按城市三级道路标准设计,车行道为双向4车道。年内,共有320栋私宅动工建设,总投资约5500万元,其中已竣工验收110栋,竣工建筑面积3.1万平方米。公建住宅有22栋动工建设,总投资2200万元,其中竣工验收8栋,竣工建筑面积1.5万平方米。至年末,已利用土地229.7万平方米,其中街道用地51.7万平方米,公用设施用地35万平方米,私人住宅用地143万平方米。按规划,尚待开发土地50公顷;在已平整的土地中,尚待建设利用土地16公顷;先后有粮食局、法院、检察院、防疫站、妇保院、劳动局、工商局、交通局、土地局、公证处、邮电局、电信局、农行、建设局、审计局、物价局、信用社、新华书店、烟草局、盐务局、电力公司、民政局等22个单位在河东新城区建造办公用房,总占地面积2.1万平方米。是年,为适应县城工业发展,开始在河东区东南边缘建设松塘新区为工业园区,新区规划面积2.5平方千米,至2004年6月,已开发土地53.33公顷,共利用土地8公顷。园区内供电,供、排水设施已建设。

2004年后,政府加大对河东新开发区市政道路建设力度,新建津南路、民安路以及各小区12米以下的街巷。

2005年,河东区的街道已经建设完成挂榜路、南进城路、政贤路、藤州大道(藤州桥头至县交警大队)、东山路、津南路、民安路、藤州中学至教育局，以及河东 12 米以下街巷数条。城市配套基础设施基本完成。县城城区面积 12 平方千米，居住人口 9.4 万人。

第三节　分区开发

雷堂顶开发

1984 年，为了扩展城区，满足城区人口居住条件，由城建局开发城南雷堂顶一坪土地，建设住宅小区。此后又相继开发二坪、三坪土地供私人建设住宅。一坪、二坪、三坪住宅小区规划面积 12 万平方米，共开发土地 12.6 万平方米。至 20 世纪 90 年代初期，小区已基本建成。利用土地 12.6 万平方米，其中街道用地 2.7 万平方米，公用设施用地 2.4 万平方米，私人建房用地 2.1 万平方米。

大冲肚开发

1990 年，县政府开发河西大冲肚，建设人民路，路宽 24 米，长度 1000 米，水泥砼路面。1992 年，建设商业住宅区，开发土地面积 103.2 万平方米。20 世纪 90 年代初，小区已建成，利用土地 103.2 万平方米，其中街道用地 30.5 万平方米，公用设施用地 2 万平方米，私人住宅 70.1 万平方米。

1995 年，县地产公司投资 900 万元，开展大冲肚小区建设，至年末，完成 10.01 公顷土地“三通一平”开发任务，填挖土方 26.6 万立方米。铺设总长 775 米，面积 1.10 万平方米的 24 米砼主街道，可安排公共建设用地 4400 平方米，居民用地 2 万平方米。已出售宅地 23 宗，面积 1510.80 平方米，并安排原户 38 户建房用地。是年，大冲肚人民路竣工。

1996 年，大冲肚开发小区增加征地 3.33 万平方米，挖土方 4 万立方米，追加投资 10 万多元，硬化 24 米砼主街道，改良小区整体规划和布局，是年共出售土地 108 宗，面积 8500 平方米，回笼资金 338 万元。

津北新区开发

随着西江大桥和津濛公路的建设，县城规划向江北津北发展，津北新区规划面积 2.5 平方千米。至 2003 年，津北新区已平整土地 3 万平方米，已利用土地 3 万平方米，尚待开发和建设土地 7 万平方米。2004 年，投入 20 万元委托资质单位进行对津北区控制性详规设计。

第三章　市政建设

1991 年，县城街道总长 7072 米，县城路灯共 761 盏，水厂供水规模每天 1 万立方米，城区排水道长 3872 米，县城配套设施薄弱。此后，随着城区不断开发扩展，河东新城区逐步建成，政府不断加大对市政建设的投入，城市配套设施不断完善。2003 年，县城街道总长 3.11 万米。2005 年，县城街道总长 4.92 万米，是 1991 年的 6.96 倍；1991 年—2005 年，共安装路灯 1991 盏，是 1991 年的 2.62 倍，装灯容量 299.995 千瓦，路灯开关由单体人工控制发展到连锁控制和钟控、光控；2005 年全年售水量 640 万立方米，是 1991 年的 1.75 倍；城区排水道长 2.38 万米，是 1991 年的 4.68 倍。

第一节　街道　桥梁

街道

1991 年初，县城街道总长 7072 米，路面结构为水泥混凝土。因受地方限制，路面较窄，大东街、朝阳路、解放路机动车道宽度 12.20 米，人行道宽度 6.40 米，路面宽 18.6 米；工厂路（粮所—大冲口）宽度 16 米；滨江路（角咀—雷堂顶），宽度 15 米；西厚街宽度最宽处 9 米，最窄处 5 米。

1991年，硬化道路2100平方米。1992年1月，铺设雷堂顶二坪—三坪市民居住区道路宽度6米，总长891米，方便了居民的出行；同年，投资39.2万元，对旧城区部分街道进行改造，共硬化道路3400平方米。1993年，改直扩宽藤州大桥西桥头至检察院路段及公安局门口道路4600平方米。12月，改造绣江路即东门口西江1号至藤州大桥桥底路段，宽度10米，长902米，水泥砼路面。1994年，硬化道路5.2万平方米。1995年、1996年，分别对旧城区部分街道进行更新改造，面积分别为2640平方米、3150平方米。1997年，对旧城区的大社码头至城西派出所的街道进行翻新，面积7210平方米。1998年，对旧看守所旁上坡道路及二坪至三坪道路长295米扩宽并铺设砼，总面积1250平方米；翻新河西日街道面积6200平方米。

随着河东区的开发，市政道路建设迅速发展。从1995年开始至2000年3月，新建了人民路、挂榜路、南进城路、政贤路、藤州大道、西江路、东山路。

2000年县城城区道路总长13770.2米。

2003年，全城共有街道47条，总长3万多米，面积51.70万平方米，其中40米宽2条，长5000米；30米宽2条，长1500米；24米宽2条，长600米；12米宽15条，长3000米；8米以下宽26条，长21000米。街道路面全部水泥混凝土硬化。按规划尚未建设街道22条，长4.1万米，面积4500万平方米。

2004年后，政府加大对河东新开发区市政道路建设力度，新建津南路、民安路以及各小区12米以下的街巷，至2005年铺设道路总长1.81万米。2005年，县城街道总长4.92万米。

1990年—2005年藤县县城新建主要道路统计表

表4-3-1

序号	名称	起点	终点	长度（米）	宽度（米）	路面材料	铺设时间
1	工厂路	头闸顶	直属粮库门口	660	6	水泥砼路面	1990.3
2	雷堂二坪	二坪	三坪	891	6	水泥砼路面	1993.1
3	桥西路	藤州大桥西桥头	原检察院	508	8	水泥砼路面	1993.11
4	雷堂一坪	藤州大桥底	雷塘顶一坪26号	760	8	水泥砼路面	1993.11
5	绣江路	东门口西江1号	藤州大桥底	902	10	水泥砼路面	1993.12
6	大冲口路	大冲口	大冲肚	1000	24	水泥砼路面	1995.3
7	挂榜路	挂榜路口	民安路口	732.2	24	钢筋混凝土路面	1996.1
8	南进城路	南二级路口	挂榜路口	2726	40	钢筋混凝土路面	1996.3
9	政贤路	藤州中学	新检察院	883	24	水泥路面	1997.4
10	藤州大道	藤州桥头	县交警大队	1762	40	钢筋混凝土路面	1997.4
11	西江路	西江路石油公司油库	东门口西江小1号	2412	12	水泥砼路面	1997.7
12	东山路	东山脚	检察院	534	24	水泥砼路面	2000.3
13	登俊路	县建门市都	水巷口	751	12	水泥砼路面	2001.12
14	西厚路	西厚路直属粮库门口	永丰超市	529	8	水泥砼路面	2003.3
15	津南路	东出城口	西江桥江	977	40	水泥路面	2003.6
16	民安路	新教育局	民政局	902.75	30	钢筋混凝土路面	2005.6
17		藤州中学	教育局	430	24	水泥砼路面	2005.6

桥梁

藤州大桥 1984年10月建成通车。21世纪初进行维修。

藤县西江大桥 位于县城，是沟通县城津北区与河东区的唯一通道。1995年11月开工，2003年10月15日建成通车。桥长1517.03米，宽16.5米。时为广西境内最长的内河桥。桥北端连县城津北小区，接津濛公路；桥南端连县城津南路接藤州大道，往南接南进城线汇南梧二级公路，往东汇南梧二级公路。

1995年10月27日，藤县举办西江大桥开工典礼

第二节 广场 路灯

广场

藤城小游园。位于县政府门口、电影院对面街头空地。占地面积1800平方米，2003年建成，其中有小花园。

藤州文化广场。位于河东区中心，建于1999年—2000年，总面积2.5万平方米。其中有舞台、健身器材、花草绿化地等。2001年，市政投资20万元，在河东广场安装48盏藤县县城第二、第三基高杆灯，高度、形状及其他规格与第一基同。为县城居民悠闲、娱乐、文化的主要活动场所。

路灯

普通街道路灯 1991年初，县城路灯共761盏，此后街道路灯逐年增加，光源更新换代。是年，藤小路安装白炽灯38盏，100~125瓦/盏；1992年—1994年，县城的路灯安装主要是在旧城区已有的基础上，每年在城区小巷增加安装部分路灯，每年分别增加安装路灯43盏、68盏、72盏。

1995年开始，路灯的安装进入河东新城区，1995年在河东40米、24米街道增安路灯260盏。

1996年，藤州大道安装路灯600盏，用125~250瓦白炽灯；1997年在河东40米，24米街增加路灯86盏。1998年政贤路、盐务局至车站、荔枝塘、藤州中学校区，安装100~250瓦白炽灯、汞灯共155盏。1999年在大冲口至富吉新增路灯115盏。2001年—2005年，转盘至西江桥头及西江大桥安装250瓦的路灯共158盏。从1991至2005年共安装路灯1991盏，装灯容量299.995千瓦，比1990年761盏增加1230盏。路灯开关由单体人工控制发展到连锁控制和钟控、光控。

高杆灯 1996年，县人民政府投资8万元，在河东转盘安装藤县第一基高杆灯，杆根直径95厘米，高20米，灯盘可自动升降，由多盏功率大、亮度高的光源组成，光照范围100米。高杆顶端配直径3.6米复合式圆形大灯罩，安装250瓦钠灯24盏。2001年，投资20万元，在河东广场安装了藤县县城第二、第三基高杆灯，高度、形状及其他规格与第一基同。

1991年—2005年藤县县城路灯统计表

表4-3-2

地点	数量（盏）	功率（盏/瓦）	容量（千瓦）	安装时间
大冲肚	51	125	6.38	1991
	26	100	2.6	1991
藤小路	20	100	2	1991.2
	14	125	1.75	1991.2

续表

地点	数量(盏)	功率(盏/瓦)	容量(千瓦)	安装时间
大操场人街道	7	125	0.9	1993
县五中旁	16	125	2	1993
转盘高杆灯	24	250	6	1996.11
藤州大道	120	250	30	1996.11
政贤路	480	125	60	1996.11
	32	250	8	1998.1
盐局—车站	64	250	16	1998.1
	20	125	2.5	1998.1
荔枝塘	30	100	3	1998
藤州中学校区	9	125	1.13	1998
广场高杆灯	48	250	12	2001.1
河西文明街	49	250	12.25	2001
富吉入城路	68	125	8.5	2002
转盘—西江桥头	76	250	19	2004
西江桥	82	250	20.5	2004

第三节　供水　排水

供水

水厂建设　1991年，水厂供水规模已达1万立方米/天，抽水设施为抽水船，抽水设备有电动高压水泵8台，功率775千瓦，净水消毒设施有反应池2座，沉淀池2座，过滤池4座，清水池3座，用液氯消毒；供水量为366.22万立方米。1992年6月8日，水厂改扩建第1期工程竣工，生产规模达1.5万立方米/天，供水设施为抽水泵房，抽水设备有电动高压水泵3台，功率750千瓦，净水消毒设施扩建，年产水量可达到400万立方米。

1993年，供水公司投资建设的第一个村级水厂—潭东自来水厂建设工程完工，有水井1个，1台17千瓦水泵，1台22千瓦水泵和1台5千瓦加压泵，清水池1个，9月底正式抽水投产。公司生产规模已达2万立方米/天。县城水厂有抽水泵房、净化消毒设备二套、用液氯消毒，年产水量可达到400万立方米；潭东水厂有潭东抽水泵房、水井、水池、用漂粉精消毒，年产水量可达到50万立方米。公司年产水量可达到450万立方米。1997年年底，河东加压站扩建完成。全年供水量为482.17万立方米。

2005年，利用国债投资生产规模为2.5万立方米/天供水工程开始施工，工程项目包括增加一套净水设施、扩大管网以及抽水泵房设施、加压设备等一系列供水设施的改造。该工程完成后，全年产水量可达到900万立方米。

供水范围　1991年—1993年9月，供水范围为县城城西区，西至旧港务所及大冲口一带，南至雷堂顶三坪以及环山路消防队一带，河东供水至化工厂及二化厂。

1993年9月开始，潭东水厂建成，供水范围扩大到潭东村，县城向胜西村供水。河东区中心管网开始扩建。

1996年，城西区大冲口扩大至富吉片区及交警大队。河东区中心管网扩建完成并开始供水。2002年，供水范围扩大到纯平工业园区。

2004年供水至藤县第一职业学校和礼秀村一带。2005年供水范围，河东区南面扩大到新洲头、雅瑶村以及烧灰冲，东面供水到藤县第一中学。

供水管网建设 1991年供水管网的布设，河西供水管网已布设各街道，西至旧港务所，南至雷堂顶三坪，布设管道至环山路消防队一带。河东区已沿原公路铺设至二化厂厂区并已供水。1992年，为了改善雷塘顶、县人民医院、体委游泳池等用水区域用户的用水，安装DN100铸铁管道224米至雷塘顶、安装一条DN50钢管430米的供水管道至县人民医院、安装了一条DN100铸铁管230米管道至体委游泳池、安装一条DN100铸铁管750米的管道至县邮电局、县经委一带；为县林业局、港务所改造一条DN150铸铁管，全长950米。同时，为旧汽车站、公路段、皮防院、消防中队以及一些居民用水户进行了部分管网改造。1993年，安装长800米的DN50钢管至胜西村，改变了城郊村民饮水困难与饮水卫生状况。1994年，配合河东开发新区施工，安装Φ500毫米管道300米。为了完善潭东村供水管网，安装了15000米供水管道。

1995年，为了配合河东新区开发，于藤州大桥西桥头改造DN400管道260米，在河东开发区安装了Φ400毫米管980米、Φ300毫米管175米、Φ200毫米管1740米、Φ150毫米管24米、Φ100毫米管208米，安装阀门30只，消防栓9只。1996年，投资250万元安装Φ100毫米~Φ400毫米管道2717米，完成了河东区管道环型管网的建设。投资28.9万元安装一条Φ250毫米~Φ100毫米管道4700米至富吉交警大队，解决了富吉片区及交警大队用水困难。改造旧城区供水管道3050米。1997年，为了改善雷塘顶用户的用水，投资15万元改造安装Φ100毫米管道2800米，使雷堂顶有了专线供水管道。

2000年，安装河东种子公司到建设花园小区DN400主干管道320米，完成了望天螺小区管道安装；改造旧城区西江路部分残旧供水管网。2002年，投资110多万元，在潭东水厂安装一条Φ300毫米。管径3000米的钢管至工业园区。2003年，安装河东大转盘至西江桥头Φ300毫米供水管道400米，完成了藤州大桥东桥头至大转盘的管道改造。2004年，安装荔枝塘小区DN200管100米；完成位于潭东水厂至礼秀村DN100管道安装，长2.2千米；完成了东校区DN160管道安装，长500米。2005年，安装安泰小区DN150管道200米，DN100管道800米；安装新洲花苑DN150管道250米，DN100管道150米；安装淀粉厂DN100管100米；安装河东教育局工地DN100管道100米；安装县一中DN100管道120米。至2005年末，全县城安装了DN400管以上5600米，DN300管5870米，DN200管4508米，DN150管7885米，DN100管16788米；安装DN400以上阀门26只，DN300阀门13只，DN200阀门33只，DN150阀门27只，DN100阀门72只。

供水管理 1991年，县城用水户3010户，全年销售成品水366.22立方米，水价为0.7元/立方米。2003年，销售商品水666.9万立方米，其中生活用水313.22万立方米，生产用水353.74万立方米。2005年销售商品水640万立方米。

1991年—2005年藤县县城用水情况统计表

表4-3-3

年度	用水户	售水量（万立方米）	水价（元/立方米）	收费方式
1991	3010	366.22	0.7	坐收
1992	3710	435.8	0.7	
1993	4050	415.6	0.9	
1994	4621	406.73		
1995	5017	482.17		
1996	5468	482.6		
1997	6121	484.41		
1998	6980	480.01	1.10	
1999	8021	503.1		
2000	9871	554.3		

续表

年度	用水户	售水量(万立方米)	水价(元/立方米)	收费方式
2001	10203	615.9	1.10	坐收
2002	13350	655.59		
2003	17050	666.97		
2004	18105	678		
2005	18360	640		

水质管理　1991后，供水公司严格按照《地表水环境质量标准》(GB3838-88)进行检测，并在取水口上游1000米，下游100米树立警示牌，并加强巡视，发现问题及时向有关部门反映，及时解决。期间，没有发现源水污染。严格按照《生活饮用水卫生标准》(GB5749-85)进行水质监测，按照要求，逐年购买及更换新化验设备、设施，严把质量关，使出厂水符合国家标准。2001年，公司化验室通过了上级部门的考核，并加入了国家城市水质监测网。2005年，供水公司水质化验实验室拥有原子吸收光度计、紫外分光光度计、pH计、水质在线监测等设备，具备浊度、色度、臭和味、肉眼可见物、pH值、总硬度、氯化物、菌落总数、总大肠菌数、耐热大肠菌数、二氧化氯、铁、锰、铜、锌、铅、镉、铬、耗氧量等19项水质化验能力。每日定时对原水与出厂水进行10项常规分析，每月进行19项全分析一次，确保自来水水质的安全。

排水

城区内生产生活排水全部由地下管道排放，由于县城在浔江、绣江边，具有巨大的排放水体空间，且排放十分便利。

河西城区排水　河西城区的排水流向以浔江流水方向，向北或向东流入浔江或北流河。大冲肚、麻纺厂的污水流经直属粮库—永丰商场—水巷口入浔江；原西厚路、石油公司等污水沿西江路排水渠至东门口流入浔江与北流河交汇处；登俊路污水流经东门口沿绣江路流至藤州大桥底入北流河。雷堂顶一坪、二坪、三坪污水流经藤州大桥底入北流河。

1991年，新建排污渠420米。1992年，主要对河西旧城区排水渠进行维修，共330米。1993年，建成排污渠12500米。1994年投资2130万元，建成排污渠2300米。至1995年铺设的下水道均是砖砌渠壁结构。1995年、1996年维修排污渠分别为450米、390米。1997年，修排污渠1360米。1998年，建水渠长470米。1999年修渠195米。

2005年，河西区管道，断面为0.6米×0.6米或0.6米×1米，纵坡按1‰设计，长度为7902米。

1991年—2005年藤县县城河西区主要下水道统计表

表4-3-4

所在街道名称	长度(米)	断面大小(米)		纵坡(‰)	结构形式	起点及流向情况	铺设时间
		宽	高				
西厚路	680	0.6	0.6	1	砖砌渠壁	麻纺厂至直属粮库	1984.1
西厚路	540	0.6	1.0	1	砖砌渠壁	直属粮库至永丰商场	1985.1
西厚路	2652	0.6	1.0	1	砖砌渠壁	石油公司油库至东门口	1985.6
绣江路	990	0.6	1.0	1	砖砌渠壁	藤州大桥至原检察院	1995.8
登俊路	820	0.6	1.0	1	砖砌渠壁	东门口至藤州大桥	1986.4
绣江路	810	0.6	0.6	1	砖砌渠壁	藤州顶二坪至三坪	1992.1
绣江路	520	0.6	0.6	1	砖砌渠壁	藤州大桥至雷塘顶一坪	1992.3
雷堂顶	890	0.6	0.6	1	砖砌渠壁	雷堂顶二坪至三坪	1993.6

续表

所在街道名称	长度（米）	断面大小（米）		纵坡（‰）	结构形式	起点及流向情况	铺设时间
		宽	高				
河西区	2300	0.6	0.6	1	砖砌渠壁	河西区	1994
河西区	450	0.6	0.6	1	砖砌渠壁	河西区	1995
河西区	390	0.6	0.6	1	砖砌渠壁	河西区	1996
河西区	1360	0.6	0.6	1	砖砌渠壁	河西区	1997
河西区	470	0.6	0.6	1	砖砌渠壁	河西区	1998
河西区	195	0.6	0.6	1	砖砌渠壁	河西区	1999
河西区	7902	0.6	0.6	1	砖砌渠壁	河西区	2005

河东城区排水　1993年开始铺设河东城区排水设施。1993年6月铺设津南路渠，自南出进城路口至西江桥头流入西江，长度900米，断面直径800毫米。此后，先后建成藤州大道大渠：西从转盘至藤州大桥桥头流入北流河，东从转盘至东胜路口流入西江；政贤路大渠：藤州中学至检察院。挂榜路大渠：挂榜路至民政局河东各小区支渠砼管道分别流入北流河和西江，东胜路口、民政局汇入胜西大塘，长度为8142米。2005年，县城河东区下水道总长1.59万米。

1993年—2005年藤县县城河东区主要下水道统计表

表4-3-5

所在街道名称	长度（米）	断面大小（毫米）		纵坡（千分比）	结构形式	起点及流向情况	铺设时间
		宽	高				
津南路	900	直径800		5	砼管	东出城口至西江桥头	1993.6
藤州大道	1146	直径1000		5	砼管	转盘至东胜路口	1996.3
政贤路	330	直径600~800		5	砼管	藤州中学至新检察院	1997.4
民政局	540	1500	1800	5	片石渠壁	民政局边	1998.1
挂榜路	890	直径800		5	砼管	挂榜路口至民政局	1998.4
藤州大道	1140	直径1000		3	砼管	转盘至藤州大桥头	2003.1
河东各小区	10969	直径400~600		5	砼管	藤州大桥头至东胜矿路口及西江桥、民政局	1995.1—2005

第四节　园林绿化

1991年，除2个公园绿化外，基本没有绿化。2003年，全城除2个公园绿化外，还有龙颈花苑、电影院门前广场花圃、河东转盘花坛，同时，主要街道两旁有绿化树。全城绿化面积3.5万平方米。2005年，绿地面积32.76公顷。

街道广场绿化

街道绿化　1990年前，由于县城河西老区街道窄、平地少，且洪水常上涨浸到街道，绿化建设相应受到制约。1991年，在县城鸡谷山种植小叶女贞绿篱和相思树，共种植绿篱420米，相思树350株。1992年—1993年县城绿化重点转移至藤州大道行道两旁，种植天竺桂、黄榕等450株。1993年在大道花带种植大红花、蟛蜞菊、绿篱200米，在东山公园种植相思树250株。1994年重点绿化河东津南路两旁，种植天竺桂340株，花带绿篱（大红花）400米；1995年绿化鸡谷山公园、东山公园，共种植500株相思树；在民安路种植行道树天竺桂360株。1996年，在藤州大道种植九里香绿篱（改造）200米，在东山路、政贤路、挂榜路种植行道树天竺桂840株。1997年，在藤州大道种植大红花、蟛蜞菊绿篱480株，1998年—1999年重点对河东新城区的补植绿化工作，其中1998年在政贤路、东山路、民安路、挂榜路、津南路补植杧果1050株，并在河东大转盘种植九里香、接骨木、变叶木、红绒球、蚌花、红草、绿草、草皮等共1962平方米。

2000年后，对藤州大道的杧果树进行改造，改种盆架子、桃花心，津南路北端至河东大转盘至西江桥头路段，也全部种桃花心，原挂榜路大王椰改成桂花树。对河东区所有12米街种上垂叶榕。陆续增加一些街道和街头绿地，如县政府小广场、龙颈花苑、绣江路道树绿地、水利局门前绿地、水巷口绿地、人民路街道绿地、人民路三角绿地、富吉花坛等。2003年，改造水巷口至公安局路段街道，砌花圃16个，绿化街道102平方米，种植绿化苗1700多株。

2005年末，县城各街道共种植各种行道树4500多株，绿篱1.16万平方米，绿地面积32.76公顷。

广场绿化 河东藤州文化广场，2000年土建工程完成，属集文化活动、休闲运动、绿化于一体的广场。占地2.50公顷。绿化面积达广场总面积的一半以上。2000年种植有小叶榕、大王椰、紫薇、桂花、草坪等绿化植物。

藤城小游园建设始于2003年末，将县政府门口、电影院对面的篮球场建成街头小游园。园内设置有石凳、长廊，种有很多花草树木，主要品种有：桂花、七彩大红花、宝巾花、黄金叶等。还专门移植了一棵胸径为60厘米的小叶榕，供市民休息。2004年初，在建设电影院门前小游园的同时，利用龙景的空位置，在原来有几棵古树基础上，也开始了龙景花苑、游园的建设，供市民观赏、小憩、游玩。在保护好古树的同时，古树下建设了石凳，在上方的空地建设小道、凉亭，种上各种花草树木30种。品种有：观音竹、花叶鹅掌柴、大叶红草、毛杜鹃、鸡蛋花、含笑等植物。

庭院小区绿化

20世纪90年代前，藤县县城的庭院绿化由于受老城区用地面积的制约，庭院绿化仅出现在部分学校、单位。如县政府、县委党校、藤城中心校、县中、县一中、教师进修校、麻纺织厂。90年代后，随着城区的不断发展和扩大，部分单位的扩展、迁移，大多数单位在搞建设时都能按照《城市绿化条例》的规定的要求搞好庭院绿化。随着别墅区的出现和房地产的发展，部分市民和小区均在建设时进行了绿化种植，但还没有达到与绿化条例的规定新区建设必须达到建筑面积30%的要求。1991年—2005年，庭院小区绿化较好的单位有：锦绣豪庭居住区、中胜火电厂宿舍区以及国税局、政府、地税局、藤县中学、藤县一中、藤州中学等单位，园林植物生长茂盛，四季如春，绿化效果好，营造了良好的工作、学习、居住环境。

公园绿化

1991年—2005年，鸡谷山公园，位于河西老城区的南边，山上的树木以相思木为主，为人工种植，此外还有天竹桂，自然生长的小竹子、小草及其他灌木等。因鸡谷山有凉亭、四王亭、菊魁亭，山上风景和树木很好，有林荫道、有活动场，是人们活动的好去处。东山和挂榜山都位于河东，东山在西北部，挂榜山在南边。山上以马尾松树为主，还有一些草等其他的树木。山上树木青秀，空气清新，很多市民早晚都会进行登山散步。陆续修缮旧的亭子——鸡谷山公园的四王亭等，建造东山公园的李振亚革命烈士纪念碑、凉亭、台阶、园路，修建挂榜山公园的凉亭、园路、石凳等园林小品，为市民提供休闲、运动的好场所。20世纪90年代末开始，对挂榜岭登山步道进行初步的建设。2002年后，挂榜岭每日人流量已经达到1000多人。逢九月九等节日，大量市民在挂榜岭举行登山活动。县政府重视挂榜岭公园的建设，逐步修缮登山步道、山顶凉亭、以及一批健身器材。2005年，鸡谷山公园、东山公园、挂榜山公园面积共约38.9公倾。

第五节 环境卫生

街道保洁

1991年，县城清扫、保洁街道面积5万平方米，平均每人日清扫面积约200平方米。清扫保洁工作时间：

3：00~6：00为打扫，8：00~11：30、14：30~17：30为保洁。工作要求："四无三净"（无堆积物、无果皮、无污泥积水、无人畜粪便；垃圾桶外表干净、街道干净、公厕干净）。河西街道每日早上洒水1次。

1992年，国务院关于《市容和环境卫生管理条例》开始实施，环卫部门按照条例开展环境卫生管理工作。1994年，县城清扫面积达8万平方米，日清扫垃圾20吨。1995年开始，实行路段包干责任的形式，清扫保洁员分3大组，13个小组，小组成员自由组合。清扫街道分成三大段，由三大组分别落实到各小组承包。1996年，街道的卫生打扫实行每天一大扫两保洁的制度，并落实跟班检查人员，完善监督机制。

1997年，河东新城区不断扩大，清扫保洁面积达20.03万平方米。此后，乱丢乱倒垃圾现象有所减少，街道环境卫生得到改善。

1998年，清扫、保洁面积扩展至30万平方米，工作时间：3：00~6：00为大扫，8：00~11：30、14：30~17：30为保洁，工作同样要求达到"四无三净"。为确保路面干净，县城环境卫生管理站，日常负责城区主街道的清扫保洁，居住区小街小巷划分卫生责任区，落实到县直单位负责。县政府发动组织县直各单位搞卫生突击活动，按划分的责任区，逢星期五下午各单位自行组织清扫并形成制度。是年，成立环卫中队，对城区环境卫生实施监察，对违规单位或人员执行处罚。

2002年，日清扫垃圾60吨。街道清扫除登俊路（原公安局门前至水巷口）一大扫，三保洁外，其余均实行一大扫，二保洁。此后，随着"城乡清洁工程活动"的开展，以及县城街道公开向社会招标拍卖清扫权，清扫地段不断扩大。2005年，县城保洁面积45万平方米，基本实行每天一大扫，全天保洁。

垃圾收运和处理

收集　1990年前，大街小巷实行拉车摇铃收集垃圾。1991年县城大街沿街摆放圆形垃圾桶50个，每日清扫的垃圾和居民住户、商铺垃圾用桶盛装，每日零时开始用密封式垃圾车清运。垃圾多时，垃圾桶无法装载，桶旁边街道堆满垃圾，逢节日工人加班加点清运。1994年圆形垃圾桶改装以槽钢和铁板焊合成的垃圾大箱，一次可盛装3.5吨垃圾，用多功能车直接运到垃圾场倾倒处理，大大提高了效率。

1995年，在全城区范围内实行上门代收垃圾有偿服务试点。1997年，扩大上门代收垃圾有偿服务试点，共服务6000户。1998年县城范围全面铺开试实行上门收垃圾有偿服务，共服务7000户，服务时间为19：00~8：00。设置的圆形垃圾桶随之撤销。至2005年，乱丢乱倒垃圾现象减少，街道环境卫生得到改善。

搬运　20世纪90年代初期，县城街道设置圆形垃圾桶，清洁工人用手推胶轮木车装运至垃圾桶盛装，然后使用密封式垃圾车拉运。密封车侧旁有一链带，两个工人把垃圾桶搬到车旁钩好，按动键盘，盛满垃圾的垃圾桶随着链带运输至车顶部后，自动倾倒在车内。每车装载垃圾15桶左右，每天4~6车，从零时开始，五点结束。时有密封车1辆，搬运时间较长，劳动强度大。1997年，随着上门代收垃圾有偿服务的展开，新设容量3.5吨的大型垃圾箱，改用自动装卸的多功能汽车运输。多功能汽车成为主要的垃圾装运工具。环卫站在灵公庙公厕空地用红砖建临时垃圾池一个，用手推车把垃圾拉到池内，然后用手扶拖拉机运到头闸顶垃圾场倾倒。1998年在大码头建垃圾中转站，并同时作为停放垃圾车，手推车等环卫工具的地方。中转站内放置两个大垃圾箱，箱位置下面挖一个池，池的深、长、宽度，按照垃圾箱的规格略宽。环卫工人可用手推车把垃圾直接倒在箱内，减少工人工作环节，但这个垃圾中转站因防洪堤建设被拆除。

1999年，先后在藤州大桥头，原交通局办公楼旁，东门码头各建1个简易露天垃圾中转站，后又因防洪堤建设需要被拆除。

2005年，在河东看守所路口建垃圾中转站，挖池两个，放置垃圾大箱。

处理　1991年，租用藤城镇白泥塘村委旧矿坑1.33公顷作临时垃圾场，每天清理的垃圾装到垃圾场倾倒，作焚烧处理。1996年，容县老板在纯平村租山地种荔枝、龙眼，要求把垃圾运到其果场，焚烧沤制肥料。2002年，合同期满。2003年预征纯平村委黎塘二组的山地1.43公顷作为临时垃圾堆放场。因与县工业园区较近，2005年开始着手规划建设藤县县城垃圾处理场。

垃圾处理费征收

征收标准　1992年，根据《藤县人民政府办公室关于同意藤城镇实行清洁卫生收费的批复》，收费项目及标准按县物价局《关于藤城镇实行清洁清扫收费的意见》执行。国营集体招待所、旅社、酒家（店）每月收清洁费30元；个体旅社、饭店（饭食店）每月收清洁费10元，其他个体门店，每店每月收清洁费5元；水果摊档每月收清洁费5元，其他摊档（含流动摊档、夜市摊档）每月收清洁费3元，临时摊档占用面积5平方米的每天收0.2元，占用面积不足5平方米的每天收0.10元；西瓜摊档每天收0.5元；国家、集体建房建筑物占用公共场所每半年收清洁费30元，不足半年的按半年计收。个人建房建筑物占用公共场所则减半收费；环卫站服务范围内的行政企事业单位按单位职工（含日工）人数每人每年收清洁费1.2元。特殊单位需环卫站专人负责运送垃圾的，由环卫站与需服务单位商定收费标准；在县城内营业的手扶拖拉机每年收清洁费15元，机动三轮车每年收10元。清洁卫生费统一由藤城镇环卫站收取，使用财政印制的发票，所收款存在专户，做到专款专用，并由镇政府监督执行。

1994年，根据《藤县人民政府办公室关于藤城镇实行清洁卫生收费的批复》，收费标准调整如下：国营、集体招待所、旅社、酒家（店）每月收清洁费60元；个体旅社、饭店（饭食店）每月收清洁费30元，国营集体门店每店每月收清洁费20元，其他个体门店每店每月收清洁费5元。水果摊、夜市摊档及其他摊档（含流动摊档）每月收清洁费10元；临时摊档占用面积5平方米的每天收0.5元，不足5平方米的每天收0.1元；西瓜摊档每天收1元。国家、集体建房建筑物占用公共场所的，每半年收污染费50元，不足半年减半计收。个人建房建筑物占用公共场所的，每半年收清洁费25元，不足半年减半计收。在县城内营业的手扶拖拉机每年收清洁费15元，机动三轮车每年收10元。环卫站上门为居民住户服务收取垃圾的，由环卫站与服务单位签订协议，并落实专门人员负责，收费按每月3元收取。集贸市场按每个市场每天缴交中转运费5元，由工商部门负责收取后按季交环卫站。

1997年，根据《藤县人民政府办公室关于在县城全面推行上门代收垃圾服务规定的通知》精神，决定撤销县城范围内设置的垃圾桶，在县城全面推行上门代收垃圾有偿服务。作出了如下规定：县城范围内（包括河东新城）的单位、办公室和宿舍、住户门店、居民住户（含租赁住户）的生活垃圾统一由住建局组织人员上门收集。个体、集体、国有企事业营业性门店的垃圾收集服务费有县住建局收取；单位办公楼及单位宿舍楼住户的服务费由其他单位代收；居民住户（含租赁住户）由藤城镇政府代收。有偿服务费按季度收取，并于季度的第一个月收缴。代收的有偿服务费，藤城镇政府和个单位，必须于每季度第一个月月底前上交县住建局。发票统一由县住建局提供。实行先交费后服务和不交费不服务的原则，在定额、期限内不交服务费的，除停止为其服务外，并按藤政发(1994)25号文件《关于县城生活垃圾管理若干规定》及县城整治文件的有关规定处罚。

1999年，根据《藤县物价局关于调整环卫有偿服务费标准的批复》（藤价字〔1999〕62号），对环卫有偿服务费标准进行调整。收费办法：居民住户（含租赁住户）及单位宿舍楼住户，楼层在三楼以下的服务费按现行收费标准收取每户每月3元；超过三楼以上的则按规定加收(居民自住房以一户计，出租户以实际户计)。单位办公楼服务费按其在册干部、职工（含临时工、日工）每人每月1元收取，由单位集体支付。学校的服务费按学生、教职工总人数每人每月0.6元收取。个体、集体、国有企事业单位营业性门店的服务费，按经营项目性质、面积大小，垃圾多少情况，并按有关物价局部门文件规定确定，但一个店铺每月不能少于3元。2001年，根据《藤县物价局关于同意继续收取环卫有偿服务费的批复》，同意继续按藤价字〔1999〕62号文件规定的收费标准执行到2002年12月30日止。

2003年—2005年，根据《藤县物价局关于藤县县城环卫站环卫有偿服务费收费标准的批复》，同意由县环卫站继续收取环卫有偿服务费。

征收数额　1991年收取垃圾处理费共1.05万元，1992年4.62万元。此后征收数额逐年增加，1994年收取垃圾处理费共10.94万元，1996年20.89万元，1999年收取垃圾处理费共30.13万元。2001年达38.51万元，2005年为收取垃圾处理费最高年，达47.07万元。

公共厕所管理

1991年，藤县县城区有公厕7座，分布在朝阳校旁边、灵公庙码头、寿禄巷、北市场、水电局旁边和绣江路。居民住宅的简易厕所，多为单户自用，也有多户共用，连同公厕一起都是旱厕为主，部分为水冲式厕所。这种厕所卫生条件差，特别是夏季，蚊蝇孳生，雨水倒流，居民深受其害。河东新区在开发时无公厕预留用地，无公厕。

1995年，县人民政府投资翻建寿禄巷公厕、城基巷公厕为三级化粪池。公厕内设自动冲水设置和洗手池，地面铺耐磨砖，墙上贴白瓷砖，蹲位为单间。所有公厕都在不同程度上装修并配备专人管理，定时清洗消毒。1995年、1996年，分别增建食品公司旁边和体委旁边的公共厕所2座，改善县城的环卫质量。2000年在金叶市场内建公厕1座，由金叶市场业主管理。同年“五一”，河东广场建成，作为广场配套设施的广场公厕也同时使用，方便群众如厕。2003年，建设公厕2座。

设施设备

1991年，县城环卫设施落后，无垃圾池，县城大街沿街摆放圆形垃圾桶50个，有环卫车辆11台，其中洒水车、垃圾车各1辆，手推车9辆。1992年购置密封式垃圾车1部，1994年改为多功能垃圾车，圆形垃圾桶逐步改为垃圾大桶，县城有4座公厕和1个垃圾池，少许果皮箱，洒水车1辆。1995年添置手扶拖拉机1辆，专门代为垃圾大户服务，1997年因市民对街道洒水的迫切需求，县政府拨款10万元，购买新洒水车1辆。1997年，新购置多功能垃圾车1辆，撤销圆形垃圾桶，全部改为垃圾大箱。1999年手推车增至35辆，垃圾中转站增加8个。2003年后多功能垃圾车破旧磨损严重，又重新购多功能垃圾车2辆；是年，投资80万元建设垃圾中转场两用设施。2005年基本做到垃圾日清日洁。

第六节　公共交通

1993年，藤县县城开始有公共交通，县建设部门首次设置2辆公共交通车辆，和2千米营运线路。此后公共交通车辆和营运线路里程逐步增加。1997年10月成立藤县公共汽车公司，最初投入3辆公交车运营，运行藤城—潭东、藤城河东—富吉2条公共汽车班线。1998年，发展藤县公共汽车公司太平分公司，投入车辆5辆，运行太平—大界、太平—石桥线路。是年起，公共汽车公司部分车辆投入道路运输，运行县内短途班线。

1998年，运管部门根据有关法律法规对从1993年由下岗工人在没有经运管部门批准，自谋职业产生的一种初级城市客运运输工具——三轮摩托车开始实行行业管理，引导业主办理营运许可。此后，三轮摩托车逐年发展。营运三轮摩托车，按人收费，一般每人2元。

2003年，全县有从事客运三轮摩托车480辆，主要分布于县城和太平镇，其中县城400辆，太平镇80辆。同年，城市公交、出租车、三轮摩托车客运方式已逐渐形成。

2005年，藤县公共汽车公司拥有公共汽车20台，道路运输车辆26台。

第四章　村镇建设

1991年，藤县各建制乡镇均完成小城镇总体规划。1992年，全县规划2个综合性中心城镇，1个港口工业城镇，15个一般集镇。此后，集镇建设不断发展，土地开发在全县兴起，集镇区面积不断扩大，城镇基础设施逐步完善。1997年11月，太平镇被自治区建设厅评为“全区‘八五’期间小城镇建设先进镇”，2003年10月，自治区人民政府确定太平镇为自治区小康示范镇。2004年2月，国家建设部、发展和改革委员会、民政部、国土资源部、农业部、科技部确定太平镇为全国重点镇。2005年，全县有建制乡镇集镇16个。

第一节　集镇建设

集镇规划

1991 年,全县有建制镇 10 个,乡级集镇 8 个。

1992 年,对全县集镇作总体规划,其中各类城镇发展方向:全县 19 个城镇按职能分为四类。第一类,综合性中心城镇:县城藤城镇和藤北分区中心太平镇,向综合性发展。第二类,港口工业城镇:濛江镇,以港口运输带动城镇商业发展。第三类,矿业城镇:东南金矿所在地。第四类,一般集镇:其余 15 个城镇皆为一般集镇,作为乡级行政中心和贸易中心。城镇体系职能分工结构:藤城镇为综合中心城镇,是全县性政治、文化、经济中心。以化工、建材为主。分区中心太平镇,规划为藤北的文化、经济中心,发展旅游业和工业并重的综合性中心城镇。濛江镇,规划作为藤县西部的水运中转港,部分化工建材布局于此。其他乡镇工业城镇,规划期内,城镇应创造条件,使乡村工业向城镇集中,形成规模化、集中化生产。城镇集贸型向工业型过渡,规划为三类城镇,林化工业型:东荣、古龙、大黎、同心、宁康、天平、平福;矿业城镇:金鸡、埌南、东南金矿;综合型工业镇:和平、象棋、岭景、新庆。城镇发展规模:规划到 2010 年,全县将增加城镇人口 12 万人,这些新增的城镇人口根据各城镇的条件进行综合平衡分配。县城,由 5.7 万人发展到 12 万人。太平镇,由 2.5 万人发展到 5 万人。濛江镇,由 1 万人发展到 2.8 万人。和平、金鸡、南安、天平、象棋、埌南、古龙、大黎、东荣、岭景、新庆、宁康,由 0.1 万 ~0.4 万人增至 0.2 万 ~0.5 万人。同心、平福由 0.1 万人以下增至 0.1 万 ~0.2 万人。城镇空间布局规划:规划浔江沿线、濛江沿线、北流江沿线为城镇空间结构的主轴,包括东荣、和平、濛江、天平、藤城、南安、赤水、金鸡、象棋、岭景等 10 个城镇。在空间分区中,以浔江为界分为南北两区。北区城镇以林化加工工业为主,太平为分区中心。濛江为中转港口。南区城镇以综合性加工为主,藤城为全县中心。

1995 年,同心乡开始对集镇建设进行规划,规划开发区一期 10 公顷。1997 年,象棋镇对 1989 年集镇建设总体规划进行修编,范围包括象棋粮所—杉山顶—象棋中学—政府一带为镇规划区范围。1998 年 12 月,太平镇政府与梧州市规划设计院合作修编《太平镇建设总体规划(1998—2015 年)》,1999 年修编完毕并报县政府审批。1999 年末有建制镇 15 个,乡级集镇 3 个。2001 年,同心镇规划开发区二期 13 公顷。

2002 年,针对集镇职能的现状特点,按照城镇总体发展方针,对集镇职能结构进行规划调整:太平镇发展为新的县域副中心。由于自然条件的原因,受着浔江的阻隔,藤县浔江以北地区与藤城镇的联系比较少。虽然随着藤县西江大桥的建设,对北部的辐射将有所增强,但对藤县北部地区的辐射仍然有限,因为在区位条件比较优越的太平镇,已成为藤县北部地区的中心,城镇人口达到 1.42 万人。规划太平镇发展成为藤北片区的中心,藤县的县域副中心。藤城仍成为藤县的县域中心。根据区位的优越性、现有的经济基础及未来的发展潜力,规划县域分片区中心。濛江镇为藤县中部的片区中心城镇,以机械、化工为主导,积极发展水陆综合运转。金鸡镇,为藤县南部的片区中心城镇,以资源型加工业为主。

2002 年 10 月,南安镇塘步集镇区总体规划通过审批。2004 年太平镇镇政府与广西城乡规划设计院合作修编《藤县太平镇城镇总体规划(2005—2025)》。2005 年全县有建制镇 15 个,乡级集镇 1 个。

集镇开发

1991 年,藤县建制乡镇集镇共有自来水厂 10 座,街道 53 千米,排水管道 29 千米,路灯 387 盏。随着经济的发展,公共设施投资的增加,公共设施逐步得到改善。是年,太平、濛江、藤城等圩镇的开发建设用地 42 宗,总用地面积 7.24 公顷。此后,全县集镇开发建设进入高峰。1992 年,全县报梧州地区行署批准 13 个乡镇开发区,总面积 52.07 公顷。是年,天平镇对旧城区进行改造;古龙镇政府在坡尾山附近征地 3.33 公顷作为集镇开发区,开发区建设三通一平;宁康乡开发建设寺垌街区,面积 0.67 公顷,包括建设街道、供排水等,投资 50 万元;岭景镇开始集资扩建拓宽街道,并在容藤公路边征地 3.893 公顷,建设新区,分两期建设,是年 8 月第一期开发。10 月,城关乡潭东经济开发区兴建,开发面积 5.33 公顷。1993 年,天平镇开发新城区，建成一区，占地面积5公顷；象棋镇征用书房垌为第一期开发区，面积0.86公顷；大黎镇开发建设北街。10月，占地33.33公顷的塘步开发区取得初步成效，一期工程引资投入165万元，开发5.53公顷土地，有60个单位和个人购买建房用地。1994年天平镇建成二区，占地面积2公顷，1995年开发建成三区，面积7公顷。1995年，全县集镇有自来水厂10座，街道62千米，排水管道35千米，路灯424盏。是年，岭景镇在岭景初中山脚下开发商业环城街，占地5600平方米。1991年—1995年，同心镇完成圩镇建设开发区第一期，共0.847公顷，建成12米街110米，总投资43万元；1996年，南安镇在南梧二级公路两旁新建塘步开发区，占地面积0.1平方公里；大黎镇建成南街；岭景镇新区第二期开发；象棋镇第二期开发区建成。6月，自治区人民政府将太平镇定为全区小城镇建设试点镇。1997年，县地产公司接管塘步、濛江、孔良三个小区开发。在塘步小区追加二期工程投资4.47公顷，建设挡土墙并铺设完主要街道。在孔良小区增设2条街道开发，面积3000平方米。在濛江小区街道全部进行硬化，达到“三通一平”要求。5月，自治区小城镇综合改革领导小组确定太平镇为第二批自治区小城镇综合改革试点镇。11月，太平镇被自治区建设厅评为“全区‘八五’期间小城镇建设先进镇”。1998年，岭景镇在岭景旧车站附近，藤容公路两边征地3400平方米，建设旧车站开发区；1998年在古龙镇于321国道入口处征地0.47公顷建旺龙大街，于对河征地1.13公顷，建古龙镇八角专业批发市场。塘步、孔良、太平开发区建设，为象棋河柳开发区、留村开发区提供测绘图件、街道放线、排水沟和挡土墙设计工作。10月，南安镇政府驻地由南安圩搬迁至塘步新区镇直单位亦随之迁移。1999年，稳妥推进地产一级市场开发，加强塘步、天平、太平等小区土地开发工作，促进城乡建设的步伐。全年出售土地65宗、面积3950.21平方米。年末，全县集镇有自来水厂10座，街道71千米，排水管道41千米，路灯719盏。是年，城关乡潭东经济开发区重新进行街道建设，铺设水泥混凝土街道路面长500米，宽5米。1999年宁康乡开发建设社山街区，面积1公顷，包括建设街道、供排水等，约投资45万元。

20世纪90年代，太平镇先后建成河塘市场、共青林塔小区（石阶路、三环街、田福街、白云街、新马街、梧太路、泰州南路、石地路等）、河塘小区（河塘一、二路、泰州北路、共青路）、宁风小区（宁风路、东华巷等）、园岭小区（园岭街、新营街、新政路）、康城居小区。濛江镇先后完成河东一期、二期、富士街、时田垌小区开发，同时投资53万元，改造旧城区。埌南镇先后分3期建成开发新区。

2001年同心镇建设开发区二期，面积13公顷，配套建设水泥硬化路面，排水管道。太平镇被自治区人民政府确定为自治区级重点镇。1999年—2002年，同心镇完成圩镇建设第二阶段开发，共1.667公顷，总投资138万元。2002年，太平镇农副产品综合批发市场建成开业，古龙镇八角专业市场建设进展加快。10月，南安镇塘步开发新区二期街道基本完成铺设，镇中心市场用地已平整，完成塘步供电所综合大楼等一批形象工程建设。农民进入塘步新区建房达40多座。2003年，岭景镇建设供销社开发区，占地面积5700多平方米。10月，自治区人民政府确定太平镇为自治区小康示范镇。2004年2月国家建设部、发展和改革委员会、民政部、国土资源部、农业部、科技部确定太平镇为全国重点镇。

太平镇　位于藤县北部。国道321线和省道20131线从境内通过，为藤县北部的经济、文化、交通中心，是广西十大重镇之一。镇政府驻地新政路距县城公路60千米。1987年5月，镇政府编制《藤县太平镇总体规划(1987—2000)》，在这个规划指导下镇区逐步进入大规模建设，90年代后进入高峰期。

1991年，集镇建设用地面积190公顷，集镇居住人口11968人。1992年建成园岭街、新营街。1996年建成石地路。6月自治区人民政府将太平镇定为全区小城镇建设试点镇。1997年建成宁风路、河塘一路。5月，自治区小城镇综合改革领导小组确定太平镇为第二批自治区小城镇综合改革试点镇。11月，太平镇被自治区建设厅评为“全区‘八五’期间小城镇建设先进镇”。年末，全镇共有18个小区，街道24条，房屋2100间；城镇用地规模已达到240公顷，人口规模已增加到2.3万人。1998年，建成泰州北路、泰州南路、河塘二路，开发“康城居”住宅示范小区。1999年建成康城居，2000年建成百兴街。2001年，被自治区人民政府确定为自治区级重点镇。7月，建设农副产品综合批发市场，为广西乡镇级最大规模的农贸市场之一。同年建成河塘、宁风路、共青林塔和园岭等规划小区。年末，城区总面积2.75平方千米，新建街道32条，街道20.8千米；

有市场7个，占地面积10.44万平方米；城区住宅建筑面积102.55万平方米，公共建筑面积18.22万平方米。城镇建设投资总额3.05亿元。2003年10月自治区人民政府确定太平镇为自治区小康示范镇。2004年2月国家建设部、发展和改革委员会、民政部、国土资源部、农业部、科技部确定太平镇为全国重点镇。2005年城区面积4.5平方千米。

濛江镇　位于藤县北部，是浔江沿岸较大而古老的集镇，水路至县城29千米，公路37千米。1991年，集镇建设用地面积120公顷。20世纪90年代，征地29.5公顷开发城区建设，累计投入资金6660万元，扩大城区面积；投资53万元改造旧城区，改泥沙面街道为水泥路面；投资190万元建成镇中心市场，总面积2600平方米。2001年，濛江镇被列为自治区城镇建设试点镇。镇城区面积170公顷，街道绿化种树1500株。2003年，镇区面积1.70平方千米。全年投资100多万元修复被洪水冲毁的新城防洪堤。2004年—2005年，开发河东片区。2005年镇区面积1.80平方千米。

第二节　村庄建设

农村房屋建设

建房选址流向　1991年，农村建房多为在原地拆旧房重建，部分旧房屋为几户所共有，兄弟中也难以达到统一拆旧建新，因此，先建的只好在附近择地建新房。随着农村改革深入和外出务工人员增多，农民收入日益增加，同时人们对生活居住质量要求越来越高，农村房屋建设迅速增加。20世纪90年代，由于农村经济的发展，"村村通"公路工程建设的不断推进，农村交通环境日益改善。农村居民建房，不单在村庄内寻找宅基地，从而出现由交通不便的地方向公路边流动；从经济落后向经济发达的地方流动，向教育、卫生、文化、通信发达的地方转移，形成新的居民聚居点。至2005年，县内农村公路两旁新的房子随处可见；村庄较大、人口较多的公路边出现新的商品流通集散地，形成集市。如金鸡旺国、象棋留村、天平新大、濛江那塘、岭景新村等。

房屋结构　1991年，农村大部分房屋依然为瓦房，泥砖墙，部分富裕户盖青砖瓦房，为砖木结构，少量钢筋混凝土结构的楼房。此后，随着农村居民收入增加，建材业的不断发展，农村新建房屋一般为砖混结构，2~3层不等。20世纪90年代中后期，大量出现框架式钢筋混凝土结构房屋。至2005年，别墅式楼房也不为鲜。多数新建的房屋，不单室内装修，立面均贴瓷砖，房顶琉璃瓦；室内配客厅、厨房、卫生间。全县钢筋混凝土结构的房屋占大部分，新的房屋结构形式已经形成趋势，村庄面貌焕然一新。

村庄道路建设

1991年，全县农村交通滞后，多为20世纪60—70年代修建的机耕道，村庄内道路均为泥路。90年代初开始，个别村庄由群众自发集资、经济能人捐资修建村庄水泥混凝土道路。1998年，全县开展村级道路建设大会战，改善乡村交通落后状况，村庄道路逐步改善为水泥混凝土道路。县内群众有"搭桥修路积公德"的思想观念，村庄道路建设所占土地多为群众无偿捐献，从而使乡村道路建设得以顺利进行。随着"村村通"公路的建设，部分村庄群众通过集资、捐资修建村庄内道路。至2005年，全县大部分行政村通公路。

供电

1991年，全县农村用电由县水利电力局在乡镇设立的水利水电管理站负责。1998年，全县供电覆盖率为95%。1999年10月，藤县实施第一期农村电网改造。一期农网建设与改造工程优先考虑人口密集地区和户数较多的村屯。改造后农村入户电价普遍下降，已实施"一户一表"改造的农村执行过渡电价，到户电价下降到0.8元/千瓦时以下。2003年6月，全县供电覆盖率为97%。2005年5月，藤县二期农网建设与改造开始，主要针对一期农网建设与改造中没有进行改造的村屯和部分已经改造但电压质量不理想的台区。通过二期农网建设与改造，根治了农网"过负荷"，解决"卡脖子"和"低电压"等问题。2005年，全县除一小部分距离供电台区较远且用户数少、较分散的自然村无法供电，其余全部供电。

供水

1991年，农村人畜饮用水多为井水、山泉水、江河水。平原地区，村庄较大的自然村，共同使用1个或几个人工水井挑水饮用；部分在庭院自挖水井以电动取水；大部分山区的村民用胶管从高山引泉水，然后在村边砌水池贮水，保证随时用水。1994年，由县供水公司投资100万元在潭东镇潭东村建自来水厂，潭东村及开发区住户开始使用自来水。2001年，藤县实施农村饮水安全解困工程。至2005年，全县累计投入农村饮水安全解困工程建设资金2408.56万元，建成36处农村饮水安全解困工程，解决饮水不安全人口6.04万人。2005年12月，开展受灾群众新村饮水工程建设，全县共开展18个受灾群众新村饮水工程建设，通过铺设供水管，解决人畜饮用水。2005年末，全县农村居民，以山泉水、井水为主，少数使用自来水，极少直接取用江河水。

新农村建设

1994年，由于受洪水袭击，造成水毁民房，大批受灾群众无家可归。县委、县政府集多方力量，建成藤县第一个受灾群众新村——和平大心坡新村，帮助群众解决住房问题。2000年7月6日，县委、县政府在濛江镇召开建设藤县模式新农村现场办公会议，县委副书记张穆良、副县长黄自忠出席会议并就建设藤县模式新农村工作做了部署，县建设局、林业局、卫生局等10多个单位及濛江镇政府的领导参加了会议。会议组织与会人员参观了濛江镇健良村委翰冲自然村，该村耗资20万元，修通了一条长达3千米通往村中的水泥公路，全村45户村民有43户建起了沼气池，村中道路全部硬化，一幢幢新建的钢筋水泥楼房掩映在绿树翠竹中，村民在优美的环境中安居乐业。

2001年4月，潭东镇礼秀新村破土动工。8月8日，梧州市委副书记陈利丹会同藤县县委、县政府领导，以及市、县农业部门等领导，到潭东镇礼秀新村工地现场办公，落实解决新村建设中的有关问题。2001年在建的有26户，备料的有20户。整个新村按照农民别墅样式的标准规划建设，实行统一规划，统一布局，两户为一个单元，新村计划安排102户。新村内设计有公园、绿地、文化站、篮球场、其他活动场所等。

2005年12月，县委、县人民政府根据自治区党委、自治区人民政府的部署，市委、市人民政府的要求，决定在太平镇健安村村主自然村、和平镇新良村新英自然村等18个自然村建设受灾群众新村，开展社会主义新农村建设工作。

第五章　建筑业

1991年，藤县规划建筑设计室的技术力量还比较薄弱，设备落后。有县属建筑企业共3家。此后，设计技术、建筑技术和建筑装备不断发展。1998年后，规划建筑设计室通过吸收大中专毕业生，技术设备更新换代，设计技术和水平得到提高。2004年，藤县规划建筑设计室的资质等级由丁级升为丙级，由原来6层以下，提高到可承担12层以下的设计任务，在建筑物设计跨度由原来12米跨度提升到24米跨以下。1991年—2005年，藤县规划建筑设计室共完成设计项目660个，建筑面积99万平方米，建筑工程投资49500万元。2005年，共有5家三级施工总承包资质的施工企业。

第一节　勘测　设计

勘测

1991年前，县内民宅和一般性小型建设工程，基本上凭经验估计地基的承载力。1995年—2005年公共建设项目、房地产开发工程或其他比较大型建筑等全部通过地质勘探来确定地基承载力，且大部分都是委托梧州勘测设计院勘测，建筑业主则把其提供的勘测资料，作为建筑设计依据，解决了基础选型及经济和安全问题。

设计

1991 年—1998 年，藤县规划建筑设计室的技术力量还比较薄弱。技术、机械设备不管是硬件还是软件都比较落后，基本上是靠人工绘图和手工计算。1998 年后，通过吸收大中专毕业生，技术设备更新换代，购买设计软件，藤县规划建筑设计室的设计技术和水平得到较大的提高。基本上通过电脑出图打图，手工绘图变为历史，大大提升出图效率、缩短设计周期。特别是 2004 年，藤县规划建筑设计室的资质等级由丁级升为丙级，业务范围更广。设计层数上，由原来 6 层以下，提高到可承担 12 层以下的设计任务，在建筑物设计跨度由原来 12 米跨度提升到 24 米跨以下。

1991 年—2005 年，藤县规划建筑设计室共完成设计项目 660 个，建筑面积达 99 万平方米，建筑工程投资 49500 万元。其中承担 9 层以上建筑 20 多栋，最高 12 层楼。单体建筑面积 5000 平方米以上的有 15 栋，商品房大楼建筑面积最大达 2.5 万平方米。

住宅房屋建筑　20 世纪 90 年代开始，由于经济的发展，生活水平的提高，居住条件有所改善，原来的砖木结构房屋逐渐改建为砖混结构，部分框架结构，由单间式变为套间式，房间、会客室由小变大，由窄变宽。由于受新的建筑艺术和建筑风格的影响，藤县传统的建筑风格和意识发生了变化，不但重视建筑设计、建筑图纸，而且出现了造型新颖、样式别致、外体美观的高层新型建筑，如新世纪商厦、长城宾馆、金榜大厦、电信局、兴达大厦等。

21 世纪基本上以框架钢筋混凝土结构为主，注重居住条件，又重视室内娱乐，运动的环境由实用性向享受性转变。高度一般 5 层以上，一层作为铺面，二层以上作住宅、活动的地方，每层多房，设 1~2 厅，一厨房多个卫生间，室内多刮腻子，部分油磁漆，楼地板贴耐磨砖，抛光砖为主，个别铺木地板。外墙与邻居交接处批一层薄水泥浆，外墙照面贴耐磨瓷砖。房屋设计形式多样，在重于实用的基础上，注重质量，照顾美观。每一条街道两旁房屋，整体边线，地面及一楼标高统一，但立面式样，装饰材料颜色和质地以及楼高不同。河东区的津南路、藤州大道在规划设计时，对立面的样式，装饰材料，楼高有明确规定，但在实际建设过程中，控制不严，设计要求与实际建筑不符。河西区西江路、登俊路一带房屋不管是新建或重建，无论是商业或住宅楼都保留原来骑楼特点，即每座楼房在临街而建造桩梁承托二楼，一楼门前留空作人行道，供行人来往时遮阳挡雨。在靠近河边或其他低水位街道的骑楼砖柱，建造时还预埋铁环，做洪水时拴船之用。低水位骑楼房中的窗为门式，以备洪水期从此上落船。

教学楼建筑　1991 年—2005 年，新建的学校为框架式钢筋混凝土结构，层高一般 3 至 5 层，外墙贴砖或粉刷墙漆，建筑设计、装饰由简单实用到多样、美观转化。如：藤县中学、县一中、藤州中学、县五中等。

办公楼建筑　各单位所建的机关办公大楼，框架混凝土结构，坐南向北居多，层高 5 至 8 层，设计新颖别致，注重外墙，室内装修，有独立的院子及停车的地方，办公室较为宽敞，内设领导集中开会的小会议室，职工开会的大会议室以及职工宿舍楼。如国税局、地税局、检察院、法院和电信局等办公大楼。一层外墙，地板贴大理石、花岗岩、玻璃门，二层以上玻璃屏幕墙、整体设计、装饰，立体感强，富有现代气息。

商业店铺建筑　20 世纪 90 年代初，从砖混结构发展到框架剪刀墙结构，如兴达大厦、龙盛商厦、金桃宾馆、东信宾馆等。楼高 8 至 13 层，通高 40 多米，框架结构，室内外装修富丽堂皇，以电梯及升降机为上下楼工具。如，1992 年藤县南丰宾馆首先启用电梯。

医疗卫生建筑　随着时代的变化而变化，如人民医院，20 世纪 90 年代以后，扩大留医部建筑面积，增设卫生间，升降机上落楼，加强外墙及室内装修，设计与建筑都以人为本，服从服务对象的需要。

工业建筑　以框架结构为主，既讲究质量，也讲究美观。如工业园区的厂房，21 世纪开始建造，楼高 1~5 层，多为 2 层以上，框架钢筋混凝土结构，一般跨度 10 米以上。高清铝材厂，主体楼高 5 层，建筑面积 2.5 万平方米，外墙环贴玻璃屏幕及耐磨砖。

2005 年藤县县城主要建筑表

表 4-5-1　　单位:平方米

名称	座落	结构	层数	建筑面积
中国银行藤县支行	西江路 231 号	钢混	8	3129.81
新世纪商厦	登俊路 58、60 号	钢混	8	17080.12
航道段	江滨路	钢混	4	2463.44
林业局	西江路 319 号	钢混	8	3177.79
长城宾馆	绣江路	钢混	6	1542.41
金榜大厦	政贤路	钢混	9	8105.61
烟草公司	津南路	钢混	6	5821.83
电力公司	挂榜路	钢混	7	4463.99
建行藤县支行	藤州大道 268 号	钢混	4	2565.04
农发行藤县支行	藤州大道 19 号	钢混	6	1150.00
兴达市场	同乐六街	钢混	8	19364.2

第二节　施工技术

基础形式

砖石基础　用片石与水泥砂浆，在开挖好的坑槽内铺切至地面，作为房屋的基础。该基础主要用于四层以下民用建筑，其特点简单经济，易于施工。

钢筋混凝土独立基础　用水泥、碎石加沙水拌和后捣入配量有钢筋地基坑槽内，作为房屋的基础即为钢筋混凝土独立基础，如现在地基槽搭接钢筋架再浇混凝土，即为钢筋混凝土，这种基础也叫大脚桩基础。在地质不复杂的硬质泥土上可用于 8 层以下的建筑。1991 年—2005 年，这种基础广泛适用于民建和公建项目建筑。

震动灌注桩基础　又叫锤击桩基础，主要工序是在预定桩位先成孔，再往孔内灌注进混凝土，桩的深度按地质情况要求而定，桩径大至 0.5~0.6 米。这种方法在建筑场地较为宽阔、基础较深且地质资料较复杂情况下采用。1991 年—2005 年，新建的高层房屋建筑普遍使用这种混凝土震动灌注桩基础。

挖孔桩基础　施工时，先用人力挖掘桩孔，内径不小于 0.8 米，每段进深 1 米，即用混凝土浇制桩孔的护壁、这样从上而下逐段挖进浇制，一次完成到设计深度，再配置钢筋结构，接着从地面孔口往下浇灌混凝土。人工挖孔桩比较适用于硬性的土质和 12 房以下的建筑。1995 年以后，这种基础建设技术多使用于房屋高层建筑。

钻孔灌注桩基础　是解决施工场地狭窄的软土地基础，以及减少对周边建筑物影响的一种方法。施工时运用钻机钻孔，进深到岩层 1 米左右，装上套筒冲水清洗筒内泥土，套筒安置球阀，把水从中抽出，边浇混凝土边抽高套筒，并分段拆开筒管，直至将混凝土浇到设计高度即可。20 世纪 80 年代开始，根据地质和场地实际情况来选用钻孔灌注桩基础。

墙体

1991 年—2005 年，大量的中小型建筑物以红砖、砂砖、空心砖砌筑墙体。有厚度为 12 厘米的半砖墙，24 厘米厚的一砖墙，18 厘米厚的 3/4 砖墙等墙体。外墙墙身与室外地面接触的勤脚抹水砂浆。墙的门洞窗洞采用镶嵌门窗再砌砖墙的“压口”法和预留门窗洞口，再装门窗框的“塞口”法。砖砌墙体自有黏土烧砖开始，一直沿用。使用框架结构后，砖墙不再起承重作用而逐渐减少使用。

装饰

1991 年，室内墙体装饰一般用水泥砂浆抹底填补砖柱砖墙缝隙抹平，再刷一层薄薄的经沤制的石灰浆作为装饰。部分民房及办公用房建筑刮腻子装饰，施工时用双飞粉、骨胶、纸筋等原料配合搅均匀，刷扫在石灰墙上，使墙体变得更光滑，此后腻子装饰得到发展和推广。室外装饰，民居及单位公共建筑物外墙正面基本上以彩釉砖加贴。地面装饰，多数建筑物，用釉面砖，马赛克铺地面。此后，防潮砖、耐磨砖等材料逐步推广至普遍。墙柱装饰，20世纪90年代后，基本上刷扫石灰及腻子，有的则用金属镶包装饰。地层墙体和楼裙上，加贴彩釉砖、耐磨抛光砖、大理石和花岗岩。21世纪初，室内墙体装饰，比较富有及装饰讲究的建筑再粉刷一层油漆或金属磁性涂料，室内墙体显得更加富丽堂皇。室外装饰，逐步以耐磨砖代替，部分建筑物用油漆或金属墙体涂料装饰，这样既安全又美观。地面装饰，逐步使用大理石、抛光砖、花岗岩、木板，有的在水泥地面上铺地毯等，既舒适又美观。

屋面

1991年，县城新建房屋采用木屋架上盖瓦来遮阳挡雨已基本淘汰。一般为混凝土屋面，至2005年还普遍使用。建筑时，在楼房顶层的墙上浇制圈梁，再编织钢筋构架，然后浇混凝土做平顶屋面，有些层面上还砌砖垄，铺阶砖或预制板作为隔热层。21世纪后出现的别墅形建筑屋面则在钢筋混凝土平面上再浇制斜坡式钢筋混凝土，贴上琉璃瓦作屋面，既可隔热又有古今结合的建筑风格。

建筑装备

20世纪90年代后，建筑安装工程的吊装技术和吊装机械逐步现代化，开始使用塔式起重机，又称塔吊和车吊。较大的塔吊，动臂能伸展到工程中应吊装的每个部位。

第三节　施工企业

1991年，全县各类建筑施工企业9家，其中二级资质企业3家，四级资质企业6家，从业人员540人，全年施工面积2610平方米。县属建筑企业共3家，梧州市雄鼎建筑安装工程有限责任公司、藤县金鸿发建筑工程有限公司、广西藤县建筑工程公司。1992年—1994年藤县城乡建设工程公司和藤县兴华建筑工程公司相继成立。1996年，全县各类建筑施工企业13家，其中二级资质企业4家，四级资质企业9家，从业人员740人，全年施工面积40044平方米。1999年，全县各类建筑施工企业9家，其中二级资质企业4家，四级资质企业5家，从业人员520人，全年施工面积83144平方米。2005年，共有5家三级施工总承包资质的施工企业。

藤县建筑公司

广西壮族自治区藤县建筑工程公司成立于1951年，属集体企业。1991年，公司职员人数已发展至158人，工程师、助理工程师、技术员60多人，资质为建筑施工总承包叁级，拥有打桩机10台，运输车辆15辆，物料提升机6台，搅拌机10台，及粪池建筑机械设备一批。1991年—2005年，公司承接了大量的基础工程及建筑工程，年产值达到1000万元左右，税金达到60万元左右。由于公司属集体企业，工人多，所以公司利润相当微薄，有数年甚至亏损经营。其间，公司承建了县林业局车队住宅楼、县商业局住宅楼、县建筑公司宿舍楼、县汽车站职工宿舍楼、南丰大厦、县广播电视办公大楼、藤县中学女生宿舍楼、藤县国家税务局办公大楼。其中，藤县国家税务局办公大楼被评为县优良工程。

藤县金鸿发建筑工程有限公司

始建于1973年，前身是藤县建筑工程公司。2002年6月，为了适应市场经济的发展，根据自治区建设厅及市建规委有关建筑企业资质就位管理规定精神，经县建设局批准，由藤县建筑公司牵头与藤县机关建筑工程公司、藤县第三建筑公司合并改制，利用公司原有技术人员，共同组建而成。2002年7月24日通过广西建设厅资质核定为房屋建筑施工总承包叁级。2002年后，先后承建的卫生国债项目16个、中小学校舍项目13个以及县农业局单位职工综合楼、新世纪商厦副楼、同裕富商城商品楼等工程，合格均为100%。承建的藤县信用联社经销部、县林业局办公综合楼、县电力公司河东综合楼、县国税招待所等工程获县优良工程。

梧州市雄鼎建筑安装工程有限公司

梧州市雄鼎建筑安装工程有限责任公司，于1983年1月15日成立，成立时名为“藤县城关公社建筑队”。

1992 年 6 月改为“藤县武装部退伍建筑工程公司”，成为一家具备施工三级资质的企业。至 1997 年，企业有资质的项目经理 17 人，中级职称的工程技术人员 13 人，初级职称工程技术人员和管理人员 40 人。根据国务院、中央军委有关军队不再从事经商的文件精神，1999 年 6 月公司划归藤县民政局管理，隶属藤县民政局领导下协管的集体企业，并将该公司命名为“藤县复员退伍军人建筑业装饰装修公司”。企业注册及资本均为自然人出资投资入股，独立核算、自负盈亏，民政局每年收取 5000 元管理费，对于企业的人、财、物民政局不予干扰。由于企业不断发展壮大，有了较好的经济基础，并拥有一支精湛的施工队伍和承包工程范围相适应的施工机械和质量检测设备，成为建筑工程技术施工质量、安全生产管理较强的企业。为适应经济形势发展的需求，于 2004 年 12 月 25 日企业申请改制，并与藤县民政局解除协管协议，改制后更名为“梧州市雄鼎建筑安装工程有限责任公司”。公司主项资质为“建筑工程施工总承包叁级”，增项资质有“市政公用工程施工总承包叁级”和“建筑装修装饰工程专业承包贰级”。企业有二级建造师：建筑工程专业 10 人，市政公用工程专业 4 人，机电工程专业 1 人；有职称的工程技术人员：工程师 16 人，助理工程师 4 人，技术员 31 人。

1991 年—2005 年，共获得 23 个奖项。其中市（地区）级 7 个，自治区级 16 个。

藤县兴华建筑工程公司

1994 年 5 月成立，集体性质，具有法人资格的房屋建筑施工总承包三级企业单位。业务范围：高度 14 层及以下的工业、民用建筑工程；高度 70 米以下的构筑物工程；建筑面积 1.2 万平方米以下的单体工业、民用建筑工程；单跨跨度 24 米以下的建筑工程。主要建筑：藤州中学食堂、塘步中学教学楼。

藤县城乡建设工程公司

藤县城乡建设工程公司于 1992 年 7 月成立，是藤县建设局直属的叁级集体施工企业。经过多年的努力与发展，已初具规模并不断壮大。公司结构分为经理室、副经理室、公司办公室、财务科、质安科、预算科、材料科和生产科等各功能的科室。2005 年，公司共有员工 130 人，其中工程师 10 人，助理工程师 21 人，技术员 1.4 人，经济管理人员 5 人。公司拥有各种功能的施工机械 150 多台。公司不断地拓展业务，积极参与建筑市场的竞争，2002 年—2005 年，公司承接工程有：塘步镇一中教学楼、县四中教学楼、藤县藤州中学公寓楼、藤县公路局业务用房办公楼、县四中教学楼、藤县藤州中学公寓楼、藤县公路局业务用房办公楼、藤县四中学生公寓楼 I#2#3#、潭东一中教学楼学生公寓楼、藤州中学教学楼等工程。这些工程总建筑面积超过 6 万平方米，总造价超过 3000 万元。

第六章　房地产业

1991 年，县房产管理部门，实施对藤城、濛江、太平 3 镇私产房屋的产权管理，以及对公房管理，房屋所有权管理逐步正规化。1993 年开始城启动镇住房制度改革，1995 年开始实施以单位公有住房出售、建设投资体制改革、建立住房公积金为主的住房体制改革。1 月，《中华人民共和国房地产管理法》实施后，依法对房屋的所有权属管理，同时开始城镇房屋租赁管理。是年，藤县第一幢商品房—东兴花园上市出售。此后，房地产业不断发展。1996 年开始办理房地产抵押登记。2000 年，藤县已购公有住房开始上市交易。2002 年 9 月，设房地产交易服务中心，开展房产交易有关的服务。2005 年，为了保护购房者的合法权益，对商品房实行备案登记制度，实现产权档案信息化管理。

第一节　房产管理

县直管公房管理

1990 年 2 月，房产管理股从县建委分出，作为独立事业单位设立。负责县直管公房的管理，包括房屋维修和出租管理，对公房产权的变更，要经主管部门和县人民政府同意，按规定上报审批。1991年，县直管公房建筑面积共55237平方米，其中，藤城镇10266.14平方米，太平镇26290.18平方米，濛江镇18680.68平方米。房屋有的出租给单位或私人使用，房地租由管理部门收取。房地租收入主要用于直管公房的维修开支及管理人员工资，实行“以租养房”。房租收入费，按住户使用面积计算，分为若干等级，最高为0.30元/平方米/月，最低为0.05元·平方米·月，平均月租金0.11元/平方米。全年应收房地租租金9.2万元，其中，藤城镇3.5万元，太平镇3.2万元，濛江镇2.5万元。由于租金偏低，地方财政不予补贴，房地租收入不抵房屋维修支出，缺口很大。

1994年，藤县城镇住房制度改革实施，对部分县直管公房出售。是年，根据《藤县城镇调整公有住房租金和发放补贴》的规定，2000年前，公有住房租金有计划有步骤地提高到包括折旧费、维修费、管理费、投资利息和房产税等5项因素构成的成本租金计租。对旧房和新房调整租金，并实施不同的提租办法：凡是1991年12月31日前投入使用的公有住房（属旧房，下同）实行如下提租办法：第一步，从方案实施之日起，租金标准调整至包括维修费和管理费两项因素的计租水平，即平均月租金0.45元/平方米。第二步，1995年年底以前租金标准调整到包括维修费、管理费、折旧费三项因素计租水平，即平均月租金0.78元/平方米。第三步，2000年以前租金标准调整到5项因素计租水平，即平均月租金1.52元/平方米。凡是1992年1月1日以后投入使用的公有住房一律实行新制度。第一步，从方案批准实施之日起，租金标准调整到三项因素计租水平，即平均月租金0.78元/平方米。第二步，1995年年底前，租金标准要达到五项因素计租水平，即平均月租金1.52元/平方米。第三步，2000年前力争达到商品房的计租水平。

2003年，对藤城、太平、濛江3镇直管公房进行统计，3镇共有公房29858.74平方米，其中藤城镇13918.96平方米，太平镇11173.40平方米，濛江镇4766.38平方米。2004年，县直管公房统一由国有企业藤县龙源公司管理。2005年，藤城、太平、濛江3镇直管公房建筑总面积22246.18平方米，其中藤城镇9961.48平方米，太平镇8779.79平方米，濛江镇3504.91平方米。藤城镇、濛江镇、太平镇县直管公房部分由县直单位、街委使用，免收租金；部分租赁给个人居住，适量收取租金。全年县直管公房租金收入共30555.21元。

单位公有住房管理

1991年，干部职工租住公有住房，只收租金，一般在工资中扣取。1992年，为确保出租房屋正常使用，对干部职工租房收取保证金。凡新出租的新房，产权单位除按租金标准收租外，每平方米使用面积加收30元的租房保证金。职工家庭缴交租房保证金后，如职工不需要租用时，产权单位将保证金（本金）归还给职工，如有人为损坏房屋及设施的则从保证金中扣除。1994年3月8日，县人民政府印发《藤县城镇住房制度改革实施方案》，方案规定，单位公有住房采取分步提租发补贴办法解决住房问题。凡在县城辖区范围内所有单位的公有住房，不分隶属关系，一律实行统一租金标准，收取公有住房租金一律按使用面积计算。租金调整后，根据《广西壮族自治区城镇住房制度改革的实施意见》中规定的“多提少补”的原则，对租住公房的职工，由所在单位按其1990年底职工的标准工资的4%补贴。以后随着房租的提高，相应调整补贴标准。根据国务院和自治区的有关文件规定，房改起步阶段，对居住集体宿舍、自有私房的职工不补贴。各部门、各单位原有的租住公房补贴办法一律废止。补贴资金来源，住房补贴从本单位的住房基金中列支，不足部分经财政部门核定，企业可列入成本。全额预算的行政事业单位列入预算，差额预算的事业单位按差额比例必照全额预算单位和企业资金开支渠道列支。随着公有住房制度改革的实施。公有住房租金亦随之取消。

私房管理

1991年继续开展对私房权属和产籍管理。1995年，开始对私房的租赁进行清查，并要求租赁双方到房产所进行登记备案。1995年—2005年，加强私有房屋转让、抵押管理，严格按照国家法律法规执行。私房权属登记除在房产管理所受理外，在太平镇及濛江镇设置管理站，负责对乡镇的私房权属登记受理，受理后统一交县房产管理所办证。

权属管理 1990年，成立房产管理所，房屋所有权管理日益规范化。1991年末，全县已有3532户进行私房登记，其中，藤城已登记1932户，濛江镇已登记636户，太平镇已登记964户；1992年，全年核发房产证146户。1993年，房屋审批150户。此后，随着河东新城区的开发建设，房产业快速发展。县房产管理部门着力推进住房制度改革。1995 年 1 月 1 日起施行《中华人民共和国房地产管理法》后，对房屋的所有权属管理有了法律依据，并使用自治区统一编制的“房屋所有权证”。1995 年，核发房产证 265 户；1996 年，全县核发产权证有较大的进展，全年核发房产证 862 户。1997 年，全年核发房产证 1078 户，建筑面积 29.8 万平方米。1998 年，核发产权证 1029 户，建筑面积 17.5 万平方米。1993 年—1999 年累计共发放私房 3522 户，合计建筑面积 60.1 万平方米（不含房改房）。2000 年，核发房屋产权证 1465 户。

2005 年，全县的房屋所有权管理实行电脑化管理。并依法对房屋进行确权发证。全年核发房产证 650 户，建筑面积 21.87 万平方米，发放产权证（共有权证）1152 本。全年房屋权属登记 1220 件，登记总建筑面积 40.59 万平方米，其中初始登记 287 件、13.05 万平方米；转移登记 140 件、3.5 万平方米，成交金额 913.54 万元；变更登记 15 件、0.44 万平方米；他项权利登记 658 份、21.04 万平方米，权利价值 4378.86 万元。注销登记 120 件、2.56 万平方米，其中拆除登记 102 件、1.92 万平方米。全年共发放房屋权属登记 1618 本，其中所有权证 663 本，共有权证 489 本，他项权证 466 本。

产籍管理　1997 年前，县内城市房屋产籍由财政部门以契约为凭进行管理。1977 年，成立基建局后，由房产管理部门对旧沙纸契中所标明的房屋进行丈量，并绘制地形图，建立房屋档案，对产籍进行管理。1999 年以前，房屋档案一直处于相对散乱状态。1999 年后，房产管理部门贯彻实施《中华人民共和国城市房地产管理法》及有关房产档案的管理规定，将原来处于散乱状态的房产档案进行全面的整理、归档，共整理房产档案 7349 宗，档案管理逐步走上正轨。2000 年起，对产籍管理运用电脑软件，将房屋档案资料索引，目录输入电脑储存，逐步实现电脑检索。2003 年 3 月，藤县房产管理所搬至藤县建设局二楼办公后，建立综合档案室，统一集中管理各种门类的档案，落实专职的档案管理人员。档案室面积 40 平方米，有防火、防盗、防高温、防潮、防尘、防鼠、防虫等八防功能。房产管理部门根据《中华人民共和国档案法》，制定了《房产档案管理规章制度汇编》《档案分类方法》《各乡镇编码表》的档案管理制度，方便了档案信息查找及利用。对新接收入库的档案均经过系统的整理、编号、立卷、完善检索工具。所有档案编制有案卷目录和全引目录。档案的接、移交、查案均有记录。档案的提供和利用，为房产管理及法律咨询等提供有力的证据。2003 年 12 月，藤县房产管理所档案室被评为县三级档案室。

2005 年，将太平、濛江两镇的房产档案转移到县房产管理所档案室，进行集中统一管理。全年累计整理旧产权档案 2000 宗，电脑录入 7697 宗，实现产权档案信息化管理。

白蚁防治

藤县地处亚热带，气候炎热，空气潮湿，年平均气温保持在 21°C 左右，适宜白蚁的滋生和繁殖。境内白蚁有“土栖白蚁”“木栖白蚁”“土木栖白蚁”三大种类 14 个蚁种。其中常见的“家白蚁”危害最大。“家白蚁”又分为 A 型和 B 型两种类型。

2002 年 9 月 16 日，藤县白蚁防治中心挂牌成立，于 2002 年 11 月 25 日取得白蚁防治临时资质证书。从事白蚁防治工作人员 9 人，其中 8 人持有白蚁防治岗位证书，注册资金 30 万元。这是藤县第一家白蚁防治机构。此后，藤县的白蚁防治工作逐步走上正轨，部分工作人员到自治区白蚁防治部门接受防治技术的培训，建立白蚁防治的资料档案；同时，对白蚁进行普查，收集资料，制作标本，建立白蚁防治档案，并不断对资料进行搜集、整理、补充。开展白蚁防治的基础工作。藤县白蚁防治中心对新建房屋白蚁防治保质期为 15 年，在 15 年内发现白蚁免费防治，不再另行收费。2004 年，被广西房地产协会授予白蚁防治行业先进单位称号。2005 年，签订白蚁防治合同 350 份，防治房屋 400 间，防治面积 15.36 万平方米。累计完成白蚁防治面积 38.52 万平方米。

第二节　城镇住房制度改革

单位公有住房出售

1991 年—1993 年，单位公有住房的使用，基本为低租金、高补贴（暗补）的局面，几乎为无偿供给。这种住房体制使本来就财力有限的财政及部门单位造成了更大的建房压力。同时又缺乏有效的引导机制鼓励职工在购房建房上的资金投入。住房供求矛盾显得更加突出。1992年9月,县人民政府印发《藤县人民政府关于调整县房改工作领导小组组成人员的通知》,由副县长担任组长,办公室设在县财政局。同年,县政府印发《藤县单位自管优惠价房出售管理实施细则》。

1993年,开始城镇住房制度改革,实施单位公有住房出售。根据县政府制定的《藤县单位自管优惠价房出售管理实施细则》规定,优惠价出售的范围和对象:各单位自管新分配的和现已经出租的,一般标准的独用成套住房均可作为优惠价房出售给职工;单位符合住房分配的职工才可购买优惠价房,单位应优先安排房源。优惠价出售价格:按建筑面积计算,其中阳台、厨房、卫生间折半计算面积。优惠购房办法:购房者免缴契税、土地使用税、房产税。双方签订买卖合同书,持合同书和价格评估表办理交易手续。在房款付清后,买房者即取得房屋产权,并由县建委发给房屋产权证。职工购买优惠价房后必须严格执行和遵守房地产的有关政策、法规。凡购买面积范围之内的维修费用,一律自理;公共部位经确认非人为原因损坏的,由原产权单位负责维修。

1994年3月8日,县人民政府印发《藤县城镇住房制度改革实施方案》。方案规定,住房制度改革采取分步提租发补贴、鼓励职工买公房、新房新制度,多种形式建住宅,逐步推行公积金等多种办法以达到解决住房的目的。出售公有住房:出售范围为县城范围内的国家机关、团体、学校、全民所有制和集体所有制单位的自管公有住房。出售对象包括在职职工及离退休职工,也包括属于县内正常调动和人才交流调离原单位的现住户,每户职工家庭只能购买一套。凡在县城区范围内有私房的职工,一律不得购买出售的公房。售房价格均以建筑面积计算。新建住房的标准价按住房本身建筑造价加征地拆迁补偿费计算;旧房按重置价计算。新旧公有住房出售时,按住房结构,内部设施差异加上地段、楼层、朝向等因素采取增减系数的办法,按质定价。各单位出售新旧住房均要形成方案报县房改办批准,经评估机构评估后才能按程序正式出售。超标加价,超过限额20平方米外的部分,按市场现行价计价。住房补贴可抵扣买房款。为鼓励干部职工买房,在标准面积内的售价可抵扣20%作为购房后暂不发放住房补贴。公有住房售后的维修与管理:凡职工购买面积范围之内的维修费用,一律自理。购房的限制及其他:买卖公有住房,双方签订买卖合同书,使用房改办统一印制的买卖协议书,持合同书和价格评估表办理交易手续,领取房屋所有权证。职工购买公有住房,免缴一次性契税、土地使用税、房产税;产权单位可免征营业税。购房者购房后5年内因公调离本县,而无直系亲属接管的,应将房退回原产权单位,由原产权单位按原价退款。职工按标准价购买的住房,购房者拥有部分产权,可以使用、继承。交清房款5年后,可以按规定出售、出租。

1995年,县人民政府制定的《藤县深化城镇住房制度改革的实施方案》获自治区城镇住房制度改革领导小组批复。实施方案明确城镇住房制度改革是经济体制改革重要组成部分,其根本目的是建立与社会主义市场经济体制相适应的新的城镇住房制度,实现住房商品化、社会化、加快住房建设,改善居住条件,满足城镇居民不断增长的住房需求。城镇住房制度改革的基本内容是:住房制度改革坚持配套、分段推进。藤县房改的主要任务是:继续稳步出售公有住房,做好与原售房政策的衔接工作,全面推行住房公积金制度,积极推进租金改革,切实加快经济适用住房建设,加强住房售后的管理,发展房产交易市场和社会化的房屋维修管理市场。

1999年4月,对落实房改政策进行核查,全县2490户参加房改,其中全产权2072户,部分产权418户。1993年—1999年,机关企事业单位房改发证2655户,面积14.65万平方米。

2000年,自治区住房制度改革委员会批复《藤县已购公有住房上市交易实施细则》。2001年7月19日,县人民政府印发《藤县已购公有住房上市交易实施细则》。藤县已购公有住房开始上市交易。已购公有住房上市交易,执行《藤县已购公有住房上市交易实施细则》所作出的规定:所称的已购公有住房(简称房改房,下同),包括职工按房改政策购买的全产权住房、经济适用住房、全额集资建造的住房。房改房上市交易,是指依法出售、交换、出租、抵押、继承、赠与的行为。房改房上市交易不受购房后居住时间的限制,但所购的房改房必须是全产权，且已取得房屋所有权证和建立了个人住房档案；部分产权的房改房上市交易，必须事先按上市当年确定的房改成本价补足房款，过渡为全产权住房。房改房上市交易，所有权人按规定到县房改办领取并填写《房改房上市交易申请表》，对于准予其上市交易的发给“房改房上市交易准入证书”，房改房所有权人凭“房改房上市交易准入证书”进行房改房上市交易。成交价由交易双方协商议定。若县房产管理部门对申报的成交价格认为不合理需要进行评估的，则由房改房所有权人委托具有房地产评估资格的机构对上市交易的房屋进行评估。交易双方签订房改房交易合同，并按规定缴纳有关税费。涉及权属变更的，须在30日内到县人民政府房产管理部门办理房屋所有权转移登记。房改房上市交易后，原所有权人及其配偶不得列入无房户或住房困难户，也不得再按房改政策规定购买公有住房、经济适用住房和参加集资建房，或者租赁公有住房。房改房上市交易后，取得住房产权的新户主应当遵守原售房单位或住房所在地物业管理机构的有关住房的管理规定。

2002年—2003年，继续执行《藤县已购公有住房上市交易实施细则》，进一步推进现有公房出售，对能够保证居住安全的非成套住房，根据实际情况向职工出售。对权属有争议的公有住房，由房屋管理单位出具书面具结保证后，向职工出售。对因手续不全等历史遗留问题影响公有住房出售和权属登记发证的，制定政策，明确界限，妥善处理。对直管公房和财政负担单位公房出售的净收入，按照收支两条线管理的有关规定，统筹用于发放住房补贴。

2004年—2005年，进一步贯彻执行国家有关住房制度改革方针、政策，促进住房制度改革，做好公有住房上市审核。搞活住房二级市场，清理影响已购公有住房上市交易的政策性障碍，鼓励居民换购住房。除法律、法规另有规定和原公房出售合同另有约定外，任何单位不得擅自对已购公有住房上市交易设置限制条件。以房改成本价购买的公有住房上市出售时，原产权单位原则上不再参与所得收益分配。

住房建设投资体制

1991年—1993年，单位公有住房建设投资多为县财政拨款与单位自筹资金建设。1994年3月8日，县人民政府印发《藤县城镇住房制度改革实施方案》，开展住房体制改革，其中对住房建设投资体制亦作改革。住房制度改革实施方案规定：单位出售公有住房回收的资金，全部存入县住房资金管理中心专户。其中行政事业单位出售公房回收资金70%，划拨给县住房资金管理中心，作为县住房基金，由县住房资金管理中心调节使用。余下部分作为单位住房基金。单位住房基金所有权属单位所有，但只能定向使用于住房的新建、扩建、改建、维修和发放住房补贴，专款专用，不准挪作他用。需要使用时，由原产权单位向县住房资金管理中心提出申请，经批准后才能使用。同时推行多种形式建住房。为了尽快解决职工的住房问题，住房建设推行国家、集体、个人三者共同投资的体制，积极推行集资建房和合作建房。具体实施如下：根据国家“统一规划，合理布局，因地制宜，综合开发，配套建设”的方针，对各有关部门在用地、规划、计划、信贷、税收等方面给予扶持。凡用于解决职工住房困难建设的计划，县计委、城建委积极进行审查安排。在用地方面，县土地局优先安排审批。凡属于解危解困建住宅的免交市政建设配套费、建筑规划费、招标费、占路费和土地管理费；质检费、电源建设费、水电增容费和土地占用基金（土地开发费）等减收50%。多方筹集资金建住房，集资形式可全集资，也可以部分集资。职工全集资，单位统一建设形式：房屋建成后，产权全部归个人所有。单位牵头，职工集资形式：职工首次交建房款50%以上，不足部分，单位借款或担保抵押向银行贷款支持，建房户还清借款及贷款本息后，产权全部归个人所有。职工集资、单位资助形式：即建房资金由单位出一部分，个人出一部分，所建住房实行先售后租。职工购房，其集资款可以计抵购房款。职工租房，其集资款可计抵租赁保证金。有计划、有步骤地对城镇的旧房、危房进行改造。旧房危房的改造推行集资或合作建房方式。并制定5个配套政策：藤县城镇调整公有住房租金和发放补贴、藤县出售公有住房试行办法、藤县住房基金的筹集、使用和管理试行办法、藤县公有住房出售评估方法同步实行。

1995年，县人民政府制定《藤县深化城镇住房制度改革的实施方案》，把住房建设投资由国家、单位统包的体制改为国家、单位、个人三者合理负担的体制；把各单位建设、分配、维修、管理住房体制改变为社会化、专业化运行体制。建立公积金制度，发展住房金融和住房保险，建立政策性和商业性并存的住房信贷体系；建立规范化的房地产交易市场和发展社会化的房屋维修、管理市场，逐步实现住房资金投入产出的良性循环，促进房地产和相关产业的发展。

1996年9月11日，为了推进集资建房，解决职工的住房问题，并加强对集资建房管理，县人民政府印发《集资建房管理暂行办法》。暂行办法：集资建房指县内行政、企事业单位为解决本单位职工住房困难。经有关部门批准由国家、单位、个人共同筹资建设住房的一种形式。集资建房必须符合城市建设规划。坚持“统一规划、合理布局、因地制宜、综合开发、配套建设”的指导方针。集资建房只能建公寓式住宅，各类住房建筑面积按县房改政策规定面积执行。城镇内行政、企事业单位的职工，以自住为目的，均可参加集资建房。无房户、住房困难户和危房户优先安排集资建房，并由集资建房单位统一办理有关手续和组织资金筹集。建有私房和已购买公有住房的职工原则上不能参加集资建房。管理机构：县房改领导小组办公室（简称县房改办，下同）会同县建设行政主管部门，负责本县内集资建房的指导、协调、管理工作。县房改办与银行房地产信贷部联合对各单位集资建房资金的存储和使用进行监督。审批程序：集资建房单位根据本单位的发展规划和职工的住房情况，提交申请集资建房报告送县房改办审批。集资建房单位持审批部门批文到县计划、城建、规划、土地等有关部门办理立项、施工等手续。凡使用房改资金集资建房的单位，集资建房款必须全额存入县住房资金管理中心在银行开设的专户，全部用于建住宅和相关工程设施建设。集资形式：职工集资标准应根据单位和职工的承受能力，体现自愿、公平、公正的原则。集资建房可采取全额集资或部分集资形式。全额集资指包括征地和拆迁补偿费以及原有材料折价在内的建房实际费用均由职工本人出资方式。部分集资指职工按建房实际费用不低于40%的部分出资，余下部分由单位出资的集资方式。凡按本暂办法规定组织的集资建房，计划部门应优先安排计划，并可免交经县人民政府批准减免的有关费用。集资建房原则上不享受房改中出售原公有住房的各项折扣政策。产权与管理：职工按全额集资建房的，拥有全部产权。一般住用5年后可依法进入市场，按规定缴纳有关税费后，收入归个人所有。职工按部分集资建房的，拥有部分产权，可以继承，职工的产权比例按个人集资额占建房实际费用的比重确定。一般住用5年后可依法进入市场。在同等条件下，集资单位有优先购买、租用权。出售、出租收入在补交土地使用权出让金或所含土地收益和按规定缴纳有关税费后，单位和个人按各自的产权比例进行分配。集资建房竣工后，需经县建设行政主管部门组织竣工验收，验收合格后经县房改办评估核定价格，并界定产权比例后，集资建房单位与集资职工签订合同，然后凭县房改办出具有关证明到房产管理部门办理房屋所有权证。

住房分配体制

住房制度改革实施前，住房分配一般按干部级别与先到先得为原则，处级干部租住面积不超70平方米，科级干部不超60平方米。1994年3月8日，县人民政府印发《藤县城镇住房制度改革实施方案》，藤县开展住房制度改革。方案规定，在城镇住房制度改革过程中，本方案实施之前参加工作，因单位没有成套房购买的职工，可保留一次享受购买标准价住房的权利。双职工家庭只能享受一套标准价住房，单职工已购公房，结婚后如夫妇双方在同一城区原已购有公房的，必须退回一套给原产权单位。

1995年，县人民政府制定《藤县深化城镇住房制度改革的实施方案》，把住房实物福利分配的方式改变为按劳分配为主的货币工资分配方式。建立以中低收入家庭为对象、具有社会保障性质的经济适用住房供应体系和以高收入家庭为对象的商品房供应体系。解决职工住房。住房制度改革完成后，个别单位由职工集资建设“集资房”，其余绝大部分单位取消公房分配。

住房公积金制度

1994年3月8日，县人民政府印发《藤县城镇住房制度改革实施方案》。方案明确推行住房公积金制度，藤县开始试点推行住房公积金制度。方案规定，住房公积金是一项义务性的长期储蓄，按职工月标准工资的一定比例，由单位和职工个人逐月缴存，两者均归职工所有。通过长期的积累，使职工家庭具有解决自住住房的能力，同时也扩大住房建设资金来源的渠道。对象和范围：凡属藤县县城辖区有常住户口的党政机关、人民团体、全民所有制单位和集体所有制单位（含三资企业的中方人员）的在职职工，均实行公积金制度，对经济效益差，实行公积金制度确有困难的企业、经批准可暂缓参加。离退休人员，临时工以及“三资”企业中的外籍人员暂不参加公积金储蓄。公积金缴交率和利息：从方案实施之日起，每月职工缴存和单位提供的公积金，按职工个人现行的标准工资（包括民族补贴）的5%缴交，新参加工作的职工，从其领薪第二个月开始缴交。以后随着经济发展和个人收入的变化，职工个人和单位公积金的缴交率将分别进行调整，具体由县房改办公布调整。存储的公积金必照银行活期利率计算利息。公积金来源：在公积金中，个人承担部分由个人缴存；单位提供的部分，原则上从单位原有住房基金和自有资金中解决。根据国家规定对于需在成本中列支或预算中安排的部分，由财政部门核定和安排。公积金的使用和提取：职工个人可使用本户成员及直系亲属积累的公积金。但只能用于支付购买自住住房，建造自住住房，私房翻修及住房大修理费用的支出，不足部分可由户主向银行申请贷款。凡用公积金购买的住房出售后，需将原购买住房时动用的公积金如数存入该职工原公积金存户内。公积金可以继承。职工离退休或出国定居时，结余的公积金连本带息，还给本人。职工调离本单位或到外地工作，应将其结余的公积金转到其新的工作单位该职工名下。职工去世，其结余的公积金连本息转入其继承人、受遗赠人的户名下或提取。各单位可以有偿使用本单位职工结余的公积金，用于住房建设，但必须向县住房资金管理中心提出申请，经审查批准后方能动用。职工及其继承人或受遗赠人，提取的公积金和利息均免交个人收入调节税。公积金管理：公积金由县住房资金管理中心负责筹集，管理使用，并委托金融机构代理存贷业务。

1996年10月8日，县政府印发《藤县人民政府关于印发藤县建立住房公积金制度暂行规定的通知》，藤县正式推行住房公积金制度，实施范围包括所有党政机关、群众团体、企事业单位，住房公积金由县住房资金管理中心（与县房改办一套人马两块牌子）进行统一管理，缴存比例为职工个人月工资总额的5%，逐月缴存，住房公积金连续缴存满5年后，经住房资金管理中心批准可用于购、建、大修住房。是年，只有少部分单位缴存住房公积金。1998年11月1日，县政府印发《藤县人民政府关于强化住房公积金制度的通知》，再次要求未建立住房公积金制度的单位建立住房公积，并把住房公积金的缴存比例调整为5%~10%。

1999年4月3日国务院颁布《住房公积金管理条例》（简称《条例》），住房公积金制度进入法制化、规范化发展的新时期，藤县的住房公积金制度也按照《条例》进行规范发展。《条例》明确住房公积金是国家机关、国有企业、城镇集体企业、外商投资企业、城镇私营企业及其他城镇企业、事业单位（以下简称单位）其在职职工缴存的长期住房存储金，职工和单位住房公积金的缴存比例均不得低于职工上一年度月平均工资的5%；有条件的可以适当提高缴存比例，并明确职工有下列情形之一的，可以提取职工住房公积金账户内的存储余额：购买、建造、翻建、大修自住住房的；离休、退休的；完全丧失劳动能力，并与单位终止劳动关系的；户口迁出所在的市、县或者出境定居的；偿还购房贷款本息的；房租超出家庭工资收入的规定比例的。

2002年4月19日，县政府印发《藤县人民政府关于明确财政拨款的单位住房公积金缴存比例及资金来源的通知》，从2002年元月1日起，由县财政全额拨款单位（含乡镇）干部职工，均按上年年末工资总额5%比例缴交个人部分，单位资助的5%部分由县财政补助（差额拨款单位资助部分住房公积金由单位自筹资金解决），由于行政事业单位资助部分住房公积金资金渠道得到了解决，住房公积金制度开始大范围铺开。

2004年4月27，藤县公布并实施《藤县住房公积金个人住房委托贷款实施细则》，正式开始办理住房公积金贷款。具有本县常住户口，按规定缴存住房公积金且申请贷款时仍继续缴存，需购、建、大修坐落在本县范围内的自住住房的职工可申请住房公积金贷款，贷款额度在借款购买、建造住房总房价的50%以内或翻建大修费用的50%以内确定，贷款的最高额度不得超过10万元。

截至2005年12月底，全县已有250个单位，1.21万人缴存住房公积金。当年缴存住房公积金975万元，发放住房公积金贷款584万元，办理住房公积金提取335万元。累计缴存住房公积金总额2939万元，累计发放住房公积金贷款总额825万元，累计办理住房公积金提取882万元。

第三节　房地产开发

20 世纪 80 年代开始，县城先后开发雷堂顶、大冲口、头闸顶、杉木冲、荔枝塘、新洲头、挂榜岭、登俊路、烧灰冲为新区。1985 年年末，据第一次全国城镇住房普查，县城城区房屋总面积 14.21 万平方米，其中用于住宅面积 13.756 万平方米。1990 年，城区人均住宅面积 4 平方米。90 年代初开始，大规模开发河东新区、大冲肚、南湖小区，私人建房不断增多，城区的住宅面积迅速增大。

1995 年，藤县第一幢商品房——东兴花园上市出售。2002 年，由藤县房地产综合开发公司开发的项目粮食局招待所改造工程、太平正东商厦和梧州国龙房地产开发有限公司藤县分公司开发的金榜大夏上市预售，3 个开发项目建筑面积约 2 万平方米；同年藤县商业房地产有限责任公司开发县建司商住楼和同乐花园第 3 栋。2003 年，商品房预售项目有县城同乐花园 1、2、3 幢，面积 6492.53 平方米；兴达市场商住大厦，面积 19364.20 平方米；藤城朝阳商厦，面积 10698.66 平方米。平均价格 700 元 / 平方米。是年，城区住宅 3600 幢，面积 66 万平方米，其中商品房面积 21 万平方米；房改房面积 5 万平方米，居民建房面积 40 万平方米。人均住宅面积 12 平方米。2004 年全县商品房预售平均价格 750 元 / 平方米。

2005 年商品房预售项目有垃圾中转站综合楼(2 项)，面积 1084.83 平方米；城西商住楼，面积 2356.45 平方米；太平购物中心，面积 7884.28 平方米；新洲花苑 A、B、C、D、E 幢，面积 11336.47 平方米；鸿榜大夏，面积 2161.48 平方米；兴达大夏，面积 13964.50 平方米。合计 38788.01 平方米，平均价格 800 元 / 平方米。年末，全县已登记房屋总建筑面积为 253.26 万平方米。

第四节　房地产市场

房地产交易

1995 年，藤县第一幢商品房——东兴花园上市出售，至 1999 年累计房屋买卖与赠与面积 4.7 万平方米，成交额达 2408 万元。

2005 年，为了保护购房者的合法权益，对商品房实行备案登记制度。年内，全县可销售存量房源 140 宗，建筑面积 3.5 万平方米，总价值 913.54 万元；商品房交易 265 套，建筑面积 2.66 万平方米，权利价值 1310.16 万元。至年末，已完成存量房买卖交易 86 宗，建筑面积 2.26 万平方米，成交额 474.87 万元；已完成商品房交易办理手续 272 套，建筑面积 2.75 万平方米，成交额 1861 万元；累计颁发商品房预售许可证 7 本，建筑面积 4.06 万平方米。房地产业出现了前所未有的繁荣。

房屋租赁

1995 年，县政府颁布《藤县人民政府关于加强城镇房屋租赁管理的通告》，规定，在通告颁布前(1995 年 12 月 25 日)已构成事实租赁关系的单位或个人，限在通告施行之日起一个月内到房管部门或其委托机构补办手续。从公布之日起建立的租赁关系，按照国家规定在签订租赁合同后 30 日内持相关文件材料到房管所办理登记备案手续。1997 年—1999 年累计颁发租赁许可证 1301 份。

房地产抵押

1996 年开始办理房地产抵押登记，抵押人以其合法的房地产以不转移占有的方式向抵押权人提供债务履行担保，债务人不履行债务时，抵押权人有权依法以抵押的房地产拍卖所得的价款优先受偿，抵押的房屋必须符合房地产抵押的一般规定，并实行抵押登记。房管所对申请人的申请进行审核，凡权属清楚，证件齐全的，在受理之日起 7 日内决定是否予以登记。并在原“房屋所有权证”上作他项权利记载后，由抵押人收执，并向抵押权人颁发“房屋他项权利证”。1996 年—1999 年累计办理抵押登记 224 件，抵押登记面积 12.2 万平方米。累计权利价值 3496.34 万元。

2005 年，办理房屋预押 167 宗，建筑面积 4.06 万平方米，权利价值 1207.8 万元；办理房屋抵押 466 宗，建筑面积 16.62 万平方米，权利价值 5424.3 万元。

第五节 小区选介

城西商住楼

城西商住楼位于藤城镇西江路 191 号，开发时间 2003 年 5 月，开发商为藤县兴达房地产开发有限公司。该商住楼占地面积 280 平方米，建筑面积 2356.45 平方米，框架 9 层，住宅 16 套，商铺 4 间。

兴达市场商住大厦

兴达市场商住大厦位于藤城镇挂榜路政贤一街，开发时间 2003 年 5 月，开发商为藤县兴达房地产开发有限公司。该商住楼占地面积 2688 平方米，建筑面积 19364.23 平方米，框架 9 层，住宅 142 套，一层设计用途为市场，二层以上为住宅。2004 年通过竣工验收。

同乐花园

同乐花园位于藤县藤州镇同乐街，开发时间 2003 年，开发商为广西藤县商业房地产有限责任公司。该项目建筑面积 6492.53 平方米，住宅 62 套。

新洲花苑

新洲花苑位于藤县藤州镇小南路 26 号，开发时间 2005 年，开发商为藤县兴达房地产开发有限公司。该项目建筑面积 11336.47，住宅 78 套。

第七章 交 通

1991 年，全县公路通车里程 568.9 千米，其中柏油路 24.5 千米，其余为砂石路面。浔江干线航道为通航 300 吨级船舶的 V 级航道。此后，随着公路建设的不断发展，县内交通运输逐步由水路运输转向陆路运输。1992 年，县委、县政府决定建设西江大桥与津（津北镇）濛（濛江镇）二级公路沟通县境南北。1993 年，南（宁）梧（州）二级公路开通，为县境内的第一条二级公路。同年，太平车站投入运营。1996 年，藤县客运站（河东新站）建成营运；对浔江航道进行整治，提高通航能力。1998 年，开展村级道路建设大会战，改善乡村交通落后状况。2003 年 10 月西江大桥建成通车。2004 年 12 月洛湛铁路藤县段开工建设，结束藤县没有铁路的历史。2005 年 12 月梧州港赤水圩作业区动工建设。2005 年末，全县公路里程 1215 千米，是 1991 年的 2.14 倍；浔江航道由 1991 年通航 300 吨级船舶的 V 级航道建设成为可常年通航 1000 吨级船队的国家Ⅲ级航道。全年客运量 472 万人次，是 1991 年的 3.05 倍，客运周转量 4.52 亿万人千米，是 1991 年的 5.02 倍；货运量 201 万吨，是 1991 年的 2.96 倍。

第一节 机 构

县交通局

1991 年，藤县交通局办公地址位于藤县登俊路 3 号。年内，“地方公路管理股”改为“藤县公路管理所”。年末，内设 3 个股室，人员编制 14 人，实有人数 14 人。1994 年，办公地址迁至藤县藤城镇绣江路 78 号。1995 年成立藤县公路征费管理所。1996 年，藤县交通局下辖 4 个所：藤县公路管理所、藤县公路运输管理所、藤县航运管理所、藤县公路征费管理所。1998 年内设 3 个股室，人员编制 15 人，在岗人员 15 人，其中机关行政编制 14 人，后勤服务事业编制 1 人。2001 年办公地址迁至藤城镇津南路 150 号。2005 年，藤县交通局内设 3 个股室，人员编制 13 人，在岗人员 13 人，其中机关行政编制 12 人，后勤服务事业编制 1 人。

1991年—2005年县交通局历任局长：黄俊森(1988.05—1997.01)，黄宇腾(1997.01—2000.10)，温恒勇(2000.10—2003.09)，陈钊平(2003.09—2005.08)，霍小钰(2005.08—2009.06)。

藤县公路管理所　属县交通局管理的自收自支事业单位，经费来源于上级交通部门直接拨付的公路养路费分成收入。业务范围是管理境内县乡公路的养护与建设。下辖12个养护站，一个路政管理大队。1991年在编职工131人，2005年在编职工82人。

藤县公路征费管理所　属县交通局管理的自收自支事业单位，经费来源于征收农拖养路费、摩托车养路费，上缴后上级返还。业务范围是地方交通稽费及农用运输车交通稽费的征管。1997年有干部职工41人，2005年10人。

藤县公路运输管理所　属县交通局管理的自收自支事业单位，经费由自治区运管局划拨部分和罚没款返还补充。业务范围是负责具体实施道路运输管理工作。1991年在编职工11人，1992年15人，1997年46人，2005年在编职工23人。

藤县航运管理所　属县交通局管理的自收自支事业单位，经费来源于收取管理费、上级返还。业务范围是水路运政管理、港政管理、水上安全管理。1993年有干部职工26人，2005年在编职工27人。

藤县公路局

1991年，称藤县公路段，办公地址位于藤县藤城镇桥西路13号，内设股室7个：行政股、养护股、工程股、财务股、机料股、派出所、渡口股；下辖21个道班，称为藤县公路段XX道班。1992年12月3日藤县公路段更名为藤县公路局。1994年在公路公安派出所基础上设立路政管理大队实行"两块牌子、一套人员"。1994年1月8日接管省道南梧二级路68.2千米，同时增设潭东、天平道班。1995年2月23日将下属机构"藤县公路局XX道班"更改为"藤县公路局XX公路管理所"。1995年接管省道容太线18.65千米，3月增设石桥公路管理所。1996年4月在藤县太平镇设立"藤县公路局太平办事处"。9月，再次将下属机构"藤县公路局XX公路管理所"更名"藤县公路局XX公路养护管理站"。2001年4月为做好养护站的管理工作实行大养护站管理，将原有24个养护站合并变更为19个养护管理站。2001年10月，局机关搬迁至藤城镇津南路162号办公。

2005年管辖藤县境内的国、省道及主要县道共300.938千米养护和路政管理工作。全局定编208人，实有人员140人，其中机关管理人员37人，养护人员103人。

1991年—2005年藤县公路局(段)历任局(段)长：仇传根(1990.01—1994.05)、陈景明(1994.05—1996.03)、杨安培(1996.05—1999.04)、吴鸿全(1999.04—2003.04)、罗建军(2003.04—2005.12)。

藤县航道段

创建于1956年。1991年—2005年，下属有平南、濛江、藤城、赤水4个航道站。根据有关法律法规和上级的授权，主要负责平南平田湾至长洲枢纽坝上的航道航标管理工作。负责辖区航道探测和水位观测、航道助航标志布设和巡查、航道航标和水文技术资料收集上报工作；负责辖区航道行政管理(包括船闸运行监管)工作；负责辖区通航水域施工作业(采砂类)许可；参与与通航有关的拦河、跨河、临河、过河等建筑物水上水下施工监管，以及辖区内的航道整治工程施工管理和接管工作；指导直属航道站航道航标管理工作。

藤县海事处

1991年，称藤县航政站，负责藤县辖区船舶安全监督管理、船舶检验工作，属广西交通厅下属的安全监督局管辖。共有正式职工14人。办公地点位于藤县西江路北门巷77号。1992年5月，藤县航政站更名为藤县港航监督所、藤县船舶检验所，属广西航务局隶属的梧州港航监督处辖。负责辖区船舶运输安全监督和船舶检验工作，共有正式职工14人。1995年2月，广西壮族自治区梧州港航监督处机构级别正式定为县(处)级事业单位，内设监督和船检两个部分，分别是藤县港航监督所、藤县船检所监督所。2000年11月，广西壮族自治区港航监督局水上安全监督管理职能改革为广西海事局管理。藤县港航监督所分为藤县海事处和藤县船舶检验所，藤县海事处为梧州海事局的派出机构，负责藤县水上安全监督管理。2002年4月，根据广西海事局《关于各港航监督所（站）改称海事处并以此名义对外执法、办公的通知》精神，藤县海事处更名为“中华人民共和国梧州藤县海事处”，正科级，履行法律法规赋予原港务监督、海事管理机构的法定职责和相应的行政执法。2005 年 3 月 28 日，藤县海事处新业务用房启用办公，地址在藤州镇藤州大道 182 号。年末，藤县海事处共有编制 13 人。

1991 年—2005 年藤县海事处（港航监督所）历任处（所）长：林文南（1990.12—2002.03）、黄华威（2002.04—2003.01）、张金汉（2003.01—2004.09）、林大益（2004.09—2008.07））。

第二节 公 路

公路建设

1990 年，全县有县道 28 条，里程 341 千米。1990 年 11 月，南宁至梧州二级公路动工建设，1993 年 10 月通车。藤县境内（由天平镇牛毛界至赤水乡六坊村）全长 68.246 千米，共投资 1.35 亿元。

1992 年，县委、县政府为了解决县境南北沟通的问题，决定建设西江大桥与津（津北镇）濛（濛江镇）二级公路。12 月 1 日，津（津北镇）濛（濛江镇）二级公路动工建设，全长 21.7 千米。1993 年县委、县政府决定，全县干部职工和群众自筹资金建设。规定干部职工每人每年贡献 1 个月工资、居民群众每人每年贡献 15 公斤稻谷（或折合价款 24 元人民币），连续 3 年。

1991 年—1993 年，共投入资金 178.41 万元，修复水毁公路及局部毁坏桥梁 1 座。其中 1992 年，修复水毁路面 7 万平方米，修复水毁涵洞 40 米 /8 道，修复被毁挡墙 135 立方米 /1 处。1993 年，清理水毁塌方 10470 立方米 /17 处，修复水毁挡墙 85 立方米 /3 处，修复水毁路面 159250 立方米 /45.5 千米，修复水毁及新增涵洞 186 米 /28 道。

1994 年，全县县道共投入民工建勤 117472 工日，投入资金 68.8 万元，修复县乡公路、乡村道路 51 条 640 千米。其中清理塌方 86100 立方米，路基填土 3000 立方米，修复挡土墙 42 立方米，修复涵洞 185.5 米 /27 道。国、省道共投入资金 150 万元，清理水毁塌方 6.84 万立方米，填土 10.32 万立方米。

1995 年，全县投入抢修水毁公路 13.5 万工日，共清理塌方 14.2 万立方米，修复挡墙 325 立方米，修复涵洞 100 米 /30 道，修复路面 54 万立方米。1996 年 12 月，开展冬季抢修活动月，全县抢修水毁公路 15 条 448.83 千米，投入资金 247.85 万元，共清理塌方 3.85 万立方米，修复水毁涵洞 95 米 /15 道，修复挡土墙 200 立方米 /5 处。1994 年—1997 年，全县修复水毁公路共投入资金 589.32 万元。

1998 年 9 月 28 日，为了贯彻落实《自治区党委办公厅、自治区人民政府办公厅关于开展村级道路建设大会战的通知》精神，召开全县干部大会，作村级道路建设大会战动员，会议传达上级公路大会战精神，结合 1997 年全区村民委员会驻地交通情况调查的结果，落实具体的措施办法，明确任务。同时成立公路大会战指挥部。

2005 年 10 月，藤县至新地公路路面施工

至 1999 年，全县村级道路建设大会战完成项目 29 个，接通 32 个村委会，增建 9 座码头。29 个道路项目均为四级公路，总里程 156.096 千米，其中新建公路里程 140.496 千米，改建 15.6 千米。完成土方 111.1 万立方米，石方 65.6 万立方米，涵洞 4243 米 /538 座，桥梁 163 米 /14 座。总投资 1062.5 万元，其中：自治区补助 480 万元，地方配套 301.68 万元，社会捐助 10.155 万元，自筹 270.67 万元。群众义务投工 15.903 万工日。

1991 年—1999 年，全县民工建勤完成公路项目 38 个，修建里程 348.22 千米，总投资 2792.69 万元。其中：交通部门补助 898.69 万元，县乡筹集 733.43 万元，群众集资 539.77 万元，以工代赈 437.46 万元，其他 183.35 万元。群众投工 486.534 万工日。同期，全县新增公路 38 条，336.17 千米。1999 年末全县有县道 65 条，里程 677.17 千米；建成各种类型桥梁 33 座，总长 1546.99 米。

2001 年，全年共修复水毁路面 38.9 万平方米，清理塌方 4895 立方米 /109 处，修复挡土墙 68 立方米 /5 处，修复水毁涵洞 40 米 /6 座。2002 年，共修复水毁砂石路面 39.115 万平方米，清理塌方 47199 立方米 /143 处，修复水毁涵洞 277/33 座，修复冲毁路基 8100 立方米 /27 千米，修复挡土墙 2230 立方米 /21 处，总投入 298.92 万元。2002 年，全县公路里程 972 千米。

2005 年，全县公路里程 1215 千米。

公路线路

国道 G321 线。1990 年 1 月改建，1992 年 4 月通车。境内里程 61.683 千米(K359~K420.685)，路面宽 6 米，桥梁 191.5 米 /5 座，行政等级为县道，技术等级三级，途径古龙镇合隆村，太平镇良垌村、七政村、浮田村，东荣镇大带村、东荣村、均常村、上峡村，从甘塘村出境。2004 年 6 月，对(K391.7~K420.685)路段 29.3 千米进行了改建，2006 年 5 月通车。建成后里程为 28.99 千米，路面宽 8.5 米，技术等级为二级。

省道 太平至容县(S211 线)。1990 年 12 月修建，1993 年 1 月建成通车。境内里程 18.65 千米，路面宽 6 米，桥梁 249.68 米 /5 座，行政等级为县道，技术等级为三级。途经太平镇安福村、柴咀村，和平镇新良村、石桥村、屯江村、志城村。

南梧二级公路(S304 线)。境内里程 68.246 千米。1990 年 11 月开工建设，全为新线工程，1993 年 10 月建成通车，投资 1.35 亿元。建成路面宽 8 米，桥梁 867.8 米 /13 座。行政等级为省道，技术等级为二级。途经赤水乡六坊村、孔良村，南安镇金板村、古祀村、大罗村，城关乡潭东村、礼秀村、纯平村、三坡村、丽新村，天平镇回龙村、龙胜村、天平村、罗平村、冷水村、罗垌村。

2005 年，南梧二级公路

县道 新地至藤县(X187 线)。境内里程为 31.466 千米，路面宽 6 米，桥梁 115.69 米 /5 座，行政等级为县道，技术等级为三级。途经埌南镇界垌村、四门村、埌南圩、新光村、马地村，塘步镇沙田村。2004 年 8 月，对 K3.0~K27.3 路段进行改建沥青混凝土路面。

柴咀至平政(X191 线)。境内里程为 51.73 千米，路面宽 4.5 米，桥梁 456.2 米 /13 座，行政等级为县道，技术等级为等外。途经太平镇柴咀村、仁安村，濛江镇那塘村、新城村、濛江圩，天平镇塘冲村、满村、龙胜村、新大村。

容县至藤县(X376 线)。境内里程为 53.362 千米，路面宽 4.5 米，桥梁 521.76 米 /7 座，行政等级为县道，技术等级为等外，途经岭景镇岭景村、岭景圩、都蒙村，象棋镇象棋村、甘村、中信村、新芦村，金鸡镇金鸡村、金鸡圩、旺国村、思善村，藤州镇平政村、白泥村、胜西村。2005 年 11 月对该线进行改建。建成后境内里程为 49.5 千米，路面宽 7.7 米，行政等级为县道，技术等级二级。

津（北）至濛（江）二级公路。为藤县“八五”期间交通重点工程项目，公路全长 21.7 千米。于 1992 年 12 月 1 日动工建设。1995 年末，完成公路 7 千米，其中濛江段 5 千米，津北段 2 千米，工程已完成基土石方 132.1 万平方米，涵洞 1017.2 米 /6.5 道。此后至 2005 年，因资金不足原因公路停建。

濛江至大平岭。起点濛江圩，途经濛江镇新城、健良、兴义，和平镇榄莫村、和平圩、新平村，终点于大平岭(即志成村),全长 22.094 千米。

东荣小带至大黎上荣。起点东荣镇,途经杨垌村,大黎镇黎田村、朝林村、平安村、国安村、大黎村、东安村、兴安村、理答村、花洲村,终点上荣村。全长 41.8 千米,其中小带至昨卢段 1967 年通车,昨卢至上荣段 1992 年通车。小带至大黎段于 2003 年进行等外路改造,投入资金 414.77 万元,同年 12 月份完工;大黎至黎田段于 2004 年进行改造,同年 2 月份完工;大黎至上荣段于 2005 年进行改造,同年完工。

黎田至平南水晏。起点大黎黎田村,途经藤县祥江村、永和村、新旺村、孟塘村、宁康村以及平南县妙客,终点平南水晏。全长 30.4 千米,1973 年通车。孟塘至水晏段于 2003 年进行等外路改造,投入资金 250.35 万元,同年 12 月完工;全线于 2004 年进行等外路改造,同年 12 月完工。

新雅至平福。起点太平新雅,途经太平石夏村,平福留利村,终点于平福圩。全长 19.286 千米,1966 年通车。2003 年进行等外路改造,投入资金 209.22 万元,同年 12 月份完工。

新光至同心。起点埌南新光村,途经同心沙村、真胜村,终点于同心圩,全长 16.494 千米,1964 年通车。2003 年开始等外路改造,投入资金 112.97 万元,于 2004 年 12 月份完工。

鸭舌河至新庆。起点新庆鸭舌河,终点新庆圩,全长 5 千米,1971 年通车。1997 年铺设沥青路面。2005 年进行维修。

佛子至燕滩。起点佛子,途经东荣三江村、昨雅村、护安村,终点平南燕滩。全长 12.119 千米,1994 年通车。2005 年进行改造,投入资金 14.26 万元,同年 12 月份完工。

乡道 岭景镇岭景至新村。起点藤容线麦地路口,途经麦地村,终点新村,全长 9.584 千米,1992 年通车。

岭景镇岭景至篁村。起点岭景圩,途经和好村,终点篁村,全长 12.643 千米,1994 年通车。

岭景镇山花至罗算。起点山花村,终点罗算村,全长 7.409 千米,1998 年通车。

岭景镇罗算至南荣。起点罗算村,途经中村、古罗村、新村、大益村,终点南荣村,全长 20.024 千米,2000 年通年。

象棋镇白石至河柳。起点白石,途经双荣村、龙凤村、留村村、富祝村,终点河柳村,全长 18.987 千米,1997 年通车。

象棋镇清水至拦河冲。起点清水,终点拦河冲,全长 3.022 千米,1997 年通车。

象棋镇中信至社冲。起点中信村,终点社冲,全长 6.473 千米,1997 年通车。

新庆镇新庆至山花。起点新庆圩,途径龙山村,终点龙山小学,全长 3.839 千米,1971 年建成通车。

新庆镇水口至同敏。起点水口,途经夏荣村、庆旺村,终点同敏,全长 12.562 千米,1998 年通车。

金鸡镇交口至架简塘。起点旺国路口,途经交口村、小娘山林场,终点架简塘,全长 18.342 千米,1997 年通车。

金鸡镇藤京至茅塘。起点藤京,终点茅塘,全长 2.935 千米,1998 通车。

同心镇沙村至平顶。起点沙村,终点平顶村,全长 3.1 千米,1973 年建成通车。

埌南镇埌南至黎寨。起点埌南圩,途径杨村,冼村,黎寨村,终点黎寨小学,全长 10.5 千米,1972 年建成通车。

埌南镇埌南至双底。起点潭新二级路,途经双底村,终点双底自然村,全长 5.212 千米,1998 年通车。

塘步镇沙田至赤水。起点沙田火山坳,途径孔良村,终点赤水,全长 19.704 千米,1968 年建成通车。

塘步镇南梧二级路至六坊。起点南梧二级路,终点六坊,全长 2.329 千米,1995 年通车。

塘步镇开来至南安。起点沙田开来村,途径塘村、南安村、终点南安码头,全长 18.003 千米,1963 年建成通车。

塘步镇农机站至大罗。起点红星砖厂,终点大罗旧村委,全长 3.6 千米,1974 年建成通车。

潭东镇纯平至四旺。起点加裕电子厂,途经思善村,终点四旺村委,全长 6.3 千米,1997 年通车。

藤城镇白泥至花冲。起点西进城线,终点张塘(南梧二级路),全长 3.4 千米,1998 年通车。

天平镇永康至新兴。起点南梧二级公路,终点新兴村委,全长 0.513 千米。

天平镇龙胜至上寺口。起点天平圩，终点竹田，全长2.8千米，1974年建成通车。

天平镇鸭特至新马。起点罗平(二级路边)，途经罗盖村、新马村，终点新马小学，全长17.580千米，1997年通车。

津北镇藤城至大塘。起点津北白沙村，终点大塘小村，全长8.007千米，1986年建成通车。

濛江镇濛江至石垒。起点濛江渡口收费站，途经新安村，终点旺家村，全长9.611千米，1993年通车。濛江渡口收费站至旺家段于2005年进行改造，同年完工。

濛江镇江口至大屋背。起点江权村，途径大德村、洲祖村，终点大屋背，全长14.803千米，1976年建成通车。

濛江镇决断至义良。起点决断桥尾，途径义良村，终点义良桥尾，全长6.1千米，1977年建成通车。

和平镇和平至水滴。起点和平圩，途经龙塘村、陈塘村，终点水滴，全长6.814千米，1992年通车。

濛江镇那塘至彩塘。起点龙昌界，途径那塘村、双德村、共和村，终点共和村和顺垌，全长15.573千米，1974年建成通车。和平镇和平至双垌。起点和平圩，途经新塘村，终点双垌，全长7千米，1992年通车，和平至新塘段于2005年进行改造，于同年完工。

和平镇志成至座垌。起点志成，终点座垌，全长2.645千米，1997年通车。

太平镇至三冲。起点三冲路口，途径善庆村、大任水库、陈平村、长沙村、泗州村，终点共青林场，全长32.638千米，1974年建成通车。

太平镇至江口。起点太平，终点江口，全长1.695千米，1992年通车。2000年经行路面硬化。

太平镇七政至龙垌。起点太平镇七政村，途经陈垌村，终点龙垌，全长5.226千米，1998年通车。

古龙镇下廊至白枚。起点古龙路口，终点白枚，全长4.456千米，1992年通车。

古龙镇至长沙。起点古龙圩，途经大村，终点长沙，全长10.923千米，1998年通车。

平福乡黄泥至社平。起点黄泥，终点社平，全长3.323千米，1994年通车。

平福乡至思园。起点平福，途经民安村，终点思园村，全长12.703千米，1997年通车。

平福乡至中太。起点平福，途经莫泗村，终点中太，全长15.966千米，1997年通车。

平福乡至桃花。起点平福，途经寻村、沙街，终点桃花，全长18千米。平福至沙街段，1996年通车；沙街至桃花段，2002年建成通车，于2005年进行改造，同年完工。

东荣镇上腩至金团。起点上腩，终点金团，全长6.1千米，1997年通车。

大黎镇旺江至来历。起点旺江，终点来历，全长1.307千米，1992年通车。

大黎镇夏照至太兴。起点夏照，途经太兴村，终点白祝路口，全长3.327千米。1992年通车，2005年进行改造，同年12月完工。

大黎镇上荣至六吉。起点上荣桥尾，终点六吉，全长5千米，1997年通车。

宁康乡马坪至平桂。起点马坪，终点平桂，全长2.7千米，1997年通车。

宁康乡大垌至连敲。起点大垌，终点连敲，全长2.8千米，1992年通车。

宁康乡至都帮。起点宁康，途经大塘村、终点都帮，全长8.178千米，1992年通车。

宁康乡都邦至富斗。起点都邦，终点富斗，全长12.6千米，1992年通车。

宁康乡料南至石克。起点料南，终点石克，全长6.285千米，1994年通车。

金鸡镇金鸡至胜安。起点金鸡，途经秀安村，终点胜安，全长7.013千米，1999年通车。

埌南镇泗门冲口至孔廪。起点泗门，终点孔廪，全长2.351千米，1998年通车。

濛江镇洲祖至勒竹。起点洲祖村大屋背，终点勒竹，全长3.502千米，2003年通车。

大黎镇平安至来历。起点平安，终点来历，全长11.925千米，2003年通车。

新庆镇黄沙至金鸡镇龙头。起点黄沙路口，终点龙头村委会，全长4.558千米，2003年通车。

塘步镇古祀至翰池。起点古祀旧村委，终点翰池，全长7.028千米，2003年通车。

太平糖厂至永平。起点糖厂，终点永平村委，全长7.674千米，2003年通车。

和平镇石桥至木依。起点省道容太公路，终点木依村委，全长2.591千米。2003年通车，2005年进行改造，并于同年完工。

新庆镇新庆至庆旺。起点新庆中学，终点庆旺路口，全长3.7千米，2003年通车。

东荣镇平腩垌至下黎。起点平腩垌，终点下黎村委，全长1.8千米，2003年通车。

潭东镇平政至古达。起点平政青草洲，终点古达村委，全长4.943千米。2003年通车，2005年进行改造，同年完工。

太平镇新雅至东皇。起点新雅，途经金田村，终点东皇村委，全长9.145千米，2003年通车。

太平糖厂至木崖。起点糖厂，终点木崖，全长2.881千米，2003年通车。

太平镇至大坡。起点太平圩，终点大坡，全长3.339千米，2003年通车。

塘步镇二级路至燕村。起点大罗吉岭，途经古佩村，终点燕村，全长4.635千米，2004年通车。

黄沙至龙头支线。起点龙头岔路口，终点铁炉坳，全长1.1千米，2003年通车。

濛江镇共和至共兰。起点古兰路口，终点古兰村委，全长2.6千米，2005年通车。

古龙镇至黄村。起点古龙小学，终点黄村，全长3.1千米，2005年通车。

天平镇冷水至石英。起点冷水村委，终点石英村，全长6.256千米，1969年建成通车。

濛江镇黄坡至古兰。起点黄坡，终点古兰，全长7千米，1974年建成通车，2005年进行部分路段改造。

濛江镇石咀至覃安。起点石咀，途经安和村，终点覃安村，全长5千米，2005年通车。

同心镇同心至大梳。起点同心圩，途经深塘村，终点大梳村，全长12.113千米。1999年通车。

村道　平福乡黄泥至巷篷。起点黄泥巷篷路口，终点巷篷村委，全长3.429千米，1994年建成通车。

新庆镇新庆至富荣。起点新庆，途经龙山，终点富荣村委，全长6千米，2005年通车。

岭景镇岭景至石村。起点岭景，途经和安、古涟，终点石村，全长12千米，2005年通车。

金鸡镇陶塘至平山。起点陶塘，途经平山，终点北冲村，全长8千米，2005年通车。

天平镇天平至保燕。起点农机站，途经民益，终点保燕，全长12千米，2005年通车。

太平镇雅瑶至和平镇平竹。起点雅瑶，途经官罗，终点平竹，全长11千米，2005年通车。

和平镇平竹至都坡。起点六婆咀，终点都坡，全长6.3千米，2005年通车。

埌南镇界垌至新勤。起点界垌，途经界田，终点新勤，全长10千米，2005年通车。

太平镇国道321至浮田。起点国道321线，途经浮田，上浮，终点下浮，全长3千米，2005年通车。

东荣镇甘塘至华安。起点甘塘，终点华安，全长4千米，2005年通车。

金鸡镇旺国至同荣。起点旺国，途经同荣村委，终点荣垌，全长4千米，2005年通车。

天平镇罗垌至新陈。起点南梧二级路，终点新陈，全长6千米，2005年通车。

象棋镇象棋至共胜。起点象棋镇，终点共胜，全长3千米，2005年通车。

金鸡镇金鸡至沙冲。起点金鸡街，途经新民村，终点沙冲，全长8.8千米，2005年建成通车。

塘步镇石塘至大元（石塘段）。起点义良寨路口，途径石塘村委，终点石塘小学，全长2.9千米，2003年建成。

新庆镇旱塘圩至建新。起点旱塘圩，途径建新村委，终点朝岭冲，全长4.528千米，2000年建成通车。

津北镇白沙至谷山。起点政府路口，终点谷山村委，全长5.3千米，1999年建成通车。

同心镇陈底至力冲。起点陈底，终点力冲村，全长5.494千米，2002年建成通车。

同心镇同心至凤阁。起点同心街，途径凤阁村，终点凤阁小学，全长3.638千米。

潭东镇度村至新华。起点度村（容藤线），终点新华村，全长3千米，1999年建成通车。

天平镇满村至石炉。起点满村，终点石炉，全长4.986千米，2005年开工。

塘步镇燕村至龙安。起点古佩燕村，终点龙安村委，全长3.5千米，2005年通车。

濛江镇双德（德唛）至古厚。起点双德村德唛，终点古厚村，全长5.3千米，2004年11月建成通车。

金鸡镇镇安(龙珠石)至光华。起点龙珠石,终点光华村,全长2千米,1999年建成通车。

大黎镇兴安至古盘。起点兴安路口,终点古盘村委,全长2.5千米,2005年建成通车。

大黎镇太兴至白祝。起点太兴村委,终点白祝村委,全长3.089千米,2005年通车。

岭景镇石村至古滋路口。起点石村,终点古滋路口,全长4.751千米,2005年建成通车。

新庆镇庆旺至天平镇新大。起点庆旺桥头,途径思亥村,终点新大村路口,全长6.931千米,1993年建成通车。

新庆镇新庆至富荣。起点富荣路口,途径高田,终点富荣村委,全长6.01千米,2005年建成通车。

金鸡镇陶塘至平山。起点陶塘路口,终点平山村委,全长5.864千米,1992年建成通车,2005年改建。

象棋镇留村至富竹。起点留村,终点交冲口,全长2.5千米,2004年建成通车。

象棋镇同乐至洛塘。起点同乐路口,终点洛塘村委,全长2.155千米,2005年建成通车。

天平镇天平至罗万。起点南梧二级路,终点罗万村委,全长3千米,2000年通车。

津北镇大塘至车塘。起点大塘小村,途经大塘、永隆,终点车塘村,全长8.347千米,2005年通车。

岭景镇良村至大桥。起点麦地桥头,途径坡塘村委,终点大桥,全长7.237千米,2000年建成通车。

大黎镇上荣至和安。起点上荣出口,途径上荣村委,终点和安小学路口,全长12千米,2002年建成通车。

潭东镇丽新至民生。起点丽新,终点民生,全长7千米,2005年通车。

古龙镇G321至古龙。起点G321线,终点古龙镇政府驻地,全长2千米,2001年建成通车。

古龙镇金凤至德安。起点321线金凤路口,终点德安村,全长1.6千米,1993年建成通车。

潭东镇平政新村至丽新。起点平政新村,终点丽新,全长2.5千米,1998年建成。

太平镇金田至古秀。起点金田路口,途径古秀村,终点南拦村,全长5.548千米,1992年建成通车。

塘步镇塘村至瀚池。起点塘村水口桥尾,终点水口坡,全长0.897千米,2003年建成通车。

潭东镇民生至天平镇新兴。起点潭东镇民生村,终点天平镇新兴村,1999年建成。

津北镇白沙至河口。起点政府路口,终点河口村委,全长4.191千米,2004年建成。

东荣镇甘塘至华安。起点甘塘路口,终点华安路口,全长3.294千米,2005年建成通车。

平福乡X196线至定安。起点定安村入口,途径定安,终点定安小学,全长4千米,1999年建成。

塘步镇金板至瀚池。起点南梧二级公路,终点瀚池村,2000年建成。

东荣镇大东岸至坡头。起点G321线,终点坡头村,全长0.649千米,1998年建成通车。

塘步镇金板至Y185线。起点金板村委,终点舞龙垌,全长3.589千米,2000年建成通车。

潭东镇纯平至中和。起点纯平路口,终点中和村,全长5千米,2003年通车。

津北镇永清至永龙。起点永龙路口,途径永龙村委,终点永龙大塘肚边,全长6.309千米,1992年建成通车。

金鸡镇胜安至同安。起点胜安村委,途径镇安,终点同安,全长6.925千米,2000年建成通车。

和平镇古心至思源。起点古心,终点思源,全长3.409千米,1998建成。

宁康乡垌观至料南。起点垌观路口,终点料南路口,全长2.4千米,1997年建成通车。

新庆镇石咀至中心村。起点石咀,途径中心村,终点麒麟洲,全长3.338千米,2004年8月建成。

同心镇深塘至大梳。起点深塘路口,终点大梳路口,全长6千米,1999年建成。

象棋镇象棋至柏塘。起点象棋政府路口,终点柏塘村委,全长4.053千米,2005年建成通车。

象棋镇洛塘至同乐。起点洛塘路口,终点同乐村委,全长2.405千米,2005年建成。

古龙镇德安至陈平。起点德安村,终点陈平村,全长8.187千米,1993年建成。

太平镇G321线至浮田。起点G321线,途径浮田村,终点坛空村,2005年建成通车。

平福乡沙街至桃花。起点沙街,终点桃花村委,全长11.5千米,2005年通车。

天平镇天平至保燕。起点二级路边,途经民益,终点保燕,全长11.836千米,2005年通车。

桥梁

2005年，全县公路局管护路段有：G321、S211、S304、X187、X191、X376、Z001共7条线路，管养桥梁55座，总长度42603.49米。

G321线。管养桥梁12座373.49延米，其中中桥3座160.81延米，小桥9座212.68米。

S211线。管养桥梁5座249.68延米，其中大桥1座201.2延米，小桥4座48.48延米。

S304线。管养桥梁13座，858.16延米，其中大桥1座368延米，中桥7座446.86延米，小桥3座43.3延米。

X187线。管养桥梁5座144.2延米，其中中桥2座82.2延米，小桥3座62延米。

X191线。管养桥梁13座456.2延米，其中大桥1座240.6延米，中桥2座90延米，小桥10座125.6米。

X376线。管养桥梁7座521.76延米，其中大桥2座430.7延米，中桥1座31延米，小桥4座60.06延米。

县交通运输局管护的桥梁共168座，合计长度4545.7米。

西江大桥 藤县境域分浔江南北，浔江从中部穿过，将县境一分为二。浔江给藤县水上交通带来便利的同时，也给陆上交通带来阻碍。西江大桥建设，更有利于县城向北扩展。兴建西江大桥是全县经济发展之迫切。因此，县委、县政府决定兴建西江大桥。1992年11月10日，县政府、县计委向上级申请立项。同月14日，自治区计委下文批复同意建设西江大桥，藤县西江大桥正式立项。1993年9月通过可行性研究报告。1994年4月，由重庆交通学院工程设计所完成施工图设计和预算编制工作。藤县西江大桥的资金来源于多渠道筹措，一是中央和自治区拨款；二是地方自筹。总投资预算为8400万元。为筹措地方自筹资金，1995年8月17日，县委、县政府发出《关于在全县干部、职工和城乡居民群众中筹集西江大桥、津濛公路建设资金的通知》，决定在全县干部、职工和城乡居民群众中筹集资金：全县干部职工每年集资一个月的总工资；全县城镇居民每人每年集资30元；农民每人集资15公斤稻谷或交款24元；企事业单位的日工、临时工和民办教师、代课教师属非农业户口的，按城镇居民标准集资；属农业户口的则按农民标准集资。集资时间从1995年起至1997年，连续3年。农村五保户、特困户不集资。1995年10月27日，藤县西江大桥正式开工，由广西路桥总公司承建。

大桥建设过程中，由于江阔水深，洪水期长，主桥10个桥墩中建设便用了4年。18、19号墩是各由10个直径2米的钻孔支撑一个承台，然后在承台上建桥墩，特别是19号桥墩位于主航道上，水深、沙厚、流急、基岩倾斜大且犬牙交错，给施工带来极大困难，一个枯水期，只完成四根桩的浇注工作，而未灌混凝土的钢护筒又被洪水冲入江底，第二年打捞护筒便花不少时间，加上一些孔桩多次开钻，均因钻杆倾斜无法钻到设计深度，至1997年冬，只完成一根孔桩作业。1998年，经有关专家会诊，改变桩位和施工方案后，1999年洪水期前才将19号墩建出水面。资金不足困扰了西江大桥建设进程。由于藤县同时开工的项目多，配套资金不足，致使大桥建设时断时续。2003年5月，县委、县政府千方百计腾出资金，加大施工建设力度。10月，藤县西江大桥建设历时8年，终于建成通车。

藤县西江大桥位于县城北流河口下游1000米处，北连潭（东）太（平）公路接321国道，南连县城河东新区，往南、往东与南梧二级公路相接，是连接321国道和南梧二级公路的一座重要桥梁。桥长1517.03米，宽16.5米。主桥为11跨90米钢筋砼箱肋拱。南岸引桥为13跨16米钢筋砼空心梁；北岸引桥为15跨16米钢筋砼空心梁。全桥共有墩台40座，当时是广西最长的内河大桥。

石桥大桥 位于和平镇，全长207米。1990年7月24日开工建设，1992年6月竣工，1993年通过自治区公路管理局验收。

龙凤大桥 位于象棋镇龙凤村，全长178.1米，3×50米钢筋混凝土钢架拱桥。1997年10月开工，2001年12月竣工通车。

石咀桥 位于濛江镇安和村，全长62米，2×16米浆砌片石拱桥。2001年竣工通车。

健安大桥　位于太平镇，横跨大楼江，连接太平圩、健安村。2005年11月27日动工兴建，2006年12月9日建成通车。总投资700万元。桥长628米，桥面宽7米。

车站

1991年，藤县有汽车客运站3个。藤县客运站（旧站），经营业主为藤县汽车站；太平客运站，经营业主为太平汽车站；埌南客运站，经营业主为藤县汽车站。2005年全县共有汽车客运站5个。

藤县客运站（河东新站）　1991年立项，建设规模：征地2万平方米，投资700万元，建筑面积3500平方米的综合服务站。1993年正式动工，1996年7月1日开业投入使用。经营业主为藤县汽车站（又称藤县汽车运输总公司，国营）。1997年，经自治区公路运输管理局、梧州市公路运输管理处评定为二级客运站。2001年7月，经营业主更名为梧州汽车运输总公司藤县分公司。藤县客运站为综合服务站，内设停车场、候车室、售票厅、维修厂。2005年，站场面积16940平方米，发车线路35条，年旅客流量62.13万人次。

太平汽车客运服务站　位于藤县太平镇泰州北路1号。1991年，经营业主为太平汽车站。1992年6月开工扩建，主体采用框架建筑结构。1993年10月完工投入运营。建成后总用地面积8500平方米，建筑面积3800平方米。主站房建筑面积2400平方米，设计日发送旅客流量为3000人，主体采用框架建筑结构。1994年，经自治区公路运输管理局、梧州公路运输管理处评定为二级客运站。2005年，站场面积7400平方米，发车线路30条，年旅客流量59.95万人次。

富吉客运站　位于藤州镇富吉。1998年，藤县汽车站在富吉购地3000平方米建设富吉客运站，投入资金50万元，同年正式投入运营，时为四级客运站。2002年起，梧州汽车运输公司藤县分公司继续投入资金100多万元进行改造，同时租用场地3000平方米扩大停车场地，形成三级客运站规模。2003年，经自治区公路运输管理局、梧州市公路运输管理处评定为三级客运站。

埌南客运站　位于藤县埌南镇埌南镇一街。经营业主为藤县汽车站。1998年12月建成，有站房300平方米，停车场地1040平方米，共投入建设资金90万元。1998年，经自治区公路运输管理局、梧州市公路运输管理处评定为四级客运站。

正德客运站　位于藤州镇西厚路130号。2005年8月立项，征地9200平方米，投资480万元，按交通部《汽车客运站级别划分和建设要求》三级车站的规范进行设计施工。由县公共汽车公司和私人业主共同投资经营。

农村客运站场　2004年起，交通部加快农村客运站建设，利用交通部基金和区交通厅交通投资补助进行建设农村客运站。通过对藤县客流量调查并报自治区运管局同意，2004年获批准建造宁康客运站，2005年获批准建造濛江客运站和金鸡客运站。

公路养护

藤县公路局管养　1991年，藤县公路局下辖21个道班，包括山庄、金凤、桂岭、榄洞、东荣、上峡、柴咀、龙昌界、大路岭、濛江小组、留村、新大、积和、平政、潭东、马地、埌南、岭景、白石、黄沙、金鸡等道班。开展辖区内公路养护，全年共养护公路207.3千米，其中东荣至古龙为自治区保干线，共63千米；其他线路144.3千米。所养护公路年度好路率76.6%，自治区保干线好路率65.8%。1994年1月8日接管省道南梧二级路68.2千米。1995年，接管省道容太线18.65千米。2月23日将下属道班“藤县公路局XX道班”更改为“藤县

2005年6月27日，县公路局抢修洪水冲毁的公路

公路局XX公路管理所”。3月增设石桥公路管理所。1996年9月，再次将下属机构“藤县公路局XX公路管理所”更名为“藤县公路局XX公路养护管理站”。2001年4月为做好养护站的管理工作实行大养护站管理，将原有24个养护管理站合并变更为19个养护管理站。2005年末，藤县公路局管养的国道61.997千米、省道86.903千米、县道137.038千米、乡道15千米，共300.938千米。设养护站19个，其中国道设6个养护站；省道共设4个养护站，其中太平至容县线设2个，南梧二级公路设2个；县道共设9个养护站，其中新地至藤县线设1个，柴咀至平政线设4个，容县至藤县线设4个。养护站人员84人，养护设备配备齐全。

县交通局管养 1991年，县交通局负责管养通往乡镇所在地的县道，共有6条，全长135.074千米。其中濛江至大平岭线，设2个道班进行日常养护，养护方式为正式养护工人与临时工养护；小带至上荣线，小带至大黎线共设2个道班，养护方式为正式养护工人与临时工养护，大黎至上荣段实行季节性养护；黎田至水晏线，设3个道班，养护方式为正式养护工人与临时工养护；新雅至平福线，设2个道班进行日常养护，养护方式为正式养护工人与临时工养护；新光至同心线，设2个道班，养护方式为正式养护工人与临时工养护；鸭舌河至新庆线，设1个道班进行养护，养护方式为正式养护工人与临时工养护。2002年撤销白沙渡班，撤销旺国至交口线养护。养护机具有方拖12台，斗车若干，道班房9幢，5座青砖钢筋混凝土楼房，4座砖瓦结构平房。2005年，全县好路率达70%，晴雨通车率达98%。同时，公路管理部门加强危桥检查工作，专门派出技术人员在全县范围内对所管辖的桥梁进行检查，拍摄照片建立危桥档案，发现有危及行车安全的桥梁，及时上报提出整改措施。

乡道由各乡镇人民政府进行养护，每年交通运输局给予一定的养护经费。

1991年—2005年各时期藤县地方公路养护情况表

表4-7-1　　单位：千米

年度	总里程	养护情况		绿化	技术等级	
		经常性养护	季节性养护		四级	等外
1991	272.235	—	—	—	—	—
1995	470.954	—	—	—	—	—
1997	546.72	261.6	268.62	3.5	227.02	319.7
2000	667.186	154.046	513.138	53.42	582.960	84.226
2002	683.073	154.046	528.991	279.942	598.811	84.226
2003	762.377	154.046	608.331	359.282	678.151	84.226
2005	658.844	121.734	537.11	110.377	579.31	79.277

公路客货运输

客运 1991年，全县有客运线路68条，其中县内39条，县外29条，共有客车营运车辆118辆，座位4710座，年运量155万人，年客运周转量8990万人千米。1994年，随着南梧二级公路开通和社会经济的发展，为适应社会需求，班线逐年增多。是年，经地、县两级议标，对本县的客运班线进行议标管理的有123条，其中县内班线48条，跨地区班线75条。1998年5月，藤县车站投入1辆桂林大宇空调豪华大巴营运藤县至南宁直达快班，为藤县第一条直达南宁班线。同年7月，投入2辆“佳利安”空调豪华中巴营运藤县至梧州直达快班。随着经济发展和外出经商、务工人员增多，客运量也逐年增大。2005年，全县有客运班线90条，其中县内班线49条，县外班线41条；客运车辆209辆，是1991年的1.77倍；座位5728座，是1991年的1.22倍；年客运量472万人次，是1991年的3.05倍；年客运周转量4.52亿人千米，是1991年的5.02倍。

2005年藤县县内客运班线统计表

表4-7-2

班线	班次	班线	班次
藤州至太平	4	藤州至洲地	8
藤州至交口	4	藤州至留村	4
藤州至新庆	4	藤州至新马	2
藤州至象棋	4	藤州至罗密	2
藤州至天平	4	藤州至新华	
藤州至岭景	4	藤州至新大	4
藤州至同心	4	藤州至高达	2
藤州至津北	6	藤州至濛江	6
藤州至庆旺	6	太平至宁康	2
藤州至泗门	4	太平至濛江	6
藤州至埌南	4	太平至桃花	2
藤州至黎寨	6	太平至三江	4
藤州至石表山	6	太平至高台	4
藤州至新村	4	太平至大黎	2
藤州至兴隆	6	太平至平福	2
藤州至篁村	2	太平至和平	6
藤州至平福	2	太平至金凤	6
藤州至大称	3	太平至石桥	8
藤州至石桥	4	太平至泗洲	2
藤州至南荣	2	太平至旺坡	4
藤州至宁康	2	太平至古龙	4
藤州至古龙	2	三江至古龙	3
藤州至和平	4	古龙至泗洲	10
藤州至大塘	6	太平至护安	4
藤州至南安	2		

1991年—2005年藤县客运车辆运输情况表

表4-7-3

年度	车数(辆)	座位	运量(万人)	周转量(万人千米)	客运班线(条)
1991	118	4710	155	8990	68
1992	107	4118	151	9060	68
1993	121	4686	158	9796	72
1994	125	4846	160	10950	123
1995	132	4819	162	10902	77
1996	138	4740	159	10723	79
1997	141	5134	243	23135	81
1998	158	5471	260	24654	85
1999	196	5954	325	26830	85
2000	222	6424	352	33882	85

续表

年度	车数(辆)	座位	运量(万人)	周转量(万人千米)	客运班线(条)
2001	227	5964	464	24164	86
2002	211	4924	406	31439	86
2003	203	5322	439	33994	86
2004	203	5593	461	35697	86
2005	209	5728	472	45159	90

货运 1991年全县有货运车辆385辆，运载能力1001吨，全年货运量68万吨，货运周转量4587万吨千米。1994年，由于南梧二级公路开通和社会经济的发展，农业产品生产量增大，货物流通加大、加快，流通面更广，从而使货运量逐年增加。1999年货运周转量达7080万吨千米。2001年货运量达139万吨。2005年，全县货运车辆1195辆，运载能力1237吨，全年货运量201万吨，货运周转量13551万吨千米。

1991年—2005年藤县公路货物运输情况表

表4-7-4

年度	车数(辆)	运力(吨)	运量(万吨)	周转量(万吨千米)
1991	385	1001	68	4587
1992	471	1224	72	4857
1993	568	1476	75	5059
1994	542	1409	76	5126
1995	615	1599	86	5800
1996	623	1619	92	6204
1997	631	1645	95	6406
1998	652	1694	98	6608
1999	670	1747	105	7080
2000	774	2018	122	8226
2001	866	2258	139	9372
2002	984	2566	158	10653
2003	1056	2753	170	11462
2004	1128	3045	188	12675
2005	1195	3226	201	13551

第三节 水 路

航道

浔江 在藤县境内的航段又称藤江、剑江、镡江，是西江干流。于天平镇新马村入境，经天平、濛江、藤州、塘步4个乡镇，从塘步镇大源垌出苍梧，境内里程74.30千米。境内航道西江航运干线浔江段，属天然航道。1996年前，航道等级为Ⅴ级，航道维护尺度标准为20米 ×1.2米 ×150米(宽 × 深 × 曲度半径，下同)，通航船舶为300吨级。1996年5月，经西江一、二期航道整治后，至2005年，境内浔江段建成Ⅲ级航道，航道维护尺度标准提升为30~50米 ×1.8~2.3米 ×500米，通航保证率98%。航道由原来通航300吨级船舶的Ⅴ级航道建设成为可常年通航1000吨级船队的国家Ⅲ级航道，极大地提高了西江干线航道通航能力。航段西达贵港、南宁，西北达柳州，东达梧州、广州、港澳等地，船舶日通过量约600艘次，是广西水运最繁忙的黄金河段。据统计，广西90%的内河货运量通过贵港至梧州航道。

蒙江　为浔江一级支流，由北向南，从藤县东荣华安村入境，经东荣、太平、和平、濛江4镇，在濛江镇汇入浔江，全长约88千米。其中三江口至濛江可通航里程58千米，枯水期航道尺度为0.3~0.4米×3~5米，可通航10~20吨级船舶。此河道建有石眼洲、沙咀滩、观音峡、陈滩等碑坝，建有船闸，但因船闸运转不正常而碍航。

北流河（又名绣江）　为浔江一级支流，从容县自良镇流入县境象棋镇河柳青草洲，经象棋、金鸡、藤州3镇，在藤州镇汇入浔江，全长82.5千米，可行驶10吨级船舶。距北流河口25千米处建有交口电站，有船闸，但船闸布局不合理，上引航道出口与航道成90度交角，且上引航道靠船闸的一段是隧洞，净空和水深都不够，与河流相接无导航墩，船舶进出困难。

此外，县内还有义昌河、黄华河、泗罗河、勒竹河、大同河6条较大的二级支流河可通航。义昌河，在金鸡镇沙冲村流入北流河，从义昌河口至岑溪三堡镇，长12.5千米，可航行载货为5吨左右的船舶；黄华河，在金鸡镇光华村流入北流河，从黄华河口至岑溪波塘镇，长10千米，可航行载货量为4吨左右的船舶；大黎河，从三江口至大黎，长45千米，可航行载货量为1吨左右的船舶；泗罗河，自象棋道家至岭景，全长约15千米，丰水期可航行1吨左右的船舶。

港口

梧州港藤县港区位于北纬23°02′35″~24°03′09″，东经110°21′00″~111°11′27″，以县城为起点，往东沿浔江而下可达梧州、广州、香港、澳门，距梧州市56千米，至广州358千米，至香港492千米；往西溯浔江而上，至桂平143千米，至贵港262千米，至南宁567千米，经郁江支流河左江、右江可分别抵达越南、云南，经黔江、红水河可达柳州、贵州。

码头

藤县港埠公司货运码头　1979年建成，1991年为客运码头，由于公路客运的发展，客船停航而于1998年改建为货运码头。港口岸线长160米，宽80米。有仓库4间，面积800平方米，露天堆场1000平方米，直立式散货装卸码头1个，浮吊1台，办公室宿舍楼1栋，四层共1440平方米。码头为斜坡式码头，车辆可以停靠到水沫线装卸货物，可靠泊1000吨级货船，年货物吞吐能力50万吨。

藤县雅达工贸有限责任公司码头（糖厂码头）　1982年，藤州糖厂建立时建成此码头，1998年，糖厂停产后租给藤县雅达工贸有限责任公司经营。岸线长150米，宽80米，有引桥吊机码头一座，斜坡式码头，车辆可以停靠到水沫线装卸货物，露天堆场面积1000平方米，圆筒仓2个共1000立方米，浮吊一台，皮带输送带一条，可以停泊1000吨级货船，年货物吞吐能力50万吨。

藤县赤水白坭专用码头　属个体经营，2004年建成，用于装卸高岭土（白坭），岸线总长200米，生产泊位1个，最大靠泊能力1000吨级，露天堆场200平方米，输送带1条，年货物吞吐能力20万吨。

其他企业自用码头　藤县贮木场码头。位于藤州镇小顶，1993年6月建，泊位1个，装卸机械1台，最大起重能力5吨，最大靠泊能力为1000吨级，堆场面积5900平方米，年货物通过能力4万吨。

藤县木材公司码头。1952年3月建。泊位2个，最大靠泊能力500吨，堆场面积12000平方米，年货物通过能力2万吨。

藤县雅照钛白有限公司码头。位于濛江镇，1972年1月建。生产泊位2个，仓库面积1105平方米，堆场面积1000平方米，最大靠泊能力500吨级，年货物通过能力20万吨。

藤县木材公司蒙江中转场码头。1987年7月建，生产泊位2个，堆场面积4000平方米，最大靠泊能力为500吨级，年货物通过能力2万吨。

藤县木材公司濛江木材站码头。1975年10月建成，生产泊位2个，最大靠泊能力300吨，堆场面积2000平方米，年货物通过能力2万吨。

北流河口斜坡式混凝土码头。1988 年建成。

1997 年建成的藤城镇角咀步级式码头和粮所码头、物资局码头、水巷口码头因防洪堤的建设而拆除。建设防洪堤时在角嘴、水巷口、西市场的防洪堤外边重建 3 个步级式码头。

乡镇码头 濛江镇。处浔江中段与蒙江交汇处，有渔业社、角嘴、古庙、大昌、上大街码头，码头线长 120 米，泊位 10 个。

塘步镇。南安码头，1998 年建成混凝土步级码头，长 38 米，宽 6 米，泊位 2 个；禤洲步级码头，2003 年在禤洲村建成混凝土步级码头，长 86 米，宽 6 米。

太平镇。1991 年新建建安渡口码头，为混凝土斜坡码头，长 20 米、宽 5 米；1999 年在古秀村建成混凝土斜坡码头，长 150 米，宽 6.5 米；2003 年建成上元码头，为混凝土步级式码头，长 82.7 米，宽 6 米。

和平镇。渡船码头，长 6.501 米、宽 4 米；担水码头，长 6 米、宽 2.50 米；供销社码头，长 6 米、宽 4 米；1992 年新建和平码头，混凝土步级式，长 20 米，宽 10 米；2003 年建成平竹码头，混凝土斜坡式，长 58.2 米，宽 11.5 米；2005 年建成沙咀渡口码头，混凝土斜坡式码头，长 29 米，宽 5.5 米。

藤州镇。老鸦塘平北码头，长 100 级台阶，宽 2 米；老鸦塘码头，长 96 级台阶，宽 2 米，民国年间建。1993 年新建津北码头，混凝土平台、步级式，长 40 米、宽 5 米，主要停靠横水渡船。2002 年在安宁村建成混凝土步级式码头，长 24 米、宽 6 米。2005 年在民盛村建成混凝土步级式码头，长 42 米、宽 4.24 米。

金鸡镇。河头上码头（粮所码头），长 15 米、宽 3 米；1990 年新建陈屋码头，混凝土平台、步级式，长 10 米、宽 10 米。2005 在光华村建成混凝土步级式码头，长 19 为、宽 4 米。

象棋镇。象棋码头，长 12 米，宽 2.50 米；1996 年重建，混凝土平台、步级式，长 35 米，宽 5 米，为附近农民集市和上落货物船只停靠点；木路口码头（又称车渡码头），长 12 米，宽 5 米；2004 年在共胜村建成龙滩码头，为混凝土步级式码头，长 25 米、宽 6 米；2005 年建成象棋镇船小码头，为混凝土斜坡式步级码头，长 47 米、宽 3 米。窦家码头，长 12 米，宽 3 米，民国年间建，今为农民赶圩集市船只停靠点。

乡镇渡口

县境内河流除浔江干流和浔江一级支流，北流河、蒙江及其支流义昌河、黄华河、泗罗河、勒竹河外，还有大小支流百余条。由于河流水库阻隔，渡船渡口较多。2005 年，全县 129 处渡口均有人力渡船或机动渡船。

藤州镇 胜西横水渡口、登州码头渡口、大垌码头渡口、龙巷横水渡口、红砖厂码头渡口、古达横水渡口、天太横水渡口 、谷冲横水渡口、龙太横水渡口、照村码头渡口、民盛码头渡口、中和码头渡口、贤德码头渡口、大地码头渡口、粮所码头渡口、角嘴码头渡口、水巷口码头渡口、东胜码头渡口、民生码头渡口、上垌头码头渡口、莲塘码头渡口，共 21 个渡口。

象棋镇 陀田横水渡口、青洲横水渡口、花滩横水渡口、同乐横水渡口、大垌尾横水渡口、象棋水运码头、象棋街码头渡口、白祝码头渡口、交枝浪横水渡口、泗户横水渡口、龙滩码头渡口、木路口码头渡口、龙凤码头渡口、新胜码头渡口、云洲垌码头渡口、铜石码头渡口，共 16 个渡口。

和平镇 五屯横水渡口、和平电站横水渡口、平溪横水渡口、竹村横水渡口、广村横水渡口、都坡横水渡口、练村横水渡口、和平义学横水码头、政府横水码头、沙咀横水渡口，共 10 个渡口。

濛江镇 上峡横水渡口、下峡横水渡口、马皇码头渡口、渔业社码头渡口、角嘴码头渡口、古庙码头渡口、上大街码头渡口、大昌码头渡口、泗洲码头渡口、旺家码头渡口、马星横水渡口、安和码头渡口、党洲码头渡口、覃安码头渡口、石眼洲横水渡口、莲洞码头渡口，共 16 个渡口。

天平镇 三益码头渡口、塘冲渡口码头、江口码头渡口、大地码头渡口、保燕码头渡口、加塘码头渡口、藤山码头渡口、思中码头渡口、新马渡口、水口码头渡口、大木冲码头渡口、大地码头渡口、思崖码头渡口、石炉横水渡口、大湾码头渡口，共 15 个渡口。

东荣镇 罗湖横水渡口、上坡横水渡口、椤头横水渡口、满村横水渡口、龙公横水渡口、思排横水渡口、下雅横水渡口、鸡堂横水渡口、塘劝横水渡口、周冲横水渡口、古政横水渡口，共 11 个渡口。

金鸡镇 里核埌横水渡口、黄华横水渡口、义昌横水渡口、潘垌横水渡口、沙冲口横水渡口、富祝横水渡口、交口横水渡口、陈屋横水渡口、白竹横水渡口、龙珠石横水渡口、金鸡上码头渡口、金鸡陈屋码头渡口、大坡村码头渡口、虎跳横水渡口、里冲口横水渡口、山塘横水渡口、崇辉埌横水渡口、河儿口横水渡口、黄泥头码头渡口、高车村码头渡口，共 20 个渡口。

太平镇　古秀横水渡口、朗僚横水渡口、白沙横水渡口、黄皮横水渡口、西岸横水渡口、下黎横水渡口、上元码头渡口、永平高滩码头渡口、永平下寨码头渡口、健安横水渡口、永平白沙码头渡口，共 11 个渡口。

塘步镇　苏屋码头渡口、陈屋码头渡口、禤洲村委码头渡口、地头村码头渡口、栗木社码头渡口、石家祠码头渡口、白沙码头渡口、南安码头渡口、赤水码头渡口，共 9 个渡口。

水路客货运输

客运　1991 年，县内主要客运交通船舶有“奋强”“藤交一”“藤交二”3 艘客船，“奋强”客轮 212 客位，每天往返于濛江至梧州航线；“藤交一”客轮 218 客位，每天往返于藤城至梧州航线；“藤交二”客轮 500 客位，每天往返于藤城至濛江航线。每年春运时，“奋强”“藤交一”还加班藤县至广州运输旅客，给外出务工的人员带来极大的方便。是年，全县客运船舶 3 艘，客座 930 位；客圩渡 215 艘，客座 8122 位。全年客运量 51.1 万人次，客运周转量 2508 万人次。

20 世纪 90 年代中后期，由于公路客运的发展，水运客船逐步衰落，直至退出市场。2000 年，全县客运船舶 2 艘，客座 430 位；客圩渡 230 艘，客座 8313 位。2003 年全部客船停航，只有短途的客圩渡船继续运输。全县有客圩渡 218 艘，客座 8937 位。全年客运量 42.83 万人次，客运周转量 1313 万人次。2005 年，全县客圩渡减至 143 艘，客座 6066 位。全年客运量 33.6 万人次，客运周转量 703.2 万人次。

货运　1991 年，由于社会经济的发展，水运货源充足，船舶运力发展较快，原来吨位小的货船逐渐退出运输市场，木质船、水泥船逐步淘汰，船舶向大吨位发展，最大的船舶载货量达 700 吨。全县货运船舶达 1154 艘，货运能力 55800 吨；全年货运量 56 万吨，货运周转量 1.68 亿吨；1992 年货运船舶为历史最多，达 1166 艘，货运能力达 6.26 万吨。1994 年，货运船舶虽有所减少，全县 1104 艘，但货运能力增加较大，达 8.9 万吨。全年货运量 98.3 万吨，货运周转量 2.43 亿吨。1995 年后，由于水运市场萎缩，货运船舶与运载能力大减。1998 年，全县货运船舶只有 315 艘，载重量 3.9 万吨，全年货运量 56.3 万吨，货运周转量 15646 万吨。2002 年后，水运市场复苏，船舶逐年增长，大吨位船舶运输效益较好，业方纷纷建造大船舶，最大的船舶载货量达 3500 吨。2003 年，全县货运船舶 394 艘，载重量达 11.77 万吨，全年货运量 114.3 万吨，货运周转量 4.63 亿吨；2005 年，货运船舶 420 艘，载重量达 15.72 万吨，全年货运量 133.54 万吨，货运周转量 1.64 亿吨。

1991 年—2005 年藤县水路运输运力统计表

表 4-7-5

年度	客船		客圩渡		货船	
	艘数	客位	艘数	客位	艘数	载重量(吨)
1991	3	930	215	8122	1154	55800
1992	3	930	158	7120	1166	62600
1993	3	930	171	7412	1021	61700
1994	3	930	182	7738	1104	89000
1995	3	930	151	6062	791	62300
1996	3	930	154	6104	520	46000
1997	3	930	159	6930	386	40000
1998	3	930	236	9221	315	39000
1999	3	930	227	9246	342	39450
2000	2	430	230	8313	365	65000

续表

年度	客船		客圩渡		货船	
	艘数	客位	艘数	客位	艘数	载重量(吨)
2001	2	430	236	8800	366	64417
2002	2	430	248	8837	372	93448
2003	—	—	218	8937	394	117733
2004	—	—	201	8333	414	124734
2005	—	—	143	6066	420	157179

1991 年—2005 年藤县水路客货运输量统计表

表 4-7-6

年度	客运量(万人)	客运周转量(万人千米)	货运量(万吨)	货运周转量(万吨千米)
1991	51.1	2508	56	16800
1992	60.8	3151	86.4	26017
1993	24.4	1586	110.15	31274
1994	6.3	384.5	98.3	24345
1995	5.8	452.2	118	31000
1996	4.2	363	92	14700
1997	4.5	123	51.5	15008
1998	6.5	191.5	56.3	15646
1999	6.7	572.3	53.7	16793
2000	114.2	4626.1	85.9	27062.8
2001	46	4668.8	77.27	19823.5
2002	40.8	1683.6	108.2	27396.9
2003	42.83	1313	114.3	46306.8
2004	40.8	854.4	106	12845.7
2005	33.6	703.2	133.54	16425.4

第四节　梧州港赤水圩作业区

2005 年 11 月 15 日，广西壮族自治区发展和改革委员印发《广西壮族自治区发展和改革委员关于梧州港赤水圩作业区码头工程项目可行性研究报告的批复》（桂发改交通〔2005〕515 号），同意建设梧州港赤水圩作业区。

梧州港赤水圩作业区码头设计单位为广西壮族自治区交通规划勘察设计研究院，地质勘查为梧州市市政勘察设计院，监理单位为广西八桂工程监理咨询有限公司、广西梧州天宇建设监理有限公司。2006 年 10 月 28 日，广西壮族自治区交通厅《关于梧州港赤水圩作业区码头工程初步设计的批复》，同意：1. 梧州港赤水圩作业区码头工程建设 5 个 2000 吨级泊位，其中，多用途泊位 2 个，件杂货泊位 1 个，散货泊位 2 个；设计年货物吞吐：件杂货 30 万吨，集装箱 6 万 TEU，散货 90 万吨。2. 配套建设进港公路约 4.2 千米。3. 工程施工工期 24 个月。4. 核定工程概算总金额为 23654 万元（不含进港公路）。其中，第一部分工程费用 17615 万元，第二部分其他费用 4770 万元，第三部分预留费用 1119 万元，港外配套 150 工程万元。

梧州港赤水圩作业区码头项目建设用地共计 28.3 公顷。工程于 2005 年 12 月动工。梧州港赤水圩作业区码头工程(一期)设计施工总工期24个月。项目进港一级公路工程于2008年9月正式开工,水工平台于2009年3月17日正式开工。施工单位为:中交一航局第二工程有限公司、中交一航局第三工程有限公司、中交天津航道局有限公司、海南省建筑工程总公司。

第五节　洛湛铁路建设

洛湛铁路,2002年3月由铁道第二勘察设计院完成可行性研究报告,由中国铁建中铁十七局团体、二十二局集体等单位承建。该线段过梧州站后,跨浔江,从石良角隧道进入藤县塘步镇六坊村,经藤县塘步镇石塘、孔良、六坊、大元村,埌南镇杨村、界垌、界田、泗门、大湴、莫埌、冼村、黎寨往岑溪市,县境内全长35.58千米。洛湛铁路埌南镇征用土地69.89公顷、塘步镇征用土地28.57公顷,全县合计征用土地98.46公顷。2004年12月15日藤县段全线开工,2008年建设完成,2009年7月1日开通货运。

第六节　交通管理

营运管理

机动车维修及营运车辆驾驶员管理　1991年,开展对维修厂家的维修质量进行管理和监督,采取不定期抽检,把维护质量、维修工技术状况、驾驶员资格等各项工作与安全生产密切联系起来,提高客运安全系数。1991年—1998年,累计稽查乙、丙类维修厂家121次,督促已开业25个丙类厂家补办开业手续。1999年,对89家丙类、6家乙类维修厂点进行年度审验,督促21家维修厂(点)办理开业手续,维修技术人员办理上岗资格证90人,补办准驾证51个,签发维修合同1213份,稽查维修厂点42家。2000年对全县119家丙类、6家乙类维修厂点进行年度审验,督促31家维修厂点办理开业手续,签发维修合同1421份,稽查维修厂点54家。2002年,加强对汽车维修服务业的管理、指导工作,对维修厂家稽查26次、124家,发现违章32家,并进行了违章纠正。经年度审验合格的维修点共171家,其中摩托车维修点82家,专项汽车维修73家,乙类汽车维修厂4家,引导8家洗车行到县运管所补办开业手续。

1991年—2005年,开展营运车辆驾驶员上岗资格证培训工作,全县共办理营运车辆驾驶员上岗资格证1122个。

城区三轮摩托车管理　从1993年开始,由当时的下岗工人在没有经县政府、运管部门批准,自谋职业而应运而生的一种初级城市客运运输工具,多年来没有办理营运手续。1998年,运管部门根据有关法律法规对营运三轮摩托车开始实行行业管理。通过下发通知,宣传《条例》,引导业主办理营运许可。此后,三轮摩托车逐年发展,2003年,全县有从事客运三轮摩托车480辆,全部为侧三轮摩托车。主要分布于县城和太平镇,其中县城400辆,太平镇80辆。同年,县政府制订《关于印发规范整顿我县车辆营运秩序意见》,对三轮摩托车准入客运的限制,规定到期报废的车辆按60%重新投放运力,使其逐年减少,直至自然退出市场。

道路运输稽查　1991年共稽查车辆540辆次,处理违章车辆185辆次;此后,随着道路运输的不断发展,交通运输部门加大道路运输稽查力度。1993年稽查车辆1350辆次,处罚违章车辆315辆次。1995年,共稽查车辆3200辆次,其中客车2420台次,货车780台次,处理违章车辆825辆次;1998年,累计稽查145天,出动人员920人次,稽查车辆2247辆次,处罚265辆次;2000年,共出动稽查人员1582人次,稽查车辆5142辆次,处罚886辆次,扣证446本,扣车26辆次,书写执法文书400多份,全年无出现行政复议和违章处罚错案;2001年稽查车辆2980辆次,处理违章车辆790辆次,同时与交警、公路、农机等部门开展联合大稽查8天,取缔10台无牌无证从事客运经营的车辆,对货车搭客的农用车、后三轮车进行治理整顿,促进了运输市场的好转;2002年—2003年,共稽查车辆6350辆次,处罚违章车辆1158辆次;2004年—2005年,共稽查车辆7370辆次,处理违章车辆1190辆次。

路政管理

1991年—1999年,县内地方公路乱堆乱放,占用公路管辖区用地违章建筑现象较为严重。1999年下半年，根据《中华人民共和国公路法》赋予的职责及上级有关精神，成立交通局路政管理大队，开展地方公路路障清理工作，把地方公路管理纳入正常的法治轨道。路政管理大队成立后，通过多种形式大力宣传《中华人民共和国公路法》，并集中开展路障清理工作，在3个月内共处理违章建筑6间215平方米、砖窑10座、查处破坏路产案件1件。2000年，县交通局路政大队对同心线、平福线、大黎线等几条重点县道，采取集中力量，重点清理，依照公路法对违章建筑等侵占公路违法行为进行处理，全年共处理侵占路产、路权案件40多起。

2001年，县交通局购置一台路政管理专用车，配备6名路政执法人员，加大路政管理工作力度。利用宣传车、标语等多种形式在管养公路范围大力宣传公路法，共发送宣传资料1500多份；配合乡乡通良路工程实施计划，分别对平福、和平、大黎、同心等线清理路障。在当地政府的大力支持下，拆除违章搭棚18处、440平方米，拆除违章建筑17处、520平方米，清除水沟5处、390平方米，清除路肩废土垃圾40处、5400平方米，清除占用公路堆放建筑材料30处420平方米。2002年依照公路法进行了大规模的路障清理工作，共拆除违章建筑50多间，清理路障100多处。

2005年，会同各有关部门进行执法大宣传，结合日常巡查工作向村民群众发送有关法律、法规宣传资料，开展宣传解释工作。共分发宣传资料3000多份，制作6块永久性宣传牌，安装在县道和重保公路。是年落实责任制，对违章、违法建筑等行为，所管辖道班及时举报，同时鼓励管线人员和群众举报。截至11月中旬，查处违章违法案件20多件，及时制止15件，立案处理7件，其中违法建筑5件，非法倾倒垃圾、废土案2件。罚款3800元。拆除违章搭棚5处230平方米，清除占用公路及公路用地堆放建筑材料、杂物20处320平方米。

航道管理

西江航运干线 辖区西江航运干线贵港至梧州界首，全长291.7千米，县境航道全长74.30千米，属浔江段，为天然航道。

1991年，航道等级为Ⅴ级，航道维护尺度标准为20米×1.2米×150米（宽×深×曲度半径，下同），通航船舶为300吨级。西江干线航道运输繁忙，航标灯需昼夜发光。1993年，辖区桂平库区建成后，西江航运干线共设置各类标志438座，标灯438盏，其中桂平至贵港设置示位标39座、侧面标10座、桥涵标2座；桂平至梧州界首设置示位标、过河标、沿岸标、侧面标、桥涵标共387座。1994年10月，辖区西江、浔江、郁江航标灯全部灯器实现太阳能化。1996年5月，经西江一、二期航道整治后，航道等级提升。航道维护尺度标准提升为30~50米×1.8~2.3米×500米。境内浔江段已建设成为可常年通航1000吨级船队的国家Ⅲ级航道，极大地提高了西江干线航道通航能力，通航保证率98%。2003年10月，西江、浔江、郁江贵港至梧州界首河段的所有发光航标，安装使用了高亮度的LED灯（发光二极管）作为光源，提高了标灯工作的可靠性，使标灯灯色增强，寿命延长，降低了维护成本。

2005年，西江航运干线贵港至梧州航道工程可行性研究报告由广西壮族自治区发展和改革委员会以《广西壮族自治区发展和改革委员会关于西江航运干线贵港至梧州航道工程项目可行性研究报告的批复》（桂发改交通〔2005〕481号）批准，建设航道总里程290.5千米。根据工程可行性研究报告批复精神，项目采取分段实施方案，桂平至梧州（界首）段为一期工程，贵港至桂平段为二期工程。

西江航运干线贵港至梧州航道桂平至梧州段工程初步设计由广西交通规划勘察设计研究院编制完成。广西壮族自治区交通厅于2005年12月15日—16日在南宁主持召开西江航运干线贵港至梧州航道桂平至梧州段工程初步设计审查会议，会议原则同意报审的初步设计文件，同意建设规模和标准，由桂平航运枢纽船闸下引航道出口至梧州界首，航道建设里程181千米，航道技术等级为Ⅱ级，设计航道尺度3.5米×80米×550米（水深×宽度×弯曲半径），设计船型为2排1列式2000吨级船队和2000吨级货船，保证率98%（重现期五年一遇）。同意桥梁通航净空高度取10米。下阶段应根据西江航运干线广西段河流洪峰历时及洪水期通航的实际情况，进一步分析设计最高通航水位，并取与桂平航运枢纽二线船闸设计最高通航水位同样的洪水重现期标准。该工程已于2006年开始建设，2009年竣工交付使用。

绣江支流 绣江自北流市至藤县河口，全长177千米，航道最小水深0.3米~0.5米，建有圭江、容县、浪水水电站和境内的交口水电站共4座，圭江电站、容县电站设计船闸尺度为70米 ×8米 ×1.5米，由于资金原因，圭江船闸尚未建成；浪水电站、交口电站建有船闸各1座，分别为：50米 ×8米 ×1.5米与53米 ×24米 ×1.0米。因船闸经常发生故障，长期碍航，船舶只能区间航行。

水上交通安全监管

1991年继续推行县与乡、乡与村、村与船层层签订安全承包责任书，其中与乡签订15份，乡与村签订83份，村与船签订514份。县交通局与所属19个企业签订了安全承包责任书，把安全管理工作层层落实，增强了各级的安全责任感。7月，集中全县水运企业到藤城水运公司开展安全整顿试点，对照区航务局验收标准要求，对水运企业安全工作制订了比较规范的规章制度，共订出了包括组织机构在内的25项内容的安全管理制度和11项管理档案。

1993年，组织航监等有关部门联合检查船舶安全5次，检查船厂40次，检查船舶312艘次。1995年通过多种形式在乡镇、村、港口、码头、船舶进行宣传，整顿“三无”船舶，共检查船舶350艘次，扣留“三无”船舶37艘，按政策处罚后给予补检，通过强化管理，全县已补检船舶132艘。1996年共检查船舶530艘，纠正违章63起。2000年，共出动215天，参加稽查人数1459人次，检查船舶2384艘次，发现违章船舶181艘次，发违章整改通知书122份，发现“三无”船舶45艘，作烧毁处理船舶1艘，拆解4艘。有力地打击了违章行为，促进辖区水上安全状况的好转。

2001年，共出动检查186天、978人次，检查船舶1660艘次。发现违章船舶167艘次。发出违章整改通知书106份，查处“三无”船舶39艘，处罚25艘。2002年1月—10月，共出动158天，665人次，检查船舶1385艘，发现违章船舶122艘，发出整改通知书146份，滞留船舶15艘，拆解动力8艘，处罚72艘。

2003年—2004年，共稽查316天，出动检查人员1699人次，检查船舶3477艘次，发现违章船舶590艘次，发出整改通知书330份，滞留船舶18艘，拆解动力3艘，处罚281艘次。

2005年1月—11月，交通运输管理部门以各水运企业、港口企业和藤城、濛江、太平、东荣、金鸡、象棋、天平、和平、塘步等乡镇为重点，进行安全检查；并多次联合县安监局、藤县海事处、船检等部门开展水上运输整治。全年共稽查152天，出动833人次，检查船舶1460艘次，发现违章船舶221艘，其中拆解处理船舶4艘，并把检查发现的违章情况当月及时反馈给有关乡镇和部门。年内，全县采取层层落实安全责任制，县与乡镇，乡镇与村，交通管理部门与运输企业，企业与船主层层签订安全责任书，明确职责；同时加大宣传力度，提高群众安全意识；加强现场监督，及时纠正违章行为；加强对危险化学品运输企业的安全管理，严格按照国务院《危险化学品安全条例》和上级有关要求，加强检查，发现存在问题及时指出，限期纠正。是年，联合安监、海事、农业、渔业等部门根据有关安全管理的法规，结合藤县的实际情况，制定了《藤县乡镇自用船舶交通安全管理暂行办法》，明确了有关部门的管理责任，规范了自用船的管理。

公路交通规费征收

1991年，藤县公路交通规费征收，由县交通局公路运输管理所负责，乡镇设交通管理站专职管理。形成县运管所与乡镇交管站有机配合，路检路查与收费相结合，通过对票证发放的控制来管理收缴的养路费，实行月度结账或季度结账的办法。全年征收31.82万元。1992年，规费征收执行标准：从事公路运输的拖拉机每年缴费不少于8个月，从事田间兼公路运输的拖拉机不少于5个月；拖拉机养路费计征吨位，不足半吨的按半吨计征，超过半吨不足一吨的按一吨计征，以此类推，每吨月费130元。农拖养路费的使用范围，按地区行署要求所征的养路费均由交通部门安排使用，其余返还给乡镇，均用于县乡道路的修建、养护、设施建设等。是年，与县法院协商成立交通执行室，联合印制2000份《关于加强我县农拖机养路费征收的联合通知》分发到各村公所及拖拉机手，并且签订“拖拉机缴费合同书”，使农拖养路费征收逐步走上法制轨道。并会同法院一起上路检查，上门追收规费。当年超额完成农拖养路费和农拖管理费征收任务。全年征收交通规费47.02万元。

1993年—1994年共征收交通规费138.49万元。

1995年11月，成立藤县公路征费管理所，属自收自支事业性质单位，所需人员在交通系统内部调整解决，专司公路交通规费的征收管理。1997年，交通局与公路征费管理所签订目标责任状，公路征费管理所与各交管站签订目标责任状，交管站将任务分解到个人，使责任目标得以层层落实。为彻底堵塞征费征收管理上的漏洞，公路征费管理所成立征费稽查队，到各乡镇、村进行稽查，发现问题及时查处。全年征收交通规费254.31万元。

2000年完成征收农拖、摩托车公路交通规费493.9万元，完成年初县政府下达350万元任务的141%，比上年多征收203万元，增长69.8%，公路交通规费征收取得历史性突破。

2003年，地方公路交通规费征收突破900万元，超额完成市交通局下达全年征收任务。年内，制定相应的征费措施办法：一是充实规费稽查力量，从交通局各股所抽调精干人员组成征费稽查专业队，将稽查专业队分成若干小组，将征费任务分解到各小组并直接落实到个人；二是加大规费征收宣传力度，出动宣传车到各乡镇进行为期一个月的征费政策宣传，在乡镇悬挂横幅，发放宣传资料，张贴通知，并利用电视、广播等媒体宣传国家有关交通规费征收政策，提高车主依法缴纳交通规费意识；三是加大上路稽查力度，针对本县车辆逃避稽查、冲卡严重现象，采取全天候、全方位、节假日不休息上路稽查措施，促进交通规费征收。

2005年，统缴期间，征费部门派出三台宣传车深入全县各乡镇、村公所巡回宣传有关交通规费征收政策，悬挂横幅30多条，发放资料1000多份，张贴上级关于加强养路费等交通规费征收工作的通知1500多张。同时，成立5个稽查专业组分片负责，分别到乡镇、村，甚至车主家里进行动员收费，并协助乡镇交管站做好统缴期规费征收、票据发放和票款上解工作。各稽查组坚持加大稽查力度，做到不定期、不定时、不定点地进行全方位稽查，有力打击逃费的违法行为。稽查期间，共检查车辆3000辆次，发现欠费车辆1500辆，补征交通规费100多万元。

第七节　主要企业

公路运输企业

1991年，县内有公路客运运输企业：藤县汽车站（又称：藤县汽车总站、藤县汽车运输总公司）、太平汽车站（又称：太平汽车总站、太平汽车运输总公司）。此后至2005年，相继成立梧州运通服务有限责任公司藤县分公司、藤县公共汽车公司、藤州汽车运输有限责任公司（出租车客运公司）。至2005年，县内没有公路货运运输企业。

广西梧州金晖汽车运输有限公司藤县分公司　于1964年成立，时称藤县汽车站，站址设在旧粮食管理所，时有职工2人。1968年，站址迁至地尾（今农机公司处），有职工4人。1972年，站址迁至旧公路局旁，站房属砖木结构。1988年，藤县汽车站下放归地方政府管理，改为国营藤县汽车总站，属具有独立法人资格的企业，有职工86人，客车18辆，货车3两，挂车3辆，客运站房958平方米。

1991年，拥有客车24辆，共1031个座位，开通县内外营运班线16条。1996年7月，新客运大楼在河东建成开业，同时成立藤县汽车客运服务站，有职工113人，拥有客车23辆，共983个座位，完成客运量45万人次，完成客运周转量4895万人千米。1997年有职工人数96人。1998年5月，藤县车站投入1辆桂林大宇空调豪华大巴营运藤县至南宁直达快班。同年7月，投入2辆“佳利安”空调豪华中巴营运藤县至梧州客运快班。1999年有职工106人。2001年7月，梧州、岑溪、藤县、太平、蒙山等5家国营汽车运输公司联合组建为道路运输二级资质企业，藤县汽车运输总公司名下的人财物，划归梧州汽车运输总公司名下，并更名为梧州汽车运输总公司藤县分公司，有职工115人。2002年，开通广州、宝安、中山、珠海等省际和区内南宁、柳州、桂林、玉林等班线26条。2003年1月，梧州市人民政府批准企业改制，由国营企业改为民营企业，更名为广西梧州金晖汽车运输有限公司藤县分公司，有职工107人；是年，营业收入232.26万元，交税48.96万元，利润20.5万元；2004年，开通深圳、佛山客运班线，其中藤县至深圳班线全长540千米；当年收入262.71万元，交税51.96万元，利润27.19万元；

2005年，开通贺州客运班线，增开南宁、梧州直达快班线各1条，成立直达班车队，在管理上实行公车公营，为旅客提供安全、优质、快捷的运输服务，提高社会效益和经济效益，全年收入368.28万元，缴税67.76

万元，利润 38.34 万元。年末职工人数 98 人。

广西梧州金晖汽车运输有限公司太平分公司　1984 年，太平汽车站与藤县汽车站分离，并升格为县级汽车站，设客运股、货车队、修理车间、计财股、安技股。1988 年 10 月，划归藤县人民政府管理，称国营藤县太平汽车站，实行独立核算、自主经营，自负盈亏；有职工 121 人，客车 20 辆，货车 4 辆，挂车 5 辆，客运站房 454 平方米。1989 年 5 月，更名为广西壮族自治区国营藤县太平汽车站。1990 年 10 月，成立藤县太平客运服务站。

1991 年 10 月，自治区公路运输管理局批复同意太平汽车站立项投资扩建客运站房。是年，共有职工 110 人，营业收入 152.6 万元，上缴税金 5.4 万元，利润收入 1.45 万元。

1993 年 3 月，更名为国营太平汽车总站和国营太平汽车运输总公司，实行"一套班子，两个牌子"。10 月，新客运站房综合楼建成开业。是年，共有职工 128 人，营业收入 129.34 万元，上缴税金 5.44 万元，利润收入 21.29 万元。

1997 年，共有职工 132 人，营业收入 326.3 万元，上缴税金 20.97 万元，利润收入 8.18 万元。

2001 年 7 月，联合梧州汽车运输总公司组建二级资质企业，人财物划归到梧州汽车运输总公司名下，更名为梧州汽车运输总公司太平分公司。2002 年 12 月，进行产权置换改制，由企业职工出资认购企业全部净资产，企业性质由国有企业改制为民营企业。2003 年 1 月，更名为广西梧州金晖汽车运输有限公司太平分公司。2005 年，营业收入 447.29 万元，上缴税金 43.32 万元，利润收入 27.87 万元。

1991 年—2005 年，累计营业收入 4615.27 万元，累计上缴税金 363.78 万元，累计利润收入 173.55 万元。

藤州汽车运输有限责任公司　2001 年 7 月 11 日，成立藤县出租车客运公司，共有 7 台夏利小汽车投入营运。2003 年 7 月 1 日，与重庆出租车经营商协商一致，以招商引资项目，投入 40 台奥拓小汽车从事出租车经营，吸引 45 名重庆等外地经营者到藤县经营出租车。经过几年的发展，2005 年，公司共有出租车 54 台，原有的奥拓车型更新为更高档次的千里马等车型。公司注册登记持有客运上岗资质驾驶员 60 名。

梧州运通服务有限责任公司藤县分公司　1992 年，成立藤县汽车运输公司，性质为自收自支事业单位，属县交通局管理。1998 年 9 月，由自收自支事业单位，转为企业，并经区运管局审定为省级二类运输企业。2001 年 5 月，经县人民政府批准，与梧州市运通服务有限责任公司重组，企业名称变更为梧州运通服务有限责任公司藤县分公司，经区运管局评定为三级道路客运企业。

藤县公共汽车公司　1997 年 10 月成立，最初投入 3 辆公交车运营，人员 8 人，运行藤城—潭东、藤城河东—富吉两条公共汽车班线。1998 年，发展藤县公共汽车公司太平分公司，投入车辆 5 辆，运行太平—大界、太平—石桥线路。是年起，公共汽车公司部分车辆投入道路运输，运行县内短途班线。2005 年，公司拥有营运车辆 46 辆，其中公共汽车 20 台，道路运输车辆 26 台。资产 430 多万，员工 110 多人。

水运企业

客运企业　藤县客运公司。1991 年，县内主要客运交通船舶有"奋强""藤交一""藤交二"3 艘客船，总客座 930 位。其中，"奋强"客轮 212 客位，每天往返于濛江至梧州航线；"藤交一"客轮 218 客位，每天往返于藤城至梧州航线；"藤交二"客轮 500 客位，每天往返于藤城至濛江航线。1992 年南梧二级公路建成通车后，藤县水路客运逐步衰减。1995 年客船基本处于停业状态，只在春运期间临时加班运输，1998 年后全部停航。2003 年将客运船舶全部出卖后客运企业不复存在。

货运企业　藤县水运组织成立较早，1956 年有 9 个木帆船社，1967 年改为航运社，1981 年改为水运公司。此后水运事业蓬勃发展，水运企业逐渐增多。1991 年，全县共有集体水运企业 15 家。1992 年濛江船运公司成立，1994 年藤城船运公司、东城船运公司成立。全县水运企业 20 家，运力 1104 艘，载重量 8.92 万吨。以后，由于水运市场萎缩，水运企业和水运运力逐步减少。大黎水运公司、太平一公司、太平三公司、太平五公司、太平六公司、三益水运公司、南安水运公司、濛江船运公司、藤城船运公司、藤县东城船运公司先后退出了运输市场。2001 年，全县水运公司 14 家，运力 602 艘、64417 吨。2002 年企业减至 9 家。此后，水运市场逐渐复苏，一些个体运输户通过合股组建有限责任公司，水运企业逐年增加。2005 年，全县有水运公司 12 家，其中集体企业 8 家，私营个体企业 4 家。

藤县风顺船务有限公司。成立于 2003 年，成立时自有船舶 5 艘，3380 吨，经营珠江水系内河省际普通货船运输业务，在广州设立有办事处，主要业务在广东珠江三角洲一带，以集装箱运输为主，公司业务发展较快，货源充足，企业运力迅速增长。

藤县益航船务有限公司。成立于2002年，成立时自有船舶4艘，管理人员5人。经营珠江水系内河省际普通货船运输业务，2005年营运收入279.6万元，营运成本168.5万元，利润111.1万元。

藤县金达船务有限公司。成立于1993年，原名为城关船运公司。1998年改制为有限责任公司。经营普通货船、成品油、散装化学品船运输业务，是藤县唯一的一家有成品油、化学品运输资格的企业。

藤县藤州机动车驾驶员培训学校

2003年12月10日成立，位于藤县藤城镇富吉开发区，是实行独立核算的私营企业。通过不断建设和投入，2005年，学校固定资产投资300万元，流动资金50万元，总占地面积4.6万平方米，达到综合类二级培训资质。主要从事A1、B1、B2、C1、D、E各种车型驾驶技术培训和道路客、货运从业资格培训。每期每项招生定额为大型货车80人，小汽车60人，摩托车72人。学校教学设施有：无纸电化理论教室、构造实习室、维护排故实习室、声像电化教室、座舱驾驶练习室；操作训练场配备12套桩库和符合车管部门考试要求的电子桩练习套库一套，配备以考试标准建造的场内九项道路操作练习场。有教练汽车22辆，其中大型客车1辆、大型货车10辆、小型汽车11辆；教练摩托车12辆，其中三轮摩托车2辆，二轮摩托车10辆。学校有教练场地1.9万平方米，停车场地1000平方米。教职员工45人，其中理论教员5人，驾驶操作教员30人。是年，为适应藤县北面12个乡镇学员的学习和训练，在藤县太平镇设立分校，分校配备无纸化理论教室和摩托车训练场、汽车训练场共8200平方米。

2015年4月20日，梧贵高速公路通车，藤县结束没有高速公路直接连通历史

第五篇

政党 群团

县委、县政府办公大楼 (2005 年摄)

第一章　共产党

1991 年—2005 年，中国共产党藤县委员会召开了第八次至第十一次代表大会，选举产生了第八届至第十一届县委。历届县委认真贯彻落实党的路线方针政策，结合藤县实际，团结带领全县人民，解放思想，振奋精神，坚持改革开放，提出并实施"科技兴县""工业强县""富民强县"等发展战略，统筹发展各项社会事业。全面加强党的建设，党员人数由 1991 年的 1.95 万人发展到 2005 年的 2.91 万人。开展党员理论宣传教育活动，通过开展"双学"活动、"三严四自"、"三讲"教育、"三个代表"重要思想教育、保持共产党员先进性教育等一系列活动，提高党员干部的综合素质。全县三个文明建设取得重大发展。

第一节　组织机构

领导机构

中共藤县委员会领导班子组成人员由党的代表大会选举产生或由上级党委直接任命。第八届至第十一届中共藤县委员会共选举产生或任命县委书记 6 人次，副书记 33 人次，常委 53 人次。

中共藤县委员会第七届至第十一届常委会成员名表

表 5-1-1

届次	职务	姓名	性别	民族	籍贯	任职时间	备注
第七届 1988.10—1991.10	书记	韦肇晋	男	汉族	广西藤县	1988.10—1991.09	
		苏荣纲	男	汉族	广西梧州市	1991.09—1991.10	
	副书记	张　民	男	汉族	广西藤县	1988.10—1991.09	
		石先绪	男	汉族	广西藤县	1988.10—1991.10	
		黄福天	男	汉族	广西藤县	1988.10—1991.10	
		霍羽翼	男	汉族	广西藤县	1989.02—1991.10	
		邓辉全	男	汉族	广西藤县	1990.06—1991.10	
		杨振宇	男	汉族	广西岑溪	1991.04—1991.10	挂职
		曾南城	男	汉族	广东罗定市	1991.09—1991.10	
		玉振全	男	汉族	广西藤县	1991.09—1991.10	
	常委	李继侯	男	汉族	广西藤县	1988.10—1991.10	纪律书记
		黄锦波	男	汉族		1988.10—1991.10	副县长
		梁宇进	男	汉族	广西玉林	1988.10—1991.02	组织部长
		卢　斌	男	汉族	广西藤县	1988.10—1990.11	宣传部长
		林　政	男	汉族	广西昭平	1988.10—1991.09	武装部长
		韦　文	男	壮族	广西藤县	1990.11—1991.10	宣传部长
		唐　洪	男	汉族	广西藤县	1991.02—1991.09	组织部长
		包　军	男	满族	黑龙江省呼兰县	1991.09—1991.10	组织部长
		李月昌	男	汉族	广西藤县	1991.10—1991.11	宣传部长
		胡振钊	男	汉族	广西藤县	1991.09—1991.10	武装部长
		朱芳芬	男	汉族	广西藤县	1991.09—1991.10	县委办主任

续表

届次	职务	姓名	性别	民族	籍贯	任职时间	备注
第八届 1991.10—1993.10	书记	苏荣纲	男	汉族	广西梧州市	1991.11—1993.09	
		黎志逵	男	汉族	广西贺州市	1993.09—1993.10	
	副书记	曾南城	男	汉族	广东罗定市	1991.10—1993.09	
		黄福天	男	汉族	广西藤县	1991.11—1993.10	
		邓辉全	男	汉族	广西藤县	1991.11—1993.09	
		玉振全	男	汉族	广西藤县	1991.10—1993.10	
		杨振宇	男	汉族	广西岑溪市	1991.10—1992.09	挂职
		包　军	男	满族	黑龙江省呼兰县	1992.08—1993.10	
		彭庆伟	男	汉族	广西岑溪市	1993.09—1993.10	
		张志君	男	汉族	广东罗定市	1993.09—1993.10	
	常委	石先绪	男	汉族	广西藤县	1991.11—1992.01	副县长
		包　军	男	满族	黑龙江省呼兰县	1991.11—1993.08	组织部长
		李月昌	男	汉族	广西藤县	1991.11—1993.10	宣传部长
		韦　文	男	壮族	广西藤县	1991.10—1993.10	纪委书记
		胡振钊	男	汉族	广西藤县	1991.10—1993.10	县武装部长
		朱芳芬	男	汉族	广西藤县	1991.10—1993.10	县委办公室主任
		刘仕强	男	汉族	广西藤县	1992.01—1993.10	藤城镇党委书记
		黄金文	男	汉族	广西岑溪市	1992.08—1993.09	副县长
		李　东	男	汉族	广西岑溪市	1993.08—1993.10	
第九届 1993.10—1998.1	书记	黎志逵	男	汉族	广西贺州市	1993.11—1996.07	
		彭庆伟	男	汉族	广西岑溪市	1996.07—1998.10	
	副书记	彭庆伟	男	汉族	广西岑溪市	1993.10—1996.07	县长
		包　军	男	满族	黑龙江省呼兰县	1993.11—1996.07	
		张志君	男	汉族	广东罗定市	1993.11—1998.08	
		刘仕强	男	汉族	广西藤县	1993.10—1998.10	
		邓朝光	男	汉族	广西梧州	1996.03—1997.02	挂职
		秦国明	男	汉族	广西岑溪市	1996.07—1998.10	县长
		李　东	男	汉族	广西岑溪市	1996.07—1996.10	
		张穆良	男	汉族	广西贺州市	1996.10—1998.10	
		黎上日	男	汉族	海南省	1997.02—1998.10	挂职
		陈爱民	男	汉族	广西富川县	1998.08—1998.10	
	常委	李明健	男	汉族	广西藤县	1993.11—1996.10	副县长
		苏炳和	男	汉族	广西藤县	1993.11—1994.08	副县长
		朱芳芬	男	汉族	广西藤县	1993.10—1996.01	县委办公室主任
		周元超	男	汉族	广西藤县	1993.11—1998.08	纪委书记
		李　东	男	汉族	广西岑溪市	1993.10—1996.07	组织部长
		李月昌	男	汉族	广西藤县	1993.11—1997.01	宣传部长
		胡振钊	男	汉族	广西藤县	1993.10—1998.10	武装部长
		潘家声	男	汉族	广西藤县	1993.12—1997.03	政法委书记

续表

届次	职务	姓名	性别	民族	籍贯	任职时间	备注
第九届 1993.10—1998.1	常委	莫以海	男	汉族	广西藤县	1995.09—1996.10	太平镇党委书记
		林　聪	男	汉族	广西陆川县	1996.07—1998.04	组织部长
		成发群	男	汉族	广西藤县	1996.03—1998.08	公安局长
		周　峰	男	汉族	广西藤县	1996.08—1998.10	县委办公室主任
		陆功裕	男	汉族	广西藤县	1996.10—1998.08	宣传部长
		张穆良	男	汉族	广西贺州市	1996.10—1998.10	政法委书记(兼)
		胡六才	男	汉族	广西岑溪市	1998.08—1998.10	宣传部长
		白建辉	男	回族	广西永福县	1998.08—1998.10	纪委书记
		唐海泉	男	汉族	广西苍梧县	1998.08—1998.10	组织部长
		梁富超	男	汉族	广西蒙山县	1998.08—1998.10	政法委书记
		黄振饶	男	汉族	广西藤县	1998.08—1998.10	和平镇书记
第十届 1998.10—2002.10	书记	彭庆伟	男	汉族	广西岑溪市	1998.11—2002.09	
		秦国明	男	汉族	广西岑溪	2002.09~2002.10	
	副书记	秦国明	男	汉族	广西岑溪市	1998.11—2002.09	县长
		张穆良	男	汉族	广西贺州市	1998.10—2000.09	
		陈爱民	男	汉族	广西富川县	1998.11—2000.12	
		黎展宏	男	汉族	广西藤县	1999.05—2000.01	（挂职）
		胡振钊	男	汉族	广西藤县	1999.08—2002.10	
		潘进深	男	汉族		2000.01—2002.10	（挂职）
		杨　斌	男	汉族	广西宁明县	2000.12—2002.03	
		李军平	男	汉族	广西苍梧县	2002.09—2002.10	
		黄有才	男	汉族	广西蒙山县	2002.09—2002.10	兼纪委书记
	常委	刘仕强	男	汉族	广西藤县	1998.11—2002.10	副县长
		胡振钊	男	汉族	广西藤县	1998.10—1999.8	武装部长
		胡六才	男	汉族	广西岑溪市	1998.11—2001.4	宣传部长
		白建辉	男	回族	广西永福县	1998.11—2002.09	纪委书记
		唐海泉	男	汉族	广西苍梧县	1998.11—2002.09	组织部长
		梁富超	男	汉族	广西蒙山县	1998.11—2001.09	政法委书记
		黄振饶	男	汉族	广西藤县	1998.11—1999.10	和平镇书记
		周　峰	男	汉族	广西藤县	1998.10—2002.10	县委办公室主任
		李　忠			广西蒙山县	2000.01—2001.10	武装部长
		覃振明			广西苍梧县	2001.04—2002.10	宣传部长
		林进亮	男	汉族	广西苍梧县	2001.09—2002.10	政法委书记
		覃绍维		壮族	广西金秀县	2001.10—2002.10	武装部长
		严伯贵			广西苍梧县	2001.09—2002.09	太平镇书记
		黄东明			广西岑溪市	2002.09—2002.10	组织部长

续表

届次	职务	姓名	性别	民族	籍贯	任职时间	备注
第十一届 2002.10—2006.07	书记	秦国明	男	汉族	广西岑溪市	2002.10—2006.07	
	副书记	李军平	男	汉族	广西苍梧县	2002.09—2006.07	县长
		胡振钊	男	汉族	广西藤县	2002.10—2006.07	
		杨　斌	男	汉族	广西宁明县	2002.10—2005.03	
		黄有才	男	汉族	广西蒙山县	2002.09—2006.07	兼纪委书记
		何　棠	男	汉族	广西钟山县	2005.08—2006.07	
		黄东明	男	汉族	广西岑溪市	2005.04—2006.07	
	常委	覃绍维	男	壮族	广西金秀县	2002.10—2004.08	武装部长
		周　峰	男	汉族	广西藤县	2002.10—2004.10	县委办公室主任
		林进亮	男	汉族	广西苍梧县	2002.10—2006.07	政法委书记
		覃振明	男	汉族	广西苍梧县	2002.10—2006.07	宣传部长
		黄东明	男	汉族	广西岑溪市	2002.10—2005.04	组织部长
		胡六才	男	汉族	广西岑溪市	2003.06—2006.07	副县长
		李　冰	男	汉族	广西岑溪市	2004.08—2006.07	武装部长
		刘敬堂	男	汉族	广西藤县	2005.09—2006.07	县委办公室主任
		黄联文	男	汉族	广西贵港市	2005.10—2006.07	组织部长

县委工作机构

1991年，县委工作机构设置11个，分别为县委办公室（保密委员会名义保留）、组织部、宣传部、统一战线工作部、政法委员会、老干部局、县武装部、县委政策研究室、县党史资料征集办公室、县委人民武装委员会办公室、藤县保密局（与县委保密委员会办公室一套人马两块牌子）。1992年1月成立县委督查室。1996年，老干部局调整在县委组织部挂牌，机要局归口县委办公室管理，督查室、政策研究室并入县委办公室，将县机构编制委员会办公室列入县委工作部门序列，县委工作机构由原11个调整为8个。2001年，县直属机关党委改为县直属机关工作委员会，由县委派出机构改为县委工作机构。2005年，县委工作机构8个：县委办公室、组织部、宣传部、统战部、政法委员会、县直属机关工作委员会、纪律检查委员会机关、县机构编制委员会办公室。

县委办公室　1991年，县委办公室办公地址在藤州镇登俊路57号，为正科级行政单位。内设秘书股、信息股、查办股、机要传真股、机要通讯股，核定编制17名，实有23人。3月，撤销机要传真股和机要通讯股，设立县委机要局。10月，撤销查办股，设立县委督查室。11月，成立藤县保密局，与县委保密委员会办公室一套人马两块牌子。1996年，信访局改为信访办公室，设在县委办公室，督查室、政策研究室并入县委办公室。县委办公室内设机构改为第一秘书股、第二秘书股、综合信息股、督查室、政策研究室、信访办公室（对外挂县委、县政府信访办公室牌子）、机要局（对外挂县委机要局牌子）、保密办公室（对外挂县委保密委员会办公室、县保密局牌子）。1999年4月，机要局从县委办公室分出单独设立，不再作为县委办公室内设机构，仍归属县委办公室管理。10月，县国家保密局在县委办公室挂牌，与县保密委员会办公室一套机构两块牌子，县保密委员会办公室不再作为县委办公室内设机构。2002年，机构改革，保留县委办公室，挂县委保密委员会办公室（县国家保密局）、县委机要局、县委督查室牌子，县委办内设第一秘书股、第二秘书股、信息调研股3个职能股。2005年，核定行政编制15名，后勤服务事业编制5名，在职干部职工20人。

1991年—2005年历任主任：朱芳芬（1987.11—1996.01）、林聪（1996.01—1996.08）、周峰（1996.08—2004.11）、刘敬堂（2004.11—）

县委组织部 成立于1950年6月。1991年，办公地址在藤州镇登俊路57号。内设机构有办公室、组织员办、组织股、干部股、参照办、干审股、干教股、青干股、知工股、电教股、调研股等11个股室，行政编制24人。2002年机构改革，内设机构只保留办公室、干部股、组织股等3个股室，代县委管理基层办、指导员办。核定行政编制16人，事业编制2人。至2005年不变。

1991年—2005年历任部长：梁宇进(1987.10—1991.02)、唐洪(1991.02—1991.09)、包军(1991.09—1993.08)、李东(1993.08—1996.07)、林聪(1996.01—1998.04)、唐海泉(1998.08—2002.09)、黄东明(2002.09—2005.04)、黄联文(2005.10—2006.07)

县委宣传部 1991年，县委宣传部内设秘书股、宣传股、理论股、党教股、新闻股、干部股、社会文化市场管理股，行政编制16人，在职16人。1997年，撤销党教股、干部股、社会文化市场管理股。精神文明建设办公室并入县委宣传部，设精神文明建设股，对外挂精神文明建设委员会办公室牌子。行政编制14名，机关后勤服务人员事业编制2名，在职16人。2002年，宣传股、理论股合并为理论宣传股，新闻股改为新闻出版管理办公室，行政编制11名，后勤服务事业编制1名，在职12人。2005年，内设机构有办公室、理论宣传股、文明办（对外挂藤县精神文明建设委员会办公室牌子）。行政编制10人，后勤服务事业编制1人，在职11人。

1991年—2005年历任宣传部部长：韦文(1990.10—1991.09)、李月昌(1991.09—1997.01)、陆功裕(1997.01—1998.08)、胡六才(1998.08—2001.04)、覃振明(2001.04—2006.07)。

纪律检查委员会（监察局） 成立于1950年10月。办公地址在藤州镇登俊路57号。1991年，内设办公室、检查室、审理室、信访室、教育室，核定编制18人。1993年5月，县纪委与县监察局合署办公。内设机构改为办公室、信访室、调研宣教室、执法监察室、纪检监察室、案件审理室、党风廉政建设室，编制35人。1997年3月，内设机构改为办公室（兼挂县反腐败工作领导小组办公室牌子）、监察综合室、信访室（兼挂县监察局举报中心牌子）、纪检监察室、案件审理室、执法监察室、调研宣教室、党风廉政建设室（兼挂县纠正行业之风领导小组办公室牌子），核定编制26人。2002年3月，内设6个室：办公室（兼挂县反腐败工作领导小组办公室牌子）、信访室（兼挂县监察局举报中心牌子）、纪检监察室、案件审理室、执法监察室、党风廉政建设室（兼挂县纠正行业之风领导小组办公室牌子），核定编制23人。2004年2月增设调研宣教室。2005年不变。

1991年—2005年历任纪委书记：李继侯(1987.10—1991.10)、韦文(1991.10—1993.10)、周元超(1993.10—1998.10)、白建辉(1998.10—2002.10)、黄有才(2002.09—2006.07)。历任监察局局长：李曙光(1990.12—2000.10)、周少英（女，2000.10—2004.08)、何盛富(2004.08—2006.7)

县委统战部 1991年，办公地址在藤城镇东风街112号县政府办公大楼四楼。编制6人，在职6人，其中部长1人，副部长2人。1997年3月，原独立建制的县侨办、县台办列入统战部作为内设机构。内设机构设置秘书股、侨务办公室（对外称藤县人民政府侨务办公室）、县委台湾工作办公室（县政府台湾事务办公室）、宗教事务股、民族事务局。行政编制11名，机关后勤服务人员事业编制1名。2002年3月，侨务办公室从统战部分出与县外事办合并为县政府办外事侨务股。内设机构改为办公室、民族宗教事务局、县委台湾工作办公室。行政编制7名，后勤服务事业编制1名。其中部长1名，副部长2名。至2005年不变。

1991年—2005年历任统战部部长：卢斌(1990.10—1994.01)、林政(1994.01—1999.03)、黄伟忠(1999.03—2002.09)、胡朝权(2002.09—2006.07)

县委政法委 1980年8月成立。1991年属县委工作部门，科级行政单位。办公地址在县政府大院内。8月1日，县社会治安综合治理委员会办公室核定事业人员编制4名，从政法部门或行政机关现有人员中选调。1993年8月18日，设办公室、调研股。1997年4月，内设机构改为秘书股、人事调研股、督查股、社会治安综合治理委员会办公室4个股室，核定行政编制9名，机关后勤服务人员事业编制1名。其中书记1名、副书记2名。2002年3月，内设机构调整为办公室、执法监督室2个室，挂藤县社会治安综合治理委员会办公室牌子。核定行政编制7名，后勤服务事业编制1名。设书记1名、副书记2名（其中兼社会治安综合治理委员会办公室主任1名）。2003年2月8日，挂县610办公室牌子（为县处理法轮功问题领导小组常设机构），重新明确编制配置：

县委政法委员会行政编制5名,事业编制1名;县社会治安综合治理委员会办公室行政编制1名;县610办公室行政编制1名。至2005年不变。

1991年—2005年历任县政法委书记:黄福天(1990.03—1993.12)、潘家生(1993.12—1997.03)、张穆良(1997.03—1998.08)、梁富超(1998.08—2001.09)、林进亮(2001.09—2006.07)。

直属机关工作委员会 1991年,办公地址在藤州镇登俊路57号。为县委直属机构,正科级行政单位,内设机构有办公室、县直机关武装部,核定编制7人,实有人数8人。1993年设立县直机关纪律检查委员会。2002年4月,县直机关党委更名为县直机关工作委员会,为县委的派出机构,职能由党的基层委员会改变为党的工作部门。核定编制6人,实有6人。2005年,内设机构有办公室、县直机关武装部、县直机关纪律检查委员会,编制6人,在职8人。

1991年—2005年历任县直属机关工委书记:覃济生(1991.01—1999.09);陆金莲(1999.09—2002.03);吴健敏(2002.03—2011.12)。

县委老干部局 成立于1984年6月。1991年,在藤城镇龙颈离休干部楼办公(即县图书馆右侧),为正科级行政单位,有编制8名,实有人员8人。1996年,改在县委组织部挂牌,作为组织部的内设机构;同时,把为老干部服务的职能分离出来,成立藤县老干部服务中心,与老龄工作委员会办公室合署办公,一套人马两块牌子。2002年4月,老干部局重新确定为正科级行政单位,保留老干部服务中心作为老干部局的二层机构,与老干部局合署办公。2005年,有编制9名,实有人员10人。其中老干部局行政编制3名,实有5人;老干部服务中心编制6人,实有5人。

1991年—2005年历任老干局局长:唐 华(1987.02—1992.12)、何颖林(1992.12—1995.06)、李绍梅(1995.06—2002.03)、何至超(2002.03—2004.08)、何继华(2004.08—)。

县委党校 1960年5月成立,为正科级机构。1991年,办公地址在藤城镇登俊路51-1号。内设行政办公室、教务教研室、总务室,有教职工21人,其中教师10人(副高级职称1人、中级职称4人,初级职称5人)。1995年2月后,县委党校校长由县委副书记兼任,常务副校长主持党校日常工作。1997年,成立县行政学校,为县政府直属单位,与县委党校合署办公,两块牌子,一套人马。2005年,内设行政办公室、教务处、总务处,有教职工22人,其中教师11人(中级职称6人,初级职称5人)。

1991年—2005年历任县委党校校长:卢斌(1989.04—1992.04)、秦柱彬(1992.04—1995.02)、包军(1995.02—1996.09)、张志军(1996.09—1998.10)、陈爱民(1998.10—2000.12)、杨斌(2000.12—2005.04)、黄东明(2005.04—2008.08)。常务副校长:秦柱彬(1995.02—1999.01)、陆献忠(1999.03—2002.12)、黎伟业(2002.12—2007.01)。

基层组织

1991年,县委下设乡镇党委20个:藤城镇党委、城关乡党委、津北乡党委、南安镇党委、赤水乡党委、埌南镇党委、同心乡党委、金鸡镇党委、新庆乡党委、象棋镇党委、岭景乡党委、天平镇党委、濛江镇党委、和平镇党委、太平镇党委、古龙镇党委、平福乡党委、东荣乡党委、大黎镇党委、宁康乡党委。县直机关设县直属机关党委、县公安局党委等4个,党组5个:县劳动局党组、县林业局党组、县水利电力局党组、县人事局党组、县畜牧水产局党组。全县设党总支部28个,党支部787个。

1992年,设立县对外贸易局党组、县经济体制改革委员会党组、县地质矿产局党组、县财贸办公室党组。1993年,设立县二轻工业管理局党组、县计生委党组。1994年,设立县民政局党组。1996年,设立县土地管理局党组、县文化局党组。1997年,设立县农机事业局党组、县对外贸易经济合作局党组、县农村工作领导小组办公室党组、县乡镇企业管理局党组、县审计局党组、县计划生育局党组、县建设局党组、县科学技术局党组、县经济贸易局党组、县计划局党组、县畜牧水产事业局党组、县农村信用合作联社党组,撤销县商业局党组、县物资局党组、县二轻工业管理局党组、县对外经济贸易局党组、县农业机械化管理局党组、县对外经济贸易委员会党组、县农业委员会党组、县乡镇企业委员会党组、县计划生育委员会党组、县城乡建设委员会党组、县科学技术委员会党组、县财贸办公室党组、县经济委员会党组、县经济体制改革委员会党组、县计划委员会党组、县畜牧水产局党组。1998年,设立县广播电视事业局党组。

1999年，乡镇党委换届，县委设立的乡镇党委不变。同年，设立县技术监督局党组。

2000年，成立中共藤县教育局委员会、县林业局委员会、县水电局委员会、县经贸局委员会。设立县国家税务局党组。撤销县教育局党组、县林业局党组、县水电局党组、县经贸局党组。

2002年，乡镇党委换届，撤销中共藤县南安镇委员会和中共藤县赤水乡委员会，成立中共塘步镇委员会，全县设18个乡镇党委：藤城镇党委、塘步镇党委、埌南镇党委、同心镇党委、金鸡镇党委、新庆镇党委、象棋镇党委、岭景镇党委、天平镇党委、蒙江镇党委、和平镇党委、太平镇党委、古龙镇党委、平福乡党委、东荣镇党委、大黎镇党委、宁康乡党委。同年，县委设立县直属机关工作委员会、县水利局委员会、梧州市药品监督管理局藤县分局党组、县发展计划局党组、县文化和体育局党组、县国土资源局党组、县劳动和社会保障局党组。撤销县直属机关委员会、县计划局党组、县乡镇企业管理局党组、县水电局委员会、县农村工作领导小组办公室党组、县文化局党组、县土地管理局党组和地质矿产局党组、县农机事业局党组、县劳动局党组、县畜牧水产事业局党组。

2004年8月机构改革，部分机关党组设置进行调整，成立县发展和改革局党组、人口和计划生育局党组，撤销县发展计划局党组、县计划生育局党组、对外贸易经济合作局党组。9月，中共梧州市药品监督管理局藤县分局党组更名为中共梧州市食品药品监督管理局藤县分局党组。

2005年7月，设立藤州镇委员会，撤销藤城镇委员会、潭东镇委员会、津北镇委员会、宁康乡委员会。设立藤县农业机械化管理中心党组。年末，全县有党委40个，党组18个，党总支146个，党支部1148个。

1991年—2005年中共藤县基层组织情况表

表5-1-2　　单位：个、人

年度	党委	总支	支部	党员
1991	24	28	787	19540
1992	24	25	801	19957
1993	25	26	806	20392
1994	25	26	813	20758
1995	25	27	838	21310
1996	23	26	835	22049
1997	23	28	838	23064
1998	22	30	841	24077
1999	22	31	850	25058
2000	43	139	1074	25788
2001	43	145	1062	26699
2002	43	144	1162	27169
2005	40	146	1148	29092

1991年—2005年各乡镇党委、县直党委历任书记

藤城镇党委：刘仕强（1990.06—1993.09）、陆盛勇（1993.09—1996.01）、胡朝权（1996.01—1996.08）、莫以海（1996.08—1997.01）、胡朝权（1997.01—1999.03）、杨红（1999.03—2000.12）、覃祚平（2001.04—2003.09）、何瑜深（2003.09—2005.07）。

城关乡（潭东镇）党委：李伟国（1990.04—1992.03）、廖朝荫（1992.03—1996.01）、霍小钰（1996.01—2000.06）、李龙（2000.06—2002.09）、黎柱石（2002.09—2005.07）。

津北乡（镇）党委：廖明桂（1990.10—1993.09）、黄日富（1993.09—1998.04）、龙文炳（1998.04—2002.02）、曾庆梅（2002.02—2002.09）、茹恩南（2002.09—2004.08）、温康文（2004.08—2005.07）。

藤州镇党委:陈钊平(2005.07—2007.09)

南安镇党委:李月昌(1991.01—1991.03)、刘朝宏(1991.04—1996.09)、江平(1996.08—1997.01)、蓝明月(1997.01—1999.08)、莫石坚(1999.08—2002.04)。

赤水乡党委:黄达龙(1987.10—1991.07)、何仲斌(1991.07—1993.09)、黄德杰(1993.09—1996.08)、刘国能(1996.08—1999.08)、许景强(1999.08—2002.04)。

塘步镇党委:莫石坚(2002.05—2005.07)、潘一清(2005.07—2010.04)。

埌南镇党委:黄超华(1990.06—1992.07)、覃应成(1992.07—1993.08)、李肖文(1993.08—1996.08)、严永红(1996.08—1998.04)、覃庆(1998.04—1999.03)、张贵雄(1999.03—2000.10)、霍战平(2000.11—2002.03)、何盛富(2002.03—2004.08)、黄位昌(2004.08—2006.04)。

同心乡(镇)党委:秦业伟(1987.10—1991.06)、孙祖国(1991.06—1992.03)、李仕华(1992.03—1993.09)、张光伦(1993.09—1996.08)、叶梧(1996.08—1999.04)、欧泽璋(1999.04—2004.08)、胡敏(2004.08—2007.09)。

金鸡镇党委:莫文奇(1990.04—1992.03)、黄伟忠(1992.03—1992.07)、黄照堂(1992.07—1996.08)、李永光(1996.08—1998.10)、肖谋健(1998.10—1999.08)、李庆良(1999.08—2002.02)、唐有文(2002.02—2005.07)、李明超(2005.07—2009.02)。

新庆乡(镇)党委:张健、黎伟、江平(1993.08—1996.08)、黄世康(1996.08—1999.04)、覃柱怀(1999.04—2002.03)、刘敬堂(2002.03—2004.08)、刘羡杰(女,2004.08—2007.09)。

象棋镇党委:李有良(1990年—1993年)、欧定锋(1993.06—1996.06)、卢永阳(1996.06—2002.03)、卢培洲(2002.03—2004.08)、陈晓(2004.08—2005.04)、李祖良(2005.04—2010.09)。

岭景乡(镇)党委:欧成基、黎伟义、朱炳杰(1994.04—1996.10)、高安礼(1996.10—1999.03)、莫亦光(1999.03—1999.08)、祝继宏(1999.08—2004.08)、黄海和(2004.08—2006.02)。

天平镇党委:周继昌(1990.08—1992.10)黄锦仟(1992.11—1996.08)、蒙庆贤(1996.08—1999.03)、何超(1999.03—2000.10)、陈钊平(2000.11—2003.09)、黄永杰(2003.09—2007.09)。

濛江镇党委:杨泛基(1987.10—1991.07)、朱汉基(1991.07—1992.07)、周元超(1992.07—1993.03)、林聪(1993.03—1994.10)、黎伟(1994.10—1998.08)、霍汉柱(1998.08—1999.04)、黄世康(1999.04—2000.12)、胡远达(2001.04—2006.04)。

和平镇党委:梁有初(1990.02—1991.10)、区柱天(1991.10—1993.11)、黎云(1993.11—1998.01)、黄振饶(1998.01—1999.05)、黄保绪(1999.06—2001.04)、魏钊生(2001.04—2005.02)、王龙(2005.04—2008.05)。

太平镇党委:黄自忠(1990.06—1992.02)、郭保宏(1992.02—1992.07)、吴锦辉(1992.7—1993.08)、莫以海(1993.09—1996.08)、马维驹(1996.08—1998.08)、严伯贵(1998.08—2002.08)、黄定云(2002.08—2006.04)。

古龙镇党委:覃永文、欧达惠(1992.07—1996.01)、何瑾(1996.05—1998.08)、蒙土金(1998.08—2002.03)、陈彩焕(2002.03—2003.09)、李勇光(2003.09—2005.04)、陈晓(2005.04—2006.04)。

平福乡党委:覃宏庆、黄传荣(1992—1993.11)梁永文(1993.12—1997.12)、吴容北(1998.01—1999.08)、卢培洲(1999.08—2002.03)、黄海文(2002.03—2006.04)。

东荣乡(镇)党委:莫以海、黄冲天(1993—1996.01)、覃庆(1996.01—1998.04)、李炳汉(1998.04—1999.03)、朱炳杰(1999.03—2002.08)、许景强(2002.08—2005.07)、温康文(2005.07—2008.09)。

大黎镇党委:梁贵昌(1991年1月—1993年9月)、温恒勇(1993年10月—1996.08)、陈宗杰(1996.08—1998.01)、唐诗源(1998.01—1999.03)、魏泽华(1999.03—2004.08)、蔡容贤(2004.08—2005.07)、吴伯彬(2005.07—2010.09)。

宁康乡党委:江建朝(1990.07—1992.03)、黄德杰(1992.03—1993.09、)林炳光(1993.09—1996.01)、肖谋健(1996.01—1998.10)、祝继宏(1998.10—1999.08)、刘敬堂(1999.08—2002.03)、黄位昌(2002.03—2004.08)、李祖良(2004.08—2005.08)。

县直属机关党(工)委:覃济生、陆金莲(1999.04—2002.03)、吴健敏(2002.03—2011.12)。

公安局党委：成发群、陈世雄(1999.07—2003.11)、李志才(2003.11—2009.06)。

教育局党委：彭军(2000.05—2002.03)、张贵雄(2002.03—2007.01)。

林业局党委：刘国能(2000.05—2003.09)、温恒勇(2003.09—2006.08)。

水电局党委：黄传荣(2000.05—2002.03)。

水利局党委：覃柱怀(2002.03—2005.07)、魏振光(2005.07—2007.09)。

经贸局党委：胡永(2000.05—2002.03)、叶梧(2002.03—2004.08)、石维贵(2004.08—2006.12)。

第二节　县党代会

中共藤县第八次代表大会

1991 年 10 月 26 日—27 日在县城召开。应到会代表 277 人，实到会代表 265 人，列席代表 77 人。大会审议并通过了县委书记苏荣纲代表第七届委员会所作的题为《坚持党的基本路线，加强党的建设，为发展藤县经济而努力奋斗》的工作报告和韦文代表纪委所作的工作报告。选举产生了中共藤县第八届委员会委员 26 人(含挂职)，候补委员 5 人；选举产生了中共藤县第八届纪律检查委员会委员 10 人。

10 月 27 日召开中共藤县第八届委员会第一次全体会议，选举苏荣纲、曾南城、黄福天、邓辉全、玉振全、杨振宇(挂职)、石先绪、包军、李月昌、韦文、胡振钊、朱芳芬 12 人为中共藤县第八届委员会常务委员，苏荣纲为书记，曾南城、黄福天、邓辉全、玉振全、杨振宇(挂职)为副书记；选举中共藤县第八届纪律委员会常务委员 6 人，韦文为书记。

中共藤县第九次代表大会

1993 年 10 月 13 日—15 日在县城召开。应出席代表 277 人，实际到会代表 273 人，列席代表 81 人。大会审议并通过了县委书记黎志逘代表第八届委员会所作的题为《坚持改革开放，加强党的建设，为振兴藤县经济而努力奋斗》的工作报告和周元超代表纪委所作的工作报告。选举产生了中共藤县第九届委员会委员 27 人，候补委员 3 人；选举产生了中共藤县第九届纪律检查委员会委员 11 人。

10 月 15 日召开中共藤县第九届委员会第一次全体会议，选举黎志逘、彭庆伟、包军、张志君、刘仕强、李明健、苏炳和、周元超、李东、李月昌、胡振钊 11 人为中共藤县第九届委员会常务委员，黎志逘为书记，彭庆伟、包军、张志君、刘仕强等同志为副书记。选举中共藤县第八届纪律委员会常务委员 5 人，周元超为书记。

中共藤县第十次代表大会

1998 年 10 月 8 日—9 日在县城召开。出席会议代表 303 名，列席代表 83 名。大会审议并通过了县委书记彭庆伟代表第九届委员会向大会所作的题为《同心协力，奋发进取，加快发展，把藤县各项建设事业全面推向新世纪》的工作报告和白建辉代表纪委所作的工作报告。选举产生了中共藤县第十届委员会委员 29 人，候补委员 5 人。选举产生了中共藤县第十届纪律检查委员会委员 13 人。

10 月 9 日召开中共藤县第十届委员会第一次全体会议，选举彭庆伟、秦国明、张穆良、陈爱民、刘仕强、胡振钊、胡六才、白建辉、唐海泉、梁富超、黄振饶为中共藤县第十届委员会常务委员，彭庆伟为书记，秦国明、张穆良、陈爱民为副书记。选举中共藤县第十届纪律委员会常务委员 5 人，白建辉为书记。

中共藤县第十一次代表大会

2002 年 10 月 19 日—20 日在县城召开。应到会代表 298 名，实到会代表 295 名，列席代表 79 人。大会审议并通过了县委书记秦国明代表中共藤县第十届委员会所作的题为《与时俱进，勇于创新，奋发有为，全面开创藤县各项建设事业的新局面》的工作报告和黄有才代表十届纪委所作的工作报告；选举产生了中共藤县第十一届委员会委员 29 名，候补委员 5 名；中共藤县纪律委员会委员 15 名。

10 月 20 日召开中共藤县第十届委员会第一次全体会议，选举秦国明、李军平、胡振钊、杨斌、黄有才、覃绍维、周峰、林进亮、覃振明、黄东明为中共藤县第十一届委员会常务委员，秦国明为书记，李军平、胡振钊、杨斌、黄有才为副书记。选举中共藤县第十一届纪律委员会常务委员 7 人，黄有才为书记。

第三节　县委全体(扩大)会议　县委常委会会议

县委全体(扩大)会议

县委全体(扩大)会议一般每年召开2次左右,每次必须有五分之四以上的正式委员到会方能召开,参加人员主要有县委委员、候补委员、县四套班子党员领导、纪委委员、各党委书记、乡镇长、乡镇纪委书记。会议内容一般是通报前段时间县委工作的情况,学习贯彻上级有关会议精神等。

1991年10月至1993年10月,中共藤县第八届委员会共召开了7次县委(扩大)会议,主要议题有:全县的八五规划和十年规划发展纲要、农业综合开发、计划生育工作、河东开发、南梧公路进城线路、西江大桥、津蒙公路前期工作、清房等。1993年9月12日,召开八届第七次全委扩大会,会议主要议题是廉政建设与干部教育问题。

1993年10月至1998年10月,中共藤县第九届委员会共公开了9次县委全体(扩大)会议。选举领导班子,第二、三次全委会讨论甘蔗生产问题、农村基层建设问题。第四次、五次全委会主要议题是加强党的基层组织建设、延长土地承包期等。六次全委会专题讨论西江大桥、津蒙公路集资问题。第七次至第九次全委会重点讨论国企改制、政企分开等问题。

1998年10月至2002年10月,中共藤县委员会共召开了8次县委全体(扩大)会议,主要讨论的议题有社会治安、清除黄赌毒、加大招商稳商力度、深化国企改革以及清理整顿农村基金会、供销社股金会等。

2002年10月至2006年7月,中共藤县第十一届委员会共召开了4次全委会(扩大)会议。主要议题是学习上级有关会议精神、工业园区建设、招商引资、国企改制特别是交口、和平、三江3个电站的改制问题以及加快西江大桥、津蒙公路建设等问题。

县委常委会会议

县委常委会会议按照《中共藤县委员会工作制度》执行,常委有半数以上参加的方能开会,属于讨论人事任免事项或其他重要事项,须有三分之二以上成员参加,占常委会全体委员半数以上通过的决定才有效。

中共藤县第八届委员会共召开常委会会议19次,审议议题39项,通过的重要议题有河东新区开发建设、西江大桥、津蒙公路规划,申请立项开工、计生工作、人事安排等。

中共藤县第九届委员会共召开了74次县委常委会会议,审议的议题133项,通过的重要议题有西江大桥、津蒙公路集资及加快推进农业综合开发、蔗糖生产及部分国企改革、区划调整后续事宜、社会治安、人事安排等。

中共藤县第十届委员会共召开了67次常委会会议,审议的议题共131项,通过的重要议题有招商引资、国企改制、西江大桥、津蒙公路集资情况及施工进度情况,藤州大桥规划与进展情况,城乡公路大会战及社会治安、党风学风等。

中共藤县第十一届委员会召开了49次县委常委会会议,审议的议题115项,通过的重要议题有招商引资、建立工业园区、国有企业改制和下岗工人安置,清理农村合作基金、信用社基金,讨论十五规划纲要、"三讲"学习及人事安排等。

第四节　重要决策

党风廉政建设

1993年10月23日,县委批转县纪委《关于我县贯彻落实党中央近期反腐败斗争工作部署的实施意见的请示》的通知,指出近期反腐败的目标和重点是要在抓好党政领导干部的学习,提高认识的基础上,县(处)级以上领导干部应对照中央提出的廉洁自律的"五个不准"和自治区党委提出的十个方面要求自查自纠;基本刹住群众最不满意的几股不正之风,主要是国家机关及其下属单位利用职权乱收费以及用公款出国(境)

和本系统行业等不正之风；集中力量查结一批大案要案，对典型案件要严肃处理，依法惩处腐败分子。具体分三个阶段开展：动员部署、自查自纠、总结阶段性成果。党政领导机关和领导干部要带头自律，做出表率。纪检部门要集中力量抓紧查办大案要案。

1996 年 7 月 19 日，县委县政府下发《关于重申和健全反腐败专项工作责任制的通知》，除县反腐败工作领导小组办公室明确负责对全县反腐败工作的组织协调、督促检查、综合分析和汇总报告外，其他 15 种具体违纪违规违法问题落实和明确具体责任单位和牵头单位。如违规集资建房、建私房、压价购房、公款超标装修住房问题由县住建委负责抓落实；“小金库”以及行政事业单位乱收费问题，由县财政局、物价局、监察局、审计局负责，财政局牵头等。建立和完善各项工作制度，包括汇报制度、联席会议制度、检查督促制度等。

2003 年 7 月 22 日，县委县政府下发《关于进一步落实党风廉政建设责任制的意见》，各乡镇、县直各单位制定党政领导班子成员党风廉政建设岗位职责，明确“党政一把手”是落实党风廉政建设责任制的第一责任人，对党风廉政建设负总责。严格实行责任追究制，对本乡镇、本部门出现重大经济损失的，不正之风严重、群众反映强烈、长期得不到治理的，领导干部配偶、子女利用该领导干部职权和职务上的影响获得非法利益、造成恶劣影响的，选拔任用领导干部违反有关政策和规定的，用人失察的，按照责任制规定追究有关领导干部的责任。

经济建设

发展农村经济　1986 年冬，县委、县政府提出十年绿化藤县的决定。经过几年的封山育林、飞播造林和人工造林，荒山面积已逐年减少。1991 年夏秋调查，全县还有宜林荒山 1 万公顷。10 月 31 日，县委、县政府下发《关于全党动员全民动手大搞植树造林如期消灭荒山的通知》，提出力争在 1992 年基本消灭荒山，1995 年基本实现全县绿化。

1991 年 11 月 13 日，县委、县政府针对全县村级集体经济十分薄弱，没有集体经济收入的“空壳村”以及收入在 500 元以下的“基本空壳村”占全县村公所总数的 51.9% 的情况，提出尽快消灭“空壳村”，加快村级集体经济发展。发展重点是根据山多、劳动力多，气候条件好的优势，大力发展林、果、茶场等劳动密集型的“绿色企业”和养殖业，逐步形成种、养、加工一条龙，农、工、商一体化的农村集体经济。同日，县委、县政府出台《关于加快发展乡镇企业的决定》，坚持“四轮驱动”（乡镇办、村办、联户办、户办企业同时发展）的方针，重点发展集体企业；以林果业、采矿业、农副产品加工业、支农工业为开发重点，因地制宜发展建材、陶瓷、小水电、服装、日用品、精细轻型化工业等；大力发展为城市工业加工配套服务的企业和“三来一补”出口创汇企业；逐步实行种、养、加工一条龙，农、工、商相结合，推动乡镇企业与城市工业挂钩，走城乡一体化发展的路子。

1993 年 12 月 21 日，县委县政府印发《关于实施“523389 工程”大力发展玉桂八角林的通知》，即：到 1998 年，实现全县有玉桂 50 万亩、八角 20 万亩、水果 30 万亩、蔬菜 30 万亩、出栏生猪花猪 80 万头、鱼箱养鱼 9 万平方米。同时，贯彻落实梧州地委提出的“重钱抓粮”战略。全县掀起农业综合开发热潮。

1994 年 4 月 29 日，县委、县政府下发《关于延长土地承包期有关问题的通知》，在全县开展延长土地承包期工作，实行增人不增地、减人不减地，耕地承包期 30 年不变，开发性荒山荒水承包期 50~70 年不变，承包的土地可以出租、入股、抵押和使用权有偿转让。

1995 年 3 月 25 日，县委、县政府制定《藤县加强农村基层组织建设三年工作规划(1995—1997)》，到 1997 年，每个行政村都有一个好领导班子，特别是有一个好支部书记；有一支富有战斗力的好队伍；选准一条适合当地加快经济发展的好路子；完善一个好的经营体制；健全一套好的管理制度，更好地促进全县农村经济的持续、快速发展。

1995 年 8 月 14 日，县委、县政府下达关于农民承担费用的规定：各部门、各乡镇向农民统筹的费用必须控制在八项内容及上年农民人均纯收入的 5% 以内。八项内容即民兵军事训练费：人均 0.43 元／年，占 0.037%；五保户统筹费：人均 0.59 元／年，占 0.05%；烈军属优待金：人均 1.01 元／年，占 0.088%；民师统筹费：人均 8.12 元／年，占 0.7%；土地承包费：1.30 元／年，占 0.113%；教育附加费：人均 17.35 元／年，占 1.5%；

西江大桥、津蒙公路统筹费：农村人口按每人每年15公斤稻谷统筹（五保户、特困户除外），占1.729%；其他社会负担：人均6.01元/年，占0.52%。上述统筹项目及数额从1995年起1997年止，一定三年不变。

1999年3月8日，县委县政府制定《中共藤县委员会关于贯彻党的十五届三中全会精神、落实自治区党委“1234610”工作思路的实施意见》，提出要坚持把农业放在国民经济发展的首位；农业和农村跨世纪的发展目标是农村整体经济实力增强，农民收入增加和县乡财政收入增长；稳定和落实党在农村的基本政策；大力推进农业科技进步；实施农业和农村工作六大基础工程：绿色工程、种子工程、流通工程、“三田”建设工程、教育培训工程、社会稳定工程；认真抓好10项工作：调整和优化农村产业结构；深化农村改革，大力推进农业产业化经营；加快水利为重点的农村基础设施建设；以增加农民收入为重点，推进农村小康建设；大力发展乡镇企业，加快农村小城镇建设；扩大农业和农村对外开放；坚持不懈地抓好计划生育工作；多渠道增加对农业的投入；加强农村民主法制建设和精神文明建设；加强党对农村工作的领导。

2004年2月24日，县委、县政府制定《藤县实施五大措施促进农民增收方案》，决定从2004年起，实施企业联动、专业村带动、销售队伍拉动、劳务输出驱动、基础设施建设推动五大措施，促进农民增收。

招商引资　2000年11月15日，县委、县政府下发《关于进一步加强招商引资力度的决定》。优化投资环境，优化收费政策，优化服务环境，组建工业开发区等，投资50万元以上者只收税不收费等促进外来者大量来县投资。

2003年5月15日，县委、县政府下发《印发关于进一步改善投资软环境的若干规定的通知》《藤县招商引资奖励办法》。

工业园区建设　2005年4月28日，县委、县政府下发《关于进一步加快县工业集中区发展的决定》，提出工业集中区发展总体思路、功能定位、区域范围、产业布局、基地建设和基本目标。

发展个体私营经济　1998年8月11日，县委、县政府下发《关于进一步加快个体私营经济发展的暂行规定》，放宽个体工商户、私营企业的从业人员的资格。私营企业、商家大幅度增加，大中专毕业生、农民进城创业掀起了一个新高潮。

城乡建设

1992年7月24日，县委、县政府下发《关于印发藤城河东新区开发工作会议纪要的通知》，“八五”期间，藤城城区面积要由现在的1.7平方千米扩大到5.6平方千米。建立河东开发区工程指挥部，把开发工程划分为几个战区，以战区为单位建立指挥所，定期检查评比，开展社会主义劳动竞赛。年内8月8日在河东区动工，近期目标开发地产66.67公顷，40米大街2条共长3千米，投入2000多万元。

1993年1月3日，县委、县政府印发《关于集资兴建藤县西江公路大桥和津蒙公路的通知》，全县在职国家干部（含录用干部、招聘干部、公办教师）职工（含合同工人，集体固定工），自治区、地区驻藤县单位的干部、职工进行集资捐款。

2003年4月28日，县委县政府下发《关于开展全县乡村公路建设大会战的决定》。至2005年，乡村公路建设总体目标：新建通乡（镇）油路100千米以上，实现全县100%乡镇通柏油路；每乡镇改造一条以上通村主干公路，全县改造300千米以上的村级公路，保证达到四级良好路或四级此等路的质量标准，实现晴雨通轿车率达到100%，全县每年新建通村公路90千米以上；实现95%的行政村通等级公路，80%以上的行政村通班车。

体制改革

国有企业体制改革　1994年5月5日，县委、县政府制定了《关于深化国有企业产权改革，建立现代企业制度的若干试行办法》，提出以企业产权改革为重点，采取多种形式，加快国有企业转换经营机制。产权改革可采取：大中型企业，可改组为股份有限公司或有限责任公司；国有小型企业，可将现有全部资产或部分资产出让给职工，改组为股份合作制企业；可将国有企业全部资产或部分资产出让给外商，改组为外商独资企业或中外合营企业；可将国有企业的资产全部出让给个人或部分出让给个人，改组为私营企业或公私合营企业；可将国有小型企业，通过抵押租赁的方法，实行国有民营。以后新建企业按《中华人民共和国公司法》组建；有拳头产品，经济效益好的国有企业，可以以产权为纽带，实行多家股份的跨地区、跨行业的股份集团公司，优势互补，加速发展；效益好的国有企业，可以兼并效益差的国有企业；对那些长期亏损，扭亏无希望的国有企业，则实行破产。

1998年6月12日，县委、县人民政府印发《企业改革整顿实施方案》，强调从调整和优化工业经济结构和企业内部改革和整顿等措施，使县内的企业在激烈的市场竞争中得到生存和发展。先抓太平松脂厂、县松脂厂、县钛白厂、富华钛业制品厂、东茂钛白粉厂、太平糖厂、县糖厂这7家国企进行改制，其中太平糖厂和县糖厂按中央政策要求先停产并妥善安置了工人的就业。

1998年6月19日，县委、县政府下发《关于切实做好国有企业下岗职工基本生活保障和再就业工作的方案》，从健全机构，落实职能；深入调查研究，全面摸清情况；建立工作目标；普遍建立再就业服务中心；培育和发展劳动力市场，加大转岗培训力度等方面确保下岗职工基本生活保障和再就业。

党政机构改革　1991年—2005年，全县进行3次机构改革。1996年，对直属机关党政机构及乡镇党政机构进行第一次机构改革，至1997年1月基本完成。经过改革，县委设置工作机构8个，比原来的13个减少5个，精简38%；县政府设置工作机构31个，比原来的48个减少17个，精简35%。其中合并单位5个，改为议事协调机构2个，改为行政职能的县直属事业单位8个，改为经济实体1个，撤销2个。2001年12月，藤县按照自治区和梧州市的部署，结合藤县实际，进行第二次机构改革，至2002年3月完成。这次机构改革，县委、县政府主体部门格局基本不变，只对一些工作机构或职能进行适当调整，实行撤并、转体或职能移交。机构改革后，藤县党委部门共设置县委工作机构8个，保持原来不变。县政府共设立工作部门24个（不含监察局、粮食局），比原来的26个减少2个，精简7.7%。2004年8月5日，县委、县政府根据中共梧州市委员会办公室、梧州市人民政府办公室文件精神，研究制订了藤县县直机构改革的实施意见，8月18日召开县直机构改革动员大会，正式启动实施藤县县直机关机构改革。机构改革后，全县党委部门共设8个工作部门（包括纪律检查委员会机关和机构编制委员会办公室），与改革前保持不变。县政府工作部门共设置24个（不含监察局和粮食局），其中有6个挂牌机构，1个议事协调机构，与改革前的机构个数不变。

村级管理体制改革　1995年5月25日，县委、县政府印发《关于撤销村公所改设村民委员会通知》，决定撤销村公所，改在原村公所管辖区域内设立村民委员会；村民委员会成员5~7人，设主任、副主任和委员，由选民大会或选民代表会议选举产生，村民委员会每届任期三年，其成员可连选连任；原村公所的企业和其他财产，要维持现状移交给新建的村民委员会。

1998年7月31日，县委、县人民政府下发《藤县农村推行村务公开的实施方案》，每个村民委员会要公开本村范围内的村务工作，包括财务收支、计划生育、征用土地和宅基地审批、农民负担、电费、水费收缴等10大项。

第五节　组织建设

党员发展

1991年以来，每年制订党员发展计划，严格按照“坚持标准、保证质量、改善结构、慎重发展”的方针，把质量放在首位。以企业、农村的优秀青年、工人、农民和知识分子作为发展的重点，抓好非党村干部、无35岁以下党员的村、无妇女党员的村、无党员的村民小组、无党员的车间（班、组）的党员发展工作。做好入党积极分子的培养、教育、帮助，指导共青团组织做好“推优”工程。1991年—1999年，共发展新党员7833人，其中农村党员3857人，占49.24%；妇女党员1770人，占22.59%；大中专以上文化3549人，占45.31%。

2000年，按照《中国共产党农村基层组织工作条例》要求，对农村党组织设置进行调整优化，在全县266个村中，设村党委17个，村党总支117个，新设村党支部518个，原自治区备案的29个后进村有27个村建成先进村。全年发展新党员1296名，其中女性326名。年龄结构方面：25岁及以下422名，26岁至35岁611名，36岁至59岁263名。文化结构方面：大学本、专科214名，高中319名，中专518名，初中及以下245名。2000年—2005年新发展的党员6625人，其中农村党员3468人，妇女党员1553人，大中专以上文化程度4399人。

2005年，全县有党员29092名。其中在岗职工党员8164名，农牧渔民党员17372名，学生党员19名，离退休人员党员2643名，其他党员894名；女党员5253名，占18.06%；少数民族党员175名，占0.6%；35岁及以下的党员6663名，占22.9%；60岁及以上的党员8068名，占27.73%；大学专科以上文化程度的党员3853名，占13.24%；初中及以下文化程度的党员15548名，占53.44%；有新中国成立前入党的党员13名。企业单位党组织由1991年的88个缩减到34个，党员人数由1285人减少到786人。

党员教育

1991年—1994年，党员教育主要是学习马列主义、毛泽东思想和邓小平建设有中国特色社会主义理论以及社会主义市场经济理论。共举办培训班270多期，培训党员5.35万人次。1995年，开展"双学"（学理论、学党章）活动，举办党员培训班1943期，轮训、培训党员7.9万人次。1996年，在全县实施"三严四自"(严格要求、严格管理、严格监督；自重、自省、自警、自励）工程。组织全县干部学习《党章》《条例》《准则》，学习党的十四届四中、五中全会精神。抓好"自查、核查、自纠、督办、立制"五个环节，对干部队伍中存在的"桌子、票子、车子、房子、位子、机子、孩子"等7个方面的问题进行认真找摆，并针对存在的问题提出整改措施，达到纠正"三风"的目的，克服机关"门难进、脸难看、事难办"现象。1998年后，在加强政治理论学习的同时，对农村党员举办实用科技知识的培训，使农村党员在提高理论水平、思想政治素质的同时，掌握1~2门致富技术。2001年，开展"三个代表"重要思想学习教育活动，在学习教育活动中总结出"六结合"和"十户十送"经验：学习教育活动与农村经济发展工作相结合，促进农民增收；与减轻农民负担工作相结合，促进减轻农民负担工作取得明显成效；与加强作风建设、关心农民群众的生活相结合，促进基层干部思想作风和工作作风的根本好转；与精神文明建设、民主法制建设和维护农村社会稳定相结合，促进精神文明建设和民主法制建设上一个新台阶；与农村基层组织建设相结合，促进全县农村基层组织建设提高到一个新水平；与加强和改善对农业、农村工作的领导相结合，促进"十五"计划的顺利实施，推动全县经济和社会全面进步。访十类户（贫困户、温饱户、小康户、富裕户、计生对象户、上访户、守法文明户、党员户、科技示范户、个私企业大户）、知十户事、解十户情、助十户富；进村入户，给农民送政策、送技术、送信息、送种苗、送物资、送图纸、送资料、送"订单"、送"精神食粮"、送温暖。编印《藤县农村"三个代表"学教诗诀句》读本发放给学习教育对象。2002年6月，藤县获全区农村"三个代表"重要思想学教活动先进集体（县）称号。2003年—2005年，在县电视台《党建园地》栏目中播出党建专题200多期，摄制党建新闻100多条，上送梧州市电视台播出26条，自治区电视台播出12条。其中《男儿当自强》《程宏海：身残志坚带民致富》《兰花王朱石新》入选广西《全区保持共产党员先进性教育》《广西党员电教》和《广西建设社会主义新农村百部乡土电教片》教材。2005年，开展保持共产党员先进性教育活动，全县2.85万名党员参加。活动分3批进行，第一批时间为1—6月，对象是县级党政机关和部分事业单位共85个，涉及基层党委7个，党总支部10个、党支部127个，党员2460人。第二批时间为7—12月，对象是乡镇机关及其直属单位、县派驻乡镇的基层单位，全县中小学校、县直部、委、办、局下属企事业单位、党组织关系在藤县的区直企业单位共401个，涉及23个基层党（工）委，446个党支部，党员8531人。第三批时间为2006年1月—6月，对象是农村和部分党政机关、城镇社区，涉及17个村级党委，117个村党总支，542个农村党支部，11个社区党支部，2个街委党支部，党员17551人，其中农村基层党员17486人。2005年年末，全县16个乡镇党委和县直57个党（总）支部均配备"两机一柜"（电视机、影碟机和档案柜）电教设备，建立了电教播放室，普及率分别达100%、81%。全县266个行政村中有238个村建立党员电教播放室，占89.5%；党员电教中心户309户；13个街道社区中有11个社区建有电教播放站，占85%。

领导干部队伍建设

选拔任用和管理　1991年以来，党政领导干部选拔任用严格按照《党政领导干部选拔任用工作条例》《公开选拔党政领导干部暂行规定》《党政领导干部交流工作规定》等各项规章制度执行，坚持德才兼备、以德为先和群众公认、注重实绩原则。1992年3月，县委制定《中共藤县委员会关于选拔任用党政领导干部若

1991年—2005年藤县中共党员基本情况统计表

表 5-1-3　　　　单位：人

年度	党员总数			性别		民族		文化程度						年龄（岁）						入党时间					
	合计	正式党员	预备党员	男	女	汉族	少数民族	大专以上	中专	高中	初中	小学	文盲	25岁以下	26至35	36至45	46至55	56至60	61岁以上	27.8至37.7	37.8至45.9	45.10至49.9	49.10至66.4	66.5至76.10	76.11至92.9
1991	19540	18812	728	16984	2556	19495	45	715	1049	2788	4276	10517	195	338	2463	5295	4940	3079	3425		5	46	7553	6844	5092
1992	19957	19261	696	17331	2626	19903	54	814	1163	2983	4381	10423	193	380	2409	5447	4670	3131	3920			57	7477	6782	5641
1993	20392	19696	696	17677	2715	20331	61	937	1289	3254	4555	10199	158	510	2328	5682	4374	3197	4301			51	7283	6811	5449
1994	20758	19962	796	18038	2720	20696	62	1047	1432	3399	4659	10066	155	503	2239	5816	4335	3161	4704			44	7120	6734	5412
1995	21310	20387	923	18456	2854	21235	75	1188	1590	3642	4869	9866	155	573	2329	5716	4372	3002	5318			43	6833	6656	5541
1996	22049	21009	1040	10988	3061	21961	88	1374	1904	3918	5112	9625	116	973	2794	5398	4591	3057	5326			41	6643	6582	5477
1997	23064	21788	1276	19715	3349	22955	109	1667	2271	4226	5352	9463	85	947	3412	5294	4876	3007	5528				31	6486	6397
1998	24077	22601	1476	20304	3773	23960	117		1885	2701	4682	5600	9142	67	1231	3844	5404	4956	3627	5015				31	6299
1999	25058	23488	1570	20978	4080	24939	119	2	2156	3136	4865	5797	9050	52	1549	4222	5339	5103	2831	3014				30	6043
2000	25788	24288	1500	21548	4240	25673	115	1	2445	3429	5083	5967	8817	46	1708	4433	5310	5331	2854	6452				22	5809
2001	26699	1377	4511	153	7	587	2194	3865	5246	6244	8523	33	2042	4576	5550	5476	2790	6265				20	5459	6166	5552
2003	27669	1216	4846	178	21	615	2795	4394	5172	14672	6488	5204	6170	2166	7641			16	5218	6032	5129	11274	2003	27669	1216
2004	28542	1084	5115	174	21	702	3024	4596	5345	14854	6775	5433	6224	2305	7805			15	5077	5965	5185	12300	2004	28542	1084
2005	29092	1040	5253	175	18	763	3090	4356	5317	15548	6663	5761	6127	2473	8068			13	4825	5875	5054	13325	2005	29092	1040

干规定》,明确规定了选拔任用党政领导干部条件、程序和纪律,同时制定了实施细则和干部分级管理有关规定。1993年,对领导干部实行试用制和诫勉制,一般干部提拔为副科级领导干部,试用期1年,试用期满,经考核胜任岗位工作的进行正式任命。1995年10月,制订了《中共藤县委员会关于党政领导干部选拔任用工作的若干规定》,比1992年的《规定》更加完善,增加了文化程度、经过党校或行政院校培训、身体健康、党龄以及辞职、降职等内容。同年建立后备干部人才库,通过组织推荐、群众举荐和个人自荐等方式,当年共推荐确立了后备干部306人,其中大专以上学历133人,占43.5%;35岁以下的181人,占59.2%;女性33人,10.8%;非党17.6%。

1997年,对党政机关和企事业单位党政正职领导进行离任审计制度。至2005年,共对139名党政正职领导进行离任审计。1998年,实行公开选拔领导干部制度,当年面向社会公开选拔了教育局、卫生局、广播电视局、审计局、畜牧水产局5个单位的副科级领导干部,指导检察院、财政局等部门进行机关内部中层领导职务竞争上岗。2000年,对拟任正、副科级领导干部通过报纸、电视等实行任前公示,公示期7天,让群众对公示对象进行评议和监督。并逐步完善公开选拔、竞争上岗、任前公示、干部交流、民主推荐、民意测验、民主评议等制度,推进干部工作的科学化、民主化和制度化。2000年—2005年,公开选拔乡镇团委书记9人,乡镇妇联主席5人,县建设局、交通局、环保局、司法局副局长各1人。推荐确定后备干部913人。

干部培训　1991年以来,干部培训一般由组织部组织,党校负责培训。1996年—2003年,县委制定和实施《1996年—2000年藤县干部培训规划》《2000年—2005年藤县干部培训规划》《2003年—2007年藤县在职干部全员培训计划》。至2005年,共举办培训班206期,培训领导干部(包括村党支部书记、村委主任)1.27万人次,培训的主要内容有:中共十四大、十五大、十六大精神及领导干部财政知识, WTO知识,电脑知识,法律法规知识,城镇化、信息化、农业现代化等前沿专业知识等。选送576名领导干部到中央、自治区、梧州市党校参加培训。同时鼓励干部参加学历教育,县委党校与上级党校举办大专、本科、研究生等函授学历进修班,1991年—2005年共培养函授学员大专987人,本科606人。2004年,实行干部双休日培训。至2005年,共举办双休日干部培训班27期,培训干部4500多人次。其中科级干部1650人次,科级以下干部2850多人次。

干部挂职锻炼　1999年,从县直机关派出20人到乡镇挂职副书记。2005年,全县有挂职干部118人,其中省(区)、市下派挂任县委副书记、副县长、县长助理、法院副院长、财政局副局长、乡镇长助理等职务46人,县派下派挂任乡镇党委副书记、乡镇长助理等职务62人;县派上挂干部8人,县派外挂干部2人。挂职干部中,县处级8人,科级50人,侯科(后备)干部60人,分别占7%、42%和51%。挂职时间最长的2年,最短的2个月,大多数挂职干部挂职期为1年。

选调生　2000年开始,接收自治区党委组织部选调生。至2005年,共接收选调生6批11人,其中1人提拔为副镇长,1人提拔为镇党委宣传委员,1人提拔为团县委副书记,2人被选调到县委组织部工作,1名外调到自治区直单位工作。

大学生村干部　1999年开始,实施选派大学生村干部工作。大中专生村干部档案归县人才中心负责管理,户口转往乡镇所在地,列入在编村干部,工龄连续计算,经济待遇为基本工资+绩效+奖金。县财政拨付部分为每人每月工资150元。当年全县在册大中专毕业生853人,回县报到要求就业752人,其中本科46人,大专161人,中专445人。报名当村干部的大中专毕业生148人,经谈话及了解村干部的工作、生活、待遇和有关问题后,志愿并被录用为村干部大中专生57人。1999年,有8人因待遇太低等原因辞职。2000年,有18人经公考成为教师。2001年,有2人经公招提拔为乡镇团委书记。2002年,有7人经公考成为乡镇公务员。至2003年,57名学生村干部中除9人辞职外,其余48人全部经公考成为教师、公务员、事业单位工作人员。

基层党组织建设

县直机关组织建设　1991年,县直属机关党委共有党总支部17个,党支部198个,党员数2971人。其中:机关单位党总支部10个,党支部70个,党员数1046人;事业单位党支部47个,党员人数640人;企业单位党总支部7个，党支部81个，党员人数1285人。1999年，经县委批准成立了县经贸局党委、县林业局党委、县水利局党委、县教育局党委，并将原来由县直属机关党委管理的8个党总支和74个党支部及1584名党员分别划归上述4个党委管理。县直属机关党委尚有党总支部9个，党支部126个，党员人数2400人。其中：机关党总支部8个，党支部58个，党员人数1279人；事业党总支部1个，党支部27个，党员人数398人；企业党支部41个，党员人数723人。2005年，县直属机关工委共管辖党总支部10个，党支部128个，党员人数2694人。其中：机关单位党总支部8个，党支部62个，党员1394人；事业单位党总支部2个，党支部32个，党员514人；企业单位党支部34个，党员786人。

1991年—2005年县直属机关党（工）委共举办入党积极分子培训班19期，培训入党对象1430人；举办党务干部培训班16期，共培训支部领导班子成员1653人；批准发展新党员1051名；表彰先进基层党组织230个，优秀党务工作者210人，优秀共产党员1450人；走访、慰问困难党员和老党员1354人，发送慰问金146800元；组建党员义工服务队69支，参与义工服务的党员1210人次；组织离退休党员开展健身游艺活动9次，参加活动的离退休党员共5600人次；收缴党费1484204.25元；县直机关纪委会共协助县纪委办理党员违纪案件69起，处理违纪党员92人；县直机关武装部共向部队输送了96名合格兵员，并先后组织了600多名民兵应急队员参与了11场（次）抗洪、抗灾抢险和社会维稳等工作。

农村基层组织建设 根据全国、全区农村基层组织建设工作会议精神，县委于1994年11月20日、12月26日分别召开了九届三次会议和全县三级干部大会，研究部署了全县农村基层组织建设工作。1995年2月，设立藤县农村基层组织建设办公室，负责农村基层组织建设协调指导工作，并制订了《藤县加强农村基层组织建设三年规划》。

第一轮农村基层组织建设(1995年—1997年)。1995年2月19日—20日，在古龙镇召开全县农村基层组织建设工作会议，县四大班子党员领导、县直各部委办局党员主要领导和各乡镇党委书记、主管党群副书记及组宣纪统委员共286人参加。当年，全县有自治区备案的后进村106个，也是集体经济“空壳村”，其中90%的村办公条件简陋，村干部上班不正常，班子瘫痪。县委组织首批774名（其中县直机关233名、乡镇541名）工作队员进村驻户，对后进村基层组织进行集中整顿。采取结对帮、派人帮、资金帮、政策帮、大家扶等形式，做好山、水、路三篇文章，以山养财、以水聚财，借路生财，提高村级集体经济效益。1997年底，全县266个村，全面达标258个，基本达标8个。

第二轮农村基层组织建设(1998年—2000年)。1998年开始第二轮农村基层建设，重点对排查出来的29个后进村进行“攻坚”。全县266个村在两轮农村基层组织建设中共上马项目900多个，建成村级集体经济实体710个，年收入850万元。其中原自治区备案的106个后进村，纯收入320万元，全面实现了村村年纯收入有2万元以上的目标。1999年10月，自治区在藤县召开全区发展村级集体经济经验交流会，藤县作典型经验介绍。2000年，顺利通过自治区对一、二轮农村基层组织建设的检查验收。266个村级组织建设合格率达100%，29个后进村中，27个成为先进村，村集体经济收入3万元以上。

三级联创 2001年，在县、乡镇和村三级党组织中，开展以“五个好”村党组织、“六个好”乡镇党委、“四个好”县直部门、乡镇站所和农村基层组织建设先进县为主要内容的创建活动，以党员科技示范户、党员科技电教工程建设和小康示范村建设为重点，结合实施以“科教兴村、经济强村、文明建村、民主管村、法制治村”为重要内容的村级组织建设工程。县委制定《藤县农村基层组织建设“三级联创”实施方案》及《考核细则》，在县直各单位抽调110多名干部组成农村工作队，要求“三级联创”活动与业务工作两手抓，一起部署，一起检查，一级抓一级，把创建成果作为考察评价一个单位、一个部门、一个班子、一个干部工作实绩的重要依据。2004年5月11日，在全区农村党的建设“三级联创”阶段性总结表彰电视电话会上，藤县被授予“广西壮族自治区农村基层组织建设先进县（市）”的称号。

“五村两规范”建设 2003年，选择金田横桥、礼秀、健良翰冲等14个村作为全县“科技兴村、经济强村、文明建村、民主理村、依法治村和村级工作规范化管理、村级干部规范化管理”的“五村两规范”示范村建设。至2005年，全县建成26个各具特色的“五村两规范”建设示范村。其中自治区级1个，市级2个；建成濛江

1997 年春，藤县第三批农村基层组织建设工作队奔赴农村

镇健良翰冲村、古龙镇忠隆村等 30 个生态文明示范村；创建县级文明村 131 个，市级文明村 28 个，自治区级文明村 8 个，自治区级生态文明村示范点 1 个。科教兴村示范村有忠隆村、石夏村，经济强村示范村有古龙村、翰冲村、旺国村，文明建村示范村有胜西结义村、礼秀村、金田横桥村，民主理村示范村有江权村、坡头村、志成村，法制治村示范村有潭东村、新光村。全县农村“五改”率达 60% 以上，建成沼气池 2 万多座，卫生改厕 3780 个，硬化了村道，新建办公楼 221 幢，中小学教学楼 284 幢，修建人畜饮水工程 2720 处，95% 的农民饮上了清洁卫生用水。有 325 名经济能人进入村“两委”班子，827 名村干部是当地科技示范户。建立 3 个县级、16 个乡镇级农村基层干部培训基地，如古龙镇 1 万公顷八角基地、太平镇 412 公顷西瓜基地、和平镇立体种植基地、濛江镇无公害蔬菜基地、塘步镇砂糖橘、黑皮冬瓜基地等。利用基地对党员、经济能人、种养大户、营销业主、专业户进行科技培训，共举办各种适用技术培训班 210 期，培训农村党员、基层干部 3.4 万人次，其中掌握 1~2 门实用技术的农村党员 1.01 万人，基层干部 5400 多人次，有 2850 多名农民获得绿色证书。投入专项资金用于扶持党员科技示范户，建立党员科技示范户专门档案，进行跟踪服务和信息指导。全县 626 户党员科技示范户通过科技致富，人均纯收入 3503 元，人均增长 1109 元，比当地农民人均纯收入增加 1700 多元。登记成立农村专业合作经济组织 36 个，会员总数 3.5 万人，带动农户 11 万户人，带动面 51%。各类农村经济合作组织带领会员创产值 3.3 亿元，会员人均增收 400 多元，占全县农民年人均纯收入的 20%。

人才管理

1992 年 5 月，在做好人才库建设的同时，选拔、奖励专业技术拔尖人才和优秀青年科技人才。县委制定《藤县专业技术拔尖人才选拔管理暂行办法》，当年评选出首批藤县专业技术拔尖人才 10 人，每人每月补贴 30 元。1993 年 12 月，成立藤县知识分子工作领导小组，下设办公室，加强专业技术人才、农村实用人才、企业经营管理者和科技人才队伍建设。1997 年评选藤县第二批专业技术拔尖人才 10 人，每人每月补贴 30 元。2004 年，评选藤县第三批专业技术拔尖人才 10 人，每人每月补贴 50 元。同年，藤县开展首批优秀青年科技人才评选，评选出优秀青年科技人才 30 人。2004 年评选出藤县第二批优秀青年科技人才 10 人。

1995 年，获梧州地区第二批专业技术拔尖人才 2 人；获梧州地区首批优秀青年科技人才；1996 年，获梧州地区第三批专业技术拔尖人才 4 人；获梧州地区第二批优秀青年科技人才 9 人。

1992 年—2005 年，获自治区表彰授予优秀专家和有突出贡献的科技人员称号的有：李树秀(1992 年优秀专家)、曾才恒(1994 年有突出贡献科技人员)、李中锋(1998 年有突出贡献科技人员)。

2003 年 4 月，选派首批 10 名科技人员到 4 个乡镇 10 个村任科技特派员，主要职责是依托项目，重点抓好网箱养鱼示范、砂糖橘种植、八角、沙田柚、荔枝低改等重点示范项目，推动农业科学技术开发。2004 年，选派 25 人分赴 13 个乡镇 23 个村任科技特派员。2005 年，选派 25 名人员分赴 16 个乡镇 27 个村任科技特派员。

2005 年，全县机关、企事业单位共有人才 11303 人(不含村以下及社会能人)，其中：机关单位 1814 人、事业 8804 人、企业 685 人；在机关单位中，县处级领导 32 人，科级领导 585 人，普通公务员(机关工作者)1197 人；在企事业单位中，有人才 8804 人，其中聘任 8394 人，未聘 410 人。专业结构：高级职称 191 人、中级 1950 人、初级 6663 人；文化结构：研究生 2 人、本科 578 人，专科 3523 人、中专 4243 人、高中(有职称)458 人；年龄结构：35 岁以下的 4439 人，36 至 40 岁 1468 人，41 至 45 岁 761 人，46 至 50 岁 832 人，超过 50 岁的 1304 人。

信息调研

藤县是中共中央组织部信息联系直报点之一（全国188个，其中广西3个地市点、2个县级点）。2001年—2005年，共向中组部上报信息228条，在市级以上报刊、网络上发表文章615篇，其中国家级58篇，自治区（省）级137篇、地市级420篇。每年完成调研课题2~3个，完成调研文章20篇左右。

第六节 纪检监察

党风廉政教育

1991年，在党员干部中开展党规党纪普及教育，订阅《党规党纪教育文件汇编》1000多册。1992年1月，组织党员干部1万多人参加党规党纪考试。3—6月，在县电视台开办党风党纪知识专题讲座。1994年8月，在县广播电视台开设“反腐倡廉、遵纪守法”专题栏目。9月，在县城举办反腐倡廉图片展览，306个单位2797名党员干部观看了展览。组织了《国门前的沉思》《权力在失去监督的时候》等反腐倡廉教育录像片在县直单位、各乡镇巡回播放，观看人数2.1万人次。

1995年—1998年，开展“反腐倡廉”演讲比赛活动，共有20人参赛。组织党员干部参加《中国共产党纪律处分条例（试行）》《中国共产党党员领导干部廉洁从政若干准则（试行）》《中华人民共和国行政监察法》（简称“两规一法”）知识考试，全县1300多名科级以上干部参加。组织党员干部参加中纪委、监察部举办的党纪政纪条规知识竞赛、《中华人民共和国行政监察法》知识竞赛活动，参加竞赛1.10万多人次。

1999年，县委、政府下发《关于对党员干部进行党风廉政教育的实施意见》，在全县党员干部中开展党风廉政教育活动。在县电视台播放了《中国共产党纪律处分条例（试行）》系列电视片。

2000年—2005年，通过召开会议、举办培训班、中心组专题学习、单位集中学习、开展电视电化教育以及出版墙报、编发简报等形式，加强党风廉政建设的宣传教育。组织党员干部收看《广西反腐败大案要案警示录》《厦门特大走私案》等反腐倡廉教育专题片，对党员干部开展警示教育。以“艰苦奋斗，廉洁从政”主题教育为重点，结合全县解放思想再讨论活动，通过示范教育、警示教育、党纪政纪条规教育、廉洁从政教育等各种形式，在全体党员中进行解放思想、执政为民，艰苦奋斗、清正廉洁的思想教育，428名副科级以上领导干部参加了廉洁从政知识测试。开展《中国共产党党内监督条例（试行）》《中国共产党纪律处分条例》《全面推进依法行政实施纲要》和《中国共产党党员权利保障条例》宣传教育活动，各级领导干部树立“立党为公，执政为民”、全心全意为人民服务的宗旨意识。开展保持共产党员先进性教育活动，学习《建立健全教育、制度、监督并重的惩治和预防体系实施纲要》，推进廉政文化进机关、社区、家庭、学校、企业、农村，印发《党员领导干部廉洁自律手册》300多册。

领导干部廉洁自律

1991年以来，抓好领导干部党风廉政专题民主生活会，切实查摆问题，认真整改，防止走过场。1995年，制订《不准接受可能对公正执行公务有影响的宴请》《不准参加用公款支付有营业性歌厅、舞厅、夜总会等娱乐活动》两项规定。1996年，县委、县政府制订《关于领导干部接待工作的暂行规定》，对领导干部乘坐超标小汽车和建房问题进行专项治理。1997年后，县委制订《藤县党政机关事业单位公费住宅电话和移动电话管理暂行办法》《关于党政机关厉行节约制止奢侈浪费行为的若干规定》，至1998年，共清理公费安装的住宅电话454部，手提移动电话198部，寻呼机590台，收回资金27万元；节约会议费21.5万元，招待费180万元。2000年，加强对铺张浪费、大吃大喝、违规报销公款、违规配备使用小汽车、借考察名义公费旅游等治理，清理领导干部奢侈浪费和收送“红包”、有价证券，对领导干部配偶、子女从业情况进行登记自纠和监督检查，实行乡（科）级领导干部廉政档案制度和党风廉政建设责任追究制度，清理党政机关超编小汽车和党政机关及其工作人员借用占用小汽车，抓好党政机关公车的规范管理。落实领导干部不准利用职权违反规定干预和插手建设工程招标投标、经营性土地使用权出让、房地产开发经营等市场经济活动等有关规定。至2003年，全县370名副科级以上领导干部建立了廉政档案，作为领导干部考核、选拔任用的重要依据。

19 个乡镇有 18 个设立机关食堂，严格按标准接待，年招待费开支减少 40%。

2004 年—2005 年，贯彻落实《中国共产党党内监督条例(试行)》《中国共产党纪律处分条例》和《中国共产党党员权利保障条例》，贯彻落实中央纪委"四大纪律八项要求""五个不许"和自治区党委"六条规定"，开展对党政机关违规用公款为干部职工购买个人商业保险、党政领导干部拖欠公款、利用职权将公款借给亲友等问题的专项清理。县委制定了《贯彻落实〈建立健全教育、制度、监督并重的惩治和预防体系实施纲要〉的具体措施和工作机制及任务分工方案》，县委常委及有关单位向社会公开作出"廉政承诺"，自觉接受社会和群众的监督。

违纪违法案件查处

1991 年—2005 年，受理群众来信来访和举报电话 4412 件次，立案 432 件，结案 432 件，给予党纪处分 306 人，政纪处分 189 人。

纠正部门和行业不正之风

清费减负 1991 年—1994 年，清理整顿行政事业性收费，清理收费项目 250 个，涉及金额 897 万元。取消、停止执行收费文件 32 份，收费项目 99 项，修改、降低标准收费文件 1 份，收费项目 72 项，停止执行收费项目涉及金额 466.55 万元，退还不合理收费 82.30 万元，清理罚没项目 16 项，涉及金额 610.92 万元。2000 年，查处涉农违纪违法案件 3 件，全年减轻农民负担 140 万元，其中农村用电不合理负担 50 万元，教育集资减负 30 万元。2004 年，贯彻执行农村税费改革政策规定，农民人均负担 21.98 元，减负率 62.46%；偿付拖欠农民工工资 902 万元，偿付比例 73.6%。2005 年，通过减免农业税，共减轻农民负担 1523 万元，专项治理减负 49.28 万元，向农民退回各种乱收费 29.58 万元。

治理中小学乱收费 1995 年，开展治理整顿中小学乱收费活动。1996 年，首先对金鸡、赤水、城关等乡镇中小学开展重点检查，然后在全县中小学铺开，共收缴违纪金额 253.7 万元。1998 年后以常规性检查为主，重点抽查相结合，逐渐促进中小学规范收费。1995 年—1999 年，共取消、停止执行、降低收费标准 16 项，清退建校集资款 46 万元，查处信访件 2 件，清退金额 18.03 万元。2000 年，查处学校乱收费案件 2 件，涉及金额 4 万元。减轻中小学生费用负担 6.31 万元，减轻学生用书费用负担 50 万元。2003 年，开展教育收费专项检查，贯彻落实农村中小学收费"一费制"，查处教育乱收费案件 15 件，收缴违纪金额 15.5 万元。2005 年，实行"两免一补"，查处学校乱收费案件 3 件、通报 2 起，涉及金额 10.82 万元。减轻学生各项负担 452.94 万元。

治理公路"三乱" 1995 年 4 月，清理整顿县内公路沿线的 11 个检查站、收费站，撤销不符合规定的站卡 5 个，对符合规定保留的 6 个站卡加强管理和监督检查。1996 年，治理国道、省道"三乱"(乱设卡、乱收费、乱罚款)问题，县人民政府与 20 个乡镇及县直 45 个职能部门签订了治理公路"三乱"目标管理责任书。县成立治理公路"三乱"督查队，设立举报电话，全县 28 个单位、340 人进行自查自纠。1997 年，经过自治区的考核验收，藤县获自治区授予"国道、省道基本无三乱先进单位"称号。1998 年后，治理公路"三乱"转入规范化管理，每年作常规性上路检查。至 2005 年，没有发现"三乱"问题及有关举报。

治理医药行业不正之风 2000 年起，对医药行业不正之风进行检查整治。取缔无证药厂 1 个、非法私人诊所 8 个，查处医药购销违纪违法案件 3 起，涉及金额 130 万元。2003 年，全县公立非营利医疗机构药品实行集中招标采购。2004 年，制定《藤县卫生系统开展医药购销和医疗服务不正之风专项治理工作方案》。2005 年，查处非法行医、产销假劣药品、开展违规广告等案件 59 件，实行医疗服务承诺医院 23 个。

民主评议行风 1998 年起，在部分单位行业开展群众民主评议政风行风活动。当年在县地税局、国税局、工商局、卫生局、电信局、邮政局、电力公司 7 个部门开展民主评议政风行风活动。2000 年，对公安、教育、交通、建设、环保、劳动、民政、技监等 8 个系统行风进行民主评议，地税、国税、工商、卫生、电信、邮政、电力等 7 个系统开展民主评议行风"回头看"活动。

执法监察

1993 年，成立执法监察室。至 1999 年，开展执法监察共立项检查 41 项，主办 29 项，协办 12 项。其中自治区立项 18 项，地、市立项 11 项，县立项 12 项。查处案件 35 件，立案查处案件 11 件，查出违法违纪金额62万元，纠正退还53万元，避免经济损失2700万元，减轻农民负担2100万元，给予党纪处分10人，政纪处分12人，移送司机机关处理7人。

2000年—2001年，开展对社会保障资金管理使用情况的监督检查。加强对粮食流通体制改革情况的监督检查，制订和落实县乡两级政府的粮食工作领导责任制。加强对有形建筑市场的监督力度，公开招投标工程24项，审计工程项目17个，受理群众投诉和举报案件13件，及时纠正处理企图私下发包的工程项目2起。对教育费附加的收缴、管理、使用情况进行全面的检查和清理。

2002年，监督执收、执罚部门全面实行“收支两条线”管理，对离任、转任的单位正职领导干部的经济责任审计进行监督，推行部门财务集中结算制度。全县有28个单位的财务纳入结算中心统一管理。

2003年，对开展经营性土地使用权招标、拍卖、挂牌、出让情况，落实招标投标法情况等开展执法监察。对全县中小学危房改造34个项目工程进行全程监督。在防治“非典”中，会同有关部门深入到全县19个乡镇、32个村委会、24个村民小组以及用户对防治“非典”措施落实情况进行督促检查，对防治“非典”措施不到位的17个单位进行通报批评。

2004年，对征用农民集体所有土地补偿费分配和管理使用情况进行监督检查。经检查，1999年1月1日实施新土地管理法以来，经自治区政府批准共分4批次征用集体所有土地23.5公顷，涉及征地补偿费798.5万元，均全部补偿到位，未发现有违规行为。

2005年，对政府投资项目监督检查，建立联席会议制度，规范招标投标行为。开展经营性土地使用权招标拍卖挂牌出让情况的执法监察，加强对扶贫资金使用情况的监督检查，确保了扶贫资金的专款专用。对“6·21”“6·23”洪灾有关救灾物资及水毁民房重建资金使用情况进行监督，确保救灾款物和水毁民房重建资金按时足额发放到位。加强对违反土地管理法律法规案件查处的监督力度，查处土地违法案件178件，制止土地违法行为6起，申请县人民法院强制执行2件。

第七节　政法工作

政法协调

维稳工作协调　1991年，藤县把维护社会稳定、政治安定作为各级党委、政府的头等大事。是年，县委政法委制订了《关于预防、处置群体性突发事件工作预案》，要求各乡镇党委、政府，县直各部门单位按照工作预案要求，加强对各类矛盾纠纷排查和处理，预防群体性突发事件发生。9月29日，县内50万伏架线工程队民工（甘肃人）20多人因口角与埌南镇侠村400多名群众打架的群体性流血事件，县委接到报告后，指示由政法委牵头，组织县政法部门干警及县电力部门工作人员共300多人赶赴现场，与埌南镇政府干部一起调解调处，经过劝说，这起群体性流血事件得到制止及妥善解决。1992年7月28日，大黎镇花洲村、太兴村一带的村民200多人，受个别村民的挑唆，为赶走平南老板，把矿山占为己有，与正在太兴村罗四山顶开采黄金矿的平南老板发生纠纷。村民手拿木棍、火药枪、炸药包到罗四山顶矿口，用石头砸烂工棚，毁坏柴油机和其他采矿机械，把柴油泼到矿工被子、衣服上，扬言要放火焚烧。县委、县政府收到信息后，指示县委政法委迅速处理。县委政法委协调县政法部门组成工作组，与大黎镇党委、政府干部深入现场了解情况，认真做好群众的思想教育工作，依法妥善处置这起事件，维护了治安秩序。1993年，城关乡四旺村高田组发生抗粮抗税事件。事件发生后，县委政法委根据县委分管领导的指示，由政法委副书记带领公、检、法、司干警和有关部门领导、干部组成的工作组，深入四旺村开展宣传思想工作，从政策上、法理上进行劝说和解释，让群众明白自身有依法缴纳公购粮的义务，自动按规定补缴纳公购粮。对拒不缴纳公购粮的为首分子，依法采取强制执行措施，事件得到解决。1991年—1995年，县委政法委协调处置突发事件33起，以坟山、土地、水利纠纷等引发的群体性事件为主。

1998年，实行党委、政府负总责，有关部门各司其职的工作责任制。2000年，实施领导责任制和责任追究制。对因不重视，工作疏忽大意，失职渎职和重大工作失误导致发生重特大案件、群体性事件、治安灾害事故，严重影响社会政治稳定的按照社会治安综合治理领导责任制和中央五部委《关于对发生严重危害社会稳定重大问题的地方，实施领导责任制查究的通知》的规定，坚决追究有关党政领导和有关人员的责任。

2001年开始，维稳工作按照“属地管理”“谁主管，谁负责”和“分级负责、归口调处、就地解决”的原则执行。各乡镇党委、政府，全县各部门单位实行“半月一小查，一月一大查”的定期排查报告制度，预防和应对突发事件，从源头扼制群体械斗苗头。2003年，塘步镇六坊村六坊矿场、楞冲矿场钛矿开采出现纠纷，致双方矛盾不断激化。8月11日，楞冲矿场业主一边出资纠集村民分别到县、市、区集体上访，一边请社会上的闲散人员，威胁六坊矿场业主，驱赶采矿工人，在社会上造成了极其恶劣影响。县委、市委获得信息后，指示县委政法委迅速处理，县委政法委即协调县纪委、县检察院、县国土局和公安局等部门，并抽调人员组成工作组进行明查暗访。经20多天的调查，查明引发两矿场纠纷的主要原因是楞冲矿场业主借县国土局个别人员在规划、测量该场开采用地时进行违规操作，将与六坊矿场分界线属于六坊矿场部分采矿用地划入其采矿用地范围，并使用一些不法手段企图霸占开采。调查组在调查中还发现，县法院个别干警违规参股楞冲矿场并充当保护伞。于是，将情况如实向县委、市委作出汇报，并召集县国土局相关人员以及六坊矿场、楞冲矿场业主到场调解，促使双方签订和解协议。县国土局、县法院等相关人员10人受到纪律处分。至2005年，共协调处置各类突发事件、群体性事件7起，及时化解群体性事件苗头16起。

打击刑事犯罪协调　1991年5月—10月，根据自治区、梧州地区统一部署，由县委政法委牵头，组织、协调全县政法部门投入警力150人，组成专项工作组开展反盗窃和打击拐卖妇女、儿童，取缔卖淫、嫖娼等专项斗争2次，破大案要案172起，逮捕222人，劳动教养6人。

1993年，协调县公、检、法部门开展打击车匪路霸、缉枪缉毒、反走私车辆、反盗扫丑和反盗窃摩托车、自行车专项斗争，对犯罪团伙和严重危害社会且犯罪事实确凿的犯罪分子实行快捕速审和重判，计打掉车匪路霸团伙3个，盗窃团伙172个。全年刑事案发案率同比下降14.80%。1995年6月，协调开展为期1个月的反盗窃机动车专项斗争，破案57起，逮捕77人，送劳动教养5人。7月—11月，协调县公、检、法部门开展打击拐卖妇女儿童专项斗争，破案13起，抓获28人，其中逮捕15人、送劳动教养3人；解救妇女105人，缴获赃款3.21万元。是年，严打专项斗争破案获梧州地区第一名。

1996年，县委政法委制定《藤县严打集中统一行动方案》。4月—9月，开展“破大案、打团伙、追逃犯、挖积案”专项严打斗争，由县委书记、县长亲自担任指挥长，主持召开严打斗争动员大会，发表电视讲话。全县共分六大战区，以县城、太平、和平、濛江及南梧二级公路、国道321线沿线乡镇为重点，出动干警8900人次、机关干部2700人次、治安队员1050人次、村街干部及治保主任和民兵等4250多人次，车船约1万辆次。共破刑事案件364起，其中破重特大案件103起，破1994年至1995年在册积案7起（其中梧州地区督办2起）；打掉犯罪团伙131个；抓获作案分子173人，逮捕154人，劳动教养119人。严打期间，群众向政法机关提供线索986条，从中破案216起，抓获作案分子426人，有9名在册重大犯罪分子投案自首。县人民检察院、县人民法院在严打斗争中为维护全县社会稳定，也发挥了主力军作用。全年，县法院共受理各类刑事案件189件242人，审结189件242人，审结率达100%；县人民检察院受理公安机关移送起诉案件189个275人，决定起诉189件264人。

2001年，成立藤县“严打”整治斗争领导小组，由县委常委、政法委书记担任组长，县政府副县长担任副组长，县直政法部门正职领导和政法委一名副书记为成员，加强“严打”整治斗争工作的领导。组织开展以“打黑除恶”为龙头的系列“严打”专项整治斗争5次，“严打”整治行动12次。打掉黑恶势力团伙19个，抓获罪犯62人，逮捕39人。当年，藤县被梧州市综治委、市“严打”整治斗争领导小组评为2001年度全市“严打”整治斗争先进集。

2005年，开展打击“两抢一盗”（抢夺、抢劫、入室盗窃）犯罪专项斗争2次，历时5个月，共破获“两抢”案件55起，盗窃案件149起；打掉“两抢”犯罪团伙4个、成员14人，盗窃犯罪团伙6个、成员25人。

社会治安综合治理

社会治安综合治理责任制　1991年，藤县实行社会治安综合治理目标管理责任制。县委、县政府将社会治安综合治理工作纳入全县岗位目标责任制当中，按照属地管理原则落实治安承包责任制。县与乡镇政府、县直部门单位，乡镇政府与各村（街），县公安局与县公安局相关科室层层签订责任状（书），单位内部也落实“四层次”（即单位法人和县委、县政府签订责任状；保干和法人与县公安局签订责任状；科室、门市部、车间、仓库负责人与单位法人签订责任书；职工、干部与车间、班组负责人签订责任书）、“四挂钩”（即治安问题与企业评先、升级挂钩；法人代表与抵押金、个人经济处罚挂钩；保干失职发案与酌情赔偿费、取消奖金挂钩；基层干部、职工与评先晋级、晋职挂钩）治安防范措施，形成齐抓共管，谁主管谁负责的工作格局。

1994年6月，县综治委制订“社会治安综合治理任期岗位目标责任制”，明确党政一把手为社会治安综合治理第一责任人。

1996年，实行社会治安综合治理风险抵压制，凡是签订责任书单位的主要领导，其个人均需缴交治安风险抵押金，最高800元，最低100元。年终由县综治办组织工作组对照责任书要求对各乡镇和县综治成员单位的综治工作进行检查验收。设定综治工作考核目标总分为100分，考核分数不达80分以上的单位，其单位领导所交的风险抵押金不退回给其个人，全部由县综治办上缴县财政。是年，全县各乡镇、各部门单位综治工作考核评分全部达到80分以上，县综治办全部退回各单位领导年初缴交的风险抵押金。

1997年5月和1999年，藤县县委、县政府，县综治委先后印发了《藤县社会治安综合治理一票否决操作规程的通知》《关于建立重大治安案（事）件责任追究制度的意见的通知》，并逐步建立和完善综治、纪检、组织、人事、监察等部门联席会议制度、情况通报制度和工作检查制度，实行社会治安综合治理“一票否决”制，将社会治安综合治理工作纳入各乡镇、各部门单位年度考核当中，并与单位主要领导升职、晋级、评优、评先挂钩；对社会治安综合治理工作进行量化细化，设定总分为100分，经核验评分达不到80分的，实行“一票否决”，单位主要领导当年不能升职，不能评定为“优秀等次”“先进工作者”；对抓综治工作不力，严重失职，社会治安长期混乱而又不采取措施整顿的地方和部门的主要领导追究责任。

2000年，藤县县委制订《化解矛盾纠纷年活动实施方案》，开展“领导服务质量年”“化解纠纷年”专项活动，实行领导责任制，县四套班子领导每人挂钩1个乡镇，联系1~2个村；乡镇和部门主要领导每人联系1~2个村。要求县综治办积极组织、协调全县各乡镇、各部门单位开展对各类矛盾纠纷排查化解工作，做到小事不出村、中事不出乡镇、大事不出县，把问题消除于萌芽状态，解决在激化之前。是年，全县各级领导共参与协调化解、处理各类矛盾纠纷173件（次），平均每人1件（次）以上。

至2005年，实行社会治安责任制“一票否决”期间，全县没有领导因此问题受到“一票否决”。

群防群治　1991年，县、乡镇两级成立有社会治安综合治理委员会。全县有乡镇治安巡逻队20个，队员130多人。此外，各乡镇成立有治安应急分队，每队人员30~50人；各村（街）建立有治安联防队，计274个，队员2600多人；各厂场、学校有护厂、护场、护校队19个86人，有守楼、护院队64个186人，群防群治网络基本形成。全年全县群防群治组织共协助公安机关处理治安案件361起，涉及人员467人；向公安机关提供治安信息573条。

1992年，从政法机关选派20名干警到各个乡镇挂任党委副书记或副镇（乡）长，专职社会治安综合治理，实行三年轮换制。各村街建立治安管理委员会274个，综治管理小组1185个，调解会1223个，帮教小组515个，治安联防小组23055个。3月，县委、县政府批复同意县综治委《关于在全县村公所（居委会）设立治安特派员的报告》，全县274个村公所（居委会）设立了治安特派员，协助村公所（居委会）治安管理委员会开展辖区社会治安和社会治安综合治理工作。1992年、1993年，县公安局成功侦破发生在县麻纺厂、县水泥厂的工人聚赌治安案件，主要依靠护厂队信息员的线索。

1995年，贯彻中央《关于加强社会治安综合治理的决定》，县城组建巡警队，队员37人；乡镇组建治安巡逻队，每队5~10人，共计105人。

1996年，全县有“八大”（治安巡逻队、联防队、应急队，农村治保会、调解会，守楼护院队、护校队、护厂队）群防群治组织2208个，治安特派员（由乡镇任命）276名；所有村民小组制订并完善村规民约，有15.20万户农户参加联防户，占全县总农户15.81万户的96.14%。4月—9月全县“严打”期间，共向政法机关提供线索 986 条。

2003 年，开展“打、防、控”一体化治安防范网络规范化建设。公安局负责组织警力，加强对县城主要街道及各治安复杂路段的巡逻；县成立保安大队，各乡镇成立保安队，各村、街居民委员会成立保安中队；各机关、学校、企事业单位内部保卫工作实行“谁主管谁负责”的原则；车站及大型商场、娱乐场所、集贸市场设立保安机构，安排专门人员或聘用保安员进行巡逻防范。至年底，全县各级均开展治安防范网络规范化建设，仅村（街）就已经有四分一成立了保安中队。2005 年，全县“打、防、控”一体化治安防范网络体系基本形成。在县城组建有治安巡逻大队，有队员 50 人；各乡镇有治安巡逻队，队员 10~20 人；各村（街、社区）有群众自发组织的义务治安巡逻队 293 个，人员计约 3530 人；各完全中学、行政事（企）单位、重点金融部门、商场等配备专职保安人员共计 70 多名。

平安创建

1991 年，开展社会治安综合治理先进单位评选；各乡镇开展“遵纪守法光荣户”评比，评比主要条件是在一年内，家庭成员不发生违法违纪行为，不出现被司法机关处理等，评比工作由当地党委、政府主持，主要采取召开党员大会、村民小组长会议形式进行。当年，90% 以上的住户被评为“遵纪守法光荣户”。

1995 年，开展创建社会治安模范地区、单位活动。藤县被评为梧州地区（市）社会治安综合治理工作先进（达标）单位、自治区社会治安综合治理“模范县”；城关乡、东荣乡、濛江镇获自治区综治模范乡镇、梧州地区综治示范乡镇；县公安局、县二化厂、县人民医院获自治区综治模范单位。

1999 年，开展全县性“遵纪守法光荣户”评比、创建安全文明小区、无毒社区等活动。县委、县政府对抓社会治安综合治理工作成绩显著的 39 个单位以及 79 人进行表彰奖励。

2005 年，县委、县政府根据中央、自治区关于开展平安建设活动要求，决定用 3 年时间在全县集中开展建设平安藤县活动。4 月，成立由县委书记、县长任组长，县委常委、政法委书记和副县长任副组长，其他县直相关部门、单位正职领导为成员的建设平安藤县活动领导小组。领导小组下设办公室，具体负责建设平安藤县活动的领导、组织、协调、督促检查等工作。县财政投入资金 20 万元，组建 50 人的城区专职治安巡逻大队，分河东、河西 2 个中队，其中河东队 30 人，河西队 20 人；队员主要由下岗职工、复退军人和治安积极分子组成。购置两轮摩托车 6 辆（河东、河西中队各 3 辆），自行车 50 辆、警棍 50 支、手电筒 50 支，对讲机 6 台等装备。县公安局对队员进行擒、拿、格、斗等技能训练。11 月 9 日，梧州市加强基层基础工作推进平安梧州建设活动现场会在藤县召开。

见义勇为

1993 年，县及各乡镇分别设立见义勇为基金账户，募集资金作为见义勇为奖励。是年，共募集资金 3.5 万元。当年，对大黎镇国安村勇擒盗窃犯之有功人员 10 人从基金中各给予 50 元现金奖励。

1994 年 11 月，成立藤县见义勇为基金会，成员共 8 人。制订了《藤县见义勇为基金会章程》，共五章十四条款。各乡镇也相继成立见义勇为基金会。县见义勇为基金会向全县发出了“见义勇为基金募捐倡议书”，县基金会共收到单位及单位个人、会各界人士捐款 19424 元，各乡镇基金会共收到捐款 36790 元。是年，对挺身而出制止流氓斗殴，奋不顾身保护国家财产和人民生命及财产安全，与各类违法犯罪分子作斗争的 230 名有功人员进行表彰奖励，从见义勇为基金账户中拨付 3740 元作为奖励金。

1995 年—2005 年，县、镇两级财政共拨款 7.3 万多元作为见义勇为基金，累计收到各部门单位及社会各界人士捐款 73412 元。十年间，共计从见义勇为基金账户中拨付 4.57 万元，表彰勇于同犯罪分子作斗争，维护国家和人民群众利益，维护社会治安秩序之有功人员 377 人。

第八节　宣传教育

理论学习

1991 年以来，县委中心组每季度组织理论学习 1 次以上。开展党的十三届七中全会精神和发展社会主义生产力理论学习，举办理论骨干培训班2期，培训人员670人，组织撰写理论文章46篇。

1992年—1993年，学习邓小平视察南方重要讲话、中共党史、党建理论和党的十四大精神，开展解放思想大讨论，编印《学习资料手册》3000本，举办理论骨干培训班、讲座12期，培训5000多人次。组织理论教员到乡镇基层党校、企事业单位巡回辅导，共办学习班56期，参加学习的党员、干部、职工2.6万人次。对企业职工进行基本国情、基本路线教育，参加学习和考试职工6000多人次。出版墙报、专栏380期，组织撰写大讨论文章158篇，上送地区13篇。

1994年—1998年，学习《邓小平文选》第三卷、十四届三中全会精神，学习邓小平建设有中国特色社会主义理论，各单位坚持每周星期二、星期五学习制度。县委宣传部通过办培训班、派出理论辅导员到各基层党校辅导、推荐理论骨干到上级举办的培训班学习、组织撰写论文、举办板报比赛等形式组织全县党员干部职工开展学习。全县订阅《邓小平建设有中国特色社会主义理论学习纲要》1.2万册，编印《双学》小册子2.5万册，编印各种辅导资料8万份，参加学习10多万人次。

1999年，开展对外开放理论学习与实践活动，学习十五届四中全会精神，共召开专题研讨会3次，组织撰写论文160篇，在自治区级刊物发表3篇，在市级刊物发表14篇。

2000年—2003年，结合“三讲”教育活动，重点学习江泽民在广东省高州市考察时发表的《在新的历史条件下，我们党如何做到“三个代表”》重要讲话精神以及一系列关于“三个代表”重要思想的论述，深刻领会“三个代表”重要思想的基本内涵、内在联系、指导意义，以及与马克思列宁主义、毛泽东思想、邓小平理论的关系等重大问题。学习十五届五中、六中全会精神和十六大精神，学习胡锦涛同志重要讲话精神。县四家班子领导撰写理论调研文章共200多篇，科级以上党政领导撰写理论文章共600多篇，其中在《广西日报》《梧州日报》等党报党刊发表理论文章74篇。2003年2月，县委开展“党与时俱进，我与党俱进”思想解放再讨论活动，县城党员干部集中到县委设置的几个会场听县委书记作动员报告，19个乡镇党委组织党员和村委会以上干部集中收看动员大会电视现场直播。党员干部结合学习“三个代表”重要思想展开讨论，联系本单位和本人实际，查找思想观念上和精神状态上的存在问题，把广大党员和干部的思想和行动统一到“三个代表”重要思想上来，树立“立党为公，执政为民”的思想，全心全意为人民服务，为藤县的经济发展服务。

2004年—2005年，组织学习《中国共产党党内监督条例》《中国共产党纪律处分条例》及十六届四中、五中全会精神。开展“梧州在提速，我们怎么办”解放思想大讨论，每个党员干部谈体会，写学习心得2篇以上，每个单位出版学习专栏4期以上。县四家班子领导每人写调研文章2篇以上。全县领导干部撰写理论文章350多篇。在《广西日报》《梧州日报》等党报党刊发表理论文章54篇。

社会宣传

1991年3月，建成藤城龙颈宣传长廊，共设7个橱窗，集中宣传县委、县政府重大决策部署，重大会议以及全县经济社会建设重大成就。平时分别由宣传部、公安局、住建局、教育局、科协、科技局等单位管理，要求每个单位每月至少更新一期内容。

1992年—1996年，结合邓小平视察南方重要讲话和党的十四大会议精神，利用新闻媒体广泛宣传。结合学雷锋树新风活动，召开学雷锋报告会30场（次），9800多人参加；广播学雷锋稿件320篇，播放《雷锋精神在南疆》电视片，收看7.2万人次；张挂宣传横幅400幅，张贴标语5000条，出版墙报（黑板报）2000期。结合宣传党的十四届三中、四中全会精神，创作剧本、舞蹈、歌曲、美术作品等，举办文艺演出162场。组织拍摄播放《藤县农业综合开发巡礼》《绿染藤州》《兴林致富天地宽》等电视专题片。拍摄《黄金水道上的明珠——藤县》专题录像片，在北京联谊会播放。县新闻媒体及上级新闻媒体报道藤县受灾和抗洪救灾情况。结合县委、县政府开展的农业综合开发“523389工程”、发展乡镇企业“1358工程”、“一区一路三镇一桥及码头建设规划”、“一带三区一村计划”以及“双学”、“两个根本性转变”讨论活动、“三严四自”工程等，县广播电台、电视台播出稿件7986篇，新闻1627条。举办金光大道专题剧目及各种文艺演出310场（次），出版宣传专栏6.2万期。结合电气化建设工作，编发专题简报3期，宣传栏3期，拍摄专题录像片1部，制作宣传画册 1 套。

1997 年—2000 年，加强农村宣传文化阵地建设，3 个乡镇办起宣传长廊，255 个村办起宣传专栏，4 个乡镇办起图书馆，13 个村办起图书室（文化室），12 个村办起广播电视接收站。《梧州日报》、梧州电视台等 7 个新闻媒体采访并报道了潭东村“抓治安、正村风、促致富”经验；召开千人大会宣讲家庭美德的典型宾桂珍事迹；举办万人健身跑、集会、文艺晚会、百球耀藤州等系列活动迎接香港、澳门回归祖国；组织“法系万家”法制百场文艺演出、庆祝中国共产党成立 78 周年歌咏大赛、庆祝中华人民共和国成立 50 周年晚会等活动，观众 10 万人次。1998 年 10 月创办《藤州报》。组织“禁毒宣传图片巡回展”，20 个乡镇共有 5 万名中学生和 2 万名群众观看展出。开展党日活动，向群众宣传反对和抵制邪教，认清邪教“法轮功”本质的严重危害。组织文化、卫生、科技、农业、教育、工、青、妇、县新华书店等单位开展科普宣传活动月和科技活动周活动，参加活动的科技人员 800 多人次，出动车辆 30 多辆次，发放资料 8000 份，接受群众咨询 1 万人次。

2001 年—2005 年，开展“四五”普法宣传教育活动，通过报纸、电视、广播、墙报、宣传栏等方式宣传各种法律法规，每年组织党员、干部、职工参加普法考试。开展“百场文艺送法下乡”活动，到 20 个乡镇演出 50 多场次，观众 16 万人次，法律法规咨询 2 万多人次，发放资料 15 万份。投资 223 万元，建设塘步、埌南、天平、津北、新庆、象棋、岭景、太平、宁康 9 个乡镇宣传文化站，宣传法律法规，传递致富信息。开展文化、科技、卫生“三下乡”活动、科普大行动、防非典宣传，为群众送去文化科技知识。开展“公民思想道德知识和道路交通安全知识竞赛”，全县 2 万多名干部、学生、群众参加了活动。在公路沿线设立“藤县是全国八角之乡”“藤县是全国钛白之乡”“藤县是龙母故乡”等大型宣传牌，宣传藤县的资源和特色品牌。2005 年 6 月，藤县遭受特大洪灾，县委县政府、梧州市电视台举办“‘风雨同舟’情系藤县重灾区”赈灾义演文艺晚会，为灾区群众募捐款物折合 250 多万元。

新闻报道

1991 年—1993 年，全县新闻稿件获《广西日报》采用 160 篇。获广西人民广播电台采用 248 篇，获《桂东日报》采用 1573 篇。获广西电视台采用 145 条，桂东电视台采用 335 条。

1994 年，藤县遭受特大洪水灾害，新华社、中央电视台、《广西日报》、广西电视台等各级媒体记者及县通讯员采写抗洪救灾重建家园新闻稿件在中央电视台播出 10 条；新华社播发《重灾区藤县满目疮痍，损失惨重》专题报道，并转发照片 8 张；《广西日报》发表 40 多篇，《桂东日报》发表 100 多篇。大批稿件被《人民日报海外版》《经济参考》《光明日报》以及其他报刊、电台采用、转发。县内通讯员新闻稿件被《广西日报》采用 88 篇，自治区级其他报纸 50 篇，自治区级以上党报采用 33 篇，《桂东日报》采用 654 篇。广西人民广播电台采用 125 篇。中央电视台采用 13 条，广西电视台采用 25 条，桂东电视台采用 98 条。

1995 年—1996 年，全县新闻稿件获全国性报刊采用 22 篇，《广西日报》系列报刊采用 320 篇，《桂东日报》采用 1959 篇，自治区级其他报纸采用 348 篇，广西电视台采用 97 条，广西人民广播电台采用 327 篇，桂东电视台采用 244 条。

1997 年，开展“夺头条、上一版、创百篇、争当优秀通讯员”竞赛活动，全县新闻稿件获《人民日报》采用 1 篇，《广西日报》头版头条 4 篇，《梧州日报》头版头条 1 篇，《桂东日报》头版头条 8 篇，创百篇稿件通讯员 8 人。其他稿件获中央级专业报刊采用 10 篇，《广西日报》系列报刊采用 185 篇，自治区级其他报纸采用 186 篇，《桂东日报》采用 890 篇，《梧州日报》采用 143 篇，《西江侨报》采用 56 篇，地市级其他报刊采用 88 篇。中央电视台采用 3 条，广西电视台 47 条，广西人民广播电台 168 篇，梧州电台 70 条，桂东电视台 81 条，梧州电视台 41 条。

1998 年 10 月，创办《藤州报》。至 2003 年，共出版 262 期。县新闻稿件获《人民日报》等全国性报刊、电台采用 102 篇，《广西日报》系列报刊 1152 篇，区级其他报纸 578 篇，《梧州日报》2259 篇，广西电视台用稿 321 篇，梧州电视台用稿 775 篇。

2004 年，根据中央有关文件精神，县级不允许办报纸类宣传资料，《藤州报》停刊。同年，制订《藤县对外宣传奖励办法》，提高通讯员写投稿积极性。至 2005 年，全县新闻稿件获国家级报刊、电台采用 75 篇，自治区级 774 篇，市级 1520 篇，比上年同期分别增长 18.5%、30.2% 和 24.6%。县广播电台、电视台全年用稿 4062 篇，其中先进性教育活动 480 篇，招商引资 196 篇，农民增收 170 篇，抗洪救灾恢复生产工作 360 篇。

1991 年—2005 年，每年举办通讯员培训班 2 期，邀请广西日报或梧州日报编辑、记者授课，每期培训 100~120 人次。宣传部领导和新闻股干部经常到各乡镇、各单位进行新闻写作常识巡回辅导。各乡镇有兼职通讯员 10~30 人，县直每个单位有兼职通讯员 1~5 人。

第九节　精神文明建设

思想道德建设

1991 年，县委、县政府筹集 22 万元建成县城东山烈士陵园，清明节举行烈士纪念碑落成揭幕仪式，县城党员干部群众学生 4000 多人参加。以后每年清明节都组织干部群众开展纪念活动。

1992 年—1995 年，全县中小学校开展“学雷锋、学赖宁”活动；组织 5400 多名党员参加“三基”（基本理论、基本知识、基本技能）考试，及格率 99.7%；掀起学习邓小平理论热潮，党员干部订阅《邓小平文选》第三卷 8034 册。县委宣传部、县教育局等单位组织编写《可爱的藤县》，印发 10 多万册，免费发放给中小学生，进行县情教育。中小学校学习贯彻《爱国主义教育实施纲要》，开展星期一升国旗、奏国歌仪式，开展“二史一情”（近代史、现代史、基本国情）知识竞赛活动，组织学生参加全国第一届“祖国万岁”、第二届“热爱祖国、做‘四有’新人”读书教育活动，藤城中心校学生彭涛、濛江中心校学生莫莉莉受邀到北京参加国庆观礼活动，有 180 人获全国读书活动优秀奖，190 人获全区读书活动优秀奖。县党史办编印《藤县剿匪记》2000 册发放到各单位，并组织人员到县直单位宣讲抗日剿匪斗争史。县广电局编录播放《藤县人民话抗日》电视录像片。开展国防教育活动，各乡镇各单位建立国防教育室 293 个，订阅国防教育资料 1.8 万份、图片 487 套。

1996 年—1999 年，开展“三严四自”（严格要求、严格管理、严格监督，自重、自省、自警、自励）教育活动，党员干部进行批评与自我批评，切实解决自身存在问题。开展“三德”（社会公德、职业道德、家庭美德）宣传教育活动，县文明办编印《文明教育读本》5000 册，免费发放全县各乡镇、各单位、各中小学校；编印公民道德警句 2000 份，分发给县级文明示范村潭东村群众张贴于厅堂；各单位订阅《中华美德贤文》7000 册，作为活动教材。组织中小学校开展中华正气、“爱祖国、爱科学”、“光辉五十年”等读书活动。结合香港、澳门回归和“五四”运动 80 周年、建国 50 周年等纪念日，开展“迎接香港回归祖国大型图片展”、大型歌咏大赛等各种纪念庆祝活动，组织学习《香港特别行政区基本法》。在全体公民中开展学习国防法，在中小学开展学习国旗法。在全县开展向李向群、王任光等英雄模范学习活动。

2000 年—2003 年，开展“三个代表”重要思想和“三讲”（讲学习，讲政治，讲正气）学习教育活动。以各种形式进行宣传，编写通俗易懂、适用群众的“三个代表”学习宣传歌谣，获得梧州市创新奖。组织学生开展“红旗飘飘”读书活动，参加全国第七届青少年“走向新世纪”读书活动中，组织 80 多名共青团员骨干、少先队辅导员、优秀少先队员到湖南开展“重走长征路、永远跟党走”教育活动。组织党员干部群众学习、宣传《公民道德建设实施纲要》和“依法治国，以德治国”方针；开展“送温暖”“志愿者服务”“扶残助残”“学雷锋”“百场文艺送法下乡”等公民道德和民主法制教育活动。2002 年 6 月 30 日，藤北发生特大洪灾，干部群众自发捐款 110 多万元帮助灾民。继续开展遵纪守法光荣户、五好家庭户、双文明户评选活动。

2004 年—2005 年，县文明办、县公安局交警大队联合组织开展“公民思想道德知识和道路交通安全知识竞赛”活动，参赛的干部、群众、学生 2 万多人。开展“四五”普法宣传教育活动，参加普法考试的干部、职工 20 多万人次。开展“国庆升挂国旗活动”“纪念邓小平诞辰 100 周年活动”、组织“五老”宣讲团对青少年学生进行民族精神教育活动和“创建学习型组织，争做知识型职工”等活动。开展“崇尚科学、关爱家庭、珍惜生命、反对邪教”为主题的警示教育活动，发放挂图、画册、VCD 光盘等反邪教宣传资料 1530 册(套)，印发资料 2130 份，培训基层干部 1510 人次，组织观看反邪教图片展和影视教育片 77.89 万人次，参加《农民日报》反邪教知识问答 36.51 万人次。开展打击“六合彩”和“扫黄”“打非”整治活动，重点整治未成年人进入网吧问题。2005 年 2 月 25 日，县委宣传部、县文明办、县检察院、县教育局等单位在藤县中学联合举办“未成年人法制知识讲座”，有 2500 名师生参加。2 月 26 日，各单位共派出 80 人在县城主要街道举行“未成年人思想道德建设宣传日”服务一条街宣传活动，张挂科普挂图 100 多幅，印发资料 5000 多份，展出青少年读物 2000 多册，接待读者 3000 多人次，接受青少年学生、学生家长咨询 4000 多人次。举办“未成年人思想道德建设”专题文艺巡回演出活动，共演出 22 场次，观众 2 万人次。7 月 22 日，举办“风雨同舟”情系藤县重灾区赈灾义演文艺晚会，观众 1 万多人，共收到各界捐款 250 多万元（含捐物折款）。9 月，举办“移动杯”公民道德建设知识竞赛活动，印发公民道德建设知识竞赛试题 5000 份，参与短信答题 1 万多人次。

文明创建活动

1991 年以来，贯彻中央两个文明建设“两手抓，两手硬”的方针，通过以点带面，以老促新等方式开展文明创建活动。采取“六抓、六治、六变”（抓生产发展，治穷变富；抓思想教育，治旧变新；抓文化科学，治愚变智；抓社会秩序，治乱变安；抓服务质量，治差变优；抓环境卫生，治脏变美）措施，虚工实做，把软任务变成硬指标，要求达到“三十九”字目标（钱粮增、人口降、治安稳、文体活、教育兴、科普广、事实多、环境美、核心强、党风正、民风好、观念新、贡献大）。1995 年，开展文明单位、文明村创建活动，县文明办制订《文明单位考评标准》《文明村考评标准》，对参与创建单位、镇、村进行指导，参与率 80% 以上。对创建积极性高的单位、镇、村，给予一定的资金支持，帮助建立图书室、阅览室、篮球场、黑板报、宣传橱窗、广播室以及添置办公用品等。1997 年，古龙镇忠隆村塘村组，发动村民自愿投工投料，县能源办支持水泥 100 吨，建成 2000 多米的环村水泥道路，是全县第一个建成环村水泥道路的村组。至 2000 年，塘村组 100% 农户建了沼气池。在塘村组的带动下，周边几十个自然村修建了环村路。

2001 年，全面开展生态文明村创建，在农村开展“五改六化”（改水、改灶、改厕、改房、改路和居住楼房化、饮水洁净化、村道硬化、燃料沼气化、电视闭路化、家庭绿化美化）活动。乡镇政府大院、县直单位大院开展创建文明庭院活动。2005 年，共建立生态文明村示范点 30 个，建沼气池 2438 座，改厕 2254 个，铺设水泥村道 36.57 千米，新建钢筋水泥楼房 3286 幢，有 98% 的农民饮上清洁卫生用水。全县农村“五改”（改水、改厕、改路、改灶、改造住房）率达 60% 以上，建成沼气池 2.26 万座，卫生改厕 9.63 万座，新修和改造乡村道路 2834 千米，修建人畜饮水工程 2720 处，95% 的农民饮上清洁卫生用水，危房改造 1967 户。

1991 年—2005 年，全县获自治区级文明镇 1 个，文明单位 10 个，文明村 7 个，文明庭院 16 个。地（市）级文明单位 63 个，文明村 17 个。县级文明单位 159 个，文明村 96 个，文明庭院 15 个。

1991 年—2005 年藤县获自治区级文明镇情况表

表 5-1-4

文明镇名称	荣誉级别	获得时间
古龙镇	自治区级	2002

1991 年—2005 年藤县获各级文明村情况表

表 5-1-5

所在乡镇	文明村名称	荣誉级别	获得时间
藤州镇	胜西村	自治区级	1996
藤州镇	潭东村	自治区级	1998
金鸡镇	旺国村	自治区级	1999
和平镇	座垌村	自治区级	2001
太平镇	石夏村	自治区级	2001
古龙镇	古龙村	自治区级	1991

续表

所在乡镇	文明村名称	荣誉级别	获得时间
古龙镇	忠隆村	自治区级	2004
藤州镇	丽新村	地市级	1997
藤州镇	礼秀村	地市级	2003
塘步镇	南安村	地市级	1993
塘步镇	大罗村	地市级	2003
塘步镇	赤水村	地市级	1991
塘步镇	裀洲村	地市级	1997
塘步镇	沙田村	地市级	1994
同心镇	凤阁村	地市级	1991
天平镇	新大村	地市级	1993
濛江镇	覃安村	地市级	1992
和平镇	石桥村	地市级	1995
和平镇	座垌村	地市级	1999
太平镇	浮田村	地市级	1991
太平镇	仁安村	地市级	1992
太平镇	柴咀村	地市级	1993
太平镇	石夏村	地市级	1999
太平镇	大坡村	地市级	2005
古龙镇	合隆村	地市级	1994
东荣镇	夏垌村	地市级	1993
平福乡	巷逢村	地市级	1991
大黎镇	大黎村	地市级	1995

1991年—2005年藤县获各级文明单位情况表

表5-1-6

文明单位名称	荣誉级别	获得时间
县教师进修学校	自治区级	1993
县农业银行	自治区级	1996
太平镇一中　县邮政局　县电信局	自治区级	1998
县第一幼儿园	自治区级	1999
太平镇中心校	自治区级	2001
县公安局交警大队	自治区级	2002
县国税局　县检察院	自治区级	2004
埌南供销社　大黎水运公司　永丰商场　藤城镇朝阳小学	地市级	1991
太平电影院　县总工会　藤城法庭	地市级	1992
县调处办　太平松脂厂　大黎工商所	地市级	1993

续表

文明单位名称	荣誉级别	获得时间
古龙一中 县法院 濛江中心校	地市级	1994
县新华书店 县武装部	地市级	1995
县公安局 太平信用社	地市级	1997
县公安局城西派出所 县人民医院 县钛品厂	地市级	1999
县烟草局 县公路局 县工商局 中胜电厂 潭东公路养护站 建行藤县支行 县一中 藤县中学 县征稽所 藤州中学 南梧二级公路藤县收费站	地市级	2003
县委组织部 县海事处 县气象局 县工商局 太平镇狮山小学	地市级	2005

1991 年—2005 年藤县获自治区级文明庭院情况表

表 5-1-7

文明庭院名称	荣誉级别	获得时间
中胜电厂宿舍区 县公安局交警大队	自治区级	2001
县公路局庭院 南梧二级公路藤县收费站庭院	自治区级	2002
藤县中学 县国税局 县检察院 县农行河东住宅区	自治区级	2003
县地方税务局 县船检所 埌南镇政府大院 太平镇狮山小学	自治区级	2004
藤县一中庭院 藤县航道段庭院 太平镇一中庭院 塘步镇政府庭院	自治区级	2005

文明县城创建活动

1995 年，根据梧州地区《关于开展创建“文明县城”竞赛活动的决定》和《梧州地区 1995—1997 年创建文明县城竞赛实施、检评细则》，县成立文明县城建设领导小组，制定创建工作方案，设立宣传发动组、城市建设组、交通市场组、卫生绿化组、综合治理组等 5 个专门工作组，开展创建活动。至 1997 年，共投资 1.98 亿元，铺设河东新城区水泥街道路面，新建河东藤州中学，建设县城河堤综合市场，改造、装修朱砂市场、北市场，新建河东开发区简易市场，加快西江大桥建设，完成县城东西进城路改建通车，改造大社码头至大冲口街道，硬化二坪和三坪水泥路，新建公厕 1 座。同时，根据自治区文明办《关于开展全区 1997—1999 年创建文明城市（县城）达标竞赛活动的通知》，对县城主要街道两旁楼房进行“穿衣戴帽”，对外墙进行重新粉刷或粘贴瓷砖，建成 3 万平方米的河东文化广场并投入使用，投入 34 万元绿化河东新城区以及河东文化广场共 4000 平方米。对主要街道和公共场所实行包卫生、包秩序、包绿化，治理脏、乱、差。完成河西主要街道硬化和朱砂市场、北市场、西市场的装修扩建，完善河东新城区各种基础设施建设，治理摆卖秩序。对县城水巷口至公安局门口路段、体委球场和龙景花苑、西江大桥南端桥头至河东大转盘街道等进行旧城改造，包括铺设混凝土路面、绿化、街灯、行人道、下水道等项目的改造，安装城区路灯 112 盏，在县城繁华路段安装文明标语牌 49 个。铺设绣江路从大社巷至县第二招待所路段沥青路面。在河东区建设公厕 2 座、垃圾中转站 1 个。投资 800 多万元建设河东体育馆。组织学习贯彻《爱国主义教育实施纲要》《公民道德建设设施纲要》，开展“讲文明、树新风”和“三德”（社会公德、职业道德、家庭美德）宣传教育活动，提高市民文明意识。严厉打击各种违法犯罪，开展平安藤县建设，构建和谐社会。2003 年，县文明委下发《关于在全县开展创文明城镇优美乡村环境活动的意见》，要求从 2003 年 1 月—2005 年 12 月，在全县范围开展以创建文明县城为主线，做文明市民创优美环境为载体的文明创建活动。县文明办组织各行各业开展创建文明示范街、文明示范岗、文明社区、文明单位、文明行业、文明市场、文明道班、文明庭院、五好文明家庭、双文明家庭、文明户、遵纪守法光荣户、文明乡镇、文明村、生态文明示范村等活动。

讲文明树新风

1991年，为迎接在南宁举办的第4届全国少数民族传统体育运动会，全县开展学雷锋、迎民运、多贡献系列活动。藤城镇成立学雷锋活动小组56个，参加活动人员4618人，义务为民修补道路93米，修公厕5座，修理单车及家用电器857件，义务诊病423人次，提供法律及农科知识咨询554人次，参加义务造林3681人次，种植湿地松1530公顷。1992年3月，开展学雷锋活动，成立学雷锋领导小组35个，学雷锋活动小组518个，参加活动3.04万人（次），为群众做好事4.1万件（次），为困难户捐款1340元，捐物430件，义务植树127万株。

1997年，根据中央精神文明建设指导委员会关于在全国开展"讲文明树新风"活动的部署，组织开展"创卫生文明小城镇"竞赛、"讲文明树新风，建文明窗口，创文明大院""创双拥模范县"等活动，各乡镇各单位开设文明市民学校，县文明办印发《文明教育读本》5000册、《讲文明十不要》、《家庭美德五字歌》1万多份分发到各乡镇各单位。县新华书店在活动中获得"全国最佳收货店"称号。

1998年，开展"建文明窗口、树行业新风、创文明行业"主题活动。开展为下岗职工"送温暖、献爱心"活动，县劳保部门举办再就业技能培训班20期，培训人员700人。县委宣传部联合有关部门举办下岗人员再就业事迹报告会，500多人参加。党政机关结合整治机关作风开展"三优一满意""四公开、两满意""争当人民满意的公务员"等活动，改变"门难进、脸难看、话难听、事难办"的衙门作风。开展"爱心献功臣"活动，与"三老"（老军人、老劳模、老烈属）结对帮扶，为"三老"优抚对象送上慰问金8万元，慰问物资折款5万元，投入106.6万元为34户"三老"建造房屋。各部门为民做好事5100多件，上门服务1677人次，送科技资料4691份，发放医疗优待证1000多本，减免医疗费1.5万元。

2002年8月21日，县委作出《关于开展向程宏同志学习的决定》。程宏海自幼下肢残疾，但身残志坚、自强不息。1997年当选村民小组长，带领群众修路、建沼气池，集中生产经营绿色无公害蔬菜，使群众走上致富之路。2000年—2003年，分别获梧州市、自治区和全国"自强模范"称号。

2003年—2005年，整治、清理群众反映强烈的农村封建迷信活动，县文明办下发《关于开展对1999年以来修建的庙宇、祠堂进行清理的通知》，强制拆除潭东村垌心庙、礼秀村北帝庙和金鸡镇同荣村庙宇等7间，巫婆房2间。开展以"崇尚科学、关爱家庭、珍惜生命、反对邪教"为主题的警示教育活动，发放挂图、画册、VCD光盘等各种资料。

第十节　统一战线

党外干部与党外知识分子工作

1991年以来，每年召开一次党外知识分子、党外干部座谈会，每年推荐5~6名优秀党外干部到上级参加培训学习。1991年8月，与组织部联合下发通知，要求各单位填报具有中级以上技术职称和担任副科级以上职务的党外知识分子、党外干部花名册，全县上报3954人。注重党外干部的培养，针对党外干部集中分布在基层和教育、卫生等事业单位的情况，对掌握的重点对象按培养使用方向，把素质好、有发展前途的优秀党外干部，放到基层单位或有一定台阶的领导岗位上实践锻炼。1991年—1992年选拔培养了54名优秀党外干部担任领导职务。加强党外后备干部队伍建设，组织部、统战部每年结合工作实际考核和平时班子考察，注意发现有发展潜力的党外后备干部，并定期进行考察跟踪管理，有目的、有重点地进行培养。

2003年，县委制定《关于党外代表人物物色工作的实施办法》《关于全面加强党外干部工作的意见》等文件，确定物色对象为党外各级人大代表、政协委员，民主党派成员，无党派人士和党外知识分子，少数民族人士，宗教人士，非公有制经济人士，海外人士，其他方面需要列为工作对象的党外人士8类人员中现实表现好、有较强的代表性的人士。物色方式由统战部分别邀集政府有关部门、民主党派、工商联、科研文卫系统、国有企业、规模较大的非公有制企业等统战工作对象比较集中的单位的组织、人事部门共同研究，进行物色，统战部门向有关人士直接了解。对物色到的对象按基本条件进行分类排队，整理汇总，实行动态管理。

2004年,县委印发《关于印发〈中共藤县县委统战部部、科(室)领导干部与党外代表人物重点联系工作的实施办法〉的通知》,部长、副部长、科长(主任)、副科长(副主任)及有关干部按各自业务范围确定重点联系工作对象,采取登门拜访、个别晤谈、集体谈心、联谊交友等方式,原则上每年联系有关对象一次以上。1991年—2005年共物色1100多人次,召开座谈会15次,走访300多人次,联系600多人次。2001年—2005年,每年联合县委组织部举办一期40~50人参加的党外干部培训班,共培训250人次。共举荐优秀党外干部担任副科级以上领导职务90人次,其中县处级12人次。2005年,全县党外干部225人,其中人大常委会副主任1人,政协副主席2人,副科级领导干部5人。党外代表人士人才储备库在册70人。

民族工作

1991年以来,在每年民族政策、法律法规宣传月(11月),县委统战部与有关部门利用广播、电视、板报等多种形式,开展民族区域自治法及其他民族法律法规知识的宣传、咨询活动。至2005年,共开展民族政策、法律法规宣传15次,累计发放资料5万多份。

1991年—2005年,争取上级民族发展资金项目29个,项目经费共176.3万元。其中:道路修建项目11个,资金75万元;人畜饮水工程项目6个,资金39万元;学校建设项目7个,资金49万元;便桥项目4万元;少数民族干部培训经费5.3万元。2003年—2005年,有2名少数民族大学生、7名少数民族高中学生获得自治区特困少数民族优秀学生入学专项补助资金共1.65万元。2005年,对县内少数民族聚居区进行民族基本情况调查,建立少数民族扶贫项目库。为少数民族地区在公路、饮水等基础建设向上级民委部门申请资金扶持,当年获上级项目资金43万元。

宗教事务

1991年,为了摸清濛江基督教会情况,统战部2次派干部到濛江镇教堂和安和村调查了解,重新核实教徒名单,督促解决房产收入混乱问题。1992年7月25日,经县政府批准,濛江基督教会正式恢复组织并开展正常宗教活动。10月23日举行复堂仪式。1995年6月,县成立宗教活动场所登记工作领导小组。10月2日,县人民政府办公室下发《关于进行宗教活动场所登记工作的通知》。10月底,全县宗教活动场所登记清理工作基本完成,藤城镇基督教堂和濛江镇基督教堂登记为合法的基督教堂。2000年,建立全县教徒花名册。同年拨款1万元对濛江基督教堂进行维修。2005年,建立健全宗教管理规章制度和县、乡、村宗教信息管理网络,遏制非法传教。

侨务和港澳台工作

1991年,县内登记在册归侨48户52人。2001年4月重新核实,有归侨125人。2005年,有归侨105人,侨眷8213人,侨属5869人,华侨5060人,外籍华人1182人,香港、澳门同胞5215人,港澳眷属8万多人。华侨主要分布在马来西亚、泰国、印度尼西亚、新加坡、越南、美国、加拿大等国家,少数分布在西欧各国。归侨、侨眷主要分布在县城、和平镇、太平镇、藤州镇等。

1996年,澳门同胞钟锦生投资165万美元,在濛江镇创办"永丰化工制品有限公司",主要生产钛白粉。之后,陆续有港澳同胞回家乡开办企业,主要生产钛白粉、胶合板、电子铝箔、毛织等产品。至2005年,侨属企业83家,侨资企业累计投资额6000万美元。主要是个体摊档、商店,分布在县城、和平镇、太平镇、濛江镇。

对台事务

1991年,藤县籍在台湾人员230人,台属1500人。县委县政府开展对台宣传、内引外联、招商引资等工作。定期走访台胞台属、台商台属企业,听取意见和建议,为他们排忧解难。1997年,台资企业顺德天壬自行车有限公司董事长陈富洋捐赠40万元人民币给东荣镇华安小学建校。2001年,台商在藤县开办"藤县通轩立信化学有限公司",投资47.4万美元,就业人数70人。2002年,开办"加裕电子科技有限公司",投资100万美元,就业人数50人。2005年,开办"通轩林产化学有限公司",投资30万美元,就业人数30人。2003年3月,新庆镇均平村台属朱名X到台办反映其叔父祖居被村民朱志X等侵占,朱名X家出行道路被阻。台办与新庆镇干部深入调查,了解到朱志X等人修建房屋是合法的,但致使朱名X家出行不便是事实,经双方协商,为台属朱名X解决了出行难的问题。台商企业加裕电子科技有限公司,在枯水期由于供电紧张,造成该公司无法正常开工。台办与县电力公司协商，确保该公司的正常供电。2005 年，藤县遭遇百年一遇洪灾，台湾慈善慈济公德基金会捐赠价值 1000 多万元的大米、棉被、衣服等物资给受灾群众。梧州市台商协会、东莞市台商协会和北海市台商协会捐赠 17.5 万元用于塘步镇练村小学、濛江镇连垌小学江郡分校重建校舍。

第十一节　党校工作

设施

1991 年，县委党校校园面积 7400 平方米，建筑面积 4082 平方米，其中教室 389 平方米，教工宿舍 609 平方米，学员宿舍、礼堂、饭堂等约 2644 平方米。礼堂、饭堂为砖木结构，教学楼、学员宿舍楼、教工宿舍楼为砖混结构。1999 年，投入 35 万元改造、装修旧教学楼、学员宿舍楼、教工宿舍楼；修建新的学校大门、进校通道。2000 年—2003 年，投入 161 万元新建一幢高 3 层、建筑面积 1920 平方米的综合大楼，修建校园石墙和围墙，更新办公设备，建立远程教学 C 级网站。2005 年，校园面积 7400 平方米，建筑总面积 4532 平方米。其中，学员宿舍建筑面积 1943 平方米，教工宿舍，建筑面积 609 平方米；新综合大楼 1 幢，建筑面积 1920 平方米。有办公室 8 间，会议室 1 间，教室 7 间（其中 266 座位的多媒体综合大教室 1 间），文体活动室 1 间，图书室 1 间，篮球场、羽毛球场各 1 个，电脑、多媒体等设备一批。

培训　轮训

1991 年—2005 年，举办各类主体培训班共 301 期，培训轮训各级党员干部 4.05 万人次。其中由县委党校主办 185 期，培训轮训党员干部 3.08 万人次。党校主办的培训班中，科级领导干部培训班 22 期，新任领导干部岗位培训班 8 期，青年干部培训班 6 期，理论骨干培训班 13 期，妇女干部培训班 6 期，村支书、主任培训班 10 期，双休日培训工程 98 期，其他培训班如厂长、经理培训班、办公室秘书培训班、组工干部培训班等 22 期。培训时间一般为 3~10 天（中青年干部培训班为 3 个月），培训形式为脱产培训，培训内容主要包括基础理论、业务知识和党性修养，具体为建设有中国特色社会主义理论、党章、党建理论、党的路线方针政策及战略部署、形势教育、社会主义市场经济知识、法律知识、领导艺术等。与机关工委、团委、建设局、乡镇企业局、国税局、工商局等部门联合办班 116 期，培训党员干部 9613 人次。同时，县委党校加强对农村党员和技术骨干、种养大户的培训，共举办 53 期培训班，培训农村党员和积极分子共 4100 多人次。培训内容主要是党在农村的方针政策、种养技术及各种农村实用致富技术。1997 年—2005 年，县行政学校培训、轮训公务员、企业管理人员共 8700 多人次。

1991 年—2005 年，乡镇党校每年举办培训班 3 至 6 期，主要培训农村党员、基层干部。共培训 4.2 万人次。

学历教育

1991 年—2005 年，县委党校开设中专、大专、本科 3 种学历层次的函授教育，有经济管理、行政管理、法律、国土管理 4 个专业。1991 年，函授大专班停办。1994 年—1995 年，举办 2 期村干部中专函授班。1996 年，大专班恢复招生，开设经济管理专业。1997 年—2004 年，先后增设行政管理专业、法律专业、国土管理专业。1998 年，广西区党委党校函授学院梧州分院在县委党校设本科教学点，开设行政管理、法律 2 个专业。2004 年，本科招生权限下放给县委党校。2005 年，大专班停止招生。1991 年—2005 年，共培养函授学员 1676 人，其中中专 83 人，大专 987 人，本科 606 人。

科研

1991 年—2005 年，教职工完成论文、调研文章 183 篇，其中在自治区（省）、市级刊物上发表 46 篇，在自治区、市党校系统科研论文评比中获奖 21 篇，提交县委作科学决策参考的调研报告 13 篇。

第十二节　老干部管理工作

1991 年，全县有离休干部 88 人，其中地（厅）级 1 人，县（处）级 37 人，科级及以下 51 人。1992 年，县委、县人大、县政府、县政协 4 套班子退休的处级领导干部由县老干部局代管，其学习、活动及慰问等与离休干部享受同等待遇，当年 4 套班子退休领导 17 人。2005 年，有离休干部 42 人，其中地（厅）级 1 人，县（处）级 19 人，科级及以下 22 人，代管四套班子退休领导 28 人。

政治待遇

1991 年—2005 年，每年召开至少 2 次情况通报会（一般在春节或重阳节、中秋节召开），由县委、政府主要领导或分管领导向老干部通报全县经济社会发展情况及当前的形势和任务；每月不定期组织老干部听报告、传达文件精神、学习政治理论，学习内容主要是根据当时形势任务及每年政治理论学习要求确定；县里出台新的政策、文件等都邀请老干部阅文，县里有重要会议（如党代会、人代会、政协会、全县农村会议、经济工作会议等）、重大活动（如"七一"、"十一"大型庆祝活动，西江大桥动工剪彩，全民健身活动等），邀请老干部参加，并邀请德高望重的老干部在主席台就座；每年统一为每位老干部订阅《中国老年报》《老同志之友》《老年知音》《梧州日报》等报纸杂志；在春节、七一、中秋节、重阳节、十一等重大节日对老干部进行慰问；每年组织老干部进行 1~2 次调研考察活动，参观工厂、农业生产基地等，到发达地区参观考察等，让老干部了解祖国的新发展新变化，了解全县经济社会发展及项目建设情况，更好地支持县委、政府工作。

生活待遇

1991 年，认真贯彻落实离休干部生活待遇有关政策规定，保障离休干部的离休费按政策规定足额发放，医药费实报实销，护理费、交通费、疗养费按政策规定发放。4 月 9 日，县委发文规定离休干部的医药费按照中央组织部《关于进一步加强老干部工作的通知》（中组部〔1990〕5 号）之规定，在公费医疗规定的范围内实报实销。

1992 年开始，重点抓好微利、亏损、承包、停产、半停产企业单位离休干部的待遇落实。针对困难企业发不出或无法足额发放离休干部离休费及各项待遇的情况，县委、县政府决定：凡是离休干部，如果本单位确实不能解决离休费的，由县财政将离休费及上级规定的补贴拨款到主管局发放。2000 年—2005 年，全县所有企业离休干部离休费等待遇全部由县财政拨款支付。

1993 年起，离休干部的健康休养每 2 年 1 次，如不外出，健康休养费发给离休干部个人作营养补助，标准为地局级 500 元，处级以下 400 元。同年，对离休干部的护理费进行调整，由原来的每月 70 元调到每月 90 元。1994 年，根据中共梧州市委办公室、梧州市人民政府办公室《关于批转梧州市老干部局、市财政局〈关于梧州市离休干部健康休养问题的意见〉的通知》，厅级离休干部（含厅局级待遇）健康休养费调整到每人每两年 800 元，处级以下离休干部的健康休养费调整到每人每两年 600 元。以上标准也可按每年计算，藤县实行按年计算发放，厅级离休干部每人每年 400 元，处级以下离休干部每人每两年 300 元。至 2005 年不变。

1991 年—2005 年，每年组织离休干部进行一次健康检查。

文体活动

1991 年，老干部活动场所主要是河堤 2 个门球场及门球场旁边的空地上、树荫下，主要娱乐活动有跳舞、唱歌、麻将、象棋等。后因建设防洪堤，老干部门球场搬迁到县政府院子内。

1992 年 10 月，兴建老干部活动中心。1995 年落成投入使用。活动中心共 7 层，建筑面积 1186 平方米，设有活动室、健身室、学习（会议）室等。1996 年—1997 年，购置跑步机、按摩器等健身器械和麻将台、象棋桌、电视机等娱乐设备。在每年重大节日，组织开展门球、象棋、麻将比赛及文艺晚会等活动。每年七一、十一、重阳节等

2005 年 11 月 18 日，藤县老干部门球队参加在北海市举办的广西第五届离退休干部门球赛，获二等奖

重大节日组织开展门球、象棋、麻将、唱歌比赛及文艺晚会等活动。2001 年，梧州市离退休干部门球比赛在藤县举行。至 2005 年，每 5 年举办 1 次。

第二章　群众团体

1991 年—2005 年，县总工会、共青团县委、县妇联等各群众团体在中共藤县县委的领导下，根据有关法律法规和各自的章程，兼顾各自代表的阶层利益特点独立自主地开展工作，依法行使权利和履行义务，成为党联系群众的桥梁和纽带，为藤县各项事业发展做出了积极的贡献。

第一节　工　会

组织机构

1991 年，县总工会办公地址在藤城镇登俊路 13 号。内设办公室、财务部、生产保障部、宣教部、基层工作部、女工部，有编制 6 名，实有人员 9 人。二层机构有县工人文化宫，有编制 7 名，实有人员 5 人。全县基层工会共 352 个，会员 2.1 万人。1997 年机构改革，县总工会核定编制 8 名，实有人员 8 人。2005 年，内设办公室。有人员 8 人。二层机构有县工人文化宫。全县共有基层工会 486 个，会员 3.26 万人。

1991 年—2005 年县工会历任主席：黄伟东(1990.12—2002.04)、陈宁(女，2002.04—2007.5)。

代表大会

第八次代表大会　1989 年 1 月 13 日—14 日在县城召开，出席会议代表 160 人，列席代表 19 人。会议听取和审议通过县总工会第七届委员会的《工作报告》《工会财务工作报告》，选举产生县总工会第八届委员会，委员 25 人，常务委员 7 人，主席陈贤生，副主席黄伟东、陈少杰。选举产生县总工会第八届经费审查委员会，协商确定第一届女职工委员会。1990 年 12 月 28 日，八届四次会议通过陈贤生辞去县总工会常委、主席职务的请求；补选黄伟东为主席，唐德业为常委、副主席。讨论县工会准备召开的“双先”（工会先进集体和先进个人）会先进集体名单。

第九次代表大会　1993 年 11 月 30 日—12 月 1 日在县城召开，出席会议代表 160 人，列席代表 17 人。会议听取和审议通过县总工会第八届委员会的《工作报告》《工会财务工作报告》，选举产生县总工会第九届委员会，委员 21 人，常务委员 9 人，主席黄伟东，副主席唐德业、陈宁（女）。选举产生县总工会第九届经费审查委员会，协商确定第二届女职工委员会。

第十次代表大会　1998 年 12 月 8 日在县城召开，出席会议代表 160 人，列席代表 19 人。会议听取和审议通过县总工会第九届委员会的《工作报告》《工会财务工作报告》，选举产生县总工会第十届委员会，委员 21 人，常务委员 9 人，主席黄伟东，副主席陈宁（女）、覃锦禄。选举产生县总工会第十届经费审查委员会，协商确定第三届女职工委员会。2002 年 4 月 11 日，十届六次会议通过免去黄伟东主席职务、覃锦禄副主席职务决定；补选陈宁为主席，黄德杰、万秀雄为副主席。

2004 年 12 月 17 日，藤县工会第十一次会员代表大会在藤城召开

第十一次代表大会　2004 年 12 月 17 日在

县城召开，出席会议代表160人，列席代表19人。会议听取和审议通过县总工会第十届委员会的《工作报告》《工会财务工作报告》。选举产生县总工会第十一届委员会，委员21人，常务委员9人，主席陈宁（女），副主席喻明、谢专苏。选举产生县总工会第十一届经费审查委员会，协商确定第四届女职工委员会。

主要活动

法律法规宣传培训　1992年4月3日，《中华人民共和国工会法》颁布实施。1995年1月1日，《中华人民共和国劳动法》颁布实施后，县总工会要求广大工会干部要学透工会法，组织全县工会干部分别参加区、县总工会举办的工会法和劳动法学习班，带领全县各企业事业单位从自己实际出发，利用墙报、黑板报、举办知识竞赛等多种形式，开展学习宣传。1996年，县总工会开展劳动法实施两周年宣传活动，举办5期工会干部和企业行政领导参加的学习劳动法和集体合同知识培训班，培训人员260人次。1996年5月，县劳动局、县总工会联合下发《关于开展劳动法执法检查工作的通知》，对县内企业、个体经济组织和《劳动法》适用范围的其他用人单位，开展劳动合同制和推进集体合同制度情况、依法用工，特别是执行禁止使用童工规定的情况、执行工资总量调控、工资支付、最低工资保障规定情况、克扣拖欠工资情况、执行劳动保护规定和改善劳动安全卫生环境条件情况、执行社会保险规定情况和依法制定（修订）企业内部劳动规章制度情况进行执法检查。1997年8月19日，县委办下发《关于转发梧州市总工会〈关于全心全意依靠职工群众办企业和加强企业和加强企业民主管理的实施办法〉的通知》（藤办〔1997〕49号），27日，举办工会干部培训班，参加人员有全县国有企业、企业管理事业单位和应签订集体合同单位的工会主席或副主席共126人。1992年—2005年底，全县共举办工会法、劳动法和签订集体合同业务培训班9期，参加培训班学习人员计1235人次。

劳动竞赛　1991年6月，县总工会下发《关于开展职工权益知识竞赛的通知》，发动广大职工参加竞赛活动，全县350个基层工会21053会员参加竞赛活动。1996年6月，下发《关于开展工会工作竞赛活动的通知》《关于在"九五"期间开展"女职工双文明建功立业竞赛"活动的方案》。以认真贯彻实施劳动法，发挥工会代表职工利益的整体维护作用；围绕企、事业单位的发展目标，在完成单位生产（工作）中发挥工会的积极作；在深化改革中，进一步加强单位民主管理、保障职工的主人翁地位；发挥工会的共产主义学校作用，努力建设"四有"（有理想、有道德、有文化、有纪律）职工队伍；加强工会自身建设，抓好基础工作五项内容考核要求组织劳动竞赛活动。1996年，组织全县84家企业参加梧州地区劳动竞赛活动，占应参加企业的94.3%；组织县内89家企业参加由县总工会发动的各种形式的劳动竞赛活动，占应参加企业的100%。1997年，根据梧州市人民政府批转市劳动竞赛委员会、市总工会《关于继续抓好学比创攀活动，开展经济效益杯等社会主义劳动竞赛意见的通知》（梧政发〔1997〕36号）精神，县劳动局和县总工会发动藤县企业参加梧州市开展的经济效益杯等社会主义劳动竞赛，全县参赛企业89家，占应参加企业100%。为深入贯彻落实全国总工会、国家经贸委《关于加强职工职业道德建设意见》和自治区总工会《关于学习党的十四届六中全会〈决议〉和区党委七届二次全会〈决议〉的意见》精神，1997年7月，县总工会下发《藤县总工会转发区总工会关于开展全区职工职业道德知识竞赛活动的通知》（藤工字〔1997〕6号），动员全县职工积极参与社会主义精神文明建设，推动全县职工职业道德活动的开展。至2005年，共开展各类劳动竞赛活动32次，有2万多人次参加。

维护职工合法权益　1991年，县总工会指导督促企业建立健全规章制度、落实劳动标准，调处劳动争议。1995年，针对部分企业为解决资金困难，强行收取职工抵押金和不注意职工生活安排的状况，县总工会在县人大审议政府的企业工作报告时提出"改革要注意职工的承受力和妥善安置好职工的建议"，得到有关部门的采纳，纠正了违规行为。做好下岗人员再就业、退休职工和困难职工生活安排、医疗费和女职工特殊利益保护。根据自治区人民政府《关于全面实行劳动合同制度的通知》，指导企业推行平等协商和集体合同制度。12月，在县二化厂、太平糖厂开展推行集体协商和集体合同制度试点工作。1996年5月，开展劳动法执法检查。6月，县劳动局、总工会、经委、财办、企业家协会联合印发《关于逐步实行集体协商和集体合同制度的通知》，成立推行集体协商和集体合同制度协调领导小组并开展工作。至年底，全县59个基层单

位，11648 名职工签订劳动合同，占应签订劳动合同职工总数的 82.46%。1997 年 5 月，由县人大办、县总工会、劳动局、经委等部门组成的执法检查组对全县经委系统、粮食系统、农口系统、卫生系统、商业系统的工会法、劳动法执行情况进行检查，大部分机关事业单位按照国家规定实行每周不超过 44 小时工作制，大部份企业事业单位实行每周不超过 40 小时工作制；正常生产运行的企事业单位均能实行地区规定的最低工资标准。同年 9 月，县总工会印发《关于继续抓好推行集体协商签订集体合同和加强集体合同档案管理工作的通知》，要求国有、集体企业事业单位建立和完善职工代表大会制度。至 2005 年，全县 91.4% 的国有、集体企业事业单位建立起职代会制度，坚持每年召开职代会的单位占 93.7%。全县签订集体合同的基层工会有 389 个，签订率 83%。

送温暖活动　1991 年，元旦、春节等重大节日，县总工会对困难职工开展节日慰问。1994 年后，一些企业改制，部分职工下岗。1995 年 4 月，县总工会下发《关于转发区总工会〈关于开展为"送温暖工程"募捐筹款活动的通知〉的通知》，号召全县职工发扬工人阶级团结友爱的优良传统，开展为"送温暖工程"募捐活动，收到 54 个单位 7900 多名职工个人捐款 6.42 万元。当年慰问困难职工 587 人，支出 7.06 万元。1996 年元旦、春节期间，慰问困难职工 1248 人，支出 15.19 万元。6 月，设立"送温暖工程"基金会，制定"送温暖工程"基金筹集管理实施细则，建立完善困难企业和困难职工档案。1997 年春节期间，拨出 15 万元"送温暖"基金，救助特困职工 1632 人。至 2005 年年底，共拨出"送温暖"基金 136.14 万元，帮扶职工 13163 人次。

文体活动　1991 年—2005 年，每年元旦、春节、五一等重要节日，县总工会正常开展各种文体活动，常规项目有猜谜语、篮球投篮、圈套实物、套活鸡、斗鸡、幸运盘、摸奖以及象棋、篮球、乒乓球比赛等。1997 年，开展"五一"节篮球比赛，县直各单位、厂矿、企业事业单位共 40 多支代表队 600 多名运动员参加比赛。1998 年 4 月 26 日，举办庆"五一"卡拉 OK 比赛活动，20 多个基层工会派出代表参赛。9 月 30 日，举行"庆国庆，迎党代会召开"主题活动，项目有"歌唱祖国"卡拉 OK 比赛、"新世纪商厦"杯篮球赛（与县体育局联办）。2000 年"三八"节期间，举办纪念"三八"国际劳动妇女节九十周年联欢会；与县妇联、县文化馆、县文工团联合在县工会球场举办大型文艺晚会。"五一"节期间，举办的赛事有"五一"职工健身操，全县 13 个基层工会 366 名男女职工代表参加，现场观看群众 3000 多人；庆"五一""五四"交通安全杯篮球邀请赛，14 个基层工会代表队参赛。2003 年春节期间，联合县广播电视局举办第三届刘三姐杯电视快棋赛，全县参赛棋手 63 人。是年，受非典型肺炎影响，"五一"职工运动会各项比赛被迫停止。2004 年，推选县第一幼儿园工会组队代表梧州市总工会参加全区女职工健身操赛，荣获二等奖。2005 年春节期间，举办中国象棋、斗鸡比赛和舞狮表演等活动。3 月 2 日，联合县妇联举办庆"三八"国际妇女节体育比赛活动，项目有跑步接力、拔河赛，有 47 个队 374 人参赛，其中参加拔河赛的有 23 队、参加接力跑的 24 队。4 月 23 日，县工会球场开始拆除，"五一"职工运动会取消。

劳模管理　1991 年—2005 年，全县获评为全国级劳动模范（先进工作者）1 人，自治区级劳动模范（先进工作者）16 人，市级劳动模范（先进工作者）13 人。2005 年，全县劳有全国级劳动模范（先进工作者）3 人，自治区级劳动模范（先进工作者）65 人，市级劳动模范（先进工作者）15 人。县总工会每年元旦、春节期间对劳模开展慰问活动，1991 年—2005 年，共慰问劳模 436 人次，慰问金额 4.81 万元。

第二节　共青团

组织机构

1991 年—2005 年，共青团藤县委员会办公地址设在藤州镇登俊路 57 号县人民政府大院内。1991 年，内设组织部、宣传部、学校部、县直机关团委，核定编制 7 名，实有人员 7 人。有基层团委 31 个，团（总）支部 643 个，团员 2.54 万人。1997 年，撤销县直机关团委。2002 年，恢复县直机关团委为内设机构，撤销组织部、宣传部、学校部，核定人员编制 5 名。2005 年，内设县直机关团委，有基层团委 61 个，团支部 644 个，团员

22.79 万人。

1991 年—2005 年团县委历任书记：黎云(1990.12—1993.04)，黄世康(1993.04—1994.10)，陈碧兰(女，1994.10—1996.08)，黄定云(1996.08—1998.08)，茹恩南(1998.08—2002.02)，彭雪梅(女，2002.03—2003.09)，刘朝林(2003.09—2005.04)，刘念(女，2005.04—)。

代表大会

第十二次代表大会 1991 年 11 月 15 日—16 日在县城召开，出席大会代表 340 人。会议听取和审议共青团藤县第十一届委员会工作报告，选举产生共青团藤县第十二届委员会，委员 28 人，常务委员 6 人，书记黎云，副书记黄世康。

第十三次代表大会 1994 年 11 月 22 日—23 日在县城召开，出席大会代表 292 人，列席代表 20 人。会议听取和审议共青团藤县第十二届委员会工作报告，选举产生共青团藤县第十三届委员会，委员 28 人，常务委员 6 人，书记陈碧兰(女)，副书记麦柱文。

第十四次代表大会 1997 年 6 月 12 日—13 日在县城召开，出席大会代表 247 人。会议听取和审议共青团藤县第十三届委员会工作报告，选举产生共青团藤县第十四届委员会，委员 29 人，常务委员 6 人，书记黄定云，副书记茹恩南、彭雪梅(女)。

第十五次代表大会 2000 年 11 月 14 日—15 日在县城召开，出席大会代表 177 人，列席人员 15 名。会议听取和审议共青团藤县第十四届委员会工作报告，选举产生共青团藤县第十五届委员会，委员 29 人，常务委员 5 人，书记茹恩南，副书记彭雪梅(女)、刘朝林。

第十六次代表大会 2003 年 12 月 23 日—24 日在县城召开，出席大会代表 196 人。会议听取和审议共青团藤县第十五届委员会工作报告，选举产生共青团藤县第十六届委员会，委员 29 人，候补委员 8 人，常务委员 5 人，书记刘朝林，副书记李志坚、刘念(女)。

主要活动

青年志愿者活动 1991 年，全县旱情严重，团县委组织成立“青年突击队”“帮工组”“助耕队”等各种青年突击小组 939 个，出动 17 万人次投入到抗旱战斗中。组织青年团员开展“营造青年林，争当植树造林标兵”活动，参与活动 16.1 万人次，创建青年林示范点 181 个，植树造林 1030 公顷。1991 年—1998 年，开展学雷锋活动、向灾区捐赠活动、“百班团支部，服务百孤老”活动和大中学生志愿者“三下乡”活动，参加服务的志愿者有 675 人，服务项目 30 多项，接受服务的有 1670 多人。1999 年，团县委成立藤县青年志愿者服务中心，负责县内青年志愿者的招募及组织青年志愿者开展活动，对志愿服务组织进行规范管理，掌握青年志愿服务供需动态，提供需要帮助的社会成员和场所，考核青年志愿服务站等。至 2005 年，共组织 318 支服务队，4 万多名志愿者开展“学雷锋”“爱心助残”“真情送万家”以及环境保护、大型赛会、应急救助等志愿活动。服务群众 1.42 万人次，修理家电、自行车等 1000 多次，清扫街道 1560 条，清理垃圾 3.5 吨，捐款 1 万多元。

青年技能培训 1991 年，开展农村青年星火带头人培养和青年技能培训。1991 年至 2005 年，共举办各类农村实用技术培训班 165 期，受训人数 1.35 万人次。依托团组织领办的科技推广项目，对农村青年进行使用技术培训，建立农村青年星火带头人示范基地、培训基地。1991 年—2005 年，共举办各类农村实用技术培训班 165 期，受训人数 1.35 万人次。

青年文明号创建 1994 年开始，开展“青年文明号”创建活动，在青年岗位、青年集体中进行创业精神、敬业意识和质量、效益、服务意识教育，开展文明生产、优质服务达标竞赛，倡导良好的职业道德和职业理想。主要在公交、基建、财贸、服务、工商税务、个体经营等行业和机关事业单位青年中开展。1995 年，县公安局交警大队车管中队等 3 个单位被评为自治区级“青年文明号”单位，藤城镇农村信用社城西分社等 19 个单位被评为市级“青年文明号”单位。中国银行藤县支行大桥头储蓄所等 3 个单位被评为县级“青年文明号”单位。

1996 年，农业银行藤县支行营业部储蓄专柜等 2 个单位被评为区级“青年文明号”单位，中国银行藤县支行大桥头储蓄所等3个单位被评为县级“青年文明号”单位。1997年，藤县人民医院门诊部西药房等3个单位被评为区级“青年文明号”单位，藤县太平交通征费稽查站4个单位被评为市级“青年文明号”单位，中国建设银行藤县支行建招储蓄所等4个单位被评为县级“青年文明号”单位。1998，中保财险藤县支公司展业科等2个单位被评为市级“青年文明号”单位。1999年，南梧二级公路藤县收费站等9个单位被评为市级“青年文明号”单位。2000年，藤县农村信用合作联社营业部等5个单位被评为市级“青年文明号”单位。2001年，藤县4个单位被评为市级“青年文明号”单位。2002年，武警梧州市消防支队藤县中队等3个单位被评为市级“青年文明号”单位。2003年，藤县公安局交通管理大队城区中队等7个单位被评为市级“青年文明号”单位。2004年，中国移动广西公司藤县分公司太平营业厅等6个单位被评为市级“青年文明号”单位。2005年，藤县5个单位被评为市级“青年文明号”单位。

1991年—2005年藤县共青团团员统计表

表5-2-1　　单位：人

年度	全县青年数	团员数	所占比例%	年度	全县青年数	团员数	所占比例%
1991	169543	25407	14.99	1999	180496	28482	15.78
1992	170543	26312	15.43	2000	198647	27682	13.94
1993	171654	30146	17.56	2001	204782	27853	13.60
1994	180892	35916	19.85	2002	212033	28024	13.22
1995	177086	33993	19.16	2003	225428	28252	12.53
1996	177185	34074	19.23	2004	228016	28583	12.54
1997	180178	24472	13.58	2005	227891	29433	12.92
1998	180253	24272	13.47				

附：少年先锋队

1991年，全县有少先队总辅导员20人，大队辅导员274人。少先队活动以培养少年儿童热爱党、热爱祖国、热爱社会主义、热爱集体、热爱学习、热爱劳动，促进良好的日常行为主要内容。1992年起，全县各校少先队组织每年开展城乡小伙伴“手拉手”“学英雄、树新风”“帮困助残”“拥军优属”、美化校园以及勤工俭学、科学实验、文体卫生等方面活动。2002年1月12日，召开少先队藤县第二次代表大会，出席大会代表155人，会议听取和审议了少先队藤县第一届工作委员会工作报告，选举和产生少先队藤县第二届工作委员会，委员17人，工作委员会主任刘朝林。

1997年—2005年，获得全国表彰的优秀少先队员2人，优秀少先队集体2个；获得区级表彰的优秀少先队员2人，少先队辅导员2人；市级表彰的优秀少先队员304人，优秀少先队辅导员162人，优秀少先队集体140个。

第三节　妇　联

组织机构

1991年—2005年，县妇女联合会办公地址在藤州镇登俊路57号县政府大院内。1991年，内设办公室、维权部、宣传部、儿童部，在职人员6人。县妇女儿童工作委员会办公室设在县妇联。辖乡镇妇联20个，村（街）妇代会274个，机关及事业单位妇委会18个。1994年11月，乡镇妇联主任改称主席。2002年，撤销内设机构。2005年，县妇联在职5人，有乡镇妇联19个，村（街）妇代会279个，机关及事业单位妇委会32个。

1991年—2005年县妇女联合会历任主席：冼爱珍（女，1991.01—1994.11），石瑞婵（女，1994.11—1999.11），黄伟玲（女，1999.11—2004.12），黄丹华（女，2004.12—2005.12）。

代表大会

第十二次妇女代表大会 1994年11月24日—26日在县城召开。应到会代表343人,实到会代表322人。会议听取和审议了县妇女联合会第十一届执行委员会的工作报告,选举产生县妇女联合会第十二届执行委员会,委员29人,常委7人。主席石瑞婵,副主席岑桂芳、张雪珍。

第十三次妇女代表大会 1999年11月21日—22日在县城召开。应到会代表159人,实到会代表149人。会议听取和审议了县妇女联合会第十二届执行委员会的工作报告,大会选举产生县妇女联合会第十三届执行委员会,委员29人,常委7人。主席黄伟玲,副主席赖淑贞、黄素艺。

第十四次妇女代表大会 2004年12月14日—15日在县城召开。应到会代表253人,实到会代表242人。会议审议通过了县妇联第十三届执行委员会的工作报告,选举产生县妇女联合会第十四届执行委员会,委员31人,常委6人。主席黄丹华,副主席黄素艺、廖敏萍。

主要活动

维护妇女儿童合法权益 1991年以后,通过培训、板报等形式向群众宣传《中华人民共和国妇女权益保障法》《中华人民共和国未成年人保护法》《妇女儿童发展纲要》等法律法规。1995年,县妇联被评为全国妇联系统维权先进集体。1997年,联合法院、司法等部门开展《中华人民共和国妇女权益保障法》宣传活动28次,发放宣传资料2万多份,接受群众咨询1328人次;举办法律培训班26期,培训妇女干部、群众1080人。是年,埌南镇发生一起两名少女被长期关禁强奸案件,县妇联主动到受害人家中进行慰问和心理辅导,并组织县直12家单位捐款4600多元、物品1批,协调县医院免收受害人一切治疗费用。1998年,配合县公安部门破获拐卖妇女儿童案件8起,打击犯罪团伙3个、8人,抓获人贩子5人,解救妇女24名、儿童4名。1999年10月15日,县妇联出庭参加梁××追索赡养费一案,利用法律武器为81岁老人争取应得的赡养费。2000年,联合市妇联、市司法局、市计生局、县文工团在象棋镇举办大型送法下乡活动,内容有法律咨询、文艺表演、有奖法律知识竞赛等,共发放宣传资料5000多份,受教育人数4000多人。配合司法部门开展"148"维权周活动,到象棋镇举办送法下乡活动,接听维权电话35次,接受法律咨询8000多人次,印发宣传1.3万份。是年,在各中小学举行"抵制毒品、参与禁毒"签名活动,签名学生3万人;印发"不让毒品进我家"家庭承诺书1.4万份,参加承诺家庭面达71.2%。

2001年,重点宣传学习《中华人民共和国婚姻法》,举办学习班2期,参加学习人数135人;开展咨询活动1次,印发资料6000份;开展法律竞赛活动1次,印发问卷2500份。2002年,建立妇女儿童维权工作站,协调人民法院及法庭建立妇女儿童合议庭6个,1名妇女干部任特邀陪审员。以《中华人民共和国妇女权益保障法》颁布10周年为契机,举办学习班1期,参加学习125人,召开座谈会1次,参加人数76人,开展法律咨询活动1次,接待咨询2948人,印发资料5451份。

2003年,县、乡妇联组建妇女儿童维权服务站,开通妇女儿童维权148电话。成立戒赌、戒毒帮教小组295个,帮教吸毒人员125人。开展法律咨询活动4次,印发宣传资料6500份。2004年,成立妇女儿童法律援助中心,办理法律援助案件7件。联合县综治办、县禁毒办在藤城、太平、和平、濛江、金鸡、塘步等乡镇开展咨询宣传活动,悬挂横幅6条,张贴标语200条,发放宣传资料1万多份,展览图片178幅。2005年,设立法律援助妇女权益部,在县法律援助中心指导下,建立完善法律援助志愿者制度。年末,有妇女儿童维权服务站15个,妇女儿童法律援助中心2个,维护妇女儿童合法权益合议庭6个,全年办理法律援助案件30件。

1991年—2005年,共开展各类宣传活动150多次,举办学习培训班120期,出版墙报、专栏60期,印发宣传资料约15万份。接待处理群众来信来访1200多人(件)次,其中来信516件,接待来访684人次,信访处理率98%;涉及家庭暴力案件425件,解救被拐卖妇女405人,儿童11人。

"双学双比"活动 1991年,联合县科协、教育局、农业局等18个单位开展农村妇女"双学双比"(学文化,学技术,比成绩,比贡献)竞赛活动,比赛项目由原来的两种两养(种粮、种蔗、养猪、养鸡)增加到五种五养(种粮、种蔗、造林、种果、种西瓜、养猪、养鸡鸭、养牛、养鱼、养蚕)。1994年,全县有98392户160270名妇女参赛,金鸡镇陶塘村妇女黎凤芝通过竞赛,承包了33公顷荒山办果场,成为全县种果大户。1995年,全县

167989 名妇女参加种粮、种果、造林、养猪、养鸭等竞赛活动，占妇女劳动力的 99.5%。藤城镇白泥村妇女吴凤兰养殖 AA 鸡 10.5 万羽，盈利 19.7 万元；并出资 5 万多元扶持 22 名妇女养殖 AA 鸡，形成了 AA 鸡养殖集团。1999 年，实施“巾帼科技致富工程”，配合劳动、科技等部门做好农村实用技术培训，在农村建立妇女科技学校、科技指导中心，潭东镇潭东村农民技术员林萍获 1999 年全国“双学双比”先进女能手、自治区“双学双比”竞赛活动先进女能手称号。2000 年，组织妇女群众开展“致富思源、富而思进”活动，潭东镇沐浴组种养能手梁雪芳，家中养猪、养蛇，兼三轮车运输业务，年纯收入 3.8 万元。还带动沐浴组 20 多名妇女养蛇、养花猪。2001 年，发动全县农村妇女参加现代化农业新科技星火行动计划，全县 20 个乡镇 266 个行政村均有 1~2 名“巾帼科技致富”示范户。2003 年，技术培训从普通技术转向高新技术，分别在东荣、太平、塘步等 7 个乡镇举办免耕抛秧新技术及优质西瓜、食用菌栽培新技术培训班；举办免耕抛秧和测产现场会，共 120 人参加，培训新技术骨干 35 人。至 2005 年，共建立村级妇女科技学校 213 所，农村妇女科技指导中心 40 个；举办各种培训班 409 期，培训妇女 5.19 万人(次)；印发各种种养技术资料 6.84 万份，与农村妇女进行科技结对 450 对。通过培训，有 786 名妇女获得农民技术员“绿色证书”，获得“女农民技术员”职称的妇女 426 人。建立“妇”字号科技种养示范基地 23 个，“三八”绿色基地 11 个。联合相关部门举办各种农民工培训班 65 期 1.29 万人次，劳务输出 2680 人。获自治区级“双学双比”竞赛女能手荣誉称号的 10 人、市级 87 人、县级 1451 人。

“巾帼建功”活动 1991 年，在城镇妇女中开展以“质量、品种、效益”为主要内容的“学先进、比技能、比发明、比贡献”竞赛活动。饮食服务公司陈琼珍被评为自治区“巾帼建功”先进个人。1993 年，在太平胶合板厂、濛江胶绳厂、濛江永恒锁厂、藤县银鹰丝厂开展“学文化、学技术、比效益、比贡献”竞赛活动，922 名女职工参赛。1996 年，联合县总工会开展以维权、建功、创业、成才、文明、爱心为主题的“女工双文明建功立业竞赛”活动，参赛女职工 1500 人。1998 年，“巾帼建功”活动增加“巾帼文明岗”内容，在女性较为集中的行业、窗口、科室以“文明、建功、敬业、成才、奉献”为主要内容，开展“巾帼文明(示范)岗”创建活动，有 30 个单位，800 多人参加。2002 年，组织 6 个巾帼示范岗岗长到梧州市妇联学习考察，并对县内各个示范岗开展专项检查，推动了“巾帼文明岗”制度化、规范化建设。

1991 年—2005 年，共有 67 个单位的女职工 4835 人次参加“巾帼建功”活动，参赛率 99%。提出合理化建议 142 条，采用 43 条，增收节支 23.70 万元，创造价值 52.30 万元。县第一幼儿园被评为全国级文明示范岗，县妇幼保健院、县人民医院妇产科、县农业局市场经济信息股等 7 个单位被评为自治区级文明示范岗，有市级文明示范岗 5 个，县级 5 个。培养巾帼科技创新带头人 12 人，获得县级以上“巾帼建功标兵”72 人。县水泥厂成品车间李秀群被评为全国优秀女工。

慰问帮扶妇女儿童活动 1991 年后，每年开展“春蕾计划”活动，发动社会各界捐款，扶持失学儿童入学。1996 年，开展“爱心献春蕾”“幸福工程储蓄”捐资助学活动，扶持 26 名失学女童，存入 5 万多元储蓄资金用于帮扶贫困女童。1998 年，县妇联和县工会等单位组成慰问团，对全县特困儿童及下岗困难职工子女进行慰问，为全县儿童做好事 83 件，办实事 30 多件。1999 年，号召各单位、社会各界人士为儿童做好事、办实事，共收到捐款及各种学习、体育用品折款计 10 万多元，扶持失学女童 100 名。2002 年，举行庆“六一”暨藤县妇女儿童发展规划颁布实施游行表演活动，全县 12 个学校、13 个方阵、1800 人参加游行活动。同年，开展妇女优惠健康大检查，全县 700 多名妇女参加体检。2005 年，组织开展抗洪救灾捐款捐物活动，收到捐款 2000 多元、衣物 1 万多件，并通过自治区妇联向美国 LDS 慈善协会争取到救灾资金 14 万元，支持和平镇重灾区妇女群众重建家园，慰问 390 多名孤特困儿童。

1991 年—2005 年，累计收到捐款 65.86 万元，帮扶妇女儿童 3 万多人次。

“五好文明家庭”创建

1991 年—1995 年，继续开展创建“五好家庭”“双文明户”活动，全县被评为县级“五好”家庭 4325 户，“双文明户”5673 户。1996 年，改为创建“五好文明家庭”活动，活动内容为倡导建立平等、文明、和睦、稳定的家庭，树立尊老爱幼、助人为乐、遵纪守法、见义勇为的文明新风，促进健康文明家风的形成，以家风促进社会风气的好转，推动社会主义精神文明建设。2000 年，“五好文明家庭”活动增加“美在农家”“家庭美德”“科技致富”“不让毒品进我家”“学习型家庭”等内容。2001年，开展“不让毒品进我家”“我爱我家”为主题的征文、演讲比赛及与13岁以上儿童家长代表进行“不让毒品进我家”登记签字仪式。2003年，把开展“五好文明家庭”活动与实施公民道德纲要、美化环境、计划生育结合起来，赋予活动新内容。至2005年，被评为县级“五好文明家庭”750户，市级“五好文明家庭”30户。

参政议政

1993年，县乡党委、政府、人大换届，全县20个乡镇有19个乡镇配备了女领导，县直单位科局级以上女领导77人，县、乡人大女代表分别为57人、271人。1996年，全县乡（镇）女人大代表303人，占代表总数22.4%。20个乡（镇）党政领导班子中全部配备2名以上的女领导，其中女乡（镇）党委书记1人，女乡（镇）长2人，女乡（镇）党委副书记9人；女乡（镇）副乡（镇）长20人，女乡（镇）党委委员17人。1999年，全县有女干部3672人，占干部总数的28.9%。44个党政工作部门有17个部门配备女领导。20个乡镇配备了女领导，其中配备2名以上的乡镇19个，乡镇正职女领导3人，266个村委会有124个村配备有女委员。2005年，全县女干部4091人，占干部总数的35%，44个党政工作部门有17个部门配备女领导。19个乡镇党政领导班子100%配备了女领导。县、乡（镇）人大女代表所占比例分别为23.8%、18%，县政协女委员占委员总数22.9%。村民委员会女委员162人。

第四节 工商联

组织机构

1991年，县工商业联合会（简称县工商联）下设太平分会（有会员95名）、濛江分会（会员35名）、南安分会（有会员44名）。1992年，县工商联恢复为正科级建制单位。办公地址：藤县藤城镇西江路68号。内设人秘股、经济股、宣教股。配专职副主任委员1人。人员编制4个，在职人员5人。1997年11月7日，根据全国工商联“七大”通过的《中国工商业联合会章程》，县工商联第九次会员代表大会通过藤县工商业联合会同时称藤县商会。1999年11月30日，和平镇商会恢复成立，有会员23名。2000年11月23日，金鸡镇商会成立，会员26名。2000年12月19日，天平镇商会成立，会员22名。埌南镇商会成立，会员32人。2001年6月18日，成立藤县三轮机动车商会（同业商会）。2002年4月，濛江镇商会完成换届选举工作；南安镇商会完成换届选举工作。2002年5月20日，太平镇商会完成换届选举工作。2003年，成立藤城镇商会、潭东镇商会、象棋镇商会、大黎镇商会、新庆镇商会、津北镇商会共6个乡镇商会。2004年1月8日，成立岭景镇商会。8月4日成立东荣镇商会。2005年，县工商联在职人员4人，共有乡镇商会15个，行业商会1个（三轮机动车商会）。1995年、1996年、1998年、1999年藤县工商联分别被自治区工商联评为全区工商联系统先进单位。

1991年—2005年县工商联、藤县商会历任主席、会长：黄志良（1991.01—1997.12，其中1991.01—1993.02为副主任委员，主持全面工作。1993.02—1997.12为主任委员）、苏立强（1997.12.20—2002.04）、黄全才（2002.07—2005）

代表大会

第八次会员代表大会 1993年2月10日—11日在县城召开。出席会议代表72人，列席会议13人，特邀代表20人。会议选举产生县工商业联合会第八届执行委员会委员15人，常务委员黄志良、胡泽文、周锡邦、唐宏展、杜雄、覃永英（女）、苏永西等7人，主任委员黄志良，副主任委员：胡泽文、周锡邦（兼）、唐宏展（兼）、杜雄（兼），秘书长覃永英（女）。

第九次会员代表大会 1997年12月20日在县城召开。出席大会代表80人。会议议程：胡泽文作县工商联第八届执委会工作报告；大会选举产生县工商业联合会第九届执行委员会委员20人，正副会长9人，秘书长1人。会长：苏立强（兼）；副会长：胡泽文、覃永英（女）、孙祖文（兼）、唐宏展（兼）、杜雄（兼）、江少雄（兼）、陈文灿（兼）、吴茂传（兼）；秘书长：覃永英（女）；顾问：黄志良、周锡邦。

第十次会员代表大会 2002年7月9日在县城召开。出席大会代表140人。会议议程:欧楚杰作县工商联第九届执委会工作报告;大会选举产生藤县工商业联合会第十届执行委员会委员24人。会长:黄全才;副会长欧楚杰、胡永、林炳光、钟锦生、江少雄、秦福新、陈文灿、李少金、吴茂传;秘书长祝健。

主要活动

参政议政 1992年,县工商联向政协藤县第四届第三次会议提交《请县政府帮助扶持合作店搞好企业经营以解决合作店生存问题》提案,得到有关部门重视。县工商联会员任县政协四届委员共6人、五届委员7人。第八届执委会期间,共8名会员作为县人大代表、县政协委员向县人大、县政协提出议案、提案、意见共40多件,其中获优秀集体提案奖3次,优秀个人提案奖5次,获"五个一"先进荣誉1人。其中《关于加快我县非公有制经济健康发展的建议》《关于对非公有制收费健全监督机制的建议》《关于加强对机动三轮车管理的意见》《关于整顿县城环境卫生的意见》《关于禁止在医院内焚烧死者遗物的意见》等提案,为政府提供了决策的依据,充分发挥了工商联的参政议政职能。

第九届执委会期间,2000年年末,有委员2人当选市政协委员、1人当选市人大代表,17人当选县政协委员。市政协委员苏立强撰写的《办梧州市场特色,树东大门形象》提案,县政协委员胡泽文、谢雄飞撰写的《整顿县城交通秩序,转变旧意识旧观念,促进藤县经济发展》提案,得到有关部门的重视。还有《关于县城洒水车辆洒水时间的问题》《关于妥善解决我县原工商业者生活困难》《减轻客运三轮车收费负担问题》等提案,得到有关部门的采纳和重视。

第十届执委会期间,有委员2人当选市政协委员、1人当选市人大代表,17人当选县政协委员。

开展社会公益事业 1991年,县工商联全体在职、退休干部响应《立即行动起来,支援抗旱抢插》,共捐款75元。1996年,春节慰问困难老会员、原工商业者20人,慰问金1510元。1997年,会员陈文灿出资60多万元修筑被洪水冲毁的南安大坝,保护3个村7000多群众的安全和200公顷农田免受损失。1997年—1999年,会员共扶助贫困学生30多名,扶助款9600多元,被扶助学生主要分布于古龙、同心、象棋、藤城、大黎等乡镇。1998年在藤城镇开展扶贫助困活动,赠书包22只,儿童服装21套,捐款4100元。10月10日,发放洪灾慰问金1300元。1999年,在县中心校、潭津小学、朝阳小学开展"藤县光彩事业助学基金会"活动,共扶助贫困学生22名,扶助款5000元;在藤县举办的"两广八县"龙舟邀请赛,发动执委捐款3600多元;濛江镇商会会员为修建濛江街道共捐款1167.4元,同时安排下岗职工8名到会员企业就业。2000年,李少金捐助1万元建设津北龙巷小学。秦福新捐助学款2万元(天平镇国龙小学1万元,藤州中学5000元,藤县中学5000元)。吴绍金捐助学款1880元(太平镇中心校)。苏立强引进外资助学2000元(同心小学)。县商会协助县妇联开展"春蕾计划"扶持困难女学生45名,共4500元。2002年,会员扶助10名贫困学生,捐款3500元。2003年,濛江镇商会会员捐资4300元,协助举办濛江镇2003年春节晚会;筹资3万多元修建四条主要街道及污水渠1000米;杨永双副会长赞助公益事业3200元;县商会会员捐款6000元扶助大黎小学、太平中心校、同心小学困难学生。2003年,配合县委、县政府开展引进外资活动,会员共引进资金950万元。

第五节 侨 联

组织机构

1980年12月成立。1991年,与县人民政府侨务办公室合署办公,办公地址在县政府大院内(至2005年不变);有行政事业编制人员2名,在编在职人员2人。1999年3月,与统战部合署办公,机构编制独立,人员、经费由统战部统一管理。2002年3月,重新核定县侨联事业编制2名,领导职数(主席或专职副主席)1名,由县委统战部代管。2005年,在职人员1人。

1991年—2004年8月,县侨联不设主席,侨联工作先后由县政协副主席黄子光、县交通局局长黄俊森兼主管。李宝山为侨联专职副主席。

1991 年至 2004 年 8 月，藤县侨联没有召开代表大会。

2004 年 9 月，藤县第四次归侨侨眷代表大会在县城召开。出席会议代表 60 人。会议听取县第三届侨联委员会工作报告，选举产生藤县归国华侨联合会第四届委员会，委员（常委）9 人。主席丁健平（兼职），副主席刘春荣、罗成光（均为兼职）。

主要活动

1991 年—2005 年，县侨联委员中当选各级政协委员 22 人次，人大代表 8 人次，其中梧州市人大代表 4 人次。提交政协提案 20 多件。每年有近 10 名三胞界委员参加县政协会议，有 2~3 名作为市（县）人大代表参加议政工作；选择 4~5 户特困归侨侨眷进行慰问；参与县的政治、经济、文化、社会事务活动，反映归侨、侨眷和海外侨胞的意见和要求；参与政治协商，发挥民主监督作用；参与协商和推荐人民代表大会和政治协商会议的归侨、侨眷代表、委员人选 7~9 名。协助县政府侨务部门贯彻落实《中华人民共和国归侨侨眷权益保护法》及《广西壮族自治区归侨侨眷权益保护法实施办法》。并以《中华人民共和国归侨侨眷权益保护法》为依据，开展全县性侨情（约 8000 名侨眷）调查研究，协助归侨侨眷解决侨属企业、侨房、子女读书就业、户口落实等遇到的困难。对归侨侨眷进行社会主义、爱国主义教育，宣传党和国家的方针、政策及藤县政治经济改革措施，开展多种形式的联谊活动，和境外的华侨、华人社团建立联系，鼓励归侨侨眷利用自身优势为藤县的经济建设牵线搭桥。

第六节　科　协

机构

1991 年，县科学技术协会（简称县科协）在藤城镇登俊路 55 号办公，为正科级行政单位。内设科普部、组联部、青少部、学会部，行政编制 6 人，在职人员 5 人。有乡镇科协 18 个，县级学会 16 个，民间协会、研究会 15 个，会员共 527 人。11 月，成立中胜电厂科协。同年，设立县农民技术职称评定工作领导小组办公室。1992 年，设立县科学技术协会技术咨询服务部。1997 年，农民技术职称评定办公室改为城乡技术人员职称评定工作领导小组办公室和县农村科技培训领导小组办公室。同年，县科协改为纳入参照公务员法管理事业单位，编制 5 人。1999 年初，设立太平、古龙、濛江、埌南 4 个技术咨询服务部。2005 年，事业编制 5 人，在职 5 人，设办公室、科普部、学会部。有乡镇科协 20 个，工程师协会、农学会、农机学会、林学会、畜牧兽医学会等县级学会 16 个，无籽西瓜协会、古龙八角协会等民间协会、研究会等 19 个，会员共 3560 人。有中国科协农村实用技术讲师团成员 42 人。

1990 年—2005 年县科协历任主席：赖忠朝（副处级，1990.12—1997.01），欧定锋（1997.01—2002.03），张健雄（2002.03— ）。

主要活动

科普宣传　每年在“十月科普月”“世界地球日”“世界气象日”“世界艾滋病日”“世界世界环境日”“全国科技活动周”“爱科学月”，利用黑板报、电影录像、印发科技资料、举办“科技三下乡”、科技展览、科普一条街、科普大篷车等形式开展科普宣传活动，内容有破除封建迷信、种养技术、卫生健康、优生优育、环保、口蹄疫防治、非典防治、禽流感防治、艾滋病防治、揭批邪教“法轮功”等。1991 年 10 月，组织开展“十月科普月”活动，共放映科教电影、录像 26 场，观众 6536 人次；举办科普报告会 13 场，听众 7632 人次；科普展览 13 次，其中“破除封建迷信，崇尚科学精神”专题图片展览 6 次，参观群众 2 万多人次；发放科普资料 1.98 万份。1993 年—1995 年，县科协、新华书店、图书馆等单位结合“十月科普月”举办科技书市，出售农村种养技术、医药、卫生、保健、法律法规和中小学生教辅书等书籍 1.5 万册。1997 年 9 月—12 月，组织北回归线科普宣传活动，对中小学生和北回归线经过的乡镇进行科普宣传，共举办讲座 12 期，听众 4000 人次，发放科普资料 2500 份。1998 年，协助中国科协开展“中国公众对未知现象的看法”的抽样调查。1999 年 11 月，分别在县城、太平镇举办“科技一条街”活动，参与群众 3 万人次。1991 年—1999 年，共出版各种科技黑板报42期，放映科教电影录像57场，观众1.98万人次；印发科技资料3.78万份；举办科技展览19次，观众5.26万人次；举办“十月科普月”活动9次，参与人数2.81万人次；科技讲座19次，听众3760人次；参加和举办科技活动周8次，科技下乡25次；技术咨询服务部接受当地群众有关生产技术问题咨询4600人次。

2000年—2005年，开展揭批“法轮功”邪教组织专题科普宣传11次，参加群众2.5万人次。开展“非典防治”和“禽流感防治”专题科普宣传8次，参与群众1.30万多人次，发放科普资料3万多份。2004年9月，组织农业、科技部门以及企业等10多个单位参加在梧州市举办的两广（广西、广东）科普大行动暨“西江走廊”科技协作交流活动，藤县开设中国钛白之都、中国名特优经济林之乡（玉桂、八角）、藤县特色农业、藤县优质资源、藤县畜牧水产名优新产品、藤县头啖汤农业发展有限公司、藤县名优药品、国家森林公园（太平狮山）等8个特色展位，展销展示藤县名、优、新、稀、特工农业产品和优质资源共32种。2005年，县科协组团参加在南宁举办的全国科技活动周暨广西第七届名优特产展，参展企业和单位23个，参展产品76种，其中红花大油茶、小南瓜、巴西菇、岭鼎茶等一批名优特产展销接受了广西电视台、南宁电视台、广西人民广播电台、《人民日报》《南方科技报》等新闻媒体采访。9月14日，承办梧州市“十月科普大行动暨全国科普日活动”启动仪式，参加单位40多个，科技人员220多人，学生代表110人，群众1.5万人。梧州市科技局、市科协向太平镇捐赠科技书籍一批。同时举办科技一条街活动，发放科技资料5万份，展出科普挂图512幅，展板78幅，展示种养新品种11种。举行科技讲座，参加群众153人；举办科技培训2班，听课群众137人。现场招聘农民工劳务职位1400个。同年，由梧州市科技特派员组成的“巡回下乡行”分队，在太平镇石夏村口举行现场科技指导，以当地村民拿来的病虫害西瓜、苦瓜、茄瓜作样本，讲解如何防治病虫害的知识，参加群众300多人。年内还举办禽流感防治知识巡回展4次，科普大篷车下乡3次，科普一条街活动5次，科技展览3次。

科技培训　1991年，农村科技培训以“素质工程”为主题，按照农民实际需求制定培训计划，培养一批有文化、懂技术、会经营的新型农民。培训内容主要有无籽西瓜高产栽培技术、无籽西瓜嫁接技术、洋香瓜栽培技术、小南瓜栽培技术、水稻高产栽培技术、两段育秧、配方施肥技术、科学养猪养鸡养鸭技术、网箱养鱼、荔枝龙眼栽培技术、水果病虫害防治、柑橘黄龙病防治、八角高产配套技术、玉桂栽培技术、食用菌栽培技术、苦丁茶栽培技术、马铃薯免耕技术、粉葛栽培技术、香芋栽培技术、粉葛香芋生姜立体种植（套种）技术等。6月1日—10日，邀请广西农科院西甜瓜研究所副所长冯义史到金鸡、太平、古龙、濛江无籽西瓜基地调研，举办无籽西瓜高产技术和新品种讲座，听众4600多人，印发技术资料3800多份。全年举办种养实用技术培训班26期，培训1.96万人次，放映科教录像147场，观众6.87万人次。太平镇新雅村陈容英参加科学养鸡培训班后，自养母鸡150羽、肉鸡150羽，购买孵化机1台、自造3台，孵化小鸡2100羽出售，兼营养鸡饲料，年收入2.15万元。1992年，陈容英发展全村84.8%农户规模养鸡，并为农户提供鸡苗、饲料、防疫防病服务，年内全村家禽饲养量17.7万羽，收入400.84万元，人均收入581.27元，成为太平镇养殖致富第一村。1993年，举办广西5号无籽西瓜栽培、美国青蛙、咖啡豆、食用菌等技术培训班33期，培训1.8万人次。1997年，为适应农村基层组织建设的需要，培训对象重点放在农村党员和基层干部，使他们掌握1~2门先进实用技术，带领和引导农民群众依靠科技脱贫致富。至1999年，共培训农村党员2.76万人次，基层干部4661人次。通过一系列培训，推广应用一批现代农业实用先进技术如水稻两段育秧、旱播稀植、八角高产技术、无籽西瓜新品种栽培技术、水果低改技术、网箱养鱼、无籽西瓜嫁接技术、立体种养技术、洋香瓜和哈密瓜栽培技术、生态农业技术、低水田旱涝保收等。2005年，县科协帮助玉林巨东鸡养殖公司在藤城、潭东、塘步、金鸡、埌南、天平、太平等6个乡镇开展科普宣传，结合农村党员和基层干部实用技术培训，举办“科学规模养鸡培训班”及“巨东鸡养殖培训班”共12期，培训3600多人次，使巨东鸡养殖由上年的3万羽发展到20万羽，产值600万元。同年，实施“科学素质工程”全民培训，培训对象包括机关企事业单位人员、农民、城镇居民、青少年等，重点为农民、党员和基层干部，共举办抗灾防灾、农作物低改、无公害知识、绿色食品知识、实用种养等讲座、培训班23期，培训人员6350多人次，其中妇女2860次，农村党员、基层干部2030人次，科技致富带头人、科技示范户、专业户420人次。

科普示范和应用推广　1991年，全县有科普示范基地3个、科普示范（文明）乡镇1个、科普示范（文明）村4个、科普示范户303户。同年，在古龙镇推广应用“环割法八角增产技术”，通过环割刺激，促进八角老树生长结果，改变八角“大小年”情况，能提高产量20%左右。在全县推广植物生长刺激素农丰壮2.5万瓶，应用到水稻、蔬菜、西瓜等农作物，可提高产量10%左右。1992年，引进“路万国超音速焊割超厚高碳钢技术”，在县水泥厂、县氮肥厂、县农机一厂等9家工矿企业推广应用，解决了超厚（10毫米以上）钢板的切割难题，该技术切割厚、割口小、割口平整，比普通切割快3倍。1993年，在古龙、太平、金鸡等镇示范推广广西4号无籽西瓜250公顷，广西5号无籽西瓜171公顷，总产2046.6吨，平均亩产3240千克，比常规品种广西2号亩增0.89吨，共增加经济效益447.5万元。1993年—1998年，引进广西3号、4号、5号、桂宝802、雪峰304无籽西瓜，在太平镇、古龙镇、金鸡镇建立种植示范版样点8个，总面积13公顷。1994年，引进苦丁茶在城关乡潭东村建立示范种植和苗圃2公顷。至1995年，共育苗500多万株，并开始大规模推广种植。同年11月，县科协被中国科协授予全国农村科普工作先进集体称号。1999年，引进洋香瓜、哈密瓜等西甜瓜品种，在和平镇龙圹村、太平镇新雅村建立种植示范样板点，总面积4公顷。建立古龙无籽西瓜嫁接技术示范基地、赤水水果种植示范基地，总面积20公顷。同年，在梧州市召开的全区四市一地现代农业会议产品展览，藤县选送的洋香瓜、哈密瓜、方形西瓜等产品获得高度评价，广西电视台、梧州市电视台作了报道。无籽西瓜嫁接技术由县科协、县委组织部和县农业局摄制成录像，作为全县科技电教教材。2000年，赤水水果种植示范基地被自治区科协命名为“全区十大科普示范基地”。8月，引进重庆裕康实用技术研制开发中心的养猪添加“畜必佳”，在天平镇新兴村、埌南镇埌南村、马地村、黄沙村示范配方喂养，示范结果料肉达到1∶0.44，用“畜必佳”添加剂配方的饲料比市场上的全价饲料价格低30%~50%，而且采用全部生料喂养，既节省时间，又节省人力，节约能源。2001年，重庆方派出技术人员176人，在全县各乡镇推广。同年，引进小南瓜、黑美人西瓜在埌南、新庆、岭景、天平等镇示范种植7.33公顷，并逐步推广扩大种植面积。2004年，与藤县绿邦种业有限公司联办以大果枇杷“早钟6号”为主，马来西亚甜杨桃、台湾四季番石榴等新水果品种为辅的示范基地，共培育种苗5.33公顷，种植大果枇杷20公顷。

1991年—2005年，先后建立太平新雅养鸡场、象棋沙田柚、古龙八角、津北富越水库立体种养、太平仁安综合开发、赤水鸿森果场、和平镇粉葛—香芋—生姜立体种植等种养示范点，通过示范推广新品种新技术。至2005年，全县共创建科普示范乡镇4个、示范村16个、示范户997户、示范基地（样板点）18个。11月4日，中国科协批准藤县为第三批全国科普示范县创建单位，同时成为自治区科普示范县创建单位。

青少年科普活动　青少年科技教育工作由县科协主管，挂靠县教育局的青少年科技辅导员协会（简称青辅协）具体组织实施。每年组织中小学生参加“小发明”“小创造”、生物百项、青少年科技创新等科技竞赛以及“十月爱科学月”等科普宣传活动，每年参加活动中小学生10万人（次）以上。1991年，每个乡镇示范学校和县直中小学设有科技辅导员4~5人，完全小学1~2人，全县共有科技辅导员324人。当年组织参加“生物百项”科技竞赛2801人，上送县青辅协作品200多项。参加各级竞赛中，获地区一等奖2项，三等奖1项；象棋船民小学《水稻施锌实验》项目获自治区一等奖和全国优秀成果奖。10月，组织参加“爱科学月”活动学生5.12万人，占在校生77%。小发明895个，小制作15557件，小论文3540篇，小实验6317个，小考察2156次。同年，成立县青少年科技活动基金会，征收基金款16.15万元。1992年，组织藤城中心校5名学生参加中国科学院和北京天文台举办的第五届全国青少年天文知识竞赛，获团体二等奖。1993年，藤县中学生物（学生）组承担全国青少年卫星搭载番茄种子科学实验活动在全国评比获三等奖。1997年6月，组织开展“珍惜生命之水”活动，参加活动的中小学生和群众4万多人次。1998年8月，藤县一中学生秦艳萍赴香港参加第九届全国青少年科技发明创造比赛获一等奖。2000年—2005年，开展揭批“法轮功”邪教组织专题科普宣传5次，参加学生1.46万人次。开展“非典防治”和“禽流感防治”专题科普宣传4次，参加学生9750多人次。2005年4月30日至5月4日，组织28人代表团参加在南宁举办的广西青少年科技创新大赛，有7个项目入围，4个项目获奖。10月25日，组织科技辅导员38人参加梧州市第二十届青少年科技创新大赛表彰暨科技辅导员培训会。邀请梧州市科普大篷车到县属5所中小学进行科普宣传和展示活动，参加学生8000多人。

1991年—2005年，全县开展“爱科学月”活动的学校占86%，共出版科技小报、板报1806份（期），小制作小实践2.45万件（次），日记和体会9.54万篇。在参加各项科技竞赛中，获县级奖励1120项，地（市）级62项，自治区级41项，全国级6项。1991年，象棋船民小学被梧州地区科协、教育局授予梧州地区青少年科技活动示范学校称号；1998年，藤县一中被广西科协、教育局授予广西首批科技教育示范学校称号；2003年，潭津中心校被梧州市科协、教育局确定为梧州市青少年科技教育基地；2005年5月，藤县中学被中国少年科学院确定为中国少年科学院科普教育实验基地。

1991年—2005年藤县青少年科技（创新）竞赛获全国奖项目表

表5-2-2

项目名称	学校	作者	辅导老师	获奖名称	获奖时间
水稻施锌试验	象棋船民小学	科技小组	王小明 黄向波	全国优秀活动奖	1991.10
玉桂驳枝繁殖试验	藤县一职中	莫李妮	梁伟荣	全国青少年生物百项优秀项目一等奖	1993.10
对我县部分水稻恶苗病的调查	藤县一职中	农学科技小组	梁伟荣	全国青少年生物百项优秀项目三等奖	1993.10
仔猪的白痢病防治与阉割关系的体会	藤县一职中	九〇二班科技小组	邓俊德	全国青少年生物百项优秀活动奖	1993.10
工作照明灯	藤县一中	秦艳萍	马少华	全国二等奖	1998.08
				高士其科普大奖	1998.08
				长江小小科学家提名奖	2000.05
柑橘皮清洁牙齿原因初探	藤县一中	庄清兰	胡　坤	全国提名奖、广西一等奖、专项奖	2000.05

民间技术职称评定　1991年，藤县科协开始评定第一批民间技术人员职称，评定对象为非国家工作人员，包括农民和城镇居民等社会人员，分农、林、水、畜牧水产、农机、建筑、经济等系列。初级技术员、助理技师（助理工程师）由县级评定，中级技师（工程师）由梧州地区评定（1997年后由梧州市科协评定），高级技师（高级工程师）由自治区评定。当年，县评定技术员289人，助理技师（助理工程师）72人。至2001年10月，评定最后一批民间技术员20人后，职称评定工作收归人事系统管理，民间技术人员职称评定工作停止。1991年—2001年，共评定民间职称1139人，其中技术员687人，助理技师（助理工程师）437人，中级技师（工程师）15人。

科普信息网站　2003年4月18日，县科协创办的《金宇信息网》网站投入试运行，域名http://jinyu18.126.com，转向域名为http://jinyu18.vip.myrice.com，属静态网站。5月18日10点18分，网站正式开通，成为全区科协系统第一个网站，也是藤县第一个公开挂牌的官方网站。8月25日，网站全面升级改版，由静态网站升级为动态网站，域名http://jinyu18.126.com，转向域名为http://asp2.6to23.com/jinyu18。9月24日，网站使用国际顶级域名：hppt//www.tx2003.com。10月18日，更名为《藤县信息网》。网站内容以科普信息为主，实用信息为辅。设立栏目有《藤县扫描》《科普之窗》《特种种养》《现代农业》《藤县旅游》《招商引资》《供求信息》《科技信息》《综合新闻》《服务信息》等20多个。至2005年，网站页面6000多个，信息量1万多条，其中科普内容信息2000多条，32个单位、个人在网站设立主页，日平均访问量200次，最高达1500次，总访问量20万次。

第七节　文　联

机构

1991 年，县文联在藤城镇登俊路 12 号县文化局内办公，由县文化局代管，不定级别，不设内设机构，人员编制 2 人，在编制 1 人。下设文学协会有会员 44 人，戏剧协会有会员 17 人，音乐协会有会员 6 人，民间文艺家协会有会员 12 人，美术协会有会员 10 人，摄影协会有会员 30 人，书法协会有会员 15 人。1997 年，随县文化局迁藤州镇登俊路老干部局办公楼六楼办公。2005 年，文联仍由文化局代管。有协会 6 个，会员 149 人。其中文学协会 44 人，戏剧协会 17 人，音乐协会 15 人，美术协会 13 人，摄影协会 40 人，书法协会 20 人。

1991 年—2005 年县文联历任主席：卢斌(1991.—1998.05)，陆功裕(1998.05—2003.08)，覃振明(2003.08—2005)。

代表大会

第四届文学艺术界联合会代表大会　1998 年 5 月 25 日在县城召开，出席代表 109 人。会议听取第三届文联工作报告，选举第四届文学艺术界联合会委员 37 人。主席陆功裕(兼)，专职副主席：欧伟文，兼职副主席：周峰、林伟朝、陈钊平、廖砂。

第五届文学艺术界联合会代表大会　2003 年 8 月 26 日在县城召开，出席代表 134 人，会议听取第四届文学艺术联合会工作报告，选举产生第五届文学艺术联合会委员 36 人。主席覃振明(兼)，常务副主席：欧伟文，兼职副主席：许景才、霍战平、陈钊平、张贵雄、何盛富、蒙土金、茹恩南、温恒勇。

主要活动

1994 年 6 月，组织文学、美术、摄影协会会员深入抗洪抢险第一线，边抢险边采风，创作了一批文学纪实作品，其中 6 篇纪实文学入选《梧州地区抗洪救灾专集》，何盛富和覃锦强合写的《中流砥柱》入选广西人民出版社的《64 广西抗洪救灾纪实》。1995 年—1997 年，配合县内津濛公路建设，创编节目《金光大道》《七彩路桥》在全县各乡镇巡回演出。2001 年，组织 20 多名文学、摄影、电视等协会会员到小娘山采风，举办“小娘山游记”征文评奖活动。同年创办《藤县诗词》小报。2004 年，组织文艺家近 100 人开展“龙母故乡采风行”活动。2005 年，主办“藤县抗洪救灾摄影展”并编印《藤县抗洪救灾》专辑。

1991 年—2005 年，县文联每年举办摄影作品展、美术书法展等活动。《生命之水》《奇峰雾色》《依恋》《恋》等摄影作品在中国摄影家协会主办的“爱我中华　照我大地”摄影比赛获佳作奖。摄影作品《小河湾湾》全国反转片摄影比赛获纪念奖。还有一批作品获自治区级各种奖项。

第八节　残　联

组织机构

县残疾人联合会　1990 年 12 月，在原县盲聋哑协会(县民政局管理)基础上组建县残疾人联合会(简称县残联)，为副科级事业单位，编制 4 人，在职 5 人(理事长为县民政局编制)，办公地址在藤城镇登俊路 57 号县政府综合办公楼。1992 年 9 月，成立县残疾人福利会，与县残联一套人马二块牌子。1992 年 12 月，县残联升格为正科级事业单位，内设办公室和康复股，人员编制 6 人，在职人员 6 人。1995 年 10 月，县残疾人福利会注销。1998 年 3 月，成立县残疾人服务总社，为企业单位。7 月，成立县残疾人就业服务所，为县残联二层机构。2003 年 7 月，成立县肢残人协会、盲人协会、聋人协会、智力残疾人亲友会、精神病残疾人亲友会。2005 年 10 月，撤销残疾人服务总社。12 月，县残联内设办公室和宣文康复就业部，人员编制 6 人，在职人员 6 人，二层机构有县残疾人就业服务所。

1991 年—2005 年县残联历任主要领导：主席：李明健(1990.12—2002.07)、何瑾(女，2002.07—2005.12)。理事长：王肇恒(1990.12—1994.07)、李仕华(1994.11—1996.12)、林杰彬(1997.01—2002.04)、廖朝荫(2002.04—

2005.08）。

乡镇残疾人联合会 1992年12月12日，藤城镇召开镇残疾人代表大会，成立广西首个乡镇级残疾人联合会。随后，各乡镇陆续组建残疾人联合会。至1993年12月，全县21个乡镇全部成立了残疾人联合会。乡镇残联无人员编制，与乡镇民政办公室合署办公，工作人员由民政办1~2人兼职。之后由于县行政区域调整，乡镇残联随乡镇撤并而变化。2005年12月，乡镇残疾人联合会合并为16个，其中3个镇残联理事长为专职，其余13个乡镇残联理事长为兼职。有村（社区）残疾人协会266个。

代表大会

第一次代表大会 1990年12月29日在县城召开，出席会议代表103人，其中残疾人代表62人。会议听取和审议了县残疾人联合会筹建工作报告，选举产生县残疾人联合会第一届主席团，委员25人，主席李明健，副主席韦文、莫天焕、李树展、张炳文、胡达兴、何颖林。主席团推举产生县残联第一届执行理事会，理事长王肇恒。1991年7月，县政府任命林杰彬为副理事长。2002年8月，县政府任命苏秀华（女）为副理事长。

第二次代表大会 2003年7月29日在县城召开，出席会议代表76人，其中残疾人代表39人。会议听取和审议县残疾人联合会第一届主席团工作报告，选举产生县残疾人联合会第二届主席团，委员23人，主席何瑾（女），副主席蒙庆贤、廖朝荫、程宏海。聘请陈华为名誉主席，周元超为名誉副主席。主席团推举产生县残联第二届执行理事会，理事长：廖朝荫，副理事长苏秀华（女）。选举出席梧州市残疾人联合会第三次代表大会代表。成立残疾人专门协会并推举产生各协会主席：肢残人协会主席程宏海，盲人协会主席龙海泉，聋人协会主席陈亚来，智力残疾人亲友会主席吴桂文，精神病残疾人亲友会主席陈监东。2005年8月，县政府任命李桂英（女）为副理事长。

主要活动

残疾人调查 1991年4月—5月，县民政局、卫生局、教育局、劳动局、残联等单位联合开展全县首次残疾人普查，列册登记5类残疾人共4454人，其中视力残疾936人，占残疾人总数21.0%；听力言语残疾750人，占16.9%；肢体残疾人1419人，占31.9%；智力残疾人605人，占13.6%；精神病残疾人744人，占16.7%。

2005年8月，组织开展第二次全国残疾人抽样调查，国家确定藤县藤州、塘步、濛江、古龙4个镇8个行政村（街）的8个调查小区为第二次全国残疾人抽样调查样点小区，每个样点区间内常住人口400人。根据抽样调查结果测算：全县有各类残疾人69769人，占全县总人口96.5万的7.23%。其中城镇残疾人6460人、农村残疾人63309人。不同类型残疾人占残疾人总人口数比例：肢体残疾人17512人，占25.1%；听力残疾人17512人，占25.1%；言语残疾人3558人，占5.1%；视力残疾人10884人，占15.6%；智力残疾人：6279人，占9.0%；精神病残疾人6419人，占9.2%；多重残疾人（二项残疾以上）7605人，占口10.9%。

核发残疾人证 1991年，各类残疾人员界定执行《全国残疾人抽样调查五类残疾标准》（1987年版），核发"广西残疾人证"。1998年3月，停止核发《广西残疾人证》，换领、核发第一代《中华人民共和国残疾人证》。至2005年12月，共换领、核发第一代《中华人民共和国残疾人证》2101本。

残疾人康复 1991年—1995年，为《中国残疾人事业"八五"计划纲要》实施阶段。藤县残疾人康复服务以白内障复明、肢体矫治、聋儿语训为主，在县人民医院建立县级肢体矫治中心、白内障复明中心，在太平镇医院、濛江镇医院分别建立乡镇白内障复明中心。在国家、自治区医疗服务队的技术支援下，共完成白内障复明手术557例，肢体矫治手术138例，聋儿语训35人。

1996年—2000年，为《中国残疾人事业"九五"计划纲要》实施阶段。藤县残疾人康复服务项目除原有3项外，增加残疾人社区康复训练服务。共完成白内障复明术595例，肢体矫治手术36例，聋儿语训34人，培训聋儿家长14人，肢体康复社区系统训练50人，智残儿童康复社区系统训练33人。

2001年—2005年，为《中国残疾人事业"十五"计划纲要》实施阶段。藤县残疾人康复服务项目增加低视力康复、残疾人用品用具供应、残疾知识预防等服务。共完成白内障复明术1267例（其中70%人工晶体植入），肢体矫治手术3例，聋儿语训50人，培训聋儿家长50人，肢体康复社区系统训练41人，智残儿童康复社区系统训练34人，脑瘫儿童康复社区系统训练5人，培训低视力儿童康复及低视力儿童家长18人，装配假肢（普及型）14 人。发放残疾人用品用具 400 件，印发精神病防治康复知识、特需人群补碘知识宣传资料 7 万份。

特殊教育　0~7 岁学龄前残疾儿童特殊教育，以社区（家庭、机构）康复训练早期干预、转介服务为主。1992 年—2005 年，向梧州市聋儿语训中心、市特殊教育（培智）学校输送残疾儿童 20 人。

学龄残疾儿童入学一般采取随班就读的方式。1991 年 9 月，藤城中心校设立全县首个智残儿童少年特教班，接收残疾学生 8 人，设专职特教教师 2 人，学制 8 年。开设的课程有：语文、数学、音乐、美工、常识（生活）、体育、劳技。全县随班就读残疾学生 167 人，学龄残疾儿童入学率 53.6%。2005 年，特教班在校学生 11 人，随班就读残疾学生 298 人，学龄残疾儿童少年入学率 70.2%。

1991 年—2005 年，县残联通过向社会各界募捐、争取上级专项助学资金等方式，共筹集扶残助学资金 5 万元，扶持 40 名残疾学生完成学业，其中一次性扶持大中专残疾学生 2 人（资助标准 1000 元 / 人）。

扶贫解困　1991 年以来，每年春节、“全国助残日”等节日，县人民政府组织开展走访慰问贫困残疾人活动，年均走访慰问贫困残疾人 50 多户，投入慰问经费 3 万 ~5 万元。同时结合“红领巾助残”、“青年志愿者助残”等各种形式扶残助残，组织社会各界人士开展为残疾人生产、生活排忧解难送温暖活动。县人民政府把残疾人扶贫解困工作，纳入扶贫总体规划，同步实施，给予政策、措施倾斜。并通过采取争取上级残疾人扶贫资金、设立残疾人扶贫基地、实施“残疾人温饱工程”等措施，扶持残疾人发展生产，脱贫致富。1993 年 5 月，获得自治区残联专项扶贫资金 20 万元，建立残疾人福利企业（县福利造纸厂）。1997 年—2005 年，获自治区康复扶贫贴息贷款 80 万元，财政扶贫资金 17 万元。先后建立残疾人扶贫基地 3 个：1997 年与县农科所合作建立县残疾人水稻制种扶贫基地，2002 年与县蚕种场合作建立县残疾人优质桑苗、果苗扶贫基地，2005 年与塘步镇美景桃园合作建立县残疾人沙糖橘果苗扶贫基地。累计扶持农村贫困残疾人家庭 413 户，实现脱贫、解决温饱 300 户。

1999 年 5 月，县人民政府把特困残疾人纳入城乡基本生活保障及农村合作医疗保险等社会救助体系。2001 年，实施残疾人温饱工程，各部门单位采取“帮、包、带、扶”的形式，挂钩扶持农村贫困残疾人家庭。至 2005 年，共扶持贫困残疾人家庭解决温饱 1000 户。

劳动就业　残疾人就业形式采取个体自主就业、集中就业、分散按比例安排就业。1991 年，全县企事业单位安排残疾人就业 10 人，个体自主就业 26 人。1993 年 5 月，创办首个福利企业—广西藤县福利造纸厂，集中安置残疾人就业 5 人。至 2005 年，县福利造纸厂集中安置残疾人就业 21 人。

1999 年 5 月，县人民政府印发《关于进一步加强残疾人工作的通知》《藤县分散分散按比例安排残疾人就业实施办法》，建立和完善对残疾人就业资金扶持、税费减免、贷款贴息、社会保险补贴、岗位补贴、专产专营等残疾人就业保护政策措施。劳动保障部门和残联加大残疾人技能培训和就业服务，提供创办资金，扶持残疾人集中从业、个人创业。扶持农村残疾人从事种养业、手工业和多种经营，有序组织农村残疾人转移就业。联合有关部门举办电器维修、电子装配、编织、种养等残疾人职业技能培训班。全面推行残疾人分散按比例就业，规定“机关、团体、企业事业单位、城乡集体经济组织应当按照其在职人员总数 2%的规定比例安排残疾人就业，大中专、技校毕业的残疾人员应当给予优先安排”“安排残疾人就业达不到规定比例的单位，每年度必须缴纳残疾人劳动就业保障金”。至 2005 年 12 月，共举办培训班 10 期，培训残疾人 2500 多人（次）。安置残疾人分散按比例就业单位 105 个，安置人员 128 人，依法征收残疾人就业保障金 191 万元。

濛江镇残疾人程宏海，利用所学的家电维修技能，到云南、广东以及梧州等地开设家电维修店，担任家电维修老师、技师，成为残疾人自强不息的榜样。1997 年回乡，被选为村民小组长，带领村民修路、建沼气池，建设生态文明村，探索和实践现代农业技术和产业发展模式，带领村民致富。2000 年被评为“全区自强模范”，2003 年被评为“全国自强模范”。

信访维权　1991 年以来，县人民政府贯彻落实《残疾人保障法》，每年利用“全国助残日”等开展宣传活动，加深社会各界对有关法律法规的了解。县残联严格按照法律法规，对残疾人的来信来访认真处理。

2004年4月，潭东镇民生村肢体残疾人黄××来信要求解决其4个学龄子女面临失学的问题。经残联调查，协调潭东镇政府、县教育部门采取减免费用、就近安置就学的措施，解决其子女入学问题。

2003年9月，县残联、司法局联合成立藤县残疾人法律援助中心，为残疾人提供法律服务。援助中心刚成立，就处理了一件残疾人维权案件：藤城镇肢体残疾人梁××经营20多年的饮食店，被店铺出租单位以经营饮食业影响周边铺面经营环境为由，要其改变经营项目，否则收回铺面。梁××向县残疾人法律援助中心求助，法援中心通过调查，确认原出租单位的做法缺乏法律依据，侵犯了残疾人的合法权益，并与出租单位协商，得以在原址继续经营饮食业。

1991年—2005年，县残联共接待和处理残疾人及亲属来信来访1031件（人次），其中来访596人，来信435件，处结率100%。法律援助中心协助执法部门办理残疾人案件200件次，为残疾人挽回经济损失和争取经济补偿50万元。

第九节　红十字会

组织机构

1992年2月成立藤县红十字会，由县卫生局代管。1993年2月，确定县红十字会列为自收自支事业单位，核定编制2名，所需经费自筹解决。1996年12月，改为县财政全额拨款事业单位，定编2名。1998年5月，有专职人员2人。2005年，县十字会有团体会员单位29个，团体会员人数1273人，个人会员408人。

1999年7月，召开第二届代表大会，出席会议代表35人。选出会长吴力华，常务副会长李光伟，副会长何亦华、霍煜梧、蒙庆贤、余德桂、黄广源、黄祖全。

主要活动

救灾救济　1991年—2005年，县红十字会共发放各级红十字会、香港红十字会、无国界医生组织等捐赠的总价值为256.58万元的棉被4876床、棉衣2844件、衣服1420件、蚊帐1255床、粮食480吨和药品一批。义卖药品一批，总价值13万元，用于捐给重灾区群众重建家园。1998年—2004年，藤县多次发生洪涝灾害，县红十字会积极组织开展抗洪救灾，及时上报灾情，争取上级红十字会及各界组织的援助。共接受中国红十字总会、自治区红十字会、梧州市红十字会、香港红十字会、澳门红十字会、红十字与红新月会国际联合会、无国界医生组织、救世军等组织援助物资、药品折合人民币约50万元。援助受灾群众10万人次。

2002年，在县人民医院、县妇幼保健院、县中医院设立长期募捐箱，建立救助基金专户。至2005年12月，共募集社会群众爱心捐款2856.23元。2003年5月，组织开展预防“非典”社会募捐活动，全县有374个单位12845人次捐款共66.23万元。接受社会各界捐赠49.35万元，资金转赠给县内各医疗卫生单位，并向社会公布。2004年12月，组织开展向印度海啸灾区援助的募捐活动，募集捐款4.28万元。2005年6月，藤县遭受百年一遇洪水，受灾人口66万人，因灾倒塌民房17152户、61082间，涉及群众77124人；损坏房屋360587间；因灾死亡2人；全县因灾造成直接经济损失11.17亿元。县红十字会紧急向上级红十字会、卫生部门反映灾情，得到自治区卫生厅调拨环境消毒剂4.2吨和万消灵片100箱，漂精片34箱，市卫生局调拨1.5吨环境消毒液。争取得到药业经销商的支持，筹措到价值6万多元的药品，用于开展巡回医疗以及救灾防病工作。

医疗救护培训　2000年，县红十字会在城镇、乡村开展初级卫生救护培训，共举办了10期培训班，参加人员408人。11月，与梧州市红十字会联合举办徒手心肺复苏术、创伤包扎处理技术以及常见急症、急性中毒、腹痛、中暑、意外灾害等急救技术为主要内容的现场初级卫生救护师资培训班，培训学员50人。2001年7至8月，在各乡镇巡回举办现场初级卫生救护培训班，参加培训的农村医生学员736人，培训率达63.6%，对理论考试和操作考核合格的学员发给急救员证。2005年，在县第一中学举办期现场初级救护培训班，帮助学生掌握救护新概念，创伤救护的基本原则、救护的目的、现场的检查、救护程序，意外伤害事故的救护原则以及灾害事故现场的特点、救护原则等知识，参加培训班人员90人。

第六篇

人大　政府　政协

2000年2月26日—29日，政协藤县第六届第二次会议在县城召开

第一章　人民代表大会

1990年9月至2006年10月，共召开了藤县第十届至第十三届人民代表大会。县人民代表大会及其常委会行使宪法和法律赋予的职权，努力推进社会主义民主法制建设，促进全县经济发展和社会全面进步。发挥地方国家权力机关职能，共听取“一府两院”和人大常委会工作报告48个，召开常委会议96次，任免国家机关工作人员984名。开展执法检查192次。每年组织人大代表开展集中视察2次。督促办理代表议案、建议80件。

第一节　机　构

领导机构

县人大常委会由县人民代表大会选举产生。第九届至第十三届县人大常委会设主任1人，副主任4~7人，委员11~14人。县人大常委会任期与县人民代表大会相同。县人大常委会在县人民代表大会闭会期间，对本届人民代表大会负责并作报告，依法行使国家权力，对“一府两院”实行工作监督和法律监督。

藤县人大常委会第十届至第十三届主任、副主任名表

表6-1-1

届别	职务	姓名	性别	籍贯	出生年月	任职时间
第十届	主任	黄远芳	男	广西藤县	1934.01	1990.09—1993.11
	副主任	何福林	男	广西藤县	19430.7	1990.09—1993.11
		陈奇香	男	广西藤县	1939.05	1990.09—1993.11
		梁宇进	男	广西玉林	1936.09	1990.09—1993.11
		柯祚海	男	广西藤县	1935.10	1990.09—1993.11
		陈贤生	男	广西藤县	1944.04	1990.09—1993.11
		李继侯	男	广西藤县	1942.01	1992.01—1993.11
第十一届	主任	石先绪	男	广西藤县	1940.07	1993.11—1999.11
	副主任	何福林	男	广西藤县	1943.07	1993.11—1999.11
		李继侯	男	广西藤县	1942.01	1993.11—1999.11
		陈贤生	男	广西藤县	1944.04	1993.11—1999.11
		韦家玲	女	广西藤县	1949.01	1993.11—1994.11
第十二届	主任	王振全	男	广西藤县	1945.11	1999.01—2002.10
	副主任	周元超	男	广西藤县	1950.10	1999.01—2002.10
		陆功裕	男	广西藤县	1948.04	1999.01—2002.10
		何福林	男	广西藤县	1943.07	1999.01—2002.10
		何亦华	男	广西藤县	1948.03	1999.01—2002.10
第十三届	主任	刘仕强	男	广西藤县	1954.04	2002.10—2006.10
	副主任	周元超	男	广西藤县	1950.10	2002.10—2006.10
		陆功裕	男	广西藤县	1948.04	2002.10—2006.10
		何亦华	男	广西藤县	1948.03	2002.10—2006.10
		李华生	男	广西藤县	1952.11	2002.10—2007.01

办事机构和工作机构

人大常委会的办公室为办事机构，工作委员会为工作机构。1991 年，县人大常委会设办公室和法制工作委员会、财政经济工作委员会、教育科学文化卫生侨务工作委员会、农村工作委员会。机关人员编制 30 人，在职人员 27 人。1996 年 12 月撤销农村工作委员会，1999 年 4 月恢复设立。2002 年 4 月，农村工作委员会并入法制工作委员会。2005 年，机关人员编制 18 人，在职人员 18 人。办公室和各工作委员会设主任 1 名，副主任 1~2 名。工作委员会设委员若干名。

1991 年—2005 年历届人大常委会办公室、工作委员会主任：

办公室：梁立新(1987.11—1994.01)，卢良基(1994.01—1999.01)，曾伟勋(1999.01—2004.01)，柳明洋(2004.04—)。

财政经济工作委员会：陆宗芳(1989.08—1992.07)，朱汉基(1992.07—1993.09)，苏显中(1994.01—1999.01)，朱泽红(1999.01—2002.04)，王立宽(2002.08—2007.05)。

法制工作委员会：秦孔君(1989.08—1991.08)，曾伟勋(1994.01—1999.01)，李伟国(1999.01—2002.04)，聂标(2002.04—2007.05)。

教科文卫侨务工作委员会：黄位杰(1990.04—1999.01)，秦柱彬(1999.01—2002.04)，黄国飞(2002.04—2007.05)。

农村工作委员会：霍穆升(1988.09—1990.12)，石瑞鹏(1990.12—1996.12)，聂标(1999.04—2002.04)。

乡镇人大机构

1991 年—2005 年，藤县各乡镇设立人民代表大会，乡镇人民代表大会由乡镇人民代表组成，乡镇人民代表大会主席团，设主席、副主席各 1 人，由本级人民代表大会从代表中选出。乡镇人民代表大会及其主席、副主席依照宪法及有关法律法规的规定行使职权、履行职责。1991 — 2002 年，每届任期 3 年，2002 年后每届任期 5 年。

1991 年— 2005 年各乡镇历任人大主席：

藤城镇：梁明尧(1987.10—1993.11)、潘凤胜(1993.11—1996.10)、欧泽璋(1996.10—1998.02)、黄洁芳(女，1998.05—2005.05)

潭东镇：聂标(1990.07—1996.10)、刘水新(1996.10—2002.10)、黄照宁(2002.10—2005.05)

津北镇：廖明桂(1990.07—1991.04)、吴北贤(1991.04—1993.04)、黄美坚(1993.04—1993.11)、吴北贤(1993.11—1996.10)、黄照宁(1996.10—2002.10)、陈定超(2002.10—2005.07)

藤州镇：陈定超(2005.08—2011.07)

南安镇：蒙益全(1990.07—1993.11)、冯杰良(1993.11—2002.06)

赤水乡：莫远新(1990.07—1993.11)、黄德杰(1993.11—1996.10、)梁海生(1996—2002.06)

塘步镇：梁海生(2002.06—2006.09)

埌南镇：刘成辉(1990.07—1993.11)、陈亦生(1993.11—1996.10)、杨裕文(1996.10—1998.08)、张贵雄(1999.08—2000.11)、霍战平(2000.11—2002.03)、何盛富(2002.03—2002.08)、李盛光(2002.08—2005.04)、吴勇(2005.05—)

同心镇：卢世和(1990.09—1993.09)、龚定政(1993.10—1998.02)、欧泽璋(1999.10—2002.08)、周日华(2002.10—2006.04)

金鸡镇：李尚品(1990.10—1999.10)、李庆良(1999.10—2002.10)、黄啟水(2002.10—)

新庆镇：吴光炜(1989.12—1992.06)、李华玉(1992.02—1993.09)、李绍梅(1993.11—1995.06)、李柱赞(1995.06—2002.08)、祝光余、黄柱勇(2005.03—2010.05)

象棋镇：黄振宏(1990.07—1992.12)、张传业(1993.11—1996.10)、李有良(1996.10—2002 年)、卢孔长(2002—2005)

岭景镇：黎佛超(1887.10—1996.10)、陈宏胜(1996.10—1999.11)、祝继宏(1999.11—2002.11)、陈仲才

(2002.10—2006.05)

天平镇：王星汉(1987.10—1993.11)、黎海坤(1993.11—1999.10)、何超(1999.10—2001.02)、陈钊平(2001.02—2002.10)、韦受开(2002.10—2005.12)

濛江镇：杨泛基(1990.9—1993.11)、覃北庆(1993.11—1998.10)、黄世康(1999.10—2000.10)、何朝德(2002.10—2006)

和平镇：吴东甫(1987.10—1993.03)、李胜林(1993.03—1999.10)、黄保绪(1999.10—2001.04)、魏钊生(2001.04—2002.10)、吴发森(2002.10—2006.04)

太平镇：黄位茂(1990.7—1999.10)、严伯贵(1999.10—2002.10)、罗建芳(女，2002.10—2006.05)

古龙镇：邓世进(1990.07—1991.06)、余盛标(1991.06—1992.08)、覃永文(1992.08—1993.09)、余盛标(1993.10—1998.02)、蓝辅章、蒙保雄、何天汉

平福乡：吴立深(1987.10—1992.10)、覃永新(1992.12—1993.10)、许丽开(1993.10—1996.09)、黄洁远(1996.10—2002.10)、覃智勇(2002.11—2006.05)

东荣镇：梁德明(1990.08—1993.08)、胡朝甫(1993.08—1999.08)、朱炳杰(1999.08—2002.08)、梁天松(2002.08—2006.09)

大黎镇：胡礼深(1990.07—1993.10)、郭效全(1993.10—1999.10)、魏泽华(1999.10—2002.10)、黄宏强(2002.10—2011.08)

宁康乡：黄昭基(1990.08—1993.11)、黄素权(1993.11—1996.10)、黄位昌(1996.10—1999.03)、江茂峰(1999.04—2005.05)

第二节　人大代表

代表选举

县乡两级人大常委会换届选举，先由县人大常委会任命选举委员会，选举委员会主持本级人民代表大会选举工作。其工作职责是划分选举本级人民代表大会代表的选区，分配各选区应选代表的名额；进行选民登记，审查选民资格，在选举日20日前公布选民名单；受理对于选民名单不同意见的申诉，并作出决定；确定选举日期；了解核实并组织介绍代表候选人的情况；根据较多数选民的意见，确定和公布正式代表候选人名单；主持投票选举，采用无记名投票的方法；确定选举结果是否有效，公布当选代表名单。代表任期与本届人民代表大会相同。

第十届人民代表大会代表选举工作从1990年6月开始，到10月结束。全县划分299个选区，选出代表354名，经县九届人大常委会代表资格审查委员会对代表资格进行审查，代表资格有效352名，另2名在选举过程中公布候选人的时间少于20天就进行投票选举，当选无效。代表中，工农276名，占代表总数的78.1%；知识分子19名，占5.4%；干部76名，占21.6%；男性278名，占79%；女性74名，占21%；中共党员250名，占71%；非中共党员102名，占29%；具有大中专文化程度的代表42名，点11.9%；中学文化的代表243名，占69%；小学文化67名，占19%。代表平均年龄45.6岁，最大的66岁，最小的19岁。

第十一届人民代表大会代表选举工作从1993年6月开始，到10月结束。全县划分299个选区，选出代表354名。经县十届人大常委会代表资格审查委员会对代表资格进行审查，354名代表资格有效。代表中，工农254名，占代表总数的71.8%；知识分子21名，占5.9%；国家干部79名，占22.3%；男代表281人，占79.4%；女代表73名，占20.6%；具有大中专文化程度的65名，占18.3%；中学文化的234名，占66.1%；小学文化的55名，占15.5%；中共党员264名，占74.5%；非党代表90人，占25.4%；年龄最大的69岁，最小19岁，平均年龄42.5岁。

第十二届人民代表大会代表人数303人，其中男代表250人，女代表53人。本届代表党员237人，群众66人。

第十三届人民代表大会代表代表选举工作从1993年6月开始，到10月结束。选举日为9月25日。全县划分299个选区，选出代表315名。经县十三届人大常委会代表资格审查委员会对代表资格进行审查，315名代表资格有效。代表中，工农219名，占代表总数的69.5%；国家干部96名，占30.4%；具有大中专文化程度的95名，占30.1%；中专(高中)文化的149名，占47.3%；初中文化67人，占21.3%，小学以下文化的4名，占1.3%；中共党员232名，占73.6%；非党代表83人，占26.4%；妇女代表57人，占18%；年龄最大的69岁，最小21岁，平均年龄45岁。

代表联系

第十届第二次会议共召开3次乡镇人大工作座谈会，组织在乡镇人大工作人员学习宪法、地方组织法、选举法、人大监督工作条例以及上级有关加强人大工作的文件和指导。

第十届第三次会议，常委会分管1名领导具体抓代表联系工作，建立以乡镇为单位的县代表小组，常委会组成人员到各代表小组和各乡镇人大主席团参加活动。

第十届第五次会议，组织部分县人大代表对县内的交通、水利建设、开发区建设和农业综合开发等经济建设中的重大项目进行了视察。县人大常委会共接待代表、群众来访180多人次，处理来信200多件。

第三节 人民代表大会会议

第十届人民代表大会(1990年9月—1993年11月)

第一次会议于1990年9月6日—10日在县城召开。正式代表352人，出席会议代表343人，列席代表111人。会议听取和审议了县人民政府工作报告，关于1988年至1990年国民经济和社会发展计划执行情况及“八五”计划、十年规划初步设想的报告，关于1988年至1990年1月—7月份财政预算执行情况报告，县人大常委会、县人民法院、县人民检察院的工作报告；选举产生县第十届人民代表大会常务委员会组成人员11人，主任黄远芳，副主任何福林、陈奇香、梁宇进、柯祚海、陈贤生；选举县人民政府县长张民，副县长石先绪、玉振全、莫卓夫、陈华、李明健、冼爱珍(女)、欧国璋(科技)、刘韶华(挂职)、陆严洁(女，挂职)；县人民法院院长潘家生，县人民检察院检察长韦裕炳。

第二、三、四、五次会议分别于1991年3月30日—4月1日、1992年1月14日—17日、1992年11月28日—29日、1993年4月13日—15日在县城召开。其中第三次会议补选曾南城为县人民政府县长，增选蓝材善、黄自忠为县人民政府副县长，李继侯为县第十届人民代表大会人大常委会副主任。第四次会议通过了县人民政府《关于集资兴建藤县西江公路大桥的报告》。

第十一届人民代表大会(1993年11月—1999年1月)

第一次会议1993年11月15日—17日在县城召开。正式代表353人，出席代表348人，列席代表131人。会议听取和审议了县人民政府工作报告、关于1991年至1993年国民经济和社会发展计划执行情况的报告、关于1991年至1993年财政预算执行情况的报告、县人大常委会工作报告、县人民法院工作报告、县人民检察院工作报告；选举产生县第十一届人民代表大会常务委员会组成人员14人，主任石先绪，副主任何福林、李继侯、陈贤生、韦家玲(女)；选出县人民政府县长彭庆伟，副县长李明健、苏炳和、陈华、冼爱珍(女)、黄自忠、黎毅；县人民法院院长黄日汉，县人民检察院检察长韦裕炳。

第二、三、四、五、六、七、八次会议分别于1994年3月11日—12日、1995年3月20日—22日、1996年3月26日—29日、1996年10月4日—6日、1997年3月5日—7日、1997年9月22日—24日、1998年3月18日—20日在县城召开。其中第二次会议通过了县人民政府《关于实施农业综合开发“523389”工程》的议案；第五次会议选举秦国明为县人民政府县长；第七次会议增选梧州市第十届人民代表大会代表34人，通过韦裕炳辞去县人民检察院检察长职务的请求，补选雷雄为县人民检察院检察长。

第十二届人民代表大会(1999年1月—2002年10月)

第一次会议于1999年1月7日—11日在县城召开。出席会议代表303人，列席代表139人。会议听取和审议了县人民政府工作报告、关于1998年国民经济和社会发展计划执行情况与1999年国民经济和社会发展计划草案的报告、1998年国民经济和社会发展计划执行情况的报告与1999年国民经济和社会发展计划、关于1998年财政预算执行情况和1999年财政预算草案的报告、县1998年财政预算执行情况的报告和1999年财政预算、县人大常委会工作报告、县人民法院工作报告、县人民检察院工作报告；选产生县第十二届人民代表大会常务委员会组成人员12人，主任玉振全，副主任周元超、陆功裕、何福林、何亦华；选出县人民政府县长秦国明，副县长刘仕强、黄自忠、苏志敏、吴力华（女）、梁忠华（挂职）；县人民法院院长李进源，县人民检察院检察长杨天寿；选出玉振全为梧州市第十届人民代表大会代表。

第二、三、四、五次会议分别于2000年2月28日—30日、2000年8月28日—30日、2001年2月28日—至3月2日、2002年3月7日—10日在县城召开。其中第三次会议选举出席梧州市第十一届人民代表大会代表58人；第四次会议补选石世安为县人民检察院检察长，第五次会议补选孙广岑为县人民法院院长。

第十三届人民代表大会(2002年10月—2006年10月）

第一次会议于2002年10月27日—31日在县城召开。出席会议代表313人，列席代表149人。会议听取和审议了县人民政府工作报告、关于1999年以来国民经济和社会发展计划执行情况和今后五年计划草案的报告、关于1999年以来财政预算执行情况和今年五年财政工作计划草案的报告、县人大常委会工作报告、县人民法院工作报告、县人民检察院工作报告；选举产生县第十三届人民代表大会常务委员组成人员11人，主任刘仕强，副主任周元超、陆功裕、何亦华、李华生；选出县人民政府县长李军平，副县长胡六才、高亮、何瑾（女）、霍小钰、覃成号；县人民法院院长梁广明，县人民检察院检察长石世安。

第二、三、四次会议分别于2003年2月26日—28日、2004年3月10日—12日、2005年3月9日—12日在县城召开。其中第三次会议补选周放为县人民法院院长。

第四节　常委会会议　主任会议

第十届人大常委会共召开常委会会议24次，主任会议32次。听取审议“一府两院”及其职能部门工作汇报26次。听取和审议县人民法院和县人民检察院工作报告。人大常委会共审议任命人大常委会办公室和各工作委员会主任、副主任7人，接受人大常委会各工作委员会正、副主任3人因工作调动而提出的辞职。审议决定代县长2人，任命副县长7人；接受县长、副县长10人因工作调动提出的辞职。审议任命县政府委、办、局主任、局长65人，免职21人。根据县人民法院院长的提请，审议任命法院副院长1人，人民法庭庭长17人、副庭长5人、审判员11人，免去庭长8人、副庭长4人、审判员3人。根据人民检察院检察长的提请，审议任命人民检察院副检察长1人，检察委员会委员2人，检察员5人，免去检察员4人。

第十一届人大常委会共召开常委会会议34次，主任会议64次。听取审议“一府两院”及其职能部门工作汇报120次。五年来，县人大及常委会依照法律规定和法定程序，任免本级国家机关工作人员335名。

第十二届人大常委会共召开常委会会议25次。1999年1月29日，召开常委会第一次会议，审议通过《藤县人民代表大会常务委员会议事规则》和《藤县人民代表大会常务委员会组成人员守则》。县人大常委会依照法律规定，任免本级国家机关工作人员308名。

第十三届人大常委会共召开常委会会议27次。常委会组成人员3人以上联名共提出议案9件，其中2件议案经县人大常委会会议审议后分别作出决议，由县人民政府执行。主任会议提出的《关于县人民法院潭东法庭与金鸡法庭、太平法庭与濛江法庭合署办案的议案》和《关于提议组织特定问题调查委员会对塘步镇钛矿和高岭土矿场违法开采、污染环境等问题进行专项调查的议案》经县人大常委会会议审议后作出相应的决定。

第五节　重大事项决议　人事任免

重大事项决议

1997 年 4 月召开的十一届人大常委会第二十三次会议对城建管理存在严重的脏乱差问题提出了批评意见，要求建设局和有关部门密切配合，切实解决县城交通秩序混乱，街道破烂失修，农副产品乱摆乱卖，环境卫生差等一系列问题，限期落实整改措施。

第十届人大常委会听取和审议县政府《关于调整我县 1990 年工业生产计划的报告》，做出《关于批准调整我县 1990 年工业生产计划的决定》。听取《关于我县工业企业经济情况的汇报》，作出《关于加强工业经济工作的决议》。听取《关于制订我县国民经济与社会发展十年规划和“八五”计划（草案）综合情况汇报》。听取和审议县人民法院《关于执行行政诉讼法和廉政建设方面的情况汇报》。

第十一届人大常委会会议审议批准了县人民政府《关于县政府机关办公地点迁址县城河东新城中心区的议案》，批准了《藤县依法治县(1996—2000)工作规划》，通过了《藤县预算外资金管理、行政性收费管理实施办法》，作出了《关于藤县普及九年义务教育和扫除青壮年文盲规划的议案的决议》《关于在全县公民中实施法制宣传教育第三个五年规划的决议》《关于调整县城河东新区体育场用地规划的决议》。作出《关于实施农业综合开发 523389 工程的决议》，对加快藤县农村改革，进一步调整农村产业结构，促进农业向高产、优质、高效方向发展，推动社会主义市场经济发育，增加财政收入，引导农民致富奔小康具有重要的现实意义的深远的历史意义，为藤县经济再上一个新台阶起到推动作用。

第十二届人大常委会会议听取县人民政府财政部门关于上一年度财政预算执行情况的报告和审计部门关于上一年度财政预算执行情况的审计工作报告；审查批准县人民政府提出的财政决算，并作出相应的决议。根据县人民政府的提请，审议批准县城总体规划部分小区土地用途调整方案，作出相应的决定。根据县人民政府的提请和藤县的实际，为解决县糖厂欠蔗农白条款和代课教师不至于因取消民师统筹而降低待遇的问题，经过认真审议，作出关于同意追加 2001 年县财政预算支出的决定和调增教师事业经费支出、调减其他支出的决定。审议和批准县人民政府提出的《在全县公民中开展法制宣传教育第四个五年规划》，作出进一步开展法制宣传教育的决议。

第十三届人大常委会由常委会组成人员 3 人以上联名共提出议案 9 件，其中《关于加快整治县城乱埋乱葬逐步推进我县殡葬改革的议案》《关于加大力度打击“六合彩”赌博活动维护我县社会稳定的议案》经县人大常委会会议审议后分别作出了决议，由县人民政府执行。主任会议提出的《关于县人民法院潭东法庭与金鸡法庭、太平法庭与濛江法庭合署办案的议案》和《关于提议组织特定问题调查委员会对塘步镇钛矿和高岭土矿场违法开采、污染环境等问题进行专项调查的议案》，经县人大常委会会议审议后也作出了相应的决定。

人事任免

第十届人大常委会共选举和任免本级国家机关工作人员 127 名。其中人大系统 9 人，政府系统 66 人，法院系统 42 人，检察院系统 10 人。

第十一届人大常委会共选举和任免本级国家机关工作人员 335 名。其中，选举和任命县人大常委会领导 5 名，委员 14 名，任命人大机关委办领导 14 名；选举和任命县政府领导 16 名，任命政府职能部门领导 81 名；选举和任命县法院领导 4 名，任命法院工作人员 90 名；选举和任命县检察院领导 3 名，任命检察院工作人员 17 名。接受县人大常委会领导辞职 1 名，同意辞去或免去人大机关委办领导职务 2 名，同意辞去常委会委员职务 1 名；同意辞去或免去县政府领导职务 7 名，同意辞去或去县政府职能部门领导职务 41 名；同意辞去县法院领导职务 2 名，免去县法院工作人员职务 32 名；同意辞去县检察院领导职务 2 名，免去检察院工作人员职务 3 名。

第十二届人大常委会共选举和任免本级国家机关工作人员 308 名。其中，任命县人大常委会办事机构工作人员 15 名，任命县政府工作人员 58 名，任命县法院工作人员 78 名，任县检察院工作人员 20 名。免去县人大常委会办事机构工作人员职务 19 名，免去县政府工作人员职务 33 名，免去县法院工作人员职务 65 名，免去县检察院工作人员职务 20 名。此外，常委会还接受了 1 个县人大代表的辞职。

第十三届人大常委会召开会议 27 次，任免了 214 名国家机关工作人员，其中任命县人大常委会机关工作人员 3 名，县人民政府组成人员 54 名，县人民法院工作人员 65 名，县人民检察院工作人员 6 名；免去 1 名县人大常委会机关工作人员的职务，24 名县人民政府组成人员的职务，50 名县人民法院工作人员的职务，4 名县人民检察院工作人员的职务；接受 4 人辞去县十三届人大常务委员会委员职务，1 人辞去梧州市第十一届人大代表职务，2 人辞去县第十三届人大代表职务。

第六节 依法监督

听取和审议专项工作报告

第十届人大常委会召开常委会会议听取和审议县人民政府及其部门的专项工作报告有：《关于南梧二级公路藤县路段施工情况汇报》《关于调整我县一九九〇年工业生产计划的报告》《关于我县工业企业经济情况的汇报》《关于起草我县国民经济和社会发展十年规划和"八五"计划纲要草案的汇报》《关于藤县十届人大一次会议方案、意见、建议办理情况的汇报》《关于我县 1991 年农业生产汇报》《关于在我县实施第二个五年法制宣传教育规划的报告》《关于我县 1991 年国民经济执行情况的报告》《关于藤县 1990 年财政决算和 1991 年 1 月—7 月份预算执行情况的报告》《依法治教发展我县基础教育情况的汇报》《关于 1991 年我县计生工作情况的汇报》《关于藤县商业系统工作情况的汇报》《关于 1992 年我县粮食增产措施的汇报》《关于水利维修及管理情况的汇报》《关于矿产工作的汇报》《关于我县土地管理工作情况汇报》《关于我县要求玉梧铁路建设经过藤县县城的情况汇报》《关于藤县县城总体规划和藤县太平狮山风景名胜区总体规划的报告》《关于全县对外开放经济开发工作情况的汇报》《关于藤县 1991 年财政决算调整 1992 年财政预算和今年 1 至 8 月份预算执行情况的报告》《关于我县交通工作情况报告》《1992 年县外经贸工作情况的报告》《关于我县建设西江公路大桥等有关情况的汇报》《藤县经济委员会 1993 年 1 至 4 月份工作情况汇报》《藤县劳动局工作汇报》《藤县 1993 年上半年财政预算执行情况的汇报》《关于我县 1999 年国民经济与社会发展计划上半年执行情况的汇报》。同时，听取和审议了县人民法院和县人民检察院的工作报告。

1999 年 3 月 9 日常委会第二次会议，听取和审议了县农办《认真贯彻落实"1234610"工作思路，努力开创我县农业和农村工作局面》。4 月 28 日常委会三次会议，听取和审议了县经贸局《关于深化工业企业改革，提高工业税收与财政税收中的比重的报告》和县民政局《关于做好生产自救、生活安排和村委换届工作的报告》。2000 年 6 月 23 日常委会第十一次会议，听取和审议了《关于藤县 1999 年财政决算情况的报告》、《关于藤县 1999 年财政预算执行情况的审计工作报告》、县政府《关于西江大桥、津蒙公路建设情况的报告》和县公安局《关于抓好社会治安维护社会稳定工作的报告》。12 月 19 日常委会第十四次会议，审议批准了县人民政府关于县城总体规划部分小区土地用途调整方案，作出了相应的决定；解决县糖厂欠蔗农白条款和代课教师的待遇不因为取消民师统筹而降低的问题。2001 年 4 月 23 日常委会第十六次会议，听取和审议了县农业局《关于农业产业结构调整，促进农民增收的专项工作报告》以及县水利局《关于县城防洪堤建设，防汛抗旱工作和水利设施管理体制改革情况的报告》。6 月 21 日常委会第十七次会议，听取和审议了《关于招商引资，发展非公有制经济的工作报告》《关于我县卫生工作情况的报告》《藤县 2000 年财政决算情况的报告》。

第十三届人大常委会第二十四次会议，听取和审议了县政府《应对加入 WTO 新形势进一步搞好我县农业结构调整》、县建设局《关于我县城镇化工作情况的报告》和县经贸局《深化企业改革提高经营质量和经济效益》

议案 建议

第十届人民代表大会议第一次会议收到代表十人以上联名提出议案173件。另收到代表提出的建议、批评和意见7件。岭景乡代表团黎志芳等10名代表联名提出的《关于增加水利建设的投入,加强水利设施的维修和管理的议案》以及金鸡镇代表团黄伟忠等10人联名提出的《关于建立无籽西瓜制种基地,改良品种,增强我县无籽西瓜市场竞争能力的议案》列入大会议程,审议通过后由县人民政府组织实施。

第二次会议:收到代表十人以上联名提出议案123件。另收到代表提出的建议、批评和意见8件。藤城镇代表团李明远等10名代表联名提出的《关于迅速恢复和发展农村有线广播的议案》列入大会议程。审议通过后由县人民政府组织实施。

第三次会议:收到代表十人以上联名提出议案72件。另收到代表提出的建议、批评和意见6件。金鸡镇代表团黄霭廉等10人联名提出的《关于修复山塘水库的议案》列入大会议程。审议通过后由县人民政府组织实施。

第五次会议:收到代表十人以上联名提出议案44件。另收到代表提出的建议、批评和意见11件。象棋镇代表团黄广胜等10人联名提出的《加强农业基础地位,减轻农民各项负担的议案》列入大会议程,审议通过后由县人民政府组织实施。

第十一届人大代表大会共收到议案326件。其中涉及财经经济108件,农林水电63件,交通通讯52件,市政建设22件,教科文卫35件,工资福利6件,政法16件,工业企业6件,环保4件,保险2件,其他12件。由县人民政府在十一届人大二次会议上提出的《关于实施农业综合开发"523389"工程的议案》,和李尚晶等20名代表在十一届人大六次会议上联名提出的《关于继续完成一九九七年藤县西江大桥津蒙公路集资任务的议案》列入会议议程,由县人民政府组织实施。另外,本届各次会议共收到代表提出的建议、批评和意见80件,均已全部办理完毕,并答复代表。

第十二届人大代表大会共收到议案203件、意见和建议80件。常委会及时把这些议案、批评、意见和建议交"一府两院"办理。其中一次会议代表提出的《关于杂优制种种子款应按时兑现》的批评意见,县种子公司诚恳地解释了欠款的原因,并把所欠种子款全部兑付。代表提出《关于黄冲河被堵农田被淹问题》的议案,县环保局会同地矿局、水电局水土保持站、潭东镇政府、东胜村委会经过实地调查研究,充分听取群众意见,责成黄冲河流域所有矿场停产整治。经过两个月的整治,黄冲河河床恢复到1999年春疏浚后河道的深度。上游水位大部分回落,对被水淹的农田,坡地和泥浆影响的农田落安赔偿方案。

第十三届人大代表大会共收到议案、建议、批评意见386件,其中建议、批评、意见90件。经县人大常委会召开议案交办会交县人民政府办理。其中关于加快整治县城乱埋乱葬逐步推进县殡葬改革的议案、关于加大力度打击"六合彩"赌博活动维护我县社会稳定两件议案经县人大常委会会议审议后分别作出了决议,由县人民政府执行。

干部述职评议

1999年,县人大常委会评议了财政局局长、土地局局长、2名副县长、教育局局长、劳动局局长、林业局局长、经贸局局长、司法局局长、公安局局长、交通局局长等12位县人民政府组成人员。

1999年12月至2000年1月,县人大常委会会同县委组织部对县人民法院院长、副院长,县人民检察院检察长、副检察长和县人民政府27个组成部门的局长、主任进行述职和民主测评,分5个测评组分别到述职对象所在的部门召开干部职工会议,由述职者在会上作述职报告,再组织到会人员以无记名问卷方式进行民主测评。测评分优秀、称职、基本称职、不称职。

第十三届人大常委会第十七次、十八次、十九次、二十次会议上先后对县人民政府7名副县长、县人民法院院长、县人民检察院检察长进行了述职评议。

第二章　人民政府

1991 年—2005 年，藤县人民政府经历 4 届，进行了 3 次机构改革，工作机构由 1991 年的 36 个减少到 2005 年的 24 个。经过机构改革，转变政府职能，实行政企分开，理顺各种关系，提高行政效率。克服机构臃肿，职责不清，人浮于事，多头管理等问题。逐步建立健全了与社会主义市场经济体制相适应的功能齐全、结构合理、运行协调、灵活高效的行政管理体系。历届县人民政府在县委的领导下，以经济建设为中心，促进全县各行各业的持续稳定健康发展，综合经济实力不断增强。2005 年，全县地区生产总产值 41.28 亿元，比 1991 年增长 3.56 倍；农业总产值 35.47 亿元，比 1991 年增长 10.51 倍；工业总产值 32.78 亿元，比 1991 年增长 11.14 倍。财政收入 2.55 亿元，比 1991 年增长 2.81 倍；农民人均纯收入 3193 元，比 1991 年增长 2.65 倍。

第一节　机　构

领导机构

县人民政府为县人民代表大会的执行机关和国家行政机关。对县人民代表大会和上级国家行政机关负责并报告工作。县人民政府县长、副县长由县人民代表大会选举产生。1991 年—2005 年，共选举产生十届、十一届、十二届、十三届共 4 届县人民政府领导机构。

藤县人民政府第十届至第十三届县长、副县长名表

表 6–2–1

届别	职务	姓名	性别	籍贯	任职时间
第十届人民政府	县长	张　民	男	广西藤县	1990.09—1991.09
		曾南城	男	广东罗定市	1991.09—1993.09（其中 1991 年 9 月至 1992 年 1 月为代县长）
		彭庆伟	男	广西岑溪	1993.09—1993.11（代县长）
	副县长	石先绪	男	广西藤县	1990.09—1992.02
		玉振全	男	广西藤县	1990.09—1992.02
		莫卓夫	男	广西藤县	1990.09—1993.11
		陈华	男	广西藤县	1990.09—1993.11
		李明健	男	广西藤县	1990.09—1993.11
		冼爱珍	女	广西藤县	1990.09—1993.11
		欧国璋	男	广西八步	挂职，1990.09—1991.02
		刘韶华	女	广西梧州	挂职，1990.09—1992.02
		陆严洁	女	广西昭平	挂职，1990.09—1992.02
		蓝材善	男	广西岑溪	1992.01—1993.11
		黄自忠	男	广西藤县	1992.01—1993.11
		黄金文	男	广西岑溪	1991.09—1993.09
		李文辉	男	广西柳州	挂职，1991.11—1993.11
		欧阳启	男	广西桂林	挂职，1991.03—1993.08

续表

届别	职务	姓名	性别	籍贯	任职时间
第十届人民政府	副县长	何剑龙	男	广西蒙山	挂职，1991.04—1992.11
		杨向光	男	北京	挂职，1991.11—1993.11
		马海涛	男	广西藤县	1992.05—1993.09
第十一届人民政府	县长	彭庆伟	男	广西岑溪	1993.11—1996.08
		秦国明	男	广西岑溪	1996.8—1999.01（其中1996年8月至1996年10月为代县长）
	副县长	李明健	男	广西藤县	1993.11—1996.12
		苏炳和	男	广西藤县	1993.11—1994.09
		陈　华	男	广西藤县	1993.11—1999.01
		冼爱珍	女	广西藤县	1993.11—1999.01
		黄自忠	男	广西藤县	1993.11—1999.01
		黎　毅	男	广西苍梧	1993.11—1999.01
		李文辉	男	广西柳州	挂职科技，1993.11—1994.02
		杨茂华	男	广西富川	1994.07—1999.01
		苏志敏	男	广西岑溪	1994.02—1999.01
		莫以海	男	广西藤县	1996.11—1999.01
		李华生	男	广西藤县	1996.11—1999.01
		梁忠华	男	广西南宁	挂职，1997.10—1999.01
		刘仕强	男	广西藤县	1998.09—1999.01
第十二届人民政府	县长	秦国明	男	广西岑溪	1999.01—2002.10
	副县长	刘仕强	男	广西藤县	1999.01—2002.10
		黄自忠	男	广西藤县	1999.01—2002.04
		苏志敏	男	广西岑溪	1999.01—2000.10
		吴力华	女	广西蒙山	1999.01—2000.04
		梁忠华	男	广西南宁	挂职　1999.01—1999.12
		胡六才	男	广西岑溪	2001.04—2002.10
		何　瑾	女	广西藤县	2000.04—2002.10
		霍小钰	男	广西藤县	2000.05—2002.10
		覃成号	男	广西河池	2002.04—2002.10
		高　斌	男	广西岑溪	2001.06—2002.08
		高　亮	男	广西梧州	2002.04—2002.10
第十三届人民政府	县长	李军平	男	广西苍梧	2002.10—2006.07
		何　棠	男	广西钟山县	2006.07—2006.10
	副县长	胡六才	男	广西岑溪	2002.10—2006.10
		高　亮	男	广西梧州	2002.10—2004.12
		何　瑾	女	广西藤县	2002.10—2006.07
		霍小钰	男	广西藤县	2002.10—2004.08
		覃成号	男	广西河池	2002.10—2004.08

续表

届别	职务	姓名	性别	籍贯	任职时间
第十三届人民政府	副县长	米　强	男	广西浦北	挂职，2003.08—2005.07
		周　峰	男	广西藤县	2004.10—2006.08
		吴学进	男	广西邕宁	挂职，2004.10—2005.01
		卢　林	男	广西昭平	2004.11—2006.08
		曾健勇	男	广西蒙山	2004.11—2009.12
		杨一笔	男	广西玉林	挂职，2005.12—2007.02
		李贞梅	女	广西岑溪市	2006.07—2006.10
		覃震西	男	广西平南	2006.08—2006.10
		邓　宁	男	广西岑溪市	2006.08—2006.10
		黄　恩	男	广西八步	2006.09—2006.10

工作机构

1991年，县政府工作机构共设置47个。2001年机构改革，县政府工作部门设：藤县人民政府办公室、藤县发展计划局、藤县经济贸易局、藤县教育局、藤县科学技术局、藤县公安局、藤县监察局、藤县民政局、藤县司法局、藤县财政局、藤县人事局、藤县劳动和社会保障局、藤县国土资源局、藤县建设局、藤县交通局、藤县农业局、藤县对外经济贸易合作局、藤县文化和体育局、藤县卫生局、藤县计划生育局、藤县审计局、藤县环境保护局、藤县统计局、藤县林业局、藤县水利局、粮食局。其中，监察局与纪律检查委员会机关合署办公，列入政府工作部门序列，不计政府机构个数；政府办公室挂法制办公室牌子；经济贸易局挂安全生产监督管理局牌子；民政局挂老龄工作委员会办公室牌子。

这次机构改革，计划局更名为发展计划局。粮食局的行政职能及行政人员与储备粮管理职能和粮食购销职能及人员分离，储备粮管理职能和粮食购销职能及人员由分别转归储备粮管理公司和新成立的县粮食购销总公司，粮食局及其行政职能和行政人员并入发展计划局，在发展计划局挂粮食局牌子；物价局并入发展计划局，在发展计划局挂牌。扶贫开发办公室更名为扶贫开发领导小组办公室，为扶贫开发领导小组常设办事机构，由在计划局挂牌改在县政府机构序列单设。安全生产监督管理局在经济贸易局挂牌，将劳动局的安全生产监督管理职能划归其承担。经济体制改革办公室、经济技术协作办公室职能归经济贸易局承担，不再挂经济体制改革办公室、经济技术协作办公室牌子。老龄工作委员会办公室改在民政局挂牌。由民政局负责老龄工作委员会办公室的具体工作。国有资产管理局、收费管理局职能归财政局承担，不再挂国有资产管理局、收费管理局牌子。劳动局更名为劳动和社会保障局，把分散在人事、劳动、民政等部门的机关事业单位社会保险、城镇职工社会保险、失业保险、卫生医疗保险、农村社会养老保险以及各行业部门统筹的社会保险和医疗保险等职能，调整到劳动和社会保障局集中统一管理。把人事局管理的机关事业单位社会保险事业所，劳动局管理的社会劳动保险事业管理所、失业保险所、职工基本医疗保险管理所，民政局管理的农村社会养老保险所统一划归劳动和社会保障局管理。土地管理局与地质矿产局（黄金管理局）合并，组建国土资源局。农村工作领导小组办公室、乡镇企业管理局并入农业局。对外贸易经济合作局改为县政府工作部门，不再挂二类口岸办公室牌子。体育事业局与文化局合并，组建文化和体育局。卫生局的药政药检职能划归药品监督管理部门承担。爱国卫生运动委员会办公室职能归卫生局承担，不再挂爱国卫生运动委员会办公室牌子。环境保护委员会办公室改为县政府工作部门，称环境保护局。水利电力局更名为水利局，其电力行政管理职能划归经济贸易局承担。商业总公司为经济实体，不再授权行使商品流通行政主管部门职责和行政执法主体资格，其职能收归经济贸易局承担。档案局和档案馆，维持局馆合一体制，使用事业编制，赋予行政管理职能，仍为县委直属事业单位。广播电视事业局与广播电视台实行局台合一，一套人员，两块牌子，使用事业编制，赋予行政管理职能，仍为县政府直属事业单位。县直属机关服务中心仍为县政府直属事业单位。农机事业局更名为农业机械化管理中心，仍为县政府直属事业单位，使用事业编制，赋予行政管理职能。畜牧水产事业局改为畜牧水产技术服务中心，行政职能划归农业局承担。畜牧水产技术服务中心为农业局管理的事业单位，机构级别保持不变，仍为正科级。畜牧兽医技术服务中心的职能划归畜牧水产技术服务中心承担。县畜牧兽医站不再挂畜牧兽医技术服务中心牌子。原畜牧水产事业局的人员由畜牧水产技术中心使用。水果事业局与水果开发公司合并，组建经济林果技术服务中心，为林业局管理的事业单位，机构级别保持原来不变，仍为正科级。原水果事业局、水果开发公司的人员由经济林果技术服务中心统筹安排使用。二轻工业合作联社仍为县政府直属事业单位。

县政府议事协调办事机构：扶贫开发领导小组办公室，为常设办事机构，在县政府机构序列单设。

赋予行政职能的县政府直属事业单位：藤县广播电视事业局（广播电视台）、藤县农业机械化管理中心。

县政府直属事业单位：藤县直属机关服务中心、藤县二轻工业合作联社。

县政府机构调整、撤并、转体情况：侨务办公室、旅游局、外事办公室并入县政府办公室，在县政府办公室挂牌子。

2004 年，县人民政府工作部门职能整合和机构调整如下：县发展计划局改组为县发展和改革局，为县人民政府工作部门，在县发展和改革局保留县物价局的牌子和印章。撤销县对外贸易经济合作局。县对外贸易经济合作局的行政职能划入县经济贸易局，实行工业，内外贸易与经济合作的统一管理。将县农业局的乡镇企业管理职能划入县经济贸易局。在县经济贸易局挂牌的县安全生产监督管理局（挂县安全生产安全委员会办公室牌子）单列设置，为县人民政府工作部门，机构级别由副科级升格为正科级。县计划生育局更名为县人口和计划生育局。原在县委宣传部加挂牌子的县新闻出版管理办公室，更名为县新闻出版管理局，改在县文化和体育局加挂牌子。原在县政府办公室加挂牌子的县旅游局改在县文化和体育局加挂牌子，实行“一套人马，多块牌子”。县人民政府设 24 个工作部门，一个议事协调机构。

基层政权

1991 年，设藤城镇、城关乡、津北乡、南安镇、赤水乡、埌南镇、同心乡、金鸡镇、新庆乡、象棋镇、岭景乡、天平镇、濛江镇、和平镇、太平镇、古龙镇、平福乡、东荣乡、大黎镇、宁康乡。各乡镇设：卫生院、邮（电）政所、信用合作社、供销社、粮食管理所、中小学校教育组、农业技术推广站、畜牧兽医站、工商所、派出所、电管站等单位。1996 年 9 月，同心乡改为镇建制；1997 年 7 月，东荣乡、津北乡分别改为镇建制，城关乡改为潭东镇。

2001 年，乡镇机构改革，每个乡镇的事业单位机构设置均控制在 9 个（不含教育、卫生事业单位）。具体调整与设置如下：将农业技术推广站、农机技术推广站、畜牧兽医技术推广站、水产技术推广站、农村合作经济经营管理站、乡镇企业办公室合并，组成农业服务中心。保留计划生育服务所（挂计划生育办公室牌子）。土地管理所更名为国土资源管理所。保留财政所。将文化站、广播电视站合并，组建文化广播电视站。保留林业工作站。保留水利站。将交通管理站、环境卫生管理站合并，组建交通和城镇建设管理站。成立经济发展服务中心。撤销农村社会养老保险站。教育组更名为教育辅导站。保留卫生院。

上述事业单位中，农业服务中心、文化广播电视站、林业工作站、水利站、交通和城镇建设管理站、经济发展服务中心由乡镇管理；计划生育服务所实行乡镇和县主管部门双重领导，以乡镇管理为主的管理体制；国土资源管理所、财政所、教育辅导站、卫生院实行县主管部门和乡镇双重领导，以县主管部门管理为主的管理体制。由乡镇管理和以乡镇管理为主的事业单位，人、财、物均由乡镇管理，县业务主管部门要继续做好业务指导、行业服务和信息引导工作，加强行业管理和监督。

2002 年，撤销赤水乡、南安镇，合并组建塘步镇，至此，全县辖 11 个镇 8 个乡共 19 个乡镇。同年乡镇机构改革，下设农业服务中心、水利站、交通和城镇建设管理站、经济发展服务中心、计划生育服务所、国土资源管理所、财政所、教育辅导站、卫生院、文化广播电视站。

2005 年，撤销藤城镇、潭东镇、津北镇，组建藤州镇；宁康乡并入大黎镇，由原来的 19 个乡镇减为 16 个乡镇。乡镇政府设乡镇长 1 名，副乡镇长 2~3 名；下辖 266 个村民委员会，28 个社区居民委员会。

1991 年—2005 年各乡镇历任乡镇长

藤城镇：卢剑彪(1990.07—1993.10)、黄宇腾(993.11—1996.08)、杨红（女，1996.10—1999.03)、何瑜深(1999.03—2003.11)、李明超(003.11—2005.07)。

城关乡、潭东镇：覃应成(1988.12—1992.07)、霍小钰(1992.09—1996.05)、魏泽华(1996.05—1999.03)、黄海平(1999.03—1999.07)、李龙(1999.09—2000.07)、黎柱石(2000.07—2002.10)、雷兵(2002.10—2005.07)。

津北乡（镇）：黄美坚(1987.10—1993.04)、黄日富(1993.04—1993.11)、石侃(1993.11—1996.08)、龙文炳(1996.10—1998.05)、欧泽璋(1998.05—1999.05)、曾庆梅（女，1999.05—2002.03)、茹恩南(2002.03—2002.10)、温康文(2002.10—2004.09)、黄世斌(2004.09—2005.07)。

藤州镇：雷兵(2005.08—2007.10)。

南安镇：何仲斌(1991.01—1991.07)、刘朝宏(1991.07—1991.08 代镇长）、冯杰良(1991.08—1993.08)、魏钊生(1993.08—1996.08)、张贵雄(1996.08—1999.01)、叶卫杰(1999.01—2002.04)。

赤水乡：苏学海(1991.01—1992.08)、黄剑明(1992.08—1995.08)、周少英(1995.08—1999.08)、陈大真(1999.08—2002.04)。

塘步镇：陈大真(2002.04—2003.08)、潘一清(2003.08—2005.09)、黄世斌(2005.09—2009.03)。

埌南镇：李仕华(1990.07—1992.02)、彭军(1992.02—1993.01)、李肖文(1993.01—1993.10)、甘洪(1993.10—1996.08)、玉振传(1996.08—1999.03)、霍战平(1999.03—2000.11)、何盛富(2000.11—2002.03)、胡敏（女，2002.03—2004.08)、黄位昌(2004.08—2005.04)、李盛光(2005.04—2007.08)。

同心乡（镇）：孙祖国(1987.08—1992.03)、张光伦(1992.04—1993.07)、叶梧(1993.10—1996.08)、甘洪(1996.08—1999.04)、何继华(1999.04—2004.08)、廖嘉恒(2004.08—2005.10)、李志坚(2005.10—2010.12)。

金鸡镇：黄伟忠(1990.02—1992.02)、羽雄安(1992.02—1993.09)、李永光(1993.09—1996.08)、韦起庆(1996.08—1998.06)、唐有文(1998.06—2002.02)、刘羡杰（女，2002.02—2004.09)、梁伟强(2004.09—2008.05)。

新庆乡（镇）：李华玉、黎伟、江平、黄世康、覃柱怀、曾庆梅、刘仕远、苏学文。

象棋镇：孙祖文(1990.04—1992.05)、李伟平(1992.05—1993.08)、覃孔怀(1993.08—1996.08)、魏德禄(1996.08—1998.07)、黄海和(1998.07—2002.04)、陈晓(2002.04—2005.10)、梁健(2005.10—2008.07)。

岭景乡（镇）：、欧成基、黎伟义、高安礼(1993.05—1996.10)、莫亦光(1996.10—1999.10)、肖坚(1999.10—2002.04)、黄海和(2002.04—2004.08)、梁华珍（女）(2004.8—2006.09)。

天平镇：黄锦仟(1990.07-1992.10)、严永红(1992.10-1996.06)、何超(1996.07—1999.04)、张健雄(1999.05-1999.08)、陈钊平(1999.09-2001.01)、李超文(2001.02-2005.12)。

濛江镇：李宁(1988.11—1992.09)、林聪(1992.09—1993.08)、林开辉(1993.08—1994.10)、霍汉柱(1994.10—1998.08)、胡远达(1998.08—2001.03)、黄永杰(2001.03—2003.09)、何竟(2003.09—2006.08)。

和平镇：李胜林(1990.10—1993.03)、黎云(1993.11—1996.11)、黄振饶(1997.11—1999.10)、王龙(1999.10—2005.05)、刘朝林(2005.05—2005.11)。(2005.12 镇长空缺）。

太平镇：郭保宏(1990.07—1992.04)、许丽开(1992.04—1993.11)、马维驹(1993.11—1996.10)、严伯贵(1996.10—1999.10)、黄定云(1999.10—2002.10)、肖坚(2002.10—2006.09)。

古龙镇：祝积志、梁寿全(1991.09—1993.09)、刘国能(1993.11—1996.08)、蒙土金(1996.10—1999.04)、陈彩焕(1999.04—2001.04)、黎伟坚(2001.04—2005.04)、李贤伟(2005.04-2010.04)。

平福乡：覃永新(1990.11—1992.11)、韦道森(1992.12—1996.8)、吴容北(1996.9—1998.3)、卢培洲(1998.4—1999.8)、李勇光(1999.8—2003.8)、黎泽富(2003.9—2006.4)。

东荣乡（镇）：邱德亮(1990.12—1991.06)、吴海(1991.07—1996.01)、李炳汉(1996.01—1998.04)、许景强(1998.04—1999.03)、黄海文(1999.03—2002.08)、黎伟坚(2002.08—2003.07)、黄勇(2003.08—2005.07)、黄勇新(2005.07—2008.09)。

大黎镇：江秀明(1991.1—1993.10)、陈宗杰(1993.10—1996.08)、唐诗源(1996.08—1999.10)、王立宽(1999.10—2002.08)、蔡容贤(2002.08—2004.08)、韦景金(2004.08—2005.08)、张光岳(2005 年 9 月—2009 年 3 月)。

宁康乡：黄理金(1990.07—1991.06)、林炳光(1991.09—1993.09)、肖谋健(1993.09—1996.05)、祝继宏(1996.10—1998.10)、黄位昌(1999.03—2002.04)、李祖良(2002.04—2004.08)、吴柏彬(2004.08—2005.08)。

第二节　重要会议

县政府全体(扩大)会议

第十届(1990 年—1993 年)县政府召开 5 次政府全体(扩大)会议。第十一届(1993 年—1998 年)县政府召开 9 次政府全体(扩大)会议。第十二届(1998 年—2002 年)县政府召开 8 次政府全体(扩大)会议。第十三届县政府至 2005 年年底共召开 7 次政府全体(扩大)会议。1992 年 8 月，第十届县政府举行本届政府的第三次全体(扩大)会议，讨论并决定开发建设河东新城区的决定。1994 年 4 月第十届县政府召开本届的第四次全体(扩大)会议，作出了发动全县干部职工、城乡居民到河东购地建房，加快河东开发建设的决定，并下发文件。1997 年 4 月第十一届县政府召开本届第六次全体(扩大)会议，讨论并决定加大招商引资力度，动员全员招商、全员创业，奖励招商有功人员，允许干部停薪留职去创业等决定。2000 年 3 月第十二届县政府召开本届县政府第三次全体(扩大)会议，讨论并决定加快工业园区建设的决定。2004 年 11 月第十三届县政府召开本届的第五次全体(扩大)会议。

县政府常务会议

第十届县政府召开 11 次常务会议，共研究议题 35 项，通过重要的议题有计划生育、农业综合开发、河东新城区开发，各乡镇扩大城镇规划等。第十一届县政府召开 18 次常务会议，研究的重要议题有河东新城区建设加快问题，西江大桥、津濛公路筹资问题、蔗糖生产问题、国企管理问题、招商引资、发展城乡企业和机构改革问题、三农问题共 61 项。第十二届县政府召开常务会议 13 次，审议的主要议题共 43 项，其中，重要的有国企改革问题、招商引资、工业园区建设、加快完成西江大桥建设问题、加快城乡学校危房改造问题等。第十三届县政府共召开县政府常务会议 10 次，主要研究国企改革、招商引资、财政税收、税费改革、加快县乡村公路建设、村级办公用房、危房改造及三农问题，撤并部分乡镇问题等共 29 项。

2004 年 3 月 24 日，县长李军平主持召开县人民政府常务会议，原则通过《藤县人民政府关于加快国有企业改革建立现代企业制度的若干规定(修改稿)》。由县人民政府办公室根据会议提出的修改意见修改完善后再提交县委常委会议讨论通过。就县城学校布局调整后县一中初中部、藤城镇实验中学、县二职教师分流、调整问题进行研究解决。

2005 年 11 月 17 日上午，县长李军平主持召开县人民政府常务会议，会议邀请县委、人大、政协领导参加。会议通报了全县前 10 个月各项工作主要经济指标完成情况，对县城河东广场东西地块整体拍卖、招待所改制等问题进行研究。会议原则同意并批复《县招待所改制方案》，由县政府相关职能部门依法组织实施。原则同意拍卖、挂牌交易须知和有关规划设计条件要求，整体拍卖县城河东广场东侧 B1 地块及西侧 A 地块，并同意对河东广场东侧 B1 地块建设四星级宾馆给予一定的优惠政策(具体优惠政策另文下发)。原则同意《藤县 2006 年实施五大措施项目计划》，由有关部门进一步审核、校对后上报梧州市。会议明确，将木薯产业发展作为 2006 年实施五大措施的重点项目来抓，县财政将加大扶持力度，引导、鼓励农民发展木薯生产，千方百计扩大木薯种植面积，确保年产 10 万吨木薯燃料乙醇项目顺利推进。由副县长周峰召集县发改、农业、科技等部门做好木薯产业发展的规划和实施方案。鉴于县汇能电力有限公司下属 3 个电站所在地远离县城和乡镇驻地的现实性和特殊性，企业改制后职工生活需异地安置，原则同意在 3 个电站改制时给予企业职工一定的异地安家补助费，具体补助标准由有关部门充分考虑 3 个电站职工住房现状、工作年限等有关因素后制定。

县长办公会议

1991年—2005年，由县长或常务副县长受县长委托主持召开，副县长及其分管下属政府机构负责人参加。会议主要研究与各副县长分管的工作有关联、需要协调的问题，一般每月召开一次以上，在各部门推进相关工作需要互相配合的情况召开。

第十届县政府召开28次县长办公会议。其中，就开发河东城区涉及征地、规划、地上农作物、建筑物价值等问题，以及如何发展经济、工业基础薄弱、如何把工业搞上去等问题进行研究解决。

1991年2月19日，县长张民主持召开县长办公会议，研究讨论1991年经济工作指标、措施和办法。决定落实企业承包责任制，实行奖励办法，对引进资金、引进技术的给予奖励。3月8日下午，县长张民主持召开县长办公会议，研究解决麻纺厂复产生产问题及松脂生产问题。5月16日，副县长李明健主持召开县长办公会议，研究工资改革相关问题。8月17日上午，县长张民主持召开县长办公会议，讨论研究并落实出售县直管旧公房问题、调整旧公房租金标准，修建二轻联社至粮所路段街道问题。10月28—29日，县长曾南城主持召开县长办公会议，研究解决工业方面的生产和技术改造问题，农业方面的综合开发以及生产问题，县城及乡镇市镇建设问题，财政收支问题，南梧二级公路征地问题，入城公路拆迁问题，以及教育方面的收费、集资办学、县城中小学建设问题，卫生方面的县妇幼保健院、卫生防疫站、中医院建设等问题。

1992年7月21日，县长曾南城主持召开县长办公会议，研究县城河东新城区实施方案，落实征地、预留用地、被征地单位人口农转非问题以及开工时间等。10月4日上午，县长曾南城主持召开县长办公会议，研究落实县住房改革以及房产出售、金鸡水利枢纽工程建设以及县城河东开发区工作等问题。

1993年3月29日，县长曾南城主持召开县长办公会议，研究讨论财政收支预算工作。一是大力开辟财源，增加财政收入。主要是转换企业经营机制，减少企业亏损；商业企业扭亏增盈。二是搞好商品流通，增加收入。三是增加税收人员力量，加强税收征管，减少流失。四是控制支出，严禁新开增支口子。

第十一届县政府召开53次县长办公会议。其中，就农业产业结构调整，高效农业发展、工业生产及其管理、城镇建设、财政收支、电气化建设、土地管理、教育等问题进行研究解决。

1995年2月21日、24日，县长彭庆伟主持召开县长办公会议，会议确定1995年的奋斗目标和具体措施。会议还研究教育集资和实现电气化问题。决定：将全县的教育集资款中县直部分的150万元、乡镇部分的300万元集中到县财政，实行统一管理、安排、使用，重点用在藤州中学的建设；为使今年实现电气化县，决定：充实县电气化指挥部的领导力量；将1995年、1996年的电力建设基金、电力价格调节基金提前于今年6月底前征收完毕；凡在今年新上马的高能耗项目和在1994年基础上今年新增的用电负荷给予电价优惠；向全县职工按年工资总额的3%无息借资办电。5月8日，县长彭庆伟主持召开县长办公会议，研究县土地局1995年预算外收入的承包和奖励办法；县城一些单位使用国有土地的管理问题；县工商行要求划拨部分现有工业企业闲置土地抵押企业所欠货款的问题；关于把县糖厂酒精车间单独建成独立核算企业的问题；关于全县库区移民1995年度粮食供应价格的问题；关于实施执行水土保持法规的问题；关于在全县范围内提高医疗诊费用作抢修卫生院危房及儿童免疫费的问题；关于普及九年义务教育和成人教育办法的问题；关于收取价格调节基金办法的问题。并以上问题作出相应的决定。9月12日上午，县长彭庆伟主持召开县长办公会议，研究解决桥西公路拓宽工程的预算问题，县城大冲口38户宅基地安排及价格问题，农田保护区有关问题。

1997年8月11日，县长秦国明主持召开县长办公会议，研究将县城西进城线白坭塘至大冲口路段交给城建部门管理问题；关于建设藤县体育场问题；县卫生局关于要求落实县中医院、县防疫站地址问题；关于成立藤县卫生局公共卫生监督所问题；关于县城街道维修及铺设资金筹措问题。11月2日，县长秦国明主持召开县长办公会议，研究县国有企业改革工作等问题。会议作出了将县西江钛白粉厂、县丝绸厂予以破产的决定，并由分管工业的领导及有关部门具体操作。

第十二届县政府召开26次县长办公会议。其中，就藤县工业体制改革、工业企业生产等问题作了多次研究，解决具体的实际问题。

2001年9月17日、10月8日、10月16日，召开县长办公会议，就工业体制改革，各工业企业的具体处置问题作具体的研究。

第十三届县政府召开41次县长办公会议。2002年1月21日下午，县长秦国明主持召开县长办公会议，讨论决定关于2001年度城镇复员退伍军人安置问题、关于对县财政拨款单位干部职工实施住房公积金制度问题、关于拍卖藤城镇绣江小学房地产和龙门小学校产管理的问题、关于减免县文化馆预算外资金的问题、关于乡镇林业工作站在编人员工资和业务经费问题、关于春节期间各项活动经费问题、关于没有完成2001年度财政税收任务的乡镇借资发放干部职工工资问题，关于县直部、委、办、局预算外资金不按规定全部专储和不完成资金集中预算安排任务的问题、关于解决太平松脂厂职工集资款问题。

4月4日，县长秦国明主持召开县长办公会议，就推进农业结构调整，为农民增收创造条件；增加工业总量，推进工业化进程；搞好一批基础设施，推进城镇化进程；加强财税管理，提高县乡财政运行质量；开展优化经济环境落实年活动；加强人口、环境、资源工作，促进经济社会可持续发展；加强社会保障和再就业工作；加快政府职能转变，树立政府新形象等问题进行研究解决。

4月24日，县长秦国明主持召开县长办公会议，县长秦国明主持召开县长办公会议，研究解决如下问题。

关于置换破产、停产企业职工身份问题。要从关心弱势群体的角度，认识安置国有企业职工，特别是安置破产、停产企业职工的重要性，并加大其工作力度。当前，安置好国有企业职工，特别是破产、停产企业职工，2002年需要安置费1500多万元，筹措资金措施如下：倡议共产党员、共青团员、各级领导捐一个月工资；缓发财政供养人员一个月工资；加大对预算外资金和政府基金管理集中力度，调剂一部分资金用于安置国有企业职工。

关于机关事业单位养老保险金收取及发放问题。从5月1日起，停止收取财政金额拨款的机关事业单位干部、职工的养老金。财政差额拨款、自收自支单位的干部、职工的养老金按来的办法、计费标准执行，继续收取，并移交县劳动保险所管理。从5月1日起，县农村养老保险所停办农村养老保险业务。机关事业单位的干部职工所缴交的养老保险金及提取的经费，现存资金由财政专户储存，并根据差额拨款、自收自支事业单位离退休金情况拨付劳保所发放。并认真做好社保所财务收支情况清理工作。原由机关社保所发放的县财政全额拨款单位的离退休人员的离退休金，改由县财政局工资办统（代）发，即县直单位统发、乡镇单位代发。原由机关社保所发放的县财政差额拨款单位，自收自支单位的离退休人员的离退休金。改由县劳保所发放，其资金筹集渠道和办法不变。这项工作由何型号、胡六才副县长具体负责，并组织财政、审计、人事、劳动和社会保障等部门做好机关保险所清理移交工作。

关于国有资产管理、监督营运问题。成立县国有资金产管理委员会。国有资产管理委员会在县委、县政府的直接领导下，代表县政府专门行使国有资产管理职能，下设办公室作为国资委的日常办事机构。分别成立两个国有资产经营公司，这两个公司在国资委的直接领导下分别负责机关事业单位的国有资产或企业的国有资产的经营。负责机关事业单位国有资产经营公司设在县财政局，人员编制4名；企业国有资产经营公司设在县经贸局，人员编制8名。两个公司的领导由国资委任免，在总经理人选未确定之前，这两个公司的具体工作分别由县财政局、经贸局负责。把原商业总公司办公用房安排给县经贸局和企业国有资金产运营公司作为公司办公用房。

把原县矿产局的办公用房划拨给县外经局、招商办、外商投诉中心作为办公用房。

关于县城河东中学建设问题。这保证县城河东中学能在2003年秋季建成招生，实现县城中小学校布局调整目标，原则同意县教育局报来关于与梧州丰业房地产开发有限公司的合作方式，具体合作方式及双方的责任义务等，由何型号副县长组织教育等有关部门进一步与对方协商落实，报县政府同意后再实施。

为彻底解决目前朝阳小学校舍紧缺和活动、运动场所十分拥挤的状况，决定把丝绸厂的厂房土地按180万元卖给朝阳小学，并把朝阳小学公开拍卖，所得款全部用于朝阳小学迁址，不足部分，再通过其他途径筹措。

成立县安全生产监督管理局，按副科级建制，在县经贸局挂牌，经费独立，人员编制5名，其中局长由县经贸局分管领导兼任，副局长由经贸局任命。

7月10日，县长秦国明主持召开县长办公会议，就县供销社系统企业改革、社员股金兑付问题原则同意县供销社提出的供销社系统企业产权制度改革意见和社员股金兑付方案；企业产权制度改革处置资产收入，必须首先兑付社员股金，然后偿还县财政举债，再安置职工和归还银行借款；如资产难以变现，可以用实物（地产、房产、商品）总会社员股金，以吸收股金的基层社为单位，如资产充足的应当用实物总会完全部股金。粮食企业改革问题原则同意县粮食局提出的粮食企业改革方案。粮食收储企业的改革，先遣散所有合同制工人，其余人员按重新核定的岗位竞争上岗，剩余人员也同时遣散；竞争上岗必须坚持公平、公正、公开原则。粮食附营企业除法定代表人外，其余人员实行全部遣散。斛企业资产收入，应当侍安置企业职工，但必须处理好各方面的债务关系，尤其是银行债务。

2002年6月25日，县长秦国明在县政府会议室主持召开县长办公会议，对乡镇财政管理体制、全县生猪统防统收管理制度、大中专院校毕业生安排等问题进行研究。

2003年3月3日，县长李军平在县政府会议室主持召开县长办公会议。会议议决：关于县麻纺厂、化工厂、红砖厂的处理问题。对县麻纺厂的处理，采取破产办法处理资产，原县麻纺厂部分厂房用地由县供水公司购买作为扩建供水工程用地，所得款项用于解决县麻纺厂职工安置和债务问题。对县化工厂的处理。由县政府向市中级人民法院申请在拍卖东茂钛白粉厂所得中拿出200万元用于县化工厂职工安置。对县红砖厂的处理。主要是盘活好该厂的厂房土地资产。关于县东茂化工厂、有机化工厂、富华化工厂搬迁问题。按“改制—搬迁—土地开发”同步进行的原则操作。关于破产企业遗留问题的处理：县丝绸厂资产盘活问题作出了决定。有关工业企业产权转让税费收取的问题，工业企业产权转让税费仍按2001年确定的办法执行。城镇化建设方面。对县城旧城区绿化问题、关于城市建设配套费使用问题、河东广场工程欠款、推进县直管公房的盘活工作、旧公路局和政府车队用地开发问题作出了决定。原则同意县教育局报来《关于撤销乡镇教育辅导站及有关问题的处理意见》，关于河东中学建设资金问题，通过拍卖学校所征用的富余用地筹集解决。有关县药检所撤并问题。撤销县药检所，其职能划入县药监分局。农业方面。原则同意县水利局报来《关于要求调整上交以电养水经费标准的请示》，关于乡镇农业服务中心及林业管理站管理问题。原来实行差额拨款的人员从今年开始实行工资差额部分与岗位责任制挂钩。关于农村合作基金会、供销社社员股金会举债偿还问题。必须加大追收放款力度和加快供销社资产的变现。

6月2日，县长李军平在县长会议室主持召开县长办公会议，研究决定：藤县西江大桥初定今年10月1日通车。交口电站、三江电站、和平电站要加快改革，实行股份制经营，组成电力集团公司或实行租赁制，由县水利局调研并提出具体方案。县城防洪堤一期工程开发的商住用地，在尚未出售的约1550平方米土地中划给县房地产综合开发公司540平方米，作为抵偿其房屋基础施工成本化3926.18元，剩余的约1000平方米土地，由县防洪堤开发公司提出处理意见报县政府审批。为解决教师缺口，同意安排2003年师范类大专以上院校毕业生150人到中学任教，同时从2003年中师毕业生及现有的代课教师中择优录用220名为公办教师，并择优聘用外县籍2003年英语专业毕业生30名到乡镇初中任教。县工会球场、藤县宾馆以及工会球场后面的政府土地，实行统一拍卖，拍卖所得作为县工会投入体育馆建设的资金。

8月13日上午，县长李军平主持召开县长办公会议，就农村税费改革、农村合作医疗试点工作、中小学校危改工作、县城登俊路示范街以及工业园区征地、规划、社会稳定、西江大桥工程收尾工作及加快水利系统国有企业改革等问题进行研究解决。

9月16日上午，常务副县长胡六才主持召开县长办公会议，就破产、停产企业改革后遗留问题等问题进行研究解决。

2004年10月20日，县长李军平主持召开县长办公会议，就县汇能电力有限公司属下交口、和平、三江3家电站出让问题进行了专题研究。

2005年9月20日,县长李军平主持召开县长办公会议,对农村信用社改革、非煤矿山整治、河道采砂(石)管理、有机化工厂搬迁、县城边区派出所布局调整等有关问题进行研究、部署。会议对[藤县河道采砂(石)管理暂行办法]进行了讨论,认为河道砂石属国家矿产资源,依法加强河道采砂(石)秩序管理,对维护河势稳定,保障防洪和通航安全具有十分重要的意义。河道采砂(石)权按照有偿、有期、限量开采的原则实行公开竞价出让,河道采砂(石)管理和开采权招拍价工作由县政府职能部门负责。《暂行办法》个别条款还需修改、完善,具体由胡六才副县长和周峰副县长负责。同意设立藤县环境保护监察大队(县环保局下属二层管理机构),该大队为县财政差额拨款单位,使用事业编制,人员3~5人,工资报酬由县财政负担50%,单位负担50%。为加强动物疫病防治员队伍建设,同意以行政村为单位,为全县每十个行政村配备1名动物疫病防治员,并从2005年10月1日起对村级防治员给予每人每月80元补助。村级动物疫病防治员工作补助列入县财政预算安排,县财政补助款拨至县畜牧水产管理中心后由该中心具体负责发放。

专题会议

1991年—2005年,县政府处理具体问题,均召开专题会议,一般由分管副县长召集有关部门领导参加。第十届县政府召开9次专题会议,专题处理来信来访及上级转办的事项,发出处理决定书36件(包括超生干部处理的决定)。第十一届县政府召开专题会议15次,专题处理信访件7件,蔗糖生产问题3件,企业扩容改线5件。第十二届县政府召开专题会议12次,专题处理信访件5件,税费改革4件,国企问题3件。第十三届县政府召开专题会议12次,处理山林土地纠纷6件,河道开发区问题2件,工业园区问题4件。

2001年10月8日上午,副县长胡六才主持召开工业改革工作会议,就藤县麻纺厂、丝绸厂、机械厂、汽配公司、红砖厂、水泥厂、有机化工厂、太平糖厂、淀粉厂等企业改革职工安置问题进行研究解决。10月16日,县长秦国明主持召开工业企业生产及企业改制问题会议,就县氮肥厂、西江钛白粉厂、富华厂、水泥厂的生产问题及汽配公司、有机化工厂、县糖厂等企业改制问题进行研究解决。11月7日,副县长胡六才主持召开电网改造工作会议,就电网改造的入户费、电费、集体电力设施的处理等问题进行研究解决。

2003年7月3日,县人民政府副县长何瑾在县政府会议室主持召开教育工作会议。会议听取县教育局对藤县中学东校区建设、小考计划、中小学教师招录等工作情况汇报,并就相关问题进行研究。7月22日,县长李军平在县政府第三会议室主持召开市"三百"项目大会战藤县项目建设工作汇报会,参加会议人员有各项目督办负责人、保证项目落实责任人,其中属藤县重点项目的领导小组正、副组长参加会议。会议议题由各项目责任人汇报有关项目建设进展情况,李军平针对项目建设存在问题提出工作意见。

2004年3月4日,藤县城镇建设规划委员会(以下简称城规委)召开藤县城镇建设规划专题会议,讨论县城总体规划、龙母文化公园规划方案、东进城线道路建设规划问题、河东医院选址、县城工会球场改造等问题。

4月5日下午,县人民政府召开教育工作会议。会议听取了县教育局关于县城学校布局调整、教育危改项目建设及其他教育重点工作情况汇报,就县城学校布局调整进行专题研究,对下一步教育工作提出意见。

第三节　政务纪略

经济总量增长

1991年,全县实现工农业总产值9.28亿元。其中农业总产值6.45亿元,工业总产值2.79亿元。固定资产投资额1.12亿元;财政总收入4021万元,社会消费品零售总额2.72亿元,农民人均纯收入620元。此后,县政府全面实施改革开放,不断加大经济建设力度,加大基础设施投入,调整产业结构,逐步由传统经济向现代经济发展。2005年,全县实现工农业总产值73.3亿元,是1991年的7.9倍。其中农业总产值16.19亿元,是1991年的2.57倍;工业总产值42.6亿元,是1991年的15.27倍。固定资产投资额14亿元,是1991年的12.5倍。财政总收入2.33亿元,是1991年的5.79倍。社会消费品零售总额18.07亿元,是1991年的6.64倍。农民人均纯收入2509元,是1991年的4.05倍。

加速农业发展

1991年，藤县农业产业结构主要以粮食为主。1994年，县委、县政府决定，在全县范围内开展“523389”工程，即：到1998年，实现全县有玉桂50万亩、八角20万亩、水果30万亩、蔬菜30万亩、出栏生猪花猪80万头、鱼箱养鱼9万平方米。同时，贯彻落实梧州地委提出的“重钱抓粮”战略，全县掀起农业综合开发热潮。是年，印发《中共藤县委员会　藤县人民政府关于延长土地承包期有关问题的通知》，作出“关于稳定土地承包关系，再次延长耕地承包期30年不变、开发性荒山、荒水承包期50~70年不变和允许土地使用权依法有偿转让的决定”。延长土地承包期，承包土地实行所有权与经营权、使用权分离，允许土地使用权依法有偿转让，农业产业结构形成多元化。此后，通过食粮基地、蔬菜基地、水果基地、无公害基地、木薯标准化示范基地、农业示范园区等建设，引导农民发展高效优质农业。通过调整农业产业化发展模式，农业经营由集体经营、承包经营逐步发展成为租赁经营、股份经营、集约经营、产业化经营，农业生产规模不断壮大，农产品商品率不断提高，传统农业向现代农业发展。2002年，推进林业经营方式改革，确定森林、林木、林地使用权流转的对象和范围，林地流转成为藤县林业经营的主要方式，有力地促进林业生产。

实施工业体制改革，加速工业发展

1994年5月4日，县委、县政府印发《关于深化国有企业产权改革，建立现代企业制度的若干试行办法》，藤县开始以产权为核心的国有企业改革。对国有企业改革，采取多种形式，推进产权改革，从而增进企业生产活力。1998年6月12日，县委、县人民政府印发《企业改革整顿实施方案》，强调从调整和优化工业经济结构和企业内部改革和整顿等措施，使县内的企业在激烈的市场竞争中得到生存和发展。同月，印发《关于切实做好国有企业下岗职工基本生活保障和再就业工作的方案》，从培育和发展劳动力市场，加大转岗培训力度等方面确保下岗职工基本生活保障和再就业。

2000年11月15日，为了进一步加大招商引资力度，促进全县经济发展，县委、县政府印发《关于进一步加大招商引资力度的决定》，要求：切实加强领导，实施招商引资工作“一把手”工程，从严、从快治理和改善招商引资环境，组建工业开发区，加大宣传力度，做好先导工作。

2003年，为了解决企业改制而出现的职工安置问题，政府作出决策，每年由财政拨30万元给劳保所，拨20万元给医保所解决职工安置，确保企业改革的顺利进行。2003年9月，县政府决定建立藤县工业集中区，发展规模工业生产。2005年，全县工业总产值42.6亿元，有效地增大县财政税收。

加大城镇化建设

第十届县政府作出开发河东新城区的决定，1992年7月20日，县政府召开藤城河东新区开发准备工作会议。会议统一了开发藤城河东新城区重大意义的思想认识，定出开发的目标，“八五”期间，藤城城区的面积要由1.7平方千米扩大到5.6平方千米，确定资金筹措方案。此后，成立专门指挥部，多方协调调度资金，多方征集建城方案，并上报获得上级批准。此后河东新城区迅速开发而成为一个繁华的新区。

1993年1月3日，县委、县政府印发《关于集资兴建藤县西江公路大桥和津濛公路的通知》，作出了发动群众，多种形式筹集资金，千方百计完成任务的要求。这两项工程的建设为河东开发区的完善提供有力的支撑，使河东开发区顺利东伸北延，城市的品位直线上升。1995年8月17日，县委、县政府印发《关于在全县干部、职工和城乡居民群众中筹集西江大桥、津蒙公路建设资金的通知》。西江大桥工程建设概算为7253.9万元，津蒙公路工程建设概算为8294万元，两项合计1.55亿元。根据国家、地方和群众共同办交通“三个一点”筹措资金的原则，除争取上级拨款和县财政筹措大部分资金外，资金缺口仍然较大，尚缺资金5000多万元。根据1992年县十届四次人民代表大会通过的《关于集资兴建藤县西江大桥的决议》并报经自治区有关部门批准，县委、县政府决定，不足部分资金在全县干部、职工和城乡居民群众中筹集。

1996年9月30日，藤县人民政府印发《关于印发藤县建立住房公积金制度暂行规定的通知》，藤县正式建立住房公积金制度。规定：所有党政机关、群众团体、企事业单位的固定职工、劳动合同制职工以及三资企业的中方员工，均应按“个人存储、单位资助、统一管理、专款使用”的原则交纳住房公积金，建立住房公积金制度。

2003年，第十三届县人民政府把稳城镇化建设，加快推进中心城镇太平、濛江等城镇的开发建设力度，向上级申报土地审批项目，并作出有前瞻性的设计，使城镇建设步伐加快。

社会事业稳步发展

教育　多渠道筹措资金，加大教育经费投入。1991年，全县教育经费投入，主要依靠财政拨款为主。全年县财政教育事业费总投入1704.60万元。1992年，县人民政府制定《关于多渠道筹措教育经费的暂行规定》，将各级财政对教育的拨款、教育费附加、社会集资、学杂费和校产收入列入教育经费范围；教育经费以财政拨款为主，实行多渠道筹集。动员全县企事业及行政单位、社会团体和群众个人，以提供资金、物资和劳务等多种形式筹措教育经费。同时，将筹集教育经费纳入乡镇、村及有关部门领导工作责任制。1994年—1998年，通过多渠道筹措教育经费1.73亿元，其中征收农村教育费附加5204.40万元，城镇教育费附加1169万元，"三税"教育费附加288万元，社会各界人士、个体工商户、私营企业主捐款4588.40万元，港、澳、台胞赞助809万元，勤工俭学收入用于改善办学条件2494.10万元，其他学杂费收入2763.60万元。1997年，全县通过多渠道筹集经费2475.88万元，是1991年的12.52倍。其中各级财政拨款239.30万元。1998年12月16日，县人民政府制定《藤县社会力量办学管理暂行规定》，对社会力量办学实行"积极鼓励、大力支持、正确引导、加强管理"的方针。1994年—1998年，藤县财政投入教育事业费逐年增长，1998年，财政拨给教育事业经费3605万元，比1994年的2544.70万元增加1060.30万元，五年间年均增长9.10%。2000年，财政教育事业费总投入3878万元，全年教育经费支出8482.50万元，其中人员工资福利等事业费支出5222.10万元占61.56%，公用事业经费支出1869.90万元占22%，基建支出1390.50万元占16.39%。2003年合计投入1.60亿元。其中人员工资福利9622.3万元，公用事业经费6385.4万元。2005年，财政教育事业费总投入1.63亿元，是1991年的9.56倍。2003年—2005年，共投入资金3729.60万元，新建教学楼127幢，校舍72幢；计划建设面积97328平方米，实际建设完成80081.90平方米。

校舍建设，1991年，全县学校校园总占地面积253.26万平方米，校舍总面积53.22万平方米。1992年，县政府决定举全县人民之力在河东兴建一所面向全县招生的初级中学—藤州中学，经过两届政府的努力，藤州中学终于建成招生，缓解了各乡镇学生就读初中难的现象。至1998年，通过多渠道筹集资金3602.18万元，新建、续建中小学校校舍面积16.11万平方米，改造维修校舍面积8.85万平方米。1999年，全县中小学校校舍面积92.80万平方米，小学生均面积4.18平方米、初中生均面积5.59平方米。12月，自治区"普九"验收团对藤县普及九年义务教育工作逐项进行评估验收，认为藤县普及九年义务教育的普及程度、师资配备及水平、教学经费、教育质量、办学条件等基本达到国家和自治区规定的标准要求，顺利通过了验收团的验收。2001年—2005年，中央和自治区共划拨"义教工程"专款1390.10万元，县财政拨款4069.60万元，进行校舍建设和改造。2004年10月，自治区普及九年义务教育工作评估复核验收，全县中小学校校舍面积101.94万平方米，小学生均校舍建筑面积4.74平方米、初中生均校舍建筑面积6.78平方米。校舍中D级危房比例，小学0.97%，初中0.73%，通过自治区复核验收。2005年，全县校园占地面积292.11万平方米，校舍建筑面积109.39万平方米；其中小学校校园占地面积139.17万平方米，校舍建筑面积50.96万平方米，小学生均校舍面积4.20平方米；中学校园占地面积150.77万平方米（含职中，下同），校舍建筑面积55.66万平方米。生均校舍面积7.77平方米。

科技　1991年—2005年，全县科技队伍不断壮大，各类科技人员从1991年的6344人增加到2005年的37727人，增长4.95倍。共承担自治区科技项目41项，梧州市科技项目8项，其中22项获地市级以上奖励。累计引进种养新技术215项、新品种300个，推广应用新技术新成果100项。2005年，农村适用技术推广率10%，入户率8%。气象预报、水文监测、防震减灾技术水平和服务不断提高，为全县各项事业发展作出贡献。

医疗卫生　1992年5月13日，县政府印发《藤县人民政府批转县公费医疗管理委员会关于进一步改革公费医疗管理制度的意见的通知》，从1992年6月1日起实施，规定公费医疗享受人员、经费定额由各有关医疗单位管理和承包，全县每月正常经费15万元，按照1992年4月底各享受单位在编人数，实行定员定额，计算核拨给辖区医疗单位承包。

1998 年 2 月 25 日，县政府印发《关于发展和完善农村合作医疗的决定》，为实现“2000 年人人享有卫生保健”的目标，建立起能满足基本医疗保健需求的农民健康保障制度、缓解农村因病致贫、因病返贫，促进农村经济发展，实现“奔小康”目标。是年，县政府召开全县农村合作医疗工作会议，提出合作医疗工作责任目标。

2000 年，实行医疗制度改革，2001 年 1 月实施城镇职工基本医疗保险，自 20 世纪 50 年代实施的公费医疗的公费医疗制度宣告结束，原公费医疗全部纳入基本医疗保险报销。2002 年，卫生医疗机构推进人事制度改革，实行竞聘上岗和双向选择。

文化体育 1991 年—2005 年，藤县文化、体育事业日益繁荣，群众文化、体育活动广泛开展，文化市场活跃，极大地丰富了人民群众的精神需求。广播电视实现村村通。新闻出版、档案、文物、图书、报刊、史志工作得到较大发展。2000 年 1 月 3 日，藤县获自治区人民政府授予“全区社会文化先进县”称号。

广泛开展全民健身活动，竞技体育水平不断提高，多项体育在自治区（省）、市取得好成绩。1997 年，禤洲武术醒狮队成立，2004 年 7 月，禤洲武术醒狮队参加马来西亚第六届云顶杯世界狮王争霸赛夺冠，获“东方狮王”称号。从此，藤县开始引起了全国乃至全世界的关注。

建立和完善社会保障体系

1991 年 11 月开始实行企业职工基本养老保险制度改革。

1995 年 5 月，县人民政府下发《关于转发〈梧州地区企业职工生育保险基金社会统筹暂行办法〉的通知》，藤县开始实施企业生育保险。对象范围：县以上的集体企业、“三资企业（中方职工）”和私营企业的在职固定工、合同工、临时工。

1995 年，开始办理工伤保险。根据不同行业、不同风险类别向企业征缴工伤保险基金，实行险大多征，险少少征的原则和行业工作性质、劳动工作条件、危险程度的不同，按企业职工工资总额确定比例。共分 5 类。待遇按《广西壮族自治区企业职工工伤保险暂行办法》第三章相关规定执行。与此同时，建立、健全劳动鉴定机构和工作制度。

1996 年，开始筹建敬老院。

1999 年 1 月，国务院《失业保险条例》颁布实施，扩大失业保险的范围和覆盖面，全县以事业单位、外贸企业和集体私营企业为重点，积极开展失业保险的扩面工作。

1999 年 8 月 26 日，县政府首先在藤城镇试行实施城市居民最低生活保障制度，将无生活来源、无劳动能力、无法定赡养人或法定抚养人的居民（简称“三无”人员）作为第一类救助对象。2000 年，按每人每月 30 元标准发放，2002 年，低保金发放标准提高到每人每月 113 元，2003 年，对特困对象按每人每月 113 元实行差额补助发放，人均月补差 51 元。2004 年，补差金额增至每人每月 55 元。2005 年，按每人每月补差 63 元。

2000 年，实行税费改革试点工作，取消农村“五保”统筹费，“五保”对象基本生活费全部由财政预算安排解决，发放标准提高至每人每月 30 元。2005 年，执行每人每月 50 元标准。

2000 年 12 月，藤县人民政府印发《藤县城镇职工基本医疗保险制度实施办法》，建立职工基本医疗保险制度。

2001 年进行公费医疗制度改革，医疗保险制度改革实行分批铺开。

第四节　依法行政

规范性文件审查

1991 年，法制局开展清理建国以来县政府制订的规范性文件工作，共清理 303 份。其中继续有效的 58 份，占 19.14%；无效待修改后执行的 14 份，占 4.6%；废止 231 份占 76.3%。以县政府下文确认，有效的继续执行。1991 年—2005 年，县政府共发出文件 4110 件，均经过法制办的审查把关。

行政执法检查

1996 年，开展九年义务教育法的执法检查，全县出动执法监督人员 66 人，对全县 49 所学校进行了学生就读及辍学情况的调查，发现6所学校有因学生有缺点未尽职施教的情况下而劝退学或另选学校就读，经执法检查后，被劝退学的6名学生返回学校就读。

2001年，组织开展一次对全县采砂开矿的大检查，查处非法采砂5处，非法开矿6处，都责令停工。

行政复议与仲裁

1991年—2005年，行政复议申诉案件中主要涉及因违犯计划生育政策而受从重处理的干部职工和被征用土地的农户，对被征地提出异议等，先后共有13件进行行政复议，其余全部驳回申述，全部办结。

行政应诉

1991年—2005年，法院共收到行政诉讼案件386件，其中，县政府共应诉233件，其他153件由法院用其他调解方式全部办结。县政府应诉的233件中，审结232件，执结230件。

第三章　人民政协

1991年—2005年，政协藤县委员会共经历了四、五、六、七届委员会。各届政协认真履行“政治协商、民主监督、参政议政”三大职能，牢牢把握团结和民主两大主题，坚持与时俱进，开拓创新，围绕县委中心工作，积极为藤县经济社会的发展谋长远之道，建有用之言，献务实之策。

第一节　机　构

领导机构

1991年—2005年，选举产生了政协藤县第四届至第七届委员会，委员会常设机构为常务委员会，由主席、副主席、秘书长和常务委员组成，经全体委员选举产生。常务委员会闭会期间，由主席、副主席、秘书长组成主席会议，处理常务委员会的重要日常工作。

政协藤县委员会第四届至第七届主席、副主席名表

6-3-1

届次	职务	姓名	性别	民族	籍贯	任职时间
第四届	主席	韦肇晋	男	汉	藤县	1990.09—1991.09
		石先绪	男	汉	藤县濛江	1992.01—1993.11
	副主席	黄子光	男	汉	藤县太平	1990.09—1993.11
		卢　斌	男	汉	藤县岭景	1990.09—1993.11
		廖永基	男	汉	藤县太平	1990.09—1993.11
		李少梅	女	汉	广东南海	1990.09—1993.11
		何亦华	男	汉	藤县	1990.09—1993.11
		韦家玲	女	汉	藤县	1990.09—1993.11
		林　政	男	汉	广西昭平	1992.01—1993.11
第五届	主席	玉振全	男	汉	藤县濛江	1993.11—1999.01
	副主席	林　政	男	汉	广西昭平	1993.11—1999.01
		何亦华	男	汉	藤县	1993.11—1999.01
		廖永基	男	汉	藤县太平	1993.11—1997.03

续表

届次	职务	姓名	性别	民族	籍贯	任职时间
第六届	主席	陈　华	男	汉	藤县象棋	1999.01—2002.10
	副主席	林　政	男	汉	广西昭平	1999.01—2002.10
		李华生	男	汉	藤县	1999.01—2002.10
		霍煜梧	男	汉	藤县金鸡	1999.01—2002.10
		黄全才	男	汉	藤县象棋	1999.01—2002.10
		黄伟忠	男	汉	藤县金鸡	2000.02—2002.10
第七届	主席	陈　华	男	汉	藤县象棋	2002.10—2006.10
	副主席	胡朝权	男	汉	藤县	2002.10—2006.10
		霍煜梧	男	汉	藤县金鸡	2002.10—2006.10
		黄全才	男	汉	藤县象棋	2002.10—2006.10

藤县第四届至第七届政协秘书长：李保良(1990.09—1993.11)，李先明(1993.11—2002.10)，何仲斌(2002.10—2006.09 月)。

工作机构

1991 年，政协藤县委员会常设工作机构有办公室、提案法制学习文史联谊委员会、经济科技委员会、教卫文体委员会。机关编制 13 人，在职在编 13 人。1995 年 5 月，提案法制学习文史联谊委员会改为提案法制委员会。至 2005 年，常设工作机构和人员编制不变。

1991 年—2005 年办公室及各委员会历任领导：

办公室历任主任：覃祚林(1992.08—1993.12)、何仲斌(1994.06—2002.04)、陈权锋(2002.04—2007.5)。

政协提案法制委历任主任：莫惠荫(1990.02—1990.08)、杨高微(1992.01—1997.01)、霍煜梧(1997.01—1999.01)、吴德钊(1999.02—2002.11)、李秀港(2002.04—2007.05)。

政协经济科技委员会历任主任：覃一参(1990.02—1991.06)、李先明(1991.06—1994.06)、覃祚林(1994.06—2002.04)、张光伦(2002.04—2007.05)。

政协教卫文体委历任主任：李先明(1990.04—1991.06)、魏乾杰(1994.12—1997.01)、李秀港(1997.01—2002.04)、甘洪(2002.04—2016.10)。

第二节　政协委员

政协藤县第四届委员 177 人，其中中共党员 67 人，占委员总数的 37.8%，非中共党员 110 人，占 62.2%。妇女委员 18 人，占 10.29%。大专以上文化程度 49 人，占 27.68%；中专或高中毕业 80 人，占 45.2%，初中毕业以下 48 人，占 27.12%。高级职称 7 人，占 3.95%；中级职称 59 人，占 33.33%；初级职称 39 人，占 22.03%。新委员 100 人，占总数的 56.5%。委员分 14 个界别组成，其中：中国共产党 21 人，工会 5 人，共青团 5 人，妇联 5 人，工商联 4 人，侨联“三胞”11 人，财贸界 14 人，科技界 10 人，工交界 15 人，农林水界 21 人，教育界 33 人，医药卫生界 13 人，文体界 9 人，特邀 11 人。

第五届政协委员 157 人，其中中共党员 48 人，占委员总数的 30.6%，非中共党员 109 人，占 84%；妇女委员 25 人，占 16%；大专以上文化程度 70 人，占 44.9%；中专或高中毕业 71 人，占 45.5%；高级职称 14 人，占 8.97%；中级职称 63 人，占 40.3%；初级职称 51 人，占 32.7%。港澳同胞委员 2 人。新任委员 123 人，占 78.4%。委员共分 14 个界别，其中：中国共产党 23 人、工会 5 人、妇联 5 人、共青团 5 人、工商联 7 人、侨联“三胞”10、乡镇企业界 13 人、财贸界 12 人、科技界 12 人、工交界 13 人、农林水界 12 人、教育界 12 人、医卫界

12 人、文体界 11 人、特邀 3 人、港胞 2 人。

第六届政协委员员 158 人，其中中共党员 63 人，占委员总数的 39.8%；非中共党员 95 人，占 60.2%；妇女委员 29 人，占 18.4%，少数民族委员 2 人；香港委员 1 人。大专以上文化程度 79 人，占 49.4%；中专或高中文化程度 69 人，占 44.3%。高级职称 4 人，占 2.5%，中级职称 85 人，占 53.8%。新任委员 113 人，占 71.5%。委员共分 15 个界别，其中：中国共产党 25 人，工、青、妇 15 人，侨联（台胞）界、宗教特邀界 14 人，工商联界 13 人，经济界 15 人，财贸界 13 人，工交界 14 人，科技界 14 人，农林水界 13 人，教育界 8 人，文体界 7 人，医药卫生界 7 人。各乡镇党委、县直各党委统战委员 25 人。

第七届政协委员员共 238 人，其中中共、工青妇、工商联、经贸、非公经济、科技教育、农林水、医卫文体、综合、侨联三胞、特邀等 10 个界别组成。有女委员 45 人，占 18.9%，非中共委员 101 人，占 42.4%，大专以上学历 184 人，占 77.3%。

第三节 政协全体委员会议

第四届委员会

第一次会议于 1990 年 8 月 28 日—31 日召开。会议听取和审议政协第三届常务委员会工作报告和第四届委员会第一次会议委员提案工作情况报告。委员们列席县十届人大二次会议，听取讨论“一府二院”工作报告，会议选举政协藤县第五届主席韦肇晋，副主席黄子光、卢斌、廖永基、李少梅、何亦华、韦家玲，秘书长李保良和常务委员会委员 23 人，通过大会政治决议。第二次会议、第三次会议、第四次会议分别于 1991 年 3 月 26 日—28 日、1992 年 1 月 9 日—11 日、1993 年 4 月 9 日—11 日召开。

第五届委员会

第一次全体委员会议于 1993 年 11 月 14 日—17 日在县城召开。实有委员 157 名，出席大会委员 143 人。会议听取和审议了第四届常务委员会工作报告和四届一次会议以来提案工作报告，委员们列席县十一届人大一次会议，听取和讨论“一府二院”工作情况报告。会议选举政协藤县第五届主席玉振全，副主席林政、何亦华、廖永基，秘书长李先明和常务委员会委员秦秀荣、陆功裕、唐德业、岑桂芳（女）、陈碧兰（女）、黄志良、李宝山、窦祖贻、袁绍君、胡灿华、钟俊峰、陈燕雄、吕健林、朱芳诗、柯祚春、钟华平、邓表成、谢朝贵、卢泽奇、何翰当、周开贵、魏德业、麦志贤、刘志芳、李曼丽（女）。通过大会政治决议。第二、三、四、五、六次会议分别于 1994 年 3 月 10 日—11 日、1995 年 3 月 18 日—20 日、1996 年 3 月 26 日—28 日、1997 年 3 月 4 日—6 日、1998 年 3 月 16 日—19 日在县城召开。

1993 年 11 月 14 日，政协藤县五届一次会议召开

第六届委员会

第一次全体委员会议于 1999 年 1 月 6 日—9 日在县城召开。实有委员 158 人，出席大会委员 148 人。会议听取和审议了政协藤县第五届常务委员会工作报告和五届一次会议以来提案工作情况报告，委员们列席县十二届人大一次会议，听取讨论“一府二院”工作报告。会议选举政协藤县第六届主席陈华，副主席林政、李华生、霍煜梧、黄全才，秘书长李先明和常务委员会委员王健、邓表成、尹超群、朱芳诗、苏汉林、苏立强、岑桂芳（女）、何翰当、宋健红（女）、陈宁（女）、欧定锋、周开贵、何祚春、胡在波、黄永、黄开明、黄锦新、彭雪梅（女）、覃安（女）、覃庆业、覃标庆、谢海华、黎云、黎承建、魏德业。通过大会政治决议。第二、三、

四次会议分别于2000年2月26日—29日、2001年2月26日—3月1日、2002年3月6日—9日在县城召开。其中第二次会议增选副主席黄伟忠，常务委员黄祖全、陈红明。第三次会议聘请名誉副主席莫希时、饶永。

第七届委员会

第一次全体委员会议于2002年10月26日—30日在县城召开。实有委员238人，出席大会委员217人。会议听取和审议政协藤县第六届常务委员会工作报告和六届一次会议以来提案工作情况报告，委员们列席县十三届人大一次会议，听取讨论“一府二院”工作报告。会议选举政协藤县第六届主席陈华，副主席胡朝权、霍煜梧、黄全才，秘书长何仲斌和常务委员会委员27人，通过大会政治决议。第二、三、四、五次会议分别于2003年2月25日—30日、2004年2月23日—25日、2005年3月8日—11日、2006年3月8日—11日在县城召开。其中第二次会议增选常务委员陆献忠、粟宗朝、徐盛国、杨守业、莫非凡。

第四节　常务委员会议　主席会议

常务委员会议

常务委员会议一般每季度召开1次，有必要时可临时召开。会议一般是讨论工作和学习以及对县里的重大事情协商讨论。第四届政协共召开常委会议15次。1992年10月，召开四届第十次常委会，讨论县人民政府关于集资兴建藤县西江大桥的报告，并通过了《关于支持藤县人民政府集资兴建藤县西江大桥的决议》。1993年4月2日下午，召开四届十一次常委会议，会议通过了四届四次全会召开时间及相关议程。11月8日，召开四届十五次常委会，会议审议通过五届一次全会准备工作。第五届政协共召开常委会议21次。1994年11月8日，召开五届四次常委会，会议学习中共十四届四中全会的《决定》，学习政协八届二中会议精神，各专委会汇报一年来的工作。1995年3月8日，召开五届五次常委会，会议讨论了常委会工作报告，协商通过召开五届三次全会日程、议程等相关内容，通过魏乾杰任政协教卫文体委员会主任职务。1996年12月10日，召开五届十一次常委会，会议学习中共十四届六中全会精神，审议通过对大力发展藤县“三资”企业的建议，通过增补何裕泽、梁火新为五届政协委员。1997年9月15日，召开五届十六次常委会，会议学习中共十五大精神，协商讨论通过关于推进藤县国有企业深化改革、搞好股份合作制的调查考察报告，报县委县政府决策参考。1998年3月6日，召开五届十八次常委会，会议学习全国政协九届一次会议精神，协商决定召开五届六次政协全会的有关事项，讨论县政府工作报告（讨论稿）。1998年12月9日，召开五届二十一次常委会，讨论研究政协换届工作，协商通过政协第六届委员会委员名单、常务委员建议名单，原则通过五届常委工作报告。第六届政协共召开常委会议18次。1999年8月20日，召开六届四次常委会，会议学习《陈辉光讲话》，协商讨论纪念人民政协成立50周年庆祝活动，包括召开纪念大会、文艺晚会、诗书画摄影展等。2000年9月15日，召开六届九次常委会，会议传达市十届一次党代会精神，民主评议县教育局和矿产局工作，听取县公安局禁毒工作汇报，协商通过甘永桂任县政协提案法制委员会副主任职务。2001年2月12日，召开六届十一次常委会，会议协商通过召开政协六届三次会议的有关事项，通过增补粟宗朝、刘柽开、蔡波健、赖淑贞（女）、黎泽富、黄彩硕、黄培中、吴德钊、李秀港、朱冬梅（女）、廖孟桂、梁植雄、甘井华、黄瑞林、胡浩生、吴诚等为第六届政协委员，免去陈红明、王立新等第六届政协委员职务。第七届政协共召开常委会议18次。2004年9月21日，召开七届八次常委会。会议听取县委常委、县人民政府副县长胡六才通报全县1—8月经济运行情况；听取县公安局领导通报全县开展打击非法“六合彩”赌博活动情况；通报庆祝人民政协成立55周年系列活动情况；学习中共十六届四中全会精神。2005年9月20日，召开七届十二次常委会。会议听取县人民政府副县长曾健勇通报全县1—8月招商引资工作情况；学习新修订的政协章程；讨论通过《加强县城治安综合治理》和《关于转变乡镇政府职能的设想和建议》两个调研报告草案；总结县政协在抗洪救灾与重建水毁民房工作情况。

主席会议

主席会议一般每月召开1次,必要时临时召开。正副主席、各委室主任参加。第四届共召开主席会议39次。1993年4月2日,召开四届十一次主席会议,商定四届四次全会召开时间及相关日程安排。1993年7月14日召开四届十三次主席会议,会议传达了全国政协八届二次和自治区政协七届二次会议精神,对市场经济问题进行研讨。第五届政协共召开主席会议42次。1994年2月21日,召开五届四次主席会议,研究做好五届二次全会召开准备工作。1995年2月21日,召开五届六次主席办公会议,研究为召开第六届全体委员会议做好准备工作。1995年11月24日,召开五届八次主席会议,会议学习江泽民总书记在十四届五中全会上的讲话,传达贯彻全自治区政协工作会议精神,研究当前工作及第四季度常委会议题。1996年3月4日,召开五届十二次主席会议,研究召开政协五届四次全会的各项准备工作,讨论决定政协班子领导分工调整。1997年2月14日,召开五届二十次主席会议,会议传达自治区政协七届五次会议精神,讨论研究关于做好召开五届五次政协全会的各项准备工作。1998年2月17日,召开五届三十次主席会议,会议学习中共十五大精神,讨论关于做好县政协五届六次全会的准备工作。第六届政协共召开主席会议48次。1999年8月17日,召开六届六次主席会议,协商确定召开六届四次常委会时间,讨论筹备庆祝政协成立50周年有关事项和出席广西九市辖县(市)政协横向联谊会。2000年9月29日,召开六届十七次主席会议,传达市政协九届一次会议和在北海市召开的两报发行(人民政协报、广西政协报)会议精神,汇报十省区十二县市政协联谊会准备工作。2001年11月6日,召开六届二十九次主席会议,会议学习自治区党委第八次会议精神,讨论关于做好评比2001年度"五个一"活动先进个人推荐工作。第七届政协共召开主席会议51次。2004年12月16日,召开七届二十七次主席会议。会议学习中共十六届四中全会精神;布置2004年度评选先进政协委员工作;讨论政协机关干部人事任免;确定七届九次常委会召开时间和议程;小结2004年政协工作所取得的成绩和存在问题。2005年6月24日,召开七届三十六次主席会议。会议学习新修订的《政协章程》;讨论常委外出学习考察方案;讨论七届政协委员《委员风采录》资料等有关问题;确定七届十一次常委会召开时间和议程。

第五节 提案办理

为了提高政协委员提案的质量,每一届政协常务委员会均印发关于如何写好提案资料和提案工作的实施细则。对提案的指导思想、范围及内容重点,均提出明确的要求。每一届的政协委员,对提案工作做到积极、重视,为党政机关及各部门的工作起到积极的作用。从1991年3月四届二次会议起至2006年10月八届一次会议止,县政协共收到委员的提案1680件,受理1652件。

四届县政协共收到提案442件,经审查立案436件,办复436件,办复率100%。内容涉及政治、经济、科学技术、教育文化、卫生、城建、廉政建设、社会治安和群众生活等各个方面。提案《关于发展我县交通事业的建议》得到县委、县政府高度重视、采纳和实施。县政府以《藤县人民政府关于组织民工建勤养护公路和修长地方道路及向社会集资加快交通基础设施建设的通知》和《藤县人民政府关于开展民工建勤活动周修建养护地方公路的通知》发文,把每年12月1日—7日定为"民工建勤活动周",实行多渠道集资和全方位办交通。

五届县政协共收到提案481件,经审查立案的479件,办复479件,办复率100%。第五次会议提案《重点抓好我县国有企业改革的建议》,县委、县政府高度重视,多次召开会议研究国有企业改革问题。

六届政协共收到提案275件,经审查立案的264件,参加提出提案的委员有357人次,办复264件,办复率100%。提案《关于积极发展我县优质谷生产,确保农业增产增收的建议》列为1号提案,县委、县政府进行专题报告,把发展优质谷"华优"系列作为实施自治区党委"1234610"工作思路的重要措施来抓,农业部门积极推广优质谷种植面积,晚稻已达晚稻优质谷种植面积占全县水稻播种面积的85%。

七届县政协共收到提案482件，经审查立案473件，办复473件，办复率100%。其中，内容涉及经济科技83件，城市建设138件，道路交通、公安司法64件，文教卫体90件，农林水30件，财政劳动人事41件，组织宣传8件，其他28件。提案《关于政府要大力推动畜牧业产业化，支持规模化饲养的建议》得到有关部门的重视，县水产畜牧兽医局把有关内容纳入全县水产畜牧业十年发展规划，以藤州镇桥塘养殖小区、纯平村大龙三黄鸡养殖小区和南梧二级路沿线瘦肉型猪产业带，培育藤县三农牧业有限公司等为龙头，引导全县养殖向小区方向发展，促进规模化养殖。

第六节　视察考察

政协藤县委员会各专门委员会根据需要，在组织委员调查研究的基础上进行学习和协商讨论。如在1990年全县开展财政、税收、物价大检查时，政协藤县委员会经济科技委员会及时组织财贸小组和工商联小组的委员进行调查、讨论。在提高认识的基础上，联系调查实际，提出关于藤县开展财税物价大检查的三点建设性意见和建议，得到县政府的重视和采纳，并被刊载在“三查”工作简报。文化界委员对河东新城区开发进行调查考察座谈，认为新城区的风景、名胜、古迹是藤县县城发展旅游、吸收外商的好环境，应予保护利用，建议将它纳入新城建设总体规划，进行修复与建设的建议，也得到了有关部门的认可与采纳。1992年，金鸡镇政协委员小组为了扩大该镇木薯种植面积与推广优质高产木薯“南植188”和“华南124”，组织该小组委员与镇党政有关领导一起进城参观考察南方淀粉厂，回去后进行了具体发动工作，使全镇扩种木薯面积达866.67公顷，优质高产木薯种植面积66.67公顷，并获得丰收，亩产平均3100千克，最高亩产达5100千克。1993年，对县教育局拟订的《藤县普通教育改革方案》和《藤县普通教育发展规划》进行专门座谈，听取委员和相关部门对教育改革方案和教育发展规划的意见，并将意见和建议整理成文，反馈给县有关领导和教育部门，以便在作出科学的决策时参考。1994年，就如何创建藤县计生达标县的专题，深入到各乡村搞调查研究，对当前社会难点所造成的矛盾、出现的问题，向有关部门提出解决问题的意见和建议，还配合自治区政协委员考察团一行专家、学者，就藤县农业综合开发“523389”工程实施情况和生产自救重建家园情况，先后到金鸡、城关潭东、赤水、天平等地调研，对藤县今后发扬地域优势、资源优势、提高新技术产品开发，特别在“土”字大做文章，创名优产品及水毁工程修复等提出宝贵意见。1995年，深入象棋等8个重灾村了解灾情和生产自救问题，了解到当地群众对冬种小麦既有强烈愿望又有经验，于是建议县委、县政府及时组织5万千克冬小麦种子（宁春4号）供应受灾群众种植，为受灾群众顺利度过春荒发挥重要作用。1996年，就“吨粮县建设”问题，针对早春寒严重，为晚造抢上季节，大力推广大黎镇采用搭架育秧和两段育秧的新做法，提出解决晚造秧等建议，县委、县政府十分重视，县委书记、县长在乡镇领导会议上多次强调推广此育秧办法，使搭架式育秧和两段育秧在全县南北得到较大面积的推广，较好地解决了晚造抢季节、避寒露风的技术问题，确保晚造以及全年的粮食增产丰收。1997年8月—9月，为配合藤县开展国有企业改革工作，组织部分政协委员和机关干部，在对藤县国有企业调查研究的基础上，到国有企业产权改革成果比较成功的梧州市皮革厂和广东高要市调查考察，并撰写了既反映外地先进经验又比较切合藤县实际的调查考察报告，并作为政协建议案送县委、县政府参考。县委、县政府有关领导专门作了研究，在办复中指出：《报告》中所介绍梧州市、广东高要市国企改革的做法颇具学习、借鉴意义。政协有关领导很重视，专门召集有关部门学习，并将一些做法借鉴运用到藤县国有企业改革中。1999年，县政协经济科技委组织农林水界委员围绕藤县近几年水果增产但滞销的问题，写出《关于我县三十万亩水果出路亟待解决》的建议，针对存在问题，提出了拓宽果品流通、保鲜、包装、宣传、加工等几方面的意见建议。2000年，县政协把政协委员按界别编成8人视察组，由班子领导带队，分别到农业局、公安局、建设局等14个单位进行视察，内容涉及“农村农业水利基础设施建设”“县城旧城区街道整治改造”“加快我县高中发展步伐，提高高中教育质量”等方面共8个专题，撰写视察报告、建议案12篇，为县委、县政府掌握实情，改进工作提供重要依据，促进有关问题得到重视和解决。2001年，开展“禁毒禁赌”、非公经济、教育、招商引资、松脂、财税、“严打整治、文明执法、综合治理”等专题组织委员视察。撰写《招商引资重在落实》《加强“严打”整治，确保社会稳定》等视察调研报告，为加快富民兴藤新跨越建言献策。2002年6月，县政协提案法制委牵头，组织部分六届政协委员分成两个组分别深入藤县南、北两片，对近两三年内发生的青少年违法犯罪等问题展开调查研究，并形成《家庭、学校、社会都要关心青少年的健康成长》的调研报告。11月至12月，组织部分七届政协委员对藤县非公经济和象棋蜜柚生产两个专题进行调研，并完成《与时俱进，开拓创新，努力开创我县非公经济新局面》和《建立蜜柚基地，打造名牌产品》两篇专题调研报告，并呈送县委、县政府决策。2003年，先后组织机关干部和部分政协委员开展对“藤县乡村公路状况”“藤县林业生产发展”和“我县税费改革后，政府如何转变职能”进行调研，形成调研报告，并送县委、县政府决策参考。关于发展藤县林业的调研报告，县政府副县长专门到政协听取调研组意见，并要求林业局认真落实。2004年，先后撰写《加快我县民营企业发展》《加强我县水上运输船舶管理，增加财政税收》《在县直部委办局、乡镇党政一把手中实行末位淘汰制》《重奖招商引资工作有功人员》和《呼吁桂平、平南、藤县三县（市）联合向自治区人民政府建议扩建南梧二级公路为一级路》等几个政协调研报告，均得到县委、县政府高度重视。《加强我县水上运输船舶管理，增加财政税收》调研报告送县政府后，县政府及时加强对水上运输船舶的管理。仅此一项，为县财政年增收300万元。县政协常委积极向县委建议抓好非公经济企业的党建工作，得到县委高度重视，并在潭东红星砖厂成立首家非公经济企业党支部。

1993年4月，县政协委员视察金鸡镇旺国江口荔枝种植场

第七节　文史　联谊

文史资料征编

1991年—1999年，政协共编辑出版8辑《藤县文史资料》，合计印刷4000余册，约38万字。其中一辑为诗歌专辑，刊载诗歌109首。1999年—2002年，政协编辑出版3辑《藤县政协成立20周年专辑》《石化龙将军府》《藤县文史》，约30万字。2002年—2005年编纂出版《藤县文史资料》共4辑60多万字。

联谊活动

1992年，两次组团到江苏省太仓市、福建省宁化县参加十省十一县（市）政协横向联谊活动；此外，还组团到广东省云浮市、罗定县、封开县、海口市和区内的桂平市、岑溪市、宁明县、凭祥市等县市政协进行学习取经与联谊。1994年，参加黑龙江省宁安市举行的十省区十一县市政协联谊活动和玉林市召开的西江走廊政协联谊活动，全年共引资1000多万元，促进藤县造船、交通、种植、有机化工产品、钢管等生产建设。1995年10月，组团参加在四川省南溪县举行的全国十省区十一县市政协第五次横向联谊会。11月，组团参加在广东省肇庆市举行的西江走廊政协工作横向联系协作第八次联谊会。1996年6月，举办两广（广东、广西）八县（市）龙舟邀请赛；1997年10月，参加在合浦县召开的广西九市辖县（市）政协联谊会，获悉该县引进的产量高含糖量多的甘蔗新品种——新台糖16号，即与该县联系并引进该品种。同年，组团参加了全国十省区十一市政协联谊会、广西各市、县（市、区）政协工作联谊会、“西江走廊”政协工作横向联谊会和梧州市辖各县市政协联谊会。1998年参加了全国十省区十二县市政协横向联谊会。1999年8月，应广东省德庆县特邀，组团参加在德庆悦城举办的有粤、港、澳及两广社会民间团体、个人参加的祭龙母及龙母文化研讨活动。10月，参加十省区十二县（市）政协横向联谊会第九次会议、参加广西各市、县（市、区）政协横向联谊会和西江走廊政协联谊会。2001年—2002年，引进深圳、柳州客商投资100万元引进矿产开发；1999年引进美国财团资金1800多万元，开展松脂系列生产深加工。2002年，县政协常委黎承健，在改制过程中引进澳门投资商，总投资600万元生产钛白粉。县政协全年接待香港、澳门、台湾同胞650多人，帮助200名台胞家属办理农转非手续。年内，先后引进香港周凯旋基金会资金60万元、香港育苗行动基金会200万元和香港慈善机构助学款150万元分别建设南安卫生院、潭东小学、埌南新光小学等12间小学和卫生院，并资助了一大批失学儿童重返学校。2003年，组织120名香港学生到藤县有关乡镇体验生活。2004年，政协常委莫非凡、黎承健成功引进台湾老板到藤县投资年产20万吨的硫酸厂。

2005年县人大、县政协办公大楼

第七篇

政法　军事

2000年12月建成的县检察院办公大楼(河东区政贤路169号)

第一章　公　安

1991年后，藤县公安局以保卫和服务于藤县社会和经济建设为中心，努力开展各项公安保卫工作，坚决执行依法从重、从快、从严打击严重刑事犯罪活动的方针，强化侦察破案，打击现行犯罪活动；同时，根据各时期的社会治安中的突出问题，组织开展专项斗争、专项整顿和治理，集中取缔卖淫、嫖娼、贩毒、赌博，严厉查禁淫秽物品，强化治安防范。加强道路交通安全和消防管理。1992年1月，撤销治安科，成立治安大队。1994年和1995年荣获全国优秀公安局称号。1997年5月设立戒毒所，9月12日，成立110报警服务台和指挥中心。11月，藤县公安局在全市率先撤销预审科，实行侦审合一、侦审一体化。1999年，在南梧二级公路藤县路段开展创建平安大道，2001年通过自治区公安厅审查验收。交通秩序管理设施逐步实现现代化。县消防大队不断完善消防安全监督检查措施，加快消防安全设施建设步伐，有效扼制重大火灾事故的发生。

1991年—2005年，累计侦破各种刑事案件14798起，属大要案2175起，查获刑事案犯14523人次；打掉各种犯罪团伙4065个成员11751人次，其中逮捕4788人，送劳教1442人，少管142人。累计查处各类治安案件44394起，其中查处黄、赌、毒案件27910起。处罚人员21154人次，其中行政拘留16464人次，罚款27748人次，警告39646人。累计处理道路交通事故4276起。

第一节　机　构

藤县公安局

1950年1月成立。1991年，办公地点在绣江路77号，为正科级行政单位。内设办公室、政工科、政保科、内保科、治安科、刑侦一队、刑侦二队、行政科、通讯科、出入境管理科、消防科、户政科、法制科、信访科、预审科15个科、室、队；全系统定编230名，设局长1名，副局长4名；实有人员240人，其中局机关112人；有局长1人，副局长4人。1992年1月，撤销治安科，成立治安大队，下设旅店业、特业、防暴3个中队和办公室；撤销刑侦一队、刑侦二队，成立刑侦大队，下设破案、缉私缉毒、技术3个中队和办公室。10月，消防科改为消防大队。1993年获全区优秀公安局称号，1994年和1995年荣获全国优秀公安局称号。1995年5月，成立藤县公安局巡逻警察大队，在藤城、太平两镇设立巡逻警察分队。12月，设立藤县公安局太平分局。1997年3月28日，撤销林业公安股，设立县公安局林业分局。5月设立戒毒所。6月，成立警务督察队。9月12日，成立110报警服务台和指挥中心。11月，藤县公安局在全市率先撤销预审科，实行侦审合一、侦审一体化。1999年3月22日，缉毒缉私队、政保科、内保科分别更名为缉毒缉私大队、政治侦察大队、经济犯罪侦察大队。2000年、2001年、2002年获全区优秀公安局称号。2004年11月10日，政治侦察大队更名为国内安全保卫大队。2005年8月，恢复设立预审科。年末，县公安局内设机构分别是办公室、通信科、信访科、行政科、出入境管理科、机关保卫科、户政科、法制科、预审科、国内安全保卫大队、看守所、拘留所、强制戒毒所。全系统有编制329名，实有人员356人，其中局机关177人；设局长1人、副局长4人，实有局长1人、副局长4人。

1991年—2005年县公安局历任局长：成发群（1990.10—1998.08）、陈世雄（1998.08—2003.12）、李志才（2003.12—）

公安派出机构

藤县公安局太平分局。1996年12月24日成立，为副科级行政单位。办公地点在太平镇太州北路27号，内设机构有办公室、治安中队、刑警中队，实有人员7人。

藤县公安局森林公安分局。1997年，藤县公安局林业公安股改建为藤县林业公安分局，为副科级事业单位。内设机构有办公室、法制股、治安股、天平林业公安组、埌南林业公安组、大黎林业公安组。由市森林公安科、县公安局、县林业局共同管理。办公地址在藤县西江路 319 号，人员编制 21 人。2003 年，藤县林业公安分局更名为藤县公安局森林公安分局，属副科级单位，主管部门是县林业局，县公安局负责业务指导。人员编制 21 人。至 2005 年不变。

藤县公安局乡镇派出所。1991 年，设藤城、城关、津北、埌南、同心、金鸡、新庆、象棋、岭景、天平、濛江、和平、太平、古龙、平福、东荣、大黎、宁康、南安、赤水共 20 个乡（镇）派出所及水上派出所，各派出所为副科级行政单位。1995 年，撤销藤城派出所，成立城中、城东、城西派出所。1997 年，城关乡改名潭东镇，城关派出所改为潭东派出所。2005 年，在县城增设城北派出所，津北所与城东所合署办公，城西所、水上派出所与城中所合署办公；年底，全县有城中、城东、城西、城北、津北、塘步、埌南、同心、金鸡、新庆、象棋、岭景、天平、濛江、和平、太平、古龙、平福、东荣、大黎、宁康以及水上派出所共 22 个基层派出所。

藤县公安局交通警察大队。1987 年 1 月 1 日成立藤县公安局交通警察队，办公地点设在县交通监理站，属副科级行政单位。同年，在太平设立分队。1991 年，内设车辆管理股、事故处理股，辖太平分队，定编 20 名，实有人员 22 人。业务由县公安局管理，行政隶属梧州地区交通警察大队。1992 年 3 月，改称藤县公安局交通警察大队，确定为区（科）级事业单位。太平交通警察分队更名为藤县公安局交通警察大队太平交通警察中队。1993 年 3 月增设办公室。1994 年 1 月，成立城区中队、天平中队、南安中队。1995 年 11 月，交通管理股、车辆管理股分别更名为交通管理中队和车辆管理中队。2000 年 1 月，办公室更名为交警大队勤务中队。2003 年 6 月，县公安局管辖的 23 个乡镇派出所对应设立交警中队，实行两块牌子一套人马，行使治安管理权和部分交通管理职权。2005 年，内设办公室，下辖车管中队、事故中队、特勤中队、秩序中队、城区中队、太平中队、天平中队、南安中队，定编 58 人，实有人员 55 人。

第二节　打击刑事犯罪

1991 年，全县多警种协同作战，三级组织（县局刑侦队、乡镇派出所、村治保会）查破案件，实行综合治理，集中打击杀人、抢劫、盗窃、贩毒和持枪作案等带有黑社会性质的犯罪团伙、惯犯和流窜犯。全年共发生刑事案件 3183 起（大案 287 起），破获 1589 起（大案 172 起）；其中破获走私黄金案 6 起（大案 4 起），贩卖假人民币案 8 起，破年前积案 22 起。共查获刑事案犯 1949 名，挖出犯罪团伙 396 个，成员 1092 名，其中逮捕 222 人，刑拘 105 人，送劳教 6 人，少管 1 人，收审 627 人。1995 年 3 月，破获太平镇税务所“增值税专用发票”被盗案（最大面额价值可达 4.25 亿元），涉案人员 3 人被全部抓获。同年 5 月，破获以劳改释放人员马 ×× 为首的重大流窜盗窃团伙，作案范围涉及五省区三十多个市县，作案 80 多起，盗窃各地宾馆、招待所客房彩电 110 多台，价值 20 多万元。是年，破获 1993 年—1994 年重大积案 12 起，抓获在册逃犯 12 人。缴获军用枪 3 支、其他枪支 915 支、管制刀具 709 把、东风大货车 1 辆、丰田面包车 1 辆、摩托车 35 辆、大麻粉 4500 克、鸦片 1000 克、海洛因 1704 克，缴获赃款 150.39 万元。1991 年—1995 年，每年组织开展“破大案攻坚战、打拐专项斗争、反盗抢机动车专项斗争、扫荡贩吸毒集中统一行动”等一系列专项斗争。通过“打、防、管、建、教、改”，刑事案件逐年下降，5 年间年均下降 654 起；破案率逐年上升，由 1991 年的 49.92% 上升至 1995 年的 97.39%。共计打掉犯罪团伙 1096 个，成员 3313 人；查获犯罪嫌疑人 4745 人，其中逮捕 894 人，刑事拘留 212 人，劳动教养 411 人，少管 27 人。

1996 年 2 月 19 日凌晨（农历正月初一日），抓获震惊海内外的广东番禺特大持枪杀人抢劫银行解款车 1500 万人民币主犯吴 ××，缴获“五四”式手枪 4 支、子弹 219 发、赃款 460 多万元。1997 年 12 月，成功解救被埌南镇马地村梁 × 新两兄弟在地牢中关禁长达 1 年多的李姓、卢姓两少女。1999 年发案 332 起，比 1996 年的 685 起下降 353 起，下降二分之一多。1996 年—1999 年，刑事案件继续下降。共发生刑事案件 1881 起，破获 1702 起，破案率为 90.48%。其中破获积案 32 起（属地区督办积案 2 起），抓获在册逃犯 53 人（属自治区督捕逃犯 1 人，地区督捕 5 人）。

2000 年，刑案、特别是大（要）刑案回升，当年发立刑事案件 1306 起，破获 565 起，其中重特大案件 537 起，破获251起。打掉犯罪团伙43个成员190人，抓获刑事作案人员558人，依法逮捕311人，劳少教150人，作案成员打击率82.62%。缴获摩托车65辆及其他赃款赃物等折款186.36万元。破获毒品案件42起，其中重特大案件8起；摧毁吸、贩毒窝点8个，缴获毒品海洛因270.11克。

2003年1月下旬，组织开展以"反扒、反入室盗窃、反盗抢机动车"为主要内容的反盗窃专项行动。6月，针对摩托车被盗案件上升的问题，组织开展为期1个月的反盗窃摩托车专项行动，成立专项行动指挥部。通过巡逻伏击、设卡堵截、集中清查等，破获入室盗窃案件169起，盗窃摩托车案件83起。打掉入室盗窃团伙4个，盗窃摩托车团伙3个，抓获作案成员42人，缴获被盗摩托车43辆及其他赃款赃物一大批，共计价值13.20万多元。下半年，针对犯罪突出问题及治安复杂问题组织开展为期50天的"冬雷"专项行动，以县城和太平镇两地区为重点开展整治。共破获各种刑事案件44起，其中大案24起，打掉刑事犯罪团伙2个，抓获刑事作案成员43人，逮捕21人，劳动教养13人。

2004年，开展侦破命案以及"追逃"专项行动，侦破"6·24"和平镇和平村拐卖儿童案，温××合同诈骗案和七八月份发生在赤水的系列抢劫强奸案等一批重大恶性刑事案件。2005年4月，依托"天网"视频监控系统，统筹运用视频侦查、线索研判、合成作战等措施，成功破获县城系列飞车抢夺案，抓获抢夺犯罪嫌疑人2名，破获系列飞车抢夺案件10起，盗窃摩托车2起，涉案金额3万多元。2004年—2005年，共计发立各种刑事案件2499件，破案1142件，破案率45.69%；其中重大刑事案件1308起，破获684起，破案率52.3%；发生涉命案件30起，侦破28起，破案率93.3%。抓获上网逃犯19人，其中县公安局督捕上网通缉逃犯10人，梧州市公安局督捕上网通缉逃犯2人，自治区公安厅督捕逃犯2人，敦促逃犯投案自首4人。通过抓获逃犯，破获各种案件8起，其中梧州市公安局督办案件2起，自治区公安厅督办案件3起。

附：重大案例

太平镇税务所增值税发票被盗案 1995年3月29日上午，太平税务所票证管理员发现二楼库房被人打破窗玻璃，撬弯铁窗铁枝入室，发票存放专用柜门被撬开，柜内的由国家税务总局监制的"广西壮族自治区增值税专用发票"被盗走10本，最大面额价值达4.25多亿元。案件发生后，县公安局与税务部门迅速组织侦查。通过走访调查，3月31日，抓获全部作案人员梁××、王××、周××3人，为国家挽回巨大损失。

"4·24"系列彩电被盗案 1995年4月24日，县第二招待所以及藤县宾馆被盗彩电2台（价值1万元）。案发后，县公安局主要领导亲自挂帅，成立专案组，率领刑侦科侦技人员仔细勘验现场，查找线索，辗转苍梧、梧州、平南、桂平、柳州、武宣等10多个市县，5月，在武宣和柳州将案犯抓获。通过细审深挖，破获了以劳改释放人员马××为首的重大流窜盗窃团伙。此团伙为专门盗窃宾馆、招待所客房彩电，作案范围涉及五省区三十多个市县，作案80多起，计盗窃彩电110多台，价值20多万元。

广东省番禺市"12·22"特大持枪杀人抢劫银行解款车案 1995年12月22日，广东省番禺市发生一起震惊海内外的特大持枪杀人抢劫银行解款车案件，计被抢人民币1500万元。参与此案的主要案犯之一是藤县太平镇下黎村村民吴××。据广东警方提供有关信息，吴××有可能潜回其老家藏匿。藤县公安局接到广东警方协查通报后，迅速组织警力，经过极为缜密的技侦手段，确定抓捕方案，组织警力实施抓捕。1996年2月19日凌晨（正月初一），将吴××抓获，当场缴获"五四"式手枪4支，子弹219发；缴获赃款460多万元。并将吴××移送广东警方收审。

埌南镇马地村非法关禁少女案 1997年11月，埌南派出所接到群众举报，称埌南镇马地村灶冲（地名）有两少女被关禁，过着非人的生活。县公安局接到派出所报告后即成立专案组。经19天日以继夜艰苦深入的查缉工作，11月30日，先后将犯罪嫌疑人梁×新（男32岁）、梁×连（女30岁）、梁××（男22岁）抓获。具体案情为：1996年10月6日，藤县同心镇同心村村民李××（女、18岁）和卢××（女、17岁），被同村梁×连以打工为名骗到埌南镇马地村灶冲（地名）梁的娘家，随后协同其哥梁×新、其弟梁××将李姓、卢姓两少女非法关禁在梁氏兄弟等人事前挖好的一个深3米，面积近7平方米的地牢内。至1997年11月30日被县公安机关解救出来时已被关禁421天。其间，梁氏兄弟长期对李女、卢女进行奸污。获解救时经县医院妇产科医师鉴定，李女已怀孕9个月，卢女怀孕2个月。经审判，梁氏兄弟被依法判处死刑，剥夺政治权利终身；梁×连被判有期徒刑15年。

第三节　治安管理

县内治安主要由县公安局联同各乡镇派出所以及机关、厂矿、企事业单位治安（保卫）科，村治保会实施综合治理。主要通过行业场所清理整顿、黄赌毒案件查处以及开展治爆缉枪专项行动进行社会治安管理。

公共场所管理

1991年—1992年，县公安机关对公共场所形成常态化管理。以藤城、太平、濛江、同心、平福5个乡镇，8个村街，26个复杂场所为重点开展综合清理整顿，共抓获违法人员535人，全部依法处理。1994年，在国道321线沿途的东荣、太平、古龙以及濛江与藤城交界处设立报警点4个。对治安问题突出的藤城、濛江、和平、太平4乡镇进行重点整治，计整治69个村，84个场所，36个路段。1996年，在县城街道、省道、国道公路沿线、交通（叉）路口，建立治安报警点45个。2001年，联合交警、工商、城管等部门，针对太平镇汽车站、濛江镇太和蒙公路交叉路口、南梧二级公路藤城富吉路口的乱摆乱卖，客车强行占道抢客，交通秩序混乱，小偷出没多的乱象进行重点整治，共开展专项治理行动9次，其中太平镇4次，濛江镇3次，藤城镇2次。2005年，推进社会治安视频监控系统立体化防控，建设视频监控、研判分析、治安防控和打击犯罪联防机制。通过动态巡逻与定点设岗相结合、步行巡逻与车辆巡逻相结合，加强街面巡防力量。全年利用视频监控破案81起，打击处理各类违法犯罪人员110人。派出巡逻警力51606人次，便衣守伏5810人次，查处治安案件110起，救助群众191人，抓获违法犯罪嫌疑人181名。抓获各类现行违法犯罪61起81人，化解和处置群体性问题23起。全年治安案件发立案657件，比2000年的6614件下降5957件，下降90.06%。

1991年—2005年，每年元旦、春节、县“两会”（全县人大代表会议、政协会议）、清明节、国庆节、梧州国际宝石节及中国—东盟博览会等重大节日活动期间，集中警力加强车站、码头、集贸市场、电影院等公共场所巡逻。落实覆盖所有客车营运时段的安检措施以及公交车辆技防、物防设施，严防发生恐怖、暴力袭击破坏活动，累计安检物品61万件次，查获危险、违禁品320余件（起）。

特种行业管理

1991年，县内列为特种行业管理的范围有旅栈业、印刷刻字、美容桑拿按摩、开锁配匙、废旧金属收购、信托寄卖行等。特种行业办理开业手续时，首先由公安机关严格进行安全防范措施考核，检查合格后发给“特种行业许可证”，业主凭许可证方可向工商管理部门申请办理营业执照。县公安机关对特种行业经营进行备案登记，规定各业主须与公安局签订治安责任状，确保经营范围内不发生治安案件，无淫秽物品、无卖淫嫖娼、无赌博、无吸毒贩毒、无火灾、无斗殴等事件（事故）。县公安机关支持和保护合法经营，限制和取缔非法经营，建立健全登记、验证、财物保管、门卫值班、情况报告、送审、奖惩等治安责任制。制定旅店住宿、电子游戏机管理有关规定并严格执行，严肃查处违法违规事件。是年，共核发“特种行业许可证”396本，签订治安责任状396份。1995年，清理整顿特种行业场所461家。1997年，清理整顿特种行业场所184家，依法取缔13家。1998年，查处违反淫秽物品管理规定案件26起27人。

2000年7月—9月，贯彻执行自治区《关于印发在加强娱乐服务场所管理严厉打击卖淫嫖娼赌博吸毒等社会丑恶现象专项行动中对娱乐服务场所实行重新审核登记若干问题意见的通知》，对全县86家娱乐服务场所进行重新审核登记，共计审核登记53家，取缔17家。同时对全县范围内的行业场所进行全面的清理整顿，共清理整顿行业场所425家，发现隐患17处，整改17处。2001年，对特种行业经营场所的安全设施统一进行清理整顿，共清理整顿行业场所398间，发现安全隐患125处，发出整改通知书125份。

2003年，依照《中华人民共和国计算机信息系统安全保护条例》《计算机信息网络国际联网安全保护管理办法》，对全县76家网吧的安全保护措施进行清理整顿，督促建立健全各项规章制度，消除安全隐患，共清理整顿网吧 35 间。2005 年，全县有特种行业管理场所 256 家，全部业主与县公安局签订《治安责任书》，全部场所档案健全，管理规范。

危险物品管理

1991 年，全县有爆竹厂 1 家，烟花爆竹销售点 482 个。县公安局建立民用爆炸物品的制造、购买、运输、贮存、销售、使用等环节的管理制度，以杜绝隐患。凡从事爆破作业的人员必须经过培训学习，通过业务知识测试、考核合格后才发给上岗作业证书，全县共发爆破证 491 本。当年收缴非法持有砂枪 43 支，子弹 21 发，管制刀具 236 件，炸药 2891 千克，雷管 13175 枚，导火索 5806 米。

1992 年—1998 年，县公安机关会同县安全生产部门对县境内的铅锌矿、钛矿、锰矿等矿场以及石场开采点，爆竹厂生产点进行安全大检查 38 次。每年春节、清明节前后，从县公安局、工商局、安监局等部门抽调人员组成检查组，到全县各烟花爆竹销售点进行检查，取缔无证经营摊点，销毁不合规定的烟花爆竹。对重点村组、重点户进行全面清查 2658 次。累计缴获各种非法枪支（含钢珠枪）922 支（其中军用枪支 17 支），子弹 66 发；匕首等管制刀具 554 件；炸药 8806 千克，雷管 14821 枚，导火索 5840 多米；剧毒物品 21670 克。

2000 年—2001 年，开展“缉枪治爆”专项行动，对全县范围内所有小集贸市场、小商品市场、五金加工店、铁匠铺、路边摊等易发贩卖仿真枪、猎枪、管制刀具的区域、部位进行全方位清查。共计收缴各种非法枪支 6545 支，黑火药 414.84 千克，金属火帽 4 万多粒，炸药 2456.60 千克，雷管 2043 枚，导火索 2700 米，军用手雷 2 枚，炮弹引信 1 枚。打掉制枪窝点 3 个，缴获制枪工具一批，查处涉爆案件 42 起。开展清理整顿烟花爆竹市场专项行动中，共检查整改爆竹厂 2 家，烟花爆竹销售点 7461 个，缴获非法运输、销售、储存的各种规格爆竹 18041 条、约 1374.40 万头，价值 4 万多元。

2003 年—2005 年，开展“强化爆炸物品管理，严打涉爆犯罪”专项行动，对生产、运输、储存、购销、使用爆炸物品的单位进行清理整顿。共检查爆竹厂 2 家、烟花爆竹销售店铺 287 家、存放炸药仓库 2 个、矿山石场 56 个。发出限期整改通知书 46 份，收缴非法运输、储存、购买炸药 1480.20 千克，雷管 1187 枚，导火索 1570 米，烟花爆竹 520 万头。破获涉枪涉爆刑事案件 12 起，其中涉枪 8 起，涉爆 4 起。抓获涉枪涉爆犯罪嫌疑人 23 人，其中涉枪 14 人，涉爆 9 人，刑拘 18 人，逮捕 7 人。抓获涉枪网上逃犯 5 人，缴获非法枪支 72 支（其中涉案枪支 11 支），子弹 2877 发。

打击“黄、赌、毒”

1991 年—1995 年，组织公安、文化、工商、妇联、共青团等部门联合开展扫除卖淫嫖娼、制作贩卖传播淫秽物品、私种吸食贩卖毒品、聚众赌博等社会丑恶现象行动，将易发生黄、赌、毒问题的旅馆、歌舞厅、卡拉 OK 厅、美容桑拿按摩、影像厅（店）等娱乐服务场所列为重点清查范围，不间断进行清查，重点打击“黄赌毒”违法犯罪活动。共查处“黄、赌、毒”案件 14540 起，其中赌博案件 2809 起，占 19.32%，处理人员 7321 人，予以行政拘留 25 人；卖淫嫖娼案件 8324 起，占 57.25%，查处涉案人员 12707 人，介绍容留妇女卖淫窝主 21 人，依法逮捕 3 人，收审 20 人，治安处罚 222 人；吸注毒品案件 36 起，处理涉案人员 37 人。

1997 年，吸注毒品案件有所上升，当年查处 89 起，比 1995 年增加 53 起，上升 147.22%。1998 年，县公安机关针对藤城、太平镇两个案件高发地区，组织开展扫除黄赌毒专项斗争集中统一行动，对重点村庄、重点户进行排查清查，对吸毒人员强行戒毒。全年查处违反淫秽物品管理规定案件 26 起 27 人，嫖娼卖淫案件 60 起 125 人，赌博案件 347 起 1269 人，吸注毒品案件 50 起 56 人。黄赌毒案件比去年同期 509 起减少 26 起，下降 5.10%。

2000 年，县公安局先后制定《关于开展严厉打击赌博违法犯罪活动专项斗争工作方案》《关于开展加强娱乐服务场所管理严厉打击卖淫嫖娼赌博吸毒等社会丑恶现象专项治理行动工作方案》《关于开展严厉打击赌博违法犯罪活动的通知》。并与工商、文化等部门联合开展“扫黄打非”专项行动，重点整治书刊音像制品等文化市场，全年查处黄赌毒案件 415 起，其中查处违反淫秽物品管理规定案件 173 起。

2003 年，“六合彩”赌博活动在县内兴起，此后几乎遍布全县。7 月—10 月，县公安局组织警力在全县范围开展打击“六合彩”赌博专项行动。太平派出所在太平街捣毁专门从事印刷“六合彩”资料窝点 1 个，抓获涉案犯罪嫌疑人5人,缴获速印机、复印机各1台,“六合彩”资料及下注单一批,依法逮捕6人。开展缉毒破案、禁吸戒毒专项行动。全年破获毒品案件38起,其中重大案件5起;查处涉毒违法犯罪人员256人,其中依法逮捕41人,送劳动教养戒毒80人,强制戒毒215人次。摧毁吸、贩毒窝点3个,缴获毒品海洛因63.78克和吸食、注射毒品工具一批。

2001年—2005年,全县共查处“黄赌毒”案件2325起,涉案人员6153人。其中赌博案件1662起,占72%,涉案人员5019人;涉“六合彩”赌博案件600起、1681人;破获毒品案件236起,其中重大案件28起;摧毁吸、贩毒窝点21个,缴获毒品海洛因380.55克,吸食、注射毒品工具一批;查处涉毒违法犯罪人员1040人,其中依法逮捕154人,送劳动教养戒毒305人,强制戒毒655人次。

治安案件查处

1991年,发生各类治安案件3562起,查处3549起,查处率99.64%。其中查处黄赌毒案426起,占12%;盗抢案件3123起,占88%。处罚4622人,其中行政拘留168人,罚款3460人,警告994人。1992年—1999年,开展打击“二抢一盗”以及“扫黄打非”专项行动,累计受理治安案件30072起,查处29550起,查处率98.26%。其中查处黄赌毒案5109起,占16.98%;盗抢等案件24441起,占82.71%。查处违法人员37687人,警告3284人,行政拘留1316人,罚款23904人。

2000年后,开展治爆缉枪、打击“黄赌毒”等专项行动,强化治安案件查处。2004年,开展“打击两抢”“缉枪治爆”“秋季风暴”“整治交通秩序”“查禁赌博”等专项斗争6次,共整治公共复杂场所103处,查验处理各类违章车辆400余台,捣毁赌博窝点30余处。

2005年,全年治安案件发立案657件,比2000年的6614件下降5957件,下降90.06%。2000年—2005年,累计受理治安案件17592起,查处17213起。

“110”报警服务

1996年12月,开通110报警电话。1997年,筹集资金近30万元投入110报警服务台建设,全天24小时接处警。全年共接警895起,其中火警2起、交通事故11起,处警895起。2001年,在县城街道张挂60张110报警须知,对110报警服务事项进行公示,承诺“有警必接、有难必帮、有险必救、有求必应”,实行24小时值班接处警制度。全年巡警大队与110报警服务台共接警3097起,处警3097起。查处治安案件59起,查获违法人员235人;调解纠纷1081起,接受群众求助1280次,寻回失散老人、儿童共10人。

2005年12月,完成“110”“122”“119”三台合一设备安装工程,三台合一系统正式调试运行。当年共接警26061起,处警12527起。查处治安案件2067起,查获违法人员2614人;调解纠纷5252起,接受群众求助910次,寻回失散老人、儿童共5人。

1997年—2005年,110报警服务台累计接警122848起,处警8328起,接受群众求助6408次,寻回失散老人、儿童共189人。

第四节　预审　羁押看守

预审

1991年,预审工作由县公安局预审科负责。主要是对拘留、逮捕的犯罪嫌疑人进行审讯、审查,揭发与证实被告人的全部犯罪事实,追查其他应当追究刑事责任的人;弄清被告人有罪或者无罪、犯罪情节轻重,判明犯罪性质;检验核实侦察所获的罪证材料是否确凿,弥补和纠正侦察工作的疏忽和错误,避免发生冤假错案。

羁押看守

1991年—2005年,县看守所有监舍23间,建筑面积1350平方米,可容纳276人;有放风场2个,约300平方米;律师会见室、教育室、食堂等其他附属设施共756平方米。县看守所把监所分为2个警务区,每区设区长1名,每幢监室设管教民警、协管民警各8名。监所干警落实岗位目标责任制,坚持24小时值班检查制度，开展“五防”（防逃脱、防自杀、防在押人犯打在在押人犯、防重大传染病发生、防食物中毒）专项治理。管教民警每月对在押人员谈话教育8次以上，密切掌握在押人员的动态，有针对性地做好思想教育和转化工作。每月，监所对在押人员集中上教育课1~2次，并对监室进行安全大检查。每年与职业培训机构联合举办培训班2期，对投入劳动改造的罪犯开展技术、职能等职业技能培训，颁发职业资格证书；同时邀请“五老人员”（老干部、老战士、老专家、老教师、老模范）以及公安局、检察院、法院、司法局、共青团、人大法工委干部等到看守所上法制课，进行法律知识宣传及前途教育，为在押人员日后回归社会时能够正常融入社会当中。1991年—2005年，累计监管嫌疑人27286人次，其中逮捕14108人次、判刑6268人次、刑拘9657人次，送劳教867人，少管78人。县看守所没有发生在押人员逃跑、越狱、暴狱、自杀、死亡和食物中毒等重大事故，确保刑事诉讼活动的顺利进行。

第五节　户政管理

户籍管理

常住人口管理　1991年，全县常住人口以乡镇为辖区，以户为单位设立户口簿，由居住地辖区派出所造册、登记立户实施管理，在人口出生、死亡、迁入、迁出和暂住人口的申报注销。旅栈的旅客登记仍沿用以前的管理制度。县公安局户政科负责业务指导。

1991年—1996年，每年上级公安机关按非农业人口总数的2‰下达农业户口转为非农户口（简称“农转非”）指标，安排给干部职工家属由农业户口转为非农户口。县公安机关户政部门对照上级公安机关和计委所规定的“农转非”条件，对全县职工家属进行调查摸底，核实确定“农转非”人选并进行公示，经公示无异议的对象按照规定填写表格呈送上级公安机关审批。六年间，累计办理“农转非”指标6843人。

1996年，全县开始统一和完善公民身份登记管理，采用新的常住人口登记表和户口簿。常住人口登记表共设34个登记项目，居民户口簿共设置28个登记项目。常住人口日常管理工作由各乡镇派出所负责，县公安局户政科负责业务指导。人口资料存放乡镇派出所。同年，县公安局户政科开始使用微机管理户口，对全县居民的所有户籍资料录入电脑进行管理。

1997年，实施小城镇户籍管理制度改革，以藤州镇、太平镇为试点镇，对具备许可条件的农村人口允许办理城镇常住户口（非农业户口）。是年，共办理农村人口转城镇常住户口（即非农业户口）3196人。

1998年7月，执行《国务院批转公安部关于解决当前户口管理工作中几个突出问题的通知》，对新生婴儿落户由只能随母落户改变为随父或随母自主选择。全面开放农业与非农业户口的相互迁移，实行城镇户口准入条件办法：凡在县城、乡镇有合法固定住所，有稳定的职业或生活来源的，或城镇常住户口居民，或在城镇购买商品房或有合法自建房屋的，或在城镇投资办企业的，具有大学本科（含本科）以上学历或中级以上专业技术职称（含中级职称）以上的干部，以及取得高级职业资格证书的技术工人，只要符合上述其中条件之一，其配偶、子女、父母可随迁；两地分居的夫妻一方要到另一方所在的县城、乡镇居住的（没有工作单位），可随时办理落户手续，其未成年子女可以随迁；男性年满55周岁，女性年满50周岁，身边无子女照顾的，可以迁到其子女常住户口所在地落户；与各乡镇用人单位签订协议或劳动合同的外地大、中专毕业生，各乡镇有自理口粮户口的人员，现仍在城镇居住的，可在其居住地申请登记为城镇常住户口，户口性质为非农业人口。当年，办理农转非人数2879人。

1999年6月11日，执行自治区公安厅《关于对越南人员与中国公民非法婚姻所生子女落户问题的批复》，对县籍中国公民与越南籍人员非法婚姻所生子女，由男女双方商定，如由县籍人员留下扶养，可给予办理落户登记手续。

2000年，继续完善人口信息系统，规范户籍管理制度，全年换发户口簿40146个。11月1日，全县开展第五次人口普查登记，全县登记总户数21.33万户，总人口91.61万人。同时开展户口整顿工作，重点清理各户籍管理区域内常住人口、暂住人口和流动人口的数据资料。对出生、死亡、迁出、迁入等未及时办理有关手续的，按照有关规定办理户口申报、户口注销等手续；对没有申报户口的超计划生育出生人口，准予登记入户。农村地区，按照农村户口城市化管理的进程，健全户籍管理制度；对无户口人员，给予落户或恢复户口。城镇地区，落实新建房屋和新开发居民小区户口管理的归属。对常住地与常住户口登记地不一致的，逐人逐户核对清楚，区别不同情况加以解决，一时不能解决的，进行登记造册，逐一落实。

2005 年 6 月，户政业务与梧州市并网。2000 年—2005 年，累计办理农业人口转非农业人口人数 1035 人；办理入户手续 35681 人，其中迁入 3526 人，迁出 4548 人，注销 891 人。

暂住人口管理 1991 年，县公安机关对流动人口的户籍管理和治安管理，实行办理暂住户口登记、签发和检查暂住证制度。对流动人口 3 年内有犯罪记录和有违法犯罪嫌疑的人员进行重点控制，对出租屋、施工工地、路边店、集贸市场、文化娱乐场所等流动人口的落脚点和活动场所进行治安整顿和治安管理。对外来务工或经商人员，规定持有关有效证件到当地派出所申报暂住登记，暂住时间超过 15 天的，要同时申请领取暂住证。全年共登记发证 488 本。1997 年 9 月，对违法出租，不按规定登记承租人信息以及明知承租人利用出租房屋进行违法犯罪活动而不报告等进行查处。同年，实行居住地管理制度，按照"谁用工谁负责，谁容留谁负责"的原则，落实责任，由用人单位负责人、租赁房屋业主定期汇报所属暂住人口的现实表现，从源头上加强对暂住人口的管理监督。县公安机关对暂住人口不定期进行检查，强化管控，使流动人员不失控、不漏管。1997 年—2005 年，每年约计办理暂住证 1111 人次 ~1575 人次。

居民身份证管理

县内居民身份证的办理，由居民到户口所在地派出所申报，派出所核实后将个人资料送县公安局户政科整理，然后由户政科统一送区公安厅身份证制证中心制作。从申报到领证约需 3 个月。1991 年，藤县继续按年龄段 16~26 周岁、26~46 周岁、46 岁以上的居民依次发给使用期限为 10 年、20 年、长期居民身份证，居民身份证编号实行全国统一编号，由 15 位阿拉伯数字组成，数码排列为：行政区划代码、出生日期码、分配顺序码。全年办理身份证 25962 个。1999 年 10 月起，身份证编号由原来的 15 位数上升到 18 位数，即公民出生日期的年代码由 2 位数改用 4 位数，在分配顺序码后加编 1 位计算机校验码，校验码由号码编制单位按统一计算公式给出。至 2001 年，共换发居民身份证 81783 张。2004 年 1 月 1 日起，实施《中华人民共和国居民身份证法》，许可未满 16 周岁的公民办理有效使用期限 5 年的身份证。2005 年 12 月中旬，全县进行第二代居民身份证受理工作，二代身份证使用彩色印刷技术，添加加密智能芯片、防伪标识，具有机读、视读功能。至 2005 年年底，全县共受理二代居民身份证 53235 份，累计发放未满 16 周岁身份证 10970 张、临时身份证 1534 张。

第六节 道路交通安全管理

交通法规宣传

1991 年—1999 年，县公安局交通警察大队利用宣传车到各乡镇巡回宣传相关交通法律法规，主要以宣传《道路安全管理条例》《道路交通事故处理办法》为主。累计召开安全会议 96 次，放映录像 23 场，举办各种违章学习班 32 期，到厂矿企业单位，公路沿线中小学校上课 56 次，张贴悬挂各种宣传标语、横幅计 1.5 万多条，发放宣传资料 3 万多份。制定《写作投稿奖励办法》，逐月下达每位干警投稿任务，对被新闻媒体及报社采用的稿件给予奖励金。九年间，累计向新闻媒体及报社投稿 138 篇。

2000 年，围绕"平安大道""畅通工程"活动，与公路沿线 20 多个村庄、学校开展共建"交通安全村""交通安全学校"活动。采取发放宣传资料，派出民警到公路沿线学校上课等形式开展交通安全宣传工作。全年印发宣传资料 10 万多份，接受教育人数达 30 万人次。

2002 年，开展"治理违章、保障畅通""行车走路讲安全""保护生命，拒绝违章""驾驶两轮摩托车必须戴安全头盔""牢固树立'安全第一'思想，切实抓好安全生产工作"等为主题的大型交通安全宣传活动。以交通安全常识、交通法规、事故惨状等为题材，通过板报、电影、流动宣传车、录制电视专题节目等进行宣传教育。

2004年—2005年，开展交通法律法规"五进"（进农村、进社区、进企业、进学校、进家庭）活动，利用报纸、电台、电视、电影等新闻媒体以及典型事故案例为教材，宣传《道路交通安全法》法律法规。深入学校、乡村进行宣传。在开展"珍爱生命、安全出行"宣传活动中，由民警与客运车主和驾驶员进行面对面的安全教育。累计出动警力510多人次，上交通安全课60多次，印发宣传资料40000多份，张贴宣传标语4000多张，悬挂横幅标语190多条。在全县中小学、村庄播放事故警示教育VCD70多场次。开展交通法律法规知识竞赛，收到答卷10多万份。受教育人数30万人次。

交通管理设施

1991年起，藤县逐步在国道321线、南梧二级公路、县城城区道路安置符合国家标准的交通标志牌。在县城河东新城区由东往西、由南往北相互交叉的繁华中心区设置占地160平方米的大转盘，以转盘为中心往东入城口，往西连接藤州大桥，南入城口至北西江大桥的40米大道设置了绿化带，把机动车道、非机动车道与人行道分隔开来，实现渠化交通管理。2001年，投入资金5.50万元，购置国外先进的便携式电子秤，对违章超载的车辆进行监测。当年对360辆持有异议的超载违章车辆当场过称，有263辆严重超载被卸货拉运。2003年7月，筹措资金50多万元，在富吉路口、富吉大桥头、东进城线、潭东收费站、藤州大桥头等路段设立电子监控系统，对路面违章违规情况进行监控。2005年10月，投入7万多元，添置流动电子警察及雷达测速仪，对超速车辆进行监测。

路面交通管理

1991年，县内道路路面交通实行分片管理，以浔江为界，北片归属太平中队管理，南片归属县队管辖。1992年4月开始，推广"一定四包"（定人员和包定路段、包处理交通事故、包指挥疏导交通、包交通安全宣传）勤务制度，投入95%的警力进行路面执勤，开展交通违章处理及纠正，对县城摩托车违章驾驶行驶进行专项整治。1993年10月1日，南梧二级公路建成通车后，由天平中队、南安中队专管，实行24小时监控，对过往违章车辆实行严管重罚。1995年设立城区中队，专管县城道路交通秩序整顿治理。在县城登俊路、河西旧城区连接藤州大桥70米处的南湖小区路段设置限时单行线，实施交通分流；在城区各繁华路段中心点和交叉路口添设交通标志、标线，实现交通强化管理，保障道路有序、安全、畅通。

2003年开始，每年春运分别在南梧二级公路六坊村公所、潭东收费站设立春运服务站，驻站服务单位有县公安局交通管理大队、县委组织部、共青团县委、县卫生局、县农村信用社及县文华酒店等15个，县公安局交通管理大队派出民警及辅警负责维护服务站各方面工作秩序，组织指挥并引导外出务工返乡过年摩托车进站休息、吃饭、取暖，确保入站、出站安全；其他部门配合做好道路交通安全知识和有关法律法规等知识宣传。各单位分别免费提供泡面、肉粥、面包、粽子、汤圆、姜糖水等食品。站内设有取暖器、爱心床铺提供驾驶人员休息，免费提供摩托车维修服务。至2005年，春运服务站平均每年接待过往摩托车人员9万人以上。

2004年开始，对城区以外的道路，每年抽调警力定时或不定时巡逻执勤。对南梧二级公路，派出巡逻车实行24小时巡逻监控，纠正无证驾驶、疲劳驾驶、酒后驾驶、车辆超速、超载、违章超车、夜间违章使用灯光、违章停车、摩托车违章载人、驾乘摩托车不戴安全头盔等违章行为。在五一、国庆节、春运等重大节假日，各道路实行24小时巡逻监控。对危险、事故多发以及复杂路段设置警示牌，并实行定点执勤和流动巡逻。2005年春运期间，遵照广西公安厅《关于采取坚决措施查处客车超载的紧急通知》，县交警部门派出警务车7辆，24小时在南梧二级公路、国道321线巡逻执勤、定点监控，一旦发现超载客车，强制卸下超载旅客后方允许通行，对9座以上客车逐台进行"拉网式"安全检查。各辖区派出所加强对农村地区摩托车、农用车、拖拉机的源头管理，杜绝超载、非法载客的行为。其间，共检查车辆5500多辆次，查处违法行为3600多人次，扣车75辆，扣证219本，卸客转运（含事故）320人（次）；查扣以货车、农用车、报废车非法栽人的违法车辆13辆。共发生道路交通事故36起，死亡8人，受伤38人，直接经济损失9.45万元。6月，全县辖区道路实现零死亡、零重大交通事故。10月，在省道304线、国道321线、县道187线等主要道路使用雷达测速仪对过往车辆进行测速监控。

平安大道创建

1999年，按照公安部提出的创建平安大道的五个标准（交通安全畅通、治安秩序良好、执法文明公正、警备保障有力、人民群众满意），在南梧二级公路藤县路段全线68.50千米创建平安大道。沿线的天平、南安中队分别配备三菱吉普车、皮卡车各1辆，二轮摩托车3辆，手机2部，天平中队配备微型冲锋枪1支，在公路沿线开通350加密无线电通信网络。与沿线派出所联合制定以“110、122”接报警示系统为龙头的快速反应机制，在沿线村委会及收费站设立免费报警电话，建立和完善群防群治安全网络。2000年9月，创办“平安大道救助中心”，启用“急救绿色通道”。2001年，平安大道通过自治区公安厅审查验收，南安中队被授予“全区创建平安大道模范集体”称号，获记集体“三等功”，获奖桑塔纳轿车1辆。同年12月，公安部授予南安中队“全国创建平安大道先进集体”称号。

车辆与驾驶员管理

车辆管理　1991年，机动车辆上牌、年检等由车辆管理股负责。1995年，县交通警察大队设立车管中队，负责办理各类机动车辆的入户登记、发牌、发证、年检、过户、车辆报废手续。年内，在富吉交通警察大队驻所开设客货车和摩托车两条自动检测线，采用微电脑技术对年检的机动车辆进行自动扫描检测，约5分钟即可检测1辆。在县汽车客运站安装启用汽车安全技术检测线（又称安全检测台），对上路营运的客车进行安全技术检测，交警队每星期派人到车站检查排查，认定技术合格的车辆才准许行驶。全年办理机动车入户8769辆，办理过户手续403辆，报废75辆；检验机动车1.5万辆，一次性检验合格的有14920辆，合格率为98%；检测客车190辆次，应检率为100%。

1997年，根据梧州地区交警大队《关于加强对个体、联户、国营、集体承包营运车辆管理的通知》，凡承包的车辆，要求车主方与承包方必须签订安全责任合同。属个体、联户营运车辆的，则与所在地交通警察队签订，并按照属地管辖原则，县境北片的与太平分队签订，南片的与县队签订。全年签订安全责任合同35份。1998年，车管中队设立服务咨询台，增设便民服务措施，免费为群众填写表格、代拓印号码，代检测及装牌，代办邮寄证件年检年审业务。2000年，对全县机动车辆进行全面清理，对档案手续不完备的或安全技术状况不达标的车辆，不予换牌、上牌，该报废的车辆，通知车主办理报废手续。2003年6月，梧州市公安局确定藤县交警大队为全市唯一办理汽车牌证试点单位。年内严格按照《车辆管理所业务岗位规范》《关于机动车登记项目公开的规定》等5个规定和《中华人民共和国机动车登记办法》进行摩托车、农用运输车的注册登记。全年共办理摩托车入户6660辆，农用车入户174辆；年检汽车963辆，完成年度计划的60%；年检摩托车17853辆，年检率为55.8%。

2005年春运期间，交警大队（支队）与运输企业有关部门以及司机、车主签订春运道路交通安全责任状230多份，对经检验合格的车辆发给《春运检验合格证》，凭证参加春运。全年共办理大型汽车入户60辆，小型汽车入户278辆，摩托车入户5598辆；年检汽车944辆，年检率92%；年检摩托车13390辆，年检率为90%。

驾驶员管理　1991年，藤县按机关企事业单位和村公所设立驾驶员交通安联小组（简称安联组），较大的县直单位设立车队。驾驶员的政治教育和交通法规、安全教育学习，一般由各机关企事业单位、村公所安联组或单位车队长组织实施。1993年，全县有学习小组100个，每月至少组织1次安全学习教育活动，学习内容主要是《道路安全管理条例》《道路交通事故处理办法》等交通法律法规。1994年，取消安联小组，成立藤县机动车辆驾驶员联合会（简称驾联），隶属藤县公安局交通管理警察大队管理，接受县民政局社团登记管理机关监督。在乡镇及单位车队分设办事处20个，下设学习组100个（其中城镇75个、乡村25个），主要任务是协助交警开展驾驶员的培训、教育与管理，并为驾驶证的年检、年审与车辆入户、交通事故处理、保险理赔等提供有偿服务。驾联每月召开办事处主任会议，制定驾驶员学习制度并组织实施。1998年，组织驾驶员学习《中华人民共和国道路交通管理条例》并进行考试，对考试不及格的驾驶员分期分批集中学习和补考。2000年，实施公安部颁布的《机动车驾驶员交通违章记分办法》，规定记分周期为1年度，从机动车驾驶员初次领取驾驶证之日起计算，1年度内违章驾驶记满12分者扣留机动车驾驶证，驾驶员必须重新参加交通法规与相关知识和道路驾驶的学习考试，经考试合格的，记分予以清除，并发还机动车驾驶证。同年，购置电脑6台，将驾驶员档案信息资料录入电脑进行微机管理，并与全国各地联网共享信息。2003年5月，新《中华人民共和国交通安全法》出台，县交通管理部门印发5万册分送驾驶员学习。

交通违章和事故处理

1991年，对违章肇事驾驶员的处罚，坚持事故原因不清不放过、事故责任不清不放过、当事人不受教育不放过的“三不放过”原则，并按事故性质、责任大小、情节轻重分别给予警告、罚款、治安拘留、吊扣和吊销驾驶证等处罚，构成刑事责任的，依法移送司法机关追究刑事责任。道路交通肇事事故分为轻微事故、一般事故、重大事故和特大事故4种。县交警大队接到交通肇事报告后，即由事故处理中队派人赶赴出事地点勘查现场处理事故，边抢救伤者和财物，边调查取证，制作事故现场图和详细的勘察笔录，尽快恢复交通。对立案事故或性质较严重的事故，除做好勘查记录、访问受害人、搜集旁证外，由当事人写出肇事经过；对重特大事故中的死者和车辆进行死亡鉴定和车辆技术检验。在查明原因的基础上，以事实为依据，以道路交通管理法规为准绳，根据当事人的违章行为与事故的因果关系，分别认定交通肇事责任人应负的全部责任、主要责任、次要责任、同等责任和一般责任，依法按责论处。1991年，全县共发生交通事故153起，死亡人数10人，受伤人数51人，造成直接经济损失1.35万元。1992年，对构成刑事责任的交通事故肇事者，依法移交司法机关追究刑事责任，不构成刑事处罚的，按事故性质、责任大小、情节轻重依法裁决，分别给予警告、罚款、治安拘留、吊扣和吊销驾驶证等处罚。对造成人身伤亡、车物损失的交通事故，由公安交警大队组织肇事者，伤、亡、车物损坏方和单位领导人协商调处；凡涉及人身死亡的事故，则由死者家属派代表参加提出意见和要求；涉及多人死亡、受伤损失严重的事故，由公安交通管理机关和有关单位组成工作组，做好善后处理工作；造成车物损坏的，以修复为主，不能修复的则折价赔偿。

1997年9月，开通“122”交通事故报警“110”线电话，每日24小时轮流值班执勤。1998年2月，成立道路交通事故评估鉴定小组，成员由事故处理科、物价局、中国人民保险公司、太平洋保险公司，以及资历较深技术较好的汽车修理厂技术人员组成。负责对事故造成车辆、财物损失的评估鉴定工作。9月，梧州市交警支队在藤县举办1期道路交通事故处理培训班，共培训学员59人。1999年6月起，对死亡30人以上，或直接经济损失在500万元以上的交通事故，由公安交通管理部门和监察机关共同调查处理。交警大队成立重案追逃组，负责处理肇事逃逸及重特大事故。

2000年，执行公安部发布的《机动车驾驶员交通违章记分办法》，在1年度内违章驾驶记满12分者扣留机动车驾驶证。建立交通事故公开处理制度，除当事人提出或者其他不宜公开的理由，以及使用简易程序处理的一般事故外，其他交通事故均允许群众旁听。涉及交通事故处理的法律、法规、标准、程序和警务规定等，在事故调处场所张榜公布。公布交通事故责任及进行调解损害赔偿等工作时，召集各方当事人同时到场。公布交通事故责任时，向当事人介绍事故调查的事实，出示现场记录图、事故照片、勘查记录、检验鉴定结论、证人证言等有关证据材料，并说明认定责任的理由和依据。调解损害赔偿时，向各方当事人公布国家有关赔偿调解项目、范围和标准，公开当事人提交的请求赔偿证据，说明交警部门的调解职责、权限和调解意见。2001年，全县共发生交通事故524起，其中重大交通事故65起，死亡59人，受伤605人，直接经济损失146.81万元。侦破交通肇事逃逸案件11起，依法拘留16人，逮捕11人。

2002年起，加大对违章驾驶的处罚力度，凡违章超载的客货车予以扣留车辆，并在24小时内将被扣车辆移交到公安机关交通管理部门。同时将酒驾、醉驾、无牌无证驾驶、超速行驶，以及驾驶拼装或者已达到报废标准的机动车辆等一并纳入扣证处理范围。对驾驶摩托车不戴头盔，或闯单行线的驾驶员，实行暂扣驾驶证、并处罚金200元处理。对所有违章司机一律进行为期半天的学习教育，经考试合格后，方可领回机动车和驾驶证。

2005年，进一步改革勤务制度，把“122”报警电话与县公安局“110”报警服务台联网，同时成立公路巡逻民警队，提高快速反应处理事故的能力。全年境内辖区发生道路交通事故194起，死亡人数49人，受伤人数222人，造成直接经济损失74.87万元。

2000 年—2005 年，累计查处超载客、货车 22900 辆（次），查处非法改装、加弹簧片违章车辆 24600 辆，查处报废车辆 235 辆；侦破交通肇事逃逸案件 17 起，依法行政拘留 20 人，刑事拘留肇事司机 15 人，呈捕 10 人，提起诉讼 10 人；吊销扣留驾驶证 232 本；举办违章司机学习班 60 期，教育和处罚违章司机 91800 人（次）。

附：重特大交通事故

2003 年 6 月 17 日，驾驶员区 ×× 驾驶车号为粤 CJ0378 的珠海—桂平大卧铺客车从广东往桂平方向行驶，车辆行驶至南梧二级公路 346KM + 800M（藤县潭东镇潭东村松塘路口路段）处，由于与后面乘客闲谈注意力不集中且又超速行驶，致使大客车偏入左车道与相向行驶的由刘 ×× 驾驶的桂 D—30116 中巴客车（藤县—埌南）发生碰撞，导致桂 D—30116 中巴客车车厢盖被掀翻，压到尾随的一辆由李 ×× 驾驶的桂 D—T8647 两辆摩托车上，造成 3 车不同程度损坏，20 人死亡、15 人受伤的特大道路交通事故。直接经济损失 70.17 万元。

1991 年—2005 年藤县道路交通事故统计表

表 7-1-1

年度	事故次数（次）	死亡人数（人）	受伤人数（人）	直接经济损失（万元）
1991	153	10	51	1.35
1992	218	17	136	52.13
1993	412	17	16	3.71
1994	55	28	61	28.64
1995	34	30	64	42.80
1996	243	60	225	118.61
1997	467	87	574	377.68
1998	356	74	446	391.28
1999	119	34	166	88.42
2000	862	66	651	298.27
2001	524	59	605	146.81
2002	272	62	460	105.15
2003	192	74	329	134.15
2004	175	72	301	68.38
2005	194	49	222	74.87

第七节 出入境管理

1991 年—1997 年，出入境手续的办理、外侨居留证的检查等均由县公安局出入境管理科负责。其间，办理的多为赴港澳探亲人员，每年约为 95 人左右；累计办理出境 570 人次，入境 159 人次。1998 年—2000 年略有增加，年平均 150 人次左右。2000 年，签发边防证 3.2 万多张，以出入越南国境最多。2001 年，共呈报出国出境材料 274 份 321 人，经上级审批出国 27 人，赴港澳定居 26 人，探亲 180 人次；其中去台湾探亲 17 人次，定居 4 人。签发边防证 1.1 万多张。

2001 年—2003 年，年均办理出国出境人数 300 多人，以出国旅游居多。2005 年，共受理出国（境）材料 43341 份（人次），经上级审签出国护照 85600 人（次），审签往来港澳通行证 33981 人（次），外国人延期签证居留 22 人，赴港澳定居 36 人，赴台湾探亲、旅游 178 人（次）。

第八节　消防管理

消防宣传

1991 年—2005 年，开展“消防宣传进万家”活动，巩固“公众聚集场所消防安全专项治理”，进一步加强消防安全宣传教育，大力普及消防常识，努力提高全民的消防意识和技能。宣传范围包括党政机关、企业、事业单位、学校、幼儿园、社区及居民等。重点是普及防火、灭火、逃生常识，进行必要的消防技能培训，推广常用消防器材的使用方法。

深入开展消防宣传和教育培训，大力开展冬春消防安全专项整治行动。以消防宣传进学校、进社区、进企业、进农村、进家庭，针对冬春季节火灾特点，强化防范火灾的措施，将防火灭火、安全疏散、自救逃生等知识进一步传播到居民家庭。教育部门、学校及其他教育机构结合创建“平安校园”和教学工作对师生进行消防安全专题教育；科技、司法、劳动部门结合科普、普法和特种作业人员教育培训，加强消防法律法规、消防知识的宣传、培训和教育。

消防设施与装备

1991 年，藤县公安消防大队为公安现役制的消防部队。拥有水罐消防车 2 辆（载水 10 吨），灭火器材 200 件套，个人防护装备 130 件套。1991 年—2005 年，共投入业务经费 200 万元用于采购车辆器材装备。在队伍管理方面，以部队安全稳定为目标，积极开展部队正规化建设，进一步提升大队灭火作战和执法监督的能力。

检查整改

1991 年—2005 年，针对个别单位和部分居民群众消防安全思想薄弱，对消防突发情况重视程度不够，而加大安全检查整改，制定消防安全整改措施，避免造成安全事故。同时加大消防安全培训、宣传和演练的力度，从而提高消防安全意识。利用展板、公开栏和 LED 电视等载体对消防安全知识、逃生技能进行宣传。期间，每年召开 1 次以上全县性消防工作会议，对重要场所、重点单位实行重点监督管理。平时消防安全监督检查工作，多采用抽查制，根据公安部《消防监督检查规定》的要求，对消防安全重点单位、非消防重点单位进行监督抽查。在安全检查整改工作中，着力解决影响火灾形势稳定和公共消防安全的重大问题，严防各类火灾事故发生，提高防控火灾的意识和能力为目标，结合冬春消防安全的阶段性特点进行整治，消除火灾隐患，为全县经济发展、社会稳定和人民群众安居乐业创造良好的消防安全环境。2001 年，全县共发生火灾 10 起，造成死亡 2 人，受伤 1 人，直接经济损失 20.50 万元。

消防工程管理

1991 年—2005 年，藤县工程项目消防管理的审批、验收等，由梧州消防支队管理，藤县消防大队配合开展。

第二章　检　察

1991 年—2005 年，县检察院深入开展反贪污贿赂，惩治腐败，严厉打击严重刑事犯罪活动。加强同侵犯公民民主权利和玩忽职守渎职犯罪作斗争。对直接受理的贪污贿赂、玩忽职守、徇私舞弊、刑讯逼供、非法拘禁、偷漏抗税和重大责任事故等犯罪案件进行侦查，累计立案 155 件（其中大要案 96 件），侦查终结，向法院提起公诉 96 件。对公安机关、国家安全机关移送的案件，进行审查，共批准逮捕各种刑事犯 4136 名，提起公诉 3680 名，并对公安、国家安全机关的侦查活动是否合法实行监督，对提起公诉的案件，出席法庭支持公诉；并对人民法院的审判活动是否合法实行监督，对刑事案件的判决，裁定的执行和对监狱、看守所和教养机关的活动是否合法实行监督。受理公民的控告和申诉，通过办案开展社会治安综合治理；履行对行政诉讼和民事审判活动的法律监督职责。

第一节　机构　设施

机构

藤县人民检察院于1955年3月成立，属正科级行政单位。1991年，办公地点位于在藤州镇东风街28号。属梧州地区人民检察院管辖。内设办公室、刑事检察科、法纪检察科、经济检察科、林业检察科、监所检察科、调研咨询科、控告申诉检察科共8个科室，有编制50名，实有在职人员52人；设检察长1名、副检察长3名，实有检察长1名、副检察长3名。1992年，搬迁至绣江路149号办公。1993年3月，撤销林业检察科，设立综合科。1994年3月，设立民事行政检察科。1996年3月，撤销经济检察科，设立反贪污贿赂局。12月，撤销刑事检察科，分设刑事检察一科、二科，增设刑事技术科。

1997年5月，归属梧州市人民检察院管辖。8月，内设办公室（法律政策研究室）、政工科（纪检监察）、刑事检察一科、刑事检察二科、反贪污贿赂局、法纪检察科、监所检察科、民事行政检察科、控告申诉检察科（举报中心）、检察技术科、调研咨询科11个科室，核定行政编制61人，实有在职人员53人。

1998年3月，设立司法警察大队。8月，刑事检察一科更名为审查批捕科，刑事检察二科更名为审查起诉科。1999年，投资847.40万元，在河东新城区建设占地面积510平方米9层的综合办公大楼。2000年12月落成搬迁至新址（河东区政贤路169号）办公。2001年，撤销法律政策研究室，审查批捕科改称侦查监督科，起诉科更名为公诉科，法纪检察科更名为渎职侵权检察科。核定人员编制55名。2004年9月，恢复法律政策研究室。2005年5月，设立人民监督员办公室，与法律政策研究室合署办公。年末，内设办公室、政工科、侦查监督科、公诉科、反贪污贿赂局、渎职侵权检察科、监所检察科、民事行政检察科、控告申诉检察科、检察技术科、法律政策研究室（包括人民监督员办公室）、司法警察大队等12个机构；有编制61名，实有人员61人；有检察长1人、副检察长3人。

1991年—2005年藤县人民检察院历任检察长

表7-2-1

姓名	性别	籍贯	任职时间
韦裕炳	男	广西藤县	1990.10—1997.10
雷　雄	男	广西藤县	1997.10—1998.08
杨天寿	男	广西桂平	1998.8—1999.01为代检察长；1999.01—2001.03为检察长
石世安	男	广西来宾	2001.03—2006.11

队伍建设

1991年，县检察院在职干警52人，大专以上学历20人，中专学历30人。县检察长需由本级人民代表大会选举产生和罢免，并经自治区人大常委会批准。1992年—1995年，开展以《邓小平视察南方重要讲话》《中华人民共和国检察官法》为主要内容的学习活动，要求检察人员既要解放思想，更新观念，又要做到行为规范。1991年—1994年，县检察院获广西区检察系统先进集体。1995年，副检察长黄月荣获广西区检察系统记二等功。1996年，实施"三严四自"工程，要求干警尤其是领导干部必须做到"严格要求、严格管理、严格监督"和"自重、自省、自警、自励"。1997年，由正、副检察长授课，对检察人员进行新的《中华人民共和国刑法》学习培训。1998年，因信息宣传工作突出获广西区检察系统二等奖，李秀邺获广西区检察系统个人二等奖；副检察长黄月荣因抗洪抢险获全国检察系统一等功。

1999年起，注重检察员文化素质，要求大专以上文化程度者方可进入检察系统。是年，县检察院被评为自治区检察系统调研、宣传工作先进单位。2000年，县检察院有检察员35人，助理检察员8人。是年，县检察院被自治区检察院授予“五好检察院”称号（是指班子建设好、工作业绩好、队伍素质好、管理机制好、社会形象好）。2001年开始，开展“三个代表”重要思想的学习活动，通过“整纪刹风”回头看活动和集中教育整顿，检察队伍整体素质得到提高。2002年，按新修订的《中华人民共和国检察官法》规定，初任检察官必须通过全国统一司法考试。是年，县检察院获全区检察宣传先进集体、全区调研工作先进单位。2003年，县检察院获全区检察系统先进检察院称号，获自治区检察系统集体二等功。是年，县检察院对干警参加司法考试的，在时间、经费、工作上给予照顾。2004年，县检察院获广西壮族自治区“文明单位”。至2005年，有20人通过司法考试获得检察官资格。

2005年年底，在职人员61人中，具有本科以上学历32人，占52.46%，大专学历15人占24.59%；有检察员35人，助理检察员12人，书记员8人；拥有计算机一级以上等级证书的有30人，有汽车驾驶证的有36人。

设施设备

1991年，县检察院有独立办公楼1幢，占地面积403.90平方米，建筑面积1654平方米；有办案专用吉普车5辆，计算机1台。1997年，投入资金60万元购置技术侦查专用设备（装备），专门用于案件痕迹物证鉴定。1999年，投资847.40万元在县城河东新城区建设占地面积510平方米计9层的综合办公大楼，于2000年12月落成并搬迁办公使用。2001年，投资35万元建设总面积500平方米的临街铺位14间；投资30多万元硬化、绿化院子，建设篮球场；筹集资金14万元添置办案用车2辆；投入资金16万元安装监控系统、保密电话等；投资10多万元新增办公电脑9台（合计17台）。2002年，筹集资金200多万元，建设1幢建筑面积3100平方米共7层办公住宅综合楼。是年，县检察院获全区检察检察机关办案用房和专业技术用房建设先进集体。2002年—2004年，购置计算机21台，其中台式18台，手提电脑3台；多媒体示证设备1套。2005年，投入30多万元建设区、市、县三级检察网，在全院安装使用录像监控系统。投资20多万元购买小车2辆，办案用车增加到9辆；有计算机38台，全院检察员人手一台，实现了无纸化办公。

1997年—2005年，使用技术侦查专用设备办理物证检验鉴定310件，文证审查471件，出具证据材料875份，为案件审定提供可靠证据。2005年，由检察院公诉的冼××贪污一案，收集卷宗材料6卷，其中证人证言280多份。通过采用多媒体示证，比平时庭审示证缩短约2小时，也让旁听群众从投影屏幕中直观地看清被告人的犯罪事实。

第二节　刑事检察

1991年，批捕审查和起诉审查工作由刑事检察科负责。全年受理公安机关提请批准逮捕案件175件、283人，经审查后批准逮捕148件、232人，其中重大案件33件、36人，团伙作案21件；受理该院自侦部门移送审查批捕案件6件、7人，经审查决定逮捕4件、5人。受理公安机关移送起诉案件140件、208人，向法院提起公诉122件、163人，免予起诉10件、13人，移送上级检察机关起诉6件、21人。1994年，配合公安机关开展“严打斗争”，对涉及杀人、抢劫、强奸、车匪路霸、重大盗窃案等严重危害社会且犯罪事实清楚、证据确凿的刑事犯罪案件实行快捕快诉，三天内审结案件58件、90人，快捕率为36.25%。刑事检察科因此获广西检察系统三等功。

1998年3月，成立审查批捕科、审查起诉科，实行批捕审查与起诉审查分离。审查批捕科直接对公安机关、国家安全机关和人民检察院侦查部门提请批准逮捕的案件实施批捕审查，并对公安机关应当立案侦查而不立案的及侦查活动是否合法实行监督。审查公诉科直接对公安机关、国家安全机关和人民检察院侦查部门移送起诉的或不起诉的案件进行审查，并作出提起公诉或不起诉决定；对提起公诉的案件出席法庭支持公诉；并对人民法院的审判活动实行监督，对已收到法院作出的判决、裁定书，实行办案人员、科领导、院领导三级审核制度，对确有错误的刑事判决、裁定提出抗诉。

1996年—2000年，受理公安机关提请批准逮捕案件955件、1422人；该院自侦部门移送审查逮捕案件18件、32人。经审查批准逮捕877件、1226人，不批准逮捕52件、92人。受理公安机关移送起诉案件823件、1166人，该院自侦部门移送起诉案件15件、13人。向法院提起公诉716件、1004人，不起诉23件、44人。受理立案监督案件9件、12人，应当立案而不立案9件，发出《要求说明不立案理由通知书》9份。

2005年，受理公安机关提请批捕案件272件、360人，受理该院自侦部门移送审查批捕案件10件、12人。决定批捕245件、319人，不捕36件、52人，未结案1件、1人。在所审的案件中，一天内审结的9件、11人，三天内审结的50件、62人，快捕率为20%。办理立案监督11件、11人。受理公安机关提请起诉案件211件、306人，经审查后向法院提起公诉183件、232人，不起诉2件、2人；报送梧州市检察院审查起诉10件、17人；移送其他检察院起诉1件、3人；公安机关撤回案件3件、9人，退回补充侦查2件、2人。受理该院自侦部门移送审查起诉案件19件、21人，经审查后决定向人民法院提起公诉的案件17件、19人，自侦部门撤回1件、1人。

2001年—2005年，累计受理公安机关提请批准逮捕案件1404件、1797人，受理该院自侦部门移送审查逮捕案件49件、55人；经审批准逮捕1272件、1610人，不批准逮捕117件、166人。受理公安机关移送起诉案件1254件、1600人，向法院提起公诉1240件、1576人，不起诉22件、28人。受理立案监督案件40件、45人，发出《要求说明不立案理由通知书》40份，公安机关立案40件、45人。办理刑事抗诉案件2件，并获法院改判。

1991年—2005年藤县刑事案件受理审查起诉情况表

表7-2-2 单位：件、人

年度	受理件数	受理人数	批准逮捕件数	批准逮捕人数	移送起诉件数	移送起诉人数	决定起诉件数	决定起诉人数
1991	181	290	152	237	162	238	131	188
1992	181	211	130	184	130	191	110	177
1993	181	216	103	182	121	197	92	132
1994	181	333	163	301	192	307	124	193
1995	181	264	155	220	165	243	126	172
1996	181	353	222	315	201	292	186	270
1997	181	241	149	220	120	168	87	111
1998	181	202	144	183	150	216	119	166
1999	181	273	179	232	170	214	146	190
2000	227	385	207	305	227	339	198	297
2001	278	349	254	313	214	269	200	263
2002	222	273	210	259	210	269	177	232
2003	250	315	233	295	239	320	212	280
2004	291	377	259	324	275	340	257	319
2005	282	372	245	319	230	327	200	251

第三节 职务犯罪检察

职务犯罪侦查

1991年，经济案件由经济检察科立案侦查，主要是对贪污、贿赂、挪用公款等职务犯罪案件进行立案侦查；法纪案件由法纪检察科立案侦查，主要是对索贿、非法拘禁、非法搜查、非法侵入他人住宅、玩忽职守、重大责任事故等渎职侵权法纪案件进行立案侦查。

1991 年—1995 年，共计立案查办贪污贿赂案件 76 件，犯罪嫌疑人 92 人，涉案金额 186 万元。其中：贪污、挪用公款案 58 件 73 人，涉案金额 135 万元；贿赂案件 19 件，涉案金额 55 万元。查获涉案金额较大的有太平松脂厂黄 ×× 挪用公款案，涉案金额 18 万元。纪法检察科累计立案查办索贿、非法拘禁、非法搜查、非法侵入他人住宅、玩忽职守、重大责任事故等渎职侵权纪法案件 86 件，经初查后立案 15 件。

1996 年—2000 年，反贪污贿赂局立案查办贪污贿赂案件 30 件，犯罪嫌疑人 54 人，涉案金额 320 万元。其中：贪污、挪用公款案 24 件 47 人，贿赂案件 6 件 7 人。涉案金额最大的为 1999 年的县粮食系统贪污案和私分国有资产犯罪案，由县人民检察院反贪污贿赂局立案查处了县粮食局局长黄 ×× 私分国有资产 53 万元，金鸡粮所原所长刘 × 等人贪污 26 万元的大案。法纪检察科共受理各类法纪案件 59 件，经初查后立案 16 件。

2001 年起，县检察院按照中央惩治腐败精神，每年通过县有线电视台、《今日藤州报》、公开栏、法学知识巡回展览等途径，广泛宣传有关法律法规。

2004 年 10 月，县检察院作为广西壮族自治区基层检察院的试点单位，从全县挑选出 7 名思想端正、品行良好、公道正派，年满 23 周岁的干部群众组成藤县首届人民监督员，在人民检察院查办职务犯罪中，对“犯罪嫌疑人不服逮捕决定的，拟撤销案件的，拟不起诉的” 3 类自侦案件进行监督。对发现人民检察院在查办职务犯罪中应当立案而不立案或者不应当立案而立案的，超期羁押的，违法搜查、扣押、冻结的，应当给予刑事赔偿而不依法予以确认或者不执行刑事赔偿决定的，检察人员在办案中有徇私舞弊、贪赃枉法、刑讯逼供、暴力取证等违法违纪情况的 5 种情形提出意见。至 2005 年年底，共接受监督审查“三类案件” 13 件，其中犯罪嫌疑人不服逮捕决定的 1 件，经评议后人民监督员同意维持原逮捕决定；拟撤销案件 6 件，经评议后人民监督员同意撤销案件 6 件；拟不起诉案件 6 件，经评议后人民监督员同意不起诉案件 6 件。

2001 年—2005 年，反贪污贿赂局共受理案件线索 49 件、55 人，经审查后立案查办 49 件、55 人，涉案金额 380 万元。其中贪污、挪用公款案 42 件、48 人，贿赂案件 7 件、7 人。涉案金额最大的为 2004 年的县公安局副局长周 × 私分国有资产案，金额 44 万元。渎职侵权检察科共受理渎职、侵权等案件线索 26 件，经初查后立案 12 件、13 人。

预防职务犯罪

1999 年，县检察院开始着手开展职务犯罪预防工作，深入到乡镇、厂矿、企业和部门单位宣传检察业务和检察机关受理案件范围、立案标准，用典型案例以案说法，教育广大职工干部知法、守法，不断提高职工干部的法制观念；向发案单位提出有分析、有措施的预防对策和检察建议。

2000 年—2001 年，共出版“检务公开”宣传栏 15 期，举办流动宣传展览 8 次，组织人员进入乡镇、企业、单位宣传走访 65 余次，发放宣传资料 1 万多份，受教育人数 3 万多人。2001 年，为全县各乡镇免费订阅《广西检察》20 份，向各部门单位发放《预防职务犯罪教育读本》1000 本。

2001 年—2003 年，县检察院结合办案开展个案预防 25 件，开展行业、专项预防 3 件，向发案单位提出针对性检察建议 34 份。

2005 年，坚持打防结合方针，通过法制宣传和以案说法等方式，对全县干部尤其是领导干部进行教育，从源头上预防职务犯罪的发生。

第四节　监所检察

1991 年 8 月，县检察院在县看守所设置驻所检察室，依法对刑罚执行和监管活动实行监督，查办发生在监管场所的职务犯罪案件，打击被监管人员的犯罪活动，保障被监管人员的合法权益。1995 年，参加由看守所召开的联席治安防范会议 13 次，提出合理化建议 16 条。上法制课 15 次，接受教育 3800 余人次；与犯罪嫌疑人谈话 250 人次，其中对重刑犯进行个别教育 18 人次，确保预审、起诉、审判工作顺利进行。

1996 年—2000 年，主要开展刑罚执行监督、羁押期限监督、监所安全监督和犯罪及犯罪嫌疑人的思想教育为主。每年均组织羁押人员上法制课，通过以案说法方式强化法律意识教育；根据犯罪嫌疑人的素质、犯罪形式、犯罪特点等针对性进行思想教育，累计进行个别谈话 565 人次；开展监室安全检查 56 次，发现事故隐患 9 处，提出纠正意见 9 条、检察建议 26 条；依法纠正超期羁押 67 人次，纠正违法收押 5 件 5 人，其他违法违纪事件 6 件 6 人。

2001 年—2005 年，通过参加看守所联席会议以及对监所安全防范措施、监所卫生等检查，犯罪及犯罪嫌疑人的收押、释放、羁押期限、裁定执行情况的监督检查，提出检察建议 30 多条，发出催办函 54 份，防止“边清边超”“前清后超”现象发生。累计为犯罪嫌疑人上法制课 25 次，受教育人数 5000 余人次。

1991 年—2005 年，累计对监管改造场所的违法情况提出纠正意见 92 件（次），纠正超期羁押 256 人（次）；共受理重新犯罪案件 15 件、22 人，起诉 15 件、22 人；通过开展清理考察监外执行情况专项整治检察，共考察监外执行人犯 547 人，纠正违法保外就医 35 人。

第五节　控告申诉检察

1991 年—1995 年，控告申诉检察科主要针对服刑人员申诉、群众来信来访积案以及群众反映强烈的执法违法、司法不公的突出问题进行专项清理检察，着重对已经审理完结的案件进行复查，属冤假错案的予以纠正，对遗漏犯罪案进行妥善处理。5 年间，共受理群众来信来访控告线索 1236 件次，其中来信 1001 件，来访 235 件；在受理的 1236 件来信来访案件中，属群众举报经济案件、法纪案件线索 300 件。经审查，落实处理 1236 件，占 100%。1993 年—1995 年，县检察院群众来访接待室连续获广西区检察系统文明接待室称号。

1996 年—2000 年，县检察院共受理群众来信来访控告线索 1256 件次，其中属群众举报经济案件、法纪案件线索 468 件；经审查落实处理 1256 件，占 100%。1999 年，控告申诉科设立举报信箱，公布举报电话“7292000”。同年，建立检察长接待日制度，接受群众诉求以及向检察院反映问题或提出意见建议，监督检察院工作。至 2005 年，通过信箱及举报电话获取有效线索 186 件，查处 155 件。6 年间，检察长接待日接访共接待群众来访 531 人次，现场办公批办案件 251 件。

2000 年—2005 年，县检察院共受理群众来信来访 897 件（次），经查落实处理 897 件，占 100%。处理“两访一户”案件 42 件，办理刑事赔偿案件 5 件。

附案例：

1994 年 2 月，申诉人黎 ×× 到县检察院控告申诉检察科反映，其于 1986 年因“贪污罪”被移送检察机关立案侦查，经县检察机关侦查后，认为黎 ×× 在本案中起次要作用，是本案的从犯，且在被捕后能坦白交代，积极退赔款项，因而作出免诉决定。但其本人认为，当时检察机关和农业银行在清算有关债权债务时，认定其应承担的债权债务存在错误，要求县检察院重新清算审查，还其清白。对于此长达 8 年之久的申诉案件，控告申诉检察科受理后，根据黎 ×× 反映的情况，经过调阅案卷，并多方调查了解、核实查证，确认当时检察机关和农业银行在清算有关债权债务时，对认定其应承担的责任没有差错。遂作出了不予立案复查决定，并就事实耐心细致地对当事人进行解释，令当事人心服口服，以后不再为此事上访申诉。

第六节　民事行政检察

1994 年 3 月，成立民事行政检察科，主要对人民法院已经发生法律效力的民事、行政判决、裁定进行复查审查，发现有错误或者违反法定程序，可能影响案件正确判决、裁定的，依法提请上一级检察院抗诉。至 1995 年，共受理不服法院民事、经济、行政判决申诉案 44 件，决定立案审查 9 件，其中审查后提请抗诉或建议提请抗诉 7 件，提出检察建议 1 件，撤案 1 件。其余 35 件根据事实和依据对当事人作解释后自动息诉或作出其他处理。

1996 年—2000 年，共受理不服法院民事、经济、行政判决申诉案 92 件，作出立案决定 39 件。经审查，对其中存在错误判决和裁定的依法提出抗诉 20 件，发出检察建议 11 件，动员息诉 8 件。

2001 年—2005 年，受理不服法院民事、经济、行政判决申诉案 58 件，对其中的 34 件进行立案审查，经审查提请抗诉或建议提请抗诉 24 件，发出检察建议 10 件。其余 24 件经动员自动息诉或作出其他处理。

附案例：

1994 年，县检察院民事行政检察科接到县钛品实业总公司申诉。理由是，县人民法院在审查判决裁定其公司的一宗汽车租赁纠纷案中，对其公司多交的诉讼费用 2000 多元没有退还，要求县检察院予以监督。行政检察科接案后，通过调查了解，证实县钛品实业总公司申诉事由属实，然后向县检察院分管领导作了汇报，并会同检察院分管领导与县人民法院负责审判该案的相关人员及主管领导联系，经过协商，县人民法院及时将多收的诉讼费退给县钛品实业总公司，依法保护申诉人的合法权益。

第三章　审　判

1991 年，藤县人民法院依法开展刑事、民事、经济、行政案件审判，对已生效的执行案件实施执行。1995 年，实行审判长选任制。1998 年，开展审判制度改革，实行立案与审判分离；执行修改后的刑法和刑事诉讼法，首度采用简易程序审判，刑事审判由“纠问式”庭审改为“控辩式”庭审。2000 年开始，对依法应该公开审判的案件一律公开审判。2001 年，撤销经济庭，经济案件与民事案件合并统称民商事案件。1991 年—2005 年，累计受理刑事案 2734 件，审结 2734 件，结案率 100%；各类民事案件 18800 件，审结 17800 件，结案率 95.02%；受理经济案件 2673，审结 2641 件，结案率 98.80%；行政诉讼案件 379 件，审结 379 件，结案率为 100%。受理执行案件 12300 件，执结 10891 件，执结率 88.54%。

第一节　机构　队伍

机构

1951 年 6 月 9 日，成立藤县人民法院。1991 年，办公地点位于藤城镇绣江路 79 号，属副处级行政单位。内设刑事审判庭、民事审判庭、行政审判庭、经济审判庭、执行庭、办公室、告申庭共 7 个职能部门，核定行政编制 114 名，有院长 1 人，副院长 3 人。县人民法院共派出太平、大黎、金鸡、濛江、埌南、藤城共 6 个人民法庭，共有干警人员 44 人。年末全系统实有人员 110 人。

1994 年 10 月，设立司法警察队和调查研究室。1996 年 12 月，司法警察队更名为司法警察大队。1998 年 12 月，内设机构改为刑事审判庭、民事审判庭、经济审判庭、行政审判庭、立案庭、审判监督庭、执行庭、研究室、监察室（与纪检组合署办公）、政工科、办公室和法警大队（合署办公）、交通事故巡回法庭，派出机构有基层人民法庭 6 个。全系统核定行政编制 129 名，实有人员 123 人。2001 年 2 月，撤销大黎、埌南、藤城人民法庭，设立潭东人民法庭。太平人民法庭管辖太平、平福、东荣、大黎、古龙、宁康 6 个乡镇的案件审判；濛江人民法庭管辖濛江、和平、天平 3 个镇的案件审判；金鸡人民法庭管辖金鸡、象棋、岭景、新庆 4 个镇的案件审判；潭东人民法庭管辖潭东、埌南、同心、南安、赤水、藤城、津北 7 个乡镇案件审判工作。12 月，县法院内设机构改为办公室、政工科、立案庭、刑事审判庭、民事审判第一庭、民事审判第二庭、行政审判庭、审判监督庭、执行局（执行庭）、研究室、司法警察大队、监察室（与纪检组合署办公），核定行政编制 116 名（含基层人民法庭）。同年 9 月，办公地点搬迁至藤州大道 76 号。2005 年，内设机构无变化。全系统有编制 125 名，实有干部职工 105 人。

1991 年—2005 年县人民法院历任院长

表 7-3-1

姓名	性别	籍贯	任职时间
潘家生	男	广西藤县	1990.09—1993.11
黄日汉	男	广西藤县	1993.11—1998.08
李进源	男	广西苍梧	1998.08—1999.01 代院长，1999.01—2002.03 院长
孙广岑	男	湖北献县	2002.03.07—2002.03.09 代院长，2002.03—2002.09 院长
梁广明	男	广西苍梧	2002.09—2002.10 代院长，2002.10—2004.02 院长
周　放	男	广东龙门县	2004.03—2011.04

队伍建设

1991 年，县法院系统在职人员 110 人中，拥有本科学历 35 人，大专学历 27 人，中专学历 25 人。中专学历以上人员占全院总人数的 79.10%；具有法律专业的专科、本科毕业生 31 人；具有法官资格 74 人。有 7 名干警取得业余大学学历证书，5 名干警取得专业证书。参加全国法院干部业余法律大学法律专业在读生 21 人，广西政法学院学习 1 人。1993 年，县法院被评为自治区法院系统先进集体，1 人被评为自治区法院系统先进个人，6 人被评为地区法院系统先进个人。

1994 年，进行人事制度改革，实行双向选择、优化组合、择优上岗。1995 年 9 月，首次对法院中层领导进行选聘，经过竞选和考核，有 3 人被任命为庭、科、室、队领导，平均年龄 42 岁。年末，在编干警 124 人中，具备大专以上学历干警 85 人，占 68.54%；审判人员中具备大专以上学历占审判人员 78.70%。1996 年，组织干警学习《邓小平文选》和党章，学习中纪委“十条禁令”，以及最高人民法院制定的《八不准》（即不准主观臆断、不准徇情枉法、不准贪赃卖法、不准吃请受礼、不准索贿受贿、不准经商牟利、不准欺压群众、不准泄露机密）。是年，县法院被评为全区法院系统先进法院，4 人获评全区法院系统先进个人。

1998 年，组织干警学习党的十四届三中、四中、五中全会精神，学习《中华人民共和国法官法》《中华人民共和国国家赔偿法》《中华人民共和国担保法》为主。是年，有大专以上学历干警 101 人，占全院干警的 82%；审判人员中具有大专以上学历的占审判人员总数的 85.07%；院领导和中层领导大专以上学历达到 100% 和 95%。当年，县法院被评为全区法院系统先进单位和调研信息先进单位。行政审判庭被评为全区法院系统行政审判工作先进单位和优秀审判庭。藤城法庭被授予全区“十佳法庭”称号；1 人被授予全区“十佳法警”；1 人被评为全区法院系统优秀行政管理人员。

2000 年 12 月，中层领导实行年轻化、能力化配备，采取竞争上岗，通过自荐、民主推荐、民主评测、组织考察、县委组织部提议、县人大常委会讨论通过等程序，全院有 3 名干警被任命为庭、科、室、队领导，有 3 人被选任为审判长、独任审判员，任职平均年龄 39 岁。2005 年，在全院开展办案数量和质量、庭审驾驭能力、裁判文书制作能力竞赛活动。当年，有 2 名中青年法官通过竞争上岗获得提拔任用。年末，全院 105 名干警中，拥有研究生学历 2 人，本科学历 57 人，大专学历 46 人；具有法律专业的专科、本

县人民法院综合办公大楼　　(2003 年摄)

科学历98人，占干警总数93.33%。在职审判人员中，被授予四级高级法官3人，一级法官7人、二级法官9人、三级法官2人、四级法官7人；有三级警督警衔6人、一级警司2人、二级警司2人。年内，县法院被梧州市中级人民法院评为先进单位，民一庭被梧州市中级人民法院评为先进集体，有3名法官被评为先进个人，执行庭与2名法官分别荣立梧州市法院系统三等功一次。2000年—2005年，开展“三讲”（讲学习、讲政治、讲正气）“一教育三整顿”（法官职业道德教育，整顿领导班子、整顿审判纪律和整顿工作作风）及“三个代表”重要思想学习教育活动，贯彻执行自治区高院制定的“十禁止”“十不准”等规定。

第二节　审判制度改革

1995年，对法官选任资格、选任方式进行改革，改革目的是将优秀审判人员选拔出来担任审判长，实现人才优化配置。主要改革方式是实行审判长选任制，当庭长或副庭长出庭时，必须由庭长或副庭长担任审判长外，其他法官担任审判长的必须根据业务能力、政治素养择优选任。此外，对法院领导干部实行任职回避、交流制度，领导干部之间有夫妻关系、直系血亲关系、三代以内旁系血亲以及近姻亲关系的，不得同时在同一审判庭任庭长、副庭长、审判员、助理审判员；副院长实行分管工作轮换制；相近审判庭庭长岗位实行定期轮换。

1998年3月，实行立案审查制度改革，将立案工作与审判工作分离，各类诉讼案件的立案审查工作由之前的“立审合一”（即各专业庭自立自审自判）改革为统一由立案庭负责，并由立案庭作出是否立案的决定和答复；审判工作仍由各专业庭负责。非诉讼类案件的立案审查审判工作仍维持原来的“立审合一”程序，由行政审判庭负责。普通民事、经济纠纷案件的起诉，一般在3工作日内作出是否立案或答复，特殊的(特殊性案件)或者标的在50万元以上的经济纠纷类案件需要经过听证程序或者交由审判委员会讨论决定是否立案。对于刑事公诉案件，立案庭只进行立案登记，然后直接移送刑事审判庭，刑事审判庭接到案件后先行审查，认为证据不足的，经过合议庭评议退回检察机关补证。

同年，县人民法院推行刑事审判程序改革。刑事审判由“纠问式”庭审改为“控辩式”庭审，允许控辩双方在庭上相互交叉询问、对抗辩论；对依法可能判处三年以下有期徒刑、拘役、管制、单处罚金的公诉案件，以及事实清楚、证据充分，人民检察院建议或者同意适用简易程序审判的、告诉才处理的案件、被害人起诉的有证据证明的轻微刑事案件，可以适用简易程序审判，由审判员一人独任审判。

同年，县人民法院推行民、商事审判制度改革，实行“谁主张谁取证”的原则，强化当事人的举证责任。推行庭前证据交换制度，使当事人在庭前了解对方的证据并有针对性进行质证和辩证，以使审判更加符合公平、公正的社会主义司法制度要求。

2000年，贯彻执行最高人民法院《关于严格执行公开审判制度的若干规定》，对依法应该公开审判的案件，一律公开审判。同时依照《法院刑事诉讼文书样式》，改革和规范刑事裁判文书的制作，增强说理性，提高法院裁判文书的公信度。

2001年，县人民法院全面实行立案分离制度改革，各类诉讼案件与各类非诉案件的审查、立案、登记以及移送工作统一由立案庭负责。此后，全院案件的审查、立案、登记、移送工作步入了法制法、规范化轨道。对符合立案条件的一审及申请再审的案件，在作出立案决定后3个工作日内转相关庭办理；经审查不符合立案条件的，在5个工作日内作出裁定驳回或不予受理答复。

2003年，启动申诉立案公开听证制度，对已发生法律效力的判决，因不服判决而提出申诉或再审申请的案件，由法院组织听证委员会，并召集双方当事人到场，充分听取申请人的申请理由，事实证据及被申诉人的答辩(必要时通知案件原主审法官参加)，再由听证委员会集体讨论，作出驳回申请或立案再审的决定。对提请再审的执行案、再审案件须经审委会讨论决定是否立案再审。1998年—2005年，立案庭共受理案件13995件，经审查作出立案决定的13995件，占100%；其中通过公开听证程序作出立案决定的案件有39件；累计受理公诉案件1617件，适用简易程序审理的有338件，占20.09%。

第三节　立　案

立案审查

1991年，人民法院经对各类诉讼文书审查后，确定立案2559件，其中刑事案175件占6.84%，民事案1170件占45.72%，经济案183件占7.15%，行政案18件占0.7%，执行件1013件占39.59%。

1994年开始，随着国有企业转换改制以及私营个体企业逐渐增多，企业法人与法人之间、个人与法人之间的经济矛盾逐渐突出，民事类、经济类案件逐渐增多。是年，共立民事案件1697件，占全年立案总量3226件的52.60%，同比增加618件，增长57.28%；经济案件183件，同比增加78件增长74.29%。

1999年，全年立案3608件，为藤县人民法院成立以来立案数量最高年份，比1991年增加1049件，增长40.99%。以民事案件为最多，全年立案2008件占55.65%，比1991年增加838件，增长71.62%。9年间，立案总量、民事案件量年均增速分别为4.39%和6.98%。

2000年，立案数量骤降，全年立案2244件，同比减少1364，下降37.80%；以民事案、经济案降幅最大，同比分别减少1149件、288件，分别下降57.22%、70.94%。此后，立案总量持续下降。

2005年，全年立案1360件，比1991年减少1199件，下降46.85%。其中刑事案239件，占17.57%，比1991年增加64件，上升36.57%；民商事案660件，占48.53%；行政案22件，占1.62%，比1991年增加4件，上升22.22%；执行件439件，占32.28%，比1991年减少574件，下降56.66%。

1991年—2005年藤县人民法院立案情况表

表7-3-2　　　　单位：件

年度	合计	刑事	民事	经济	行政	国家赔偿	执行
1991	2559	175	1170	183	18	—	1013
1992	3022	149	1373	173	24	—	1303
1993	2289	138	1079	105	22	—	945
1994	3226	165	1697	183	26	—	1155
1995	3035	180	1809	207	31	—	808
1996	2832	189	1753	294	57	—	539
1997	2615	89	1668	488	45	—	325
1998	3010	118	1898	365	20	—	609
1999	3608	114	2008	406	22	—	1058
2000	2244	208	859	118	16	1	1042
2001	2273	219	663	150	18	5	1218
2002	1355	219	697		22	—	417
2003	1521	245	677		18	1	580
2004	1777	257	735		18	—	767
2005	1360	239	660		22	—	439

注：2002年后，民事、经济案合并为民商事

信访申诉

1991年，县人民法院信访工作由告诉申诉庭负责。坚持节假日值班制和领导每月1天接访制，全年接待来访群众1094人次，其中与诉讼有关的392人次，经教育息诉63人，撤诉44人；非诉讼来访205人次，

其他 390 人次。处理群众来信 2118 件，属诉讼类来信 592 件，非诉讼来信 228 件，其他 1298 件。1994 年，院长接访日增加至每月 3 天，全年接待群众来访 73 人次。

1991 年—2005 年，累计接待来访群众 16281 人次，其中与诉讼有关的 4996 人次，经教育息诉 1974 人，撤诉 591 人；非诉讼来访 6797 人次，其他 8720 人次。处理群众来信 6834 件，属诉讼类来信 1741 件，非诉讼来信 3128 件，其他 1965 件。信访件办结率达到 95% 以上。

第四节　刑事审判

1991 年，县人民法院负责第一审刑事案件的审判。在刑事审判中以严重危害社会治安的杀人、抢劫、强奸、盗窃、拐卖、绑架儿童妇女、贩卖、运输毒品等刑事犯罪作为打击重点，并依照法律规定，实行公开审理、辩护、回避、合议、审判监督等基本制度，做到事实清楚、证据确凿、责任明确、程序合法、处理得当。全年受理各类刑事案件 175 件 250 人，结案 175 件 250 人。判决 134 件 172 人，其中盗窃 59 件 73 人，强奸 11 件 11 人，奸淫幼女 5 件 5 人，诈骗 8 件 13 人，抢夺 1 件 1 人，故意杀人 3 件 5 人，故意伤害 11 件 13 人，抢劫 3 件 9 人，贪污 3 件 5 人，伪造货币 3 件 5 人，其他 27 件 32 人。判处 5 年以下有期徒刑的 108 人，判处 5 年以上不满 10 年有期徒刑的 48 人，判处 10 年以上有期徒刑的 16 人。

1991 年—1995 年，共受理各类刑事案件 807 件，涉案人数 1202 人，审结 807 件，结案率 100%。以盗窃、抢劫、故意伤害、故意杀人、强奸等严重威胁人民生命财产安全类案件居多，约占 86% 以上。对此类案件，县人民法院予以从重从快打击。累计判决发生法律效力人犯 707 人。判处 5 年以下有期徒刑 435 人，5 年以上有期徒刑 257 人，缓刑 15 人。1995 年，受理藤县首起盗窃增值税发票案，涉案金额 4.25 亿元，利用 8 天时间审结，并当庭公开宣判。

1996 年，全年受理各类刑事案件 189 件 242 人，审结 189 件 242 人，结案率 100%，发生法律效力 169 人。判处 5 年以上有期徒刑 79 人，重判率达 41.8%。打击杀人、故意伤害、抢劫、强奸、爆炸、防火和重大盗窃犯罪等类型犯罪案件 62 件，判决人犯 81 人。判处 5 年以上有期徒刑 59 人，占 72.8%。打击“车匪路霸”案件 8 件，判决人犯 18 人，判处 5 年以上有期徒刑 13 人。打击带有黑社会性质的团伙犯罪案件 13 件，判处人犯 59 人，其中判处 5 年以上有期徒刑 40 人。1996 年后，每年配合公安局开展“严打”斗争，对暴力性犯罪、走私犯罪、毒品犯罪、非法出版和淫秽物品犯罪，事实清楚、证据确凿的快审快结，尤其对“车匪路霸”以及带有黑社会性质的团伙犯罪、毒品犯罪案件从重审判。1998 年，执行修改后的刑法和刑事诉讼法，首度采用简易程序审判案件 3 件。2000 年 10 月，依法对一起备受社会关注的带黑社会性质的涉嫌绑架勒索、故意伤害犯罪案件进行公开审判，对黄 ××、罗 × 等 11 名犯罪分子依法予以从重处罚。

1996 年—2000 年，共计受理各类刑事案件 748 件，涉案人数 1040 人，审结 748 件，结案率 100%。累计判决发生法律效力人犯 894 人，3 年以上有期徒刑 336 人。

2001 年，重点对暴力犯罪，带黑社会性质的团伙犯罪，贩卖毒品、非法持有毒品犯罪等予以严厉打击；同时严惩经济犯罪，推动反腐败斗争深入开展。2003 年，审结在全梧州市有重大影响的藤县“6·17”特大交通事故以及“6·30”沉船事故案件，21 名涉案人员全部服判。2004 年，重点打击利用香港“六合彩”进行外围赌博的犯罪活动案件，全年审结利用“六合彩”非法赌博案件 23 件 23 人，平均结案天数 14 天，最短 8 天，对所有案犯均处有期徒刑。

2001 年—2005 年，共计受理各类刑事案件 1179 件，涉案人数 1539 人。其中盗窃、抢劫、故意杀人等危害人民生命财产安全类案件占 68.80%，赌博、贩毒等妨害社会管理秩序类案件占 17.64%，诈骗、贪污等破坏社会主义经济秩序类案件占 5.34%，非法持有、私藏枪支等危害公共安全类案件占 8.22%。审结 1179 件，结案率 100%。累计判决发生法律效力人犯 1447 人，判处 3 年以上有期徒刑 461 人。

县人民法院在依法从重从快打击严重刑事犯罪和经济犯罪的同时，坚持宽严相济原则和“教育、感化、挽救”的审判方针。1998 年 3 月 23 日，利用晚上到潭东镇潭东村召开宣判大会，全村人员到场参加旁听。

1991年—2005年，累计召开公判大会159场次，旁听群众120多万人。对具有法定从轻情节的犯罪依法从轻处罚，累计依法从轻发落285人，其中判处缓刑的有248人。累计审结未成年犯罪案件计217件294人。

1991年—2005年藤县人民法院受理刑事案件及审判情况表

表7-3-3

年度	受理案件（件）	结案率（%）	判决发生法律效力人犯(人)	判处有期徒刑、无期徒刑、死刑（含死缓）(人)
1991	175	100	134	32（5年以上）
1992	149	100	149	41（5年以上）
1993	138	100	109	33（5年以上）
1994	165	100	161	81（5年以上）
1995	180	100	154	70（5年以上）
1996	189	100	169	79（5年以上）
1997	89	100	124	55（5年以上）
1998	118	100	128	46（5年以上）
1999	144	100	188	55（5年以上）
2000	208	100	285	101（3年以上）
2001	219	100	305	110（3年以上）
2002	219	100	244	104（3年以上）
2003	245	100	323	110（3年以上）
2004	257	100	300	80（3年以上）
2005	239	100	275	57（3年以上）

第五节 民商事审判

民事审判

1991年—1993年，在民事审判工作中，县法院始终坚持审判就是服务的观点，积极、主动、依法审理在民事法律关系中发生的各种纠纷案件，保护公民、法人和其他社会组织的合法权益。共受理各种民事案件3530件，审结3465件，结案率为98.10%。以婚姻及家庭纠纷、债务纠纷案为主，分别为968件、2077件，占27.94%、59.94%；其他涉及损害赔偿、继承、房屋纠纷等案件420件，占12.12%。

1994年—1998年，民事案件持续上升，县人民法院在民事审判工作中注重调解工作，尽可能清除或化解双方当事人之间的矛盾。5年中，累计审结民事案件7793件，其中以调解方式结案的5586件，占71.68%。妥善处理涉及婚姻、家庭方面的案件，以保护妇女、儿童和老人的合法权益为重，累计审结婚姻家庭及财产纠纷案件1339件，占17.18%。依法审判各种债务纠纷，保护合法借贷关系，制止非法集资、高利贷等扰乱金融秩序的行为，共审结经济纠纷类案件5757件，占73.87%。重点打击侵犯公民人身权利与损害消费者权益的案件，共审结此类案件669件，占8.58%。对劳动仲裁争议案件，从保护劳动者合法权益出发，慎重审判，审结劳动争议类案件28件。

1999年—2001年，共受理各类民事纠纷案件3530件，审结3456件，结案率97.90%。其中审结婚姻家庭及邻里关系类案件719件，审结民间借贷纠纷、侵犯公民人身权利与损害消费者权益案件2520件。

经济审判

1991年—1993年，经济类案件的审判，重点放在借贷合同纠纷及"三角债"清理工作上。共受理各类经济纠纷案件505件，诉讼标的1147.18万元，审结481件，结案率95.25%。其中审结涉及借贷合同纠纷及“三角债”案件235件，占48.86%，为国家、为法人、公民收回贷款342.60万元，并通过非诉讼方式为金融部门收回逾期贷款800余万元，为企业挽回损失610万元。审结农村土地承包合同纠纷案件99件，占20.58%，标的174.85万元。审结企业经济纠纷案件147件，占30.56%，诉讼标的261.87万元。

1994年—1998年，审判的重点放在涉及国有企业经营改制以及农业和农村经济发展类案件上。累计受理经济案件1516件，审结1511件，结案率99.67%。审结企业承包、租赁案件19件，企业破产案件2件，购销合同纠纷案件287件，涉及借款纠纷案件817件，建筑承包合同案件14件，农村承包合同纠纷案件25件，其他经济案件347件。

1999年—2001年，累计受理经济案件674件，审结655件，结案率为97.18；诉讼标的3686.82万元。以涉及藤县氮肥厂、藤县南方淀粉厂、藤县西江钛白粉厂、藤县丝绸厂、藤县松脂厂、藤县太平松脂厂和藤县糖厂等企业产品购销合同及其他借款合同纠纷为主，共计审结386件，占58.93%；其他经济合同纠纷269件占41.07%。

民商事审判

2001年，撤销民事与经济审判，通称民商事审判。2002年—2005年，共受理各类民商事案件2797件，审结2725件，结案率97.43%，解决争议标的额1.19亿元。其中审理经济合同案1340件，解决争议标的4962.84万元。审结各类金融债权债务纠纷案件740件，标的额3828.28万元。受理农村土地承包合同纠纷案和土地承包经营权流转合同纠纷案件49件，审结49件。依法审理因违反安全生产规定等造成劳动者人身、财产伤害的赔偿案件423件，审理劳动争议案件8件。

1991年—2005年藤县人民法院民商事案件审判情况表

表7-3-4

年度	民事				经济				民商事			
	旧存（件）	新收（件）	结案率(%)	未结（件）	旧存（件）	新收（件）	结案率(%)	未结（件）	旧存（件）	新收（件）	结案率(%)	未结（件）
1991	43	1170	95.1	57	10	183	100		–	–	–	–
1992	57	1373	97	32	2	173	98.84	2	–	–	–	–
1993	32	1079	97.8	23	2	106	99.06	1	–	–	–	–
1994	23	1697	98.8	21	1	183	100		–	–	–	–
1995	21	1809	98.6	26		207	99.03	2	–	–	–	–
1996	26	1753	98.46	27	2	294	99.32	2	–	–	–	–
1997	27	1668	99.82	3	2	488	99.80	1	–	–	–	–
1998	3	1898	99.32	13	1	365	360	5	–	–	–	–
1999	13	2008	99.55	9	5	406	98.52	6	–	–	–	–
2000	9	859	95.93	35	6	118	113	5	–	–	–	–
2001	35	633	95.26	30	5	150	94.67	8	–	–	–	–
2002	–	–	–	–	–	–	–	–	30	697	97.70	16
2003	–	–	–	–	–	–	–	–	16	677	98.23	12
2004	–	–	–	–	–	–	–	–	12	735	97.14	21
2005	–	–	–	–	–	–	–	–	21	688	96.66	23

注：2002年民事、经济案合并为民商事

第六节 行政审判

1987年，设立行政审判庭，开始行政审判。1991年10月，将山林、土地、水利“三大纠纷”类民事案件划归行政审判案件后，行政审判案件大幅增加。是年，共收案18件，其中属“三大纠纷”类案件16件，占88.89%。1995年，土地综合开发形成热潮，因征地、房屋拆迁补偿问题导致土地行政案件增加，全年共受理土地行政案件16件，占全年行政诉讼案件32件的50%。

1996年后，注重对相关行政部门以及诉求双方进行行政诉讼法律法规和有关国家政策的宣传，使公民和行政机关的行政法律意识逐步提高，减少群众与政府部门机关的矛盾和冲突，“三大纠纷”类案件逐渐下降。1998年，受理行政诉讼案件22件，其中“三大纠纷”类案件11件，占50%。2005年，受理行政诉讼案件22件，其中“三大纠纷”类案件7件，占31.82%%。

1991年—2005年，共受理行政诉讼案件379件，审结379件，结案率为100%。其中，判决维持被诉具体行政行为124件，判决撤销不合法的行政决定70件，裁定驳回起诉40件，裁定准许撤诉92件，其他处理53件。审结行政赔偿案件53件，其中判决确认不予赔偿41件，应赔偿12件。向有关部门提出司法建议3件。在审查、执结计划生育、卫生、环保、水利、土地、林业、交通、教育等行政机关的非诉讼申请执行案件上，把握好案件的事实、证据，依照国家的法律法规，对不合法的具体行政行为予以撤销或纠正。

1991年—2005年藤县人民法院行政审判情况表

表7-3-5　　单位：件

年度	立案			结案			
	合计	三大纠纷案	占比(%)	小计	维持	撤销	其他处理
1991	18	16	88.89	17	5	3	9
1992	24	18	75.00	23	10	5	8
1993	29	17	58.62	20	5	2	13
1994	26	8	30.77	26	7	10	9
1995	31	16	51.61	31	9	12	10
1996	57	9	15.79	57	19	6	32
1997	45	11	24.44	45	9	7	29
1998	20	11	55.00	20	6	4	10
1999	22	12	54.55	22	4	4	12
2000	16	10	62.50	16	4	7	5
2001	18	3	16.67	18	8	2	8
2002	22	14	63.64	22	11	1	10
2003	18	8	44.44	18	8	7	3
2004	18	8	44.44	16	9		7
2005	22	7	31.82	22	9	0	13

注：其他处理为“撤诉、驳回、移送”

第七节 判决执行

1984年11月设立执行庭。1991年，县人民法院对已生效的执行案件，由各业务庭和基层法庭执行或移交至执行庭执行。1992 年成立执行局，行使执行职责。在执行中，以教育履行为主，强制执行为辅，尽可能教育当事人自动履行法律义务。1991 年—1995 年，共受理执行案件 5090 件，执结 5076 件，执结率 95.04%；其中当事人自觉履行 4595 件，占 90.52%，通过调解执结 79 件，占 1.56%。

1996 年，开展执行大会战，对拒不执行人民法院已发生法律效力裁判文书的当事人，采取查封、扣押、划拨财物等强制执行措施。全年共受理执行案件 499 件，执结 491 件，执结率 98.40%；执行标的 221.52 万元。2000 年，对拒不履行判决的被执行人以报刊公告、电视公布等形式予以曝光，情节严重的实施司法拘留。全年共受理执行案件 1042 件，执行标的 2024.5 万元；依法执行结案 778 件，其中中止执行 322 件，执结率 75%，执结标的 814.22 万元；部分执结 87 件，执结标的 203.32 万元。

2002 年，自治区高级人民法院部署“统一壹号”执行行动，针对涉及金融机构、建筑行业及有履行能力但久拖未结的重大案件集中力量执行。全县共执行涉及金融机构案件 80 件，标的 186.50 万元，涉及建筑行业案件 4 件，标的 141.6 万元。

2003 年，改革执行工作，将执行实施权与裁判权分开，采取审计执行、悬赏举报、公开曝光等执行手段，对被执行人下落不明或无财产可供执行的案件，依法中止执行；对有履行能力但拒不履行法律文书所确定的义务的被执行人，采取强制执行措施；对拒不履行法院生效判决裁定又情节恶劣的，依照刑法追究相应的刑事责任。年内对拒不履行生效裁判文书确定的义务，还将县法院已查封的财产擅自变卖给他人的被执行人苏 ××，以涉嫌拒不履行判决、裁定罪和非法处置查封、扣押、冻结财产罪，判处有期徒刑一年零六个月。全年受理执行案件 582 件，依法执结案件 558 件，执结标的 401.48 万元，部分执结 43 件，执行标的 305.20 万元。

2004 年，对存在异议的执行案件推行听证制，对房屋、货物等财产的执行进行委托拍卖。全年召开执行异议听证庭 7 个，委托拍卖行召开拍卖会 9 次。在执行工作中，优先执行人身损害赔偿案件、抚养费与赡养费纠纷案件、拖欠农民工工资等案件。7 月，县人民法院从梧州华友商贸有限公司藤州超市库存的货物所得款中，优先支付该超市倒闭时拖欠的 25 名员工工资。全年审结人身损害赔偿案件 44 件，标的 87.36 万元。审结申请人是下岗工人的案件 12 件，标的 10.56 万元。执结抚养费与赡养费的标的共 2.50 万元。

2005 年，推行执行阳光工程，制定《执行工作阳光工程实施细则》。采取“三集中”（集中时间、集中人力、集中物力）和“三确定”（确定任务、确定责任人、确定期限）的办法清理积案。全年受理案件 442 件，执行标的 1133.66 万元；执结 201 件，执结标的 1058.08 万元；部分执行 168 件，执行标的额 253.47 万元。

1991 年—2005 年藤县人民法院执行情况表

表 7-3-6　　单位：件

年度	受理	民事类	行政非诉类	执结	执结率(%)	其中			
						强制执行	调解执行	自动履行	其他
1991	1246	611	234	1031	81.30	91		920	20
1992	1321	1149	241	1303	98.64	77	45	1195	14
1993	861	724	4	861	100	70	13	750	28
1994	1105	866	12	1105	100	106	12	957	30
1995	808	480	5	794	98.27	28	9	773	16
1996	499	189	40	491	98.40	91	8	317	75
1997	325	123	21	321	98.76	42	21	227	31
1998	609	419	44	560	91.95	58	22	426	54
1999	1058	678	74	834	78.83	183	28	550	73
2000	1042	668	71	778	74.66	89	35	520	134
2001	1218	765	76	1080	88.67	221	24	519	316
2002	417	362	26	374	89.69	64	21	178	111

续表

年度	受理	民事类	行政非诉类	执结	执结率(%)	其中			
						强制执行	调解执行	自动履行	其他
2003	582	273	67	558	95.88	87	51	185	235
2004	767	365	93	618	80.57	103	62	238	215
2005	442	209	52	201	45.48	75	42	22	62

注:其他包括:终结、不予执行等

第八节 审判监督

1991年,由告诉申诉审判庭担负审判监督职责,对全院所办案件逐月检查通报,对上级法院发回重审或改判的案件、人大代表关注的案件、社会反映强烈的案件、当事人反复申诉的案件实行重点监督检查。1991年—1997年,受理申诉案件167件,经审查提起再审133件,经审判维持原判73件,改判(含部分改判)30件,驳回申诉的9件,撤诉的6件,其他处理的15件。

1998年12月31日,设立审判监督庭,独立行使审判监督职能。1999年,结合案件质量评查工作进行审判监督,以业务庭为单位进行抽查,监督案件的公正性。2000年,实行审限跟踪监督、统一排期开庭、及时发出督办通知书,严禁超期审判。2002年,实施排期开庭制度、审务公开制度,对外公布立案条件、审判程序、收费标准,设立举报箱、意见箱,接受群众监督。2004年,实行申诉立案公开听证制度,对在申诉案件审查中发现疑点的案件,及时报告院长并由院长提请审判委员会讨论作出是否再审决定。2005年,对再审案件实行"宽进严出",所有再审案件必须经审判委员会讨论决定,裁定依法驳回申诉的案件须法院分管领导审批。全年受理再审申请案件9件,经审查依法驳回5件,决定再审4件。1998年—2005年,共受理再审案件86件,经审查提起再审的79件,其中维持原判的15件,改判(含部分改判)30件,驳回申诉的10件,撤诉的3件,其他处理的21件。

1991年—2005年藤县人民法院审判监督情况表

表7-3-7　　单位:件

年度	受案	刑事案件	民商事案件	提起再审	审结率	维持原判	改判	撤诉	息诉	其他处理
1991	43	14	29	43	100	32	2	4	5	–
1992	42	24	17	42	100	21	21	–	–	–
1993	12	6	5	12	100	2	2	1	1	6
1994	12	5	7	2	100	–	1	–	–	1
1995	23	2	18	10	91.30	3	1	–	–	5
1996	15	1	14	9	100	7	2	–	–	–
1997	20	3	16	20	100	8	1	–	–	11
1998	29	10	14	28	96.55	4	10	1	–	12
1999	13	–	12	12	92.31	–	4	–	2	5
2000	6	–	6	6	100	2	3	–	–	1
2001	4	–	4	4	100	1	2	–	–	1
2002	10	–	10	10	100	3	6	–	–	1
2003	9	–	9	9	100	1	5	–	–	3
2004	6	–	4	6	100	2	–	1	–	3
2005	9	–	5	4	100	2	–	1	–	1

第四章　司法行政

1991 年—2005 年，藤县司法局先后开展“二五”“三五”“四五”普法教育活动，采用广播、电视、宣传车、宣传板报、印发法律资料、法律知识考试等形式，进行法律宣传普及教育，接受普法教育 250 多万人次，参加普法考试 141 万人次，合格率 100%。全县乡镇、村建立人民调解委员会 275 个，每年在重要节日、重大政治活动期间进行矛盾纠纷大排查、大调处，把大量矛盾纠纷解决在基层。开展各种法律服务，实施法律援助，保护公民的合法权益。至 2005 年，累计办理公证业务 10373 件，律师承办各类刑事辩护和代理案件、民事诉讼代理案件、行政案件 3052 件，调解民间纠纷 49894 起，调处成功 47240 起，调处率 100%，调处成功率 94.7%。

第一节　机　构

县司法局

1981 年 12 月成立藤县司法局。1991 年—2005 年，办公地址在县政府大院，属正科级行政单位。1991 年，内设办公室、法制宣传股、基层股、公律股 4 个股室，核定编制 23 名，实有人员 17 人，其中局长 1 人，副局长 4 人。1997 年 3 月机构改革，办公室改为秘书股，公律股挂藤县公证处牌子；核定机关行政编制 27 名，设局长 1 名、副局长 2 名；实有人员 l9 人，其中局长 1 人、副局长 2 人。6 月，公证处改为独立事业单位，公律股不再挂公证处牌子。2001 年机构调整，内设秘书股、法制宣传股、基层工作股、律师管理股、公证管理股 5 个股，核定局机关编制人员 22 人。2002 年再次机构调整，秘书股复名办公室。确定 19 个乡镇司法所为县司法局派出机构；核定司法局行政编制 59 名，其中局机关 19 名、乡镇司法所 40 名。2004 年 8 月，设立县法律援助中心，下设办公室，办公室设在县司法局内，实行一套人马，两块牌子。2005 年，内设办公室、法制宣传股、基层工作股、律师管理股、公证管理股 5 个股室；派出 16 个乡镇司法所。全系统有编制 65 名；实有人员 60 人，其中局机关 20 人，有局长 1 人、副局长 2 人；乡镇司法所 40 人。

1991 年—2005 年县司法局历任局长：李树展(1987.10—1990.10)、李岳昌(副主任，主持全面工作，1990.10—1992.03)、李伟国(1992.03—1997.01)、陈如松(1997.01—1999.03)、唐诗源(1999.03—)

乡镇司法所

1991 年，全县设藤城、城关、太平、濛江、古龙、和平、天平、金鸡、象棋、埌南、南安、大黎、宁康、东荣、平福、岭景、新庆、同心、赤水、津北 20 个乡镇司法办公室和法律服务所，实行一套人马两块牌子，隶属乡镇政府管辖，配备人员 1~3 名。1998 年，司法办公室改为司法所，行政上仍由乡镇政府管理，业务上由县司法局指导；共有人员 58 人，其中司法助理员 48 人，聘请法律工作者 10 人。2002 年机构改革，确定 19 个乡镇司法所为县司法局派出机构，隶属县司法局管辖，核定行政编制 40 名。2005 年，全县有藤州、太平、濛江、古龙、和平、天平、金鸡、象棋、埌南、塘步、大黎、东荣、平福、岭景、新庆、同心 16 个乡镇司法所，有人员 40 人。

法律服务机构

藤县公证处　1982 年 12 月成立，属国家机关单位，办公地点设在县矿产局大楼(今藤州镇登俊路 14 号)。1991 年，核定编制 4 名，实有人员 3 人。1997 年 6 月，改为独立事业单位。至 1998 年，先后搬迁至县政府角嘴宿舍楼、藤县合作旅社、县律师楼办公。2000 年，以职工集资建房方式，向藤县建设银行抵押贷款 20 万元，在县城河东区政贤路金川四街 188 号建设占地面积 91.88 平方米的综合办公楼。2001 年 2 月竣工投入使用。2005 年年底，定编 6 名，实有人员 6 人。

藤州律师事务所　前身为县人民法院法律顾问处，1981 年 3 月 5 日设立。1986 年 12 月改为藤县律师

2001年2月10日，藤县公证处自筹资金建设的公证楼落成

事务所，隶属藤县司法局管理。1991年，为正科级事业单位，核定编制6名，实有从业人员6人。租用居民房屋办公，地点在藤城镇县矿产局大楼对面。1992年，搬迁藤城镇绣江路69号办公。1999年3月，改称藤州律师事务所。2001年1月，改为合伙制律师事务所。2005年，有执业人员3人，辅助人员1人。

藤县飞中律师事务所　1996年成立，属国资所（由国家出资设立），有执业律师6人。办公地点在县城河西区原法院门口。2005年，从业人员增至10人。

藤县振宇律师事务所　2003年2月，经自治区司法厅批准成立藤县振宇律师事务所，属合伙律师事务所，办公地点设在藤城镇绣江路70号（今藤州镇绣江路70号），有专职律师3人，兼职律师6人。2005年，有从业人员7人。

第二节　法制宣传教育

1991年—1995年，全县开展“二五”普法教育，主要学习宪法、行政诉讼法、义务教育法、集会游行示威法、国旗法等。以县处级领导干部、执法人员以及中学在校生为重点对象，通过举办法律知识讲座及学习培训班，聘请人员到学校上法制课，组织机关、企事业单位干部职工参加宪法知识竞赛、全国劳动法知识竞赛进行普法教育。全县累计接受普法教育人数50万人次，参加普法考试1万多人次，及格率100%。

1996年—2000年，开展“三五”普法教育。普法重点对象是领导干部、司法人员以及行政执法人员、企业经营管理人员和青少年。除继续开展宪法宣传学习外，着重学习宣传社会主义民主法制建设理论、社会主义市场经济法律知识。期间，到机关、企事业单位开展法治讲座83场次，上街设点进行普法宣传及开展法律咨询活动110多次，举办“法系万家”法制文艺城乡巡回演出50多场次，组织县处级以上领导干部、县直部、委、办、局党政领导和机关、企事业单位干部职工、农民等51万人次参加普法考试；其中科级以上领导干部有400多人次参考，合格率100%。1999年6月，梧州市法制宣传教育工作经验交流会在藤县潭东村召开。

2001年—2005年，实施“四五”普法教育。以各级领导干部、司法和行政执法人员、青少年、企业经营管理人员为普法重点对象。主要开展《中华人民共和国行政许可法》《中华人民共和国行政复议法》《中华人民共和国婚姻法》及《中华人民共和国人口与计划生育法》等法律法规的学习。每年结合“12·4”全国法制宣传日，从政法机关中挑选56人组成法制宣讲团5个，到全县各乡镇村（街）巡回开展《中华人民共和国婚姻法》《中华人民共和国人口与计划生育法》，以及与社会主义市场经济相关的法律法规，保障和促进国家西部大开发、加入世贸组织、维护社会稳定和社会发展迫切要求的各项法律法规宣传。期间，实行普法考试分类管理制度，全县副科级以上领导干部集中县委党校应考，并由县司法局统一评卷；其他干部职工由所在单位组织考试和评卷；个体工商户由县个体协会负责进行考评；村（居）委干部及村（居）民由乡镇负责进行考评；外来务工人员由县劳保局负责考评。全县计有89.20万人参加考试，其中干部职工7万多人、个体户2万人、外来务工人员2000多人、农（居）民80多万人，及格率达到100%。2002年11月，组织机关、企事业单位干部职工、学校师生5万多人参加广西壮族自治区梧州赛区法律知识竞赛，有3名参赛者获自治区二等奖，7名获三等奖。

第三节　法律服务

律师事务

1991年，全县有律师事务所1家，有执业律师3人。1995年，有专职律师5人，兼职律师2人。1991年—1995年，承办各类刑事辩护和代理案件60件，民事诉讼代理案件100件，承办行政案件12件；为县政府和各乡镇政府、住建局、工商局、地税局、厂矿及全县各大银行等30多个单位担任常年法律顾问；承办非诉讼代理案件18件，解答法律咨询2000多人次，代写法律事务文书650多件；累计帮助企事业单位及其他当事人避免或挽回经济损失3000多万元。

1996年—2000年，全县共有22人通过全国律师资格考试获得律师资格，计有从事律师事务人员17人，其中专职律师14人，兼职律师3人。共计承办刑事辩护和代理诉讼案件196件，民事诉讼代理案件550件，承办行政案件132件；担任法律顾问50多家；承办非诉讼代理案件320多件，解答法律咨询6000多人次，代写法律事务文书1850多件；累计为当事人避免或挽回经济损失4000多万元。

2000年—2005年，全县共有36人通过全国律师资格考试获得律师资格；有执业律师20人，其中专职律师16人，兼职律师4人；为80多个单位担任法律顾问。共计承办刑事辩护案件416件、民事辩护案件1270件、行政辩护案件316件；承办非诉讼代理案件816件；解答法律咨询1.20万人次，代写法律事务文书3.35万件。累计为当事人避免或挽回经济损失5380多万元。参与政府重大决策3次，处理涉法信访13件，化解矛盾纠纷1027起，向政府提出法律建议230条，其中被采纳的有196条。承办法律援助案件2000多件，累计为当事人避免或挽回经济损失3000多万元。2005年，飞中律师事务所律师为涉嫌故意杀人罪一审被判处死刑的龙××的主辩护律师，进行二审辩护，龙××获宣告无罪。

公证事务

1991年，藤县公证处办理国内民事、经济公证事务1950件，其中土地承包公证1480件，为南梧二级公路县境路段（途经5个乡镇，20多个村公所，256个村民小组）建设办理《征地拆迁补偿协议书》公证260件，涉征用水田77.40公顷，旱地65.53公顷。1992年，1人参加全国涉外公证员资格考试取得涉外公证员资格。1993年，向自治区司法厅申请开办涉台公证业务。1994年获准开办涉台公证业务，至1995年，共办理涉台遗产继承、探亲、亲属关系类公正业务176件。1996年—1997年，为广西黄金管理局桃花管理处办理《自谋出路职工安置协议书》公证267件。1998年—2000年，累计为藤县农村中小学办理学校界址公证863件。2001年8月，经广西司法厅批准开办涉外公证业务。2001年—2005年，共办理涉外公证业务件128件，涉港澳台公证244件。其中为台湾同胞亲属办理涉台遗产继承所需公证85件，依法为台胞亲属领取在台遗产230万元。

1991年—2005年藤县公证办理情况表

表7-4-1　　　　单位：件

年度	合计	国内民事	国内经济	涉港澳台	涉外	备注
1991	1950	270	1680	—	—	土地承包公证1480件
1992	1601	432	1169	—	—	计生公证84件、土地公证777件
1993	1746	515	231	—	—	计生公证66件、土地公证1142件
1994	493	96	245	152	—	
1995	126	65	37	24	—	
1996	306	236	35	35	—	
1997	260	153	61	46	—	

续表

年度	合计	国内民事	国内经济	涉港澳台	涉外	备注
1998	313	243	41	29	—	
1999	583	530	28	25	—	
2000	741	627	45	69	—	
2001	393	280	50	52	11	
2002	682	521	83	45	33	
2003	536	390	72	41	33	
2004	327	215	48	47	17	
2005	316	193	30	59	34	

基层司法服务

1991年—1996年，全县乡镇法律服务所（司法所）累计受理各种民事纠纷22320件，挽回经济损失852万元；宣讲法律知识192场次，接受教育人数45.60万人次；协办公证8500件；代写法律事务文书17280份；解答法律咨询34560人次；接受企事业单位聘请担任常年法律顾问1200家；代理诉讼案件2304件、非诉讼案件3456件；参与草拟、审查经济合同23份；调解重大生产经营纠纷16件，避免经济损失25万元；无偿提供法律援助2304件（次）。1998年开始，正式对刑满释放和解除劳教人员开展安置帮教工作，通过思想教育、法制宣传、心理辅导以及就业辅导等，使其顺利回归社会。

1991年7月18日，藤县公证处公证员在天平镇南梧二级公路征地拆迁协议签字现场受理公证事项

1998年—2005年，累计受理各种民事纠纷29760件，挽回经济损失3325万元；宣讲法律知识304场次，接受教育人数60万人次；协办公证4730件；代写法律事务文书5440份；解答法律咨询5.3万人次；接受企事业单位聘请担任常年法律顾问2122家，代理诉讼案件1882件、非诉讼案件4434件；累计安置帮教对象1920人；共承办法律援助案件660件，受援群众3960人次。

第四节　人民调解

调解组织

1989年12月，各乡镇、村设立人民调解委员会。1991年，全县有各级人民调解委员会283个，其中乡镇级20个、村级263个；共有调解人员1495人。2002年6月，撤销南安镇、赤水乡调解委员会，设立塘步镇调解委员会。2005年8月，撤销宁康乡调解委员会。同年9月，撤销藤城镇、潭东镇、津北镇调解委员会，设立藤州镇调解委员会。2005年年末，全县有各级人民调解委员会275个，其中乡镇级16个、村级259个；有调解人员1439人。

调解调处

1991年—1995年，“三大纠纷”案件（即山林、水利、土地纠纷）调解调处工作由县调解处理山林水利土地纠纷办公室负责。共发案1462起，调成1184起，调成率81%。1998年，改由县司法部门负责。此后，每年县司法局作为牵头部门之一，组织人员在清明节、重阳节前，对容易引发坟山纠纷开展调查摸底，进行风险评估，提前介入疏导。1998年—2002年，全县共发生坟山矛盾纠纷案24起，调解成功6起，调成率25%。

2003年，主要调解“两金会”（供销社股金会、镇政府基金会）出现的问题、“白条款”（供销社以欠条形式收购农副产品）、企业改制下岗职工上访事件以及农村中“三大纠纷”等突出问题，加强情报信息收集报送，从源头排查调处。全年收集上报各种情报信息238条，被上级司法部门采用72条；避免可能引发群体性事件12起，实现政治案件“零”案目标。

2004年—2005年，在全国“两会”和清明节期间，加强民间矛盾纠纷排查和调处，防止群体性事件的发生。做好敏感时期的息访工作，“三大”纠纷调处专案组开展审查处理全县“三大”纠纷积案活动。全县累计发生纠纷4355起，调解4355起，调解率100%；调解成功4176起，调成率为95.89%。

第五章　军　事

1991年—2005年，县武装部开展兵役登记和兵员征集工作，连续15年无责任退兵。1997年—2001年，连续5年获自治区征兵工作先进单位。开展民兵组织建设、军事训练和政治思想建设，开展拥政爱民，组织民兵参加地方经济建设、扶贫济困、抢险救灾等活动，协助维护社会治安稳定。

第一节　机构　驻军

县人民武装部

1991年，藤县人民武装部属地方建制，隶属中共藤县委员会、藤县人民政府和梧州军分区双重领导。为副处级单位。内设军事科、政工科、办公室。下设藤城、城关、津北、埌南、同心、金鸡、新庆、象棋、岭景、天平、濛江、和平、太平、古龙、平福乡、东荣、大黎、宁康、南安、赤水20个乡（镇）武装部和县直、桃花矿武装部。1996年4月1日起，县人民武装部由地方建制改为中国人民解放军部队建制，称中国人民解放军广西藤县人民武装部，为正团级单位，受梧州军分区管辖；内设政工、军事、后勤3个科室。2000年，撤销桃花矿武装部。2001年，撤销赤水乡、南安镇武装部，合并组建塘步镇武装部。1月13日，县编委决定，把藤县民兵军事训练基地（中心）列为事业单位，核定人员编制6名，所需经费由县财政全额拨给。隶属县人民武装部直接领导和管理。2004年7月12日，县编委同意成立藤县民兵武器装备仓库，为财政全额拨款的事业单位，核定人员编制6名，隶属县人民武装部管理。2005年8月，撤销藤城镇、潭东镇、津北镇武装部，设立藤州镇武装部。同年9月，撤销宁康乡武装部。年末，有藤州、塘步、埌南、同心、金鸡、新庆、象棋、岭景、天平、濛江、和平、太平、古龙、平福、东荣、大黎16个乡镇武装部和县直工委武装部。

1991年—2005年历任部长、政委

表7-5-1

姓　名	性别	籍贯	职务	任职时间
林　政	男	广西昭平县	部长	1986.06—1991.08
胡振钊	男	广西藤县	部长	1991.08—1997.04
覃绍维	男	广西金秀县	部长	1997.04—2004.02
李　冰	男	广西岑溪市	部长	2004.02—

续表

姓　名	性别	籍贯	职务	任职时间
秦秀荣	男	广西藤县	政委	1988.04—1998.03
李　忠	男	广西蒙山县	政委	1998.04—2001.04
唐声武	男	湖南衡阳市	政委	2001.04—2002.05
诸友元	男	湖南慈利县	政委	2002.05—2004.04
贺泽仁	男	湖北大冶县	政委	2004.04—

武警藤县中队

前身为藤县公安队，于1950年组建，主要担负执行逮捕、押解、看犯人的任务，隶属公安局管辖。1954年1月，改称中国人民解放军藤县公安队，隶属梧州军分区。1958年8月，改为中国人民解放军武装警察藤县中队，隶属梧州地区武警支队。1966年12月，改为中国人民解放军藤县九九分队，隶属县武装部。1975年12月，复改为中国人民武装警察部队藤县中队，隶属梧州地区公安处民警科、梧州地区武警支队。1983年1月，藤县人民武装警察中队改称中国人民武装警察部队藤县中队，隶属梧州地区支队。1997年4月，随着行政区域调整，改由武警梧州市支队领导。为正连级单位。至2005年不变。

1991年—2005年武警藤县中队历任中队长：唐克优(1989.03—1993.08)、唐黎明(1993.08—1995.11)、朱学文(1995.11—1997.11)、殷益镒(1997.11—1999.06)、徐文安(1999.09—1999.12)、李胜(1999.12—2002.10)、姚曾恩(2002.10—2004.04)、陈韬(2004.04—)。

武警藤县消防大队

前身为藤县公安局消防科。1985年3月，改建消防中队。1986年5月，消防中队改为军队编制，全部干部改为现役军人。1992年11月，建立中国人民解放军武装警察部队藤县消防大队，隶属梧州地区消防支队管辖，业务则由县公安局管理。消防大队成立后，直接管辖消防中队。1997年4月，随着行政区域的调整，改属梧州市消防支队领导。2005年，有现役军官及士兵24人，其中军官6人，战士18人。

1991年—2005年武警藤县消防大队历任大队长：韦靖祥(1992.12—1994.12)、朱贵雄(1995.05—1998.09)、乐合群(1998.12—2000.09)、梁雄(2004.8—　)

第二节　兵役登记　兵员征集

兵役登记

应征公民兵役登记　1991年开始，凡每年12月31日前年满18周岁的男性公民，在当年6月30日前到户口所在地(或所在单位)的人民武装部接受兵役登记，领取《兵役登记手册》。已接受兵役登记的应征公民(含缓征对象)，于次年兵役登记的时间，持《兵役登记手册》到所在乡、镇人民武装部接受核对。初步确定为预征对象者，进行造册登记，列榜公布。预征对象于当年征兵开始时，到县人民武装部指定的地点接受征兵体格检查。年满18~22周岁的男性公民在升学、招工、招干、就业、经商时都必须持有《兵役登记手册》，并有人民武装部当年对其签署的服兵役的意见。否则任何单位和部门不得擅自录用、聘用及办理各种执照。已被确定为合格并被批准入伍者，无条件服从兵役机关的决定。县内兵役登记工作在县委统一领导下进行，县征兵领导小组或兵役委员会成立登记办公室，负责组织指导登记工作，各乡镇公安派出所负责办理本辖区内的登记工作；国家机关、企事业单位、群众团体、中等学校等单位的行政管理部门负责办理各单位的应征公民登记，并协助公安派出所在各单位办理预备役军官和士兵兵役的登记(女性公民不进行兵役登记)。是年，全县有18~22岁的应征公民26385人。2000年，按应征、缓征、免征、不得征集的条件分别给予列册登记，全县有18~22岁的应征公民25522人。2005年，全县18~22岁应征公民共28301人。

预备役兵役登记 在开展兵役登记的同时进行预备役登记，并按第一类预备役和第二类预备役区分列册登记。第一类预备役人员包括在解放军、志愿军中服役1年以上的年满18~35周岁的复员、退伍军人。第二类预备役人员包括当年7月1日到次年6月30日年满19~30岁的男性公民，在解放军、志愿军中服役不满1年的军士和兵。1991年起，每年只对在当年12月31日前年满18岁的男性公民及退役军人进行兵役登记，列入服预备役人员，上一年度已登记人员不再重复登记，年龄超过35岁的，安排退出预备役人员队伍。1992年开始，对从军队转业干部进行预备役登记，根据转业干部原在军队所任职务，确定专业名称及专业编号进行造册登记，同时填写"退伍军人服预备役登记卡片"。

兵员征集

组织领导 1991年—2005年，每年征兵期间，均成立藤县征兵领导小组和办公室。领导小组成员由县委、县武装委员会成员及有关部门领导组成，领导小组长由县委书记或县长兼任。领导小组下设征兵办公室，由武装部的1名领导或军事科长担任主任，办公室成员以武装干部为主，从公安、宣传、卫生、民政、交通、教育、工会、青年团及妇女联合会等有关部门抽调人员组成。办公室下设宣传、登记、政审、体检、总务等股室，负责承办有关征兵工作的一切事宜。各乡镇相应成立征兵领导小组和办公室，由乡镇长或书记兼任征兵领导小组长，并落实1名领导具体抓征兵工作。村（村公所、村委会）成立征兵领导小组，具体的征兵工作由民兵营长负责。每年的征兵工作均列入县委、县政府以及乡镇党委、政府的重要议程，作为一项突击性的政治任务来完成。

宣传动员 1991年—2005年，每年征兵期间，均利用宣传车、广播、墙报、黑板报、专栏、标语、宣传画等形式广泛宣传动员，县武装部在大门前辟一宣传橱窗，每年出版专栏14期，开展国防知识、法律知识、兵役知识宣传教育，同时大力宣传军人的先进事迹，宣传部队的新人、新事物、新作风等，使广大青年群众认识到部队是一所培养人才，锤炼青年的大学校，促使青年对部队产生"向心力"，从而积极报名，踊跃参军，曾一度出现父替子报名，兄弟争应征的事例。

体格检查 1991年—2005年，由县征兵体检队全面负责，分一般性检查（又称初检）、复检和抽查。一般性检查包括外科、内科、眼科、耳鼻科，以征兵任务数1∶5送检。复检是对准备服兵役的人员再次进行重点项目的复查，从中挑选合格的人员。一般由经验丰富的主检医师、内科医师、外科医师、五官科医师以及护士担任。抽查是对已经初定入伍的普通兵再进行一定数量的抽查，抽查面一般不小于征兵总数的1/3。

政治审查（简称政审） 1991年—2005年，审查项目主要包括：年龄、户别、职业、现实表现、宗教信仰、文化程度和家庭主要成员、主要社会关系的政治状况等。藤县在政审上实行县、镇（乡）、村（街）三级政审和区域联审制度，并实行谁审查、谁签字、谁负责的责任制。每年征兵期间，从武装部和公安、教育等有关部门抽调政治责任心强的人员组成政治审查组。乡镇、街道、村委及有征集任务的企事业单位领导组成专门人员负责征兵政治审查工作。县武装部为保证向部队输送合格的兵员，在政审工作中不断探索经验，推行"五访、三查、三把关"，到学校、村（街）委、公安、用人单位以及邻居进行访问，向知情人士调查了解，查清合格青年的户口、学历、疾病史以及政治表现，有否违法违纪行为等，把人户长久分离、长期外出打工或经商的人员列为重点的访查对象，对视为双合格的青年进行张榜公布，接受群众监督。

审批定兵 1991年—2005年，对自愿报名应征的适龄男女青年，必须经过体格检查、政治审查合格后，征得家属同意，县征兵领导机构批准方可入伍。

每年度的审批定兵工作由各级征兵部门具体负责。审批定兵前，首先对体格、政审合格的每个公民均进行家访，掌握其家庭情况，思想动态及本人的现实表现。然后由各乡镇、街道征兵领导小组进行民主选定，把政治思想好、身体好、文化程度高的应征对象报县征兵办公室。县征兵办公室对上报人员进行汇总后，由县武装部组织召集县征兵领导小组成员、征兵办公室人员、体检组、政审组负责人、专职武装干部、接兵部队干部召开审批定兵会议，按照《中华人民共和国兵役法》及有关征兵条件规定，逐人审查批准。审议时，全面衡量，按政策定兵，坚持"四清""两严""三优先""两不送"的原则。"四清"：即对双合格应征公民的年龄、文化程度、病史、现实表现要弄清。"两严"：严格执行征兵政策，防止靠关系把不符合征兵条件的公民征入部队;严格掌握体检、政审标准,防止偏宽、偏严的现象。“三优先”:现实表现好的优先,高中以上学历的优先,预征对象优先。“两不送”:应征对象及其家属思想不通的不送,应征公民的身体条件、政治条件属于可送可不送的不送。审批定兵后,对已被批准服现役的应征公民,由县兵役机关给予办理入伍手续,发给《应征公民入伍通知书》。基层各单位组织报喜队,敲锣打鼓,放鞭炮,把《入伍通知书》送到应征入伍青年家中。并继续做好应征入伍青年及家属的思想政治教育工作,预防各类事故发生。

1997 年—2001 年,藤县连续 5 年获“自治区征兵工作先进单位”称号。

第三节　民　兵

组织建设

1991 年,县设民兵团,由县人民武装部兼民兵团部;农村以村公所为单位编民兵营,城镇以厂矿、企业为单位编民兵排、连、营。基干民兵与普通民兵分别编组。根据梧州军分区的指示,调整民兵应急分队人数为 160 人,整编为 2 个连。1993 年,重组民兵应急分队,成立摩托化应急分队连,通信应急分队连。1995 年 6 月,在梧州军分区举行的“一九九五年度民兵整组工作先进单位”评比活动中,藤县选送评比的单位全部被评为一等奖。其中县武装部被评为“先进县级武装部”一等奖;藤城镇武装部被评为“先进基层武装部”一等奖;藤城镇胜西村民兵营被评为“先进民兵营”一等奖。1998 年,取消乡镇民兵应急分队名额,民兵应急连全部定额在县城。是年,广西军区在藤县召开民兵应急分队现场会,县武装部组建的民兵应急分队的各项做法和现场表演,受到与会人员的一致好评,广西军区决定在全区推广藤县建设民兵应急分队的做法。1999 年 7 月,广西梧州陆军预备役工兵团道路桥梁一营在藤县成立,营部设在县人民武装部,并在金鸡、南安、濛江 3 个镇设立连部。

政治教育

1991 年,对基干民兵实行季课教育,每年 4 次;普通民兵则纳入全民教育。1994 年—1996 年,普通民兵政治教育主要以学习《邓小平选集》第三卷和贯彻中共十四届三中全会精神和“爱国主义教育实施纲要”为重点,以总政部下发的《民兵政治教育课本》《国防知识教材》为教材,在全县民兵中开展进一步解放思想、树立新观念、一心一意抓经济的大学习、大讨论活动。增强经济意识和国防意识,自觉履行国防义务,积极为全县的经济建设保驾护航。专门民兵政治教育只在民兵应急分队和专业技术分队训练期间进行。在广西军区表彰抗洪救灾先进单位和个人活动中,南安镇人民武装部被评为“抗洪救灾先进单位”,南安镇人民武装部部长黎新昌、赤水乡人民武装部部长苏华照被评为“抗洪救灾先进个人”。1997 年—1998 年,主要学习邓小平理论以及中共十四届六中全会精神为主。1999 年—2005 年,重点开展“三讲”教育和“三个代表”重要思想学习活动。2001 年,县武装部在运用《民兵生活》,抓好民兵、预备役部队政治教育活动中,成绩显著,被广州军区政治部评为“先进单位”。2002 年,道路桥梁一营预任教导员蒙庆贤被中国人民解放军总政治部评为“优秀预备役军官”。

军事训练

训练基地　1991 年,藤县民兵训练基地坐落在县武装部营院内,由 3 幢楼房(其中 6 层、4 层、3 层楼房各 1 幢)、2 栋平房组成,总建筑面积 3690 平方米。各项配套设施齐全,能同时容纳 250 人集中住宿和训练。1995 年 5 月,于藤城镇建成外场训练基地。基地建有操场、战术场、射击场等训练场地。内设食堂、教研室、会议室、训练器材室、观看台等。整个外场工程总投资 115 万元(其中综合楼投资 50 万元)。2000 年 1 月 13 日,藤县民兵军事训练基地(中心)列为事业单位,核定人员编制 6 名,所需经费由县财政全额拨给。

军事知识及技能训练　1991 年—1995 年,军事训练实行严密组织、严格训练、严格要求、严格管理的“四严”原则,每年组织开展为期 20 天的民兵军事训练活动,一般在 5—9 月进行。主要的训练内容有:队列、射击、投弹、战术组合以及形势教育与思想政治教育等,对民兵干部增加任教能力和指挥能力训练,专业民兵增加专业知识和技能的训练,应急分队着重于射击、投弹、通信专业等技能训练。年平均训练人数约 1300 人左右。

每次训练结束后进行考核和登记。1992 年，县武装部选派民兵参加梧州地区军事竞赛活动，获得团体总分第一名和精神文明奖；有 38 人（次）获得各种单项竞赛奖。1997 年起，重点加强射击、投弹、擒拿术、警棍、盾牌的攻式和防式等实战技术技巧训练，专业民兵增加单兵作战、轻武器射击、通信和侦察专业知识及技能训练。并缩短步兵、专业民兵以及应急分队民兵的训练时间至 15 天。2003 年—2005 年，增加对口专业分队的训练，参加训练的单位有县医院、交通局、车站、邮电、电信等 5 个单位，年参加训练的人数 100 人，训练时间 5 天。训练内容包括队列、战术基础动作、自动步枪练习射击、专业训练、政治教育等。

以劳养武

1991 年，县武装部在贯彻梧州地委、梧州地区行署"关于组织民兵造林种果紧急通知"和梧州军分区有关造林种果的指示，组织民兵造林种果，并纳入以劳养武项目。全年共出动民兵 71325 人，筹集资金 8.30 万元，营造林果 731 公顷（其中经济林果 57 公顷）。共植树 104 万株，飞播造林 254 公顷，种果 11.98 万株。县武装部和各乡镇武装部均有 7 公顷以上连片的"国防林"，各村民兵营有 2 公顷以上连片"国防林"示范点。全县 20 个乡镇全部落实 1 个以上以劳养武项目，共有项目 28 个，其中造林种果项目 11 个，占以劳养武项目总数的 39.30%。1992 年，县武装部成立藤县武装部以劳养武实业开发公司、藤县武装部退伍军人建筑工程公司，以劳养武项目有：武装部招待所、长城宾馆、长城加油站、新庆石材加工场等，项目总投资 600 万元，纯收入 50 多万元。1995 年，《广西民兵工作简报》第 5 期以"解放思想，开拓进取，努力实现县级以劳养武基地化"为题，刊登藤县武装部的做法。2000 年—2005 年，县武装部以劳养武项目主要有武装部招待所、长城招待所、农副业生产基地、民兵训练基地等。每年以劳养武收入用于补充民兵训练开支约 5 万元，弥补民兵训练经费的不足。

第四节　国防动员　人民防空

国防动员

组织机构　1990 年，藤县成立国防教育领导小组，下设办公室，地点设在县委宣传部。1996 年 5 月，成立藤县国防动员委员会，设综合办公室和人民武装动员、政治动员、国民经济动员、人民防空、交通战备等 5 个专业办公室。国防动员委员会与县人民武装委员会实行一个机构两块牌子；综合办公室及人民武装动员办公室设在县人民武装部内，政治动员办公室设在县教育局，国民经济动员办公室设在县计划委员会，人民防空办公室设县建设局，交通战备办公室设在县交通局。2005 年，县政治动员办公室和国防教育办公室合并，下设政治动员和国防教育两个科，政治动员科设在县人武部政工科，国防教育科设在县委宣传部。

国防教育　1991 年，国防教育实行乡镇长、厂矿、企业厂长（经理）负责制。此后，每年在县委党校开办 1~2 期学习班，对全县各级领导干部进行国防教育。每年清明节、"五四"青年节、重阳节，组织广大青少年学生、干部群众和民兵预备役人员到县城东山革命烈士陵园、天平新马明督师袁崇焕故里等爱国主义教育基地接受爱国主义教育。1996 年，藤县把国防教育工作列入县委、县政府的议事日程，制定并完善《藤县五年国防教育规划》，建立岗位目标责任制，把要求、内容、任务具体落实到各个部门单位，使国防教育活动形成制度化和规范化。各乡镇街委会、村委会，通过开设国防教育专栏，出版墙报、黑板报，张贴标语，聘请人武、专武干部授课等形式向群众传授国防教育的知识。当年秋学期开始，在县内中、小学校开设国防教育课程，主要内容有：国防历史、国防理论、国防常识、国防基本知识和技能、国防法律法规、国防义务与权利等。1999 年，印制县内杰出人物袁崇焕、李振亚以及太平天国四王陈玉成、李秀成、李世贤、陆顺德等民族英雄肖像及事迹 1600 幅分发全县各中小学校张贴。同年，县人民武装部开辟 60 平方米的国防教育室，陈设国防后备力量建设和国防知识宣传栏 2 个，领导人题词 4 幅，各种相关图书 500 多册，报纸、杂志 20 多种。2001 年 10 月，组织 100 个单位开展国防教育知识竞赛活动，共有 800 名干部参加。2001 年—2004 年，共举办大型国防教育宣传活动 52 场次，出版墙报、黑板报、简报 6028 期，接受教育的干部、群众 80 万人次。2005 年 8 月，对国防教育室重新装修，增挂藤县武装斗争史、国防知识、后备力量建设等展板、展柜，配备电视机、幻灯机、扩音设备等器材。每年组织民兵进行军事训练的同时,开展爱国主义革命传统教育。

战备动员演练　2002 年,县政治动员办公室对全县的政治动员潜力进行调查,制定《藤县战时政治动员方案》。2003 年,县国民经济动员办公室在全县开展国民经济动员潜力调查,调查时间从 3 月 11 日至 6 月 18 日。调查内容包括工业企业综合情况,粮油食品存量情况,畜牧业、交通运输业、建筑业、电信及医药卫生等行业以及各类专业技术人员综合情况等。2004 年,县交通战备办公室对全县交通战备潜力调查后,拟定《藤县应急交通保障方案》《藤县交通战备运力动员和征用方案》《藤县交通战备人力动员和征用方案》等。至 2005 年,组建的战备应急运输力量有公路运输分队、公路抢修分队、水上运输分队、水上抢修分队、通信联络分队。同时确定全县交通战备重点线路和目标。2003 年—2005 年,县人民武装动员办公室举办 9 期民兵应急分队快速动员和处理突发事件演练,参训率 96.7%,考核合格率 100%。

人民防空

20 世纪 60、70 年代,县内主要防空设施有电动报警器、无线电通信、防空洞。1969 年,县内开展挖掘防空洞。1970 年,发展到太平、濛江等镇。此后,发展到集镇附近乡村。20 世纪 90 年代后对防空警报进行了调整。预防警报:断续长声,共 3 分钟,鸣 15 秒,间停 15 秒;紧急警报:断续短声,共 3 分钟,鸣 8 秒钟,间停 7 秒;解除警报:连续长声,共 3 分钟,不断。1993 年,县设立防空袭人口疏散接收安置指挥部。由县长任指挥长,副县长、县人民武装部长任副指挥长;县委书记任政治委员,县委副书记、县人民武装部政委任副政治委员。指挥部下设指挥接收安置办公室、政工宣传办公室,后勤保障办公室。2005 年,主要防空设施有电动报警器、无线电通信、防空洞、防空地下室等。

第五节　拥政爱民

支持地方经济建设

1991 年,全县广大民兵积极响应县委、县政府提出的"全党动员,全民动手,奋战一年,消灭荒山"的号召,各乡镇以民兵应急分队为骨干,共出动民兵 71325 人,挖树坑 104 万个,炼山 230 公顷,筹措种苗资金 8.36 万元,营造"国防林"691 公顷(其中连片林 437 公顷),种植果树 57 公顷。1996 年—1999 年,配合县委、县人民政府开展基层组织建设及社会主义新农村建设,投入资金 5000 多元支持同心镇沙村村委办公楼建设,投资 3000 元为村部开设饲料供应点、修筑鱼塘养鱼 0.73 公顷。投资 3000 元建设同心镇陈底村村委办公楼。支持同心镇冬种绿肥资金 2000 元。捐助宁康乡宁康村村委办公楼建设 2000 元。1997 年 1 月,藤县西江大桥 2 个桥墩的清基必须赶在春汛到来前完成,人武部接到县委通知后,立即组织武装干部及民兵共 200 多人组成突击队,冒寒风冷雨日夜奋战 1 个月,在春节前顺利完成清基工作。同年 4 月,组织武装干部及民兵 2000 多人次,参加津蒙(津北至濛江镇)公路大会战,共投工 1 万多劳动日,为工程节省开支 15 万多元。同年 12 月,人武部响应上级号召,组织武装干部和民兵 2000 多人投入通信光缆的工程建设,奋战 1 个月,铺设完成 71.5 千米的通信光缆。

共建精神文明

1991 年—1995 年,组织全体人武干部开展"一帮一"助学活动,每学期为津北、朝阳、龙门、绣江、埌南 5 所小学 14 名失学儿童每人捐助资金 200 元,并捐赠书包、图书、文具等学习用品。开展扶贫帮困活动,累计帮助 700 多户农户脱贫致富。与同心镇沙村 2 位老功臣结为扶贫帮困"对子",每月至少上门访问 1 次,送给每人大米 15 千克以及猪肉、面条、水果等,逢年过节为他们送衣服、棉被、鞋袜等。每年春节、五一、八一、重阳节等重大节日,县、乡镇分级组织军烈属召开座谈会,开展慰问活动。2001 年 7 月、2004 年 11 月,藤县人民武装部被中共梧州市委、市政府、梧州军分区评为"拥政爱民先进单位""拥政爱民模范单位"。

抢险救灾

1994 年 6 月上中旬,浔江上游地区及县内连降暴雨,大小河流水位迅速上涨。19 日 9 时,浔江藤城水位达到 28.84 米。全县 20 个乡镇 241 个村(街)受灾,受灾人口 530912 人。洪水来临前,全县紧急动员和组织民兵参加抢险救灾工作，共抢运化肥、粮食、水泥、食盐等物资650吨，直接挽回经济损失5360万元；同时将被洪水围困的群众31500人安全转移。2001年，由于连续暴雨，藤城浔江最高水位24.62米，超警戒水位5.62米，有7个乡镇41个村受灾。受灾人数28500人，受淹水田、旱地0.87万公顷，冲毁公路150千米，淹没鱼塘83.33公顷。这次洪灾，全县出动民兵参加抢险救灾，出动船只182艘（次），车辆181次，共转移群众2850人，搬运物资2890吨，抢收水稻等农作物2.70万吨，挽回经济损失3600多万元。2005年，藤县发生"6·21"、"6·23"特大洪灾。6月21日21时42分，蒙江流域太平洪峰水位达到43.03米，超警戒水位6.53米，为二百年一遇的特大洪水。6月23日11时，浔江藤城洪峰水位达到29.59米，超警戒水位10.59米，为百年一遇特大洪水。这次洪灾，造成了全县19个乡镇236个村委会（居民社区）受灾，受灾人口664083人，约占全县总人口71%。因灾倒塌房屋36727间，毁坏路基（面）123千米，公路中断67条（次），损坏输变电线路1229千米，损坏通信线路1440千米，粮食作物和经济作物受淹面积2.16万公顷，全县因灾造成的直接经济损失11.17亿元。在这场特大洪灾中，全县共出动官兵和23个青年突击队，各乡镇各村民兵营发动民兵投入抗洪抢险。共转移安置灾民8万多人，抢运各类物资2.02万吨，搭建临时棚子、帐篷2万多平方米，抢修乡村公路70多千米，清扫街道12条，清除垃圾淤泥3000多吨。和平镇新平村青年民兵陈有强，在黑夜用木排运送受灾的群众时被毒蛇咬伤，献出了年仅30岁的生命。

2009年9月，藤县在太平镇召开公捕公判大会

第八篇

民政 信访 扶贫

1997年5月，县民政局搬迁至藤州镇东山路228号办公。图为办公楼

第一章 民 政

1991年后，县民政部门加强基层民主政治建设，开展村民自治，实行民主选举、民主管理，全县村民委员会全部实行村务公开。扩大承担社会福利生产、社会福利事业、扶贫事业，落实优抚安置政策，民政工作逐步实行由单纯的救济、满足于解决温饱问题，转变为既保障优抚、救济对象的生活，又注重扶持他们发展生产、脱贫致富，并逐步过渡到依靠国家立法，推动民政工作社会化。1996年，开始筹建敬老院。1999年开始，开展城镇居民最低生活保障。2005年，全县有敬老院6所，床位160张，年末入院人数151人；有76560人次领取最低生活保障金，计发放478.40万元。1991年—2005年，累计为24010名优抚人员发放抚恤金1950.26万元。全县累计发放救灾粮食3824.92万千克，救助93.84万人次；发放救灾衣被109.83万件（套），救助30.92万人次；发放救灾款6587.65万元。县民政部门在发放救灾救济物品及粮食时对“五保户”重点予以照顾。

第一节 机 构

县民政局

成立于1973年10月，为正科级行政单位。1991年，办公地点在县人民政府综合办公大楼。内设秘书人事、救灾救济、优抚安置、社会事务和基层政权建设股4个股室，有编制17名，实有人员17人，其中局长1人，副局长3人。1994年10月，增设社会福利有奖募捐办公室、农村社会养老保险所。1997年3月，内设机构调整为秘书人事、优抚安置、救灾救济、基层政权建设、社会事务、区域地名、计划财务股7个股室；核定编14名，后勤服务人员编制1名，实有人员15人，其中局长1人，副局长3人。同年5月，办公地址搬迁至藤州镇东山路228号。2002年3月，内设机构调整为办公室、社会事务和基层政权股、优抚安置股（县双拥办）、救灾救济股4个职能股（室）；增加行政编制1名。2005年，内设办公室、社会事务和基层政权股、优抚安置股（县双拥办）、救灾救济股、计划财务股5个职能股室，有人员16人，其中局长1人、副局长3人，后勤服务人员1人。

1991年—2005年县民政局历任局长：莫天焕（1990.10—1997.01）、余德桂（1997.01—1998.01副局长主持全面工作，1998.01—2002.03）、李时芬（2002.03—2004.08）、祝继宏（2004.08— ）。

县民政局二层机构

民政扶贫福利公司 1985年8月成立，为国有自收自支事业单位，办公地点位于藤城镇东风街382号。1991年，定编11名，有人员11人。总营业额91.50万元，税利6.30万元。1998年10月，由事业单位改为自收自支企业单位。

社会福利有奖募捐办公室 1990年8月28日成立，为民政局下属的差额事业单位，定编2名，实有人员2人。1993年2月19日，增加编制3名。2005年，有人员2人。

农村社会养老保险事业管理所 1995年2月24日成立，自收自支事业单位，核定事业编制5名，实有人员5人。同时在全县各乡镇设立农村社会养老保险站，与各乡镇民政办公室合署办公，自收自支事业单位，由县民政局和乡镇人民政府双重领导；核定人员编制46名，人员从行政、事业单位干部中选配。2001年，重新确定县农村社会养老保险所的财政预算管理形式为全额管理。至2005年不变。

双拥工作领导小组办公室 1998年1月18日成立，设在县民政局，配人员2人，主任由副局长兼任。至2005年不变。

殡葬管理站 2002年12月24日成立，为全额拨款事业单位，核定编制3名，实有人员2人。至2005

年不变。

光荣院　2003年6月16日成立，为全额拨款事业单位，核定编制3名，实有人员2人。至2005年不变。

社会福利院　2003年9月设立，属事业单位，无编制。主要维护处于特殊困难之中的老年人、孤儿和残疾人的生活、教育、医疗和康复等方面基本权利，主要包括孤残儿童事业、残疾人福利事业和老年人福利事业。至2005年不变。

城镇居民最低生活保障工作管理中心　2003年10月设立，与农村养老保险所合署办公，实行一套人马两块牌子，两套账务管理。至2005年无变化。

婚姻登记处　2004年7月12日设立，在县农村养老保险所挂牌，增加县农村养老保险所人员编制3名。2005年6月，设立太平婚姻登记处，配备人员4人，负责藤县北片太平、濛江、和平、古龙、东荣、大黎、平福、宁康8个乡镇婚姻登记管理工作。

县老龄工作委员会办公室　1990年2月，县老龄问题委员会改称县老龄工作委员会，下设办公室，为区（科）级行政机构。1997年4月，县老龄工作委员会办公室改为事业单位，与县老干部服务中心一个机构两块牌子，隶属县老干部局，划归县委序列。2002年3月，从县老干部局分出划归县民政局管辖，无编制，落实人员2人，从民政局人员中调剂解决。至2005年无变化。

乡镇民政机构　1991年，全县20个乡镇设置民政办公室，由乡镇政府管理，业务接受县民政局指导。2002年4月，南安镇与赤水乡合并，设立塘步镇，全县乡镇民政办公室19个。2005年7月，宁康乡并入大黎镇。8月，藤城镇、潭东镇、津北镇合并，设立藤州镇。全县民政办公室16个。

第二节　基层政权　群众自治

基层政权与群众自治组织

村公所　1991年，仍属乡镇政府派出机构；全县有村公所266个。村公所干部职数按行政村规模的大小进行配备，一般配备4人，最少配备3人，最多配备5人，由乡镇政府直接任免。是年全县共计有村干部1096人。1995年撤所设委，村公所消失。

村民委员会　1995年，贯彻落实中共中央《关于党政机构改革的方案》中“为了减少管理层次，乡镇不再设置派出机构村公所”的指示，并按照自治区党委、政府的统一部署，从5月25日起至6月25日止，进行全县性撤销村公所改设村民委员会工作，将266个村公所改为266个村民委员会，名称仍按原村公所冠名不变。村民委员会干部定编职数，按原村公所干部定编职数不变；各村民委员会辖区仍维持村公所时的原状不变，债权债务由新建的村民委员会承担；有集体经济的，由原管理人员继续管理。是年共计有村干部1528人。2005年8月，进行乡镇建制调整，藤城、潭东、津北三镇合并成立藤州镇，宁康乡并入大黎镇。年末，全县有266个村民委员会，核定村干部编制1418名，实有村干部1418人。

街（居）民委员会　1991年，全县有8个街（居）民委员会，其中藤城镇有大东街、朝阳街、东风街3个街（居）民委员会，太平镇有正东街、德胜街、上元街3个街（居）民委员会，濛江镇有濛江街道居民委员会，和平镇有和平街道居民委员会。每个街（居）民委员会配备干部4名左右，共有干部29人。1998年，增设藤城镇城东、城南、城西街道居民委员会。1999年，增设太平镇泰州北、泰州南街道居民委员会。至此，全县街（居）民委员会增加至13个。2003年11月，进行基层组织改革，保留濛江街道居民委员会、和平街道居民委员会，其余11个街（居）民委员会全部改为社区居民委员会；濛江街道居民委员会有干部5名，和平街道居民委员会有干部4名。至2005年不变。

社区居民委员会　2003年11月，开展社区建设，在藤城镇成立城东、城南、城西、大东、东风、朝阳6个社区居民委员会，太平镇成立泰州北、泰州南、上元、德胜、正东5个社区居民委员会，每个社区居民委员会配备干部3名左右，全县共有社区干部37人。2005年年末，全县有11个社区居民委员会，共有干部42人。

村民自治

民主选举　1991年，村公所干部由乡镇政府直接任免；街（居）民委员会成员由18岁以上的具有选举权的街（居）民选举产生。1995年，村公所改为村民委员会建制，各村民委员会成员通过选举产生，具体程序为：召开村民代表会议选举村民代表和村民小组长，再由村民代表和村民小组长采用无记名投票方式选举产生村民委员成员。是年，全县通过选举产生村民委员会成员1528人，其中村民委员会主任264人(2个村因选举原因没有产生村委主任)，副主任361人，委员903人。同年5月，街（居）民委员会举行换届选举，共选出街（居）民委员会成员26人。村民委员会及街（居）民委员会均以届为别，自1995年起每届任期3年，成员可连选连任。1998年9月至11月，村民委员会进行首次换届选举，全县有395982万名选民参加投票选举，参选率为81%。选举产生村民委员会主任254人，副主任186人，委员624人；其中中共党员940人，占88.30%。村干部平均年龄41.50岁；具有高中以上文化程度569人。2002年5月至7月，进行第二轮村民委员会换届选举，全县有434714万名选民参加投票选举，参选率为85%。选举产生村民委员会成员1178人：其中主任262人（潭东镇纯平村、三坡村、中和村，象棋镇道家村因选举原因没有产生村委主任），副主任230人，委员686人。至2005年共开展4届村民委员会换届选举，4届街（居）民委员会换届选举。同年，社区居民委员会举行首次换届选举，由18岁以上的具有选举权的居民通过居民会议或居民代表会议直接投票选举，共有29392人参加投票选举，通过选举产生社区居民委员会成员42人，平均年龄42.3岁，其中具有中专以上学历10人，占23.80%。

民主管理　1991年—1997年，村（街、居）民委员会处于民主管理的初级阶段，重大事项虽上墙公开，但公开的内容、形式、程序和管理等都没有明确的规范和要求。1998年8月，在全县277个村（居）民委员会全面推行村务公开，实行民主管理。县成立村务公开工作领导小组，下设办公室，县委制定《关于印发〈藤县农村推行村务公开民主管理工作实施方案〉的通知》，各乡镇、村成立政务、村务公开领导小组，建立健全村民会、村民代表会议、村务公开、民主评议村干部、村委干部职责、村规民约等民主管理制度。凡属村务管理的重大事项以及村民关注的热点、难点问题的处理，按照先党内后党外的原则，首先召开党员大会进行讨论，再提交村民会议或村民代表会议讨论，广泛征求党内外群众意见；凡是民众普遍关心和涉及村民切身利益的大事，通过村务公开栏或发放明白卡等形式，每季度全面公开1次；每年年终对村干部履行职责情况进行评议。各乡镇、村同时成立政务、村务公开监督小组，成员从村民代表中选举产生，对政务、村务公开内容，公开时间，公开形式，公开程序进行审查监督，并向村民会议或村民代表会议报告。

2003年，全县279个村街居民委员会、社区居民委员会全面落实村民代表会议制度，每年召开村、街、社区居民代表会议4次，讨论决定公益事项，实行一事一议。会前向村民或村民代表公告，广泛征求意见；会后及时将表决结果公布。政务、村务公开从内容、形式、时间、程序和管理上基本上做到“五个规范、一个满意”（即管理规范、形式规范、内容规范、时间规范、程序规范、群众满意）。2005年，全县所有村（居）委和社区都建立有规范的政务、村务公开栏，公开事项主要有财务、计划生育、征用土地和宅基地审批、国家建设征用土地补偿费、劳动力安置补偿费、农民负担、电价、电量、集体资产的管理和经营、优抚与救灾救济款物发放、村干部工作责任目标及工资补贴报酬、征兵、招工及其他涉及全村村民利益的大事等。

办公设施建设　1991年，全县村、街（居）委会办公用房大部分为砖木结构。20世纪90年代，各乡镇逐步对各村办公用房改建。2001年9月，对全县村级办公用房进行核查，把村级办公用房情况划分四大类：一类为办公用房是20世纪90年代后建成的，建筑面积达80平方米，钢筋或砖混结构的；二类为无办公用房的；三类为办公用房建设时间相对较久，属严重危房，无法维修仍继续使用的；四类为办公用房建筑面积小于80平方米，但还可以使用的。据核查统计，全县村民委员会共有办公用房266幢，属一类的124幢，二类的35幢，三类的65幢，四类的42幢。2002年，自治区人民政府安排藤县乡镇、村委办公用房建设项目95个，资金共288万元。其中村民委员会办公用房建设项目90个，属新建项目54个，每个补助建设资金3万元，共162万元；属维修扩建项目36个，每个补助建设资金1万元，共36万元。县财政共配套资金52万元。新建村委办公用房建筑面积不低于120平方米，维修扩建办公用房不低于80平方米，全部为砖混结构。是年12月20日，所有建设项目全部竣工通过验收，其中31个评为优质工程，64个评为合格工程。2005年，全县266个村民委员会中，尚无办公用房的有13个，需维修扩建的有34个，其余219个村委的办公用房基本实现楼房化。藤州镇城东、城南、城西、大东、东风、朝阳6个社区居民委员会平均自有办公用房60平方米以上；太平镇泰州北、泰州南、上元、德胜、正东5个社区居民委员会的办公用房均为借用。

第三节　优抚　安置　拥军优属

优抚

优待　1991年，优待对象主要为现役军人家属、烈士遗属、牺牲或病故军人遗属和革命伤残军人，按年发放优待补助金。农业户口现役义务兵优待金按每人每年360元，城镇户口现役义务兵优待金按每人每年200元标准发放，在现役军人退伍后一次性发给；烈属和牺牲病故军人遗属和革命伤残军人按每人每年50元标准发放。是年，全县有农业户口现役义务兵208人，城镇户口现役义务兵44人，烈属和牺牲病故军人遗属和革命伤残军人324人，全年发放优待金9.98万元。1997年，调整各类优抚人员优待金标准：农业户口现役义务兵每人每年1150元，城镇户口现役义务兵每人每年500元，烈属每人每年300元，在乡伤残军人每人每年200元。2003年，优待金实行全县统筹，国家机关、社会团体、企事业单位工作人员、个体工商业者按每人每年10元收取，城镇居民每人每年3元收取，农村村民每人每年2元收取。2004年起，优待金由县财政统一负担，县设立优待金储金会专户进行管理，每年由县民政局划拨到各乡镇民政办统一发放。2005年，再次调整农业户口现役义务兵优待金标准为每人每年1300元。当年，全县有农业户口现役义务兵279人，城镇户口现役义务兵46人，烈属111人，在乡伤残军人81人，共计发放优待金67.13万元。

1991年—2005年，累计优待7666人次，发放优待金408万元；其中义务兵家属3691人次344万元，烈属1530人次30万元，在乡伤残军人2445人次34万元。

伤残抚恤　1991年，藤县按特等、一等、二等甲级、二等乙级、三等甲级、三等乙级六个等级给在乡伤残军人发放残疾抚恤金，在职伤残人员发放在职残疾费，发放金额每人每年82~880元不等。当年，全县有革命残疾军人169人，其中城镇54人，农村115人，共计发放残疾抚恤金3.48万元。至2003年，先后14次提高发放标准。2004年10月1日起，伤残等级由原来的六个等级调整为十个等级，抚恤金标准提高至每人每年960~11200元不等。2005年，伤残抚恤金和伤残保健金统一称为残疾抚恤金，发放标准不变。全县共有残疾军人139人，共发放残疾抚恤金43.94万元。

定期抚恤　1991年，对烈属、因公牺牲军人家属、病故军人家属（简称“三属”）发放定期抚恤金，发放标准：农村每人每月35~40元，城镇每人每月不低于45~50元。全县共有享受定期抚恤对象76人，其中烈士家属42人，因公牺牲和病故军人家属34人，全年发放定期抚恤金3.65万元。1994年，提高定期抚恤金发放标准，农村增至每人每月45~55元，城镇增至每人每月55~65元。全年发放“三属”定期抚恤金72人共4.32万元。2004年，执行标准为农村每人每月195~200元，城镇每人每月300~350元。2005年，全县有62人享受定期抚恤，发放定期抚恤金17.20万元。

定期定量补助　1991年，对在参加抗日战争、解放战争以及从解放至1954年10月31日前入伍，丧失劳动能力、生活困难的在乡复员军人发放定期生活补助金；在乡一等革命伤残人员根据伤残等级发放护理费。发放标准为在乡复员军人定期生活补助每人每月15元；在乡特等、一等伤残人员护理费每人每月30元。全县有享受定期定量补助人员1552人，全年发放定期生活补助金27.94万元。至2001年，先后14次调整发放标准。2002年7月，在乡复员军人定期生活补助提高至每人每月110~186元。2003年7月，在乡特等、一等伤残人员护理费提高至每人每月200~300元。2005年，全县有享受定期定量补助人员1165人，发放定期生活补助金279.79万元。

1991年—2005年藤县抚恤金发放情况统计表

表8-1-1 单位：人、万元

项目／年度	革命伤残人员抚恤			"三属"抚恤		优抚对象定期定量补助	
	发放人数		发放金额	发放人数	发放金额	发放人数	发放金额
	在职人员	在乡人员					
1991	54	115	3.48	76	3.65	1552	27.94
1992	53	112	5.12	75	3.60	1511	32.64
1993	53	112	7.08	73	3.47	1495	37.67
1994	54	112	9.44	72	4.32	1466	43.98
1995	54	118	10.86	72	4.75	1457	52.45
1996	52	117	12.49	72	5.18	1425	58.14
1997	56	116	14.36	72	5.18	1403	60.61
1998	52	114	16.51	73	5.95	1386	69.85
1999	50	112	18.99	71	8.09	1352	91.69
2000	51	113	21.84	69	9.52	1330	107.55
2001	46	109	25.12	66	10.60	1298	121.89
2002	46	109	28.89	63	12.20	1266	135.40
2003	43	107	31.22	63	13.50	1245	165.63
2004	39	108	38.20	62	16.30	1202	253.98
2005	36	103	43.94	62	17.20	1165	279.79

烈士褒扬 藤县参战或因公牺牲的革命军人、民兵和国家工作人员均被追认为烈士，发给家属"烈士证明书"或"革命牺牲军人家属光荣纪念证"。1988年，县人民政府在县城东山公园建立革命烈士陵园，占地2.6万平方米，修建宽11米、长1千米的上山公路以及宽4米、长100米、285级混凝土上山梯级道，建有4000平方米广场。1991年4月，主体工程完成，总投资69.33万元。陵园内建有革命烈士纪念碑、琼崖纵队第一副司令员李振亚雕像，有烈士事迹陈列室1间，面积750平方米。革命烈士纪念碑占地面积350平方米，碑高26米，正面雕刻"革命烈士永垂不朽"八个大字，基座背面镶贴大理石，刻有碑文及烈士英名，左右两面刻有为建碑捐款人的名字，基座下设地下骨灰室，安放着21位烈士骸骨。李振亚雕像高2.70米。正面碑基大理石板上刻有自治区政协原主席覃应机题词"李振亚烈士"。1991年后，每年清明节，由县人民政府组织县直机关单位、人民团体和中小学学生代表开展清明祭扫活动。1991年3月，在梧州市电视局工作的藤城镇东风街青年莫勇强，为保卫国家财产勇斗歹徒不幸牺牲，经自治区民政厅批准追认为烈士，由县民政局发给其家属"烈士证明书"。是年，全县登记在册革命烈士124人。至2005年，烈士人数无变化。

安置

1991年，藤县对复员退伍军人的安置，基本依照"从哪里来，回哪里去"的原则和"妥善安置、各得其所"的方针进行安置。是年，接收来自城镇的退伍义务兵，全部安置到机关、企事业单位工作；对来自农村的退伍义务兵原则上安置回原籍。转业士官按计划安置，由梧州（地区）市安置部门下达安置指标，县安置办接收安置。当年接收转业志愿兵4人。此后，由于国有企业逐步进行改制，加上机关事业单位实行机构改革，精简机构，缩减人员编制，致使城镇户口复员退伍军人的安置工作难度不断增加。1997年，接收退役士兵、转业志愿兵，安置到机关、企事业单位。

2004年，政府推行安置就业、自谋职业、扶持就业的安置政策，鼓励城镇退伍士兵自谋职业，对选择自谋职业的退伍士兵，发给一次性经济补助金，补助标准以5000元为基数，军龄每年按全县上一年度职工人均工资的一个月工资发给，并可得到优先办理工商营业执照，安排场地摊位，免收各项行政收费的优惠。待安置期间，按当地最低生活保障费全额发给生活补助费。是年，全县接收来自城镇的退伍士兵，全部选择自谋职业，共发放一次性经济补助金21.50万元。2005年，提高一次性经济补助金发放标准至1万元。当年接收来自城镇退役士兵、伤残军人、转业士官选择自谋职业的，共发放一次性自谋职业经济补偿金43.13万元。是年开始，对来自农村的退伍义务兵安置回原籍的，县政府发给每人优待金1300元，计发优待金2.68万元。1991年—2005年，全县共接收农业户口退伍义务兵全部安置回农村。

拥军优属

1991年—2005年，每年“春节”“八一”建军节，县委、县人大、县政府、县政协四家班子主要领导率团走访慰问驻地官兵，同时召开联欢会、座谈会对驻军、烈军属、革命伤残军人进行慰问；各乡镇也成立慰问团，对属地烈军属、伤残军人进行慰问，送上猪肉、面条、粮油、毛巾被、毛毯、棉被等慰问品。县委、县人民政府始终把支持国防建设和双拥经费纳入年度财政预算，为藤县武装部、54465部队通信排、武警中队和消防大队等驻军单位解决战备、执勤、训练、生产和生活问题。1991年—2005年，共支出驻军慰问费41万余元，各类优抚对象慰问金64万余元。1999年，藤县获自治区“双拥模范县”称号。

第四节　救灾救济　社会救助

救灾救济

1994年6月9日至20日，受第3号强热带风暴以及县内西江、濛江、北流河上游连续大暴雨影响，县城最高水位达28.84米，超警戒线9.84米，是藤县有水位记载以来第三位特大洪水。全县20个乡镇53万人受灾，其中藤城、城关、南安、和平等9个乡镇最为严重。县委、县政府组织发放救灾救济粮714.46万千克，救济12.13万人；发放救灾衣物（含捐赠）51.59万件（套），救济34624人；发放救济款329.70万元。灾后恢复住房52302间。建成藤县第一个受灾群众新村——和平大心坡新村。

1997年7月10日至13日，县内遭受外洪内涝，其中“7·10”特大洪涝灾害造成全县20个乡镇64.77万人受灾。共发放救灾救济粮食374万千克，救助98667人；发放衣物8270件（套），救助13462人；发放救灾款309万元。灾后，恢复民房25536间。

1998年6月28日至30日，县内各地普降大雨到暴雨，县境浔江、蒙江、北流河水位急剧上涨。6月28日县城最高水位达29.23米，超警戒水位10.23米。全县共有20个乡镇58.56万人受灾。全县共发放救灾救济粮食134.43万千克，救助46103人；发放衣物48152件（套），救助36508人；发放救灾款456万元。灾后，恢复民房24186间。

2005年6月21日至23日，藤县遭受特大洪涝灾害，全县19个乡镇均不同程度受灾。各机关单位到挂钩村慰问受灾群众，腾出部分办公经费帮助受灾群众恢复生产。共安排救济粮食198.13万千克，救助27055户95069人；发放衣被24.89万件（套），救助22704户86250人，发放救灾款2445.10万元。灾后，共计恢复住房39011间。

1991年—2005年，全县累计发放救灾粮食3824.92万千克，救助93.84万人次；发放救灾衣被109.83万件（套），救助30.92万人次，发放救灾款6587.65万元。

2005年8月，藤县遭受百年一遇洪灾。图为LDS慈善协会捐助和平镇受灾群众

藤县部分年份洪涝灾害救灾情况统计表

表 8-1-2

年度	灾情	受灾情况								救灾情况			
		受灾人口（万人）	转移安置人口（人）	受灾农作物面积合计（公顷）	成灾农作物面积（公顷）	绝收农作物面积（公顷）	倒损农房（户）	倒损农房（间）	直接经济损失（亿元）	救灾款（万元）	救灾粮（万千克）	救灾被件（套、床）	安排重建房屋数（间）
1994	洪灾	53.00	53210	14470	9846	5333	13156	28724	22.59	329.70	714.46	515948	52302
1997	洪灾	64.77	58135	20229	10195	2576	1549	6985	1.40	309.00	374.00	8270	25536
1998	洪灾	58.56	152010	22085	19876	17365	8036	24093	15.67	456.00	134.43	48152	24186
2005	洪灾	66.40	193055	21601	18715	12516	17152	52243	58.12	2445.10	198.13	248880	39011

五保供养

1991 年，全县农村五保户全部为分散供养，五保户每月基本生活费主要由乡（镇）人民政府从群众统筹中收取，并以现金形式统一发放给五保人员，发放标准为每人每月 15 元。五保人员的口粮供应，一般由监护人或承包人按每人每年 100~150 千克供给。全县共有农村五保户 5296 户、6021 人，全年发放五保户生活费 108.37 万元。2000 年，实行税费改革试点工作，取消农村“五保”统筹费，“五保”对象基本生活费全部由财政预算安排解决，发放标准提高至每人每月 30 元。全县农村“五保”对象 8917 人，每月发放五保户基本生活费 26.75 万元，全年发放 321 万元。2005 年，农村“五保”对象基本生活费执行每人每月 50 元标准，全年共发放 12685 人 634.20 万元。县民政部门历年把五保户列为农村救灾救济重点对象，在发放救灾救济物品及粮食时重点予以照顾。

城市居民最低生活保障

1997 年底，藤县根据国务院《关于在全国建立城市居民最低生活保障制度的通知》，制定城镇最低生活保障制度。1999 年 8 月 26 日，首先在藤城镇试行实施城市居民最低生活保障制度，将无生活来源、无劳动能力、无法定赡养人或法定抚养人的居民（简称“三无”人员）作为第一类救助对象，首批发放“三无”人员和少数特困人员 50 人，共 0.62 万元。此后，逐年实现扩面并随生活水平的提高调整提高低保金发放标准。2000 年，按每人每月 30 元标准发放，全县确定享受低保人员 329 人，共发放低保金 11.18 万元。2002 年，低保金发放标准提高到每人每月 113 元，全县有 71838 人次领取最低生活保障金，共发放低保金 236.13 万元。2003 年，对特困对象按每人每月 113 元实行差额补助发放，人均月补差 51 元。2004 年，补差金额增至每人每月 55 元。2005 年，按每人每月 63 元进行补差，全县有 76560 人次领取最低生活保障金，计发放 478.40 万元。

敬老院

1996 年，投资 60 万元在古龙镇都旧村建设占地面积 1600 平方米，建筑面积 800 平方米的敬老院，设床位 30 张，主要安置古龙镇五保户及无依无靠孤寡老人，是年末有 25 人入住。1998 年政府投资 50 万元建成金鸡镇敬老院，有床位 20 张。2001 年—2002 年，先后有岭景镇、濛江镇、塘步镇、同心镇相继建成敬老院。2005 年，全县有敬老院 6 所，全部为砖混结构房屋，共有床位 160 张，年末入院人数 151 人。

收容遣送救助

1991 年，县民政局不定期对街头流浪、乞讨人员给予食物和衣服救济，对需要遣送的人员，由县公安局配合审查其真实身份和家庭住址，然后派车遣送到其所在省、市、县设立的收容遣送站。至 2003 年，共收容遣送县外乞讨人员 80 余人次，接收遣送回县人员 15 人次。2003 年 8 月，设立藤县救助管理站，专司收容遣送工作。根据国务院《城市生活无着落的流浪乞讨人员救助管理办法》和民政部《城市生活无着落的流浪乞讨人员救助管理办法实施细则》，对生活无着落的流浪乞讨人员由强制性收容遣送转变为自愿救助。救助站根据受助人员提供的有关情况，与受助人员的家属以及受助人员常住户口所在地或者住所地的乡（镇）人民政府、城市街道办事处以及公安、民政部门取得联系，核实情况后，由县救助站发给乘车（船）票自行回家。至 2005 年年底，共救助生活无着的流浪乞讨人员 320 余人次。

第五节　社会福利

社会福利院

2002 年 5 月，县人民政府将县民政局办公楼后座一、二楼改造为藤县社会福利院，设有床位 50 张，当年入住老人 11 人，收养社会弃婴、残疾儿童 5 人。2005 年，入住老人 42 人，收养社会弃婴、残疾儿童 10 人。

福利彩票

彩票销售　1989 年 11 月，藤县开展社会福利有奖募捐活动，发行国家民政部门福利彩票。1991 年，发行即开型面值 2 元社会福利彩票。设置以 2 万元（一万张）为一个奖组的即买即开即奖型福利奖券，奖品有 14 寸彩色电视机、14 寸黑白电视机、自行车、毛巾被、铁桶、茶筒、毛巾、肥皂、牙膏等。销售收入按 6.12% 上缴中央财政，19.92% 县级提留作为福利基金使用。全年共销售 43.35 万张，总收入 86.70 万元；其中上缴中央财政 5.31 万元，县级提留 17.27 万元。

1996 年元旦及春节，组织发行大奖组、大奖额福利奖券，分别在县城藤城中学大操场、太平镇石子洞举办 300 万元“大奖组”销售活动，奖品有双排座柳微小汽车、嘉陵牌 70C 男装摩托车、26 寸自行车、毛巾被、现金等，各期奖品金额 165 万元，最高中奖奖品为双排座柳微小汽车，价值 10 万元。共计销售彩票收入 453.50 万元。

1999 年，在县城举办“98”长江洪灾赈灾彩票 250 万元大奖组销售活动，彩票面额 2 元，销售收入按 19.50% 比例上缴中央财政作为“98”长江洪灾赈灾基金。2000 年，取消实物奖品，中奖者全部以现金兑付。是年，在县城河东广场发行福利奖券计 200 万元，设置最高奖级 30 万元，实际销售 105 万元。2001 年起停止发行销售福利彩票。

基金使用　福利基金主要用于扶老、助残、救孤、济困、赈灾等。1991 年，拨付社会福利基金 10.22 万元支持藤县老年人福利公寓建设。1996 年，重点支持乡镇敬老院建设，共计拨付基金 29 万元，其中建设潭东敬老院 10 万元、金鸡镇敬老院 5 万元、金鸡镇大坟村敬老院 2 万元、平福乡敬老院 2 万元、藤县老年人福利公寓 10 万元。1997 年，拨给象棋镇敬老院建设资金 9.50 万元。1998 年，支持金鸡镇敬老院建设资金 2.70 万元，象棋镇敬老院建设资金 2 万元。2000 年，支持藤县社会福利院综合楼建设资金 7 万元。

1991 年—2005 年藤县福利彩票发行、公益金积累及投入情况表

表 8-1-3　　单位：万元、个、人

项目 年度	发行量	总收入	上缴中央财政	地方基金收入及支出		建设项目	受益人数
				收入	支出		
1991	86.70	86.70	5.31	17.27	10.22	1	30
1992	56.90	56.90	3.41	11.10	20.10		
1993	73.89	73.89	4.44	14.41	3.00	1	5
1994	65.60	65.60	3.94	12.79			
1995	13.34	13.34	0.98	2.60			
1996	500.00	453.45	30.00	86.95	29.00	5	30
1997	27.88	27.88	1.67	5.16	9.50	1	8
1998					2.70		
1999	250.00	250.00	15.00	48.75	48.75	1	
2000	200.00	105.00	12.00	20.48	7.00	1	10

注：2001 年起停止发行销售福利彩票

第六节　社会事务

婚姻管理

婚姻登记机关　1991年，全县国内居民婚姻登记业务由各乡镇人民政府民政办负责办理；涉港、澳、台的婚姻登记工作由梧州市民政局社会事务科办理。2004年7月，设立藤县民政局婚姻登记处，配备人员10人。藤县南片的藤城、津北、潭东、塘步、埌南、同心、金鸡、新庆、象棋、岭景、天平11个乡镇的婚姻登记由县民政局婚姻登记处办理，其余乡镇的婚姻登记仍在本乡镇民政办办理。2005年6月，设立藤县民政局太平婚姻登记处，藤县北片的濛江、和平、太平、古龙、东荣、平福、大黎、宁康8乡镇的婚姻登记由太平婚姻登记处办理。

结婚登记　1991年，依据《中华人民共和国婚姻法》和《婚姻登记管理条例》，年满22周岁以上的男子和年满20周岁以上的女子，双方自愿到婚姻登记处办理婚姻登记手续的，需递交本人户口证明、居民身份证以及所在单位或村民（居民）委员会出具的婚姻状况证明，属再婚的需递交离婚证，方可办理结婚登记手续。全年共办理登记结婚4978对，其中属初婚的4967对占99.77%，再婚的9对。2003年1月1日始，申请办理结婚登记的男女双方必须到指定的医疗保健机构（乡镇卫生院以上医疗保健机构）进行婚前医学卫生检查，婚检合格后才给予办理结婚登记手续。2003年10月起，婚检改为由双方自愿原则，不再强调提供婚检合格证明。符合婚姻登记条件的男女，只需提供本人户口簿和有效居民身份证即可办理结婚登记手续。2005年，共办理登记结婚5200对，其中属初婚的5192对占99.84%，再婚的15对。

1991年—2005年，全县共办理结婚登记83475对，其中属初婚的83268对，再婚的207对。

离婚登记　1991年，国内居民办理离婚手续，需要递交户口证明、居民身份证、所在单位、村民委员会或者居民委员会出具的介绍信、离婚协议书、结婚证。各乡镇民政办对前来办理离婚的双方当事人进行心理疏导、调解，并给予1个月考虑期限。期满后，双方仍坚持离婚的则给予办理离婚登记手续，发给双方离婚登记证。是年，全县接待要求离婚夫妇共203对，实际办理离婚登记手续203对，发放离婚证书406本；其中因感情不和而离婚的123对，占60.59%；第三方涉足的2对，占0.9%；双方协议离婚的78对，占38.42%。2003年10月1日起，办理离婚登记手续材料的提供简化为提供本人户口簿、身份证、结婚证、双方共同签署的离婚协议书。2005年，共接待要求离婚夫妇523对，实际办理离婚登记手续的362对，发放离婚证书724本；其中因感情不和而离婚的274对，占75.69%；第三方涉足的10对，占2.76%；双方协议离婚的78对占21.54%。

1991年—2005年，全县共办理离婚登记手续4143对，其中属感情不和的2982对，协议离婚的1122对。

1991年—2005年藤县婚姻登记情况统计表

表8-1-4

项目 年度	结婚登记（对）			离婚登记（对）		
	小计	初婚	再婚	小计	感情不和	协议离婚
1991	4978	4967	9	203	123	78
1992	4364	4346	10	156	120	33
1993	4980	4966	12	201	126	73
1994	6288	6274	17	182	113	68

续表

年度＼项目	结婚登记(对)			离婚登记(对)		
	小计	初婚	再婚	小计	感情不和	协议离婚
1995	6561	6548	16	198	123	74
1996	6056	6037	19	247	174	71
1997	6038	6026	15	353	256	95
1998	5685	5670	16	298	206	90
1999	5708	5695	13	249	165	82
2000	5498	5483	14	263	178	82
2001	5221	5207	21	387	289	96
2002	4923	4912	8	302	246	53
2003	4984	4970	13	361	287	72
2004	6991	6975	9	381	302	77
2005	5200	5192	15	362	274	78
合计	83475	83268	207	4143	2982	1122

收养管理

2002年始，县民政局开始办理孤儿弃婴的收领养登记，社会上的孤儿及弃婴由县社会福利院接收，孤儿弃婴的生活费从城镇最低生活保障金中解决。至2005年，共办理收领养登记73人，其中男婴(儿童)32人，女婴(儿童)41人。

丧葬管理

藤县风俗普遍实行土葬。2001年10月15日，县人民政府印发《关于禁止在县城规划区内部分地段埋葬坟墓的通告》，明确禁止埋葬地段为：南梧二级公路东进城路口至河东城区两侧第一面山，南梧二级公路富吉西进城路口至大冲肚城区两侧第一面山，县城河东区至潭东村藤州大道出口两侧第一面山，西江大桥北桥头至津北镇政府新办公楼往北1千米两侧第一面山，县城的鸡谷山、头闸顶、花果山、独山、东山公园、虎头山、挂榜岭北面。规定从通告发布之日起，凡在上述范围内乱埋、乱葬的，由有关部门依法作出限期迁移和处罚决定。限期迁移的期限一般不超过5天。对该迁移而拒不迁移的坟墓，由县人民政府组织有关部门强制迁移，迁移所需费用由坟墓主人负担。

2002年6月，筹建藤县殡仪馆。2003年10月，县殡仪馆初步选址在津北镇(今藤州镇)河口村凤凰岭。同年10月27日，重新选址在藤(容)公路距县城7千米的潭东镇平政村深水桥冲地段，占地面积6.67公顷，预计总投资1000万元。12月，成立藤县殡葬管理站，核定编制3名，属财政全额拨款事业单位，实有人员2人；办公地点设在县民政局内。2005年6月14日，殡仪馆工程项目正式动工建设。

第七节　民间组织管理

社会团体

1991年10月4日，藤县开始对社会团体实行注册登记，由县民政局社会事务股办理。全年登记社团5个，分别为：藤县青少年科技辅导员协会、藤县消费者协会、中胜电厂职工技术协会、藤县职工技术协会、藤县农村卫生协会，会员共2828人。1992年登记社团2个：藤县残疾人福利会、藤县电力公司职工技术协会，会员共562人。1994年登记的社团有藤县机动车驾驶员联合会，会员950人。1997年登记社团2个：藤县珠算协会、藤县个体劳动者协会，会员1500人。1998年，在全县范围内开展社团清理整顿，清理整顿内容包括办公地点、日常办事机构、下属分支结构、分支机构印章样式、主要负责人、人员情况、经费情况、固定资产、创办实体情况、创办刊物情况等。1999年登记社团6个：藤县野生动物保护协会、藤县集邮协会、藤县教育学会、藤县慈善事业协会、藤县计划生育协会、藤县林学会，会员共585人。2000年，登记社团16个，共有会员6473人。2001年，注销登记1个，自动解散2个，新办注册登记1个；年底有社团组织14个。同年，换发登记证，将之前的手写版本登记证改为电子打印登记证，新登记证书有效期限为5年。

2002年—2005年，新增注册登记社团17个。2005年年底，全县在册登记的社会团体有藤县药学会、藤县林学会、藤县集邮协会、藤县计划生育协会、藤县三黄鸡协会、藤县大果红花油茶协会、藤县绿丰合作造林协会、藤县塘步镇黑皮冬瓜协会、藤县和平镇商品流通协会、藤县太平镇西瓜协会、藤县道路运输协会、藤县教育学会、藤县职工技术协会、藤县慈善事业协会、藤县老龄麻将协会、藤县文化娱乐行业协会、藤县青少年科技辅导员协会、藤县林产工业协会、藤县古龙八角流通协会、藤县建筑业联合会、藤县三轮车客运行业协会、藤县象棋道家人文景观研究会、藤县农业机械发展促进会、藤县珠心算协会、藤县老年书法学会、藤县质量技术协会、藤县新闻出版行业协会、藤县残疾人福利会、藤县民间组织促进会、藤县婚姻服务协会、藤县农村卫生协会31个，会员119530人。

民办非企业单位

2000年10月，开展全县民办非企业单位的登记管理，发放登记证书。至2001年2月，完成全县45个民办非企业单位复查登记。至2001年年末，新办注册登记手续11个，分别为：藤城小佳佳幼儿园、藤城河东小太阳幼儿园、藤城河东藤州幼儿园、藤县藤城南湖幼儿园、藤县蓝精灵幼儿园、藤县河东家家乐幼儿园、藤城城西宝宝幼儿园、藤城育苗幼儿园、藤县潭东村幼儿园、藤城河东安安艺术幼儿园、藤城河东宝宝乐幼儿园。其中属法人开办的5个、个体办的6个；共计注册资金33万元。同年，换发登记证，取消手写版本登记证，改用电子打印登记证，证书有效期限为4年。2003年—2005年，新办注册登记的民办非企业单位33个，其中法人办30个，个体办3个；注册资金99万元。2005年底，全县登记在册的民办非企业单位有藤县教育辅导中心、藤县城东中学、藤县东荣镇荣江学校、藤县宝宝乐幼儿园、藤县彩虹幼儿园、藤县小天使幼儿园、藤县娃哈哈幼儿园、藤县藤城河东藤州幼儿园、藤县藤州镇南湖幼儿园、藤县藤州镇育苗幼儿园、藤县藤州镇河东区新月幼儿园、藤县藤州镇河东小太阳幼儿园、藤县藤州镇河东家家乐幼儿园、藤县藤州镇童星幼儿园、藤县藤州镇潭东村幼儿园、藤县金鸡育英幼儿园、藤县康乐敬老院、藤县太平镇百花婚姻介绍所、藤县乐农西甜瓜研究所共19个，注册资金60万元。

第八节　地名管理　堪界

地名命名　更名

1991年，藤县县城街道正式命名的有大东街、东风街、西厚街及朝阳路、解放路、工厂路、滨江路、麻纺厂路。1992年，对县城街道重新命名，新命名的路有登俊路、西厚路、西江路、绣江路、桥西路、人民路。随着河东新城区、大冲肚等小区开发建设，县城城区新建的街道、居民住宅点逐渐增多。1998年2月13日，按照广西壮族自治区《地名管理条例》的规定，经藤城镇人大、镇政府向社会广泛征求意见，县人大常委会审议通过，藤县人民政府对河东新城区街道予以命名，其中命名道路8条、街道12条，其他8米宽街道均以坐落24米宽街道或12米宽街道序号命名。至2005年，经正式命名的县城道路有14条、街道12条。

2005年藤县县城街道(住宅区)名称表

表 8-1-5

名称	起止地段及范围	命名时间	备注
登俊路	东起珠砂井市场,西至藤州电影院、水巷口一带	1992	
西厚路	东起永丰市场,西至粮所、麻纺厂一带	1992	
西江路	东起角嘴,西至水巷口、大冲肚一带	1992	
绣江路	南起藤州大桥,北至角嘴一带	1992	
桥西路	绣江路沿河西旧汽车站至麻纺厂一带	1992	
人民路	大冲肚至麻纺厂一带	1992	
藤州大道	东至潭东接南梧二级公路,西至白泥塘,接人民路	1988.02.13	
津南路	南至南梧二级公路,北至西江大桥南桥头	1988.02.13	与津北相对称
挂榜路	西起北流河,跨津南路、民安路,东至东胜矿	1988.02.13	以坐落在挂榜岭前命名
东山路	东接藤州大道,西起东山公园门口,跨津南路、民安路	1988.02.13	以始发东山公园命名。
三元路	东至中胜火电厂,西起北流河口、浮金路,跨民安路、泰和路,从西江大桥桥底过	1988.02.13	以北宋大臣冯京连中三元,此地建有三元亭而命名
政贤路	南起藤州中学,北至西江边。跨挂榜路、藤州大道、东山路、三元路	1988.2.13	以县政府和藤州中学坐落此路命名
民安路	南起挂榜路,北至西江边,跨挂榜路、藤州大道、东山路、三元路	1988.02.13	寓意人民安居乐业
泰和路	南起挂榜岭,北至西江边,跨挂榜路、藤州大道、东山路、三元路	1988.02.13	寓意国泰民安
浮金街	南接西江制药厂,北至三元路,跨藤州大道、挂榜路	1988.02.13	以名胜古迹浮金夜渡命名
长虹东街、长虹西街	西起浮金路,东至东胜矿,跨藤州大道、政贤路、民安路、泰和路、同乐街、天乐街、永乐街	1988.02.13	寓意天上长虹降落人间
金川街	西起粮食局,东接黄冲河边,跨政贤路、民安路、泰和路、同乐街、永乐街、天乐街	1988.02.13	寓意财源似贯流
螺山一街	北起藤州大道,南至挂榜路	1988.02.13	以天螺山命名
螺山二街	北起藤州大道,南接挂榜路	1988.02.13	以天螺山命名
藤小路	北起藤州大道,南接津南路,跨挂榜路	1988.02.13	以沿原藤县至小娘山公路命名
天乐街	南起挂榜岭,北至西江边,跨挂榜路、藤州大道、东山路、三元路	1988.02.13	寓意天人合一,取人民安居乐业
同乐街	南起挂榜岭,北至西江边。跨挂榜路、藤州大道、东山路、三元路	1988.02.13	寓意人民安居乐业
永乐街	南至挂榜岭,北至西江边,跨挂榜路、藤州大道、东山路、三元路	1988.02.13	寓意永久安乐
留鹅街	南接长虹街,北接藤州大道	1988.02.13	以留鹅岭命名
聚宝街	北接长虹街,南接挂榜路	1988.02.13	寓意民间吉祥如意

1998年12月18日,太平镇人民政府在经过太平镇人大、政府征求居民意见,县人大常委会审议通过,藤县人民政府批复同意后,对太平镇城区主干街道以外的16条街巷进行命名。2004年5月12日,经藤县人民政府批复,同意将藤县太平镇农副产品综合批发市场建设小区街道命名为“百兴街”,小区内的11条小巷分别命名为百兴一巷至百兴十一巷。2005年底,经县政府命名的乡镇街道、街巷共有26条。

2005年藤县太平镇街道名称表

表 8-1-6

街道(巷)名称	坐落位置及范围	命名时间
合兴巷	石地路东侧的二排街巷	1998.12.18
中华巷	泰州南路原药场的几条小巷	1998.12.18
中兴巷	泰州南路名胜酒楼旁边通往中心校的街巷	1998.12.18
中元巷	泰州南路桂安酒家周围的街巷	1998.12.18
新马街	梧太路马踏凳的街道和小巷	1998.12.18
南平巷	梧太路南侧大平头的几条小街巷	1998.12.18
紫微街	新政路镇政府北边通往胶合板的路	1998.12.18
三环街	石阶路由县药批通往松脂厂后官财冲尾的街道	1998.12.18
田福街	石阶路南侧田福山的街道	1998.12.18
白云街	石阶路北边长草岭的街道	1998.12.18
东华巷	宁风一路东边靠近爆竹厂的街巷	1998.12.18
青元巷	共青路共青招待所往北的第一条街巷	1998.12.18
青平巷	共青路共青招待所往北的第二条街巷	1998.12.18
青华巷	共青路共青招待所往北的第三条街巷	1998.12.18
新民街	渔业社周围及通往瓦厂、镇一中的路段	1998.12.18
兴元巷	上元街原上元菜市改造后的几条巷	1998.12.18
百兴街	藤县太平镇农副产品综合批发市场建设小区街道	2004.05.12
百兴一巷至百兴十一巷	藤县太平镇农副产品综合批发市场建设小区内的11条小巷	2004.05.12

地名普查

1980年上半年至1982年底，藤县根据上级的工作部署及安排，开展第一次全县范围的地名普查。这次普查的对象包括全县农村人民公社生产大队以上的行政区划和驻地名称，城镇中的街巷名称，以及主要的山峰、河流、湖泊、岛屿等自然地理名称。普查的内容包括地名的来源、含义、历史变迁和地理位置等。全县共普查的地名条目4496条。其中行政区划类地名总数19条，群众自治组织类地名总数273条，居民点类地名3889条，陆地地形类地名条目数219条，其他类地名条目数96条。

地名补查

2003年8月，根据自治区人民政府办公厅《关于开展全区地名补查和资料更新工作的通知》，藤县成立地名补查和资料更新工作领导小组，组织县林业局、国土资源局、交通局、史志办、档案局、教育局、民政局、建设局等相关单位人员开展地名补查和资料更新工作。至2004年3月，补查和资料更新工作结束。全县确认地名4559个，其中行政区域类17个，非行政区域类6个，城镇居民点13个，农村居民点3791个，居民委员会1个，村民委员会266个，交通运输设施类15个，河港4个，主要桥梁10座，水利电力设施类29个，历史地名类53个。

勘界

县界勘定 1997年1月，藤县与相邻的岑溪市、苍梧县、昭平县、蒙山县、长洲区、平南县、容县人民政府联合开展县（市、区）边界线勘定工作，至2001年9月全面完成。共计勘定藤县界线604.85千米，其中：藤县与岑溪市界线长78.45千米，藤县与苍梧县界线长125.59千米，藤县与蒙山县界线长70.25千米，藤县与平南县界线长 220.37 千米，藤县与容县界线长 42.62 千米，藤县与梧州市长洲区界线长 2.2 千米，藤县与昭平县界线长 65.37 千米。

2000 年，与周边县、市、区在交界处设立双面界碑 9 块。其中藤县与岑溪市交界处双面界碑 1 块，设立在同心镇森塘村地域上；与苍梧县交界处双面界碑有 1 块，设立在古龙镇古龙村地域上；与昭平县交界处双面界碑 2 块，1 块设立在平福乡中太村地域上，另 1 块设立在古龙镇共青林场地域上；与蒙山县交界处双面界碑 1 块，设立在东荣镇夏垌村地域上；与长洲区交界处双面界碑 1 块，设立在塘步镇大元村地域上；与平南县交界处界碑 2 块，1 块设立在天平镇罗垌村地域上，另 1 块设立在和平镇志城村地域上；与容县交界处双面界碑 1 块，设立在岭景镇岭景村地域上。三面界碑 6 块。其中与昭平县、蒙山县交界处三面界碑 1 块，设立在平福乡桃花村地域上；与昭平县、苍梧县交界处三面界碑 1 块，设立在古龙共青林场地域上；与岑溪市、苍梧县交界处三面界碑 1 块，设立在埌南镇新勤村地域上；与平南县、容县交界处三面界碑 1 块，设立岑景镇篁村地域上；与平南县、蒙山县交界处三面界碑 1 块，设立在大黎镇富斗村的地域上；与长洲区、苍梧县交界处三面界碑 1 块，设立在塘步镇大元村地域上。

乡镇界勘定 2002 年，开展乡镇边界勘定，至 2003 年 11 月结束，勘定全县 19 个乡镇边界线 33 条，总长 534 千米。确定乡镇边界交会点 50 个。签订毗邻乡镇行政区域界线协议书 33 份，标绘边界线地形图 90 幅。

2003 年藤县乡镇界线表

表 8-1-7

序号	界线名称	边界长度（千米）
1	潭东镇至塘步镇界线	19.20
2	津北镇至天平镇界线	6.00
3	津北镇至潭东镇界线	11.00
4	津北镇至塘步镇界线	4.00
5	藤城镇至津北镇界线	8.00
6	藤城镇至潭东镇界线	18.90
7	潭东镇至天平镇界线	22.20
8	埌南镇至塘步镇界线	22.50
9	埌南镇至同心镇界线	22.60
10	埌南镇至潭东镇界线	2.10
11	同心镇至潭东镇界线	9.70
12	同心镇至金鸡镇界线	8.30
13	金鸡镇至天平镇界线	5.50
14	金鸡镇至潭东镇界线	20.60
15	新庆镇至天平镇界线	20.10
16	新庆镇到金鸡镇界线	14.40
17	象棋镇至金鸡镇界线	18.70
18	新庆镇至岭景镇界线	11.10
19	新庆镇至象棋镇界线	11.20
20	岭景镇至象棋镇界线	19.90
21	濛江镇至天平镇界线	29.00

续表

序号	界线名称	边界长度(千米)
22	濛江镇至津北镇界线	13.00
23	和平镇至濛江镇界线	24.00
24	太平镇至平福乡界线	16.00
25	太平镇至濛江镇界线	22.00
26	太平镇至和平镇界线	25.00
27	古龙镇至太平镇界线	14.00
28	古龙镇至濛江镇界线	16.00
29	东荣镇至太平镇界线	18.00
30	东荣镇至平福乡界线	19.00
31	平福乡至古龙镇界线	23.00
32	大黎镇至宁康乡界线	29.00
33	大黎镇至东荣镇界线	10.00

第九节　老龄工作

老龄人口

1991年，藤县有60周岁以上人口68576人，占全县总人口的8.59%。此后，60周岁以上人口占全县总人口的比重逐步增长。1995年达到9.24%，比1991年提高0.65个百分点。2001年达到10.06%。2005年达到11.19%，比1991年提高2.60个百分点。

1991年—2005年藤县60周岁以上老年人统计表

表8-1-8　　单位：人

年度	总人口数	60周岁以上	比重(%)
1991	798502	68576	8.59
1992	824139	71965	8.73
1993	832703	74023	8.89
1994	846945	75547	8.92
1995	856127	79121	9.24
1996	866786	81311	9.38
1997	875071	82869	9.47
1998	881579	84455	9.58
1999	887878	85680	9.65
2000	917713	90027	9.81
2001	921631	92716	10.06
2002	927847	96032	10.35
2003	934871	100218	10.72

续表

年度	总人口数	60周岁以上	比重(%)
2004	937958	102706	10.95
2005	953297	106632	11.19

老年人权益保障

1991年—2005年，藤县社会老年人养老以社会家庭养老为主，单位供养、民政供养为辅。居民、村民等社会老年人养老以家庭养老为主，机关、事业单位老年人由财政供养，企业单位老年人由单位供养，五保老人以分散供养为主。

1988年，藤县开始实行企业合同制职工离退休养老保险缴费制度，企业职工实行退休金制度，职工退休后，按比例在企业领退休金。1991年后，针对困难企业发不出或无法足额发放离休干部离休费及各项待遇的情况，县委、县政府决定：凡是离休干部，如果本单位确实不能解决离休费的，由县财政将离休费及上级规定的补贴拨款到主管局发放。1995年2月，开办农村社会养老保险业务。1996年，投资60万元在古龙镇都旧村建设占地面积1600平方米，建筑面积800平方米的敬老院，设床位30张，主要安置古龙镇五保户及无依无靠孤寡老人。是年末有25人入住。1998年政府投资50万元建成金鸡镇敬老院，有床位20张。2000年后，全县所有企业离休干部离休费等待遇全部由县财政拨款支付。同年12月，藤县人民政府印发《藤县城镇职工基本医疗保险制度实施办法》，退休人员个人不缴费。2001年—2002年，先后有岭景镇、濛江镇、塘步镇、同心镇相继建成敬老院。2005年，全县有敬老院6所，全部为砖混结构房屋，共有床位160张，年末入院人数151人。

老年人文化娱乐

1991年，老干部活动场所主要是河堤2个门球场及门球场旁边的空地上、树荫下，主要娱乐活动有跳舞、唱歌、麻将、象棋等。后因建设防洪堤，老干部门球搬迁到了县政府院子内。1992年10月，兴建老干部活动中心。1995年落成投入使用。活动中心共7层，建筑面积1186平方米，设有活动室、健身室、学习(会议)室等。1996年—1997年，购置了跑步机、按摩器等健身器械和麻将台、象棋桌、电视机等娱乐设备。在每年重大节日组织开展门球、象棋、麻将比赛及文艺晚会等活动。每年七一、十一、重阳节等重大节日组织开展门球、象棋、麻将、唱歌比赛及文艺晚会等活动。2001年，全市离退休干部门球比赛在藤县举行。至2005年，每5年举办1次。

第二章 信访

1991年，藤县坚持县领导接待群众来访日制度，确定每月20日为县四家班子领导接访日。1997年逐步建立和完善信访工作机制，构建县、乡、村三级信访网络，按照“属地管理、分级负责、谁主管、谁负责”的原则接待处理群众来信来访。2002年以后，随着新情况、新问题、新矛盾的不断出现，群众信访量持续上升，集体上访，越级上访量增大。县委、县政府加大信访队伍建设，信访工作逐步变“等访”为“下访”，变“事后处理”为“事前预防”，变“堵截”为“疏导”，变“一时息事”为“彻底解决”。1991年—2005年，县信访局(办)共计办理信访件7583件(批)，其中来信2960件、接待来访群众2685批5874人次，县四家班子领导接待阅批信访件1641件，上级交办297件。

第一节 机 构

县信访办公室

1986年12月，成立中共藤县委员会、藤县人民政府信访办公室，属行政单位，由县委、县人民政府共同管理，办公地点设在县政府大院。1988年11月，改为“中共藤县委员会、藤县人民政府信访局”。1991年定编4人，实有人员5人。1996年10月，信访局改为县委、县人民政府信访办公室，设在县委办公室。核定编制4名，实有工作人员6人。2002年3月，县委、县人民政府信访办公室在县委机构序列单设，为正科级行政单位。配1正1副领导职数，实有主任1人，副主任2人。2004年11月18日，增加行政编制1名，后勤事业编制1名，增编后信访办核定行政编制5名，事业编制1名。2005年，编制6人，实有人员8人；配1正2副领导职数，实有主任1人，副主任3人。

1991年—2005年县信访办公室（局）历任主任（局长）：梁上永（女，1991.01—1991.04）、邓世进（1991.04—1996.04）、赖淑贞（女，1996.04—1999.10）、岑桂芳（女，1999.10—2008.11）。

基层信访网络

1991年3月9日，藤县县委、县人民政府印发《关于加强基层信访工作的通知》，要求“全县20个乡（镇）党委、政府要把信访工作列入工作日程，分工一名领导抓信访工作，建立领导接访日制度，做到定期不定期地听取信访工作汇报和帮助解决信访工作中的问题”。据此，全县20个乡（镇）建立信访工作领导小组，由分管政法工作副书记担任组长，纪检委员和司法助理任副组长，成员由民政助理、土地管理所所长、党政办公室秘书、共青团书记、妇联主任、监察员组成，并配备信访助理1名；各村公所及街道居民委员会相应成立信访工作调解小组，由支书或村长担任组长，文书、村治保主任担任副组长，成员由各片村干部兼任，共有调解员569人；县直部、委、办、局、行、社、公司等大多设有兼职信访干部。1997年，较大的县直部门单位开始建立信访工作领导小组，年末计65个，有兼职信访干部67人。2001年，各乡镇增配兼职信访员1名，兼职信访干部由原来的20人增至40人。2002年4月，南安镇、赤水乡合并为塘步镇，全县乡镇信访工作领导小组减至19个，村级信访调解员增至697人。2005年8月，藤城、潭东、津北三镇合并为藤州镇，全县乡镇信访工作领导小组缩减为17个。至年底，全县共有信访工作领导小组84个，有专（兼）职信访干部107人；村级信访调解小组279个，信访调解员670人。

第二节 信访接待

信访受理

1991年—1995年，全县共接待受理群众来信来访3459件（不含领导接访和上级交办，下同），其中来信823件，来访2636件。以求决类居多，计1623件占46.92%、意见建议类607件占17.55%、检举揭发类561件占16.22%、申诉类501件占14.48%、其他167件占4.83%。反映的问题以房屋、生活福利、土地、违法违纪、山林、水利纠纷、批评建议、计生和邻里纠纷为主。

1996年后，信访量持续上升，联名信、集体上访、越级上访逐渐增多，以企业改制转营，河东新城区土地开发，矿产资源开采等为突出问题。至2000年，全县共计接待受理群众来信来访3866件，其中来信919件、来访2947件。来信来访中求决类2088件占54.01%、申诉类720件占18.62%、检举揭发类513件占13.27%、意见建议类324件占8.38%、其他221件占5.72%。

2001年—2005年，求决类信访件逐渐增多，主要是要求解决采矿污染农田问题，土地、山林权属，解决下岗职工、退休人员生活费，交通事故案医药费赔偿等。全县共接待受理群众来信来访6445件，其中来信1218件、来访5227件。求决类信访件4158件占64.52%、申诉类1297件占20.12%、检举揭发类533件占8.27%、其他266件占4.13%、意见建议类191件占2.96%。

领导接访

1983 年 5 月 5 日，藤县县委、县人民政府印发《关于批转信访科〈关于接待上访群众处理信访问题的若干规定〉的通知》，开始实行领导干部接待上访群众工作。1991 年 3 月 9 日，县委、县人民政府发出《关于加强基层信访工作的通知》，建立领导接访日制度，确定每月 20 日为县委、县政府领导接待人民群众来访日。领导接访日，安排 2 名县委或县人民政府领导到县信访接待大厅公开接待来访群众。1994 年 5 月 20 日，为单日接访量最多日，共接待群众来访 10 批次，其中涉及工业企业问题 1 批次，反映生活福利问题 3 批次，反映宅基地纠纷 2 批次，涉及山林水利纠纷 2 批次，当天全部进行批示交办处理。2005 年 10 月 12 日下午，县内交口、和平、三江电站 83 名职工因转营改制安置问题集体到县政府上访并滞留，藤县县委、县政府主要领导亲自接访，并召集在家的县委、县政府领导及县委、县政府办公室、县信访办、水利局、县总工会等有关单位领导与交口、和平、三江电站的代表人员一起，就上访问题进行面对面交流、劝解和协商。是日，梧州市指导藤县三个电站改制工作组领导也到藤县协助做有关工作。至晚上 11 时，上访人员全部离开县政府。次日，县委、县政府再次派出工作组，分别进驻交口、和平、三江电站，就相关问题进行调查处理。至 2005 年底，累计接待群众来访 1641 批次 5375 人次，处理信访问题 1641 件；其中直接处理案件 414 件、批示群众来访件 1227 件。

第三节　信访办理

1991 年，藤县对群众来信来访的处理实行"分级负责、归口办理"。4 月，根据梧州地区信访局指示精神，开始制订《信访工作目标管理责任制》，从组织领导、机构设置、干部配备、信息稿件、案件查办、办信接访、业务建设等方面进行细化量化，对各乡镇年度信访工作进行考核评比。评比工作由县信访局组织进行，对获得先进单位和先进个人，县委、县人民政府给予精神和物质奖励。1996 年，国务院颁布实施《信访条例》，藤县依照《条例》规定，对信访件的办理和处理，执行"分级负责、归口办理，谁主管、谁负责"原则。2005 年 5 月 1 日开始，调整为按"属地管理、分级负责，谁主管、谁负责"的原则。

县信访部门办理

1991 年开始，各乡镇及各部门单位接待的一般性群众来信来访，属接待单位范围内的信访问题，直接由接待单位办理和答复；属其他部门单位的，由接待单位转交相关部门单位办理或告知信访人直接到相关部门单位反映。县信访部门接待的一般性群众来信来访，根据信访问题的归属，直接转送相关乡镇或相关部门调查处理，并由相关乡镇或相关部门将调查处理结果直接答复信访人。对于涉及人数多或涉及多个职能部门、或具有一定影响的信访件，需先呈报县委、县政府分管领导审阅，待领导批示后再转交有关乡镇或职能部门办理，并要求各相关乡镇或职能部门及时将调查情况向县委、县政府分管领导、县信访局（办）汇报，调查处理结果需经过县委、县政府分管领导及县信访局（办）审阅后，再由相关乡镇或职能部门直接答复信访人，并将答复件送县信访局（办）备案。对于重大的、疑难的、复杂的信访件，由县信访局（办）先行立案，再呈报县委、县政府研究后再作出处理，调查处理结果由职能部门直接答复信访人，同时，将调查处理结果向县信访局（办）汇报结案。1991 年—1995 年，县信访局接收群众来信 823 件、接待来访 754 件，经审理立案 196 件。其中属求决类 92 件、意见建议类 34 件、检举揭发类 32 件、申诉类 28 件、其他 10 件。其间办结 188 件，办结率 95.92%。全县乡镇及各部门办理的信访事项共 1882 件，其中求决类 865 件、意见建议类 376 件、检举揭发类 301 件、申诉类 238 件、其他 102 件。其间办结 1770 件，办结率 94.05%。1991 年，宁康乡都帮、大塘村，因两村交界地"横崖"权属问题争议 9 年多未解而诉求宁康乡政府。7 月，乡党委、政府召开专题会议研究，成立 5 人专案工作组，深入各自然村、生产队了解调查取得确凿证据后，召集双方作出该地界权属问题的处理决定，使群众心服口服。

1996 年起，反映土地、山林纠纷类和土地开发、企业改制类信访问题增多，立案数量逐步上升，至 2000 年，县信访局（办）共计立案 277 件，年均 55 件，办结 264 件，结案率 95.31%。全县各乡镇及各部门办理信访事项共2148件，其中属求决类967件、检举揭发类380件、意见建议类344件、申诉类260件、其他127件。其间办结2011件，办结率93.62%。

2001年—2005年，县信访办共计立案364件，年均立案72件，最高为2003年，达到88件；其中属求决类197件、申诉类68件、检举揭发类48件、意见建议类31件、其他20件；其间办结350件，办结率96.15%。比较突出的有采矿污染农田、征地补偿款分配问题、18家改制企业下岗人员安置问题等。如2000年8月，埌南镇界田村陈某某来访反映该镇杨村陈某开矿污染附近农田，涉及10多户农户，矿主拒绝补偿农户损失。县信访办立案后，将该信访件转交埌南镇政府办理，埌南镇政府经调查了解核实后，即会同县矿产部门约矿主与农户协商，最终达成以每亩每年1000元给予补偿。全县各乡镇及各部门办理信访事项共4095件，其中属求决类2211件、检举揭发类656件、申诉类614件、意见建议类461件、其他153件。其间办结3767件，办结率91.99%。如2003年，岭景镇坡塘村抱岭一组村民容某某向岭景镇政府信访反映因磨石山大化、打豹督山林权属问题与同组村民刘××、林×、林×良、林×中4户产生争议，要求政府帮助处理。岭景镇政府接到信访件后，多次召集双方进行调解协商，经过反复调处，7月2日，双方签订了调解协议书。

县领导批示件

1991年—1995年，县领导直接批示交办的信访事项计265件，主要以土地及山林纠纷类案件为主。信访部门立案后全部转交相关乡镇、职能部门处理。期间办结249件，办结率93.96%。

1996年—2000年，县领导批示交办的信访事项累计420件，年均84件，最多为1999年97件，最少1997年65件，其间办结399件，办结率95%。主要以开矿污染农田，征地价格、征地三费补偿及使用分配、预留用地比例及预留用地的费用收取、征地界址、污染防治、村委会及经联社的财务管理，下岗职工、退休人员生活费发放，供销社社员股金会和农村合作基金会储户，甘蔗和松脂"白条"，山林土地纠纷等问题为主。如2000年，共青林场退休人员梁××等40人联名写信给县长，反映该场没有按规定上缴退休人员的养老保险金，拖欠退休人员养老金和1997年10月至1999年年底正常提升的养老生活费。县信访办接到县长批示后，即协调县林业局积极处理，经县林业局组织工作组到共青林场召集全体干部职工开会，了解到退休人员反映的问题属实后，责成共青林场补交60多万元养老保险金，拖欠退休人员生活费问题得到落实解决。

2001年—2005年，县领导直接批示交办的信访件956件，年均191件，以土地征用类、企业改制下岗人员安置、山林纠纷、矿山污染、退役人员安置及其他涉军人员生产生活问题等求决类案件为主。突出的有河东土地征用、补偿，大黎镇山林纠纷，塘步镇矿山污染，县内水电站转营改制（交口电站、和平电站、三江电站），二次入伍退役人员安置等问题。其间办结908件，办结率为94.98%。

上级交办件

1991年开始，上级交办的信访件办理，由县信访局（办）根据信访问题的归属，直接转送相关乡镇或相关部门调查处理，并由相关乡镇或相关部门将调查处理结果直接答复信访人并报县信访局（办），再由县信访局（办）向市信访局汇报结案。1991年—1997年，上级共交办信访事项115件，由县信访局（办）按照归口管理、属地管理原则，转交相关乡镇、职能部门处理，办结率为100%。其中求决类56件、申诉类28件、检举揭发类19件、反映建议类12件。

1998年—2005年，上级交办信访事项182件，办结率均为100%。其中求决类102件、申诉类32件、检举揭发类26件、意见建议类22件。

信访案件督查督办

1991年3月9日，县委、县人民政府印发《关于加强基层信访工作的通知》，开始对信访事项的办理进行督查督办，督查督办工作主要由县信访局（办）负责。至1999年，对上级交办件、领导批示件和本级立案件，主要以电话督办为主；未解决的复杂信访案件，由县信访局（办）组织人员到办理单位进行督查督办。

2000年后，信访督查工作的基本任务是对信访热点问题和上级及本级党政领导批示的信访件落实情况进行督查，对重大疑难信访件进行专题督查。信访督查的基本方法有事前督查、跟踪督查和事后督查。事前督查、跟踪督查一般以电话督办为主；事后督查，主要是针对已答复信访人在承诺时限内未解决的案件进行书面督办。

2004 年 8 月，梧州市信访办印发《关于做好重要信访案件督查督办工作的通知》，明确对自治区信访局交办案件、市领导和市信访办交办尚未办结的重要信访案件进行督查督办，藤县主要针对重要信访案件开展督查督办，落实办理、结案、反馈工作制度，实行动态跟踪监督。1991 年—2005 年，共督查信访件 2775 件，其中督查督办上级交办件 297 件、领导批示交办件 1641 件、本级立案 837 件；共办结 2692 件，办结率 97.01%。

第三章　扶　贫

1991 年，根据广西壮族自治区党委、人民政府公布的广西农村人口贫困线标准统计，藤县有贫困人口 76020 人，占全县农业人口的 10.42%。藤县在扶贫上主要采取社会帮扶及财政帮扶策略，从政策、项目、资金上进行扶持，并通过举办科学种养等技术培训班进行知识及技术扶持，贫困人员逐渐脱离贫困线。1999 年，全县贫困人口 29463 人，占农业人口的 3.72%。2005 年，全县有贫困人口 75282 人，占全县农业人口的 8.85%。

第一节　机　构

1987 年 6 月 26 日，成立藤县扶贫开发办公室，为全额拨款事业单位，隶属县农委领导，核定编制 3 名，其中主任 1 人；在县政府综合楼一楼办公。1991 年 10 月，改为藤县贫困地区经济开发办公室。1992 年 3 月，列入县人民政府行政序列，属正科级机构，核定人员编制 5 名。1996 年机构改革，改为县扶贫开发办公室，在县计划局挂牌。2001 年机构改革，更名为县扶贫开发领导小组办公室，为扶贫开发领导小组的常设机构，在县政府机构序列单设，属县政府议事协调办事机构，核定编制 3 名。2002 年 4 月，县成立革命老区建设办公室，挂靠县扶贫领导小组办公室，实行两块牌子一套人马。2003 年 2 月，增加行政编制 1 名。2005 年，有编制 4 名，实有人员 5 人，其中主任 1 人。

1991 年—2005 年县扶贫办公室历任主任：黄超华(1992.3—2001.11)、林少华(2002.12—)。

第二节　贫困地区与人口

贫困地区

1991 年，藤县贫困人口主要分布在边远山区、沿江低水位地区和水库库区。2001 年，全县 266 个村，人均收入低于 1000 元贫困村有 121 个。其中一类为边远山区贫困村 75 个，占全县建制时的 28.2%；二类为沿江低水位贫困村 36 个，占 13.53%；三类为库区贫困村 10 个，占 3.7%。2002 年—2005 年，藤县自治区级贫困村的确定是由县初选，然后报自治区人民政府批准。确定的主要依据是：农民人均纯收入、农民人均缴纳“四税”（即农业税、农业特产税、耕地占用税、契税）、农民人均产粮、农民人均住房面积、未解决饮水困难人口、人均农村用电量、自然村屯通公路率、适龄儿童入学率、医疗卫生条件、广播电视覆盖率、贫困人口数量以及扶贫开发工作情况，兼顾革命老区村、库区移民等综合指标。全县有自治区级贫困村 27 个，具体为：潭东镇泗旺村，津北镇车塘村、谷山村，塘步镇古佩村、石塘村，埌南镇黎寨村、双底村，同心镇森塘村，金鸡镇光华村、胜安村，新庆镇庆旺村，象棋镇同乐村、道家村，岭景镇中村、大益村，天平镇新陈村，濛江镇彩塘村、勒竹村，和平镇双垌村、和平榄莫村，太平镇永平村、善庆村，古龙镇陈平村，平福乡沙街村，东荣镇华安村，大黎镇太兴村，宁康乡料南村。

贫困人口

1991年，根据自治区党委、自治区人民政府公布的广西农村人均纯收入低于500元、口粮不足200千克为贫困人口标准统计，藤县有贫困人口76020人，占全县农业人口的10.42%。1994年，调高贫困人口人均纯收入标准为低于700元（口粮数不再列入划定贫困人口标准）。是年，藤县有贫困人口64350人，占全县农业人口的8.38%。

1998年年底，全县有农民人均纯收入900元以下的贫困农户6532户、31663人。1999年，全县贫困人口29463人，占农业人口79.1万人的3.72%。

2005年，全县有贫困人口75282人，占全县农业人口的8.85%。

第三节　社会帮扶

1996年，藤县县委、县人民政府制定《藤县农村基层组织建设和扶贫工作单位联系村目标管理责任制》。

1998年—1999年，开展公路大会战、“村村通广播电视”工程项目建设，县直单位对贫困村扶持4.80万元，社会捐资10.15万元。2001年，群众自筹与社会帮扶资金269.6万元，开展道路建设、水利建设、人畜饮水工程建设。

2002年，全县落实帮扶干部1986人（含梧州市帮扶单位工作队员），包村62个1410户。投入帮扶资金196万元，其中干部投资18万元，单位捐款42万元，捐物折款12万元。扶持种养项目1716个，修建村屯公路24千米，建设饮水工程7处，修建村委办公楼346平方米，修建村级小学校舍586平方米。

2003年—2004年，培训劳动力4602人次，其中举办农民实用技术培训班共44期4464人次，科技致富带头人培训2期138人次，使每户贫困户至少有1人掌握1~2门实用技术。其中2003年，全县共完成培训3002人次，其中农民实用技术培训班共举办26期2918人次，科技致富带头人培训1期84人次。2004年，在全县19个乡镇共完成1600人次培训，其中农民实用技术培训18期1546人次，科技致富带头人培训1期54人。

第四节　财政扶持

资金投入与项目建设

1987年6月至1990年12月，上级下拨藤县扶贫发展资金53.15万元，其中培训费2.45万元。1991年，藤县扶贫主要根据“有灾救灾、无灾扶贫”的原则，将扶贫资金用于贫困户发展生产。是年，藤县利用当年回收的到期发展资金及上年结转资金10.55万元开展项目扶持，主要投放给乡镇种植西瓜、玉桂、甘蔗、养猪、养鸭、网箱养鱼等。全年共扶持387户、2660人，占贫困户的3.5%。其中完成解决温饱200户1041人；控固温饱115户580人；脱贫户23户126人。利用回收发展资金21470元扶持28户170人养猪141头，鸭3030只，人均增加收入235元。新庆乡下荣村扶持户黄福成2年平均每年出栏肉猪6头，花猪40头，年纯收入2500元，人均收入400元。利用资金19700元扶持118户804人种甘蔗11.9公顷；利用资金62140元扶持种养业，其中46540元扶持175户1261人种植玉桂38.07公顷；10600元扶持62户397人种植无籽西瓜9公顷；5000元扶持4户28人搞网箱养鱼。1994年，自治区下达藤县支援经济不发达地区发展资金10万元，用于扩建赤水猪场。1995年，梧州地区下达藤县发展扶贫产业为西瓜种植，但由于西瓜种子紧缺，无法落实种子，而将西瓜任务调整为种甘蔗和护理荔枝、龙眼等项目。此外，利用梧州地区借给的扶贫发展资金和县内回收上来的扶贫发展资金，扶持发展下面几个项目。一是扶持赤水乡贫困户6户、50人，扶持资金6万元，养猪265头；养鱼1.67公顷；种果20公顷。二是投放5万多元扶持赤水乡赤水村86户465人种植甘蔗11公顷，估产每亩可达1300元，人均可收入457元。三是扶持埌南、城关、新庆3个乡镇护理荔枝、龙眼投入资金6.7万元，护理面积38.33公顷。

1998年9月，全县开展公路大会战。共计投入资金803万元，其中自治区补助资金240万元，地方配套资金292.18万元，群众自筹260.67万元；群众义务投工14.90万日。1999年国庆节前全部完工。计完成乡村道路23条共142.10千米，其中新建道路129.50千米，改建12.60千米；码头3个。惠及32个行政村。同时，投入资金57.60万元，对全县48个未通广播电视的村开通网络信号，全县电视覆盖率由1998年末的71.23%提高到87.41%。投资36万元，建成村级卫生室12个，建筑面积1200平方米，使全县265个行政村实现了村村有卫生室目标。1999年，藤县获上级部门批准扶贫资金281万元，主要用于村级道路工程、农田水利设施、人畜饮水项目等。

2001年起，财政扶持以改善农民生产、生活条件，加强道路、水利、人畜饮水工程等基础设施建设，对农民进行实用技术培训为重点。是年，全县获自治区补助扶贫项目37个，其中道路建设项目21个，分别为：古龙镇中隆、田心村，岭景镇王村、中村，平福乡思元村，津北镇永隆村，天平镇石炉村，埌南镇黎寨、界垌村，同心镇深塘村，赤水乡石塘村，南安镇金板、南安护民村，大黎镇上荣村，潭东镇民生村，和平镇思源村，濛江镇古厚、安和石咀村，新庆镇四亥村，宁康乡料南村，金鸡镇光华村。水利建设项目7个，分别是：津北镇河口村，天平镇天平村，同心镇大梳村，大黎镇白祝村，潭东镇礼秀村，新庆镇高田村，太平郎辽村。人畜饮水工程项目9个，分别是：古龙镇金凤村，岭景镇麦地村，平福乡民安村，津北镇保良村，南安镇禤州村，宁康乡大塘村，太平镇安福村，藤城镇田辽村，象棋镇留村。总投资626.4万元，其中自治区补资金195万元，地方配套161.8万元。

2002年，获自治区补助资金276.18万元，完成道路建设项目43条；获补助资金30万元，建设科技示范项目1个；获补助资金21万元，新建教学楼3座；补助资金30万元，建设沼气池项目1个，共1000座。

2003年，自治区安排藤县的扶贫项目44个，其中道路建设项目33个，桥、涵洞、码头8个，沼气池1个，1000座；科技培训和其他共2个。总投资819.4万元，其中区补助资金448.5万元，地方配套42万元，群众自筹与社会帮扶资金328.9万元。

2004年，自治区安排藤县基础设施建设项目32个，补助扶贫资金369万元；产业开发扶贫项目3个，补助资金40万元，科技培训项目补助资金5.5万元，共获补助414.5万元。是年，根据自治区扶贫领导小组的安排，在全县开展扶贫龙头企业的甄别和遴选工作，经筛选并报自治区扶贫开发领导小组同意，藤县埌南镇康美笋业有限公司获评定为第一批广西扶贫龙头企业。

2005年，藤县共得到上级资金608.5万元，项目共65个，其中基础设施项目（含水毁道路建设项目）52个432万元；沼气池建设项目1个，共1000座，60万元；贫困村重点产业开发项目3个45万元；贫困村灾后恢复生产专项补助资金项目1个15万元；少数民族发展资金补助项目4个43万元；科技培训项目1个5.5万元。有4个扶贫项目列入2005年度五大措施建设项目，分别是潭东镇泗旺至大岗4千米、大黎镇太兴至东安2.7千米、岭景镇上罗云至新村2.5千米、和平镇双垌至新塘1.5千米、宁康乡宁康至同观2千米，总里程12.7千米。这些项目于2005年2月开工建设，2005年5月5日全部完工。

资金与项目管理

1987年扶贫办成立初期，县资金管理所（财政局）管理资金投放，县扶贫办负责项目管理。对扶贫回收发展资金的投放，先由扶持乡镇负责扶贫开发的干部提出扶持项目申请书，经县扶贫开发办公室及主管领导同意后，再由扶持乡镇把扶持对象户、资金数额等列表一式三份，经乡镇主管领导签字盖章后交到县扶贫开发办公室，由主管扶贫工作的领导审批签字后，开发办把扶持资金发放给扶持户。对扶贫发展资金，可按3%收取资金管理费，乡镇按0.5%收取作为活动经费开支。

从1993年5月开始，扶贫项目的验收实行项目实施单位（乡镇）、县、市逐级验收。项目实施完成，实施单位和乡镇政府进行初检合格后，由乡镇政府向县级扶贫开发领导小组办公室提出书面验收申请；县级扶贫开发领导小组办公室接到申请后组织财政、交通等单位对项目进行验收。县级验收完成后，即向市扶贫办提出申请市级验收。县级验收实行全检，即对当年实施的项目全部进行验收；市级实行抽检，即对项目按30%进行抽检。乡镇作为扶贫项目的实施单位，要与县扶贫办签订项目施工合同书（含实施计划、资金预算计划），并报县扶贫办和县财政局备案。项目下达后，财政部门根据项目实施责任书，项目施工合同书，项目实施计划和项目施工进度，由项目实施单位定期提出用款计划，填列报账清单，并附报账凭证，经县扶贫办审核，报县财政局审批后再拨付项目资金到县扶贫办，县扶贫办再把相关款项拨付到乡镇财政专户，由乡镇转到施工单位。

1994 年和 1995 年，藤县连续两年遭受洪水灾害，加之藤县不列入国家和自治区划定贫困县，资金投入少，返贫现象严重。在扶持的贫困户中，由于各种原因造成投入的发展资金无法收回。其中城关乡 18 户，欠发展资金 5600 元；新庆乡 17 户，欠发展资金 4700 元；埌南 10 户，欠发展资金 3200 元；赤水乡 6 户，欠发展资金 1300 元。共计 51 户 1.48 万元。部分家庭全家下广东，也造成下放的资金无法收回。1995 年梧州地区下达藤县回收发展资金 10 万元，至年底，回收 11.2 万元。

2002 年—2005 年，藤县对扶贫资金使用全面实施县级财政统一报账制。各乡镇人民政府设立财政扶贫资金专户，实行专户管理，封闭运行。在财政扶贫资金报账过程中，财政部门主要负责资金的收支管理和监督检查；县扶贫办负责项目的实施管理，检查验收和费用支出的审核。项目实施单位或施工单位合同书法人代表为扶贫资金使用报账人，统一经扶贫办与财政局对项目施工进度进行实地现场检查核实后，再由县政府分管扶贫副县长签字才能报账。在项目启动后，可拨付 30% 的启动资金；项目验收结束，拨付总工程款的 90%，预留 10% 为项目质量保证金，在项目交付使用后，经 3~6 个月的检验无质量问题再由县扶贫办核实签字后转县财政局核准再拨付施工单位。

2011 年 1 月，太平镇永平村灾后村民入住新村庆典

第九篇

机构编制　人事　劳动　社会保险

1999年，县劳动局搬迁河东政贤路165号办公。图为办公楼

第一章　机构编制

1991 年，继续实行机关、事业单位《编制管理证》管理。进一步明确对机构编制审批权限和审批程序，实行县编制委员会及其办事机构一个部门承办，主管领导“一支笔”审批，编制部门一家行文的“三个一”制度，编制管理工作全面规范化。全县核定行政机构 98 个，行政人员编制 2096 名；事业机构 709 个，事业人员编制 11482 名。1992 年，成立县人事领导小组，加强人事编制管理。1996 年—2004 年先后进行 3 次机构改革，对机构设置与行政人员编制均进行精简。2005 年全县行政机构 74 个，比 1991 年减少 24 个，行政人员编制 1681 名，比 1991 年减少 415 名；事业单位 598 个，比 1991 年减少 111 个，事业编制实有人员 12119 人，比 1991 年增 637 人。

第一节　机构编制管理机关

1984 年 10 月，设立县编制委员会办公室。1991 年，改称藤县编制局，为正科级单位，核定行政人员编制 5 名，实有人数 4 人。1996 年 10 月 18 日，藤县编制局更名为藤县机构编制委员会办公室。为县机构编制委员会常设办事机构，既是县委工作部门，也是县政府工作部门，列入县委机构序列。

2000 年 10 月 18 日，在机构编制委员会办公室加挂“藤县事业单位登记管理局”牌子，负责实施事业单位的登记管理工作。2001 年，核定县机构编制委员会办公室行政编编制 6 名，实有人数 6 人。2002 年 7 月 8 日，经县编制委员会同意，核减行政编制 1 名，同时核给后勤事业编制 1 名。调整后，行政编制由原来的 6 名减少至 5 名，后勤事业编制 1 名。

2005 年，核定行政编制 5 名，后勤事业编制 1 名。实有人数 5 人。

1991 年—2005 年县机构编制委员会办公室（局）历任主任（局长）：黄照堂（兼，1991.02—1992.07），刘国学（兼，1993.04—1993.08），梁象华（1994.07—2002.04），黎云（兼，2002.04—08 月），黎伟义（兼，2002.11—2005.08），江平（兼，2005.08—2007.01）。

第二节　机关与事业单位机构设置

县直机关单位

1991 年，全县核定行政机构总数 98 个（其中乡镇 20 个）。2005 年 74 个。

中共藤县委员会工作机构　1991 年，县委工作机构设置 11 个，分别为县委办公室（保密委员会名义保留）、组织部、宣传部、统一战线工作部、政法委员会、老干部局、县武装部、县委政策研究室、县党史资料征集办公室、县委人民武装委员会办公室、藤县保密局（与县委保密委员会办公室一套人马两块牌子）。1992 年 1 月成立县委督查室。1996 年 4 月，县武装部复归中国人民解放军部队建制。

1996 年 10 月，开展县直属机关党政机构及乡镇党政机构改革。县委工作机构设置调整如下：机要局归口县委办公室管理；县委督查室、政策研究室并入县委办公室；信访局改为信访办公室，设在县委办公室。老干部局在组织部挂牌，将为老干部服务的职能分离出来，成立县老干部服务中心，作为事业单位，使用事业编制。民族事务委员会改为民族事务局，在县委统战部挂牌；侨务办公室设在县委统战部。编制局改为机构编制委员会办公室，为机构编制委员会的常设办事机构，在县委序列单设。县委保密委员会办公室、县保密局一个机构两块牌子，设在县委办公室，对内为县委办公室的内设机构，对外独立行使职能。县委精神文明建设领导小组办公室改名为县精神文明建设委员会办公室，设在县委宣传部，对内为宣传部的内设机构,可独立对外行使职能。县委对台湾工作领导小组办公室改名为县委台湾工作办公室,与县政府台湾事务办公室一个机构两块牌子,设在县委统战部,对内为统战部的内设机构,对外独立行使职能。县社会治安综合治理委员会办公室并入县委政法委员会,对外挂牌。改革后县委工作机构设置 8 个,分别为:县委办公室、组织部、宣传部、统一战线工作部、政法委员会、直属机关委员会、机构编制委员会办公室、纪律检查委员会(与县监察局合署办公,一个机构两块牌子)。

2001 年 12 月机构改革,县委主体部门格局基本不变。县委办公室、组织部、宣传部、统战部、政法委、县直机关党委、县机构编制委员会办公室、县纪委 8 个县委部门机构予以保留。上述县委工作机构中:县委办公室挂保密委员会办公室(县国家保密局)、机要局、督查室牌子。县委宣传部挂精神文明建设委员会办公室、新闻出版管理办公室牌子。县委统一战线工作部挂台湾工作办公室(县人民政府台湾事务办公室)、民族宗教事务局牌子。机构编制委员会办公室是机构编制委员会的常设办事机构,既是县委的工作机构,又是县政府的工作机构,挂事业单位登记管理局牌子。县委纪律检查委员会机关与监察局合署办公,一个机构两块牌子。保留县委老干部局,在县委机构序列单设,由县委组织部领导;保留县委、县人民政府信访办公室,在县委机构序列单设,由县委办公室领导。设县委直属事业单位 2 个:县史志办公室、中共藤县委员会党校(藤县行政学校)。2002 年 4 月,县直机关党委更名为县直机关工作委员会。

2004 年 8 月机构改革,将原在县委宣传部挂牌的县新闻出版管理办公室,更名为县新闻出版管理局,改在县文化和体育局加挂牌子,隶属县政府管理。

2005 年,县委工作机构 8 个分别为:县委办公室、组织部、宣传部、统战部、政法委、直属机关工委、县机构编制委员会办公室、县纪委。

县人民政府工作机构　1991 年,县人民政府工作机构设置 47 个。分别为:政府办公室、计委、经委、体改委、教育局、体委、广播电视局、科学技术委员会、公安局、监察局(与中共藤县纪律检查委员会合署办公,一个机构两块牌子)、民政局、法制局、司法局、财政局、财贸办公室、外经委、经济技术协作办公室、人事局、劳动局、编制局、地质矿产局、建委、交通局、农委、林业局、水利电力局、文化局、卫生局、计划生育委员会、审计局、统计局、工商行政管理局、商业局、物价局、技术监督局、土地管理局、乡镇企业局、农机局、粮食局、地方税务局、畜牧局、环境保护局、侨办、档案局、信访局、机关事务管理局、爱卫办。

1996 年,藤县机构改革,对县政府工作机构进行调整:法制局改为法制办公室,设在县政府办公室;财贸办公室与经济委员会合并组建经济贸易局;经济体制改革委员会改为经济体制改革办公室,设在经济贸易局;商业局成建制转为经济实体,组建商业总公司,行政职能归经济贸易局;撤销二轻工业管理局,二轻行政管理职能由二轻工业合作联社承担;撤销调解处理土地山林水利纠纷办公室,其职能分别转归土地管理局、林业局、水利电力局承担;撤销农业委员会,设立县农村工作领导小组办公室,为议事协调机构的办事机构,在县政府序列单设;贫困地区经济开发办公室改为扶贫开发办公室,在计划局挂牌;爱国卫生运动委员会办公室并入卫生局,对外挂牌;编制局改为机构编制委员会办公室,为机构编制委员会的常设办事机构,在县委序列单设;环境保护局改为议事协调机构的办事机构,称环境保护委员会办公室,在县政府序列单设;档案局与档案馆合并,保留档案局牌子,改为县委直属事业单位;技术监督局改为县政府直属事业单位;农业机械化管理局改为农机事业局;畜牧水产局改为畜牧水产事业局;体育运动委员会改为体育事业局;广播电视局改为广播电视事业局,对外经济贸易委员会(经济技术协作办公室)更名为对外经济贸易合作局;机关事务管理局改为县直属机关服务中心;老龄工作委员会办公室改为事业单位,与老干部服务中心一个机构两块牌子;计划委员会更名为计划局;乡镇企业委员会更名为乡镇企业局;科学技术委员会更名为科学技术局;城乡建设委员会更名为建设局;计划生育委员会更名为计划生育局。其中,合并单位 5 个,改为议事协调机构 2 个,改为行政职能县直属事业单位 8 个,改为经济实体 1 个,撤销 2 个。

机构改革后,县人民政府工作机构设置 31 个,分别为:政府办公室、计划局、经济贸易局、教育局、科学技术局、公安局、监察局(与中共藤县纪律检查委员会合署办公,一个机构两块牌子)、民政局、司法局、财政局、人事局、劳动局、地质矿产局、建设局、交通局、农业局、林业局、水利电力局、文化局、卫生局、计划生育局、审计局、统计局、工商行政管理局、物价局、土地管理局、乡镇企业局、粮食局、地方税务局、农村工作领导小组办公室、环境保护委员会办公室。

1999年4月，县工商行政管理局实行自治区垂直管理。10月，县质量技术监督局实行自治区垂直管理。

2001年，机构改革，县政府主体部门格局基本不变，只对一些工作机构或职能适当调整，进行撤并、转体或职能移交。侨务办公室、旅游局、外事办公室并入县政府办公室，在县政府办公室挂旅游局牌子。计划局更名为发展计划局。粮食局的行政职能及行政人员与储备粮管理职能和粮食购销职能及人员分离，储备粮管理职能和粮食购销职能及人员分别转归储备粮管理公司和新成立的县粮食购销总公司；粮食局及其行政职能和行政人员并入发展计划局，在发展计划局挂粮食局牌子；物价局并入发展计划局，在发展计划局挂牌。扶贫开发办公室更名为扶贫开发领导小组办公室，为扶贫开发领导小组的常设机构，由在计划局挂牌改在县政府机构序列单设。县安全生产监督管理局在经济贸易局挂牌，将劳动局的安全生产监督管理职能划归其承担。经济体制改革办公室、经济技术协作办公室职能归经济贸易局承担，不再挂经济体制改革办公室、经济技术协作办公室牌子。老龄工作委员会办公室改在民政局挂牌。国有资产管理局、收费管理局职能归财政局承担，不再挂国有资产管理局、收费管理局牌子。县劳动局更名为县劳动和社会保障局。把分散在人事、劳动、民政等部门的机关事业单位社会保险、城镇职工社会保险、失业保险、卫生医疗保险、农村社会养老保险以及各行业部门统筹的社会保险和医疗保险等职能，调整到劳动和社会保障局集中统一管理。把人事局管理的机关事业单位社会保险事业管理所，劳动局管理的社会劳动保障事业管理所、失业保险所、职工基本医疗保险管理所，民政局管理的农村社会养老保障所统一划归劳动和社会保障局管理。土地管理局与地质矿产局（黄金管理局）合并，组建国土资源局。农村工作领导小组办公室、乡镇企业管理局并入农业局。对外贸易经济合作局改为县政府工作部门，不再挂二类口岸办公室牌子。体育事业局与文化局合并，组建文化和体育局。卫生局的药政药检职能划归药品监督管理部门承担。爱国卫生运动委员会办公室职能归卫生局承担，不再挂爱国卫生运动委员会办公室牌子。环境保护委员会办公室改为县政府工作部门，称环境保护局。水利电力局更名为水利局，其电力行政管理职能划归经济贸易局承担。商业总公司为经济实体，不再授权行使商品流通行政主管部门职责和行政执法主体资格。上述职能收归经济贸易局承担。档案局和档案馆，维持局馆合一体制，使用事业编制，赋予行政管理职能，仍为县委直属事业单位。广播电视事业局与广播电视台实行局台合一，一套人员，两块牌子，使用事业编制，赋予行政管理职能，仍为县政府直属事业单位。县直属机关服务中心仍为县政府直属事业单位。农机事业局更名为农业机械化管理中心，仍为县政府直属事业单位，使用事业编制，赋予行政管理职能。畜牧水产事业局改为畜牧水产技术服务中心，行政职能划归农业局承担。畜牧水产技术服务中心为农业局管理的事业单位，机构级别保持原来不变，仍为正科级。县畜牧兽医站不再挂畜牧兽医技术服务中心的牌子。水果事业局与水果开发公司合并，组建经济林果技术服务中心，为林业局管理的事业单位，机构级别保持原来不变，仍为正科级。县委党史资料征集办公室与县志编纂委员会办公室合并，组建县史志办公室，为县委直属事业单位。县委党校与县行政学校一套人员，两块牌子，仍为县委直属事业单位。二轻工业合作联社仍为县政府直属事业单位。

机构改革后，县人民政府设立工作部门26个，分别为：县政府办、县发展计划局、县经济贸易局、县教育局、县科学技术局、县公安局、县监察局、县民政局、县司法局、县财政局、县人事局、县劳动和社会保障局、县国土资源局、县建设局、县交通局、县农业局、县对外贸易经济合作局、县文化和体育局、县卫生局，县计划生育局、县审计局、县环保局、县统计局、县林业局、县水利局、粮食局。上述县政府工作部门中：监察局与纪律检查委员会机关合署办公，列入政府工作部门序列，但不计入政府部门机构个数。政府办公室挂法制办公室、旅游局牌子。发展计划局挂粮食局、物价局牌子。经济贸易局挂安全生产监督管理局牌子。民政局挂老龄工作委员会办公室牌子。设议事协调办事机构1个即：县扶贫开发领导小组办公室。在县政府机构序列单设；直属事业单位2个：县直属机关服务中心、县二轻工业合作联社。

2001年12月20日，县委、县政府根据自治区机构编制委员会《关于市（地）县粮食机构设置问题的通知》和梧州市人民政府文件精神，就藤县机构改革有关机构设置调整问题进行补充：保留县粮食局，列为县政府工作部门单独设置,不列入县发展计划局挂牌。具体改革是:将粮食局行政职能及行政人员与储备粮管理职能及人员实行分开,储备粮管理职能及人员转归县储备粮管理公司。县经济发展资金管理局并入县财政局。

2004年8月,开展县政府直属机关机构改革。县发展计划局改组为县发展和改革局,为县人民政府工作部门。在县发展和改革局保留县物价局的牌子和印章。县发展和改革局增加研究全县性经济体制改革和对外开放的重大问题,组织拟订全县综合性经济体制改革方案,指导和推进全县经济体制改革等职能。撤销县对外贸易经济合作局。县对外贸易经济合作局的行政职能划入县经济贸易局,实行工业,内外贸易与经济合作的统一管理。将县农业局的乡镇企业管理职能划入县经济贸易局。在县经济贸易局挂牌的县安全生产监督管理局(挂县安全生产委员会办公室牌子)单列设置,为县人民政府工作部门,机构级别由副科级升格为正科级。县计划生育局更名为县人口与计划生育局。原在县委宣传部加挂牌子的县新闻出版管理办公室,更名为县新闻出版管理局,改在县文化和体育局加挂牌子。原在县政府办公室加挂牌子的县旅游局改在县文化和体育局加挂牌子。实行"一套人马,多块牌子"。县招商局在县经贸局挂牌,为县经贸局内设机构,对外称县招商局,对内称县招商办公室。

2005年,县政府工作部门25个。

县人大下设机构 1991年,县人大常委会设办公室和法制、财经、教科文卫侨务、农村4个工作委员会。1996年12月,对县人大机关机构进行改革,裁去农村工作委员会,设办公室和财政经济工作委员会、法制工作委员会、教育科学文化卫生侨务工作委员会。至2005年,县人大机关机构设置不变。

县政协下设机构 1991年,政协藤县委员会常设工作机构有办公室、提案法制学习文史联谊委员会、经济科技委员会、教卫文体委员会。2001年12月,县政协机关机构改革,政协藤县委员会下设办公室及提案法制委员会、经济科技委员会、教卫文体委员会。至2005年不变。

县法院下设机构 1991年,下设刑事审判庭、民事审判庭、行政审判庭、经济审判庭、执行庭、办公室、告申庭共7个职能部门。1994年10月,设立司法警察队和调研室。1996年12月17日司法警察大队更名为司法警察队。1998年12月,县人民法院机构改革,县人民法院设:刑事审判庭、民事审判庭、经济审判庭、行政审判庭、立案庭、审判监督庭、执行庭、研究室、监察室(与纪检组合署办公)、政工科、办公室和法警大队(合署办公)、交通事故巡回法庭12个内部机构,并设藤城、太平、濛江、金鸡、埌南、大黎6个人民法庭。2001年12月机构改革,县人民法院内设12个职能部门,分别是:办公室、政工科、立案庭、刑事审判庭、民事审判第一庭、民事审判第二庭、行政审判庭、审判监督庭、执行局(执行庭)、研究室、司法警察大队、监察室(与纪检组合署办公)。至2005年不变。

县检察院下设机构 1991年,设办公室、刑事检察科、法纪检察科、经济检察科、林业检察科、监所检察科、调研咨询科、控告申诉检察科共8个科室。1996年3月,设立反贪污贿赂局,同时撤销经济检察科。1997年8月,县人民检察院机构改革,县人民检察院下设:办公室(含法律政策研究)、政工科(含纪检、监察)、刑事检察一科、刑事检察二科、反贪污贿赂局、法纪检察科、监所检察科、民事行政检察科、控告申诉检察科(与举报中心、刑事赔偿工作办公室一个机构三块牌子)、检察技术科、行政装备科(含法警队)11个机构。2001年12月机构改革,县人民检察院设10个职能部门,分别是:办公室(挂法警大队牌子)、政工科(含纪检、监察)、侦查监督科、公诉科、反贪污贿赂局(含职务犯罪预防)、渎职侵权检察科、监所检察科、民事行政检察科、控告申诉检察科(与举报中心、刑事赔偿工作办公室一个机构三块牌子)、检察技术科。2005年5月,增设人民监督员办公室,与法律政策研究室合署办公。

群众团体机构 1991年,群众团体机构设:县总工会、中国共产主义青年团藤县委员会、县妇女联合会、县工商业联合会、县归国华侨联合会、县科学技术协会、县文学艺术界联合会、残疾人联合会。至2005年不变。

事业单位

1991年,全县事业单位机构709个。1996年为808个。2000年,事业单位机构817个。其中财政预算类701个,经费自收自支116个。2005年,全县有事业单位598个,比2000年减少219个。其中财政预算类557个,比2000年减少144个;经费自收自支41个,比2000年减少75个。

县直事业单位　1991年，县直事业单位144个。其中，财政预算类83个，经费自收自支61个。至1994年，县直增加事业单位10个；财政预算类增加11个，经费自收自支类减少1个。1995年，县直事业单位160个。其中财政预算类99个，经费自收自支类61个。1996年，赋予行政职能的县人民政府直属事业单位7个，为县技术监督局、县对外贸易经济合作局、县农机事业局、县畜牧水产事业局、县体育事业局、县广播电视事业局、县直属机关服务中心。1998年9月，全县22个县直事业单位改为企业单位。2000年，县直事业单位195个。其中财政预算类155个，经费自收自支类40个。2000年—2005年，直县事业单位减少15个。2005年，县直事业单位180个。其中，财政预算类140个，经费自收自支类40个。比1991年县直事业单位增加36个，其中财政预算类增加57个，经费自收自支类减少21个。

乡镇事业单位　1991年，各乡镇设立事业单位19个，即：财政所、计生站、企办室、经管站、农技站、畜牧兽医站、林业站、水利水电管理站、农机站、工商所、交管站、环卫站、文化站、广播电视站、土地管理站、卫生院、水产站、农村养老保险站、教育组。

2001年，乡镇机构改革，各乡镇事业单位设置机构11个，即：农业服务中心、计划生育服务所、国土资源管理所、财政所、文化广播电视站、林业工作站、水利站、交通和城镇建设管理站、经济发展中心、教育辅导站、卫生院。

2005年，撤销教育辅导站，各乡镇事业单位设10个。

第三节　行政与事业单位人员编制

行政编制

1991年，全县核定行政编制2096名（含公检法司），其中县直党政群机关编制1176名，乡镇机关编制920名。全县机关实有人数2215人。

1996年，全县机构改革后，重新核定县直党政群机关编制1173名（含公检法司）。乡镇机关编制825名。全县机关实有2041人。

2002年7月，县乡机构改革，县直机关行政编制为515名，乡镇机关行政编制由原来的825名减为677名，精简18%。共分流人员104人。

2005年，乡镇行政区域调整，由19个乡镇减为16个，共核减乡镇行政编制30名。年末，全县机关行政编制1681名，其中乡镇647名。

事业编制

1991年，全县共核定事业编制11482名。县直事业编制3819名，其中财政预算类2108名，经费自收自支类1711名。实有在职人数3490人，其中财政预算类1905人，经费自收自支类1585人。乡镇事业编制7682名，实有8942人。

1995年，县直事业单位编制4433名，其中财政预算类2315名，经费自理类2118名；实有在职人数4464人，其中财政预算类2164人，经费自理类2300人。1996年，全县核定事业编制13650名，实有12032人。2000年，县直事业单位编制5409名。其中财政预算类4222名，经费自收自支类1187名。实有在职人数5111人。

1995年—2000年，县直事业单位人员编制增加976名。财政预算类增加1907名，经费自收自支类减少931名。实有人数增加647人。

2002年，县委、县人民政府直属事业单位精简，分流人员64人，空编43人。县直机关事业编制空编5人。同时对乡镇事业单位适当归并，编制人数由原来的1719名减为1203名，精减30%；分流人员163人。乡镇机关后勤事业编制空编25人。

2005年，全县事业单位核定人员编制14377名。其中财政预算类12922名，经费自收自支类1455人。实有人数12119人。其中财政预算类11000人，经费自收自支类1119人。全县事业编制中，县直事业单位编制5423名。其中财政预算类4121名，经费自收自支类1302名。实有在职人数4991人。

第四节　机构编制管理

1991 年，藤县对机关、事业单位继续实行“编制管理证”管理。年内，县编制办制定《藤县党政群机关事业单位机构编制管理暂行办法》，规定：凡是党政群机关、事业单位的机构编制事宜，均由县编制委员会及其办事机构承办，主管编制的领导“一支笔”审批，县编委会一家行文的管理制度。全年共控制增设机构 10 个，控制增加编制 222 名，控制机关从企事业调进人员 57 人，控制事业单位从企业调入人员 48 人。

1992 年 6 月 1 日起，更换使用新的“编制管理证”，作为持证单位列入党政群机关或事业单位机构编制范围的合法标志，并作为持证单位向组织、人事、劳动、财政、公安、银行、公费医疗等部门申报调配人员、下达招（聘）干指标、人数统计、预拨经费、劳动工资计划和审定工资基金、办理户口、公费医疗、检查编制执行情况等的依据和凭证。是年，县委成立县人事领导小组（简称五人小组），领导小组由县委副书记、副县长、组织部长、人事局长、编制局长组成。凡招工、录干、人员调动等有关人事问题，原则上由人事领导小组讨论决定后，组织、人事、劳动部门下达调动通知书，编制部门办理入编。

1997 年 6 月，县委、县人民政府先后制定《关于机构改革若干问题的通知》《关于行政机关、企事业单位人员调动有关问题的通知》《关于干部工人调配工作的若干规定的通知》以及《关于加强我县机构编制管理的若干规定》，进一步规范机构、编制的管理以及机构、编制审批权限和审批程序。其中规定：在机构设置上，严格按照县委、县人民政府批复的机构改革方案执行；编制管理更加严格，编制一经确定，任何单位和个人都无权随意改变和扩大；在机构审批权限和审批程序上，严格执行由编委及其办事机构承办，主管编制工作的领导“一支笔”审批，编制部门一家行文的“三个一”制度；在人员调配、调动审批管理上，撤销县人事领导小组，由县委、县政府职能部门按照正常程序管理机构编制和人员调动，并坚持“一支笔”审批调动制度，杜绝人事调动多头审批行为。

1998 年 5 月 14 日，县委作出“全县党政机关、全额管理事业单位的机构编制和人员调进一律实行冻结，不得办理党政群机关、全额管理事业单位调配人员手续”的决定。禁止企事业单位人员调入行政机关，对有空编而又实际急需人员的只许从其他机关相互调配，机关人员的增长得到有效控制。1997 年—2001 年连续 5 年，藤县县乡机关行政人员出现负增长。2002 年 11 月，全县行政编制空编 148 名（不含公检法司）。其中县直机关行政编制空编 50 名，乡镇机关行政编制空编 98 名。

2003 年 8 月 8 日，中共藤县委员会、藤县人民政府印发《藤县党政机关、事业单位机构编制管理和审批（暂行）办法》。进一步规范机构编制的管理、使用及审批程序。规定：机关及事业单位必须在空编的情况下方能申请使用编制，不能超编调入人员；机关及事业单位调入人员，须先向县机构编制委员会办公室提出使用编制申请，经县机构编制委员会办公室对该单位的机构、编制、领导职数和人员结构情况审核后，提交县编委主任（县长）“一支笔”签批，方可使用编制，然后由组织、人事、劳动部门办理调入手续；属组织上分配、安置、招录，由组织、人事、劳动、民政部门提出计划，交编制部门审核后，送县编委主任审批，然后凭《编制使用审批表》办理有关手续，参加招录的人员，要在取得公务员资格后方可申请办理入编。

2005 年 4 月 12 日起，除空编的事业单位领导成员调整、引进专业对口高级专业技术人员和接收安置军队转业干部、紧缺专业的高校毕业生以及补充教师、医务人员可用编外，其他用编一律冻结，不再使用编制招录或调入人员，也不得用财政经费聘用编外人员。冻结时限至全县事业单位重新核定编制后结束。

第五节　事业单位法人登记

2000 年 10 月 18 日，根据中央机构编制委员会办公室和自治区机构编制委员会办公室文件精神，成立藤县事业单位登记管理局，在县机构编制委员会办公室挂牌。负责实施全县事业单位的登记管理工作，事业单位的设立、变更、注销需向事业单位登记管理局申请登记或者备案。从2000年12月开始实施全国统一的事业单位初始登记工作。至2001年9月，全县进行法人登记的事业单位710个。此后，每年1月1日至3月31日由事业单位登记管理局对全县事业单位进行年检。2002年，乡镇事业单位机构改革后，全县法人事业单位614个。

2005年，县事业单位登记局受理年检单位558个，年检率达99%，年检合格率100%。

第二章　人　事

1991年，县人事局履行干部人事计划管理和机关、事业单位工资总额、工资基金的管理工作，开展干部录（聘）用、大中专毕业统配、干部培训教育、干部退休、干部调配和人才交流、干部考核选拔、干部工龄审定等业务。1994年起，藤县实施干部人事制度改革，推行公务员制度；实施事业单位人事制度改革。1997年5月，县人事局接管原由县科技局管理的全县专业技术人员管理工作。2000年以后，干部录用进一步规范，进入国家机关工作人员必须"逢进必考"，面向社会公开招考录用，干部培训与考核制度不断完善，为富民强县提供人事人才保障。2005年，全县机关、事业单位在册、在编干部13071人。

第一节　机　构

县人事局

1991年，藤县人事局是藤县人民政府综合管理全县人事工作和推行人事制度改革的职能部门。办公地址于藤县藤州镇登俊路57号藤县人民政府办公大楼。内设秘书股、干部调配股、退休干部管理股、工资福利股等股室。机关行政编制和事业编制共12人。1996年机关行政编制12人，事业编制1人；其中局长1名，副局长2名。局内设机构有：秘书股、干部调配股、工资福利股、考核奖惩股、干部退休股、人才交流服务中心。1997年机关行政编制16人，事业编制1人。增加专业技术人员的职称管理职能。1999年春，对部分股室进行调整：原退休干部管理股与工资福利股合并为工资福利退休股。新增专业技术人员管理股、奖惩考核股和公务员管理办公室，人员在局内部调剂解决。局内设机构有：综合管理股、专业技术人员管理股、公务员管理股、军转办、工资福利退休股、人才交流服务中心。2001年，局内设秘书股、干部调配股、工资福利退休股（含工改办）、奖惩考核股、公务员管理办公室、专业技术人员管理办公室、人才交流服务中心；机关行政编制11人（包括后勤事业编制1人）。2005年，局内设综合管理股、专业技术人员管理股、工资福利股与退休管理股、人才交流服务中心；行政编制10名，后勤服务事业编制1名。

1991年—2005年县人事局历任局长：林汉平（1987.01—1994.04），黎伟义（1994.04—2002.04），江平（2002.04—2005.07），何瑜深（2005.07—2010.10）

县人事局二层机构

藤县机关事业单位社会保险事业管理所　1994年12月30日正式挂牌成立，核定编制4人，主要职能：搞好机关、事业单位社会养老保险、工伤、失业保险工作；负责拟订和实施全县机关、事业单位工作人员社会养老、工伤、失业保险改革方案的政策、办法；宣传、推进机关事业单位社会保险制度改革，收缴统筹金和划拨离退休费用。1999年增加编制至11人。2002年3月26日，藤县机关事业单位社会保险事业管理所的职能从藤县人事局划出，移交给县劳动和社会保障局承担。

藤县人才市场　1995年1月1日，为进一步开发利用本地人才资源，吸引外地人才，促进人才合理流动，同时为各类人才自由择业，用人单位自主选人创造条件，成立藤县人才市场，隶属藤县人事局管理，3月挂牌成立，办公室设在人事局。2004年4月28日，根据中共中央、中务院《关于进一步加强人才工作的决定》以及区人事厅印发《广西壮族自治区人才市场章程》的有关文件精神，经县机构编制委员会批准确定县人才市场为自收自支性质的事业单位，编制3人。县人事局根据实际情况，实行人才市场与人才服务中心两块牌子，一套人马的办公方式运作。

第二节　人事制度改革

推行公务员制度

1993年，国务院颁发《国家公务员暂行条例》《国家公务员制度实施方案》，规定从1993年10月1日起施行。藤县推行国家公务员制度根据国务院、自治区、梧州地区推公方案精神进行，分三个阶段完成：

推公准备阶段。1993年10月1日—1997年10月31日。主要是成立县级各推公单位的推公领导机构，配备人员；学习、宣传《国家公务员暂行条例》；举办公务员骨干培训班，全县共举办2期、230人；全县组织了2次县直机关、乡镇机关共2800多名进行公务员过渡资格考试；开展机关、事业单位职工年度考核（从1993年起）、工资套改；1995年1月起实施了全县机关、事业单位养老保险制度改革；1996年冬，对县直、乡镇党政机构改革和（定编、定员、定职）人员“三定”，并对县推公领导小组进行调整充实。

推公实施阶段。1997年11月—1998年12月。县制定《藤县推行国家公务员制度实施方案》《藤县国家公务员职位分类、工作实施细则》以及《藤县行政机关国家公务员非领导职务设置方案》，各单位的推公实施方案也相继制定；确定了县直各单位领导、非领导职数，核定乡镇领导、非领导职数，落实“六大办”的编制；填写公务员过渡、任免表格，制定公务员职位说明书以及审核批复各单位公务员等。全县列入推公单位65个，首批过渡为公务员1931人。其中县直行政单位29个，865人，事业单位16个，200人；乡镇机关20个，866人。参照试行（县委系列）公务员单位22个，241人。机关工作人员于1999年办理了公务员过渡手续，共130人。至1999年底，全县实有公务员2061人。

总结验收阶段。1998年12月25日—1999年12月31日，为总结验收、发公务员证及扫尾阶段。1998年12月26日，县委、县政府在藤州电影院召开全县推行、参照试行国家公务员制度总结、颁证宣誓大会，各推公（参照）单位领导及部分公务员代表1000多人出席。县四大班子领导参加发证。至此，藤县推行、参照试行国家公务员制度已经搭起了框架，新的人事管理机制初步建立。

公务员制度推行基本完成后，着重完善国家公务员工作，加强公务员队伍建设，进一步优化公务员队伍结构，强化教育，开展公务员培训工作，提高干部队伍素质。

干部录用制度改革

1991年，根据区人事厅（桂人通字〔1991〕）25号和梧署梧州地区人事局（梧署人计字〔1991〕）1号文件精神。藤县成立录（聘）用干部工作领导小组。根据藤县实际，制定具体的可行性方案。在录（聘）用干部工作中，做到八个公开：公开录（聘）用指标，不留机动，不搞内定；公开录（聘）用政策、原则和对象、条件以及录取方法，便于群众对录（聘）用工作有比较全面的了解；公开报名和文化考试，为参考人员提供平等机会；公开文化考试成绩，使参考人员了解自己所得的分数；公开考核对象名单，便于群众核对和社会监督；公开考核内容、办法及评分标准，便于单位和群众对被考核对象作出比较全面、客观的评价；公开进行考核，不搞考核工作神秘化；公开录（聘）用人员名单，使群众了解这次录（聘）用结果。做好考核工作五个程序：认真负责，确保考核人员素质；求实民主，考核小组到被考核对象的单位后，必须首先向有关人员讲明考核的目的，具体做法和要求，引导干部职工以主人翁的姿态参与选拔，如实反映考核对象在德、能、勤、绩各方面的表现，为搞好测评工作打下了良好基础；强化德才标准，按测评工作要求，召集考核对象所在单位的领导集体研究评分。搞好综合平衡，组织各个考核小组集中汇报情况，针对个别部门或单位打人情分的情况，通过反复比较，倾听呼声，作出适当调整。对疑难问题，直接参与考查核实。

1992年，县录、聘干工作继续认真贯彻“公开、平等、竞争、择优”的原则，坚持考试与考核相结合，定向与择优相结合的“三结合”指导思想。对于乡镇机关聘用干部指标的处理，采取全县统管，不再分解到乡镇。

招收聘用后的人员也不安排回原籍乡镇，由人事局根据实际情况统一安排到其他乡镇使用。

1993 年，根据梧署梧州地区人事局（梧署人计字〔1993〕）6、7、9 号文件精神，坚持“考试与考核相结合，定向与择优相结合”的指导思想，实行统筹安排，保证重点、优先解决农业服务体系（含供销社）、计划生育、林业、水利等生产第一线和各企业单位中的主要业务、技术骨干充实基层和企业的干部队伍。

2002 年，按“凡进必考”原则，藤县从首次公开招考国家公务员和机关工作者。为确保各个环节能贯彻公正公开公平的原则，从制定招考计划、宣传发动、现场报名、资格审查、笔试面试、体检、考核等各个环节严格做到“四个统一”“三个把关”，即统一平衡录用数量、条件，严格资格审查；统一操作规程，创造公平竞争环境；统一考核、体检，确保考生素质；统一协调，及时解决考录工作中的问题；制定实施严密的规章制度，严把“人情关”；加强面试考官培训和管理，严把“考官关”；切断考生与外界的联系，严把“考生关”。做到政策、报考条件公开，考试办法、成绩公开和录用结果公开。在全面考核的基础上，按德才兼备原则择优录用。不泄露考试内容或擅改分数，不以权谋私，不录用不符合条件的人员。

事业单位人事制度改革

1995 年，全国事业单位机构和人事制度改革会议在郑州召开，根据会议精神，藤县开始事业单位人事制度改革。5 月，粮食系统下属单位由事业单位改为企业。1998 年 9 月，藤县人民政府下发《藤县人民政府关于将部分事业单位改为企业单位的通知》（藤政发〔1998〕73 号），决定将全县 22 个事业单位转为企业单位。具体为：县房地产综合开发公司、县政府招待所、县政府汽车队（改为县机关汽车修理厂）、县机关劳动服务公司、县燃料公司、县民政扶贫福利公司、县汽车运输公司、县货运服务站、太平货运服务分站、县交通建设开发公司、县地产开发公司、县林场服务公司、县林区开发公司、县水电物管理供应站、县供水公司、县电力公司（包括各乡镇电管站）、交口电站、和平电站、三江电站、县机耕队、县教育文印厂、县广播电视服务公司。

2000 年，中共中央印发《深化干部人事制度改革纲要》和《关于进一步加强人才工作的决定》。明确以推行聘用制度和岗位管理制度为重点的深化事业单位人事制度改革的方向和总体要求。中组部、人事部下发《关于加快推进事业单位人事制度改革的意见》，提出了改革的具体要求，并对改革进行部署。其中，明确指出建立选人用人的公开招聘制度。2001 年起，藤县根据上级的部署，开展事业单位人事制度改革的试点工作。在事业单位以聘用制为核心的人事制度改革，用合同形式确定用人单位和工作人员之间的关系，加快“单位人”向“社会人”的转化过程。对事业单位人事制度，按照政事分开的原则，根据事业单位不同类型的特点实行多样化分类管理，逐步取消事业单位行政级别，使其逐步与政府机关人事管理制度脱钩；根据事业单位职能和经费来源，对不同类型的事业单位实行不同类型的人事管理办法。年内，在教育系统、卫生系统进行人事制度改革试点工作。至 2003 年，60% 的事业单位都开始了人事制度改革工作。

2004 年，积极稳妥推进事业单位人事制度改革，在巩固卫生系统人事制度改革成果的基础上，结合全县中学结构新调整的情况，在部分中学推进人事制度改革。8 月，为了引进竞争机制，优胜劣汰，促进教师流动的良性循环，保证县城学校教育教学质量的提高，藤州中学和潭东镇一中向全县公开选聘 49 名教师。按说课、上课进行两轮竞聘，说课成绩差的不能参加下轮上课竞聘。然后按讲课成绩及附加分总分从高分到低分排队确定初录名单（讲课成绩低于 60 分的不予聘用），报公选领导小组审查后，按规定程序办理调动手续。为确保竞聘工作符合法定程序，并做到“公平、公开、公正”，县纪委监察、人事部门对竞聘工作全程进行了监督。

大中专毕业生分配制度改革

1991 年，大中专毕业生分配工作，基本上是按照行业对口或就近专业安排，尤其是针对女性毕业生的派遣，强调指令性计划分配。

1992 年 7 月起，执行自治区人民政府印发的《广西壮族自治区普通中等专业学校毕业生分配工作暂行办法》的通知（桂政发〔1992〕49 号），对中专毕业生原则上就地就近安排分配，定向招生定向分配，中等师范学校各专业毕业生原则上分配回生源地，安排在教育部门从事教学工作。鼓励毕业生到乡镇企业、城镇集体企业、“三资”企业和艰苦的地方去建功立业。1993年—1994年，贯彻“对口安排，合理使用，统筹兼顾，面向企业，面向生产，教育、科研第一线”的方针和原则。其中，1993年，一律不安排在县直机关。

1996年，根据自治区人事厅关于贯彻执行国家不包分配大专以上毕业生就业暂行办法及补充通知，在取得国家承认学历证书前未正式办理招录手续的应届或历届毕业生人员在县人才市场办理登记手续后，由县人才市场推荐就业，开具《国家不包分配大专以上毕业生工作介绍信》，并进行合同鉴证，具有与国家统分同等学历人员的身份待遇。1997年，继续贯彻“统筹兼顾，合理安排，专业对口”的原则，根据专业对口向主管部门派遣，然后由主管部门再做具体安排。如师范类毕业生，由人事局统一派遣到县教育局，然后由教育局再根据实际需要安排到学校，人事局对其安排实施监督，即教育局先制订出具体分配计划报经人事局审核同意后执行。从而保证了国家大中专毕业生分配政策的实现，杜绝一切“走后门”等不正之风。

1998年，应届高校毕业生在毕业后一年内，经学校、各地、市县就业主管部门推荐，通过供需见面，双向选择落实就业单位的，由自治区高校毕业生分配办公室分批下达高校毕业生就业计划和调整计划，签发《全国普通高等学校毕业生就业派遣报到证》《全国毕业研究生就业派遣报到证》派遣毕业生到就业单位工作；毕业时尚未落实就业单位的毕业生，可先派遣回家庭所在地，由各高校和各级高校毕业生就业部门继续推荐。一年后，仍未落实工作单位的高校毕业生，由当地政府推荐就业，或到当地人才市场自主择业或自谋职业。允许毕业生到各级、各类人才市场跨地区（包括区外）择业，或自谋职业。

1999年，属国家统招统配的应届毕业生，实行指导性就业办法，逐步向双向选择、自主择业过渡。对国家并轨招生的学生毕业后，一律实行在国家政策范围内，通过人才市场供需见面，双向选择，自主择业。同年，县委第十次党代会和县第十二次人民代表大会提出，教育和引导大中专毕业生到生产第一线建功立业，为非国有经济提供人才服务的工作方针。

2001年，藤县根据《自治区人事厅转发人事部关于做好2001年全国高等学校毕业生接收工作的通知》（桂人发〔2001〕26号）精神，继续贯彻落实自治区人民政府提出的“把毕业生就业工作作为实施人才战略的一项重要的长期的工作来抓，及时研究解决毕业生就业工作中遇到的新情况和新问题，扎扎实实地做好毕业生就业工作”。县委、县政府把毕业生接收工作与优化公务员队伍结构结合起来，特别是抓住县、乡机构改革的机遇，对人员分流后腾出的空缺职位，从高校毕业生中选拔补充，以优化公务员队伍结构。对到基层任职满2年以上的大中专毕业生，优先选拔到乡镇机关或所属事业单位。贯彻执行《自治区党委办公厅、自治区人民政府办公厅关于在机构改革中加强机构编制人员和资产管理的通知》（桂办发〔1998〕6号）精神，继续清理机关、事业单位超过10%比例安排的工勤人员、计划外用工、临时聘用和借用人员以及代课教师等，为机关人员分流和补充高校毕业生创造必要的空间。师范院校的毕业生，原则上在教育系统就业。根据师资的实际需求，采取安排、推荐或由毕业生自荐就业的办法。农、林院校的毕业生，主要安排、推荐或由毕业生自荐到基层农业技术服务机构和林场就业。鼓励和扶持毕业生承包土地、山林，以及从事农业、林业开发工作，为农业、林业提供生产技术指导和技术咨询服务。

2002年起，自治区不再下达中专毕业生就业计划，藤县中专毕业生全部属国家任务并轨招收的毕业生，按照国家和自治区有关深化毕业生就业制度改革的精神，毕业生一律进入人才市场，实行双向选择，自主择业。毕业生主要到中小企业，基层生产第一线，以及各种非公有经济领域就业。通过录用毕业生改善县乡机关的人员结构，引导毕业生投身农村基层建设，疏通毕业生到非公有制单位就业渠道，维护毕业生的合法权益。

2003年，是高校扩招后毕业生就业的第一年，普通高校毕业生进入市场自主择业。行政机关严格执行《国家公务员录用暂行规定》，按照公开、平等、竞争、择优的原则，加大从高校毕业生中考试录用公务员的力度。

2005年，组织用人单位参加全区普通高等学校毕业生、毕业研究生就业双选会，招揽人才，缓解毕业生就业的压力。

第三节　干部管理

干部队伍

1991 年，全县有干部 9250 人。其中机关干部 2140 人，事业单位干部 5798 人，企业单位干部 1312 人。

1996 年，机关干部 2552 人，事业干部 7748 人。1997 年，实有干部人数 11522 人，其中机关干部 2418 人，事业干部 8351 人，机关、事业单位工人 753 人。1998 年，全县机关、事业总编制 15666 人（行政 2210 人，事业 13456 人）；实有在编在岗人数 12680 人，其中机关干部 2060 人，事业干部 9167 人，机关、事业单位工人 1453 人。1999 年，全县党政机关、事业单位工作人员 12542 人。2001 年，全县干部 12638 人，其中，政府线机关 1458 人，事业 8769 人；党群线机关 679 人，事业 39 人；企业 1400 人，供销 254 人，集体 17 人，挂靠人才中心 22 人。干部队伍中，有研究生 4 人，本科 626 人，大专 3351 人，中专 6533 人，高中 1668 人，初中以下 456 人。2005 年，全县机关、事业单位在职干部 13071 人。

干部录用

1991 年，全县录（聘）用干部 310 名。其中录用干部 247 名，聘用干部 63 名；另外，乡（镇）聘用转录用干部 45 名，补聘用 4 人。

1992 年，全县录（聘）用干部 257 名（含教师队伍民转公），其中：吸收录用干部 71 名，招收聘用干部 67 名（从聘用制干部中吸收录用干部 45 名），从民办教师中选招公办教师 113 名，代教转公办 5 名，以工代教转工办 1 名。吸收录用、聘用干部工作重点为农业生产第一线和乡镇基层单位选拔德才兼备的干部，全县乡镇农技站、农机站、经管站、兽医站录聘干部 32 名，占相应指标的 23.19%，对城镇集体工业企业和乡镇集体企业分配有一定的倾斜。

1994 年，优先安排解决计划生育部门录用干 10 名，占拨款事业单位录干指标 20 名的 50%。1995 年，完成对全县 270 多个村（街委）的支书、村委主任的聘用任务。1996 年，完成上级分配录（聘）干 93 名的指标任务，其中录用 78 名，聘干 15 名。1997 年，录干部 294 名，其中工人录干 47 名，聘转录 37，民办教师转公办教师 160 名，代课教师转公办教师 50 名。1999 年，乡镇机关聘转录 30 人，民转公 118 人。2000 年，择优录用非师范院校的毕业生 150 人到小学任教；经组织申请民办教师转公办的报名、资格审查、考试、考核、体检，经送领导审定，有 78 人符合民转公条件报送市局审批。

2003 年，组织全县党政机关 5 个工作部门 26 个职位的国家公务员和机关工作者的招考工作。9 月 6 日，在藤城中心校组织笔试，报名人数 137 人，参加笔试 137 人，笔试合格上线 70 人。11 月 12 日，对笔试合格人员进行面试，应到 70 人，实到 70 人。年内，制定了 2003 年—2008 年人事人才规划，加强人才交流服务和人才市场建设工作。根据全县党政机关、事业单位干部队伍在学历、年龄、专业等结构失衡的情况调查，县人事局写出《关于我县人才培养和引进规划调查报告》，并就 2003 年—2008 年人才引进培养制定了规划并报告县政府。县政府高度重视，拿出专门编制，引进了 35 名本科毕业生安排到事业单位，加大公务员考录计划指标，开通县人事人才中心专业网络，增加设备和本科专业人员。

2004 年，组织全县党政机关 6 个工作部门 48 个职位的国家公务员和机关工作者的招考工作，报名 209 人，笔试由人事局组织。11 月 27 日，对笔试上线人数进行面试，应到 134 人，实到 132 人。面试完全按面试规程进行，体现了"公开、公平、竞争、择优"的原则。

2005 年，为了进一步解决中小学空编和代课教师问题，优化全县中小学教师队伍结构，根据梧州市人事局、教育局、编委办、财政局《关于做好 2005 年中小学教师录用工作的通知》（梧政人字〔2005〕65 号）和梧州市人事局、梧州市教育局《关于印发 2005 年梧州市公开招考中小学教师实施办法的通知》精神，经县人民政府同意，决定在藤县经县级教育行政部门批准聘用并已取得教师资格的在岗代课教师和列入国家计划内招生的具有教师资格的应历届中师毕业生未就业人员中计划择优招录 296 名中小学教师。最终招录 291 人，其中初中教师 25 人，小学教师 266 人。年内，通过"双向选择"签约招聘安排高校应届毕业生

352人到事业单位就业，其中本科68人，大专284人。安排到教育系统342人，卫生系统5人，其他系统5人。

大中专毕业生分配

1991年，全县共接收区内外大、中专毕业生380人，其中大专以上123人（含计划内自费生择优录用分配25人），中专257人。分配进县直党政机关大专以上3人，中专2人；分配到乡（镇）基层和生产第一线的毕业生375人。使基层单位急需的管理、技术人员得到缓解。1992年，全县共接收分配大、中专毕业生315人，其中大专以上学历毕业生77人（国家计划内统配毕业生53人，高校计划内自费毕业生24人），中等专业学校毕业生238人（含春季分配4人）。分配到行政单位工作6人，事业单位工作255人（分配到教育系统工作159人，其他系统96人），企业单位54人（含集体企业7人）。1993年，全县共接收分配大、中专毕业生253人，分别接收大学本科毕业生8人，专科毕业生52人，中专毕业生193人，其中：师范类148人，卫生类42人，农业类30人，其他33人。分配到企业单位25人，事业单位220人，其他8人。1994年，全县共接收分配大、中专毕业生247人，分别接收大学本科毕业生9人，专科毕业生63人，中专毕业生175人，其中：师范类137人，卫生类33人，其他77人。1995年，全县共接收分配大、中专毕业生421人，其中接收大学本科毕业生19人，专科毕业生67人，中专毕业生322人，计划内自费生13人。1996年，全县共接收分配大、中专毕业生425人，其中接收大学本科毕业生21人，专科毕业生105人，中专毕业生287人，计划内自费生12人。1997年，全县共接收分配大、中专毕业生496人，其中接收大学本科毕业生10人，专科毕业生64人，中专毕业生及计划内自费生422人。

1999年，全县大、中专毕业生共861人。县人事局在6月拟出分配计划报县领导审批。对大、中专毕业生分配，实行除师范类、卫生类全部分配外，其他专业的毕业生一是选分150人充实到教师队伍中；二是选派60人充实到基层一线（村委会、村公所）；三是从卫生类选分10人到乡镇计生办；四是坚持自愿申请报名原则；五是认真贯彻“公开、平等、竞争、择优”的原则，坚持公开报名、考试、考核，从高分到低分择优录用；六是引导毕业生把就业的眼光放在多种所有制经济单位上，并积极协调公安、粮食等部门妥善解决毕业生的户口粮食关系，为毕业生多渠道就业创造条件。全年实际分配大、中专毕业生共726人。

2000年10月，县委、县政府决定在去年和当年的非师范院校的毕业生中坚持公开、公平、竞争、择优的原则，从高分到低分择优录用，安排150人到小学任教。2001年，全年安排大中专毕业生上岗238人。2003年，全县大中专毕业生1406名，其中高校毕业生466名，中专（师）毕业生940名。推荐安排上岗就业430人。其中教育系统358人，卫生系统44人，其他事业单位11人，民营企业17人。2004年，全县大中专毕业生生源1287名，其中本科毕业生299名，专科毕业生368名，中专（师）学习毕业生620名。经过多方努力，积极推荐，完成上岗就业301人（本科72人，专科200人，中专29名）。其中教育系统222人，卫生系统36人，其他事业单位12人，企业31人。年内，根据县长办公会议决定，并报上级人事部门备案，从在岗在编并已取得教师资格的代课教师及2001年—2004年国家招生计划任务内未就业的中等师范毕业生择优录取121名为享受公办教师待遇的中小学教师。

2005年，全县安排了260名本县籍师范类大学生到各中小学任教。

部队转业干部安置

1991年—1992年，根据地方需要和军转干部本人的德才条件，完成了安置2名军转干部的任务。1993年—1999年，共安置军转干部11人。安置存在住房问题和家属安排问题难度较大。1999年安排1名到县土地局工作。2000年，共安置2名军转干部，其中1名到县委老干部服务中心工作，另1名到县政协工作。2001年—2002年，共安置5名军转干部。2001年，军转干部1名，安排在县公安局，其家属安排到县人民医院工作；2002年，安排2名到县公安局，1名到县审计局，1名安排在县水利局。2004年，全县有1名军转干部、2名自主择业的军转干部家属的安置任务，军转干部安排到民政局工作，其家属安置到县医院和县中医院工作。

1991年—2005年，全县共安置军转干部21名。基本做到部队、地方、本人三满意。同时做好全县企业军转干部政策落实工作。由人事局牵头，会同劳动、民政、财政等各有关单位，及时制定政策，兑现工资拖欠、养老金、医疗保险、生活困难补助等问题。全县共拨出专项资金共12.56万元，抽调县直12个单位部门共80多人，对全县149名企业军转干部逐个进行落实。

干部调配

1991 年，干部调配工作坚持计划调配，把调配工作与机关、事业单位增人计划、编制工作结合起来，着重解决夫妻两地分居，控制“逆向”流动，控制教师队伍“出线”，为基层单位输送和配备急需人员。全年共办理干部调配 354 人，其中，县外调进 25 人，调出县外 65 人，县内调动 264 人；解决夫妻两地分居 215 人，教师队伍“出线”24 人，比去年减少了 42%。1992 年，共调配干部 563 人，其中调出县外 74 人，属解决夫妻两地分居 58 人；县外调进43人；县内调动446人，属解决夫妻两地分居86人；教师出线32人；为重点工程和企业调配干部69人。1993 年—1994 年，全县共调配干部 1135 人，着重为教育、科研生产一线配备干部和解决夫妻两地分居。1995 年—1999 年，共调配干部 1345 人，其中县外调入 37 人，调出县外 130 人，县内调动 1178 人，在调配干部中，坚持县长一支笔审批的原则，主要考虑充实基层一线人员和解决干部夫妻长期两地分居，对企业调事业，企业、事业进机关等逆向流动从严控制，有效把握住逆向流动和人才外流关。1999 年—2001 年，共调配干部 1345 人，其中县外调入 37 人，调出县外 130 人，县内调动 1178 人。2002 年—2003 年，共调配干部 411 人，其中县外调入县内事业单位 4 人，事业单位调出县外 8 人，平调 331 人。2004 年共调动干部 419 人，其中事业调机关 3 人（使用事业编制），企业调事业 18 人，机关调县外 2 人，事业单位调出县外 15 人，调出市外 17 人，调出区外 2 人；企业调县外 2 人，市外 1 人，区外 3 人；县外调入事业单位 5 人，市外调入事业单位 2 人；平调 351 人。

考核

1993 年，藤县机关、事业单位工作人员年度考核工作正式实施。至 2005 年，均由县人事局负责对全县机关、事业单位在编工作人员的德、能、勤、绩进行全面考核，为奖惩、培训、晋升、聘任、辞退及调整级别、职务、工资待遇提供依据。

1993 年—2005 年藤县机关、事业单位工作人员年度考核情况统计表

表 9-2-1　　单位：人

年度	考核人数	考核结果			
		优秀人数	称职人数	未定等次	不称职
1993	13001	1943	11058	0	0
1994	13037	1853	11162	0	22
1995	14111	2083	11360	658	10
1996	14117	1977	11696	433	11
1997	15310	2015	12677	579	39
1998	13184	1980	10746	449	9
1999	12542	1773	10409	354	6
2000	12633	1825	10808	0	0
2001	12711	1863	10841	7	0
2002	12416	1941	10416	56	3
2003	12487	1976	10456	46	9
2004	12500	2016	10481	0	3
2005	13058	2010	10969	78	1

奖惩

1991 年—1992 年，藤县获奖励升级指标共 39 名。由于指标少，奖励涉面广，采取把县直各单位归口为八大线，各乡（镇）为单位分别评选，通过初评、联评、反复对照比较后送县委、县政府领导集体讨论审定，呈报地区审批的办法。干部惩戒工作方面：一年共审理案件 62 起。其中开除公职 36 人，开除留察 10 人，属违纪被取消试用干部身份1人，属违反政策解聘4人，自动离职处理2人，辞退1人；同时还审理留察期满17人，17人重新分配为正式干部。

1993年起，机关事业单位实行年度考核制度。1993年—1994年，为全县行政机关、事业单位工作人员工资奖励升级评报，共有76人获得晋升；2年共受理了违纪案件32件，处理违纪干部32名，其中开除公职16名，留用察看2名，自动离职8名，解聘6名。在这些人员中，大部分属于违反计划生育政策。在处理违纪干部工作中，坚持实事求是的原则，重实事、证据，秉公办事，不枉不纵。

1995年—1999年，县人事局协助工商、教育、体育、司法等部门，评报了先进集体80个，先进工作者2000多人。5年共受理干部违纪案件65件，处理违纪干部65名，停薪停职5人，开除15人，除名12人，辞退33人。

2001年—2003年，完成了全县党政机关、事业单位工作人员的年度考核。及时、准确地为晋升工资提供了依据。干部惩戒工作方面，3年协助县纪委、监察局、计生局等做好对机关、事业单位工作人员受党纪、政纪、计生政策查处的立案、审查工作，3年共查处26人。审核被辞退的国家公务员、事业单位工作人员的辞退材料，上报县政府作出处理并办理有关手续，共办理13人。对拘役、劳教、判处徒刑缓刑的人员期满后根据有关规定办理重新分配工作及确定其工资待遇等手续，共办理6人。其中，2001年，对38个不完成岗位目标任务，长期外出旷工的专业技术人员或工人予以辞退。

2004年，完成全县党政机关、事业单位12500名工作人员的年度考核。协助县纪委、监察局、计生局等做好对机关、事业单位工作人员受党纪、政纪、计生政策查处的立案、审查工作。共查处7人。审核被辞退的国家公务员、事业单位工作人员的辞退材料，上报县人民政府作出处理并办理有关手续，共辞退2人。对被拘役、劳教、判处徒刑缓刑的人员期满后根据有关规定办理重新分配工作及确定其工资待遇等手续，共办理2人。

干部教育培训

1991年，根据区人事厅桂人通〔1990〕46号和地区行署人事局梧署人培〔1990〕13号文件精神，对新吸收录用的干部和大中专毕业生进行上岗培训。县人事局与县委党校联办，在县委党校开办5期（班）培训班，每期脱产学习50天，每天授课6课时，受培训287人，287人全部培训合格，培训任务的完成居全地区各县之首。

1992年，在县委党校共举办干部培训教育4期（班），每期脱产学习20天，每天授课6课时，受培训人员203人，培训合格上岗203人，合格率100%。

1994年，举办3期干部培训班，参加人员有各乡镇组织委员、人事助理和县直机关、企事业单位人事干部以及其他干部960人次。培训内容以国务院，人事部新出台的公务员录用、考核、纪律、奖惩、退休、工资、福利等政策法规和区人事厅新干部入门岗位培训的六门课程，并印发辅导资料6000多份，促进了干部队伍政治素质的提高。为了提高干部的文化水平，除了短期培训外，还鼓励在职干部多渠道参加学历培训，全年共选送18名符合条件的乡镇聘干报考各类定向招收的成人大、中专院校。

1995年—1999年，举办2期公务员骨干培训班，共230人参加。参加人员有县直各机关单位主管人事工作的领导和各乡镇政府乡、镇长，或分管党务、人事副书记及组织、人事干部。其中1997年举办各类干部培训班460期，培训干部8042人。

1999年—2001年，举办公务员计算机、英语培训和考试，共组织计算机培训650人，考试合格640人；组织英语培训1300人，考试合格900人。1991年—2005年，组织国家公务员参加核心课程培训考试，参加培训考试达13058人次。

人才引进与交流

1991年，设立人才交流咨询服务。做好国家不包分配的大、中专毕业生的档案建立，就职登记工作。全年到人才交流服务中心登记的自费生375人，其中：大专学历102人，中专学历273人；做好不包分配自费生的推荐聘用工作。全年推荐到各单位聘用174人，其中：已办聘用手续132人（男79人，女53人），签订合同办理试聘手续42人；大专学历81人，中专学历93人；推荐到国营企事业单位79人，到集体企业、乡镇企业57人，到教师队伍38人。全年从区外引进人才2人，县外引进人才9人，其中：中级职称3人，初级职称8人。1992年，全年到人才交流服务中心登记的自费生102人，其中推荐聘用68人（大专学历19人，中专学历 49 人）。保管各种自费生人才档案 62 份，除了做好自费生的推荐录用以外，还注意县内外企业发展情况对人才的需求。列册登记，掌握人才供需情况。1993 年，积极开展人才交流政策的宣传工作，通过会议、广播、电视等途径对人才交流政策和工作范围、程序进行广泛的宣传；搞好人才交流调查，建立健全人才档案。制订《各类大、中专院校自费毕业生花名册》，共登记不在职的自费大、中毕业（结业）生 450 人。1994 年，从省外交流引进人才 4 人，其中大专以上学历 3 人，主要是充实企业力量。加强对"五大生""自费生"的管理，为他们保管档案和推荐就业。全年到人才交流服务中心进行求职登记的"五大生""自费生" 495 人，推荐聘用 291 人，其中聘用到乡镇企业 123 人。

1995 年 1 月 1 日，为进一步开发利用本地人才资源，吸引外地人才，促进人才合理流动，同时为各类人才自由择业，用人单位自主选人创造条件，成立藤县人才市场，隶属藤县人事局管理，3 月挂牌成立，办公室设在人事局。2004 年在县机构改革中确定县人才市场为自收自支性质的事业单位，编制 3 人。县人事局根据实际情况，实行人才市场与人才服务中心两块牌子，一套人马的办公方式运作。

1995 年—1996 年，县人事局主要领导组团参加了自治区人才洽谈会和地区在贺县举办的 1995 年、1996 年毕业生分配洽谈会，并从县外引进急需人才 8 人。在自费生管理和推荐就业方面，人才交流服务范围由过去只管自费生扩大到办理辞现职、退职等业务，促进了人才合理流向。同时为各类人才自由择业，用人单位自主选人创造了条件。

1999 年，加强县内人才市场建设，与全市、全区互联网并网，年内发布县内、外招聘信息 20 期，全年成功推荐就业 23 人。2002 年 11 月下旬和 2003 年 6 月上旬，先后两次组织教育、卫生、交通、林业、广播电视、供水等 10 个单位 20 人（次）到南宁、桂林、宜州、贺州等市的 10 多所高校公开招聘专科以上毕业生 51 人（外县籍 46 人），其中本科学历 19 人，专科学历 32 人（英语 29 人）。

2004 年，成立藤县大众人才资源开发中心，隶属藤县人才市场管理，性质为集体企业，独立核算，自负盈亏。主要业务范围：求职登记，职业介绍；就业指导、咨询；收集整理、储存、发布职业供求信息；人才跨省流动中介服务；为企事业单位和社会培训各类人才；农村实用技术人才资源开发和管理；人员素质测评等。

2004 年 3、4 月间，组织了教育、卫生、交通、林业、广播电视、供水等 10 个单位 20 人（次）到南宁、桂林、宜州、贺州等市的 10 多所高校公开招聘 2004 届专科以上毕业生 105 人（外县籍 94 人），其中本科学历 56 人，专科学历 49 人。是年，成立藤县大众人才资源开发中心，隶属县人才市场管理的集体企业，职能是从事人才中介业务。至 2005 年末，委托人才市场代管人事关系共 336 人，办理辞职手续 152 人，管理干部档案和自费生、"五大生"档案共 2856 份，为各类毕业生报考研究生和申报技术职称手续和材料累计达 96 人次。

2005 年，做好人才引进和本县籍师范类大学生的双向选择及安排工作。经县委、县政府同意，组织用人单位到有关高校选聘高校毕业生 160 多人到教育、卫生系统工作，充实了县内教师和卫生系统等事业单位干部队伍。2003 年—2005 年末，共引进县内紧缺的本科学历专业人才 269 人。

第四节　工资　福利

工资制度

1991 年 1 月 1 日至 1993 年 9 月 30 日，藤县执行自治区人民政府所定的工资类区工资标准，机关事业单位执行统一的工资标准，由基础工资、职务工资、工龄工资、奖励工资和其他各种津贴构成。其中：从 1992 年 3 月起，按桂人发〔1992〕65 号、桂人函〔1992〕1 号文件精神，陆续调整奖励工资标准；从 1992 年 4 月起，按桂人发〔1993〕1 号文件精神，机关事业单位工作人员上靠一级工资，离退休人员增加生活补贴；从 1992 年起，调整工龄津贴，新工龄津贴从参加工作的当年计算，每年 1 元；从 1992 年 6 月起，藤县由五类工资区调整为六类工资区。

1993 年 10 月，工资制度改革。藤县按国发〔1993〕79 号、桂人发〔1994〕3 号文件精神，对全县机关事业单位工资制度进行改革，全县有 12150 人（不包括实行事业工资制的企业单位：粮食系统、钛品公司、矿业公司等）按新工资制度进行了套改。新工资制度由以下几方面构成：机关部分（不包括工勤人员，下同）：实行职务级别工资制度（简称职级工资制度），实施新工资制度后，取消工资区类别制度，机关工作人员的基本工资由基础工资、级别工资、职务工资和工龄工资四个部分组成，基础工资每人每月 90 元；级别工资按职务、工作年限和任职年限确定；职务工资按所任职务和工作年限确定，工作人员晋升或变动职务时，执行新职务的工资标准。工龄工资每年 1 元，从参加工作当年起逐年计增加，一直至离、退休当年为止。正常增加工资的办法：工作人员年度考核连续五年为称职或连续三年为优秀的，在本职务对应级别内晋升一级；工作人员在现职务的任期内连续两年考核为称职以上的，在本职务工资标准内提高一个工资档次。机关技术工人实行岗位技术等级（职务）工资制，由岗位工资、技术等级（职务）工资和奖金三部分构成。普通工人实行岗位工资制，由岗位工资和奖金两部分构成。机关工人年度考核连续两年为合格以上的人员，晋升一个岗位工资档次；技术工人晋升技术等级（职务）后，执行晋升后的岗位技术等级（职务）工资标准。

事业单位工作人员的基本工资由固定部分和活的部分构成，专业技术人员和管理人员实行职务工资制，技术工人实行技术等级（职务）工资制；普通工人实行等级工资制。津贴（活的部分）构成比例：全额拨款单位，按津贴占职务（等级）工资的 30% 比例计算；差额拨款单位，按津贴占职务（等级）工资的 40% 比例计算；自收自支事业单位，按津贴占职务（等级）工资不超过 50% 比例计算。津贴（活的部分）计算办法：津贴（活的部分）＝职务（等级）工资 ÷（1－津贴比例）× 津贴比例。正常晋升工资档次的办法：工作人员连续考核两年称职以上的，晋升一个职务（等级）工资档次。

1993 年 10 月，工资制度改革后的工资调整：分别于 1997 年 7 月、1999 年 7 月、2001 年 9 月、2001 年 10 月和 2003 年 10 月进行 5 次工资标准的调整。分别于 1995 年 10 月、1997 年 10 月、1999 年 10 月、2001 年 10 月、2003 年 10 月和 2005 年 10 月进行 6 次正常晋升工资档次的调整。机关单位 1997 年 1 月进行连续 3 年考核优秀、1998 年 1 月进行连续 5 年称职以上正常晋升级别工资的调整。1998 年 1 月、1999 年 1 月进行事业单位连续三年考核优秀提前晋升工资档次的调整。分别于 2001 年、2003 年和 2005 年进行正常晋升工资档次的调整。

1993 年 10 月工改后，退休人员的退休费计算比例发生了变化，新的计算比例如下：机关干部，满 35 年以上按 88%、满 30 年不满 35 年按 82%、满 20 年不满 30 年按 75%、满 10 年不满 20 年按 60%、10 年以下按 40% 计算；事业单位人员和机关工人，满 35 年以上按 90%、满 30 年不满 35 年按 85%、满 20 年不满 30 年按 80%、满 10 年不满 20 年按 70%、10 年以下按 50% 计算。计算的项目：机关干部以职务工资、级别工资为基数；机关工人以岗位（职务）工资、技术等级工资、奖金为基数；事业人员以职务（岗位）工资、津贴（活工资）为基数。

福利

法定节假日　根据国务院《全国年节及纪念日放假办法（1999 年修订本）》规定，从 1999 年开始，藤县机关事业单位工作人员法定节假日为：元旦，放假 1 天；春节，放假 3 天（农历正月初一、初二、初三）；劳动节，放假 3 天（5 月 1 日、2 日、3 日）；国庆节，放假 3 天（10 月 1 日、2 日、3 日）；妇女节（3 月 8 日），妇女放假半天；青年节（5 月 4 日）青年放假半天。

年休假　藤县根据《广西壮族自治区职工年休假暂行办法》规定，从 1991 年开始，机关事业单位的正式职工，工作年限满 5 年以上的可享受年休假待遇。其中工作年限满 5 年不满 10 年休假 7 天，工作年限满 10 年不满 15 年休假 10 天，工作年限满 15 年以上的休假 14 天。职工休假期间，不包括公休假日和法定节日，工资照发，各种保险福利待遇不变。一般不得跨年度使用。在本年内事假在 20 天以上的，不得享受年休假。享受寒暑假的各类学校，不再执行年休假。职工休假时间由单位自行安排。

探亲假　根据《国务院关于职工探亲待遇的规定》，从 1981 年开始，职工探望配偶每年给予一方探亲假一次，假期 30 天；未婚职工探望父母，原则上每年一次，假期 20 天，如自愿 2 年一次，假期为 45 天。已婚职工探望父母，每 4 年给假期一次，假期 20 天。根据实际可给路程假。职工探配偶和未婚职工探望父母往返路费由单位负担，已婚职工探望父母的往返路费，在本人的标准工资 30% 以内的，由本人自理，超过部分由所在单位负担。

婚丧假　根据《国家劳动总局财政部关于国营企业职工请婚假丧假和路程假的问题的通知》。从 1980

年开始，职工本人结婚或职工的直系亲属（父母配偶和子女）死亡时，可以根据具体情况，由本单位行政领导批准，酌情给予1~3天的婚丧假。同时，可以根据行程远近，另给予路程假。

生育假 根据《女职工劳动保护规定》规定，从1988年开始，对怀孕七个月以上（含7个月）的女职工，一般不得安排其从事夜班劳动；女职工产假为90天，其中产前休息15天；难产的增加产假15天。多胞胎生育，每多生育一个婴儿增加产假15天。女职工怀孕流产给予15~42天产假；已婚女职工在24周岁以上生育第一胎的，增加产假14天，同时给予男方护理假10天，在产假期间领取独生子女父母光荣证的另增加产假20天。2002年9月1日起，女职工非婚生育不能按此规定执行。

病事假 按《国家机关工作人员病假期间生活待遇的规定》。从1981年开始，工作人员病假在2个月以内的发给原工资，超过2个月的，从第三个月按以下标准发给：工作年限不满10年的，发给本人工资的90%，工作年限满10年的，工资照发。超过6个月的，从第7个月按下列标准发给：工作年限不满10年的，发给本人工资70%；满10年和10年以上的，发80%，1945年9月2日以前参加革命工作的人员，发90%。工作人员在病假期，可以连续享受所在单位的生福利待遇。事假待遇：因国家没有统一规定，藤县根据2001年3月自治区人事厅给百色地区人事局《关于职工事假问题的复函》的规定执行：国家机关工作人员事假待遇暂按每年累计给假15天掌握，15天以内工资照发，15天以上的停发工资。事业单位参照执行。

死亡抚恤 一次性抚恤金。藤县自1986年7月起，国家机关工作人员（包括离退休人员）因公牺牲的一次性抚恤金，按其牺牲时的20个月工资计发；病故的一次性抚恤金按其病故时的10个月的工资计发。事业单位人员因公牺牲、病故，参照执行。1993年10月工资制度改革后死亡，一次性抚恤金变更为：批准为革命烈士的，为本人生前40个月工资；因公死亡的，为本人生前20个月工资；病故的，为本人生前10个月工资。计发一次性抚恤金项目：在职人员为基本工资，离退休人员为基本离退休费。

丧葬补助费。1991年，藤县机关事业单位工作人员死亡丧葬费标准为500元；1998年11月起，调整至1600元。

遗属生活困难补助。1991年，藤县执行区人民政府文件（桂政发〔1991〕31号）的规定，对机关、事业单位工作人员死亡后遗属生活困难补助对象为：依靠死者生前供养的直系亲属和其他亲属；遗属补助标准为：离休干部遗属居住城镇的，每人每月补助45元，居住农村的每人每月补助40元；牺牲工作人员遗属居住城镇的，每人每月补助55元，居住农村的每人每月补助50元；工龄满五年以上的工作人员遗属居住城镇的，每人每月补助40元，居住在农村的，每人每月补助35元；工作未满五年的工作人员遗属居住城镇的，每人每月补助35元，居住农村的，每人每月补助28元。1994年12月起，根据区政府文件对遗属补助标准进行了调整，标准如下：离休干部遗属居住城镇或农村的，每人每月分别补助100元、90元；牺牲工作人员遗属居住城镇或农村的，每人每月分别补助110元、100元；工龄满五年以上的工作人员遗属居住城镇或农村的，每人每月分别补助70元、60元；工作未满五年的工作人员遗属居住城镇或农村的，每人每月分别补助70元、50元。

1991年，办理国家机关单位死亡人员的抚恤和遗属困难补助21人；办理增加遗属生活困难补助费407人，每人每月增加35~40元。1992年，办理干部遗属补助手续17人。1994年，办理遗属补助15人。1995年，批复抚恤28件，办理延期遗属生活困难补助5人，提高遗属困难补助费515人，每人由35~45元提高至60~100元。2005年，全县共有421人享受遗属生活困难补助。

工资性津贴补贴

1991年—1993年9月，统一发放的各项补贴：粮食价格补贴2.5元，少数民族补贴10元，副食品补贴10元，粮油价格补贴6元，粮食价差补贴5元，肉价补贴1.7元，书刊费9元，洗理费平均9元，水电补贴14元，粮食价格开放补贴3.5元，物价补贴5元。合计75.5元。从1993年10月工资改革时起，对机关事业单位在职、离退休人员统一发放物价福利性补贴52元。1998年10月起，鉴于县财力情况，全额单位按12元发给。2004年11月，县财政恢复对全额拨款单位的职工按52元发放。

生活补贴 从1993年10月工资制度改革时起，各单位根据本单位财力情况发放在职和离退休人员开放地区补贴，标准为每人每月30元。2005年10月，参照执行自治区发放适当补贴（桂人发〔1997〕86号）

的做法，全额拨款单位由县财政发给适当补贴，具体标准为：正处级165元，副处级160元，主任科员级155元，副主任级150元，科员、办事员、工人145元；教授级185元，副教授级160元，讲师级155元，助教级150元，技术员级145元。

警衔津贴　1995年1月，按照人事部、财政部《关于人民警察执行警衔津贴问题的通知》文件精神，藤县开始发放警衔津贴。每人每月发放标准为：二级警员64元，一级警员68元；三级警司72元，二级警司76元，一级警司80元；三级警督85元，二级警督90元，一级警督95元。是年，全县共为253人办理警衔津贴。1999年、2001年1月和10月、2003年，国家分别4次提高警衔津贴标准。2004年全县为700多人次办理警衔津贴。2005年执行警衔津贴标准为：二级警员113元，一级警员121元；三级警司129元，二级警司138元，一级警司147元；三级警督156元，二级警督165元，一级警督174元。

其他津贴　1992年，根据国发〔1991〕74号文件精神审批机关事业单位工作人员工龄津贴11991人，1993年10月工改时，取消了事业单位工作人员和机关单位工人的工龄津贴。1995年—1999年办理提高退休费，增退休人员劳模（先进工作者）津贴400多人次。2000年，办理各项津贴变动250人。2001年办理各项津贴变动235人次。2004年底，共办理其他津贴变动360人次。2005年办理其他津贴变动400人。

第五节　离休　退休　退职

离休

1991年，藤县执行1982年国家关于干部离职休养制度的规定，凡在新中国成立前参加中国共产党领导的革命战争，脱产享受供给制度待遇和从事地下革命工作的老干部，达到离职休养年龄的（男满60岁、女满55岁），可办理离休。是年，全县办理离休手续6人。年末，全县共有离休干部88人。1992年增加1人，1993年增加2人。1994年后再无新增离休干部。此后离休干部人数逐年减少。

1999年，根据《关于我区镇南关解放之日前参加革命工作的退休人员增加退休费问题的复函》（桂人函〔1999〕372号）的有关规定，12月11日镇南关解放之日以前参加革命工作的企业退休人员可享受离休待遇。2005年12月底，在册离休干部数为37人。其中：机关17人，事业5人，企业15人。

退休　退职

1991年，藤县党政机关、群众团体、企事业单位工作人员根据《关于安置老弱病残干部的暂行办法》和《关于工人退休、退职的暂行办法》（国办发〔1978〕104号）的规定办理退休、退职手续。具体条件为：党政机关、群众团体、企业、事业单位的干部、工人，符合下列条件之一的，都可以退休：男年满六十周岁，女干部年满五十五周岁，女工人年满五十周岁，连续工龄满十年的；男年满五十周岁，女年满四十五周岁，连续工龄满十年，干部经过医院证明完全丧失工作能力的，工人由医院证明，并经劳动鉴定委员会确认，完全丧失劳动能力的；男干部因工致残，经过医院证明完全丧失工作能力的；工人因工致残，由医院证明，并经劳动鉴定委员会确认，完全丧失劳动能力的；从事井下、高空、高温、特别繁重体力劳动或者其他有害身体健康的工作，男年满五十五周岁、女年满四十五周岁，连续工龄满十年的。对完全丧失工作能力，又不具备退休条件的机关工人和事业人员，可办理退职。基本退职费按职务工资和津贴之和的一定比例计发。本项规定也适用于工作条件与工人相同的基层干部。当年全县共办理退休干部232人。

1995年起，藤县国家公务员按《国家公务员暂行条款》第七十八条、第七十九条规定的条件办理退休。即男年满六十周岁，女年满五十五周岁或丧失工作能力的，应当退休。男年满五十五周岁，女年满五十周岁，且工作年限满二十年的或工作年限满三十年的，本人提出要求，经任免机关批准，可以提前退休。干部、工人退休的审批，按管理权限分别由县委组织部、县人事局和县劳动局负责。副科以上职务及党委机关、群众团体单位干部的退休由县委组织部门审批，县人事局计发退休待遇；政府机关一般干部和事业单位一般干部的退休由县人事局审批。其中1991年—1999年县人事局下放退休审批权限，将部分事业单位的退休审批权下放给各自主管部门，2000年收回。工人的退休由县劳动局审批。从2000年开始，企业干部的退休改由县劳动局审批。1995 年—2002 年，共为 1276 名干部办理了退休手续，5 名干部办理退职手续。

2002 年 5 月，根据自治区党委办公厅、自治区人民政府办公厅《关于印发〈市（地）县乡机关和乡镇事业单位人员分流安排办法〉和〈市（地）县乡机关定编定岗定员办法〉的通知》（桂办发〔2001〕40 号）规定，藤县乡镇党政机关人员和乡镇事业单位人员，在未达到退休年龄，但 2002 年年底前工作年限满 30 年的，或 2001 年 12 月 31 日前男年满 55 周岁、女年满 50 周岁，且工作年限满 20 年的，本人愿意，经任免机关批准，可办理提前退休，当年共审批退休 270 人。

2002 年 12 月 31 日，全县机关、事业单位实有在册退休人员和退职人员 4042 人。其中机关单位 968 人，事业单位 3074 人。2005 年 12 月 31 日，全县机关、事业单位实有在册退休人员 4271 人、退职人员 8 人。其中机关单位 978 人（含退职 1 人），事业单位 3301 人（含退职 7 人）。

第六节　专业技术职称资格评聘

职称评定

1991 年至 1997 年 6 月，藤县职称评定工作由县科学技术委员会管理。此后，则由县人事部门管理。

1991 年，对新进入统计岗位的人员，实行统计员资格考试，合格者才有资格从事统计工作；已经在岗的统计员，未评定统计员任职资格的，也要参加考试；已取得统计任职资格的中专、大专毕业人员，见习期满，经过考核重新认定统计员职务资格；非统计专业中专、大专毕业生，应通过考试确定统计员资格。同年，评审文化、卫生、农业、经贸工程、建筑工程、档案、会计、统计、审计系列等中级专业技术职务资格实行测定外语水平考试，同时实行经济员资格考试制度。年末，全县有科技人员 6344 人，其中获高级职务资格 64 人，中级职务资格 1258 人，初级职务资格 5022 人。1992 年开始，实行审计、会计专业技术资格考试。1996 年，全县科技人员 9025 人，其中获高级职务资格 132 人，中级职务资格 2189 人，初级职务资格 6704 人。

1997 年 6 月下旬，人事局接管后的第一届藤县职称改革工作领导小组由县政府办公室下文成立。8 月下旬，工程、卫生、中小学、农业、图书文博艺术、政工 7 个评委会重新组建。1998 年 8 月，根据梧州市人事局、市职改办文件《关于对申报评审高、中级专业技术职务资格人员进行计算机应用能力考试的通知》精神，规定从 1999 年起，各专业技术系列在评审高、中级专业技术职务资格时，必须参加由人事职改部门统一组织的计算机应用能力考试并取得合格证书作为申报评审的必备条件之一，县政府以藤政字〔1998〕28 号文件部署实施此项工作。

2001 年，卫生专业技术人员的中、初级技术职务任职资格实行考试。对教师晋升中学高级教师、从事英语教学的教师晋升中级职称的进行测定外语水平考试，并要达到合格才有资格进行评审；申报中学系列职称必须参加专业技术人员计算机应用能力考试，评聘中、高级专业技术职务资格的参加计算机 B 级考试。

2002 年，办理继续教育证书 105 人，办理初级资格证书 1090 人。年内组织经济等专业称职考试报考 83 人。2003 年，颁发专业技术人员 WTO 考试合格证 9300 人，组织专业技术人员继续教育 900 人，定职培训 450 人，办理初级资格证书 1000 人，中高级证书 140 人。年内组织经济计算机等专业职称考试报考 224 人；选拔推荐特级教师人选 3 人，自治区有突出贡献科技人员人选 5 人。2004 年，组织专业技术人员继续教育 600 人，定职培训 340 人，办理初级资格证书 1200 人，中、高级证书 120 人；组织办理职称外语、计算机等职称考试报考 205 人；办理初级职称申报 720 人，定职 340 人；审核、推荐高、中级职称申报 277 人，选拔、推荐自治区有突出贡献科技人员人选 3 人，享受政府特殊津贴人员人选 2 人。2005 年，全县科技人员 37727 人，其中获高级职务资格 340 人。

聘任

1995 年—1999 年，全县在职参聘人员 1838 人，被聘任 1335 人，其中高级技术职务 30 人，中级技术职务 249 人，初级技术职务 1056 人。其中 1998 年，县政府印发《关于专业技术职务聘任管理工作的通知》（藤政人字〔1998〕2 号），明确聘任条件，规范聘任程序，使职改工作步入了正常的轨道。2001 年，共办理自收自支事业单位和企业单位聘任83人，拨款事业单位聘任1013人，续聘650人。

2002年，聘任工作实行结构比例聘任制。对聘任的管理，已初步形成竞争激励、科学规范的管理。全年办理聘任证书578人。

2003年—2004年，办理职称聘任1647人，续聘4900人。2005年，办理职称聘任1035人，续聘3650人。

工人技术等级考核评定

1991年—1996年，每年度均开展工人技术等级评定工作，共获高级工资格（职称）248人，中级工2217人，初级工9561人。1995年，根据国务院、人事部、区人事厅、地区人事局有关文件精神，为了适应机关、事业单位人事管理和工资管理工作的需要，把机关事业单位工人技术等级考核作为人事部门的一项重要工作来抓。年内，县人事局印发《关于对我县机关事业单位工人技术等级岗位考核工作的通知》；同时印发机关事业单位技术工人摸底调查表，对技术工人进行调查摸底；成立工人技术等级考核机构，分工专人负责；举办机关技术工人技术等级考核班，共2期、70多人，为全面开展工人技术等级培训考核打下了基础。1996年，人事局与有关部门联合举办2期技术工人等级培训班，参加学习人数150多人，经考试考核合格获得了相应技术等级证书。1997年，举办了中级工培训考核3期190人，初级工考核3期120人，经考核合格者颁发了相应的工人技术等级证书。

1999年—2000年，组织专业技术人员参加考核共12506人次，其中优秀2500人，称职10000人，不称职6人。2000年下半年，为全县1997年前取得的资格证书的1200多名专业技术人员办理验证注册登记，并存入计算机数据库。组织169名申报高、中级人员进行计算机应用培训，经考试，全部取得合格证书；为2100多名专业技术人员办理了继续教育证书，年终审核800多人。

2001年，全县评审申报初级专业技术职务资格550人，为大中专院校毕业生办理定职手续582人。组织专业技术人员参加职称考核6006人，其中优秀1200人，称职4800多人，不称职6人。同时。为全县1998年前取得的资格证书1308名专业技术人员办理了验证注册登记，存入计算机数据库。补办继续教育证书200多人，并为申报晋升职称资格的500多人进行了继续教育审验登记。

2002年，审核2001年度获评委通过的初级职称申报材料607人，定职材料585人，办理初级资格审批、发文手续1101人，并做好材料归档工作。组织专业技术人员职称年度考核8000人。

2003年—2004年，共审核上年度获评委通过的初级职称申报材料1649人，定职材料787人，办理初级资格审批、发文手续2308人，并全部归档整理；组织专业技术人员职称年度考核1.7万人；资格证书注册验证并输入数据库8100人，新取得资格人员输入数据库2234人。2004年办理汽车驾驶专业工人技术等级中级工培训考核17人。

第三章　劳　动

从1991年起，县劳动局负责协调指导、监督检查、社会服务职能，加强社会劳动力资源管理、劳动力市场建设、劳动监察、劳动争议仲裁、工资总额宏观调控，加强社会保险综合管理、安全生产管理和劳动安全综合管理与监察的行政职能。1991年—2005年，全县共输送外出就业人员23.6万人，安置城镇劳动力2.1万人；实施劳动监察职能，维护劳动者合法权益，受理各类举报案120起；调解劳动争议案件102件。

第一节　机　构

藤县劳动和社会保障局

1991年，称藤县劳动局，为县政府职能部门，正科级机构，办公地点在县政府大院，内设秘书股、劳力调配股、安全监察股、工资福利股、培训股、劳动争议仲裁股。1995年，增加劳动监察，并与劳动争议仲裁股合并，称劳动争议仲裁和劳动监察股。1996年12月，重新核定编制17名，其中行政编制16名，事业编制1名。1997年，重新确定县劳动局职能配置、内设机构和人员编制，内设秘书股、综合计划与工资股、劳动力管理股、劳动争议仲裁监察股、职业安全卫生监察股、职业技能开发股，人员编制数不变。1999年，县劳动局搬迁河东政贤路165号办公。2001年12月，县劳动局更名为县劳动和社会保障局。2002年3月，将安全生产监察管理职能划归县经济贸易局承担；熔炉压力容器安全监察职能、特种设备安全监察职能划归县质量技术监督局承担；划入县人事局承担的机关事业单位工作人员社会保险职能和县民政局承担的农村社会保险职能。内设办公室、劳动保障监察股、劳动争议仲裁股、工资福利培训股。核定编制12名，其中行政编制11名，后勤服务事业编制1名。4月，县机关事业单位社会保险事业管理所从县人事局划归县劳动和社会保障局管理。2003年4月，撤销县职工交流中心，在县劳动和社会保障局内设机构增设职工交流服务中心。至2005年不变。

1991年—2005年县劳动和社会保障局管理（劳动局）历任局长：何颖林(1990.10—1992.07)，黄达龙(1992.07—1999.03)，覃庆(1999.08—2004.08)、卢培洲(2004.08—2006.04)

二层机构

县职工交流中心 1997年6月，设立县职工交流中心，为事业性质单位，核定编制3名。2003年4月，撤销县职工交流中心，其职能划归县劳动和社会保障局承担，在县劳动和社会保障局内设机构增设职工交流服务中心。

县就业服务中心 1991年—2003年7月，称藤县劳动服务公司，办公地址位于藤城镇西江路414号。内设县劳动就业训练中心，核定编制4人，与劳动服务公司合并办公，实行一套人马，两块牌子。2003年7月，与县劳动就业培训中心合并，更名为县就业服务中心。列为县财政全额拨款事业单位，核定编制7人，实有在职人员12人。人员工资和经费由自收自支转为财政预算拨款。办公地址位于藤州镇津南路170号。至2005年不变。

乡镇劳动保障事务所 2003年7月，经县编制委员会批准，全县各乡镇设立劳动保障事务所，配备专职人员1~2名。除太平镇、濛江镇单列设置外，其他乡镇劳动保障事务所在各乡镇经济发展服务中心挂牌，实行“一套人马，两块牌子”。主要负责开发社区公益岗位，组织实施社区就业项目，协助组织农村劳动力转移就业，动员组织新成长劳动力参加预备制培训，负责退休人员社会化管理。至2005年不变。

第二节　用工制度

用工制度改革

1991年—1994年，藤县企业招用工按自治区劳动厅下达的计划指标执行。具体做法由企业每年向县劳动部门递交招工计划，然后经地区劳动部门上报自治区劳动厅批准使用计划指标，最后由县劳动局严格按指标进行招工考试，择优录用，并办理招工手续。县内各改制企业、私营企业雇请的临时工、季节工，按照规定到劳动部门进行登记，由藤县劳动局劳力调配股负责审批招工，未经劳动部门批准，不得招雇工人。

1995年1月1日《中华人民共和国劳动法》施行，藤县逐步放开招工审批权，推行推荐就业双向选择形式，招工计划逐步由企业根据生产需要决定，但仍由县劳动部门办理招工手续。随着国有企业改革的深入开展，企业用工逐步实行用工自主形式。至1999年，仍有部分企业选择通过劳动局招收工人。

1999年后，藤县完全开放工人招工审批权，政府完全放权到企业，企业可以自主用工，人们也逐步适应企业直接招工这种招聘模式。至此，计划招工已经成为历史。

劳动合同制

1987年起，藤县对新招收的工人实行劳动合同制。

1995年，对企业推行全员劳动合同制度，采用自治区劳动厅制订的劳动合同书格式，推荐给用人单位参考使用。企业中干部、固定工等与劳动合同制工人一样均通过签订劳动合同明确用人单位与干部职工双方之间的劳动权利、义务关系。1996 年起，在全县国有企业推行全员劳动合同制。同年，县内部份企业开展集体协商和集体合同制度的试点工作。

政策性安置

1994 年前，计划内招生的技工学校毕业生按政策全部分配到各对口单位安排就业。劳动法实施后，技工学校毕业生就业采取推荐就业和双向选择就业形式，不再进行政策性安置。城镇复退军人的安置，全部按政策办理，由县安置办作出安置计划，报县政府审批，然后由县劳动局办理用工手续。

企业改制与劳动关系的处理

1994 年，县委、县政府印发《关于深化国有企业产权改革，建立现代企业制度的若干试行办法》规定，国有企业转换经营机制，推进产权改革中，要妥善处理好企业职工的就业问题和社会保障工作。可作如下处理：国有企业整体产权出让的，职工安置应列为企业产权出让条件，由出让方和受让方协商解决，原则上由受让方安排。如受让方确实无法安排的，由当地企业主管部门、劳动部门和出让方协调统筹安排。国有企业部分产权出让的，其职工回原企业安置。国有企业产权出让，企业的国家干部、固定工人未能按上述办法安排的，如已参加社会保险，男职工年满 55 周岁，女工人年满 45 周岁，女干部年满 50 周岁，可办理退休手续，由出让方发给生活费，待到法定退休年龄后，享受法定养老保险待遇。国有企业产权出让，对未达到上述第三条规定年龄，又未能重新安排工作的职工，视企业出让产权收入情况，可采取发遣散费的办法。遣散费按工作年限计发，每人每年发多少视企业实际情况，由企业、主管部门、劳动、人事等部门确定。国有企业在产权出让时，没有参加社会保险的离退休职工，出让方可用国有资产出让收入，为其缴纳一次性社会保险金，享受法定养老保险待遇。1997 年，县人民政府制定《关于印发藤县国有企业改革若干问题的暂行规定的通知》，2004 年，印发《关于印发藤县国有企业改革若干规定的通知》，对国企改制、转制、破产的劳动关系进行调整与处理。

第三节　劳动调配　劳动就业

职工队伍

1991 年，全县职工人数 11165 人，其中国有企业 8348 人，集体企业 2817 人。此后，随着工业企业的增加，职工队伍逐年增加。1995 年达到高峰，全县职工人数 13102 人，其中国有企业 10416 人，集体企业 2686 人。1996 年开始，随着工业体制改革，国有企业转换经营机制，推进产权改革，部分企业倒闭，职工人数逐步减少。1997 年，全县职工人数 9895 人，2000 年 5747 人。

1991 年—2004 年藤县职工人数统计表

表 9-3-1　　单位：人

年度	国有企业	集体企业
1991	8348	2817
1992	9530	2724
1993	10083	2487
1994	9980	2495
1995	10416	2686
1996	8107	2409
1997	7660	2235
1998	5427	1871
1999	4126	1987
2000	4009	1738
2001	4267	1419

续表

年度	国有企业	集体企业
2002	3306	1402
2003	3027	1256
2004	2775	928

劳动调配

1991年—1995年，县政府成立"县人事领导小组"，由县编委牵头，负责跨行业、跨地区及进城的职工调动审批，然后由县劳动局办理具体的调动手续。1996年后，随着双向选择就业形式的实施，劳动力调配职能已被取代。

就业与再就业

就业 20世纪90年代初，国家对城镇劳动力不再"统包统配"，实行在国家的统筹和规划下，劳动部门介绍就业、自愿组织起来就业和自谋职业相结合的就业方针。劳动就业逐渐由国家计划指标转变为自主择业。政府通过多渠道解决就业问题。除国有企业实行招工安置外，还采取个人集资一点、国家扶持一点的方法筹集资金，兴办劳动服务企业，或利用经济能人办实业，街道、乡镇企业办企业，发展第三产业安置待业人员。1991年—1997年，县劳动服务公司通过介绍就业、培植和发展劳动服务企业、组织集体经济扩大劳动就业、向用人单位输送临时工等形式，安置城镇劳动力1.35万人。2005年，城镇新增就业0.162万人。

再就业 1999年3月，县人民政府印发《藤县国有企业下岗职工基本生活保障和再就业工作实施办法》，办法规定：在企业成立再就业服务中心；规范企业用工行为，鼓励各类企业吸纳、安置下岗职工，企业吸纳、安置下岗职工达到一定比例的，可按规定享受税费减免优惠；同时鼓励下岗职工自谋职业，下岗职工自谋职业可享受开业内减免工商管理费等行政性收费、优先安排市场摊位等扶持政策。

2001年10月开始，对协议期满即将离开或已离开国有企业就业服务中心的再就业和生活困难的下岗失业人员进行就业援助。县劳动部门通过提供上门咨询和政策援助、职业指导援助、就业信息和岗位援助、技能培训援助、社会保障援助和特困群体援助等方式，促进下岗职工再就业。全年下岗失业人员实现再就业550人。2002年，藤县有565名下岗失业人员重新找到工作岗位，809名下岗失业职工参加转岗培训。公共就业服务机构免费职业介绍人数330人，开发公益性岗位35个。2003年，下岗失业人员再就业650人；发放"再就业优惠证"360本，占应发人数的55.38%。2月9日，成立藤县劳动和社会保障局就业再就业工作领导小组。6月，成立"再就业优惠证"发放工作领导小组。藤县符合申领"再就业优惠证"并进入动员登记程序的有1005人，至7月15日止，全县发放"再就业优惠证"510本，在审核36人。

2002年10月—2003年6月，全县筹措自谋就业安置费600万元，先后为太平松脂厂、县麻纺厂、县水泥厂、县红砖厂、县丝绸厂、县松脂厂共计2209名下岗失业职工发放自谋就业安置费共580万元。县委、县政府印发《关于建立领导干部联系扶持国有企业下岗失业困难职工制度的通知》，要求全县各机关事业单位副科级以上领导干部每人扶持1名再就业有困难的国家企业下岗失业职工，有针对性的提供再就业援助。

2004年，县人民政府开发公益性岗位，安置下岗失业人员，重点安置原来国有企业的下岗失业人员和享受失业保险尚未实现再就业的下岗失业人员，女40岁、男50岁（简称："4050"）的大龄就业困难人员，或生活特别困难的下岗失业人员。由政府出资扶持，社会筹集资金实现安置，安置的岗位主要有社会管理、社区服务、社区单位的后勤岗位，实行临行聘用制，不入编不入册。第一批聘用人员通过公开报名、笔试、面试、组织考核进行录用。2005年，下岗失业人员实现再就业710人；在全县机关事业单位开发城市公共设施养护、门卫、杂勤、绿化保洁等公益性岗位，安置"4050"下岗失业人员103人。

2005年9月，根据《藤县人民政府关于我县2004年以前改制、破产企业职工、合同工安置问题的补充通知》精神，企业破产后，对自谋职业的职工发放一次性安置费，按照县内国有企业职工上年平均工资收入的3倍结合工龄因素发放。经济补偿标准：对终止劳动合同的用人单位根据劳动者的工作年限，每满1年发给相当于1个月工资的生活补助费，最多不超过12个月；解除劳动合同的，每1年工龄给予职工相当于

1个月工资的经济补偿金，补偿金最多不超过企业月平均工资的3倍。至年末，全县有下岗职工1630人，全年发放下岗职工基本生活费650万元，为下岗职工缴纳养老保险、失业保险、医疗保险1213.1万元。

劳务输出

藤县劳务输出始于20世纪80年代中期，之后迅速发展，主要输出到毗邻的广东省珠江三角洲及东南沿海经济发达地区。1991年，全县有外出务工人员2.1万人，其中部分为自发外出，部分由社会培训机构组织输出，部分由劳动就业服务机构组织输出。县就业服务中心收集到主要劳务输入地的劳动力需求结构、总量等基本信息后，在劳动力市场发布，对外出务工人员进行指导，减少外出的盲目性。同时，根据用人单位对特定职业、工种的需求，与用人单位签订劳务合作协议，组织务工人员进行培训，经培训合格后再组织输出。在输出前办理好各种证件，对务工人员到达用人单位进行跟踪服务。

2000年，全县劳务输出人数2.6万人。2002年，县人民政府启动“农村富余劳动力转移就业工程”，对农民进行引导性和示范性培训；同时，陆续取消或者减轻农民外出务工办理证件、手续的事业性收费。2004年，实施农村富余劳动力转移培训“阳光工程”项目。是年，全县外出务工人员3.49万人。

2005年，藤县进一步拓宽劳务输出渠道，县劳动部门到福建省、广东省开展劳务合作交流活动，深入企业收集劳务信息和开展订单式培训输出。全年各类社会职业培训机构通过订单式培训输出2.48万人。1991年—2005年，全县劳务输出累计共23.6万人。

第四节　工资　福利

企业职工工资

藤县企业的工资一般由基本工资、津贴和补贴、奖金等几部分构成。

1991年3月前，工资基金统一由县工资改革办公室负责管理。同年4月起，企业单位的工资基金由县劳动局负责管理。

1992年1月，根据桂政劳薪字〔1992〕4号文件精神，藤县企业职工工资标准序号由5序号提高到6序号，人均月增资6元；地区类别由5类地区提高到6类地区，人均月增资3元。

1993年1月，根据全区企业工资工作会议精神，取消企业工人工资级别，企业职工统一按干部工资标准6序号执行。1994年，根据桂政办〔1994〕83号文件精神，取消企业干部工资标准，统一按新拟参考工资标准执行。藤县企业统一执行标二工资标准。工资套改人均月增资58元。1998年，根据桂工改字〔1998〕12号文件精神，对县内部份经济效益比较好的国有、集体企业的部分职工的浮动工资转为固定工资。

1999年7月，县政府印发《藤县人民政府批转县劳动局关于国有企业更改地区类别和工资调整意见的通知》（藤政〔1999〕88号）。根据文件精神，企业职工工资升级，一般每人升3级，经济效益较好的少数企业经批准升5级。也有极少数经济效益较差的企业只升1级或者是提高标号，即由标二提高到标一。国有企业人均月增资81元，集体企业人均月增资58元。

伤亡抚恤待遇

1991年，企业职工因病或非因工死亡，待遇按劳动保险条例实施细则修正草案规定执行。1995年6月起，按自治区劳动厅、财政厅、总工会“关于调整企业职工因病或非因工死亡待遇的通知”规定执行。藤县劳动局、财政局、总工会印发《关于调整企业职工因病或非因工死亡待遇的通知》，通知规定：职工因病或非因工死亡后，由企业按本县上一年度企业职工4个月的月平均工资作为丧葬补助费。发给主办丧事的单位或死者亲属。职工因病或非因工死亡后，从死亡的下一个月起，按月发给供养直系亲属救济费。标准为：供养城镇户口1人者，每月按本县上年度企业职工月平均工资的25%发给，每增加1人者增发10%；孤身1人者，每月按本县上一年度企业职工月平均工资30%发给。户口在农村的按城镇户口供养人标准的80%发给。供养直系亲属人数超过3人的按3人计发，每月领取救济费总额不得超过死者生前的工资总收入。供养直系亲属救济费发至失去供养条件时止（即供养的直系亲属主要是已丧失劳动能力且没有经济收入的父母或配偶发至终年，未成年的子女发至年满18岁，已满18周岁现在校读书的发至读书毕业时止）。职工因病或非因工死亡，除按上述规定给予定期救济费外，另发给死者直系亲属一次性生活困难补贴费，其标准为：按职工死亡当月工资收入发给8个月的生活困难补贴费。退休人员因病或非因工死亡待遇按本通知规定劳动保险所办理。企业职工的工伤保险待遇，按广西壮族自治区人民政府1994年第9号令执行。

工资总额管理制度

1994年起，企业工资基金由县劳动局负责管理。企业统一使用由劳动部、中国人民银行印制的《工资总额使用手册》，由县劳动局按政策核定企业工资总额，企业不得超额发放。1995年后再无政策性增资，藤县仍按桂政办〔1994〕83号文件增资标准给部分正常生产并有效益的企业增加效益工资，并增加企业的工资总额。2000年后，随着企业改制工作的深入，破产、停产、转制企业的增多，企业工资基本上由企业内部自主分配，按企业效益确定岗位工资。

奖金补贴

藤县企业的奖金发放标准由企业按照企业的效益情况和自治区工改办、劳动厅关于奖金发放规定执行。1991年—1993年，藤县企业的津贴和补贴标准，统一为121元。1994年1月起，按桂政办〔1994〕83号文件执行。即121元的津贴和补贴中69元列入基本工资，52元继续保留为津贴和补贴。同时可以发放30元开放地区补贴。

最低工资标准

1995年4月起，藤县实行最低工资标准制度，最低工资标准为170元；1997年9月起为200元；2001年5月起，调整为260元；2001年9月起为305元；2004年10月起，最低工资标准为320元。

1991年—2004年藤县国有企业、集体企业年平均工资统计表

表9-3-2　　单位：元

年度	国有企业职工平均工资	集体企业职工平均工资
1991	2279	1830
1992	2373	1977
1993	2936	2924
1994	3528	2806
1995	3720	2911
1996	4245	2764
1997	4280	4040
1998	4670	4290
1999	4881	3321
2000	5258	3329
2001	6260	3341
2002	7174	6347
2003	8223	
2004	8585	

福利

节假日制度　藤县企业基本上能够执行国家统一的节假日制度。节假日需要加班的，也统一按照规定发放加班费。元旦，放假1天(1月1日)；春节，放假3天(农历正月初一日，初二日，初三日)；国际劳动节，放假1天(5月1日)；国庆节，放假2天(10月1日，2日)。如适逢星期日，则在次日补假。1999年9月18日开始，执行国务院修改后的规定：元旦，放假1天(1月1日)；春节，放假3天(农历正月初一，初二，初三)；

劳动节，放假3天(5月1日，2日，3日)；国庆节，放假3天(10月1日，2日，3日)；妇女节(3月8日)：妇女放假半天；青年节(5月4日)：14周岁以上的青年放假半天。如果适逢星期六、星期日，则在工作日补假。

第五节　退休　退职

退休

1991年，藤县企业职工退休条件，执行国务院《关于工人退休、退职的暂行办法》的规定：男职工年满60周岁；女干部年满55周岁；女职工年满50周岁。1995年，执行退休年龄为：男年满60周岁；女不分干部、工人在管理岗位按55周岁，在生产岗位按50周岁。2003年1月1日起，企业参加社会养老保险费的，执行申请领取养老保险待遇的年龄为：男年满60周岁，女年满55周岁。至2005年不变。

退职

1991年，藤县执行国务院《关于工人退休、退职的暂行办法》的规定：对不具备退休条件，由医院出具证明，并经劳动鉴定委员会确认，完全丧失劳动能力的工人(干部)，应该退职。至2005年不变。

第六节　劳动监察　劳动争议仲裁

劳动监察

用工年检制度　1996年4月开始，藤县根据自治区劳动厅、梧州地区劳动局文件精神，实行劳动监察年审制度。年审的对象为各类企业、雇工的个体工商户、已实行或应实行劳动合同制的其他用人单位。年检的主要内容包括办理用工手续情况、劳动合同签订与鉴证情况、职工工资收入情况、社会保险基金缴纳情况、遵守职业技能开发规定的情况、规章制度的制定情况等。当年年检112户。此后逐年增多，1999年达364户，2001年为年检最多年，全县年检412户。2002年后逐步减少，2003年检205户，2005年为最少年，全年年检78户。

案件查处　1991年—2005年，全县共检(审)查各类用人单位35家，涉及劳动者44255人，受理投诉举报案件120件，为965名劳动者追讨工资共计为95.5多万元。

2001年—2005年藤县劳动保障监察情况表

表9-3-3　　单位：件、万元

年度	立案数	结案数	责令改正	行政处理	追讨工资	追缴社保费
2001	16	16	16		0.98	191.40
2002	11	11	11		0.22	99.96
2003	12	12	11	1	3.40	25.30
2004	12	12	12		28.25	
2005	18	18	18		22.85	10.40

劳动仲裁

1987年，藤县恢复设立劳动争议仲裁制度。劳动局设置劳动争议仲裁股，配工作人员2人。同时，县政府组建由劳动、工会、企业主管部门等代表组成劳动争议仲裁委员会，下设办公室，办公室设在劳动局，与劳动局仲裁股合署办公。仲裁委员会聘请各方熟悉劳动法规和热心仲裁人员担任仲裁员。

1991年，全县共有仲裁员5名。劳动争议仲裁委员会在处理各类案件中注重调解和鼓励争议双方和解解决争议，把调解作为一条主线贯穿案件处理过程，秉承“能调勿裁”“以和为先”“以调促和”的理念。从争议的根本矛盾入手，有效化解矛盾。对于确实达不成一致意见的案件做到及时裁决。

1991 年—2005 年，劳动仲裁部门为用人单位及其劳动者鉴证劳动合同 22353 人次，调处劳动争议案件 178 件，其中裁决 49 件，调解 116 件，案外处理 13 件。在调处的案件中，大多数是因用人单位随意解雇劳动者而发生的争议。

1991 年—2005 年藤县劳动仲裁、劳动合同鉴证情况统计表

表 9-3-4　　单位：件、人次

年度	案件受理	处理方式			劳动合同鉴证
		裁决	调解	案件处理	
1991	8	2	5	1	1602
1992	10	3	7		1328
1993	11	3	7	1	1471
1994	7	2	5		1520
1995	8	2	5	1	1354
1996	14	5	8	1	1625
1997	12	3	8	1	1789
1998	13	2	9	2	1425
1999	12	4	8		1987
2000	14	4	10		1237
2001	10	3	7		1524
2002	15	4	9	2	1625
2003	17	4	9	4	1048
2004	16	6	10		1687
2005	11	2	9		1131

第四章　社会保险

1986 年 10 月成立劳动保险事业管理所，开始实行企业合同制职工离退休养老保险缴费制度。1988 年 1 月，藤县待（失）业保险正式起步。1995 年 5 月，藤县开始实施企业生育保险。同年开始办理工伤保险。2000 年 12 月，建立职工基本医疗保险制度。2005 年，全县建立了基本社会保险的社会保障制度。

第一节　机　构

藤县机关事业单位社会保险事业管理所

1994 年 12 月，县长办公会议决定成立“藤县社会福利养老保险委员会”，由县长任主任。1995 年 1 月 1 日，藤县机关事业单位社会保险事业管理所成立，由人事局管理，负责机关事业单位养老保险业务，核定人员编制 6 名。从而开始藤县机关事业单位社会保险工作。主要负责养老保险档案的记载、管理工作，承办补充养老保险和工作人员养老保险的具体业务，并接受财政、审计部门和银行监督。1997 年，由于业务开展的需要，县机关事业单位养老保险所人员编制增至 9 名（含接收大中专毕业生编制）。2002 年 4 月，划归劳动保障局管理，10 月，和劳动保险事业管理所合并。

机关、事业单位职工养老保险所

1995 年 5 月成立，负责机关事业单位保险基金的筹集和管理。

劳动保险事业管理所

1986年10月成立,由劳动局管理,负责企业职工养老保险、工伤保险和生育保险的管理。2002年10月,和县机关事业单位社会保险事业管理所合并。2004年,工伤保险、生育保险划归医保所管理。

农村社会养老保险事业管理所

1995年2月成立,开展农村社会养老保险业务。1999年底停止收费,由民政局管理。

失业保险所

1988年1月年成立,属财政全额拨款事业单位,人员工资、办公经费由县财政拨付,业务经费由自治区财政预算并拨付到位,2005年,在编人员10人。

职工基本医疗保险管理所

2001年1月成立,开始经办职工基本医疗保险业务。2004年1月开始,工伤保险和生育保险业务,从劳动保险事业管理所转职工基本医疗保险管理所经办。

第二节 养老保险

职工基本养老保险

1988年,开始实行企业合同制职工离退休养老保险缴费制度,个人开始缴纳基本养老保险费。养老金实行全县统筹。企业职工实行退休金制度,职工退休后,按比例在企业领退休金。1991年11月开始实行企业职工基本养老保险制度改革。当年全县50家企业参加养老保险,收缴养老统筹基金230万元,支付离退休职工698人、养老金152万元。

1995年,全县实行养老统筹的国有企业、自收自支事业单位、集体企业及临时用工单位152家,7800名职工参加养老保险,当年收缴养老统筹基金520万元,支付离退休职工2800人、养老金450万元。1996年,全县178个单位,9281人参保,享受离退休养老保险金1598人。共收上保险基金556.8万元,其中养老保险基金503.9万元。拨付各种保险基金467.7万元,其中拨付养老保险基金445万元。1998年参保单位190家,参保职工12800人,离退休人员3000人,征缴保险费1720万元,发放养老金2650万元。1999年,应收缴养老保险金656万元,实征缴养老保险金600万元。劳动保险所支付全县企业单位2237名离退休职工养老保险金800多万元。

2002年,参加企业基本养老保险单位146个,参保人数11873人;事业单位参加基本养老保险80个,参保人数3285人。全年共收上企业单位基本养老保险基金1518.17万元(其中追缴上历年欠数286.5万元),收上事业单位养老保险基金1720万元(其中追缴历欠任务150万元),与上年相比,企业单位养老保险费增收596.17万元,增长率64.66%。支付企业单位退休金1844.5万元。是年,扩面参加养老保险2163人,收缴扩面养老保险金480万元。为控制基金缺口,增强社保基金的支撑能力和巩固“两个确保”提供了可靠的保证。

2003年,企业参保单位152个,参保职工12253人,离退休人员3207人。全年收缴养老保险费1527万元,完成任务1521万元的100.2%,由于超额完成任务,上级拨给养老保险调剂金1226万元。全年支出养老保险基金2169.5万元。全年养老保险扩面2030人,净增缴费人数1048人,完成任务900人的117%。企业退休人员社会化管理服务2726人,占离退人数的85%。离退休人员养老金能按时足额发放。事业参保单位79个,参保职工2669人,离退休人员611人,全年征收养老保险费648.7万元,支出养老金563.9万元。

2004年养老保险参保单位171个,参保人数12503人,实际缴费人数10762人,收缴养老保险金1655万元,其中当期收缴1648万元,收历年欠费7万元。事业单位养老保险参保单位83个,参保职工2594人,有离退休职工660人,收缴养老保险费610万元,支付养老保险金608.8万元。

2005年,参加企业基本养老保险统筹的企业单位177个,参保职工13115人,占任务13100人的100.1%,实际缴费人数11447人。离退休人员3820人。收缴养老保险费1975万元,完成任务1970万元的100.3%,其中追缴历年尾欠22万元,完成任务110%。支出基金2739万元,当期收支缺口764万元。参加养老保险统筹的事业单位83个,参保职工2531人,收上养老保险费585万元,参加统筹的离退休人员694

人，支出养老金650万元。全县有企业退休人员3806人，已实行社会化管理服务人数3616人，社会化管理率95%，其中依托6家企业管理720人，直接进入社区管理2896人，社区管理率80.1%。全县参保单位293家，参保职工16586人，离退休人员3934人，征缴保险费1720万元，发放养老金2650万元。

机关事业单位养老保险

1994年12月19日，县政府制定《藤县机关事业单位工作人员养老保险暂行规定》，开始建立机关事业单位养老保险制度，并于1995年1月1日起执行。开始建立机关事业单位养老保险制度。对象为藤县管辖的机关、事业单位（以编制为准）的在职人员和离休、退休、退职人员。缴费标准及收缴办法：个人缴费由单位在发放工资时按月代扣，社会保险机构将职工个人缴纳的退休养老保险费和单位缴纳的养老保险费一并托收，统一管理，存入在银行开设的“养老保险金”专户，列个人缴费明细账，专款专用。基本养老保险金分单位缴纳部分和个人缴纳两部分。单位缴纳部分分两种办法：财政全额拨款的机关、事业单位养老保险金按在职人员月工资总额和离退休（职）人员的离退休（职）费之和的22.8%比例，于每月10日前，逐月由县财政局直接支付给藤县机关、事业单位社会保险事业管理所；财政差额拨款单位按财政拨款比例分别由县财政局和单位在每月10日前拨付。征集比例随经济发展和基本生活水平的提高，以及离退休人数的增多等因素的变化而相应提高。自收自支的事业单位按在职人员月工资和离退休（职）人员的离退休（职）费之和的22.8%比例，连同个人交纳部分于每月10日前由单位逐月向藤县机关、事业单位社会保险事业管理所交纳。个人交纳的养老保险金，按本人工资总额的2%比例计交，由单位在发放工资时逐月扣缴，连同单位缴纳部分一起缴交。离退休人员不计提。单位和个人缴纳部分由各单位登记，逐月记入《机关、事业单位社会保险基金手册》，年终需将此《手册》送交机关事业单位社会保险管理机构核查。核查无误后退回单位保存。养老保险基金实行专款专用，任何单位和个人不得挪用作他用。结余基金必须确保安全增值。待遇：机关、事业单位工作人员按文件规定退休、退职人员待遇的标准计算，按月计发。2000年12月停止。

农村社会养老保险

1993年，成立藤县农村社会养老保险领导小组，城乡居民养老保险业务由县民政局负责。1995年2月，开展农村社会养老保险业务。1999年年底停止收费业务，仅保留发放待遇和基金管理业务。

第三节　医疗保险

1991年—2000年，行政机关的干部、工人，事业单位的干部、工人，国有企业的干部、工人（简称城镇职工。下同）的医疗费，由县公费医疗办公室管理。

2000年12月，藤县人民政府印发《藤县城镇职工基本医疗保险制度实施办法》，建立职工基本医疗保险制度，并组建医疗保险所。城镇职工医疗费由医疗保险所管理。建立制度的原则是“低水平、广覆盖、双方负担、统账结合”。对象范围：藤县境内的所有用人单位及其职工。缴费标准：缴费单位缴费率为月工资总额的4.3%，个人缴纳为2%，退休人员个人不缴费。待遇：按年龄段分35岁以下、36岁~50岁、51岁至退休3个档次，分别按3%、3.1%、3.2%划入个人门诊账户；退休人员按退休金划入3.3%。住院待遇按起付标准480元后“分段计算，累加支付”的办法支付，统筹基金年累计最高支付限额为1.8万元。

2001年进行公费医疗制度改革，医疗保险制度改革实行分批铺开，稳步推进的办法。1月1日启动医改，第一批参保单位是原享受公费医疗的单位；第二批参保单位是中直、区直、市直单位和各类企业；第三批参保单位是其他各类企业。同年1月开始实施城镇职工基本医疗保险。至12月止，全县参保单位405人，参保人数16597人，收缴基本医疗保险金623万元，基本医疗保险基金支出183万元。

2002年，县医疗保险管理所与县人民医院、藤城镇卫生院、濛江中心卫生院、医药公司一门市、三门市、太平批发部实现电脑联网，住院或门诊可直接结算。尚未开通医疗保险网络系统的乡镇，其所在地的参保人员可凭职工看病购药时所在地卫生院开具的正式发票到县医药公司第三门市部或太平批发部报销门诊医药费。2002年12月，全县参加医疗保险单位483家，参保人数22960人，医疗保险费总收入759万元，医疗保险统筹基金支出825万元。

2003年，基本医疗保险基金实行财政专户管理，专款专用，实行收支两条线管理，根据廉政建设的要求和实际工作的需要，不断加强医疗保险工作透明度。同时，与各定点医院（药店）签订医保服务协议书，严格执行基本医疗保险的有关规定。全县参加医疗保险单位516个，参保职工26069人，收缴医疗保险费969万元，基金收缴率96.8%，支出772万元，医疗费用结算支付率100%。年内，新增参保单位33个，新增参保人数3109人，职工参保率97%。

2004年，在各定点医疗机构治病参保人员，实行住院实时结算，病人自付部分由参保人员结算，医保负担部分由医保所及时按月给付定点医院。外出非定点医疗机构治疗的参保人员，医保所委托第三人民医院结算，按规定及时兑付医疗费用。

2005年年末，全县参保人数26601人，基金收入1101万元，基本医疗保险基金支出1098万元，收支相抵当年基金结余3万元。

第四节　失业保险

1988年1月，藤县待（失）业保险正式起步，由藤县劳动服务公司负责国营企业职工待（失）业保险工作。首先在国有企业职工实行待（失）业保险制度。企业按照全部职工工资总额的1%缴纳待（失）业保险费。参保企业职工在待（失）业期间，按照规定的标准在待（失）业保险基金中享受待（失）业救济。1994年12月1日，《广西壮族自治区职工失业保险办法》颁布实施，当时基金全部来源于企业按照全部职工工资总额1%缴纳的事业保险基金及其存入银行所得利息，以及地方财政所给的补贴。1996年，收上失业保险基金27.81万元，支付失业保险基金3.87万元。至1998年底，县劳动服务公司共向132家企业征缴失业保险费256万元。1999年1月，国务院《失业保险条例》颁布实施，扩大失业保险的范围和覆盖面，全县以事业单位、外贸企业和集体私营企业为重点，积极开展失业保险的扩面工作。失业保险的参保单位和参保人数由1998年的132个、9455人扩大到296个、12800人；失业保险基金收入由1998年的50.35万元，增加到138.08万元。1992年后进一步加强宣传工作，强化征缴失业保险基金的力度，严格核定参保单位职工参保人数和缴费基数，落实有效措施，确保失业保险基金按时足额入库，基金收入稳步增长。1999年末，新增参加失业保险单位103个，职工7600人。全年收缴失业保险费93万元，用于支付给下岗失业职工的基本生活费和转岗培训等费用共80.5万元。年末失业职工387人。

2000年5月，藤县失业保险所正式成立，配备编制人员10人，专门负责失业保险征缴、管理使用工作，失业保险管理逐步规范和完善。2002年，扩面参加失业保险300人，全年参加失业保险单位351个，参保人数12800人，收缴失业保险金145.20万元。2003年1月，根据自治区劳动保障厅和财政厅的有关文件精神，为强化事业单位的参保和缴费，县劳动局、财政局专门下发《关于进一步落实事业单位失业保险费征缴有关问题的通知》，县财政全额拨款统发工资的事业单位个人应缴1%部分的失业保险费，由财政部门实行代扣代缴，确保事业单位失业保险覆盖面。年末，失业保险参保单位351个，参保职工15310人，全年征收失业保险费165.3万元，比上年增收20.2万元。发放符合规定领取失业救济金的失业职工1549人次，支付金额41.98万元。原进入再就业服务中心的国有企业的下岗职工，全年发放基本生活费9人次，支付金额2918元。年末因协议期满下岗职工全部退出中心。2004年，县财政局全额拨款统发工资的事业单位个人应缴纳1%部分的失业保险费，继续由财政部门全部实行代扣代缴，并划入事业保险基金财政专户；单位应缴2%部分失业保险费纳入县政府财政预算，确保事业单位按时足额缴纳失业保险费。全年失业保险费总入库203.03万元，参加失业保险总人数14603人，参保率91%。享受事业单位人员救济金的人数达508人，新增申领职工人数282人，在领失业救济金人数341人。

2005年，以事业单位、三资企业和集体私营企业为重点，扩大失业保险的覆盖范围，强化事业单位的参保和缴费。年末，失业保险费征缴入库总人数14100人，参保率91%。追收历年欠款33万元。全年享受失业救济金人数408人，在领失业救济人数230人，失业保险费总支出129.64万元，历年滚存结余407万元。

第五节　工伤保险

1995年，开始办理工伤保险，由藤县养老保险管理所经办。工伤保险根据不同行业、不同风险类别向企业征缴工伤保险基金，实行险大多征，险少少征的原则，并按照行业工作性质、劳动工作条件、危险程度的不同，按企业职工工资总额确定比例。共分5类。待遇按《广西壮族自治区企业职工工伤保险暂行办法》第三章相关规定执行。与此同时，建立、健全劳动鉴定机构和工作制度。

1995年藤县工伤保险费收费费率统计表

表9-4-1

分类	行业	费率（按企业年工资总额计算）
一	商业、贸易、饮食服务行业、环卫。	0.5%
二	冷冻、自来水、盐场、橡胶、食品、纺织、服装、饮料、酱料、制糖、制酒、制革、造纸、电子、包装、园林、工艺、医药、粮食加工、卷烟、印刷及其他轻工业。	0.7%
三	小五金加工、交通运输、印染、邮电、水电维修、建筑材料、家具制造。	0.9%
四	搬运起重、水泥制造、制砖、机械制造、水泥制品、金属结构、煤炭、采掘、造船、锯木、管道安装、塑料制品、电镀石灰等。	1.1%
五	建筑、井下作业、高空作业、深水作业、采石、石油砖井、钢铁、火柴、爆竹、勘探、锅炉、煤气生产加工储存、矿山、粉尘作业、有毒气体作业、放射性作业。	1.3%

1996年，不断强化社会保险，扩大保险，提高质量，共收上工伤保险基金20.06万元，拨付工伤保险金7.23万元。1999年，共收上工伤保险金17万元，支付工伤保险4.5万元。2002年末，参加工伤保险单位462家，参保人数21612人，工伤保险费收入12万元，工伤保险基金支出4.28万元。

2003年，全县参加工伤保险有1.5万人，收上工伤保险费51万元，支出8万元。

2004年1月，工伤保险改由县医疗保险管理所经办。年末，工伤保险参保人数1.5万人，保险基金收入27万元，支出6万元。2005年，参加工伤保险1.53万人，收上工伤保险基金60万元，支出21万元。

第六节　生育保险

1995年5月，县人民政府下发《关于转发〈梧州地区企业职工生育保险基金社会统筹暂行办法〉的通知》，藤县开始实施企业生育保险。对象范围：县以上的集体企业、“三资企业（中方职工）”和私营企业的在职固定工、合同工、临时工。缴费标准：生育保险基金的征集根据“以收定支、略有结余”的原则，由社会保险所按企业在职职工工资总额的1%提取，全部由企业负担按月收缴。待遇：连续工龄满一年以上的职工，符合《婚姻法》的结婚规定，符合《广西壮族自治区计划生育条件》生育规定者，可以享受生育保险待遇。女职工生育者在规定的产假期间的工资待遇，按本人上年度月平均工资计发，一胎一孩发给3个月工资，一胎两孩及以上发给4个月的工资。企业职工配偶是农村或城镇无业人员，符合婚姻法、计生规定的，按女职工生育的待遇的50%享受。生育住院费按顺产400元、难产800元包干使用。

1996年，收上生育保险基金26.9万元，拨付生育保险金15.5万元。1999年，收上生育保险金22万元，支付生育保险金7.5万元。2003年，收上生育保险费25万元，支出生育金27万元。2004年全年参加生育保险单位437家，参保人数21435人，生育保险费收入41万元，生育保险基金支出43万元。2005年，生育参保人数17020人，基金收入61万元，基金支出54万元，收支相抵基金结余7万元。

第十篇

农林牧渔业

2002 年梧州市优质水稻示范基地项目(金鸡思善)测产收获现场

1991年，全县农业总产值6.30亿元（按1990年不变价，下同），其中种植业3.13亿元，林业1.01亿元，牧业1.43亿元，渔业0.11亿元，副业0.62亿元，分别占农业总产值49.68%、16.03%、22.70%、1.75%、9.84%。农村人均纯收入617.8元。1994年，县委、县政府决定，在全县范围内开展"523389"工程，在稳定粮食产量的前提下，全面开展农业产业结构调整，增加农业投入，农村经济迅速发展、农民收入逐年增加。是年，延长土地承包期，承包土地实行所有权与经营权、使用权分离，允许土地使用权依法有偿转让，农业产业结构形成多元化。农业经营由集体经营、承包经营逐步发展成为租赁经营、股份经营、集约经营、产业化经营，农业生产规模不断壮大，农产品商品率不断提高。2002年，藤县推进林业经营方式改革，确定森林、林木、林地使用权流转的对象和范围，林地流转成为藤县林业经营的主要方式。2003年起，藤县实施农业税费改革，取消各项农民负担，2005年开始，取消农业税。2005年，全县农业总产值16.19亿元，是1991年的2.57倍。其中种植业6.96亿元，其他农业1.32亿元，林业1.69亿元，牧业5.50亿元，渔业0.63亿元，农林牧渔服务业0.089亿元，分别占农业总产值42.99%、8.16%、10.44%、33.97%、3.89%、0.55%。

第一章　管　理

1991年，个体承包经营还是农业生产的主体，此后逐步出现租赁经营。1994年，县委、县人民政府作出"关于稳定土地承包关系，再次延长耕地承包期30年不变、开发性荒山荒水承包期50~70年不变和允许土地使用权依法有偿转让的决定"，从而使农民生产经营的自主权得到更充分的体现，土地的利用效率得到进一步的提高；土地逐步作为农业生产经营资本，促进经营模式的变化，由个体生产经营逐步向集约化、产业化发展。1995年开始出现股份制经营，2001年出现公司与农户相结合的产业化经营。2005年，出现农业产业化重点龙头企业。在农业生产过程中，农业行政主管部门加强农业服务，以各种不同的方式开展各类农业培训，提高农民素质；加强技术指导，提高农产品质量；采取多种措施，促进农产品销售。同时开展农业法律法规的执行与监督，加强农资市场监管，打击假、伪、劣产品，确保农业生产的有效投入；加强动植物疫病的监控与防治，确保农业生产安全。

第一节　机　构

县农村工作领导小组办公室

1985年3月，县委农业办公室改为县政府农业委员会，为县政府正科级职能部门。1991年，县农业委员会下设生产股、经管站、区划办、水果办、扶贫办等二层机构，办公地点在登俊路57号县政府办公楼一楼。1996年10月18日撤销农业委员会，同时设立县政府农村工作领导小组办公室，办公室下设生产股及经管站、区划办、水果办、扶贫办等二层机构。实有行政编制9人，后勤事业编制1人，二层机构事业编制29名。2001年经管站、区划办划归县农业局管理。同年12月，撤销县农村工作领导小组办公室，其人员编制与职能并入县农业局。

1991年—2005年县农业委员会（农村工作领导小组办公室）历任主任：蓝材善（1990.10—1992.03）、莫文奇（1992.03—1998.10）、梁尚海（1998.10—2001.12，副主任主持全面工作）。

县农业局

1991年，县农业局为正科级单位，办公地址位于绣江路162号。3月，县农村能源站由县农业局划归县林业局领导和管理。年末，内设机构有秘书人事股、计划财务股、法规股；核定行政编制14名。二层机构有农技站、经济作物站，在编人员 6 人；土肥站，在职人员 7 人；病虫测报站，在职人员 9 人；农业环境保护环境监测站，在职人员 5 人；农业技术推广中心，干部职工 7 人；种子公司，干部职工 25 人；县第一职业高中，干部职工 10 人；农业科学研究所，干部职工 41 人；园艺场，干部职工 25 人；蚕种场，干部职工 19 人；广西农业广播电视学校藤县分校。并管辖全县 20 个乡镇的农业技术推广站。全系统在职行政编制 9 人，事业编制 156 人。

1992 年 1 月，县农村能源站重新划归县农业局领导和管理。7 月，将广西农业广播电视学校藤县分校（简称县农广校，下同）列为差额管理事业单位并划归农业局管理。12 月，县农广校编制 4 名，由原定差额预算管理形式改为全额管理。1997 年 1 月，县蔗糖生产办公室由县经济贸易局划归农业局管理，其事业单位性质、人员编制 5 名和财政预算全额管理不变。3 月，成立县种子管理站，编制 5 名，在职人员 2 人，为国家事业单位，隶属县农业局领导。同月，县机构编制委员会确定农业局内设机构为秘书人事股、计划财务股、法规股；核定行政编制 14 名，其中局长 1 名，副局长 3 名；正副股长各 3 名；机关后勤服务人员事业编制 1 名。5 月，乡镇农业技术推广站实行县农业局管理为主，乡镇党委、政府协管的管理办法，全县各站人员共 93 人。12 月，成立县农药检定管理站，在职人员 4 人，为国家事业单位，隶属县农业局领导。1998 年 9 月，将县农村能源站划归县林业局主管。

2001 年 12 月，机构改革，将县农村工作领导小组办公室、乡镇企业管理局并入农业局，其行政管理职能由县农业局承担；畜牧水产事业局改为畜牧水产技术服务中心，行政职能划归农业局承担。畜牧水产技术服务中心为农业局管理的事业单位，机构级别保持原来不变，仍为正科级。同月，县农村合作经济经营管理站包括在职人员 8 人和县农业区划委员会办公室包括在职人员 3 人随县农村工作领导小组办公室并入农业局，划归农业局管理；乡镇农业技术推广站与乡镇农业机械化管理服务站、畜牧兽医推广站、农村合作经济经营管理站、乡镇企业办公室合并，组建乡镇农业服务中心，由乡镇和县农业局双重领导，并以乡镇管理为主。

2002 年，县“三定”（定主要职责、定内设机构、定人员编制）方案确定藤县农业局设 5 个职能股室：办公室、政策法规股（挂农业行政综合执法大队牌子）、市场与经济信息股、乡镇企业管理股、兽医药政渔政管理股；将乡镇农业技术推广站、乡镇企业办公室、畜牧兽医推广站和水产技术推广站的管理职能移交给乡镇人民政府。核定农业局行政编制 21 名，后勤服务事业编制 2 名。设局长 1 名、副局长 3 名；内设机构领导职数 5 名。5 月，南安镇与赤水乡合并设立塘步镇，乡镇农业服务中心随之撤并。2004 年 2 月，撤销县蔗糖生产办公室。8 月，乡镇企业管理局从农业局划出，并入县经济贸易局，县农业局从事乡镇企业管理工作的部分在编在岗人员划归县经贸局。9 月，畜牧水产技术服务中心从农业局划出。2004 年，县“三定”方案确定藤县农业局设 4 个职能股室：办公室、政策法规股、农业行政执法大队、市场与经济信息股。

2005 年 7 月，宁康乡并入大黎镇，藤城镇、潭东镇、津北镇合并设立藤州镇，有关乡镇农业服务中心随之撤并，至此全县共有 16 个乡镇农业服务中心。年末，县农业局内设机构有：办公室、政策法规股、农业行政执法大队、市场与经济信息股等 4 个内设机构；二层机构有农业技推广站、经济作物站、土肥站、病虫测报站、环境监测站、农药检定站、农业技术推广中心、种子公司、农业科学研究所、园艺场、蚕种场、广西农业广播电视学校藤县分校、种子站、农村合作经济经营管理站、农业区划委员会办公室等。农业局在职行政编制 17 人，事业编制 101 人。

1991 年—2005 年县农业局历任局长：陈福森（1989.08—1993.01）、卢振海（1993.01—1996.08）、李时芬（1996.08—2002.04）、黄保绪（2002.04—2006.12）。

县林业局

1991 年，县林业局为正科级行政单位，办公地址位于藤县西江路 319 号。3 月，县农村能源站由县农业局划归县林业局管理。9 月，增加事业人员编制 8 名。年末内设秘书人事股、营林股、林政股、基建股、财务股、监察组（股），人员编制 20 人，其中行政编制 11 名，事业编制 9 名。下属事业单位有：县共青林场、县小娘山林场、县“五・七”林场、县园林管理所、县农村能源站、濛江苗圃、林科所、藤县大芒界林场和各乡镇林业工作站。乡镇林业站由县林业局与乡镇政府双重管理，以县林业局管理为主。县护林防火办公室在县林业局挂牌。1992年1月，县农村能源站重新划归县农业局管理。3月，藤县园林管理所由县林业局划归县城乡建设委员会管理。7月，成立藤县林区开发公司，隶属县林业局领导。1996年，藤县“五·七”林场划给县木材公司经营管理，林场名称改为“藤县木材公司五·七林场”。1997年3月，县林业局内设秘书股、人事股、财务股、营林股、林政资源管理股、产业股、林业检察室共7个股室。机关行政编制25名，其中局长1名、副局长3名；正副股长11名；后勤服务人员事业编制3名。县护林防火办公室人员编制由5名增为7名。2000年，全县设藤城、濛江、古龙、大黎4个木材检查站，定为事业单位，隶属县林业局直接领导和管理。核定人员编制为藤城站12名，濛江站15名，古龙站15名，大黎站12名，所需经费由县财政作差额管理。2001年3月，藤县大壬油茶林场并入县共青林场。2002年，内设机构调整为5个职能股（室）：办公室、人事股、财务股、营林股、林政股。机关行政编制18名，其中局长1名，副局长2名，书记1名，纪委书记1名，正副股长12名，后勤服务事业编制2名。4月，乡镇林业站由林业局主管拨归乡镇政府主管。11月，撤销藤城木材检查站，成立藤县林政资源稽查队，列为国家事业单位，隶属县林业局管理，核定人员编制12名，经费来源为财政差额拨款。

2005年，藤县林业局内设5个职能股室：办公室、人事股、财务股、营林股、林政资源管理股；机关行政编制18名，机关后勤服务人员事业编制2名。

1991年—2005年县林业局历任局长：卢意光(1988.01—1997.01)、黄锦仟(1997.03—2002.04)、梁永文(2002.04—2007.01)。

县畜牧水产管理中心

1991年，称藤县畜牧水产局，为正科级行政单位，办公地址位于藤州镇绣江镇166号。内设机构有：办公室；人员编制11人。1月，撤销下属机构县水产公司。年末下属机构有县畜牧兽医工作站、县兽医防疫检疫站、县畜禽品种改良站、县水产技术推广站、县渔政监督管理站、县种畜场、县鱼种场和乡镇畜牧兽医站。1993年2月，成立县兽医卫生监督检验所，与县畜牧兽医站实行一套人马两块牌子。4月，成立藤县畜牧兽医科教站，在县畜牧兽医工作站增挂牌子，与县畜牧兽医工作站实行一套人马两块牌子管理。1995年5月，成立藤县畜牧兽医技术服务中心，属事业性质机构，与县畜牧兽医站实行一套人马两块牌子管理，隶属县畜牧水产局领导。

1996年10月机构改革，撤销藤县畜牧水产局，成立藤县畜牧水产事业局，为县政府直属事业单位。内设机构有：办公室；人员编制11人。12月25日，在各乡镇设立水产技术推广站，列为国家事业单位（全额），由县畜牧水产事业局和乡镇人民政府双重领导，以县畜牧水产事业局为主，业务上由县主管部门管理。1997年3月，县畜牧水产事业局内设机构：秘书人事股、计划财务股、业务股3个股。核定机关事业编制11名，其中局长1名，副局长3名；正副股长3名。

2001年机构改革，县畜牧水产事业局改为畜牧水产技术服务中心，为县农业局管理的事业单位，行政职能划归县农业局承担，机构级别不变。县畜牧兽医站不再挂畜牧兽医技术服务中心牌子。

2002年3月机构改革，撤销乡镇畜牧兽医技术推广站、水产技术推广站，其工作职能、人员并入乡镇农业服务中心，归乡镇政府管理，县畜牧水产技术服务中心负责业务指导。5月，县畜牧水产技术服务中心更名为藤县畜牧水产管理中心，对其职能配置、内设机构及人员编制进行重新确定，定为县政府直属正科级事业单位，编制11人。内设机构有办公室、政策法规股、科技与信息股。2004年9月，县畜牧水产管理中心从县农业局划出，单独设立。2005年，内设机构有办公室、政策法规股、科技与信息股；人员编制11人。

1991年—2005年县畜牧水产局（中心）历任局长（主任）：邱鸿昆(1987.09—1996.12)、李肖文(1996.12—2002.02)、莫亦光(2002.02—2007.01)

县农业机械化管理中心

1960年7月设农业机械局，10月撤销。1972年5月复设农业机械局，次年12月改称农业机械管理局。1984年6月改为农业机械化服务公司。1985年4月复称农业机械化管理局。1991年，仍称藤县农业机械化管理局，属正科级行政单位，办公地址位于藤州镇西江路258号。5月，内部设置的农机管理股改名为业务股。年末内设机构：办公室、业务股、财务股；人员编制15人。下属机构有：县农业机械技术推广站、县农业机械学校、县农机安全监理站和各乡镇农业机械化管理服务站。1992年3月，根据自治区政府文件精神，对上道路行驶的农用拖拉机由公安部门委托县农机安全监理站实施管理。

1996年10月，藤县农业机械化管理局改称藤县农机事业局，属县政府直属事业单位。内设机构与人员编制不变。

1997年3月，县农机事业局内设3个股：秘书股、业务股、财务股。核定事业编制15名，其中局长1名，副局长3名；正副股长4名。1998年6月，在各乡镇农业机械管理服务站增挂"农业机械化技术推广站"牌子。1999年，县农业机械技术推广站由财政全额拨款事业单位改为财政差额拨款事业单位。

2002年5月，县农机事业局改称县农业机械化管理中心，属县政府直属事业单位。内设机构：办公室、业务股、财务股3个股室，核定事业编制15人。2005年，内设机构有：办公室、管理股、财务股；人员编制15人。下辖农机安全监理站、农机校、农机推广站等3个二层机构事业单位和县农机公司、县机耕队2个企业单位（处于安置遣散状态）；全县农机系统有干部165人（含乡镇农机干部），工人5人，其中中级技术职称20人，初级技术职称135人。干部职工中，大学本科学历2人，专科学历14人，中专学历123人。

1991年—2005年县农业机械化管理中心（局）历任主任（局长）：余德贵(1990.10—1991.10)、覃庆枢(1992.03—1996.12)、张光伦(1997.01—2002.03)、李肖文(2002.04—2002.07)、朱炳杰(2002.08—2007.02)。

县水果技术服务中心

1987年，成立藤县水果生产办公室，属县农业委员会下属的财政全额拨款事业单位，办公地点在县政府大院。1991年1月，藤县水果生产办公室增加事业编制4名，即由原来6名增加至10名。2月，确定藤县水果生产办公室为区（科）级事业单位。12月，设立藤县水果开发公司，暂定为全民所有制事业单位，归口县水果生产办公室领导。1992年3月，县水果生产办公室改由县人民政府直接领导和管理，列入农口线。

1997年12月，县水果生产办公室更名为县水果事业局。单位性质、级别等不变。2001年机构改革，水果事业局与水果开发公司合并，组成水果技术服务中心，为县林业局管理的事业单位，机构级别不变。2004年3月，县水果技术服务中心重新确定为县政府直属管理的正科级事业单位，财政全额拨款。至2005年，人员编制11名。

1991年—2005年县水果技术服务中心（办公室、局）历任主任（局长）：梁尚海(1987.09—1992.07)、黎裕养(1992.07—1999.03)、卢振海(1999.03—2005.12)

第二节　农村经济体制改革

完善家庭联产承包责任制

1982年，藤县开始实行家庭联产承包责任制，承包期限为3年。1984年合同期满，于当年底至1985年春，在全县范围内进行了土地小调整，将土地承包期延长15年，至1996年。

1989年，县政府印发《关于深化农村改革若干具体政策问题的决定》，提出完善双层经营体制，统一经营的集体经济体制和分散经营的家庭承包体制。同时，明确农转非居民的责任田由发包方经联社收回另行发包或由集体统一经营，农转非的责任山林维持原状；对村、组的集体资源强化管理，完善相应的承包合同；收取土地承包费，实行村收乡管。

1994年，中共藤县县委、县人民政府根据中央办公厅和自治区党委文件精神，印发《中共藤县委员会藤县人民政府关于延长土地承包期有关问题的通知》，作出"关于稳定土地承包关系，再次延长耕地承包期30年不变、开发性荒山、荒水承包期50~70年不变和允许土地使用权依法有偿转让的决定"（简称"二轮延包"。下同）。并于4月16日开始在同心乡开展延长土地承包期试点工作，对农村土地承包期从1995年或1996年起延长30年不变，开发性荒山承包期延长50~70年不变，并重新签订完善土地承包合同。共抽调各乡镇主管农业的副书记或副乡（镇）长和经营管理站站长及县经管站、同心乡干部共80多人，组成试点工作队，历时8天，在全乡范围内进行政策宣传和合同签订。全乡共签订合同4924份，承包土地818.47公顷。1995年在全县推广，1996年底全县基体完成。全县参加二轮延包经营的农户182898户，签订二轮延包合同180567份，占应签合同的98.73%，承包土地面积29838.8公顷；颁发"农村土地经营权证书"180473份，占应发放的98.67%，

在延长土地承包期过程中，根据中央和自治区文件精神，结合藤县实际情况，制订了藤县总的政策和原则：以原承包合同为基础，增人不增地，不增上交任务；减人不减地，不减上交任务，即：以1984年至1985年土地小调整后的承包的人口不变、承包的耕地面积不变、承包的山林面积不变、上交的公购粮任务不变、上交集体积累不变的"五不变"原则。

在总的政策原则下，还作具体的规定：一是确立土地发包权。土地延包的发包方为经济联合社，承包方为该组织内的农户。但为了尊重生产队的历史习惯，经济联合社成立后，土地使用权、承包权仍然保留在各生产队，并不向经济联合社转移，因此各生产队的土地由本生产队的农户承包。二是承包土地实行所有权与经营权、使用权分离，经联社、生产队拥有土地所有权，承包户拥有经营权、使用权。在不改变土地属性的情况下，取得发包方同意，报经乡（镇）人民政府批准后，允许土地使用权依法有偿转让，也允许土地出租、转包、抵押、入股。三是对于绝户、亡户的承包田（地）、承包山收归集体，采取标包的形式给专业户经营；或由集体统一办企业。不准平均分摊给农户。四是原大队或生产队没有分包给农户经营的田、地、水面、山场等，继续由集体统一经营。五是原来设有"队干田"的，可继续保留，由经联社干部或村民小组长经营，作为干部报酬。（按当时本生产队人均的1份田）。六是五保户承包的土地，本人尚健在的其承包地仍由其承包或委托他人代耕，其死亡后，如生前确立有赡养关系的，可由赡养人承包。否则收归集体重新标包。

集体林权制度改革

2002年，藤县推进林业经营方式改革，根据相关法律法规，确定森林、林木、林地使用权流转的对象和范围，确保林农在林改中享有充分的决策权、山林经营权、山林处置权，引导农民在自愿的基础上，以资金、技术和亲情、友情为纽带，组建新型的林业合作经济组织和林业经营实体，鼓励企业与农民合作建设原料林基地，促进林业规模经营和集约经营，进一步增强林业活力。此后，林地流转成为藤县林业经营的主要方式。

2003年底，自治区林业局布置退耕还林林权登记换发证工作，藤县被列为试点县。在组织实施中，中共藤县县委、县政府成立由县政府分管领导任组长，相关部门领导任副组长或领导成员的林权登记换发证领导小组，办公室设在县林业局。组成领导小组的各部门有明确分工，县林业局负责踏勘和填发证工作，县财政局负责筹措经费工作，县民政局负责提供县界勘界成果材料工作，县法制办负责法律政策把关工作和最后代表县长审核盖章工作，层层落实职责。全县林权证换发工作分三个阶段进行。

第一阶段，退耕还林林权证发放试点阶段(2003年底至2004年10月）。确定潭东镇作为退耕还林林权登记发证工作试点镇。2004年10月，该镇已全部完成登记、打印林权证。

第二阶段，全面换发面上林权证试点阶段，把退耕还林林权证发放工作融入其中(2004年11月至2005年11月）。县林业局共抽调10名林业技术干部组成2个工作队分别到潭东、古龙镇，开展林权证换发工作。两镇林业用地共21666.67公顷，涉及25个村委会，736个村小组，21669户，100251人。历时1年，两镇共完成2万公顷现场查验工作，验收6个村的外业材料，并进行林权录入电脑和打印。

林改现场勾图　（2004年摄）

第三阶段，面上推进阶段(2005年12月至

2006年6月）。在取得古龙、潭东两镇林权证换发工作基本完成的基础上，县林权登记换发工作领导小组决定在宁康、大黎、平福、东荣、和平等5个镇开展林地林权登记换发证工作。从林业系统抽调34名技术人员，分成5个工作队进驻5个乡镇，开展林权证换发的宣传、核查、勾图、完善有关表格等外业工作。

农村税费改革

2000年，实行税费改革试点工作，取消农村“五保”统筹费。2003年起，藤县实施农业税费改革工作。当年农业税费改革以县财政局牵头，各单位抽调人员参加。11月，藤县开始实施农村税费改革，取消乡统筹费、农村教育集资等专门面向农民征收的行政事业性收费和政府性基金、集资，取消屠宰税，取消统一规定的劳动积累工和义务工。调整农业税，按照农作物的常年产量和规定的税率依法征收，常年产量以1998年前5年农作物的平均产量确定，将原农业税附加并入新的农业税。对在非农业税计税土地上生产的农业特产品，继续征收农业特产税。改革村提留征收使用办法。村干部报酬、办公经费、五保户供养，除原由集体经营收入开支的仍继续保留外，凡由农民上缴村提留开支的，采用新的农业税附加方式统一收取。是年，农村税费改革工作通过自治区验收，全县农民总体减负率62.98%，比全自治区减负率37.94%高25个百分点。2004年1月1日起，取消农业特产税，农业税税率在原基础上调低1%；全县亩产平均税负41.91元，比税改前的49.53元下降15.38%;农民人均税负18.25元，比2003年的21.67元下降15.83%。2005年1月1日起，取消农业税，并将当年已征收的农业税收入23.69万元（其中正税21.21万元，附加费24813.63元）全部退还给农民。至此农村税费改革全部结束。

第三节　产业化建设

产业结构调整

1991年，藤县农业产业结构主要以粮食为主，政府逐步引导农民开展经济作物种植，以增加农村收入。是年全县粮食作物种植面积54026公顷，经济作物种植面积25050公顷，经济作物中主要以花生、甘蔗、木薯、水果、西甜瓜为主。全县水果种植多以农户分散零星种植、自产自销为主。全县仅有县国营园艺场53.33公顷，濛江镇健良、新城、安和荔枝园等地有连片规模化果园，进行商品化生产。优质品种少，其中荔枝多以禾荔、黑叶荔、黄叶荔为主，龙眼以本地大乌园、“秋风儿”、广眼为主，柑橘以温州柑、柳橙为主。由于品种老化，缺乏科学管理技术，导致产量低、品质差。1992年后，全县新发展水果以上规模的山地果园为主，由本地经济能人和外地老板租用当地农户的荒山、坡地种植果树。规模化种植的果园投入资金相对充足，各个果园老板从广东、福建等地引进石硖龙眼、储良龙眼、灵山香荔、钦州红、鸡嘴荔、大果枇杷、紫花杧、桂香杧、金皇杧、琯溪蜜柚、台湾大青枣等优良水果品种。同时推广新技术，高标准建园，促使果树生长快，投产早，从而带动全县水果生产的发展。但由于当时发展的品种以不耐寒的荔枝、龙眼、杧果为主，果园选址多在霜冻较重的山地，1999年冬遇特大霜冻，这批规模化种植的荔枝、龙眼、杧果等不耐寒果树大部分受冻死冻伤，损失惨重，以至逐步失管。

1992年—1993年，实施《稻田优质高产高效新技术开发》项目，带动稻田耕作制度从一年二熟向一年三熟、四熟发展，提高土地产出率。

1994年，县委、县政府决定，在全县范围内开展“523389”工程，即：到1998年，实现全县有玉桂50万亩、八角20万亩、水果30万亩、蔬菜30万亩、出栏生猪花猪80万头、网箱养鱼9万平方米。同时，贯彻落实梧州地委提出的“重钱抓粮”战略，全县掀起农业综合开发热潮。1995年，县农业部门开展“万元田”试验示范，1996年实施经济作物立体种植的“万亩亿元”工程，当年年底通过自治区验收，获梧州地区科技进步二等奖和自治区农业厅科技进步三等奖。

1999年，贯彻自治区党委农村工作“1234610”工作思路，藤县“万元田”的实施面积进一步扩大。当年“万元田”实施面积1433.33公顷，其中达到年产值1万元以上的1423.33公顷。最高产值的南安镇禤洲村民祝少华的1.2亩春冬瓜＋夏菜＋秋冬瓜＋冬菜一年四熟模式，年亩产值达13926元。

2001年，以提升农产品品质为主，通过培育无公害基地，促进产业结构调整。2002年—2005年，水稻、蔬菜、西瓜、香芋、粉葛等品种获得无公害产品及基地认证，水稻品种品质和蔬菜、西瓜种植面积有进一步提高和扩大。

基地建设

粮食基地 藤县作为粮食生产大县，1986年成立藤县粮食生产基地建设领导小组，并与自治区粮食生产基地建设领导小组签订了联合投资建设粮食生产基地协议书。“八五”（1991年—1995年）期间藤县被列为粮食基地县。自治区每年安排专项资金用于技术推广、新组合示范、冬种绿肥（培肥）、中低产田改造等。

1990年—1991年，实施自治区下达的《大面积粮食增产综合技术开发》项目，获得大面积高产；1992年—1993年实施梧州地区下达的《稻田优质高产效新技术开发》项目。1993年，全县建设粮食生产样板72个，面积2436公顷。城关乡礼秀村0.7公顷稻—瓜—稻—菜示范片，水稻亩产876千克，西瓜亩产1630公斤，冬菜亩产2187千克。城关乡东胜村4.33公顷早玉米—夏西瓜—晚稻—冬菜示范片，早玉米亩产498公斤，西瓜亩产1264.6千克，晚稻平均亩产430千克，冬菜平均亩产787千克。赢得自治区农业厅粮食生产技术现场会、农业厅特优系列示范推广现场会在藤县召开。

1994年，实施自治区提出的粮食生产旱育稀播工程、植保减灾工程、旱粮增产工程、晚稻赶早工程，以这些项目为龙头，带动全县粮食生产发展。同时，藤县根据具体情况，提出发展粮食生产的“稳面积、保良种、抓季节、推科技”十二字方针，促进粮食生产持续发展。1994年—1995年，为配合农业种植业结构战略性调整的需要，解决粮食作物与经济作物争地的矛盾，实施了县级农业综合开发项目，中心示范片设在潭东镇公路沿线部分村屯，中心示范面积达5666.67公顷，每年县财政投入项目经费10万元，项目目标是“增粮、增钱、综合发展、树立典范，推动全县‘两高一优’农业的全面发展”；1996年—1999年，实施“三田”（吨粮田、吨糖田、万元田）建设项目，其中吨粮田示范项目县财政每年投入经费10万元。

1999年—2000年，实施国家“九五”第二批商品粮基地建设。抓好杂交优质水稻“华优”系列不育系株圃建设、杂交水稻亲本繁殖田、种子冷库建设等基础设施的建设，促进“吨粮田县”的建成。1999年，藤县顺利通过自治区的“吨粮田县”验收，自治区农业厅向全区公布藤县已建成吨粮田县。“吨粮田县”的建成，使粮食商品率由1996年的18.1%上升到18.8%。

2001年—2003年，农业部门实施杂交水稻新组合品试项目，3年内比较杂交水稻新组合97个，筛选出华优117、春优117等适应性广、抗逆性强、丰产性好且米质佳的品种组合，有效促进水稻良种的更新换代。

2005年早稻期间，在金鸡镇、濛江镇小范围进行超级稻的示范、试验，推广超级稻新品种4个。与此同时，集成应用水稻抛秧栽培、测土配方施肥技术，后经农技人员测产，示范基地平均亩产达399.2千克，较当年早稻平均亩产增幅达15.4%。

蔬菜基地 2000年，藤县开展蔬菜基地建设。2004年12月，全县12170公顷的蔬菜、西瓜基地通过了自治区农业厅无公害产地的认证。基地范围涉及除大黎镇、宁康乡、同心镇、岭景镇在外的各乡镇。至2005年，全县建设有和平粉葛、香芋生产基地1333.33公顷、塘步禤洲瓜菜生产基地40公顷、太平苞心芥菜生产基地66.67公顷、濛江大头菜生产基地66.67公顷等特色蔬菜基地。金鸡、天平、藤州、塘步、古龙等镇也建立了各自的蔬菜基地。

2003年潭东镇蔬菜基地

水果基地 根据水果产业规划布局，20世纪90年代开始，建立荔枝、龙眼、沙田柚、杧果四大基地。

荔枝、龙眼基地。以濛江、太平、和平、天平、城关、塘步、金鸡等乡镇公路沿线的山地和浔江、蒙江河沿岸的冲积地为主。1991 年藤县荔枝以濛江镇的健良村、安和村，以及太平镇的新雅村为主，面积 555 公顷。龙眼则大多数为房前屋后零星种植，全县龙眼种植面积 220 公顷。1993 年全县开始大规模种植荔枝龙眼，以濛江、太平、和平、天平、城关、塘步、金鸡等乡镇发展较快，逐步形成规模种植基地。至 1998 年整个基地荔枝龙眼种植面积达到 2000 公顷，主要种植品种有黑叶荔、禾荔、江口荔、石硖龙眼、储良龙眼。许多规模果园荔枝龙眼混合种植。以干部职工集资建场、本地经济能人和外地老板投资办果场为主，农户小面积种植为辅。1999 年遇特大霜冻，整个基地新发展种植的荔枝龙眼不同程度受冻伤，只有霜冻较轻的浔江、濛江河沿岸的冲积地果园保存下来。2005 年整个基地荔枝龙眼面积保持在 1000 公顷。

沙田柚基地。以象棋、岭景、金鸡、新庆等乡镇为主，1991 年植面积 350 公顷，其中以象棋镇种植面积最大，约 300 公顷。主要种植品种是藤县软枝沙田柚。1992 年象棋镇以镇政府为主导，成立全镇沙田柚总场，各有关村经联社为分场，种植面积达到 130 公顷，以集体经营的方式管理。开始时生产管理好，各分场果树生长快。岭景、金鸡、新庆以农户分散种植经营为主。1996 年基地种植面积达到 1500 公顷。面积较大的象棋沙田柚场由于管理方式比较松散、后续资金跟不上、柑橘黄龙病为害等多方面原因，于 1997 年后，象棋集体沙田柚 90% 失管荒废，沙田柚基地面积下降。适度规模的个体户沙田柚果园，管理责任心强，能发展保存下来。2005 年基地面积 800 公顷。

杧果基地。1992 年，自治区外经委在城关乡潭东村投资建设杧果基地，规划发展 50 多公顷，成为当时首个规模果场。办场后，雇请当地农民进行管理，县水果部门派出技术人员进行技术指导，种植第三年试产，第四年正式投产，对全县杧果发展起到鼓舞作用。接着和平镇座垌村、太平镇安福村和柴咀村发展规模杧果种植。形成以自治区外经委杧果基地、和平镇座垌村、太平镇安福村和柴咀村为主的杧果种植基地，面积 200 公顷。主要品种有紫花杧、桂香杧、金皇杧等。杧果前期生长快，投产早。但由于杧果不耐霜冻，县境冬季霜冻发生频繁，杧果经常被冻伤。1999 年冬发生特大霜冻，全县新种植杧果受冻伤冻死，杧果基地建设失败。2005 年基地杧果面积 90 公顷。

无公害基地建设　1991 年—2005 年藤县建立无公害基地："藤县浔江河段网箱基地""藤县丰兴畜牧水产养殖有限公司生猪养殖基地"；无公害蔬菜基地，包括西瓜生产基地在内，产地分布为东荣镇 800 公顷、平福乡 670 公顷、太平镇 1650 公顷、古龙镇 1000 公顷、和平镇 1800 公顷、濛江镇 1000 公顷、天平镇 800 公顷、藤州镇（藤城、潭东）1450 公顷、塘步镇 700 公顷、埌南镇 400 公顷、金鸡镇 900 公顷、新庆镇 600 公顷、象棋镇 400 公顷。产品包括白菜、粉葛、根菜类、瓜类、香芋、西瓜，面积 12170 公顷。2003 年全县蔬菜基地通过广西无公害农产品产地认定；无公害西瓜基地主要位于太平、和平及东荣镇，产品名称为健旺牌西瓜，获认证产量为 18540 吨。2003 年通过了广西无公害西瓜产地认定，2004 年获得国家农业部无公害西瓜产品认证。

木薯标准化示范基地　2004 年，有外来客商拟利用藤县丰富的木薯资源发展淀粉和木薯酒精开发项目，藤县开始木薯标准化示范基地的建设。年内在金鸡镇、潭东镇、东荣镇选择 9 个村分别建设示范样板 2 个。其中藤南片示范样板 1 个，面积 211.93 公顷；藤北片示范样板 1 个，面积 128.4 公顷。每个样板片内设 1 个 33.33 公顷的中心示范样板，示范样板按照木薯生产技术规程进行管理，种植品种为 GR891 和 GR911。经测产，示范区平均亩产为 2253.7 千克，比非项目区平均亩产 1416.1 千克亩增产 837.6 千克。

2005 年，进一步扩大木薯生产基地建设，县政府提出全县木薯计划种植面积 13333.33 公顷、鲜木薯产量 30 万吨，其中标准化技术示范基地 1333.33 公顷，产量 5 万吨的目标任务。年内在潭东、金鸡、太平、东荣、大黎、平福等 6 个乡镇的 8 个村建设示范基地 1333.33 公顷，种植 8911、南植 199、GR911、1600、048 等木薯新品种 5 个，经专家组测产，5 个品种平均亩产 2672.7 千克，单株薯重 2.88 千克，比常规种平均亩增 806.3 千克。但由于政策原因，木薯酒精开发项目最终未能投产。

农业示范园区

藤县是自治区内最早建立现代农业园区的县（市）之一。1999 年，梧州市委、市人民政府根据自治区党委、区人民政府将梧州市列为现代农业和外向型经济区域的布局，决定在苍梧、藤县、岑溪建立现代农业实验区3个，时称梧州市现代农业实验区藤县潭东示范基地，该基地包括原潭东镇的潭东、礼秀两个村委的行政区域，有村民小组72个，人口13122人。区划内包括县农科所、园艺场、蚕种场、鱼种场、种畜场等县属场所。规划总面积1633.33公顷，其中水田533.33公顷，旱地118.67公顷，疏林地480公顷，果园200公顷，水面120公顷，村庄道路占地178.67公顷。规划建设五大基地、六大中心，即：优质稻生产基地，水稻良种繁育基地，南亚热带优质水果基地、速生丰产林基地，优质畜禽养殖基地；生物技术开发中心，农业物种研究开发中心，林业物种研究开发中心，畜禽良种开发中心，温泉水产物种开发中心，农产品批发中心。

2001年2月，藤县县委、县政府主要领导主持会议对潭东现代农业实验区重新定位为："既是现代农业示范，又是优质物种引进推广"。2002年5月，为迎接自治区引智引资暨现代农业研讨会的代表到来参观，潭东实验园区更名为："梧州市现代农业实验区藤县潭东现代农业科技示范园"。

至2005年，各级部门投入资金，对潭东示范园区进行建设，建设项目有：2000亩稻田建设机耕路和硬化灌排渠道；建设245平方米的组培苗厂、900平方米的食用菌种厂、550平方米的蚕种场、5000平方米的连栋钢架大棚和遮阳网。共引进200多个农作物新品种试种、示范，引进20多项农业新技术示范推广。培训干部群众数万人次，赢得自治区党委、自治区政府领导及自治区引智引资暨现代农业研讨会的领导、专家以及阳朔、上思、扶绥、贺州、苍梧、岑溪等县（市）代表参观。

农业产业化发展模式

1991年—2005年，藤县农业的生产经营方式以20世纪80年代初实行的农村土地承包经营制度为主。随着农业和农村经济的发展，农村剩余劳动力的大量增加，农业生产和农业经济逐步出现多种形式的生产经营方式，主要的经营方式可分为集体经营、承包经营、租赁经营、股份制经营、产业化经营5类形式。

集体经营 由集体经济组织直接组织生产要素进行生产经营活动的生产方式，单独进行经营核算。1991年，县内国营林场、集体林场多为集体经营，此后随着各国营、集体林场的改制，集体经营逐步减少。1998年后，全县实行集体经营已属个别现象。

承包经营 由单个农户或联户共同向发包单位（主要是生产队或经联社）签订承包合同，承包耕田、山地、水面等集体资源进行生产的经营方式。1991年后，承包经营是县内农业生产的主要生产方式。县内水田已全部由农户向集体承包经营，农户负责完成公购粮及集体提留。2003年农业税费改革后免除集体提留，但不得改变土地用途；水面由个体或联合体向集体承包经营，开展水产品生产，定期向集体交纳承包金额。1996年，藤县全面完成土地二轮延包工作，全县有超过18万农户进行承包经营。由于土地实行农户承包经营，农户和集体土地通过合同的形式固定下来，农户对种植的品种结构有着生产自主权，可以按照市场需求安排生产，进行多种经营。承包经营对于稳定粮食生产起到积极的作用，但由于一家一户的分散经营，农户生产规模小、农民对市场及自然的抗风险能力差等因素，造成农户家庭经营效益不高，农业经济停留于初级阶段。2000年，全县签订土地承包合同195775份，面积27839.73公顷，2005年，承包面积25468.47公顷。

租赁经营 藤县土地流转于租赁经营，始于20世纪90年代，最早从经济作物种植开始。1991年起，外地的老板看好藤县自然条件、地理交通和劳动力资源丰富的优势，纷纷到县内农村租赁田地投资种植水果。其资金充裕，技术力量雄厚，管理经验丰富，种植规模一般在15公顷以上，面积大的超70公顷。雇请当地村民进行生产管理。外地老板不但把资金带进来，在增加全县水果生产总量和农民就业机会的同时，也把外地先进的优良水果品种、生产技术和管理经验带进来，对促进当地的水果发展起到一定的作用。

1992年，金鸡旺国果场开始兴建。是年春种植江口荔、紫花杧46.67公顷。1993年春种植江口荔枝、灵山香荔、龙眼、杧果等86.67公顷。1996年，开始试产，年产水果50多吨，产值20万元。在其影响和带动下，农村生产致富和外出打工致富的农民、城镇的干部职工、个体户开始到农村租赁土地投资种植水果。种植规模一般在1公顷以上，面积大的超70公顷，雇请专人进行生产管理。由于各种管理措施到位，种植成功比例高，是水果生产发展的一种重要模式。成为藤县水果业发展的转折点。

1993年开始，县内干部职工及经济能人也加入到土地租赁开发的队伍中。是年，濛江镇经济能人在赤水乡孔良村租用山地26.67公顷种果的基础上，进一步扩大规模至76.67公顷，投入资金1000多万元。主要种植品种为石硖龙眼、储良龙眼、江口荔、黑叶荔、柿子等。果场正常请用固定工50多人进行生产管理，至1997年基本完成种植。1999年特大霜冻灾害，果场内荔枝、龙眼全部被冻伤冻死，最后导致种植失败。1998年，全县6.67公顷以上果场有22个，其中20公顷以上11个，33.33公顷以上6个，66.67公顷以上5个。是年全县水果种植面积12321公顷、水果产量47516吨。藤县的水果生产规模得到迅速的发展。

1995年后，由无籽西瓜的种植经营能手向农户租用土地等生产资料进行规模化生产的经营活动迅速发展。由种植专业户跨村、跨镇租赁农户水田种植无籽西瓜和其他经济作物在县内主要产区不断出现。为了减少病害的发生，对于无籽西瓜的种植需要轮作，而本地瓜农自己的田地已多年种植，加之自己的土地数量有限，不足生产需要，因而纷纷外出租用其他村镇农户的田地种植。县内以金鸡、塘步、太平等公路沿线乡镇尤为明显，使得藤县西瓜生产迅速发展。西瓜的产量从1995年的1228公顷上升到1997年的1521公顷。2001年全县的西瓜播种面积达到3107公顷。

1998年，全县承包耕地出租面积692.47公顷。

2000年后，因梧州市积极发展“菜篮子”产业，藤县鼓励发展蚕桑产业，亦有部分本地村民和外地客商到县内租赁土地发展蚕桑，但由于市场不稳定，租赁土地开发蚕桑产业年际变化较为明显。是年，全县承包耕地出租面积1137.4公顷。

2003年开始，藤县利用出租林地使用权吸引外资，营造速生用材林。2004年，由造纸业公司和种植能手租用集体和农户山地营造速丰林木生产在境内迅速兴起，其中绝大部分为租用山地种植。是年，全县速生林面积3506.67公顷，其中绝大部分为租用山地种植。

2005年，全县承包耕地出租面积912.33公顷。

股份制经营　1995年开始，由农户以资金或土地等生产资料入股的形式进行生产经营活动逐步兴起，但以农村工业或手工业较多，以土地等农业资源入股的形式开展农业生产还较少。至2000年，全县农村股份制企业108个。2001年企业154个，2002年企业156个；2003年企业86个，入股面积205.33公顷；2004年入股面积206.13公顷，2005年入股面积181.27公顷。

产业化经营　2000年，藤县三黄鸡种鸡场建成，占地2.67公顷，有种鸡4万羽，年产三黄鸡苗350万羽。2005年后，被梧州市委、市人民政府授予“梧州市现代农业科技示范户”“先进农业科技示范户”“梧州创新计划科技种养大王”等称号。2001年，藤县开始出现以公司（或协会）与农户相结合，依托特色农产品为载体通过产业化或合作形式进行规模化生产经营活动，这是藤县农村经济发展新形式。2004年10月，落户藤县的梧州市巨东种养有限公司，以“公司＋农户”的模式发展养鸡业。由公司出种苗、饲料、技术及包销售，农户出场地及劳动力的方式从事三黄鸡产业生产。2005年从事巨东鸡养殖的农户有580户，产值达3020万元。该公司是梧州市实施“五大措施”“企业联动”项目企业之一。养殖户主要分布在藤州、塘步、埌南、金鸡、新庆、天平等乡镇。藤县丰兴畜牧水产养殖有限公司集饲料生产、畜禽及水产养殖于一体。2005年完成固定资产投资490多万元，建成年产10万吨饲料的饲料厂1个；建成鱼塘33.33公顷并已投放鱼苗，建成鸭舍2000平方米，有瘦肉型种母猪400头。

农业产业化重点龙头企业　2004年6月成立的藤县三农牧业有限公司集品种改良、繁育、养殖、销售于一体，以“公司＋基地＋农户”的模式带动农户发展瘦肉型商品猪生产。2005年总资产685.00万元，固定资产254.00万元，销售总收入650.0万元，有工人15人。是年，藤县开始第一批农业产业化重点龙头企业的推荐申报工作，8月，藤县三农牧业有限公司被评为梧州市第一批农业产业化龙头企业。

农业经济协会　2005年底，全县有藤县和平粉葛协会、藤县太平西瓜协会2家农业类协会。

藤县和平粉葛协会。2002年3月5日成立，2004年8月6日在县民政局登记，挂靠和平镇政府，协会会长由和平镇粉葛销售大户担任；入会会员1518人，带动当地群众1.20万人。主导产品是粉葛。2005年协会会员种植、销售收入1440万元，纯收入1179万元。

藤县太平西瓜协会。成立于2002年12月，2003年1月在县民政局登记，挂靠县农业局，协会会长由太平镇西瓜销售大户担任；入会人数835人，带动当地群众15000户，主导产品是西瓜。2005年协会会员种植、销售收入1450万元，纯收入1030万元。

第四节 农业科技服务

技术培训

农业培训 1991年，广西农业广播电视学校藤县分校的培训以收听收看电视培训资料、短期脱产培训及现场培训的形式为主，共招生录取34名，除3人为农村知识青年外，其余均为乡镇级国家干部。学制在学员自学的同时，每月集中学员进行面授辅导教学3~5天，考核通过后发放培训合格证。经过3年培训，该期培训班除5名学员因长期旷课等原因退学外，其余29名学员均取得了毕业证书。1992年藤县农广校停止招生，1998年才全面恢复，当年自治区农广校下达藤县招生任务100人，共招收学员116名（其中村干部107人，农业系统干部9人）。

1997年—2000年，为进一步提高农民及农村干部基本知识和技能，造就一支能够起示范带头作用的农民技术骨干队伍，县政府根据自治区农业厅及梧州市的工作部署，实施“绿色证书工程”。1998年共培训乡（村）干部306名、科技村主任85名、科技示范户户主623名、专业户户主282名和农村社会化服务体系农民233名，共计1529人。1999年培训学员2487人，2000年培训学员3150人。2002年—2004年，实施跨世纪青年农民培训工程，3年间全县6656个村民小组每个小组均有1名青年农民参加培训。2004年，为进一步加快劳动力转移步伐，成立“阳光工程办公室”（设在县农业局），组织实施农村劳动力转移培训阳光工程，是年，全县3个培训基地（县一职、县希望电脑培训中心、县农广校）共完成培训826人。2005年因工作调整，不再开展阳光工程培训。藤县农广校深入基层开展田间地头培训，当年培训农户800余人。

2001年2月，藤县举办桑蚕生产技术培训班

农机培训 1991年—2005年，藤县农机培训任务，主要由藤县农业机械学校承担。

1991年，县农机学校开设拖拉机驾驶、农机保养与维修、电焊工、车床等培训项目。全年共培训430人，其中电焊工60人，拖拉机驾驶250人，其他120人。1996年—1997年，开设车床工培训项目。1998年—2005年，只开设拖拉机驾驶和农机保养与维修培训。2005年，共培训505人，其中拖拉机驾驶350人，农机保养与维修155人。

1991年—2005年农机培训情况统计表

表10-1-1

时间	培训项目和人数(人)				
	拖拉机驾驶	农机保养与维修	电焊工	车床	合计
1991	250	120	60		430
1992	230	96	65		391

续表

时间	培训项目和人数(人)				
	拖拉机驾驶	农机保养与维修	电焊工	车床	合计
1993	250	101	62		413
1994	260	115	67		442
1995	280	120	70		470
1996	220	130	75	20	445
1997	250	116	80	10	456
1998	270	140			410
1999	260	150			410
2000	272	145			417
2001	275	151			426
2002	300	130			430
2003	310	110			420
2004	330	150			480
2005	350	155			505
合计	4107	1929	479	30	6545

水果培训　1991年开始，全县水果生产快速发展，大多数水果种植户缺乏规模化发展水果的建园种植、生产管理技术和经验，急需荔枝、龙眼等水果管理技术。县水果部门根据各乡镇水果种植情况和果农技术水平，每年制定培训计划，组织技术人员在不同水果生长季节，到乡镇、到村、到果园现场，开展技术培训工作。培训形式多样，有集中授课，现场讲解，农家课堂等。在普及水果种植管理技术知识的同时，根据果农所关心的热点、急需解决的问题，有针对性地开展重点培训。县水果部门组织力量编写《荔枝龙眼培训技术》等培训教材，在立足本地培训师资的同时，邀请自治区内高校、科研单位的专家教授到藤县授课。1991年—1999年，全县以发展荔枝龙眼较多，县水果部门根据各乡镇水果种植情况和技术需要，组织技术人员开展以荔枝龙眼建园、果园管理和病虫害防治技术为主的培训，果农参加培训的积极性高，共举办各种水果技术培训班83期，培训果农4560人次。1999年出现特大霜冻后至2002年，培训内容以荔枝龙眼防冻和冻后恢复技术为主，举办荔枝龙眼防冻和恢复生长技术培训班13期，培训果农652人次。2002年—2005年，随着砂糖橘的引进发展，培训内容以砂糖橘建园、栽培管理和病虫害防治技术为主，举办砂糖橘种植管理技术培训班32期，参加培训1820人次。

畜牧水产培训　1991年—1992年，主要以开展养猪、养牛和养鸡等实用养殖技术培训班。共举办实用养殖技术培训班42期，培训1911人；举办兽医防治培训班2期，培训56人。1993年县畜牧水产局与县妇联到各乡镇联合举办饲养畜禽技术培训班，共168期，培训农民1.25万人次。1994年—1997年，开展实用养殖技术培训班998期，培训农民7.67万人。1998年—2000年，开展实用养殖技术培训班，分别举办32期、31期和32期，分别培训3150人、3325人和3026人；2001年，开展养猪、养鸡技术培训，举办培训班48期，共培训1.23万人；2002年开展养猪、养鸡和养鱼实用技术培训，举办培训班40期，培训农民9000人次。1月和6月，分别邀请澳大利亚牧草专家和荷兰动物免疫专家到藤县讲学，共培训学员60人；2003年开展养猪、养鸡和养鱼实用技术培训，举办培训班25期，培训农民6500人次。5月，聘请广西大学动科学院副院长凌泽继教授作为藤县牛品种改良技术顾问，举办培训班4期，培训骨干20人，培训配种员30人，培训养殖户38人。2004年4月—12月，实施《藤县跨世纪青年农民科技培训工程》，投入培训资金10万元，共举办培训班11期，培训学员1532人，考试合格人数1505人，学员遍及16个乡镇141个村，集中培训时间为20天。

2005 年，开展实用养殖技术培训，举办 10 期，共培训 386 人。

技术指导

1991 年 3 月，县畜牧水产技术部门开展养殖实用技术指导，技术人员到养殖场、养殖户指导农村养殖技术和村兽医员开展猪病防治技术。1993 年 3 月—8 月，指导村兽医员开展猪 5 号病、猪瘟防治技术。1994 年 4 月，指导养殖场、养殖户开展猪病、牛病防治技术。1997 年 6 月，指导养殖场开展猪、牛口蹄疫防治技术。1991 年—1999 年，县水果局 7 名水果技术人员每年到荔枝、龙眼老区和新发展的果园，对果农开展荔枝建园、肥水管理、整形修剪、控梢促花、保花保果和病虫害防治技术指导。落实 1 名技术人员负责跟踪指导藤县旺国水果示范场、城关潭东自治区外经委杧果基地、亚热带水果示范场、潭东名果场和濛江荔枝老区，确保果园生产顺利。1999 年特大霜冻其间，水果部门全力以赴，派出 7 名技术人员深入受冻果园，指导荔枝龙眼防冻扩冻及灾后恢复生产。2002 年后，随着砂糖橘的引进发展，技术指导重点向砂糖橘建园、管理技术和病虫害防治技术为转移，每年派出 7 名技术人员到砂糖橘果园开展技术报道。同时，通过电话咨询的形式，解答大批果农提出生产技术问题，为果农排忧解难。2001 年—2003 年，针对牛、猪“W 病”，对村兽医员、养殖场、养殖户开展疫病防治技术指导。2003 年 5 月，聘请广西大学动科学院副院长凌泽继教授作为藤县牛品种改良技术顾问，主要开展牛品种改良技术指导。1991 年—2005 年，藤县林业技术推广站每年结合科技下乡活动，组织林业技术推广人员深入各乡镇村庄、山头地块对林农进行速丰林营造技术，八角、肉桂高产栽培及低产林改造技术宣传培训，获得较好的社会效益和经济效益。

利用外资开展农业服务

藤县农业利用外资从 1990 年开始，当年，立项《世界银行贷款中国农业支持服务项目》，经逐级评估、项目可行性研究、方案设计、贷款申请。1993 年 6 月，世界银行正式批准，项目进入实施阶段。项目实施 7 年，共利用世界银行贷款 108.2 万美元。其中，农技服务项目利用世行贷款 46.2 万美元；良种繁育推广项目，利用世行贷款 62 万美元。共建设培训用房 900 平方米、实验室（检验房）660 平方米、种子仓库 810 平方米、精选车间 200 平方米、晒场 1700 平方米、业务用房 1760 平方米，改建业务用房 600 平方米；购置一批仪器、药品、种子精选包装设施及交通工具；国内培训硕士研究生 3 人、国内短期培训 57 人、国外考察 3 人、自治区及县内培训 1062 人，培训农民群众 48 万人次，促进先进技术推广和良种的繁育推广，取得较好经济效益和社会效益。此后至 2005 年没有利用外资开展农业服务。

信息服务

1991 年—1999 年，由于通信网络条件不足，农业信息服务多以张贴广告形式宣传服务，农业部门以文件邮寄的形式送至各乡镇政府及各乡镇农业技术推广站（农业服务中心），并由其下发到各村委，由乡镇、村共同抄写张贴。内容涵盖技术指导，病虫测报，新品种推介，重大决策信息等。2000 年起，农业局每季度编发 1 期《农业信息简报》，设“决策信息”“本县信息”“科技信息”“综合信息”及“供求信息”5 大板块，整合网上资讯、自治区农业厅《农业经济快讯》及藤县农业近况，开展对农业的信息服务工作。2002 年后，由于网络、电话信息服务的逐步覆盖，《农业信息简报》于 2004 年停办。累计共编印 18 期，服务专业户、经济能人等近万人次。

2001 年，县委、县政府制订《藤县农业信息化工程实施方案》，将农业信息化纳入农业和农村经济发展计划，由县政府办公室统一组织、协调有关单位，共同实施。规划在全县 20 个乡镇建设农村经济综合信息站，由各乡镇具体组织实施。以乡镇农技站、农经站为基础，达到“六个一”的建设要求（一间房、一套设备、一条电话专线、1~2 名专兼职信息人员、一套组织网络、一套管理服务制度）。2002 年 4 月，县农业局成立市场与经济信息股，随后按农业部要求将其建设成为县级农村经济信息服务站，开展农业信息工作。11 月，建立《藤县农业信息网》并上线，成为县里唯一的农业专业信息网站，网址为：www.txny.gov.cn。农业信息网开通以后，以“农业三增”（农业增效，农民增收，经济增强）为中心，以服务“三农”（农业、农村、农民）为宗旨，开设最新报道、农业资讯、公告通知、政策法规、名优特产、供求信息、新农村建设、农技服务、涉农名企、教育培训、招商引资、藤县西瓜等 12 个栏目，直接与自治区农业厅、南宁市、桂林市、梧州市等全自治区 19 个市、县农业信息网联网，信息互通，资源共享，宣传藤县优势农产品资源，为群众免费提供和发布农产品供求信息和实用农业技术。年末，完成藤城、津北、潭东等10个乡镇综合信息站的建设。2003年上半年完成余下10个乡镇信息站软硬件的建设。至2005年年末。全县发展农村信息员562人（其中27名为乡镇干部、225名为村干部、63名为农技干部，247名为经营大户、流通大户、专业协会、专业合作社人员）。通过农业信息化建设，藤县已具备较为完备的全县农村市场信息服务网络体系，对引导农业产业结构调整、生产及经营、加工和流通销售等发挥了积极作用。

第五节　农业执法

农资市场监管

种子种苗管理　20世纪90年代，县内种子生产经营主要由县种子公司与各制种农户签订种子生产购销合同，通过合同管理，使公司和农户的责、权、利有法律保障，并由县工商部门监督。在制种和收种期间，县种子管理站和县工商部门组织人员深入制种基地检查，发现违反种子管理法律法规和合同条款的行为及时纠正或依法处理。同时加强对种子生产过程的田间花检和对外销种子实行“质量合格证”管理，确保种子质量。1996年—1998年，开展农资市场专项整治，没收劣种子250千克。1997年，县种子管理部门，加强对《种子管理条例》的宣传教育，全年共出动宣传车8车次，举办短期学习班10次，张贴标语50份。当年，取缔违法生产杂交水稻种子的行为，铲除非法制种2.77公顷。1997年—1999年底，共取缔违法生产杂交水稻种子面积8.43公顷、繁殖亲本面积33.33平方米。

1997年—2005年，做好代销种子的备案审查，为防止未经审定通过的种子上市销售；藤县种子管理站加强对西瓜、果苗、蔬菜种子的管理。期间核发蔬菜、苗木种子生产许可证12本，经营许可证53本；加强杂交水稻种子生产许可证副证申领的审核工作，共审核申领副证申请材料16份。在种子市场监管工作中，共出动执法检查人员1494人次，出动执法车辆373台次，检查生产经营单位751个次，查处违法案件283起，罚没款2.98万元，没收种子4229.2千克。组织种子案件听证会2次，行政复议应诉1次，行政诉讼应诉1次。

农药、肥料管理　1991年，藤县农资市场与农资企业的管理执法职能，主要由工商部门行使。是年，开展市场检查专项整治行动，查处非法经营农药、化肥案5起。1995年，联合工商局、技术监督局、农业局、种子公司等单位进行农资专项整治，查处违章经营化肥、农药25户，没收化肥560吨。1996年—1998年，开展农资市场专项整治，取缔农资非法设点321个，征收、没收违章违法化肥90吨，农药11吨。1997年国务院发布《农药管理条例》后，12月，藤县成立农药检定管理站，开始实施农药管理。执行“农药经营许可证”和“经营人员上岗合格证”（简称“两证”，下同）核发制度，实行凭证经营，规范农药经营秩序。1998年—1999年，着重对无证经营行为的查处，规范农药经营秩序。2000年6月，农业部发布《肥料登记管理办法》。是年，县农业局将肥料监督管理执法权授予县农药检定管理站行使，同时开始肥料监督管理。在市场监管过程中，采取多部门联合大检查与日常监督检查相结合的办法，开展“农资打假护农专项治理行动”和春夏两季农药、肥料产品的质量监督抽检、“放心农资下乡进村活动周”、建立健全农资信用体系、前移监管关口等活动。1997年—2002年，共核发“经营人员上岗合格证”562本，核发“农药经营许可证”418本，具有农药经营资格的经营单位和人员“两证”，办证率达100%。其中2000年—2002年重点查处无农药登记证、假冒农药登记证和假劣农药。取缔不具备经销化肥点12个。2003年—2005年，重点开展农药质量监督抽检，查处假冒伪造或未取得农药登记证、标签严重不合格的农药产品。查处销售不合格化肥案19件，销毁假冒伪劣农药206千克。1997年—2005年，共出动执法检查人员4244人次，出动执法车辆1037台次，检查生产经营单位5491个次，查处违法案件372起，案值228.41万元，罚没款25.08万元，没收假劣农药1097千克。

1997年—2005年，广泛开展《农药管理条例》及《农药管理条例实施办法》等农业法规宣传活动。

通过订购《农药管理条例》单行本、翻印《农药管理条例实施办法》和《肥料登记管理办法》等规章发给全县各农药经营单位；利用“3·15”消费者权益日活动、法制宣传月活动、农资质量月活动、打假护农保春耕活动播放录音，挂横幅贴标语，发放资料，设点咨询；通过新闻媒体报道，发挥舆论导向作用等措施广泛开展农药、肥料法规和规章的宣传。共出动宣传车96辆次，发放《农药管理条例》单行本800本，编印农药、肥料（技术）管理资料23.15万份，挂横幅贴标语2.01万条，接受群众咨询1.78万人次；藤州报、县电视台、梧州日报等媒体宣传报道72次。同时，开展农业法规和技术知识培训，提高农资经营者的守法意识和业务素质。期间，共组织举办农药经营单位从业人员培训班8期、“杀鼠剂专营单位”主管人员培训班1期，与县安监局联合举办危险化学品（农药部分）从业人员培训班，累计参加培训1040人次。

兽药管理 1991年，藤县畜牧兽医行政管理机关根据1987年5月21日，国务院颁布的《兽药管理条例》要求对全县范围内的兽药、饲料经营店和规模养殖场实行全方位监管，以查处非法制、售假劣兽药；使用违禁药为突破口，净化兽药、饲料市场，规范养殖业投入品销售和使用。

2001年，县农业局执法大队人员检查农资经营店

2001年11月，国务院颁布《关于修改〈兽药管理条例〉的决定》，县畜牧兽医行政管理部门根据新修改条例的要求，开展对全县范围内的兽药、饲料经营店和规模养殖场排查监管行动，以查处非法制、售假劣兽药，使用违禁药为突破口，进一步净化兽药、饲料市场，规范养殖业投入品销售和使用。2002年起，对辖区内兽医诊疗机构、兽药饲料经营店、规模养殖场每月排查一次，重点查处非法经营使用假劣兽用生物制品行为。定期或不定期地对兽药和饲料添加剂生产、经营、使用环节开展清查，严厉查处非法制、售和使用假劣兽药和饲料添加剂行为。对10个标准建设规模养殖场和5个注册养殖公司及584个分散规模养殖场实施动物防疫监管，落实监控责任人135人，签订监控责任状1187份，严查养殖场使用走私兽用生物制品行为，清理过时兽药地方标准及过期产品。同时，开展兽医实验室生物安全大检查，杜绝违法从事病原微生物实验活动行为。

动植物检疫

1991年，肉猪屠宰检疫12.5万头，牛屠宰检疫0.22万头，家禽检疫86万羽，猪牛产地检疫11.8万头。此后，每年均开展猪、牛屠宰，家禽、犬、及猪牛产地检疫。1998年1月《中华人民共和国动物防疫法》实施，县兽医检疫部门加强动物防疫标识及疫病可追溯体系管理。养殖户的畜禽出售前，必须经当地的兽医检疫员进行产地检疫，凭防疫标识、产地检疫合格证明出售。同时对生猪实行集中统一屠宰，对动物及动物产品实施屠宰检疫、肉品卫生检疫、动物产地检疫、畜禽运输检疫、市场交易活畜禽检疫。对运出县境外的畜禽，由兽医人员到现场查验免疫标识和健康状况，合格的出具《出县境动物检疫合格证明》。对外县运进的畜禽，查验出县境动物检疫合格证，车辆消毒证和非疫区证，并监督卸货。1999年，实施产地检疫林木种子16.5吨，苗66公顷，木材检疫43.3万立方米。2005年，根据《中华人民共和国动物防疫法》《中华人民共和国重大动物疫情应急条例》和广西《关于加强防控猪链球菌病的通知》的要求，对进入屠宰场的家畜，凭防疫标识、产地检疫合格证进场，经驻屠宰场检疫员检疫检验合格，在胴体上加盖验讫印章，出具产品检疫检验合格证明后，方可出售。对检疫不合格的家畜，按《病残及死因不明动物处置办法》进行销毁处理，病死动物无害化处理达到100%。是年，肉猪屠宰检疫10万头，牛屠宰检疫0.51万头，家禽检疫411万羽，犬检疫8000只，猪牛产地检疫16.51万头。

1991年—2005年藤县畜禽检疫情况表

表10-1-2

年度	肉猪屠宰检疫数（万头）	牛屠宰检疫数（万头）	家禽检疫数（万羽）	犬检疫数（只）	猪牛产地检疫数（万头）
1991	12.5	0.22	86	2010	11.8
1992	12.6	0.23	92	2231	12.2
1993	12.8	0.26	96	2136	12.4
1994	10.8	0.24	125	2658	13.7
1995	13.5	0.28	185	2758	14.8
1996	14.2	0.29	212	2814	13.6
1997	14.3	0.32	236	3148	14.2
1998	13.5	0.32	252	3241	16.3
1999	14.6	0.35	285	3526	17.5
2000	14.7	0.35	321	3620	18.2
2001	14.8	0.38	355	4102	19.2
2002	14.5	0.38	365	4265	19.5
2003	15	0.4	395	4350	20.8
2004	17	0.41	410	3520	22.5
2005	10	0.51	411	8000	16.51

渔政管理

1991年后，捕捞渔船和渔具不断更新升级，电、炸、毒和鱼鹦等非法作业有禁不止，酷捕滥渔之后加上厂矿废弃物污染日益加激，江河鱼类品种与数量逐年减少。据渔民反映，1998年后中华鲟和鲥鱼（三来鱼）再也没有发现过，鳗鲡、花鳗鲡、光倒刺鲃（黄娟鱼）、盔鲇（骨鱼）和斑鳠等名贵品种踪迹难寻；江河鱼苗量也逐年下降，除鲤鱼和赤眼鳟鱼苗还比较常见外，其他品种鱼苗少有发现。

藤县渔政监督管理站成立于1989年11月，负责核发"渔业捕捞许可证""水域滩涂养殖许可证"并对电、炸、毒和鱼鹰等非法作业和渔业水域污染事故进行查处，保护渔业资源和渔业生产秩序。1991年，核发"渔业捕捞许可证"350本，查处渔业违法案件44宗。1993年，核发"渔业捕捞许可证"390本，查处渔业违法案件103宗。此后，核发"渔业捕捞许可证"和查处渔业违法案件逐年减少。2000年，核发"渔业捕捞许可证"87本，查处渔业违法案件54宗。

2003年，县财政支持资金在广东购置1艘新装快艇45146号，加大渔政执法力度。2004年10月，珠江渔业委员会在藤县旧港口码头进行大型人工增殖放流活动，放流鱼苗30多万尾。

2005年6月，自治区渔政执法处安排渔政执法快艇45145号给藤县，为渔政执法增加设备保障。是年，全县核发"渔业捕捞许可证"200本，查处渔业违法案件45宗。

1991年—2005年藤县核发"渔业捕捞许可证"和查处渔业违法案件情况统计表

表10-1-3

年度＼项目	核发"渔业捕捞许可证"（本）	查处渔业违法案件（宗）
1991	350	44
1992	453	119

续表

年度 \ 项目	核发“渔业捕捞许可证”（本）	查处渔业违法案件（宗）
1993	390	103
1994	460	87
1995	420	88
1996	454	85
1997	422	67
1998	425	58
1999	402	61
2000	387	54
2001	355	46
2002	312	53
2003	278	44
2004	250	39
2005	200	45

第六节　农产品流通

农产品市场

1991 年，全县共有农贸市场 24 个。1995 年，津北市场被洪水毁坏。2000 年，东荣市场列入危房并进行拆除；太平圩心市场、和平石桥市场列入危房。7 月，开工建设太平农副产品综合批发市场，面积 11.13 万平方米，2002 年，建成开业，为广西乡镇级最大规模的农贸市场。2001 年，古龙市场进行改建。12 月，岭景猪花市场转让。2003 年 9 月，濛江大米市场处置转让。2004 年 1 月，金鸡猪花市场处置转让，是年，藤城河堤市场建防洪堤拆除。2005 年，全县共有农贸市场 31 个，其中藤州镇 5 个、大黎镇 3 个、金鸡镇 3 个、和平镇 5 个、岭景镇 2 个、天平镇 1 个、太平镇 2 个、古龙镇 1 个、塘步镇 3 个、埌南 2 镇个、平福乡 1 个、象棋镇 1 个、同心镇 1 个、新庆镇 1 个。其中，有规模较大的农产品综合批发市场 2 个，即太平农副产品综合批发市场（属国家农业部定点的农产品批发市场）和古龙八角批发市场。

销售渠道

20 世纪 90 年代开始，加强全县农产品流通销售工作。加大宣传力度，每年利用宣传媒体和自治区内外农产品展销会等机会，宣传藤县农产品种植、销售信息，推介藤县名特优品种，提高知名度，让更多的外地客商了解藤县农产品产销情况，及时到藤县购销，形成比较稳定的销售客源。同时培养本地销售队伍，组织种植、流通大户参加自治区内外展销活动。县有关部门不定期向种植、流通大户发布国内农产品销售信息，及时掌握市场动态，组织农产品直接进入市场。20 世纪 90 年代末开始推行订单农业，引导种植企业和大户采取以订保销，以单促销的方法，巩固老客户，发展新客源，实现企业与农户的互惠双赢，订单销售额占总产量的 10% 以上。进入 21 世纪，引导农民专业合作社积极对接超市、对接学校等，实行对接销售。对接销售蔬菜每年产值在 1000 万元以上。组织龙头企业、专业合作社参加各类农产品展销会、博览会。每年均参加梧州宝石节藤县农产品展销会、广西名特优农产品展销会、上海农产品展销会等，通过展销会，广泛宣传和打造藤县西瓜、藤县粉葛、名优水果、古龙八角等农业产品品牌。同时印刷精装《藤县名特优农产品》宣传画册，在各种农产品展销节宣传发放。开展农产品网上展销。每年在农产品上市前，通过《藤县农业信息网》和《广西农业信息网》上开设专门农产品展示平台，帮助合作社和农业企业免费发布农产品销售信息，将种植的果蔬图片、上市时间和产量等在网络上发布。

销售队伍

藤县农产品资源丰富，品质优良，农产品除藤县北部的西瓜大部分进入太平农副产品批发市场交易和古龙的八角进入古龙八角市场进行交易外，其余大部分农产品均通过当地的农民经纪人到当地小集市或田间地头进行收购。20 世纪 90 年代末，藤县已形成稍有规模的销售队伍，主要从事西瓜、八角、肉桂、粉葛等耐储藏农产品的销售。西瓜及八角主要贩卖到珠三角及南宁等地，其中八角等香料经珠三角厂商加工后出口到印度等国。粉葛的销售初期主要贩卖至珠三角，2000 年后，逐步贩运至云贵、湖南等地。据调查统计，全县的农产品经纪人有 1 万多人，但经营规模不大，大多数年经销额由几十万元到一百万元。为扶持农民经纪人发展，藤县在提供资金扶持、市场信息等方面服务的同时，不定期开展业务培训，提高销售水平和经营素质。

第二章　农　业

藤县是农业大县，1991 年耕地面积 33565.87 公顷，种植业以粮食生产为主，全年粮食作物播种面积 54025.79 公顷，总产量 27.22 万吨，粮食作物占耕地面积 79.92%。经济作物产值不大，全年种植业总产值 30888 万元（按 1990 年不变价计算，下同）。1994 年开始，全县大力开展农业综合开发，调整农业产业结构，粮食作物所占比例逐年减少，经济作物产量与产值不断增大。随着杂交稻特优系列组合引进与培育成功，通过粮食项目和基地的建设，推动粮食生产稳定增长，虽然耕地面积逐年减少，粮食作物占耕地比例不断下降，而粮食总产量不断增加。经济作物，以西瓜、蔬菜、木薯为主，实行多种经营，产值不断发展。2000 年，全县种植业总产值 52722 万元，其中粮食总产量 33.28 万吨，产值 18811 万元，占种植业总产值 35.68%。进入 21 世纪，不断加大农业投入，提高农业科技含量，农业生产向高产、高质、高效发展。2005 年，全县耕地面积 32042 公顷，其中粮食作物播种面积 49701 公顷，占耕地面积 74.62%，总产量 27.29 万吨；经济作物播种 17823 公顷。全年种植业总产值 69632 万元，是 1991 年的 2.25 倍，其中粮食作物产值 15344 万元，占种植业总产值的 22.03%。

第一节　耕地　劳动力

耕地

1991 年年末，全县耕地面积 33565.87 公顷，其中水田面积 27448.77 公顷，旱地面积 6117.09 公顷。年内各项建设征用耕地面积 23.07 公顷。随着城镇化建设和交通、工业发展用地的需要，全县农业用地逐年下降。是年，全县复垦土地 2500 平方米。1992 年，开发开垦复垦耕地 65.93 公顷。1993 年开始，为实现耕地占补平衡，藤县开始耕地补充工作。1993 年—1995 年，征用耕地面积 68.14 公顷。1995 年开发复垦耕地 46.67 公顷。1995 年末，全县耕地面积 33187 公顷，其中水田 27098 公顷，分别比 1991 年减 1.13% 和 1.28%。1996 年—2000 年，全县征用耕地面积 167.68 公顷。2000 年末，全县耕地面积 32940 公顷，其中水田 26905 公顷，分别比 1991 年减 1.86% 和 1.98%。2001 年—2005 年，全县征用耕地面积 30.06 公顷，2001 年—2005 年开发复垦耕地 60.38 公顷。

2005 年年末，全县耕地面积 32042 公顷，比 1991 年减 4.54%，其中水田面积 26160 公顷，旱地面积 5882 公顷，分别比 1991 年减 4.70% 和 3.84%。

1991年—2005年全县耕地面积统计表

表10-2-1　　单位：公顷

年度	年末耕地面积				备注
	合计	水田	旱地	农田有效灌溉面积	
1991	33565.85	27448.76	6117.09	24087.7	
1992	33611.33	27438.47	6172.8	24225.7	
1993	33405	27285	6120.4	24257	
1994	33327.7	27212.8	6115.2	24650	
1995	33187	27098	6089	23998	
1996	33183	27117	6066	24162	
1997	33075	26988	6087	24185	
1998	33023	26954	6069	24047	
1999	32990	26934	6056	23963	
2000	32940	26905	6035	23305	
2001	32850	26832	6018	23312	
2002	32791	26791	6000	23340	
2003	32139	26290	5849	23015	
2004	32042	26227	5815	22921	
2005	32042	26160	5882	22887	

劳动力

1991年，全县劳动力总数36.06万人，其中男劳动力19.37万人，女劳动力16.69万人。其中从事农林牧渔业30.83万人，从事工业4513人。随着农业产业结构的不断调整，从事种植业的劳动力逐步减少，从事林业、牧业、渔业劳动力逐步增多。同时，随着珠江三角洲经济的不断发展，藤县农村富余劳动力不断地涌向该地区从事第二、第三产业，形成了外出打工潮。随着地方经济的不断发展，农村劳动力流入城镇从事第二、第三产业人数不断增加，尤其是建筑业，利用了大量的农村富余劳动力。1992年，全县从事建筑业人数0.77万人。此后，随着人口增长，劳动力逐年增多，其中男劳动力多于女劳动力。1995年全县外出劳动力4.8万人。

1997年，全县劳动力40.46万人。从事农林牧渔业33.83万人，其中从事种植业26.28万人，林业1.72万人，牧业1.69万人，渔业0.65万人。全县外出务工劳动力5.21万人；从事建筑业人数达1.45万人。

2000年，全国人口普查资料统计，全县文盲半文盲（15岁及15岁以上）人数4.62万人，占总人口5.81%。具有小学以上文化程度74.85万人，占总人口81.56%，比1990年提高9.6个百分点。其中小学文化42.99万人，占总人口54.1%，比1990年增6.16个百分点；初中文化程度26.24万人，占总人口33.02%，比1990年增14.15个百分点；高中（含中专）文化4.95万人，占总人口6.23%，比1990年增1.31个百分点；大专以上文化6637人，占总人口0.84%，比1990年增0.6个百分点。

2003年，全县劳动力43.64万人，其中从事种植业25.49万人，林业1.77万人，牧业1.41万人，渔业0.69万人。外出务工劳动力7.85万人；从事建筑业2.11万人。

2005年，全县劳动力46.24万人，比1991年增10.17万人。男劳动力25.17万人、女劳动力21.07万人。其中从事农林牧渔业劳动力29.82万人；从事建筑业2.27万人，外出务工9.28万人。

1991 年—2005 年藤县农村劳动力情况统计表

表 10-2-2　　单位：万人

年度	劳动力			从事行业劳动力					
	总计	男	女	农林牧渔	工业	建筑	交通运输业	批发零售贸易餐饮	外出劳动力
1991	36.06	19.37	16.69	30.83	0.45				
1992	35.79	19.31	16.48	29.77	0.54	0.77			
1993	36.56	19.68	16.88	28.92	0.46	0.34			
1994	37.81	20.39	17.42	28.43	0.55	1.11	0.59		
1995	39.26	21.28	17.98	29.45	0.63	1.39	0.62	0.52	4.80
1996	39.72	21.29	18.43	29.81	0.59	1.40	0.57	0.54	4.90
1997	40.46	21.58	18.88	30.34	0.62	1.45	0.57	0.60	5.21
1998	41.40	22.11	19.29	30.71	0.66	1.67	0.56	0.60	5.61
1999	41.18	21.97	19.21	30.17	0.60	1.82	0.61	0.63	5.60
2000	41.67	22.15	19.52	29.69	0.67	1.86	0.64	0.66	6.61
2001	42.37	22.58	19.79	29.65	0.55	2.00	0.79	0.75	6.98
2002	43.08	23.03	20.05	29.94	0.60	2.03	0.78	0.78	7.32
2003	43.64	23.44	20.20	29.36	0.70	2.11	0.92	0.89	7.85
2004	45.07	24.35	20.72	29.01	0.60	2.21	0.87	0.85	9.15
2005	46.24	25.17	21.07	29.82	0.75	2.27	0.896	0.90	9.28

第二节　农技农艺

20 世纪 90 年代开始，全县不断地更新农业生产模式和引进、推广农业生产新技术，对稳定粮食生产与提高农业经济效益发挥重要作用。

耕作制度

1991 年—2005 年，农作物耕作制度由传统的粮食作物双季栽培向多熟化和立体种植方向发展。主要的模式有。

稻—稻—冬闲　该模式为早、晚两造水稻，属传统的栽培模式。分布于县内各乡镇，为大多数稻田的基本耕作模式。

稻—稻—菜(冬种)　为两造水稻收割后再种植蔬菜或马铃薯等其他冬种作物，人多田少的农户多采用。主要分布于濛江、太平、和平、塘步及县城周边地区。

瓜—稻—菜(冬种)　该模式为先种一造西瓜，晚造种水稻，水稻收获后种植蔬菜或马铃薯等其他冬种作物，该方法既保证有一定自给粮食，又有一定的经济收入，为一般农户所采用。主要分布于金鸡、濛江、太平、和平、塘步等镇及县城周边地区。

瓜—瓜—稻—菜(冬种)　这种栽培模式为先种两造早西瓜(宜用生育期较短的黑美人等品种，并采用营养杯提前育苗)，再插晚稻，晚稻收获后种植蔬菜或马铃薯等其他冬种作物，为人多田少且劳动力较多的农户所采用。主要分布于金鸡、濛江、太平、和平、塘步、古龙等镇及县城周边地区。

瓜—瓜—菜心　2004 年，藤县瓜农，特别是离开本土，外出租田种植无籽西瓜的瓜农，为了确保种植成功，充分利用土地，提高经济效益，摸索出“无籽西瓜 + 无籽西瓜 + 菜心”一年三熟栽培模式，年栽培面积在 2000 公顷左右，配以高产高效栽培技术，每户(夫妻两人)每造可管护 5 亩左右，获得很好的产量及经济效益；年平均亩产无籽西瓜 7.20 吨，菜心 1.8 吨，无籽西瓜产地平均卖价为 1250 元 / 吨，菜心为 1700 元 / 吨，年亩产值12060元，年户收入在6万元左右。该模式为：第一造无籽西瓜在3月份播种育苗，4月上中旬移植，6月中下旬成熟采收上市；第二造无籽西瓜在大暑前10天左右育苗，大暑后3~4天移植，国庆节前一周左右成熟上市；第三造种植菜心，采用撒播方式，撒种时间在10月上旬，11月中下旬至12月份收获上市。

瓜—瓜—瓜—菜（冬种） 这种栽培模式为三造西瓜后再种植蔬菜或马铃薯等其他冬种作物。

玉米—水稻—菜（冬种） 为先种一造春玉米，再种晚稻，晚稻收获后种植蔬菜或马铃薯等其他冬种作物。主要分布于浔江低水田地域。

玉米—玉米—玉米—菜（冬种） 这种模式为三造甜玉米后再种植蔬菜或马铃薯等其他冬种作物。

土壤改良

冬种绿肥 种植绿肥，利用绿肥压青改土。进入20世纪90年代，县政府为了进一步调动各乡镇绿肥种植积极性，成立冬种绿肥指挥部，并安排资金专项支持冬种绿肥生产。1991年，县政府安排财政经费104.5万元，用于种子、根瘤菌补贴、绿肥管理员工资、示范样板建设、技术培训及对参与冬种绿肥生产的乡镇农技站干部及农辅员进行奖励等，比1990年投入资金增加64.23%。当年绿肥的种植品种以红花草为主，辅以油菜及冬豆。全县绿肥种植面积达1.37万公顷，获得了自治区的表彰。但由于劳动力的流失和种植结构的调整（发展秋冬菜），从90年代中后期起绿肥种植面积呈现了逐步萎缩的态势，1999年，全县绿肥种植面积为7333.33公顷，2000年后，全县几乎没有种植绿肥。

中低产田改造 1990年—1993年，实施“中低产耕地改良项目”，项目中心示范区面积666.67公顷，辐射带动面积达6666.67公顷。县财政每年为此拨出专项经费5万元。推广因土灌溉、合理用水，因土种植、推广良种等措施，使中低产耕地改良工作取得显著效果。此后，垄作示范推广技术作为自治区土肥站重点推广的一项中低产田改造技术。1994年，藤县被自治区土肥站列为垄作技术推广重点县，在城关、南安、天平建设示范点133.33公顷，并于南安大罗村示范点召开工作现场会，推动当年全县垄作面积达2.42万公顷，经测产垄作平均亩产达507公斤，较平作平均亩产增产55公斤。1997年—2000年，进一步通过整合稻草还田、冬种绿肥、化肥深施、配方施肥、中低产田改良项目为沃土工程项目，年改良土壤面积超过1万公顷。2002年，在藤县园艺场建立坡耕地治理改良示范基地，改良坡耕地约66.67公顷，发展水果种植。2002年后，中低产田改造职能由国土部门行使。

肥料施用

1991年，为进一步减少耕地化肥使用量，促进农业科学用肥，县土肥部门重点开展配方施肥、化肥深施，叶面施肥技术的推广。叶面施肥主要在水稻、西瓜等作物的生长中后期喷施新型叶面肥，实现农作物生产节本增效。全年早晚造喷施叶面肥达1.30万公顷，主要叶面肥种类包括尿素、钾肥、磷肥、磷酸二钾、施乐宝、高效硝铵复合肥、叶面宝等10多种。同时推广氮、磷、钾、微肥的配合施用、有机肥和无机肥的配合施用。全县化肥施用量69437吨，其中氮肥31604吨，占化肥总量45.51%；磷肥21488吨，占化肥总量30.95%；钾肥8668吨，占化肥总量12.48%；复合肥7677吨，占化肥总量11.06%。20世纪90年代初期，全县各乡镇均建立喷施叶面肥示范点，农技工作人员通过开展小区示范，探索出喷施叶面肥的实用技术模式。1992年，县政府将推广喷施宝作为夺取晚稻增产稻谷2500万千克的重要技术来抓，下半年施用喷施宝36.5万支，实现晚稻亩平均增产16.7千克。

1993年起，土肥部门大力开展测土配方施肥及化肥深施技术，全年完成测土配方施肥面积2.27万公顷，化肥深施面积1.67万公顷。1996年测土配方施肥面积增长至2.41万公顷，化肥深施面积1.42万公顷，平均亩增产23.4公斤。1999年，全县测土配方施肥面积超过3.33万公顷。

1998年，全县氮肥施用量24911吨，占化肥总量40.35%，比1991年减少5个百分点多；而复混肥的使用量10465吨，占化肥总量16.95%，比1991年增加5.94个百分点。虽然农业用肥逐步克服重氮轻磷忽视钾的倾向，但重化肥轻视有机肥的倾向却很严重。

2000年，全县肥料的使用量61514吨。此后，结合沃土工程项目，在做好测土配方施肥等工作的基础上，开展生物有机肥的推广。2005年，开展精准施肥技术试验示范，在天平龙胜、太平仁安建设水稻样板片，在太平仁安和东荣均常各设立1个西瓜样板片，利用土壤养分速测仪及电脑专家施肥系统强化精准施肥服务，当年带动面上精准施肥13.33公顷。

1991年—2005年，全县化肥施用量，年均在6万吨以上。最少使用年份为1995年，全年使用60139吨，其次为2000年61514吨；最多使用为1992年，达74726吨，其次为1993年，72737吨，2005年则为72642吨。由于农户缺乏对土壤类型及作物种类的了解，施用肥料存在无序施用、过量施用现象。因不合理的施肥，对局部地区造成一定程度的养分不平衡。农民对西瓜、香瓜、蔬菜、甘蔗、花生等经济作物则广泛应用配方施肥、化肥深施、叶面施肥。

1991年—2005年藤县农业主要物资消耗情况统计表

表10-2-3　　单位：吨

年度	当年施用化肥量（实物量）					农药使用量（吨）	农用地膜使用（吨）	农用柴油（吨）
	合计	氮肥	磷肥	钾肥	复合肥			
1991	69437	31604	21488	8668	7677	–	–	–
1992	74726	32710	23478	9383	10184	–	–	–
1993	72737	30340	21755	9628	11014	420	93	–
1994	65877	27912	20013	8617	9335	779	255	–
1995	60139	25508	17080	8026	9525	659	358	1142
1996	64855	26528	18340	8944	11043	647	379	843
1997	62700	26192	18314	8799	9395	643	389	1142
1998	61739	24911	17212	9151	10465	728	332	987
1999	62162	–	–	–	–	850	457	1271
2000	61514	–	–	–	–	836	308	1277
2001	61597	–	–	–	–	728	419	1164
2002	61919	–	–	–	–	750	409	1279
2003	63236	–	–	–	–	739	383	1079
2004	68853	–	–	–	–	815	426	1397
2005	72642	–	–	–	–	791	455	1513

良种良法

品种引进与改良　水稻。开展水稻品种开发利用课题研究。1989年1月从福建漳州农科所引进高产杂交稻母本“特A”及其高产组合“特优63”。由于其具有高产、抗病、米质优良等特点，曾一段时期为境内主要的水稻当家品种。但其存在杂株率较高，不育系纯度低，育性不稳定等一系列技术问题。为了培育更适合本地实际需要的优良品种，1993年县政府设立“杂交水稻不育系龙特浦A的原种生产及杂交水稻特优63的开发利用”课题开展科研。经过农业技术人员的钻研和探索，根据特A无花粉种植检测区对特A的纯度、花粉育性以及自交结实率的考察，特A育性的稳定性难以稳定在99%以上。因此，科技人员建立特A、B的株行圃和株系圃，通过严格的单株选择，成对回交，株系筛选的原种生产技术，利用原种直接用于制种，使特A的原种生产和特优系列的制种达到国家规定的标准。至1993年，全县共生产特A原种69856.5万千克，特优63原种纯度由原来的97%~98%提高到99.5%；种子纯度也由引进前的92%~93%提高到95%以上，成为本县杂交水稻新的当家品种，在县内，以至自治区内大面积推广应用。1997年7月，自治区政府对开发推广杂交稻特优系列组合工作中，做出突出贡献的农业科技人员进行表彰，全区共表彰140人，其中特等奖1名、一等奖3名，均为藤县农技工作者；还有13名藤县农业科技工作者榜上有名。至1999年，全县累计为全自治区各种子公司制种客户提供特A原种16975.05千克，向广东、云南、贵州等地外调。

华优系列杂交水稻引进。1998年，藤县从华南农业大学引进华优系列杂交水稻品种，该品种具有高产、优质、抗病等优点。但在本县大田种植过程中，发现该系列组合存在不育系群体杂株、变异类型多、生物学混杂等缺点，县农技人员认为这是直接制约育种质量的主要原因，是决定华优系列开发利用过程中用种质量能否安全保障的问题。县农业技术人员与华南农业大学及广东省饶平县种子公司共同参与研究，针对“Y华农A”的特性特征，充分利用其有利的性状，寻找克服制约其不利因素的对策，采用“一杂三圃”法进行提纯，“株行、株系循环”法进行保纯和原种生产的技术措施，提高和保持“Y华农A”的纯度。1999年，成功将“Y华农A”的亲本纯度由原来的98.2%提高到99.7%以上。通过对亲本种子的改良，制种基地繁殖的华优系列种子纯度保持在99.7%~99.9%之间，有效地保证为大面积制种提供高纯度的“Y华农A”种子，使华优组合种子纯度达到国家规定二级标准以上。通过改良“Y华农A”，利用它与生产上已大面积使用的强势恢复系配组选育，于1998年—2000年前后育出华优86、华优桂99、华优128、华优229、华优8830、华优107等一批优质、高产、抗病的新品种，成为早、中、迟熟搭配合理的系列组合，为两广乃至全国农作物优势产区主推品种。

杂交水稻新组合品比试验。1991年开始，藤县农科所与县种子公司合作，承担本县杂交稻新组合品比试验。通过观察、鉴定新组合、新品种在县内的适应性、丰产性和抗逆性，从中筛选出适合藤县种植的杂优新组合，以提供面上推广应用，从而加速杂交水稻良种的更新换代，适应农业生产发展的需要。1995年后，通过水稻新品种区域比较试验来筛选适合县内种植的水稻新品种组合，水稻新品种经小区测试淘汰若干品种后再开展大田试种，各乡镇也开展了水稻试验田的建设示范。至1999年，累计共将351个新组合在早晚两造分早、中、迟熟组进行试验，从中选育了一批高产、抗病、优质杂交稻新组合并得到迅速推广，如特优63、特优18、特优86、特优838、特优3550、博优903、博优64、博优香、博优3550、华优99、华优86、华优3550、华优838、穗优8830等，为藤县粮食生产持续增产丰收奠定种子基础。2000年，藤县现代农业发展有限公司承担梧州市现代农业实验区经济作物新品种引种、试验、示范。通过从美国、日本、荷兰与广东、台湾、福建等国内外引进经济作物如圣女香茄、七彩甜椒、超甜28号玉米等60多个新品种进行试种、示范，筛选出一批适合梧州市、藤县农业开发，具有高产、优质、高效、市场适销对路、能够形成产业化经营的新品种。

玉米。2001年，引进玉米品种正大818、正大819。2003年引进苏玉（糯）一号，南校18号，2004年引进正大868。

西瓜。1990年，从广西农科院引进广西四号无籽西瓜新品种，小试表现高产。1991年在古龙大面积推广，当年种植面积133.33公顷。1992年实施《优质出口无籽西瓜栽培技术》项目所采用的无籽西瓜品种为广西四号。1993年引进广西五号无籽西瓜，1994年—1995年实施的“丰收计划”种植业项目《广西三万亩无籽西瓜高产优质栽培技术》，选用的品种就是高产优质的广西五号无籽西瓜品种；2002年引进广西三号、台农新一号、桂宝802、利农台湾新一号、大壮黑美人、金美人；2004年引进靓丽黑美人、靓美人6号、丰蜜一号、丰蜜二号；2005年引进昌农新一号、金蜜宝、长城华冠。

木薯。2001年，结合藤县10万吨木薯酒精项目，加快木薯品种的调整步伐，从传统的南洋红当家品种转变为大面积推广GR891、GR911及南植199、华南五号等木薯新品种。2004年新品种推广面积1333.33公顷。2005年引进良种木薯种茎3500吨，并建立繁育基地。

种子繁育 藤县水稻种子繁育以县种子公司为主，20世纪90年代初开始，种子公司加强对杂交水稻良种的繁育工作，每年度根据生产需求，委托县农科所等技术部门制作杂交稻亲本，并将杂交稻亲本发放到各制种基地农户手中，并签订收购协议，配发相应肥料，按照详细的制种技术进行制种并按照协议价进行收购。1991年繁育博优64及汕优016等杂交稻品种，其中博优64品种按每千克3.36元、汕优016品种按每千克4.62元的价格进行收购，全年制种254.53公顷，生产杂优种子792.6吨。此后，按照《种子管理条例》的要求，打击非法制售杂交稻种子的行为。1999年在那塘、满村、埌南、沙田、新庆、永和等制种基地制种面积260公顷，生产特优63、特优86、优Ⅰ402、博优903、华优99、华优86等13个杂交稻种子700多吨。2000年后，全县杂交稻制种种子数量稳定在500吨~700吨左右。2005年，杂交稻制种面积176.2公顷，生产杂交稻种子549.4吨。

1991 年—2005 年藤县主要水稻种子繁育面积、产量统计表

表 10-2-4　　单位：公顷、吨

年度	特优 63		博优 903		Ⅱ优 3550		特优 228		特优 524		华优桂 99		博优 253		特优 86		特优 838		华优 86	
	面积	产量	面积	产量	面积	产量	面积	产量	面积	产量	面积	产量	面积	产量	面积	产量	面积	产量	面积	产量
1991	8	25.8	53.3	163	20	50.6														
1992	41.3	117.8	52	176	20.5	50.1	7	19.6												
1993	42.1	132.7	40	158.6	18.9	64.1	7.9	23.2												
1994	59.7	193.5	48	164.7	20.1	68.6	24	73.8												
1995	88	227.7	45.5	148.7	21.7	63.1	13	37.6	346	23.1										
1996	112	352.8	47.7	162.1	18.4	49.1			446	91.4										
1997	90.7	248.2	13.5	46.9	6.7	19.8			450	25.7										
1998	97.1	307.9	13.3	48.6	5.7	16.5			530	8.70										
1999	39.3	122.5	10	36.2	15.3	48.3			400	26.7	6.80	21.5			106.9	303	12.4	40.4	8.7	20.8
2000	52.4	150.9	14.2	48.5	17.3	50.3			320	21.3	53.5	170.4			50.8	130.6	3.8	22	51.3	136.8
2001	45.5	149.5	15.4	50.2	8.7	27.3			220	14.7	52.6	175.6	9	31.2	13.9	38.1	6.7	20.1	49.1	135.2
2002	34.9	116.4	6.9	21	10.2	31.3			200	13.3	50.9	166.3	24.1	80.5	12.2	31.3			46.4	146.1
2003	31.3	97.6	6.7	23.1					230	15.3	53.7	174.1	28.2	97.7	9.7	26.9			57.8	168.6
2004	28.7	87.6							233	15.5	50.4	162.2	34.2	124.6					63.5	179.2
2005	26.7	77.4							220	14.7	45.3	146.5	32.4	123.6					56.9	157.7

良种推广　20 世纪 80 年代，藤县常规稻占水稻播种面积 70%。为克服常规水稻在抗性、产量方面的不足，从 80 年代末开始，陆续实施“粮食增产综合技术开发项目”，通过建立样板示范片，辐射带动优质杂交稻的推广应用。1991 年，全县种植杂交水稻 35366.67 公顷，占当年水稻种植面积的 71.7%。此后，通过政府不断引导，杂交水稻样板示范不断获得增产丰收，藤县优质高产的杂交水稻播种面积逐年上升。1999 年全县种植杂交水稻 43973 公顷，占当年水稻种植面积 95.2%。1991 年—1997 年，藤县杂交主要品种有特优 63、特优 524、特优 66、博优 64、博优 903 等。其中特优 63、博优 903，因其丰产性能好，得到大面积推广，成为当家品种。1998 年—2005 年主要品种有特优 86、华优 86、华优桂 99、华优 229、特优 63、特优 838、优Ⅰ 402、博优 903、博优 253、Ⅱ优 3550、粤优 938、粤优 206、两优培九等。当家品种是特优 86、华优 86。

栽培技术推广　水稻烯效唑育秧技术。1991 年开始，全县在大面积采用多效唑育秧的基础上，开始推广烯效唑育秧技术。该技术克服了多效唑育秧浓度不易掌握，浓度过高容易导致秧苗矮化的弱点，对于培育壮秧，增加低位分蘖，夺取粮食稳产增产有较大的作用。

水稻旱育稀植技术。该技术从 1993 年开始引进并推广。通过旱育，使秧苗的根系发达，增强秧苗吸收肥水的能力，从而达到增产的目的。

水稻抛秧技术。藤县水稻传统的栽培方式为插植，1995 年开始引进水稻抛秧技术并推广。采用抛秧技术可使秧苗入土较浅，易分蘖，且低位分蘖较多，从而达到增产的目的。另一方面，抛秧不用弯腰，可减少插秧时间和插秧的劳动强度，有利于腾出更多的劳动力发展二、三产业，增加收入。同时引入塑料秧盘育秧，与水稻抛秧栽培技术配套。该技术推广较快，至 2005 年年底，普及率达 98%。

水稻免耕抛秧技术。2002 年开始引进并推广。这项技术是在抛秧的基础上通过喷洒除草剂杀死田间杂草然后直接抛秧，不用犁耙田实行免耕。采用该技术最大的好处是节约成本，每亩平均节约犁耙田人工 40 元以上。由于这项技术与传统的精耕细作相反，因此，农民还不很乐意接受，推广的速度比抛秧技术的推广速度稍慢。

《广西60万亩杂交水稻迟熟特优系列组合综合增产技术》。1996年—1997年，完成农牧渔业“丰收计划”项目《广西60万亩杂交水稻迟熟特优系列组合综合增产技术》，受到自治区农业厅和国家农业部的表彰，分别获广西农牧渔业丰收奖一等奖和国家农牧渔业丰收奖二等奖。县内有10名农业科技工作者因工作成绩突出而得到了奖励。

玉米地膜覆盖栽培技术。1991年开始示范、推广。通过覆盖地膜，达到提早收获的目的。该技术是沿江低水田避洪保丰收的有效措施。藤县“低水田早造改种地膜玉米试验研究”项目，1996年获自治区农业厅及梧州地区科技进步二等奖。

马铃薯稻草覆盖免耕栽培技术。该技术从2003年冬开始引进，2004年冬开始大面积推广。

无籽西瓜嫁接技术。该技术从1994年—1996年进行试验示范，1997年推广，面积逐步扩大，当年达133~200公顷。

无籽西瓜带状覆盖栽培技术。20世纪80年代初开始引进应用，1990年试验示范面积666.66公顷，以后全面铺开应用。

病虫害防治

病虫害 1990年前，危害水稻的主要病虫害有：稻瘟病、稻纹枯病、白叶枯病、恶苗病、细菌性条斑病、稻普通矮缩病、稻曲病、稻飞虱、稻三化螟、稻二化螟、大螟、稻纵卷叶螟、稻瘿蚊、粘虫、稻叶蝉、稻蜻蠊、稻蠊虫、稻负泥虫、稻蝗、稻包虫、稻蓟马、福寿螺。全县因病虫害每年损失稻谷约8000吨。其中稻飞虱、三化螟、稻纵卷叶螟、稻瘟病、稻纹枯病尤为严重，占病虫害造成损失的80%以上。危害最大的是稻飞虱，每年造成水稻产量损失约5000吨；一般发生面积占播种面积的90%左右，发生严重田块可造成60%~70%产量损失。境内曾为稻瘟病重发区，尤其是水稻穗茎瘟危害更为突出。1991年，随着抗病杂交水稻品种的推广，稻瘟病的发生有所减轻；水稻普通矮缩病是20世纪90年代末开始在境内出现，2001年晚造个别地方严重发生，潭东镇积和村约10公顷水稻因发病而基本失收；水稻细菌性条斑病是自20世纪70年代末传入县内，最初在潭东村潭东垌、太平镇仁安村制种基地发现，90年代后随双杂种子向其他乡镇扩散。2001年，农业技术人员在南安镇发现不明木薯病害，经取样并报送自治区农业植物检疫有害生物疫性普查技术专家组鉴定，该病害为木薯枯萎病。发病品种为当年从武鸣引进的新品种南植199。该病的发病植株率达90%以上，属重大危险性病害。福寿螺是20世纪80年代末开始经人为传入境，2005年年底，全县发生面积约8万亩，是危害水稻前期生长主要害虫。

综合防治 1991年后，藤县农作物病虫害防治以化学药物防治为主，综合防治为辅；贯彻“预防为主、综合防治”的植保方针，加强病虫害预测预报，开始从单纯的药物防治转向综合性防治，促进生态平衡。年内推广使用噻嗪酮（扑虱灵）防治稻飞虱。1997年开始推广使用吡虫啉用于防治稻飞虱和蚜虫。同时，高毒高残留农药替代品得到推广应用，如阿维菌素、吡蚜酮、烯啶虫胺、氯虫苯甲酰胺（康宽）、噻虫嗪、Bt生物杀虫剂、螺螨酯、嘧菌酯等均广泛推广应用。1991年—1998年，县植保站每年在全县建立2个66.67公顷以上样板片；年均完成综合防治面积达88133.33公顷（次）。1999年后，示范片面积有所减少，但仍维持在13.33公顷以上的水平。开展新农药试验示范，推广如“大功臣”等高效低毒农药。开展植保技术培训，每年培训农民500人次以上。2000年，推行培育无病壮秧，采取供种同时供药的方式，将强氯精等种子消毒药品发放到群众手中，把好种子消毒关。濛江镇受高温干旱及强光照的影响，出现严重的番茄病毒病，蚜虫、红蜘蛛大量繁殖，番茄植株呈条斑及蕨叶两种类型。针对病虫害的发生，农技人员提出番茄播种前用清水浸泡3~4小时后，再用高锰酸钾浸种30分钟的种子消毒措施，对于出现病虫害的耕地施用石灰使病毒残体钝化，并实行2年轮作，有效地克服了病虫害对番茄生产的影响。加大病虫测报的发布频率，年内发布病虫情报超20期。

2004年开始，在果树、蔬菜上推广应用频振式杀虫灯、果蝇诱捕器、粘虫黄板诱杀害虫等无害化治理新技术。是年6月1日开始，禁止销售和使用甲胺磷、甲基对硫磷、对硫磷、久效磷、磷胺等5种高毒有机磷农药及其混配制剂。此后，使用杀虫杀螨剂主要有：敌敌畏、乐果、叶蝉散、朴虱灵、吡虫啉、啶虫脒、阿维菌素、毒死蜱、辛硫磷、杀虫双、三唑磷、马拉硫磷、锐劲特、乙酰甲胺磷、乐果、氯氰菊酯、氰戊菊酯、克螨特、达螨灵；

杀菌剂主要有：甲基拖布津、多菌灵、三环唑、异稻瘟净、克瘟灵、井冈霉素、百菌清、退菌特、甲霜灵、代森锰锌、氢氧化铜、丙环唑、农用链霉素；除草剂主要有：乙草胺、丁草胺、苄嘧磺隆、百草枯、草甘膦等。

1991 年—2005 年，全县农药使用量在 420~850 吨之间，1993 年最少使用，为 420 吨，1999 年最多使用，为 850 吨。2005 年为 791 吨。共发布病虫情报 245 期。

第三节 粮食作物

1991 年，境内粮食作物以水稻为主，辅以玉米、红薯、豆类，其他杂粮在县内各地零星分布，小麦已很少种植。境内耕地绝大部分种植粮食作物。1991 年，全县粮食作物占用耕地面积 26825.81 公顷，占耕地总面积 79.92%。此后，由于农业产业结构的不断调整，以及大量农村劳动力外出务工与水利基本设施等因素影响，水稻种植面积逐年减少，一些远离村庄、地处山区的稻田出现荒废。粮食作物占用耕地面积的比例逐年降低。1998 年，粮食作物占用耕地面积 25808 公顷，占耕地总面积 78.16%。2005 年，粮食作物占用耕地面积 23910 公顷，占耕地总面积 74.62%。

水稻

1991 年，水稻播种面积 49187.2 公顷，稻谷总产量 26.48 万吨。其中早造播种面积 24472.5 公顷，产量 15.78 万吨；晚造播种面积 24714.7 公顷，产量 10.70 万吨。

1991 年—1992 年，粮食生产以项目为龙头，综合开展增产技术措施，通过实施以自治区下达的《大面积粮食综合技术开发》项目，带动大面积粮食增产，大力推广以特优 63 为主的高产、高抗杂交稻组合，全县杂交稻种植面积占水稻种植面积的 85% 以上。

1993 年开始，水稻向"高产、高效、优质"方向发展，实施"一优三高"技术开发。1995 年，开展科技兴农服务，实施《广西 1400 万亩粮食（水稻）综合增产技术开发项目》，藤县实施 1 万公顷，通过项目实施与科技服务，全县水稻播种面积 48947.13 公顷，总产量 30.66 万吨，平均亩产 418 千克，比上年增长 11.8%。当年太平、东荣、和平 3 个乡镇实现吨谷乡（镇）。

1997 年，水稻生产，在农业种植业结构调整下，种植面积适当减少。年内实施七大科技项目，旱育稀植工程、旱粮增产工程、种子产业化工程、低水田避涝保丰收工程、吨粮县建设工程、粮食自给工程、晚稻赶早稻工程。各项工程均取得较好效果，低水田避涝保丰收工程，实施 3669 公顷，总产 1.81 万吨，平均亩产 328 千克，避涝保丰收率达 81.3%。是年早稻，全县平均亩产达 508 千克。

1998 年—1999 年，继续推行粮食高产综合技术，开展"水稻旱育秧及综合配套增产技术"和"吨粮田"项目建设。全县水稻生产获得前所未有的丰收。1999 年，全县全年水稻播种面积 46171 公顷，总产稻谷 35.37 万吨，平均亩产 511 千克，是历史上总产、单产最高的一年。藤县成为"吨粮县"，被列为"九五"第二批国家商品粮基地县。

2002 年，为应对中国加入 WTO 的挑战，县农业部门将扩大优质稻种植面积作为种植业结构调整的重点，全年种植优质稻面积 33333.33 公顷，占全年播种面积的 79.3%，比上年增加 7.6%。全年实现水稻产量 27.67 万吨，因受洪涝灾害及局部大暴雨的影响，单产略有减少，亩产为 426.1 千克。

2003 年—2005 年，实施 2000 公顷优质稻示范基地项目，并进一步做好水稻免耕抛秧高效栽培技术的推广和培训工作，在新庆、金鸡、

1992 年 6 月，县农业局在大黎镇召开现场会推广棚架板托、竹托育秧新技术

东荣、岭景、塘步等乡镇召开培训班及现场会6次。2003年、2004年分别完成水稻免耕栽培技术推广面积4100公顷和4833.33公顷，示范片区免耕田平均亩产增加18千克与19.5千克。获得自治区表扬。

2005年，全县水稻免耕抛秧技术进一步推广，面积达11260公顷，免耕田平均亩产达472.1千克，为全县粮食丰收奠定基础。全年粮食播种面积49701公顷，平均亩产366.07千克，全县总产量27.29万吨。

玉米

玉米在境内有历史性习惯种植，但每年种植面积不大。1991年，全年播种面积201.9公顷，产量390.6吨，平均亩产128.97千克。1992年，农业部门在低水田（地）开始进行地膜玉米种植实验研究获得成功后，探索出一条低水田（地）避洪保丰收的新路子。1993年起开始大力推广，1995年，低水田（地）改种地膜玉米面积达4002.67公顷，占玉米种植面积的91%。种植地膜玉米目的主要是避洪保收，一般能在6月15日前收获结束，避过洪水为害。在技术上采取适时早播(1月底种植结束)，选用高产早、中熟杂交玉米良种（桂三一号、桂顶二号，广西农大超甜20号和从外地引进中原单32号、掖单51号，花单22号及本地糯玉米等品种)，合理密植、施足基肥，采用“双龙出海”的种植方式（即双行播种），重施攻苞肥等技术措施。在推广方面，通过大力示范样板，以样板带动，县、乡（镇）、村均建立样板示范，层层带动，推进面上发展。1996年，对南安镇河口村示范样板片17.33公顷验收，品种桂三一号，平均亩产干粒386.5千克。是年，《低水田改种地膜玉米实验研究》项目分别获梧州地区科技进步二等奖和获自治区农业厅1995年度广西农牧渔科技进步二等奖。

1998年早造，藤县遭遇西江特大洪水为害，水稻受灾惨重，但地膜玉米却在6月中旬收获结束，南安镇40公顷玉米示范样板片经上级专家验收：中原单32号亩产生苞970千克，掖单51号亩产生苞970千克，广西农大超甜20号，亩产生苞877.6千克。1999年，全县低水田（地）改种地膜玉米面积达到4002.67公顷，占玉米种植面积的91%。

2000年后，因藤县是非玉米主产区，玉米单产不高，粮食生产的重心始终是水稻，玉米生产更多的作为粮食作物的一种补充。2003年下半年，境内出现持续干旱天气。农业部门加大对粮食作物结构的调整，广泛发动农民改种耗水量不多的玉米，全县玉米种植增加33.33公顷。种植品种多以苏玉糯为主。2005年，全年玉米播种面积891公顷，总产量2529吨。

红薯

红薯种植，在藤县有较长历史，也比较普遍，一般多在秋季的旱地或水源不足的旱田以及沿江坡地种植，是县内杂粮中的大项，也是传统养猪的主要饲料作物。

1991年，境内红薯品种主要有桂薯一号、二号、无忧饥等；分布较多的有潭东、津北、天平、濛江、金鸡、南安、赤水等乡镇。全县播种面积2941.3公顷，产量5150吨，平均亩产116.73千克。1997年为最多年，种植3851公顷，总产量1.33万吨。1998年，因早稻遭受百年一遇的特大洪水灾害，早稻损失严重，当地政府引导农民开展生产自救，全年种植3772公顷，其中秋红薯种植3333.3公顷，全年总产量14483吨，平均亩产255.97千克。2000年后，全县红薯播种面积呈下降趋势，但产量逐年提高。2003年，为最少年份，种植2511公顷，总产量9052吨。2004年为亩产最高年，全年平均亩产256.81千克。2005年播种面积3386公顷，总产量11796吨，平均亩产232.3千克。

马铃薯

20世纪90年代，马铃薯在县内为零星种植。2000年后，随着秋冬种的开发，马铃薯的种植面积逐步提高，2001年全县种植面积2000公顷。2005年，推广稻草覆盖免耕栽培技术2000公顷，并落实资金从内蒙古、河北调入克新一号、费乌瑞它等新品种用于天平镇示范片的建设。全年全县种植3666.67公顷。

豆类

藤县豆类粮食作物主要品种有黄豆、赤小豆、绿豆及各种豌豆等。种植方式有整块地种植，也间种、套种，多种植在旱地，以春种为主，豌豆多属冬种作物。1991年，全年大豆播种面积927公顷，产量1163公顷。1996年以后，豆类种植随着市场需求，每年种植面积在2000公顷以上。农民部分作蔬菜食用，部分晒干做饲料和商品出售。2000年后，在秋冬种开发过程中进一步加大对菜用豆的开发力度，建立有冬种荷兰豆、四季豆的生产基地。全年豆类种植3195公顷，总产量5546吨。2005年大豆播种面积1040公顷，总产量2060吨。

1991 年—2005 年藤县粮食作物面积产量统计表

表 10-2-5　　　　单位:公顷、吨、千克

年度	粮食作物合计		稻谷						红薯		玉米		大豆		杂粮	
			合计		早稻		晚稻									
	面积	产量	面积	产量	面积	产量	面积	产量	面积	产量	面积	产量	面积	产量	面积	产量
1991	54025.7	272181	49187.2	264795	24472.5	157746.6	24714.7	107049.1	2941.3	5150	201.9	390.6	927	1163	768.4	681.8
1992	53994.07	301472	49155.1	291872	24545.7	163282	24608.7	128590	3168.6	7051	326.6	477	759.3	1182	584.5	890
1993	54034.3	310099	48593.9	295799	24063.4	165650	24197.1	131149	3468.5	8629	325	749	1186	2465	165	
1994	54654.5	287898	52585.4	275979	24387.9	134637	24864.1	141352	3203	7781	371.6	866	1078	1788	161	
1995	55901	322615	48947	306604	24549	173491	24398	133113	3390	8827	488	1473	1217	2518	173	
1996	56870	346442	48866	326063	24478	179001	24388	147062	3829	12084	868	2520	1187	2324	210	
1997	54646	348744	46718	326354	23520	179176	23198	147178	3851	13262	851	2545	1261	2671	229	
1998	53005	348881	46293	328587	23250	154041	23043	174546	3772	14483	611	1700	970	1646	255	
1999	52406	370575	46168	353696	23116	179349	23052	174302	3416	10837	555	1571	993	1953	211	
2000	52371	332812	44959	313981	22697	173815	22262	140166	3162	10512	888	2347	1262	2421	221	
2001	51015	321683	44309	302697	22171	151313	22138	151384	3069	11371	897	2386	1161	2392	247	
2002	49668	294657	43294	276720	21735	142371	21559	134349	2829	10226	1076	3035	1111	2179	240	
2003	48292	297712	42567	281881	21339	146297	21228	135584	2511	9052	934	2645	976	1881	240	
2004	48748	300872	43138	284101	21385	146768	21753	137333	2584	9954	890	2544	913	1905	256.8	
2005	49701	272928	43129	254245	21563	112043	21566	142202	3386	11796	891	2529	1040	2060	232.3	

第四节　经济作物

西瓜

藤县西瓜的种植,是县内种植业中仅次于粮食及蔬菜的第三大产业,曾是全国的主要产地和出口基地,也是全国第四批农业标准化示范区。2004 年获农业部质量安全中心无公害农产品认证。以其外形美观、瓜瓤鲜红起沙,汁多渣少,爽脆蜜味,皮薄而坚韧和耐贮运等优点多次在全国性质量评比中获第一名,曾获国家外经贸部颁发优质出口商品“荣誉证书”。

1991 年,藤县西瓜种植,一般年种 2~3 造,即春、夏、秋瓜,以春西瓜为主。主栽品种为广西农科院园艺所培育的广西无籽西瓜系列品种 1、2、3、4、5 号品种,其中种植最多的为广西 2 号、3 号、5 号 3 个品种,另外还种植广西农大选育的 802 品种和台湾的一些无籽西瓜品种。全年播种面积 1977.33 公顷,总产量 5.33 万吨。1994 年,自治区优质农产品开发服务中心实施“广西三万亩无籽西瓜丰收计划项目”,其中藤县实施 2 万亩,藤县太平、古龙、和平、濛江、金鸡等 5 个镇参与项目实施。据自治区农业厅组织的有关专家进行测产验收,全县平均亩产 2.99 吨。项目取得很好效果,获自治区农业厅丰收计划项目一等奖,国家农业部丰收计划项目三等奖。1997 年,进一步推广嫁接西瓜的试种,在古龙、和平、金鸡等镇嫁接西瓜种植面积 33.33 公顷。全年全县西瓜播种面积 1521 公顷,但由于天气原因,西瓜生长受影响,导致缺苗多,且病害较为严重,产量低,个别西瓜种植户甚至绝收。秋瓜的种植也因苗期连续暴雨而影响产量。

1998 年,县委、县政府提出重振西瓜雄风的口号。1999 年,全县播种面积 1977.3 公顷,产量 53271.9 吨。此后,生产规模逐步扩大,产量不断提高。2000 年,县政府调整 4000 公顷水田用于发展经济作物,其中安排项目资金采购无籽西瓜种子 300 千克发放给农民种植。当年引进台湾黑美人、黄肉西瓜及新一号无籽西瓜和广西农大 802 等新品种,并在金鸡旺国村建立西瓜商品育苗基地。全年西瓜播种面积达 2385 公顷,总产

量10.35万吨。20世纪90年代末开始，夏秋西瓜的种植面积进一步扩大，逐渐超过春西瓜。

2001年，在太平镇筹备藤县西瓜节，搭建西瓜产销平台，谋划西瓜发展。同时在太平镇、金鸡镇举办优质西瓜王评比大赛。

2003年，藤县西瓜生产基地获无公害认定，成为广西首家认定的无公害西瓜基地，产品获国家农业部无公害认证以及自治区政府授予广西名牌产品称号。2004年获农业部质量安全中心无公害农产品认证。

2004年，结合自治区农业厅《特色农产品生产基地建设》项目，县成立西瓜生产基地建设指挥部，打造古龙镇田心村、金鸡镇旺国村等西瓜专业村5个，并对完成种植任务的农户给予50元/亩的奖励。

2005年，全县西瓜播种面积3670公顷，总产量15.92万吨。

花生

花生为藤县油料主要作物，全县均有种植，以早造种植为主，秋花生种植较少；品种以粤油系列以及梧州地区农科所选育的品种为主。1991年，播种面积为3119.8公顷，产量5426.8吨。1995年播种面积3381公顷，总产7083吨。2000年，引进桂花15号、桂花16号新品种。当年播种面积3800公顷，总产量8420吨。随着木薯间套种花生技术的推广应用，花生的播种面积逐步扩大，2005年为播种面积和总产量最高年份，全年播种面积4452公顷，产量1.06万吨。

木薯

木薯在境内粮食匮乏年代曾作为杂粮弥补农民的口粮，多利用旱地、坡地、丘陵山地种植。主栽品种是细叶木薯，少量南植188、华南124、面包木薯等。20世纪80年代，藤县人民政府根据本地木薯资源丰富的特点，建成藤县淀粉厂，并于1988年投产，从而促进木薯生产。1991年，全县播种面积11223.7公顷，产量32166吨。此后，一般年种植1万公顷左右。从20世纪90年代中后期起，随着居民口粮日渐丰富和国家实行退耕还林政策，以及木薯加工滞后，木薯生产效益下降。1995年6月30日藤县淀粉厂破产，因而木薯的种植面积和产量逐渐下降，1999年播种面积10279公顷，2001年降至9212公顷，2003年是播种面积为最少年，共8504公顷。从2005年起，由于市场经济的推动和当地政府的引导，加之木薯新品种及木薯生产标准基地的建设，藤县木薯生产恢复发展。2005年，全县木薯种植面积12285公顷，鲜木薯产量5.68万吨。其中333.33公顷木薯标准化示范基地鲜木薯平均亩产2.45吨，比传统品种、传统栽培方法的木薯亩产1.52吨，每亩增产0.93吨，增长61.2%。

甘蔗

1991年，甘蔗生产作为县内藤州糖厂、太平糖厂主要原料供给。县委、县政府努力引导农民利用部分不宜种植水稻的旱田发展糖蔗，主管部门及糖厂积极向粤闽等省引进甘蔗新品种并大力推广秋植及冬植地膜覆盖科学技术。全年全县种植面积2304.4公顷，总产量11.20万吨，亩产3.22吨，为广西糖蔗单产较高县（市）之一。主要分布于城关乡、津北乡、南安镇、赤水乡、埌南镇、金鸡镇、天平镇、和平镇、濛江镇、太平镇。全县糖蔗生产，基本满足县内2间小型糖厂原材料需求。糖蔗种植及制糖成为县内重要经济支柱之一。

1992年—1994年，糖蔗生产处在国家实行食糖经营和价格全面放开的头三年，企业和农民获得了充分的生产经营自主权。但是，糖厂现代化规模生产与蔗农独立分散小规模经济的矛盾以及工农双方经济利益的矛盾显得较尖锐突出，部分农民认为种植糖蔗的经济利益不好，并丧失产品销售自主权，不如种植其他经济作物。部分蔗农改种西瓜、芋头、花生、木薯、荔枝、龙眼等，糖蔗面积维持在1133~1333公顷之间，产量5万~6万吨。

1995年—1997年，为扩大蔗糖规模，县委、县政府推出鼓励单位和个人承包糖蔗生产及利用水田种蔗的优惠措施。企业注意给足蔗农经济利益，糖料蔗收购价调至280元/吨，且一定三年不变；乡村干部及广大农民群众发展糖蔗生产的积极性得到提高。1995年初，糖蔗种植面积恢复到历史最高水平，全县达2048公顷。由于连续遭遇早春长期低温阴雨、盛夏西江特大洪水及初秋开始的长时间干旱等严重自然灾害，蔗农及糖厂均受到重大经济损失，并影响往后两年糖蔗生产的发展。1996年与1997年种植面积及产量分别是 1582 公顷、1600 公顷与 9.29 万吨、9.83 万吨。

1998 年—1999 年，制糖企业经过连续多年的市场激烈竞争，负债累累，被迫改制。糖厂生产开始从国营向私人承包经营转变，糖料蔗收购价格大幅度下降，1999 年每吨收购价仅 100 元。藤县糖厂（藤州糖厂）、太平糖厂因资不抵债，分别于 2000 年 8 月 29 日和 2001 年 2 月 15 日宣告政策性破产。两糖厂的破产加上糖料蔗收购价格低，糖蔗种植面积从 1999 年的 1625 公顷跌至 2000 年的 588 公顷、总产量 2.82 万吨。此后，糖蔗种植面积及产量迅速下降。2004 年，糖蔗种植基本消失。

蚕桑

1991 年，全县有桑园面积 50 公顷，养蚕 3245 张，年产鲜茧 64.9 吨，主要分布于古龙、太平、和平、濛江、天平、城关、金鸡、南安、津北、赤水等 10 个乡镇、25 个村。

1992 年，桑园面积扩大到 120 公顷，年产鲜茧 92.42 吨，养蚕村增加至 45 个。由于下半年干茧滞销，价格下跌至每公斤 5.00 元，挫伤了茧农积极性，此后，蚕桑面积一路下跌。1999 年，全县蚕桑面积仅 19.73 公顷。

2000 年津北桑园一角

2000 年，藤县提出发展三万五千亩蚕桑基地的计划，重点抓好濛江镇大德村桑苗基地和大德村、新城村、古兰村小蚕共育基地等沿江养蚕新基地的建设，加之蚕茧市场行情看好，全县桑园面积恢复至 666.67 公顷，2002 年达 1533.33 公顷。但随后又因蚕种及蚕桑市场混乱，加之 2002 年年末蚕茧价格出现下跌，2003 年农户养蚕的积极性再度下降，出现毁园现象，部分蚕桑基地由广东客商承包经营。虽然政府采取各种措施鼓励养蚕，但 2004 年—2005 年的桑园面积仅维持在 450~550 公顷的水平。

中药材

藤县中草药资源丰富，品种繁多，分布全县各地。20 世纪 90 年代末，藤县逐渐发展以玉桂、八角、葛根、凉粉草、苦玄参、佛手、巴戟、金银花、麦冬、泽泻、灵芝、淮山、田七、石斛、黄枝子等为主要品种的中药生产、加工、销售体系，形成了以古龙为中心，向濛江、平福、东荣、大黎等乡镇延伸的八角种植基地；以和平镇、太平镇、濛江镇、塘步镇等乡镇为主要的葛根生产基地；以藤州、新庆、象棋、金鸡、岭景、塘步、埌南等乡镇为主的玉桂生产基地；以太平镇为主的淮山生产基地等。中药材的产量从 1997 年的 330 吨，发展到 2001 年的 990 吨，2005 年达 1043 吨。

藤县中草药销售是干销和鲜销并存，以干制销售为主。农民以鲜销形式卖给企业或加工场，公司、加工场经加工、干制，以干制品销售。县内形成古龙八角交易集散地、太平综合农贸市场、和平葛根交易集散地等中药材市场，产品如玉桂油不但畅销两广、北京、天津、黑龙江等地，还远销欧美、东南亚等国家和地区。

茶叶

藤县茶叶生产以藤县金鸡茶叶最为著名，金鸡茶叶主要集中于旺国茶场一带，覆盖周边地区。20 世纪 90 年代初，金鸡镇茶区曾一度成为自治区著名红茶出口生产基地，"金鸡茶叶"素以红茶滋味醇厚、气味清香，绿茶色泽翠绿，汤色清澈碧绿、气味芬芳著称，同时因具有生津止渴、提神醒脑、消食解腻等功效而享誉粤、港、澳等地。1991 年，藤县茶叶种植面积 291.87 公顷，总产量 68.6 吨。此后种植面积有所下降，但单产提高，总产量上升。1997 年达到高峰，总产量达 414 吨。茶叶品种以绿茶、红茶、六堡茶为主，主栽品种有福云 6 号、福鼎大毫、福鼎大白等。2005 年，茶园面积 202 公顷，茶叶产量 304 吨。

1991年—2005年藤县主要经济作物生产情况统计表

表 10-2-6　　单位：公顷、吨

年度	总计		花生		甘蔗		木薯		西瓜		芋头		粉葛		蔬菜	
	面积	产量	面积	产量	面积	产量	面积	产量	面积	产量	面积	产量	面积	产量	面积	产量
1991			3119.8	5426.8	2304.4	112011.9	11223.7	32166	1977	53272	616	8037	197	2211		
1992			3105	6089	2149.7	106251	10965.1	35222	1464	44346	616	8235	223	2622		
1993	17752		3371.6	6689	1847.5	105168	10359.6	41529	1319	46915	3528	6374	230	6234		
1994	15986		3127.8	6102	1990.5	98772	10057.9	38771	1856	50256						
1995	16355		3381	7083	2048	113224	10434	44445	1228	52311	533	10039	546	8746	20057	484354
1996	16713		3627	7839	1582	92928	10959	46157	1520	72721	991	16929	604	10315	21149	482373
1997	16907		3375	7166	1600	98301	11150	18632	1521	77395	1016	20794	335	6195	19708	455503
1998	16738		3509	7714	1736	102920	10892	47959	1933	82734	876	18999	326	5075	15606	408409
1999	15917		3410	7999	1625	9445	10279	45927	1790	75374	861	19040	449	6904	15120	367915
2000	14858		3800	8420	588	28217	9747	39282	2385	103537	908	20220	521	8112	19457	500355
2001	14393		3905	9201	464	22393	9212	38342	3107	124008	847	25109	573	9593	19492	520502
2002	14229		3862	8550	445	21197	9181	39923	2913	118095	928	17211	983	22530	20641	551638
2003	13556		3961	9150	440	21407	8504	37548	3420	141517	885	16550	1037	26266	21392	578880
2004	14464		4214	10075			9290	42871	3596	159485	1043	20490	1002	25575	21971	631206
2005	17823		4452	10580	463	13713	12285	56840	3670	159230					23089	664727

注：2005年甘蔗为果蔗

第五节　蔬　菜

藤县蔬菜种植，各地均有，但作为商品出售则以浔江沿岸与和平、太平镇为主。1991年，商品蔬菜以县城郊区供给县城为主，销往境外则以濛江、和平、太平镇为主；以和平粉葛、芋头，太平咸酸菜，濛江大头菜，禤洲黑皮冬瓜等，较为著名。

1994年，县委、县政府大力号召农业综合开发，蔬菜种植面积有所发展。随着南梧二级公路的开通，蔬菜生产发展至公路沿线。1996年，全县蔬菜种植面积21149公顷，总产量48.24万吨。1998年，全县大力发展秋冬农业生产，蔬菜面积迅速增加。1999年藤县被列为自治区冬菜开发示范县，当年秋冬菜种植面积达8600公顷，但因技术不成熟及低温霜冻天气影响，失收面积3740公顷。为进一步促进秋冬种蔬菜生产，2000年县农业局成立冬菜开发办公室，2001年种植秋冬菜面积达8453.33公顷，实际收获面积7986.67公顷，产量27.47万吨。2002年后，全县秋冬种产业从公路沿线的金鸡、藤州等乡镇逐步辐射到全县各乡镇，设施化及技术水平逐步提升，秋冬菜的生产面积稳定在1.2万公顷左右。2004年，全县秋冬菜生产围绕上规模，调结构的工作目标，抓好样板片的建设，是年建立秋冬菜样板1333.33公顷，蘑菇种植面积7.00万平方米，再度被自治区列为秋冬菜开发重点县，完成秋冬菜种植面积1.18万公顷，总产39.5万吨。是年实施五大措施，创建无公害蔬菜、西瓜、黑皮冬瓜基地，其中西瓜和黑皮冬瓜同时获国家农业部无公害农产品认证。2005年，全县蔬菜种植面积2.31万公顷，总产量66.47万吨。

藤县粉葛、藤县香芋

藤县粉葛、藤县香芋种植历史悠久，和平镇是藤县香芋和藤县粉葛的传统集中产地，这两个种类作物常进行间种。太平、平福、大黎、濛江、古龙、塘步、新庆、同心等乡镇都有大面积种植。藤县粉葛以和平镇所生产的最著名、最典型，其以个头大、皮薄、质嫩、粉多、无渣、味甘甜而闻名遐迩。

1991 年全县种植 819 公顷，产量 10248 吨。其中藤县粉葛 197.33 公顷，产量 3980.6 吨；香芋 621.67 公顷，产量 6267.4 吨。1994 年开始，县内开展农业综合开发，实行种植业结构调整，大搞“三高”（高产、高质、高经济效益）农业，加之，香芋、粉葛销量大，价格好，农民积极性得到提高，种植面积迅速扩大。1995 年，全县播种面积 1079 公顷，总产量 1.88 万吨。其中粉葛 546 公顷，产量 8746 吨；香芋 533 公顷，产量 1.01 万吨。

1996 年起，在和平镇实施“万亩亿元”工程，推动藤县粉葛立体种植模式，是年全县种植面积 1595 公顷，总产量 27244 吨。其中粉葛 604 公顷，产量 1.03 万吨；香芋 991 公顷，产量 1.69 万吨。此后，种植面积保持在 1300~2000 公顷之间。2000 年，全县粉葛种植面积 1429 公顷，总产量为 2.83 万吨。

2004 年，藤县粉葛 866.67 公顷基地得到无公害蔬菜基地的认定。2005 年，全县香芋、粉葛种植面积达 2121 公顷，总产量 4.83 万吨。其中藤县粉葛 1101 公顷，产量 2.56 万吨；香芋 1020 公顷，产量 2.27 万吨。

2007 年，藤县粉葛和藤县香芋获国家农业部无公害产品认证，获证单位为广西藤县现代农业发展有限公司。

苞心芥菜

藤县种植苞心芥菜历史悠久，太平等地的农民有秋、冬季种植和两季连作的间套种模式的习惯，即在收获秋季苞心芥菜前，将事先育好的苞心芥菜幼苗套种进菜地内，待收获秋季苞心芥菜后，施肥、淋水、培土，促进第二季菜生长，提高土地利用率。

1990 年，苞心芥菜种植主要集中在太平镇的江口村，以后逐步发展到全镇。1991 年种植面积 250 公顷。此后发展迅速，种植乡镇已从太平镇扩大到濛江、古龙、东荣、天平、新庆等乡镇。以县北片乡镇为主产区。至 2005 年，一般年种植面积 1500 公顷，亩产鲜芥菜 3~4 吨。多采用育苗移栽，甚至用营养杯育苗，亩种植 3500~4000 株。

苞心芥菜主要用作腌制成藤县特产——太平咸酸菜。据传，太平咸酸菜已有近百年的历史，而制作原料是采用优质大肉苞心芥菜加盐、姜黄，经过精心腌制而成，其色泽黄靓，味道酸甜可口，肉质脆嫩。在 20 世纪 70 年代曾代表广西到东南亚参加展览会，深受消费者欢迎并获好评。1991 年后，多销售于本地以及武汉、上海、广州、深圳等地。太平咸酸菜产品 2004 年已注册健旺牌商标，苞心芥菜生产基地获得自治区无公害蔬菜生产基地认定。

大头菜

以濛江大头菜著名，主栽品种从四川引进。头菜鲜食较少，多用于加工。商品头菜主产濛江镇，产品主要销往梧州市、广东等，占有梧州市半个市场份额。尤以江权村和建良村面积最大。1991 年—2005 年，全县年种植面积一般为 2000 公顷，产量约 6 万吨，加工成商品菜 1.5 万吨。

黑皮冬瓜

主产地为塘步镇，以该镇徊洲村的黑皮冬瓜最有名。其皮色墨绿，以个大、肉质厚、糖分高，加工成品白净著称，适于煲汤和加工冬瓜糖、冬瓜汁等，产品大部分销往广东和梧州。金鸡、天平、濛江等地也有种植。县内一般年种植两造，即春瓜和秋瓜。春种 2 月播种，7 月收获；秋种 7 月播种，10 月收获。种植方式是搭棚架种植，营养杯育苗，亩种植 500 株左右，主蔓 30 片真叶时留瓜，每株留一个瓜，采用人工授粉。1991 年，全县种植面积 40 公顷。此后逐步发展，1999 年全县种植 200 公顷。年内，县农业局组织有关人员测产，单造最高亩产 10 吨，一般 7~8 吨，最低 3~ 4 吨。2005 年种植黑皮冬瓜 400 公顷。

食用菌

境内气候条件较为适宜食用菌的生长。藤县大红菌是藤县名特优食用菌品种代表，全为野生，主要分布于象棋镇以及岭景、金鸡等镇。生长于无污染的天然稠椎林间。1991 年已经开发利用，时多为福建客商在象棋收购，后外运销售。2003 年，全县有 5333.33 公顷无污染的天然稠椎林基地。2003 年—2005 年，县农业局与广西农科院合作开展试探性研究，通过人工培养菌种获得了成功，但嫁接到当地椎林中未获成功，至 2005 年人工还无法培植。

除大红菌外，因食用菌产业经济价值较高，2000 年，县农业部门根据县委、县政府发展食用菌产业的工作部署，结合秋冬种生产，加快了食用菌种植的开发步伐，促进农民增收。当年引进福建老板发展冬种白蘑菇6万平方米，试种巴西蘑菇800平方米。通过召开现场会、强化技术培训等形式，食用菌种植面积进一步扩大，2004年全县蘑菇产业从潭东镇辐射到金鸡、塘步、埌南等镇，其中潭东镇福善村被市政府确定为蘑菇专业村，当年蘑菇种植面积达7万平方米。

萝卜

县内濛江、和平等藤北乡镇有种植夏秋萝卜的传统，一般开展夏秋萝卜（早熟）+冬萝卜（迟熟）连作。除鲜食外还制作成腌制品销售。1991年—2005年，萝卜年产量稳定在3万吨左右。

第六节　和平经济作物立体种植

藤县和平镇位于藤县北部，是一个小盆地，阳光充足，有利农作物生长。但在县内是一个比较干旱的乡镇，为了减小干旱影响，提高作物产量，当地农民在20世纪80年代开始探索立体种植的模式，至90年代初形成了一种成熟的农作物栽培模式，本地称为和平立体种植模式。即根据各种作物的植株高矮不同，收获部位不同，收获季节不同，将藤县粉葛、香芋、生姜、蔬菜、瓜类、豆类等在同一块土地里间种、套种。畦边种植叶大、需光量中等的香芋；中间种植植株高大、需光量多、生育期长的藤县粉葛；粉葛之间间种根浅、需光量少的生姜；畦边缘再零星间种黄瓜、丝瓜、苦瓜、豆角、白菜、菜心、芥菜等蔬菜。这样，形成地上三层、地下三层的立体模式。地上最高层是粉葛，中间是香芋，下层是生姜、蔬菜；地下最浅是生姜，中间是香芋，深层是藤县粉葛。收获春种生姜、蔬菜时，又套种红薯和秋冬蔬菜。在同一块畦地内有早有迟、有高有矮、一阴一阳、一深一浅，姜、瓜、薯、芋、豆、菜等多种作物共生共长，相辅相成，把方寸土地充分利用，农民称为“八宝田”。一般情况下，该种植模式亩产粉葛2000~2500千克，香芋1000~1500千克，生姜500千克，年亩产值8000元，高的可超1万元。

2001年和平镇的立体种植作物

和平镇经济作物立体种植，一般选择排灌方便、土层深厚、肥沃的壤土、沙壤土、黏壤土种植，但以壤土为好。种植地一般要水旱轮作2~3年，但也有轮作一年或不轮作的。选定地块后，将地整成畦宽1.4米（包沟）、畦高0.45米的地块，并深耕30厘米，按1.7~2米的距离起种植墩；亩施农家肥1500~2000千克，磷肥50千克，三元复合肥100千克，施于种植穴内与坭混匀。主栽藤县粉葛、藤县香芋、生姜，其次为红薯、大小白菜等。香芋、粉葛、生姜春种，于2—3月播种，红薯、大小白菜为夏、秋、冬种。香芋亩种植1000~1500株，株行距60~80厘米；粉葛亩种植200~250株，种植畦面中央起好的墩上，每墩种1株；生姜亩种1000株左右，种植于畦面香芋与粉葛之间的空地，株行距15~20厘米，以不影响香芋和粉葛为宜；大小白菜、红薯等于秋季之后种植，在畦面中的间隙空地种植。待作物生长到一定时期后，需要加强肥水管理。香芋、粉葛一般追肥5~6次，苗期结合中耕、淋粪水或三元复合肥冲水淋施，亩用粪水1000~1500千克或三元复合肥20千克；以后每隔15~20天施一次，连追4~5次，每次每株用三元复合肥50~75克，在植株附近施下后盖土；生姜用复合肥水淋，每次亩用10~15千克，施用3~4次即可。白菜、红薯看情况施肥。5—6月对香芋进行大培土，即把行沟的土培到畦面上，以后进行多次小培土，使母芋不致露出土面，而充分发育，获得最大个体。前期保持土壤湿润，大培土后，保持畦沟有7~10厘米水层，干旱时把水戽上畦面。对香芋和粉葛的栽培，还要除蘖、整枝、留葛。香芋除蘖：即当子芋及孙芋苗长出地面时及时除去，保证母芋有充足养分长大，芋叶一般不摘，让其自然生长，衰老干枯。粉葛整枝、留葛：葛苗长出后，每株插一枝高 2 米左右的枝干，引导幼苗往上爬，每株留一苗，长到杆顶任其自然生长。当葛苗长到竿顶部盘绕成“球”状并成伞形时，扒开根部表土，选择形态好的两条葛根留下，其余割除，并将留下的葛根的侧根除去，然后覆土。加强病虫害防治。粉葛主要病害有赤锈病，虫害有地粉蚧。赤锈病可用 25% 粉锈灵 2000 倍液防治，地粉蚧用 40% 辛硫磷 2000 倍液或 90% 敌百虫 1000 倍液灌淋后覆土；香芋的病害有疫病、软腐病，虫害有蛴螬。疫病可用 58% 的甲霜灵锰锌 500 倍液喷雾防治，软腐病可用农用链霉素或 77% 可杀得可湿性粉剂 500 倍液喷雾防治，蛴螬用 90% 敌百虫 800~1000 倍液灌根防治；姜的主要病害有姜瘟，可用 1∶1∶100 波尔波液或 5% 硫酸铜液防治。作物收获，根据市场需求情况，香芋可于当年 9 月至次年 1 月份采收；生姜于 9—10 月份收嫩姜，老姜于 11 月中、下旬采收；粉葛于当年 11 月至次年 2 月采收；其他作物根据不同种植季节及其生长情况，适时收获。

1993 年，和平镇经济作物立体种植 206.67 公顷，平均亩产值达 5860 元；1995 年该镇又扩大到 500 公顷，平均亩产值 6875 元。为了培植和扩大该高产出的种植模式，县成立领导小组，县长亲自挂帅，任领导小组长，县委常委、常务副县长担任副组长，领导小组在农业局设立办公室，由农业部门抽调专人负责办公室工作，有关乡镇村也相应成立领导小组，并落实专人负责。通过宣传发动、加强技术指导、积极筹集资金，增加投入、办好示范样板、广开流通渠道，同时抓好市场信息网络建设，形成国营、集体、个体和农户共同购销服务体系，使农产品能够种得出，销得去，价格高，效益好。和平镇经济作物立体种植模式得到培育与发展。

1996 年，全县组织实施经济作物立体种植“万亩亿元”工程，实施面积 717.33 公顷，其中和平 616.67 公顷、太平 65.33 公顷、濛江 35.33 公顷。12 月 23 日，经自治区农业厅、梧州地区、县农业局、科委、统计等有关单位、部门的专家、领导组成联合验收小组对和平镇志成村、陈塘村、都坡村，太平镇柴咀村，濛江镇覃安村等 3 个镇 5 个村的 15 个田块实行测产验收，平均每 666.67 平方米产香芋 1239.67 千克、粉葛 873.57 千克、生姜 621.39 千克、蔬菜 1404.62 千克。按当时当地市场价格计算，香芋每 666.67 平方米产值 2826.89 元、粉葛 2620.71 元、生姜 4349.73 元、蔬菜 280.92 元，合计每 666.67 平方米总产值 10078.25 元。

1996 年，自治区农业厅在和平镇召开立体种植“万亩亿元”工程现场验收会

1997 年，县政府作出县北面巩固“万亩亿元”工程，县南面扩大试验示范。当年实施的乡镇由和平、太平、濛江 3 个乡镇增加古龙、东荣、金鸡、潭东、天平等镇共 8 个镇，实施面积 990 公顷。

1997 年后，随着立体种植技术的逐步推广与成熟，藤北片各乡镇的立体种植面积每年均稳定在 700 公顷左右，其他乡镇均有不同面积的实施。至 2005 年，随着外出打工人员的增加以及务农人口的减少，全县立体种植面积逐步减少。

第七节　农产品加工

藤县农产品加工起步较晚，加工产品主要包括米粉、腌制菜及葛产品等。米粉加工以小作坊为主。

太平咸酸菜原产于藤县太平镇江口村，历史悠久。始称江口咸酸菜，后来扩大发展至全太平镇，故改称太平咸酸菜。2000 年后有 2 间上规模的咸酸菜加工厂。2005 年已扩展到周边乡镇。为了扩大太平咸酸菜的知名度，该镇利用展销会、农博会、广交会及市县各种大型会议之机，大力宣传推介，同时利用网络平台进行宣传。对产品外包装精心设计，使之精巧实用，色泽艳丽，图文并茂。

太平咸酸菜是由潮州大肉包心芥菜加工而成。具体制作方法是选用株大、梗扁厚、无黄叶的无公害优质潮州大肉包心芥菜，经采用传统和现代食品加工技术相结合的方法精心加工，因而又称太平包心咸酸菜。其成品色泽黄靓，味道咸酸适度，略闻甜味，可口；肉质脆嫩，配以鱼肉鲜炒尤佳，风味独特。保鲜时间长达8个多月。2000年生产厂家开始标准化，制订了咸酸菜的生产标准(Q/TFS01-2000)。产品采用精美的薄膜袋真空包装。2004年注册“健旺牌”、“蝶珍牌”商标。主要生产厂家有：藤县太平蝶珍咸酸菜厂、藤县健旺食品有限公司。2003年太平咸酸菜产量18万千克。2004年太平咸酸菜的生产基地已获自治区无公害蔬菜生产基地认定。2005年产量达1800吨。

太平咸酸菜每年10月份开始上市供应。规格有用薄膜袋真空小包装和用桶装等。产品畅销本地，远销昭平、蒙山、桂林及广州、深圳、武汉、北京等地。2005年太平咸酸菜开始挺进东南亚市场，有100多吨销往马来西亚。

濛江大头菜系选取濛江镇种植的优质蔬菜加工而成，年加工大头菜3.5万吨，经传统手工加工而成，具有口感爽脆、细嫩、自然、清香等优点。2005年，濛江工贸公司、健旺食品公司生产经营大头菜、萝卜脆。

和平镇的葛产品加工于2005年开始试投产加工，日可加工粉葛100吨以上，产品以葛粉、葛片为主。

同心米粉，为同心乡生产，故名。是藤县名优土特产品之一。有500多年历史，清代曾为宫廷贡品。利用当地纯净水源及优质大米精细加工而成。须经浸泡、磨浆、蒸晒、切丝、包装等程序。成品每扎约50克，美观、小巧、别致。粉丝细薄，干爽白净，呈半透明状，润泽虾肉色。用开水烫直粉丝沥水，配以汤料可食。速熟耐煮而水清不浊。汤煮滑嫩，爽脆可口；炒则粉条柔软，不粘连。行销两广，部分销往港澳。20世纪90年代，加工米粉作坊达到200多家，年产量300~400吨；2000年加工作坊有260多家。2005年，加工专业户145户，从业人员800多人，成立多个米粉专业合作社。是年注册“正心”牌商标。

第三章　畜牧业

1991年，藤县境内畜牧业养殖的品种以本地品种为主，多为农户采用传统养殖方式，规模不大，全年出栏肉猪24.19万头，家禽374.26万羽。全县牧业总产值14344万元。1992年—1993年，猪、鸡饲养逐步出现专业化，且规模不断扩展，畜牧业产量逐年提高。1994年，全县肉类总产量在全国百强县排名67位。此后，规模养殖场迅速增多，同时出现专业养殖公司与农户联营的养殖模式。兽医防疫部门加强疫病防治，每年开展春秋两季免疫，确保禽畜生产安全。至2005年，个体专业饲养、公司化规模生产已经成为畜牧业生产的主体。养殖方式逐步形成配方饲料、科学管理，高投入、高产出的现代养殖模式。全年全县出栏肉猪66.66万头；家禽出栏1658.73万羽。全县牧业总产值54981万元，是1991年的3.83倍。

第一节　畜禽品种

藤县境内主要养殖品种有猪、牛、鸡、鸭、鹅；少数养殖的有羊、马、狗、猫、免、鸽子和蜜蜂等。

猪

20世纪90年代前，养殖的品种多以陆川猪、本地猪为主。其中陆川猪多为母本，由于陆川母猪母性好，繁殖力高，适应性强，耐粗饲，而适合农村传统方式养殖。肉猪则以本地的太平猪为最具特色，属于陆川猪系选育出来品种，优于陆川猪。其体躯矮、短、肥、宽，头较短小，耳小而薄向外平伸，额有横行皱纹，背腰宽而下凹，腹大下垂，四肢粗短，全身被毛稀短，毛色为黑白花，腹大常拖地，早熟易肥，肉质好、营养丰富。

1991年，县内已普遍引进长白猪、大约克猪、杜洛克猪等品种的公猪与本地母猪杂交，生产本地二元杂肉猪。二元杂肉猪占全县肉猪出栏总量的90%以上。时县内已普遍推广人工授精技术，大力地促进生猪的繁育效率。至 1995 年，本地母猪是县内主要的生产母猪。

1996 年后，引进外来品种长白猪、大约克猪、杜洛克猪等品种繁殖母猪，以二元杂母猪为主（长白 × 大约克或大约克 × 长白）。二元杂母猪与杜洛克公猪配种产出后代为瘦肉型商品猪。是年首先在供销系统中的太平、和平、古龙、东荣等供销社建设规模养殖场，开始养殖瘦肉型猪，并逐步带动全县发展生猪的规模养殖。2005 年，生猪繁育采用人工授精比例达 85%。

牛

1991 年，县内主要养殖本地水牛、黄牛。本地水牛骨骼粗大肌肉发达，体躯稍短低矮，前躯发达，四肢粗短，蹄大而圆，被毛稀疏，毛色为黑色，挽力大，持久力强，利用年限长，因此多作为役用。随着农业耕作小机具的推广，牛的役用作用逐步被代替而转向肉用生产。黑白花奶牛只有个别养殖户养殖，规模不大。1995 年开始引入摩拉、尼里拉菲、利木赞等优良品种与本地母牛杂交，生产肉牛。杂交牛具有生长快、屠宰率高、适应性强、耐粗饲等特点，受到养殖户的欢迎。2005 年，人工授精配种牛 2283 头，新生杂交牛仔 275 头。

鸡

1991 年—2005 年，县内鸡品种以本地“三黄鸡”为主。县内“三黄鸡”特征为黄嘴、黄皮、黄脚，鸡冠鲜红直立，头小嘴短，羽毛丰满，色泽光亮，体态矫健，体型适中，矮脚细骨，胸肌发达，肉质脆嫩，味道清香、鲜美浓郁，口感好，土鸡风味十足，营养丰富，市场销路广。此前，藤县曾是供港活鸡的定点产地。1985 年开始有养殖户引进 AA 鸡、石岐杂鸡等品种进行规模养殖，因其肉品质差，至 20 世纪 90 年代中期基本退出市场。其他品种只有七彩山鸡，莱航蛋鸡有零星散养。

鸭

1991 年—2005 年，县内鸭的品种以本地麻鸭为主，樱桃谷鸭为辅。本地麻鸭具有适应性强、耐粗饲，适宜放牧、肉质好等特点，适合农村传统方式养殖，并是当时农村主要肉食来源之一。樱桃谷鸭，于 20 世纪 80 年代中期引进，其具有可旱养、大群养、生长速度快、饲料报酬率高、瘦肉多等特点，特别适合做烧鸭的原料。有一定的养殖规模数量。此外还有少量的本地品种旱鸭和番鸭等。

鹅

1991 年—2005 年，境内饲养品种以狮头鹅、白鹅、南安黑脚鹅和赤水六坊鹅为主。其中以南安黑脚鹅和赤水六坊鹅最具特色。南安黑脚鹅具有羽毛丰满、脚黑、体型大小适中、适应性强、耐粗饲，适宜放牧、肉质好等特点。但养殖量呈现逐年减少趋势。

第二节　猪牛马养殖

猪

1991 年，县内生猪在各乡镇大部分农户中均有养殖。栏舍一般在农户的房前屋后，面积在几平方米到几十平方米不等，是相对简陋的砖瓦结构，大多都设有堆粪房和贮粪池，粪便经过干燥、发酵后作为农家肥料。农户采用传统养殖方式，即使用家庭的剩菜剩饭加米糠、猪菜等喂养。生长速度慢，养殖周期长，效益低。在当时农村农民收入范围较窄情况下，养猪基本是农户一项主要经济来源。农户把养猪当作一个家庭聚钱方式进行养殖，因而 90% 以上农户都进行生猪饲养。同时受饲料来源影响，家庭只能少量饲养。在农副产品较多的濛江、和平、太平等乡镇的饲养量相对较大。全县当年生猪出栏 24.19 万头，年末存栏 31.28 万头，其中能繁母猪 1.92 万头。因是传统养殖，猪肉肉质好，基本在各乡镇范围内销售，效益不高。1992 年，遂着全价配合饲料的使用和推广，部分农户在原来传统饲料中加入部分全价饲料，生长速度明显提高，饲养周期变短，饲料来源容易解决。因此生猪饲养量和出栏明显增大。1993 年 5 月，县畜牧兽医站开展的“大面积推广猪驱虫技术提高养猪经济效益”科研项目获广西农业厅“广西农牧渔业科技成果进步奖四等奖”。

1994 年，县政府着力开展农业综合开发，以及配合全价饲料使用的普及，使得个体专业养殖户和中小规模养殖场的数量增加，全县生猪生产逐步走向专业化与规模化经营，大大加速生猪饲养量的发展。1995 年，

2000 年，天平汇龙生猪养殖基地

全县生猪饲养量 133.61 万头，全年出栏 80.79 万头，年末存栏 52.82 万头。1996 年开始，供销系统中的太平、和平、古龙、东荣等供销社先后引进外来品种长白猪、大约克猪等品种母猪，与杜洛克公猪配种产出后代为瘦肉型商品猪，开始了藤县瘦肉型猪养殖先河，并逐步带动全县发展瘦肉型猪养殖。当年瘦肉型母猪存栏 200 多头。此后受到市场价格下滑的影响，生猪生产出现下滑的趋势。1997 年，全县生猪饲养量 110.56 万头，全年出栏 62.51 万头，年末存栏 48.05 万头。2000 年，全县全年生猪出栏 49.13 万头，年末存栏 39.61 万头。2001 年后，生猪生产出现恢复发展。2003 年，全县生猪出栏 58.49 万头，年末存栏 31.75 万头。

2005 年，藤县三农牧业有限公司集品种改良、繁育、养殖、销售于一体，以"公司 + 基地 + 农户"的模式带动农户发展瘦肉型商品猪生产。8 月被评为梧州市第一批农业产业化龙头企业。藤县丰兴畜牧水产养殖有限公司集饲料生产、畜禽及水产养殖于一体。年内完成固定资产投资 490 多万元，建成年产 10 万吨饲料的饲料厂 1 个，有瘦肉型种母猪 400 头。藤县塘步原种猪场、古达商品猪场分别占地 40 公顷和 46.67 公顷，年内建成猪舍 32 幢。全年全县生猪出栏 66.66 万头，年末存栏 31.76 万头。

牛

境内养牛，多为农业劳役所用，品种有浔江牛（水牛）与黄牛两种，以水牛居多。水牛品种体型高大，肌肉丰满，役用性能强；黄牛体型比水牛矮小，役用性能差，群众不欢迎，饲养量不大。1991 年，全县水牛存栏 51851 头，黄牛存栏 2780 头。此后，由于农业劳役很大程度还依赖耕牛，因此水牛存栏逐年增多，而黄牛存栏则逐年减少。1993 年，水牛存栏 57172 头，黄牛存栏 1858 头。1995 年，水牛存栏 62520 头，黄牛存栏 1569 头。1997 年，为水牛存栏最高年份，达 65966 头，而黄牛仅存 637 头。1998 年后，随着农业耕作小机具的推广，牛的役用作用逐步被代替，而转向肉用生产，水牛存栏开始下降。2000 年，全县牛存栏 54406 头。此后，商品肉牛开始养殖，2001 年，牛存栏 48603 头，肉牛出栏 656 头。2003 年，牛存栏 39702 头，当年肉牛出栏 8751 头。2005 年，牛存栏 37753 头。

马

境内养马，主要分布于县境北部山区，多作运输劳役使用。1991 年，马存栏 361 头。此后马存栏逐年增加，1992 年 808 头，1993 年 1219 头。1995 年存栏 2409 头。其中大黎镇 1038 头，宁康乡 323 头，平福乡 247 头。1998 年 2954 头。2000 年存栏 3493 头。其中大黎 1357 头，宁康乡 333 头，平福乡 312 头。2003 年，存栏 3041 头。2005 年，马存栏 3137 头。其中大黎镇 1151 头，平福乡 550 头，天平镇 337 头，太平镇 235 头。

第三节　鸡鸭鹅养殖

鸡

1991 年，境内养殖鸡的品种有本地三黄鸡、AA 鸡、石岐杂、来航蛋鸡等。本地三黄鸡全县各乡镇均有饲养，由农户以传统方式饲养居多，规模养殖则有县三黄鸡种鸡场。三黄鸡以传统方式饲养，基本是使用家庭粥饭加米糠等为饲料，因此饲养周期较长。母鸡出栏日期约为 8 个月；公鸡经过去势育肥，肉质更加鲜美浓郁，出栏日期一般在 10 个月以上。除农户自给外，均销售于本地集市和收购贩运到外地。单羽利润可观。但由于饲养时间长、规模小，总体经济效益不高。4 月，县畜牧水产局开展的"推广科学养鸡 170 万羽"科研项目获广西农业厅"广西农牧渔业科技成果进步奖四等奖"。AA 鸡以县城附近的规模养殖户养殖为主，约占 15% 左右，由于使用全价配方饲料，生长速度快，出栏日期一般在40日左右，体重达2.5千克以上，饲料报酬率高，因此肉质较差。在20世纪80年代末至90年代初期肉食还不算丰富的情况下，仍有一定市场需求量，销售途径是水盘鸡、快餐店等。由于实行规模养殖，饲养周期短，经济效益较好。90年代中期，遂着群众生活水平提高，消费观念改变，AA鸡逐渐退出市场。石岐杂、来航蛋鸡则是零星散养，约占5%左右。1993年5月，县畜牧水产局开展的“鸡饲养综合开发”科研项目获广西农业厅“广西农牧渔业丰收奖二等奖”。

藤县潭东三黄鸡养殖基地　（1998年摄）

1994年，县政府大力开展农业综合开发，同时鼓励干部职工、经济能人投入种养业。专业养殖、规模养殖鸡场迅速发展，鸡出栏量不断增加。1998年达到发展高峰，全年出栏1212万羽。此后，鸡出栏量下滑，2001年恢复发展。2004年，玉林巨东种养有限公司在藤县成立梧州市巨东种养有限公司，采用“公司+农户”模式养殖三黄鸡。由公司提供种苗、饲料、兽药、疫苗和技术，农户负责养殖。经饲养120天左右出栏，公司保价回收结算，养殖户领取2~3元/羽的养殖人工。极大地促进三黄鸡养殖规模扩大。2005年，巨东公司在藤县出栏三黄鸡200万羽。

鸭

本地麻鸭在全县各乡镇农户均有饲养，基本是以传统方式养殖，肉质鲜美，但因量少面广，多以自给或本地市场销售，效益不高，故规模产量发展不大。樱桃谷鸭主要以藤城、塘步、濛江、太平等较大乡镇养殖居多，多以规模养殖，使用全价饲料，5~6周龄出栏。大部分在当地销售做烧鸭用，少部分销售出县外，因此养殖规模多年基本保持。由于其肉质与口感关系，市场逐步不接受，规模生产受到限制。

鹅

鹅的饲养主要分布于浔江流域沿江的藤城、塘步、天平、濛江、和平、太平等乡镇，其他乡镇饲养相对较少。基本以农户散养放牧为主要养殖方式，多使用粥、饭、米糠做饲料，加以放牧采食青草，肉质鲜美，多在本地市场销售，少量外销。

第四节　其他养殖

蜜蜂

蜜蜂品种　藤县饲养的蜜蜂品种，主要为本地品种，即中华蜜蜂，也有极少量的意大利蜜蜂。中华蜜蜂，多采用活框饲养，年产蜜量每箱平均8~20千克。意大利蜜蜂，为引进的品种，亦采用活框饲养，蜂蜜产量较高，年产蜜每箱平均20~70千克。但需流动饲养，越冬时需补充糖饲喂。

蜜源　藤县地处亚热带，气温较高，光能较丰，雨量充沛，对植物生长十分有利。全县境内主要蜜源有荔枝、龙眼、乌桕、鸭脚木、茶花、菜花等，辅助蜜源有鱼骨茶、臭草、山桂花、紫云英、新果子、鸡母藤、山苍子、马尾松、砂糖橘、椎木、黎木、黄牛木、余甘子、雷公花、野菊花、滑叶米碎、野桂花等；蜜源品种多，分布广，花期连续，没有断蜜期。春季以荔枝、龙眼为主，夏、秋季以乌桕为主，冬季以鸭脚木、菜花为主。

饲养　1991年，全县蜂蜜产量79.5吨。此后逐步发展，1995年达到养蜂高峰，全年养蜂13628箱，蜂蜜产量462吨。1996年后逐步下降，2000年，养蜂10880箱，蜂蜜产量187吨。产量最高平福乡，为40吨。2001年蜂蜜产量138吨。2002年开始恢复发展。2003年，养蜂13441箱，蜂蜜产量228吨。产量最大为大黎镇，105吨；2005年，全县蜂蜜产量329吨。其中产量最大为太平镇，132吨，其次是大黎镇，为85吨。1991年—

2005年，境内各乡镇均有饲养，数量最多的是大黎镇、东荣乡、太平镇、平福乡。藤县养蜂户普遍采用框养法养蜂，多选用郎氏标准箱，蜂箱内围长428毫米，高203毫米，巢框上梁宽27毫米，厚19毫米。除蜂箱外，还须要巢础、隔王板、分蜜机、面网、喷烟器、起刮刀、捕蜂器、饲喂器、饲水器、滤蜜器、巢础上线器、王浆采收工具、脱粉器、蜂刷、割蜜刀等工具。饲养的技术措施主要有：养蜂场地的选择及蜂群摆放、养蜂场地的管理和卫生要求、蜂群的检查、蜂群的饲喂、蜜蜂疾病防治、蜂群的保温与遮阴、蜂群合并、蜂王诱入、人工分群、巢脾修造和保存、盗蜂的识别与预防、蜂群迁移、流蜜期蜂群管理等。

蜜蜂产品 主要有蜂蜜、王浆、蜂蜡、蜂毒、蜂胶、花粉及蜂蛹等。藤县养蜂产品，主要是蜂蜜。

兔

县内历史上均有养殖习惯，以本地品种为主，母兔具有多胎多产、孕期短、成熟早(4~5个月)、全年可发情产仔、一窝产仔7~10只的特点。基本以农户实行笼养为主，多以青菜、青草、米糠等为饲料。零星分布于全县各乡镇的个别农户，户饲养数量为几只到几十只不等，因此存栏量和出栏量不大。饲养期为3~5个月，由于是传统养殖，因此肉质鲜美。主要为农户自给或在集市上销售，经济效益不高。2005年全县出栏肉兔2.85万只。

犬

1991年—2005年，全县各乡镇各村部分农户有养殖，多以家庭饲养的本地品种为主，饲喂家庭中的剩粥、饭、菜。作用多为看家护院，个别饲养训练做猎狗，部分家庭饲养母狗产仔出售仔狗给其他家庭饲养，成年狗大部分是农户宰杀自食，少部分作为产品出售，极少有作为商品专业饲养。90年代中后期开始，有个别城镇居民开始饲养狼狗、哈巴狗、牧羊犬、沙皮、腊肠、金毛犬等宠物犬，其中以1997年—2002年的饲养量为多。

猫

1991年—2005年，全县各乡镇农村部分农户有养殖，以农家放养为主。品种以本地猫为主，喂饲粥、饭和剩菜，作用多为在家院内捕捉老鼠。除部分农户出售仔猫外，极少作为商品专业饲养，因此全县多年饲养量变化不大。

1991年—2005年藤县畜牧业生产情况统计表

表10-3-1

年度	年末耕牛存栏(头)			生猪饲养量(头)				家禽饲养量(万羽)									年末养蜂(箱)	当年蜂蜜产量(吨)
	合计	黄牛	水牛	合计	年末存栏		当年出栏肉猪	合计	年末存栏				当年出栏					
					合计	能繁母猪			合计	鸡	鸭	鹅	合计	鸡	鸭	鹅		
1991	54631	2780	51851	554649	312764	19190	241885	664.37	290.11	261.43	27.90	0.78	374.26	298.98	74.32	0.96	7738	79.5
1992	56750	1986	54761	580572	320958	21670	259614	724.04	302.45	274.92	26.95	0.58	421.59	358.69	61.79	1.11	7978	103
1993	59030	1858	57172	735584	385174	39165	350410	1141	412	359	52	1	729	590	136	3	10019	130
1994	62371	1765	60606	1040214	464461	59210	575753	1440	477	424	52	1	963	795	165	3	9916	287
1995	64089	1569	62520	1336121	528189		507948	1807	633	564	66	3	1174	978	190	6	13628	462
1996	67564	1015	66549	1093586	543572		550014	2275	840	744	93	2.4	1434	1180	250	4.7	12541	357
1997	66603	637	65966	1105586	480499		625087	2163	755	648	98.7	7.5	1409	1139	267	2.6	11647	277
1998	62740	589	62151	1099698	464589		635109	2204	688	594	92	1.8	1517	1212	300	3.6	10984	183
1999	58062				411445	36597	470303		670	512	93		1007	797	207	3.2	9170	198
2000	54406				396090	33923	491296		585	506	77	1.2	1112	881	225	5.7	10880	187
2001	48603				340985	30546	510376		523	449	71	2.1	1173	955	211	6.2	13481	138
2002	44960				358211	30468	561582		530	445	82	1.6	1198	974	219	4.1	14210	226
2003	39702				317504	30590	584897		512	438	72	2.1	1360	1110	244	5.9	13443	238
2004	38324				309914	30146	624679		494				1497					290
2005	37753				317645	30718	666555		437				1659					329

第五节　疫病防治

防治体系

1991年开始，畜禽疫病防治工作由县畜牧兽医站、乡镇畜牧兽医站、村兽医员三级防疫网络实施，实行防疫收费制。每年均实行春、秋季集中免疫、平时补针的免疫方式，确保免疫密度常年达到95%以上。村兽医员到乡镇兽医站购买疫苗入户上门为养殖户进行免疫注射，并收取生猪1元/头、次，牛5元/头、次，禽0.1元/羽、次的防疫费。每年春、秋季集中免疫结束后由县重大动物疫病防治指挥部组织相关单位，成立工作组对各乡镇免疫情况进行检查验收，确保免疫密度和免疫质量。生猪防疫的疫苗主要是猪瘟、猪丹毒、猪肺疫、口蹄疫等；牛主要疫苗是口蹄疫；羊疫苗主要是小反刍兽。鸡的疫苗主要是鸡新城疫、禽霍乱、禽流感等。其中禽霍乱疫苗在2000年以前部分养殖户进行防疫，之后基本不注射该疫苗。2003年，禽流感疫苗正式确定为强制免疫。

2003年，县畜牧兽医站获农业部《广西2003年动物冷链防疫体系建设项目》，投资80万元，改造疫苗贮藏室、冰库和购置冰箱等，大大改善疫苗的保管和运输条件。

2005年起，由县财政对核定的312名村动物疫病防治员发放固定报酬，每人每月80元。加强防治体系建设，稳定村级兽医队伍，为动物防疫工作提供强有力的保障。

畜疫病防治

1991年后，县内兽医部门每年均实行猪瘟、猪口蹄疫春、秋季集中免疫，免疫密度每年达到95%以上。每年春、秋季集中免疫结束后由县重大动物疫病防治指挥部组织相关单位，成立工作组对各乡镇免疫情况进行检查验收。1991年4月，县畜牧兽医站开展的“采取综合防制措施，控制猪瘟”科研项目获广西农业厅“广西农牧渔业科技成果进步奖四等奖”。1991年—1994年，针对猪4号病，主要推广使用5号病疫苗。其中1991年免疫密度96%，1992年免疫密度97%，1993年免疫密度97%，1994年免疫密度97.3%。

1993年5月，县畜牧兽医站开展的“采取综合措施，控制猪布鲁氏菌病”科研项目和“采取综合措施，控制狂犬病”科研项目分别获广西农业厅“广西农牧渔业科技成果进步奖三等奖”和“广西农牧渔业科技成果进步奖四等奖”。

1995年主要使用口蹄疫、牛肺疫疫苗，免疫密度达97.01%。1996年推广使用猪瘟、五号病疫苗，免疫密度达98.5%。1997年—1998年推广使用五号病、口蹄疫疫苗，免疫密度分别是97.8%和96%。1999年—2000年主要推广使用猪瘟和五号病疫苗，免疫密度达98%。2001年主要推广使用牛、猪“W病”疫苗，免疫密度95.8%。2002年—2005年，主要推广使用牛、猪的“W病”、猪瘟疫苗，免疫密度分别为95%、96%、98%和97%。至2005年，县内猪瘟、猪口蹄疫病没有出现大面积发生流行，但个别村仍出现零星疑似病例。猪丹毒、猪肺疫，在县内只有零星发生，经治疗后基本好转，死亡率低。猪流行性腹泻，仔猪黄白痢，猪传染性胸膜炎、寄生虫病等仍有发生，均能及时防治。牛传染性疾病，包括牛口蹄疫、牛瘟、牛出败、牛传染性胸膜炎、炭疽等，均不再发生。狂犬病每年均有发生，主要集中在6—8月高温季节。虽然政府每年均在全县开展家犬防疫注射，但由于家犬免疫注射困难，导致免疫密度低。狂犬病的发生，仅局限于个别村庄。

禽疫病防治

1991年后，市场逐步放开，群众防疫意识加强，鸡新城疫疫苗供应充足，群众自觉购买疫苗注射，防疫密度达95%以上，鸡新城疫得到有效控制。1991年—2000年，主要推广使用鸡新城疫、鸡出败疫苗，平均免疫密度96.5%。2001年主要推广使用鸡新城疫Ⅰ、Ⅱ疫苗，免疫密度为96%。2002年主要推广使用禽“Q病”和鸡新城疫疫苗，免疫密度达97%。2003年推广使用鸡新城疫疫苗，免疫密度为97%。2004年—2005年主要推广使用高致病性禽流感疫苗，免疫密度分别达到100%和98%。2004年，广西隆安县发生高致病性禽流感疫情后，县政府高度重视，加强对禽流感防控工作的领导和经费投入，规模禽场动态免疫密度达100%。春、秋季对农村散养户实施集中免疫，免疫密度达到95%以上。至2005年年末，境内没有发生禽流感疫情。

第四章　水产业

藤县河流多，山塘水库面积大，有利水产业发展。1991 年，全县水产品总产量 2648 吨，其中养殖产量 2393 吨，江河捕捞量 255 吨。渔业总产值 1099 万元（按 1990 年不变价计算）。此后随着山塘水库的承包开发养殖、利用江河水面开展网箱养殖，养殖面积与产量不断增加；随着江河捕捞工具的发展，捕捞量逐年增多。1995 年，水产品总产量 9761 吨，其中养殖总产 8164 吨。捕捞量 1657 吨。1997 年开始江河捕捞量呈下降趋势。2000 年开始，大力推广使用全价配方饲料，养殖产量增长迅速。是年，全县水产品总产量 10511 吨，其中养殖产量 9111 吨，捕捞量 1400 吨。2005 年，水产养殖面积 2181 公顷，全年养殖总产量 12837 吨。渔业总产值 6332 万元，是 1991 年的 5.76 倍。

第一节　水域面积与利用

1991 年，藤县境内大小河流百余条，水域总面积 21264.36 公顷，可利用养殖面积 3507 公顷。其中河流 1450 公顷，池塘、山塘和水库 2057 公顷。全县利用水域面积 1565 公顷，多为利用池塘、山塘和水库，少数利用江河网箱饲养。此后水域利用面积逐年扩大。1995 年，水域利用面积 1830 公顷。县内的山塘水库几乎为水产养殖利用，网箱饲养利用江河水面面积逐步扩大。2000 年，全县水域利用面积 1983.67 公顷，2005 年达 2133 公顷。

第二节　品种引进与种苗生产

品种引进

1995 年 5 月，从广东引进淡水白鲳（学名短盖巨脂鲤）进行养殖。该品种原产南美亚马孙河，为热带和亚热带鱼类。在县内表现食性杂、生长快、个体大、病害少、易捕捞、味道鲜美、营养丰富等特点，广受群众欢迎。1996 年 11 月，从广东引进建鲤。该品种是以特定荷包红鲤和元江鲤为亲本，采用家系选育，系间杂交及雌核发育等技术经定向选育育成、遗传性状稳定的优良新品种。它具有生长速度快，体型适中，肉质好，适应性及抗病力强的优点而受群众欢迎。1997 年 10 月，从广东引进彭泽鲫。该品种原产于江西彭泽县丁家湖、芳湖和太泊湖等自然水域。因其常栖息于湖中的芦苇丛中，体侧有 5 条~7 条灰黑色的芦苇似的斑纹而被称为芦花鲫，亦称彭泽鲫。它以个体大著称，具有生长速度快，体型适中，肉质肉味好，适应性及抗病力强的特点，在藤县得到推广。1998 年 5 月，引进巴西鲷。其体型侧扁，与鲤鱼相似，属热水性鱼类，生活在水体的底层。具有适应性强，生长速度快，食性广泛，抗病力强，易起捕，肉质细嫩之特点。1998 年中国从巴西引进，同年 5 月藤县引进试养。2000 年 5 月，从南宁引进南方大口鲶。为广温性凶猛鱼类，生活水温 0~38℃，适宜生长水温 18℃~32℃，耐低氧能力较强。具有生长快、适应性广、肉质嫩、味道美特点。2004 年 5 月引进花鳗鲡。2005 年 10 月，从广东引进先科巨鲫养殖。该品种是应用传统的选育技术和现代生物学技术相结合选育成功的新鲫鱼品种。具有体形、体色、肉味俱佳，生长特快，产量高，抗病力强、食性广、耐寒耐低氧、耐长途运输、易捕捞、自身不能繁育的特点。

鱼苗生产

1991 年，全县鱼苗繁殖生产有县鱼种场和个体养殖场，种鱼总量 449 吨，其中县鱼种场 35 吨，个体养殖场 414 吨；鱼苗生产总量 5908 万尾，其中鱼种场 4908 万尾，个体养殖场 1000 万尾。此后，县鱼种场生产鱼苗产量逐年提高。1993年县内开始生产黄沙鳖苗，1995年，全县鱼苗生产达到高峰，年产鱼苗1.20亿尾。1998年后，县鱼种场由于基础设施陈旧，繁殖亲鱼老化，繁殖鱼苗开始下降。此后，由于管理成本与外地市场的冲击，繁殖鱼苗产量逐年下降，而黄沙鳖苗产量逐年上升。2000年藤县鱼种场停止鱼苗繁殖，而个体养殖场有所发展。2004年，年产鱼苗5660万尾。2005年，降至最低，全县鱼苗产量3430万尾；沙鳖苗产量4.86万只。

1991年—2005年藤县鱼苗生产繁育情况统计表

表10-4-1

项目 年度	鱼种产量(吨)			鱼苗产量(万尾)			黄沙鳖苗产量(只)
	合计	县鱼种场	个体场	合计	县鱼种场	个体场	
1991	449	35	414	5908	4908	1000	—
1992	509	34	475	6295	5395	900	—
1993	491	32	459	9685	6330	3355	150
1994	514	32	482	10200	6110	4090	340
1995	538	31	507	12000	6000	6000	620
1996	572	57	515	10680	6210	4470	1830
1997	596	57	539	9040	6440	2600	3150
1998	613	55	558	9370	6020	3350	4660
1999	642	55	587	8700	4200	4500	8740
2000	648	55	593	5800	—	5800	12400
2001	657	53	604	5500	—	5500	15500
2002	686	53	633	5850	—	5850	17800
2003	713	52	661	6665	—	6665	20100
2004	740	52	688	5660	—	5660	24300
2005	740	50	690	3430	—	3430	48600

第三节　人工养殖

池塘养殖

池塘养殖是县内水产品养殖的主要方式。1991年，藤县有池塘5500多张，面积766.67公顷。池塘多为集体所有，由养殖户承包经营。由于池塘年久失修，浅、漏水严重，以及承包期短等多种原因，实际利用池塘4300多张，面积531公顷。是年，全县池塘水产品养殖面积511公顷，产量1302吨。此后，随着农村改革不断深入，池塘承包期的延长，养殖户对浅、漏池塘进行改造，池塘的利用率逐年增加。同时，随着农村居民建房占用池塘不断增多，池塘面积有所减少；另一方面，随着农村居民对鱼肉的不断追求，部分农户利用农田建造池塘养殖本地鱼类，实行自产自销。池塘面积又在不断增多。据统计，1991年—2005年，农村居民建房占用池塘面积36.67公顷，新建池塘460张，面积177公顷。

1995年后，随着群众经济意识的不断增强，鱼苗、饲料等投入不断加大，以及养殖技术的普及应用，从而推动养殖单产和总产量稳步增长。1997年，全县池塘养殖面积1029公顷，产量6081吨。此后，养殖面积稳定在820~950公顷之间，产量保持在5300~6500吨之间。2005年，全县池塘养殖面积947公顷，产量6992吨。

山塘水库养殖

全县有山塘水库230座，面积1211.33公顷。1991年养殖面积991公顷，养殖单产66.06千克／亩，总产量982吨。此后，随着水域权属明晰，承包期延长，管理水平和投入水平的提高，山塘水库水域利用稳步上升，产量稳步增长。1996年，山塘水库利用面积1089公顷，产量4267吨。2005年，山塘水库利用面积1206公顷，养殖单产285.41千克/亩，总产量5163吨。养殖面积、单产量、总产量分别是1991年的1.22倍、4.32倍、5.26倍。

河沟养殖

藤县境内可用于发展河沟养殖水域面积1006.67公顷。1988年河沟养殖在和平镇屯江村三刀桥兴起。1991年，全县养殖面积24公顷，养殖单产74.36千克/亩，总产量26.77吨。随着养殖设施不断完善，饲料投入不断加大，管理技术不断提升，养殖产量逐年增长。但河沟养殖，于管理上不便，发展受制。2005年，养殖面积22公顷，总产量151吨。

网箱养殖

藤县境内有浔江、蒙江、北流河、泗培河等大小河流百余条，水域总面积21264.36公顷。河流中可用于发展网箱养殖水域面积200多公顷，可放置网箱15.00万平方米。1989年，网箱养鱼在和平镇平竹村沙嘴对开河段兴起。网箱结构为木板（木竹）和改造旧水泥运输船为无内置网结构。养殖品种有草鱼、赤眼鳟和罗非鱼，放养密度15尾/平方米。对草鱼、赤眼鳟以青饲为主、全价饲料为辅的投喂方式，罗非鱼全程投喂全价饲料。1991年，网箱养殖面积2330平方米，养殖单产17.16千克/平方米，总产量40吨。1995年后，网箱结构逐渐升级为全钢和半钢配套内置网结构。随着渔业科技不断提升，免疫注射等综合病害防治和技术管理等措施不断加强，饲料投入不断加大，养殖面积与产量逐年增长。2005年，网箱养殖面积1.53万平方米，养殖单产34.11千克/平方米，总产量522吨。

1991年—2005年藤县水产品人工养殖面积与产量统计表

表10-4-2

项目 年度	合计		池塘		山塘水库		河沟		网箱		其中黄沙鳖	
	产量（吨）	面积（公顷）	产量（吨）	面积（公顷）	产量（吨）	面积（公顷）	产量（吨）	面积（公顷）	产量（吨）	面积（㎡）	产量（吨）	面积（公顷）
1991	2393	1605	1302	511	982	991	29	24	40	2330		0.02
1992	3615	1604	1787	520	1303	1006	42	28	53	2820	0.2	0.03
1993	4858	1614	2758	651	1928	920	107	34	65	3460	0.3	0.06
1994	5436	1675	3159	713	2153	923	72	39	52	4030	0.6	0.10
1995	8105	1830	4572	806	3363	965	96	29	63	4640	1.0	0.30
1996	10944	2107	6350	953	4267	1089	173	36	70	5220	1.6	0.75
1997	10063	1981	6081	1029	3669	899	160	30	79	6060	3.8	1.60
1998	10294	1940	6320	1005	3741	890	156	28	77	6850	6.0	2.20
1999	9969	1876	5686	934	4062	900	173	28	88	7750	9.5	2.80
2000	9111	1966	5305	854	3562	1078	200	27	101	8650	13	3.40
2001	9288	1899	5480	828	3602	1036	162	24	220	10050	21	5.10
2002	10293	1914	5655	837	4149	1034	149	21	340	11540	28	6.8
2003	10861	2095	5870	856	4662	1209	150	24	375	12360	40	8.3
2004	11445	2103	6545	862	4526	1213	154	21	465	12780	46	9.6
2005	12837	2181	6992	947	5163	1206	152	26	522	15300	61	11.0

第四节　江河捕捞

1991年，全县人工天然捕捞水产品产量355吨。传统渔法、渔具有钓、网、杂等。钓具有：手钓、筒钓、插钓、飞钓，一般为饵钓。飞钓为无饵钓，又称绳钓或滚钓。网具有手网、罟网、手缯、搬缯、捞缴等，一般是聚乙烯（尼龙）制网。在蒙江河尚有少量鸬鹚。江河捕捞的地域以浔江及其支流蒙江、北流河为主。从业人员964人。随着捕捞渔船不断更新，机动渔船增加，捕捞作业强度加大，水产品捕捞产量逐年上升。1996年达历史高峰，全年捕捞产量2868吨。

此后，由于捕捞渔船和渔具不断更新升级，电、炸、毒和鱼鹦等非法作业有禁不止，厂矿废弃物污染日益加激，水利设施不断建设，导致江河鱼类品种与数量逐年下降。中华鲟和鲥鱼已多年没有发现，鳗鲡、花鳗鲡、光倒刺鲃（黄娟鱼）、盔鲇（骨鱼）和斑鳠等名贵品种踪迹难寻。江河鱼苗量也逐年下降，除鲤鱼和赤眼鳟鱼苗还比较常见外，其他品种鱼苗少有发现。1997年开始捕捞产量逐年减少，1998年为1453吨。此后产量保持在1400吨以上。2004年后，由于长洲水利枢纽的开工建设和蓄水投入运行，捕捞产量逐步增加。苗种捕捞产量随着人工繁殖水平提升和市场流通渠道的畅通而逐年下降。捕捞从业人员中渔业社渔民占95%，沿岸农民占5%。藤县作为长洲水利枢纽上游，水产资源靠增殖放流解决。2004年开始，水利部珠江水利委员会开始该项工作。2005年10月25日，在藤州镇白沙村对开河段开展渔业资源人工增殖放流活动。放流草鱼、鳙鱼、鲢鱼、赤眼鳟、鲤鱼、黄颡鱼等品种20多万尾。

1991年—2005年藤县江河捕捞渔船、从业人员和产量统计表

表10-4-3

项目 年度	渔船（艘）	其中		从业人员	水产品捕捞产量（吨）	苗种捕捞数量（万尾）
		机动渔船	非机动渔船			
1991	501	214	287	964	355	2650
1992	501	281	220	986	483	2210
1993	509	289	220	944	750	2060
1994	535	302	233	944	1022	1850
1995	510	295	215	950	1657	1450
1996	494	293	201	849	2868	1320
1997	471	285	186	780	1845	1110
1998	420	273	147	743	1453	980
1999	409	267	142	775	1496	890
2000	510	236	274	848	1400	800
2001	513	251	262	826	1464	780
2002	521	246	275	833	1575	750
2003	517	263	254	770	1677	750
2004	505	252	253	700	1906	700
2005	500	250	250	620	2058	560

第五节　鱼病防治

1991年，全县水产养殖水面发病面积70.8公顷，损失水产品31吨。此后，随着水产品养殖放养密度增大，饲料、肥料投入的增加，养殖水域环境压力加大，水产养殖病害呈逐年上升的态势。鱼类病害有细菌性传染病、真菌性病和寄生虫病。其中细菌性传染病烂鳃、肠炎、赤皮病是危害草鱼最常见的细菌性疾病，危害程度最大，占病害损失的73%；真菌性病县境仅出现水霉病，多发生于水质清瘦的江河、大水库的网箱养殖。危害对象为全部养殖品种，每年均有发生，危害较小，占病害损失的4%。寄生虫病有锚头鳋、鱼鲺、车轮虫和绦虫病。每年均有发生，危害较小，占病害损失的3%。

1992年，于太平镇月榄水库开始出现细菌性败血症。此后，多发生于投入粪肥较多的鱼塘，危害草鱼、鲢鱼、鳙鱼、鲤鱼、鲮鱼等养殖品种。每年均有发生。危害较大，占病害损失的16%。1994年，蒙江河流域大洪水淹没大部分养殖场后，腐皮、疖疮、红底板病在和平镇主要养殖区流行，危害对象是黄沙鳖。此后，每年均有发生，占病害损失的4%。1997年开始，全县养殖水域年均发病面积100公顷以上。2001年，全县发病面积129.13公顷，损失水产品43吨。主要发生于池塘与山塘水库。2005年，全县发病面积121.87公顷，损失水产品47吨。1991年—2005年，藤县尚未发现有病毒性疾病。对细菌性传染病的预防措施，主要采取免疫注射、水体消毒和投喂中药等免疫增效制剂。消毒杀菌药物有生石灰、漂白粉、强氯精、溴氯海因、二氧化氯和季铵盐类药物。内服药物有磺胺类、氟派酸类、大蒜素和中药制剂等；对真菌性病采取的预防措施主要为规范操作，防止体表受伤。治疗药物，使用五倍子、小苏打加食盐和碘制剂；对寄生虫病主要使用防治药物有敌百虫、菊酯类、硫酸铜和中药制剂。

1991年—2005藤县水产养殖病害损失情况统计表

表10-4-4

年度	合计		池塘		山塘水库		河沟		网箱	
	发病面积（公顷）	损失产量（吨）	发病面积（公顷）	损失产量（吨）	发病面积（公顷）	损失产量（吨）	发病面积（公顷）	损失产量（吨）	发病面积（㎡）	损失产量（吨）
1991	70.8	31	44	26	25.33	4	1.4	0.4	320	0.6
1992	76.87	36	39.33	28	36.67	7	0.8	0.1	260	0.4
1993	81.73	34	48	27	31.33	6	2.33	0.5	280	0.4
1994	99.93	37	57.33	29	40.67	7	1.87	0.3	190	0.2
1995	102.8	37	62.67	30	38.67	6	1.4	0.2	240	0.3
1996	90.73	42	58.67	33	29.33	8	2.67	0.7	350	0.5
1997	102.73	43	74.67	27	26	5	2	0.2	510	1.0
1998	103.07	35	66	28	34	7	3	0.6	430	0.7
1999	119.2	41	70	31	46.67	9	2.47	0.4	570	0.8
2000	50.8	43	70.67	33	43.33	8	3.4	0.7	660	1.4
2001	129.13	43	75.33	34	50.67	7	3.07	0.5	720	1.3
2002	114.4	42	67.33	30	44.67	9	2.33	0.6	860	2.1
2003	121.07	46	71.33	33	46	10	3.67	1.0	810	1.7
2004	127.47	48	76.67	36	48	9	2.67	0.4	920	2.0
2005	121.87	47	68.67	34	50	12	3.07	0.6	880	2.0

第五章　林　业

1991 年，藤县林业用地面积 27.92 万公顷，其中有林面积 19.05 万公顷。林业产值 10091 万元（按 1990 年不变价计算，下同）。此后加强造林营林，年均造林面积 6614 公顷，年均保持封山育林面积 12 万公顷以上。加强森林保护和林政管理，执行年采伐消耗森林蓄积的最大限量制度，加强林地与木材运输、木材经营加工管理。1992 年实现"造林灭荒达标"。1993 年藤县被评为"全国肉桂生产基地县"。1994 年开始，推进林业产业结构调整，以玉桂、八角、水果为主的经济林逐年增加，林业产值不断提高。实现"绿化达标"。1998 年开始实施绿色工程。1999 年实施珠江防护林工程建设，大力开展造林营林。2000 年藤县被命名为"中国名特优经济林——肉桂之乡"。2001 年，开展森林分类经营规划，划定商品林区与生态公益林区，进一步活跃林区经济。藤县根据梧州市规划在 321 国道沿线的乡镇、林场，建设 10 万亩的"八角长廊"。2002 年开始，外资企业不断进入县境发展速生丰产林，大力营造速丰桉及良种马尾松。是年藤县"西江桂牌"肉桂被中国经济林协会评为"中国名优经济林产品"。2003 年，藤县被国家林业局确立为广西唯一的"全国森林经营示范县"。2005 年，全县林业用地面积 28.18 万公顷，其中有林面积 26.69 万公顷。全年林业产值 16881 万元，是 1991 年的 1.67 倍。

第一节　森林资源

面积

1991 年，全县林业用地面积 27.92 万公顷，其中有林面积 19.05 万公顷。1994 年，根据全县二类调查，全县林业用地面积 28.61 万公顷，其中有林面积 24.84 万公顷。1999 年二类调查，全县林业用地面积 28.62 万公顷，其中有林面积 26.23 万公顷。

2001 年 5 月，全县林地完成了森林分类经营区划界定，划界面积 286903.1 公顷，其中生态公益林（地）面积 10.39 万公顷，占划界面积 36.2%；商品林（地）面积 183048.7 公顷，占 63.8%。公益林（地）中国家级面积 6.47 万公顷，占公益林（地）面积 62.34%；省级面积 25167.6 公顷，占 24.23%；地（市）级面积 2746.4 公顷，占 2.64%；县级面积 11200.2 公顷，占 10.79%。

2001 年—2003 年，全县林地 286151 公顷，其中有林面积 26.23 万公顷。2005 年，全县林业用地面积 28.18 万公顷，其中有林面积 26.69 万公顷。

树种

藤县的主要树种有马尾松、杉。马尾松，分布于全县各乡镇，杉，以大黎、宁康、平福、东荣、金鸡为多，其余各乡镇均有种植。杂木。松、杉、油茶、油桐、肉桂、八角、竹子以外的林木，统称为杂木或阔叶树，主要品种有樟木、楠木、格木、黎木、椎木、荷木、苦楝、大叶栎、桐木、乌桕、桉树、千年桐、台湾相思等品种。竹子，竹林，多分布于河边、村边。以浔江、北流河、蒙江沿岸居多。油茶，主要分布于天平、大黎、宁康、塘步、平福等乡镇。油桐，主要分布于塘步、埌南、同心、太平、天平、岭景、平福、东荣等乡镇。肉桂，

藤县马尾松基地林相　　（2005 年摄）

主要分布于象棋、岭景、天平、金鸡、新庆、藤州、同心等乡镇和小娘山林场。八角，以古龙、平福、东荣、太平居多。

林木蓄积量与森林覆盖率

总蓄积量与森林覆盖率 1987年二类调查，全县活立木总蓄积量560.37万立方米，森林覆盖率40.2%。1991年全县活立木总蓄积量638.9万立方米。1994年二类调查，全县活立木总蓄积量691.71万立方米，其中松木549.59万立方米，杉木81.9万立方米，桉树0.63万立方米；森林覆盖率63%。1999年二类调查，全县活立木总蓄积量739.77万立方米，森林覆盖率69.6%。2002年，全县活立木总蓄积量739.16万立方米，森林覆盖率69.65%。2004年，全县活立木总蓄积量739.65万立方米，森林覆盖率69.67%。2005年，全县活立木总蓄积量739.77万立方米；森林覆盖率69.8%。

林木生长量 1994年二类调查，全县活立木综合连年生长量为64.87万立方米，连年生长率为9.38%。其中杉木连年生长量为6.65万立方米，连年生长率为8.11%；松类连年生长量为52.70万立方米，连年生长率为9.59%；阔叶树连年生长量为5.53万立方米，连年生长率为9.18%。

1999年二类调查，全县活立木总连年生长量为57.65万立方米，连年生长率为8.31%。其中杉木连年生长量为3.59万立方米，连年生长率为6.49%；松类连年生长量为45.20万立方米，连年生长率为8.19%；阔叶树连年生长量为8.85万立方米，连年生长率为10.30%。

林木消耗量 "八五"期间，年森林采伐限额126.97万立方米，年总消耗量102.84万立方米，其中商品材蓄积39.26万立方米，非商品材消耗量63.58万立方米；"九五"期间，年森林采伐限额207.01万立方米，年总消耗量178.03万立方米，其中商品材蓄积67.20万立方米，非商品材消耗量110.83万立方米；"十五"期间，年森林采伐限额227.09万立方米，年总消耗量185.35万立方米，其中商品材蓄积67.47万立方米，非商品材消耗量117.88万立方米。

1991年—2005年藤县森林资源消耗调查统计表

表10-5-1　　单位：立方米

项目 / 时间	年森林采伐限额				总消耗量	商品材		非商品材
	总量	商品林		非商品林		蓄积	出材	消耗量
		蓄积	出材					
"八五"期间	1269675	512930	306219	756745	1028436	392632	235579	635804
"九五"期间	2070075	1211770	738865	858305	1780265	671950	403170	1108315
"十五"期间	2270920	900375	549230	1370545	1853541	674696	411565	1178845

2005年藤县用材林资源分布情况表

表10-5-2　　单位：公顷、立方米、%

乡镇	合计				马尾松		杉木		国外松		阔叶树	
	面积	比占%	蓄积	比占%	面积	蓄积	面积	蓄积	面积	蓄积	面积	蓄积
合计	203383.6	100	6477293	100	173472.4	5326433	11243.7	553214	8103.9	195618	10563.6	402028
藤城镇	710.4	0.3	6772	0.1	631.7	5348	48.9	730	21.3	464	8.5	230
潭东镇	9611.5	4.7	65155	1.0	8504.6	44846	561	11079	386.0	7328	159.9	1902
津北乡	6213.4	3.1	179158	2.8	4932.5	137081	257.6	9286	803.2	29592	220.1	3199
南安镇	6561.4	3.2	160839	2.5	5574.7	121105	419.0	24600	471.7	13162	96.0	1972
赤水乡	3375.7	1.7	62393	1.0	2561.3	44509	11.7	609	330.0	2218	472.7	15057

续表

乡镇	合计				马尾松		杉木		国外松		阔叶树	
	面积	比占%	蓄积	比占%	面积	蓄积	面积	蓄积	面积	蓄积	面积	蓄积
埌南镇	14371.3	7.1	351183	5.4	12041.6	288970	272.8	15848	982.5	3497	1074.4	42868
同心乡	10562.9	5.2	350576	5.4	9117.5	280890	253.7	16570	17.4	714	1174.3	52402
金鸡镇	11367.2	5.6	208639	3.2	10047.5	170537	805.1	27842	514.6	10260	0	0
新庆乡	6989.2	3.4	166725	2.6	6434.9	150257	258.7	15944	295.6	524	0	0
象棋镇	7426.7	3.7	243528	3.8	7009.3	235417	145.0	2692	269.4	5413	3.0	6
岭景乡	10082.4	5.0	621772	9.5	956.4	611694	134.7	5435	371.6	4603	6.7	40
天平镇	19873.4	9.8	617303	9.5	18784.0	564205	95.2	5545	951.5	44962	42.7	2591
濛江镇	15723.1	7.7	257027	4.0	15537.3	248560	126.8	6813	27.4	1065	31.6	589
和平镇	9140.4	4.5	115809	1.8	9035.8	112740	42.6	1256	53.9	1595	8.1	218
太平镇	11945.5	5.9	385944	6.0	11602.6	376594	158.5	6034	184.4	3316	0	0
古龙镇	5578.9	2.7	253772	3.9	5287	238749	187.3	12719	95.3	2285	9.3	19
平福乡	14592.1	7.2	861436	13.2	12305.5	766941	992.8	52528	84.1	3519	1209.7	38448
东荣乡	10971.5	5.4	425660	6.6	9247.2	341063	1264.1	79346	458.4	5175	1.8	76
大黎镇	18787.7	9.1	716891	11.1	10493.0	342423	2535.4	139542	45.0	1379	5714.3	233547
宁康乡	7747.0	3.7	360461	5.6	4476.4	235838	2631.3	116052	28.7	263	310.6	8308
大芒界	636.6	0.3	37265	0.6	132.9	5806	41.5	2744	442.3	28159	19.9	556
五七场	1415.3	0.7	28985	0.4	145.7	2860	0	0	1269.6	26125	0	0

森林资源普查

1994 年 6 月，开展全县森林资源二类调查，这次调查同时对 1987 年建立的“连清”体系样点进行第二次复查。以总体蓄积结果作为控制本次二类调查蓄积精度。

调查工作的开展，由区林业勘测设计院负责技术指导，从县林业局及下属各乡镇林业站、林场抽调技术人员，组成联合调查队，通过调查试点和业务培训后开展工作。调查队由 84 人组成，其中区林业勘测设计院 6 人，县林业局、各乡镇林业站和林场共 78 人。1994 年 4 月 1 日至 6 月 3 日为调查工作准备，6 月 4 日至 6 月 30 日进行业务培训，7 月 1 日至 11 月 10 日为野外作业调查，11 月 17 日部分人员转入内业工作，至 1995 年 6 月底任务全面完成。

1999 年开展全县森林资源二类调查，由区林业勘测设计院负责技术指导，从县林业局及下属各乡镇林业站、林场抽调技术人员，组成调查队，调查队由 61 人组成，其中区林业勘测设计院 7 人，县林业局、各乡镇林业站和林场共 54 人。在国有共青林场和小娘山林场开展森林资源二类调查，外业调查工作于 1999 年 7 月底开始，11 月下旬结束，12 月底完成资源数据统计。

附：森林资源普查主要指标

1994 年普查　土地资源。全县土地总面积 394247.4 公顷，其中国有部分 7866.4 公顷，占 2.0%；集体部分 38.64 万公顷，占 98.0%。全县林业用地面积 28.61 万公顷，占总面积的 72.6%，非林业用地面积 10.81 万公顷，占总面积的 27.4%。

林地利用。全县森林（有林地）面积 24.84 万公顷，占土地总面积 63.0%。按权属分：国有森林（有林地）面积 6588.3 公顷，占全县森林总面积的 2.7%；集体森林（有林地）面积 24.18 万公顷，占全县森林总面积的

97.3%。按起源分:人工林面积5.52万公顷,占20.6%,飞播(含撒播)林面积的2.89万公顷,占10.8%;天然林面积18.32万公顷,占68.6%。

从1987年至1994年7年间全县林业用地面积净增6897.6公顷,年均净增985.3公顷,年净增率+0.4%。这主要是全县退耕还林,把旱地造上各种林木和经济林的结果。在同一期间内,全县森林覆盖率由1987年的38.7%,到1994年63%,年均净上升森林覆盖率3.5%。

1999年普查 土地资源现状。全县土地总面积39.43万公顷。其中林地面积28.62万公顷,占72.6%;荒地面积8.5公顷;农业用地面积8.85万公顷,占22.4%;难利用面积383.3公顷,其他土地面积6960.2公顷,占1.8%;水域面积1.23万公顷,占3.1%。集体林区遥感调查范围总面积38.91万公顷,其中林地面积28.11万公顷,占72.2%;荒地面积8.5公顷,农业用地面积8.85公顷,占22.7%;难利用地面积336.6公顷,占0.1%;其他土地面积6900.5公顷,占1.8%;水域面积1.23万公顷,占3.2%。

林地利用。全县林地面积28.62万公顷,其中森林面积26.23万公顷,占91.7%;疏林面积264.7公顷,占0.1%;灌木林面积11991.5公顷,占4.2%;无立木林地面积1.16万公顷,占4.0%;苗圃地面积35.8公顷。集体林区林地面积28.11万公顷,其中森林面积25.80万公顷,占91.8%;疏林面积264.7公顷,占0.1%;灌木林面积1.19万公顷,占4.2%;无立木林地面积1.08万公顷,占3.9%;苗圃地面积32.3公顷。全县林地利用率96.9%。

森林覆盖率。全县森林覆盖率69.6%,林地绿化率91.7%。集体林区森林覆盖率69.4%,林地绿化率91.8%。

林木蓄积量。全县活立木蓄积量739.77万立方米,其中森林蓄积量724.78万立方米,占活立木蓄积量98.0%;疏林蓄积量1809立方米、散生木蓄积量13.93万立方米,占活立木蓄积量1.9%;四旁树蓄积量8741立方米,占活立木蓄积量0.1%。集体林区活立木蓄积量708.43万立方米,其中森林蓄积量693.44万立方米,占活立木蓄积量97.9%;疏林蓄积量1809立方米、散生木蓄积量13.93万立方米,占活立木蓄积量2.0%,四旁树蓄积量8741立方米,占活立木蓄积量0.1%。

1987年—1999年藤县二类调查森林资源情况统计表

表10-5-3　　单位:公顷

年度		1987年	1994年	1999年
林业用地		279207.3	286103.8	286150.9
其中:有林地		152613.7	248413.2	262284.7
其中	松木	131876.9	181573	183001.3
	杉木	11127.7	13609.9	12314.8
	桉树		187.5	46.2
	肉桂	1513.5	14372.5	16041.4
	八角	2448.3	6610.3	14015.1
活立木总蓄积量(立方米)		5603680	6917103	7397651
其中	松木	4984876	5495868	746293
	杉木	475613	819035	685449
	桉树		6280	617
	肉桂(株)	2661190	8934548	
	八角(株)	2002477	6351330	
森林覆盖率(%)		40.2	63	69.6

第二节 造林营林

1986年冬，县委、县政府作出《加快林业发展步伐，十年绿化藤县的决定》，决定采取人工造林、封山育林、飞播造林三管齐下的措施造林绿化。1986年—1991年，全县完成人工造林6.90万公顷，封山育林8.00万公顷，其中1988年飞播造林成效面积3.47万公顷，于1991年藤县提前一年完成造林灭荒。是年自治区林业厅在藤县召开全区封山育林现场经验交流会，藤县连年获自治区封山育林一等奖。1994年实现绿化达标的任务。1995年获自治区科技进步三等奖、自治区林业科技进步二等奖。2000年获"全国造林绿化百佳县"称号、"全国林业生态建设先进县"称号。2001年获"全国造林绿化先进集体"称号，2003年被定为"全国森林经营示范县"。

采种育苗

1990年，经自治区林业厅批准建设3333公顷马尾松采种基地，投资40万元；2001年，自治区林业局又批复了基地改扩建计划，面积2000公顷，投资180万元，其中中央财政144万元，地方财政36万元。马尾松采种基地丰产年可提供5万千克优良种子。2004年采收马尾松种子5000多千克。林木育苗17公顷，以八角苗木为主。2005年采收马尾松种子3000多千克。育苗43公顷，以马尾松、八角苗为主。

桉树苗苗圃　　（2004年摄）

1995年，藤县开展油茶芽苗嫁接技术的应用与优良无性系推广项目研究。该项目是广西林业科学院、藤县林业局、大芒界油茶林场的科技人员，通过采用芽苗嫁接技术提高无性系苗木的繁殖系数，加快油茶优良无性系的推广应用，有效地解决了苗木问题。经自治区专家鉴定成果达到国内先进水平。该成果应用于生产，培养嫁接苗51.27万株，平均出圃率达83.43%，经济效益和社会效益显著。荣获1995年度广西科学技术进步三等奖、广西林业科技进步二等奖。1991年—1995年，全县育苗面积1011.77公顷。年均育苗202.35公顷。1996年—2005年，全县育苗面积1000公顷，年均育苗100公顷。

人工造林

1991年，全县造林面积47742.4公顷。1992年，藤县提前一年实现"造林灭荒达标"。1994年，全县有林面积24.84万公顷，其中松18.16万公顷，杉1.36万公顷，桉树187.5公顷。藤县提前一年实现"绿化达标"。

"九五"期间，藤县是国家首批启动的珠江防护林工程建设重点县。1999年承担国债项目建设，完成项目面积3211公顷，占计划任务3200公顷的100.3%，其中人工造林2211公顷，占任务2200公顷的100.5%；封山育林1000公顷，占任务的100%；项目建设投资821万元，其中国债273万元，地方配套50万元，部门扶持100万元，群众自筹398万元，群众投工投劳12万个工日。1997年—1998年，全县面上造林均以经济林为主。1999年8月，藤县与梧州市林业局在潭东联办现代林业种苗示范基地，营造4公顷的速丰桉示范林。2000年在潭东镇潭东村、天平镇天平村营造6.67公顷速丰桉、333.33公顷马尖相思、2公顷西南桦速丰示范林。是年，承担国债项目建设，完成项目面积2203.9公顷，占计划任务2200公顷的100.2%，其中人工造林903.9公顷，占任务900公顷的100.4%；封山育林1300公顷，占任务1300公顷的100%；项目建设投资402万元，其中国债86万元(1999年结余)，财政债券专项资金150万元，县财政配套75万元，部门自筹32万元，群众自筹59万元，群众投工11万个工日。2002年，完成项目面积1614.1公顷，占计划任务1600公顷的100.88%，其中人工造林614.1公顷，占任务600公顷的102.4%，封山育林1000公顷，占任务的1000公顷的 100%；项目建设投资 299.6 万元，其中中央预算内西部专项资金 150 万元，地方配套 38 万元，群众自筹 111.6 万元，群众投工 19.98 万个工日。

2001 年—2002 年，在藤城镇、塘步镇、天平镇、大芒界林场联营良种马尾松 333.33 公顷。自治区林科院与大芒界林场联营速丰桉示范林 33.33 公顷。通过示范，带动部分社会经济能人承包乡村林场营造速丰桉和良种松。2003 年，通过招商引资，引入梧州福莱斯三威公司在潭东镇万亩林场营造速丰桉 300 公顷。1998 年—2003 年，实施绿色工程，共完成绿色工程造林 3042 公顷，投入资金 870.9 万元，其中 1998 年造林 808 公顷，投资 232.4 万元；1999 年造林 647 公顷，投资 198.6 万元；2000 年造林 412 公顷，投资 182.9 万元；2001 年造林 549 公顷，投资 97 万元；2002 年造林 303 公顷，投资 82 万元；2003 年造林 323 公顷，投资 78 万元。2001 年—2003 年，随着林业体制改革的发展，根据国家及自治区有关法律法规文件精神，藤县的林业进行森林分类经营规划，划定商品林区与生态公益林区，活跃林区经济。2004 年引入金光集团等外资企业在和平、濛江、太平、东荣镇等大面积租赁林地营造速丰桉，2005 年造速丰桉 3866.67 公顷。2002 年—2005 年，全县造林均以速丰桉与良种马尾松为主。

飞播造林

1988 年，出动飞机 102 架次，飞播营造马尾松 3.44 万公顷。为了保障造林成果，藤县结合本地实际，在典型的地段建立飞播林管护示范基地 3266.67 公顷，通过试点示范，探索出规范管理飞播林的路子，取得了良好成效。1993 年获“自治区林业厅造林一等奖”，1995 年藤县被定为“全国飞播林管护示范县”。1999 年中央电视台曾以“重在封、管、护”专题，报道藤县飞播林管护的成功经验。

2000 年，飞播造林 1493.3 公顷，共投入资金 42 万元，其中林地清理及点播人工 33.6 万元，种子 8.4 万元，生长状况良好。

1991 年—2005 年藤县各年度造林情况统计表

表 10-5-4　　单位：公顷

年度	造林面积	用材林			经济林					其他
		合计	松	杉	合计	八角	肉桂	油茶	竹子	
1991	4767	2412.27	1984.67	427.6	1583.66	263.53	1188.93	12.33	118.87	
1992	8145	6398.8	6311.33	87.47	660.66	10.8	478.53	98.93	72.4	
1993	5749	3439.13	3096.2	342.93	2115	337.93	1502.47	49.67	224.93	
1994	7051	1470.56	1436.7	33.86	12692.6	876.73	3243.1	105.5	846.7	
1995	8263	995	686	309	6998	1540	4634	19	805	23
1996	8952	1274	897	377	6842	1781	4088	15	958	
1997	6490	1006	651	355	4952	1835	2487	18	612	2
1998	4799	1170	821	349	2986	1392	1205	10	379	22
1999	6052	2576			3471	1483	873	6	1109	11
2000	6006	2303			3079	1248	736	3	1092	3
2001	5393	2030			3319	2510	545	1	263	21
2002	7484	1378			6095	5207	472	10	406	9
2003	5697	1738			3646	3018	369		259	5
2004	6199	2311			3887				203	1
2005	8145	4606			3539				132	

幼林抚育

1991 年，藤县幼林抚育除国营和集体林场由集体组织实施外，大多数林农自行开展抚育，一般以肉桂、八角、油茶等经济林为主，县境北部山区林农对杉木幼林进行除草、施肥抚育。是年全县抚育面积 6619.9 公顷，1999 年抚育 5661 公顷。此后，随着公司与私营老板租赁山地营造桉树，由公司与私营老板聘请民工大量开展幼林抚育。2000 年，全县幼林抚育面积 8879 公顷，2004 年为 8928 公顷，2005 年为 9258 公顷。

封山育林

1988 年以后，全县用社会系统工程的方法实行封山育林，面积达 8 万公顷。全县分别成立 3 支封山育林特区纠察队（藤南队、藤北队、西江沿岸队），配备有专用车、船。设置永久性标志牌、碑，乡、村配备有专职巡山护林队伍，上岗统一着装执勤。1991 年，全县有林业员、护林员、巡山员、林业治保人员 860 人。全县新增封山育林面积 16780 公顷，年末有封山育林面积 10.94 万公顷。是年，自治区林业厅在藤县召开全区封山育林现场经验交流会，藤县获自治区封山育林一等奖。1993 年，有护林队 24 个，护林员 934 人，护林小组 226 个。全县新增面积 1100 公顷，年末共有封山面积 12.15 万公顷。1995 年封山面积 13.42 万公顷。此后，平均每年封山面积保持 10 万公顷以上。2001 年 4 月，县政府把岭景、天平、新庆镇列为封山育林试点镇，3 个镇的部分村、组的所有林地定为封山育林区，实行封山 5 年的试点工作，以利在全县范围内铺开。2003 年，封山面积最大，达 13.52 万公顷。2005 年，有封山育林面积 13.63 万公顷。

1991 年—2005 年藤县封山育林面积统计表

表 10-5-5　　　　单位：公顷

年度	封山育林面积	年度	封山育林面积
1991	109376	1999	125444
1992	118545	2000	133746
1993	121534	2001	134845
1994	130454	2002	134850
1995	134179	2003	135173
1996	120016	2004	136231
1997	93817	2005	136345
1998	115148		

第三节　八角　肉桂种植

藤县八角

藤县八角是藤县林业经济支柱。1991 年，全年种植八角面积 263.53 公顷，1993 年种植 337.93 公顷。1993 年，县委、县政府提出实施“523389 工程”，规划全县到 1998 年年底有 50 万亩肉桂林、20 万亩八角林、30 万亩水果的目标，全县八角面积迅速增加。

1994 年，二类调查，全县有八角面积 6610.3 公顷、635.13 万株，1999 年有 14015.1 公顷。是年开始，对全县的山林土地大搞林种结构调整，建设外向型经济林业，使山林土地最大限度地发挥效益，既能建设和保持良好的生态环境，又能提高林农经济效益。1997 年—1998 年，全县八角林面积有大幅度的发展。1999 年，藤县古龙镇向国家工商局申请注册古龙镇“龙淳”牌大红八角商标，2001 年“龙淳”牌八角在中国名特优林产品展销会上荣获“优质产品”称号。

2001 年—2003 年，据梧州市的规划，藤县在 321 国道沿线的乡镇、林场，建设 10 万亩的“百里八角长廊”。县成立“百里八角长廊”项目建设领导小组。古龙、太平、东荣 3 个镇相应成立镇一级“百里八角长廊”

项目建设领导小组。2001 年，藤县实施“百里八角长廊”项目，制定种植八角的种苗资金扶持政策，2001 年、2002 年凡是在百里八角长廊范围造林，连片 3.33 公顷以上，并验收合格后，由县财政补助种苗款 0.3 元 / 株；2003 年凡在百里八角长廊范围造林，八角苗木款一律由县财政负担。乡镇政府也相继制定土地租金优惠政策，凡利用迹地，荒山连片种植八角，属乡镇管理的集体林地，前 10 年一律免收山地租金，种植第 11 年起按收益比例分成办法收取林地租金。同时还制定造林补助资金办法，凡连片种植 3.33 公顷以上，经验收合格，乡镇财政每亩补助造林款 10 元。这样极大地提高林农种植八角积极性。2001 年—2003 年，全县种植八角 1.13 万公顷。“百里八角长廊”项目的实施，大力调整了林种结构，在山靠山，靠山致富，向山上要效益，按适宜种植八角的要求大力营造八角林。由于八角市场价格逐年提高，林农经济效益不断增加，提高了林农种植八角的积极性，促进全县八角产业的发展。2001 年，藤县林业局成立“藤县玉桂八角公司”，主营玉桂、八角及林副产品等收购、加工和销售业务。遵循公司 + 农户和互惠、互利的原则，产前进行生产技术指导，产品均由公司及社会经济能人经营销售，很多农户依靠经营八角的收入致富，建起了“八角楼”。

2003 年，县委、县政府大力改善投资环境，完善市场配套设施，协助八角市经营大户先后建造古龙光华晒场、铭宇八角市场和古龙专业八角市场等 10 个八角专业批发市场，专业市场内有大型八角加工场和储存仓库 10 多个，占地 2.33 公顷，有 500 个铺位，形成广西最大的八角专业批发市场。

古龙镇八角林　（2004 年摄）

1991 年—2005 年，大力采用八角优良品种造林，开展低产林改造。开展八角优良品种的选优工作，选出优良品种 8 个，凡新造林均采用优良品种，栽植的品种主要以大果红花八角、柔枝红花八角、柔枝淡红花八角为主，约占面积 80% 以上。同时开展八角低产林分改造的研究和推广，属于品种不好、树龄又不很大的，则进行截杆换冠改造；对属于经营措施跟不上而低产的，则加强经营管理措施，合理疏伐，加强除草松土，追施微量元素肥等，与对比对照增产八角果 20%~30%，无明显大小年之分，效果显著，效益可观。

藤县肉桂

藤县肉桂属“西江桂”品系，桂皮以皮薄、肉厚、油多、色泽柔润光亮、味芳香、甜辣适中而远近闻，是“西江桂”主要产地。主要分布在岭景、象棋、新庆、金鸡、天平等乡镇，其他各乡镇均有种植。桂油以红黄色溶体，有强烈的芳香味，味甜而辛，无掺杂，含桂醛 80%~85% 以上而远近闻名，是饮食业加香佳品和中药珍品。

广西藤县种植肉桂历史悠久，清光绪年间该县肉桂已畅销港澳。1983 年藤县肉桂、桂油在全国出口商品销售会上被对外经济贸易部评为“优质出口商品”。

1991 年，全年种植肉桂面积 1188.93 公顷。其中新造肉桂面积 300 公顷。1992 年种植肉桂面积 609.86 公顷，有肉桂基地（场）20 个。1993 年种植 1502.47 公顷。是年，藤县被评为“全国肉桂生产基地县”；2000 年被命名为“中国名特

象棋镇肉桂　（1997 年摄）

优经济林—肉桂之乡”；2002 年 4 月 5 日，藤县“西江桂牌”肉桂被中国经济林协会评为“中国名优经济林产品”。

1993 年 12 月，中共藤县县委、县政府把林业工作的重点由宜林荒山绿化达标，转移到调整林种结构，大力发展经济林果，提高林业经济效益，实现农民兴林致富，增加收入，把肉桂生产列入了 1994 至 1998 年发展农村经济的“523389”工程，规划全县到 1998 年底发展肉桂 50 万亩。是年开始，全县开展大面积林种结构调整。1994 年，二类调查，全县有肉桂面积 14372.5 公顷、893.45 万株，1995 年新增种植肉桂面积 4312.6 公顷，1996 年新增种植肉桂面积 4628.67 公顷，1997 年新增种植肉桂面积 877.5 公顷。1998 年，全县有肉桂林面积 100 亩以上的 150 个，肉桂面积达 3.20 万公顷。1997 年—1998 年，全县肉桂林得到大幅度发展。2000 年当年种植 479 公顷。2002 年新增种植肉桂面积 753 公顷；2003 年新增种植肉桂面积 47 公顷；2004 年新增种植肉桂面积 52 公顷。2005 年新增种植肉桂面积 46.3 公顷。

第四节　林产品

木材

藤县木材以松、杉为主。松，各乡镇均有产出，而以大黎镇、平福、宁康、同心、金鸡、埌南等乡镇居多；杉以大黎、宁康、平福与国营共青林场、小娘山林场居多。木材生产包括原木和薪材，藤县生产的木材以原木为主。1991 年—2005 年，年平均生产木材 67265.81 立方米，生产的木材可为开办人造板厂、家具厂、纸浆厂等木材深加工企业提供充足的原材料。

松脂

松脂，为县内大宗林产品，全县各乡镇均有产出，以大黎镇、平福、天平、太平、濛江、象棋、同心等乡镇产量大。1991 年—1997 年，是藤县产脂高峰期，年均产脂 2 万多吨，最高 1992 年，松脂产量 27259 吨。1998 年后，随着林业产业结构调整，松脂产量逐步下降，至 2005 年，年均产脂 1 万 ~1.5 万吨。

八角

藤县八角，称大红八角，为藤县知名的林产品。20 世纪 90 年代初，主要集中于古龙镇和国营共青林场，90 年代中期开始，全县开展农业综合开发，大量调整林业产业结构，八角生产迅速扩展至其他乡镇，面积较大的有平福、太平、东荣等乡镇。藤县栽植的八角主要以大果红花八角、柔枝红花八角、柔枝淡红花八角为主，约占全县八角种植总面积 80% 以上。大红八角具有果形大、色泽红、肉质厚、含油量高、气味芳香、清新干爽等特点，品质优异。1999 年，藤县古龙镇申请注册“龙淳”牌大红八角商标，2001 年“龙淳”牌八角在中国名特优林产品展销会上荣获“优质产品”称号，在国内国际市场上享有盛名。

1991 年，八角产量 564.3 吨，此后产量逐年增加，最高年 2005 年，产量达 6484 吨。

茴油

茴油为八角树枝、叶、果蒸煮而得的芳香油，是制作化妆品、食品、饮料的高级香精。藤县年产茴油 100 吨。

桂皮

藤县桂皮为西江桂品系。皮薄、肉丰厚、油脂多、味芳香、甜辣适中，是食品、医药、化工的重要原材料。用作芳香调味品，中餐里用他给炖肉调味，是五香粉的主要成分之一。此外还可提取桂油，为食品工业之重要香料，亦入药。主要分布于象棋、金鸡、天平、岭景、濛江等乡镇。1991 年产量 1178.3 吨，1995 年产量达到最高，年产 4001 吨，此后，产量逐年下降。1991 年—2005 年藤县年平均产桂皮 2065.42 吨。

竹子

藤县种竹历史悠久，有篙竹、粉单竹、毛竹、大小杂竹等。以浔江、北流河、蒙江和其他小河流两岸与全县 5 个江心洲及约 2000 个村庄周围和各地的山脚都生长有竹子。竹子生长适应性强，管理简易，用途甚广，编扎竹器，造房盖屋，制作生产工具、生活用品以及生产土纸、纸浆的原料。进入春季，竹笋可供食用。

1991 年—2005 年藤县主要林产品产量统计表

表 10-5-6

年度＼名称	木材（立方米）	松脂（吨）	桂皮（吨）	桂油（吨）	八角（吨）	篙竹（万根）
1991	76753	22721.8	1178.3	66.58	564.3	1043
1992	107138	27259	1224	23	1012	387.64
1993	79733	27721	1564	28	679	954
1994	84304	18599	2301	71	1870	1161.2
1995	85641	25202	4001	78	2067	1645
1996	67676	22257	3370	91	2398	197
1997	83533	24800	2425	112	2340	27.9
1998	71200	14281	2045	105	2401	1010.9
1999	60603	15520	1831	99	2624	918.85
2000	65858	13431	1686	49	1841	882.72
2001	10740	10630	1722	42	2950	961.5
2002	98703	10038	1953	47	4228	1026.7
2003	113687	10182	1573	29	4347	1021
2004	114473	12397	1961	37	6476	1151.39
2005	106421	15551	2147	42	6484	1295

第五节　森林保护

森林防火

防火队伍　1988 年，设立县森林防火指挥部，下设办公室，负责日常工作，全县 23 个乡（镇）、场均设立森林防火指挥分部，268 个村委会设立护林防火领导小组。1992 年，成立县森林消防专业队，共 32 人驻太平镇；2003 年春成立藤南分队，共 12 人驻藤城镇。此外各乡镇与 3 个林场均成立有 30~50 人的应急扑火队，村成立 5~10 人的义务扑火队。县、乡（镇）均设立森林防火指挥部。2005 年末，全县共有专业森林消防队 2 支 40 人，半专业队伍 20 支 300 人，配备运兵车 2 辆、风力灭火机 62 台、电台 10 台。

设施　1993 年，投入营造防火林带资金 99.29 万元，长度为 111 千米，经验收成活率达 90% 以上；共有瞭望台 15 座，风力灭火机 23 部，对讲机（含台机）107 部，大小车辆 2 部，单边带台机 1 台，转讯机一台，森林指挥台一个。1994 年，增设防火瞭望哨，在五七林场、天平三益林场投资 10 万多元，营造了 66.85 公里防火林带，新购置灭火二号工具 600 把。2005 年，全县建有防火瞭望台 14 座，营造防火隔离带达 1000 多千米。

护林防火措施　1991 年后，县、乡（镇）、林场都制定并不断完善扑火预案，建立健全应急机制；落实了县长、乡（镇）长、林场长、村长“四长”负责制，构建森林防火“政府负全责”的责任体系，并通过实行目标管理、签订责任状、交纳风险抵押金，细化责任，严明奖惩等措施，加强森林防火的组织保障；加强防火基础设施建设，提高森林火灾的综合防治能力；把火源管理作为森林防火的关键环节和重要措施，进入重点防火期，严格执行野外生产生活用火审批制度，对重点林区加强巡护。在高火险期，及时发布戒严令，禁止一切野外用火，并派出火源管理工作组深入林区监控火源。

火灾　1991 年，发生森林火灾 12 起，至 2005 年，共发生 165 起。其中 2002 年—2005 年，全县共发生森林火灾 131 次，过火面积 1773 公顷，其中受害森林面积 861 公顷，年均森林火灾受害率为 0.63‰。

1991 年—2005 年藤县森林火灾情况统计表

表 10-5-7　　计量单位:次、公顷、立方米

年度＼名称	火灾发生次数	扑灭次数	受害森林面积	受害林木蓄积	森林受害率
1990	17	17	18.76		0.12‰
1991	21	21	34.8		0.228‰
1992	21	21	65.5		0.42‰
1993	11	11	17.2		0.113‰
1994	3	3	0.31		0.002‰
1995	4	4	18.44	29.45	0.121‰
1996	9	9	21.3		0.09‰
1997	5	5			
1998	17	17	256.1		0.95‰
1999	5	5			
2000	14	14	87		0.33‰
2001	2	2			
2002	6	6	·		0.26‰
2003	3	3			
2004	57	57	119.7	3258.1	0.3‰
2005	7	7	8.3	108	0.03‰

病虫害防治

1991 年,林业局有病虫测报员(含检疫员)12 人,下属各场、站、所各设测报员 1 人。

1993 年,藤县森林病虫发生面积 371 公顷,发生率为 0.14%,防治面积为 361 公顷,此外预防面积达 0.86 万公顷。1999 年—2003 年,藤县森林病虫害发生面积 14881 公顷,发生率 1.1%;成灾面积 1820 公顷,成灾率 0.13%。其中马尾松毛虫发生面积 7223 公顷,成灾面积 100 公顷;马尾松尺蠖发生面积 5215 公顷;玉桂枝枯病发生面积 362 公顷;松叶蜂发生面积 1954 公顷;八角尺蠖发生面积 127 公顷。其间森林病虫害防治面积 12576 公顷,防治率 92.8%,其中生物防治面积 10260 公顷,生物防治率 81.6%。1999 年,全县组织 1.5 万千克白僵菌粉开展了历史上第二次飞防工作,投入资金近 30 万元,完成飞防作业面积 1 万公顷。

藤县森林病虫害目标管理年年达标。2001 年度,藤县森防检疫站被国家林业局评定为“森防标准站”。2002 年被列为自治区级松材虫病监测点。2003 年被国家林业局定为“国家级森林病虫害中心测报点”。

松树病虫害防治　　(2000 年摄)

第六节　林政管理

森林资源管理

林地管理　1991年，县林业局林政股负责全县工程项目使用林地的审核、组织材料上报等工作；林政资源稽查队主要对辖区范围内的项目使用林地情况进行检查、监督；各乡镇林业站负责林地源头管理，及时对林地的动态变化进行监控。藤县广泛开展林业法律法规普法宣传教育，通过宣传月、宣传周主题教育活动，营造良好的社会氛围，加大林地的执法力度。1998年征占用林地15.1公顷；1999年征占用林地8.33公顷；2000年无征占用林地。2001年1月至2004年4月，藤县经自治区林业局批准使用林地的建设项目有12项，批准使用林地50.75公顷。其中2001年批准使用林地的建设项目1个，征用林地面积1.31公顷；2002年项目3个，批准征用林地面积17.43公顷；2003年项目7个，批准征用林地面积30.53公顷，2004年项目1个，批准征用林地1.48公顷。2004年4月，组织力量对2000年1月以后发生的征占用林地情况进行全面的检查，开展林地清理整顿工作，全县查处4起未批先用林地的违法行为。

2005年，办理征占用林地报批材料4份，结合县政府整顿非煤矿山行动，开展清理林地整顿大检查工作，发现违法使用林地36起，主要是钛矿、白泥矿、石场非法使用林地，核查违法使用面积12.7公顷，共追收森林植被恢复费127345元。

林木采伐制度　1991年后，林木采伐实行年度森林限额采伐管理制度，是以县和国营森林经营单位编制，经各级地方人民政府和林业部门审核、论证，报经国务院批准的年采伐消耗森林蓄积的最大限量，凡人为采伐胸高直径5厘米以上的林木所消耗的蓄积都必须纳入年森林采伐限额管理范围，其执行期为5年。同时执行年度木材生产管理制度，各编限单位发放的林木采伐许可证不得突破年度采伐限额及年度生产计划，采伐林木必须申请采伐许可证，并按许可证的规定进行采伐。集体林木的商品林木采伐许可证由各乡镇林业站核发，国有林场部分由县林业局核发。1992年发放采伐许可证的木材蓄积22.27万立方米。1993年—1996年，各年度分别发放5.08万立方米、22.07万立方米、21.59万立方米、6.76万立方米。2000年发放采伐许可证的木材蓄积14.18万立方米，出材8.27万立方米。2003年，签发林木采伐许可证1666份；木材蓄积10.87万立方米，出材6.99万立方米。2004年发放采伐许可证的木材蓄积11.37万立方米，出材7.40万立方米。2005年发放采伐证许可证的木材蓄积10.00万立方米，出材6.50万立方米。

2002年7月至2005年，全县的商品林木采伐许可证由县林业局统一核发，农民自用材部分统一委托乡镇林业站核发。

木材运输管理　为了保障林木凭证采伐制度的顺利实施，有效地控制森林、林木的采伐消耗，维护木材运输的正常秩序，防止非法采伐的木材进入流通。1991年5月8日，国家林业部、铁道部、交通部联合下发《关于实行凭证运输木材制度有关问题的通知》，明确规定凡需要通过铁路、水路、公路运输木材出县、出省的，必须凭有效的木材运输证件到铁路、交通部门办理运输手续，否则，铁路交通部门不予以承运。1991年查处无证偷运木材650立方米，收缴木材417立方米，罚款3.7万元，追缴林业经费3.9万元。1992年收缴木材293立方米，挽回经济损失14万多元。1992年核发木材运输证额6.76万立方米。1993年执行广西壮族自治区人大常委会通过的《广西壮族自治区森林管理办法》。当年核发木材运输证额5.48万立方米、1994年核发木材运输证额7.12万立方米。1991年—1997年，藤县签发的木材运输证是区内木材运输证，统一由县林业局签发，办理的木材种类为：原木、原条、锯材、竹材、木片和木材成品、半成品。1997年《广西壮族自治区木材运输管理条例》实施，对木材运输管理作出了明确具体的规定。7月25日起，凭证运输的木材种类为：原木、原条、锯材、竹材和部分木材半成品。2000年2月29日国务院颁布施行的《森林法实施条例》对木材凭证运输作出了更为具体的规定。2000年8月，全县统一使用“广西壮族自治区内木材运输证”，县自行印制的木材运输证停止使用。

2003年6月起至2005年，凭证运输的木材种类为：原木、原条、锯材、木片和自治区规定的其他木材。

其中自治区规定的其他木材包含原木类、原条类、锯材类、蕊板类、树木、树蔸类、商品竹材类、木片类、单板类、包装箱类、门窗(框)类。2003年签发木材运输证1400份;2004年,签发木材运输证销售木材5.19万立方米,木碎片1.45万吨。2005年,签发木材运输证销售木材4.22万立方米,木碎片3840吨。

木材经营加工管理 1991年—2003年,凡在境内收购、销售、加工木材和树蔸及其制品的单位和个人,都必须向当地县级以上林业主管部门申办"广西壮族自治区木材经营(加工)许可证",凭许可证到当地工商部门核准登记,领取营业执照后方可经营;在收购、销售、加工木材和树蔸及其制品的经营过程中,实行凭证经营,凭证加工经营木材种类与凭证运输的木材种类必须一致。其间,全县国有林场木材可自产自销,林农木材只有县木材公司、县林场服务公司、县林区开发公司具有收购权,经统一收购再销售给社会上的单位与个人,其他任何单位与个人都不能直接收购木材。

2003年6月25日《中共中央国务院关于加快林业发展的决定》颁布后,藤县国有林业公司改制开始实施,集体林区的木材逐步放开,林农生产的木材可以直接销售给需要木材的单位和个人。是年全县签发新办木材经营(加工)许可证30份,办理木材经营(加工)许可证年审210份。2004年新办木材加工许可证47份,共年审、换证216家,对不符合条件,不予年审的有4家。

2005年新办木材加工许可证20份,年初结合木材加工许可证年审工作,由木材加工厂管理工作组负责核查盘点,对符合规定条件的给予年审,共年审、换证193家;对不符合条件,不予年审的有5家。印制木材加工厂原料进厂台账5000份,分发到各加工厂登记,并不定期检查。

森林公园建设 藤县有2个森林公园。太平狮山森林公园,位于太平镇境内。2002年12月30日,自治区林业局批复建立太平狮山森林公园。2003年12月23日,国家林业局批复建立太平狮山国家森林公园,经营面积5550.23公顷。2003年县政府成立"藤县太平狮山森林旅游开发公司",归口县林业局管理。2004年编制广西藤县太平狮山国家森林公园总体规划。2005年处在初始开发阶段,已完成供电、通信工程。小娘山森林公园,位于同心镇藤县国营小娘山林场内,与岑溪市三堡镇交界,距县城24千米,总面积1109公顷。2003年12月2日自治区林业局批准建立小娘山森林公园(自治区级森林公园),经营面积1109公顷。2003年6月,县委、县政府成立县小娘山森林公园建设项目规划领导小组。9月,梧州市发展计划委员会批复同意开发藤县小娘山森林公园建设项目,编写项目可行性研究报告。

野生动物保护 1991年—2005年,境内野生动物保护的种类:二级保护的有岩鹭、褐翅鸦鹃、小鸦鹃、草鸮、长耳鸮、大壁虎、虎纹蛙;广西重点保护的有沼蛙、灰胸竹鸡、画眉、银耳红相思、红嘴相思鸟、大山雀、滑老鼠、金环蛇、银环蛇、眼镜蛇、眼镜王蛇、赤腹松鼠。

1991年12月27日成立藤县野生动物保护协会,协会由农委、林业、公安、工商、教育、畜牧水产、交通等部门抽调人员组成。并在林业局设立协会办公室,负责宣传贯彻《中华人民共和国野生动物保护法》,拯救和保护濒危的珍稀动物。协会成立后,与有关部门在全县范围内结合"爱鸟周"和开展野生动物宣传月的活动,利用黑板报、标语、横幅等,广泛开展宣传《中华人民共和国野生动物保护法》和国务院关于加强野生动物保护、严厉打击违法活动紧急通知,使之家喻户晓,人人皆知。共张贴宣传标语1800多条,大幅横额40多条,各乡镇在圩日利用广播进行宣传,受宣传教育人数达30多万人。定期组织有公安、工商、林业等单位组成的检查组,在藤城、濛江、太平等乡镇对市场、饭店、招待所进行清查,不准非法买卖国家重点保护的野生动物,不准出售以国家重点保护的野生动物为原料的食品。1994年,县政府抽调林业、工商、卫生等单位人员组成工作组共12人,分2组进行保护野生动物执法检查,在医院、药店门市部进行封存有野生动物制剂的药品杜仲虎骨丸12瓶,金环银环蛇酒2.5千克,麝香骨膏264包,天麻虎骨8瓶,虎骨酒2瓶,虎骨膏12帖,虎骨麝香止痛膏18袋,虎骨木瓜酒15瓶。

1994年—1995年,对乱捕滥猎,违法经营,无证运输野生动物及其产品的违法活动进行坚决查处,共开展4次检查,在二级公路和飞跃船上查处偷运野生动物,共缴获猴子2只,老鹰2只,蛇类400多千克,青蛙1200千克,总价值6万多元。

1997年,查处野生动物违法案件3起,收缴野生动物(均为I级类野生动物)18只,共200千克,折款

5800 元，行政罚款 0.3 万元，处理违法人员 3 人。

1998 年，查处野生动物违法案件 5 起，收缴野生动物 85 只，共 730.5 千克，折款 8.19 万元，林业行政处罚 2.02 万元，处理违法人员 5 人。

1999 年 3 月 17 日—19 日连续 3 个晚上在大黎镇朝林村境内发现有 2 只豹子入村及在村庄附近山头活动，两只豹子均为 50 千克重左右，一只为黄间色，一只为黑间色，之后再没有见到豹子活动的踪迹，也未发现有猎捕豹子的违法行为，并张贴保护豹子措施的告示。

2001 年，开展打击非法收购国家、广西重点保护野生陆生动物的违法犯罪活动"猎鹰行动"，查处饭店 16 家，缴获国家二级保护的野生动物小灵猫 1 只，鹰 3 只，广西重点保护野生陆生动物一大批，留置审查 2 人。2003 年，年审野生动物养殖和经营利用单位 4 家。2004 年，发生禽流感期间，组织开展宣传有关野生动物保护的法律、法规以及禽流感预防措施，避免禽流感发生。有 5 家饭店、宾馆申办野生动物经营利用许可证，代市林业局收野生动物管理费 1.65 万元。查处非法收购野生动物 4 起、无证运输野生动物 1 起。

2005 年，有 5 家养殖单位（个人）办理野生动物驯养繁殖许可证；有 12 家饭店、宾馆办理野生动物经营利用许可证。年内，对全县的饭店、宾馆、酒楼、餐馆进行清理，收缴违法经营的野生动物；同时对全县的果子狸养殖场、鸟类经营户进行现场登记封存。在发生禽流感期间，林业公安、稽查队组织酒家、饭店、宾馆等有关业主开会，宣传有关野生动物保护的法律、法规以及禽流感防控措施，发放有关资料，签订承诺书。11 月 7 日，在濛江镇濛江街发现有成群本地常见的野鸟从空中飞过，有 10 只从空中摔下来后死亡。11 月 10 日藤州镇发现有成群的本地常见的野鸟从空中飞过，有 9 只鸟从空中摔下死亡，林业部门会同当地镇政府继续监测野生鸟情况，未发现类似现象。县畜牧水产中心检验两起死鸟腹腔内均有积血，内脏器官未出现有禽流感症状特征。

行政执法

林业行政执法主要由林业公安股、林政股、林政资源稽查队、林业检察室等股室负责。1991 年，林业公安股破获森林刑事案件 23 起（其中重大案件 7 起，森林火灾案件 4 起，乱砍滥伐林木案 12 起）；查处各类治安案件 78 起（行政拘留 7 人，警告 4 人，治安罚款 84 人），查处林业行政处罚案件 83 起。收缴木材（含板材）417 立方米，罚款 3.21 万元，追缴林业经费 1.45 万元。林业检察室清理偷漏林业经费的木材 650 立方米，追收林业经费 4.4 万元，查处无证运输木材 65 立方米，木材变价款和罚款 2 万多元。林政股查处无证运输木材 650 立方米，木材变价款 10.4 万元，罚款 3.9 万多元。

1992 年，林业公安股查处乱砍滥伐盗伐森林案件 85 起，收缴木材 1470.3 立方米，罚款 2.26 万元；查处无证运输木材案件 126 起，处罚 182 人，罚款 5 万元。林政股查处林业案件 149 起，没收木材 1036 立方米，罚款 2.32 万元。林业检察室清理无证收购木材和漏交林业经费案件 48 起，追缴林业经费 5 万元。查处非法无证运输木材案件 11 起，没收木材 120 立方米，罚款及木材变价款 2.5 万元。

1993 年，林业公安股立、破刑事案件 8 起，查处治安案件 26 起；查处林业行政处罚案件 68 起，处罚 118 人，收缴木材 422.58 立方米，治安罚款 0.24 万元，林业行政罚款 3.86 万元。林业检察室清理无证收购木材和漏交林业经费案件 44 起，追缴林业经费 5.5 万元。查处非法无证运输木材案件 21 起，没收木材 280 立方米，罚款及木材变价款 2.51 万元。林政股没收木材 623 立方米，罚款及木材变价款 3.96 万元。

1994 年 10 月，根据林业部、公安部、最高人民法院、最高检察院和自治区林业厅、公安厅、高级人民法院、检察院的部署，藤县从 1994 年 10 月至 1995 年 3 月底开展严厉打击破坏森林资源违法犯罪活动专项斗争，县委、县政府成立专项斗争指挥部，从公安、法院、检察院、工商以及林业局、林业公安、林政股、林业检察室、各乡镇林业站、工商所、派出所等单位抽调力量，共投入人员 600 人，其中公安干警 45 人。严打期间，共查处林业案件 72 起（其中林业治安案件 3 起，林业行政案件 69 起），滥伐林木案件 30 起，无证运输木材案件 8 起，收缴木村 140 立方米，折款 2.45 万元，林业行政罚款 4.6 万元，林业治安罚款 250 元，追缴经费 1.4 万元，处理违法人员 120 人。

1994 年—1995 年，林业公安股立、破林业案件 311 起，其中刑事案件 8 起，林业治安案件 10 起，林业行政案件293起。共逮捕3人,收容审查16人,行政拘留1人,治安罚款9人,送劳改教养4人,林业行政罚款289人、其他处罚232人;共收缴木村1993.46立方米,变价款20.97万元,治安罚款1300元,林业行政处罚53.70万元,赔偿经济损失1.52万元,其他财物折款6.44万元。清理无证收购木材漏交林业经费的案件58起,追缴林业经费13.1万元。

1996年,林业公安股立、破林业案件129起(其中刑事案件3起,治安案件7起,林业行政案件119起),处罚各类违法人员130人(依法逮捕1人,送劳动教养4人,行政拘留2人,治安罚款5人,林业行政处罚118人)。收缴木材84.3立方米,折价款2.03万元,治安处罚400元,林业行政处罚13.58万元。林政股查处林业行政案件285起,没收木材168立方米,变价款4.47万元,罚款1.13万元。追缴林业经费3.3万元。林业检察室查处林业行政案件103起,没收木材73立方米,罚款及木材变价款6.5万元,追收林业经费6.2万元。

1997年—1998年,林业公安分局受理查破刑事案件10起,查处治安案件17起,林业行政案件158起。处罚违法人员196人,其中逮捕3人,刑事拘留14人,行政拘留5人,治安处罚18人,林业行政处罚156人。收缴木材477立方米,折款12.77万元,林业行政罚款18.68万元,处理赔偿损失1.72万元,其他财物折款30.50万元。

1999年,林业公安分局受理、查破刑事案件7起,查处林业行政案件90起,处罚违法人员104人。其中逮捕3人,刑事拘留8人,治安拘留7人,林业行政处罚86人。收缴木村212立方米,折款4.7万元,林业行政罚款19.53万元,其他财物折款0.5万元。

2000年,林业公安分局受理、查破林业案件138起,其中刑事案件8起。逮捕4人,送劳动教养3人。查处林业行政案件108起,没收木材186立方米,行政罚款50多万元。查处林业治安案件11起。查处森林火灾案件8起,逮捕2人。

2001年,林业公安分局查破林业刑事案件1起、查处林业治安案件1起、林业行政案件236起。处罚违法人员238人。其中逮捕1人,治安拘留1人,林业行政罚款236人。共罚款24多万元,没收木材200多立方米。

2003年,县森林公安分局共侦破森林刑事案件16起,逮捕8人,刑拘9人。查处森林行政处罚案件209起,行政处罚209人次,没收木材627立方米,罚没款70.66万元。林政股查处林业行政案件200起,处罚215人次。

2004年,查处各类林业案件395起,其中林业行政案件371起,森林刑事案件24起。处理违法人员378人,逮捕22人,刑拘1人。罚没款129.34万元,没收木材919.7立方米。

2005年,森林公安分局共受理各类案件163起,查处159起,处罚160人次。没收木材312立方米,罚没款21.1万元。其中受理刑事案件6起,侦破4起,逮捕4人,刑拘1人。受理行政处罚案件157起,查处155起,行政处罚155人次,没收木材312立方米,罚没款21.1万元。稽查队查处林业行政案件117起,处罚117人,没收木材574立方米,罚没收入22.6万元。清理木材加工厂19个,检查木材生产伐区97个。林政股查处林业行政案件150起,罚没收入16.5万元,追缴林业经费17.5万元。

第七节　林产品经营加工

产品加工

木材加工　1991年后,藤县木材加工行业逐年发展,加工木材来源多为集体林、自留山林、伐区剩余物,平均年加工木材约1.50万立方米。然而随着社会文明的进步,人们的思想观念发生改变,部分人开始购买新式家具,加工传统的家具减少,木材消耗量逐年叠减,有利于森林资源的保护和利用。2004年,有木材加工厂(店)213家,刨片厂11家,木碎片厂28家,拼扳厂8家。2005年有木材加工厂(企业)　220家(含加工作坊)。加工生产胶合板、刨片、拼板、木碎片、电缆板、扫把柄、地拖柄、木地合板、包装箱、木衣架、规格材(杉、杂）方格板、香胶粉、木方、木制品、家具等。

松脂

（1997 年摄）

松脂加工 由松脂加工为松香，可以深加工为松节油、树脂、岐化松香和药材等。1991 年，松脂加工主要为生产松香和松节油。全县有县办松脂厂 3 家，藤县松脂厂、藤县太平松脂厂、第三化工厂和乡镇办松脂厂。年生产松香 11508 吨、松节油 1380 吨。1993 年，全县生产松香 12149 吨、松节油 1514 吨，县内松脂加工达到高峰。此后，乡镇办松脂厂退出松脂加工。1997 年生产松香 11101 吨、松节油 1242 吨。此后产量逐步下降。1998 年，全县生产松香 4236 吨。1999 年，藤县松脂厂因经营不善破产。是年，海林松脂厂开始加工松脂。2000 年，藤县太平松脂厂因经营不善破产。2003 年，通轩立信化学有限公司开始生产松香系列树脂。2005 年，全县生产松香 2115 吨、松节油 220 吨，松香系列树脂 1181 吨、树脂 3393 吨。

八角、茴油深加工 藤县八角主产区在古龙镇，全县种植八角 2.4 万公顷，年产八角 5000 吨、茴油 100 吨。藤县龙淳牌八角被中国经济林协会评为“中国名优经济林产品”。龙淳牌八角以颗粒饱满、色大红、富有光泽、含油量高、香味浓郁著称。可深加工成香料，是饮食加香、制药和化妆品制造的珍贵原料。

肉桂、桂油深加工 藤县肉桂主产象棋、天平、岭景、金鸡、新庆等镇，全县肉桂种植面积 3.2 万公顷，年产肉桂 4500 吨、桂油 200 吨，西江桂牌肉桂被中国经济林协会评为“中国名优经济林产品”。西江桂皮薄、肉丰厚、油脂多、味芳香、甜辣适中，是饮食业加香佳名和中药珍品。1998 年有大型桂油加工厂 4 个。

第八节　林　场

国有林场

藤县共青林场 位于古龙镇，1958 年 3 月 8 日，由国营藤县林场改名为“国营藤县共青林场”。1991 年，林场经营面积 3548.2 公顷，有林地面积 3530 公顷，森林活立木蓄积量 17.95 万立方米。用材林以杉为主，经济林以八角为主，有挂果八角林 738.8 公顷，幼林 99.1 公顷。干部职工合计 239 人，其中技术人员 15 人；林场固定资产 215.3 万元，有办公楼 2 幢，建筑面积 501 平方米，职工宿舍楼 3 幢，建筑面积 9155 平方米。当年造林面积 40.5 公顷，以用材林（马尾松）为主。全年生产木材 3037 立方米，八角（干果）1156 吨，油茶 6.7 吨，生产总值 223.13 万元。生产工人实行 8 小时工作制，按月完成生产任务领取报酬。1996 年，林场在太平镇柴咀村租赁土地 43.33 公顷种植龙眼和荔枝。

1998 年 1 月，全场实行人事、用工、分配“三项制度”改革，制订经营管理改革方案，管理人员由 124 人精简至 26 人。2000 年开始，林场把八角幼林、松杉幼林通过公开投标方式进行承包。同时每年的伐区迹地也通过职工抽签自主经营进行承包。种植八角、林木，承包期为 50 年。是年生产木材 7490 立方米。2001 年—2002 年，完成迹地更新造林 213.33 公顷，生产木材 12548 立方米。2003 年完成迹地更新造林 80 公顷，均以种植八角为主，部分间种肉桂。八角成林每年抚育 1 次，八角幼林每年抚育 2 次。是年生产木材 5129 立方米。

2005 年，林场总面积 4067 公顷，经营面积 3533 公顷，有林地面积 3200 公顷，森林活立木蓄积量 13.1 万立方米。有职工 303 人，其中干部 86 人，工人 217 人，退休人员 139 人。

1991 年—2005 年藤县共青林场资产情况统计表

表 10-5-8　　单位：万元

年度	资产总额	总产值	营业收入	缴纳税金
1991	865.9	269.5	223.1	34.29
1992	1036.5	623.3	572	73.87
1993	1426.5	625.9	552.2	70.49
1994	1260.4	1309.1	1201.3	70.5
1995	5209.9	1083.9	923.6	98.67
1996	5365.6	1131.9	1038.7	179.3
1997	5957.4	534.7	443.9	85.3
1998	5736.4	1033.4	540.9	64.1
1999	5773.1	931.6	408.1	53.8
2000	5794	755.5	289	31.5
2001	5742.8	719.1	247.1	23.9
2002	5707.28	619.6	180.6	6.85
2003	4886.8	729.3	280.7	20.6
2004	4848.3	718.8	292.5	3.3
2005	4845.3	673	234.4	2.8

藤县小娘山林场　位于同心镇，创建于 1958 年。1991 年，经营面积 1653.8 公顷，有林面积 1386.9 公顷，其中用材林 1264.1 公顷（松占 577.6 公顷，杉占 670.7 公顷），经济林 78 公顷；全年生产木材 9000 立方米，生产干八角 10 吨，松脂 400 吨左右。林场以“营林为基础，用材林为主，采育结合，多种经营，永续利用”为宗旨。林场一线工人采取统一安排，实行按劳分配和定额承包制计算报酬。全场干部职工合计 155 人（其中在职职工、干部 150 人、退休人员 5 人），设 2 个分站（木薤站、芋坡站）、派出所；有 1 个松脂厂。场部设在芋坡站，场部办公楼和各站职工宿舍建筑面积 6180 平方米，其中办公楼 850 平方米，仓库 150 平方米，板厂 100 平方米，修车场 50 平方米，招待所 100 平方米，电影电视室 100 平方米，卫生室 30 平方米，饭厅 60 平方米，职工宿舍 4200 平方米；驻藤县河东通讯处楼房一栋，建筑面积 560 平方米，用于方便职工子女在县城读书住宿。

1992 年 8 月，承租藤县同心村公所天堂林场经营管理，总面积 67.6 公顷。1995 年，建成勒咩分站，建砖混楼房一栋四层，建筑面积 1200 平方米。1996 年，林场在塘步镇大罗村租赁土地 6 公顷种植龙眼和荔枝。1991 年—1998 年，木材产量 69567 立方米，完成迹地更新造林 592 公顷。1998 年末，全场在职职工干部共 142 人。全场总面积 1696 公顷，有林面积 1533 公顷，其中八角林 65 公顷，玉桂 116.7 公顷，近成熟用材林地 709 公顷，中幼林用材林地 361.2 公顷，幼林地 220 公顷。1998 年，林场在人事、工资、用工制度上实施改革。对股室、站、队、所的二层机构管理人员全面压缩在总人数的 10% 以下，工勤人员尽可能缩编，以增加一线人员。管理人员、工勤人员的使用实行聘任，聘用制；劳动管理制度由统一安排转为承包、定员、定酬管理。把已有的经济林（八角林、玉桂林）全部承包到户到人，签订承包合同。林地承包经营后所获产品由承包者自行出售处理，承包者在承包期内依期上交承包管理费（或产品）；每年的迹地更新，幼松、杉的抚育等一系列营林生产工序实行一条龙承包，承包期满按质按量组织检查验收，合格的支付管理承包工费，实行以家庭形式的承包责任制后按承包任务领取工资报酬。取消现行的按级别、工龄计算的工资制度。管理人员、工勤人员受聘以后的工资报酬另行按工种、级别及职责的大小区分定级领取。按此方案，把造林、抚育等各项营林工作发包给职工或社会民工，把 200 公顷八角、肉桂等经济林发包给职工个人管理。2002 年转让藤县同心村公所天堂林场总面积 67.6 公顷给他人承包管理。

2003 年末，全场有人工林面积 1327.9 公顷，其中杉木 345.4 公顷，马尾松 675.8 公顷，肉桂 178.4 公顷，八角 87.2 公顷，其他 41.1 公顷。活立木蓄积量 11.18 万立方米，其中杉木 5.48 万立方米，马尾松 5.70 万立方米，其他 3194 立方米。有干部职工 140 人，其中在职职工 63 人，退休职工 77 人。是年，县政府同意该场将位于县城河东挂榜岭原规划为职工住宅的土地 5676.4 平方米交由县龙源国有资产营运有限公司通过法定程序公开拍卖，拍卖所得款用于该场归还银行贷款及安置职工补助金。1999 年—2003 年，林场林种结构主要以马尾松、杉木为主，经济林有肉桂和八角。共完成迹地更新造林 236.47 公顷，抚育作业面积 792.93 公顷；完成育松苗 1.33 公顷。木材总产量 27793 立方米，生产八角 21.6 万吨，桂皮 29 吨。

2004 年，林场负债 140 万元，正常运转困难，为了保证林场正常运转和森林公园建设项目顺利进行，根据国家有关国有企业整改及自治区林业局对国有林场改革指示精神，决定对林场部分职工进行遣散，遣散对象是自愿提出辞职的职工。共有 45 人自愿提出辞职，林场按照《劳动部关于印发〈违反和解除劳动的经济补偿办法〉的通知》精神办理，补偿标准是：职工上年度月标准工资乘以工作年限的总额，进行一次性经济补助，并与林场终止劳动合同关系。是年，林场将 104.4 公顷松（杉）幼林转让给他人一定时间内经营管理，所得款用于解决林场困难及安置遣散职工补助款；林场与梧州市林海绿化工程有限公司联营合作造速丰桉林 133.3 公顷。

2005 年，全场职工 142 人，其中在职 72 人，退休 70 人。在岗管理人员 20 人。全场经营面积 1696 公顷，有林面积 1326.1 公顷，其中用材林 909.5 公顷（松占 649.5 公顷，杉占 193.5 万公顷。），经济林 235.6 公顷；全年生产木材 5135 立方米，生产干八角 10 吨，松脂 30 吨，桂皮 40 吨。全年总收入 196 万元，其中木材销售收入 177 万元，其他收入 19 万元，全年总支出 199.7 万元，其中木材生产成本 102 万元，营林生产成本 13 万元，营业费用 2.7 万元，管理费用 82 万元。新造林 72 公顷（速丰桉 68 公顷，荷木 4 公顷）。中幼林抚育面积 200.6 公顷，其中松 112.6 公顷，速丰桉 68 公顷，荷木 20 公顷。营林生产（造林、抚育、木材砍伐）实行向社会公开一条龙承包，承包期满按质按量组织检查验收，合格的按照合同议定的价格进行支付工程款。

藤县大芒界种子园（掛藤县林业科学研究所牌子） 始建于 1978 年，时称藤县大芒界马尾松种子园，1985 年 1 月，改称藤县大芒界种子园。坐落于塘步镇赤水大芒界，总经营面积 187 公顷。

1991 年—2005 年，该园以经营马尾松种子园为主。种子园嫁接采用嫩砧木、嫩接穗“双嫩”嫁接法，大大提高嫁接成活率，经林木子代测定，林木材积遗传增益显著。其着力于开展马尾松良种的生产与推广，优良无性系选育、改良，良种马尾松苗木培育以及马尾松良种速生丰产配套技术推广等工作。种子园每年提供良种马尾松种子约 100~500 千克。在广西全区推广良种马尾松种子造林近 5 万公顷。

经营管护马尖相思林 13.3 公顷，高脂马尾松试验林 7 公顷，良种马尾松幼林 5 公顷，湿地松 40 公顷，米老排 8 公顷。1996 年起进行湿地松采割松脂，累计采脂 200 多吨。

集体林场

集体林场，包括乡、村、组集体林场和集体经济组织之间、集体经济组织与农户之间、农户之间以及国营企、事业单位与乡镇、村委、村民小组合办的林场。

1991 年，全县共有集体林场乡村林场 156 个（其中乡村林场 136 个，国合联办林场 20 个），经营总面积 69666.67 公顷，有林面积 62293.33 公顷，其中经济林 2006.67 公顷，占有林面积的 3.2%，有固定专业人员 1090 人。

1994 年，全县有集体林场 133 个（其中乡镇政府办林场 11 个，县乡村联办林场 41 个，村办的林场 81 个），经营面积 71066.67 公顷，其中经济林 1333.33 公顷，有场员 823 人。

2004 年，全县共有集体林场 135 个（其中国合林场 24 个），经营面积 63988.53 公顷。

2005 年，全县共有集体林场 135 个，经营面积 70570.87 公顷，有林面积 61700 公顷，其中用材林 59233.2 公顷（松占 57888.67 公顷，杉占 3811.67 公顷）、经济林 1194.07 公顷（八角占 880.87 公顷，肉桂占 313.2 公顷）、其他林 1272.73 公顷。

附：藤县大芒界油茶林场 该场建于 1975 年，坐落于塘步镇，有林面积 666.66 公顷，属于县办集体性质。1977 年划拨 133.33 公顷给藤县大芒界种子园。1991 年开始承担油茶无性系育苗项目，共育出优良油茶无性系苗木 120 万株，八角无性系优质苗木 20 多万株。1994 年开始生产松脂，1997 年开始生产木材。2000 年开始同广西区林科院合作造林，后又与广西区种子站合作造林，共造林 100 公顷，引进场外资金 30 多万元。2005 年经营面积 533.33 公顷，有干部职工 35 人，其中在职职工 24 人，退休职工 11 人。有大专学历 3 人，中专学历 7 人。主要以经营湿地松、马尾松为主，有湿地松 300 公顷，马尾松 146.66 公顷，速丰林 66.67 公顷，八角林 20 公顷。

第六章　水　果

1991 年，藤县水果种植面积 2521.73 公顷，总产量 15162.5 吨。是年制订了全县水果生产中长期发展规划。在大力挖掘本地优质水果品种的同时，大力引进新品种、新技术。1994 年，县委、县政府实施 523389 工程，其中规划 1998 年全县种植水果达到 2 万公顷，是年开始在南梧公路沿线建立 2 万亩名优水果示范样板带，动员县直各部门和乡镇单位集资建设水果示范园，带动社会力量参与水果种植，全县掀起种果热潮，水果种植面积迅速增大。至 1999 年霜冻前，全县 66.67 公顷以上果场 5 个，33.33 公顷以上果场 6 个，6.67 公顷以上果场 20 个，6.67 公顷以下小果场一批，全县水果种植总面积达 11676 公顷，总产量 51907 吨，面积和产量分别是 1991 年的 4.63 倍和 3.42 倍。1999 年冬，全县遭遇罕见的严重霜冻，12 月 20 日至 27 日，持续 8 天低温霜冻，12 月 23 日，据县气象局记，极端最低气温县中心站 -2.9℃，而赤水鸿森果场果园实测最低温度 -5℃。受霜冻灾害，除濛江等荔枝老产区外，1991 年以后新发展的荔枝、龙眼、杧果、蕉类等不耐寒亚热带水果 90% 以上遭到严重冻害，严重冻伤甚至冻死 4666.67 多公顷。柑橘类、枇杷、李等耐寒果树虽则影响较小，但次年产量受到严重影响。全县水果生产受到重创，经济损失 13 亿元。霜冻发生后，县委、县政府及时组织各乡镇、各部门和果农奋起抗冻救灾，灾后恢复生产取得一定的效果，但水果生产元气大伤，短期难以恢复到灾前的水平。严重霜冻过后，各级领导、水果部门和广大果农总结教训，调整发展思路，重新引进适销对路、耐寒优质的砂糖橘、贡柑、马水橘和大青枣等名优品种，并逐步推广，改变以荔枝龙眼为主的品种结构。2005 年，全县水果生产得到逐步恢复，全县形成以砂糖橘、荔枝、龙眼、沙田柚、早熟蜜柚等优质品种为主、多样化品种发展的格局，全年水果种植面积 10032 公顷，总产量 52375 吨。

1996 年 6 月，藤县被国家农业部农垦局、农业部发展南亚热带作物办公室命名为“南亚热带作物名优基地”“晚熟江口荔枝生产基地”；11 月，藤县沙田柚获第四届全国柚类评比金杯奖，藤县尚书柚获第四次全国柚类评比优质柚类称号；1998 年 11 月，藤县尚书柚获第五届全国柚类评比金杯奖，藤县沙田柚获第五届全国柚类评比优质柚类称号；2003 年，“绿藤”牌江口荔枝被评为广西优质产品。

第一节　荔枝　龙眼

荔枝

藤县属荔枝生产的北缘地区，种植历史悠久。1991 年前荔枝主产区分布于濛江镇、和平镇、太平镇、天平镇、藤城镇、城关乡、南安镇、赤水乡霜冻较轻的浔江、濛江沿岸地区。多以房前屋后种植、单家独户管理为主。品种以黑叶荔、禾荔为主；由于管理水平低，大小年结果现象严重。1991 年，全县荔枝种植面积 555.2 公顷，总产量 2540 吨。

1992 年，荔枝市场价格回升，县委、县政府重视荔枝生产，通过宣传发动和引导、专项资金扶持和贷款贴息、招商引资、业务部门技术服务、政府部门干部带头集资建立示范点等措施，促进荔枝生产发展。县委、县政府制定政策，对参加规模开发种果的干部职工可停薪留职；各单位集资建立水果示范点，所得收入可用来改善职工福利。1993 年，县直机关干部职工除集资建设藤县旺国水果示范场外，还要求每个单位建立一个水果种植场。对招商引资开发种果的果园，在土地租金、特产税方面给予优惠。一批经济能人、老板通过租赁农户的荒山、坡地进行连片种植荔枝，使全县荔枝生产从房前屋后种植、单家独户管理向规模化种植、集约化管理发展。

1992 年—1998 年，由于机关干部带头、经济能力投资、广大农民参与，成为藤县历史上荔枝种植高峰期，一批规模较大的荔枝园开始兴建，如赤水鸿林果场，在南梧二级公路旁建场，1993 年春种 26.67 公顷，1995 年— 1997 年继续扩种至 76.67 公顷。藤县旺国水果示范场在藤容公路旁建场，1992 年春动工建园，种植江口荔、紫花杧 46.67 公顷，1993 年春继续实施第二期工程，种植江口荔枝、灵山香荔、龙眼、杧果等 86.67 公顷。

太平江口荔枝示范场，在藤县北部太平镇大坡村，1992年、1993年种植60公顷，1994年种植6.67公顷。

1998年末，全县荔枝种植面积达到2545公顷、总产量4110吨，分别比1991年增长358.4%和61.8%。荔枝成为藤县种植面积最大的水果种类之一，主要品种除常规的黑叶荔、禾荔、黄叶荔外，还引进灵山香荔、钦州红荔，藤县江口荔在此期间得到快速发展。时全县100~300亩连片种植的荔枝场13个，300~500亩连片种植的荔枝场10个，500亩以上连片种植的荔枝场5个。

1999年12月20日—27日，藤县遭遇历史上罕见的寒害。12月23日，县气象局记，极端最低气温-2.9℃（县中心站），而赤水鸿森果场果园实测最低温度-5℃。经霜后调查了解，大黎镇山区实测温度-7℃。受此霜冻，除沿江地区受影响较小外，全县1991年以后公路沿线新种植的大批荔枝果园出现叶片干枯、树干树枝爆裂，许多果场虽然采取燻烟、喷水、喷施防冻剂和叶面肥等措施，但效果不显著。全县荔枝受害面积达到2333.33公顷，经济损失6亿多元。其中以坡向向北、地势低洼的果园受灾较重，从树顶到主干全部干枯；坡向南、山顶部荔枝受灾相对较轻，有些叶片枯萎，顶枝干枯，但大枝没有死亡。传统荔枝园如濛江的健良村、安和村、江权村，太平镇的江口村和塘步镇的樤州村、赤水村等沿江轻霜地区荔枝受灾较轻，除少量叶片干枯外，其余果树在下一年还有产量。霜冻过后，水果技术人员深入灾区查看灾情，指导果农采取短截枯枝、淋水等措施，促进新芽萌发。如干枯到嫁接口以下，新芽萌发老熟后，进行重新嫁接。全县受灾荔枝果场80%以上重新进行管理，一般果场管理2~3年后，逐步恢复树冠。至2002年，全县荔枝种植面积2093公顷，产量达3508吨。荔枝生产得到逐渐恢复。此后，由于荔枝以鲜果销售为主、成熟期集中、保鲜困难等多种原因，荔枝果品销售价格下滑，全县荔枝生产发展缓慢。部分果场因缺乏后续资金而失管，果场荒废或改种其他林木。2005年，全县荔枝面积2003公顷，产量6004吨。

江口荔枝 因原产太平镇江口村而得名。据传说200多年前该村一陈姓人在广东做官，其家属去广东探亲归来时带回一株荔枝苗木种植，此老树于1960年死去，从该母树圈枝繁殖的后代，有90年树龄2株，80年龄树8株，40年龄树21株。其果实大小均匀，果皮鲜红美观，肉质爽脆，蜜味清香，核小肉厚。成熟期在每年的7月下旬，属特晚熟荔枝品种。江口荔成熟上市时，其他荔枝品种基本绝市，加上江口荔品质优良，其销售价格一般比其他荔枝高出几倍。江口荔枝被《广西荔枝志》（广东科技出版社1986年）列为优稀荔枝品种。

1992年起全县扩大江口荔枝种植，在金鸡镇旺国村和太平镇大坡村分别建立66.67公顷和20公顷的江口荔枝示范点，但受1999年冬特大霜冻，两个示范点江口荔枝树基本被霜冻冻死而失败。全县种植江口荔枝面积较大的县科委实验场、藤县金鸡旺国水果示范场、藤县林业局太平江口荔枝示范场等基本被冻伤冻死。此后，以原产地太平镇江口村，以及和平镇陈塘村和天平镇石炉村江口荔种植较多。

1998年江口荔枝获广西迟熟优质荔枝评比第一名。2002年8月注册"绿藤"牌商标，2003年"绿藤"牌江口荔枝被评为广西优质产品。2005年后江口荔枝生产逐步得到恢复。

濛江黑叶荔 因原产濛江而得名。1991年，全县黑叶荔种植面积500公顷，占全县荔枝种植面积的30%左右，其中濛江镇种植最多。濛江黑叶荔果实大小中等，果皮紫红色，肉质软滑细致，风味清甜，可食部分占果重75.4%，可溶性固形物20%，种子中等大。濛江黑叶荔枝与外地的黑叶荔枝比较，具有果大肉厚、肉质爽脆、味甜的特点，深受消费者的青睐。由于黑叶荔种核较大，品质中等偏上，黑叶荔发展不快。至2005年，黑叶荔种植面积650公顷。

龙眼

1991年，藤县龙眼生产属于房前屋后零星种植，规模化连片种植面积极少，全县龙眼果树面积158.93公顷，总产量1429吨。品种以本地"大乌园""水眼""秋风儿"为主，品质差。由于嫁接技术尚未推广，种植实生苗为主，一般种植6~8年才能开花结果，且变异性大。由于管理技术水平低，大小年结果现象严重。

1992年开始，县委、县政府为了增加农民收入，大搞农业综合开发，把水果生产作为其中一项重要内容，由干部职工带头集资开发种植龙眼，经济能人、老板纷纷租赁荒山、坡地进行连片种植，藤县龙眼与荔枝一样，开始向规模化种植、集约化管理发展。至1998年，龙眼生产迅速发展，面积与产量达到历史高峰，全县龙眼种植面积达到2702公顷、总产量7559吨。在品种选择方面，1992年后种植的龙眼，绝大部分为从广西灵山县、平南县和广东等地引进石硖、储良、灵龙等龙眼优质品种为主，全部种植嫁接苗，由于石硖龙眼、储良龙眼嫁接苗投产早、丰产性强、果大肉厚、风味浓甜、品质优良、市场销路好，迅速成为县内龙眼主栽品种，占全县龙眼种植面积 80% 以上。如 1996 年潭东亚热带水果场 3 年生石硖龙眼开始试产，最高株产达 15 千克；第 4 年生平均株产 18 千克，销售价格 10 元 / 千克，每株产值 180 元。

1999 年 12 月 20 日—27 日，全县遭受特大霜冻。受此霜冻，龙眼与荔枝一样，1992 年以后新种植的龙眼绝大部分出现叶片干枯、树干树枝爆裂。全县龙眼受霜冻为害面积达到 2300 公顷，经济损失 5 亿多元。

霜冻过后，全县受灾龙眼果场有 80% 以上重新进行管理，一般管理 2~3 年后，逐步恢复树冠。至 2002 年，全县有龙眼面积 2564 公顷，产量 6978 吨，基本恢复到灾前水平。此后，由于市场价格低迷、生产成本提高的原因，龙眼生产发展缓慢。2005 年全县龙眼面积 2498 公顷，产量 9988 吨。主要分布于濛江、和平、太平、塘步、藤州等镇。

第二节　沙田柚　砂糖橘

沙田柚

藤县有悠久的种植历史，产区集中在象棋、岭景、金鸡、塘步等镇。县内沙田柚根据生长特性可细分硬枝沙田柚和软枝沙田柚。硬枝沙田柚树形直立粗壮，果皮粗糙，品质差，产量低；软枝沙田柚是从普通的沙田柚选育出的优良品系，其特点是树形开张，枝条柔软向下，果形端正，果肉爽脆，蜜味，品质优良，产量高。县内生产以软枝沙田柚为主，占总产量的 80% 以上。藤县沙田柚，自 1987 年起连续 18 年被国家指定为特供国宾果品选送北京；1996 年参加第四届柚类评比获金杯奖。果品远销港澳和国内各大城市。

1991 年，县内沙田柚基本还是房前屋后分散种植，管理粗放，没有采取人工授粉措施，产量低。采用圈枝育苗的繁殖方法，育苗速度慢。全县沙田柚种植面积 222.47 公顷。1992 年，为了发挥藤县软枝沙田柚的品种优势和地理优势，县委、县政府和有关乡镇党委、政府重视沙田柚生产发展，通过宣传发动引导、专项资金扶持和贷款贴息、业务部门技术服务等措施，促进沙田柚生产快速发展。沙田柚由分散种植向适度规模种植发展。为了适应沙田柚快速生产发展形势，县水果部门大力开展技术服务，每年组织技术人员到产区举办沙田柚管理技术培训班 5 期以上，在产区建立示范点 2~3 个。沙田柚由过去的粗放管理转变为科学管理。果农通过应用增施有机肥、合理修剪、人工授粉、保花保果和柑橘黄龙病防控等技术，促进沙田柚产量和质量的提高。1998 年，全县沙田柚面积达 1519 公顷，总产量 6413 吨。1999 年冬特大霜冻冻伤部分沙田柚，面积有所下降。2000 年，全县沙田柚面积 1360 公顷，产量 3900 吨。2003 年面积 1013 公顷，产量 5441 吨。2005 年，全县沙田柚面积 1178 公顷，总产量 6828 吨。

藤县尚书柚

藤县尚书柚是县水果部门科技人员于 20 世纪 90 年代从县内柚类产区选育出的一个早熟柚品种。该品种具有适应性强、丰产稳产优点，其果实扁圆形，单果重 1500~2000 克，果皮橙黄色，甜酸适度，肉嫩化渣，可溶性固形物 12.5%~13%，成熟期在每年的 9 月下旬至 10 月上旬，正值国庆、中秋两大佳节，此时沙田柚尚未成熟，尚书柚以其成熟早、品质优而独占市场。藤县尚书柚 1996 年参加第四届全国柚类评比荣获优质果品奖；1998 年参加第五届全国柚类评比荣获金杯奖；12 月被自治区水果办评为广西果树优良单株。

1998 年，县水果局在潭东镇潭东村建立母本园和嫁接苗圃 1 个，1999 年在潭东镇礼秀果园和塘步镇金板大地果场建立尚书柚示范点，面积共 13.33 公顷，后因礼秀果园土地征用开发，金板大地果园后续资金不足，导致示范点种植失败。

2000 年以后，由于尚书柚得不到重视，政府宣传发动力度和投入推广资金不足，育苗方法落后，没有采取脱毒育苗的方法繁殖苗木，造成柑橘黄龙病为害严重，尚书柚在县内生产发展停滞和退减，2005 年，全县尚书柚仅限于塘步镇的金板村、城关乡的潭东、金鸡镇的兴隆村有零星种植，面积和产量极少。

砂糖橘

1999 年，因特大霜冻使藤县新兴的荔枝、龙眼生产受到沉重打击。为了寻找出路，埌南镇农民从广东四会市引进砂糖橘，当年种植面积约6公顷，此后在镇内迅速扩展。2002年，塘步镇政府通过组织农民参观学习、统一规划，镇政府补助果苗、全镇统一组织种植、分户管理的方式，促进砂糖橘生产发展。县水果部门因势利导，根据砂糖橘生产发展的需要，举办技术培训班，建立示范样板点，提高种植户管理水平和产量。砂糖橘在藤县境内表现生长快、早结果、丰产稳产，果实橙黄偏红且有光泽，果皮布满砂点，肉脆清甜，汁多核少，品质与原产地一样优质。市场销路好，价格相对稳定，效益好，从而调动农民种植积极性。中等管理水平，从建园种植到投产要4年时间，5~6年进入盛产期，每公顷产量40吨以上。许多本地和外地老板也纷纷到农村租田租山发展砂糖橘种植，促进全县砂糖橘快速发展。全县砂糖橘种植面积从2000年6公顷，发展到2005年的698公顷，年产量5244吨，种植地点分布到全县15个乡镇。面积较大的为塘步、埌南、同心、金鸡、天平等镇。

藤县象棋镇沙田柚　　（2004年摄）

第三节　其他水果

藤县水果品种丰富，除荔枝、龙眼、沙田柚、砂糖橘等大宗水果品种外，还有橙、李、杧果、枇杷、柿、蕉类、葡萄、菠萝、梨、枣、桃等。1991年以前，其他水果种植面积不大，缺乏规模种植的果园，全县面积570公顷。1991年随着荔枝龙眼的发展，也带动李、杧果、枇杷、香蕉等其他水果的发展。2005年全县其他水果种植面积合计达到3490公顷，大大地丰富藤县水果的品种。

杧果

1991年前，全县杧果种植面积为零。1992年通过自治区外经委在城关乡潭东村建设的杧果种植基地，从南宁引进紫花杧、桂香杧、金穗杧等新品种种植。由于收到效益，从而带动全县杧果生产的发展。开始藤南片种植较多，后发展到藤北片的和平、太平等乡镇。杧果生长快、产量高、果实浓甜，但杧果不耐寒、不耐贮藏，制约生产的发展，大部分果园因1999年特大霜冻影响而失管，面积逐年减少，2005年，全县杧果种植面积190公顷。

枇杷

1991年前，全县枇杷只有农户房前屋后零星种植，品种少，果实小、味酸，品质差。1994年从福建省引进枇杷品种有解放钟、大五星、早钟六号。以早钟六号枇杷产量高、品质好、成熟早，每年3—4月份成熟上市，填补水果淡季，具有一定的优势。塘步镇、藤州镇等乡镇陆续有连片种植，2005全县枇杷种植面积260公顷。

蕉类

境内有大蕉、粉蕉和香蕉。大蕉是传统的品种，抗寒性、抗病性强、种植管理粗放简单，但产量低、品质差，多以房前屋后种植，种植面积少。粉蕉和香蕉收益快、产量高、品质好，但不耐寒、易感枯萎病。1991年，全县蕉类面积330公顷。主要分布于藤州镇、天平镇、金鸡镇、濛江镇，各年度因霜期迟早和冻害程度不同而影响产量，往往一片蕉园种植3~5年后感染枯萎病，产量和品质下降，果园失去经济价值，造成全县的粉蕉和香蕉种植面积不稳定。2005年全县蕉类种植面积720公顷。

大青枣

1997年前藤县没有大青枣。1998年藤县财政局从南宁引进，在城关乡潭东村种植，面积7公顷，品种有“高朗一号”“五十种”“蜜丝枣”。其在藤县表现结果早、产量高、果品清甜可口。推广疏果和果实套袋技术后，果实品质提高，市场销路好。此后，县内部分农户陆续发展种植大青枣。太平镇发展较快，比较成功。2005年全县大青枣种植面积130公顷。

1991年—2005年藤县水果生产统计表

表10-6-1　　　　单位：公顷、吨

年度	总计		蕉类		柚		沙糖橘（柑橘）		橙类		梨		菠萝		龙眼		荔枝		杧果		鲜枣子		鲜柿子		葡萄		桃子		李子		其他果类	
	种植面积	总产量	种植面积	产量	种植面积	产量	种植面积	产量	种植面积	产量	种植面积	产量	种植面积	产量	种植面积	产量	种植面积	产量	种植面积	产量	种植面积	产量	种植面积	产量	种植面积	产量	种植面积	产量	种植面积	产量	种植面积	产量
1990	1596.80	10788	269.13	2549	222.47	1484	354.53	1449	67.07	256	37.87	266	0.40	1	158.93	1429	189.60	1109	1.80	7	3.73	51	60.20	674							231.07	1513
1991	2521.73	16208	336.87	3402	394.47	2617	488.87	1930	100.73	386	56.87	368	0.53	1	224.47	1673	555.20	2540	2.07	10	3.53	57	70.60	1416							287.53	1808
1992	3290.60	17814	379.07	3857	772.73	3418	515.33	1937	432.40	513	59.93	342	0.93	6	285.13	1930	633.40	1644	28.13	24	40.00	58	104.4	1685					75.47	540	299.67	1860
1993	5734.13	17302	583.73	3995	1157.46	3396	649.20	2266	157.40	669	91.80	499	4.00	18	664.27	1354	1135.00	634	164.73	16	37.73	43	319.27	1344					187.67	1250	584.53	1818
1994	7513.20	28605	788.67	5491	1288.47	3712	783.07	2911	215.20	1131	118.93	613	4.27	23	851.87	3722	1357.27	2876	245.20	103	29.60	85	534.67	2165					353.47	1950	942.53	3823
1995	10817.67	41657	953.87	7277	1659.67	6974	1009.00	3962	304.13	1404	145.47	817	3.13	23	1701.67	4912	1834.87	4852	355.20	975	36.13	183	905.73	3002					402.07	2313	1506.73	4963
1996	14045.00	48650	1154.00	9483	1801.00	7123	1093.00	5392	393.00	1649	162.00	1020	1.00	16	2560.00	5357	2400.00	4351	432.00	1937	51.00	408	1551.00	4074							2447.00	7840
1997	12684.00	48843	905.00	8555	1626.00	6377	950.00	4945	262.00	937	115.00	923	2.00	16	2449.00	6042	2432.00	5479	374.00	1098	68.00	442	1457.00	4846	32.00	17					2012.00	9166
1998	12321.00	47516	864.00	8432	1519.00	6413	889.00	4788	229.00	1467	98.00	700	3.00	17	2702.00	7559	2545.00	4110	374.00	1607	79.00	421	1443.00	4053	16.00	34					1560.00	7915
1999	11676.00	51907	863.00	9115	1458.00	6506	683.00	4616	217.00	1738	86.00	663	49.00	237	2702.00	9831	2502.00	5207	354.00	1490	1155	420	1220.00	4177	30.00	55					1435.00	7852
2000	10316.00	28269	652.00	3566	1429.00	4445	540.00	3882	224.00	1396	59.00	601	49.00	30	2429.00	4174	2303.00	1200	234.00	174	67.00	460	984.00	2776	15.00	42					1331.00	5523
2001	10021.00	32860	733.00	5041	1132.00	5690	490.00	3767	204.00	1132	62.00	634	49.00	44	2484.00	4918	2267.00	1470	240.00	192	88.00	660	887.00	2890	25.00	56					1360.00	6366
2002	9936.00	40333	764.00	6358	1126.00	6299	512.00	3941	198.00	1337	63.00	692	56.00	110	2564.00	6978	2093.00	3508	235.00	366	85.00	587	776.00	3406	11.00	77					1453.00	6674
2003	9789.00	43223	768.00	6553	1117.00	6629	590.00	4077	187.00	1338	62.00	856	58.00	231	2519.00	8604	1987.00	3787	228.00	723	79.00	586	745.00	3093	15.00	118					1434.00	6628
2004	9973.00	47828	726.00	6201	1173.00	5390	620.00	4409	161.00	1426	75.00	693	62.00	446	2536.00	9593	1992.00	5733	199.00	585	83.00	721	746.00	3538	17.00	79	43.00	350			1540.00	8664
2005	10032.00	52375	727.00	6953	1178.00	6828	698.00	5244	164.00	1533	67.00	578	64.00	506	2498.00	9988	2003.00	6004	194.00	641	84.00	775	667.00	3615	11.00	73	45.00	418			1632.00	9219

第四节　水果栽培技术

品种繁育与改良

荔枝繁育与改良　1991年前，荔枝苗木繁殖以圈枝为主。在春季选取拇指大小、向阳枝上圈割，去皮3~4厘米宽，几天后包上湿泥团，外用塑料薄膜包扎保湿；2个月后圈割处出根2~3次，即可割下假植或到大田种植。这种繁殖方法操作简单，能保证荔枝遗传性状的稳定，但繁殖速度慢，对母树损伤较大。

1991年后，随着荔枝生产快速发展，逐步推广种植嫁接苗。先用荔枝种子播种，种子出芽后，进行施肥等管理，1年多的实生苗木直径达到0.8厘米以上时，选取优良荔枝母本树上芽眼饱满且老熟的向阳枝进行嫁接。嫁接育苗对优良母本树的枝条损耗少、育苗速度快，能及时满足生产的需要。

1991年前江口荔种植分布在原产地的太平镇新雅江口村和县科委实验场。1992年全县开始大力发展种植荔枝龙眼后，江口荔才得到重视。1992年开始由个体户先后在太平镇建立繁殖苗圃2个，进行嫁接育苗，以加快育苗速度，满足江口荔快速发展的需要。

尚书柚和软枝沙田柚繁育与改良　1991年，柚类繁殖以圈枝为主，方法是在春季或秋季选取拇指大小、向阳枝上圈割，去皮3~4厘米宽，几天后包上湿泥团，外用塑料薄膜包扎保湿；2个月后圈割处出根2~3次，即可割下来假植或到大田种植。这种繁殖方法操作简单，能保证母树的遗传性状，但繁殖速度慢，对母树损伤较大。

1992年后，随着全县柚类生产的快速发展，逐步开展嫁接苗繁殖。先用酸柚种子播种，种子出芽后，进行施肥等管理，1年多的实生苗木直径达到0.8厘米以上时，选取优良母本树上芽眼饱满且老熟的向阳枝进行嫁接。嫁接育苗对优良母本树的枝条损耗少、育苗速度快，能及时满足生产的需要。在嫁接育苗中，主要以繁殖软枝沙田柚为主，使软枝沙田柚成为全县主栽品种。表现树形开张、枝条细软下垂、果大端正美观、果皮光滑、皮薄囊厚、果肉爽脆、风味清甜有蜜味的优质性状。

龙眼繁育与改良　1991年前，龙眼繁殖主要以实生苗为主。1992年以后，随着龙眼生产快速发展，逐步推广种植嫁接苗技术，加快繁殖速度，满足生产发展的需要。1992年后，规模种植的龙眼园基本是嫁接苗为主，全县龙眼优质品种占90%以上。1993年县水果局在城关乡礼秀村建立龙眼嫁接繁殖苗圃，面积3公顷，繁育苗品种有石硖龙眼、储良龙眼、大乌圆等，供县内龙眼生产的需要。

砂糖橘繁育　2000年，本地经济能人在塘步镇大罗村建立砂糖橘母本园和嫁接苗圃，面积3公顷，进行嫁接育苗，供塘步镇等县内其他乡镇的砂糖橘发展需要。由于对柑橘黄龙病的危害性认识不足，受技术和育苗条件限制，采穗母本园没有进行柑橘黄龙病检测和隔离种植，嫁接苗圃没有网棚，所培育出的苗木不可避免存在携带柑橘黄龙病的危险，给后来的生产留下隐患。

新品种引进

1992年起，县委、县政府部署开发南梧二级公路沿线名优水果带，大力引进各种名优水果，至2005年，引进的品种中，荔枝有鸡嘴荔、灵山香荔、钦州红荔、妃子笑等品种；龙眼有石硖、储良、灵龙等；柑橘有砂糖橘、贡柑（皇帝柑）、八月橘、马水橘、阳山橘等；杧果有紫花杧、桂香杧、象牙杧、金穗杧、金煌杧等；大青枣有“高朗一号”“五年种”“蜜丝枣”等；大果枇杷有解放钟、早钟六号。此外还有甜杨桃、台湾番石榴、无核黄皮、大果余甘等杂果品种。各类引进后，经多年生产实践观察，最后能在境内大面积推广种植的品种不足10种。

荔枝新品种引进　钦州红荔。1999年从钦州市引进。表现出长势较强，枝条粗壮，幼树生长旺，抽梢力较强。其特点有单果大，平均单果重44.7克，最大62克；果肉厚，种子小，食用78.89%，味清甜；果形美观，果皮颜色红艳，早结丰产稳产。引进种植地点在濛江镇安和村、塘步镇大罗村、津北乡安宁村，面积15公顷。引进的钦州红荔1999年冬霜冻冻伤冻死，2005年，濛江镇安和村、藤州镇安宁村合计面积8公顷。

鸡嘴荔。于1997年从合浦县引进，种植在塘步镇大罗村、城关乡礼秀村、濛江镇安和村，面积20公顷。

鸡嘴荔果实大、肉厚爽口、核小如珠，因其核小似鸡嘴而得名。果大，平均重 29.5 克，果肉白蜡色，肉质爽脆，味清甜微香。1999 年冬霜冻冻伤冻死，到 2005 年，仅濛江镇安和村尚存面积 5 公顷。

龙眼新品种引进　石硖龙眼。1992 年从广西灵山县、平南县引进黄壳石硖。多分布于南梧二级公路沿线果园。石硖龙眼植株生长壮旺，树冠自然圆头形，开张，枝梢粗壮，枝梢下垂，早结、丰产稳产，单果重 7.5~10.6 克，最大的 14 克；果肉 0.5 厘米左右，易离核，肉质爽脆，浓甜带蜜味，品质极上。石硖龙眼引进后，市场销售好，得到迅速发展。1998 年全县石硖龙眼达 1300 公顷。1999 年冬霜冻，大部分新种植的龙眼受不同程度的冻害，全县石硖龙眼面积下降，至 2005 年，全县石硖龙眼面积 900 公顷。

储良龙眼。1992 年从广东高州市引进，种植地点分布在全县，而以南梧二级公路沿线果园种植最多。储良龙眼树势中等，树冠圆头形或半圆头形，枝条树皮粗糙，早结丰产，果大，平均单果重 12~14 克，果肉蜡白色，肉质爽脆，汁较多，清甜带蜜味。果肉含溶性固形物 20%~22%。储良龙眼引进后，市场销售好，发展较快。1998 年全县储良龙眼面积 600 公顷。1999 年冬霜冻，大部分新种植的储良龙眼受不同程度的冻害，至 2005 年，全县储良龙眼面积 350 公顷。

砂糖橘引进　2000 年，埌南镇马地村民从广东四会市引进。2002 年在塘步镇大面积种植发展，并逐步向全县各乡镇扩展。砂糖橘在藤县表现生长快、投产早、丰产稳产，果实外观橙红起砂，果肉爽脆、汁多、化渣、味清甜，品质和产量与原产地一致。由于砂糖橘品质好，成熟上市季节正值春节，砂糖橘销路广，价格稳定，在藤县得到迅速发展。2005 年，全县砂糖橘种植面积达到 700 公顷。在砂糖橘快速发展过程中，由于不注意苗木的检疫，引进的部分苗木携带柑橘黄龙病，2005 年在塘步镇大罗村蒙灯的砂糖橘新种果园出现大面积的柑橘黄龙病树。由于对砂糖橘苗木控制不严，给砂糖橘大发展埋下病源。

大青枣引进　1998 年由县财政局从南宁引进，种植在城关乡潭东村，面积 8 公顷。主要品种有"高朗一号""五十种""蜜丝枣"，其中以"蜜丝枣"表现最好，果大、肉脆，味甜。种植当年开花，第二年投产，第三、第四年进入盛产期，平均产量 2000 千克 / 亩。因其果实清甜可口，市场前景好，而得到大面积推广。2005 年全县大青枣种植面积达到 200 公顷。

大果枇杷早钟六号引进　原产福建省，1995 年开始引进，2000 年大面积在塘步镇为核心种植，此后逐步发展，面积达到 130 公顷，主要表现生长快、成花容易、成熟期早、果大、甜酸适中，成熟期最早在 3 月份，比原产地的熟期早。通过推广疏花疏果、套袋技术，提高单果重和果实外观，在市场销售好。但因其果实不耐贮存而影响大面积发展。2005 年全县种植面积 150 公顷。

新技术推广

荔枝、龙眼秋冬控梢促花技术　1991 年前，藤县荔枝龙眼管理粗放，秋冬梢放任生长。在秋梢抽生过早、冬季气温高、雨水多的年份，抽生大量冬梢，消耗树体营养，次年成花少，是荔枝、龙眼大小年结果的重要原因。1991 年开始，为全县荔枝龙眼生产大发展，急需荔枝龙眼丰产稳产技术，县水果局派出技术人员到广西农科院、广东农科院进修学习，引进最新的荔枝、龙眼促花保果等一系列技术，并在全县推广。技术要点有秋季培养适时结果母枝；冬季控肥控水、松土、喷控梢药物等措施控制冬梢、促进花芽分化；春季通过淋水、叶面药催醒，花蕾期进行疏花，幼果期喷药物保果、病虫害综合防治等系列技术。1996 年—1998 年，水果部门通过技术培训、示范样板，每年对荔枝、龙眼推广面积 3000 公顷以上，收到较好的效果。荔枝、龙眼成花率和坐果率提高，产量提高 30% 以上。减少大小年结果现象，促进荔枝、龙眼生产的发展。1999 年冬霜冻后，荔枝龙眼面积减少，但该项技术一直保持下来，并不断改进完善提高。

砂糖橘保花保果技术　引进初期，砂糖橘存在落花落果严重的现象，产量不高。2003 年开始，县水果部门通过不断学习、生产实践和技术探索，形成一套砂糖橘保果技术。技术要点有合理施肥、谢花后主干环割；幼果期喷九二〇（赤霉素）加叶面肥保果；抹除夏梢。2004 年开始推广面积 400 公顷，提高砂糖橘的坐果率，提高单位面积产量 40% 以上，促进砂糖橘生产的发展。

第五节　果　场

藤县潭东水果示范场

由自治区外经委杧果基地、城关乡政府和县水果办联办潭东名果场、国营藤县园艺场、亚热带水果示范场、莫石泉果场、汶塘果场、勒竹塘果场、纯平果场等8个果场组成。

自治区外经委杧果基地　由自治区外经委直接投资和派出人员直接管理，租用潭东村兴隆片的山地，总面积36.67公顷，其中1992年—1993年种植杧果20公顷，1995年扩种杧果面积16.67。种植品种有紫花杧、桂香杧。除了在山地种植外，1993年租用水田2公顷进行杧果嫁接育苗。1996年第一批种植杧果开始投产，1998年全部杧果进入投产，年产杧果600多吨，产值180万元。1999年冬季特大霜冻，除山顶少量杧果树外，全场基本被冻伤冻死。此后，自治区外经委退出，把果场转给梧州老板，改种龙眼，2004年龙眼进入试产。

潭东名果场　1994年城关乡政府和县水果办联合投资和管理，于潭东村兴安片租山地23.33公顷，兴办名果场，以种植荔枝为主，两个单位共同派出人员参与管理。1996年城关乡政府退出。1997年转包给濛江镇江权村村民。在种植初期1~2年生长正常，由于面积大，投入资金不足，没有进行扩坑改土，导致后期生长不良，挂果少，产量低。2004年后将土地退还给当地村民。

国营藤县园艺场果场　20世纪70年代初由国家统一征用当地生产队53.33公顷土地，实行国营水果种植，开始种植温州柑、甜橙、沙田柚、杧果，曾一度获得丰产稳产，带动全县水果生产发展。80年代后期温州柑、甜橙因柑橘黄龙病为害后出现大面积衰退，杧果种植多年因品种不良结果少。1988年全场温州柑、甜橙、杧果被全部砍除改种植妃子笑荔枝，1991年投产初期，由于妃子笑荔枝生长壮旺但丰产性差，产量较低，大小年结果严重，经济效益达不到预期。1999年冬特大霜冻后，荔枝树基本受霜伤冻死，园艺场分片承包给私人老板改种笋竹和其他作物。

亚热带水果示范场　1993年由梧州市区刘姓市民等人投资，租用潭东村兴隆片山地种果，属个体投资和管理果场。面积6.67公顷，主要种植黑叶荔、石硖龙眼、储良龙眼。该果场注重建园质量，拉入大量有机肥，种植后管理水平高，果树生长速度快，投产早。1996年进入投产期，正常投产后，年产水果50多吨，产值20多万元。一度成为全县参观学习的示范场。广西壮族自治区党委书记赵富林、中共梧州地委书记任现春等领导曾到该场考察指导。1999年冬特大霜冻，该场荔枝龙眼全部被冻伤冻死，后虽经重新嫁接，但每隔几年有不同程度的霜冻，荔枝龙眼生产一直没有起色。

藤县旺国水果示范场

1992年，由县委、县政府号召各部门、各单位投资开发，采取县、镇、村三级联办股份制。示范场位于金鸡镇旺国、思善两个村范围内，1992年报地区计委同意立项，规划面积133.33公顷。县财政投入30万元，国家南亚办贷款80万元。1992年春动工建园，种植江口荔、紫花芒46.67公顷。1993年春继续实施第二期工程，种植江口荔枝、灵山香荔、龙眼、杧果等86.67公顷。果场聘用当地农民97人为管理人员。1996年，开始试产，年产水果50多吨，产值20万元。由于果场规模过大，后续资金缺口大，管理水平跟不上，果园产量一直较低。1999年特大霜冻灾害造成重大损失而破产，2000年后把土地归还给当地村民。

太平江口荔枝示范场

1992年，由藤县林业局与太平镇政府联办，坐落在太平镇大坡村，以种植江口荔枝为主，计划面积133.33公顷，1992、1993年种植60公顷，1994年种植6.67公顷。果场土地大部分为林业用地，小部分是旱地，权属大坡村的集体土地，办场时与各村民小组签约，采取收益各半比例分成的办法，该场共投资80多万元，建有场部、猪场、水利设施等。由于果场规划过大，缺乏后续资金，管理水平跟不上，1996年开始试产后，产量不高。1999年特大霜冻，全场地荔枝大部分被冻伤冻死，2000年后由各农户接管。

赤水鸿林果场

坐落在赤水乡孔良村，面积133.33公顷。该场开始由赤水乡政府、县经委、政法委联办。1993年春在赤水乡孔良村租用山地26.67公顷种果，由于后续资金跟不上，1993年下半年到1994年上半年处于失管状态。后由濛江镇人李鸿森接手该果场，并进一步扩大规模至76.67公顷。主要种植品种为石硖龙眼、储良龙眼、江口荔、黑叶荔、柿子等。果场正常请用固定工50多人进行生产管理，至1997年基本完成种植。1999年特大霜冻灾害，果场内荔枝龙眼全部被冻伤冻死，后虽然进行重新嫁接，但因规模过大、后续资金跟不上，果场处于失管状态。至2004年破产。

第七章　农机　农具

藤县境内以山区为主，田块小而分散，多分布在山谷和江河、小溪边，田块高度梯级明显，农业耕作与收割均以人工和小型农机为主，大型农业机械发展受限制。1991年，全县农机总动力12.39万千瓦，耕种收综合机械化水平10.3%，水稻生产综合机械化水平16%。此后随着农业小型机械的不断发展，农业机械化水平逐步提高。1999年农机总动力14.09万千瓦，耕种收综合机械化水平13.5%，水稻生产综合机械化水平34.2%。2001年，大中型拖拉机已全部退出农业耕作，县内耕作以微型拖拉机（耕整机）为主，收割机械则以人力打谷机为主。2005年农机总动力17.79万千瓦，耕种收综合机械化水平是15%，水稻生产综合机械化水平是35.2%。

第一节　农　具

1991年—2005年，县内还在使用各类传统农具，主要有：犁、耙、木栩、龙骨水车、锄头、镑头、铲、秧盆、谷桶、箩筐、风柜、石磨、水车（提水、加工）以及柴刀、草刀、斧、铲箕、水桶、粪桶等综合性农具。

犁：犁是主要的耕作农具，用来犁翻土地。1头牛加1个人，1个班次，可犁耕水田260~330平方米，或旱地130~200平方米。1991年后，随着微型拖拉机不断推广应用，役用牛养殖不断减少，该传统农具的使用逐渐减少，至2005年已较少使用。

耙：耙耕主要的作用是耙碎土块，一般只用于水田的耙耕。1头牛加1个人，每个班次，可耙耕水田530~660平方米，或耙旱地330~460平方米。1991年后，随着微型拖拉机不断推广应用，役用牛养殖不断减少，该传统农具的使用逐渐减少，至2005年已较少使用。

木栩：是传统的滚田农具。1头牛加1个人，每个班次，可滚田530~660平方米。1991年后，随着微型拖拉机不断推广应用，役用牛养殖不断减少，该传统农具的使用逐渐减少，至2005年已极少使用。

龙骨水车：是藤县传统的提水农具，以手摇式为主，也有脚踏式。1991年后，随着灌溉机械不断推广应用，该传统农具极少使用。

锄头：是传统的挖土农具，有平口锄和尖嘴锄两类。

镑头：是传统的铲草、松土、培土农具。镑头分为平口镑和半月形大口镑，半月形大口镑主要在藤北的大黎、宁康、东荣一带群众使用。

铲：分为木铲和铁铲。

秧盆：作为水稻种植中插秧用的传统农具。20世纪90年代后，随着拔秧苗技术的推广，水稻带土移植逐步减少，秧盆的使用很少。21世纪后，随着育秧苗盘的出现、抛秧技术的推广应用，秧盆的使用更为稀少。

竹筒水车：是古老的提水工具，它安装在山溪或小河边。随着水轮泵、抽水机等现代排灌机械的出现，它正在被逐步淘汰。1955年，全县竹筒水车曾经达到801架，1965年时，还有742架，1991年还有80架。

谷桶、镰刀：为水稻收获农具。1991年后，随着人力打谷机的推广和普及应用，谷桶使用逐步减少，至2005年已极少使用。

箩筐：为主要的收获农具。1991 年后，随着塑料编织袋的广泛使用，收获用的箩筐逐步由塑料编织袋替代。

风柜：风柜是传统的风选农具。它主要用于风选去稻谷中的禾衣，秕谷等杂质，使稻谷干净、饱满，便于收藏和加工。

水碓、水车：是传统的加工，粉碎工具。如天平镇天平村古灯组水车 2005 年尚在使用。

石磨：是传统的加工粉碎农具。它可以用来磨干粉，也可以磨湿粉。由上、下两部分构成。石磨一般为人工操作，也有用机械带动的。这类农具在县内广大农村还普遍使用。尤其是逢年过节，家家户户都磨粉打糍粑，做米饼，石磨更是派上用场。

柴刀、草刀、斧、铲箕、水桶、粪桶等综合性农具，在全县各地一直沿用至今。

第二节　农　机

1991 年—1993 年，继续实行优惠供应柴油和免费培训各类农机手等优惠政策。农机推广部门根据农民一家一户经营的实际，因地制宜，重点引进、示范、推广小型农业机械。其间，分别在太平仁安村、新庆黄沙村、金鸡陶圹村等处，组织多场多种型号的小型农业机械现场示范表演，使水田耕整机等小型经济适用的农业机械迅速发展，逐步替代当地农民原始落后的生产工具。1991 年，全县农业机械化总动力 12.39 万千瓦，其中大、中型机械 46 台，手扶拖拉机 3282 台。机械作业面积 1.74 万公顷，耕种收综合机械化水平 10.3%，其中水稻生产综合机械化水平 16%。1993 年，农业机械化总动力 12.59 万千瓦，机械作业面积 1.73 万公顷。此后，农业机械动力逐年增加，且大、中型机械逐渐减少，小型机械不断增加。农业机械化水平不断提高。

1994 年，国家取消农用计划平价柴油指标等各项计划经济体制时期的农机化发展优惠政策。为了适应市场经济的需求，农机推广部门把工作重点转移到服务农业增产增收和帮助农民依靠农机致富上来。农民需要什么样的农业机械，农机部门就示范推广什么样的农业机械。针对农民家庭经营规模小、投资能力有限的状况，着重向农民推广小型农业机械，发展以小型农业机械为主的农业机械化，形成了以小型农业机械为主的格局。全县农业机械化总动力 12.67 万千瓦，其中大、中型机械 9 台，小型拖拉机 2641 台，耕整机及微型拖拉机 1188 台。机械作业面积 1.86 万公顷。1997 年，农业机械化总动力 13.34 万千瓦。其中大、中型拖拉机仅余 3 台，小型拖拉机 2701 台，耕整机及微型拖拉机 1795 台。当年实际机耕面积 1.92 万公顷。1998 年，县农机部门引进 1 台小型收割机，1 台大型全喂联合收割机，全力推广水稻收获机械。先后分别在潭东镇潭东村、礼秀村，天平镇天平村，金鸡旺国、金鸡、思善村，新庆镇庆旺、思亥等村举办水稻机收演示会 11 场次。

1999 年，农机总动力 14.09 万千瓦，以小型机械为主。其中大、中型拖拉机 3 台，小型拖拉机 2657 台，小型拖拉机配套农具 5216 台。当年实际机耕面积 1.50 万公顷。全县耕种收综合机械化水平 13.5%，水稻生产综合机械化水平 34.2%。2001 年，大中型拖拉机已全部退出农业耕作，县内耕作以微型拖拉机（耕整机）为主，收割机械则以人力打谷机为主。当年实际机耕面积 1.04 万公顷。2003 年，全县农机总动力 16.91 万千瓦，当年实际机耕面积 1.43 万公顷。

2005 年，全县农机总动力 17.79 万千瓦，其中小型拖拉机 954 台，小型拖拉机配套农具 8699 台。当年实际机耕面积 1.43 万公顷。耕种收综合机械化水平是 15%，水稻生产综合机械化水平是 35.2%。

耕作机械

1991 年，全县有手扶式拖拉机 3282 台，大、中型拖拉机 46 台，微型拖拉机 450 台，机滚船 235 台。全年水稻机耕面积 1.74 万公顷，占总水田面积 41%。此后，大中型拖拉机、手扶拖拉机逐步减少，微型拖拉机迅速增加。1999 年，全县推广微拖（耕整机）1962 台，手扶式拖拉机尚有 2657 台，大中型拖拉机仅有 3 台。2001 年，大中型拖拉机已全部退出，手扶式拖拉机减至 1023 台，县内耕作机械逐步以微型拖拉机（耕整机）

为主，全县达 3231 台。2005 年，全县耕作机械有手扶拖拉机 954 台，机滚船 66 台，微型拖拉机（耕整机）5301 台。

收割机械

藤县机械收割作物以水稻为主，由于境内以山区为主，田块小而分散，多分布在山谷和江河、小溪边，田块高度相对在 0.4~1.2 米之间，梯级明显，田块平均面积在 0.4~0.8 亩之间，不适宜大、中型收割机作业，水稻的收割以人力打谷机为主。1991 年，全县有人力打谷机 63673 台。1998 年，购进浙江四方集团小型收割机 1 台，湖州产全喂入收割机 1 台，在全县进行演示推广。2005 年末，全县有收割机 3 台，人力打谷机 56800 台。

灌溉机械

1991 年，全县灌溉机械有 1439 台，1995 年，全县尚有抽水机站 730 处，装机 754 台，总功率 8622.98 千瓦，有效灌溉面积 1514 公顷；2000 年，全县尚有水轮泵站 268 处，装机 468 台，有效灌溉面积 2300 公顷，占全县水利总有效灌溉面积的 9.58%；2005 年，全县有灌溉机械 1670 台。

植保机械

1991 年，境内植保机械以人力背附式喷雾器为主，全县共有 15707 台。1992 年出现机动喷雾器，全县有 18 台。1995 年有人力背附式喷雾器 15900 台，有机动喷雾器 35 台。2001 年有人力背附式喷雾器 16575 台。2005 年有人力背附式人力喷雾器 17607 台，机动喷雾器 50 台。

运输机械

1991 年，全县有大中型拖拉机 46 台 /1526 千瓦，手扶拖拉机 3282 台 /28976 千瓦，机动运输船 1341 艘，农用运输车 194 辆。各类拖拉机农忙期间，拖拉机下田耕作，农闲期间则上路运输。耕作运输两用拖拉机，初始为变形拖拉机，1993 年后改为多功能拖拉机，为农业运输主要机械。1997 年，自治区人民政府明确规定小型多功能拖拉机由农机部门管理，多功能拖拉机得以迅速发展，全年新增多功能拖拉机 200 台。2005 年年底，全县拥有多功能拖拉机 2145 台，农用汽车 205 台，成为主要农业运输机械。

2005 年，县农机管理中心开展灾后机耕服务

农产品加工机械

1991 年使用碾米机 3729 台，磨面机 225 台，榨油机 300 台，榨糖机 20 台，淀粉加工机 19 台。20 世纪 90 年代初，一种小型的家用碾米机开始在县内旺销，由于其使用的动力是单相动机，功率在 750W~1500W 之间，结构紧凑，重量轻，价格合理，很适合农户自家安装使用。1995 年使用碾米机 3601 台，磨面机 184 台，榨油机 279 台，榨糖机 9 台，淀粉加工机 29 台，粉碎机 2338 台。2000 年碾米机达到 3877 台。2005 年使用碾米机 3820 台，磨面机 46 台，榨油机 386 台。

1991 年—2005 年藤县部分年份农业机械及作业面积统计表

表 10-7-1

年度	大中拖（台 / 千瓦）	手扶（台 / 千瓦）	耕种机（台 / 千瓦）	机滚船（台 / 千瓦）	机耕面积（公顷）	耕种收综合机械化水平（%）	水稻生产综合机械化水平（%）
1991	46/1526	3282/28976	450/1550	235/2079	17400	10.3	16
1993	9/272	2656/22820	1010/3256	188/1609	17329	10.2	15.85
1995	12/299	2686/23862	1292/6041	100/882	18650	10.5	16.5

续表

年度	大中拖（台 / 千瓦）	手扶（台 / 千瓦）	耕种机（台 / 千瓦）	机滚船（台 / 千瓦）	机耕面积（公顷）	耕种收综合机械化水平（%）	水稻生产综合机械化水平（%）
1997	3/101	2701/24987	1795/8217	78/683	19159	10.85	17.1
1999	3/101	2657/28301	1962/9009	80/718	14969	13.5	34.2
2001		1023/10519	3231/14625	66/603	10437	13.6	34.3
2003		1019/10767	5040/22068	38/358	14323	14.8	35
2005		954/9619	5301/23467	25/252	14332	15	35.2

第三节　农机服务

农机维修

1991 年，藤县继续执行国家颁布的《全国农村机械维修点管理办法》。全县办理二级农机维修网点技术合格证 1 个，三级农机维修网点技术合格证 100 个，共 101 个农机维修网点，修理工 242 人；全县有 8 个农机站设农机零配件点。全年全县共修理农机具 24313 台，修理产值 246128 元。1994 年，形成了以二级农机维修点为中心，三级农机维修点为骨干，村级农机员为基础的农机维修服务体系，负责全县农业机械维修、保养工作。全年全县共修理农机具 8973 台，修理产值 204508 元；

1995 年，县农机公司为主经营农机具和农机零配件，指导乡镇农机供应点。全年全县组织机耕服务队 284 个，检修机具 790 台。

1998 年，全县 50 个农机维修网点，57 个维修人员，54 台维修设备，全年维修各种农机具 5691 台，年维修收入 59 万元。

2005 年，有 44 个农机维修网点，58 个维修人员，维修各种农机具 6472 台，年维修收入有 118 万元。

油料供应

1991 年，全县有大黎、东荣、太平、濛江、和平、金鸡、南安 7 个农机站经营农机加油站，油料价格为平价。1992 年农用柴油批发价是 1085 元 / 吨，零售价是 0.68 元 / 千克，全县每年分配农用柴油 1100 吨。1995 年，县农机局、县农机公司集资 40 万元承接原“万里顺加油站”，形成全县农机供油中心，为乡镇农机站开展农机供油业务提供方便。1997 年，全县取消农用柴油平价油。

农机有偿服务

1991 年，全县组织机耕服务队 121 个，组织农机 1476 台，在春耕、“双抢”、秋收冬种期间开展有偿服务，全年完成机耕面积 34520 公顷。太平仁安村 58 台拖拉机集中使用，形成收割一块就机耕一块。

1995 年，全县组织机耕服务队 284 个，参加代耕服务队机车 716 台，代耕面积 6750 公顷。1997 年，全县组织农机代耕服务队 255 个，参加机车 1275 台，代耕面积 12516.67 公顷。1998 年，县农机局建立第一支农机作业服务队，开展水稻全程机械化示范，在县农机校内建 60 平方米车库一间，购买 2 台联合收割机和一台抛秧机，一台多功能拖拉机、微型拖拉机和各种农机具一批，在潭东镇潭东村开展集机耕、抛秧、收割为一体的水稻全程机械化示范点。2000 年以后，由于机械老化，逐步报废，机耕服务队已处于瘫痪状态。2000 年全队还有人员 13 名，固定资产 40 万元，年收入 10 万元左右。2003 年，全年已无收入，13 名职工处于下岗待业状态。

1991 年—2005 年，县机耕服务队主要以村为单位，组织机手为无机户做好机耕服务。机收单机核算，按机耕面积或时间为收费依据，收费标准一般以当地经济水平在各服务队内统一规定上限。由村农机员和群众监督执行。机收每 666.67 平方米一般收费 40~50 元，往往机收的收入不够成本支出，只有社会效益，没有直接经济效益。机收服务在县内还处在试验推广阶段，跨区作业尚未开展，

第四节　农机监理

1990年12月，撤销“藤县农业机械安全检查站”，改为“藤县农机安全监理站”，为藤县农业机械化管理局管理的副科级、财政全额拨款的事业单位，担负全县农机监理职责。1992年3月，根据自治区政府文件精神，对上道路行驶的农用拖拉机由公安部门委托县农机安全监理站实施管理。1998年—2005年，全县小型多功能拖拉机由公安部门委托县农机部门管理。

农机安全法规宣传教育

1991年—2005年，县农机监理部门，将农机安全法规宣传教育作为农机安全生产“三大防线”中的第一道防线而加强管理。通过落实专人负责并落实责任制，同时利用机手“安全日”活动作为农机安全教育、与机手交流、服务机手和促进检审等工作的平台，广泛开展农机安全宣传教育，共组织机手开展“安全日”活动448次，参加机手群众28347人/次，与机手交流、开展座谈会83次；有针对性地对全县中、小学校进行农机安全知识教育辅导，以点带面，使广大中小学生对道路交通和农机法律法规做到学法、知法、懂法和守法，共组织农机安全生产知识进校园活动52次；开展农机安全宣传教育培训班，广泛利用电视、报刊、网络报道农机安全活动，加强标语、横幅等宣传，开展农机安全“五进”（进社区、进农村、进农户、进企业、进学校）活动，使农机安全生产意识深入人心；加强对全县危险路段、违法事故多路段的整改力度，安装警示标语及警示牌，提高农机交通安全质量，努力遏制农机事故发生。共发放农机安全宣传资料9.80万份；喷刷农机安全警示标语210多条；竖立农机安全警示牌190多块。

注册登记

1991年，县农机监理站严格农业机械登记制度，对不符合标准要求、不按规定检验合格的农业机械不予发牌办证。严格农机驾驶员考试发证工作，坚持先培训后考试，严肃考试纪律，严格考试标准，保证考试质量，消除农机事故隐患，减少农机事故发生。是年，注册登记农业机械410台。1995年注册登记农业机械580台，2000年注册登记农业机械1020台。至2005年，全县共注册登记农业机械4680台，核发驾驶证4100本，审验驾驶25130人/次。

农机年检审验

1991年，积极组织农业机械及驾驶员开展年度检审验工作，全县拖拉机年检1865台。1992年拖拉机年检1890台，年审驾驶员证1890人。此后，每年均派出农机监理人员到各乡镇开展农业机械及驾驶员年检审工作，服务上门。同时规定农业机械一定要经过乡镇农机站进行二级保养，凭二级保养单方能办理年检手续；凡参加年检的农业机械，必须按规定粘贴反光标识，强制参加第三者责任保险，对居民群众生命财产安全有所保证。检验人员必须按《广西农业机械检验项目及技术要求》等有关规定，对农业机械进行有关的安全技术检验。落实责任制，建立谁签字谁负责的责任制，坚持原则，确保上路行驶的农业机械安全技术质量。1994年全县拖拉机年检1900台，发牌500台，发证500人。1995年，全县拖拉机年检1945台。1999年全县拖拉机驾驶员年审1795人。2000年，全县拖拉机年检2076台，年审驾驶员1721人。2001年全县拖拉机年检2137台，年审驾驶员873人，查处违章驾驶员534人，暂扣无证、搭客严重违章拖拉机127台。2005年拖拉机年检1995台，年审驾驶员1795人，查处违法拖拉机865台/次，其中无牌67台，未检78台，改装24台，违法搭人36台/次，无证48人。1991年—2005年期间，全县共检验农业机械27860台/次。

田查路检

1991年，县农机安全监理部门，加强农机田间安全操作检查。1992年3月，县农机安全监理站受公安机关委托，对上道路行驶的农用拖拉机实施全面管理。此后，县农机安全监理站坚持每天上路检查，全年田查路检不少于100天。监理人员根据农机安全生产责任制的分工，对所管辖的乡镇进行安全隐患排查和开展专项整治工作，对所排查出来的安全隐患进行重点整治，并限期整改。

1998 年，全县小型多功能拖拉机由公安机关委托县农机部门管理。县农机安全监理部门重点打击黑车非驾、违法载人、人货混装、超速超载、脱检脱保、改型改装、报废拖拉机上路行驶等违法现象。1991 年—2005 年，全县共出动农机执法检查人员 5352 人次，检查拖拉机 13552 台次，查处违法拖拉机 2360 台次，其中无牌 376 台，脱检脱保 843 台，非法改装 437 台，报废 19 台，违法载人 97 台次，无证 369 人，超速超载 12 台，发出警告通知书 135 份，限期修复通知书 75 份，扣车 546 台。其中 2001 年查处违章驾驶员 534 人，暂扣无证、搭客严重违章拖拉机 127 台。2005 年查处违法拖拉机 865 台次，其中无牌 67 台，未检 78 台，改装 24 台，违法搭人 36 台次，无证 48 人。

农机事故处理

县农机安全监理部门依法调查处理等级公路以外乡村道路的农机事故。1991 年—2005 年，全县无重特大农机事故发生，共处理一般性农机事故 42 起，其中死亡 3 人，重伤 1 人，轻伤 5 人，直接经济损失 8.7 万元。

藤县浔江网箱养鱼　　（2012 年摄）

第十一篇

水利　电力

2003 年农网改造后的南安 35KV 变电站

第一章 水 利

1991年，全县有蓄水、引水、提水工程6377座(处)，有效灌溉面积25253.33公顷，占水田总面积92.34%。1998年12月开工建设县城河西防洪堤，按20年一遇防洪标准设防。1999年3月开工建设黄垌水库除险加固工程，总投资2012.02万元。2001年，开始农村饮水安全解困工程建设，累计投入资金2408.56万元。1995年—2005年，县境内先后出现4次特大洪涝灾害，经济损失惨重。县委、县政府组织全县干部群众开展抗灾救灾、安置灾民、恢复生产，重建家园。2005年全县有蓄、引、提水工程6339座(处)，有效灌溉面积2.29万公顷，占水田总面积87.49%。县城河西防洪堤建设，累计完成投资9215元。

第一节 机 构

藤县水利局

1960年4月成立藤县水利电力局。1991年，藤县水利电力局是县人民政府的工作部门，属正科级行政机构，办公室地址位于藤州镇绣江路9号。内设机构有：人事秘书股、业务股、计划财务股、水政水资源股、水电检察室、监察组(股)等6个股室；人员编制18名，其中行政编制8名，全额管理事业编制10名。是年，成立县防汛抗旱指挥部办公室，挂牌于县水利电力局，执行事业管理，核定编制3名，经费由县财政全额管理。1996年12月机构改革，重新核定县水利电力局人员编制18名，其中行政编制16名，事业编制2名；内设秘书股、计划财务股、人事监察股、水政水资源股、科学技术教育股等5个股室。2002年机构改革，更名为藤县水利局，办公地址不变，内设机构：办公室、水利电力计划建设股、水政水资源股等3个股室；人员编制12名，实有人员12人，其中行政编制11人，后勤事业编制1人。至2005年不变。

1991年—2005年县水利(电力)局历任局长：黄位波(1986.05—1992.05)、欧瑞深(1992.05—1997.01)、林少华(1997.01—2002.04)、卢永阳(2002.04—2005.12)

县水利局下属单位

县水利工程管理站　1989年12月，藤县水利电力局内部机构设置和人员编制进行调整，将水利工程管理站从水电局内部划分出去作为独立事业单位设置，执行事业管理制度，全额预算管理；核定人员编制8名；办公地点设在藤县水利电力局内。1997年，重新核定编制人员为7名。至2005年不变。

县水土保持监督管理站　1983年8月组建县水土保持站，为藤县水利局管理的未定级、财政全额拨款的事业单位。1995年2月，藤县编制委员会批准成立藤县水土保持监督管理站，与藤县水土保持站一套人马两块牌子，核定编制4人。1999年，重新明确水土保持监督管理站由全额拨款调整为差额拨款。2005年核定人员4名。

藤县水政监察大队　1989年12月，县水利电力局内设机构撤销水政水资源站，成立水政水资源股，专门负责查处全县水事和造成水土流失的案件，维护水事和水土保持的正常秩序。1997年7月，成立藤县水政监察大队，属事业单位，人员编制为8名，办公地点设在县水利电力局内。下设2个股站和12个水政监察站作为水政监察大队的派出机构，协助监察大队开展执法工作。1999年10月，县编委在重新明确事业单位财政预算管理形式时，将县水政监察大队定为自收自支。2005年核定人员7名。

县水电工程质量监督站　1989年12月，将水电建设股从县水利电力局内部划出，设立藤县水电建设站，为独立事业单位，执行事业管理制度，核定人员编制7名，办公地点设在县水利电力局。1997年11月，经县编委会同意批准成立藤县水电工程质量监督站，与藤县水电建设站一套人马两块牌子，为事业单位，隶属水利电力局领导。2005年核定编制7名。

藤县电力管理站　1989年10月，将电力股从水利电力局内部划出，作为独立事业单位设立，执行事业管理制度，全额预算管理形式，核定人员编制6名，办公地点设在县水利电力局内。1997年6月，重新核定人员编制为5名。1999年，由财政全额拨款改为自收自支。2005年共有在编职工5名。

县水利电力设计室　1986年10月成立，定为事业单位，经费自收自支，人员编制5名，办公地点设在县水利电力局内。1991年1月起，由原来自收自支管理改为财政全额管理。1999年，县水电设计室由财政全额管理改为自收自支。2005年核定编制5名。

县抗旱排灌服务站　1992年，成立藤县抗旱服务队，隶属防汛抗旱指挥部和县水利电力局领导和管理。属全民所有制事业单位，实行独立核算，人员编制5人。1992年7月，藤县抗旱服务队更名为藤县抗旱排灌服务站。1999年，县编委明确县抗旱排灌服务站属事业单位，预算管理形式为自收自支。

大任水库工程管理所　1980年成立。1991年有管理人员13人。1995年底有职工118人。其中干部22人，固定工25人，合同工71人。1997年6月，重新核定人员编制为110名。2005年核定人员编制为111人。

黄垌水库工程管理所　1991年建立。1991年有干部5人，技术人员2人，固定工23人，临时工3人，共33人。1995年底有职工58人，其中干部9人、固定工21人、合同工28人。1997年6月，重新核定人员编制为77名。2005年12月，有干部职工91人，其中干部18人、固定工15人、合同工39人、临时工19人。

白石水库工程管理所　1989年8月11日成立。属事业单位，实行自收自支管理。1991年有干部1人，技术人员2人，固定工21人，临时工13人，共37人。2001年在职职工37人，2005年在职职工34人。

同敏水库工程管理所　1961年成立。1995年有职工12人，其中干部3人、固定工8人、合同工1人。1997年6月，重新核定人员编制为10名。2005年核定编制8名。

座垌水库工程管理所　1958年成立。1995年年底有职工13人，其中干部3人、固定工2人、合同工8人。1997年重新核定为20人，干部2个，合同工10人，临时工8人；2002年在职职工18人，干部2个，同合工10人，临时工6人。2004年—2005年，有职工17人，干部2人，合同工6个，临时工9人。

积和水土保持试验场　1990年2月成立，定为事业性质单位，实行企业化管理，经费自收自支，人员编制10名，办公地点在藤县藤州镇积和村。1997年6月，重新核定人员编制为13名。2005年核定编制10名。

县水电物资管理供应站　1989年12月，将县水利电力局物资股从内部划出作为独立事业单位设立，执行事业管理制度，为自收自支管理，人员编制11名；办公地点设在县水利电力局内；1998年7月，由事业单位改为企业单位，按照企业管理，成为自主经营、自负盈亏的企业。2005年核定编制16名。

乡镇水利站

1988年3月，各乡镇成立水利电力管理站。1991年全县设18个站。1994年4月1日起，乡镇水利电力管理站更名为乡镇供电所，同时设立乡镇水利站。乡镇水利站由县水利电力局和乡镇人民政府双重领导，以县水利电力局管理为主，乡镇协管。乡镇水利站为事业单位，人员在原水利电力管理站人员调配。1995年，各乡镇水利电力管理站有干部、工人共265人。1997年6月，重新核定乡镇水利站人员编制为287人。7月，安置复员退伍军人，增加部分乡镇水利电力站人员编制共8名。

1999年4月26日，县编制委员会确定乡镇水利站为事业单位，属县水利电力局下派机构，经费由县水利电力局统筹解决，即财政预算管理形式为自收自支。各乡镇水利站人员编制共48名。主要职能是负责指导乡镇水利、防汛抗旱、水土保持监督和水资源管理工作。2005年，全县设17个乡镇水利站。

第二节　蓄水、引水、提水工程

1991年，全县有蓄水、引水、提水工程6377座(处)，有效灌溉面积25253.33公顷，占水田总面积2.74万公顷的92.34%。此后，水利工程有效灌溉面积逐步减少。1995年，全县有蓄水、引水、提水工程6319座(处)，有效灌溉面积22760公顷，占水田总面积的83.21%。2005年有蓄、引、提水工程6339座(处)，设计灌溉面积3.19万公顷，有效灌溉面积22887公顷，占水田总面积87.49%。全县原灌溉面积超万亩的7大灌区中，仅剩大壬、同敏水库灌区。

蓄水工程

中型水库 2005年，全县共3座，总库容6960万立方米，有效库容5139万立方米，设计灌溉面积5700公顷，有效灌溉面积2590公顷。

大壬水库。位于太平镇善庆村旺妖自然村大壬河上，距太平镇10千米，离县城75千米。集雨面积83.5平方千米，据坝首气象站1999年—2005年实测资料统计，年平均降雨量为1884.74毫米。工程于1980年竣工，水库由主坝、副坝、溢洪道、输水隧道和坝后电站组成。总库容4155万立方米，有效库容3262万立方米。设计灌溉面积0.5万公顷，有效灌溉面积0.34万公顷。水库继续以灌溉为主，兼顾防洪、发电、供水、养鱼等。

1991年，水库与留利引水工程联合灌溉，灌区覆盖面广，成为藤县最大灌区，惠及太平、平福、和平、濛江等乡镇。灌区灌溉面积2533.33公顷。此后，灌溉面积逐年下降，1995年灌溉2333.33公顷，2000年2000公顷，2005年仅灌溉1000公顷。

大壬水库兼顾防洪，1991年—2005年，每年编制防洪预案，报上级主管部门审批后，按规程调度运用。水库水文测报及通信设施基本具备，但设备陈旧，可靠性差。水库大坝工程的检查、观测、保护、维修和大修等均落实人员进行管理，水库工程基本能够正常运行。

1991年共有员工135人，1995年146人。1999年大任水库在职职工124人，其中固定工人26人、合同工68人、聘干3人、临时工27人。2002年113人，2005年111人。水库经济收入，1999年，为85.68万元。2000年后均达100万元以上，最高2002年，达158.34万元。

白石水库。位于藤县埌南镇新光村金斗自然村石子河上，距县城23千米。水库集水面积54.7平方千米（包括凤阁水库控制集雨面积10.60平方千米）。据坝首气象站实测资料，库区多年年平均降雨量1340.2毫米，年平均进库水量2616万立方米。水库总库容1705万立方米，有效库容1027万立方米，调洪库容656万立方米。灌区原设计灌溉面积973.33公顷，1990年后，由于渠道淤积，建筑物损坏，灌区效益不断减少，1991年为1162.67公顷，1995年有效灌溉面积786.67公顷，实际灌溉面积633.33公顷。白石水库工程管理所统管水库、电站。2005年在职职工34人。

黄垌水库。位于太平镇永平村黄垌自然村黄垌河上，距太平镇11千米。是以灌溉为主，兼顾防洪、发电、养鱼综合利用的中型水库。1958年开始施工建设，1962年开始灌溉。水库集水面积24.2平方千米。水库总库容1100万立方米，有效库容850万立方米。灌区设计灌溉面积700公顷，由于渠道未按设计要求施工，有效灌溉面积400公顷。水库下游防洪保护人口共1.2万人，耕地面积400公顷。

1999年4月，自治区水利厅《关于藤县黄垌水库除险加固工程初步设计的批复》，同意黄垌水库除险加固工程，2000年自治区水利厅《关于下达2000年度第三批大中型水库除险加固工程投资计划的通知》，批复工程总投资262.02万元，其中区农水补助157万元，地方自筹105.2万元。工程分二期施工，一期应急除险项目于1999年3月开工，工程由广西北流县建筑工程公司承建施工，主要对溢洪道底板斜坡段、面积1204平方米砼剥离部分加固，在溢洪道平段活动闸门前用砼浇注截水墙，并对旧管理房进行修整，于1999年12月完工，完成投资50万元（其中区农水补助30万元，自筹20万元）；二期工程由广西南宁水利电力工程处中标承建，主要对鱼梁以上至翻板闸墩之间溢洪道平段1414平方米加固，左岸尾水渠部分工程、议水管出口段加固部分工程、大坝测压管部分工程和交通道路工程施工。工程于2001年3月动工，2002年1月完工，完成投资212.02万元（其中区农水补助127万元，地方自筹85.02万元）。

2005年有职工91人，其中干部18人，固定工人15人，合同工人39人，临时工人19人。1991年—2005年，实际灌溉面积400公顷。水库养殖面积46.67公顷。

小（一）型水库 2005年全县小（一）型水库19座，总库容4323万立方米，有效库容2797万立方米，设计灌溉面积3786.67公顷，有效灌溉面积3015.33公顷。

座垌水库。座垌水库位于和平镇座垌村座垌河上，距离县城70千米，始建于1957年9月，1958年4月竣工，1960年1月开始灌溉。据1991年—2005年实则资料，年均降雨量1530毫米。水库以灌溉防洪为主，水库坝址以上集水面积5.7平方千米，最大坝高21.8米，坝顶长220米宽4米，正常蓄水位79米，死水位63.5米，设计洪水位81.11米，大坝左右两端有旧、新2座溢洪，均为宽顶堰，堰顶调高程为79.4米，水库总容量为322万立方米，有效库容224万立方米，设计灌溉面积533.33公顷，有效灌溉面积400公顷。1991年—2005年，水库运作正常，没有大维修，有效库容均达224万立方米，灌溉面积实际为386.67公顷。座垌水库工程管理所下设上马石电灌站、罗意滩水轮泵站、和平电站水轮泵站、和平水厂。

同敏水库。是全县总库容最大的小(一)型水库。水库属县水利局二层机构。位于新庆镇庆旺村庆旺河上游，距县城37千米。水库集雨面积27.1平方千米，总库容807万立方米，有效库容508万立方米。是一座以防洪、灌溉为主的水库。水库设计灌溉面积666.67公顷，有效灌溉面积566.67公顷，保护下流1.5万人口。坝后建有电站，装机1台，容量200千瓦。

1991年—1999年，实际灌溉面积包括新庆、金鸡2镇共466.67公顷，水库运行正常，没有大维修。2000年—2003年实际灌溉面积366.67公顷。2004年—2005年实际灌溉面积320公顷。期间，投入资金21万元维修厂房放水口、坝坡整治、管理房维修、抢修库区进库道路和干渠维修清淤；投入资金31万元对水库干渠夏荣段三面光硬化修复35米长，十二冲涵洞的清淤底板硬化，思亥涵洞的清淤底板硬化。2005年有干部职工8人。

英雄水库。位于象棋镇忠信村附近北流河小支流上，距县城35千米，是一座以灌溉、供水为主的水库。工程1958年动工，1966年3月竣工。水库集雨面积11.4平方千米，总库容550万立方米，有效库容396万立方米，设计灌溉面积333.33公顷。

逢逢石水库。位于藤州镇四旺村黄冲河上游，距县城7千米，集雨面积9.5平方千米，总库容353万立方米，有效库容250万立方米，是一座以防洪、灌溉为主的小(一)型水库。1958年2月竣工，设计灌溉面积666.67公顷。保护下游人口6250人。2005年，以逢逢石水库为主的灌区(包括观眉、桥塘、黄泥塘、架塘、古耙塘和19座山塘)，实际灌溉面积600公顷。

小(二)型水库 2005年，全县有小(二)型水库90座，其中一类水库3座，二类水库37座，三类水库50座。共拦截集水面积107.43平方千米，总库容3412万立方米，有效库容2423.3立方米，设计灌溉面积2702公顷。

白石水库 (2003年摄)

山塘 1975年全县有山塘水库2614座，有效库容1980万立方米，有效灌溉面积3466.67公顷。20世纪80年代后，由于部分山塘无人管理，数量有所减少。1995年全县有山塘2266座，有效库容1605万立方米，有效灌溉面积2040公顷。2005年全县有山塘水库2520座，蓄水总容量1740万立方米。

引水工程

1991年，全县共有引水工程3321处，正常引水流量14.51立方米每秒，有效灌溉面积8120公顷。1995年全县引水工程减至2837处，正常引水流量11.31立方米每秒，有效灌溉面积8520公顷，占当年全县水利有效灌溉面积35.5%。

提水工程

1991年，全县各乡镇水轮泵站200个，有水轮泵397台，灌溉面积2250.67公顷；有机、电抽水站149个、163台。全县提水灌溉面积3926.67公顷。1995年，全县提水灌溉工程共1112站(处)，装机1339台(架)，有效灌溉面积4666.67公顷，占当年水利工程有效灌溉面积的19.4%。

太平镇石夏村下车水轮泵站。于平福河上建拦河坝，初建于1966年，1981年被洪水冲毁，1986年修复水轮泵站，控制集雨面积350平方千米。安装60型水轮泵3台，40型水轮泵4台，有效灌溉面积266.67公顷，1991年实际灌溉面积370公顷。

太平镇水寨水轮泵站。初建于1964年，1981年被洪水冲毁后于1987年重建，控制集雨面积330平方千米。安装40型水轮泵3台，有效灌溉面积80公顷。

濛江镇安和水轮泵站。泵站位于马河下游，1964年3月建成。1991年有40型水轮泵2台，有效灌溉面积66.67公顷。

濛江镇石眼洲水轮泵站。位于蒙江河石眼洲上游，控制集雨面积3733平方千米，1966年4月大坝建至16.5米高程发挥效益，1968年春大坝加高至18.0米。1991年，提水流量0.6立方米每秒，有效灌溉面积280公顷，实际灌溉面积200公顷。

金鸡镇光华水轮泵站。位于光华村元崇自然村黄华河下游，控制集雨面积2100平方千米。1972年浆砌石坝建成，在大坝左右两侧安装水轮泵60型16台，有效灌溉面积400公顷。1991年有60型水轮泵5台，有效灌溉面积106.67公顷。

和平镇上马石电灌站。位于蒙江河上游，坐落于和平镇新平村上马石，始建于1965年，工程总投资388万元，国家投资166万元。电灌站有水泵4台功率50千瓦，1966年10月建成投入使用，灌溉面积500公顷，受益自然村有新平、和平、陈塘、龙塘、双垌等村，人口1.73万人。1999年3月，因部分水泵机老化，灌房陈旧，对该电灌站进行了大改造，建新电灌房一间，工程总投资255.5万元，上级批复143.5万元，组装2台功率90千瓦水泵机。年灌溉面积达533.33公顷，比改造前增加33.33公顷。

和平罗意滩水轮泵站。位于蒙江中下游和平镇广村，1971年建成，坝石端装设100型水轮泵3台、60型水轮泵18台，当年有效灌溉面积333.33公顷，实际灌溉面积266.67公顷。1991年，灌溉面积233.33公顷，1992年灌溉面积200公顷，1993年—1997年灌溉面积133.33公顷，1998年—1999年灌溉面积因高杆渠上水量减少，水位低时无法上水，每年平均灌溉面积120公顷。1999年，因为水轮泵老化，经县水利局组织资金，更换水轮泵4台，最终因为水位太低无法运行。2000年—2002年，实际灌溉面积93.33公顷，2003年—2005年，实际灌溉面积在73.33公顷。

和平电站水轮泵站。1990年有60型水轮泵8台，有效灌溉面积266.67公顷。1991年和平电站扩建发电，由原来8台水轮泵变成2台60型水轮泵。是年实际灌溉面积23.33公顷，受益方为罗卜塘村，1994年实际灌溉面积23.16公顷。1995年—2005年，和平电站水轮泵运转正常，对罗卜塘村有效灌溉面积基本保持23.33公顷左右。

太平镇陈滩水轮泵站。位于蒙江中上游太平渔儿社，1968年建成。该泵站为太平镇集体企业，以灌溉为主辅以发电。1991年有60型水轮泵8台，提水流量0.24立方米每秒，有效灌溉面积133.33公顷，实际灌溉面积97.33公顷。

太平镇金田水轮泵站。位于蒙江中上游金田村，1974年建成浆砌石圬工坝，泵站属太平镇集体企业，以灌溉为主，辅以发电。坝左侧安装60型水轮泵6台，提水流量0.16立方米每秒，有效灌溉面积80公顷，实际灌溉面积70公顷。

东荣水轮泵站。位于三江电站大坝两侧，1972年—1975年建设，共安装60型水轮泵8台，有效灌溉面积80公顷，实际灌溉面积40公顷。

交口水轮泵站。位于北流河上交口村，属县管工程，是全县原7大万亩灌区之一。1978年共安装水轮泵32台，有效灌溉面积1200公顷，20世纪80年代农村体制改革后，灌区管理薄弱，渠道年久失修，灌溉面积逐年下降。1990年尚有水轮泵和电力抽水机共13台，额定提水流量1.56立方米每秒，实际正常提水流量1.10立方米每秒，有效灌溉面积666.67公顷，实际灌溉面积433.33公顷。1995年，设计灌溉面积以核减为620公顷，有效灌溉面积260公顷。

1991 年—2005 年藤县水利工程灌溉面积统计表

表 11-1-1

单位：万公顷

年度	累计达到		当年实际	年度	累计达到		当年实际
	有效	旱涝保收			有效	旱涝保收	
1991	2.51	1.60	2.47	1999	2.40	1.90	2.23
1992	2.42	1.68	2.37	2000	2.33	1.85	2.15
1993	2.45	1.72	2.36	2001	2.32	1.88	2.16
1994	2.40	1.72	2.32	2002	2.34	1.86	2.18
1995	2.40	1.73	2.28	2003	2.30	1.87	2.14
1996	2.42	2.27	2.28	2004	2.29	1.85	2.13
1997	2.42	1.81	2.24	2005	2.29	1.84	2.14
1998	2.40	1.89	2.23				

第三节　防洪工程

1991 年—2005 年，全县有防洪堤、涵闸及防护片 47 处，其中防洪堤 23 处、防洪涵闸 17 处、防护片 7 处，保护耕地面积 10.2 万亩，保护人口 12.69 万人。保护耕地面积超过万亩的有 4 座，分别是南安堤、下陆河堤、无辽河堤、黄冲河堤。

藤县县城位于浔江和北流河交汇处。1998 年自治区防汛抗旱指挥部将藤县县城列为全区 30 个重点防洪排涝县市之一，同意该城区设防。根据规划设计，藤县县城防洪堤全长 10.5 千米，按 20 年一遇防洪标准设计。整个防洪体系分近期工程和远期工程，总投资概算 2.5 亿元，保护人口 5.86 万人，面积 22.4 平方千米，多年平均防洪效益 2105 万元。

近期工程为县城河西防洪堤，防洪堤长度 3.345 千米，护岸长度 2.634 千米，防渗墙长度 3.345 千米，排涝泵站 3 座（白泥泵站、城中泵站、镇中泵站），交通闸 9 座。工程量：土方 61.80 万立方米，石方 3.96 万立方米，砼 12.51 万立方米，钢材 4701 吨。投资概算 1.7035 亿元，保护人口 4.5 万人，保护面积 6.3 平方千米。

县城河西防洪堤工程于 1998 年 12 月开工建设，共分 22 个标段施工。

浔江段一期 I 标（桩号：1+464~1+619）工程于 2001 年 12 月 26 日公开招标，中标单位是广西南宁水利电力工程处，工程于 2002 年 2 月 1 日开工，于 2003 年 6 月 25 日完成了合同范围内所有设计项目的施工任务。完成主要工程量：土方开挖 6660.0 立方米、人工挖空桩砼 1495.0 立方米；防渗墙砼 92.88 立方米、面板扶壁砼 2079.5 立方米、钢筋制安 34.5 吨、护岸浆砌石 450 立方米、土堤填筑 28470.0 立方米、白泥塘泵站砼 310.0 立方米、白泥塘泵站贴釉砖 2933.0 立方米、白泥塘泵站墙面天棚刮腻子 4665.0 平方米。

浔江段一期 II 标（桩号：1+619~1+791）工程于 2001 年 12 月公开招标，中标单位是中国广西国际经济技术合作公司。工程于 2003 年 5 月 12 日竣工。

浔江段一期 III 段 III 标（桩号：1+791~1+958）工程于 2001 年 12 月 27 日公开招标，中标单位是广西河海水利建设有限责任公司，工程于 2003 年 6 月 25 日竣工。

浔江段一期 III 段 IV 标（桩号：1+958~2+113），工程于 2002 年 12 月 23 日公开招标，中标单位是浙江省第一水电建设有限公司，工程于 2005 年 10 月 5 日竣工。

浔江段一期 III 段 V 标（桩号：2+113~2+255），工程于 2003 年 11 月 19 日公开招标，中标单位是浙江省第一水电建设有限公司，工程于 2004 年 11 月 17 日竣工。

浔江段一期 II 段 IV 标（桩号：0+742~1+000），工程于 1999 年 3 月 23 日公开招标，中标单位是广西河海水利建设有限责任公司，工程于 2001 年 5 月 26 日竣工。

浔江段一期 I 段 II 标（桩号：1+154~1+309），工程于 1998 年下半年公开招标，中标单位是广西建工集团第二建筑工程有限责任公司，工程于 1999 年 12 月 29 日竣工。

浔江段一期 I 段 III 标（桩号：1+309~1+464），工程于 1998 年下半年公开招标，中标单位是广西横县水电建筑安装工程处；工程于 1999 年 12 月 29 日竣工。

浔江段一期 III 段 I~III 标（桩号：1+464~1+958），工程于 2004 年上半年公开招标，中标单位是广西南宁水利电力工程处，工程于 2005 年 5 月 25 日竣工。

北流河段 24.00 米高程以下部分 I 标（桩号：2+255~2+423）工程于 2005 年 3 月 21 日公开招标，中标单位是百色市水利电力建筑工程处；II 标（桩号：2+423~2+638）工程于 2005 年 10 月 15 日公开招标，中标单位是百色市水利电力建筑工程处；III 标（桩号：2+638~2+914）工程于 2005 年 10 月 15 日公开招标，中标单位是广西河池水利电力建筑工程处；IV 标（桩号：2+914~3+163），工程于 2005 年 10 月公开招标，中标单位是广西建工集团第二建筑工程有限责任公司梧州分公司。

2005 年末，已开工建设的有 12 标段，完工的有 8 个标段。自治区发改委、财政厅、水利厅累计下达投资计划 9790 万元，其中中央资金、国债 5120 万元，区级资金 1540 万元，县自筹资金 3130 万元。另外，2002 年和 2004 年自治区下达的区级防洪保安费共 900 万元属于补助自筹资金不足；2005 年长洲水利枢纽补偿县城护岸资金 597 万元。工程累计到位资金 8200 万元，其中中央资金、国债到位 4026 万元，区级资金和县配套资金到位 4174 万元，长洲水利枢纽补偿县城护岸资金按施工进度到位。

工程建设完成了河西堤浔江段标准堤防 1100 米（设计高程 30.00 米）和 411 米主堤体（高程 27.00 米）的建设；完成了白泥塘泵站土建。北流河堤段共四个标段全长 911 米，已开工了 3 个标段，建设长度 661 米。堤体施工工作，一、二标大部分堤体施工已达到 23.00 米高程。

工程累计完成投资 9215 元（缺口 1000 万元由 2002 年和 2004 年自治区下达的区级防洪保安费共 900 万元属于补助自筹资金不足和长洲水利枢纽补偿县城护岸资金解决），占概算总投资的 59.24%，完成土方 43.1 万立方米，石方 3.12 万立方米，砼 8.06 万立方米，钢材 4222 吨。

第四节　人畜饮用水工程

藤县由于人口多，居住密集，自然环境污染严重，导致乡镇集镇及农村饮水不安全问题突出。据 2005 年调查结果显示，全县农村总人口 88.5 万人，其中饮用水不安全人口 29.15 万人，占全县农村人口的 32.9%，同时全县 16 个乡镇中，只有藤州镇和太平镇两个集镇水质达标，其余 14 个乡镇的水质均不达标，乡镇集镇饮水不达标人口达 12.5 万人。

农村饮水安全解困工程

农村饮水安全解困工程开始于 2001 年，至 2005 年全县累计投入农村饮水安全解困工程建设资金 2408.56 万元，其中国债专项资金 1449.90 万元，群众自筹资金 958.66 万元，建成了 36 处农村饮水安全解困工程，解决饮水不安全人口 6.04 万人。

在工程投资下达后，为确保项目保质保量按时完成任务，成立县农村人饮工程建设领导小组，由县分管水利领导担任组长，领导小组下设办公室，办公地点在水利局；施工队伍选择：在县内选择施工队，与各施工队签订施工承包合同，严格按合同要求施工；材料及设备采购：根据县人饮建设领导小组意见，所有管材设备采购均由县水利局在区水利厅统一考核、推荐的厂家集中采购，经比较确定厂家并落实价格后，与厂家签订协议或到厂家直接采购；资金筹措与管理：建设资金主要靠国债补助、群众自筹等方式解决；在资金管理上，县水利局设立资金专户，实行报账制；工程施工过程，县水利局组织技术力量抓施工，各乡镇水利站派出技术人员现场指导，县水利局成立质监小组落实专人负责检查。对不按设计图纸和规范要求施工的，责令停工、返工。建设效果：所建工程全部达到设计要求。

2005年藤县农村人畜饮水安全解困工程主要工程统计表

表 11-1-2

编号	工程名称	乡镇名称	工程投资(万元)			供水规模(m^3/d)	解决饮水不安全人口(人)	建设时间	经营管理单位
			总投资	国债	自筹				
1	善庆村人饮解困工程	太平镇	28.37	16.3	12.07	150	806	2002.5	黄垌水库工程管理所
2	新庆村人饮解困工程	新庆镇	43.16	22.3	20.86	700	1103	2002.1	新庆镇政府
3	柴小村人饮解困工程	同心镇	26.0	15.2	10.8	470	752	2002.7	柴小村供水工程管理所
4	河口村人饮解困工程	藤州镇	35.5	18.2	17.3	130	900	2002.2	河口村供水工程管理所
5	也里村人饮解困工程	大黎镇	32.0	19.0	13.0	180	939	2002.3	也里村供水工程管理所
6	新旺村人饮解困工程	大黎镇	23.33	14.0	9.33	65	480	2002.5	新旺村委会
7	古龙村人饮解困工程	古龙镇	28.47	17.0	11.47	200	610	2002.3	古龙村供水工程管理所
8	东荣村人饮解困工程	东荣镇	15.73	9.0	6.73	60	320	2002.5	东荣村供水工程管理所
9	岭景村人饮解困工程	岭景镇	17.11	11.0	6.11	130	410	2002.6	岭景村供水工程管理所
10	都波村人饮解困工程	和平镇	11.05	6.5	4.55	50	252	2002.5	都波村委会
11	黎田村人饮解困工程	大黎镇	9.85	5.5	4.35	50	237	2002.9	黎田村供水工程管理所
12	塘步村人饮解困工程	塘步镇	11.35	5.5	5.85	90	237	2002.9	塘步村委会
13	兴义村人饮解困工程	濛江镇	12.5	7.5	5.0	70	275	2002.5	兴义村委会
14	石塘村人饮解困工程	塘步镇	7.81	4.0	3.81	50	179	2002.10	石塘村供水工程管理所
15	太平供水续建新雅村饮水解困工程	太平镇	158.73	89.4	69.33	6000	4470	2004.2	黄垌水库工程管理所
16	礼秀村人饮解困工程	藤州镇	22.26	11.1	11.16	200	560	2003.12	藤县自来水公司
17	白沙村人饮解困工程	藤州镇	42.95	26.0	16.95	190	1300	2004.11	白沙村用水者协会
18	埌南村人饮解困工程	埌南镇	29.56	16.0	13.56	135	800	2003.11	藤县电业公司
19	田心村人饮解困工程	古龙镇	65.02	39.2	25.82	360	1960	2005.7	田心村用水者协会
20	新城村人饮解困工程	濛江镇	59.24	40.0	19.24	348	2000	2005.7	新城村用水者协会
21	旺国村人饮解困工程	金鸡镇	63.77	40.8	22.97	360	2040	2005.7	旺国村用水者协会

续表

编号	工程名称	乡镇名称	工程投资(万元)			供水规模(m³/d)	解决饮水不安全人口(人)	建设时间	经营管理单位
			总投资	国债	自筹				
22	和好村人饮解困工程	岭景镇	34.58	23.4	11.18	210	1170	2005.7	和好村用水者协会
23	平福村人饮解困工程	平福镇	25.84	14.0	11.84	200	700	2005.7	平福村用水者协会

受灾群众新村饮水工程

受灾群众新村饮水工程是广西100个受灾群众新村实施社会主义新农村的一项民心工程。藤县共18个受灾群众新村饮水工程。工程始建于2005年12月16日，至2006年2月15日完工，完成总投资272.12万元，其中自治区补助资金180.00万元，市、县配套资金27.64万元，群众自筹资金64.48万元，铺设ф25~110PVC-U供水管79.1千米，解决生活饮水困难人口12828人，解决5870多头牲畜饮水困难的问题。

藤县18个受灾群众新村饮水工程情况表

表11-1-3

编号	项目名称	乡镇	项目工程投资(万元)				供水规模(m³/d)	解决饮水困难人口(人)	建设时间	经营管理单位
			总投资	自治区	市、县补助	群众自筹				
1	健安村村主灾民新村饮水工程	太平镇	24.76	13.02	4.99	6.75	175	1050	2005.12	太平健安村用水者协会
2	新雅村江口灾民新村饮水工程	太平镇	20.16	10.00	5.27	4.89	145	887	2005.12	太平自来水厂
3	新雅村新村灾民新村饮水工程	太平镇	10.12	6.98	0.00	3.14	26	150	2005.12	太平自来水厂
4	新雅村邑台灾民新村饮水工程	太平镇	12.84	10.00	0.28	2.56	145	850	2005.12	太平自来水厂
5	新雅村金步洲灾民新村饮水工程	太平镇	13.04	10.00	0.39	2.65	110	630	2005.12	太平自来水厂
6	健安村大胜灾民新村饮水工程	太平镇	13.88	10.00	1.06	2.82	110	630	2005.12	太平健安村用水者协会
7	健安村中楼灾民新村饮水工程	太平镇	13.05	10.00	0.11	2.94	100	580	2005.12	太平健安村用水者协会
8	思排村那东灾民新村饮水工程	东荣镇	13.82	10.00	0.29	3.53	95	553	2005.12	东荣思排村用水者协会
9	思排村罗汶灾民新村饮水工程	东荣镇	14.42	10.00	0.82	3.60	110	650	2005.12	东荣思排村用水者协会

续表

编号	项目名称	乡镇	项目工程投资(万元)				供水规模(m^3/d)	解决饮水困难人口(人)	建设时间	经营管理单位
			总投资	自治区	市、县补助	群众自筹				
10	上峡村花明灾民新村饮水工程	东荣镇	19.25	10.00	3.52	5.73	130	786	2005.12	东荣上峡村用水者协会
11	三江村三江灾民新村饮水工程	东荣镇	15.09	10.14	2.12	2.83	110	654	2005.12	东荣三江村用水者协会
12	三江村莫依灾民新村饮水工程	东荣镇	15.76	10.00	2.95	2.81	110	626	2005.12	东荣三江村用水者协会
13	三江村下雅灾民新村饮水工程	东荣镇	12.36	9.86	0.00	2.50	100	585	2005.12	东荣三江村用水者协会
14	护安村上坡灾民新村饮水工程	东荣镇	14.31	10.00	1.56	2.75	110	626	2005.12	东荣护安村用水者协会
15	新良村新英灾民新村饮水工程	和平镇	15.75	10.00	1.00	4.75	115	670	2005.12	和平新良村用水者协会
16	和平村珠塘坡灾民新村饮水工程	和平镇	12.05	9.74	0.00	2.31	100	595	2005.12	和平和平村用水者协会
17	榄莫村广村灾民新村饮水工程	和平镇	18.96	10.59	3.28	5.09	280	1656	2005.12	和平榄莫村用水者协会
18	平竹村沙咀灾民新村饮水工程	和平镇	12.50	9.67	0.00	2.83	110	650	2005.12	和平平竹村用水者协会

第五节　水土保持

水土流失

境内土壤侵蚀特点是零星分布。1991年—2005年，由土地开发建设、坡地种植农作物以及采矿造成人为的水土流失加剧；自然因素造成的水土流失有减轻趋势。土壤侵蚀类型以水力为主，重力、风力侵蚀极少。

1995年藤县水土流失面积情况统计表

表11-1-4　　单位：公顷

乡镇	土地总面积	流失面积	占总面积的百分数(%)
合计	394562	44660	11.32
藤城	2243	146	6.51
城关	19400	1765	9.10
太平	27891	2838	10.18
津北	15156	2730	18.01

续表

乡镇	土地总面积	流失面积	占总面积的百分数(%)
南安	17340	2630	15.17
赤水	6470	427	6.60
埌南	20138	3221	15.99
同心	13465	551	4.09
金鸡	25040	4023	16.07
新庆	13667	1708	12.50
象棋	18320	1585	8.65
岭景	19026	2237	11.76
天平	34854	4925	14.13
蒙江	29666	4815	16.23
和平	17295	3484	20.14
古龙	18776	2743	14.61
平福	32205	1366	4.24
东荣	20417	877	4.30
大黎	29360	1293	4.40
宁康	13833	1296	9.37

流失原因 境内地貌属华南丘陵区，相对高差800多米，15°以上面积占总面积的56.96%，坡度陡，地势高差大，易于水土流失；境内成土母岩主要是花岗岩、沙页岩，形成的土壤含沙量高，土体疏松，黏结力差，土粒易分散，抗蚀性弱，极易产生水土流失。县境属亚热带湿润季风区，降雨集中在4—9月，占全年降雨量的75.30%。降雨强度较大，且集中，对地表冲刷力强，是产生水土流失的直接原因。1991年后，随着社会经济发展，农民生活水平提高，居民以煤代柴、以燃气代柴增多，植被破坏得以缓解。封山育林、造林绿化，生态的自我修复、林草覆盖率有所提高，植被因素造成的水土流失有减轻趋势。随着城镇土地开发建设，农村山地的开发，坡地种植农作物以及采矿等人为不合理的利用土地，水土保持"三同时"（同时设计、同时施工、同时投产使用）制度又多数落实不到位，开发建设项目造成人为的水土流失和危害与日俱增。

水土流失面积 据1989年《广西藤县水土保持规划报告》，全县水土流失面积47967公顷，占土地总面积的12.16%。2000年全国第二次土壤侵蚀遥感调查结果，藤县土壤侵蚀面积269.43平方千米，其中轻度侵蚀189.71平方千米，中度侵蚀71.89平方千米，强度侵蚀7.55平方千米，极强度侵蚀0.28平方千米。虽然经过不断治理，2005年全县尚有水土流失面积47800公顷，易涝面积4760公顷。

据北流河金鸡水文站（1977年—2005年）28年的观测成果，年平均土壤侵蚀模数45吨/平方千米。

水土保持治理

小流域水土保持综合治理 1987年—1991年，自治区水电厅分6批下达治理投资计划，对藤县大任水库库区小流域3412公顷进行水土保持综合治理，其中治理水土流失面积2410公顷。项目共投资41.03万元，经县水电局组织施工，完成如下治理措施：人工造林907.47公顷，其中用材306.67公顷，水源林366.67公顷，经济林234.13公顷。封山育林82.93公顷。削坡台阶24处（13.33公顷），开砌排水沟10510米，护坡草皮4000平方米（0.4公顷）。坡改梯15.33公顷，改造低产田30.33公顷，改顺坡为横坡垄作120.33公顷，开排渍水沟10400米。该项目共计投劳37.56万工日。经过连续6年的综合治理，大任水库库区小流域山地的林草面积占山地总面积由治理前的48.12%增加至87.55%，山地有林面积占山地总面积由治理前的11.14%增加至72.09%，水土流失的土壤侵蚀模数由每年2850吨/平方千米降至795吨/平方千米。

1992 年—1994 年，对蒙辽河小流域水土保持综合治理。治理面积 35.22 平方千米，其中水土流失面积 26.11 平方千米，经过 3 年综合治理，完成营造水保林 696.67 公顷、经果林 293.33 公顷，封育治理 1666.67 公顷，坡地改造 152 公顷，改造低产田 18.33 公顷。共投工 60 万日工，投资 199 万元（其中自治区补助 90 万元，县乡自筹 109 万元）。治理程度达 78%，取得较明显的经济、生态和社会效益。1995 年 7 月上旬，自治区水利厅组织有关专家验收鉴定：蒙辽河小流域水土保持综合治理，应用技术成熟，属自治区先进水平，获广西水利水电科技进步三等将。

水土流失观测及水土保持试验　1990 年 11 月，在城关积和松山岭设立藤县积和水土保持试验场，为县水利电力局二层机构，编制 10 名，2005 年有职工 10 人。

该场位于藤州镇积和村，蒙辽河小流域中，距县城 10 千米，场内有 3 座山丘，山坡地面积 9.35 平方千米，试验场共投资 50 万元，其中国家补助 10 万元、自筹资金 10 万元、借款 10 万元、流域治理资金 20 万元。建设有砖混结构 2 层楼房 1 座，仓库 5 间；有气象站 1 个，自计观测水土流失对比小区 9 个，水土流失观测设施完备，是自治区探索水土流失规律的重点观测点，为全区水土保持工作和宏观决策提供科学依据。观测项目于 1993 年完成。1990 年—1995 年种果树 80 公顷，也是水土保持经济试验推广基地。

1991 年—1993 年，该场开展小区水土流失试验观测，设置 9 个水土流失对比观测小区，每个小区种柑，小区土壤侵蚀模数观测结果如下：顺坡耕作组侵蚀模数为 3373.59 吨 / 平方千米，水平梯地耕作组侵蚀模数为 503.65 吨 / 平方千米，反坡加竹节沟耕作组侵蚀模数为 82.39 吨 / 平方千米。顺坡耕作水土流失极其严重。

水土保持监督管理　1991 年 6 月 29 日，《中华人民共和国水土保持法》公布施行。1994 年 11 月经区水土保持委员会批复，藤县成为全自治区第一批水土保持监督执法试点县。1995 年 2 月，藤县编制委员会批准成立藤县水土保持监督管理站，与藤县水土保持站一套人马两块牌子，核定编制 4 名。1999 年，重新明确水土保持监督管理站由全额拨款调整为差额拨款。2005 年核定人员 4 名。

2001 年 5 月，县水土保持监督执法试点工作经自治区水利厅组织的验收组验收合格，试点工作结束。1994 年后，县水土保持监督执法工作，以《中华人民共和国水土保持法》为依据，用好“三权”（审批权、检查权、收费权），落实好开发建设项目水土保持“三同时”制度。1994 年—2000 年，全县审批水土保持方案 300 份，查处水土流失违法案件 30 起，其中举行听证 3 起；征收水土保持设施补偿费 93 万元，罚款 10.5 万元，监督生产建设单位投入治理资金 150 万元。2000 年度被评为广西水土保持监督执法先进单位。2001 年 5 月，县水土保持监督执法试点工作经自治区水利厅组织的验收组验收合格，试点工作结束。

2001 年—2002 年，全县审批水土保持方案 19 份，征收水土保持设施补偿费 28.2 万元，监督生产建设单位投入治理资金 60 万元。2003 年，全县审批水土保持方案 16 份，监督生产建设单位投入治理资金 150 万元，征收水土保持设施补偿费 14 万元。2004 年—2005 年，全县审批水土保持方案 62 份，征收水土保持设施补偿费 30.4 万元，监督生产建设单位投入治理资金 300 万元。

第六节　防汛　抗旱

防汛

20 世纪 80 年代，藤县均成立防汛抗旱指挥部。1991 年，藤县防汛抗旱指挥部主管全县的防汛抗旱工作，指挥长由分管水利副县长担任；常务副指挥长由县政府助理调研员担任，副指挥长由县武装部副部长、县政府办公室副主任、县水利局局长、县国土资源局局长担任；成员由县各单位组成。指挥部下设办公室和 17 个职能组，职能组分别为：宣传报道组、灾情统计组、通信保障组、供电和供水保障组、督查组、后勤接待组、物资调度组、抢险突击组、技术参谋组、汛情测报组、交通（车船）调度组、堤防巡查组、救灾安置组、卫生防疫组、治安保卫组、安全管理组、市容清洁组；办公室设在县水利局，负责指挥部日常工作。此后，每年 3 月底前，县政府根据实际情况，及时调整防汛指挥部领导成员。90 年代开始，防汛工作实行地方政府行政首长负责制。

至2005年，各乡镇于每年3月底前调整好指挥部领导班子、完善防汛抗旱组织机构，并将正、副指挥长和水库、堤防、电站、涵闸及在建涉水工程的应急通信联系人、技术负责人、行政负责人名单及联系电话报县防汛办备案。为明确职责，各乡镇在每年3月份完成本辖区内防汛抗旱责任书的签订工作；全县各相关部门、单位均调整充实本部门、单位的防汛工作机构，并分别报其主管部门和县防汛办备案。

每年汛前均开展汛前准备和检查工作。各乡镇根据防汛工作要求，结合辖区内的具体情况，修订好相应的防洪预案，行政首长和工程负责人在汛前对所负责的水库、电站、堤防、涵闸及在建涉水工程进行防汛安全检查，尤其是病险水库等水利工程，及时解除安全隐患，落实防汛物资、抢险队伍及应急抢险措施，做好防大汛的准备，确保安全度汛。县指挥部各职能组、各有关部门、县管各水利工程单位也结合各自的实际情况制订好本部门的防汛预案，并在3月底前报县防汛办备案。辖区内各防洪堤管理单位对堤后渠、穿堤涵闸及泵站等进行防汛检查，同时制定超标准洪水的应急预案，落实抢险物资。城区防洪堤管理所着重制定工程的运行调度和应急方案；加强对堤防、涵闸、泵站的安全检查工作。各乡镇在满足灌溉的前提下，腾空一定的库容，以接纳汛期洪水。严格执行市、县指挥部下达的汛期运行水位，不得盲目超蓄、违章运行。同时，做好防汛通信设施的检查维修，确保汛期通信网络畅通。加强防汛抗旱应急队伍的建设。各乡镇均组建由民兵、预备役人员、水利工程建设施工和管理单位的干部职工以及农技人员、村民组成的防汛抗旱应急队伍，以应付突发性的险情发生。每年4月，均由县防汛工作督查组对防汛工作进行督促落实，以查组织、查工程、查预案、查物资、查通讯为主要内容的分级检查制度，发现薄弱环节，明确责任，限时整改。

每年汛期预防预警信息。气象信息报送责任单位为县气象局。进入汛期后，每天早、晚各向县防汛办报送一次天气预报。遇突发性灾害天气，在2小时内向指挥部汛情测报组报送；水文信息报送责任单位为县水文水资源局。负责按预案要求及时向指挥部汛情测报组报送水情信息及变化情况：县城水文站水位不超过23.00米时，每天向县防汛办报送一次实测水位；当出现超警戒水位时，每4小时报送一次实测水位，并每天上报一次预测情况，根据上游水情变化情况及时增加预报次数。县城水文站水位超26.50米时，增加测验时段，每2小时报送一次实测水位，每天至少上报一次预测情况，根据上游水情变化情况及时增加预报次数。气象水文信息的发布，县防汛办在收到气象、水文部门报送的水情、雨情信息后，按照上述通报频率，及时向指挥部指挥长、县委办公室、县政府办公室报告，并将信息及时通过县电视台滚动播出。各乡镇防汛抗旱指挥部接到雨情、水情信息后，及时传递到村（社区），各村（社区）及时传递到组、到户。

工程险情信息报告。当水利工程出现管涌、裂缝、滑坡、塌方等险情时，各乡镇防汛抗旱指挥部、工程管理单位应及时报告指挥部，同时采取相应应急抢险措施，组织人员、物资的安全转移。因险情较重，需要上级帮助、指导处理的，由县防汛办向市防汛抗旱指挥部报告。并在2小时内将初步核实的险情基本数据报市防汛指挥部，以利上级部门加强指导或作出进一步的抢险决策及提供抢险物资、抢险队伍支持。

洪涝灾情信息。洪涝灾情信息报送的责任单位为全县各主管部门。洪涝灾情信息主要包括：灾害发生的时间、地点、范围、受灾人口以及群众财产、农林牧渔、工业交通、邮电通信、广播电视、水电设施等方面的损失。洪涝灾情发生后，全县各主管部门及时向指挥部灾情统计组报告受灾情况；灾情统计组及时做好灾情的收集、整理、统计、核实，全面掌握受灾情况，并配合县防汛办做好向市防汛指挥部报告的工作。对人员伤亡和较大财产损失的灾情，立即上报，重大灾情在灾害发生后2小时内将初步情况报告市防汛指挥部，并对实时灾情组织核实，核实后及时上报，为抗灾救灾提供准确依据。

附：抗洪纪实

1995年10月中旬抗洪 受16号强热带风暴影响，10月中旬，北流河出现了超历史的特大洪水，造成象棋、金鸡、岭景等乡镇整村整片房屋倒塌，通讯、供水、供电中断，大片农作物被冲淹的特大灾害。灾情出现后，县委、县政府立即召开四套班子及有关部门领导的紧急会议，成立抗洪救灾指挥部，部署抢险救灾工作。县委、县政府及各部门领导到重灾区象棋、金鸡、岭景、新庆等乡镇指挥抗洪抢险。全县出动抗灾39500

人次、车辆71台、船56艘，安全转移受灾群众11.5万人。洪灾后，县委、县政府组织县直机关及乡镇干部，深入灾区帮助灾民恢复生产，重建家园。组织实施“一帮一工程”，即一个轻灾乡镇帮助一个重灾乡镇；一个无灾区的村帮助一个重灾的村；一个县直单位(战线)帮助一个重灾户。使灾区群众生产、生活上的困难得到适当的解决。号召中共党员、干部、群众捐款献物，至1995年12月底，共收到捐献衣物132170件，捐款199069.50元。县财政拨款50万元资金安置受灾群众，发放18万千克大米解决受灾群众吃饭问题；帮助受灾群众搭建临时住棚9086间，安置受灾群众30750人；发放价值2.6万元的消毒药品和2万元治病药品，使灾民有临时住所，有饭吃，灾区无疫病流行，人心稳定。县水电局在洪水退后马上组织电力公司、供水公司、受灾乡镇水利水电管理站全体职工抢修供电、供水线路和管道。

2001年6月中旬抗洪　6月初，广西大部分县(市)出现大雨、暴雨甚至特大暴雨的强降雨天气过程，同时下游的广东省也普降大雨、暴雨，造成境内西江、北流河、蒙江水位上涨。全县8个乡镇，68个村，109875人受灾，其中南安、赤水、潭东、藤城4个乡镇灾情尤为严重。6月14日22时，县城洪峰水位24.41米，超过警戒水位5.41。这次洪涝的特点是继5月下旬几次强降雨后，6月初以后又连续10多天降雨不断，雨量大，洪水来得特别早，损失惨重。据6月14日统计，全县因洪灾造成直接经济损失4030万元。具体灾情如下：

人口及房屋受灾情况。全县26798户、109875人受灾，成灾21403户、87741人，其中受灾特重群众34596人，受灾重群众23361人，受灾轻群众27359人。全县因灾损坏房屋10253间，倒塌民房285间、68户、278人，损失折款420万元；洪水损坏学校235间，倒塌学校4间，损失折款157万元，合计损失577万元。

农业受灾。全县农作物受灾面积3245公顷，其中粮食作物2580公顷，经济作物665公顷，农作物绝收面积1947公顷，其中粮食作物1548公顷，经济作物399公顷，粮食减产1003吨；淡水养殖受淹面积65公顷，损失鱼类146.25吨。农业渔业直接经济损失2553万元。

工交商业、乡村企业受灾。全县因灾停产工矿企业28家，其中乡镇企业26家，全县因灾停业商店853间；冲毁桥涵15座，毁坏路基(面)68千米，损坏输电线路杆430条、32千米，损坏通信线路杆850条，22千米。工交商业、乡村企业直接经济损失450万元。

水利设施受灾。因灾损坏小一型水库6座，小二型水库34座，损坏堤防0.6千米，冲毁塘坝136座，渠道缺口1.9千米，损坏桥涵29座，损坏管理设施6处，损坏机电泵8座，损坏水电站4座，水利、水电设施直接经济损失450万元。

灾情发生前后，梧州市委、市政府领导关心重视藤县防汛抗灾救灾工作，市委书记文子忠、市长黄方方、副市长竺坤松等市领导亲临藤县视察灾情并检查堤坝、水库等度汛情况，指导防汛抗灾工作。县委、县政府根据自治区、梧州市防汛指挥部的要求，迅速采取各种得力措施，组织全县防汛抗灾，确保山塘、水库、堤坝安全度汛，并努力把洪水灾害造成的损失降到最低限度。5月下旬后，先后3次召开防汛工作会议，县委、县政府对防汛抗灾工作提出具体要求；同时组织技术人员检查全县的山塘、水库、堤坝等工程，对存在安全隐患工程及时采取措施，确保安全度汛。地质灾害方面，针对存在重大隐患的埌南镇杨村及藤州中学后背山体滑坡作出了抢险“预案”。同时，落实水库工程和堤坝工程首长责任制，各乡镇做好督促检查，确保工程安全运行。分析并确定这次强降雨过程可能引发灾害的防御重点，并对这些隐患重点实行24小时值班巡逻监测。抓好防汛应急队伍的组织和防汛抢险物资准备。县成立以骨干民兵为主的应急分队500人，各乡镇也组织30~100人；准备编织袋1.8万条，土工膜4000平方米，铲1500把。6月10日后，全县出动救灾人员1.3万人次，车辆3250次，船1000艘次，及时将低水位人员及物资转移到一定水位线以上，并对受淹农作物迅速组织人员抢收，将损失降至最低程度。

2002年抗洪纪实　2002年藤县连续遭受“6·19”西江洪水、“7·1”特大暴雨洪水灾害、12号热带风暴洪涝灾害和14号热带风暴西江洪水灾害，全县遭受严重损失。在这4次洪涝灾害中，农作物受灾26796公顷次，成灾20129公顷次，绝收14859公顷次，减产粮食75304吨(占全县全年粮食产量的26%)；全县民政、城建、农牧渔业、工业交通运输、商业、水利设施等方面直接经济损失共计88078万元，其中水利设施直接经济损失共计10969万元。各次暴雨洪涝灾害情况如下：

“6·19”西江洪水洪涝灾害。由于受高空低槽、冷涡、切变线等天气系统的共同影响，6月13日—17日，西江上游桂林、柳州等地连降大到暴雨，局部大暴雨到特大暴雨，县境内也普降暴雨到大暴雨，致使县境浔江、北流河、蒙江水位急剧上涨，6月19日20时县城洪峰水位25.93米。全县15个乡镇135个村街受灾，沿江（河）的塘步、潭东、津北、藤城、天平、濛江、和平、金鸡等8个镇灾情尤为严重。据统计，全县265103人受灾，成灾人口214733人，其中受灾特重群众50269人，受灾重群众73592人，受灾轻群众90875人；全县因灾损失房屋42000间，倒塌民房314间121户522人，农作物受灾面积6350公顷，其中粮食作物3810公顷，经济作物2540公顷；农作物绝收面积5080公顷，其中粮食作物3048公顷，经济作物2032公顷；粮食减产19888吨。全县因灾停产工矿企业145家，因灾停业商店3037间。冲毁桥涵46座，毁坏路基（面）138千米，毁坏输电线路1170千米，损坏通信线路162千米。全县直接经济损失达26829万元。

水利设施水毁情况：损坏堤防11处1.6千米，堤防漫顶决口800米，冲毁塘坝205座，渠道缺口265处5.6千米，损坏机电泵8座2250千瓦，损坏水电站5座18250千瓦。损毁较严重的水利设施有南安防洪堤漫顶溃决，缺口长40米，深7米，左侧翼墙出现纵横向裂痕，土坝段渗漏水严重。此外漫顶的防洪堤还有大元、大桥冲、雷公冲、架塘基等堤防。累计水利设施经济损失2750万元。

7·1特大暴雨洪水灾害。由于受高空低槽、冷涡、切变线等天气系统的共同影响，蒙江流域及其他乡镇自6月30日以来普降大暴雨到特大暴雨，6月30日8时—7月2日8时，蒙山河大化站降雨269.7毫米、蒙江太平站降雨380.6毫米、大任水库降雨322.8毫米，致使江河水位急剧上涨。7月1日20时，蒙江太平站洪峰水位达41.27米，比1994年特大洪水位高出1.71米，超出警戒水位4.77米，为一百年一遇特大洪水。西江藤城7月3日洪峰水位24.15米，超出警戒水位5.15米。藤北宁康、大黎、东荣、太平、平福、古龙、和平、濛江等几个乡镇山洪暴发。由于这次特大暴雨降雨强度大，洪涝来势猛，因此给藤县的经济和居民群众财产带来了极大的损失。据统计，全县17个乡镇179个村，91253户，365013人受灾，成灾人口280528人，其中特重灾民4068人，重灾民69249人，紧急转移75472人。全县因灾损坏房屋55000间，倒塌民房4103间，无房户904户。农作物受灾面积11022公顷，其中粮食作物7346公顷，经济作物3676公顷；农作物绝收面积5079公顷，其中粮食作物3301公顷，经济作物1778公顷；粮食减产31830吨。全县因灾停产工矿企业142家，因灾停业商店5013间；冲毁桥涵84座，毁坏输电线路10KV线路226千米，低压入户线3150千米，损坏通信线路362千米。全县直接经济损失达37900万元。

水利设施受水毁严重，全县16座水库排洪受到不同程度的损坏，损坏堤防10.8千米，堤防漫顶决口1.2千米，冲毁塘坝468座，损坏机电泵12座/2260Kw，受淹水电站6座23975Kw。累计水利设施经济损失4783万元。损毁较严重的有和平镇防洪堤（总长10.8千米）漫顶深1.5~2.0米，全堤多处溃决，决口总长度达1200多米；留利、大任水库干渠（过水流量6.0立方米/秒，设计灌溉面积5000公顷，实际灌溉面积3366.67公顷）出现多处大面积严重塌方，共塌方126处3340米，塌方量最大的达5000立方米；水库干渠塌方较严重的还有黄垌水库（中型）干渠、白石水库（中型）干渠等。罗意滩水轮泵站（装26台60型水轮泵，设计灌溉433.33公顷）溢流段下游坝脚、泵室外侧基础淘空严重，溢流坝段、泵室、船闸漏水严重，机组机件水毁严重无法正常抽水，上水量仅0.1立方米/秒，仅可灌溉66.67公顷。石眼洲水轮泵站（装10台60型水轮泵，设计灌溉406.67公顷）溢流坝坝脚、泵室崩塌，机组水毁严重，已基本处于瘫痪状态。其他水毁较严重的水轮泵站有陈滩、金田、红旗等泵站，主要水毁部位均为大坝严重淘空、泵室崩塌，机组水毁严重。

12号热带风暴洪涝灾害。因受12号热带风暴外围影响，从8月6日凌晨1时至7时，象棋、新庆、金鸡、岭景、潭东、天平、埌南、同心、塘步、津北普降暴雨到大暴雨，藤城降雨123.9毫米，白石水库93.3毫米，金鸡水文站93毫米，象棋水文站120毫米，致使河流水位急剧上涨。北流河金鸡水文站8月6日20时水位32.83米，超警戒水位2.33米。新庆、金鸡、天平、象棋等乡镇山洪暴发，淹没、冲毁大片耕地，一些房屋倒塌。根据灾后统计，全县有10个乡镇、16.6万人受灾，损坏房屋862间，倒塌房屋635间（其中新庆镇倒塌430间，金鸡镇85间），无家可归254人。农作物受淹2807公顷，其中水稻2182公顷，经济作物625公顷，经济作物绝收353公顷，鱼塘被冲毁161公顷。冲毁桥涵9座，毁坏公路15.3千米。全县直接经济损失3296万元。水利设施在这次暴雨中也受到了一定的损失，全县被冲毁山塘、陂坝365座，渠道决口16.2千米/672处，渠道崩塌较严重的是同敏、交口、座垌、蓬蓬石、英雄5个灌区的干渠。一些水库出现程度不同的损坏，同敏水库（小〈一〉型）排洪水深0.7米，排洪道出口冲刷淘空严重，新庆大冲塘水库（小〈二〉型）排洪水深0.7米，在放水管出口背1米处出现漏水，排洪道冲刷崩塌严重。经灾后统计水利设施直接经济损失986万元。

14号热带风暴浔江洪水洪涝灾害。受14号热带风暴影响，8月19、20两天广西钦州、柳州、河池地区普降暴雨到大暴雨，玉林、梧州、桂林等地普降大到暴雨，县境内降雨量在100~150毫米，致使河流水位急剧上涨，北流河金鸡水文站8月20日21时洪峰水位33.58米，超警戒水位3.08米，相应流量2380立方米/秒，浔江藤城水位从18日8时的19.51米起涨，至23日9时洪峰到达，相应洪峰水位25.85米，县内新庆、金鸡、岭景、象棋、同心、埌南等乡镇山洪暴发，淹没、冲毁大片耕地。和平、濛江、天平、潭东、藤城、津北、塘步等乡村大片耕地被淹，损失严重。截至8月23日统计，全县有13个乡镇，102个村，20.2万人受灾，农作物受灾面积6166.67公顷（其中水田面积3933.33公顷，旱地作物2233.33公顷），成灾面积4933.33公顷（其中水田3133.33公顷，旱地1800公顷），绝收面积4320公顷（其中水田2753.33公顷，旱地1566.67公顷）；全停工矿企业125个。全县直接经济损失20053万元。

在这次暴雨洪水中水利设施也受到了严重的损失：沿江的防洪堤有11处1.6千米受损坏，堤防漫顶决口6处0.8千米。冲毁塘坝106座，渠道崩塌决口265处8.2千米，特别是在12号热带风暴中渠道崩塌严重的同敏、交口、座垌、蓬蓬石、英雄5个灌区的干渠在14号热带风暴中又出现了多处崩塌决口，损坏机电泵8座1750Kw，水电站被淹停止发电3座17950Kw，全县水利设施直接经济损失2450万元。

连续遭受4次暴雨洪涝灾害，给县内的水利设施造成了严重的损坏，给水利工程安全度汛及居民生命财产造成了很大的威胁，也给晚造灌溉用水造成了较严重的影响。

2005年6月抗洪纪实　2005年6月20日8时至22日8时，全自治区和县境内普降大雨、暴雨至特大暴雨。蒙江流域大化站降雨量284毫米，水晏站降雨量214毫米；21日零时至20时，县内太平站降雨量159.7毫米，大任水库降雨量180毫米，黄垌水库降雨量201毫米，造成山洪暴发，河水急剧上涨。蒙江河流域太平水位站21日21时42分洪峰水位43.03米，超警戒水位6.53米，为超二百年一遇的特大洪水，导致交通、通信、供电中断，大量农田冲坏，房屋连片倒塌。由于内涝加上县境浔江水位急剧上涨，6月23日11时县城浔江洪峰水位达29.59米，超过警戒水位10.59米，为百年一遇洪水。外洪内涝给藤县造成极大的经济损失。全县共有19个乡镇、236个村委会（社区）受灾，受灾人口664083人，紧急转移安置193055人；因灾倒塌民房61082间17152户77124人；损坏房屋360587间；因灾死亡2人；全县因灾造成直接经济损失11.17亿元，其中农业直接经济损失3.72亿元。城镇道路、供水、照明、环卫、排污、绿化等设施遭受不同程度损坏。民房、学校、城建设施合计经济损失3.32亿元。全县农作物受灾21601公顷，其中粮食作物15948公顷，经济作物5653公顷；成灾17815公顷，其中粮食作物12833公顷，经济作物4982公顷；绝收12516公顷，其中粮食作物7908公顷，经济作物4608公顷；因灾减产粮食64107吨。淡水养殖受淹面积624公顷，损失鱼8913吨；农业、水果、畜牧、渔业经济损失3.72亿元。全县因灾停产厂矿企业694家，因灾停业商店6267间；毁坏路基（面）123千米，公路中断67条（次）。损坏输电线路1229千米，损坏通信线路1440千米。工业、商业、基础设施经济损失2.91亿元。

2005年抗洪救灾

因灾损坏堤防28处17.5千米，堤防缺口6处0.82千米，冲毁塘坝792座，损坏水电站8座，损坏机电泵站29座，损坏大中型水库1座、小型42座，损坏灌溉设施342处。水利设施经济损失1.22亿元。

灾情发生后，梧州市市长钟想廷亲临藤县指挥抗洪抢险工作，市政府派出工作组进驻藤县协助开展抗洪救灾工作。县委、县政府迅速采取各种有效措施，启动应急预案。6月21日成立县抗洪抢险总指挥部，按照防洪抢险预案确保各项措施的落实。全县出动救灾人员16.8万人（其中县成立由武警消防官兵、骨干民兵组成的500多人的应急分队，各乡镇也组织50~100人的抢险突击队），出动车辆8500辆次，出动船舶2750艘次，转移人员193055人，抢运物资183470吨。县公安部门出动警力1245人次，车辆386辆次，船舶8艘，成立抢险救灾组、案件侦破组、治安巡逻组、交通管制组、后勤保障组、现场督查组开展工作，确保受灾地区治安稳定。卫生部门对每个受灾村派出1个医院卫生防疫组，同时组成20个医疗卫生巡回小组进行医疗巡回。防疫部门组成藤北、藤南、县城三个防疫小组，指导灾区饮水及环境卫生消毒工作，同时做好疫病预防监测，加强灾区食品卫生监督检测，此外准备环境消毒药1吨，饮水消毒药物1.5吨，分发到各乡镇，并紧急集运消毒药物2吨，供调拨使用。水利部门除值班人员外，全部深入各乡镇组织人员对电站、水利设施进行抢险工作指导。民政、农业、防汛等单位做好灾情核实工作。其他各有关职能部门按照预案的职责要求做好相关工作，确保全县社会稳定、人心安定。民政部门立即组织毛巾被1500床、蚊帐2500床、衣服9300套、夹被1000套，胶布30吨、帐篷230套，大米24.4万千克以及矿泉水、饼干、方便面、面条、八宝粥等一大批救灾物资，运送各重灾乡镇，确保灾区群众有饭吃、有衣穿、有住处，有干净水喝。

24日，召开全县生产救灾工作紧急会议，部署洪水过后全县生产救灾工作。在4个救灾先遣工作组的基础上，再组织4个生产救灾工作组62人，赴太平、和平、东荣、大黎4个重灾镇、组织188名干部到受灾现场指导灾区群众生产自救，重建家园。

抗旱

1991年旱灾 1991年4月29日统计，全县仅插下早稻18980公顷，占早造计划的78%。尚有5486.67公顷因旱未插。全县20个乡镇没有一个乡镇完成春插任务，最旱的和平镇只完成插秧任务的31%。

为确保春插任务的完成，县委、县政府号召全县，做到“七集中”“四到位”，即领导、干部、时间、劳力、财力、物力、电力集中，领导、资金、电力、机具到位。县几个班子领导分别深入旱区了解情况，组织抗旱。组织县、乡干部1473人到抗旱第一线，发动和组织群众共13万人投入抗旱。县财政投入抗旱资金32万元，乡镇投入30.9万元，集体和群众自筹抗旱资金87.5万元，县直有关单位的干部职工捐款抗旱资金3.8万元；全县出动柴油机1007台、7430千瓦，电泵1005台、2433千瓦，水车、戽斗等人力提水工具11万件。在电力分配方面，县政府采取果断措施，工业让电支农，将用电大户县氮肥厂等四家工厂实行停产，让电3350千瓦给农村抽水抗旱，全县共投入4400千瓦电力抽水抗旱，占总电量的80%。并重点保证和平、濛江、天平、津北等重点旱区的用电，其中和平镇安排600千瓦。抢插期间，全县出动1918台拖拉机下田作业，做到边抽水边耙田边抢插；同时组织400吨抗旱专用柴油支援抗旱，使全县抗旱工作扎实开展。全县抗旱抢插早稻2860公顷，抗旱保苗3233.33公顷。

1998年9月旱灾 7月下旬以后，西太平洋副热带高压牢牢控制着广西，全区以晴热高温少雨天气为主，自7月下旬至9月下旬的70多天里，藤城降雨量只有97.90毫米，大任水库为153.9毫米，白石水库为151.8毫米，与正常年份同期降雨量相比较只占30%左右（藤城站多年平均8月份降雨量为199毫米，9月份为119毫米），由于这次旱情持续时间长，致使全县出现大面积秋旱的现象，截至9月30日统计，全县晚造受旱面积已达5000公顷，占播种面积的21.7%。受旱较严重的和平镇，受旱面积600公顷，占全镇晚造播种面积的43.2%，濛江镇受旱面积1333.33公顷，占全镇晚造播种面积的69%，受旱较为严重的乡镇还有天平、太平、象棋、金鸡等。

期间，各乡镇均组织大批人员和抗旱机具投入抗旱，和平镇9月下旬出动抗旱人员1.1万人次，抗旱机具196台套，抗旱面积266.67公顷。濛江镇出动6000人次，抗旱机具120台套，抗旱面积533.33公顷。截至9月29日统计，全县出动抗旱人数达5.1万人，抗旱机具724套，抗旱面积2620公顷。

1999年旱灾　9月后，全县以高温晴热少雨天气为主，连续2个月，降雨量仅66.4毫米（藤县气象局），占正常年份同期降雨量的35%，致使全县水库山塘水位下降，蓄水总量3743万立方米，仅占全县有效库容的33%；河流流量骤减，水位降低，水源少，水轮泵、机电泵提水困难，饮水工程饮水流量也显著减少，全县发生严重的秋旱。据统计，全县受旱面积10133.33公顷，其中水田7133.33公顷（其中严重受旱1866.67公顷，绝收333.33公顷），旱地作物3000公顷。旱情分布较为严重的乡镇是和平、太平、濛江、金鸡、象棋、岭景等乡镇，其中和平镇17个村有15个受旱严重，全镇受旱面积1395.33公顷（水田904.67公顷，旱地490.67公顷）。

10月13日，县防汛抗旱指挥部下达《关于做好抗旱保水工作的紧急通知》，要求各乡镇政府、防汛抗旱指挥部成员单位做好各项抗旱保水工作。为确保晚糙粮食生产丰收，确保市、县冬种计划任务的落实，以及明年春灌提供充足的储水，全县采取如下抗旱保水行动。县委、县政府组织抗旱工作组深入到各乡镇、村，组织群众，集中抗旱机具投入抗旱，全县投入抗旱人数达16.5万人次。各水利工程，各乡镇水利站，抗旱服务队及时做好水轮泵、机泵、电泵、抗旱机具的检查维修，确保水轮泵、机电泵、抗旱机具能正常运转。加强水资源的统一管理，开源节流，科学调度用水，杜绝浪费水资源的现象，在满足晚稻灌溉用水的前提下，切实做好蓄水保水工作，确保冬种生产用水及明年春灌用水。各大灌区、各水库所在乡镇组织群众及时对淤积严重的渠道进行清淤，以确保水流通畅。电力部门压缩生活用电及企业用电，确保农业抽水用电需要。及时修复水毁水利工程，恢复灌溉效益，保证有水源的地方不致因为工程原因出现农作物受旱现象。及时投入抗旱资金。县财政投入资金25万元，各单位共投入资金30万元，用于水轮泵、机电泵、抗旱机具的维修与更换。乡镇财政、群众投入抗旱资金50多万元，用于小型抗旱机具维修与更换，购买抗旱用油等。累计全县投入抗旱资金105万元。

2000年旱灾　由于受西太平洋副热带高压控制，藤县6月至9月下旬以高温少雨天气为主，日气温多在25~35℃。6月份县气象站、太平、象棋、金鸡等水文站降雨在65~100毫米，仅占正常年份的30%；7月降雨在100~200毫米，也只有正常年份的50%；8月份，除藤城站降雨与历年持平外(225.7毫米)，太平、象棋、金鸡三站降雨均为50~60毫米；9月1日—24日，全县降雨普遍在20~25毫米，占历年同期17%。全县1—9月份降雨约750毫米，为藤县有气象记录以来的降雨量最低值。由于降雨少，且分布极不均匀，使全县水库、山塘水位下降，全县有效蓄水量为1866万立方米，占全县有效库容的16.6%，全县有76座水库干涸，2050座山塘干涸，全县蓄水工程可灌溉面积仅4333.33公顷。由于干旱，河流流量骤减，水轮泵、机电泵提水困难，引水工程引水减少，灌溉能力明显下降，全县出现了历史上最严重的旱情。至9月25日统计，全县受旱面积15666.67公顷，占全县晚造面积的72%，重旱8000公顷，枯死2333.33公顷，因缺水无法下插约2000公顷。旱情较严重的乡镇是象棋、金鸡、岭景、和平等乡镇。象棋镇受旱面积1033.33公顷，占全镇晚造面积91%，重旱800公顷，枯死166.67公顷；金鸡镇受旱面积1400公顷，占全镇晚造面积93%，重旱1000公顷，枯死366.67公顷；和平镇受旱面积933.33公顷，占全镇晚造面积74%，重旱533.33公顷；岭景镇受旱面积920.4公顷，占全镇晚造面积95%，重旱738.4公顷，枯死146.67公顷。

为了保插、保苗、保秋灌，县委、县政府组织抗旱工作组到各乡镇、村指导抗旱工作，发动群众投入抗旱。全县投入抗旱人数18.5万人，投入抗旱提水机具7500台套，机动运水车辆250台套，打井110口，抗旱浇灌面积6000公顷，临时解决17.5万人、8万头大牲畜饮水困难。全县投入抗旱资金341万元，其中县财政111万元，水利部门15万元，乡镇财政105万元，群众自筹110万元，用于水轮泵、电灌站、抗旱机具维修及购买抗旱柴油。各灌区管水人员坚持一把锄头放水制度，杜绝浪费水的现象。组织各大灌区、各水库所在地群众对清淤不彻底，渠道过水断面不够的渠段进行清淤，以确保水流畅通。电力部门压缩生活用电及一些企业用电，确保秋灌农业抽水用电。县、乡镇水利、农机部门组成抗旱服务队到第一线，修理水轮泵、机泵、电泵等抽水机具。及时调整种植结构，发动群众将无法下插的农田改种红薯、蔬菜以及其他经济作物。县气象局加强对天气的预测，加强研究分析，开展人工降雨抗旱。

第七节　水利设施管理

工程管理

1991年，全县工程管理划分为三级管理体系。县级管理工程，即国营水利工程，隶属水利局管理，有黄垌、大任、白石、同敏和座垌5个水库，由5个水库管理所和自来水公司具体管理；乡镇级管理，负责本镇的小型水利的建设管理，由各乡镇水利站，督促检查负责，业务技术由水利局指导；除县管、镇管外的小水利工程，由村委会或集体管理，由灌区农业用水者协会管理。此后，开展农村水利设施管理体制改革，一般由一个或几个村的灌区成立用水者协会，协会在工程管理上负责调水、用水灌溉，保障农业用水，收水费及工程管理维修，落实水利工程管理工作责任制，化解用水过程中出现的各种矛盾。2005年全县有213个农业灌溉用水者协会。

灌溉管理

1991年—2005年，实施灌区管理，灌区管理的范围包括渠系工程、引水陂坝、机电排灌站等。灌区管理的主要任务是维护范围内工程安全，编制灌区用水计划，合理调配水量，实行计划用水、科学用水、节约用水，扩大灌溉面积。组织群众进行经常性的维修和岁修，所需的劳动力主要是群众的劳动积累工，不足部分由国家补助。由各用水协会按照民政登记的用水者协会章程实施管理，章程中明确了协会的管理范围、会员的组成，设立有会员代表大会制度、有执行委员会和监事小组，规定了水量统配和水费征收办法以及资产管理等内容。各村用水者协会，用好“一事一议”制度，“坚持分级管理和谁受益谁负责，谁受益谁投资、谁管理”这一基本原则，用水协会按照会员审议通过的水费价格，统一实行计收水费，水费用于水利工程的维修和水管人员的工资，用水户积极投工投劳兴修水利，实现水利工程的良性循环，提高水利工程的社会效益和经济效益，促进农业增产增收。

第八节　水政水资源管理

取水许可

1989年7月，成立藤县水利电力局水政水资源股。1990年3月，成立藤县取水许可制度和水利执法领导小组。7月1日，县政府发布《关于实行取水许可登记制度的通告》，对原有或新设的取水项目，均补办或新办取水许可登记。1991年1月11日，县政府发出《藤县水资源费征收和管理的暂行规定》，规定凡在本县辖区内利用水工程或机械提水设施直接取用地表、地下水资源的单位和个人，必须按规定办理取水许可，并在规定之日起到县水行政主管部门缴交水资源费。当年获得取水许可的单位有：水电站15个、水厂12个、工厂21个、矿场20个，共发证68份。1994年，取水许可当年发证62份，累计发证165份。1995年，取水许可当年发证3份，累计发证168份。1996年，取水许可当年发证132份，累计发证300份。1999年，取水许可有效证总数207套。

2001年—2003年，因为部分企业已经不存在，没有续办取水许可证，或过期自动注销，取水许可有效证有所下降。2001年取水许可新发许可证20套，吊销许可证5套，有效证总数232套。2003年取水许可有效证总数41套。2004年取水许可新发许可证30套，有效证总数57套，注销14套。2005年取水许可新发许可证11套，有效证总数39套，注销29套。

水资源费征收

1991年，根据县政府《藤县水资源费征收和管理的暂行规定》，藤县开始办理取水许可和征收水资源费。当年共收上水资源费6.66万元。1992年，全年共收上水资源费8.39万元。此后，水资源费征收逐年增加。1995年共收上水资源费20.20万元。1996年后，每年征收水资源费在20万~21.7万元之间。2005年，共收水资源费21万元。水资源费征收标准，1992年起，按《广西壮族自治区水资源费征收使用管理暂行办法》

执行,有效期至2007年。

水政执法

1990年,县人民政府在水行政主管部门及各乡镇水利站等任命43名水政监察员,加大全县水事案件或水事纠纷的调处力度。1991年—1997年,共查处违法案件64起,结案64起;查处纠纷案14起,结案14起,结案率达100%。1997年7月,藤县水政监察大队成立,由水土保持站和水政水资源股人员合并而成,为县水利局的二层机构,是"一套人马两块牌子",负责全县的水土保持监督管理、水资源管理、河道管理范围内建设项目审批、水事纠纷和水事违法案件查处及河道采砂管理等。1997年7月—1999年12月,水政监察大队共查处水利工程权属纠纷案件4起,水资源纠纷案件7起。与黄金、土地、交通部门共查处淘金船毁坏耕地案件2起,提请公安机关处理向采砂户勒索案2起,结案率达100%。2000年—2001年,水政执法部门与公安部门联合依法查处、并拘留了和平河段附近村民长期敲诈勒索采砂业主的不法分子,保护了合法采砂业主的权益,维护和平河段采砂淘金的正常生产秩序。期间,共征收水资源费30万元,河道采砂管理费15万元,水土流失防治费和补偿费36万元,及时处理了11起水事纠纷案件,处理违法案件2起,罚款收入2万元。

2002年,全县有水政监察员55名,包括水政水资源股、水土保持站和各乡镇水利站的执法人员。其中水政水资源股的人员负责水资源管理、河道采砂管理、河道管理范围内建设项目审核、水事纠纷和水事违法案件查处。水土保持站的人员负责砖厂、矿场、开发建设项目等水土保持监督管理和违法案件的查处,水政与水保的办证、收费均分开办理。

2003年,为了加强矿产资源的开发和保护工作,保护环境,维护合法采矿权人的权益,促进全县矿业可持续发展,县政府成立整顿和治理非法采矿行为领导小组,重点治理无证或持失效证件经营各种钛矿、铅锌矿、高岭土、粘土矿(砖厂)、小金矿、沙场、石场、重晶石等开采。水政执法人员重点配合县联合执法工作队全面清理浪费资源、污染环境、造成水土流失以及不合法产业政策的各类矿山,使矿山开采走规模化、规范化、合法化轨道。

2004年开始,藤县被评为全区水政执法试点县之一,2004年—2005年,水政执法主要以河道、工程、厂矿三方面为主,水政水保联合执法。全年共发放河道采砂许可证31本,征收河道采砂管理费5万元,查处违法案件12件,罚款1.06万元。

2005年,查处水事违法案件25起,发放河道采砂许可证46本,依法征收河道采砂管理费11.7万元,罚款2.9万元。

1991年—2005年,全区河道采砂的管理仍在探索和逐步规范、完善阶段,藤县采砂管理均由水利局水政执法相关股室通过行政许可、发证和收取资源费的形式进行管理。1997年—2005年间,共查处违法案件51起,结案51起;查处纠纷案25起,结案25起,结案率达100%。

第九节 库区移民安置

库区移民

藤县是广西重点库区县,1991年全县搬迁移民和淹没耕地影响人口共146733人,其中搬迁移民10537人,淹没耕地影响涉及人口136196人,涉及全县17个乡镇106个村。其中涉及大中型水库(水电站)库区的水利水工程共有10座,分别为藤县黄垌水库、大壬水库、白石水库、山花水库、三江水电站、和平水电站、交口水电站以及平南县东平水库、燕滩电站和贵州乌江渡水库;小型水库(水电站)117座。1992年—2005年,陆续建成竹田水电站、江口水电站等4座小型水库(水电站),2003年金鸡水利枢纽、长洲水利枢纽共2座大中型水库开工建设,2005年,石村电站、罗傍电站等7座小型水库(水电站)正在建设。至2005年年末,全县搬迁移民和淹没耕地影响人口共151337人,其中搬迁移民10769人,淹没耕地影响涉及人口140568人,涉及17个乡镇112个建制村。

水库移民资金发放

山花水库粮食差价补贴 1991年—1992年，每年发放山花水库粮食差价补贴8760元，其中新庆乡760元，岭景乡8000元；1993年—2005年每年发放山花水库粮食差价补贴19657元，其中新庆乡（镇）1705元，岭景乡（镇）17952元；1991年—2005年共发放山花水库粮食差价补贴273062.36元给水库受淹土地的困难户购买统销粮之用。

大壬水库粮食差价补贴 1991年发放大壬水库粮食差价补贴46970.05元，其中古龙镇29690.36元，太平镇17279.69元；1992年发放54682.23元，其中古龙镇34565.41元，太平镇20116.82元；1993年发放111555.4元，其中古龙镇70515.76元，太平镇41039.64元；1994年发放原粮184706.5千克（古龙镇116755.6千克、太平镇67950.9千克）。此后每年约以递增1%发放原粮。1991年—2005年，共发放大壬水库粮食差价补贴213207.68元，粮食指标（原粮）2400969.2千克。

英雄水库粮食差价补贴 1991年—1992年，每年发放英雄水库粮食差价补贴2860元；1993年—2005年，每年发放6418.1元；1991年—2005年共发放89155.25元给水库受淹土地的困难户购买统销粮之用。

长洲库区专项项目复改建

2002年8月，成立藤县长洲水库枢纽工程库区移民安置办公室，开展长洲水库枢纽工程库区有关征地、补偿、安置等工作。

第二章 电 力

藤县自有电源以水力发电为主，但电力供求矛盾突出。1991年，全年水力发电6062万千瓦时，用电量8156.92万千瓦时，以购贺州（梧州）网电作补充。此后，用电需求增大，购进县外电力不断增加。1996年—1997年，为满足电力的需求，先后建成大黎变电站和古龙变电站。1997年，为县内水力发电量最高年，全年发电13378万千瓦时，而用电量达12393.78万千瓦时。2000年3月，开展农网建设与改造工程，工程分两期完成，一期工程总投资10109.16万元，二期工程总投资6330.88万元。通过农网建设与改造，农村入户电价水平普遍下降，同时解决了农网“过负荷”和电源质量等问题。2003年后，县内电源以购梧州供电局电源为主，县内水电站发电为辅。2005年，全县有中小型水力发电站20座，全年发电量6799.64万千瓦时，全县全年用电量22693.52万千瓦时。电网覆盖全县16个乡镇，266个建制村，1188个自然村。

第一节 机 构

1980年成立藤县小水电公司，为事业单位，企业管理。1991年10月，改称为藤县水电公司，办公地址位于藤城镇西厚路94号，内设行政股、生技股、用电股、物资股，核定编制212名。是年，各乡镇均设置水利水电管理站，为各乡镇的水利和农村电力管理机构，全县共设18个，由县水利电力局和乡镇人民政府双重领导，以县水利电力局管理为主。

1993年6月，藤县水电公司改称藤县电力公司，隶属藤县水利电力局主管。1999年4月实行电力体制改革，从4月1日起实行水电分家，将乡镇水利水电管理站的水电管理包括人、财、物、债权、债务，一并移交藤县电力公司管理，并更名为供电所，实行收支两条线管理。至此，全县实行城乡电网统一管理、统一核算、统一价格，农村用户实行一户一表，由供电所管理到户，抄表到户，收费到户。

2001年，藤县水电公司办公地址迁至今藤州镇挂榜路138号。2003年6月2日，由广西水利电业有限公司控股、藤县电力公司参股共同组建藤县水利电业有限公司。藤县水利电业有限公司，是经国家电力公司和自治区经贸委批准持照在藤县境内从事66kV及以下电力基础设施规划、设计、施工安装和县网维护、经营电力管理业务的唯一国有股份制供电企业，是广西水利电业有限公司管辖的43家县级电力（业）公司之一，负责藤县电网的统一维护管理。公司总资产1.3亿元，注册资金3634万元。

2004年7月，进行劳动人事分配制度“三项制度”改革，设置7个职能部室：经理办公室、财务部、营销部、生产技术部、人事劳动政工部、安全监察部、行政事务部和3个本部二层机构，辖20个乡（镇）供电营业所和14个变电站等39个二层机构。

2005年，公司内设7个部室：经理工作部、财务部、营销部、生产技术部、人力资源管理部、安全监察部、行政事务部，辖23个二层机构，核定人员编制503人。

1991年—2005年历任经理：郭英(1991.01—1996.12)、刘宏林(1996.12—2002.07)、欧瑞深(2002.07—2005.03)、杨惠德(2005.03—2012.08)

第二节　发　电

水力发电

1991年，全县水力发电共289处，装机338台，装机容量28243千瓦，其中单机100千瓦以上电站17座，共装机53台，装机容量24500千瓦。分别是：交口、和平、三江、大壬、黄垌、白石、同敏、光华、石眼洲、陈滩、国安、黎田、平福、新旺、罗傍、东荣、观音峡电站。全年全县发电6062万千瓦时。1992年，全县水力发电装机容量27535千瓦，全年发电量8281万千瓦时。1993年，全县水力发电装机容量27535千瓦，全年发电量8398万千瓦时。1995年，全县水力发电装机容量27850千瓦，全年发电量10683万千瓦时。1997年，全年发电13378万千瓦时。2000年，全年发电7048万千瓦时。2002年，全年发电11165万千瓦时。2003年，金鸡镇开展招商引资，其中金鸡水利枢纽工程引资12979.9万元，是年金鸡水利枢纽工程开工建设。2005年石村电站、罗傍电站等7座小型水库（水电站）正在建设。1991年—2005年，先后建成竹田水电站、江口水电站等4座小型水电站。

2005年，全县拥有中小型水力发电站20座，全年发电量为6799.64万千瓦时。1991年—2005年全县水力发电总计141725.93万千瓦时。

交口电站　交口水电站位于北流河下游的金鸡镇交口村，距北流河口约25千米，距县城水路26千米、公路16千米。电站坝址以上集雨面积8870平方千米，多年平均降雨量1620毫米，多年平均流量为220立方米每秒。属集发电、灌溉、航运为一体的综合利用枢纽工程。始建于1966年9月，工程于1978年竣工。其中，水轮泵坝和挡水闸坝始建于1966年9月，1969年建成。发电一厂建于1974年，于1978年竣工，装机容量5×800千瓦。为了充分利用水力资源，1984年10月，动工兴建发电二厂，装机容量2×2500千瓦，1985、1986年相继投运发电。1989年将二厂两台机组改造增容至2×3000千瓦。

1991年，全年发电3134万千瓦时。1995年，发电4747万千瓦时。1997年，全年发电5520万千瓦时。1999年—2000年，将发电一厂的五台800千瓦机组改造增容至1000千瓦。电站总装机容量达到1.1万千瓦。2002年，全年发电5619万千瓦时。2005年，共有机组7台，装机容量1.1万千瓦，全年发电3536万千瓦时。

交口电站，1991年隶属藤县水利电力局管辖，是县水利电力局二层机构，为自收自支的事业单位。电站设有行政股、生产股、财务股、保卫股和电站小学五个部门。2004年9月，交口水电站与和平水电站、三江水电站合并成立藤县汇能电力有限公司，隶属藤县龙源国有资产公司管辖。2005年5月，将藤县汇能电力有限公司的经营权交给通过拍卖竞得电站的私人老板，由其进行经营管理。

和平电站　和平水电站位于浔江支流蒙山河下游的和平镇志成村，距和平镇约4千米，距县城40千米，电站坝址以上集雨面积3663平方千米，多年平均流量为111立方米每秒，水库总库容1330万立方米，有效库容178万立方米。其前身是观音峡水轮泵站，1966年在此基础上改建成电站，工程于1972

年竣工，装机容量 3×650 千瓦。属集发电、灌溉、航运为一体的综合利用枢纽工程。1991 年 10 月，为了充分利用已开发的水力资源，电站扩建工程开始施工，工程设计：装机 3×1600 千瓦，3 台机组分别于 1995、1996、1997 年相继投运发电。至此，和平水电站总装机为 6 台共 6750 千瓦。1995 年，全年发电 1315 万千瓦时。1997 年，全年发电 2493 万千瓦时。2000 年，全年发电 1668 万千瓦时。2002 年，全年发电 2002 万千瓦时。

2005 年，共有机组 6 台，装机容量 6750 千瓦，全年发电 888.8 万千瓦时。

和平水电站，1991 年隶属藤县水利电力局管理，是县水利电力局辖下二层机构，为自收自支的事业单位。电站设有行政股、生产股、财务股、保卫股 4 个部门。2004 年 9 月，和平水电站与交口水电站、三江水电站合并成立藤县汇能电力有限公司，隶属藤县龙源国有资产公司管辖。2005 年 5 月，将藤县汇能电力有限公司的经营权交给通过拍卖竞得电站的私人老板，由其进行经营管理。

三江电站 位于浔江支流蒙山河中游的东荣镇三江村附近，距东荣镇约 6 千米，距县城 75 千米，电站坝址以上集雨面积 1835 平方千米，多年平均流量为 58 立方米每秒。电站创建于 1977 年 5 月，1982 年投产发电。工程主要建筑物有：东荣水轮泵坝、全长 5.6 千米的引水渠道、发电厂房、升压站、生活区等，大坝长 228 米，坝高 13.6 米，上游设计水位 47.12 米（珠基），设计利用水头 12.5 米，实际利用水头 10.5 米。发电厂房安装 3 台单机容量为 1600 千瓦的水轮发电机组，东荣水轮泵坝安装的两台单机容量为 200 千瓦的水轮发电机组，电站总装机容量为 5 台共 5200 千瓦。

1991 年，全年发电 916 万千瓦时。1993 年，全年发电 1345 万千瓦时。1995 年，全年发电 1627 万千瓦时。1997 年，全年发电 1590 万千瓦时。2002 年，全年发电 1285 万千瓦时。2005 年，共有机组 5 台，装机容量 5200 千瓦，发电 641.6 万千瓦时。

三江水电站，1991 年隶属藤县水利电力局管理，是县水利电力局辖下二层机构，为自收自支的事业单位。2004 年 9 月，三江水电站与交口水电站、和平水电站合并成立藤县汇能电力有限公司，隶属藤县龙源国有资产公司管辖。2005 年 5 月，将藤县汇能电力有限公司的经营权交给通过拍卖竞得电站的私人老板，由其进行经营管理。

大壬水库电站 建于 1976 年，1980 年投产发电。1991 年装机 7 台，装机容量 2740 千瓦，全年发电量 193 万千瓦时。1993 年，全年发电量 538.4 万千瓦时。1995 年，全年发电量 700 万千瓦时。1997 年，全年发电 862 万千瓦时。2000 年，全年发电 336 万千瓦时。2002 年，全年发电 732 万千瓦时。2005 年全年发电 303 万千瓦时，隶属县水利局管理。

黄垌水库电站 建于 1964 年，1982 年投产发电。1991 年装机 2 台，装机容量 275 千瓦，全年发电量 2 万千瓦时。1993 年，全年发电量 14 万千瓦时。1995 年，全年发电量 39 万千瓦时。1997 年，全年发电 49 万千瓦时。2002 年，全年发电 34 万千瓦时。2005 年全年无发电量，以储水灌溉为主，隶属县水利局管理。

白石水库电站 建于 1968 年，1975 年投产发电。1991 年装机 3 台，装机容量 560 千瓦，全年发电量 24 万千瓦时。1993 年，全年发电量 103 万千瓦时。1995 年，全年发电量 123 万千瓦时。1997 年，全年发电 185 万千瓦时。2000 年，全年发电 18 万千瓦时。2005 年全年发电 49 万千瓦时，隶属县水利局管理。

1991 年—2005 年藤县水力发电情况统计表

表 11-2-1

年度	发电量（万千瓦时）
1991	6062.00
1992	8281.20
1993	8398.00

续表

年度	发电量(万千瓦时)
1994	9174.56
1995	10683.00
1996	10558.39
1997	13378.00
1998	11597.45
1999	9609.38
2000	7048.00
2001	10725.43
2002	11165.00
2003	11493.32
2004	8783.79
2005	6799.64
合计	141725.93

火力发电

1991 年,县内除中胜火力发电厂外,太平糖厂、藤州糖厂、桃花管理处均安装火力发电机,年发电量分别为 122 万千瓦时、108 万千瓦时、10 万千瓦时。1995 年,全县火力发电装机容量 2575 千瓦,发电量 364 万千瓦时。

中胜火力发电厂于 1987 年成立,位于藤县河东新城区,由梧州地区电业公司筹资兴建、管理。工程总投资 1.2 亿元,装机容量为 2×2.5 万千瓦中压凝汽式汽轮发电机组。1990 年 11 月建成投产,电力供应主送梧州地区电业公司电网,部分电量由梧州地区电业公司电网经藤县 110 千伏中胜变电站供藤县用户使用。2007 年 12 月,因属于小型企业(单机容量在 5 万千瓦及以下常规小火电机组),根据国家节能减排“十二五”规划,属于国家明令禁止运行的机组而关停。

第三节 供电 用电

供电

供电范围 1991 年—1998 年,藤县电力(水电)公司负责直供县城和太平镇街区以及濛江镇的县管工业用电;县水利电力局在乡镇设立的水利水电管理站负责直供各乡镇所在地及全县农村的用电。全县供电覆盖率为 95%。1999 年 4 月—2002 年 5 月,水利水电管理站并入藤县电力公司,藤县电力公司负责全县辖区的供电。2003 年 6 月起由广西水利电业有限公司控股藤县电力公司参股共同组建藤县水利电业有限公司,藤县水利电业有限公司负责全县辖区的供电。全县供电覆盖率为 97%。2005 年,仍有一小部分距离供电台区较远且用户数少较分散的自然村无法供电。全县建制村通电率 100%,用户通电率 98%。

供电电源 1991 年,县内电源,来自于县内发电、购买贺州(梧州)网、县外蒙山和平南县网。2001 年开始购梧州供电局电源。1991 年—2002 年,以县内水电站发电为主,购贺州(梧州)网电为辅。2003 年—2005 年,以购梧州供电局电源为主,县内水电站发电为辅。

1991 年—2005 年藤县购电情况表

表 11-2-2　　单位：万千瓦时

年度	购县内电站	购贺州网	购平南县	购蒙山县	购梧州供电局	小计
1991	4878.61	3731.38	0	125.24	0	8735.23
1992	7230.07	2603.35	283.36	345.59	0	10462.37
1993	7054.05	3095.66	19.04	587.45	0	10756.20
1994	8104.61	2536.62	95.13	744.52	0	11480.88
1995	9166.02	3013.12	80.29	419.08	0	12678.51
1996	8847.10	3970.75	536.97	0.50	0	13355.32
1997	9936.82	2972.66	313.60	3.02	0	13226.10
1998	9423.01	3370.59	124.88	134.48	0	13052.96
1999	7812.08	4029.59	315.81	51.38	0	12208.86
2000	5811.43	6952.92	477.59	32.62	0	13274.56
2001	8423.63	2864.51	0.53	7.64	3281.65	14577.96
2002	8294.60	30.98	0	2.18	7666.90	15994.66
2003	8150.37	635.59	0.14	364.88	12340.09	21491.07
2004	7004.15	11.53	0	4.79	16914.73	23935.20
2005	4923.30	24.09	0	0	20524.93	25472.32
合计	115059.85	39843.34	2247.34	2823.37	60728.30	220702.20

供电量　1991 年，全县电网供电 8735.25 万千瓦时，其中县境内各水电站发电上网 4878.61 万千瓦时，占总量 55.83%；从外地网购进 3856.62 万千瓦时，占总量的 44.15%。1992 年，全县电网供电 10462.38 万千瓦时，首次突破 1 亿千瓦时。此后，全县电网供电量逐年增长，1993 年—1998 年，由 10756.20 万千瓦时增加到 13052.96 万千瓦时，年均增速 3.76%；6 年间累计供电 74549.99 万千瓦时。1999 年，县电力公司独立后，供电格局维持原状不变，至 2002 年，累计供电 56699.79 万千瓦时。2003 年，全县电网供电 21391.06 万千瓦时，首次突破 2 亿千瓦时。此后，全县电网供电维持 2 亿千瓦时以上。2005 年，全年供电量 25509.69 万千瓦时，为藤县历史供电量最高年份，是 1991 年供电量的 2.92 倍。

1991 年—2005 年县电网供电 221283.29 万千瓦时。其中，县内水电站发电上网 115059.85 万千瓦时。

用电

用电量　1991 年，藤县工业基础薄弱，全县用电量不大，全年用电 8156.92 万千瓦时，其中生活用电 465.6 万千瓦时，非居民用电 78.91 万千瓦时，商业用电 99.08 万千瓦时，工业用电 7506.95 万千瓦时。此后生活用电与商业用电迅速增长，工业用电缓慢增长。1996 年，全年用电 12674.21 万千瓦时，其中生活用电 1767.03 万千瓦时，非居民用电 124.96 万千瓦时，商业用电 143.52 万千瓦时，工业用电 10546.7 万千瓦时。2003 年开始，用电量增幅较大，全县用电 17661.22 万千瓦时，其中生活用电 4964.59 万千瓦时，工业用电 11138.56 万千瓦时。用电客户的增加主要是居民生活用电用户，而居民生活用电用户又分为农网改造前（1991 年—1998 年）和农网改造后（1999 年—2004 年）2 个阶段，农网改造前全县各乡镇电管站多数是抄总表计费，所以用电客户数增幅不大；而农网改造后，实行抄表到户后，用电客户增幅大。

2005 年，全县总用电量 22693.52 万千瓦时，是 1991 年的 2.78 倍，其中工业用电 1798 户，用电量 13453.1 万千瓦时；商业用电 2601 户，用电量 778.01 万千瓦时；农业生产用电 109 户，用电量 425.36 万千瓦时；生活用电 217747 户，用电量 6880.39 万千瓦时。

1991 年—2005 年藤县供电、用电量统计表

表 11-2-3　　　　单位：万千瓦时

年度	供电量	用电量	年度	供电量	用电量
1991	8735.25	8156.92	1999	12208.87	11594.75
1992	10462.38	9818.10	2000	13274.56	12600.21
1993	10756.19	10132.34	2001	15003.10	13606.96
1994	11480.88	10875.66	2002	16213.29	13184.08
1995	12678.52	12029.75	2003	21391.06	17661.22
1996	13355.33	12674.21	2004	23935.20	20259.02
1997	13226.10	12554.21	2005	25509.69	22693.52
1998	13052.97	12393.78			

1991 年—2005 年藤县用电情况表

表 11-2-4　　　　单位：万千瓦时

年度	城镇照明	农村照明	非居民	商业	普通工业	大宗工业	农业生产	排灌	小计
1991	412.99	52.61	78.91	99.08	3467.05	4039.90	5.96	0.42	8156.92
1992	1049.37	61.66	98.47	121.67	4050.76	4428.00	7.85	0.32	9818.10
1993	948.54	335.58	106.32	132.32	4080.56	4508.62	20.38	0.02	10132.34
1994	1086.16	362.36	113.54	137.85	4318.58	4822.18	34.99	0	10875.66
1995	1235.27	438.60	122.21	141.38	4403.15	5632.35	49.27	7.52	12029.75
1996	1336.09	430.94	124.96	143.52	4587.60	5959.10	61.89	30.11	12674.21
1997	1439.15	439.51	136.24	162.53	4114.43	6211.64	50.71	0	12554.21
1998	1525.53	535.05	175.16	159.87	3651.53	6264.07	82.57	0	12393.78
1999	1640.12	523.51	184.25	191.47	3783.79	5202.48	56.33	12.80	11594.75
2000	2952.91	2549.08	200.63	209.04	1721.88	4737.14	210.91	18.62	12600.21
2001	2691.99	1708.58	226.35	317.26	2867.18	5563.41	219.83	12.36	13606.96
2002	2902.48	1927.08	242.57	486.13	1739.92	5585.10	288.22	12.58	13184.08
2003	1425.21	3539.38	527.80	576.68	3795.97	7342.59	421.39	32.20	17661.22
2004	1408.53	3773.43	688.55	609.23	4017.38	9226.59	482.63	52.68	20259.02
2005	2892.74	3987.65	1156.66	778.01	5592.84	7860.26	380.39	44.97	22693.52
合计	24947.08	20665.02	4182.62	4266.04	56192.62	87383.43	2373.32	224.60	200234.73

电价　1991 年—2001 年，藤县电力（水电）公司与各乡镇水利水电管理站是趸售关系。

1991 年—1995 年，全县各乡镇销售电价为：农村照明、动力加工丰水期为 0.25 元千瓦时，枯水期为 0.36 元千瓦时；圩镇照明丰水期为 0.30 元千瓦时，枯水期为 0.41 元千瓦时；乡镇厂、矿工业用电、圩镇动力加工丰水期为 0.24 元千瓦时，枯水期为 0.35 元千瓦时；农村抗旱抽水丰水期为 0.20 元千瓦时，枯水期为 0.30 元千瓦时。

1996 年—2001 年 4 月，各乡镇水利水电管理站售电电价不一样，各乡镇水利水电管理站售电电价见下表。

1996 年—2001 年 4 月各乡镇电管站各类用电电价表

表 11-2-5　　　　单位：元 / 千瓦时

电管站	农村照明、农村、圩镇动力加工用电		圩镇照明商业性用电		乡镇厂矿工业用电		农村抗旱抽水用电	
	丰水期	枯水期	丰水期	枯水期	丰水期	枯水期	丰水期	枯水期
城关	0.475	0.565	0.545	0.615	0.445	0.53	0.39	0.46
太平	0.472	0.563	0.38	0.619	0.445	0.53	0.39	0.46
濛江	0.47	0.56	0.38	0.619	0.535	0.616	0.39	0.46
和平	0.48	0.566	0.525	0.612	0.445	0.53	0.39	0.46
大黎	0.473	0.566	0.545	0.62	0.445	0.53	0.39	0.46
东荣	0.475	0.561	0.544	0.623	0.445	0.53	0.39	0.46
宁康	0.475	0.568	0.547	0.622	0.445	0.53	0.39	0.46
古龙	0.47	0.56	0.54	0.615	0.445	0.53	0.39	0.46
津北	0.481	0.566	0.544	0.617	0.445	0.53	0.39	0.46
天平	0.49	0.56	0.53	0.62	0.445	0.53	0.39	0.46
新庆	0.489	0.573	0.552	0.624	0.445	0.53	0.39	0.46
金鸡	0.474	0.566	0.544	0.621	0.445	0.53	0.39	0.46
象棋	0.489	0.568	0.551	0.623	0.445	0.53	0.39	0.46
岭景	0.475	0.563	0.554	0.624	0.445	0.53	0.39	0.46
南安	0.484	0.561	0.549	0.619	0.445	0.53	0.39	0.46
赤水	0.484	0.571	0.548	0.625	0.445	0.53	0.39	0.46
埌南	0.473	0.56	0.543	0.618	0.445	0.53	0.39	0.46
同心	0.482	0.566	0.546	0.619	0.445	0.53	0.39	0.46

2001 年 4 月，全县实行电价统一，至 2002 年，居民生活用电电价：丰水期为 0.503 元 / 千瓦时，枯水期为 0.641 元 / 千瓦时；商业电价：丰水期为 0.821 元 / 千瓦时，枯水期为 1.071 元 / 千瓦时；普通工业电价为：丰水期 0.485 元 / 千瓦时，枯水期 0.621 元 / 千瓦时；农业生产电价：丰水期与枯水期均为 0.465 元 / 千瓦时；农业排灌电价：丰水期与枯水期均为 0.179 元 / 千瓦时。2003 年—2004 年，除农业生产用电外，其余各类用电电价均作调整。

2005 年，城乡居民生活电价：丰水期为 0.446 元 / 千瓦时，枯水期为 0.588 元 / 千瓦时；商业电价：丰水期为 0.829 元 / 千瓦时，枯水期为 1.097 元 / 千瓦时；普通工业电价：丰水期为 0.504 元 / 千瓦时，枯水期为 0.66 元 / 千瓦时；农业生产用电电价：丰水期与枯水期均为 0.295 元 / 千瓦时；农业排灌电价：丰水期与枯水期均为 0.179 元 / 千瓦时。

电费核收　1991 年—2005 年，在农村主要由各自然村电工代收电费，各乡镇电管站（供电所）均设置营业网点，附近的居民到所在地供电所营业厅交费；在城镇，各类用电户的缴费方式基本上是采取坐收和走收或转账相结合的方式收缴电费。

线损管理　1991 年—1999 年，藤县电力（水电）公司隶属藤县水利电力局二层机构，藤县水利电力局根据各乡镇水利水电管理站上一年度完成的线损率情况制定下一年度的线损目标，按照完成值与目标值对比进行节能增效奖罚；2000 年—2005 年，各乡镇水利水电管理站（供电所）并入藤县电力公司，藤县电力公司根据各单位上一年度完成的线损率情况制定下一年度的线损目标，按照完成值与目标值对比进行奖罚。主要通过加强配电线路的巡视、维护，减少泄漏电；加强用电普查，重点检查有无窃电现象、表计是否准确，每月定期召开线损分析会并抽查线损高、管理较差的线路、台区运行情况，查找原因，落实责任人限期整改；加强抄表管理，完善抄表制度，做到用户、台区、关口表同步抄表，减少人为误差；加强线路砍青处理，对竹木碰线现象至少每季度进行一次砍青处理，减少和遏制安全事故的发生，从而减少输电线路损耗。

第四节　输电　变电

输电

1991 年,全县拥有 35 千伏线路 184.491 千米,10 千伏线路 1279.23 千米,0.4 千伏线路 2426 千米;安装 10 千伏配电变压器 969 台,总容量 54410 千伏安。

2003 年,县城分 3 个区供电,有 35 千伏的输电线路 20 条,共 256.498 千米。

2005 年,公司拥有 110 千伏线路 6.5 千米,35 千伏线路 270 千米,10 千伏线路 2369.78 千米,0.4 千伏线路 4048.12 千米;共安装 10 千伏配电变压器 2540 台,总容量 133590 千伏安。电网覆盖全县 16 个乡镇,266 个村委,1188 个自然村。

变电

1991 年,全县有变电站 7 座(中胜、藤城、太平、天平、濛江、象棋、马地)。1996 年—1997 年,为满足藤县经济发展对电力的需求,藤县电力公司先后建成大黎变电站和古龙变电站并投入运行。2000 年后的农网建设与改造工程中又兴建了南安、金鸡、东荣、和平、河东 5 个变电站并投入运行。

2003 年,县城最大供电能力为 120 万千瓦,有 3.5 万伏变电站 2 个,11 万伏变电站 2 个。16000 千伏安变压器 1 台,31500 千伏安变压器 3 台。

2005 年,全县共有变电站 14 座,容量 115700 千伏安。其中:110 千伏变电站 2 座(中胜、藤城);35 千伏变电站 12 座(太平、天平、濛江、象棋、马地、大黎、古龙、南安、金鸡、东荣、和平、河东)。

1991 年—2005 年藤县输配电线路、变压器统计表

表 11-2-6　　单位:千米,千伏安

年度	线路(千米)				变压器(千伏安)		
	110 千伏	35 千伏	10 千伏	0.4 千伏	110 千伏安	35 千伏安	10 千伏安
1991 至 1995	6.50	237.19	1800.22	5044.30	51000	29700	82190
1996	6.50	239.99	1892.22	5244.30	51000	33650	97580
1997	6.50	240.49	1926.25	5424.30	51000	35310	100345
1998	6.50	240.49	1953.01	6824.08	51000	35310	102990
1999	6.50	240.49	1780.73	6882.93	51000	33160	90945
2000	6.50	231.46	2074.67	3595.00	51000	32850	86800
2001	8.50	218.59	2168.83	3698.00	62500	27550	68695
2002	8.50	218.59	1847.83	3520.00	62500	30700	61440
2003	14.27	256.50	2082.83	3705.00	62500	33400	69450
2004	14.27	256.50	2082.83	3705.00	62500	33400	69450
2005	14.27	271.54	2237.78	3570.00	62500	35700	145835

第五节　农村电网改造建设

1998 年 8 月,根据国务院有关文件精神,为了实现城乡生活用电同网同价,减轻农民负担,藤县电力公司编制了《藤县农村电网建设与改造工程规划方案》,1999 年 5 月 21 日,广西壮族自治区发展和改革委员会对藤县农村电网建设与改造规划实施方案给予了批复。此后,藤县农村电网建设与改造按此方案实施。农村电网建设与改造工程分一期、二期实施,至 2005 年,工程全部完工。

一期农网建设与改造工程

1999年10月开始试点，2000年3月正式启动施工，4月，在全县全面铺开，至2001年3月底结束。因为上级下拨资金有限，一期农网建设与改造工程只优先考虑人口密集地区和户数较多的村屯。一期农网建设与改造工程，共完成新建（改造）10千伏线路43条，长度541.904千米；新建（改造）台区1145个，新增或更换配电变压器1193台，容量43156千伏安；新建（改造）0.4千伏低压线路2852.20千米。一户一表改造121066户，受益人口705627人。工程总投资6149.96万元。新建（改造）35千伏及以上项目112个，工程投资3959.20万元。一期农网工程总投资10109.16万元。通过一期农网建设与改造，农村入户电价水平普遍下降，已实施"一户一表"改造的农村执行过渡电价，到户电价下降到0.8元/千瓦时及以下。

2005年，开展农村电网改造

2001年7月6日，自治区发改委对藤县一期10千伏及以下农网改造进行竣工整体验收，评为合格工程。

二期农网建设与改造工程

2002年4月开始施工，至2005年5月10日结束，主要针对一期农网建设与改造中没有进行改造的村屯和部分已经改造但电压质量不理想的台区。全县共完成新建（改造）10千伏线路95条，长度1767.597千米；新建（改造）台区1021个，容量31075千伏安；新建（改造）0.4千伏低压线路1378.604千米。一户一表改造38320户，受益人口191586人。工程总投资6330.88万元。通过二期农网建设与改造，根治了农网"过负荷"，解决"卡脖子"和"低电压"等问题。

2005年12月24日，自治区发改委对藤县农村电网建设与改造二期工程进行竣工整体验收，评为合格工程。通过一、二期的农村电网改造，大大提高了供电的质量和用电的稳定性。

第六节　管　理

电力营销管理

用电申请　1991年—1999年，用电户办理用电开户时只提供身份证、户口簿复印件，用户提出申请、交清电费到所在地的电管站办理就可以开户。

1999年4月—2003年5月，用电户办理用电开户时只提供身份证、户口簿复印件，用户提出申请、交清电费到所在地的供电所就可以办理。

2003年6月—2005年，用电户办理用电开户时需提供身份证、房产证复印件，用户提出申请、交清电费到所在地的供电所就可以办理。

销户　1991年—2005年，均由用户提供身份证复印件，交清电费到所在地的供电部门申请办理销户手续就可以办理。

电网维护

1991年—1999年，全县电网比较薄弱，由于资金投入少，线路陈旧，电量损耗大；维护不到位，安全隐患多。

2000年—2005年，国家投资进行电网一、二期改造，加上管理规范化，各乡镇供电所均成立线路维护班组，全县城乡电网逐步得到改善，供电可靠率大大提高。同时，公司制定《线损考核办法》《电能质量考核办

1998 年，抢修线路

法》《安全生产管理考核办法》等措施，加大偷漏电的查处力度，各供电线路维护班组，专门对辖区的线路、电网进行维护管理，从而不断提高电网供用电安全可靠率和电压合格率，电能质量逐年提高。

2005 年，为加强营销指标管理，进一步建立完善经营管理责任制，坚持以经济效益为中心，充分调动全体职工的工作积极性和主动性，全面完成营销各项指标，根据各供电所实际情况制定线损率考核，内容包括月综合线损率指标、分线线损达标率、低压台区累计线损达标率和发现并查处违章、违约、偷漏电行为等；制定电费回收考核，内容包括月、季、年电费回收率。

安全管理

1991 年起，全县电力安全管理工作实行分级管理，责任承包。即建制村电工向乡、镇水利水电管理站负责，乡、镇水利水电管理站向县水利电力局负责，对安全用电管理负责每年进行评比一次，优胜者由县水利电力局给予奖励。全县每年定期分藤南、藤北两大片，进行安全大检查 2 次，由县水利电力局电力股和县水电公司负责，组织发、供、用电的重点单位领导及技术人员，到发电站、电管站及工厂、农村用电户进行检查。检查中发现不安全的地方，立即进行停电整改；发现好的经验与存在的问题及时通报。

1991 年—1998 年，县水电（电力）公司每年定期或不定期举办电工培训班。累计举办 76 期，培训电工 5926 人次。培训对象主要是发电站的机组运行值班人员、厂矿和农村加工厂用电的管理员，每期培训 10~15 天。培训课程根据每期学员对象确定，包括电工基础知识、电器操作技术、高低压线路架设与管理等内容。授课教师以水电（电力）公司技术人员为主，并邀请水电部门的有关技术人员担任。每期学习结束，进行考试，合格者发给电工证。

1999 年—2005 年，安全生产实行规范管理。县电力（水利电业）公司每年召开 1 次安全生产工作会议，层层签订安全生产责任状，公司内各单位安全生产第一责任人，向公司负责；公司安监部每月召开安全生产工作例会，通报安全隐患存在的单位，研究采取防范的措施办法。每月由公司安监部牵头组织相关部门对基层单位的供电所及变电站进行不少于 2 次的安全生产检查。发生事故，按“事故四不放过”原则及公司有关规定对相关的单位责任人及当事人进行处罚。期间，县电力（水利电业）公司每年定期或不定期举办安全生产培训班。至 2005 年，累计举办 12 期，培训人员 1440 人次。培训对象主要是生产单位的班组长以上人员、台区管理员、外包施工单位安全员等，每期培训 2~3 天。培训课程根据每期学员对象确定，包括电工基础知识、电器操作技术、高低压线路架设、安全防范措施等内容。每期学习结束，进行考试，对考试不合格的进行补考。同时对新上岗人员进行岗前安全知识培训，考试合格后才能安排上岗。为了宣传普及安全用电知识和电力管理法律法规，公司每年平均投入 5 万 ~10 万元，用于印发通告、图片、图画、手册、安全警示标语、宣传画，开展各类宣传教育活动。

2005 年 7 月，藤县水利电业有限公司获广西水利电业有限公司安全生产规范化管理达标单位称号。

设施建设

档案管理　1995 年 8 月，藤县电力公司建立综合档案室，强化档案基础设施建设，配备专职档案管理员，完善档案工作各项管理制度。1996 年，公司档案室获县级事业档案工作目标管理达标。至 2005 年，室藏档案 8055 卷（件），其中文书档案 3942 卷（件），科学技术档案 497 卷，会计档案 3596 卷，照片档案 5 卷，实物档案 15 件（奖杯、奖旗）。

办公大楼建设 1998年11月，河东新办公楼开工建设，2001年1月竣工，共投入资金270万元。新办公楼占地面积1853平方米，建筑楼层7层，建筑面积4770平方米。2001年6月，公司办公地址从藤城镇西厚路94号迁移到挂榜路138号。

装备 1991年—1993年，共有管理用车辆4台，生产用车12台，吊车1台。1994年—1996年管理用车5台，生产用车15台，吊车1台。1997年—2000年管理用车6台，生产用车22台，吊车1台。2001年—2005年管理用车6台，生产用车27台，吊车1台。1991年—2005年公司电表效验室配置电表效验仪器1台，1次可同时效验电表24个。机械设备有放线架、绞磨机、调压器、试验变压器、电焊机、切割机、发电机各一台。仪器仪表类有回路电阻测试仪、电容分压测量系统、避雷器阻性电流测试仪、损耗测试仪、大电流发生器、感性耐压试验装置各1台；电压表、电流表、相位伏安表各21台。

队伍建设

1991年—1998年，县电力（水电）公司根据各单位的实际情况，每年安排各单位1—2名职工到县外参加技能、知识培训、观摩学习。1999年，县电力公司按照县政府部署开展企业三项制度改革，成立下岗职工再就业培训中心，重点对“减员增效”改革后的富余人员进行管理和再就业技能培训。2002年，组建藤县水利电业有限公司后，注重员工的理论和岗位技能培训工作，于2004年成立职教工作领导小组并在人事劳动政工部设置职教专职岗位，行使职工教育培训管理职能，并落实各单位技术骨干作为员工技术培训的兼职教员。

2004年，公司根据广西水利电业有限公司的职工教育目标管理责任制的要求，制定《藤县水利电业有限公司员工教育培训管理制度》，大力开展全员培训、岗前培训、学历继续教育、专业技术资格提升、职业资格晋升、“手拉手”等活动。配合区水利厅在公司开展职业资格晋升培训班。联合广西大学、广西水利电力职业技术学院在公司举办大专函授点。2004年—2005年，共有183人参加大专及以上学历继续教育，20%的在岗员工学历得到提升；34人的专业技术资格和732人次的职业资格得到晋升，其中取得高级技师职业资格5人，取得技师职业资格64人，100%员工的专业技术（职业）资格得到晋升。

太平陈滩电站（2005年摄）

第十二篇

工业　乡镇企业

藤县金茂钛白有限公司　　（2006 年 12 月摄）

“八五”期间(1991 年—1995 年),藤县国营工业、集体工业、乡镇工业并存。1995 年,全县工业总产值由1990 年的 2.48 亿元提高到 18.99 亿元(当年价)。乡镇企业发展迅速,1991 年乡镇企业 1800 个,产值 9980 万元,1995 年增加到 6700 个,16.75 亿元。“九五”期间(1996 年—2000 年),经济体制改革不断深入,原材料价格高涨,产品售价下跌,生产成本加重,一些企业不适应市场变化,生产不正常甚至于停产,大部分企业处于亏损状态。2000 年,深化企业体制改革,调整产品结构,严抓管理,技改扩产,节能降耗,国有企业扭亏为盈,由上年亏损 459 万元到实现利润 1145 万元,产值、产量、销售收入、税金分别比上年增长 65%、67%、66%、42%。“十五”时期(2001 年—2005),国有工业、集体工业、乡镇工业企业通过改制重组、破产拍卖等形式实行产权转换。同时加大招商引资力度,扶持个体私营企业发展。2005 年,初步形成了化工、建材、电力、造船、采矿、农林产品加工为主的工业体系。全县工业企业 8075 家,工业总产值 42.60 元(当年价),比上年34.60 亿元增长 23%。“十五”期间工业产值年均增长 18%。

第一章　工业管理

第一节　机　构

县经济贸易局

1991 年称县经济委员会,办公地址在县政府大院内。内设生产技术科、计划财务科、企业管理科、政工人事科、劳动工资科、办公室。在职人员 28 人。其中主任 1 人,副主任 3 人。1993 年,办公地址迁藤城镇朝阳街 218 号。1996 年 10 月,与县财贸办公室合并,组建县经济贸易局。内设秘书股、人事股、综合股、生产技术股、经济体制改革办公室,行政编制 27 名,机关后勤服务人员事业编制 3 名,其中局长 1 名,副局长 3 名。2001 年,内设机构改为办公室、政工人事股、经济运行股、技术电力股、贸易市场股、安全监督股,行政编制 41 名,后勤服务事业编制 2 名。局长 1 名,副局长 3 名。2002 年,办公地址迁藤城镇西江路 13 号,占地面积 224 平方米,建筑面积 450 平方米。2004 年 9 月,增挂县招商局牌子(对内称藤县招商引资办公室),安全生产监督管理职能划给县安全生产监督管理局,原由县对外贸易经济合作局的行政管理职能和县农业局承担的乡镇企业管理职能划归经贸局管理。撤销技术电力股、安全监督股和政工人事股,设立招商引资办公室、服务中心。2005 年,行政编制 23 名,后勤服务事业编制 3 名。其中局长 1 名,副局长 3 名。

1991 年—2005 年县经济委员会历任主任:梁均石(1990.10—1992.01)、罗龙科(1992.01—1993.09)、唐伟生(1993.09—1996.10)。县经济贸易局历任局长:唐伟生(1997.01—2002.04)、石维贵(2002.04—2004.08)、覃祚平(2004.08—2007.12)。

县乡镇企业管理局

1991 年,县乡镇企业管理局办公地址在县政府大院内。内设秘书股(兼管办公室)、财统股、经营管理股、生产技术股、生产安全管理股。行政编制 18 名,其中局长 1 名,副局长 2 名。1992 年 7 月,改为乡镇企业委员会。1996 年 10 月,复改为乡镇企业管理局。1997 年 3 月,生产安全管理股改为安全环保股。2002 年 4 月,撤销乡镇企业管理局,人员和职能并入县农业局,在农业局设立乡镇企业股。2004 年 11 月,乡镇企业股从农业局分出,并入县经济贸易局。

1991 年—2002 年,县乡镇企业局(委员会)历任局长(主任):杨高微(1989.02—1992.07)、胡在广(1992.11—1994.11)、黄伟玲(女,1994.12—1998.08)、覃祚平(1999.03—2001.04)、李跃起(2001.04—2002.04)。

乡镇企业办公室

20 世纪 80 年代中期，全县 20 个乡镇均成立乡镇企业办公室（简称企办室），隶属乡镇政府领导，接受县乡镇企业局的业务指导。企办室的人员编制根据本乡镇企业发展情况而定，一般为 3~7 人，设正副主任、财统人员、安全生产管理人员等。主要职责是协调企业组织生产活动，协助企业抓好技改投入，职工岗位培训工作，做好月度、年度财统上报工作，抓好企业安全生产等。2000 年后，随着乡镇集体企业或关停解体或转为个体民营企业，乡镇企业办公室并入乡镇农业服务中心。

二轻工业联社

1987 年 1 月至 1996 年 12 月，为藤县二轻工业管理局和藤县手工业合作联社两块牌子一套人马。1996 年 12 月，根据藤政发〔1996〕45 号文精神，撤销藤县二轻工业管理局，二轻行业管理职能和人员由藤县二轻工业合作联社承担。至 2005 年不变。

1991 年—2005 年县二轻工业合作联社（二轻工业管理局）历任主任（局长）：刘祥基（1990.04—1993.03）、石树荣（1993.03—1999.04）、冯柱坚（1999.04—2002.03）、韦起庆（2002.03— ）

县工业集中区开发建设管理委员会

2003 年 9 月成立工业集中区，位于藤县藤城镇。2005 年成立藤县工业集中区开发建设管理委员会，为正科级参公事业单位，属县人民政府直接管理，财政全额拨款。内设综合股、招商发展股、秘书股、征地拆迁规划股。核定人员编制 16 名，其中行政编制 10 名，事业编制 6 名。主任 1 名，副主任 3 名。内设机构领导职数 4 名。

2005 年县工业集中区开发建设管理委员会主任：陈大真（2005.10— ）

第二节　工业体制改革

国有工业

产权改革　1991 年，全县国有工业企业 34 家，其中中央企业 1 家，地方企业 33 家。经委口国有工业企业有麻纺厂、丝绸厂、藤县松脂厂、太平松脂厂、藤县糖厂、太平糖厂、氮肥厂、水泥厂、农机厂、印刷厂、化工厂、二化厂、钛品厂、西江钛白粉厂、有机化工厂、南方淀粉厂、红砖厂及汽车修理厂等 18 家企业。形成以钛白粉生产为龙头，以纺织、制糖、建材、林化、机械加工等系列产品为辅的工业群体。

1994 年，藤县开始以产权为核心的国企改革。5 月 5 日，县委、县政府印发《关于深化国有企业产权改革，建立现代企业制度的若干试行办法》，对国有企业改革，采取多种形式，推进产权改革。产权改革采取下列形式：大中型企业，按《股份有限公司规范意见》改组为股份有限公司或按《有限责任公司规范意见》改组为有限责任公司。国有小型企业，可将现有全部资产或部分资产出让给职工，改组为股份合作制企业。可将国有企业全部资产或部分资产出让给外商，改组为外商独资企业或中外合营企业。可将国有企业的资产全部出让给个人或部分出让给个人，改组为私营企业或公私合营企业。可将国有小型企业，通过抵押租赁的办法，实行国有民营。今后新建企业按《中华人民共和国公司法》组建。有拳头产品，经济效益好的国有企业可以以产权为纽带，实行多家股份的跨地区、跨行业的股份集团公司，优势互补，加速发展。效益好的国有企业可以兼并效益差的国有企业。对那些长期亏损，扭亏无希望的国有企业则实行破产。国有小型企业改组为股份合作制企业，一般设集体股、职工个人股、法人股。集体股是原有企业实行股份合作制改组时，划归劳动者集体共有的资产形成的股份；职工个人股是职工个人以合法财产折股或以资金、技术等投入形成的股份；法人股是股份合作制企业外的其他法人对股份合作制企业投资形成的股份。

国有企业租赁、拍卖的方法：租赁。经资产评估后，经双方协商，与承租人订一定年限的租赁合同，一般为 5 年 ~10 年，在收回相当于原企业资产后，企业资产归承租人所有。拍卖：企业经资产评估后，可视企业的实际价值，由产权交易机构协商确定价格，办理有关手续。付款方式，一次或分期付款，分期付款部分按银行同期同档次利率付息。

1994 年 9 月，梧州地区西江钛白粉厂鉴于股东责、权、利不明确，资金未按要求比例入股，三大股东梧州地区经济开发公司、藤县钛品实业公司、藤县氮肥厂召开董事会，自愿放弃股东权利，使西江钛白粉厂真正成为一个自主经营、自负盈亏、自我发展的企业。同年 12 月，县政府决定由该厂兼并氮肥厂，成立“藤县西江钛白粉厂”，并于 1995 年 1 月整体租给香港雅照钛白有限公司。1996 年末，雅照公司停止租赁。1997 年 12 月，藤县西江钛白粉厂由于经营不善，资不抵债，无法经营，依照《中华人民共和国破产法》实施破产。1998 年，香港佳源企业公司购买藤县西江钛白粉厂全部产权，改为梧州佳源实业有限公司，为外商独资企业。

1995 年，南方淀粉厂破产，1999 年由广东东莞客商以 230 万元购买产权，改为藤县裕顺淀粉厂，为民营企业。

1997 年 12 月，县丝绸厂破产。1998 年 3 月，县水泥厂关停，2000 年 5 月，由贵港第三水泥厂承包经营，改为藤县新建水泥有限责任公司，为股份制民营企业。

1998 年 12 月，县富华厂拍卖。整体转让给香港威胜公司，改名为富华化工有限公司，为外商独资企业。1999 年 1 月，县红砖厂关停。1999 年 10 月，县印刷厂关停。2000 年 1 月，县麻纺厂关停。5 月，县政府以 1591.89 万元出让藤县钛品厂产权，由职工共同出资购买，改制为民营企业，并改名为藤钛化工有限责任公司。2000 年 6 月，县松脂厂破产。8 月，县糖厂破产，以 329 万元拍卖给藤县永丰公司。同月，太平松脂厂破产，由澳门新利安有限公司整体购买。2001 年 8 月，县有机化工厂转让，由职工自愿参股，改制为股份制民营企业。同月，县汽车配件公司整体拍卖给县石油公司。2001 年，太平糖厂破产。2002 年 1 月，县机械厂破产。12 月，县东茂钛白粉厂关停。

至 2005 年，南方淀粉厂、县氮肥厂、西江钛白粉厂、丝绸厂、县糖厂、太平糖厂、县松脂厂、太平松脂厂、县机械厂等 9 家企业实行破产拍卖；县水泥厂、红砖厂、印刷厂、麻纺厂、东茂钛白粉厂等 5 家企业实行关停；县富华钛业制品厂、县钛品厂、汽车配件公司、县有机化工厂，以及交口、和平、三江电站等 8 家企业实行转让。藤县东胜钛矿公司、县供水公司没有改制。全县国企改制率达到 91.3%。企业经过改制，生产能力、经营效益有较大提高。如钛白粉，1991 年—2000 年产量共 8.58 万吨，产值 8.2 亿元（当年价），上交税金 5971.4 万元。2001 年—2005 年，产量提高到 20.22 吨，产值 14.51 亿元（当年价），上缴税金 7332.1 万元。

职工安置 在国有企业转换经营机制，推进产权改革中，县政府对职工的就业和社会保障作出明确规定：国有企业整体产权出让的，职工安置应列为企业产权出让条件，由出让方和受让方协商解决，原则上由受让方安排。如受让方确实无法安排的，由当地企业主管部门、劳动部门和出让方协调统筹安排。国有企业部分产权出让的，其职工回原企业安置。国有企业产权出让，企业的国家干部、固定工人未能按上述办法安排的，如已参加社会保险，男职工年满 55 周岁，女工人年满 45 周岁，女干部年满 50 周岁，可办理退休手续，由出让方发给生活费，待到法定退休年龄后，享受法定养老保险待遇。国有企业产权出让，对未达到上述规定年龄，又未能重新安排工作的职工，视企业出让产权收入情况，可采取发遣散费的办法。遣散费按工作年限计发，每人每年发多少视企业实际情况，由企业、主管部门、劳动、人事等部门确定。国有企业在产权出让时，没有参加社会保险的离退休职工，出让方可用国有资产出让收入，为其缴纳一次性社会保险金，享受法定养老保险待遇。1998 年 6 月 12 日，县委、县人民政府印发《企业改革整顿实施方案》，强调从调整和优化工业经济结构和企业内部改革和整顿等措施，使县内的企业在激烈的市场竞争中得到生存和发展。先抓太平松脂厂、县松脂厂、县钛品厂、富华钛业制品厂、东茂钛白粉厂、太平糖厂、县糖厂这 7 家国企进行改制，其中太平糖厂和县糖厂按中央政策要求先停产并妥善安置了工人的就业。同月，印发《关于切实做好国有企业下岗职工基本生活保障和再就业工作的方案》，从培育和发展劳动力市场，加大转岗培训力度等方面确保下岗职工基本生活保障和再就业。

2000 年后，由于企业职工的实际问题，企业欠交养老保险金、退休职工的医疗保险金等问题没有得到妥善解决，加之安置费不能及时兑现，部分企业中的部分职工出现对抗情绪。为解决企业改制前欠养老金和退休人员的医疗保险金问题，2003 年政府作出决策，每年由财政拨 30 万元给劳保所，拨 20 万元给医保所解决。

至 2003 年，经贸口国有工业企业全部实现了转制。部分企业转为民营，部分作关停或破产处理，职工实行再就业安置或遣散安置。共安置职工 4372 人，应发放遣散费及经济补偿费 5206.14 万元。

集体企业

乡镇企业　1991 年，藤县集体企业，主要以各乡镇开办的工业企业为主体，对全国经济发展起到推动作用，各乡镇企业也由此蓬勃发展。全县 20 个乡镇都办有自己的企业，尤以濛江、太平、藤城、南安等乡镇规模较大。主要集体工业企业有濛江永恒锁厂、胶绳厂、缫丝厂；太平胶合板厂、爆竹厂；藤城塑料制品厂、喷胶棉厂；南安彩釉砖厂等 20 多家企业，职工 1200 多人。全年全县乡镇集体工业企业总产值达 1644 万元。但由于集体企业自身体制存在的弊端加之资金、经营管理等方面的原因影响，乡镇集体企业在 20 世纪 90 年代中期逐渐走向低谷。为使集体企业从体制上得到根本改变，1994 年，开始对乡镇集体工业企业推行产权制度改革。4 月，县委、县政府着手对集体企业进行股份合作制改制。县乡镇企业委员会抽调人员，分别与濛江、太平 2 镇企业办公室组成工作小组，以濛江胶绳厂和太平胶合板厂为改制试点厂，推行股份合作制。将企业资产划分，属企业部分折合股份，由职工购股，职工身份随之变为股东身份，集体企业转变为股份合作制企业。经过 2 个多月的努力，完成了产权制度改革试点工作。胶绳厂职工入股人员达 95%，入股股金为 9.13 万元；太平胶合板厂职工入股人员达 88%，入股股金为 9.01 万元。在两厂试点后，改制工作逐步在全县乡镇推开。同时，除股份合作制改制外，还根据企业的不同情况，实行租赁、关停、转让、股份合作等多种改制形式，从而使企业得以持续发展。如太平爆竹厂、濛江陶瓷厂等转为个体经营后，生产一直正常开展，并取得较好的经济效益。对一些亏损大，负债重，资不抵债的企业则实行关停或由债权人接收经营，如南安彩釉砖厂、濛江锁厂等。至 2004 年，全县乡镇集体工业企业先后关停、转制，职工实行重新就业或遣散。乡镇集体工业企业不复存在。

二轻集体工业企业　1987 年，藤县二轻联社所属二轻集体厂社（公司）6 家，包括塑料纺织、木器、食品、服装加工、贸易等行业。有在职职工 219 人，退休职工 167 人。此后，由于生产、市场、资金、管理等因素，企业生产经营逐步下滑。20 世纪 80 年代末至 90 年代初，企业先后出现兼并、停产、破产。2005 年，二轻联社所属二轻集体企业，几乎名存实亡。

藤县二轻五金厂。1986 年 3 月，在原来五金加工的基础上成立编织袋厂，实现年产值 128 万元，有 6 台编织机及配套吹膜机，主要产品有编织袋及配套塑料内袋、钢窗、铁制品。1991 年，二轻五金厂合并二轻镜画厂。1994 年后，由于市场变化、资金短缺等多种原因，经营陷入困境而停产转型。后利用西江路 204 号厂房和投资商搞房地产开发，后因资金投入不足，合作项目停工，职工下岗自谋职业。2006 年该厂在联社指导下转让厂房土地，所得资金全部安置 93 名职工。

二轻木器厂。主要生产柜、椅、办公台等家具及工器加工。由于产品式样陈旧，人员老化，1995 年开始停产停业。2004 年，拍卖厂房土地，企业转制，职工安置。

二轻镜画厂。主要是做镜屏、镜画等产品。1990 年后几乎没有生产经营，亏损严重，职工工资无法兑现。1991 年，人员及厂房土地全部合并入藤县二轻五金厂。

二轻服务社。主要从事刻印章行业。1990 年起没有业务开展，1995 年因租用的铺面被政府收回而自动消亡，职工自谋职业。

二轻服装厂。主要为成衣加工，有衣车 25 台，由于经营状况不好，人员老化严重，1992 年起停业。1997 年因欠银行贷款被法院拍卖厂房，企业自动消亡。

二轻食品厂。有职工 30 人，主要生产汽水、豆奶、饼干等产品。由于退休人员多，年轻职工少，一直处于半停产状态。1993 年 8 月，由于生产豆奶的锅炉发生爆炸，造成一死一伤的安全事故而停产。1993 年 12 月合并入二轻工业供销公司。

二轻工业供销公司。主要经营轻纺织、日用铁木家具、钢材贸易，五金交电零售等业务。1993 年销售额 597 万元，上缴税利 6.6 万元；12 月，合并二轻食品厂。1996 年后因生产经营不善，银行债务负担太重等原因停业。

第三节　生产管理　技术改造　质量管理

生产管理

20 世纪 90 年代，国有企业或集体企业普遍建立有劳动纪律、安全生产、岗位职责、质量检验、财务管理以及奖罚条例等各项规章制度。有的企业把制度印成册子，组织职工学习，管理部门经常组织劳动竞赛、评比活动。1991 年，在国企中开展“质量、品种、效益年”活动，企业围绕提高产品质量，开发新产品，节能降耗，增加效益开展竞赛活动。是年，经委口节能降耗 632.80 万元。县麻纺厂制定节能降耗措施，麻袋单位成本从 1990 年的 3.54 元 / 条降至 1991 年的 2.34 元 / 条。东茂钛白粉厂、富华钛业制品厂的钛白粉单位成本分别由去年 8545.03 元 / 吨、7091.96 元 / 吨降低到 7763.25 元 / 吨和 6271.81 元 / 吨。水泥厂水泥单位成本比上年同期下降 93.74 元 / 吨（其中燃料、动力减少 31.12 元 / 吨）。在成本管理、财务管理和会计工作达标升级工作中，县钛品厂、麻纺厂、丝绸厂、有机化工厂和五金厂会计工作通过验收达标升级。1992 年，开展“经济效益杯”厂际劳动竞赛活动，麻纺厂、丝绸厂、钛品厂、太平松脂厂、县松脂厂、有机化工厂通过生产现场管理达标验收，获自治区生产现场管理先进单位称号，县经委获全区经贸系统先进集体称号。1993 年，县二化厂推行现代化管理，创造效益 200 多万元，并获自治区生产现场管理先进单位称号。在乡镇工业企业中开展企业基础管理和生产现场管理“双达标”活动。濛江胶绳厂、太平胶合板厂通过了自治区“双达标”验收，获自治区乡镇企业管理局颁发的合格证书。1994 年，太平松脂厂获自治区林化系统劳动竞赛二等奖。1995 年，重点开展安全生产管理，实行“谁主管，谁负责”原则和风险抵押制度。县经委组织 3000 多职工参加“太保杯”安全知识竞赛。企业安全生产标准化班组达标率为 73.5%。1996 年，开展“转机制，抓管理，练内功，增效益”企业整体水平评价和企业创“三好”活动。钛品厂、丝绸厂、太平松脂厂、县松脂厂获自治区先进单位称号。2000 年，以雅照钛白有限公司和藤钛化工公司作为产权制度改革试点单位，完善法人制度，建立企业资产投资主体，建立现代企业制度。投入资金 1585 万元，对东茂钛白粉厂、富华化工有限公司、藤钛化工有限公司、梧州佳源实业有限公司、雅照钛白有限公司、新建水泥有限责任公司 6 家企业进行环境综合治理。治理后，6 家企业的锅炉烟尘，酸解废气、废水、废渣等主要污染物得到有效的控制，均通过自治区“一控双达标”（主要污染物排放总量控制，环境质量达标和工业污染源达标排放）验收。安全生产坚持“安全第一，预防为主”的方针，明确车间主任为现场安全生产的第一责任人，坚持月检、季检，年检制度等。2001 年—2005 年，随着国有和集体企业改制，企业内部生产由企业自主管理。

技术改造

1991 年，经委直属企业共上马 6 个技改项目，总投资 520.02 万元，其中用于建筑工程 82.79 万元，安装工程 104.92 万元，购置设备 332.31 万元。6 个项目是：南方淀粉厂燃油热风炉改为燃煤热风炉，降低了淀粉的干燥成本，吨粉节约 37.22 元；该厂引进技术，开发的新产品—变性淀粉，试产三批共 124 吨，各项指标均达到规定质量标准；化工厂“年产 1 万吨金红石型钛白粉”项目试产成功；化工厂与广西化工进出口公司梧州支公司联营建立富华钛业制品厂，规划年产 1000 吨搪瓷钛白粉项目投料成功；丝绸厂新产品彩旗绸成功投产。1992 年，太平胶合板厂投资 153 万元扩大胶合板生产，增加规格品种，次年胶合板产量达 1730 立方米，同比增 98%，产值 390 万元，同比增 202%。1993 年，濛江镇永恒锁厂投入 600 万元技改扩建，开发新产品 570S/S 不锈钢球型门锁生产，1994 年产值达 1394 万元，同比增长 30%。同年，县丝绸厂投资 200 多万建印花车间，1995 年建成试产成功，但市场疲软，未能发挥效益。钛品厂自筹资金 90 万元更新设备，生产 BA—0102 涂料钛白粉，由于市场销路狭隘，一年后停产。雅照钛白有限公司，分别于 1995 年、1997 年、1999 年共投入 1340 万元扩大生产线，2000 年钛白粉生产能力年超 1 万吨，2002 年达 2 万吨。2001 年—2005 年，金茂钛白有限公司投入3500万元,新增煤气发生炉、双竖管除尘器、煤气输送系统、压滤机、真空结晶系统等设备,钛白粉生产能力扩大至20000吨/年。永丰公司投入150万元改造酸解工程,海林松脂厂投入480万进行松香深加工,通轩立信公司、富华公司等企业均投入资金进行技术改造。

质量管理

20世纪90年代初,国有企业和集体企业中推行全面质量管理(TQC)活动,建立群众性质量管理小组(即QC小组)。1990年,县松脂厂的"松鹰牌"松香获部优产品。1991年,在企业中开展的"质量、品种、效益年"活动,鼓励企业争创名优产品。年内组织部分产品参与自治区产品质量评比,丝绸厂的珠光缎、钛品厂的BAO1—O1钛白粉、麻纺厂的927克麻袋以及县松脂厂、太平松脂厂的松香、松节油等7个产品获自治区优质产品称号。同年,太平松脂厂"三环牌"松香获国家林业部优质产品称号。一批企业获梧州地区QC小组成果奖,水泥厂水泥获梧州地区同行业质量评比第二名。1993年,县有机化工厂的氧化亚铜获自治区产品"百花奖",县水泥厂"浮金牌"水泥为广东省珠海市建委推荐,在珠海市建筑业是免检产品。1994年,全县工业企业共有3715人参加TQC考试,合格率99.5%。1995年,贯彻国家经贸委提出的"抓机制,抓管理,练内功,增效益"精神,进一步加强企业质量目标管理。太平松脂厂松香特级品率达91.34%,比上年增加26.8个百分点。钛品厂BAO1—O1型钛白粉质量在全国同行业中名列第二。1996年,在自治区QC成果发布会上,有6个QC小组和个人的成果获奖。2002年,佳源实业有限公司通过ISO 9001—2000质量体系认证,"藤茂牌"二氧化钛颜料获广西区名牌产品称号。2003年,雅照钛白有限公司生产的钛白粉被评为广西名牌产品,2004年,公司通过ISO 9001—2000质量体系认证。

第四节　工业集中区

2003年9月,建立藤县工业集中区。位于藤县藤城镇,沿南(宁)梧(州)二级公路两侧、北流河两侧分布。北至北流河、南至三坡村、西至平政村、东至松塘村,总用地面积724.6公顷。距县城5千米,距梧州市40千米、广州376千米、南宁355千米。工业集中区划分为化工一区、化工二区(钛白产业区)、轻工业区和铝制品电子工业区等4个区。其中化工工业一区用地面积106.47公顷,主要布置为钛产品及其上下游产品等化工工业区;化工工业二区用地面积103.87公顷,布置为钛产品及林产、林化工业区;轻工业区用地面积335.34公顷,主要布置食品加工、五金加工、制药、纺织、印刷等轻工业;铝制品电子工业区用地面积178.92公顷,主要布置铝材加工工业及家电、电子工业等,并配套仓储区、居住和公共服务设施等。2005年成立藤县工业集中区开发建设管理委员会,2006年3月中共藤县委员会、藤县人民政府批准与藤县招商局合署办公,2008年2月由自治区经委确认藤县工业集中区为自治区A类产业园区。

2003年10月,藤县加裕电子科技有限公司进驻园区,2005年该公司投产。至2005年末,园区内只有藤县加裕电子科技有限公司一家公司,主要产品为电子铝箔,产值5000万元,税收100万元,就业130人。工业集中区完成路网建设4.75千米(含排水),绿化2万平方米,道路路灯安装3千米,110千伏的变电站1座。已开发的项目用地全部完成通电、通信线路的架设及供水管道铺设。

第二章　所有制结构

第一节　国有企业

1991年,全县国有工业企业36家,其中中央直属企业1家(东南金矿),地方工业企业35家。经委直属企业有麻纺厂、丝绸厂、象棋松脂厂、太平松脂厂、藤州糖厂、太平糖厂、氮肥厂、水泥厂、农机一厂、印刷厂、化工厂、第二化工厂、第三化工厂、西江钛白粉厂、有机化工厂、南方淀粉厂、汽车配件公司以及红砖厂等18家。其余17家为水电部门的三江、和平、交口电站，白石、大任、黄垌水库，小水电公司及自来水厂；林业部门的共青林场、小娘山林场、林场服务公司、木材公司、林区开发公司；矿产部门的东胜钛矿、太平预制厂以及综合厂、外贸汽修厂。当年全民所有制工业产值14317万元（当年价），占全县工业总产值57%，年平均职工人数6722人。其中经委口国有工业企业产值12497万元（当年价），占全县工业总产值50%，年平均职工人数5629人。工业主要产品产量有碳氨17435吨，松香9888吨，水泥23970吨，钛白粉2199吨，打谷机361台，麻袋337万条，机制糖6598吨，淀粉9643吨。实现销售收入11806.69万元，税金980.45万元。

1995年，国有工业企业在经济体制改革不断深入的大环境下，克服资金短缺，原料大幅度涨价等困难，外抓市场，内抓管理，坚持发展生产。钛铁矿年产量2.90万吨，比上年增165%，松香1.29万吨，比上年增147%，钛白粉6594吨，比上年增21%，氧化亚铜180吨，比上年增24%。经委口工业企业实现总产值17967万元，比上年增11%，销售收入24640万元，同比增33.9%，上缴税金1732.60万元，同比增54.90%。1997年，国有工业企业进入体制改革攻坚期，先后以破产拍卖、关停、转让、股份制等多种形式实行改制。至2005年，全县35家国有工业企业中，除东胜钛矿和供水公司外，全部实行了改制。国营工业企业的主导地位基本上被民营企业替代。

第二节　集体企业

集体企业包括乡镇工业企业（乡镇办和村办）、二轻工业以及部门开办的工业企业。1991年，全县集体工业企业110个，从业人员3400人，工业总产值2266万元（当年价），占全县工业总产值的9%。其中乡镇集体工业产值1595万元，二轻工业产值198万元，部门工业产值473万元。主要产业有农业机具修理，五金、陶器、造船、塑料制品、农林产品加工等。主要企业有乡镇办的藤城镇农机厂、塑料厂，南安陶器厂，金鸡茶厂，象棋纸厂，濛江船舶厂、锁厂、胶绳厂，东荣、大黎的淀粉厂，太平镇胶合板厂、爆竹厂；二轻系统管理的五金厂、木器厂、服装厂、食品厂以及西江制药厂、中藤塑料厂等。1992年，乡镇工业企业发展迅速，各乡镇都开办工业企业，尤以濛江、太平、藤城、南安等乡镇为多。1995年，全县集体工业企业228个，从业人员14569人，实现工业产值34519万元（当年价），占全县工业总产值18%。1997年，乡镇企业不断发展壮大，出现了一些产值超1000万元的企业，天平会洲钢厂产值1398万元，濛江永恒锁厂产值1722万元。1998年，随着工业体制改革的深入，集体工业企业通过出售、兼并、股份制等形式实行改制。2000年，集体工业企业55个，从业人员3486人，实现产值3779万元（当年价），占全县工业总产值2%。至2002年，集体工业企业一部分转为个体民营企业，一部分由于亏损大负债重而关停。此后集体工业企业基本消失。

第三节　民营企业

20世纪90年代主要指个体私营工业企业，产业以化工、采矿、造船、建材、农林产品加工等为主。1991年，有个体私营工业企业245个，产值3354万元，占全县工业产值13.4%。1992年，邓小平视察南方重要讲话后，个体私营企业迅速发展。浔江两岸的濛江、太平、藤城、津北、南安、天平、金鸡等乡镇纷纷办起造船厂。濛江镇有河东、西江、金星、兴达、新华等18家船厂；天平镇有三益船厂；南安镇有㮚州船厂，还有藤城水运船厂、津北船厂、金鸡交口船厂等共26家船厂。从业人员1728人，造船总吨位51061吨。产值13358万元。1993年，全县民营企业实现产值50535万元，比国营企业和集体企业当年的总产值高25.7%。1994年—1997年，县委、县政府实行鼓励、引导、扶持个体私营经济发展，相继出台优惠政策，加大招商引资力度，使民营企业发展逐年走上新台阶。随着城乡建设的发展，建筑用砖需求量增大，民营砖厂迅速发展。各乡镇兴办砖厂，也有来自福建、湖南、江西的客商到藤县办砖厂、铸造厂。藤城、城关、太平、和平、天平、金鸡等乡镇先后办砖厂30多家，铸造厂6家。1997年，年产红砖10590万块，产值1270万元；全县铸造厂产值达2500万元；20多家船厂造船吨位53200吨，产值12885万元；100多家钛矿场，生产钛矿29807吨，以及其他矿产开采、林产品加工企业等产品，全年总产值超过13亿元。1998年—2003年，随着工业体制改革不断深入，国有、集体企业经过改制整合，变为民营企业。同时县委、县政府加大招商引资力度，吸引外商投资办厂。规模较大、年产值超千万元以上的民营企业有濛江金星船舶修造厂、新兴船舶修造厂、雅联矿产公司等；年产值超过500万元的企业有古龙长发木器制品厂、恒丰丰业有限公司、古龙伟业砂砖厂、建大矿业公司等。2001年，全县民营企业606个，产值5.02亿元，占全县工业产值33%。

藤县东茂钛白粉厂　(2000年摄)

2005年，有民营企业724个，产值14.03亿元，占全县工业产值32%。其中，年产值1000万元以上的民营企业有10家：富华化工有限公司产值3682万元，金茂钛白有限公司产值8684万元，藤钛化工有限公司产值3759万元，雅照钛白有限公司产值11059万元，佳源实业有限公司产值6400万元，永丰化工制品有限公司产值1686万元，海林松脂厂产值1240万元，通轩立信化工公司3525万元，加裕电子铝箔厂产值2005万元，红星砖厂1400万元。10家企业总产值共43440万元（当年价），占全县工业总产值10.2%。

第四节　股份(合作)制企业

藤县在企业中实行股份（合作）制改制，是从1994年4月开始。首先在乡镇集体企业中作试点推行。选择两家试点企业是濛江镇胶绳厂和太平镇胶合板厂。具体操作方法是按照上级部门推广的经验进行。改制后两家试点企业由于种种原因，生产经营状况不理想，生产下滑，职工减员，连年亏损。濛江镇胶绳厂改为濛江绳缆股份合作公司后，至2000年，公司仅剩下职工28人，当年产值由1994年的280万元降至60万元，亏损11万元，2001年被迫停产。太平胶合板厂改制为股份合作制后，由于管理上还是脱离不了原有的一套管理方式，加上原木供应紧张，导致产量逐年下降。2000年，从业员工由原来的230人减至30人，当年产值由高峰期的660万元减至45万元，2002年企业被迫停产，2003年转为个体私营企业。

国有企业中推行股份（合作）制改制。1994年上半年改制的企业是县汽车配件公司，但最终因产权不明晰、债务问题等原因，改制效果不理想。2000年被迫关停，2001年整体拍卖给县石油公司。

1997年10月，县印刷厂改为印刷有限责任公司，由于改制不规范，产权不明晰，企业的管理方式还是原来一套，企业难以走出困境，一直处于半停产状态。至1999年，企业负债79.7万元，亏损78.5万元，已无法正常生产，被迫关停。

2001年8月，有机化工厂改为股份制民营企业后，职工置换身份，实行入股自愿，退股自由，因此仍能坚持生产。

1991 年—2005 年藤县工业所有制结构情况表

表 12-2-1　　单位：个、万元

年度	总产值	全民所有制		集体企业数		个体企业		民营企业	
		企业数	产值	企业数	产值	企业数	产值	企业数	产值
1991	24968	35	14317	110	2266	1457	5031	245	3354
1992	41836	34	19965	157	3796	2433	10845	325	7230
1993	95900	32	23870	198	19668	4292	20945	492	31417
1994	134886	32	20462	213	29060	4017	34146	639	51218
1995	189952	31	21806	228	34519	5925	80176	642	53451
1996	192601	30	36569	228	22624	6106	80044	642	53364
1997	187100	28	32056	224	21800	6072	79246	547	53998
1998	160314	27	18974	154	14581	6124	76055	547	50704
1999	168595	26	18244	92	9870	5537	77264	655	63217
2000	186425	20	15393	55	3779	5226	100316	655	66937
2001	209001	17	17812	55	2819	6472	138200	606	50170
2002	239003	15	12391	/	/	7904	148644	677	77968
2003	278991	15	12823	/	/	6766	175300	746	90868
2004	345997	15	12385	/	/	7120	186713	874	146899
2005	425995	15	12838	/	/	7336	272899	724	140258

第三章　工业生产

第一节　建　材

主要有水泥、红砖、砂砖、瓷质砖、河沙及胶合板等。主要生产企业有县水泥厂、红砖厂、南安彩釉砖厂以及各乡镇个体开办的红砖厂 20 多家。1991 年，建材工业产值 4940 万元，占全县工业总产值 20%。2005 年，建材工业产值 2.2 亿元（不含河沙生产），占全县工业总产值 5%。

水泥

主要生产企业有县水泥厂、新建水泥有限责任公司。产品为普通硅酸盐水泥。1991 年产量 2.5 万吨，1996 年产量 3.56 万吨，2005 年产量 3.4 万吨。

建筑用砖

1991 年，全县生产红砖 745 万块，砂砖 700 万块。1994 年，乡镇办砖厂 10 多家，年产红砖 6330 万块，砂砖 870 万块，产值 864 万元，从业人员 300 多人。此后，民营砖厂迅速发展。主要有城关乡的红星、桥塘、成功砖厂，藤城的白坭、东胜砖厂，太平的正东、寨嘴、安福等砖厂以及和平、东荣、新庆、赤水等乡镇的砖厂。1997 年，民营砖厂 30 多家，年产红砖、砂砖 10.13 亿块，产值 1300 万元。2005 年，有砖厂 35 家，年产红砖、砂砖、页岩砖 13 亿块，产值 2.08 亿元，占全县工业产值的 4.9%。规模较大的有红星砖厂、太平砂砖厂、象棋砂砖厂、天平砂砖厂、濛江砂砖厂等。潭东镇红星砖厂年产红砖 9800 万块，实现产值 1600 万元。

主要企业简介

藤县水泥厂　1968 年 10 月建成投产，位于藤城潭津路，属地方国有企业。1991 年，有职工 156 人，全员劳动生产率 22243 元 / 人。年总产值 347 万元，销售收入 482.22 万元，税金 78.56 万元，亏损 47.71 万元。生产的“浮金牌”水泥在两广市场享有较高的声誉，为广东省珠海市建委推荐产品，在珠海市是免检产品。1993 年，产量 4.3 万吨，上交增值税 150 万元，利润 170 万元。1995 年后，由于企业负债过重，连续三年亏损共 700 万元。1998 年初，资产总额 1527 万元，负责总额 1867 万元。3 月，企业关停，职工 207 人作再就业安置或遣散安置。

藤县新建水泥有限责任公司　2000 年 5 月，关停后的藤县水泥厂由贵港第三水泥厂老板承包经营，改名为藤县新建水泥有限责任公司，为股份制民营企业。2002 年，水泥产量 1.93 万吨，产值 364 万元，实现税金 24.73 万元，亏损 53 万元。2005 年，公司固定资产净值 788.4 万元，有员工 141 人。年产水泥 3.4 万吨，产值 733.2 万元，销售收入 748 万元，税金 48.9 万元，亏损 20 万元。

藤县红砖厂　创建于 1978 年，厂址于白沙公社白沙大队龙巷村，属地方国有企业，是藤县唯一一家国营砖厂。设计年产红砖 3600 万块。1991 年，厂区面积 11.94 万平方米，建筑面积 1.47 万平方米，有职工 161 人，年产红砖 740 万块，产值 66.9 万元，亏损 5.99 万元。经过十多年的生产，厂区附近能作砖坯的泥土基本使用殆尽，维持生产要到 1 千米外拉土，导致成本增加，产量下降。1994 年，产红砖 242 万块，产值 21.8 万元，亏损 41 万元。1996 年，产值仅 2 万元，销售收入 1.16 万元，亏损 70 万元。资产总额 911 万元，负债总额 961 万元，有职工 94 人，退休人员 11 人。1997 年停产，1999 年关停。

南安彩釉砖厂　1992 年 7 月动工兴建，位于南安镇塘步村南梧二级公路旁，占地面积 4 公顷。南安镇（现塘步镇）镇办企业。项目投资 1150 万元，规划建 2 条燃油辊道窑彩釉砖生产线，设计年产各种规格彩釉砖（瓷质砖）128 万平方米，年产值 2400 万元。1994 年，第一条窑投产，生产瓷质砖 30 万平方米，实现产值 570 万元（现价），营业收入 277 万元，税金 7 万元。有职工 222 人。1995 年后，由于生产成本高，产品质量不稳定，销路不畅，没能实施投产计划，年产瓷质砖 7.3 万平方米。1996 年企业陷入停产状态。

第二节　化　工

1991 年，全县主要化工生产企业 10 家，均为全民所有制企业。其中钛白粉生产企业 5 家，松香生产企业 3 家，化肥、氧化亚铜生产企业各 1 家。年总产值 6456 万元，占全县工业总产值 25.8%。1995 年后，经过改制，逐步变为民营企业。2005 年，主要化工生产企业 9 家，其中钛白粉生产企业 5 家，松香生产企业 2 家，其他 2 家，均为民营企业，年总产值 4.02 亿元，占全县工业总产值 9.4%。

钛白粉

藤县有“钛白之都”之称，20 世纪 80 年代后，钛白粉便成为县内工业支柱产业。1991 年，主要生产企业有县化工厂、富华钛业制品厂、钛品厂、西江钛白粉厂、东茂化工有限公司。2005 年主要生产企业有金茂钛白有限公司、藤钛化工有限公司、梧州佳源实业有限公司、富华化工有限公司、雅照钛白有限公司。主要产品有涂料钛白、搪瓷钛白和颜料钛白。1991 年—2005 年，全县钛白粉总产量 28.80 万吨，产值 23.30 亿元，实现税金 1.47 亿元。

金茂钛白粉　（2005 年摄）

1991 年—2005 年藤县钛白粉生产情况表

表 12-3-1　　单位：吨、万元

年度	产量	产值	税金	年度	产量	产值	税金
1991	2199	2226	1154.60	1999	16833	14242	936.70
1992	3929	2982	330.00	2000	28213	24266	1477.50
1993	4616	3454	573.60	2001	26878	26802	1641.50
1994	5460	4473	410.50	2002	40230	27331	2015.50
1995	6594	6737	361.20	2003	47088	31356	1977.50
1996	7963	7229	460.70	2004	43922	30917	1102.00
1997	4819	7646	538.80	2005	44033	33585	987.10
1998	5205	9769	759.20	合计	287982	233015	14726.40

注：数据来源于各企业报表，产值均为当年价

松香

1991 年，松香生产企业有藤县松脂厂、太平松脂厂、第三化工厂，均为全民所有制企业。主要产品有松香、松节油、松香系列树脂等。1998 年后，这几家企业由于经营不善先后停产或破产。同时发展民营企业和外资企业。2005 年，松香生产企业有民营企业海林松脂厂、外资企业藤县通轩立信化学有限公司。1991 年—2005 年，全县松香产量 13.57 万吨，松节油产量 2.09 万吨，松香系列树脂 1.39 万吨。

2006 年，藤县金茂钛白有限公司生产的“藤茂牌”二氧化钛颜料 BA—0101 获广西名牌产品称号

1991 年—2005 年藤县林化产品产量统计

表 12-3-2　　单位：吨

年度	松香	松节油	年度	松香	松节油	树脂
1991	9888	1230	1999	4311	502	
1992	16451	1933	2000	停产		
1993	20451	830	2001	3662	400	
1994	5232	8151	2002	4105	492	988
1995	12956	1299	2003	5629	632	4030
1996	21612	2176	2004	2290	230	4264
1997	24701	2542	2005	981	147	4574
1998	3453	408	合计	135722	20972	13856

注：数据来源于各企业报表

其他化工产品

包括化肥、氧化亚铜、硫酸锰、一水硫酸亚铁等产品。化肥生产企业主要是县氮肥厂，氧化亚铜生产企业主要是县有机化工厂，一水硫酸亚铁和硫酸锰生产企业主要是永丰化工制品有限公司。

企业简介

金茂钛白有限公司 1990年，县化工厂与台湾商人合办东茂化工有限公司，共投资人民币2342万元，其中县化工厂出资1000万元，台商出资1133万元，集资款209万元，合作期30年。厂址位于县城河东区开发区。厂区占地面积2.11万平方米，建筑面积1.18万平方米。聘请日本专家指导，生产金红石(CTA100)钛白粉。1992年产量516.1吨，1993年产量365.7吨。由于生产成本高于售价，产品不适销，1993年8月停产。经双方协商，1994年7月，由化工厂方承包经营，生产BA—0101钛白粉。1996年，更名为“广西藤县东茂钛白粉厂”。1999年，由个人承包经营。企业资产总额2652万元，有职工308人。2000年，实现产值5591万元，同比增长102%，上缴税金329万元，同比增121%，利润230万元，同比增362%。2002年12月，产权整体转让，成为民营企业，并改名为“藤县金茂钛白有限公司”。转型后安置职工276人。2004年，公司迁至平政原县松脂厂旧址。2005年，实现产值8684.30万元，同比增长14%，销售收入8252万元，同比增长20%，税金453.12万元，同比增长55%，利润677.16万元，同比增长65%。公司总资产4311.6万元，其中固定资产净值1149万元。有职工315人。1991年—2005年，共实现产值5.66亿元，税金3591.44万元。

2006年，“藤茂牌”二氧化钛颜料BA—0101获广西名牌产品称号，为中国著名品牌。

富华化工有限公司 位于县城河东区。1991年10月，县化工厂与广西化工进出口公司梧州支公司合办富华钛业制品厂。梧州方出资66万元，对化工厂原有生产设备进行维修更新，生产搪瓷钛白粉，产品生产权、定价权、销售权由梧州方所有。1992年，产量918.3吨，产值556万元。1996年，双方解除合约，化工厂收回生产权、销售权、定价权，实行自主经营。年产钛白粉1166吨，产值883万元。1999年1月，整体转让给香港威胜公司，改名富华化工有限公司，成为外商独资企业，企业资产总额687万元，厂区面积2700平方米，建筑面积2500平方米。有职工104人。当年产量2021吨，同比增长62%，产值1617万元，同比增长62%，上缴税金110万元。2000年，产量3978吨，同比增长96.8%，产值3182万元，同比增长96.7%，上缴税金162.59万元，同比增长47.8%。2005年，产量5261吨，实现产值3682.20万元，销售收入4028.05万元，实现税金76.21万元，亏损68.83万元。企业固定资产净值510万元，员工200人。1991年—2005年，共实现产值3.16亿元，税金1469.03万元。

藤钛化工有限公司 位于县城河东区，原为县第二化工厂、钛品厂，两厂同一套管理人员，生产工人及生产车间分开，各自独立核算。二化厂主要加工钛精矿，钛品厂生产钛白粉。1991年，两厂厂区面积4.80万平方米，建筑面积2300平方米。钛品厂生产BA—0101型钛白粉1067吨，产值931万元，销售收入651.54万元，税金120.6万元，利润25.75万元。二化厂加工钛精矿2856吨，产值77.8万元，销售收入53.56万元，税金0.98万元，利润4.68万元。1993年，钛品厂自筹资金90万元更新设备，生产BA—0102涂料钛白粉，产品售价12000元/吨，比BA—0101高出3500元/吨，年产量129吨，但由于市场销路狭隘，1994年停产BA—0102涂料钛白粉，恢复生产BA—0101型钛白粉。2000年5月，县政府以总资产1591.89万元出让产权，改制为民营企业，由原企业法人代表和职工共同购买，更名为藤钛化工有限责任公司。经过清产核资，改制时钛品厂、二化厂共有资产总额1928万元，负债总额851万元，有职工316人，退休职工49人。改制后安置职工299人。2002年，产品“藤钛牌”钛白粉获广西区优质产品称号，“藤钛牌”商标评为广西著名商标。企业通过ISO 9001—2000质量体系认证。2004年，投入资金1000万元进行技术改造，生产能力由原5000吨/年扩大到10000吨/年。2005年，有固定资产净值459.58万元，员工219人。年产值3759.4万元，同比增长18%，销售收入3748.48万元，同比增长20%，实现税金261.72万元，同比增长40%，利润49.46万元，同比增长5%。1991年—2005年，共实现产值34047万元，税金2944.03万元。

西江钛白粉厂 位于濛江镇。1987年，梧州地区与县合资1000多万元建西江钛白粉厂，与县氮肥厂共用水、汽、电供给系统。1991年，对水、汽、电系统进行改造，形成独立的系统。1990年—1994年，共生产涂料钛白粉2195吨，搪瓷钛白粉4786吨，产值4141万元，上缴税金414万元，亏损201万元。

1994年9月，由于股东责、权、利不明确，资金未按要求比例入股，梧州地区经济开发公司、藤县钛品实业公司、藤县氮肥厂自愿放弃股东权利，西江钛白粉厂自主经营、自负盈亏。12月，县政府决定由该厂兼并氮肥厂。1995年1月，整体租给香港雅照钛白有限公司。1996年，有职工415人，生产搪瓷钛白粉3068.95吨，涂料钛白粉305.67吨，产值2772万元，税金123.10万元。年底，雅照公司终止租赁。1997年12月，由于经营不善，资不抵债，依法实行破产。需安置职工516人。

梧州佳源实业有限公司 位于濛江镇。1998年11月，香港佳源公司购买藤县西江钛白粉厂的全部产权，成立"梧州佳源实业有限公司"，为外商独资企业。当年企业资产总额1361万元，负债627万元。1999年，公司投入资金进行技术改造，生产能力扩大到5000吨/年。采用国内普遍使用硫酸法生产工艺。生产涂料钛白粉、搪瓷钛白粉，副产品有硫酸、硫酸锰、一水硫酸亚铁、七水硫酸亚铁、氧化铁红。产品主要用于油漆、油墨、粉末涂料、橡胶、塑料、制鞋、造纸及搪瓷等工业。2000年，生产钛白粉4883.7吨，产值4270万元，销售收入3442.3万元，税金288.8万元，利润159.33万元。2002年，公司通过ISO 9001—2000质量体系认证。2004年2月，公司进行资产重组，转型为中外合资企业，由藤县金茂公司控股。同年，投入3500多万元进行技术改造，生产能力扩大至20000吨/年，产品由原来单一的陶瓷钛白增加了颜料钛白、搪瓷钛白等品种。2005年，公司占地面积1.53万平方米，建筑面积1.10万平方米。有员工230人，总资产3873.4万元，其中固定资产净值1427万元。年总产量7965.38吨，产值6400万元，销售收入6310.32万元，税金145.62万元，利润283.87万元。产品出口东南亚、欧洲、南美洲等地。同年，公司被评为自治区外商投资企业出口先进单位。1999年—2005年，共实现产值2.73亿元，税金1170.78万元。

雅照钛白有限公司 位于濛江镇。1995年1月，香港雅照公司租赁经营藤县西江钛白粉厂，投资500万元人民币，利用原县氮肥厂的部分厂房、设备，新建一条年产3000吨钛白粉生产线。原协议新生产线建设期为1年，建成经营5年后，但由于种种原因未能按协议执行。1996年7月24日，经县人民政府同意，设立"广西藤县雅照钛白有限公司"，并于年底终止藤县西江钛白粉厂的租赁期。当时企业资产总额2053万元，负债总额2175万元。厂房占地面积1.33万平方米，有职工169人。1997年、1999年分别投入资金进行技术改造。2000年，年生产能力超万吨，年产量1.05万吨，产值8281万元，盈利561万元。2002年，利用原锅炉房、煤棚等场地增建一条生产线，8月建成，年生产能力达2万吨。2003年，生产钛白粉2.14万吨，实现产值1.26亿元，销售收入1.24亿元，税金834.64万元，出口创汇395万美元。同年，公司通过ISO 9001—2000质量体系认证以及ISO 14001环境管理体系认证。2005年，受洪水灾害影响，生产下降。年产钛白粉1.67万吨，产值1.11亿元，同比减6%，销售收入1.01亿元，同比减20.3%，税金50.4万元，同比减89%，利润亏损278.8万元，上年盈利166.84万元，同比由盈变亏。公司占地面积1.45万平方米，建筑面积1.38万平方米，有厂房38幢。1995年—2005年，共实现产值7.92亿元，税金4136.76万元。产品销往美国、欧洲、日本、东南亚等地。

藤县松脂厂 建于1968年，位于象棋镇，属地方国有企业。1991年12月，厂址搬迁到城关乡平政村，易地技改投入资金1924万元。厂区面积4.80万平方米，建筑面积2.10万平方米，职工348人。年产松香3436吨，松节油378吨，产值839万元，比上年增长63.5%，盈利11.88万元。同年，"松鹰牌"松香获国家林业部优质产品称号。1996年，生产松香1.23万吨，产值6327万元，税金407.21万元，利润120万元。此后，松香市场价格跌幅较大，原材料大幅提升，企业负债沉重，连年亏损。1997年亏损922.48万元，1998年亏损829.49万元。1999年被迫停产。当年企业资产总额2673万元，负债6076万元，资产负债率227%。2000年6月依法破产，职工352人作遣散安置。1991年—1997年，共生产松香6.94万吨，产值2.47亿元，税金1899.6万元。

太平松脂厂 前身为太平农机修理厂，位于太平镇。1984年转产松香加工，改名太平松脂厂，地方国有企业。1991年，厂区面积4.28万平方米，建筑面积1.84万平方米，松香产量6452吨，比上年增长23.5%，松节油产量852吨，比上年增长29%，产值1846万元，比上年增长25%，盈利70.1万元。同年，"三环牌"脂松香获广西优质产品、国家林业部优质产品称号。1995年，松香特级品率达91%。1996年，生产松香9317吨，产值5528万元，税金486.41万元，利润575万元。此后，松香价格下跌（由1996年的6300元/吨降至1998年的4100元/吨），生产成本升高，亏损严重。1998年亏损877.15万元，1999年亏损373万元，企业被迫停产。当年企业资产总额3465万元，负债总额3349万元。有职工284人，退休人员16人。2000年8月依法破产，职工实行遣散安置。1991年—1998年共生产松香4.54万吨，产值2.61亿元，税金2776.15万元。

海林松脂厂 建于1998年8月，位于藤城镇三坡村，民营企业。厂区面积2.4万平方米。主要产品有松香、松节油、松香深加工产品、增粘乳液等。生产能力松香10000吨/年，松香深加工产品6000吨/年。1999年，有员工67人，松香产量4311吨，松节油502吨，实现产值830万元，销售收入918.29万元，税金2.78万元，亏损157.13万元。2003年产松香5629吨，松节油632吨，松香系列树脂1030吨，产值3462万元，销售收入2958.84万元，税金22.17万元，亏损99万元。2005年，产松香981吨，松节油147吨，松香深加工产品1181吨，实现产值1240万元，销售收入1032万元，税金30万元，亏损235万元。企业固定资产净值1499万元，从业人员55人。1999年—2005年，实现产值1.24亿元，税金267.32万元。

通轩立信化学有限公司 建于2001年，位于县城河西区。为台商独资企业，注册资金21万美元。主要产品是松香树脂，出口欧美及东南亚等地。设计能力为年生产松香树脂2500吨。从业人员33人。2002年，生产松香树脂988吨，产值528.91万元，创外汇60万元。2003年，生产松香树脂3000吨，产值1164万元，其中出口937吨，创外汇97.7万元，实现利润167万元。同年，企业通过ISO 9001—2000质量管理体系认证。2005年，有员工71人，固定资产净值494.27万元。松香树脂产量3393.2吨，产值3525.5万元，销售收入2949万元，利润33.84万元，税金5.07万元。

县氮肥厂 建于1969年，位于濛江镇。地方国有企业。1991年，职工353人，生产碳铵1.58万吨，产值541万元，销售收入568.5万元，亏损79.5万元。1993年，与江苏省靖江县横向联合，进行两煤变一煤技改。1994年，生产碳氨1.54万吨，产值715万元，由于成本过高，亏损197万元。至1995年6月，累计亏损1046万元，被迫停产。同月，依法实行破产。职工516人，其中130人分流到雅照钛白有限公司，130人分流到永丰化工制品有限公司，其余职工作遣散安置。

藤县有机化工厂 建于1987年5月，厂址县城河东区。地方国有企业。主要产品为氧化亚铜，年生产能力1500吨，产品主销广西、广东市场。1991年，职工35人，年产氧化亚铜75吨，加工钛矿粉7000吨，实现产值244万元，销售收入231.7万元，税金36.9万元，利润9.98万元。1993年，与梧州市造漆厂合作，扩建年产200吨氧化亚铜生产线。年产氧化亚铜156.1吨，加工钛矿粉2.05万吨，产值561万元，销售收入583.9万元，利润8.35万元。同年，氧化亚铜获广西新产品百花奖。1999年，企业拥有资产185万元，厂区面积3万平方米，建筑面积3500平方米，有职工40人。2001年8月，改制为股份制民营企业。年生产氧化亚铜181吨，产值355万元，销售收入363.9万元，税金14.6万元。2005年9月，厂址搬迁至城郊石人岭下。有员工25人，拥有固定资产净值142万元。1991年—2005年，共实现产值5780万元，税金468.28万元

永丰化工制品有限公司 建于1996年6月，厂址在濛江镇原氮肥厂旧址，由澳门客商独资经营。注册资金146万美元，固定资产净值751万元。主要产品有一水硫酸亚铁和硫酸锰。设计年产硫酸锰6000吨，一水硫酸亚铁5000吨，产品主销四川、广东、福建、北京、上海、天津等市场。2003年，有员工180人，生产一水硫酸亚铁4450吨，硫酸锰2549吨，产值726万元，销售收入816.4万元，实现税金79.65万元，利润59.54万元。2005年，生产一水硫酸亚铁8922吨，硫酸锰4937吨，产值1686.4万元，同比增长409%，销售收入

1461.78 万元，同比增长 158%；实现税金 84.09 万元，同比增长 73%，亏损 63.76 万元，上年盈利 91.36 万元，由盈变亏。

第三节　加工业

加工业以农林产品加工为主，农产品加工有粮油米面、机制糖、淀粉、白酒、茶叶、薯类等，林产品加工有胶合板、木质家具、衣架、造纸、桂油、八角等。这些加工企业多为小型企业、民间作坊，分散在各乡镇。1991 年，主要加工企业有制糖 2 家，淀粉 3 家，胶合板 1 家，造纸 2 家，粮油米面加工 1000 多家。主要产品产量：机制糖 6577 吨，酒精 101 吨，淀粉 11177 吨，胶合板 796 立方米，机制纸 834 吨，粮油米面加工 92545 吨。加工业总产值 8800 万元，占全县工业总产值 35%。2005 年，淀粉生产企业 2 家，年产淀粉 4200 吨；胶合板生产企业 4 家，年产胶合板 3300 立方米；各乡镇有小型木材加工厂。副食品加工企业、作坊 3000 多家，都是个体经营，比较有名的产品有同心米粉、濛江米粉、濛江大头菜、太平米饼、太平咸酸菜、金鸡绿茶、和平葛粉以及新庆、象棋米酒等。

主要企业简介

太平糖厂　建于 1978 年，厂址在太平镇陈滩。地方国有企业。1991 年，厂区面积 10.60 万平方米，建筑面积 2.50 万平方米。年产白砂糖 4571 吨，产值 1170.60 万元，同比增长 16.5%，销售收入 864.9 万元，同比增长 17.8%，税金 131 万元，同比增长 23.4%，利润 56.61 万元，同比增长 25.8%。职工 338 人，全员劳动生产率 34633 元 / 人。1996 年后，由于厂房、设备陈旧，糖价下跌，成本增大，连续三个榨季亏损。1998 年—1999 年榨季产糖 3363.87 吨，酒精 158.67 吨，销售收入 719.38 万元，亏损 335.39 万元，累计亏损 1330 万元。企业资产总额 1279 万元，负债总额 1221 万元。2000 年，企业完全陷入困境，被迫关停。职工每人每月发放 80 元生活费。2001 年，根据国家制糖行业结构调整政策，太平糖厂宣告破产，职工 301 人作遣散安置。1991 年—1999 年，共实现产值 1.19 亿元，税金 1229.71 万元。

藤县糖厂　建于 1982 年，厂址在藤城镇雅瑶村。地方国有企业。1991 年，厂区面积 5.04 万平方米，建筑面积 8415 平方米。年产糖 2027 吨，实现产值 509 万元，销售收入 320 万元，税金 37 万元，亏损 32.4 万元。有职工 244 人，全员劳动生产率 20860 元 / 人。由于原料蔗供应不达设计能力的 50%，企业常处于停产待料的状态。自建厂至 1999 年，企业只有三年盈利共 11.72 万元，其余年份均是亏损。1999 年累计亏损 1295 万元，被迫停产。当年企业资产总额 2541 万元，负债总额 2081 万元，有职工 245 人，退休人员 17 人。2000 年依法破产。2001 年，以 329 万元拍卖给藤县永丰公司。1991 年—1999 年，共实现产值 6279 万元，税金 504.45 万元。

南方淀粉厂　建于 1987 年，厂址县城河东区。地方国有企业。1991 年，厂区占地面积 5980 平方米，建筑面积 3970 平方米。年产木薯淀粉 9543 吨，产值 1336 万元，销售收入 1339.27 万元，税金 28.78 万元，利润 13.34 万元。1993 年，产淀粉 6845 吨，实现产值 1027 万元，销售收入 426 万元，税金 17.27 万元，亏损 123.6 万元。此后由于木薯原料供应不足，产量逐年下降，加上亏损较大，债务沉重。1995 年 6 月 30 日，经法院裁定破产。这是藤县第一家破产的全民所有制企业。破产时资产总额 2205 万元，负债总额 3226 万元，资产负债率 146%。职工 144 人，实行再就业安置或遣散。1991 年—1995 年，共实现产值 5353 万元，税金 145.23 万元。

裕顺淀粉厂　1999 年，广东东莞客商以 230 万元购买破产后的南方淀粉厂，改名为“藤县裕顺淀粉厂”，安排原南方淀粉厂职工 100 多人上岗，重新投入资金组织生产。设计生产能力 1.5 万吨 / 年，主要生产食用淀粉、工业用淀粉。2002 年，淀粉产量 7040 吨，产值 1157 万元，销售收入 1156.34 万元，税金 61.23 万元，亏损 207.79 万元。2005 年，生产淀粉 3000 吨，产值 534 万元，销售收入 467 万元，税金 19 万元，亏损 36 万元。企业固定资产净值 105.6 万元，有员工 90 人。2001 年—2005 年，共实现产值 4035 万元，税金 162.52 万元。

太平胶合板厂　建于1976年，厂址位于太平镇东郊人造平原，为镇办集体企业。1991年，厂区面积6万平方米，职工110人。主要生产三合、五合、七合等6个品种15个规格的胶合板，以及强力胶粘剂。年产各种规格胶合板875立方米，产值128.90万元，销售收入146.4万元，上缴税金8.64万元，利润8.86万元。1992年，投入153万元进行技术改造，扩大生产。同年获自治区乡镇企业管理局授予先进单位称号。1993年，胶合板产量1730立方米，产值390万元，销售收入430万元，税金30万元，利润42.5万元。获自治区全面质量管理达标单位称号。1994年4月，改制为股份合作制企业。年胶合板产量2242立方米，产值508万元，销售收入513万元，税金29.29万元，亏损29.9万元。此后，由于域外采购木材受到控制，原木供应紧张，以致生产时断时续，企业生产经营处境困难。2000年，产值45万元，从业人员减至30人。2001年，转让给个体经营。

三环木业有限公司　2002年由香港客商开办的独资企业。位于潭东镇平政村。主要生产建筑用胶合板，年生产能力3500立方米。当年生产胶合板1300立方米，产值300万元，税金19.3万元，利润13.5万元。2004年，生产胶合板2300立方米，产值502万元，销售收入361.60万元，税金13.89万元，利润34.5万元。2005年生产胶合板2560立方米，产值439.8万元，销售收入331.2万元，税金14万元，利润3万元。

第四节　造　船

县内江河纵横，浔江从县境经过，造船业、船运业素来发达。1991年后，一些乡镇兴办造船厂。1993年，造船业迅速发展，集体办、联户办、个体办多种形式并进。造船厂由1992年的5家发展到39家，营造钢质货运船333艘，总吨位9.84万吨，总收入2.35亿元。其中濛江镇有造船厂22家，藤城镇7家，津北乡3家，天平镇4家，南安镇、金鸡镇、太平镇各1家。规模较大的有濛江镇河东船厂、西江船厂、船运船厂、兴达船厂、金星船厂、藤城船厂、经协船厂，金鸡镇交口船厂，天平镇三益船厂等。全县造船从业人员1720人。1997年后，由于资金不足、市场需求减少等原因，造船业逐步降温。至2000年，集体办船厂基本解体，个体民营船厂部分倒闭，部分改行经营运输业。2005年，主要造船厂有腾龙船舶修造厂、三益造船厂、新兴造船厂、金星造船厂等6家。这6家船厂均为三级II类船舶生产企业，可建造60~120米长钢质运输船舶，年造船能力2万~7万综合吨。产品主销国内，远销中国香港地区及新加坡等地。

第五节　印刷　纺织

印刷

1991年，主要印刷企业有县印刷厂，以及集体开办的教育文印厂、濛江印刷厂，个体开办的太平泰州印刷厂、藤城雄发印刷厂、新华印刷厂、源兴印刷厂、文翠印刷厂等。集体、个体开办的印刷厂规模较小，主要印刷一般的小册子、书刊、作业本等。全县印刷业务量16950万印，产值265万元，占当年县工业产值1%。90年代后期，由于电脑打印的发展，印刷行业逐渐衰落。1999年，县印刷厂关停。个体印刷厂也逐渐被电脑打印代替。

纺织

1991年，主要纺织企业有县丝绸厂、县麻纺厂2家全民所有制企业以及濛江镇镇办企业银鹰缫丝厂。主要产品有丝织品、麻袋、生丝等。年总产值1990万元，占全县工业产值8%。90年代中期，因原料不足、资金短缺等原因，纺织企业先后破产、停产。

企业简介

县印刷厂　地方国有企业，厂址位于藤城镇朝阳街。1991年，厂区面积1300平方米，建筑面积2254平方米。有照相制版设备、胶印机、DT402型自动印刷机、海德堡印刷机等设备，能自己制版，能承印各类商标、画刊等彩色印刷业务。年完成9049万印，实现产值107.4万元，销售收入74万元，税金4.39万元，利润1.52万元，有职工82人，全员劳动生产率13259元/人。90年代中期后，由于个体私营印刷厂及电脑复印业务的发展，印刷业竞争激烈，该厂生产经营困难。1997年10月，改制为股份合作制企业，更名为藤县印刷有限责任公司。但由于改制不完善，产权不明晰，企业始终难以走出困境。1999年，被迫关停。经清产核资，企业资产总额115万元，负债79.7万元，亏损78.5万元。有职工115人，作遣散安置。1991年—1999年，共实现产值1006万元，税金63.34万元。

县丝绸厂 建于1956年，位于藤城镇西厚路，属地方国有企业。主要产品有"绣江牌"珠光缎及线绨被面、人造丝缎、丽华纺、华达呢等10多个品种，部分产品出口东南亚等地。年生产能力210万米。1991年，厂区面积2.06万平方米，建筑面积1.98万平方米。生产丝绸134.26万米，丽华纺49.99万米，美丽绸23.18万米，羽纱5.4万米，珠光缎7.76万米，软缎被面1.38万米，产值870万元，销售收入619万元，税金24万元，亏损51万元。生产原料蚕丝主要由外地采购。1995年后，原料价格上涨，生产成本增大，亏损严重。当年亏损248.1万元，1996年亏损221.51万元，企业资产总额1300万元，负债总额2062万元，资产负债率达158%。1997年12月，经法院裁定破产。职工457人实行遣散安置。1991年—1996年，共实现产值4832万元，税金245.04万元。

县麻纺厂 建于1967年，位于藤城镇西厚路，属地方国有企业。主要产品为麻袋，年产能力650万条。"谷山牌"927克麻袋曾获自治区优质产品称号。1991年，厂区面积13.90万平方米，建筑面积43.40万平方米。年产麻袋337万条，产值1120万元，销售收入1213万元，税金44.11万元，亏损189万元。90年代中期，由于缺乏资金，原料不足，以及化纤品进入市场等因素影响，生产极不稳定，经常停产。1995年，企业资产总额1992万元，负债总额3944万元，资产负债率达198%。1996年，累计亏损1539.71万元。2000年停产，700多名职工实行遣散安置。1991年—1999年，共实现产值1.54亿元，税金449.22万元。

濛江银鹰缫丝厂 位于濛江镇桥东开发区，镇办集体企业。1991年投资180万元筹建，1993年建成投产。有职工487人。年产值510万元（当年价），营业收入552万元，税金60万元，亏损57万元。1994年，生丝产量40吨，产值723万元，营业收入666万元，亏损231万元。由于县内桑蚕种养产量不大，原料主要由外地采购，加上设备落后，生产不稳定，1995年停产下马。

第六节 机械、五金加工

主要企业有县机械厂、汽车配件公司、五金厂、锁厂以及各乡镇办的农机修理厂。产品有打谷机、粉碎机、榨油机、门锁等。1991年，机械五金制造业产值438万元，占全县工业总产值1.7%。2002年，有小型钢铁厂10多家，年产量1.5万~2万吨，产值8000万~1亿元。

县机械厂 1958年成立藤县农机修理制造一厂，位于藤城镇西江路，属地方国有企业。主要产品有农用喷雾器、插秧机、打谷机、切蔓机等农机具。1991年，厂区面积1万平方米，建筑面积7390平方米。生产打谷机5384台，以及其他农机具，实现产值186万元，销售收入173.96万元，税金3.73万元，利润2.99万元。有职工147人，全员劳动生产率12653元/人。1993年改名县机械厂。当年生产打谷机6143台，产值542万元（现价），销售收入331万元，税金17万元，利润8万元。1995年后，由于市场竞争激烈，企业开始走向低谷。1999年已处于停产状态，销售收入仅6.80万元，亏损100万元。企业资产总额280万元，负债总额493万元，资产负债率176%。2002年1月宣告破产，职工155人作遣散安置。1991年—1998年，共实现产值1781万元，税金67.28万元。

县汽车配件公司 创建于1976年，原名藤县汽车修理厂，厂址藤城大冲口。地方国有企业。1992年改为藤县汽车配件公司，主营汽车修理，兼营汽车零配件，也生产一些简单机具如榨油机等。1991年，厂区面积2800平方米，建筑面积7390平方米，实现产值50.70万元，销售收入30.92万元，税金2.57万元，利润1.66万元，职工63人，全员劳动生产率8048元/人。1993年，修理汽车385辆次，产值131万元，销售收入115.33万元，税金9.12万元，利润7.35万元。此后由于个体私营汽车修理行业不断扩大，公司逐渐走下坡路。1999年，销售收入仅8.32万元。公司资产总额169万元，负债总额109万元。2000年停业，职工55人遣散安置。2001年，整体拍卖给县石油公司。1991年—1998年，共实现产值741万元，税金68.58万元。

濛江永恒锁厂　创建于1987年，原名濛江永光锁厂，厂址在濛江镇桥东开发区。镇办企业。主要产品有各种门锁、挂锁。1991年，改名濛江永恒锁厂。厂区占地面积1.70万平方米，建筑面积5000平方米。年产各种弹珠门锁22.84万把，自行车锁6.5万把，产值157.59万元（现价），营业收入165.37万元，税金8.20万元，亏损5.58万元。1993年后，经过技改扩建，增加570S/S不锈钢球型门锁的生产。1994年，生产各种规格门锁、挂锁220万把，产值1394万元，营业收入1123万元，利税总额74万元。1995年后，由于市场竞争激烈，货款回笼困难，企业连年亏损。1998年，企业资产总额1808.4万元，负债总额2720.18万元，资产负债率150%。2000年，实现产值830万元，税金31.7万元。2002年停产。

第七节　其　他

塑料制品

主要生产企业有藤城镇东风塑料厂、濛江镇胶绳厂2家镇办企业。东风塑料厂主要产品有塑料水管、塑料瓶、衣钩、学生三角板、量角器等，1991年产量36.3吨，产值28.10万元（现价），营业收入24.20万元，税金1.90万元，利润0.10万元。胶绳厂主要生产船用缆绳，供应国内一些船运企业，出口中东地区。1991年，产塑胶绳161吨，营业收入150万元，税金8.47万元，利润7.90万元。1992年，胶绳产量367.6吨，产值367.6万元，出口产品交货值180万元，实现税金16万元，利润17.30万元。1994年，胶绳厂改制为股份合作制。此后由于原材料价格上涨，产品销路不畅，企业连年亏损。2001年实现产值50万元，税金3万元。2002年被迫停产。东风塑料厂也因多年亏损被迫于2000年停产。

喷胶棉

1993年，藤城镇与香港健昌贸易公司合办健标喷胶棉有限公司，总投资860万元，其中港商投资15.60万美元，藤城镇投资333万元。厂址位于藤城河东胜西村，占地面积1万平方米。有职工32人。全套生产设备从国外引进，设计年产喷胶棉800万码（折合750吨），年产值1300万元。产品主要用于防寒被服原料，70%港商包销，30%内销。1994年实现产值445万元（现价），营业收入374万元，税金6万元，亏损14万元。此后连年亏损。1997年，累计亏损338.76万元。1998年停产。

爆竹

主要生产企业是太平爆竹厂，镇办企业，始建于1965年。厂址在太平镇东北面1千米土山上。主要产品有电光炮、排子炮、间子炮等10多个品种。1991年，有职工108人，生产爆竹4466箱，产值66.99万元，营业收入60.14万元，税金19.3万元，利润0.24万元。2000年，由于城区扩展，工厂搬迁到镇郊北面5千米远的土山上。当年生产爆竹1800箱，产值36万元，税金3.8万元。2001年，产值42万元，税金4.10万元。

陶瓷

生产企业有濛江陶器厂、南安陶瓷厂。南安陶瓷厂为私营企业，产品为园林陶瓷和工艺陶瓷如彩釉花盆、琉璃瓦筒等。部分产品远销港澳，出口加拿大、美国、日本、新加坡等国。1991年有员工47人，陶瓷产量99.31万件，产值91.19万元，营业收入49.33万元，税金2.43万元，利润3.77万元。1996年，因资金短缺、债务沉重关闭。濛江陶器厂为镇办企业，生产日用陶器，如陶缸、陶瓦筒、花盆等。1991年职工64人，产量16.25万件，产值30万元，税金1.3万元，利润0.62万元。1998年，转由个体经营，改名濛江工艺陶瓷厂。

2000年，生产各种陶器6万件，产值9万元，税金1.2万元，亏损1万元。

电子产品

主要生产企业为加裕电子铝箔厂，主要产品电子铝箔。加裕电子铝箔厂位于县松塘工业园区，台商独资企业。2003年投产，2005年生产铝箔73吨，实现产值2005万元，销售收入1687.93万元，税金82.56万元，工业增加值796.9万元，利润269.2万元。企业总资产2369万元，其中固定资产净值1280万元。

藤县加裕电子科技有限公司低压六段化成机　（2004年摄）

藤县中和陶瓷产业园　（2011年摄）

第十三篇

商贸服务业

2002年，太平农副产品综合批发市场开业

1991 年，县内商业所有制有多种成分构成，国有、集体企业和个体私营商业齐头并进。全年全社会商品零售总额（包括农民对非农业居民零售）27377 万元。其中国有、集体所有制经济商品零售总额 13411 万元，占全社会商品零售总额的 48.99%；个体私营经济商品零售总额 13966 万元，占全社会商品零售总额的 51.01%。1992 年后，商业体制改革不断深入，政府出台政策扶持个体私营商业，使其快速发展，逐渐成为市场主体；而国有、集体商业逐渐衰落，虽经过经营承包责任制、国有民营、撤并优化、产权改革等改革措施实行转制，然国有、集体商业所占市场份额仍进一步缩小。同时，随着社会经济不断发展，城乡商贸市场繁荣、购销两旺。2000 年，国营商业系统商品销售总额由 1991 年的 5758 万元下降至 1613 万元。2005 年，全社会消费品零售总额 180749 万元，其中国有、集体经济组织社会消费品零售总额 33980 万元，占全社会消费品零售总额的 18.80%；个体私营经济社会消费品零售总额 146769 万元，占全社会消费品零售总额的 81.20%。国有、集体商业的市场主导地位彻底被个体私营商业取代。

第一章　商业管理

1991 年，县内国营、集体商业均实行经营承包责任制。1993 年 1 月起，取消城镇居民定量供应口粮。5 月，藤县放开粮食购销价格，取消对农民的粮食定购任务和“三挂钩”政策，粮食收购随行就市，依质论价。1995 年，商业系统五金交电化工公司在县内率先试行抽资经营方式，职工可以选择自由组合承包经营。1996 年 12 月，粮食购销实行政策性业务和商业性经营分开，建立两线运行机制。1997 年，县供销社系统 95% 生活资料零售门店实行抽资经营。1997 年，国有商业彻底打破传统的商品流通渠道和经营模式，容许跨行业、跨地域、多渠道经营。1998 年，国有商业推行“国有民营”经营方式，实行优化组合、自筹资金、自主经营、照章纳税、自负盈亏。实施粮食流通体制和企业改革，实行“四分开，一完善”，即政企分开、中央与地方责任分开、储备与经营分开、新老财务账目分开，完善粮食价格机制。2002 年，对全县国有粮食购销企业、附营企业实行全员置换职工身份，以发给经济补偿金的形式进行改制。2005 年，全县国有商业除国家规定的专营商品由国家经营外，绝大部分商业企业为个体或承包者经营。县供销社系统所有门店以竞标方式由系统内职工竞标并自主经营。

第一节　管理机构

县商业局（商业总公司）

成立于 1956 年 4 月，称藤县商业局。1991 年，办公地址在藤城镇西江路 13 号，占地面积 224 平方米，建筑面积 450 平方米。内设秘书股、业物股、财统股、教育股、人保股。编制 21 名，其中局长 1 名，副局长 2 名，下辖百货公司、糖业烟酒公司、五金交电化工公司、饮食服务公司、食品公司及桃花矿区商店。

1997 年，机构改革，撤销县商业局，全建制转为经济实体，行政职能划归县经济贸易局。组建县商业总公司，属县政府国有独资公司，企业性质，赋予行业管理职能，接管原商业局下属公司。内设人事教育秘书股、财务统计股、经营管理股。主要承担流通产业发展规划、培育和发展市场、流通业的监督管理等职能。核定人员编制 17 名，其中总经理 1 名，副总经理 2 名。所属各公司有职工 1075 人，其中干部 192 人，工人 883 人。2001 年，撤销县商业总公司，其人、财、物及职能并入县经济贸易局。

1991 年—2001 年县商业局（商业总公司）历任局长（总经理）：商业局局长：莫维年（1986.02—1991.04）、黄祖全（1991.04—1997.01）。商业总公司总经理：黄祖全（1997.01—1998.09）、魏钊生（1998.02—2001.04）。

县对外贸易经济合作局

1980 年成立对外经济技术协作委员会。1986 年 9 月，改为对外经济贸易委员会。1991 年，与县经济技术协作办公室实行一套人马两块牌子办公，属县人民政府职能部门，科（局）级建制。编制 14 名，设主任 1 名，副主任 2 名。1997 年 3 月机构改革，更名为藤县对外贸易经济合作局。属县政府直属事业单位，使用事业编制，赋予行政管理职能。内设秘书人事股、外资股、综合业务股、财会股。事业编制定员 12 名（含二类口岸办公室），其中局长（主任）1 名，副局长（副主任）3 名。2004 年 9 月，撤销对外贸易经济合作局，行政管理职能划归藤县经济贸易局。

1991 年—2004 年历任主要负责人：外经委主任：林柏泠（1985.05—1992.03）、苏炳和（1992.03—1994.10）、林建华（1994.11—1996.10）。外经局局长：胡永（1997.01—1998.04）、黄全才（1998.02—2001.06）、彭岳荣（2001.06—2003.08）、覃祚平（2003.08—2004.08）。

县粮食局

1951 年 5 月成立。1991 年，为正科级行政单位，办公地点在藤城镇西江路 158 号。内设机构有秘书股、人事监察股、购销股、储运股、财会统计股、审计股、经营管理股和粮油监督检查站；有行政编制 8 名，事业编制 30 名；设 1 正 4 副领导职位，实有局长 1 人、副局长 4 人。1992 年 7 月，撤销人事监察股、秘书股、审计股、经营管理股、粮油监督检查站，设立人事秘书股。1995 年 5 月，内设机构调整为秘书股、人事监察股、财会股、统计股、购销股、储运股、工业管理股、保卫股。1996 年，内设机构调整为党政办公室、秘书股、人事监察股、财会股、统计股、购销股、储运股、工业管理股，重新核定人员编制 25 名，其中行政编制 22 名，事业编制 3 名。同年，办公地点搬迁藤城镇河东马面塘。1997 年 3 月内设秘书股、人事保卫股、财会股、统计股、购销股、工业管理股、储运股，编制不变。2001 年 5 月，县粮食局改在县计划局挂牌，行政职能和行政人员并入县计划局。同年 12 月，重新调整保留县粮食局，列为县政府工作部门单独设置。其行政职能及行政人员与储备粮管理职能及人员实行分开，储备粮管理职能及人员转归县储备粮管理公司。2002 年，内设机构调整为办公室、财统监督股、调控股 3 个职能股（室），核定行政编制 8 名、后勤服务事业编制 1 名；设 1 正 2 副领导职位。2003 年，重新迁回藤城镇西江路 158 号办公。2005 年，内设机构及人员编制不变，实有人员 16 人，其中局长 1 人、副局长 2 人。

1991 年—2005 年县粮食局历任局长：黎毅（1987.07—1992.08）、梁成和（1992.09—1996.06）。1996.06—1996.08 由黄柱达副局长主持工作。黄柱达（1996.08—1999.12）。1999.12—2000.10 由李应防党组书记主持工作。何超（2000.10— ）。

县烟草专卖局

1985 年 1 月，成立藤县烟草专卖局（分公司），隶属玉林市烟草专卖局（公司）管辖，办公地点在藤城镇津南路 135 号。1991 年，内设政秘股、专卖办、业务股、财统股，设有批发部及仓库、门市部等，在县境太平镇设立太平专卖管理所（卷烟批发部）。年末，全系统有人员 26 人，其中局长 1 人、副局长 1 人。1994 年，划归梧州市烟草专卖局（公司）管辖。1995 年，增设濛江、埌南、岭景专卖管理所（卷烟批发部）。1996 年，增设金鸡、天平、城关卷烟批发部，改太平烟草专卖管理所（卷烟批发部）为太平烟草专卖分局。1997 年机构改革，内设办公室、业务股、财会股、专卖办、仓库、县城配送部；下辖太平烟草专卖分局、太平配送部、稽查中队、濛江批发部、县城第二批发部、天平批发部、埌南批发部、金鸡批发部。1998 年，增设濛江、天平、金鸡、埌南专卖管理所。1999 年，内设机构增设烟草稽查队，并分藤南、藤北两个中队；增设古龙、和平专卖管理所（卷烟批发部），撤销县城第三卷烟批发部。2000 年机构调整，内设机构有办公室、财务股、专卖办、稽查大队、县城配送部，下设机构调整为太平分局、太平配送部及金鸡、岭景、埌南、天平、濛江、和平、古龙、平福、大黎、宁康 10 个烟草专卖管理所（批发部）。2001 年，金鸡专卖管理所（批发部）升格为金鸡专卖管理分局。2002 年，撤销古龙、岭景、象棋、和平、平福、大黎、宁康 7 个烟草专卖管理所（批发部），成立濛江烟草专卖管理分局。2003 年，设立市场拓展部，撤销埌南烟草专卖管理所（批发部）。2004 年，撤销藤县烟草专卖局（分公司）法人资格，藤县烟草专卖局（分公司）改为藤县烟草专卖局（营销部）。成立稽查大队城区中队，改市场拓展部为营销股。

2005年，撤销县级营销部、批发部，成立梧州市营销管理中心和物流管理中心直接管理。藤县烟草专卖局（营销部）改为藤县烟草专卖局（区域营销部），内设综合管理办公室、专卖管理办公室；下辖城区、金鸡、濛江、太平4个专卖管理所及太平卷烟配送物流中转站。年末，全系统有员工73人，其中局长1人、副局长1人。

1991年—2005年藤县烟草专卖局（分公司）历任局长（经理）：唐孔养(1991.01—1995.01)、李伟平(1995.01—1997.04)、陈宗明(1997.04—1997.07，副局长，主持全面工作)、钟启闻(1997.07—2003.12)、苏德敏(2003.12—2005.12)。

藤县盐务管理局

1991年，藤县盐务管理局与藤县盐业支公司实行两块牌子一套人马，属国有企业性质单位，办公地址在濛江镇江权村口；内设盐政运销股、计财股、人秘办公室；共有员工11人，其中局长（经理）1人。主要管辖藤县、蒙山两县和金秀县忠良乡辖区人口的盐务经营业务；以食盐为主，包括冬春季部分腌制盐和少量工业用盐。1995年，办公地点搬迁县城旧盐仓办公（即今县城城西派出所办公地址）。1994年，投资400多万元，在县城河东挂榜路167号建设占地5600平方米的盐务大厦。1996年竣工，1997年7月搬迁新址（今址）办公。

1999年10月，撤销藤县盐业支公司，改为盐业梧州分公司藤县分销处，保留藤县盐务管理局牌子。2005年，内设盐政运销股、计财股、人秘办公室，共有人员13人，其中局长（经理）1人、副局长（经理）1人；资产总额600万元。

1991年—2005年藤县盐务管理局（支公司、分销处）历任局长（经理）：潘成德(1991.5—1997.11)、欧宪伟(1997.11—1999.12)、江喜全(2000.01—2003.12)、张泽开(2003.12—2005.12)。

藤县供销合作社联合社

1953年8月成立。1991年，设立县联社理事会、监事会；内设：秘书股、人事教育股、业务物价股、经营管理股、生产基地股、保卫股、财会统计股，下辖19个乡镇基层供销社及农业生产资料公司、土产公司、果品食杂公司、供销社贸易中心、供销社副食品厂、供销社汽车队6个直属企业。各基层供销社设置社务管理委员会。在乡镇政府驻地及较大行政村设有经营网点共计342个。全县供销社系统有职工1842人，其中县联社40人。1992年8月，撤销县联社理事会、监事会，成立社务管理委员会。1993年5月，增设县供销合作社联合社贸易总公司。1996年，恢复理事会、监事会。2005年，全县有基层供销社19个，有职工1104人，其中县联社30人。

1991年—2005年县供销合作社联合社历任理事会主任：李丕良(1990.12—1994.03)、卢业生(1994.03—2001.04)、黄素朝(2001.04—)。历任监事会主任：黄伟忠(1996.05—1998.10)

县医药局

1991年，藤县医药局与县医药公司实行一套人马，两块牌子，行政上归属县经委管理。内设经理室、财务室、业务股、质管股。1997年8月13日，县编委确定：县医药公司属县政府直属国有独资公司，为企业性质单位；同意其（指总部）内设业务股、质检股、财统股、市场管理办公室。核定人员编制18名，其中经理1名，副经理3名；正副股长（主任）5名。1996年，增设藤县医药市场管理办公室。

县经济贸易局

（见工业　乡镇企业篇）

第二节　商业所有制

国有商业

1991年，全县共有全民所有制商业企业经营机构49个，从业人员798人。其中零售机构19个310人，农副产品采购（供应）机构19个239人，其他经营机构2个18人。主要经营日用（工业）品的企业有百货公司、糖业烟酒公司、五金交电化工公司、饮食服务公司、桃花商店等。负责物资供应企业有属县物资局管理的金属公司、化建公司、机电公司、贸易公司等。负责农资、生资供应的企业有农机公司、种子公司、生资公司等。

负责粮油供应的企业有县直属粮库和19个基层粮所。从事服务业的企业有饮食服务公司、县招待所、县粮油贸易中心等。其他还有对外经济贸易公司、县盐业公司、烟草公司等。全年国有经济商业零售额5366万元，占全县社会商品零售总额19.60%。由于商品经营市场逐步放开，私营商业企业及个体商户经营规模日益扩大，市场竞争越来越激烈，国有商业企业经营处于亏损状态。1998年，国有经济批发零售贸易业网点177个，占全县总数的2.11%。此后，通过"改、转、租、卖"，大部分国有商业企业转为个体、私营或合作经营单位。2005年，国有商业企业除石油公司、盐业公司、烟草公司和食品公司外，其余国有商业企业采取"国有民营"方式经营，国有商业实则名存实亡。全县国有商业系统销售总额224万元。归属粮食局管理的粮食经营企业共19个，其中粮食购销企业8个，粮食附营企业11个(含饲料加工企业2个、粮油食品加工及销售企业1个)。

百货公司 1954年8月成立。1991年，主营日用百货、棉纺织品、文化用品等，兼营五金交电、糖烟酒等商品。以批发为主，批零兼营。在藤城、濛江、太平等乡镇设有批发部，有零售商场2个，服装加工厂1个。营业面积2000平方米，仓库面积4500平方米。自有流动资金45万元，经营品种2万多个。有干部职工205人。当年购进商品1298万元，商品销售1682万元，实现税金38万元，盈利1.30万元。

1992年—1993年，成立藤县百货公司购销部和濛江、太平综合购销部，增加建筑材料和农副土特产经营。在县城开设第一、第二商场以及百汇酒家，在濛江开设百货商场，在太平开设万成商场。1994年，关停服装加工厂。1995年—1996年，在县城租用外单位场地开设第三商场、第五商场以及第六门市部，租赁服务公司南丰商场开设新万商场，安排再就业人员100多人。1998年，公司占地面积7678平方米，建筑面积11250平方米，有固定资产1278万元，全年销售额475万元，实现税金10.30万元，亏损80万元。负债总额1401万元，净资产负123万元。有职工227人，退休职工65人。此后，随着民营商场和个体经营户逐年增多，公司业务受到越来越大冲击，经营逐步陷入困境。1999年，所有门店对外出租。2000年，濛江、太平综合购销部关停。2005年，有职工156人，留守人员8人。

1991年—2005年，全公司销售总额14002万元，实现税金376.61万元，亏损392.89万元。

糖业烟酒公司 1953年4月成立。1991年，在藤城、濛江、太平3个乡镇设有批发部，在县城有永丰商场、第二、第三商店，开办有食品厂。公司主营食糖、烟、酒、调味品、糖业糕点等副食品。年末有干部职工237人。流动资金123万元，营业面积23572平方米。当年商品购进2281万元，销售2461万元，实现税金56.60万元，盈利5.46万元。1998年，公司资产占地面积26602平方米，建筑面积17501平方米。拥有固定资产833万元，负债总额626万元，净资产207万元。有职工222人，退休职工97人。2001年，通过招商引资将永丰商场发包浙江个体户经营并改名永丰超市。其他门店向外出租。2005年，公司职工119人，留守人员6人。当年商品无购进，销售仅为1000元，亏损1.44万元。

1991年—2005年，全公司销售总额9594万元，实现税金303.14万元，亏损461.87万元。经营利润最高为1993年43万元，最大亏损为1998年负162万元。

五金交电化工公司 成立于1962年4月。1991年，主营五金器材、照明器材、供排水管件、化工原料及自行车、家电产品等。商品购进渠道主要从二级站进货，部分从厂家直接进货。在藤城、濛江、太平3个乡镇设有批发部，县城设有综合商场。全公司营业面积1270平方米，仓库面积3910平方米，固定资产134万元。流动资金9.70万元。有干部职工140人。当年商品购进额543万元，销售714万元，实现税金14.60万元，亏损69.24万元。1995年5月，停止批发业务。1996年，公司资产负债率280%。1998年，经营商品向百货、糖烟行业延伸。公司建筑物建筑面积7272平方米，有固定资产847万元，负债967万元。职工143人，退休人员28人。1999年，所有门店由集体或个人承包经营，不参与承包的职工作为下岗人员自谋职业。2005年，公司在岗职工9人，留守5人。

1991年—2005年，全公司商品销售额6636万元，实现税金153万元，亏损1702.53万元。

食品公司 成立于1954年4月。1991年，主要经营生猪、家禽、蛋品、菜牛等购销业务和生猪屠宰服务等。设有城关、濛江、太平、和平等18个乡镇食品站以及藤城、埌南、新庆、潭东直属屠宰场。各食品站分散经营，自负盈亏，受当地政府和县食品公司双重领导。当年，公司营业面积2367平方米，仓库面积9256平方米，固定资产226万元。有流动资金30万元，职工350人。商品购进831万元，销售871万元，实现税金60万元，亏损42.69万元。

1998年，国家对生猪实行“定点屠宰，集中检疫，统一纳税，分散经营”制度。公司分别在岭景、象棋、新庆、潭东、旺国、天平、南安、塘步、埌南、同心、石桥、龙昌界、东荣、大黎等14个村镇设立定点屠宰场；在金鸡、藤城、太平、濛江、和平、古龙6个乡镇建立机械化屠宰厂。当年公司占地面积18453平方米，建筑面积25930平方米，负债总额52万元，有职工240人，退休人员140人。2005年，在岗职工108人。商品销售215万元，实现税金4.09万元，亏损33.81万元。

1991年—2005年，公司销售总额1.10亿元，实现税金341.54万元，亏损481.20万元。1998年—2005年，每年生猪进点屠宰总量均在10万头以上，最多年份为1999年达13.49万头，最少为1998年为10.12万头。

饮食服务公司 创建于1962年，时称国营藤县生活服务商店，以饮食服务业为主营。1991年，开设有人民旅社、藤县酒家、红卫饭店、食品加工场、藤县冰室、照相馆、糕点门市部等经营门店。有流动资金16万元，经营面积7415平方米。同年向广西区财政厅贷款80万元筹建综合商场(南丰商场)。年末，干部职工185人，退休工人55人。饮食业、服务业合计收入159万元，实现税金6.37万元，盈利0.54万元。1992年，建成南丰商场，为七层综合楼，一、二层作商场，三至七层经营旅业，为藤县首家拥有电梯的宾馆式综合楼。1998年，公司资产占地面积2649平方米，建筑面积13164平方米。拥有固定资产921万元，负债总额829万元，有职工220人，退休人员77人。同年，所有门店对外出租。2005年，有在岗职工28人，留守人员9人。商品销售3.20万元，实现税金4900元，亏损4.69万元。

1991年—2005年，公司饮食业、旅业收入合计1770.60万元，商品销售额2474万元，实现税金203.51万元，亏损285.43万元。

桃花商店 原是平福供销社桃花分销处，1959年扩大组建为国营商店，为东南金矿职工生活服务专设，属县商业局领导。以经营百货日杂用品，五金交电器材、糖烟酒及肉食禽蛋、药材等商品为主。1991年，有零售网点4个，人员15人。商品购进27万元，销售30万元，实现税金1万元，利润持平。有固定资产5万元，流动资金10万元。商店的仓库、宿舍、门市部等面积合计4660平方米。1995年，商品销售额18万元，实现税金9000元，利润持平。1998年，销售额1.90万元，税金600元，亏损8.90万元。同年，因东南金矿桃花矿区撤销，桃花矿区商店亦随之撤销。

市场开发服务中心 1995年11月27日成立。各乡镇相应设立市场开发服务部。主要职责承担全县市场开发、管理和服务工作。为事业性质自收自支单位，隶属县工商行政管理局领导。核定编制人员43名，其中县10名，乡镇33名，人员在工商管理系统内部调整解决。1998年11月，县市场开发服务中心定为副科级事业单位。1999年1月，实行市场“办管分离”，县工商行政管理局与市场开发服务中心脱钩。2001年12月，市场开发服务中心及所属基层服务站20个，市场37个，债务946.90万元，全部由县人民政府接管，归属县经贸局管理。2002年，市场开发服务中心内设办公室、人事股、经营管理股、财务股、消防安全股5个股室。内设主任1名，副主任1名，机关人员12人。在藤城、南安、赤水、埌南、同心、金鸡、新庆、象棋、岭景、天平、濛江、和平、太平、古龙、平福、东荣、大黎、宁康以及县城河东区设立19个乡镇市场开发服务站，作为中心的派驻机构，重新核定人员编制115名。2005年，中心有人员110人，集贸市场35个，其中在用27个、闲置1个、出租1个、处置转让4个、危房2个。

外贸公司 1995年10月，外贸公司全部资产被中国银行藤县分行通过贺州中级人民法院予以查封。公司名存实亡，除几个留守人员外，所有干部职工下岗自谋出路。

医药公司 1956年成立。1991年，在县城设有第一门市部、第三门市部、西药仓库、药材收购站。在太平、濛江设有医药批发部及中转站，均为独立核算单位。当年销售收入599.86万元，实现税金12万元，盈利16.53万元。全系统共有职工121人。固定资产原值71万元。1996年，增设藤县医药市场管理办公室，固定资产原值增加到240万元。1998年，资产总额471万元，负债总额358万元。2003年，销售收入1100.20

万元，上缴税金19.73万元，盈利31.93万元。2004年4月，进行企业改制，安置职工96人，其中固定工66人，合同工30人；遣散安置职工95人，应发放安置费152万元，实际发放145.50万元。公司门市部由原公司班子成员集体租赁经营。2005年，销售收入442.83万元，实现税金2.99万元，亏损10万元。

1991年—2005年，销售收入9182万元，实现税金251.74万元，亏损880.51万元。

藤县石油公司　1991年，称广西石油总公司藤县公司，隶属广西石油总公司梧州分公司管辖，内设办公室、财务室、保卫室、批发部，下设藤城油库、濛江油库、河东加油站、太平加油站，共有员工53人，其中经理1人，副经理1人，支部书记1人。1992年12月，改名藤县石油公司。1993年，办公室改为秘书股，财务室改为财会股，批发部改为业务股。1994年，增设富吉加油站。1995年，保卫室改为保卫股。1997年，撤销保卫股。1998年6月，公司整体划归中国石油化工集团公司，属中央直属企业。1999年5月，增设潭东加油站；同年6月撤销秘书股、财会股、业务股，所有股室合并为办公室。2000年6月，中国石油化工集团公司重组改制，藤县石油公司划分为股份公司和存续公司，股份公司全称为“中国石油化工股份有限公司广西梧州藤县石油分公司”，存续公司名为“广西壮族自治区藤县石油公司”。2000年，增设东荣加油站、金鸡加油站；撤销藤城油库和濛江油库。2005年，有员工60人。

集体商业

1991年，全县集体商业企业主要有县供销合作社及其属下的城关、白沙（津北）、南安、赤水、埌南、同心、金鸡、新庆、象棋、岭景、天平、蒙江、和平、太平、平福、古龙、东荣、大黎、宁康19个基层供销社，以及所管辖的农业生产资料公司、土产公司、果品食杂公司、贸易中心，还有其他一些零售机构（包括代销店）。是年，集体经济商业商品零售额占全县社会商品零售总额29.39%。1994年以后，受整体市场大环境的影响，供销系统商业市场份额逐渐下降。1998年开始，全县供销社系统所有门店通过竞标方式由职工自主经营、自负盈亏。是年，全县集体经济批发零售贸易业网点445个，占全县网点总数的5.30%。2005年，集体经济社会消费品零售额占全县总额的4.13%。

农业生产资料公司　1991年，位于藤城镇西江路62号，主要经营化肥、农药、农用薄膜、中小农具等品种，有干部职工78人，下设门店部3个，仓库（氨水仓）1个以及濛江购销站，资产总面积19450平方米，固定资产价值495万元。实行集体经营，对每个门店、仓库下达承包任务，按照销售计付奖金给从业职工。1994年后，逐渐减少农用薄膜、中小农具等经营项目。同年实行“大包干”责任制，公司下达门店上交任务，职工自由组合、自负盈亏、自主经营、包干上缴。此后，随着化肥、农药等农资商品经营权放开，市场占有率不断下降，经营出现亏损。1997年，亏损额330万元。2002年，实行合同工身份置换，按工龄每年发给1个月工资的遣散费。当年共有53名合同工置换身份，年末实有职工人数64人。2005年，公司在县城有办公综合楼和富吉仓库，有店铺19间，其中5间为农资经营门店，14间对外招租；在濛江有仓库1个，面积5200平方米，评估价值875万元。有干部职工51人。

土产公司　1991年办公地址在藤城镇西厚路1号。主要经营日用杂品、农副产品、土特产购销等。下设仓库2个、蚕茧站1个以及濛江购销站、太平购销站、濛江烤烟房等，有干部职工113人，资产总面积45681平方米，评估资产价值895万元。1994年后，增加日用百货、五金交电、糖烟酒品等商品经营。经营方式为集体经营，公司对每个门店、仓库下达承包任务，按照销售计付奖金给从业职工。1994年，实行“大包干”责任制。此后，由于市场竞争激烈，经营出现亏损，1998年亏损额36万元。1999年，办公地点迁到藤城镇西厚路14号。2005年，有干部职工63人，资产总面积45681平方米，评估资产价值2560万元。1991年、1995年、2000年、2005年商品购进总额分别为532万元、570万元、612万元、659万元，销售总额分别为575万元、662万元、642万元、728万元。1991年—2005年，累计商品购进总额8610万元，其中农副产品购进2381万元占27.65%；商品销售总额9370万元，实现税金326.63万元，累计亏损563.67万元。

果品食杂公司　1991年，办公地址在藤城镇西江路110号。主要经营干鲜果品、农副产品购销等。下设河西水巷口藤州商场、仓库1个、门店1个以及濛江果品购销站、太平果品购销站。公司资产总面积14063平方米，评估资产价值514万元。有干部职工93人。1994年，增加日用百货、五金交电、纺织鞋类、糖烟酒品等经营，并实行经营承包责任制。1995 年后，由于干鲜果品、日用百货等受市场冲击较大，经营持续亏损，1997 年亏损额 146 万元。此后，以“抽资经营”方式由职工承包经营。1998 年，个别门店直接转包社会人员经营。2000 年起，公司所有门店全部由社会人员经营。至 2005 年不变。

2005 年，公司资产总面积 1.36 万平方米，评估资产价值 793 万元。有干部职工 63 人。1991 年—2005 年，累计商品购进总额 8930 万元，其中农副产品购进 5623 万元，实现商品销售总额 9584 万元，实现税金 341.93 万元，亏损总额 591.34 万元。最高年份商品购进总额为 1994 年 576 万元，销售总额为 1993 年 564 万元；最大亏损额为 1997 年 146 万元。

贸易中心　1991 年，办公地址在藤城镇西江路北门巷 58 号。主营业务是日用百货、针棉织品、床上用品、鞋类、文具等批发零售。有综合楼 1 幢、仓库 1 个、门店 11 间。有干部职工 70 人。

1991 年—1992 年，全县供销社系统工业品采购实行联购分销，由贸易中心集中采购，逐月按任务下拨各基层社销售。年销售量分别为 880 万元、1200 万元。1993 年，停止联购分销，购销业务员及仓库员部分被分流到所属门店承包经营，部分安排在街边设点摆摊，销售库存商品。1994 年下半年开始，贸易中心所有门店全部实行“大包干”责任制，人员自由组合，自主经营，包干上缴；不愿意参加门店承包或组合不上的人员，企业安排继续上街摆卖处理库存商品，单位每月只发给生活费。允许职工选择自谋职业，单位保留职工档案，并承担单位缴纳部分的养老保险费。2005 年，有干部职工 35 人。

1991 年—2005 年，累计商品购进总额 8559 万元，商品销售总额 3523 万元，上缴税金 216.03 万元，亏损总额 476.54 万元。

副食品厂　1991 年，办公地址在藤城镇西江路 389 号。主要经营酸醋、酱油、干鲜果品加工、销售等业务。有房、仓库总面积 8300 平方米，评估资产价值 560 万元，干部职工 65 人。至 1993 年，只生产酸醋和酱油，年产值在 4 万元左右。1994 年 1 月，全面停产。除 3 名留守人员外，大部分职工选择自谋职业。1995 年 4 月，供销县社贸易总公司投资 20 万元，利用旗下厂房、仓库和空地，兴办桂皮加工厂，安排 40 多人重新就业，全年加工销售桂皮 306 吨，产值 180 多万元，加工费收入 40 多万元。最高年份 1996 年，实现产值 378 万元，加工费收入 70 多万元。2002 年 8 月，因多种原因停产。此后至 2005 年，留守人员依靠厂房租金维持开支。

贸易总公司　成立于 1993 年，办公地址在藤城镇西江路 15 号，与县联社合署办公。总公司经理由县供销联社分管领导兼任，其他人员在县联社调配。主要业务是通过向系统内企业调剂资金或向银行贷款，经营农副产品、工业产品、干鲜果品、建筑材料等外购外销业务。1994 年开始，开展桂皮、红瓜子、白糖、水泥等商品的外购外销业务。1996 年，盈利 12 万元。1997 年下半年，由于市场经济形势变化、资金回笼慢等原因逐渐停止业务经营。

个体私营商业

1987 年，中共十一届三中全会后，国务院出台了《城乡个体工商户管理暂行条例》，鼓励支持个体工商户发展。藤县的个体私营经济开始恢复和发展。1991 年，全县有私营商业企业 1 户，从业人员 10 人，注册资金 2 万元；个体商户 6322 户，从业人员 7969 人，注册资金 995 万元。全年，全县私营、个体经济批发零售额占全县社会商品零售总额的 43.83%。1992 年，个体办照由有关主管部门批准后，工商机关才核发执照，实行只凭申请人的身份证和个人照片即可办理，甚至可以采取“先上车后补票”的办法。1994 年，县政府制定《加快发展个体私营经济若干规定》，县工商局采取“三开放，五不限，三不准，两个平等，一视同仁”的做法，落实发展任务，办照从宽、从简、从速，个体商业飞速发展。至 1996 年，私营商业企业增加到 10 户，有从业人员 107 人，注册资金 571 万元；个体商户增加到 7583 户，有从业人员 8071 人，注册资金 2220 万元。

1997 年，实行“一放开两个重点”，在国家允许的范围内，放开经营范围、经营方式和经营人员；在城镇以下岗职工为重点，在农村以剩余劳力为重点。1998 年，县政府发出《进一步加快我县个体私营经济暂行办法》，制定下岗职工从事个体经营的优惠措施，促进下岗人员再就业。年末，私营、个体经济批发零售贸易业网点 7768 个，占全县批发零售贸易业网点 8390 个的 92.59%。2002 年，私营个体经济社会消费品零售总额

13.43 亿元，占全县社会消费品零售总额的 89.50%。

2005 年，全县有私营商业企业 16 户，从业人员 342 人，注册资金 511 万元；个体商户 8255 户，从业人员 9082 人，注册资金 2098 万元。全年消费品零售额占全县零售总额的 81.20%。

第三节　商业体制改革

国有商业经营体制改革

1991 年，商业局所属的百货公司、糖业烟酒公司、五金交电化工公司、饮食服务公司、食品公司由县财政局发包，各公司与县财政局签订第二轮经营承包责任制合同（第一轮为 1988 年—1990 年），实行内双包的承包经营责任制。按照“包死基数，确保上交，超额多留，欠收自补”为原则，超额完成上交任务的，超额部分全留企业；不完成上交任务的则在企业留利中扣除，留利未足抵欠，则扣减职工工资 10% 相抵。各公司内部同时实行经营承包责任制，将总体指标层层分解落实到批发部及各经营门店，落实到组到人，以销售额、利润、毛利率、费用率等作为考核指标，直接与职工效益工资挂钩，实行全员上交风险金抵押，企业管理人员缴交风险抵押金 2000 元，职工缴交 300 元。是年，糖烟公司商品销售额完成 2461 万元，同比增 21.50%；饮食服务公司营业收入 159.30 万元，同比增 9%；百货公司商品销售额 435 万元，同比增 5%。3 家公司均实现经营盈利。年内，全县商业企业以提高经济效益和社会效益为核心，采取多种营销手段，广开门路，扩大商品销售。百货公司在原来的经营基础上，扩大经营化妆品、小五金等商品销售；糖烟公司实行让利销售提高销售额；五金公司开辟中高档家私经营；食品公司购置 2 台活动小冰库，增添冻品经营；饮食服务公司利用中秋节加强中秋月饼销售。当年，全县商业系统销售总额 9366.87 万元，比 1990 年增长 3.57%，向国家上缴税利 228.30 万元。除百货公司、糖烟公司实现有效盈利，桃花商店与 1990 年销售持平外，五金公司、食品公司的经营均处于亏损状态，共计亏损金额 114.93 万元，比 1990 年增亏 107.27 万元。1993 年，开始实行“四定”承包方式（即定营业场地、定承包期限、定人员、定上缴金额）。全年全县商业系统商品购进总额 6518 万元，比上年增长 31.50%；销售额 7408 万元，同比增长 31%；盈利 47.65 万元，同比减亏 35.55 万元。

1995 年，商业系统五金交电化工公司在县内率先试行抽资经营方式，职工可以选择自由组合承包经营，亦可以选择自谋职业。该公司商品购进总额 414 万元，销售总额 460 万元，实现税金 14.8 万元，亏损 11 万元。同时，采取租赁方式，将公司的经营场所出租给个体商户经营。县饮食服务公司将旗下的东方红饭店、藤县照相馆及糕点门市部地层共 1200 平方米改造成 120 个铺位的飞龙商城，全部出租个体商户经营，年租金收入 24 万 ~30 万元左右。同时，对长期以来经营效益差，扭亏无望或处于瘫痪状态的基层站、场实施撤并优化。年内，县商业局对食品公司所属的金鸡、埌南、大黎等 14 个食品站逐步实施撤并，同时借助国家出台的“生猪实行定点屠宰集中管理”的政策，在县城、太平、濛江、和平、古龙镇设立定点屠宰点 5 个。

1996 年，全县商业系统推行灵活承包经营方式，由各门店自行确定，或自由组合承包，或柜台组合承包。经营有亏有盈。饮食服务公司所属藤县酒家由职工 20 人集体承包经营，年营业额达到 80 万元。年内，糖烟公司利用永丰商场坐落县城黄金地段的优势，将临街橱窗改造成 5 个小门店向社会出租经营，租金收入 3 万元左右。是年，全系统实现商品购进总额 3873 万元，同比减少 101 万元；商品销售总额 5408.20 万元，同比减少 1096.80 万元；完成税收 158 万元，同比减少 56.90 万元；亏损 254.60 万元。

1997 年，国有商业彻底打破传统的商品流通渠道和经营模式，容许跨行业、跨地域、多渠道经营。百货公司在新百货商场二楼开设期货、股票信息服务站；在潭东镇礼秀村租赁农田 7 公顷发展农业立体种植。饮食服务公司投资 50 多万元，将南丰宾馆七楼装修开设歌舞厅拓展经营渠道。糖业烟酒公司属下的永丰商场由 30 名职工自由组合承包，全年商品购进总额 225 万元，销售额 344 万元，实现税金 16.96 万元，亏损 72 万元。是年，全商业系统实现销售总额 2800 万元，同比减少 26.50 万元，亏损 210 万元，同比减亏 44.60 万元。

1998 年，推行“国有民营”经营方式，实行优化组合、自筹资金、自主经营、照章纳税、自负盈亏。年内，将百货、食品、饮食、糖烟、五金5大公司所有的商场、门店、柜台、厂、站落实租赁和承包方案。在各企业内部实施三项制度改革（即人事制度、分配制度、劳动用工制度改革）。对管理人员的使用实行核定岗位、员额，视考评情况聘用。管理人员工资由固定工资和活工资两大块组成，固定工资占30%，活工资占70%，活工资与经营任务完成情况直接挂钩，不完成任务的按比例发放。职工可以选择自由组合承包经营，亦可以选择自谋职业。是年，饮食服务公司将人民旅社对外发包私人老板经营，改造为集饮食、住宿、娱乐于一体的港台大酒店，二、三层为中西餐美食城，四、五层为旅业，六层为舞厅。年营业额约100多万元。全年全县商业系统商品购销总额1994.86万元，亏损192.18万元，比1997年减亏147.78万元。

2001年，通过招商引资，糖烟酒公司所属永丰商场租赁给浙江个体户改名永丰超市，经营百货用品、糖烟酒副食品等。2003年，百货公司将第一商场租赁给玉林皆用商贸公司经营，经过重新装修改造为超市，于当年8月份开始营业，取名为皆用百货超市。2005年，全县国有商业除国家规定的专营商品由国家经营外，绝大部分商业企业为个体或承包者经营。

供销合作社经营体制改革

1991年，全县供销社系统均为集体所有制。实行“定人员、定任务、定销售、见利分成、超利税后分成、百分计奖、四放开、大包干”等多种形式的内部承包责任制。在原门店、人员的基础上，每年由企业对门店下达购销、利润任务，半年预算，年终结算超额完成利润任务部分按15%~25%奖励门店。1992年，所有零售门店推行“大包干”责任制。由于经营原因，导致企业亏损面和亏损额越来越大。1993年，全面推行“四放开”（经营放开、管理放开、分配放开、用工放开）承包方式，企业对各个门店定员后，由职工自由组合、自筹资金、自主经营、自负盈亏、按章纳税、包干上缴。企业不再发放职工工资，职工与企业签订承包合同并缴交相应的抵押金，年终视年度经营目标完成与否，退还或抵押。1994年下半年，根据各行业性质对企业内部经营机制分四大块改革：对生活资料零售门店实行“抽资经营”，由门店自筹资金，分期赎买企业门店原有库存商品；对日用工业品批发仓库实行联销联利计酬，风险抵押承包；对饮食服务业及边、远、小门店实行租赁承包或拍卖；对农业生产资料和农副产品收购实行风险抵押，量化计酬，保底七成工资，超任务额部分按15%~25%提成给承包企业。是年，县委、县政府实施农业综合开发“523389”工程，藤县基层供销社根据各自实际，采取“供销社+基地+农户”的模式，或长期租赁、收益分成，或自营，或与农户联营等方式，开发荒山，承包山庄、山塘，承包村、组集体果场、林场。至1999年底，全县有2个基层供销社承包林场，面积370公顷；6个基层社（公司）种植荔枝、龙眼共30公顷，八角26公顷，玉桂325公顷；1个供销社与农户联营种植业，种植面积65公顷；5个供销社发展养殖业，养殖面积5500平方米。

至1997年，全系统312个生活资料零售门店中有296个实行抽资经营，占94.87%；应抽资金5367万元，已抽资金4819万元，占应抽资额的89.79%，占库存商品总额8110万元的59.42%。计收上承包管理费215万元。原有日用工业品批发仓库全部实行仓零合一。1998年8月，发生社员股金风波后，企业集体经营全部停止，所有门店以竞标方式由供销社系统内职工竞标并自主经营。此方式一直实施至2005年。

附：供销社社员股金扩股

1995年2月27日，中共中央、国务院出台《关于深化供销合作社改革的决定》。1996年1月5日，广西区党委、区人民政府下发《关于加快供销社合作社改革的决定》，要求“各级党委、政府及有关部门要给予大力支持，广泛发动吸收农民群众入社入股；供销合作社要按照‘入社自愿、退社自由’和‘入股自愿、退股自由’的原则，做好社员股金扩股工作，并切实加强管理。社员股金可由县以上联合社进行调剂，以提高使用效益”。根据上述有关精神，1995年下半年，藤县供销联社在城关、津北、南安、赤水、埌南、岭景、天平、濛江、和平、太平、古龙、平福、金鸡、新庆、象棋、东荣、大黎、宁康18个基层供销社共计设立19个社员股金办理处（其中城关供销社设2个），开展社员股金扩股工作。并规定所集资金仅限于商品购销，以及从事农业综合开发等使用。1997年，全县股金发展到1.28亿元，为股金存量最高年份。“股金”的注入缓解了基层供销社资金紧缺问题。但由于盲目吸股，以至社员股金扩股数量剧增，部分基层社出现股金聚积，加之管理上欠完善，出现股金擅自违规外借无法追回现象,最大金额是深圳锦业股份有限公司借款计 2500 万元。导致社员股金兑付出现困难。1998 年 8 月,全面爆发社员股金挤兑风波。同年,全县 18 个基层社全面开展清理整顿社员股金工作,并筹措资金兑付社员股金。2000 年初开始,通过处置资产及向中央财政举债兑付社员股金。至 2005 年底,仍然没有完全清兑。

粮食流通体制改革

1991 年—1992 年,藤县按照国家制定的市镇居民粮食定量供应标准,由粮食部门供应非农业人口粮食。干部职工每月的粮差补贴由县财政拨补。全县粮食经营企业按照国家制定的粮油平价供应标准,做好县内粮食购销平衡,确保城乡居民口粮供应。其间,粮食价格出现调整,粮食部门贯彻"以本业为主、多种经营"的方针,因地制宜,走工、农、商并进的经营路子。1993 年 1 月起,取消城镇居民定量供应口粮。5 月,藤县放开粮食购销价格,取消对农民的粮食定购任务和"三挂钩"政策,粮食收购随行就市,依质论价。取消粮食购、销、调包干办法;公粮继续征收实物,由县财政局委托粮食部门代征,农村缺粮定销户一律改为随行就市议价供应;停止供应各种结余粮和票证(卡)。1994 年,全县粮食企业实行内部承包责任制等改革。全县粮食系统 24 个企业,112 个班组、车间、门店全部实行内部经营承包责任制。县粮食局和各粮食企业、各粮食企业与各班组、车间、门店层层签订责任状,占全系统职工人数的 89.2%。主要改革措施:一是实行风险抵押承包,如饲料厂每年设定销售人员保底工资 350 元,每人每月销量必须达 5 吨,超过部分,每吨奖励 18 元,不达 5 吨任务的发 80% 工资。二是承包粮店、门市部,单位借给流动资金 3 万元,工资自筹,盈亏自负,所借流动资金在 3 年内还清。三是将单位富余人员分流出去,自谋职业,单位每月补给每人生活费 80 元~150 元。1995 年 2 月,开办藤县华大饲料厂。同年,县直属粮库、县粮油工业发展公司以及城关、金鸡、天平、赤水、津北、埌南、同心、塘步、大黎、东荣、濛江等 11 个粮所分别办果场,共计面积 73.8 公顷。此后,粮食企业经营从单一的粮食加工销售拓展到饲料加工、食品加工、旅宿业、饮食业、种植业、养殖业等行业,开办养猪场、网箱养鱼、酒家、旅店等。

1996 年 12 月,实行政策性业务和商业性经营分开,建立两线运行机制,实行统一领导,明确职责,分别核算;稳定市场,搞活经营。1998 年,制定《藤县粮食流通体制机构和企业改革方案》,实行"四分开,一完善",即:政企分开、中央与地方责任分开、储备与经营分开、新老财务账目分开,完善粮食价格机制。将县内现行政企合一的体制一分为三:县粮食局,为粮食行政主管部门,负责全县粮食流通管理,不参与粮食经营,不直接干预企业自主经营活动,局长不再兼任粮食企业的领导;粮食储备管理部门建立县储备粮管理公司,作为宏观调控服务和管理储备粮的经济实体,负责县内储备粮的管理工作,人事关系隶属县粮食局,储备费用由财政按有关标准从粮食风险基金中直接核拨到储备管理公司在农业发展银行设立的账户;粮食企业。全县设独立核算企业 25 个:3 个公司、1 个粮油贸易中心、1 个饲料厂和原 20 个粮所(库),人事关系隶属粮食局。全县粮食收储企业(全县 19 个粮所和 1 个直属粮库)人员共 408 人,附营企业人员共 410 人。粮食经营执行"三项政策、一项改革",即:按保护价敞开收购农民余粮,粮食收储企业实行顺价销售,粮食收购资金封闭运行和加快国有粮食企业经济分离。将粮食局属下的有管理职能的 19 个乡镇粮食管理所划分为开展政策性收储业务的粮管所和经营性业务的粮油贸易中心(附营业务),从业务、人员及资金彻底分开。

2000 年,对全县 21 个粮食购销企业进行撤并,保留县储备粮管理公司、直属粮库、潭东粮所、南安粮所、埌南粮所、金鸡粮所、天平粮所、濛江粮所、太平粮所、东荣粮所 10 个粮食购销企业。2002 年,对全县国有粮食购销企业、附营企业实行全员置换职工身份,以发给经济补偿金的形式进行改制。2003 年,成立县粮食企业改革工作领导小组,对全县 25 个粮食附营企业由县龙源公司进行公开拍卖。2004 年完成资产拍卖 10 宗,成交金额 245.72 万元。2005 年完成资产拍卖 4 宗,成交金额 87.16 万元。拍卖所得全部存入县财政指定账户,作为职工安置、处理债务使用。

物资流通体制改革

1990 年,物资市场放开,县物资局所属各公司实行承包经营。由于县内出现多家专营或兼营机电、钢材、化工原料、水泥商店,市场竞争激烈,共亏损 5.29 万元。1992 年,县政府对县物资供应局(公司)实行"税利捆绑，超收分成”的经营承包制。1994年，调整为分组承包，自筹周转资金，自主分配，自负盈亏的承包经营责任制。采取以商品物资折款20万元留公司，人员自由组合的形式将人员分成6个承包小组，分别承包金属公司、化建公司、机电公司、生资公司、贸易公司、经营部。总公司与各承包组签订承包协议，各承包组按月上交管理费。由于当年6—7月，藤县遭受百年一遇的特大洪水灾害，各承包组不同程度受损，被迫停业30天。总公司出于防止国有资产流失考虑，提前终止承包协议，收回拨付各组资金，重新合并经营。

1995年，市场继续疲软，总公司计划以三大公司为基础，由3个副局长挂帅承包，自由组合人员，自筹资金、自主经营、自负盈亏、自主分配。公司只提供经营场地，不拨给资金，承包组按月上交管理费。但只有2组人员参加承包。后因部分职工不参加承包，无法继续执行承包协议，年终又合并经营。至1999年，公司已连年出现亏损，无法偿还银行贷款本息及集资款，银行不再予以贷款，出现周转资金严重紧缺，物资市场占有率急剧下降。是年，公司采取“国有民营”经营方式，将公司所有门面内部发包，每5人承包一个门面，让职工自找出路，其余留守总公司人员则靠赊销民用爆破器材维持一般的运转。

第二章　市场建设

1991年，商品批发、零售市场县境南部以县城、北部以太平镇为中心，形成了较为全面的商业集中区，有各式各样的商业网点。各乡镇政府所在地集市均有集体、个体商品零售门店，规模较大的集市有濛江、金鸡、和平、天平等。村级有以供销社为主体的零售门店。全县有农贸市场24个，总占地面积16487平方米，总建筑面积20220平方米。此后，随着市场逐步放开，城镇化建设的不断发展，人民生活需求越来越大，商业经营场所日益扩大。1992年出现自选式商场。1994年，县政府动员社会力量参与市场建设，集贸市场建设进入快速发展时期。1995年后，商品经营场所逐步向规模经营发展，大型超市、专业商场不断出现。1999年，全县有各类农贸市场45个，其中县办市场38个，社会力量办市场7个。2001年6月，太平农副产品综合批发市场建成，市场占地面积9.14万平方米，建筑面积13.50万平方米，总投资7600万元。时为广西乡镇级规模最大的农贸市场，2003年，被列为国家农业部定点农贸市场。2005年，全县有农贸市场31个，城乡商业网点基本形成，以超市、商场、店铺适应不同人群的不同需求。

第一节　零售市场

1991年，县城商业零售经营场所主要集中于河西城区西江路、登俊路。以水巷口为中心，西江路往东至浔江与绣江交汇处角嘴，往西至粮所；登俊路往南至藤县中学。沿途商店鳞次栉比，总数约500多家。几乎集全城商品之精华，是县城最热闹的商业中心区。西江路有国营商业门店百货公司的第一、二、三商场和第六门市部；糖业烟酒公司的第二、三商店；五金交电化工公司的综合商场等。以经营高、中档电视机、电冰箱、洗衣机、电饭煲、热水器等家用电器，服装鞋帽及床上用品等百货商品，衣车、单车等工业品为主。各乡镇以政府所在地集镇为中心，供销社门市部为主。各村公所有供销社“双代店”。供销社系统有基层供销社19家，零售网点332个，主要分布各圩镇及较大行政村，有从业人员1918人。

1992年，县城南丰商场建成开业，位于西江路及登俊路交汇处（县城水巷口），主要经营服装、饰品、日用百货。同年，县百货公司将第一商场二楼开辟成批零兼营自选式商场，分设服装、床上用品及针织品、文化体育用品、家用电器、食品、日常生活用具用品共6个商品专营区，为藤县首家自选式商场。

1993年后，随着城乡建设的不断开发，个体商业的发展，农村商品经营场所迅速增加。太平、濛江、和平、金鸡、天平等较大的集镇各类商场逐步兴起。各村公所驻地及较大的自然村逐步形成农村商业网点。

1995年后，县城西江路的河堤市场与登俊路的新世纪商厦建成，与珠砂井菜市场结合起来，逐渐形成2

个新的个体经营商店群。以河堤市场为中心，往南至藤州大桥头，往北至角嘴，约有商店200多家，形成一个综合性的商业区；主要经营成衣、布匹、鞋袜、帽子、毛巾、被单、被套，锅、碗、瓢、盘、篮子、桶等小百货及针织品；还有锄头、铲、镰刀、柴刀、菜刀、钳子、泥箕、扫把等低值常用、挑选性不强，常用的生产、生活用具；以及电饭煲、压力锅、微波炉、电风扇、电炊风机、收音机、收录机、游戏机、打火机等家用电器及小型电子产品；此外，还有水泵、打谷机、水管、插秧机等农业生产机具；发夹、头饰、头花、针线、钮扣、橡胶带等小商品共计数百种。成为城乡居民的购物天堂，每逢圩期，人头涌动，热闹非凡。以新世纪商厦为中心，与藤州电影院紧密相连，形成登俊路东至县公安局路口，西至藤城中心小学校新的黄金商业地段，沿街排列商店约150多家，逐渐形成以经营高、中、低档服装为主的特色商业街，约有个体服装专营店50多家，适合不同层次的消费者。年内，百货公司在西江路，商业局楼下开设第五商场，经营针织、食品、日常生活用具用品等。

1996年9月，县百货公司租赁饮食服务公司的南丰商场改造为新万商场，专营男、女服装和童装，为藤县首家自选式服装专营商场。太平镇投资110多万元建成两层综合商业大楼，一楼开设万成商场，为藤县乡镇级第一家大型商场。投资40万元在濛江圩开设经营面积400平方米的百货商场。同年，县饮食服务公司将坐落西江路东方红饭店及照相馆、糕点门市改造成占地面积1200平方米的飞龙商城，总铺位120多个，主要经营服装、鞋类、化妆品、纺织品、布匹、文化用品及杂货。1996年后，随着县城河东区逐步建成，河东区商业逐步兴起。

2001年，藤县第一家大型超市永丰超市开业。位于县城河西区登俊路。为浙江商人承包县糖业烟酒公司的永丰商场后改造而成。超市共有二层，首层主要经营日用品、百货、杂货、食品、酒、化妆品、服装等，二楼专营家私及办公桌椅。同年，随着县城河东区政府广场的建成以及住宅建筑群的迅速发展，围绕政府广场，县汽车站，以及安泰等新型住宅区群及藤州大道转盘，新的个体商店亦悄然兴起。县汽车站往北至转盘路段，约有商店100多家，有经营钢筋、水管、铝合金门窗等建筑材料商店，各种功率电动机、水泵等工程器械商店，摩托车维修店，安泰超市以及中小日用百货商店。藤州大道东起县防疫站，西至藤州大桥头路段，有手机专营商店，以及水泥、钢筋、石灰、瓷砖等建筑材料专营店。

2003年，玉林皆用商贸公司承包县百货公司位于县城河西区西江路第一商场，改造为皆用百货超市。该超市共有二层，首层主要经营日用品、百货、杂货、食品、化妆品、酒及家用电器等，二楼主营服装、针织品、床上用品。

2005年，全县城乡商业网点基本形成，以超市、商场、店铺适应不同人群的不同需求。

第二节　农副产品批发市场

太平农副产品综合批发市场

2000年10月，通过招商引资引进梧州市百佳市场发展有限责任公司在太平镇泰州北路投资兴建太平农副产品综合批发市场，于次年6月建成投入使用。市场总占地面积9.14万平方米，建筑面积13.50万平方米，总投资7600万元。有综合交易场5个，属框架式结构，占地面积3.45万平方米；有商铺200多间，摊位500个；商住两用房363户，住宅建筑总面积10.04万平方米。市场内街道纵横交错，可环迴通行。该批发市场为藤县北部大宗农产品集散地，是一座具有现货交易、电子商务、生产加工、办公居住、储运服务等功能的现代化大型农副产品综

太平农副产品综合批发市场，是当时桂东南最大的农副产品综合批发市场　（2002年摄）

合批发市场，时为广西乡镇级规模最大的农贸市场。经营品种以西甜瓜、荔枝、粉葛、香芋为大宗，以及龙眼、杧果、苹果、香梨、柑橘等各种时应水果，各式南北干菜、河鲜海鲜、禽蛋、杂粮等。市场内设20多平方米的电子显示屏，连接国家农业部农副产品信息网站，公布即时场内农副产品价格，以及国内外农产品行情信息。每逢西瓜、荔枝、粉葛、香芋等农产品上市季节，交易尤其活跃。市场贸易除覆盖县境北部乡镇外，还辐射相邻的平南、蒙山、昭平、苍梧等县，吸引广东、上海、福建、浙江等地商贩前来交易，市场为各地客商牵线搭桥、疏通渠道，提供仓储、运输等服务。2003年，被列为国家农业部定点农贸市场。至2005年，年均交易额1810万元，最高日交易额180万元。

古龙八角市场

2002年，由古龙镇政府投资350万元建设古龙八角市场，占地面积2.67万平方米。主要经营大红八角批量收购、调运、批发。2003年，县委、县政府大力改善投资环境，完善市场配套设施，协助八角经营大户先后建造古龙光华晒场、铭宇八角场和古龙专业八角市场等10个八角专业批发市场，专业市场内有大型八角加工场和储存仓库10多个，占地2.33公顷，有500个铺位，形成广西最大的八角专业批发市场之一。至2005年，市场年贸易量3000吨干果。贸易活动辐射全县各乡镇及周边的蒙山、苍梧、昭平等县。

第三节　集贸市场

圩市

1991年—2005年，全县20个乡镇镇政府驻地均设有圩市，村一级的圩市有金鸡旺国、濛江龙章界、岭景新村。其中较大的圩市有藤城、太平、濛江、金鸡。藤城镇圩期为逢农历二、五、八日，太平、濛江集市为逢农历一、四、七日，金鸡为逢三、六、九日。每逢圩期，集市摆满各种农副产品、农资工具、瓜果菜蔬、鱼肉禽蛋等。

农贸市场建设

1991年，投资24.60万元建设和平市场综合楼和天平新大市场。年底，全县共有农贸市场24个，总占地面积16487平方米，总建筑面积20220平方米。其中钢筋混凝土结构市场9个，砖瓦木结构13个，简易市场2个。每个乡镇圩市均有集贸市场，全年全县市场成交额1.22亿元。1992年—1993年，共计投入资金474.50万元，主要用于市场改建、扩建、续建以及市场内配套设施建设。其中，投资10万元改造和平市场，面积1000平方米；投资13万元改造平福市场，面积600平方米；改建太平猪花市场计1000平方米；投资40万元扩建宁康市场1660平方米；投资30万元建设潭东市场1984平方米。

1994年，县人民政府出台《关于加快集贸市场建设若干规定》，动员社会力量参与市场建设，集贸市场建设进入快速发展时期。是年，县成立集贸市场建设领导小组，统一规划，统一布局。县工商局通过向银行贷款和向职工集资方式筹集资金646万元新建、续建市场3个，面积14180平方米。其中投资480万元续建太平河塘市场1150平方米；投资150万元新建金鸡市场1700平方米。投资16万元建和平石桥市场980平方米。1995年，投入资金290万元，扩建、改建市场6个，面积8675平方米。其中投资120万元建设藤城河堤市场，面积5000平方米；投资30万元建设古龙市场675平方米；投资20万元续建金鸡市场500平方米；投资120万元续建濛江市场2500平方米。1995年，津北市场于被洪水毁坏。1996年，由私人出资建设太平园岭市场，面积400平方米。1998年，投资63万元扩建象棋市场1500平方米，维修和翻新面积2500平方米，增添市场牌、标价牌400多块，添置摊板、公平秤、灭火器等设施。1999年，投资20万元，扩建藤城朱砂井市场。地尾水泥预制场改为水果市场。

至1999年底，全县共有各类市场45个，其中县办市场38个，盖荫面积5.81万平方米；社会力量办市场7个，盖荫面积1.01万平方米。2000年，东荣市场列入危房并进行拆除；太平圩心市场、和平石桥市场列入危房。2001年，古龙市场进行改建。12月，岭景猪花市场转让。2003年9月，濛江大米市场处置转让。2004年，县市场开发服务中心与县粮食局合作，投资150万元在西厚街旧粮所处兴建占地面积5000平方米的二元市场（后改名金华商贸城），专营成衣、布匹、鞋帽等商品。2004年1月，金鸡猪花市场处置转让，是年，因县城河西防洪堤建设，拆除河堤市场。

2005年，全县共有农贸市场31个，其中藤州镇5个、大黎镇3个、金鸡镇3个、和平镇5个、岭景镇2个、天平镇1个、太平镇2个、古龙镇1个、塘步镇3个、埌南2镇个、平福乡1个、象棋镇1个、同心镇1个、新庆镇1个。有2个规模较大的农产品综合批发市场：太平农副产品综合批发市场，属国家农业部定点的农产品批发市场；古龙八角批发市场。全年全县市场成交额3亿元。

1999年—2005年，集贸市场累计成交额17.24亿元，年均2.46亿元。共收市场设施租赁费1726.70万元，年均246.70万元。

朱砂井市场　　（2004年摄）

1991年—2005年藤县县办集贸市场一览表

表13-2-1

市场名称	坐落位置	占地面积（平方米）	建筑面积（平方米）	投入使用时间	建筑投资（万元）	结构	经营种类	备注
大黎旧市场	大黎镇大黎圩	600	600	1965	10	瓦木	成衣、杂货等	
东荣市场	东荣镇东荣圩	570	570	1965.05	2	瓦木		危房，2000年拆除
金鸡旧市场	金鸡镇旧街	240	240	1966.08	10	砖瓦木	大米、果品、生产用具等	
和平市场	和平镇和平圩	530	530	1972	10	瓦木	肉、禽、蛋、水产品等	
岭景皇村市场	岭景镇皇村	100	100	1976	1	瓦木	肉类、禽、蛋、水产品、成衣等	长期出租
天平市场	天平镇天平圩	1200	2456	1980.06	50	框架	肉类、禽、蛋、水产品、成衣、	
硃砂井市场	县城河西区	1391	2444	1982	260	框架	肉类、水产品、禽蛋、杂货、蔬菜等	
太平圩心市场	太平镇太平圩	600	1200	1982	26	框架	成衣、饮食等	危房
古龙市场	古龙镇古龙圩	1702	1702	1982	40	框架	肉类、禽蛋、水产品、成衣、超市	2001年改建
和平肉菜市场	和平镇和平圩	650	650	1984	35	砖瓦木	肉类、禽蛋、水产品、蔬菜等	
和平石桥市场	和平镇石桥村	717	717	1984	14	砖混	肉类、禽蛋、水产品、成衣等	危房
南安旧市场	塘步镇南安村旧街	322	322	1984	2	砖木	肉类、禽蛋、水产品、蔬菜、成衣	
藤城北市场	县城河西区	1384	1384	1986.01	70	框架	肉类、禽蛋、水产品、熟食、杂货	
埌南旧市场	埌南镇	1030	1030	1986.03	35	框架	肉类、禽蛋、水产品、熟食、蔬菜	
金鸡猪花市场	金鸡镇新区	464	464	1986.01	20	框架	仔猪、幼畜禽等	2004年1月处置转让
金鸡旺国市场	金鸡镇旺国村	500	500	--	5	简易	竹器加工	
濛江大米市场	濛江镇濛江圩	450	450	--	20	瓦木		2003年9月处置转让
大黎市场	大黎镇大黎圩	1150	1150	1987.07	25	瓦木	肉类、禽蛋、水产品、成衣等	
岭景市场	岭景镇岭景圩	1068	1068	1988.08	30	砖混	肉类、禽蛋、水产品、烧腊、成衣	
岭景猪花市场	岭景镇	357	357		6	瓦木		2001年12月转让

续表

市场名称	坐落位置	占地面积（平方米）	建筑面积（平方米）	投入使用时间	建筑投资（万元）	结构	经营种类	备注
埌南市场	埌南镇	550	970	1989	30	框架	超市、家私	
藤城西市场	县城河西区	776	1200	1990.01.	126	框架	肉、禽、蛋、水产品、熟食、杂货等	
和平猪花市场	和平镇和平圩	270	270	1991.04.	7	瓦木	仔猪	
和平南区市场	和平镇和平圩	416	416	—	10	简易	农产品	
太平猪花市场	太平镇太平圩	943	943	1992.11.	30	框架	猪花、鸡、鸭苗	
宁康市场	大黎镇宁康街	1300	1300	1993.01.	25	瓦木	肉类、水产品、成衣等	原宁康乡
平福市场	平福乡平福圩	497	497	1993.06.	20	砖混	肉、禽、蛋、水产品、饮食等	
象棋新市场	象棋镇象棋圩	364	364	1993	10	简易	肉、禽、蛋、水产品、成衣等	
象棋旧市场	象棋镇象棋圩	259	259	—	10	砖瓦木		2002 年 4 月转让
潭东市场	藤州镇潭东村	1800	1800	1993.12.	30	瓦木	肉类、水产品等	
津北市场	藤州镇津北村	150	150	1993.12.	1	瓦木		1995 年被洪水毁坏
南安市场	塘步镇南安村旧街	800	1200	1993	36	框架		闲置
赤水旧市场	塘步镇赤水村街	2000	2000	1993	30	砖瓦木	肉、禽、蛋、大米、成衣等	
同心市场	同心镇	450	713	1993.12	20	框架	肉、禽、蛋、蔬菜、成衣等	
藤城河堤市场	藤城镇	5000	5000	1995.03	150	简易	成衣布匹、百货针织品、家禽等	2004 年建防洪堤拆除
新庆市场	新庆镇大路圩	1103	1432	1996.01	38	砖瓦木	肉类、禽、蛋、水产品、成衣等	
金鸡市场	金鸡镇新区	1200	1200	1996.05	80	框架	肉类、禽、蛋、蔬菜、成衣、饮食	
金华商贸城	藤州镇西厚街	5000	5000	2004	150	简易	成衣、布匹、鞋类等	与粮食局合作投资

第三章　商品购销

1991 年，商品经营门类主要有农副产品、百货、针纺织品、五金、化工、糖业烟酒、医药商品、粮油食品、农业生产资料的批发与零售。县城商业以商业局旗下各公司为主体，乡镇则以基层供销社为主导。商品零售，国营和集体商业占年总量的 48.99%，其余 51.01% 为个体经营。此后，随着消费品市场逐步由计划经济向市场经济转化，传统的生产资料、农副产品、日用工业品、药材等商品购销以市场调节为主，实行议购议销；粮食市场逐步放开；食盐、烟草等特殊商品实行专营专卖。商品种类繁多，市场购销两旺。1992 年，全县商业零售总额 35679 万元，其中国营和集体商业零售额 13428 万元占 37.64%，个体有证商业零售额 15451 万元占 43.31%。国营、集体商业与个体经营所占份额逐步拉大。此后，国有商业及供销社集体商业不断调整经营策略，实行内部承包改制，允许旗下各公司及门店跨行跨业经营，并采取有奖销售、联购分销，联合举办供货会、补货会，送货下乡、上门推销等多种营销手段，努力扩大商品购销业务，巩固商品经营地位。由于商品经营市场逐步放开，当地政府对个体私营经济引导和扶持，个体商户不断增加，经营规模日益扩大。加之个体商户在经营上具有灵活性、多变性及机动性，市场经营主体地位不断增强。2005 年，全县社会消费品零售总额 18.07 亿元。其中国营和集体商业社会消费品零售总额 3.40 亿元，占社会消费品零售总额 18.80%；私营及个体商业社会消费品零售总额14.67亿元，占81.20%。私营及个体商业完全成为商业市场的主体。

第一节　日用工业品

据1991年—2000年国有商业企业统计，国营商业百货类商品销售额总计7063万元，年均销售706.30万元。最高销售年份为1993年1361万元，最低销售年份为1999年352万元。

自行车、缝纫机、手表

20世纪70—80年代需凭指标分配或侨汇券购买、被人们视为奢侈品的自行车、缝纫机、手表等商品，自90年代初开始入货渠道宽阔畅通，货源充足。据1991年—2000年国有商业企业统计，共销售自行车19829辆，最高销量年份为1993年4951辆，最低销量年份1999年127辆。所售均为国产自行车，如凤凰、永久、五羊、飞鸽等牌子。28寸凤凰自行车零售价为346元，26寸永久车为280元。90年代中期，县城已有自行车专营店出现，品种不断增多，样式不断更新。至2005年，自行车款式有山地型、跑车型、助力型、折叠型等，颜色各异，轻巧新潮，价格400~2000元不等。缝纫机，多作为家庭对衣服缝补和简单布料加工所用。1991年—2000年共销售3672台，最高销售年1991年912台，最低销量年1999年27台。牌子有飞人、蜜蜂、华南等；期间，有小型电动型缝纫机出售，多为成衣加工行业使用。90年代，成衣市场迅速发展，货源充足、品种丰富，价格便宜，居民对衣服缝补和布料加工逐渐减少。2000年后，缝纫机除专业人士使用外，家庭已很少购置。2005年，藤县市场没有商店出售缝纫机。手表，1991年—2000年共销售33165块，最高销量年为1993年6700块，最低销量年1998年600块。销售的手表多为国产手表如东风、上海等牌子，价格每块120元左右。也有少量的外国品牌手表如欧米茄、英纳格等出售。90年代出现电子手表，价格便宜、走时准确、款式新颖，最低售价每块10元人民币，成为大众消费的热门商品。随着BB机、手机的普及，人们可在BB机、手机里获知时间，手表消费群体多为学生，高档手表作为饰品。

纺织品

1991年—2000年，国有商业纺织品类商品销售额878万元；针织品类销售额3083万元。其中棉布销售118万米，汗衫背心55.87万件，棉毛衫裤19万件，毛线2.56万千克。服装、针纺织品在用料、款式上越来越精美，使用材料有棉、麻、毛、丝等。毛巾、被单制品由单件出售逐渐配套化、装饰化出售，款式新颖。期间出现床上用品、内衣、童装等专卖店。1995年，县饮食服务公司改建藤县酒家为120个铺位以经营服装为主的飞龙商城。此后，随着河堤服装市场的建成，以及县内各大商场的开张经营，经营服装的个体商店不断增加。2005年，各种各样的服装在藤县均有销售，国内、国际大品牌的服装在县城也已经开始销售。

家用电器

1991年—2000年，国有商业家用电器类销售额2800万元。其中电风扇销量34515台。电视机销量7366台，其中彩色电视机1950台。彩色电视机最初以35厘米（俗称14吋）、44厘米（俗称17吋）的芦笛、金星、牡丹牌较为顾客青睐。此后，64厘米（俗称25吋）以上的彩电逐步成为主流。洗衣机多是半自动式。收音机逐渐被收录音机代替；同时出现CD机、VCD机、组合音响、家庭影院等。1993年—2000年电冰箱销量1146台，主要品种有华凌、容声等牌子。1993年后，抽油烟机、热水器才进入藤县市场，至2000年分别销售889台、943台。2005年，市面销售的冰箱有单门、双门、三门等款式，主要品牌有西门子、华凌、海尔等。洗衣机多是全自动，主要品牌有小天鹅、威力、金羚、海尔、松下等。电视机有彩色直角平面、纯平面带遥控等款式，主要品牌有芦笛、金星、牡丹、长虹、康佳、日立、飞利浦等。家用电器还有空调器、电磁炉、微波炉、电烤箱、电饭煲、电熨斗、吸尘器、电热毯和电暖炉等。有专营家用电器商店。

其他商品

1991年—2000年，国有商业五金机械类商品销售额1119万元。交电类商品销售额2363万元。铝锅50490只，肥皂23179箱，香皂49.87万块，洗衣粉29.68万千克，胶鞋118.87万双，电池170.20万个。洗涤用品由过去的肥皂、香皂单一品种增加到高效、特效洗衣粉，各种洗发液、沐浴液等品种。化妆品由雪花膏

皆用超市　　（2005 年摄）

发展到各种防晒、美白、除皱等系列。民用照明灯具由实用型向装饰型发展，从普通灯泡发展到吸顶灯、壁灯、吊灯、台灯等。家具由普通的木制家具发展到硬木、金属、皮质、布艺、竹藤等材质，分高、中、低档；由整体式发展到组合形式，方便实用。很多日用小商品，由过去的铁、木材质改用塑料材质，如梳洗用具、盆、桶等，既便宜轻巧，又实用美观。1991 年—2000 年，文体用品类销售额 774 万元，其中各种纸张销量 138.30 吨。随着签字笔的出现，因其兼有自来水笔及圆珠笔的特性而备受机关、企事业单位的喜爱。2005 年，有家具专营商店。

第二节　副食品

1991 年—2000 年，藤县副食品主要有食糖、糖果、饼干、糕点、茶叶、调味品、乳制品、豆制品以及烟、酒、饮料等。国有商业销售各式糖果 269.30 吨，各式饼干、糕点 327.90 吨，奶粉 62.70 吨。糖业糕点类销售额 1542 万元。

食糖

20 世纪 80 年代，国家对食糖购销实行宏观调控，由糖业烟酒公司统购统销。县内藤州、太平两个糖厂生产的食糖，由梧州地区糖业烟酒公司分配下达指标进行调拨销售，县糖业烟酒公司实行统购。1991 年，对食糖的产销完全放开，县内藤州、太平两糖厂生产的食糖可以自行销售。当年县糖烟酒公司从商业外购进国产食糖 5469.40 吨，其中白砂糖 4524 吨、赤砂糖 944.50 吨、冰糖 0.90 吨。对外销售 6214.30 吨，合计销售额 1365.15 万元。白砂糖零售价每千克 3.20 元左右。1991 年—2000 年，国营商业系统食糖总销量 12817.80 吨，最高销售年为 1991 年 6214.30 吨，最低销售年 2000 年 3.50 吨。食糖类销售额 2957 万元。2005 年，全县所有超市、商场、杂货店、便利店均有食糖销售。

酒类

20 世纪 80 年代，国家对酒类的产销进行适度调控，对国产名酒实行计划分配。藤县名酒类购销由梧州地区糖业烟酒公司统一下达购销指标。1990 年后，国家对名酒购销完全放开，生产厂家可自行组织销售。地产名酒、白酒均由各地主营单位组织购销，省外名酒、白酒一般由地市级主营单位组织购销。1991 年，县糖烟酒公司从商业外购进各类酒 256.20 吨，从商业内购进 88.60 吨，共 344.80 吨。其中啤酒 117.40 吨、色杂酒 161.00 吨、白酒 66.40 吨。国有商业酒类销售以批发为主，多为售给个体商户和集体所有制商户。当年对商业批发销售 286.80 吨，其中啤酒 103.50 吨、色杂酒 132.60 吨、白酒 50.70 吨；对商业外销售 35.70 吨。销售额合计 142 万元。当时茅台酒每瓶(500g) 零售价 98.70 元。1999 年 7 月 1 日，实施《广西壮族自治区酒类管理条例》，规定经营酒类商品必须办理经营许可证。县经贸局负责县内酒类零售许可证办理，当年办理发放“酒类零售许可证” 550

城北市场　　（2005 年摄）

份。1991 年—2000 年，县糖烟酒公司酒类销售 1586.70 吨，销售额 1000 万元。其中最高销售年为 1992 年 400.20 吨，最低为 1998 年 16.30 吨。2005 年，全县所有超市、商场、杂货店、便利店等都有酒类销售。

猪肉

20 世纪 80 年代初，生猪实行派购政策，县食品公司负责生猪购销。1985 年 2 月，国家取消生猪派购政策，生猪的购销经营放开，价格放开，议价购销。1991 年—1997 年，县食品公司生猪销售总数 16.86 万头，其中外调 10.61 万头，内销 6.25 万头。外调活猪主要销往梧州市和广东省。1998 年，实施国务院《生猪屠宰管理条例》和《广西壮族自治区家畜屠宰管理条例》，对生猪实行“定点屠宰，集中检疫，统一纳税，分散经营”制度。县食品公司负责全县生猪定点屠宰服务，当年生猪进点屠宰量比 1997 年增加 5.60 万头。1991 年—2000 年，县食品公司销售鲜猪肉合计 6131.50 吨。1991 年—2005 年，全县猪肉销售以个体屠宰商销售为主，由屠宰商进村或到养殖场收购生猪，经屠宰、检验后在农贸市场随行就市销售。

1991 年—2000 年藤县国营商业系统主要副食品销售量统计表

表 13-3-1

年度	食糖(吨)	糖果(吨)	糕点(吨)	卷烟(百条)	酒(百升)	食盐(吨)	奶粉(吨)	鲜猪肉(吨)
1991	6214.30	50.60	69.90	7856	3448	41.20	8.23	1035.20
1992	359.50	66.70	76.50	5466	4002	34.00	9.15	958.70
1993	3832.20	59.10	54.50	3429	2868	31.20	12.30	776.70
1994	545.70	41.80	60.60	1257	2001	10.70	8.90	255.40
1995	646.10	26.20	27.90	275	1873	3.20	5.90	364.90
1996	1195.90	9.90	14.60	99	881	0.10	5.40	698.90
1997	5.10	4.20	8.90	18	204	0.30	3.10	601.00
1998	5.10	3.50	4.40	13	163	0.40	2.60	210.70
1999	10.40	4.10	5.70	11	230	0.80	2.60	604.40
2000	3.50	3.20	4.90	12	197	0.80	4.50	625.60
合计	12817.80	269.30	327.90	18436	15867	122.70	62.68	6131.50

注：数据来自商业系统报表，2001 年—2005 转为个体经营，无报表反映

第三节　医药　石油

医药

1991 年，县医药公司在县城有公司大楼门市部、第一门市部、第三门市部、西药仓、药材收购站。下辖太平、濛江医药批发部及中转站。全年销售收入 599.86 万元，实现税金 12 万元，盈利 16.53 万元。2003 年，销售收入 1100.20 万元，上缴税金 19.73 万元，盈利 31.93 万元。2004 年 4 月，公司转换经营机制，由原班子成员集体租赁经营。2005 年，销售收入 442.83 万元，税金 2.99 万元，亏损 10 万元。1991 年—2005 年，累计销售收入 9182 万元，实现税金 251.74 万元，亏损 880.51 万元。

1991 年—2005 年县医药公司购销情况表

表 13-3-2　　单位：万元

年度	购进额	销售额	实现税金	利润
1991	507.77	599.86	12.01	16.53
1992	533.00	631.38	14.84	28.60

续表

年度	购进额	销售额	实现税金	利润
1993	531.50	735.07	19.73	31.93
1994	497.60	496.49	10.41	0.53
1995	604.00	723.59	13.12	-381.40
1996	635.00	724.55	28.80	-357.60
1997	520.00	530.10	31.69	-29.26
1998	347.00	422.94	23.76	-45.74
1999	369.00	531.00	26.00	-22.34
2000		333.32	17.90	-31.89
2001		238.33	12.08	-68.69
2002		649.17	12.93	-19.26
2003		1100.20	19.73	31.93
2004		657.95	5.75	-18.04
2005		442.83	2.99	-10.02
合计		8047.45	251.74	-874.72

注：数据来自经贸局报表。利润合计为盈亏相抵后

石油

1991年，全县有藤城油库、濛江油库2个储油库，有河东加油站、太平加油站，以及其他石油供应站（点）。固定资产原值136万元。1994年，在距县城南梧二级公路与藤（容）公路交汇处，建成富吉加油站。1999年5月，增设潭东加油站。年末，有销售网点6个，固定资产原值增至489万元。1991年—1999年，累计购进成品油90926吨，其中汽油21829吨、柴油64705吨、煤油2786吨、润滑油1606吨；累计销售成品油90870吨，其中汽油21815吨、柴油64699吨、煤油2766吨、润滑油1590吨。

第四节　专卖　专营

烟草

卷烟销售　1991年，县内卷烟销售实行由委托点、代批点、联销点向零售户批发，由烟草公司供货。全年发放烟草批发许可证8份，个体办证418份。全年销售卷烟10206.70大箱，销售金额1233.15万元，实现利润33.32万元，缴纳税金8.37万元。

1994年，开展全国性换发经营许可证工作，共计换发批发许可证22份；零售许可证839份，其中国营、集体102份，个体737份。

1996年，将销售任务分解到各下伸网点，并采取送货或支付运杂费给代批点等办法，调动经营者的积极性，全年销售卷烟10128大箱，金额3441万元，同比增加860万元，增长33.32%；获利153万元，同比增加56.30万元，增长58.22%；缴纳税金71万元，同比增加7.50万元，增长11.81%。

1997年，在县城及太平分别设立配送部，配备专车、专人，对零售户的销售实行管销配送制。卷烟销售量持续增长。2000年，销售卷烟12856大箱，比1991年增加2649.30大箱，增长25.96%；销售金额4188万元，是1991年的3.40倍；实现税利221万元，是1991年的5.30倍。

2001年起，围绕“一要规范、二要改革、三要创新”的行业指导思想，通过开展打击跨县、跨区域贩运卷烟、走私烟、假冒商标卷烟等违法犯罪专项活动。卷烟销售量稳中有升。

2005 年，销售卷烟 17534 大箱，是 1991 年的 1.72 倍；销售金额 11994.56 万元，是 1991 年的 9.73 倍；缴纳税金 315 万元，是 1991 年的 37.63 倍。2001 年—2005 年，累计销售卷烟 73367 大箱，销售金额 3.62 亿元。

执法稽查　1991 年，主要会同县公安局及水上派出所、航监局等部门单位开展打击陆上、水上走私卷烟专项行动，计出动人员 800 人次，检查船只 1800 艘；查处违章案件 208 起，立案 51 起，罚款 13.15 万元；没收卷烟 9258 条，其中走私卷烟 1226 条，征收卷烟 2955 条。

1996 年，开展执法专项行动，重点检查委托代批点。计检查车辆 236 台，船只 56 艘。端掉贩运烟草窝点 23 个，立案查处违法案件 65 件；没收走私卷烟 2890 条、收购卷烟 19.13 万条，没收国产卷烟 14045 条，罚没收入 72 万元。

1997 年，成立烟草稽查中队，烟草执法稽查工作步入常态化。是年，开展打击跨县、跨区域贩运卷烟、走私烟、假冒商标卷烟等专项活动，全年共立案 110 起，其中大案 5 起、特大案 3 起；挖出窝点 23 个，打击钉子户 9 个；没收走私卷烟 130 件，假冒卷烟 180 件；查处非正常渠道购进卷烟 716 件；罚没收入 118 万元。

2002 年，全年立案 25 起，端掉非法贩运卷烟窝点 12 个，查扣各种非法卷烟 155 件，其中走私烟 98 件、假冒商标卷烟 57 件；收缴烟叶、烟丝共 37.30 吨；罚款 30.30 万元。

2004 年，捣毁贩藏假烟窝点 5 个，行政拘留 1 人，移送公安立案侦查刑事拘留 1 人；查扣卷烟 444.30 件，其中假冒商标卷烟 136.50 件，走私卷烟 155 件，非正常渠道卷烟 152.80 件；收缴烟叶、烟丝 2.25 吨；罚款 66.23 万元。

2005 年，查扣各种非法卷烟 684.18 件，其中假冒商标卷烟 442.34 件，走私烟 135.56 件；收缴烟叶、烟丝共 0.80 吨；端掉窝点 3 个；罚款 50 多万元。

食盐

1991 年，食盐属国家专买商品。食盐购进，实行自治区指令性计划统一调拨。货源既有区内的，也有全国各地的。县内购销基本保持平衡，每年购进量保持在 6000 吨左右；其中食盐、腌制盐、工业用盐的比例为：5400 吨、500 吨、100 吨。由国家食盐专营批发企业，按国家计划购进，各类盐主要供应商业企业、供销社、大型超市以及零售店。国家统一定价，统一管理。

至 2000 年累计销售额 4038 万元，实现利润 195 万元，上缴国家税金 348 万元。1991 年—2000 年，藤县盐业部门共处理违章、违法盐案 74 起，没收私盐 113 吨。2001 年—2005 年，累计销售额 2018 万元，实现利润 128 万元，上缴国家税金 180 万元。共处理违章、违法盐案 60 起，没收私盐 90 吨。

第五节　物资经营

1991 年，县物资局经营的主要项目有钢材、有色金属、机电产品、汽车轮胎、烧碱、纯碱、水泥、玻璃、废旧金属回收等。1992 年，随着市场的开放，经营物资业务的私营个体及集体业户发展势头迅猛，物资流通市场竞争激烈。县物资局全年物资购进 1754 万元，同比增长 83%；物资销售 1824 万元，同比增长 80.89%；其中销售钢材 3779 吨，汽车 55 辆；上缴各种税金 23.63 万元，同比增长 55.77%，实现利润 9.50 万元。

1993 年，县内造船业因资金短缺减半生产，物资公司大量的船用板材及钢材等物资积压，资金周转出现困难。至 1995 年，经营累计亏损 297.60 万元。1996 年，物资公司主要经营炸药、雷管、火索等民用爆破器材业务。1999 年，公司推行“国有民营”经营方式，所有门面发包职工自行经营。

第六节　农业生产资料经营

1991 年，全县农业生产资料化肥、农药的经营，执行国家农资专营政策，由县供销社专营，实行统一购进，销售价格由县物价部门实行国家定价。是年，全县供销社系统共有农资经营网点 137 个，从业人员 450 人，全年农资商品购进总额 4799 万元，销售总额 5646 万元。1998 年，实行农资流通体制改革，农资商品经营市场全面放开，由供销社单一经营转变为多渠道、多种经济成分参与经营，县农业局，农业技术推广站等涉农部门开始经营农资，县农业局成为主管农资商品经营管理部门，供销社仍为农资经营主渠道。是年，全供销社系统农资商品购进总额6997万元，销售总额5524万元。此后，受供销社社员股金风波影响，农资商品经营每况愈下，市场占有份额逐渐萎缩，个体私营商户由于经营灵活性强逐渐抢占市场。2001年后，随着供销社系统经营承包责任制的完善，农资商品销售逐渐回升。2005年，全供销社系统有农资经营网点203个，农资商品购进总额1.02亿元，销售总额1.17亿元。个体经营商户遍布乡村。

化肥　农药

1991年，全县化肥、农药经营，以供销系统经营为主。化肥品种主要有尿素、碳铵、普钙磷肥、钾肥、复合肥等，农药主要有杀虫剂、杀菌剂、除草剂3大类共70多个品种。县供销系统除碳铵直接从县内濛江氮肥厂购进、普钙磷肥直接从区内贵港厂家购进外，其余品种基本从县外各级农资公司以及区外的广东省进出口公司购进。一般由县农资公司统一购进后调拨各乡镇基层供销社和各经营点销售。全年供销系统销售尿素1.03万吨，碳铵2.23万吨，普钙磷肥2.06万吨，钾肥3352吨，复合肥4768吨；销售农药38.54万千克。全县全社会销售化肥（实物量）6.94万吨，其中氮肥3.16万吨，磷肥2.15万吨，钾肥0.87万吨，复合肥0.77万吨。1992年起，为保证化肥、农药质量和供应，全供销社系统实行联购分销，由县社逐月下达各基层社销售任务，完成销售量后允许到外地采购进货。1994年下半年开始，全系统农业生产资料经营门店实行"大包干"责任制，放开经营权，由县社确定各门店上交任务，职工自由组合、自负盈亏、自主经营。是年，全县全社会销售化肥（实物量）6.59万吨，其中氮肥2.79万吨，磷肥2.00万吨，钾肥0.86万吨，复合肥0.93万吨。农药销售779吨。

1997年后，随着农资商品私有化经营市场逐渐扩大，供销社系统尿素、碳铵、普钙磷肥、农药等销售量持续下降，个体、私营户不断扩大。全年全县全社会销售化肥（实物量）6.27万吨，其中氮肥2.62万吨，磷肥1.83万吨，钾肥0.88万吨，复合肥0.94万吨。农药（实物量）销售643吨。2000年，全年供销社系统销售尿素5343吨，比1991年减少4921吨，下降47.94%；碳铵1.20万吨，比1991年减少1.03万吨，下降46.19%；普钙磷肥0.91万吨，比1991年减少1.15万吨，下降55.83%；农药17.78万千克，比1991年减少20.76万千克，下降53.87%。全县全社会销售化肥（实物量）6.15万吨。农药（实物量）销售836吨。2003年，全县全社会销售化肥（实物量）6.32万吨。农药（实物量）销售739吨。

2005年，全县供销系统经营化肥、农药网点90个，比1991年减少31个。全年销售尿素7853吨，碳铵1.66万吨，普钙磷肥1.35万吨，复合肥1.22万吨，农药222.3吨。全县全社会销售化肥（实物量）7.26万吨。农药（实物量）销售791吨。

农具　农用薄膜

1991年，县供销系统经营的农具品种主要有农用薄膜及镰刀、锄头、铁锤、铁铲、铁锹、犁、耙等一些常用性小型农具，约有品种40多个，以农用薄膜售量最大。一般直接从生产厂家购进或通过上级农资公司调拨。除县农资公司各门店销售外，基层供销社由生产门市部经营。是年，供销系统销售农用薄膜52.5吨，其他农具各品种约在12000把左右。1994年后，个体专营、兼营摊档逐渐增多，由于其极具灵活性而逐渐占有大部分市场份额，供销系统销售量日益衰减。是年，全县农用薄膜销量359吨。2000年，全供销系统销售农用薄膜0.76万千克，比1991年减少4.49万千克，下降85.52%。全县农用薄膜销售量308吨。2005年，农用薄膜销售仅0.93万千克，其他农具销售仅2000把左右。除一般门店常年有售外，相当部分需求者是通过摊档购买。全年全县农用薄膜销售量455吨。

1991年—2005年供销社部分农资商品销售情况表

表13-3-3

年度	尿素(吨)	复合肥(吨)	碳铵(吨)	普钙磷肥(吨)	农用薄膜(吨)	各种化学农药(吨)
1991	10264	4768	22345	20582	52.5	385.4
1992	9097	5287	22603	17623	49.4	368.2

续表

年度	尿素(吨)	复合肥(吨)	碳铵(吨)	普钙磷肥(吨)	农用薄膜(吨)	各种化学农药(吨)
1993	10987	7690	15046	15743	49.2	311.3
1994	9414	8095	10273	10917	34.0	300.9
1995	8552	9005	17775	14537	50.2	364.0
1996	9615	9638	15286	11994	26.4	348.0
1997	7455	8085	14486	11000	27.3	372.1
1998	6362	9790	15226	4491	14.4	338.5
1999	1318	2046	5015	3238	5.9	43.8
2000	5343	8224	11990	9114	7.6	177.8
2001	5664	8717	12700	9660	8.1	188.5
2002	6050	9327	13589	10336	8.8	201.7
2003	6534	10150	14300	11180	9.0	210.0
2004	7130	11080	15110	12190	8.5	221.0
2005	7853	12190	16625	13457	9.3	232.3

第七节　农副产品购销

1991 年，县内大宗农副产品松脂、木薯、篙竹统一由供销社系统收购，西瓜、八角、桂皮等仍以供销社收购为主渠道。是年，县政府为保证藤县松脂厂、藤县南方淀粉厂生产原料的供应，保证县财政农林特产税税收，发出了《实施松脂、木薯收购归口管理》通告，对松脂、木薯实行统一收购，定向调拨。并规定供销社收购的松脂统一调拨给藤县松脂厂，木薯统一调拨给藤县南方淀粉厂。其时，县成立松脂办（临时机构），专门管理松脂购销事务，并由松脂办牵头抽调林业、工商、地税、供销、生产厂家等部门人员组成工作队，在天平、南安、赤水、埌南、同心、东荣、大黎等乡镇公路及水上交通要道设置关卡，日夜巡逻守候；防止大宗农副产品外流。当年，全供销社系统设置收购网点 90 多个，全年收购松脂 1.95 万吨、木薯干片 6241 吨、桂皮 233 吨、篙竹 47.65 万根，农副产品购销总额 632 万元。1992 年—1993 年，为松脂、木薯收购丰景年，农副产品购销总额维持 800 万元以上。1995 年开始，受市场大环境影响，生产厂家产品滞销，导致供销社收购资金不能及时回笼，农副产品收购量下降。因而，个体经营户及社会资金逐渐渗入农副产品收购市场，使松脂、木薯、篙竹等大宗农副产品外运外销严重。1998 年开始，受供销社社员股金风波影响，收购资金出现短缺，农副产品收购量急剧下降，以松脂、木薯最为严重。是年，收购松脂 2729 吨，同比减少 1.67 万吨，下降 85.98%；木薯 578 吨，同比减少 1935 吨，下降 77%。此后，全县供销系统全面实行承包经营，农副产品购销格局被全面打破，购销量和购销价格均由市场行情决定。2005 年，全县供销系统收购松脂 1238 吨，木薯 235 吨，桂皮 75 吨，篙竹 11.26 万根，八角 42 吨。

1991 年—2005 年藤县供销社大宗农副产品收购情况表

表 13-3-4　　　　单位：吨、万根

年度	松脂	木薯	桂皮	篙竹	八角	西瓜
1991	19496	6241	233	47.65	0.70	514
1992	25991	8793	367	43.41	105	388
1993	22695	3729	343	27.83	12	121
1994	11274	2759	203	3.99	38	103

续表

年度	松脂	木薯	桂皮	簕竹	八角	西瓜
1995	19993	2882	168	3.68	68	13
1996	17989	4124	213	34.99	0.10	—
1997	19466	2513	196	32.85	48	—
1998	2729	578	165	30.78	45	—
1999	2563	527	132	28.73	43	—
2000	2475	485	119	24.70	46	—
2001	2280	426	107	22.18	38	—
2002	1985	398	93	19.87	37	—
2003	1876	366	85	17.65	39	—
2004	1547	324	87	13.74	40	—
2005	1238	235	75	11.26	42	—

第四章　粮食经营　对外和港澳台贸易

第一节　粮食经营

1991 年，公粮、购粮任务按政策规定征购，实行农户交售定购粮“三挂钩”政策。1993 年，取消粮食平价定量供应，改为议价销售；粮食定购任务改为经济合同粮，1994 年恢复为“定购粮”。2002 年，取消定购粮收购任务，实行粮食购销市场化，国有粮食购销企业面向市场，自主经营、自负盈亏。2005 年，实行粮食有证经营，给符合条件从事粮食营销的企业办理“粮食收购资格证”，给个体粮食经营户办理“粮食经营许可证”，凭证经营粮食。

经营企业

县粮食局直属粮库　1951 年成立，属全民所有制独立核算企业。1991 年，位于藤城镇西厚路 120 号。主营全县粮食购、销、调、存以及救灾大米供应。流动资金 856.32 万元，职工 91 人。1999 年，流动资金增加到 1329.78 万元，有职工 50 人。2005 年年末，有职工 33 人。有固定资产 840.87 万元，流动资金 2308.15 万元。

基层粮所　1991 年，全县有城关、太平、濛江、东荣、和平、古龙、平福、大黎、宁康、新庆、象棋、岭景、金鸡、天平、南安、赤水、埌南、同心、津北粮所共 19 个乡镇粮所，共有人员 531 人。1998 年底，城关粮所改名为潭东粮所。2001 年，对乡镇粮所进行撤并，撤销古龙、平福粮所，并入太平粮所；撤销和平粮所并入濛江粮所；撤销大黎、宁康粮所并入东荣粮所；撤销岭景、象棋、新庆粮所并入金鸡粮所；撤销同心粮所并入埌南粮所；撤销津北粮所并入潭东粮所；撤销赤水粮所并入南安粮所。至此，全县共有 8 个粮所。2002 年，南安粮所更名为塘步粮所，办公地点由南安街搬迁至塘步镇开发区（南梧二级公路旁）。2005 年，全县共有太平、濛江、东荣、金鸡、埌南、潭东、塘步、天平 8 个粮所。有人员 293 人。

县粮油贸易中心　1988 年成立，属全民所有制独立核算企业。1991 年，有职工 50 人，固定资产 30 万元，流动资金 13 万元。1997 年 3 月，在 19 个粮所分别设立附营粮油贸易中心，主要经营粮油批发、零售，粮食制品、豆类饲料，谷物磨制（陈化粮除外）、面条加工销售等业务。2005 年，县粮油贸易中心有职工 37 人，固定资产 221.55 万元，流动资金 12.16 万元。

县储备粮管理公司　1998 年成立，属全民所有制独立核算企业，主管藤县辖区内储备粮收购、储存、调运、抛售（经批准），管理县直属粮库以及 19 个基层粮所，人员由县粮食局相关股室人员兼任。2001 年 12 月，储备粮管理职能及人员从县粮食局剥离出来，时有职工 3 人，流动资金 1.60 万元。2002 年，粮食购销企业机构改革，撤销宁康粮所、大黎粮所、古龙粮所、平福粮所、和平粮所、岭景粮所、象棋粮所、新庆粮所、同心粮所、赤水粮所、津北粮所，保留县储备粮管理公司、直属粮库、潭东粮所、南安粮所、埌南粮所、金鸡粮所、天平粮所、濛江粮所、太平粮所、东荣粮所 10 个粮食购销企业。县储备粮管理公司管理 10 个粮食购销企业的各级储备粮收购、储存、调运、抛售业务。2005 年，公司员工 6 人，辖县直属粮库以及 8 个基层粮所。年末，有固定资产 50.20 万元，流动资金 1379.30 万元。

县粮食车队　1985 年成立，为独立核算企业。1991 年，有车辆 6 台，职工 15 人。以调运各项政策性粮油为主。1995 年，由于调运业务减少，车队出现连续亏损，县粮食局给予 5 万元定额补贴，于年底解散粮食车队，人员在粮食系统内部分流。

粮食收购

1991 年，粮食实行合同定购、销售、调拨包干，粮食定购实行“三挂钩”政策（粮食定购与奖售化肥、奖售柴油和预购定金挂钩）。县人民政府下达全年定购贸易粮任务 28230 吨，定购粮收购价格：三等早籼稻谷比例收购价格为 22.60 元 /50 千克、三等早籼稻谷收购价为 24 元 /50 千克、三等杂优稻谷比例收购价格为 24 元 /50 千克。全年入库贸易粮 20415 吨。

1993 年，取消粮食购、销、调包干办法，取消对农民的粮食定购任务和“三挂钩”政策，定购任务改为经济合同粮，粮食收购随行就市，依质论价。农户交售经济合同粮早籼杂优谷每 50 千克为 32 元（含价外加价补贴），其他品种在此基础上下浮动。公粮继续征收实物，由县财政局委托粮食部门代征，按每 25 千克 28 元与当地财政所结算，另外补给农户 1.77 元的价外加价补贴。1994 年经济合同粮复称定购粮。1995 年，自治区人民政府适当提高粮食定购价格并加强对自治区产化肥的收购和价格管理。定购粮各品种每 50 千克中等标准质量的粮食收购价格调整为：早籼稻谷 70 元，中、晚籼稻谷 84 元，玉米 65 元，小麦 72 元。全年贸易粮收购入库 16376 吨，完成全年任务的 100.10%。

1996 年起，实行粮肥挂钩办法。农民每交售 50 千克购粮，自治区从粮食风险基金给予 1.50 元的化肥差价补贴。粮食部门在收购定购粮时将化肥差价补贴与定购价格粮款一次兑付给粮农。1997 年，市场疲软，粮食调销不畅，购销价格出现倒挂。

2002 年起，全县取消粮食定购任务，放开粮食购销市场价格。国有粮食购销企业面向市场，自主经营、自负盈亏，全面实行粮食购销市场化。8 月 8 日开始，农民缴纳公粮，可以交实物，也可选择交现金。以现金方式缴纳公粮的，按每 50 千克公粮任务（原粮）48 元计算，由财政部门直接收取；以实物方式缴纳公粮的，委托国有粮食购销企业代收，财政部门与粮食部门按每 50 千克中等质量标准的早籼稻 48 元结算。2004 年，全县各基层粮所改变坐桩收购的做法，主动占领粮食收购市场，全年共收购贸易粮 7842 吨。2005 年，自治区下达藤县订单粮食收购任务为 7000 吨贸易粮，实际收购 7537 吨，完成任务数的 107.67%。

粮食销售

1985 年起，国家取消粮食统购，实行合同定购，粮食市场调节的范围逐步扩大，工业用粮、饮食行业用粮、饲料用粮，定量外补助粮食逐步退出平价供应范围，改为议价销售。1991 年，对城镇非农业人口按工种劳动强度的不同，分等级逐月实行粮食平价定量供应，其供应标准是根据国家制定的《城镇粮食定量供应的办法》实行。7 月，对城镇非农业人口粮食定量供应标准进行调整，特殊重体力劳动者由每月 25 千克调整为 15 千克，重体力劳动者由月 18.50 千克调整为 15 千克，轻体力劳动者由 15.90 千克调整为 15 千克，机关、团体工作人员和企业职工及其他脑力劳动者由 15.70 千克调整为 15 千克，大、中学生由 15.90 千克调整为 15.60 千克；一般居民及 10 岁以上儿童维持 13 千克，6 到 10 岁儿童维持 11 千克，3 到 6 岁儿童维持 7.40 千克，3 岁以下儿童维持 4.60 千克不变。是年，全县共计供应非农业人口平价粮食 1.17 万吨；平价粮食销售价格为每 50 千克大米 22.60 元，即 500 克大米 0.226 元；粮差补贴标准为每 50 千克大米 16 元，即每 500 克大米 0.16 元。干部职工及其他城镇非农人口粮差补贴由县财政局拨补。城镇居民口粮继续实行凭证、凭票定量供应，军供粮、侨汇粮、工种补助粮以及非农业销售粮，均按调整后的统销价格供应。供应农村的各项平价粮食，按定购价供应的，价格维持不变；按统销价供应的，以调整后统销价供应；按统购价供应的，改按定购价供应。

平价粮销售，除定量供应外，必须凭粮票才能购买粮食。在藤县流通使用的粮食票证有：全国通用粮票、广西通用粮票。1991年10月16日—10月25日，县粮食系统开展粮食票证检查，共检查15个单位，持有票（卡）数量为26.29万吨。

议价粮销售，价格随行就市。1991年销售议价粮折合稻谷2377吨、小麦193吨、大豆86吨、玉米1943吨。

农民踊跃交纳公购粮　（1995年摄）

1992年，调整部分人口粮食月定量供应标准，6到10岁儿童调整为11.30千克，3到6岁儿童调整7.30千克，3岁以下儿童调整4.80千克；其余人口供应标准维持不变。是年，粮食平价销售价格每50千克大米24元，即每市斤大米0.24元；粮差补贴标准为每50千克大米17.4元，即每市斤大米0.174元。全年供应平价粮食7142吨。全年粮食议价销售稻谷9596吨、小麦583吨、大豆598吨、玉米597吨。

1993年1月起，取消粮食平价定量供应，粮食票证除军用粮票、农村生活安排、库区移民粮食供应凭证外，其他粮食票证全部停止使用。粮食全部改为议价销售。

1994年—1995年，粮食除供应本县外，还销往县外桂平、鹿寨、容县、宾阳、阳朔、平南、梧州、苍梧、贺县、岑溪、蒙山、钟山以及广东陆丰等地区。2001年起，粮食无县外销售。是年，县粮食系统粮食销售量税减，全年销售7550吨，同比减少11480吨，下降60.33%。至2005年，县粮食系统年粮食销售量均不足1万吨。

1991年—2005年藤县县粮食系统粮食购销情况表

表13-4-1　单位：吨

年度	收购			销售	农村生活安排用粮	库区移民口粮	议价粮
	合计	定购粮	议价粮				
1991	31320	21580	9740	20060	1440	210	2237.40
1992	31180	20440	10740	25470	3870	450	8172.20
1993	19190	18030	310	22180	–	–	19643.30
1994	13230	8010	5220	22170	5400	130	12560.30
1995	33000	16020	16980	23780	5160	200	6825.70
1996	21030	17950	3080	20020	4340	390	1373.50
1997	22460	20490	1970	11170	4730	140	3906.50
1998	15370	14440	930	19810	630	140	472.80
1999	18220	16970	1250	18130	520	120	623.40
2000	10100	9250	850	19030	–	–	708.40
2001	8010	7680	330	7550	–	–	7546.00
2002	4260	0	4220	3240	–	–	3236.00
2003	6600	0	0	5030	–	–	5030.00
2004	7840	0	0	1889	–	–	1889.00
2005	7540	0	0	9684	–	–	9684.00

储运

仓储容量　1991年，全县粮食系统20个粮所（库）共有仓库259间，仓容5.07万吨。1995年7月，自治区粮食局命名藤县粮食局直属粮库为藤县河东广西粮食储备库（即负责储备自治区级储备粮和县级储备粮）。2001年，体制改革，撤并粮所为8个粮所、1个直属粮库，部分仓库改作他用或转让，余存仓库205间，仓容4.56万吨。此后，由于存粮计划逐年减少，辖减仓储修理费用，以及仓库符合储备调节等原因，致粮食仓库存量逐渐减少。2004年，引资80万元建设仓容3000吨的塘步粮仓。2005年，全县粮食系统共有仓库125间，仓容4.26万吨。民营企业和个体粮商经营粮食，基本上是以租借国有粮食企业仓库为主，其自有仓库只作临时粮食存放点。

粮食储存　1991年，县内粮食储存以稻谷为主，有少量玉米及成品粮，粮食企业多以散堆储存，包装储存数量较少。全县国有粮食企业有粮食防化保管员23人，其中粮食仓储技术人员10人。粮食保管全部采用低氧气、低药量的薄膜密闭、机械通风降温、磷化铝熏蒸除虫等粮食储藏技术，符合“一符四无”（账实相符，无虫、无霉、无鼠雀、无事故）粮仓县标准要求。1992年，代储自治区级储备粮1429吨。1993年，储存县级专项储备粮5500吨。1995年7月，自治区粮食局命名藤县粮食局直属粮库为藤县河东广西粮食储备库。10月，自治区下达藤县公粮转储备粮任务贸易4400吨，其中转区储4250吨，转县储150吨。全年存粮41034吨。1996年，全县存粮52999吨，全部为无虫粮，“一符四无”仓容58040吨，达到“一符四无”粮仓县标准。1998年，建立县储备粮管理公司，作为宏观调控服务和管理储备粮的经济实体，负责藤县储备粮管理工作。辖城关、太平、濛江、东荣、和平、古龙、平福、大黎、宁康、新庆、岭景、象棋、金鸡、天平、南安、赤水、埌南、同心、津北19个粮所和1个直属粮库。储备费用由县财政按有关标准从粮食风险基金中直接核拨。2000年，全县存粮33069吨原粮，全部为无虫粮。2003年，储存13986吨原粮，全部达到“一符四无”粮所库标准。2005年，有防化保管员22人，其中粮食仓储技术人员9人。年存粮17186吨原粮。

1996年—2001年藤县定购粮库存情况表

表13-4-2

收购粮年度	到2000年12月库存量／吨	到2001年12月库存量／吨	到2002年12月库存量／吨
1996	427	–	–
1997	1750	124	–
1998	1909	970	146
1999	2372	1056	443
2000	160	70	45
2001	–	4187	1574

注：1991年—1995年定购粮在2000年前全部销售完毕

粮食调运　1991年—1997年，全县粮食基本达到自给自足，余粮主要由粮食企业按照自治区统一计划外调平价粮食，以稻谷为主，共计调出稻谷折贸易粮（大米）13460吨。主要销往柳州地区、梧州地区、周边各市县以及广东省等地。其中，1992年、1993年，平价粮调出县外折贸易粮分别为5758吨、2307吨，议价粮销售县外折贸易粮（大米）分别为1964吨、1342吨。销售广东省的粮食数量占全部销售数量的99%和85%。1998年起，计划内的粮食调拨已基本消失，议价粮（市场粮）的调运主要是民营企业和个体粮商。各乡镇粮食企业由于受客观条件限制，经营数量甚少。民营企业及个体粮商经营粮食，主要在本地收购和外地采购稻谷，加工后销往苍梧、岑溪、平南、贺县等市县。

第二节　对外和港澳台贸易

出口

20世纪80年代，县内外贸出口产品主要为农副产品，如桂皮、桂油、木薯、荔浦芋、无籽西瓜以及活猪、活鸡、优质大米“文科占”等，也有少量工业品。出口渠道主要通过县外贸局组织货源调拨梧州专业进出口公司，通过梧州口岸出口。所得利润全部上缴，亏损由梧州口岸补贴。80年代末，县外贸局改名外贸公司，实行自主经营，自负盈亏。出口产品经营全部放开，产品可在地区之间相互购进，县内出口的一些传统产品逐步失去优势。90年代，出口的钛白粉、松香、松节油等工业产品逐渐增多，出口渠道改由生产厂家或经销商卖给专业进出口公司出口，或委托专业公司代理出口。1991年—1994年，通过外贸公司出口钛白粉2158吨，出口额164万美元；由县松脂厂及太平松脂厂生产，县对外贸易公司负责出口，共计出口松香11203吨，出口额616万美元。1991年—1995年，共计出口桂皮20550吨，出口额302万美元。

2000年，企业可申请直接出口产品资格，获取自营出口资格后可直接由梧州口岸或广州口岸自行出口。2002年，随着国家出口贸易条件的不断放宽，部分生产企业已申请到直接出口资格，打破了过去由外贸或专业进出口公司出口的格局，转变为由生产企业直接出口。雅照钛白有限公司、佳源钛白有限公司、金茂钛白有限公司、富华化工有限公司和藤钛化工有限公司自营出口，主要销往日本、美国、西欧及东南亚各国；由通轩立信化工有限公司和海林松脂厂生产自营出口。主要销往日本、韩国、西欧、美国和东南亚各国。2003年开始，由吴氏父子集团生产香料并自营出口。主要销往东南亚各国，年均出口量50吨左右，出口额约合25万美元。2004年开始由加裕电子铝箔厂生产并自营外销和出口。主要销往中国台湾以及出口日本、西欧及美国，年出口金额最高达15万美元。2002年—2005年，累计出口钛白粉34430吨，出口额2617万美元。其中出口量最大的为雅照钛白有限公司，出口额达1800万美元，占出口总额的68.78%。出口树脂松香4710吨，出口额495万美元，其中通轩立信公司出口额460万美元，占92.93%。

2005年，县内先后获得自营出口资格的企业有雅照钛白有限公司、佳源钛白有限公司、金茂钛白有限公司、富华化工有限公司、藤钛化工有限公司、吴氏父子集团、通轩立信化工有限公司、加裕电子铝箔厂和海林松脂厂等9家，年出口总额1332万美元。

进口

1991年—2005年，县内外贸企业数量不多，规模不大，进口货物较少，随着工业的发展，一些外贸进出口企业业务不断发展壮大，需要进口一些国外的商品。如藤县加裕电子科技有限公司、藤县通讯化工有限公司进口一些铝箔原料，化工原料等元。

第五章　服务业

1991年，藤县服务业大型场所以国有、集体经营为主体，个体私营从事规模普遍较小，服务业各项设施较为简陋。1992年后，县委、县政府加强服务业规划引导、完善政策措施、加快载体建设，使服务业迅速发展。是年，集商业、餐饮、旅业于一体的南丰宾馆建成开业，为首家拥有电梯宾馆。其后，各宾馆、饭店、酒店纷纷仿效更新改造设施，全面提升档次及服务质量。1994年后，国有、集体服务业逐渐推行承包责任制，企业多为“国有民营”经营。个体私营服务业从数量及规模、档次上也快速提升。至2005年，全县县城有规模以上私营饮食企业17家、宾馆旅店等服务企业20家、其他修理等服务企业10家；全县个体持证服务业户2941户。

第一节　饮食业

1991年，藤县饮食业以国营和集体经营为主。县城的饮食业多由县饮食服务公司经营。当时县城较大的餐饮饭店有南丰酒店、人民旅社、藤县酒家、雄伟饭店、糕点门市部等，主要经营大众菜式，如酿苦瓜、酿柚皮、芋头扣肉、白切鸡等，特色菜有老猫炖鸡、葱油鸡、红扣玉兔、京溜肉丝、挂绿鱼果等，也有经济快餐，小炒小酌，能承接各种筵席，会议包餐等。每个乡镇基层供销社设有饮食店。也有少数个体粉摊、粥摊等。全县国营、集体企业饮食业收入136万元。1992年后，县饮食服务公司逐渐向其他行业发展，如经营百货、五金等商品。1994年，国有公司营业网点逐步由国营管理体制转为组合人员承包、租赁经营或变为私营。1995年，县饮食服务公司糕点门市部改造为飞龙商城。1998年，人民旅社由私营老板经营，并改造成为集饮食、住宿、娱乐于一体的港台大酒店。2000年，私营饮食企业发展到16家，从业人员214人，注册资金725万元。2001年雄伟饭店转为私营。2005年，县城有东信酒家、金桃大酒店、金榜酒楼、藤县酒家、港台大酒店、雄伟饭店、菊山楼等饮食企业17家，从业人员203人，注册资金635万元。乡镇的饮食门店主要集中分布于集镇圩市。此外，南梧二级公路沿线境内路段，零星分布饭店10多家。

港台大酒店　　　　(2003年摄)

1991年，个体饮食业主要以小店及大排档经营为主，也有粉摊、粥摊等。全县有个体持证饮食业户1093户，从业人员1422人，注册资金150.40万元。20世纪90年代中期，随着大排档的兴起，在县城主要集中在水巷口附近至西江路角嘴路段，形成了大排档饮食一条街，成为当时餐饮市场一道独特的风景。食材有鸡、鸭、鱼、猪肉、猪下杂、海鲜、蛇、狸、鼠、狗、牛、羊、蛋以及各式时令新鲜蔬菜、瓜豆等，烹调以炒、烧、蒸、煎、煮为主，冬春季多用火锅食法。因具有供应快捷，价格低廉的特点，人们常常三五成群，落座光顾。营业时间晚上6时至次日6点。在乡镇，大排档主要分布在圩市闹市。90年代后期，随着政府对城镇环境及经营秩序的整顿治理，规定所有大排档转入室内经营，大排档经营热逐渐消退。最高峰时期为1995年，全县有个体持证饮食业1678户，从业人员2124人，注册资金542.70万元。2005年，全县有个体持证饮食业户883户，从业人员1409人，注册资金605万元。

第二节　旅宿业

1991年，县城旅宿业以县饮食服务公司经营为主。县城主要有县招待所、人民旅社、南丰宾馆、菊山楼、东风旅社等。乡镇有供销社和乡镇企办开办的旅社、招待所。如太平招待所、泰州旅社，濛江镇招待所、人民旅社等。全县旅宿业年营业额120万元。人民旅社建筑面积4650平方米，从业人员30多人，房内设备简单，只有床、被、桌椅、铁桶等，公共浴室和公共卫生间。房价单人房每天8元，双人房每天5元，3人房每天4元，其余大房2~3元。年营业额25万元。1992年，南丰宾馆改造建成七层综合楼，3~7层经营旅业，设施按宾馆标准设计，设有电梯，是藤县首家拥有电梯的宾馆。设有单人间以及高、中档的双人间、4人间，房内设施有彩电、风扇、电话、卫生间等。可同时供200人住宿。从业人员30人。房价豪华单人房每天108元，双人房128元；普通单人房每天58元，双人房68元，年营业额70万元。

1998年，人民旅社整体出租给私营老板经营，经装修后改名港台大酒店。四、五层为旅业。客房内部设施按宾馆标准设计，有客房174间，除豪华单人房外，分别设有2~10人房，可同时供300多人住宿。房价豪华单人每天188元，双人房每天228元，标准单人房每天58元，双人房88元，普通单人房每天30元。房内配备彩电、空调、沙发、地毯、梦思床、程控电话、卫生间等。酒店从业人员40多人。年营业额50万~80万元。是年，南丰宾馆出租经营。

南丰宾馆　（2005年摄）

20世纪90年代后期，藤县宾馆、东信宾馆、长城宾馆等较大型框架结构的旅宿企业先后开业，新建重建的宾馆从室外到室内装修豪华，富丽堂皇。设置电梯，客房物品配置不断更新换代，电视机由过去的黑白变为彩色，电话机由拨号改为程控电话。设置衣柜，有专用烧水器；卫生间安放洗手盘、喷淋器，24小时为顾客提供冷热水。各乡镇集镇个体、私营旅宿业不断兴起。2001年，南丰宾馆转由私人经营。内设彩电、空调、沙发、电话、席梦思床、卫生间等。

2005年，县城有旅宿企业20家，从业人员202人。资金总额1586万元。其中藤县宾馆、东信宾馆、长城宾馆、县招待所设置有停车场供顾客停车使用。豪华间室内陈设空调、彩色电视机、沙发、地毯、电话、席梦思床，有会客室、卫生间等，住宿收费：单人房每天168~188元，双人房每天218~228元。普通（标准）客房内设空调、彩电、电话、席梦思床、卫生间，住宿收费：单人房每天58~68元，双人房70~88元。

第三节　其他服务业

1991年，县内其他服务业主要有美发美容、照相、文印、游戏机厅（室）、桌球室，以及家用电器维修，如钟表、电话机、单车、汽车修理等。大多为个体工商户经营。全县注册个体服务业工商户514户，从业人员576人，注册资金114万元；修理业559户583人，注册资金96.40万元。20世纪90年代初开始，随着家用电器、交通工具、通信工具的普及，以及人们对生活质量的不断追求，歌舞厅、卡拉OK厅(KTV)、网吧、美发美容店、浴足按摩桑拿店不断涌现；家电维修店，手机、BB机维修店，摩托车维修店等逐渐增多。2000年，全县注册个体服务业工商户增加到1190户，从业人员1335人，注册资金769万元；个体修理业工商户增加到596户619人，注册资金255万元。2005年，全县有办证个体服务业工商户1456户，从业人员1337人，注册资金904万元；个体修理业工商户602户689人，注册资金301万元。家用电器及空调维修店开设特约上门维修服务项目。照相服务发展至外景生活照、画册和图片放大，婚纱摄影、婚礼录像等成为年轻人结婚见证新时尚。

第十四篇

邮政　电信

1998 年 1 月 30 日建成的邮政大楼(河东新城区藤州大道 188 号)

第一章 邮 政

1991年，藤县邮电局开办的邮政业务有汇兑、函件、包件、邮政快件、报刊发行、邮政储蓄、集邮等，邮路总长2436千米，全县所有建制村通邮。1995年，开设特快专递业务，增加国内邮政礼仪鲜花服务、商业广告信函、邮政音像、邮件直递等业务。1998年8月，实行邮电分营，邮政业务由藤县邮政局管理。同年，建立“绿卡工程”网（含远程终端）并在8个储蓄点开通，点与点之间可通存通兑。全年邮政业务总量670.80万元。2000年1月1日，全县所有邮政储蓄网点与全国邮政“绿卡网”并网，实现全国通存通兑。2005年，全县邮路总长2725千米，邮件处理已从手工操作发展到微机处理，各项邮件妥投率达100%，出口规格合格率达到96%以上。

第一节 机构网点

藤县邮电局

1952年10月5日设立。1991年，藤县邮电局办公地址于藤城镇西江路69号。内设行政股、财务股、邮政股、电信股；生产组织设话务班、电力班、载波班、市机班、报务班、维修班、营业班、储蓄班、分发班、投递班、邮运班。8月31日，经广西区邮电管理局批准，撤销桃花邮电所，改为桃花邮电代办所。年末全县有太平、濛江2个邮电支局；古龙、和平、天平、金鸡、象棋、埌南、南安、大黎、宁康、东荣、平福、岭景、新庆、同心、赤水、津北等16个邮电所。全局有员工256人。1994年，撤销行政股，设立办公室、政保股，增设绣江邮电支局（坐落县城绣江路）。1995年，增设资费稽核班、资金稽查股、电信营业部、邮购门市部。6月，经广西区邮电管理局邮政处批准，古龙、和平、天平、金鸡、象棋、埌南、南安、大黎8个邮电所升格为邮电支局。1996年，设立话机修理部、移动电话和BB机维修部。1997年底，职工增加到259人，其中：中央企业178人，地方农话企业81人。1998年1月30日，搬迁河东新城区藤州大道188号邮政生产大楼办公。同年8月28日邮电分营，撤销藤县邮电局，成立藤县邮政局、藤县电信局，各乡镇同时设立邮政支局（所）、电信支局（所）。

1991年—1998年藤县邮电局局长：赖庆和(1987.03—1998.08)。

藤县邮政局

1998年8月，成立藤县邮政局。为正科级单位，隶属广西区邮电管理局。内设综合办公室、经营服务部。生产机构（班）有：绣江邮政支局、储汇班、营业班、发行班、投递班、分拣班；派出太平、濛江、古龙、和平、天平、金鸡、象棋、埌南、南安、大黎共10个乡镇邮政支局和宁康、东荣、平福、岭景、新庆、同心、赤水、津北8个乡镇邮政所。同年9月增设稽核班。年末，有编制169名，配备1正1副领导职数；实有员工169人，其中局机关15人，有局长1人、副局长1人。1999年8月，增设河东邮政所及新世纪报刊零售、音像门市部；增设太平街心邮政所。全局核减编制至136名，年末全系统共有员工136人，其中局机关16人。2000年，撤销赤水邮政所，并入南安邮政支局。2004年2月机构改革，撤销经营服务部、储蓄汇兑部、财务室，设立监督检查室、市场部；撤销太平街心邮政所，支局（所）班由28个调整为25个。2005年，内设综合办公室、监督检查室、市场部。生产组织有：绣江邮政支局、储汇班、营业班、发行班、投递班、分拣班；派出17个乡镇邮政支局（所）。共有营业网点21个，其中县城3个，乡镇18个。有编制158名，实有员工158人，其中局机关13人；有局长1人、副局长1人。下辖10个乡镇邮政支局及7个乡镇邮政所。

1998年—2005年藤县邮政局局长：周进濂(1998.08—)。

第二节　邮路　投递

邮路

1991年，藤县邮路总长度2436千米，其中自办汽车邮路110千米；委办汽车邮路542千米，农村投递路线1784千米。全县建制村村村通邮。1994年12月，撤销藤县至容县自办汽车邮路。1995年1月，开通南宁至梧州特快汽车邮路，邮车进入藤县邮电局接发邮件。

1998年10月，开通县城至太平自办汽车邮路。年末有自办汽车邮路2条，总长度（单程）107千米；县城至各乡镇邮路16条，总长度（单程）620千米。其中：委办农村邮路14条，分别是县城至太平、县城至东荣、县城至大黎、县城至岭景、县城至象棋、县城至新庆、县城至金鸡、县城至同心、县城至埌南、县城至赤水、县城至古龙、县城至平福、县城至宁康、濛江至和平邮政支局（所），总长度603千米，每日一次；委办农村水路邮路（县城至南安）1条，总长度16千米，每日一次。农村投递路线总长度1792千米（单程）。

1999年，创办县城至古龙环形邮路，取消县城至太平、太平至古龙、濛江至和平邮路，委办农村邮路减至12条，总长度缩短至497千米。

2000年，撤销县城至南安水路邮路，增加县城至南安汽车邮路。

2001年，全县各乡（镇）城区服务区域不断扩大，农村投递路线总长度增加到1873千米（单程）。

2004年，撤并委办汽车邮路3条，县城至东荣改由县城至大黎车转发；县城至南安改由南梧邮车转发；县城至金鸡改由县城至新庆车转发。增加委办汽车邮路2条，单程171千米。其中县城至和平单程62千米，县城至古龙单程109千米。调整农村投递线路4条：撤销津北至永清自行车邮路58千米，改为由县局发班，邮路为3条，里程53千米；增加天平至新马自行车邮路1条，里程22千米；南安镇与赤水乡合并为塘步镇后，南安支局迁址塘步，邮路改为由塘步发班，增加邮路6千米；调整岭景皇村邮路里程，由99千米缩短为30千米。调整自办汽车邮路起止点，县局至古龙调整为县局至太平，环行106千米改为直线67千米（单程）。

2005年，县城至太平自办汽车邮路改为委办邮路。年末，全县邮路总长度2725千米。其中县城至各乡镇汽车邮路12条，总长775千米（单程）；其中自办邮路1条（县局至汽车站），总长1千米；委办邮路11条，总长774千米。县城投递段道5条，总长度116千米（单程）。农村投递路线74条，总长度1854千米（单程）。

投递

1991年，邮政系统有投递专用汽车6辆、摩托车1辆、自行车51辆、包裹收寄机2台、过戳机1台；各建制村及厂矿以及较大的机关、事业单位，县城及较大乡镇主要街道等设置有邮筒、邮箱约500多个。县城有专职投递员5人，每天投递2次，星期天照常投递；每天16时进局的报刊，属机关单位的当天投递完毕。各乡镇设有专职投递员2人，兼职投递员16人；实行1天1次投递的建制村有63个，2天1次投递的建制村有192个，3天1次投递的建制村有10个。1992年起，陆续添置计算机及汽车等设备。1995年1月1日，南宁至梧州特快邮车开通，进入藤县邮电局接发邮件，加快了邮件传递速度，当天出版发行的《广西日报》县城居民当天即可收看；国内邮件一般2~3天可以寄达，港澳地区需时2天，亚洲2~3天，欧洲、大洋洲3~4天，非洲4~5天即可寄达。1997年末，投递专用汽车增加到8辆，有计算机6台。20世纪90年代中期后，随着商品住宅楼出现，每幢商品住宅楼几乎设置邮箱，邮箱拥有量迅速增加。开通电子信函专递业务，即由邮政部门将用户信件利用传真送到对方，并将真迹传真件恢复成信函状，利用特快专递方式迅速投送给收件人，全程传递时限只需数小时，特别适合不需要传递原件的用户。1998年，购置汽车1辆、给据邮件登单机2台。2001年，投递专用汽车减至2辆。2005年，有投递专用汽车2辆、自行车79辆、邮资机2台、自动过戳机6台、条码登单机2台。

第三节　业务种类

函件

1991 年，函件业务主要有信函、明信片、邮简、印刷品、回音卡等，开办有国内邮政快件业务，品种有快函、快汇、快包等。全年出口函件 146.38 万件，其中国内大陆函件 145.76 万件，国际及港澳台函件 6286 件；邮政快件 12.31 万件。之后至 1995 年，出口函件量持续增长。1995 年，出口函件 176.86 万件，是 1991 年的 1.21 倍，为藤县解放以来出口函件最多年份；其中国内大陆函件 175.95 万件，国际及港澳台函件 9138 件。1995 年，开设特快专递业务，增加商业广告信函、邮政音像等。1997 年后，随着固定电话及移动电话的不断普及，邮政函件业务特别是居民交寄的信函业务迅速下降，出口函件量持续减少，当年出口函件 140.47 万件，同比减少 19 万件，下降 13.53%。其中国内大陆函件 139.86 万件，同比减少 18.81 万件，下降 11.85%；国际及港澳台函件 6111 件，同比减少 1978 件，下降 24.45%。2001 年，出口函件 110.04 万件，其中普通邮件 108.94 万件占 99%，快件 1.10 万件占 1%。2005 年，出口函件 59.52 万件，比 1991 年减少 86.86 万件，下降 59.34%；其中普通邮件 57.39 万件占 96.42%，快件 2.13 万件占 3.58%。函件业务主要有国内（际）平常信件、国内（际）给据函件、国内平常（挂号）印刷品、港澳台平常（给据）函件等，以国内（际）平常信件业务为主。

包裹

藤县内开办的国内、国际包裹计有普通包裹、商品包裹、纸质包裹、航空包裹、保价包裹等 5 种。1991 年—1994 年，包裹出口量逐年上升，由 1991 年的 14402 件增加到 1994 年 53643 件，增加 3.72 倍；年均增长 55.01%。1995 年后，随着社会快递业务快速发展，邮政包裹呈递减趋势，当年包裹出口量 32204 件，同比减少 21439 件，下降 39.97%。2005 年，开办包裹种类计有国内普包、快包，国际、港澳台包裹等业务，以国内普、快包裹寄递业务为主，全年包裹出口量仅 9400 件，比 1991 年减少 5002 件，下降 34.73%。

汇兑

1991 年，藤县邮电局开办的国内、国际汇款业务计有普通汇款、电报汇款、快件汇款三种，全年出口汇票 55013 张。1992 年—1997 年，汇票出口量基本维持在 6 万张左右。2000 年后，县内大批民工到广东、上海等地打工，县外各地区到藤县经商人员逐渐增多，人口流动量不断增大，促使汇兑业务持续增长。2001 年，全年进口汇票 15.79 万张，金额 1.24 亿元；出口汇票 2.67 万张，金额 0.23 亿元。汇票张数出进口比例为 1∶5.91，金额比例为 1∶5.39。2005 年，全年汇票交换总量 18.16 万张，金额 1.86 亿元。其中进口汇票 15.59 万张，金额 1.48 亿元；出口汇票 2.57 万张，金额 0.38 亿元。汇票出进口比例为 1∶6.07，金额比例为 1∶3.89。

报刊发行

1991 年，藤县邮电局发行的报纸有《人民日报》《广西日报》《羊城晚报》《广西电视报》等，杂志有《半月谈》《国际时事》《人物》等，全年报纸期发 3.86 万份，累计 614 万份；杂志期发 4.02 万份，累计 48.92 万份；报刊流转额 117.51 万元。1992 年—1996 年，报纸发行量基本稳定，每年报纸期发量维持在 4 万份左右，杂志期发量维持在 1.51~4.26 万份之间。1997 年后，由于报刊逐年提价，加上部分报刊实行自办发行，县邮电局报纸杂志订阅期发行数量锐减。是年，报纸期发 2.69 万份，同比减少 1.33 万份，下降 33.08%。此后，部分杂志也实行自办发行，县邮电局报纸杂志订阅期发行数量双双下降。1998 年开始，县邮政局改变坐等订阅办法，每年开展报刊宣传订阅活动、开展订阅赠送活动，并通过上门宣传收订等方式，努力促进报纸杂志发行。2005 年，全年报纸期发 1.03 万份，累计 327.70 万份，期发量比 1991 年减少 2.83 万份，下降 73.32%；杂志期发 0.41 万份，累计 7.14 万份，期发量比 1991 年减少 3.61 万份，下降 89.80%；报刊流转额 209.72 万元。

集邮

1989 年 6 月，藤县邮电局始开办集邮业务专柜。1991 年，主要经营的集邮品有首日封、首航封、纪念封、邮资信封、邮资明信片、极限明信片、邮卡、邮折以及集邮册、集邮用具用品等。全年集邮业务量 1.09 万元。至 1995 年，集邮业务量基本维持在 1 万元左右。此后，随着纪念邮票、特种邮票等品种的推出，邮票发行量逐渐增加。1997 年进入高峰期，至 1998 年，集邮业务量分别为 2.39 万元、10 万元。1999 年，全年发行邮票 12.29 万枚，比 1998 年的 3.90 万枚增加 8.39 万枚，增长 215.13%。2003 年后，受邮资票品发行量以及其他物价因素影响，邮票市场开始走下坡路，逐渐进入低谷期。2005 年，全年发行邮票 0.38 万枚，集邮业务量 0.75 万元。

邮政储蓄

1986 年 6 月 20 日，经国务院批准，全国邮政部门恢复开办邮政储蓄业务。1988 年 3 月 8 日，藤县邮政储蓄正式开始营业。首先在县城开办邮政储蓄业务，尔后，在濛江、太平、金鸡、和平、古龙、天平、埌南、南安、岭景、新庆等邮储点相继开办邮政储蓄业务，主要有活期、定期储蓄两种，并在定期储蓄细分零存整取、整存整取业务；当年邮政储蓄余额 148 万元。1991 年，全县有县城、太平、濛江、金鸡、和平、古龙、天平、埌南、南安、岭景、新庆、象棋 12 个邮政储蓄网点，从业人员 55 人；当年邮政储蓄余额 895 万元。此后，通过广泛宣传和系统职工协储，邮政储蓄业务逐步发展。1995 年、1997 年，邮政储蓄余额分别为 2480 万元、3350 万元。1998 年，在县城、太平、濛江、金鸡、和平、古龙、天平、南安、岭景、新庆 10 个储蓄网点建立"绿卡工程"网（含远程终端），并在 8 个储蓄网点开通，实现点与点之间通存通兑。年末，储蓄余额 7638 万元。1999 年 8 月，撤销埌南、象棋储蓄网点，在新开设的河东邮政所、太平街心邮政所开办邮政储蓄业务。2000 年 1 月 1 日，全县所有邮政储蓄网点与全国邮政"绿卡网"并网，实现全国通存通兑。2001 年，邮政储蓄余额 1.46 亿元。其中定期余额 7007 万元，活期余额 7277 万元；邮政储蓄异地存取交易量 10851 笔，异地存取金额 1227.83 万元。

2005 年，全县有邮政储蓄网点 11 个，其中县城 3 个、乡镇 8 个，从业人员 56 人。邮政储蓄余额 4.43 亿元，其中定期余额 1.45 亿元、活期余额 2.98 亿元；邮政储蓄异地存取交易量 78003 笔，异地存取金额 2.61 亿元。

第二章　电　信

1991 年，藤县县城及太平、金鸡镇已使用程控自动电话通信，全县有电话用户 2063 户。1992 年 12 月，全县所有乡镇开通自动电话通信，全面结束了使用"摇把子"旧式电话机历史。1993 年，基建无线寻呼站和移动电话基站，藤县开始出现移动电话和无线寻呼。1994 年，架设使用光缆通信，电话并入梧州市本地网，藤县电话通信步入电话程控化、电路传输光缆化的先进水平。1995 年，开通数据通信，无线寻呼并入梧州网并由人工操作改为自动化。1996 年，开通数字移动电话通信。1998 年，邮政和电信分营。2000 年，取消农话收费，城乡电话统一为市话。2001 年，无线通信与因特网结合，2002 年，开通互联网宽带。2003 年，全县 266 个建制村全部实现村村通电话。此后，随着社会、经济及科技的发展，电信设施日益完善，设备及通信工具日趋先进，程控电话机、手机、BP 机、互联网等通信工具进入居民家庭。2005 年，藤县全面进入信息现代化新时代。全县有固定电话用户 110276 户，是 1991 年的 53.45 倍，固定电话用量全县平均每百户有 43 部；有移动电话用户 70718 户，全县平均每 100 人中有 7 人拥有移动电话。

第一节　机构网点

广西电信公司藤县分公司

1998 年 8 月，邮电分营，成立藤县电信局，为国有企业单位，隶属中国电信股份有限公司梧州市分公司管辖。办公地址设在藤城镇西江路 69 号；各乡镇相应成立电信支局（所）。1999 年 7 月 6 日，广西移动通信公司藤县营业部挂牌成立，实行固定电话与移动电话分营。2000 年 8 月，根据国家电信体制改革的要求，在广西区电信公司藤县电信局的基础上，经过改革重组，成立中国电信藤县分公司。8 日正式挂牌运营。县电信局机关内设机构有：综合办公室、电信市场经营部；下设生产机构有：大客户服务中心、营业班、市机班、传输班、电力班、机线班、报务班、稽核班、话机维修班、电信资费班、太平支局、濛江支局、大黎支局、天平支局、金鸡支局、象棋支局、埌南支局、南安支局、宁康所、东荣所、平福所、岭景所、新庆所、同心所、赤水所、津北所。2003 年 11 月，广西壮族自治区电信有限公司藤县分公司成立，实行公司化经营。

2005 年，广西区电信有限公司藤县分公司内设机构有：综合办公室、市场经营部、维护安装部、市场经营部设农村统包部、公众客户部、大客户部。下设生产机构有：河东营业班、河西营业班、综合设备值守班、综合维护班、管线维护班、资费稽核班、增值业务班、流动客户班、太平统包区、蒙江统包区、天平统包区、金鸡统包区、象棋统包区、埌南统包区、宁康统包区、东荣统包区、平福统包区、新庆统包区、同心统包区、津北统包区。

广西移动通信公司藤县分公司

1999 年 7 月，移动通信业务从县电信局剥离，成立广西移动通信公司藤县营业部，办公地址位于县城西江路 69 号。属外资企业，隶属中国移动通信集团广西有限公司梧州分公司。内设市场部、运维部，在县城有营业网点 1 个。核定编制 22 名，实有人员 22 人，其中总经理 1 人。2000 年 6 月，升格为广西移动通信公司藤县分公司，隶属中国移动（香港）有限公司。2002 年 7 月，设埌南营业厅。2003 年，内设综合部、市场部、大客户中心、工程维护部。同年 5 月，搬迁县城河东区津南路 162 号办公。2004 年，全县 19 个乡镇均建立有移动营业厅。2005 年，有营业网点 21 个，其中县城 2 个、乡镇 19 个；全系统实有员工 128 人，其中合同制人员 117 人；设总经理 1 人，副总经理 1 人。

1999 年—2005 年历任总经理：覃柱祥（1999.07—2001.07）、罗伟文（2001.07—2003.11）、欧龙海（2003.11—2005.03）、黄剑东（2005.03— ）。

中国联合网络通信有限公司藤县分公司

2000 年 5 月成立，办公地址设在藤城镇西江路 69 号。为国有企业性质单位，隶属中国联通有限公司梧州市分公司管辖。内设综合室、业务室、营业班；有营业网点 1 个（藤城镇登俊路，即当时的龙门小学校校门西侧第一间铺位）；核定编制 4 名。年末，全系统实有人员 12 人。2002 年 3 月，在太平镇增设营业网点 1 个。2003 年 7 月，升格为中国联合通信有限公司藤县分公司，内设综合部、市场部、数据部、集客部、营业班。2004 年 12 月，搬迁县城河东区藤县种子公司综合大楼三楼办公，县城营业厅随迁至该大楼首层营业。2005 年末，全系统员工 27 人，其中在编 4 人，合同制人员 23 人。主营 126/127、198/199 寻呼 BP 机及 GSM130、CDMA133 业务。

2000 年—2005 年历任总经理：黄国炜（2000.05—2004.12）、付宇（2004.12—2005.05）、杨宇文（2005.05— ）。

第二节 电 报

1991 年，藤县有藤县至南宁、至梧州电报电路各 1 路，邮电局至县气象局专用电路 1 路，电传机 2 台。开办的国内电报种类有天气电报、水情电报、公益电报、政务电报、新闻电报、普通电报、汇款电报、公电 8 种，特种业务有加急电报、礼仪电报。全年电报去报 70788 份。1993 年，开通国内和国际以及港澳台传真电报业务，客户的证明、合同、图纸、电汇底单等手迹可即时传递对方，为客户双方签发合同节省差旅时间及费用。全年电报业务量 75794 份，其中去报 75726 份，来报 68 份。

1994 年后，随着电话的普及提高，电报业务量逐渐下降。1997 年，全年去报 19340 份，来报 323 份。

第三节 固定电话

设施

1991 年，藤县有藤县至梧州、苍梧、岑溪、南宁、玉林、平南、广东封开等地长途电路 25 路，其中长途半拨 11 路；市话电缆长度 17.30 千米，其中暗线 4.30 千米，杆路 13 千米。农村电话，继太平镇、金鸡镇开通自动电话后，藤县邮电局投入资金 127.20 万元，购进纵横制及程控交换机 8 部，实施乡镇农话由人工接转改制扩容为自动电话。其中在象棋、天平邮电所安装洛阳产的纵横制 HJ-905 交换机，容量各 400 门；埌南、濛江、南安安装桂林产的程控 HJ-12 交换机，埌南、南安容量各 400 门，濛江容量 354 门；和平、古龙安装珠海产程控 BH-01G 交换机，容量各 120 门；大黎邮电所安装北京产程控 MZ-6481 交换机，容量 128 门。1992 年，投资 60.16 万元，购进北京产的程控 MZ-6481 交换机 8 部，共计容量 1024 门，分别安装于宁康、新庆、岭景、平福、东荣、赤水、同心、津北 8 个乡邮电所，容量各 128 门。至此，全县所有乡镇开通自动电话通信，结束了电话"摇把子"历史，藤县农村电话自动化居梧州地区首位，在全广西排名第二。全年电信业务收入 553 万元，其中农话收入 169 万元。1993 年，向上海贝尔公司购入 S-1240 数字程控电话 3000 门交换机进行市话扩容，并于 9 月 19 日割接开通使用，藤县市话通信实现了数字程控化。1994 年，继续扩容市话 S-1240 数字程控电话 3000 门，并接入粤桂光缆通信。12 月 4 日，藤县电话并入梧州地区本地网，电话号码由六位升为七位，取消藤县长途区号"07873"，长途区号改按梧州区号"0774"，用户可直拨梧州地区区域各市县 0774 区号范围电话。

1995 年，开始架设各乡镇光缆通信线路；从德国购进 1 万多门程控电话交换机，对全县各乡镇程控电话设备进行改制扩容；并对市话 S-1240 数字程控电话扩容 4000 门，市话容量扩大到 1 万门。8 月，全县各乡镇光缆通信线路架设完毕并开通使用，藤县电话通信步入了电话程控化、电路传输光缆化的先进水平。全年电信业务量达到 1078.63 万元。1996 年，再度扩容 S-1240 数字程控电话 6000 门，其中河东交换点 2000 门。是年，全县完成农村光缆架设任务，光缆长度 252 千米，同时，对各乡镇交换机改制为德国产的 1240 程控电话，总容量 11176 门，实现全县电话程控化，电路传输数字化的先进水平。1997 年底，全县有通信生产用房 1.18 万平方米；中央企业有公众电报业务电路 3 路，长途电路 150 路，本地网中继电路 605 路，电缆长度 294 千米，光缆 3.50 千米，数字程控交换机容量 1.26 万门，市话电话用户 7784 户；农村电话企业有本地网电话中继电路 1350 路，电缆皮长 450 千米，明线长度 196 对千米，中继光缆长度 280.20 千米，光缆纤芯长度 1010.30 千米，数字程控交换机容量 1.04 万门；农话电话用户 7230 户。2003 年，完成全县各建制村电话线路架设工作，全县 266 个建制村全部实现村村通电话。

长途电话

1991 年 9 月，藤县在县城开通国际国内长途直拨自动电话通信，直拨区号统一为 07873，有权用户可以直拨沟通全国各地和世界各地电话。全年长话去话 13.06 万张次，其中国际去话 39 张次、港澳台去话 563 张次。1992 年，全县所有乡镇开通自动电话通信，用户可直拨全国各地电话，长话业务量迅速增加，全年长话去话 23.72 万张次，同比增加 10.66 万张次。1994 年 12 月 4 日，藤县电话并入梧州地区本地网，电话号码由 6 位升为 7 位，长途直拨区号改为"0774"，用户可直拨梧州地区区域各市县 0774 区号范围电话。全年长话去话 116.96 万张次，国际去话 137 张次、港澳台去话 1831 张次。此后，随着农村电话的不断普及，长话业务量逐年增长。1997 年，全年长话去话增加到 185.53 万张次，国际去话增加至 424 张次、港澳台去话增加至 4013 张次。

市话

1991 年，全县市话实现直拨自动通信，有市话用户 952 户。电话号码由 4 位升至 6 位，县城、津北固定电话在原号码前加"28"。1994 年 12 月 4 日，并入梧州地区电话网，县城范围电话号码由 6 位升至 7 位，即在原号码前加"7"，长途区号统一使用"0774"；用户可直拨梧州地区区域各市县"0774"区号范围电话；有市话用户 3815 户。此后，程控电话增设闹钟服务、免打扰服务、转移服务、恶意电话追查、遇忙回叫服务、热线服务、缩位拨号、呼叫等待、会议电话（即多方通话）等业务。各项业务开户费 10 元，月资费标准：呼出限制 6 元，三方通话 2 元，免打扰服务 2 元，闹钟服务 2 元，恶意电话追查 2 元。1995 年，设立 112 障碍自动受理台、话费查询台、117 报时台、168 音乐台，市话用户增至 4887 户。1997 年，有市话用户 7784 户，话机 7922 部。2000 年，取消农话收费，城乡电话统一为市话，全县有固定电话用户 33609 户，电话机拥有量全县平均每百户 15 台。此后，随着固定电话的普及，用户持续增加，2002 年，全县固定电话用户增至 52473 户，电话机拥有量全县平均每百户 23 台。2003 年，藤县实现村村通电话后，固定电话用户迅速发展。至 2005 年底，全县有固定电话用户 11.03 万户，电话机拥有量平均每百户 43 台。

农村电话

1990 年，开通太平镇全电子自动电话 500 门，金鸡镇纵横自动电话 400 门。年末，有农村电话用户 1111 户。1992 年 12 月 10 日止，全县有 18 个乡镇交换点开通自动电话，农村电话自动化居梧州地区首位，全广西排名第二位。电话总容量 3942 门，电话用户 1292 户。

1994 年 12 月 4 日，全县农话并入梧州市本地网，电话号码由 6 位升到 7 位，取消藤县长途电话区号，统一使用梧州市长途区号 0774，打梧州各县电话不用拨区号，直接电话号码沟通联系，使用很方便。各乡镇电话号码前 3 位为：太平镇“760”、濛江镇“750”、和平镇“755”、古龙镇“768”、金鸡镇“730”、天平镇“744”、象棋镇“740”、埌南镇“704”、南安镇“700”、大黎镇“773”、宁康乡“776”、东荣乡“770”、平福乡“766”、津北乡“728”、岭景乡“738”、新庆乡“735”、赤水乡“778”、同心乡“708”。同时取消藤县长途电话区号“07873”，统一使用梧州市长途区号“0774”，用户可直接拨打梧州地区各县（市、区）“0774”区号电话。

1995 年，根据梧州本地电话网升位改号通知，北京时间 12 月 17 日零时整，对宁康、大黎、赤水、东荣 4 个乡镇电话号码改号，即 4 乡镇电话号码前三位分别改为 716、703、718、710，后四位不变。1997 年，全县乡镇程控电话交换机总容量 1.04 万门，农话用户增加到 7230 户。1997 年底止，农村电话用户 7092 户。

2000 年，全县取消农话收费，城乡电话统一为市话，实行县城与乡镇的话费统一。年末，农村电话交换机容量 16760 门，农村电话用户到达 16661 户。2002 年 9 月，经广西壮族自治区电信公司批准，第三期对部分乡镇电话号码进行改号调整，改号时间为 2002 年 9 月 28 日 00 时 00 分，涉及东荣、平福、宁康、大黎 4 乡镇，各乡镇电话号码后 3 位保持不变，只改变电话号码前 4 位，东荣辖区电话号码前 4 位由 7102 改为 7555，平福辖区电话号码前 4 位由 7662 改为 7556，宁康辖区电话号码前 4 位由 7162 改为 7557，大黎辖区电话号码前 4 位由 7032 改为 7558。2005 年末，农村电话交换机容量 76180 门，农村电话用户到达 70153 户。

公用电话

1991 年，开始安装公用电话。此后，县邮电局开办磁卡（IC 卡）电话业务，安装 IC 卡电话亭。并向社会发行印有货币面值的磁卡，用户只需将磁卡插入专用的电话机，便可拨打国内外长途电话和市内电话，电话机根据用户拨打电话的时间、距离，将磁卡上的面值依次递减，当面值减到零时，电话自动切断。2001 年，全县有磁卡公用电话亭 85 处。

小灵通

2000 年 9 月 7 日，藤城、太平开通小灵通业务，有小灵通用户 3569 户。2005 年年底，全县有小灵通用户 20334 户。

第四节　移动通信

无线寻呼

1993 年 3 月，藤县邮电局在鸡谷山电信楼建无线寻呼基站，容量 1000 户，正式开通无线寻呼（俗称 BP 机）126 人工台，当年发展 BP 机用户 497 户。无线寻呼机号码为 4 位数，每机都有指定号码，当需要寻呼该用户时，只需拨打无线寻呼中心 126 人工台，话务员通过计算机寻呼，一分钟内用户的无线寻呼机即发出音响，液晶屏上即显示寻呼人姓名、电话号码或简单的短语及地址代码。1994 年，分别在太平、濛江邮电支局建立无线寻呼基站，容量各 1000 户。1995 年，无线寻呼由人工操作改为自动并入梧州网，自动寻呼网号为 127，无线寻呼机号码由 4 位升至 7 位，寻呼用户直接拨打 127+BP 机号码即自动接通。1996 年，藤县无线寻呼机与全自治区联网，用户交纳漫游费可在广西区内各县（市）漫游使用，每机每月通话费标准为 15 元。1997 年，全县无线寻呼基站增至 11 个，全县信号覆盖率达到 80%，有 BP 机用户 6089 户。2000 年 4 月，开办 899 华信无线寻呼业务，信号覆盖全县所有乡镇。

移动电话

设备　1993年11月，采用瑞典爱立信公司生产的900兆赫公众模拟移动电话技术设备，在县城鸡谷山电信楼基建容量8个信道模拟蜂窝移动电话基站，为藤县有史以来首个移动电话基站。电话号段为“9”字头的6位数字号码。由于价格昂贵，当年用户仅97户，主要为机关和国有企业主要负责人及一些私营业主使用，当时的机款机型为摩托罗拉手提电话(时称“大哥大”)。1994年5月，移动电话号码由6位升为7位。1995年，在太平、濛江镇分别建设模拟移动电话基站各1个。1996年1月1日，广西开通“全球通”业务，与全国第一批GSM数字移动电话系统联网，藤县因此与全国移动电话系统联网。采用139网号开办实时计费业务，主要号段为135、136、137、138、139字头的11位数字电话号码。同年，在县城建设数字移动电话基站1个，容量16个信道，实施模拟移动电话向数字移动电话转换。1997年，在太平邮电支局建设并开通数字移动电话基站1个。移动电话主体网格技术设备均为瑞典爱立信公司提供，包括：模拟移动电话交换系统设备；模拟和数字电话基站控制器(BSC)和基站(BTS)设备；集群移动电话系统设备；移动电话基站天线系统设备和网络组成的归属位置寄存器(HLR)，拜访位置寄存器(VLR)，鉴权中心(AUC)等。移动电话网系统的增值及数字数据、网络技术设备，主要由瑞典爱立信公司、摩托罗拉公司、西门子公司、上海贝尔公司、深圳华为公司、北京邮电大学研究院、广东邮电科学院提供。是年末，全县有模拟移动电话基站3个，容量56个信道；数字移动电话基站2个，容量64信道。移动电话用户增加到2072户。1999年7月，移动通信业务从电信局剥离，由移动通信公司负责，年末有移动电话用户7000多户。9月，开通“本地通”业务，用户可在本地网内漫游通话，可以拨打市区及国内各地电话和接听市区、国内、国际来电。2000年3月，开通“八桂通”业务，可以在自治区内漫游使用，使用“9”字头的网号号段。6月，开通GSM移动电话智能新业务，与“全球通”用户享有同样的网络覆盖，主要号段为136字头的11位数字号码。

2001年，藤县移动公司启动“村村通”“路路通”网络覆盖富民工程建设，乡镇基站全部搬迁到山上以加强、扩大信号覆盖范围。全年开工建设基站项目16个，其中新建基站14个，改造1个，搬迁1个；年末有12个项目竣工并投入使用。网络信号实现从县城到乡村、从街道到公路、从室内到室外、从地面到高层建筑的立体覆盖。12月31日起，模拟移动电话全部退网停办，全部用户转为数据移动电话网。年末，全县有移动电话用户2.50万户。

2003年底，共有通讯基站50个，其中县城基站8个，乡镇基站18个，村级基站24个。2005年，有数字通讯基站82个，其中县城基站18个，乡镇基站22个，村级基站42个。数字移动电话网覆盖率达到96%以上。年末，移动公司拥有电话用户70718户。以使用摩托罗拉、诺基亚、爱立信等牌子的系列机款机型居多。

资费　1993年开通模拟移动电话，移动电话每户收取进网费6000元。每号每月基本月租费150元，包括号码占用费和移动通信资源占用费。市话基本通话费按0.40元/分钟收取，普通长途移动电话费分中国大陆和国际及港澳台不同标准收取。1994年6月，基本月租费调整为50元。1995年12月15日起，“全球通”市话执行双向收费标准(即打进打出均收费)，按0.50元/分钟收取通话费。1996年，3次调低入网费至每号3000元。1997年6月18日，全区统一执行移动电话入网费每号2000元。1999年2月26日起，入网费调整为每号800元。9月28日，开通模拟网“本地通”业务，入网费为每号300元，基本月租费25元。2000年3月1日起，模拟数字预付费移动电话(神州行)按0.60元/分钟双向收取本地通话费。“全球通”本地通话费调整为0.40元/分钟。6月28日，开通预付费移动电话“神州行”业务，免收用户基本月租费。7月1日起，取消入网费收费。2001年8月，开通数据网(GSM)“广西通”，每号每月基本月租费40元；数字网“全球通”，每号每月基本月租费50元，“神州行”业务免收月租费。至2005年不变。

移动业务

移动信息服务　2000年，广西移动开设客户服务热线1860和资费查询专线1861，通过人工、自动语音、短信、传真、E-mail方式24小时不间断为客户提供有关移动通信的业务咨询、业务受理和投诉建议等专业服务，藤县移动用户可直接拨打客户服务热线，查询所需服务种类及资费标准等。

天气预报 2005年，中国移动广西公司联合广西区气象局推出气象通业务，通过手机短信息方式，向客户提供全区天气和各地市县的晴、雨、气温和个性化气象服务等天气信息的定制和点播服务。主要服务内容包括气象信息及时提醒，每天定时发送未来24~48小时的基本天气信息等。移动用户可根据需要定制。另外，当突发性灾害天气出现时，及时根据天气变化情况，为全部手机定制用户提供短信信息。

校信通 2005年11月，中国移动推出"校信通"业务。利用移动通信和互联网技术，以手机短信为主要载体，为家长和学校提供一种新型、全面、即时、高效的沟通方式。教师可将学生在校的学习情况、生活情况和学校的各种通知等，以手机短信方式传递给家长，家长收到信息后可直接回复，也可以主动与教师联系交流。另外，"校信通"还提供"亲情语音"业务，学生可利用校信通专用IC卡，通过设置在学校的专用卡式无线电话，拨打家长手机进行语音通话。

银信通 2005年，为使用户及时知晓银行账户变动情况，中国移动广西公司联合广西区建行、农行和交行推出手机"银信通"业务。当有权用户银行账户出现变动时，移动公司及时将变动情况以短信息方式告知用户。

车友短信通 2005年9月，中国移动开通"车友短信通"业务，该业务具有信息发布和通知、用户违法查询等功能，可及时为定制用户提供交通违法信息、交通积分提醒、车辆年检通知等等短信信息。

语音杂志门户 2005年2月，本地语音杂志门户在广西区范围内正式商用。这是中国移动为方便客户快捷使用本地语音业务杂志而联合各合作伙伴(SP)建设的语音杂志业务综合使用门户，接入号码为12590319。中国移动广西公司所有签约客户（包括藤县移动用户）可使用手机直接拨打12590319，即可按照语音提示使用语音杂志门户业务。

移动聊天 2005年7月，开通移动聊天业务。中国移动全球通、动感地带和神州行客户均可定制。此项业务具有聊友速配、聊天、好友列表生成、查询详细资料、邀请新客户及黑名单等功能，短信服务代码为161。

第五节　互联网

2001年，藤县移动公司对"GSM"网络改造升级为"GPRS"网络（即2.5代数字移动通信），采用无线分组技术，将无线通信与因特网紧密结合，拥有永远在线、按量计费、快速登录、自如切换和高速传输五大优势。2002年，藤县电信分公司开通宽带业务，年末，全县有ADSL用户76户。2003年5月17日，移动梧州分公司正式开启GPRS商用，藤县随之启用，并为移动用户提供WAP手机上网、手机邮箱、掌上E会、笔记本无线上网以及Kjava等服务，用户可以通过GPRS网络连接到WAP网站使用WAP业务，可享受新闻浏览、股票查询、邮件收发、在线游戏、聊天等多种应用服务；同时为用户提供手机银行、手机炒股、手机彩票、短信息广告、互联网信息点播、定位信息、彩信等移动数据业务的增值业务。2005年末，全县有电信ADSL用户4329户，LAN用户103户。宽带ADSL用户6646户，LAN网210户。

GPRS计费流量单位为KB（千字节），不足1KB按1KB计算(1KB=1024字节，1MB=1024KB)。月资费标准：0元套餐计量收费0.03元/KB，5元套餐10MB，10元套餐20MB，20元套餐50MB，50元套餐200MB，100元套餐800MB；200元套餐2000MB，超过套餐限量部分按0.01元/KB计收。

第十五篇

财政　金融

县财政局办公大楼　（2005 年摄）

第一章　财　政

1991年—1993年，自治区对县级财政实行“划分收支、分级包干”的财政管理体制。县对乡镇一级财政实行“收入核基数，递增包干，超收分成；支出核定基数，多收多支，减收减支，自求收支平衡”的管理办法。1994年以后，自治区对县级财政实行“分支出、分收入，分税务机构”和税收返还的“三分一返”办法。藤县不断完善乡镇财政管理办法，逐渐实行“划分收入支出范围，核定收入支出基数；收入上交，超收分成；支出下拨，超支不补，节约归己”，调动了乡镇税收征管的积极性。由于国有企业受国际国内大市场影响，生产经营每况愈下，上缴税利逐渐下降；而财政供养机构及人员的增加，以及自然灾害的影响进一步加重了财政的压力。1996年，全县财政收入7310万元，比1991年的4038万元增长81.03%，年均增长12.60%。财政一般预算支出1.19亿元，比1991年的5901万元增长101%，年均增长15%，超过财政收入增长速度，致财政持续赤字，出现拖欠干部职工工资现象。1999年后，藤县将实情向自治区财政厅反映，争取自治区财政及时足额拨给各项补助；同时，加强对预算外资金的收支管理，加强工、农、商业生产投入，培植财源，财政可支配财力逐渐增加。2001年，付清历年干部职工工资欠款及退休人员房屋维修费、死亡抚恤费等，实现了无欠资目标。2004年，完全消化历年财政赤字。2005年，县本级财政收入为2.33亿元，是1991年4038万元的5.76倍；全县一般预算支出4.30亿元，是1991年5901万元的7.29倍。

第一节　机　构

县财政局

1990年11月，成立县国有资产管理局（简称国资局，下同），与县财政局实行一套人马两块牌子，内部增设国有资产管理股作为具体办事机构。1991年，县财政局办公地址在藤城镇西江路城基巷36号（今藤州镇西江路城基巷），属正科级行政单位，内设秘书股、预算股（含控办）、事财股、农税股、农财股、工财股、商财股、综合股（含国债办）、国有资产管理股等9个股；有编制37名，配局长1名、副局长4名。年末全系统实有人员141人（含乡镇财政所）。下属事业单位有广西中华会计函授学校藤县函授站。各乡镇设立财政所，受乡（镇）人民政府和县财政局双重领导。1992年5月，内部增设会计事务管理股；设立藤县经济发展资金管理所，为局下属事业单位，实行企业管理，独立核算，自负盈亏。1993年8月，进行内部机构合并，设秘书人事股、预算事财股、企业财务股、会计事务股、农财农税股、综合股、国有资产管理股7个股。1994年8月，增设人事监察股，秘书人事股改为秘书股；增加人员编制5名。1995年5月，增设社会保障财务管理股。8月，乡镇财政所人、财、物归县财政局统一管理。1996年7月，县经济发展资金管理所升格为县经济发展资金管理局。1997年3月机构改革，内设秘书股、人事股、预算股、综合股、事财股、农财股、农税股、商财股、工财股、国资股10个股；核定机关行政编制42名（含国资局），其中局长1名、副局长3名。机关后勤服务人员事业编制10名。6月，设立藤县水上农业税征收稽查队，为财政局直属事业单位。12月，撤销人事股，其职能并入秘书股；增设财政监察股，会计事务管理股，在事财股增挂社会保障股牌子。乡镇财政所的人事管理权等复归乡镇党委、政府主管。1998年4月，成立藤县收费管理局，与县财政局、国资局实行一套人马，三块牌子。7月，县收费管理局内部设置计财股、收费股和稽查队3个机构。2001年机构改革，县国有资产管理局、县收费管理局职能归县财政局承担，不再挂县国有资产管理局、县收费管理局牌子。12月，县经济发展资金管理局并入县财政局。2002年4月机构调整，内设办公室、预算股（含县小汽车定编办公室）、行政事业财务股、国有资产管理办公室、农业税征收管理股、预算外资金管理股、会计事务管理股7个股（室）；核定行政编制32名，后勤服务事业编制3名。其中局长1名、副局长4名。增加政府采购行政管理、县直国有企业的财务总监派驻和管理、对县直行政和财政供给的事业单位委派会计或集中核算管理及管理工资统一发放工作职能。2003 年 2 月，增设国库股(含工资办)；撤销农业税征收管理股，在县财政局挂牌设立藤县农业税征收管理局，负责全县农业税收的征收管理工作。5 月 28 日，设立农财股。2004 年 7 月，藤县水上农业税征收稽查队更名为藤县农业税收稽查队。12 月，增设社会保障资金管理股。2005 年，内设机构有办公室、预算股(含县小汽车定编办公室)、行政事业财务股、国有资产管理办公室、预算外资金管理股、会计事务管理股、国库股(含工资办)、农财股、社会保障资金管理股共 9 个股室，有编制 35 名，其中行政编制 32 名，后勤服务事业编制 3 名。年末，全系统实有人员 218 人(含乡镇财政所 168 人。)，其中财政局 50 人，配局长 1 人、副局长 3 人。下属事业单位(二层机构)有藤县农业税收稽查队、广西中华会计函授学校藤县函授站；协管 16 个乡镇财政所。

1991 年—2005 年县财政局历任局长：张炳文(1984.06—1992.09)、黎毅(1992.09—1996.06)、梁成和(1996.06—1998.09)、黄祖全(1998.09—)。

直属机构 藤县经济发展资金管理局。1992 年 5 月成立藤县经济发展资金管理所，为副区(科)级全额拨款事业单位，核定编制 4 名。主要职责是拓宽资金渠道，搞活财政信用，组织筹集资金，融通使用。7 月，改为企业管理自收自支单位。1996 年 7 月，升格为藤县经济发展资金管理局。2001 年 12 月，县经济发展资金管理局并入县财政局。

藤县农业税收稽查队。1997 年 6 月，设立藤县水上农业税征收稽查队，属全额管理事业单位，核定编制 6 名。2004 年 7 月，更名为藤县农业税收稽查队，编制增加至 9 名。

广西中华会计函授学校藤县函授站。1988 年 5 月设立广西中华会计函授学校藤县函授站。1991 年，为副科级事业单位，有编制 5 名，实有人员 3 人。2005 年末，有人员 5 人。

乡镇财政所 1985 年 8 月，设立乡镇财政所，既是乡(镇)人民政府职能机构，又是县财政局基层单位，受乡(镇)人民政府和县财政局双重领导，行政上由乡(镇)人民政府领导，业务上由县财政局领导。人员根据乡(镇)规模及工作任务确定，大所配 6~7 人，小所配 4~5 人。1991 年，全县设藤城、城关、津北、南安、赤水、埌南、同心、金鸡、新庆、象棋、岭景、天平、濛江、和平、太平、古龙、平福、东荣、大黎、宁康 20 个乡镇财政所，仍沿袭之前管理体制。1994 年 9 月，核定各乡镇财政所人员编制为 167 名。1995 年 8 月，各乡(镇)财政所由县财政局垂直管理(包括人、财、物)，所长由县委组织部考核任免，副所长由县财政局考核任免并报组织部备案。财务由县财政局设总账统一管理，乡镇设分账。1997 年 12 月，乡镇财政所的人事管理权等实行由乡镇党委、政府主管，县财政局为协管的管理办法；重新核定各乡镇财政所人员编制为 200 名。2002 年 4 月，根据乡镇行政区划调整，撤销南安镇、赤水乡财政所，设立塘步镇财政所；乡镇财政所人员编制减至 172 名。2005 年 7 月，随着乡镇行政区划的再度调整，宁康乡财政所并入大黎镇财政所；藤城镇、潭东镇、津北镇财政所合并为藤州镇财政所。年末，全县有藤州、塘步、埌南、同心、金鸡、新庆、象棋、岭景、天平、濛江、和平、太平、古龙、平福、东荣、大黎 16 个乡镇财政所，定编 172 名，实有人员 168 人。人事管理权限无变化。

藤县龙源国有资产营运有限公司

2003 年 4 月成立，为县政府直属副科级事业单位，实行企业化管理，业务上受县财政局指导。办公地址在藤城镇西江路城基巷 36 号。内设办公室、资产管理部、营运部、政府采购中心、财务部；核定编制 7 名。2005 年底，实有人员 12 人。主要负责全县行政事业单位、国有企业的国有资产管理营运。

2003 年—2005 年县龙源国有资产营运有限公司董事长(总经理)：黄祖全(2003.06—)

第二节 财政体制改革

1991 年，自治区对藤县实行“划分税种、核定收支、分级包干”财政管理体制。至 1993 年，藤县上解基数分别为 6120 万元、6128 万元、7859 万元。县对乡镇实行“收入核基数，递增包干，超收分成；支出核定基数，多收多支，减收减支，自求收支平衡”的财政管理办法。全年乡镇财政收入 2345.81 万元，超收分成 250 万元。

1992年，县委、县政府为完善财政收支包干的管理办法，调动各乡镇“增收节支”的积极性，下发《关于1992年—1993年乡镇财政收支包干及管理办法的通知》，对乡镇实行“核定收支范围和基数，定收定支，收支挂钩；收入上缴，超收分成，欠收自补；支出下拨，结余留用，超支不补”的财政收支包干管理体制。在管理上体现了分灶吃饭，利于调动乡镇发展生产，开辟财源，增收节支的积极性。1992年、1993年，县核定乡镇财政收入基数分别为2200.02万元、2377.70万元，实际完成2837.62万元、3184.50万元。

1994年1月1日起，实行分税制财政管理体制，中央财政对地方财政实行税收返还制度，返还数额以1993年为基数核定，在此基础上逐年递增，递增率按全国增值税和消费税增长率的1∶0.3系数确定（即全国增值税和消费税每增长1%，中央财政对地方的税收返还增长0.3%）；如果地方上划中央收入达不到上年基数的，税收返还不予递增并相应扣减税收返还数额；超收部分按1∶0.15比例系数返还。因此，分税制后，藤县地方财政收入由地方固定收入、地方共享收入、中央税收返还部分、补助收入四部分组成。是年，核定全县上解中央两税基数为7900万元。同年，县人民政府制定《分税制乡镇财政体制和收支预算管理办法》，对乡镇财政实行“核定收入任务，划分收入范围，收入上缴，超额完成任务留成，不完成任务扣减预算拨款；核定支出指标，划分支出范围，支出下拨，结余留用，超支不补”的管理办法。乡镇财政收入任务的核定：工商税收任务以1993年征收实绩数递增10%以上；农业税收任务（公粮部分）以当年公粮稻谷任务数和规定的公粮结算价而定；农业特产税收入任务根据分税制后税种设置，取消产品税，对原征收产品税的农林牧水产品转征农业特产税，并按1993年征收实绩和各乡镇税源情况重新核定，以后每年递增15%。具体则根据税收淡旺季情况按月分解，实行收入与支出拨款相挂钩，超额完成部分留成，不完成任务的扣减预算拨款。新的管理办法，充分调动了各乡镇加强税收征管的积极性，减轻县财政的压力。

1997年—1999年，县政府对各乡镇实行“划分收入范围，核定收入基数，定比递增，收入上缴，超收全留；划分支出范围，核定支出基数，支出下拨，结余留用，超支不补。收大于支，定额上解，支大于收，定额补助”的新一轮财政管理体制。参照1995年、1996年各乡镇工商税、农业税、特产税入库实绩核定各乡镇1997年收入基数为5583.13万元，往后两年，藤城、城关、津北、赤水、濛江、太平、宁康7乡镇按8%定比递增，其余乡镇按10%定比递增。支出基数按机构改革后编制内实有人数和标准经费核定。1997年，全县乡镇实际完成收入5780万元，完成收入基数的103.53%。20个乡镇中，除东荣、同心、埌南镇及岭景乡不完成收入基数外，其余16个乡镇均超额完成，县财政拨给乡镇超收留成款206万元。

2000年1月1日起，对乡镇实行“划分收入范围，核定收入基数，分类环比递增，收入上缴，超收分成；划分支出范围，核定支出基数，支出下拨，结余留用，超支不补”一定三年的财政管理体制，并实行乡镇财政收入与工资及经费支出拨付相挂钩的管理办法，县财政根据乡镇每月完成收入基数情况相应拨付工资及经费，并按累计考核办法结算（即上月不完成收入基数的，本月入库数先补足后再计算本月完成数；上月超额完成收入基数，超额部分计入本月入库数）。是年，各乡镇收入基数以上一轮基数完成情况核定，此后两年，基数500万元以上（含500万元）的乡镇递增5%，500万元以下200万元以上（含200万元）的递增6%，200万元以下递增7%。2000年、2001年，全县乡镇财政收入基数分别为6009.40万元、6215.51万元，实际完成5446万元、7172万元。支出5377万元、7463万元。

2002年7月，县人民政府为进一步完善乡镇财政管理体制，并为“乡镇财政解困工程”的实施，决定提前结束2000年确定的“一定三年”乡镇财政管理体制，从2002年1月1日起实行新的“一定三年”乡镇财政管理体制。以2001年各乡镇收入基数完成情况核定2002年基数，对递增比例各调高1个百分点外，管理上仍按原办法执行。是年，核定乡镇收入基数为6335万元，实际完成7399万元，全部乡镇均完成了任务。

2003年，全面推行农村税费改革试点工作，按照中央关于农村税费改革的方针政策，以“减轻、规范、稳定”为指导思想，认真把握农村税费改革中的“三个取消”“两个调整”“一项改革”（取消乡统筹费、农村教育集资等专门面向农民征收的行政事业性收费和政府性基金、取消屠宰税、取消统一规定的劳动积累工和义务工；调整农业税和农业特产税政策；改革村提留征收使用办法），切实减轻农民负担。据统计，至11月，全县改革后农业税落实到户并得到农民签字认可达到17.39万户，占应签农户18.21万户的95.50%，完成农业税及附加征收入库1728.10万元，占任务数1734.02万元的99.66%；全县农民总体减负率达到62.98%（不含特产税、屠宰税），比全区农民减负率37.94%提高25个百分点，通过了自治区农村税费改革试点工作验收小组的验收。

同年，对各乡镇财政收入基数重新核定，国税部门征收部分按原定比例递增，地税部门征收的地方工商税按剔除2002年生猪税收入后再按原定比例递增；农业税（含农业税地方附加）、特产税按税改后核定数不递增。是年，核定全县乡镇收入基数为7271.14万元，实际组织收入8058万元，全部乡镇均完成了任务。

2004年1月1日起，停止对农业特产税的征收，取消了农业特产税。2005年1月1日起，全县停止对农业税的征收，取消农业税。是年，实行新的"一定三年"乡镇财政管理体制及预算管理办法，对乡镇实行"核定收入任务，核定超收分成基数，划定收入范围，环比递增，收入上解，超收分成；核定支出，支出下拨，结余留用，超支不补"的管理体制。国税、地税任务，以上一轮财政体制的三年入库实绩平均值递增10%作为当年财政收入确保完成任务数，并列入三个文明建设目标责任状进行考核。奋斗目标以上一轮财政体制年入库最高实绩递增10%确定。后两年任务数按上年任务数10%环比递增。具体乡镇财政预算管理办法为：将全年财税收入任务分解到月，实行累计考核，上月不完成收入任务下月补足，上月超额完成部分列入当月数，并按月份收入比例拨付乡镇办公经费。全年，各乡镇积极组织财税收入，全面完成县下达的7176.59万元目标任务。

第三节　财政收入

一般预算收入

1991年，全县一般预算收入4038万元，完成年预算4530万元的89.14%，欠收492万元，同比减收218.70万元，下降5.07%。减收主要原因是工业企业产品滞销积压严重，主要税源的12个工业企业有6个出现亏损，企业所得税收入比1990年减收121.50万元；商业企业销售下降，工商税收入同比减收252.10万元，导致地方财政收入锐减形成负增长。1992年，落实乡镇收支包干体制，调动了乡镇征收入库的积极性；通过抓松脂生产，促进林化工业企业及财政增收。全年松脂收购2.73万吨，为财政提供税利900多万元。1993年，松脂、松香产销两旺，年生产松脂3.09万吨，松脂产品税收入库1018.5万元，比1992年增收789万元，占全年一般预算收入7879.50万元的12.92%。1994年，实施新税制，调整农业特产税征管，加上县内遭受特大洪涝灾害，导致地方财政收入锐减，同比减少3046.40万元，下降41.53%。

1995年，县内国有企业由于国际国内大市场影响，生产经营每况愈下，17家国有企业中，4家相继破产，其余大部分处于停产或半停产状态，累计欠缴税款340万元。1996年，逐步将行政性收费等预算外管理项目收入的部分纳入到财政预算收入中（全额预算管理单位按55%、差额预算管理单位按45%、自收自支单位按35%比例集中），地方财政收入逐渐稳定，并略有小幅增长。此后，随着整体市场的逐渐复苏以及个体私营经济的扶持发展，财源逐渐增加，一般预算收入逐步提高。2000年，一般预算收入达到1.03亿元，首次突破1亿元关口。此后地方财政收入稳中有升。2005年，一般预算收入1.44亿元，是1991年的3.56倍。

工商税　1991年，县内工商税收入以增值税、产品税和营业税为主。全年工商税收入2851万元，完成年预算3450万元的82.64%，同比减收252.10万元，减少8.12%。1992年—1993年，松香产销两旺，钛白粉市场销售量回升，工商税收入大幅度增加，年收入分别为3418.4万元、6212.8万元，分别完成年度预算任务的104.28%和172.58%。其中松香产品税收入库653.10万元、1442万元，分别占当年工商税收入的19.10%和23.21%。1994年，实行分税制，农林牧水产品中征收的产品税改征农业特产税，加上增值税的75%及消费税上划中央收入，导致工商税收入骤减至2364万元，不到1993年的二分之一。1996年—2002年，工商税年收入在3600万元上下徘徊。2003年—2005年，工商税收入分别为4649万元、6037万元和5864万元。

农业税　1991年，农业税收征收形式有征收实物（俗称"公粮"）和直接收代金两种，征收实物以每亩200千克为标准。公粮结算：早籼谷均价每50千克原粮22.60元，杂优谷均价每50千克原粮24.02元，全年收入484万元。1995年，公粮结算价格提高至每50千克原粮49.50元。当年建设规模占用水田减免农业税（公粮）46000千克，全年农业税收入1218万元。1997年，调减公粮结算均价，比1996下降0.10元。1999年，受亚洲金融危机的影响，农业税结算价调低，全年收入1075万元，同比减收130万元。2000年，公粮结算价每50千克原粮比上年调减8元，全年征收入库902万元。2003年1月1日，全面开展农村税费改革试点，农业税调整按农作物常年产量和规定的税率依法征收，常年产量以1998年前5年农作物的平均产量确定，将原农业税附加并入新的农业税，统一执行6.50%税率。是年，农业税收入1728.10万元。2004年，取消农业特产税，农业税税率在原基础上调低1%；全县亩产平均税负41.91元，比2003年的49.53元下降15.38%；农民人均税负18.25元，比2003年的21.67元下降15.83%。2005年开始，取消农业税，并将当年已征收的农业税收入23.69万元全部退还给农民。

农业特产税　藤县的农林特产税主要来源于木材、篙竹、桂皮、西瓜、松脂、八角、荔枝等农林特产应税产品。1991年，收入219.60万元。1994年执行分税制，将原征收产品税的农林水产品改为征收农业特产税，是年入库491.70万元，完成年度预算411.80万元的119.40%。1996年，由县财政局牵头，从工商、税务、公安等单位抽调人员组成工作组，加强松脂、木材、八角等大宗农副产品税收征管，打击偷、漏税行为，全年特产税收入1555万元，完成调整预算数1015万元的153.20%，同比增收376万元，增长31.89%。1999年，受金融危机影响，松脂、水果、八角等大宗农副产品价格低廉，特产税收入801万元，同比下降359万元。是年，县财政局制定《加强水果特产税管理》《木材、篙竹管理》《实行县外应税农林特产品报验登记管理》等措施，规范特产税征收。派出工作组进驻濛江，对外县通过县境转运的木材实施纳税报验登记，防止偷漏特产税行为。通过水陆两方协作，全年处理偷漏税案件156件，补缴税款12万元，罚款23万元。2001年，对大宗应税产品实行统一计税标准；对松脂实行"以税管脂"和凭"调运单""外运证"调运管理办法，从源头管理松脂特产税。全年农业特产税收入659万元。2003年，农业特产税收入831万元，是1991年的3.78倍。2004年，取消农业特产税。

耕地占用税　1991年，耕地占用税由财政部门按照自治区征收标准进行征收，全年收入11.40万元。1994年，针对耕地占用税历年尾欠较大的情况，县财政局会同县法院组成工作组，在全县范围内开展大规模清查追收，全年收入161.80万元，完成年度预算60万元的269.67%，同比增收139.20万元，增长615.93%。当年始，贯彻《广西壮族自治区耕地占用税实施办法》，按先纳税后用地的办法执行，耕地占用税征收逐渐规范。2000年—2001年，开展清理自1987年以来农民占用耕地建房欠交耕地占用税专项行动，年征收入库分别为341万元、235万元。2005年8月，全县组织开展契税、耕地占用税大清理活动，县和乡镇分别成立工作组，对招商引资项目、各种开发区、农民建房等占用耕地及房地产交易进行清理征收，全年征收耕地占用税收入3106万元，同比增加3091万元，是1991年的272.45倍。

契税　1989年，恢复征收契税，按自治区征收标准进行征收。由县财政部门委托县土地管理部门和房产管理部门代征。1991年，征收收入9.70万元。1999年，制定《契税纳税申报管理制度》，在全县范围内开展契税欠税清理工作，利用土地证年检时，委托土地局对应缴未缴、应纳未纳的房屋、土地契税进行清理代征，全年收入122万元，同比增收42万元，增长52.50%。2005年，在全县范围内开展契税欠税大清理大征收活动，主要针对开发区房地产交易及城镇居民建房、农民建房等进行清理。全年契税收入510万元，同比增加286万元，是1991年的52.58倍。1991年—2005年，累计征收收入1603.49万元。

其他收入　1991年，其他收入主要为各职能部门的罚没收入、行政性收费收入、集中预算外资金收入以及国有资产经营收益收入等。全年收入153.20万元。后随着财政体制的变化，其他收入逐步纳入财政预算收入中，形成有别于税收收入的非税收入体系。1995年，其他收入1628万元，同比增加716万元，增长78.51%。其中罚没及行政性收费收入1327.30万元占81.53%。1996年后，行政事业性收费管理逐步规范，收入逐渐增长。2001年，其他收入总量5278万元，占县财政一般预算收入的42.37%，同比增加1514万元增长40.22%。2005年，其他收入总量4860万元，占县财政一般预算收入的33.85%，比2000年增长29.12%，是1991年的10.70倍。

上划中央收入

1994年，上划中央收入3751万元。1996年，由于县内工业企业及国营商业企业经营艰难等原因，致上划中央收入下降至2918万元，同比减少291万元，下降9.07%。2002年，县域经济逐渐恢复发展，加上所得税的50%列入中央收入，使上划中央收入大幅增加，是年收入5668万元，同比增加2069万元，增长57.49。2005年，上划中央收入6794万元，同比增加633万元，是1994年的1.81倍。

基金收入

1997年开始，县财政部门分年度将电力建设基金、排污费收入、农村教育附加费、防洪保安费及农业税附加收入列入县财政预算收入，是年，收入385万元。1998年，将部分土地出让及土地有偿使用费列入县财政预算基金收入。此后，随着土地盘活拍卖收入逐步增长，由拍卖土地形成的土地出让及土地有偿使用基金收入逐年增加。2002年，基金收入2098万元，同比增加232万元，增长12.43%。2004年开始，农业税附加收入随着农业特产税、农业税的取消而萎缩，基金收入大幅度下降。2004年，基金收入499万元，同比减少863万元，下降63.36%。

1991年—2005年藤县财政收入情况表

表15-1-1　　单位：万元

年度	合计	一般预算收入				上划中央收入	基金收入
		小计	工商税	农业税	其他		
1991	4038	4038	2851	733	454	–	–
1992	4457	4457	3418	958	81	–	–
1993	7880	7880	6213	931	736	–	–
1994	8585	4834	2364	1558	912	3751	–
1995	10068	6859	2617	2614	1628	3209	–
1996	10228	7310	3038	3131	1141	2918	–
1997	11496	8294	3126	3449	1719	3202	385
1998	12918	8281	3692	2365	2224	3206	1431
1999	14629	9310	4058	2006	3246	3055	2264
2000	15814	10253	4191	2298	3764	3212	2349
2001	17921	12456	5189	1989	5278	3599	1866
2002	19768	12002	3619	2251	6132	5668	2098
2003	17662	10528	4649	2355	3524	5772	1362
2004	20521	13862	6037	1444	6381	6160	499
2005	23260	14358	5864	3634	4860	6794	–

注：①表中“–”表示无数据；②表中的农业税为“农业四税”，2004年的农业税为农业三税，2005年的农业税为农业二税；③2005年合计数含上划自治区共享收入2108万元

第四节　财政支出

1991年，全县财政总支出6143.20万元。由于当年财政欠收，加上财政供养人员的增加，以及长期干旱增加了抗旱经费，造成支出大于收入，累计滚存赤字971.50万元。

1992年，为缓解财政支出困难，县财政向上级财政部门以及各金融机构、各企业借入资金5908万元，保证干部职工工资发放、行政事业单位的正常运转以及各项事业基本发展需要。

1993年—1996年，财政支出按照救灾救济、干部职工工资、定额内公费医疗、公检法及行政机关基本公

务费和业务费、扶贫、支农及科教文卫事业费、其他生产性支出顺序安排拨款。但由于县财政可用财力少，而机构及人员的增加导致管理经费及工资支出增长较快，加上连年洪涝灾害等因素，对财政构成了巨大压力。1996 年，全县财政总支出 1.26 亿元，比 1991 年的 6143.20 增长 104.42%，6 年间年均增长 15.37%，超过财政收入年均增长 12.60% 的速度，致使财政持续出现赤字，用于财政开支的债务达 7600 万元，出现拖欠干部职工工资的现象。

1997 年，县委、县政府提出严格执行县人大通过的预算方案，维护预算的严肃性，计划用 3 年时间使财政逐步走出困境。提出："从当年起，财政收支要平衡并要逐步消化历年赤字；做到有多少钱办多少事，无钱缓办或不办，特急事情研究办；今后不能再借债，并要逐步还清以前年度所欠债务"。采取设立财政工资专户，每旬收入直接拨到专户，把保工资作为财政支出的第一位；冻结预算追加，确实急需的必须经过县领导集体决定；对有预算外收入的行政事业单位原则上不安排公务费和业务费；调整行政事业单位的财政管理形式，扩大自收自支和财政差额补助单位以及降低差额补助标准等办法，控制并压缩财政支出。至 1998 年，职工工资恢复当月正常发放。

2000 年起，随着上级财政转移支付及其他补助力度的进一步加大，县财政投入生产性建设支出逐年增加，使得自有财力不断增长，全县财政逐渐走出困境，保证了职工工资发放，保证了行政事业单位的正常运转以及事业发展需要支出。是年，除拨付全年干部职工工资外，还兑付干部职工 1997 年一个月借资。2001 年，付清历年干部职工工资欠款、历年欠发的退休人员房屋维修费、死亡抚恤费等，实现了无欠资目标。2004 年，完全消化历年财政赤字。

2005 年，全县财政总支出 4.46 亿元，是 1991 年的 7.25 倍；属一般预算总支出 4.30 亿元，是 1991 年的 7.29 倍。

1991 年—2005 年藤县财政支出情况表

表 15-1-2 单位：万元

年度	合计	一般预算支出						上解支出	基金支出
		小计	支援农业生产费支出	行政管理费支出	文教卫生事业费支出	民政事业费支出	其他支出		
1991	6143.20	5901	373	745	2178	152	2453	242.20	–
1992	7508.70	7313	1096	1180	2987	171	1879	195.70	–
1993	9639.60	9109	744	1350	4185	166	2664	530.60	–
1994	10780.30	10336	397	1561	3395	547	4436	444.30	–
1995	12491.00	11885	591	1751	3459	534	5550	606	–
1996	12558.00	11861	285	2264	4405	377	4530	697	–
1997	12755.00	11979	563	1992	4452	220	4752	481	295
1998	14574.00	12395	578	2000	4972	468	4377	806	1373
1999	16264.00	13558	704	2105	4716	377	5656	796	1910
2000	21796.00	18410	748	2003	5282	395	9982	1170	2216
2001	27029.00	24036	359	2903	8014	586	12174	1023	1970
2002	31756.00	28506	607	3585	9371	968	13975	997	2253
2003	30110.00	29099	1146	3792	14558	1036	8567	1011	–
2004	32151.00	32151	1471	4050	14566	3587	8477	–	–
2005	44561.00	42996	1607			3587	9232	1565	–

注：①表中"–"表示无数据；② 2005 年，行政事业性支出共计 28570 万元，含科学事业费在内

第五节 国有资产管理

1991年，全县国有企业以及行政事业单位资产的产权登记、企业改制、资产处置等由县国有资产管理局负责。是年，主要开展企业产权登记、年检，财产清查登记，固定资产转让以及报废审批等。1994年，县国有资产管理局参与国有企业改革实施方案的研究和制定，全年向县产权制度改革办公室提出实行产权制度改革的国有企业有28家，实际完成改革2家。1992年—1995年，县国有资产管理局共对54家国有企业进行清产核资，总资产4.05亿元；对18家国有企业的资产进行评估，其中对17家资产评估结果进行确认。1996年—1997年，对325家行政事业单位进行清产核资，总资产8.75亿元。有20%的行政事业单位办理国有资产产权登记、领证手续。同时开展城镇集体所有制企业清产核资，摸清资产情况及经营效益和管理状况。

1998年，对全县88家国有企业和218家行政事业单位的国有资产存量结构及经营状况进行全面统计分析，完成年度报表统计分析和国有资产产权登记工作。对县汽配公司等5家国有企业和县丝绸厂等2家破产企业进行资产评估立项、结果检验确认；并对工商登记的360多家集体企业资产进行清查审核。

2000年—2001年，对226家行政事业单位、国有企业年初国有资产存量、分布、结构及经营效益状况进行全面统计分析，并进行产权年检，依法确认国有资产的国家所有权和企业单位的经营权、使用权。对改制企业承包的资源共享产进行清产核算，落实改革改制方案，促使县糖厂、太平松脂厂2家破产企业成功拍卖，县钛白粉厂由国营企业顺利改制为民营企业，县有机化工厂进行改制。为县东茂钛白粉厂改制办理有关手续。

2003年，撤销国有资产管理局，国有企业、行政事业单位资产的审核管理权归县财政局国有资产管理办公室负责。同年4月，全县行政事业单位、国有企业的国有资产管理营运权归县龙源国有资产营运有限公司。2004年，受县政府委托，对县医药公司进行企业改制，安置职工96人，其中固定工66人、合同工30人，发放经济补偿金87.20万元。

2003年—2005年，累计处置土地66881.32平方米，处置收入共计5617.56万元。其中处置商业企业土地22846.52平方米，收入1882.95万元；工业企业土地4764.4平方米，收入250.10万元；行政事业单位土地39270.40平方米，收入3484.51万元。处置废旧物资19宗，出让收入380.66万元。其中处置商业企业废旧物资14宗，收入310.34万元；行政事业单位废旧物资5宗，收入70.32万元。

第六节 财政监督管理

预算外资金管理

1991年，预算外资金收入只有各项附加收入，对各单位的预算外资金收入虽然强调实行集中财政专户储存，实际上存留各单位使用。全年县财政专户各项附加收入52万元。1992年，将行政事业单位预算外资金集中财政专户储存任务与县财政挂钩，不完成任务，自治区财政从县财政扣款补足。全年各项附加收入945万元，集中专储资金96万元，专储率10.15%。1994年，根据《广西壮族自治区行政事业性收费管理条例》中“把罚没收入、各种收费收入和预算外收入纳入预算管理”的规定。县人民政府印发《关于对罚没收入、行政性收费、事业性收费、和预算外收入实行预算管理的规定》，以财政牵头，由审计、物价、纪检、监察、三查办等单位组成清理收费收入专项检查组，对县直36个行政事业单位，乡镇63个单位进行检查。年底，专户储存由原来的45个储户增加到70个储户，专户储存累积金额达到1461万元。1995年6月，从税务、审计、物价、财政、工商、监察等部门抽调人员组成工作组，对全县行政事业单位进行为期3个月的预算外资金及“小金库”调查清理。9月，开展财务、税务、物价大检查（“三查”），重点检查单位500个，查出违纪金额444.97万元。全年集中专户存储2111.58万元。

1996年，成立县预算外资金领导小组，从财政、纪检、物价、审计等单位抽调人员到有关预算外收入单位进行检查，摸清预算外资金收支情况。制定《藤县预算外资金管理、行政事业性收费管理实施办法》，进一步规范预算外资金的管理。对预算外资金执行“收支两条线”管理制度。单位所有预算外收入先集中财政专户储存，单位需要使用时，提出用款计划送财政局审核后，才能进行回拨。对不参加财政专户储存的单位采取措施，属财政拨款供给的单位（包括主管部门）停拨工资和所有经费。各单位的收费必须使用财政部门统一印制（或监制）的行政事业性收费票据，严禁使用其他票据，票据核销实行“票款同行，核旧票发新票”的管理办法。不及时将收入缴存财政专户的，停发新票据。全年专户储存率达100%，集中财政专户储存金额1520万元。1998年，继续深化预算外资金管理，凡有预算外收入而没有及时办理财政专户储存的单位，对行政主要领导予以诫勉；凡有预算外收入没有全部办理财政专户储存的单位，对行政主要领导予以换岗。全年财政预算外资金专户储存额4294万元，比1994年增长6倍。已集中县财政预算使用2580万元。2002年，出台《行政事业性收费和政府性基金票据管理补充规定》，建立健全票据领用、核销登记制度，采取“以票管费，票款同行”的管理办法。全年处理丢失、遗失、乱用收费票据行为64起，处罚金额1.85万元。2004年，实行票据电算化管理。2000年—2005年，累计专储预算外资金4.05亿元，集中县财政预算使用4937.71万元。

财政检查

1991年起，贯彻执行《国家预算管理条例》，每年从财政、税务、物价、审计等部门抽调人员组成工作组，协助县税收、财务、物价大检查办公室（简称“三查办”）开展税收、财务、物价大检查。年内，对7个县直单位的财务进行检查，共查出违纪金额22.98万元，全数足额上缴入库。1993年，重点检查各乡镇粮所以及土地局等47个单位，共查出违纪金额173.48万元。其中农业税款114.16万元，罚没款49.30万元，拖欠税款两金27.70万元，其他7.60万元。1997年，全县抽调153人组成35个工作组，对全县机关事业单位的财务进行检查，共查出违纪金额214万元，已入库130万元。1998年，对全县粮食系统新增财务挂账和占用贷款问题进行清查审计。同时建立和完善县粮食风险基金管理办法，与农业发展银行密切联系，对粮食风险基金拨付和使用情况实行有效监督。2001年，财政局农税股和县公安局驻财政执勤室联合组成藤南、藤北检查工作组，进行农业税源头稽查，严厉打击偷逃税行为。2002年，取消一年一度的财政税收财务大检查，建立健全日常规范的财务监督检查制度，通过票证管理及财务结算等实施监督。至2003年，在全县行政事业单位票据使用以及财务结算制度的执行实施监督检查中，共处理丢失、乱用收费票据行为64起，处罚金额1085万元；纠正不规范、手续不全的原始凭证110份，涉及金额19万元。2004年—2005年，主要对养老保险基金、失业保险基金、职工基本医疗保险基金及新型农村合作医疗基金等专项资金的使用进行监督检查。

财务管理

1991年，对全县各行政事业单位的经费（包括会议费）实行“定额管理、包干使用”。县召开的大型会议实行会前预算一次，财政局派人协助财务管理。1993年，对各单位的经费开支实行“经费包干、超支不补”；并对县政府大院机关实行“分灶吃饭”，将原来一直由县机关事务局管理财务的部、委、办、局分为17个独立核算的财务单位，各单位的经费开支得到控制。对全县性大型会议，县财政派人管理会议财务，把会议费压缩到最低限度。1998年，对工业企业财务进行检查，督促企业及时出账申报税款入库，确保财政收入任务完成。重点对全县粮食系统新增财务挂账和占用贷款问题进行清理审计，并对粮食风险基金的拨付和使用情况检查监督。1999年，县财政局为加强对各单位财务管理，堵塞漏洞，促进廉政建设，制订了《行政事业单位财务管理暂行办法》。对单位住房基金设立专用账户、独立核算，实行收支两条线管理。2000年，对各单位财务支出进行检查监督，对各项专款进行追踪检查，保证专款专用。2002年4月，不再承担审批国有企业具体财务事项、下达财务计划和考核指标的职能，扩大企业理财自主权。7月，实行财政财务改革，成立县人民政府财务结算中心，设立专户，对各部门各单位的财务实行集中核算管理（各部门各单位在银行开立的收支账户同时取消），各部门各单位的开支由事后监督变成源头控制。首次对县政府大院内的24个单位列入财务结算中心试行财务集中核算支付管理。财务集中结算工作，走在梧州市前列。2003年4月，财务集中结算逐渐铺开，进入财务集中核算支付管理单位增加至36个。是年，自治区财政厅把藤县财政局列为全区

“金才工程”试点县，年末，“金才工程”系统网络建设完成，主要设备安装完毕并试运行。2004 年 7 月，对藤城、塘步、同心、象棋、东荣、大黎、平福、宁康 8 乡镇推行财务集中结算试点工作，各镇成立财务结算中心，将乡镇财政供给的乡镇政府、农业服务中心、林业工作站、水利站、计划生育服务所（计划生育办公室）、交通和城镇建设管理站、文化广播电视站、经济发展中心、财政所、中心校等行政机关、事业单位列入乡镇财务结算中心进行财务集中结算管理。10 月，对其余各乡镇推行财务集中结算。至此，全县所有乡镇全部纳入了财务集中结算管理。2005 年，全县所有全额预算管理的行政事业单位（含二层机构）全部纳入财务集中结算管理。并对养老保险基金、失业保险基金、职工基本医疗保险基金、职工工伤保险基金、生育保险基金、新型农村合作医疗基金实行专户及收支两条线管理。

会计事务管理

1991 年开始，对在职会计人员要求持证上岗，取得“会计从业资格证”必须通过专业培训和考试。1997 年，实施新会计制度，对县直和各乡镇的行政、事业单位预算会计进行新的会计准则、会计制度培训，举办全县行政、企业、事业单位会计电算化培训班 7 期，培训人员 285 人。1999 年—2000 年，开展全县性会计基础工作规范考核验收工作，全县机关、企事业单位合格率达到 96% 以上。2001 年，依照全国《会计从业资格管理办法》以及《广西壮族自治区会计从业资格管理实施办法》的规定，将“会计证”换发为“会计从业资格证”，要求各部门单位财务人员持证上岗。2002 年，在全县机关、企事业单位开展会计法执行情况检查和“会计从业资格证”专项检查，检查面达到 100%。对个别单位存在财务人员没有按规定持证上岗的责令立马整改，并把整改情况报告县财政局。2005 年，组织全县财务人员进行继续教育培训，全县持证在岗的会计从业人员 2281 人，参学率达 98% 以上。

第七节　财源培植

20 世纪 90 年代，藤县每年从财政拿出部分资金用于发展农业生产和企业挖潜改造，以稳定财政收入。1991 年—1993 年，用于支援农业生产和企业挖潜改造资金计 2906.40 万元，占全县一般预算支出 2.23 亿元的 13.02%。1994 年，县委、县政府提出农业综合开发 523389 工程，把林果业发展作为全县一大经济收入支柱扶持。至 1998 年，累计拨付甘蔗、西瓜、八角、篙竹种植及中低产田改造资金 2414 万元，农林水部门事业费 2348 万元，农业综合开发经费 312 万元。5 年间，农业直接为财政提供税收收入 1.31 亿元，占财政一般预算收入 3.56 亿元的 36.80%。累计拨付钛白粉及脂松香生产企业挖潜改造资金 2310.10 万元，逐步形成以钛白粉、脂松香系列的自身支柱财源。1999 年，经过向上级努力争取，拨给粮食自给工程、农业综合开发、国粮基地三个项目专项资金 1268 万元，建成象棋、潭东等现代科技示范园，以点带面推动传统农业向现代农业发展。县财政投入资金 607 万元，落实市委、市政府规划的“百里八角长廊”项目建设，发展种植八角、西瓜、辣椒以及种桑养蚕，形成新的财源增长点。2003 年，藤县设立“工业集中区”，至 2005 年，县财政预算共计安排建设资金 1725 万元。2005 年，进驻工业园区的企业有藤县加裕电子科技有限公司，形成了财政新的税收增长点。

第二章　税　务

1991 年，藤县实行以流转税和所得税为主体的复合工商税制。税收征管由藤县税务局负责，全年税收收入 2955 万元。1994 年 1 月 1 日起，以增值税为核心，相应设置消费税、营业税的新流转税制；同时，实行中央和地方分税制改革，在划分事权的基础上划分中央税、地方税。9 月 30 日，撤销藤县税务局，分设藤县国家税务局与藤县地方税务局。1996 年 1 月，藤县正式将中央税与地方税分别由国税局与地税局征收管理。

税务部门加强税务稽查，依法征管。随着藤县地方经济的不断发展，藤县税收不断增加。2005 年，全县税收收入 15402 万元，是 1991 年的 5.21 倍。

第一节　税务管理

机构

藤县税务局　1950 年 1 月设立。1991 年，办公地点在藤城镇西江路 17 号，内设办公室、税一股、税二股、征收管理股、会计股、稽查股、人事股、监察股、检察室、稽查队、发票所共 11 个股室；派出机构有藤城税务分局以及津北、南安、埌南、同心、金鸡、新庆、象棋、岭景、天平、濛江、和平、太平、古龙、平福、东荣、大黎、宁康 17 个税务所和赤水、新马、龙昌界、石桥、桃花 5 个税务站。1993 年，成立公安执勤室。1994 年 9 月，全县税务系统编制数 288 人，实有人员 270 人，其中局机关 51 人。9 月 30 日，根据中央分税制改革，撤销藤县税务局，分设藤县国家税务局（简称国税局）和藤县地方税务局（简称地税局），并对局机关的 51 人进行分流，其中分流国税局 33 人，分流地税局 18 人；基层税务所、站机构及人员、财产、经费等维持原状不变，暂由国税局管理。

1991 年—1994 年县税务局局长：曾新荣(1990.03—1994.09)。

藤县国家税务局　1994 年 9 月 30 日，成立藤县国家税务局，为正科级行政单位；办公地点在西江路 17 号（今绣江路 17 号），与地税局合署办公，隶属梧州地区国家税务局管辖。管理原税务局基层税务所、站的人员、财产、经费等。12 月 10 日，经自治区国税局批准，内设办公室、税政股、征收管理股、计划财务股、人事教育股、监察室 6 个股室及稽查分局；辖发票管理所。设局长 1 名、副局长 2 名，并由税务局机关分流 33 人到县国税局机关。

1995 年 10 月，基层税务所、站人、财、物一分为二，分别由县国税局、县地税局接管，其中 107 人分流国税系统。县国税局辖藤城分局及津北、南安、埌南、同心、天平、金鸡、新庆、象棋、岭景、濛江、和平、太平、古龙、平福、东荣、大黎、宁康 17 个税务所和赤水税务站。1996 年 7 月，办公地址搬迁至绣江路 80 号。1997 年 3 月机构改革，撤销全部税务所（站），增设金鸡、濛江、太平 3 个分局，设立天平、南安、赤水、埌南、同心、津北、新庆、象棋、岭景、和平、古龙、东荣、平福、大黎、宁康 15 个征收处。全系统实有人员 167 人，其中助征员 15 人。同年 5 月 30 日，隶属梧州市国家税务局领导。2002 年 8 月，南安、赤水征收处合并为塘步征收处。10 月 23 日，稽查分局改称稽查局。2003 年 9 月，新庆征收处并入金鸡分局，岭景征收处并入象棋征收处，平福、东荣征收处并入太平分局。2004 年 12 月，撤销埌南、天平、塘步、象棋、和平、太平、古龙、大黎征收处。2005 年 5 月机构改革，内设机构调整为办公室、综合业务股、征收管理股、人事教育股、监察室、计划征收股及稽查局；下属事业单位有信息中心；派出机构有藤城、金鸡、濛江、太平税务分局。年末，在职人员 123 人。

1994 年—2005 年县国家税务局历任局长：曾新荣(1994.09—2000.07)，高则馨(2000.07—2001.10)，陆文升(2001.10—)。

藤县地方税务局　1994 年 9 月 30 日，成立藤县地方税务局，为正科级行政单位，隶属梧州地区地方税务局管辖。办公地点在西江路 17 号（今绣江路 17 号），与国税局合署办公。内设办公室、人事教育股、征收管理股、税政股、计划会计统计股 5 个股室，有人员 18 人，其中局长 1 人、副局长 2 人。1995 年 1 月，设立县地方税务征收管理分局。3 月，设立藤县地方税务局稽查分局。10 月，正式接管基层税务所、站机构和人、财、物，接收人员 75 人。共设 17 个乡镇税务所和赤水税务站。年末，全系统实有人员 112 人，其中干部 104 人，工人 8 人。1997 年 4 月，隶属梧州市地方税务局管辖。7 月，经广西区地税局批准，设立津北、南安、赤水、埌南、同心、金鸡、新庆、象棋、岭景、天平、濛江、和平、太平、古龙、平福、东荣、大黎、宁康共 18 个税务所。1998 年 1 月，稽查分局改为稽查局。2000 年，办公地址搬迁至河东新城区民安路 96 号。

2002 年 3 月机构改革，内设机构增加监察室，派出机构调整为金鸡、濛江、太平 3 个税务分局，塘步、天平、和平、埌南、象棋、平福、古龙、大黎 8 个税务所及东荣、新庆、赤水、石桥、同心、岭景、宁康 7 个征收站；核定编制 119 名，实有人员 104 人。2005 年 12 月机构改革，经梧州市地方税务局批准，内设办公室、人事教育股、征收管理股、税政股、计划会计统计股、监察室6个股室;撤销直属征收管理分局;派出机构调整为藤州、金鸡、濛江、太平、塘步4个税务分局及大黎税务所。年末,全系统实有干部职工115人(干部114人,工人1人),其中局长1人、副局长3人;助征员20人。

1994年—2005年县地方税务局历任局长:程延雄(1994.09—2004.02)、陈永裕(2004.02—)。

管理体制

1991年至1994年9月,县内工商税由藤县税务局系统征收管理。开征的税种计有29种。1994年9月30日,撤销藤县税务局,成立藤县国家税务局、藤县地方税务局。1995年11月,藤县人民政府制定《关于明确国税、地税系统税收征管范围的通知》,对藤县的税收征管范围进行明确,并从1996年1月1日起执行。国税系统负责征管增值税(中央占75%、地方占25%)、消费税、中央企业所得税、地方和外资银行及非银行的金融企业所得税、证券交易税、外籍人员(含港、澳、台同胞)缴纳的个人所得税、外商投资企业和外国企业所得税、出口产品退税管理、中央税的滞补罚收入、随增值税、消费税附征的城维税和教育费附加、能源交通重点建设基金、国家预算调节基金的征收和管理,按税种分别入中央和地方库。地方税务系统负责征管营业税、个人所得税(不含外籍人员缴纳的个人所得税)、土地增值税、车船使用税、固定资产投资方向调节税、地方企业所得税(包括地方国有、集体、私营企业,不含地方和外资银行及非银行的金融企业所得税)、外商投资企业和外国企业缴纳的地方各税(不含外商投资企业和外国企业所得税)、印花税、筵席税、房产税、资源税、屠宰税、城镇土地使用税、随营业税附征的城市维护建设税和教育费附加(新城维税出台前随增值税消费税附征的城维税和教育费附加除外)、地方税的滞补罚收入,遗产与赠与税的征收和管理。国税、地税合管范围:县内集贸市场和个体工商业户缴纳的增值税、消费税以及与增值税随征的个人所得税、城维税、教育费附加由国税系统负责征收管理,缴纳的营业税和其他地方税由地方税务系统负责征收和管理。个体工商户(含缴纳增值税的个体户)个人所得税负担率的调整或核定由县地方税务局根据现行税收法规下达。

1997年1月1日起,国、地税同时开征防洪保安费。以缴纳增值税为主的工业企业、商业批发零售、修理修配企业及个体工商户,按增值税税额4.50%计征;农村个体工商户每户每年30元,城镇个体工商业户每户每年60元。对从事生产经营活动的企、事业单位和城乡个体工商户,按缴纳营业税税额的4.50%随征;同时委托宾馆、旅社、招待所对旅客按实际支付住宿费(房价)的3%加收防洪保安费。2000年1月1日起,企业、城乡个体工商户及事业单位按上年销售收入或营业收入1‰征收防洪保安费;缴纳营业税为主的企业和个体户,税率调整为1‰。

1999年4月1日起,根据财政部、税务总局《关于印发文化事业建设费征收管理暂行办法的通知》,开征文化建设事业费,由地税局对从事娱乐业、广告业的单位和个人,按其缴纳营业税的营业额的3%征收。11月1日起,开征个人储蓄存款利息所得税,由国税部门按利息收入的20%计征。

2001年1月1日起,开征车辆购置税,凡购置汽车、摩托车、电车、挂车、农用运输车的单位和个人,由国税部门按10%税率征收,并规定自购买车辆之日起60日内为纳税期限。至2005年无变化。

第二节 税种 税率

1991年,藤县执行1984年第二步利改税和工商税制改革后的税制。至1993年年底,基本建立以流转税和所得税为主体,其他各税为辅的多税种、多层次、多环节征收的复合工商税制。当时全国工商税制共有37个税种,藤县实际开征29种,具体为产品税、增值税、营业税、盐税、资源税、工商统一税、国营企业奖金税、城市维护建设税、集体企业所得税、国营企业工资调节税、国营企业调节税、国营企业所得税、事业单位奖金税、集体企业奖金税、城乡个体工商业户所得税、私营企业所得税、房产税、个人收入调节税、个人所得税、车船使用税、特别消费税、燃油特别税、中外合资经营企业所得税、外国企业所得税、建筑税(1992年改为固定资产投资方向调节税)、屠宰税、牲畜交易税、印花税、集市交易税。

1994年1月1日起，实行中央和地方分税制改革，在划分事权的基础上划分中央税、地方税。纳入中央税的税种有12种，藤县实际开征7个税种；地方税有14个税种，藤县实际开征12个税种。具体税制改革有流转税改革、所得税改革、其他各税改革。流转税改革，以增值税为核心，相应设置消费税、营业税的新流转税制。扩大增值税的征收范围，对整个工业产品从生产至流通全过程的每一个环节以及提供加工、修理、修配劳务，依法全面征收增值税；税率由原来的12档简化为3档，即基本税率17%，低税率13%，出口货物零税率；将纳税人分为增值税一般纳税人和小规模纳税人，分别实行购进扣法、定率征收进行税收征管。取消产品税，对农、林、牧、水产品税改征农林特产税。开征消费税，对烟、酒、化妆品、护肤护发品、贵重首饰及宝石、鞭炮焰火、汽油、柴油、汽车轮胎、摩托车、小汽车等11项产品在征收增值税以后达不到原来征收流转税负担水平的，开征消费税进行调节，以3%~45%税率从价计征。取消对外征收的工商统一税，对外资企业统一征收增值税、消费税和营业税。所得税改革，将原来国营企业所得税、集体企业所得税、私营企业所得税统一为企业所得税，税率均为33%。停征国营企业调节税及国有企业缴交的国家能源交通重点建设基金和国家预算调节基金。同时，实行改革后的个人所得税法，将原来征收的个人收入调节税和城乡个体工商业户所得税统一为个人所得税。工资、薪金所得超过800元以上的部分，采用9级超额累进税率，最低为5%，最高为45%，实行分项计征。对个体工商业户生产经营所得实行5%~35%的超额累进税率。此外，对资源税实行改革，取消盐税，改征资源税。对煤炭、原油、天然气、黑色金属矿原矿、有色金属矿原矿、其他非金属矿和盐等7个税目按幅度税额征税。开征土地增值税。取消集市交易税、牲畜交易税、烧油特别税、奖金税和工资调节税。

1996年1月1日起，开征屠宰增值税，由国税部门以每头10元计征。3月22日，藤县人民政府决定，取消遗产与赠与税。1999年11月1日起，开征个人储蓄存款利息所得税，按利息收入的20%计征。2003年1月1日，执行广西壮族自治区人民政府办公厅指令，停征屠宰税。以上税种、税率至2005年不变。

第三节　税收征管

税务登记

1991年4月，对上年度领取“税务登记证”的单位和个体工商业户验证年检，全县在册登记纳税业户6300户。1992年1月1日起，收尾、续建和新开工以及预备项目，不论其资金来源，总投资在5万元以上，一律在收到有权批准机关的固定资产投资计划或其他建设文件后30日内，向投资项目所在地税务机关办理税务登记。9月，《中华人民共和国税收征收法》公布实施，明确税务登记期限为“自领取营业执照之日起30日内”。县税务局在做好税法宣传的同时，每年从局机关及乡镇税所抽调人员组成税务登记检查清理小组分赴县城、乡镇进行检查清理，对未办理税务登记，或虽办理税务登记但已报停业而尚在经营的业户，除责令限期改正外，依法处2000元以下罚款。

1994年开始，税务登记和户籍管理相结合，分局和各税所建立完善的户籍管理制度，做到一户一档，对纳税户的税务登记、纳税及销售实行动态管理。9月，对外来经营者、临时经营者等各类流动纳税人，核发临时税务登记卡进行登记管理。11月，藤县国家税务局、地方税务局根据国家税务总局《关于中央、地方两套税务机构建立后税收征管有关问题处理意见》，对藤县设立国税、地税两套税务机构后税收征管有关税务登记等问题进行界定：个体工商业户、集贸市场纳税人和涉外税收纳税人一律由国税局办理税务登记和核发税务登记证；其他需要缴纳中央税和地方税的，由国税局和地税局分别办理税务登记，主营业务属于增值税和消费税的，由国税局核发税务登记证，其他纳税人由地税局核发税务登记证。1995年末，全县在册登记纳税业户共3956户，其中，国有企业125户，集体企业210户，个体工商业户3621户；核发税务登记证3956本，其中国税局核发3200本，地税核发756本。

1996年，按照“统一代码、分别登记、分别管理”的原则，换发全国统一的国家税务登记证。个体户识别号统一使用公安部门核发的身份证号码；企业、事业单位（外商投资企业和外国企业除外）识别号统一使用组织机构代码证号。是年，地税局换发新税务登记证 4900 本（其中纯地税业户 1041 户，国地税共管户 3859 户）；国税局换发新税务登记证 3500 本。是年末，国税系统有纳税登记户 4200 户，其中国有经济组织 130 户，集体经济组织 250 户，个体工商户 3820 户。地税系统共有纳税登记户 5374 户，其中国有经济组织 134 户，集体经济组织 245 户，私营经济 17 户，个体工商户 4978 户。1999 年，再次换发全国统一的税务登记证，同时取消四年一换证的做法。年末，全县核发税务登记证 5395 本，其中国税局核发 4200 本，地税核发 1195 本。2002 年 1 月 1 日起，国税局开始受理新办应征所得税企业的税务登记。2004 年 2 月 1 日起，执行国家税务总局制定的新的《税务登记管理办法》。规范非正常纳税户的认定，明确税务人员在非正常户认定中的责任，规定检查人员必须制作非正常户认定书。对非正常户登记证件失效的时限由纳税人被列为非正常户超过一年改为 3 个月。2005 年，全县核发税务登记证 9544 本，其中国税局核发 3263 本，地税核发 6281 本。年末，全县在册登记纳税业户 9544 户。经县国税局登记的有 3263 户，其中港、澳、台商独资经营公司 10 户，国有企业 40 户，集体企业 53 户，股份有限公司 10 户，其他有限责任公司 30 户，私营合伙企业 36 户，私营有限责任公司 56 户，其他企业 2 户，个体工商户 3026 户。经地税局登记的有 6281 户，其中港、澳、台商经营企业 10 户，国有企业 42 户，集体企业 57 户，股份有限公司 10 户，其他有限责任公司 30 户，私营合伙企业 36 户，私营有限责任公司 59 户，其他企业 5 户，个体工商户 6032 户。

纳税申报

1991 年，对账证健全的企事业单位和经济实体实行自主申报纳税，管理员跟踪核查；对账证不全的个体工商业户和经济实体则实行按月核定应纳税营业额（简称“双定”）进行管理。应税定额核定方法有 2 种：一是对商业零售、加工修理、饮食、服务行业，采用由纳税户提供其经营规模及费用开支情况，经税收管理员或片管员调查核实后，交乡镇税务机关管理人员和辖区乡镇分管财税工作领导集体讨论评定并上报县税务局审批，然后张榜公布各业户应税定额；二是对交通运输、农副产品贩运、个人建房、个人房屋出租、卡拉 OK 以及矿产资源开采等，采用根据各行业情况按拟定的计税单位直接核定应纳税额。

1992 年—1993 年，《中华人民共和国税收征管法》及其实施细则等法规和有关条例先后公布实施，确定纳税人的申报期限，增值税、消费税、营业税每月月终后 10 日内、所得税为每季度终后 15 日内（内资企业年度汇算在年度终后 4 个月内，外资企业年度汇算在年度终后 5 个月内）、利息个人所得税在月度后 7 日内，中央金融企业营业税在月度后 15 日内申报缴纳。

1994 年，首次开启由税务机关、银行、纳税人三者达成协议，纳税人在规定期限内存足当期税款入相应银行，银行则按照与税务机关约定的期限进行批量代扣代缴税款入库（简称“银税一体化”）缴税模式。至 1997 年，全县共有 6900 多户纳税户签订了协议，通过“银税一体化”申报缴税率占 86%。其中国税系统签订协议的有 3000 多户；地税系统签订协议的有 3900 多户。1998 年 6 月底，县地税局 18 个基层单位中有 13 个分局（税所）对双定纳税户推行“银税一体化”征税方式。1999 年 10 月 1 日，地税局在县城范围内试行将半手工操作的银税一体化征收办法改进为应用计算机自动处理（简称“新银税一体化”）。至 2000 年底，全县地税系统共有 2500 户个体工商业纳税户通过“新银税一体化”方式纳税入库。

2004 年 4 月，县地税局上街设点宣传税收政策

2002 年，开展增值税一般纳税人通过防伪税控系统报税并进行认证比对等工作。2004 年，县地税局在直属征收管理分局及太平、濛江税务分局实行“银税一体化”纳税申报模式扩面。当年，通过“银税一体化”申报模式纳税的“双定”个体工商业户占全县“双定”户的 62%。2005 年 4 月，实行增值税一般纳税人“一窗式”

管理，受理一般纳税人纳税申报，包括受理增值税专用发票抵扣联认证、纳税申报和IC卡报税，进行票表比对，比对结果处理等。

发票管理

普通发票管理 1991年，发票管理按照"领、用、存"制度，坚持"验旧换新"，每年开展清查和检查，对未达起征点纳税人的用票跟踪监管。县税务局发票管理所设专人专职管理发票，分局、税所配备兼职发票管理员，对购用发票的单位实行验旧供新，核定下期用量；监督用票单位当场加盖本单位公章，实行先盖章后使用，以防转卖代开；检查自印发票和购用发票单位的发票使用、管理情况；加强对承印单位的检查监督，防止私印发票。发票分国营、集体工业企业、商业企业、服务行业和个体工商业以及临时经营5类。对有固定的经营场所，财务和发票管理制度健全，发票使用量较大或统一发票式样不能满足经营需要的业户，允许自行印制发票，但要报税务机关批准，并到指定印刷厂印制；其余非自印业户一律到税务机关申请领购使用。1993年，统一使用防伪纸印制的新版发票。1994年11月23日，藤县国家税务局、地方税务局联合发文作出发票管理规定：普通发票管理的分工按税收征收管理的权限划分，式样使用全区统一式样。1997年，更换全国统一带防伪标志发票，同时停止旧版发票使用。1999年，在商业零售业推行10元以上开具发票，并举行发票抽奖活动，鼓励消费者索取发票，减少税款流失。2004年7月1日起，启用全国统一分类代码、发票号的发票。2005年，对未达起征点纳税人的用票跟踪监管。6月1日起，县地税局在全县范围内对饮食、服务、娱乐和旅宿行业部分纳税人开展推广使用税控收款机试点工作。

专用发票管理 1994年开始发行专用发票，并由藤县税务局管理。1994年，分设国税局和地税局后，专用发票由国税局管理，执行专人领取、专柜保管、专人填开、专人结报制度；控制业户大面额专用发票的资格审批。规定对使用专用发票的企业设"四账三表"，每月纳税申报时一并送审。对未按规定执行发票结报的纳税人，按《中华人民共和国发票管理办法》及其实施细则等规定，不得领购使用专用发票；控制大面额专用发票领用业户的资格审批，对使用量不大、发票管理不善的一般纳税人，以及节假日期间实行专票代管。控制增值税专用发票使用范围，对销售给小规模纳税人、消费者、商品使用单位等不能开具专用发票的坚决制止；对已认定为增值税一般纳税人，但不能准确核算其进、销项税额和应纳税额的业户，要在规定期限内改正，逾期不改正的，由税务机关代管专用发票；加强专用发票交叉稽核和协查工作。允许一般纳税人申请领用手工填写的千元、万元、十万元、百万元和千万元面值的增值税专用发票。4月，使用全国统一防伪标志发票。7月1日起，启用万元、百万元、千万元以及无限额电脑版票据。10月，增加10位代码新票。全年批准认定增值税一般纳税人78户，领用专用发票的52户。

1996年1月1日起，停止使用手工百万元版和千万元版专用发票。对销售额一次达到百万元以上的企业，使用增值税防伪税控系统开具电脑版专用发票。1997年11月起，停发1994年版专用发票。1998年1月，全面停止使用1994年版专用发票。同年，对商业企业一般纳税人资格进行清理，取消31户不达标企业的资格。2000年，纳入防伪税控系统的企业统一使用防伪税控系统开具新版电脑专用发票，规定所有开具万元以上销售额专用发票的企业，一律使用增值税防伪税控系统开具。6月，推行防伪税控认证系统。7月1日，增值税交叉稽核系统和发票协查系统联网运行。对防伪税控系统开具的增值税专用发票必须逐一认证，对认证相符的，盖"已认证"章，给予抵扣。当时推行防伪税控系统的企业有1户。10月1日起，启用领购簿、票管员证，纳税人需凭发票准购证和购票员证书申请领购、使用专用发票。同年，全面清理空壳、皮包、"四无"（无生产经营场所、无生产经营能力，无生产经营人员、无相应生产经营资金，包括自有资金和银行贷款）企业一般纳税人认定。2002年，全面完成增值税防伪税控系统推行工作。

2003年3月1日，规定增值税一般纳税人申请抵扣的防伪税控系统开具的增值税专用发票，必须自开具之日起90日内到税务机关认证，否则不予抵扣。认证通过的防伪税控系统开具的增值税专用发票，应在认证通过的当月申报抵扣。4月1日起，手写版专用发票一律不得作为增值税扣税凭证。2004年，除商业零售企业外的一般纳税人全部纳入增值税防伪税控系统，按《增值税防伪税控系统管理办法》进行管理。2005年，全县纳入增值税防伪税控系统管理的企业有23户。

信息化建设

1987年，藤县税务局开始使用计算机处理记账、计算、统计和编报报表等业务。1993年，藤城税务分局首次采用自治区国家税务局组织研发的征管软件，对个体“双定”户（定期定额）及临时经营业户缴税试用电脑开票。并在1994年6月，对采取“双定”征收的纳税户实行“银税一体化”方式缴税。1997年10月，县地税局以征收管理分局为试点试行“银税一体化”纳税模式。11月份，在全县地税系统铺开推行。同年，县国税系统应用计算机开票范围扩大至企业纳税人，同时增加实时汇总缴款功能。

1998年，县国税局应用广西国税信息管理系统进行税务登记、纳税登记、纳税鉴定、税款征收、纳税检查、发票管理、违章处理、税收分析等各项征管业务。1999年，实现市、县并网连接，国税征管全面实行电脑化管理。同年9月，县地税局对“银税一体化”申报纳税由半手工作业方式转变为电脑自动处理无纸化作业模式。至2000年，全县共有2500户个体工商纳税户通过无纸化作业模式扣缴纳税。

2002年，县国税局全面推行增值税一般纳税人防伪税控系统，将商业零售企业以外的一般纳税人全部纳入防伪税控系统管理。2003年，推广应用广西国税管理系统(V5.30)版，按照“征管质量考核”和“目标考核”的要求，严控数据录入质量，征管质量及防伪税控目标合格率90%以上。

2004年，根据财政部、国税总局印发《财政部国家税务总局关于推广税控收款机有关税收政策的通知》，国税、地税部门在全县纳税户推广使用税控收款机。

2005年4月，县地税局在局机关、直属分局推广应用“广西地税信息系统”户籍管理、申报征收、发票管理、税收会计、决策支持等业务。6月，局机关和直属分局信息化局域网铺设工程通过自治区、市局计算机中心复检验收。同月，在饮食、服务、娱乐和旅宿业选取48户业户试行使用税控收款机。10月，正式运行《公文处理系统》，接转上级文件，发布县地税局文件等。同年，开展04版“广西地税信息管理系统”推广应用试点，完成辖区纳税业户数据采集并进行数据录入、复核。同年，国家税务总局推行的中国税收征管信息管理系统在县国税局成功上线，实现税务业务处理阳光操作，信息共享。

税款征收

1991，税款征收由过去的专管员到户征收及上门缴税逐渐转变为上门交税为主，代征、代扣为辅形式。主要采取查账征收、查定征收、查验查收、定期定额征收、代扣代缴方式征收税款。10月，执行自治区税务局加强农村酒坊税收征管，实行建账建制，进料登记和“封缸点熬”的管理方法：酒坊饭埕周转，5—10月份不能少于4次，11月到次年4月不能少于3次；单酒出酒率不能低于150%，双酒出酒率不能低于100%；计税价格按照当地国营、集体酒厂同类产品的销售价核定。销售地区严格控制在本乡镇范围内，超越范围销售的，一律由销地税务机关征税，并不得抵扣原产地查定的税款。全年，通过清理漏征漏管户，对重点税源和流动税源征管，共计征收入库税款2851万元。

1992年，实行巩固纳税人上门缴税制度和征查分离的征管模式。县税务局统一设检查组，基层税务单位分设征管组和检查组或征管员、检查员。征收处和市场征收点由过去征管查三位一体，开票收款一人包的征管体制改为一人开票，一人收款，交叉复核，二人盖章的征收方法。年内，加大清理未办证及未申报缴税业户查处力度，重点做好松脂、生猪、原木、茶叶、淀粉等大宗农产品税的征收管理，联合工商、财政、公安、乡镇等部门组成巡查小组，打击偷运逃税行为。全年征税收入3418万元。1993年，税收征管注重对个体大户的进货报验查账征收，对一些零散的或不易控管的税收，采取委托代征的方式进行管理，并对税款的解库实行“双限”规定。全年征税收入6213万元，完成自治区税局分配任务3740万元的166.12%。

1994年，新税制改革，中央税、地方税分别由国税、地税机构负责征管。藤县暂未明确国、地税分开征管，暂实行原征管办法。6月，藤城税务分局启用“银税一体化”模式缴税，至12月，通过“银税一体化”划缴税款共92万元，占全年税收入库6450万元的1.43%。1995年，县国税局主抓重点税源和重点企业税收；针对税源分散、征收难度大的特点，实行“以票管税”，对个体“双定”户采取发票加“双定”的方式征税；继续推进“银税一体化”，优化申报及缴税业务。全年税收收入4998万元（含上缴中央收入），完成年度计划的

102.53%。

1996年1月1日起，藤县实行中央税、地方税完全分开征管。国税部门对定额偏低的中央税“双定”户重新定额，共调整900户，年调增税款16多万元。加强对期初存货已征税款抵扣的审核管理，在日常管理的基础上，侧重对水泥、松香、制糖、制药、缫丝等行业的重点税源管理。年内，中央税重点税源的税收比重达60%以上。1997年，税源管理实行从制订计划，任务层层分解，到制订岗位责任考核，实行风险抵押。

2000年，继续清理漏征漏管户。全年组织增值税入库3332万元，占年税收收入的79%。地税部门重点放在个人所得税的征管及追缴旧欠税，完善代征、代扣、代缴制度，加强零散税征管，全年入库1614万元。

2001年，国税部门重点做好个体商业“双定”户的调查测算、定额核定、民主评议、下达定额等工作。全年个体“双定”户纳税收入414万元，占个体税收收入1450万元的28.55%。对钛白粉企业的产、销、供以及纳税情况实行税源监控，成立钛矿税收清查组；加强对电力企业增值税的征管和稽查；完善以票管税制度；加强重点税增值税收征管。对商业实行适时调整票定额，加强零散流动税征管。全年税收入库5391万元，首次突破5000万元。

2002年，建立税源档案，完善纳税申报制度，建立健全村级协税网络。县国税局将全县一般纳税人业户集中藤城分局管理，办税厅设立“金税”岗，办理增值税一般纳税人的报税、认证、比对和专用发票发售、对比对不符票的协查等工作。全年全县税收收入6232万元。2004年，办税厅增开行政许可职能窗口，受理纳税人发票领购资格申请、申请最高开票限额及变更行政许可等事项。

2005年，增值税一般纳税人实行“一窗一人一机”模式管理，统一在办税厅的申报征收窗口，受理一般纳税人纳税申报，包括受理增值税专用发票抵扣联认证、纳税申报和IC卡报税，进行票表比对，比对结果处理等工作。县地税局配合全市“三百项目大会战”，加强对全县重大工程建设项目——洛湛铁路工程（藤县标段）、蒙山县陈塘至藤县太平二级公路改造工程、县城河西防洪堤工程巡查巡管，年入库建筑安装行业地方各税1150万元，比上年同期增收525万元，增长84%。

1995年—2005年藤县国税收入情况表

表15-2-1　　单位：万元

年 度	合 计	其 中			
		增值税	营业税	所得税	消费税
1995	4998	4088.00	852.70	11.20	46.10
1996	3772	3610.80	77.30	18.50	57.30
1997	4074	4017.40	127.20	−0.90	57.10
1998	4200	4144.00	156.50	3.50	55.50
1999	4030	3983.30	125.60	0.90	46.79
2000	4448	7036.8	85.39	59.19	49.20
2001	5391	4581.80	563.40	72.75	65.70
2002	6232	5344.00	32.54	59.90	82.67
2003	6376	5491.00	3.43	115.50	74.49
2004	7019	58.48	0.00	40.56	64.26
2005	7449	6708	0.00	28.41	54.57

注：1995年收入数包含地税1—9月收入

1995年—2005年藤县地税收入情况表

表15-2-2 单位:万元

项目		1995年	1996年	1997年	1998年	1999年	2000年	2001年	2002年	2003年	2004年	2005年
总计		2444.81	2893.87	2707.54	3061.43	3452.42	3689.14	5847.87	5127.38	5497.81	6187.57	8167.71
一、税收收入	合计	2288.82	2762.71	2578.45	3964.93	3334.11	3591.16	5732.88	4991.81	5342.73	6008.69	7932.48
	中央库								1256.07	1309.01	1348.12	1559.13
	区库	480.74	509.91	387.65	298.86	263.33	202.26	164.44	182.50	169.89	156.42	1697.52
	县库	1808.08	252.80	2190.80	2666.07	3070.78	3388.90	5568.44	3553.24	3863.83	4504.15	4675.83
1. 营业税	合计	1248.70	1463.50	1040.00	1152.61	1214.36	1068.19	1378.33	1649.05	2244.17	2504.58	3085.21
	金融保险业	474.75	501.89	346.22	270.09	230.50	171.05	164.44	182.50	169.89	156.42	149.73
	交通运输业	165.25	130.16	83.14	63.54	85.52	58.05	114.46	104.08	148.90	246.55	318.26
	建筑安装业	218.35	393.23	202.37	446.06	376.56	354.99	346.07	375.56	652.18	648.53	1290.37
	服务业	252.41	294.12	263.39	228.11	288.22	247.67	318.22	413.28	428.41	459.00	357.91
	销售不动产	24.64	17.16	25.18	31.27	64.89	43.03	158.80	181.89	353.46	419.42	392.33
	其他行业	113.30	126.94	119.70	113.54	168.67	189.40	276.34	391.74	491.33	574.66	576.61
2. 资源税		0.43	0.41	0.11	0.22	1.42	2.25	26.60	26.75	39.33	66.91	114.52
3. 城镇土地使用税		14.29	16.34	101.75	69.39	63.69	66.97	95.53	88.06	130.92	255.47	757.11
4. 企业所得税	合计	216.67	178.76	110.30	60.02	103.05	200.74	1510.99	778.81	319.04	362.26	709.53
	国有企业	159.46	147.28	98.30	52.28	93.00	171.77	1302.43	570.82	120.59	228.95	337.49
	集体企业	57.21	31.48	12.00	7.74	10.05	28.97	208.56	159.83	181.67	117.50	356.19
	私营企业								47.69	16.51	5.21	15.85
	股份企业								0.03			
	其他企业								0.47	0.27	10.60	
5. 个人所得税		337.17	495.51	786.04	1189.95	1200.16	1613.48	1874.30	1733.33	1862.65	1884.61	1889.03
6. 投资方向调节税		49.67	105.89	99.59	37.87	118.92	3.07	28.82				
7. 城市维护建设税		198.65	166.82	124.96	110.31	164.43	119.24	140.82	168.11	192.32	228.82	272.03
8. 印花税		9.22	13.52	10.69	10.64	17.39	12.04	9.72	6.55	7.05	12.76	14.34
9. 土地增值税		0.27	3.32	1.73	2.53	16.97	8.80	60.08	37.90	68.50	136.94	55.68
10. 房产税		76.47	149.63	146.19	161.36	232.54	256.91	300.74	268.28	355.81	457.34	951.16
11. 车船使用税		10.54	8.53	17.92	22.60	27.80	27.09	36.23	37.99	47.15	43.96	35.65
12. 屠宰税		116.94	134.77	117.47	147.63	173.38	153.49	149.80	157.76	36.77		
13. 滞纳金、罚没收入		9.80	25.71	21.70		46.68	58.89	120.92	39.22	39.02	55.03	48.22
二、教育费附加		155.99	131.16	96.37	60.79	67.73	70.80	84.59	102.35	115.18	138.71	171.42
三、文化事业费						1.60	1.29	1.97	3.01	2.58	2.55	3.24
四、防洪保安费				32.72	35.71	48.98	25.89	28.43	30.21	37.32	37.62	60.57

税务稽查

藤县税务稽查有日常稽查、专项稽查、专案稽查 3 种。

1991 年，藤县税务局主要由各征收单位在开展税收征管工作中，根据工作需要进行一些临时性或常规性税务检查。此外，抽调人员配合县财政部门开展税收、财务、物价大检查专项行动。全年通过自查和专项检查，查出违纪金额 158 万元，已入库 112 万元。其中，税务系统自行检查国营企业 61 户、集体企业 58 户、行政事业单位 16 户、个体工商业户 303 户，查出偷漏税 48.50 万元，已入库 31.70 万元。

1992 年—1994 年，通过专项税收检查，清查业户 6082 户，其中清查重点户 4317 户，补税入库 565.99 万元。日常稽查业户 23103 户次，查补税款 909.90 万元。共计查处偷漏税案件 194 起，罚款 8.40 万元。

1995 年，县地税局稽查分局针对税收管理工作中某些薄弱环节和某些税种缴纳异常情况组织专项检查 1~2 次。是年 3 月，开展个人所得税专项税收检查，共检查纳税业户 65 户，月征收入库税款 13.50 万元，比 2 月份增收 8.30 万元。12 月，依法对长期拖欠税款的大黎某水运公司采取强制措施，使其如数交清 6.90 万元欠税款以及滞纳金。县国税局稽查分局会同基层税务稽查小组检查业户 4347 户，查补入库 243 万元。

1996 年，全县检查各类地方税业户共 2763 户，其中国有企业 131 户，集体企业 64 户，个体工商户 2510 户，其他业户 58 户，共查补税款 700 多万元。

1997 年，调整充实地税稽查分局的力量，车辆装备由 1 辆增加到 7 辆(摩托车 6 辆，北吉小汽车 1 辆)，人员由 4 人增加到 10 人。同时，下达稽查工作任务指标，按月考核。年内追缴太平镇某食品站偷逃税款 2.07 万元，并处 1 倍罚款。全年检查各类地方税业户 1918 户，追缴补税加罚款 300 多万元。其中，检查企业所得税户 174 户，查补税款 13.40 万元；房产出租业户 1112 户，查补税款 67.29 万元；手扶拖拉机经营业户 600 户，查补税款 15.90 万元，罚款 600 元；行政事业收费户 32 户，查补税款 21.30 万。

1998 年，重点稽查建筑安装业、房地产行业，开展清理漏征漏管户、清理欠税等专项检查。全年共检查纳税业户 1361 户，处罚 129 户，罚款 42.63 万元；查补地方各税 512.74 万元，已入库 499.66 万元。

1999 年，与公检法部门联合打击偷、抗税，查处某装饰行装修县城菊山楼工程偷税案，查补地方税加滞纳金共 6.40 万元。查处东荣坡头大桥承包工程，在税务部门下达限期改正，纳税人拒不缴纳的情况下，通过法院采取强制执行将税款、罚款、滞纳金共 4.56 万元扣缴入库。查处使用假“定点屠宰场验讫”章案，涉案人中两人被公安机关拘留，并被处补税 904.36 元，罚款 3808.72 元。开展建筑安装、饮食娱乐、交通运输、房产租赁、漏征漏管户、发票使用和清理欠税等专项检查。全年检查各类纳税业户 1442 户，处罚 132 户，罚款 19.20 万元，查补地方各税加罚款、滞纳金共 484.41 万元；清理追收欠税 288.34 万元。

2000 年，根据群众举报，查处周某承包县城菊山楼经营饮食、旅业偷税案，查补税款加滞纳金共 3.45 万元。对蚕茧购销及烤茧加工进行清查，清查出无证户责令进行补税，共补税 3 万多元。全年开展企业所得税汇算清缴检查，处罚不真实申报纳税业户 6 户，罚款 7.43 万元。全年共检查查补地方各税共 745 万元，比上年增加 401.5 万元，增长 53.9%。2001 年，对虚开增值税专用发票及偷税案进行重点追查，同时集中清理漏征漏管户，大力清缴欠税。全年稽查入库 1562.70 万元，完成年任务 650 万元的 240.42%。

2002 年—2004 年，重点对医药卫生行业、饮食业、娱乐业、房地产业、交通运输业、各类学校等行政事业单位进行专项税收检查，并与国税、公安、工商部门联合开展集贸市场专项检查，累计检查各类纳税业户 9240 户，清理追收地方税欠税 1895 万元。对历年拖欠税款的 14 户业户以及房地产公司、施工处等 7 家企业依法采取查封、扣押、银行扣缴等强制执行措施，通知银行暂停支付存款 8 户，扣押查封财产 2 户(商品房 2 套，小轿车一辆)，直接从银行划拨扣缴税款 11 户。累计查补地方各税 2393 万元。

2005 年，开展漏征漏管户、发票使用户专项税收检查，检查纳税业户 1280 户，查补入库地方各税 401.20 万元。开展全县行政事业单位代扣代缴个人所得税专项检查，检查行政事业单位 136 个，查补个人所得税 14.52 万元。全年查补入库地方各税 1726.90 万元。

第三章　金　融

1991年，藤县的金融机构以行使中央银行职能的中国人民银行藤县支行为核心，中国银行藤县支行、中国农业银行藤县支行、中国建设银行藤县支行、中国工商银行藤县支行4家专业银行为主体，以及中国人民保险公司藤县支公司，集体所有制的藤县农村信用合作社联合社等非银行金融机构并存的金融体系，为藤县的经济发展提供日趋完善的金融服务。各机构计有下辖办事处、储蓄所、营业所共107个；从业人员768人。金融机构年末各项存款余额1.91亿元，贷款余额2.01亿元；保险费收入359.21万元。1993年，设立藤县藤州城市信用社合作社，以及专职政策性粮、棉、油企业存贷款业务的中国农业发展银行藤县支行。1994年，人民银行藤县支行转换职能，把工作重点由过去侧重于分资金、分规模转移到实施货币政策、加强宏观调控、金融监管和调查研究上来。1996年5月，中国人民保险公司藤县支公司分业，将财产保险与人身保险分开经营，成立中国财产保险公司藤县支公司及中国人寿保险公司藤县支公司。1997年末，金融机构年末各项存款余额、贷款余额双双突破十亿元，分别为10.76亿元和10.33亿元。1999年9月，撤销中国工商银行藤县支行。2000年藤县藤州城市信用社合作社并入藤县农村信用合作社联合社。2002年6月，设立中国太平洋财产保险股份有限公司藤县支公司。2005年，全县有金融机构6家、网点35个，保险机构3家。金融机构年末各项存款余额24.83亿元，贷款余额6.53亿元，分别比1991年增长13倍和3.25倍；保险费收入4585.15万元，是1991年的12.76倍。

第一节　机　构

中国人民银行藤县支行

1950年1月成立，属中央银行基层行，是领导和管理全县金融事业的国家机关，不对县内企业、个人直接办理存贷款。1991年，办公地址位于藤城镇人民路33号，内设办公室、会计国库股、发行股、保卫股、综合业务股，实有人员34人。1995年，会计国库股划分为会计股、国库股，综合业务股划分为计划股、金管稽核股。1997年3月，内设机构改为监管部、营业部、保卫部、办公室。9月，增设农村合作金融部。1999年末，内设机构改为：合计国库股、货币金银股、保卫股、综合业务股、合作金融机构监管股。2005年，内设办公室、营业室、货币信贷与统计股；有人员33人，其中行长1人，副行长2人。

1991年—2005年人民银行藤县支行历任行长：蒙中信(1986.06—1995.03)、梁光华(1995.03—1999.04)、刘巨荣(1999.04—1999.11)、卢志雄(1999.11—2000.03)、范维波(2000.03—2004.03)、覃标庆(2004.03—）

中国银行藤县支行

1989年12月21日设立。1991年，租用藤城镇朝阳街162号县外贸公司仓库办公。内设人事秘书股、财会股、计信股、存汇股和保卫股5个股；有人员25人。有营业网点3个。1997年1月13日，搬迁藤城镇西江路231号办公楼办公。1999年，内设机构改为办公室、业务发展科、保卫科。年末有人员56人。营业网点有营业厅、后街储蓄所、登俊储蓄所、大桥头储蓄所以及城中分理处、城东分理处。2005年，内设机构有办公室、业务发展部；营业网点有营业部、城中分理处、城东分理处。年末，共有人员44人。

1991年—2005年中行藤县支行历任行长：徐汉华(1990.01—1993.03)、伍丽莎(女，1993.03—1995.05)、罗汉强(1995.05—1998.08)、覃福新(1998.08—2001.05)、吴建军(2001.05—2005.07)、黄万杨(2005.07—）。

中国农业银行藤县支行

1955年7月成立。1987年7月县农村信用社成立，为集体所有制企业单位，隶属县农业银行管理，由县农业银行主要领导兼任主任。1991年，办公地点坐落藤县藤城镇登俊路11号；内设办公室、党委办、监察室、保卫部、稽核室、市场拓展部、信贷部、财计部、数据运行中心9个部门机构；有营业所、分理处、储蓄所共35个营业网点；核定编制320名，配备行长1名、副行长4名；年底，全系统实有人员313人，其中行长1人，副行长4人。1992年，撤销监察室。1996年，藤县农行与县农村信用社脱钩。1997年，对储蓄所（柜）进行改革，撤销太平正东储蓄所、园岭储蓄所，濛江江口储蓄所，城关储蓄所，新庆储蓄所及县城利民分理处储蓄专柜。是年，藤县农行分离政策性银行，成立农业发展银行。2000年—2004年，先后撤销天平营业所、岭景营业所、和平营业所、古龙营业所、大黎营业所、南安营业所、象棋营业所、新庆营业所。2001年，撤销稽核室。2003年—2004年，根据全国农业银行系统机构改革相关政策，全县农业银行系统有119名职工买断工龄与单位脱离关系。2005年，撤销保卫部，内设机构调整为办公室、党委办、市场拓展部、信贷部、财计部、数据运行中心6个机构；营业网点有藤县支行营业室、河西分理处、藤城分理处、利民分理处、太平支行、埌南营业所、金鸡营业所、濛江分理处等8个营业网点。年末，全系统有干部职工135人，其中行长1人，副行4人。2001年，藤县太平分理处各项存款余额1.04亿元，成为全自治区农行系统首个存款余额超亿元的乡镇营业网点。

1991年—2005年农行藤县支行历任行长：苏尚蔼（1985.05—1991.02）、黄德友（1991.03月—1992.01，主持全面工作）、李志进（1992.02—1994.12）、李少文（1995.01—1997.03）、朱超华（1997.04—1997.05，主持全面工作）、姚毅（1997.06—2002.02）、杨干劲（2002.03—2004.03）、黎强（2004.04—2007.12）

中国建设银行藤县支行

1963年3月设立。1991年，称中国人民建设银行藤县支行，办公地点位于藤城镇登俊路24号。内设行政保卫股、综合业务股、会计出纳股、储蓄股、房地产信贷部5个股部；设太平、建招、西街3个储蓄所。实有人员41人。1992年9月，撤销行政保卫股，设立办公室、保卫股，增设河东储蓄所。1993年7月，太平储蓄所升格为太平分理处。1994年4月，综合业务股改为业务部，会计出纳股改为财务会计部，保卫股改为行政部，储蓄股改为筹资股。1995年7月，增设濛江分理处。1996年3月，改名中国建设银行藤县支行。11月，业务部改为综合业务部，财务会计部改为财会部，行政部改为保卫部。12月，撤销房地产信贷部。1998年7月，撤销保卫部，其业务并入办公室。11月，撤并太平、濛江分理处。1999年12月，接收原工商银行藤县支行大东、朝阳2个储蓄所，更名为建行藤县支行新大东储蓄所、朝阳储蓄所。2000年3月，西街储蓄所更名为新世纪储蓄所。6月，建招储蓄所更名为建银储蓄所。2002年8月，撤销朝阳储蓄所，其业务并入新大东储蓄所。11月，建银储蓄所更名为西江路东储蓄所，新世纪储蓄所更名登俊路储蓄所，新大东储蓄所更名西江路中储蓄所。2003年1月，河东储蓄所升格为藤州大道分理处。11月，撤销西江路东、登俊路、西江路中储蓄所。2004年6月，撤销办公室、筹资部、财会部，设立营业部；综合业务部改为综合部。2005年，内设机构有综合部，营业网点有支行营业部、藤州大道分理处。全系统有干部职工22人。

1991年—2005年建行藤县支行历任行长：陈月生（1991.01—1993.01，副行长，主持全面工作）、黄宗庆（1993.01—1997.02）、李文广（1997.02—1998.10，副行长，主持全面工作）、周振文（1998.10—2001.07）、朱思明（2001.07—2003.11）、李国强（2003.12—2004.06，副行长，主持全面工作）。

中国工商银行藤县支行

1985年1月1日成立。1991年，办公地点位于县城西江路19号。1994年5月增设西江储蓄所。内设办公室、储蓄股、会计出纳股、计划信贷股、保卫股、稽核股共6个股室；有支行营业部及大东、北门、东风、藤州、朝阳、城南、龙门储蓄所8个营业网点。年末有干部职工81人，其中行长1人、副行长2人。1997年，撤销稽核股及藤州、东风储蓄所。1998年7月撤销朝阳储蓄所。1999年9月7日撤销中国工商银行藤县支行，存款业务部份并入建行藤县支行，贷款业务并入工行梧州分行营业部；设立留守管理处，有管理人员6人。

1991年—1999年工行藤县支行历任行长：钟锋（1991.01—1995.07）、覃少强（1995.07—1997.01）、张成山（1997.01—1998.02）、钟锋（1998.02—1999.08）。

中国农业发展银行藤县支行

1997 年 3 月成立，属国家农业政策性金融机构，主要办理政策性粮、棉、油企业存贷款业务。办公地点在藤城镇（今藤州镇）绣江路 71 号。内设办公室、会计出纳部、计划信贷部；核定编制 20 名，年末实有人员 19 人。2005 年 6 月，搬至藤州镇藤州大道 19 号办公。年末，有人员 13 人。

1997 年—2005 年农发行藤县支行历任行长：李少文（1997.03—1998.11）、周战文（1998.11—2004.05）、陈子玉（2004.05—2005.08）、胡在志（2005.08— ）

藤县农村信用合作社联合社

1987 年 7 月成立。为集体所有制企业单位，隶属县农业银行管理，由县农业银行主要领导兼任主任。1991 年，办公地点于藤城镇绣江路 6 号。内设办公室、综合业务股、会计稽核股、人事监察股；全系统共有干部职工 288 人，有管理人员 8 人；其中主任 1 人，副主任 2 人。全县设立联社营业部及 19 个基层信用社、33 个分社、5 个储蓄所。1996 年 10 月，内设机构调整为办公室、信贷计划科、人事科、会计科、稽核科、监察科、安全保卫科、资金信息科 8 个科室。同年，改属县人民银行管理。1998 年 11 月，调整内设机构为办公室、综合业务科、财务电脑科、监察稽核科、人事教育科、安全保卫科。全系统共有职工 395 人，其中管理人员 44 人。1999 年 1 月 1 日，藤县藤州城市信用合作社与人民银行藤县支行脱钩，并由藤县农村信用合作社联合社代管。年底，有信用分社、储蓄所 37 个。2000 年 1 月，内设机构调整为办公室、信贷计划部、财务电脑部、稽核监察部、保卫部、资产保全部。2001 年 3 月，撤销资产保全部，设立资金组织部和农信工作动态编辑室。9 月，调整内设机构为办公室、财务电脑部、信贷计划部、监察稽核保卫部。2001 年 12 月，撤销藤县藤州城市信用社合作社，其属下资产、物资、人员由藤县农村信用合作社联合社古藤分社接管。2002 年 12 月，县农村信用合作社联合社搬迁至藤城镇藤州大道 266 号办公楼办公。2003 年 1 月，内设机构调整为办公室、财务电脑部、信贷计划部、稽核监察部、保卫部、资产保全部。2 月，增加资金组织部。2005 年 9 月起，直属自治区农村信用合作联社管理。年末，内设机构有办公室、信贷计划部、会计部、稽核监察部、安全保卫部、资金信息部。全系统有人员 361 人，其中管理人员 54 人；有理事长 1 人，主任 1 人，副主任 3 人。有联社营业部及基层信用社 20 个，储蓄所 2 个。

1991 年—2005 年县农村信用社历任主任：陈裕周（1987.10—1993.04）、黄金活（1993.06—1995.09）、卢监才（1995.09—1998.11）、陈裕周（1998.11—1999.09）、刘建材（1999.09— ）。

藤县藤州城市信用社合作社

1993 年 9 月 24 日设立，办公地点在藤县藤城镇绣江路 13 号。属集体所有制性质单位，隶属人民银行藤县支行管辖。内设办公室、信贷室、财务室，有人员 14 人，其中主任 1 人，副主任 2 人。有营业部及绣江路、登俊路储蓄所 3 个营业网点。1999 年 1 月 1 日起，藤县藤州城市信用合作社与人民银行藤县支行脱钩，其属下的所有机构及人员全部由藤县农村信用合作社联合社代管。2000 年 3 月，登俊路营业处由藤城镇登俊路 8 号移址到藤城镇西江路 13 号，更名为藤州城市信用社东门营业处。2001 年 12 月，撤销藤县藤州城市信用社合作社，属下资产、物资、人员由藤县农村信用合作社联合社古藤分社接管。

1991 年—1999 年县藤州城市信用社历任主任：覃标庆、吴孔华、黄德林（1997.03—1999.03）、刘永祚（1999.03—2001.12）

中国人民保险公司藤县支公司

1952 年 11 月 1 日，成立中国人民保险公司藤县支公司。1991 年，办公地点在藤城镇北市场 2 楼。内设经理室、办公室、计财科、运工科、产险科、人身险科；年末有职工 20 人，其中经理 1 人、副经理 2 人。经营网点 1 个。1996 年 5 月，将财产保险与人身保险分开经营，成立中保财产保险有限公司藤县支公司及中保人寿保险有限公司藤县支公司。

1991 年—1996 年人保藤县支公司历任经理：刘国兴（1991.01—1993.12）、龙永立（1993.12—1996.05）。

中国人民财产保险股份有限公司藤县支公司

前身为中保财产保险有限公司藤县支公司。成立于 1996 年 5 月。办公地点在藤州镇西江路 317 号，内设经理室、办公室、计财科、运工科、财产险科；年末有人员 28 人。

1999 年 1 月 18 日，复名中国人民保险公司藤县支公司。2002 年 8 月，按照中国人民保险公司"三个中心"建设（即财务中心、业务处理中心、客户服务中心）管理模式要求，相应设立财务科、直销部、中介部、营销部和理赔分部。

2003 年 8 月 5 日，随着国务院对中国人民保险公司的改革，中国人民保险公司藤县支公司更名为中国人民财产保险股份有限公司藤县支公司。同年，经中国保监会南宁特派员办事处批准，筹建藤县支公司太平镇营销服务部。

2005 年，内设经理室、办公室、财务科、直销部、中介部、营销部、理赔分部。管辖太平镇营销服务部。年末，有职工 28 人，其中经理 1 人、副经理 2 人。经营网点 2 个。

1996 年—2005 年财保藤县支公司历任经理：龙永立(1996.05—1996.12)、黄柱荣(1996.12—1998.12)、邓进乾(1998.12—2000.12)、谢德坤(2000.12—2001.12)、陈馨(2001.12—2004.12)、黄柱言(2004.12—)。

中国人寿保险公司藤县支公司

1996 年 5 月，从中国人民保险公司藤县支公司分出，成立中保人寿保险有限公司藤县支公司，属企业性质单位，办公地点在藤城镇西江路 317 号。内设经理室、办公室、业务科、计财科。核定编制 10 名，实有人员 9 人，其中经理 1 人，副经理 4 人。并在太平、濛江、古龙、和平、天平、金鸡设立保险所，聘请代理保险人员 50 多人。1997 年 1 月，设立营销部。1999 年 7 月，更名为中国人寿保险公司藤县支公司，撤销业务科，设立业务管理部、综合管理部，计财科改为计财部。2005 年，增设濛江营销服务部、金鸡营销服务部。年末，内设机构有经理室、办公室、业务管理部、综合管理部、计财部；有太平、濛江、古龙、和平、天平、金鸡 6 个保险所及濛江、金鸡 2 个营销服务部。县支公司有人员 20 人，其中经理 1 人、副经理 2 人；聘请保险营销员 300 多人。

1991 年—2005 年中保寿险藤县支公司历任经理：刘国兴(1991.12—1993.12)、龙永立(1994.12—1995.12、谢胜(1996.12—1997.12)、莫先海(1998.12—1999.12)、覃水昌(2000.12—2003.12)、梁玉贤(2004.12—2005.12)。

中国太平洋财产保险股份有限公司藤县支公司

2002 年 6 月 12 日成立。办公地点坐落在藤城镇人民路 33 号。内设机构有：业务科，有营销网点 1 个，共有员工 10 人。2005 年内设机构有 1 个，有干部职工 10 人，共有营销网点 1 个。主要开设的业务有企业财产保险、家庭财产保险、机动车辆保险、短期健康保险、意外伤害保险等险种。

太财保藤县支公司历任营销服务部负责人：陈伟欢(2002.06—2005.12)。

第二节　存款　贷款

存款

1990 年，中国银行藤县支行在县内率先推出信用卡服务。1991 年，农行藤县支行县城河西区营业所安装使用 ATM 机（自动取款机）1 台，为梧州地区农行系统首个使用 ATM 机办理自动取款业务。年末，全县金融机构各项储蓄存款余额 3.01 亿元，其中超亿元的独有中国农业银行藤县支行。当年存款业务有企业、财政、机关团体、城镇储蓄、农村存款及信托和其他 7 大类；主要开设的储蓄存款品种有活期、定期、零存整取等 3 种。全县金融机构中仅中国银行藤县支行开办信用卡业务。1994 年，中国银行藤县支行在县内率先开通异地通存通兑业务。继后，其他各个金融机构相继开通。中国农业银行藤县支行推出金穗储蓄卡存款业务、工行藤县支行推出具有可透支功能的牡丹信用卡、广西区内可通存通兑的牡丹灵通卡。

1996 年，工行藤县支行为促进存款业务，实行存款承包责任制和风险承包责任制，开展揽存竞赛活动。次年制定《中国工商银行藤县支行服务工作规则》和《服务规范实施细则》，以重点大户为主要对象，采取联谊攻关、上门收款等相应配套的全方位服务措施，使对公存款大幅提高。

1997年，全县金融机构各项储蓄存款余额10.76亿元，首次突破10亿元，是1991年的3.57倍；其中储蓄存款余额超亿元的有中国农业银行藤县支行、藤县农村信用合作社联合社。1998年，中行藤县支行独家推出人民币、外币定期一本通业务；次年推出储蓄账户与证券账户联网转账业务，为全县唯一一家。1999年，中国农业银行藤县支行为调动各储蓄所的积极性，增加储蓄存款量，在县城各储蓄所（柜）实行目标责任制考核办法，乡镇储蓄所实行综合考核办法。2001年末，中国农业银行藤县支行太平分理处各项存款余额达1.04亿元，成为全区农行系统首个存款余额超亿元的乡镇营业网点。2004年，全县各个金融机构实现全国电子联网，所有储蓄网点均可办理通存通兑业务，电子汇兑资金一日便可到位。2005年末，全县金融机构各项储蓄存款余额24.83亿元，各金融机构均超过亿元；其中中国农业银行藤县支行8.12亿元占32.70%。主要的存款业务有企业存款、财政、机关团体、储蓄、其他5大类；储蓄存款品种有定期、活期、零存整取等品种。

贷款

1991年，藤县各银行贷款分短期贷款（包括：工、商、农、乡镇企业、三资、私营及个体、其他）和长期贷款（包括基建和技改贷款），年末贷款余额3.15亿元。最多为中国农业银行藤县支行1.46亿元，占总量的46.35%。贷款主要以支持县内钛白粉、松脂厂等工业企业，乡镇企业，商业及农村经济生产发展为主。

1992年，建行藤县支行增开房改金融业务。1993年起，各金融机构执行并完善审贷分离制度，加强对信贷资产风险的管理和控制；在贷款发放过程中，重点把好"三关"（即发放关、支付关、归行关），剥离不良贷款，优化资产质量，盘活资金存量，增加贷款投入。1993年—1997年，全县金融机构各项贷款余额持续增长，5年间年均增速26.45%。1997年年末，各项贷款余额10.33亿元，首次突破10亿元。贷款余额最高的是县农村信用合作社联合社4.63亿元，占全县总余额的44.82%。

1999年，各金融部门在保证专项贷款、重点贷款优先发放原则上优化贷款结构，中行藤县支行推出教育助学贷款，大额耐用消费品贷款、家居装修贷款、汽车贷款等个人消费信贷业务。1999年—2005年，全县银行类金融机构各项贷款余额逐年下降。2005年，贷款分流动资金贷款（包括：工、商、农、基本建设、个体、其他）和固定资产贷款（包括：基建、技改、老少边穷地区、地方经济开发等）。全县贷款余额6.53亿元。最多为县农村信用合作社联合社3.71亿元，占总量的56.81%；最少是建行藤县支行0.02亿元，仅占0.31%。

1991年—2005年藤县各金融机构存贷款余额情况表

表15-3-1　　单位：万元

年度	合计		人行		农发行		工行		农行		中行		建行		邮储行		信用社		城信社	
	存款	贷款	存款	贷款	存款	贷款	存款	贷款	存款	贷款	存款	贷款	存款	贷款	存款	贷款	存款	贷款	存款	贷款
1990	19125	20174	1459	1036			4898	5947	11215	12181	205	222	1248	788						
1991	30110	31531	1880	961			5889	7300	14822	14635	634	1000	1706	1369						
1992	44995	40409	127	955			8156	8442	21027	17958	1733	1549	3533	1943			13930	9590		
1993	61098	51537	428	985	159	3675	9142	8590	26125	21399	1951	2130	3710	2492	2070		23462	15389	113	100
1994	79376	69335	220	985	260	6290	11498	9720	31800	22494	3152	3030	5193	2731	3044		30154	23680	634	405
1995	91999	78276	49	970	239	8164	13286	10531	26874	24207	2933	3380	7843	4122	2907		35064	25439	1804	1363
1996	99191	92644	36	970	52	11781	9200	11974	30727	26592	3048	3710	10221	6667	2900		41077	29722	1861	1438
1997	107578	103340	44		1030	17431	9909	12855	32152	29735	3236	3145	7381	6481	3055		46311	30196	4460	2838
1998	111537	103182	136		708	13780	13595	12477	37030	35724	5299	3709	5512	5618	7347		39800	29533	2110	2341
1999	117704	86648	120		277	12454			44234	37529	9314	4179	16993	8747	8747		36784	28190	826	2277
2000	137906	88666	16		205	10989			47559	27200	12709	4243	17097	2082	11824		38196	29287		2053

续表

年度	合计		人行		农发行		工行		农行		中行		建行		邮储行		信用社		城信社	
	存款	贷款	存款	贷款	存款	贷款	存款	贷款	存款	贷款	存款	贷款	存款	贷款	存款	贷款	存款	贷款	存款	贷款
2001	147340	77197	162	15536	169	10320			54337	29009	15970	5030	19840	2428	14636		42160	29795		616
2002	166200	78399	147	15544	265	10099			61270	29116	18361	5074	20419	1959	18527		47038	32167		
2003	185151	79245	117	15095	145	8515			62847	29101	21208	6057	22348	1374	23707		51644	34196		
2004	206102	68620	68	15086	117	9909			70049	13012	24187	6181	20219	285	33765		57319	39233		
2005	248336	65308	57	14086	513	13360			81176	9444	32466	5219	26197	221	44280		62700	37064		

注：农发行、邮储行 1993 年成立，至 2005 年无贷款业务；1999 年撤销；城信社 2000 年并入藤县农村信用社，贷款于 2002 年并入

第三节　保　险

险种

人寿险　1991 年，全县开办的寿险品种主要有简易人身保险、学生平安险、意外险等 3 个险种；全年保费收入 99.71 万元。1992 年开始，相继推出麒麟卡、全家福、大地祝福、田园祝福、少儿祝福、阳光祝福，以及康宁终身、康宁定期、祥运定期，福瑞两全、福馨两全、如意两全等卡式业务及各种祝福定额保险等长短期寿险品种。1994 年增加少儿幸福险。1999 年，全年保费收入 1579.78 万元，是 1991 的 15.84 倍。2005 年，有简易人身保险、学生平安保险、国寿鸿鑫两全保险（分红型）、国寿鸿泰两全保险（分红型）、国寿康宁重大疾病保险（分红型）、吉祥卡等 35 个品种，全年保费收入 3169.73 万元，比 1999 年增长 129.69%，是 1991 年的 36.39 倍。

财产险　1991 年，全县开设的财产保险品种主要有企财险、家财险、货运险、机动车险、船舶险、种植险等 32 个险种。全年保费收入 259.50 万元。1992 年，开办全县农村家庭财产保险。1998 年增加雇主责任险。1999 年增加建筑安装工程责任保险。1991 年—1999 年，累计保费收入 5889.30 万元，其中企业财产险收入 1224.20 万元，占 20.79%；家庭财产险收入 113.80 万元，占 1.93%。2005 年，全县开办的财产保险业务品种主要有企财险、家财险、责任险、货运险、机动车险、船舶险、种植险、短期人身意外险、健康险等 73 种；全年保费收入 1415.42 万元。

理赔

1991 年，全县保险总赔款 167.65 万元，整体赔付率为 46.67%。其中财产险支付赔款 160.20 万元，赔付率 61.73%；寿险支付赔款 7.45 万元，赔付率 7.47%。1994 年—1998 年，藤县连续 5 年遭受洪涝灾害，国家、集体、个人财产遭受严重损失。县内各保险公司启动理赔程序，派出人员分赴受灾乡镇核实灾害损失情况，对出险明确，责任清楚，材料齐全的案件，在 7 日内结案给付。5 年间，因洪灾累计支付财产险赔款 1853 万元，其中企业财产险累计赔付 1318.6 万元，家庭财产险累计赔付 504.4 万元，其他险赔付 30 万元；整体财产险赔付最高年份为 1994 年 1453.60 万元，赔付率达到 220.28%。2005 年，全县财产险赔付 1023.54 万元，赔付率 72.32%；寿险支付赔款 245.12 万元，赔付率为 7.73%。

1991 年—2005 年藤县保险费收入及理赔情况表

表 15-3-2　　单位：万元

年度	总收入	财产险			寿险		
		收入	赔付	赔付率(%)	收入	赔付	赔付率(%)
1991	359.21	259.50	160.20	61.73	99.71	7.45	7.47
1992	550.51	413.20	451.50	109.27	137.31	12.11	8.82

续表

年度	总收入	财产险			寿险		
		收入	赔付	赔付率(%)	收入	赔付	赔付率(%)
1993	597.66	445.40	285.30	64.05	152.26	11.43	7.51
1994	1009.43	659.90	1453.60	220.28	349.53	8.54	2.44
1995	1197.83	797.60	598.20	75.00	400.23	10.50	2.62
1996	1679.77	953.00	1030.90	108.17	726.77	106.25	14.62
1997	1867.11	848.40	855.80	100.87	1018.71	158.40	15.55
1998	2238.71	730.10	723.10	99.04	1508.61	167.57	11.11
1999	2361.98	782.20	513.00	65.58	1579.78	167.58	10.61
2000	3020.61	921.17	387.93	42.11	2099.44	177.00	8.43
2001	3224.80	942.15	443.31	47.05	2282.65	273.39	11.98
2002	4323.77	1040.68	718.20	69.01	3283.09	298.72	9.10
2003	4486.99	1307.96	637.46	48.71	3179.03	301.00	9.47
2004	4814.60	1727.18	739.74	42.83	3087.42	408.46	13.23
2005	4585.15	1415.42	1023.54	72.31	3169.73	245.12	7.73

第四节　金融监管

1991 年，人民银行藤县支行按照《中华人民共和国中国人民银行法》和《中华人民共和国银行管理暂行条例》有关规定，并在国家授权许可范围内履行金融监督，对藤县辖区内所有营业性金融机构进行稽核检查，督促金融机构依法、守法经营。1993 年开始，由于受经济环境影响，县内金融机构之间为抢储揽储，采取发放手续费或实物等手段，变相提高储蓄存款利率，扰乱金融秩序。为此，人民银行藤县支行召开金融机构联席会议，责成各机构立即停止不法手段，各金融机构签订《金融同业公约》，规范金融秩序。1995 年，金融管理机构制定并发出《严禁高息存款行为的通知》；同时派出人员稽核检查，一旦发现擅自提高储蓄存款利率的苗头，即时予以打压制止。1991 年—1999 年，累计稽核检查 113 次，查出违法违规问题 473 件，提出整改意见或建议 345 条。与此同时，人民银行藤县支行加强对各金融机构及网点的审核审批和年检，严格市场准入及退出行为。累计审核审批新增机构 52 个，其中新增储蓄营业网点 26 个；累计年检机构及网点 1015 个，每年年检合格率均为 100%。通过整治，全县金融秩序恢复正常。2000 年后，监管重点是推进防范和化解金融风险。是年，落实广州分行整治中小金融机构风险问题工作会议精神，对藤县规模最小、信誉最低、风险最大、防化风险能力最弱的藤州城市信用社合作社列为重点对象整治。从人民银行、农村信用合作社联社、藤州城市信用社合作社抽调人员组成监管工作小组，全面负责藤州城市信用社合作社监管工作。同时，对农村信用合作社联社、国有独资商业银行、政策性银行、保险公司、邮政储蓄机构通过现场专项检查强化防范和监管。针对农村信用合作社联社普遍存在的资产质量报表与查实数存在差异，盈亏报表与查实数不统一提出了 10 条整改意见。查出县农业银行、县中国银行、县建设银行在贷款质量、盈亏真实性、内控制度建设和高级管理人员任职资格等方面存在问题 22 个，其中县农业银行 12 个、县中国银行 5 个、县建设银行 5 个，提出处理意见及整改措施 19 条，其中县农业银行 11 条、县中国银行 6 条、县建设银行 2 条。发现县农业发展银行在 1999 年各项业务经营上存在问题 10 个，提出整改意见 4 条。2001 年，先后两次对处置藤州城市信用社合作社资金问题进行专项调查研究，形成《关于藤县藤州城市信用社合作社改制为藤县农村信用社联社分支机构操作方案》《关于藤县藤州城市信用社合作社改制为藤县农村信用社联社分支机构的请示》上报人民银行梧州市中心支行审批，促使藤县农村信用社联社对藤州城市信用社合作社接管工作平稳过渡。开展农村信用合作社联社综治改革试点工作，县人民银行藤县支行成立领导小组，设立办公室，对县农村信用合作社联社的资产、负债、财务、人员、不良资产、不生息资金进行调查摸底后，拟定《综合治理藤县农村信用社实施方案》，制定《关于藤县农村信用社综合治理工作若干问题的意见》。是年，通过对辖区内金融机构的现场监管，及时化解平息新庆信用社潜在的存款挤提、信誉受损的信用风波。开展辖区内金融机构个人存款业务实名制执行情况全面检查，检查商业银行和邮政储蓄机构35个，发现无有效实名证件新开个人存款账户184户，存款金额33.62万元，按规定给予处理。2003年，完善《藤县支行农村信用社监管责任制试行办法》《中国人民银行藤县支行合作监管工作考核暂行办法》；落实并签订《金融监管责任书》，明确监管人员职责，严格监管规程，做到依法、依规监管。至10月末，辖区内商业银行和农村信用社不良贷款实现比例与总额双下降，不良贷款总量43622万元，不良贷款比例59.32%，比年初下降1054万元，下降6.09个百分点。其中商业银行不良贷款总额19683万元，占比52.29%，比年初下降580万元，下降3.78个百分点。是年，开展新《人民币账户管理办法》实施工作，对个人银行结算账户的开立和使用以及储蓄账户的使用进行重点宣传的同时，开展结算检查，对严重违反结算纪律的，依法进行严肃处理。2005年，建立藤县经济金融数据库，完成1990年—2004年各金融机构数据资料收集整理入库管理，辖区内金融监管步入了信息化管理时代。是年，重点开展金融机构存款准备金管理以及信贷资金管理。

2011年12月，藤县农村信用合作社联合社太平信用社新址开业庆典

第十六篇

计划　统计　审计

2010年10月27日，重点工程——孔良至潭东"二改一"藤县中和集中区路段建设项目开工庆典仪式

第一章　计　划

20世纪80年代初，藤县计划管理以计划经济为主，市场调节为辅。80年代中后期，逐渐实行指令性计划、指导性计划和市场调节等多种形式管理。90年代初，形成计划经济与市场调节相结合的“双轨制”。价格形式由单一的国家定价改为由国家定价、国家指导价和自由价格三种价格并存。1994年，计划部门取消统配物资，物资供应全面走向市场化。此后，实行以市场调节为主，计划为辅的管理体制。计划管理职能改为宏观调控、微观放开。2002年，国民经济和社会发展的总量计划指标改为预期调控目标，工业、运输生产计划指标改为预测性指标，商品和服务价格及收费不再实行审批制度。2004年后，计划部门主要强化经济调节中的总体指导和综合协调，研究拟订发展战略、规划。2005年，贯彻执行《国务院关于投资体制改革的决定》，除政府投资项目实行审批制外，对于企业不使用政府投资的建设项目一律不再实行审批制，区别不同情况实行核准制和备案制。

第一节　机　构

1991年，县计划委员会为正科级行政单位，办公地址在登俊路57号县政府办公楼五楼，内设秘书股、计划股、企业股。人员编制有行政编制13名，事业编制6名，实有人员18人。二层机构有县工业研究所。1992年，成立县建设项目规划室，为县计划委员会二层机构，与工业研究所合署办公，实行两个牌子一套人马管理。1997年4月，藤县计划委员会更名为藤县计划局，内设秘书股、综合股、固定资产投资股、对外经济贸易股、扶贫开发办公室。12月，重新核定人员编制：行政编制15名，事业编制6名，后勤服务事业编制1名，使用临时编制人员2名。实有人数24人，其中临时编制2人。

2002年4月，藤县计划局更名为藤县发展计划局，县物价局并入县发展计划局，在县发展计划局增挂藤县物价局牌子，保留县物价局印章。内设机构有办公室、综合股、投资股、经贸股、价格管理股、收费管理股；藤县国防动员委员会国民经济动员办公室在县发展计划局内挂牌。二层机构有县工业研究所（县建设项目规划室）和物价检查所。有行政编制17名，事业编制9名，后勤服务事业编制2名。

2004年9月，藤县发展计划局更名为藤县发展和改革局，仍保留县物价局牌子和印章。内设办公室、综合股、经济体制综合改革股、重大项目股、固定资产投资股、价格管理股和收费管理股；县国防动员委员会国民经济动员办公室仍在县发展和改革局内挂牌。二层机构有县工业研究所（县建设项目规划室）和物价检查所。人员编制有行政编制19名，事业编制10名，后勤服务事业编制2名。实有人员31人。至2005年不变。

1991年—2005年县发展和改革局（发展计划局、计划局、计委）历任局长（主任）：许立超（1987.01—1991.04）、孙祖义（1991.05—1999.03）、石侃（1999.03—2005.10）、黄广（党组书记，主持工作。2005.11—）

第二节　计划管理体制改革

20世纪80年代初，计划工作贯彻“计划经济为主、市场调节为辅”的方针，项目建设、生产、销售等经济、社会活动以计划经济为主，对全县工农业主要产品、产量、产值、利润及企业发展等实行指令性计划管理。1982年，农村普遍实行家庭联产承包责任制，农户成为自主经营、自负盈亏的生产单位；80年代后期，乡镇企业迅速发展；国有企业改革不断深入，促进了商品经济的发展。90年代初，随着市场经济的建立，商贸业的经营范围、商品销售、流通和利润分配办法等大幅度放开，粮棉油等受国家计划管理的农产品，转变为由自治区下发指导性计划。商品价格形式由单一的国家定价改为由国家定价、国家指导价和自由价格三种价格并存，形成计划经济与市场调节相结合的“双轨制”。钢材、水泥、木材、石油等计划分配物资逐渐放开经营。计划管理进入市场调节为主，计划调节为辅时期。1994 年，计划部门不再统配物资，对上不再编制物资申报计划，对下不再下达物资分配计划，物资供应全面走向市场化。县计划部门工作重点由原来的定生产计划、定分配物资计划指标、定项目分配投资资金计划，转移到中长期规划、项目前期工作以及制订政策措施、协调服务、经济预测和发挥参谋作用上来，改进和加强固定资产投资计划的管理及项目上报、审批工作。工业企业生产的产品、产量、产值、销售、利润及企业发展等由指令性计划管理，转向对生产总值的总量、税利指标管理和企业发展进行指导性计划宏观管理。

1997 年 4 月机构改革后，计划部门职能转变为进一步强化对全县国民经济和社会发展的总体战略，中长期规划和重大方针政策的研究制订工作；加强对全县国民经济运行动态的分析、预测和监测工作以及经济信息的发布；加强产业政策、重大生产力布局及区域经济发展规划的研究、制订并监督实施和协调；加强建设项目的计划、规划，初设审批，概算调整，开工审批、协调督促项目建设以及竣工验收；加强对基础设施、基础产业、重大资源开发、环境保护、利用外资等重要项目的前期工作等。新增加组织制订全县重点项目建设年度计划；负责限额以上重点项目建议书审核上报，限额以下项目建议书的审批，可行性研究报告的组织评估及审批，初步设计及调整概算的审批和开工报告的审批，参与重点项目的招标、投标工作；研究制定和组织实施全县第三产业发展规划，培育和发展市场体系等职能。

1999 年，政府性基金基本建设使用实行计划管理。2002 年机构改革，把组织制订国家产业政策在藤县的实施方案的职责和工业品进出口指标及部分配额的申报、管理等职责交给县经济贸易局；将组织制订国土规划和与土地利用总体规划有关职责交给县国土资源局；将编制中长期和年度科技发展计划、重大科技项目攻关计划的职责交给县科学技术局；将对外贸易、经济合作、外商投资的具体管理和一般进出口商品指标及部分配额的申报、管理等职责交给县对外贸易经济合作局；将编制全县乡镇企业发展总体规划和指导乡镇企业发展的职责交给县农业局。同年 3 月，将国民经济和社会发展的总量计划指标改为预期调控目标；将工业、运输生产计划指标改为预测性指标，只分解下达国家仍然保留的指令性计划指标；对企业用自有资金和商业银行贷款建设的一般项目由审批制改为备案制；将县价格主管部门直接审批的部分商品和服务价格及收费，实行政府指导价管理，不再实行审批制度；将已形成市场竞争的商品和服务价格改为主要由市场调节。

2004 年 7 月，计划部门对建设项目的招投标实行主要行政监督管理。9 月，加快推进投融资体制改革，强化经济调节中的总体指导和综合协调，减少微观管理事务，加强对经济社会发展、改革和稳定的重大问题的研究，综合协调经济社会发展和改革开放的全局性工作；减少行政审批和对经济活动的直接行政干预、强化研究拟订发展战略、规划的职能。2005 年，根据《国务院关于投资体制改革的决定》，县计划部门开始深化投资体制的改革，转变政府管理职能，确立企业的投资主体地位。改革不分投资主体、不分资金来源、不分项目性质，一律按投资规模大小分别由政府及有关部门审批的企业投资管理办法。对于企业不使用政府投资建设的项目，一律不再实行审批制，政府仅对重大项目和限制类项目从维护社会公共利益角度进行核准，其他项目无论规模大小，均改为备案制。同时简化和规范政府投资项目审批程序，对于政府投资项目，采用直接投资和资本金注入方式的，从投资决策角度只审批项目建议书和可行性研究报告，除特殊情况外不再审批开工报告。

第三节　计划编制与实施

1991 年—2005 年，县计划部门每年负责编制县国民经济和社会发展计划年度执行情况及下一年度发展计划（草案）报告；负责编制全县五年规划纲要，受县人民政府委托向县人大代表会议报告，经县人民代表大会代表审议通过后实施。

年度计划编制与实施

1991年—2005年，县计划部门依据国家、自治区和梧州市（地区）国民经济和社会发展的方针、政策，上级下达各项经济、社会发展的计划指标，结合本县不同时期的五年发展规划纲要奋斗的主要目标，参照县国民经济和社会发展计划当年执行情况及未来一年宏观经济运行预测发展走势，经过综合平衡、科学研判后，编制出下一年度的国民经济和社会发展计划草案。经县人民代表大会审议通过后实施。

1991年全县国民经济和社会发展计划与实施 主要目标：全县工农业总产值4.44亿元，比上年增长12.9%，其中农业总产值2.44亿元，增长5%，工业总产值2亿元，增长24.7%；全社会固定资产投资6000万元以上；地方财政收入4530万元，增长6.4%；社会商品零售总额2.56亿元，增长10%；外贸出口总额3000万元，增长167%；年末人口控制在79.8万人以内，人口自然增长率控制在9‰以下。

执行情况：1991年，畜牧水产业实施科技兴牧"133工程"和高产养鱼"星火计划"，全面推广科学饲养技术和疫病防治技术，畜牧水产业全面增长。县政府对厂矿企业实行面对面领导，把计划任务逐月分解，层层落实；开展"质量、品种、效益年"活动和"扭亏增盈"工作，并对松脂、钛白等重点企业从资金、能源、原材料等方面给予支持。全年，全县实现工农业总产值9.28亿元（按1990年不变价计算，下同），比上年增长6.53%；其中农业总产值6.45亿元，比上年增长3.05%；工业总产值2.79亿元，比上年增长13.07%；固定资产投资额1.12亿元；财政总收入4038万元，比上年下降5.07%；社会消费品零售总额2.72亿元，比上年增长16.89%；农民人均纯收入621元，比上年增长8.95%；人口控制在80.57万人以内，人口自然增长率控制在10‰以内。

1992年全县国民经济和社会发展计划与实施 主要目标：全县工农业总产值10.66亿元，比上年增长14.8%，其中农业总产值7.02亿元，增长8.09%，工业总产值3.64亿元，增长30.43%；全民、集体固定资产投资1.1亿元以上；地方财政收入4406万元，增长10%；社会商品零售总额3.131亿元，增长15%；外贸出口总额1500万元，增长11.6%；年末人口控制在81.419万人以内，人口自然增长率控制在10‰以下。

执行情况：1992年，围绕水利和地力的"两个基础"，季节和种子的"两个关键"，推动农林牧副渔全面发展，粮食总产30.15万吨，比上年增长8.7%，总产、亩产创历史新高。发展种植经济林7573亩，全区百万亩荒山大县第一个实现造林灭荒达标县。乡镇企业总收4.24亿元，增长68%，实现利润2139万元，增长30%。工、商企业方面，按照国家关于搞活企业的一系列政策，把全县国营工商企业列入搞活对象，实行以"包死基数、确保上交、超收多留、歉收自补"为主要内容的承包制，经委口企业减亏496万元，比上年增长85.84%，工业企业亏损由上年5家减少到1家，被评为自治区经委系统先进单位。全年，全县地区（国民）生产总值9.018亿元（按现价，下同），比上年增长20%；工农业总产值12.19亿元，比上年增长22%；其中农业总产值8.17亿元，比上年增长8.7%；工业总产值4.03亿元，比上年增长58%；固定资产投资额1.52亿元，比上年增长25%；财政总收入4457万元，比上年增长10.4%；社会消费品零售总额3.57亿元，比上年增长30.3%；农民人均纯收入708元，比上年增长14.7%；人口控制在81万人以内，人口自然增长率控制在12.9‰以内。

1993年全县国民经济和社会发展计划与实施 主要目标：全县地区（国民）生产总值13.3亿元，比上年增长62.56%，其中农业总产值10.2亿元，增长48%，工业总产值6.8亿元，增长56%；外贸出口总额5000万元，增长88.2%；全社会固定资产投资3.5亿元以上；地方财政收入5000万元，增长12%；社会商品零售总额5亿元，增长40%；农民人均纯收入936元，比上年增长32%；人口自然增长率控制在12.9‰以下。

执行情况：1993年，藤县提出"两高两保"目标任务，即实现经济发展高于本县历史水平，高于本地区平均水平，确保1994年翻两番，确保计生工作达标。在农业方面，实施"重钱抓粮"战略，在发展粮食生产的同时，大搞农业综合开发，调整农业结构，大力发展名特优产品，实施"高产、优质、高效"105工程，扩大特优、博优杂交水稻种植面积，走优质高效路子，促进农业增产增收。全年粮食总产31.01万吨，比上年增长 2.85%，畜牧水产业产值 3.7 亿元，比上年增长 57.2%，乡镇企业实施“二二三四”工程，全年乡镇企业总收 12.7 亿元，增长 190.5%，实现利润 5185 万元，增长 149.4%。在工业方面，继续抓国营企业管理和技改，开发新技术、新产品，国有工业企业全年完成总产值 1.89 亿元，比上年增长 3.8%，销售收入达 2.55 亿元，比上年增长 34%，实现税金 2399 万元，比上年增长 67%。全年全县地区（国民）生产总值 11.81 亿元（按 1990 年不变价折算），比上年增长 36%；农业总产值 8.33 亿元，比上年增长 18.7%；工业总产值 10.15 亿元，比上年增长 132.3%；固定资产投资额 2 亿元；财政总收入 7880 万元，比上年增长 76.8%；社会消费品零售总额 5.65 亿元，比上年增长 58.5%；农民人均纯收入 942 元，比上年增长 32.77%；人口自然增长率控制在 11.38‰以内。

2000 年全县国民经济和社会发展计划与实施　主要目标：全县地区（国民）生产总值 26.47 亿元，比上年增长 8%，其中农业总产值 26.54 亿元，增长 6.00%，工业总产值 19.99 亿元，增长 11.00%；全社会固定资产投资 3.65 亿元，比上年增长 11.96%；地方财政收入 1.58 亿元，增长 7.87%；社会商品零售总额 12.87 亿元，增长 10%；农民人均纯收入 2345 元，比上年增长 9.3%；年末总人口预期目标 90.12 万人，人口自然增长率控制在 11‰以下。

执行情况：2000 年，贯彻自治区党委“1234610”工作思路，以优质粮为基础的农村特色经济，实施“三六二”工作计划，即着重抓好种养、品种、耕作制度三个层次的结构调整，着重抓好现代概念、名牌效应、基地设施、股份合作、生态工程及地方特色六种形态农业，着重建好二级公路沿线和 321 国道沿线及其辐射区域的两条农业经济走廊的扩大优质水稻种植面积，优化农业种植结构。针对晚糙旱灾严重，对 4000 公顷原种植水稻的水田调整为种植西瓜、香芋、粉葛等优良品种经济作物，落实种植秋冬菜 8000 公顷、冬种蘑菇 20 万平方米。全年粮食总产虽然同比减少 10.18%，但经济作物喜获丰收，如西瓜产量达 10.35 万吨，同比增长 37.30%。工业方面，加大国有企业改革力度，确立以产权转让为重点，放开、救活、放彻底的思路，继西江钛白粉厂、富华钛白粉厂、南方淀粉厂等企业产权转让之后，钛品厂、二化厂等企业也进行了转制。全县年产钛白粉 2.8213 万吨，同比增长 57.5%。全年实现地区（国民）生产总值 25.63 亿元（现价，下同），比上年增长 4.90%（可比价，下同），农业总产值 25.89 亿元，比上年增长 2.00%；工业总产值 18.60 亿元，比上年增长 11.00%；财政总收入 1.58 亿元，增长 8.10%；社会固定资产投资额 3.70 亿元，增长 13.50%；社会消费品零售总额 12.33 亿元，增长 7.30%；农民人均纯收入 2193 元，增长 2.24%；城镇居民人均可支配收入 7488 元，增长 17.1%；年末人口为 91.48 万人，人口自然增长率控制在 11‰内。

2005 年全县国民经济和社会发展计划与实施　主要目标：全县地区（国民）生产总值 45.45 亿元，比上年增长 13%，其中农业总产值 31.17 亿元，增长 6.5%，工业总产值 42 亿元，增长 16.4%；全社会固定资产投资 10.08 亿元以上，比上年增长 25%；地方财政收入 2.27 亿元，增长 13%；社会商品零售总额 17.68 亿元，增长 12%；农民人均纯收入 2428 元，比上年增长 8%；城镇居民人均可支配收入 7354 元，增长 15%；人口自然增长率控制在 10‰以下。

执行情况：2005 年，在农业方面，大力推进种养结构调整，把经济作物与粮食作物种植比例由原来的 45.5∶54.5 提高到 49.8∶50.2，对特色产品调大调优调强，主要抓 3.67 万公顷优质稻和 1333.33 公顷木薯标准化生产基地，重点扶持发展以瘦肉型猪、三黄鸡、名优水产品为主的畜禽和水产养殖；巩固发展八角、玉桂优势经济林生产，重点发展速丰林等商品林生产。在工业方面，以体制、技术和环境创新为突破口，加快推进工业园区建设，走工业园区带动工业化，以工业化促进工业园区建设的路子。把招商引资和发展民营经济作为经济工作的重头戏，鼓励有实力的民营企业购买国有、集体企业或参与企业的资产重组，引导民营企业加强联合协作，发展混合所有制经济，实现低成本快速扩张。全年，全县地区（国民）生产总值 73.3 亿元，比上年增长 15.1%，农业总产值 30.7 亿元，比上年增长 4.9%；工业总产值 42.6 亿元，比上年增长 18.03%；财政总收入 2.33 亿元，增长 16.2%；社会固定资产投资额 14 亿元，增长 73.7%；社会消费品零售总额 18.07 亿元，增长 14.5%；农民人均纯收入 2509 元，增长 11.6%；城镇居民人均可支配收入 7488 元，增长 17.1%；人口自然增长率控制在 7.8‰以内。

1991年—2005年全县国民经济和社会发展主要指标计划及完成情况表

表16-1-1

年度	主要指标	地区生产总值（工农业总值）		农业总产值		工业总产值		固定资产投资额		地方财政收入		社会商品零售总额		农民人均现金收入		人口增长情况	
		产值（亿元）	年增长（%）	产值（亿元）	年增长（%）	产值（亿元）	年增长（%）	投资额（亿元）	年增长（%）	金额（亿元）	年增长（%）	金额（亿元）	年增长（%）	金额（元）	年增长（%）	人口数（万人）	年增长（‰）
1991年	目标计划	4.44	12.90	2.44	5.00	2.00	24.70	0.60		0.453	6.40	2.56	10.00	620	8.77	79.8	9.0
	实际完成	9.28	6.53	6.45	3.05	2.79	13.07	1.12		0.402		2.72	16.89	621	8.95	80.57	<10
1992年	目标计划	10.60	14.80	7.02	8.09	3.64	30.43	1.10		0.441	10.00	3.13	15.00			81.42	10
	实际完成	12.20	22.00	8.17	8.70	4.03	58.00	1.52	25	0.469	10.60	3.57	30.30	708	14.7	<81	<12
1993年	目标计划	13.30	62.60	10.2	48.00	6.80	56.00	3.50		0.500	12.00	5.00	40.00	936	32.00		<12.9
	实际完成	11.81	36.00	8.33	18.70	10.15	132.30	2.00		0.788	76.80	5.65	58.50	942	32.80		<11.4
1994年	目标计划	16.68	41.20	11.28	35.40	13.77	35.66	3.2	60.0		15.00	7.0	23.67	1192	26.50	84.34	<11.4
	实际完成	17.70	41.39	11.24	34.91	14.60	49.43	3.6	80.0	0.858	8.95	7.16	26.50	1158	22.90		<9.0
1995年	目标计划	24.00	35.59	15.0	33.45	23.00	57.53	5.0	38.89	1.13	31.68	8.95	25.00	1408	21.59		<10
	实际完成	22.52	41.72	15.5	38.30	19.59	41.04	6.0	66.7	1.007	17.28	9.3	30.25	1412	21.93		8.06
1996年	目标计划	28.50	26.55	18.3	18.06	28.00	42.93	7.0	16.67	1.30	29.12	12	20.93	1730	22.50		
	实际完成	28.62	19.30	18.61	20.45	27.00	41.88	7.38		1.023	1.61	11.5	23.59	1905	18.84		
1997年	目标计划	32.70	14.26	19.0	2.10	31.00	14.81	9.0	21.95	1.21	18.28	14.0	21.74	2220	16.54	87.5	12.7
	实际完成	35.80	10.50	29.90	12.95	29.40	8.97	4.50	-25.00	1.15	12.40	10.35	2.0	2005	5.30	87.60	<12
1998年	目标计划	40.00	11.73	32.00	7.00	34.20	16.32	4.94	9.78	1.28	11.33	11.5	11.11	2250	12.20	88.50	<12
	实际完成	38.66		30.95		32.00		4.62		1.30		10.74		2050		88.61	<10
1999年	目标计划	42.53	10.00	33.58	8.50	34.88	9.00	5.17	12.00	1.39	6.92	12.18	13.50	2250	9.76	89.60	<10
	实际完成	24.60	9.10	25.04	8.00	18.01	13.10	3.26	12.03	1.463	11.86	11.70	9.86	2145	4.60		
2000年	目标计划	26.27	8.00	26.54	6.00	19.99	11.00	3.65	11.96	1.58	7.87	12.87	10.00	2345	9.30	90.12	<11
	实际完成	25.65	4.90	25.89	2.00	18.60	11.00	3.70	13.50	1.58	8.10	12.33	7.30	2193	2.24	91.48	<11
2001年	目标计划	28.19	10.00	27.57	6.50	20.83	12.00	4.19	13.20	1.71	8.08	13.56	10.00	2393	9.10	92.48	<11
	实际完成																
2002年	目标计划																
	实际完成	30.50	8.50	29.00	6.50	22.90	11.70	4.50	11.60	1.98	10.31	15.00	10.50	1800	6.20		<11
2003年	目标计划	33.29		30.50		23.80		4.80		2.16		15.10		1960		95.00	<11
	实际完成																
2004年	目标计划																
	实际完成	38.17	16.30	29.48	13.20	37.33	35.20	8.06	47.10	2.00	22.84	15.85	16.30	2249	15.20		<9.8
2005年	目标计划	45.45	13.00	31.17	6.50	42.00	16.40	10.08	25.00	2.27	13.0	17.68	12.00	2428	8.00		<10
	实际完成	46.80	15.10	30.70	4.90	42.60	18.03	14.00	73.70	2.33	16.2	18.07	14.50	2509	11.60		<7.8

注：表内数据为县发展和改革局提供

五年计划编制与执行

1991年—2005年，县计划部门依据国家、自治区和梧州市（地区）国民经济和社会发展的方针、政策，上级下达各项经济、社会发展的指标，参照县国民经济和社会发展上一个五年计划执行情况及未来五年宏观经济运行预测发展走势，经过综合平衡，科学研判后，先后编制了县国民经济和社会发展“八五”“九五”“十五”三个五年计划纲要。经县人民代表大会审议通过后实施。

“八五”计划（1991年—1995年） 主要目标：全县地区（国民）生产总值6.48亿元，年均增长14.35%；农业总产值3.6亿元，年均增长6.83%，粮食总产量31万吨；工业总产值5.3亿元，年均增长20.65%；财政总收入6683万元，年均增长8.92%；固定资产投资总额5亿元；社会消费品零售总额4亿元，年均增长11.4%；城镇居民实际消费水平年均增长5%；农民人均纯收入920元；人口控制在82.8万人以内，人口自然增长率控制在9‰以内。

执行情况：“八五”期间，主要措施有：把农业放在经济工作首位，制定一系列扶持农业发展的政策措施，通过深化农村改革，实施“科教兴农”和“重钱抓粮”战略，大力发展高产、高效、优质的“两高一优”农业；加大农业综合开发“523389”工程（即：玉桂50万亩、八角20万亩、水果30万亩、蔬菜30万亩、出栏生猪花猪80万头、鱼箱养鱼9万平方米）力度，狠抓农副产品商品基地建设等项目。工商企业通过抓企业改革和管理，完善企业经营机制，全县20家国有工业企业全部转换经营机制，国营企业实行以“包死基数、确保上交、超收多留、歉收自补”为主要内容的承包制；商业粮食、外贸、物资等22家国有商业企业通过承包经营、合作经营等形式转换经营机制，755家乡镇集体企业、联合体企业实行股份合作的有221家，承包经营225家，打破了吃大锅饭经营体制，调动了企业和职工的积极性，促进了企业生产的发展，经济得到持续稳定增长；优化投资结构，加大城镇基础设施建设投入。“八五”时期，固定资产投资6亿元，实施“一区一路三镇一桥加码头”工程，集中资金保重点建设，河东新城区开发工程全面进入市政设施建设、藤州大道路基铺设、西江大桥工程桥墩浇筑、津濛二级公路土石方工程、藤县和太平汽车总站建设，藤州中学工程建设等。全国农村初级电气化县建设工程于1995年9月通过达标验收。“八五”期末，全县地区（国民）生产总值22.52亿元，五年平均递增27.15%，国民生产总值实现了比1980年翻2.86番。农业总产值15.5亿元，五年平均递增19.7%，粮食总产量32.26万吨，完成计划103%；工业总产值19.59亿元，五年平均递增54.92%；财政总收入10067.6万元，年均增长18.73%；固定资产投资总额6亿元；社会消费品零售总额9.3亿元，五年平均递增31.9%；城镇居民人均可支配收入3010元；农民人均纯收入1412元；人口控制在82.8万人以内，人口自然增长率控制在7.4‰以内。

“九五”计划（1996年—2000年） 主要目标：全县地区（国民）生产总值26.47亿元，年均增长3.29%；农业总产值26.54亿元，粮食总产量36万吨；工业总产值20.22亿元；财政总收入1.578亿元；固定资产投资总额3.65亿元；社会消费品零售总额12.87亿元；城镇居民人均可支配收入4050元；农民人均纯收入2345元；人口控制在92万人以内，人口自然增长率控制在10‰以内。

执行情况：“九五”期间，藤县经济体制实行从传统的计划经济体制向社会主义市场经济体制转变，经济增长方式从粗放型向集约型转变。在农业方面，通过政策扶持和加大对农业的投入，促进农业综合开发、乡镇企业和小城镇建设“三位一体”的农村经济全面发展。在基础设施建设方面，以城建为中心，以交通为重点，加快基础设施建设。城乡建设按照设市的要求进行规划与建设；县城重点是河东新城区市政基础设施建设，扩大为纳10万人口的框架规模。交通重点建设藤县西江大桥、津濛二级公路、藤州大道；公路主要为上等级改造，2000年，基本实现村一级通公路。能源、通信主要是扩大初级电气化县成果，通过国家支持和引进外资兴建金鸡电站，完成中胜、藤城、太平石阶110千伏变电站设施和各乡镇35千伏变电站设备更新改造；邮电通讯建设配合广西信息大通道计划在藤县项目的实施，“九五”期末建成县、乡镇、村三级通信网络。在实施“科教兴藤”方面，加大对科技、教育的投入，着重研究本县自然资源综合开发利用和传统产业的更新改造和新产品开发，加快科技成果向现实生产力的转化。农业生产大力推广先进适用农业技术，加强对粮食、糖蔗、林果、西瓜、木薯、蔬菜、畜牧、水产等优良品种选育引进和病虫害防治，促进"两高一优"农业和出口创汇农业发展。工业围绕钛白、松脂、蔗糖、建材、木材和农副产品加工等支柱产业，积极引进新技术、新工艺，开发新产品，实现企业增产、提质增效。教育方面，采用完善分级办学、分级管理的教育体制，加强基础教育、优化教育结构、提高教育质量，1998年基本普及九年义务教育。

"九五"期末，全县地区（国民）生产总值25.63亿元，年均增长2.62%，国民生产总值实现了比1980年翻两番目标；农业总产值25.89亿元，年均增长7.83%；工业总产值18.6亿元，年均减少0.42%；财政总收入1.58亿元，年均增长9.45%；固定资产投资额3.7亿元；社会消费品零售总额12.33亿元，年均增长5.79%；农民人均纯收入2193元；人口控制在91.5万人以内，人口自然增长率控制在11‰以内。

"十五"规划（2001年—2005年） 主要目标：全县地区生产总值41.28亿元，年均增长10%；农业总产值35.47亿元，年均增长6.5%；工业总产值32.78亿元，年均增长12%。其中规模以上工业总产值5.11亿元，年均增长10.2%；乡镇企业营业收入76.9亿元，年均增长10.2%；粮食总产量38万吨，年均增长2.69%；财政总收入2.55亿元，年均增长10%；固定资产投资总额6.88亿元，年均增长13.2%；社会消费品零售总额18.12亿元，年均增长8%；农民人均纯收入3193元，年均增长7.8%；人口控制在96.62万人以内，人口自然增长率控制在11%以内。

执行情况："十五"期间，藤县通过农业生产结构调整，提高经济作物与粮食作物种植比例，实施"五大措施，促进农民增收"，优化种养结构，发挥优质稻、西瓜、木薯、无公害蔬菜、亚热带水果等五大特色主导产业优势，以创建无公害水果、蔬菜生产示范基地县带动农业生产增长。太平、东荣、和平3镇6村共400公顷西瓜生产基地获国家农业部无公害农产品认证，藤县创建无公害蔬菜生产示范基地县通过自治区农业厅考核验收。种植八角5600公顷，被国家林业局命名为"中国八角之乡"。岭景福鼎茶厂岭鼎玉剑系列产品获得四川"蒙顶山杯"国际名茶展销金奖。推进国企改革，以产权制度改革为中心环节，通过租赁、拍卖、兼并联合、股份合作等形式盘活国企资产。招商引资和非公有制经济实现新突破，全县大部分国有企业完成改制，非公有制经济占经济总量的92%以上，东茂钛白粉厂、雅照钛白有限公司等改革后的企业实现扭亏转盈。投资1500万元，完成征地66.67公顷创建藤县工业集中区，已有13家企业落户集中区，其中1家投产运营，企业在集中区内投资累计2.80亿元。工业逐步成为全县经济增长的主导力量，从过去以农为主的农业大县向工农业并驾齐驱推动县域经济发展。2002年—2003年，连续两年藤县县域经济基本竞争力进入西部地区百强县行列。2004年，获全区县域经济进步奖。"十五"期末，全县地区（国民）生产总值46.3亿元，年均增长11.9%，农业总产值30.7亿元，年均增长4.9%；工业总产值42.6亿元，年均增长18.03%；财政总收入2.33亿元，年均增长16.2%；社会固定资产投资额14亿元，增长30.5%；社会消费品零售总额18.07亿元，年均增长7.94%；农民人均纯收入2509元，年均增长9.8%；城镇居民人均可支配收入7488元；人口控制在96.5万人以内，人口自然增长率控制在7.8‰以内。

藤县"八五""九五""十五"主要经济指标完成情况

表16-1-2

主要经济指标	计量单位	"八五"目标任务	"八五"完成情况	"九五"目标任务	"九五"完成情况	"十五"目标任务	"十五"完成情况
1. 地区生产总值	亿元	6.479	22.52	26.47	25.63	41.28	46.8
2. 农业总产值	亿元	3.6	15.5	26.54	25.89	35.47	30.22
3. 农业增加值	亿元			17.11	16.69	22.87	19.27
4. 工业总产值	亿元	5.3	19.59	20.22	18.6	32.78	42.6
5. 工业增加值	亿元			4.4	4.83	7.2	12.87
6. 财政收入	亿元	0.668	1.0067	1.578	1.5814	2.55	2.326

续表

主要经济指标	计量单位	“八五”目标任务	“八五”完成情况	“九五”目标任务	“九五”完成情况	“十五”目标任务	“十五”完成情况
7. 固定资产投资额	亿元	累计 5	6	3.65	3.7	6.88	13.99
8. 社会消费品零售总额	亿元			12.87	12.33	18.12	18.07
9. 农民人均现金收入	元	920	1414	2345	2193	3193	2509
10. 城镇居民人均可支配收入	元		3010				7488

注：表内数据为县发展和改革局提供

十年规划(1991 年—2000 年)

20 世纪 80 年代，藤县已经与全国同步提前实现了国民生产总值翻一番的第一步战略目标，基本解决人民的温饱问题。到 2000 年，实现在此基础上再翻一番的第二步战略目标，人民生活达到小康水平。1991 年，县计划部门在编制县国民经济和社会发展五年计划纲要的同时，编制了十年远景目标规划纲要(1991 年—2000 年)。

主要目标：全县地区(国民)生产总值 11 亿元，年均增长 14.35%；农业总产值 6.141 亿元，年均增长 6.83%，粮食总产量 34.64 万吨，年均增长 2%；工业总产值 10.5 亿元，年均增长 20.65%；财政总收入 1 亿元，年均增长 8.92%；固定资产投资总额 3.65 亿元；社会消费品零售总额 6.86 亿元，年均增长 11.4%；城镇居民实际消费水平年均增长 5%；农民人均纯收入 1500 元；人口控制在 86.6 万人以内，人口自然增长率控制在 10‰以内。

执行情况：2000 年，地区(国民)生产总值 25.63 亿元，实现再翻一番的第二步战略目标；农业总产值 25.89 亿元；农业增加值 16.69 亿元；工业总产值 18.6 亿元，财政总收入 1.58 亿元；固定资产投资额 3.7 亿元；社会消费品零售总额 12.33 亿元；农民人均纯收入 2193 元；2000 年年末总人口 91.48 万人，人口自然增长率控制在 11‰以内。

第四节　项目管理

1991 年，县计划部门对投资项目的审批根据不同经济性质采取不同的方法。对政府投资的项目和全民所有制企业的固定资产投资实行严格控制。对集体所有制企业的固定资产投资只要资金来源正当，产品适销，予以批准。对乡镇企业的投资适当放松，只要资金落实，产销平衡，技术协作条件配套，一般予以支持。审批时，凡是直接为农业服务的，或是属于农产品深加工和精加工的“短、平、快”项目优先审批；对重复的项目，污染环境严重而又无法治理的项目，能耗高、用地多以及资金不落实的项目严格控制；对建设单位报来的项目，凡需经银行、工商、土地、环保、电力、防疫、公安、交通、财税等部门审批的，在审批前先征求其意见，然后根据这些部门的意见情况进行审批。1991 年—2000 年，县计划部门立项审批、投资许可、上报项目共 970 项；累计完成总投资 26.65 亿元。付诸实施的主要项目有：年产 1.5 万吨的南方淀粉厂、县化工厂原 2000 吨 / 年改扩为 10000 吨 / 年金红石型钛白粉生产线技改项目，河东新城区开发工程、西江大桥、津濛二级公路、藤州大道、象棋龙凤大桥、太潭公路、环城公路、“以工代赈”公路项目建设，供水公司改造工程、县城河西防洪堤(旧城段一期)工程、金鸡水利枢纽工程、水库灌区干渠修复、电网改造，藤州中学工程、西部寄宿制和水毁学校重建，文化旅游建设、广播电视基建，计生服务站、乡镇卫生院等。

2000 年，县计划部门贯彻执行《中华人民共和国招投标法》，逐渐规范招标投标活动，对大型基础设施、公用事业等关系社会公共利益、公众安全的项目，全部或者部分使用国有资金投资或者国家融资的项目，使用国际组织或者外国政府贷款、援助资金的项目审批进行招投标。投入 10 万 ~50 万元采购类项目和投入

20 万 ~200 万元工程建设类项目，进行邀请招投标；投入 50 万元（含 50 万元）以上的采购类项目和投入 200 万元（含 200 万元）以上工程建设类项目，进行公开招投标。2001 年—2005 年，县计划部门立项审批、登记备案、上报项目共 962 项；其中上报项目 230 项，获国债及上级专项资金支持累计 2.21 亿元。全县累计引进市外项目 432 个，已实施项目 421 个，其中投资超 1000 万元项目 33 个，投资超亿元项目 1 个，累计到位资金达 15.96 亿元；完成总投资 36 亿元。付诸实施的主要项目有：工业园区建设项目、工业技改项目；巨东养殖、无公害农产品基地、头唊汤农业生产、三黄鸡种鸡场、塘步杂交牛繁育养殖场等农业产业化项目，农村沼气池推广、退耕还林和全国森林经营示范县项目，扶贫开发项目；陈塘至太平、潭东至新地、藤县至容县二级公路，洛湛铁路藤县段，太平健安大桥、农村等外路改造等乡村道路通达工程；梧州深水港赤水码头，县城河西防洪堤工程、防洪堤浔江段街道建设、县城西厚路改造、藤州大桥头至大转盘道路改造、河东体育馆主体工程、县城电影院小广场和龙景花苑等绿化工程、安泰新城、龙盛商厦、鸿泰商贸城、太平购物中心项目、朝阳商厦、同乐花园小区、县城生活垃圾处理场；金鸡水利枢纽、东荣坡头电站工程、农村人畜饮水工程，县城电网改造工程、农网改造二期工程，藤县中学东校区、中小学危房改造续建及“义教工程”，广播电视“村村通”工程、县体育馆；县计生综合楼、劳动力市场等。

藤县“八五”至“十五”期间社会固定资产投资项目情况表

表 16-1-3

项目 年度	基建（个）	水稻、玉桂水果等农业综合开发（个）	三资企业（个）	对外贸易（个）	以工代赈（个）	其他（个）	项目合计（个）	投资金额（亿元）
八五计划期间	175	130	37	31	56	47	476	12.37
九五计划期间	180	135	41	33	58	47	494	14.28
十五计划期间	436	174	55	44	18	235	962	36.00

第二章　统　计

1991 年后，统计专业统计指标不断细化，主要专业统计有综合核算统计、农业（农村）统计、工业（能源）统计、建筑业、固定资产投资统计、批发零售住餐业统计、劳动工资（服务业）统计、人口统计。1994 年采用 SARP 程序，对原始数据录入后，实现数据审核、数据计算、汇总、制表等批处理，改变了人工处理数据的方式。1996 年开展首次农业普查，2000 年开展第五次人口普查，2003 年，开展农村住户抽样调查，2004 年，开展城镇住户抽样调查和经济普查。2005 年，对部分重点企业的数据采集，由报送纸介质报表改为通过网络直接报送数据。每年编印统计资料，向县委、县政府及有关部门提供统计信息和咨询建议。

第一节　机　构

1991 年，县统计局办公地址在藤城镇登俊路 57 号，正科级行政单位。内部分秘书与综合、工业、农业、商业、固定资产投资、劳资等专业统计，行政编制 8 名，事业编制 2 名，后勤服务事业编制 1 名。1997 年，内设机构改为秘书股、综合股、第一产业股、第二产业股、第三产业股。2002 年，内设机构改为办公室、国民经济综合核算统计股、产业股。2004 年，成立藤县统计局普查中心，为统计局下属的事业单位，核定编制 2 人。2005 年，行政编制 9 人，内设办公室、国民经济综合核算统计股、贸经社会服务业统计股、产业统计股。

1991 年—2005 年县统计局历任局长：柳安生（1991.01—1999.03）、林建华（1999.03—2003.09）、彭岳荣（2003.09—2010.06）。

第二节　基本统计

综合统计

1991年—1994年，“地、市、县国民经济基本情况(卡片)”中有工交邮电、固定资产、劳动工资、财贸、文教卫生等项目，包括119个经济指标。1995年增加“县市经济社会基本情况”综合年报表，项目有人口和土地面积、工业、农业、固定资产、城市公用事业和环境保护、国内商业、文教卫生、劳动工资、职工家庭调查基本情况、财政金融等，包括3个产业15个行业349个经济指标。2000年，执行自治区统计局综合统计制度，年报表有“国民经济基本情况(卡片)”，包括土地面积、人口和劳动力、国民经济综合指标、农村经济、工业、交通运输邮电通信业、商业和物资供应、对外经济贸易和旅游、教育科技卫生、财政金融保险、人民生活等12个项目200个经济指标。2005年，继续执行2000年的综合统计报表制度，表式和种类基本没有变化，只是个别指标略有调整。

核算统计

1991年，进行国民经济核算，计算地区生产总值。对原有的社会总产值、国民收入按三次产业15个行业计算地区生产总值。1999年根据自治区统计局的部署，调整和整理1993年—1998年各年度地区生产总值。至此，1991年—2005年藤县地区生产总值的重要经济指标才有连续性与口径统一的法宝数据。2005年，核算统计年报有“总产出”“按当年价计算的地区生产总值”“地区生产总值构成项目”“按可比价格计算的地区生产总值”“按支出法计算的地区生产总值”“按行业划分的资本形成总额”“最终消费”等报表。季报表有“季度地区生产总值”“季度地区生产总值计算表”等报表。1991年，全县地区生产总值9.28亿元(1990年不变价，下同)；1995年22.52亿元；2000年25.65亿元；2005年为46.80亿元。

农业、农村统计

1991年—2001年，农业及农村统计，执行自治区统计局制订农业年报和季报的报表目录，有完整的指标，指标细化，报表分季度报表和年度报表。年报表主要有农村基本情况统计、农业生产条件统计、农林牧渔业生产统计。农林牧渔业总产值统计，分按可比价、当年价计算产值统计，有农林牧渔业中间消耗统计表，农林牧渔业增加值统计表，乡镇经济卡片表。季度报表主要统计分季农作物播种面积、分季(春、夏、秋)粮食产量，季度水果、主要林产品产量，畜牧、水产季报。2005年，执行自治区统计局制订农业年报和季报的报表目录，农业年报目录有17个，定期报表7个。1991年，全县农林牧渔业总产值6.45亿元；2005年为30.70亿元。

工业统计

1991年—2001年，工业统计常规报表主要统计指标有工业生产总值、销售总产值、产品产量和工业财务状况指标收入、利润、税金等。2002年，按自治区统计局制定的工业统计报表制度完善了报表和统计指标，年报有“主要工业产品产量”“规模以下工业主要产品产量”“工业企业生产、销售总值”“工业企业财务状况”4个表；季报有“主要工业产品销售量与库存量”；月报有“工业产销总值及主要产品产量”“工业企业主要经济指标”3个表。工业统计年报能源表有“工业企业能源购进、消费及库存”；季报有“工业企业主要能源消费量与库存量”。至2005年，执行的报表制度目录不变。1991年，全县工业总产值2.79亿元，2005年为42.60亿元。

建筑业统计

1991年—2001年，执行自治区统计局制定的建筑业统计报表制度，主要报表有“城镇集体所有制建筑企业生产完成情况”“城镇集体所有制建筑企业净产值”“建筑业产值价格指数”。2002年，执行自治区统计局制定的建筑业统计报表制度，报表有“建筑企业生产情况”“建筑业企业房屋建筑工程生产情况”“建筑企业财务状况”“劳务派遣建筑企业生产经营情况”4个表。至2005年，执行的报表制度目录不变。

固定资产投资统计

1991年—2001年，执行自治区统计局制定的固定资产投资统计报表制度，主要报表目录有“全民所有制单位零星固定资产投资”“城镇集体所有制单位固定资产投资”“农村集体所有制固定资产投资”“城镇和工矿区私人建房情况”等报表。2002年，执行自治区统计局制定的固定资产投资统计报表制度，报表有“农村集体固定资产投资”“城镇和工矿区私人建房情况”“固定资产投资统计基层标准表”“固定资产投资完成情况一览表”“房地产开发统计基层标准表”“房地产开发经营情况表”“固定资产投资构成调查表”等7个表。至2005年，执行的报表制度目录不变。1991年，全县固定资产投资总额1.12亿元，2005年为14亿元。

批发零售、住宿餐饮业统计

1991年，批发零售、住宿餐饮业统计报表有“社会商品零售总额”“社会消费品销售量”“社会农副产品收购总额和主要农副产品收购量”“国营和供销社商品购、销、存数量”“国营和供销社商品购、销、存总额”“商业饮食业机构、网点、和人员”等。1994年，报表取消“社会商品零售额”，增加“社会消费品零售总额”“社会农副产品收购总额和收购数量”。“社会消费品零售总额”中增加“农民对非农业居民零售”。2002年，年报表有“限额以上批发零贸易业商品购进、销售、库存总额”“饮食业销售情况”“限额以上批发零售贸易企业财务状况”3个表，季报有“限额以上批发零贸易业商品购销、库存”；月报有“批发零贸易业商品销售总额和分类销售额”“社会消费品零售总额”2个表。2005年，年报表有“限额以上批发和零售业商品购进、销售、库存总额”“星级住宿业和限额以上餐饮业经营情况”“限额以上批发和零售业企业财务状况”“星级住宿业和限额以上餐饮业企业财务状况”4个表。月度报表有“批发和零售业商品销售总额和分类销售额”“星级住宿业和限额以上餐饮业营业情况”“社会消费品零售总额”“限额以下批发和零售业、星级以外住宿业、限额以下餐饮业样本单位调查表”4个表。1991年，全县社会商品零售总额分别为2.72亿元，2005年为18.07亿元。

劳动工资统计

1991年—2001年，按单位统计职工人数和工资，并分产业统计。统计报表主要有“全民所有制单位全部职工人数与工资”“全民所有制单位全部职工工资总额构成情况”“全民所有制工业企业建筑企业全部职工人数情况”“全民所有制固定职工和合同职工增加来源和减少去向变动情况”“全民所有制单位职工劳保福利费用构成情况”“城镇集体所有制单位全部职工人数、工资和个体劳动者人数”等报表。2002年，服务业综合统计报表目录有“财务状况表”设3个表；劳动综合统计年报有“单位从业人员和劳动报酬情况”“单位从业人员变动情况”“市、县从业人员和劳动报酬综合表”“劳动情况”4个报表。至2005年，报表目录不变。

第三节　统计调查

1994年，实行周期性普查制度。普查项目包括有人口、工业、农业、第三产业和基本单位普查。前4项普查每十年进行1次，分别在尾数逢0、3、5、6的年份实施；基本单位普查每5年进行1次，在尾数逢1、6的年份实施。2003年调整国家普查项目的普查周期，建立经济普查制度，经济普查的内容包括工业普查、基本单位普查、第三产业普查和建筑业普查。经济普查每10年进行两次，分别在尾数逢3、8的年份实施。普查是以政府行文，组建临时普查机构，抽调人员组成工作班子，以统计部门为主，多个部门配合，组织动员基层干部和群众实施。普查费用由各级财政列入预算，分级负担。实行主要的抽样调查制度，主要有1%人口抽样调查、投入产出调查、R&D资源清查等。

人口普查

2000年4月，进行第五次全国人口普查，次年6月基本结束。普查登记的标准时间为2000年11月1日零时。报表分短表和抽10%的户登记长表。普查短表包括反映人口基本状况的项目，普查长表包括所有短表项目和人口的有关迁移、教育、经济活动、婚姻家庭、生育和住房等情况项目。普查登记的项目有姓名、性别、年龄、民族、文化程度、职业、婚姻状况以及人口出生、死亡等。普查对象是具有中华人民共和国国籍并在藤县范围内常住的人口。普查方式由普查员用纸质表入户登记。普查分六个阶段，成立普查机构、宣传和准备工作、普查人员选调与培训、入户登记和复查工作、数据汇总、数据公布和管理等。县、乡、村（居委）三级成立人口普查机构，全县4000名普查工作人员参加普查工作。

经济普查

2004年，合并工业普查、基本单位普查、第三产业普查和建筑业普查，开展首次全国经济普查。县、乡镇成立第一次全国经济普查机构。普查登记标准时间是2004年12月31日，时期资料为2004年。普查工作分5个阶段：2004年12月底前为准备阶段，2005年1月至5月为填报阶段，2005年2月至8月为数据处理和上报阶段，2005年9月至12月为数据评估和发布阶段，2005年9月至2006年6月为工作总结阶段。普查对象是在县境内从事第二产业和第三产业的全部法人单位、产业活动单位和个体工商户。具体包括采矿业、制造业、电力、燃气及水的生产和供应业，建筑业、交通运输业、仓储和邮政业，信息传输、计算机服务和软件业，批发和零售业、住宿和餐饮业，金融业，房地产业，租赁和商务服务业，科学研究、技术服务和地质勘查业，水利、环境和公共设施管理业，居民服务和其他服务业，教育，卫生、社会保障和社会福利业，文化、体育和娱乐业，以及公共管理和社会组织等。普查内容包括单位标志、从业人员、财务收支、资产状况，以及企业的主要生产经营活动和生产能力，主要原材料和能源消耗及科技开发的投入状况等。

农业普查

1997年，开展首次农业普查。普查对象是全县范围内的各种类型的农业生产经营单位、农村住户、建制村和乡镇。按属地原则进行登记。农业普查表分为农村住户调查表、农业生产经营单位调查表、建制村调查表、乡镇调查表、非农乡镇企业基本情况卡片、农业用地卡片，调查项目为38个。时点指标的标准时间是1996年12月31日，时期指标的标准时间是1996年1月1日到1996年12月31日。县、镇设立第一次全国农业普查办公室，村民委员会设农业普查小组。以村民委员会所辖地为普查区，村民小组为普查小区。每个普查区设1名普查指导员，负责对普查的工作安排、指导和督促检查。每个普查小区设1名普查员，负责普查的访问登记工作。普查员直接访问普查对象，当场按普查项目逐项询问，逐项进行登记。访问登记结束后，进行复查，发现差错，经核实后改正。访问登记和复查工作从1997年1月1日起至31日结束。登记和复查结束后按规定进行质量抽查，对填报质量作出评价，质量抽查工作在1997年3月5日前结束。

基本单位普查

1996年，进行第一次全国基本单位普查，普查标准时间是1996年12月31日，1997年5月结束。普查目的主要是查清各行业的单位底数，为观察和分析基本单位的地区、行业、经济类型分布与发展变化情况提供基本的统计信息。普查对象是除农户和个体户以外的所有从事社会经济活动的人单位和产业活动单位，包括各类企业法人、事业单位法人、机关法人、社团法人和其他法人，以及这些法人所附属的农业、工业、建筑业、交通运输业、批发零售贸易业、餐饮业、服务业、行政事业单位和社会团体等产业活动单位。普查内容主要有单位的经济类型、所属行业、从业人员、企业规模、营业状态等各类单位的基本属性和主要标识。2004年合并为经济普查。

人口抽样调查

2005年，进行1%人口抽样调查，县政府成立1%人口抽样调查领导小组，领导小组办公室设在县统计局。被抽查的乡镇成立相应的机构。抽样调查标准时间为2005年11月1日零时，采用调查人员入户询问、现场填报的方式进行。调查的内容主要有人口数量、人口密度、人口的基本情况、迁徙流动状况、人口素质情况、就业和社会保障情况、婚姻生育状况等内容。指标有住户的基本情况和个人的年龄、性别、教育程度、职业、迁徙流动、生育、社会保障等。

第四节　统计服务

1991年—2005年，县统计局在每年6—7月编印《藤县国民经济统计资料提要本》，提供给领导和各部门使用。每个季度整理数据，编写统计信息、分析提供给县领导和有关部门使用。接受有关单位对需要提供数据的查询。

第三章 审 计

县审计局主要对本级财政预算执行情况，下一级（乡镇）财政决算、金融、保险企业，国家行政机关、企事业单位，领导干部离任，外资运用和基本建设投资等项目进行审计监督。1991年—2005年，共完成审计项目1300个，查出违纪违规金额18911万元，处理处罚金额1728万元，应上缴财政金额5000多万元。核减固定资产投资金额2.1亿多元。

第一节 机 构

县审计局

成立于1984年。1991年办公地址在藤城镇西江路215号，内设秘书股、商粮贸审计股、工交企业审计股、综合股。1993年，编制14人，在职14人。1999年搬迁至藤城镇政贤路108号办公。2002年，内设机构调整为办公室、行政事业审计股、经贸企业审计股、经济责任审计股。2005年末，编制16人，在职人员16人。其中研究生学历1人，本科学历3人，大专学历10人，中专学历2人；中级职称6人，初级职称8人。内设办公室、行政事业审计股、经贸企业审计股、经济责任审计股等4个股（室）。

1991年—2005年历任局长：霍铁权(1991.01—1993.12)、魏德奇(1994.01—1996.12)、夏宗社(1997.01—2002.03)、蒙土金(2002.04—2005.12)。

县审计事务所

1984年成立藤县会计审计咨询服务公司，1988年改为藤县审计事务所。1989年定为事业单位，隶属审计局，编制3人。主要业务为审计查证、经济案件的鉴定、注册资金验证和年检，建立账簿、财务会计制度以及提供会计、财务、税务和经济管理咨询等工作，实行有偿服务。1999年，县审计事务所撤销。

第二节 财政审计 金融审计 企业审计

财政审计

1994年《中华人民共和国审计法》颁布实施后，县审计局每年对上年度县本级财政预算执行情况和其他财政收支进行审计监督，发现主要问题有年初代编预算规模过大、预算不细化等问题，并在促进规范预算收支的真实、合法和效益等方面提出意见和建议。1997年，审计项目1个，查出违纪金额3000元。2000年，审计项目7个，查出违规金额36万元，应缴财政金额4万元，应纠正金额457万元。2003年，审计项目4个，查出违规金额224万元，管理不规范金额583万元，应缴财政金额20万元，应调账金额156万元，应纠正金额130万元。2003年，在对某镇财政决算审计中，发现该镇政府从1993年起至2000年底止，一直将各项收入290万元未列入政府大账，形成账外资金。2005年，审计项目3个，查出管理不规范金额856万元。在对某镇政府财务收支审计中，发现该镇未经许可收取矿山管理费96万元的违规事项。1997年—2005年，共审计财政预算执行项目31个，查出违规金额426.8万元，管理不规范金额2221万元，应缴财政金额4406万元，应调账金额288万元，应纠正金额2181万元。

金融审计

1991年—1999年对中国农业银行、中国银行、中国工商银行的藤县支行和中国人寿保险公司、中国财产保险公司的藤县支公司的资产、负债、损益的情况进行审计，查出违纪违规金额255.7万元，上缴县财政金融19.3万元。2003年，对县人寿保险公司2002年资产、负债、损益审计过程中，查出部分县直单位、乡镇单位通过公款投保“厂长（经理）险”“福寿安康险”等返还性险种，间接将300多万元国有资产转至账外，满期后由个人领取现金或利息，没有交回单位入账金额达165万元，县审计局依法作出了没收违规金额上缴县财政的决定。

企业审计

1991年—1999年，完成对国有企业审计项目210个，审计金额17.01亿元，查出违纪违规金额8131.2万元，上缴财政金额1018.63万元。1996年，对县粮食系统挂账进行调查，发现各粮贸企业1995年共收蔗奖粮品种兑换差价260万元账挂往来，形成损益不实。2005年，开展对种子公司、县招待所等10个单位的资产、负债及损益的审计监督，为政府做好企业改制提供决策依据。

第三节　行政事业审计　经济责任审计

行政事业审计

1993年，审计行政事业项目17个，其中社会保障项目2个，财务收支项目2个，专项审计项目4个，审计调查项目1个，共查出违规金额329万元。1995年，在对全县计生系统收支情况进行审计，查出少报和瞒报计生费和罚款收入600多万元。1998年，审计行政事业项目17个，其中财务收支项目14个，专项审计3个，查出违规金额1394.06万元。2001年，审计行政事业项目24个，其中社会保障项目2个，财务收支项目20个，专项审计项目2个，查出违规金额465万元。2005年，开展了行政事业审计93项，其中国家机关31项，事业单位62项。查出未实行“收支两条线”、管理隐瞒收入、弄虚作假套取现金等问题，违规行为金额156万元。正确界定责任、客观评价离任者实绩，为组织部门管理选拔干部提供客观依据。1991年—2005年，对383个行政事业单位进行了财务收支审计，查出违规金额5916.10万元。

经济责任审计

1989年，开始对领导干部离任审计，当时主要是对厂长（经理）进行离任审计。对其任职期间企业资产、负债、损益的真实性、合法性、效益性以及有关经济活动责任、国有资产保值增值，完成各项经济指标进行审计监督。1993年—1996年，审计企业离任领导18人，查出违规金额46万元，管理不规范金额434万元。1997年，县委制订了《领导干部离任审计制度》，把审计监督纳入了领导干部监督管理机制，从单纯对厂长（经理）离任审计扩大到对国家机关、行政事业单位主要领导干部纳入离任审计监督范围。主要是对其任职期间财政、财务收支的真实、合法、效益，对国有资产的管理、使用及保值情况进行审计监督。

2001年，对县内某电站站长韦××进行经济责任审计时，查出该单位从1996年8月至2001年6月，以虚列“劳务输出人员”工资等方法截留、套现现金近500万元，用于发放福利、奖金等严重违法违纪问题。县审计局及时主动地向县委、县政府主要领导进行汇报，并建议县纪委对这一严重违纪违法行为予以立案查处。2003年，对藤县某镇长黎××进行经济责任审计时，查出该镇以虚开餐票套取现金5万元、超标准发放清凉饮料和高温补贴0.67万元、挪用计生服务费用于补充办公经费39万元、挪用水毁危房工程专款7万元、超范围报支领导手机费0.13万元、无事由发放加班费0.11万元等违法违纪行为。县审计局将审计结果上报县委县政府，经县纪委、组织部、人事局、监察局等多部门联合研究决定，并对黎××依法作出处理处罚。2005年，完成经济责任审计38个，审计经济责任人38人，其中党政领导29人，国有及国有控股企业9人，查出违规金额290万元，管理不规范金额1558万元。

1997年—2005年，共完成党政主要领导和国有企业领导经济责任审计项目174个，其中对党政主要领导126人、国有企业领导60人进行了审计，查出违规金额4639万元，管理不规范金额11932万元。

第四节　固定资产投资审计　外资审计

固定资产投资审计

1997年7月，县审计局开始对基本工程建设投资项目预（概）决算进行审计。1999年—2005年，共完成工程造价审计214项，送审金额24652万元，核实金额16984万元，核减金额1371万元。其中2002年完成固定资产投资项目审计18个，送审金额3283万元，核实金额3050万元，核减金额233万元。2003年完成固定资产投资项目审计47个，送审金额10440万元，核实金额10286万元，核减金额154万元。2005年完成水利局太平供水工程、古龙中学学生公寓楼、县城防洪堤等固定资产投资项目审计18个，送审金额2493万元，核实金额2334万元，核减金额159万元。针对在建设工程管理、财务决算中存在的问题，提出促进规范项目管理、提高工程质量的审计意见和建议。

外资审计

1991年，对县内农业支持服务项目、综合性妇幼卫生保健性项目和疾病预防项目的执行单位财务收支真实、合法和效益进行审计监督。通过审计证实项目财务报告和有关会计资料的真实性，维护资金运用合规合法性，促进项目执行单位及主管部门积极、合理、有效地利用外资。至1999年，共完成外资审计项目3项13次。审计金额2703.68万元，查出违纪违规金额59.7万元。

第五节　内部审计　社会审计

内部审计

1991年，由县审计局参与，帮助县电力公司等8家单位成立了内部审计机构，内部审计人员20多人。并指导各单位内审机构建立内审制度。采用年度审计工作会议等形式，向内部审计人员传达审计机关的工作计划、工作重点及工作方式，引导内部审计工作的开展，总结和推广内部审计的技术方法和先进经验，表彰、宣传内部审计先进单位和个人。同时对内部审计人员进行培训，提高内部审计人员的自身素质。1991年—2005年，各单位内审机构共查出损失浪费金额851万元，提出建议意见被采纳70多条。

社会审计

社会审计主要由县审计事务所负责，为社会各界提供会计业务咨询、财政法规咨询、查账、清账、建账建制、验证注册资本金、资产评估等各项中介服务。1991年—1999年，共提供服务1186项，其中注册资本验证1063项，验证资金61765.72万元，清理账务29户，清理资金17601.68万元，资产评估14户，评估资产20567万元，应聘会计业务咨询顾问80户。

第十七篇

物价　工商行政管理　质量技术监督

2003年11月15日，藤县组织整治毒鼠强宣传活动

第一章　物　价

1991年，价格宏观调控管理有政府定价、政府指导价和市场调节价3种基本形式。1994年，为抑制由于特大洪水灾害带来的物价总水平过快上涨，县价格主管部门加强对带有垄断性、强制性、保护性、公益福利性的商品和服务价格进行动态管理，强化市场物价监督检查，运用经济手段和行政手段引导规范市场的价格行为，市场物价总水平得到有效抑制。1997年，根据中央、国务院《关于治理向企业乱收费、乱罚款和乱摊派等问题的决定》，县物价、财政、工商、审计、监察、工商联、个协等有关部门积极配合县委县政府进行"三乱"治理，加强收费管理，规范收费行为，企业的负担明显下降。2000年为扩大内需，促进新的经济增长点的形成和发展，利用价格杠杆对资源合理配置，逐步理顺供水、供电价格和教育、医疗卫生收费，强化房地产价格，促进价格总水平合理回升。2003年，"非典"疫情引发防治"非典"的药品及医疗用品出现供应紧张，价格急剧上涨；市场粮食价格涨幅过大，拉动副食品价格上升，商品和服务价格出现异常波动。县有关部门启动《藤县应对突发事件价格工作预案》，及时出台价格干预措施，对部分商品和服务价格实行最高限价，同时"12358"价格举报中心24小时值勤，加强对居民生活必需品价格和服务收费的监审与监督检查，保持居民生活必需品价格和服务收费的基本稳定。

第一节　机　构

1991年，县物价局为正科级行政单位，办公地址在藤城镇登俊路57号政府办公楼四楼，内设秘书股、收费管理股和价格管理股。机关行政编制6名，后勤服务事业编制1名，在职人员7人。二层机构有物价检查所和农产品成本调查队。1992年，成立价格事务所，与物价检查所两块牌子一套人马。1997年3月，县物价局内设机构改为秘书股、工农产品价格管理股、收费管理股。2002年3月，县物价局并入县发展计划局，在县发展计划局挂县物价局牌子并保留印章，物价局不再设单独编制。办公地址搬迁到藤城镇政贤路73号。2003年7月，撤销价格事务所，成立价格认证中心。

1991年—2005年县物价局历任局长：李跃起(1991.09—1997.01)、林建华(1997.01—1999.03)、高安礼(1999.03—2004.08)、周少英(女，发改局副局长兼，2004.08—)

第二节　价格管理

行政事业性收费管理

1991年6月，县物价部门发布第一批取消、合并、降低的收费项目，共涉及14个部门107项收费。其中调整范围11项，合并2项。12月，依据《广西壮族自治区行政性事业性收费管理暂行规定》对行政性、事业性收费实行"收费许可证"制度和年审制度，行政性、事业性收费的单位，必须向物价部门申领"收费许可证"，实行一点一证亮证收费，接受群众监督。

1992年，与财政部门联合对1991年度行政事业性收费进行年审，共审核354个单位，审查面97%。1993年，清理整顿涉农收费和行政事业性收费，调整15个系统的行政事业性收费标准，取消涉农不合理收费28项，降低标准1项。1994年，《广西壮族自治区行政性事业性收费管理条例》开始实施。按照上年清理减轻农民负担中各级取消或降低的行政事业性收费项目、标准，对行政事业性"收费许可证"进行审核、验证、换证工作，重新明确收费项目和标准，审验换发"收费许可证"538个。1996年，经县人民政府同意，县物价局与财政局、教育局第一次制定全县中小学收费标准，规范学校收费。1997年，县物价局印发《关于治理乱收费的通知》,对收费项目实行目录管理制。

1998年,取消行政事业性收费项目39项,对涉及取消的行政事业性收费项目的部门进行变更或注销“收费许可证”。进一步规范管理教育、婚姻登记、户籍、汽车入户、医疗、路桥和房地产、建筑等收费进行规范管理。1999年,在全县推行企业交费登记卡制度和收费员持证上岗制度。2000年,清理规范中介服务收费项目,取消收费项目9项,降低收费标准5项,换发“收费许可证”362个。2002年,实行涉农价格收费公示制度,对列入公示项目范围内的价格和收费项目,经营单位或收费单位必须在经营场所或交费场所的醒目处以及方便群众阅读的地方,公示国家规定的涉农价格和收费。2003年,建立收费统计报告制度,每年把收费情况统计报表和收费情况分析报告逐级上报,所有统计数据全部使用收费统计软件上报。

2004年8月,在县城和太平镇分别举办收费员培训班2期,对全县所有收费部门收费员进行岗前培训,参加培训人员共750人。同时整顿水利、国土资源、交通、工商等部门涉农收费项目。2005年,按照国家公布取消的103项收费项目和部分降低收费标准的项目,清理全县各部门和单位的收费。年内全县共核发新版“收费许可证”480个,清理不符合规定的收费13项。

价格听证

2001年开始,对关系群众切身利益的公用事业价格、公益性服务价格、自然垄断经营的商品价格等政府指导价、政府定价,实行价格听证制度,由政府价格主管部门主持,征求消费者、经营者和有关方面的意见,论证其必要性和可行性。

2002年3月,依据国家发展与改革委员会《政府价格决策听证暂行办法》,召开县城自来水价格调整听证会。由县物价局主持,县供水公司、人大、政府办、政协办、法制办、财政局、水利局和消费者等代表30人参加。

2004年6月28日,召开调整全县义务教育阶段杂费及高中学费收费标准听证会。由县人大、政协、法制办、减轻农民负担办公室、学校代表、家长代表共30人参加。听证会通过初审方案,调整收费标准。听证会由县教育局介绍定价方案并说明依据理由,评审机构说明评审的依据及意见,物价局介绍有关的价格政策、法律、法规、初审意见;听证会代表对教育局提出的收费方案及材料中涉及的具体问题进行质询。教育局代表作最后陈述意见;会议总结并通报后续工作安排;听证会代表对听证会笔录进行审阅并签名。义务教育阶段杂费收费标准:县城初中由原来158元/生·期调整为160元/生·期,建制镇初中由原来158元/生·期调整为140元/生·期;高中学费收费标准:县城高中由原来230元/生·期调整为390元/生·期,乡镇高中由原来230元/生·期调整为350元/生·期。

价格认证

1994年开始,根据国家计划委员会、最高人民法院、最高人民检察院、公安部《关于统一赃物估价工作的通知》《广西壮族自治区赃物估价管理条例》,接受司法机关、行政执法机关和仲裁机构的委托,对刑事、民事、行政、经济等案件中涉及的各类标的进行价格鉴定。接受当事人委托,对诉讼案件中涉及的各类标的进行价格认证。至2005年,共办理涉案物品评估鉴定案件1150件,出具价格鉴定结论书1150份,评估金额1167.86万元。

价格调控

1991年—1992年,调整、提高粮食统销价格、自来水价格、石油成品油销售价格、食盐价格、蚕茧收购价格等。加强企业定价许可证管理制度,换发企业定价许可证80份。1993年,逐步建立以市场形成价格为主的价格机制,国家放开粮食购销价格。全年物价总指数为121.54%,高于自治区平均116.6%的水平,其中粮食类149.01%、菜类126.48%,肉食类117.85%,农资类112.07%。1994年,完成石油购销价格并轨以及食盐价格、农业生产资料价格及运杂费的测算。物价水平处于高位运行,全年物价总指数为132.68%。其中消费品132.44%,食品类18.25%,肉食类137.07%,农资类133.12%。1995年,加强宏观调控,抑制通货膨胀。下半年,物价指数逐步回落。此后几年,物价虽有上下浮动,但无大起大落现象。1999年,对主要副食品市场价格进行监测,商品供应充足,物价稳中有降,与上年比较,居民消费价格上升0.1个百分点,零售商品下降0.3个百分点,比上级下达的物价控制目标分别低3.9个和2.3个百分点。

2001年—2002年,在整顿电价、取消随电价加收的各种乱加价乱收费的基础上,实行城乡居民生活用电同网同价。2003年，对预防"非典"用的口罩、过氧乙酸、次氯酸纳、中药方和相关药品、医用材料及医疗器械依法实行临时限价，并对价格进行监测。2004年，液化石油气市场价格不断上涨，县对液化石油气批发和零售价格实行差率控制和调价备案管理。2005年，遭受百年一遇的特大洪灾，灾后建筑材料的需求量大幅度增加，不少从事建材产销的厂家、商贩借机哄抬物价，导致县内钢筋、水泥、红砖、砂石等建材价格及建材运输价格大幅度上涨，如红砖价格从灾前的0.12元/块，灾后涨到0.25元/块，涨幅达108%。县政府报请自治区人民政府批准对建材价格和建材运输价格实行最高限价。同时对洪灾期间的粮食、食用油、肉禽蛋、蔬菜、化肥、民用煤、液化气等商品价格进行每日监测；对化肥、农药、农膜实行进销差率、批零差率控制。

价格监督检查

1991年，开展物价大检查，对太平、濛江等12个基层供销社38个化肥、农药经销点进行检查，查处违反物价政策单位8个，没收违法所得8.62万元。之后每年开展物价大检查，重点检查农资、电力、自来水等商品以及教育、卫生等行政事业性收费。1993年，检查11个电管站电费收缴情况，其中对5个电管站擅自提高电价进行查处，没收非法收入31.48万元。1996年，检查乡镇土地管理所16个，查处6个土地管理所超标准收取临时用地管理费32.82万元。2001年，对卫生系统的医疗服务价格进行专项检查，共检查医院18家，查处价格违法单位9家，取消自立收取手术误餐费等收费项目3个，降低擅自提高手术费11项，没收上缴财政45.6万元。2002年—2005年，检查县国土局、中小学等单位收费项目48个，取消自立收取赞助费、讲义费等收费项目4个，纠正扩大收费范围项目2个。查处没收17个单位违法金额408.7万元。

第三节　主要商品价格

粮食

1990年初，粮食价格全面放开，实行市场调节。1994年，县政府设立粮食风险基金，应对市场粮价的波动。农民交纳的公粮，由国家粮食部门按自治区物价局制订的合同定购价征收入库。2001年初，国家取消粮食合同定购，合同定购价随之消失。为了防止出现"谷贱伤农"的局面，藤县执行自治区物价局每年制定的粮食保护价格。当市场粮食价格下跌时，国家粮食部门按粮食保护价收购农民手中的余粮。市场粮食价格产生波动时，运用储备粮食的吞吐，对波动的市场粮食价格进行调控，平抑粮食价格，稳定市场供应。

主要副食品

1991年，主要副食品价格分别为猪上肉每500克3.80元，猪瘦肉每500克5元，鸡蛋每500克1.7元，阉鸡每500克3.7元，草鱼每500克2.7元。1992年，县政府对渔民实施政策、资金倾斜，其价格可随行就市，鼓励渔民大力发展网箱养鱼。此后，网箱养鱼逐年增长，市场供应的淡水鱼基本上能满足市民生活需要。1994年，藤县生猪出栏价格为428元/50千克。1995年，主要副食品价格分别为猪上肉每500克7~8元，猪瘦肉每500克10~12元，鸡蛋每500克2.80元，阉鸡每500克5.50元，草鱼每500克3.30元。1999年生猪出栏价格为341元/50千克。2000年主要副食品价格分别为猪上肉每500克5.80元，猪瘦肉每500克9元，鸡蛋每500克2元，阉鸡每500克5元，草鱼每500克3元。2005年生猪出栏价格为485元/50千克。主要副食品价格分别为猪上肉每500克6元，猪瘦肉每500克11元，鸡蛋每500克3.50元，阉鸡每500克8元，草鱼每500克4.80元。

1991年—2005年藤县部分副食品价格表

表17-1-1　　单位：元/500克

年度＼内容	猪上肉	瘦肉	鸡蛋	阉鸡	草鱼
1991	3.80	5	1.70	3.70	2.70
1992	3.90	5	1.70	3.80	2.80

续表

内容 年度	猪上肉	瘦肉	鸡蛋	阉鸡	草鱼
1993	4.00	6	1.80	4.80	3.10
1994	6	8.50	2.20	5	3.10
1995	7~8	10~12	2.80	5.50	3.30
1996	3.80	7.50	2.30	5.20	3.30
1997	4.60	8	2	5	3
1998	5.80	8.50	2	5	3.50
1999	6	9	2	5	3
2000	5.80	9	2	5	3
2001	5.50	9	2.20	5.50	3.20
2002	4.50	8	2.50	6	3.50
2003	5	9	3	6	4
2004	6.50	10	3.50	7	4.50
2005	6	11	3.50	8	4.80

松脂

松脂是县内大宗林产品，是制造松香、松节油、树胶等的主要原材料。县内一般在每年3—11月份采收。1995年前属于国家管理的二类产品，其收购价格由国家管理。1994年—2003年松脂收购价格列为国家指导价格管理。2003年—2005年，实行厂场挂钩，价格双方协商，自行购销。

瓶装液化石油气

1992年，液化石油气市场价格偏高，社会没有广泛使用。1993年1月，藤县液化石油气市场价格每瓶34元。为了增加销售量，各商家采取集资用气的办法开展经营，降低市场销售价格，以增加销售量，促进液化石油气普及使用。1995年3月，国家将液化石油气价格纳入政府指导价格管理。2004年10月瓶装液化气价格实行市场调节，随行就市。2005年1月，藤县液化石油气市场价格每瓶67元。

藤县瓶装液化石油气销售价格情况表

表17-1-2　　单位：元/瓶

日期	销售价
1993.1	34
1995.3	48
1996.1	55
1997.3	63
1998.3	50
1999.8	55
2000.2	65
2001.1	69

续表

日期	销售价
2002.2	55
2003.3	65
2004.4	67
2005.1	81

电力价格

电力价格的制定和调整由国家和自治区两级管理。1993年，电力价格分基准电价和综合电价。1996年起全县实行丰枯水期价格，5月—10月为丰水期，11月—次年4月为枯水期。枯水期电力价格略高于丰水期价格。2002年1月1日起，实行城乡居民生活用电同价，居民生活电价为0.572元/千瓦时。

自来水价格

1991年5月，藤县自来水价格分生活用水和工业用水，生活用水价格每立方米0.70元，工业用水价格每立方米0.65元。1991年和1993年，由于电力价格上升及原材料价格变动，制水成本增加。经县人民政府同意，分别对自来水价格进行调整，并随同水价收取供水建设基金。1998年5月，把供水工程建设费并入现行基本水价，城市供水价格按照统一领导、分级管理的原则，实行政府定价，具体定价权限按价格分工管理目录执行，并且实行听证会制度和公告制度，调整自来水价格。

1991年—2005年藤县自来水价格表

表17-1-3　　单位：元/立方米

日期	生活用水	工业用水	经营服务用水
1991.5—1992.12	0.70	0.65	
1993.1—1997.10	0.90	0.85	
1997.11—2005	1.10	1.05	1.04

第二章　工商行政管理

1991年，工商行政管理部门履行工商登记、合同商标管理、城乡集贸市场建设和管理等职责。1994年，采取“三开放、五不限、三不准、两个平等、一视同仁”的做法发展个体私营企业，实行登记、经营、地域放开；发展比例、速度和从业人员、经营规模、经营方式不限；不准乱收费、乱检查、乱摊派；个体私营单位开出的票据、用水用电与国有集体单位平等；外来人员开办企业在政策待遇上与县内的经营者一视同仁。1999年，县工商局由自治区工商行政管理局垂直管理。工商管理与市场服务实行“管办分离”。大力发展个体、私营企业，开展优质服务，个体、私营企业由1991年的1.01万户发展到2005年的1.33万户。

第一节　机　构

县工商行政管理局

1991年，县工商行政管理局（简称县工商局）办公地址在藤城镇西江路213号。内设秘书股、人事股、财务股、市场管理股、经济合同管理股、个体私营登记管理股、商标广告管理股、企业登记管理股、经济检查中队和个体劳动者协会，下辖直属工商所和18个乡镇工商所。全系统共有职工220人。1993年，增设外资登记管理股和市场巡查监察大队。1995年，设立市场开发服务中心，为局下属事业单位，各乡镇设立市场开发服务部。1997年3月，内设机构调整为秘书股、法制股、公平交易监督管理股、人事股、经济合同股、企业注册股、个体私营经济监督管理股、商标广告管理股、市场监督管理股、财务股。

1999年1月1日，市场开发服务中心与工商局脱钩。同月，县工商局由自治区工商行政管理局垂直管理。局机关行政编制38名，事业编制2名，工商所行政编制62名。分流到市场服务中心人员141名。2001年2月，局秘书股改为办公室。2002年，内设机构改为办公室与法规股、政工科、公平交易商标广告管理与消费者权益保护股、企业注册与个体私营经济管理股、市场与合同规范管理股、财务股，保留经济检查大队，设立机关后勤服务中心。同年11月，办公地址搬迁至藤县藤城镇政贤路7号。2005年9月，政工科更名为人事教育股。下辖18个基层工商所。年末，全系统核定机关行政编制22名，机关后勤事业编制9名，工商所编制71名。实有在职公务员78人，机关后勤人员3人。

1991年—2005年县工商局历任局长：黄位津(1991.01—1996.12)，周继昌(1997.01—)。

基层工商所

1991年，有直属工商所和藤城、南安、赤水、埌南、同心、金鸡、新庆、象棋、岭景、天平、濛江、和平、太平、古龙、平福、东荣、大黎、宁康18个乡镇工商所。1992年7月，各乡镇成立消费者协会分会。1997年6月，增设河东工商所。2000年，直属工商所与藤城工商所合并，潭东工商所与河东工商所合并，赤水工商所与南安工商所合并，同心工商所与埌南工商所合并，东荣工商所与太平工商所合并，宁康工商所与大黎工商所合并，全县工商所由21个减为15个。2002年，增设同心、东荣、宁康3个工商所。2004年6月，南安工商所更名为塘步工商所。2005年，有藤城、河东、塘步、埌南、同心、金鸡、新庆、象棋、岭景、天平、濛江、和平、太平、古龙、平福、东荣、大黎、宁康18个工商所。

第二节　工商注册登记管理

1991年，工商注册登记主要有全民所有制企业、集体企业和个体工商户。年末，全县法人企业355个，非法人企业1264个。其中新登记法人企业44户，非法人企业103户。1992年，改进企业登记管理办法，简化办照手续，实行"先上车后补票"。1993年，放开经营范围和方式，取消不必要的生产经营许可证和专项审批，降低注册资金起点，开展无主管部门企业登记管理，年内新登记法人企业116户，非法人企业87户，"三资"企业4户。1995年以后，增加有限责任公司、合伙企业、独资企业、登记内容有企业名称字号、企业住所、出资人出资情况，企业经营范围、经营期限等，登记程序是企业名称预先核准，提交企业设立登记材料，包括企业登记申请表及附表，企业经营范围涉及前置许可的提供有关许可证，企业实缴出资证明材料，企业住所证明材料。登记的行业有工业手工业、交通运输业、建筑修缮业、商业、饮食业、服务业、修理业，其他。对新筹办的企业，工商部门派人参与项目论证，实地勘查，了解筹办企业的可行性，防止重复生产。1997年，围绕国企改革，加强企业登记管理，严把主体准入关，对不具备生产经营的，一律不予发照。年底，全县有法人企业509户，非法人企业1315户，"三资"企业32户。

1999年，开展挂靠企业清理工作，共清理出名为集体、国有企业，实为个体挂靠企业10多户。2000年6月，制定《企业登记管理责任追究办法》，承办人在登记工作中违规办理或审查不严，或承办人隐匿或提供虚假材料造成过错的，由承办人承担全部责任。同时支持企业改制，帮助改制企业如县钛品厂、县水泥厂、太平松脂厂等解决改制中遇到的问题及困难。

2001年9月，治理整顿"三无"（无资金、无场地、无机构）企业及无照经营企业，注销"三无"企业5户。对新开业的个体工商户实行回访制度，6个月内回访达90%，对于矿山、歌舞厅、燃气营销等特殊行业及危险行业，回访率达到100%。2002年5月，对法人企业、私营企业及个体户注册登记实行优惠政策，对从事农副产品贩运不满3个月的，允许不办执照；对在边远山区开办或国企下岗职工开办的个体户，允许试业3个月，试业期间不收取管理费用。10月23日，对企业、个体收费实行目录公示制，同时实行办照承诺制，公开向社会承诺设立、变更登记受理后5日内做出准予或不准予登记批复，注销登记受理后3日内做出准予或不准予登记出批复，名称核准做到随到随办。年底，共有个体工商户12420户，其中年内新发展3379户。共查处无照经营474户，罚没收入22.33万元。2003年8月，对企业实行信用分类监管，建立企业信用激励、警示、惩戒、淘汰机制。建立工商系统服务联系点，开展个体和私营定点帮扶。

2004年，建设“服务型工商”，放宽个体工商户和私营企业市场准入条件，除了国家法律、法规规定的前置审批项目外，其他的规定不再作为前置审批项目；凡国家法律、法规没有禁止的投资领域和所有对外资开放的领域，都允许个体工商户和私营企业经营。鼓励跨行业、多种经营，不限经营方式、经营范围、经营规模。允许公司注册资本3年内分期注入。5月28日，实行首问责任制、一次性告知制、首办责任制、限时办结制、否定报备制、服务承诺制、政务公开制、投诉中心工作制、告诫谈话暂行办法、被诉待岗规定、失职追究制、内部奖惩规定、档案管理规定等制度13项。7月，实行一审一核制，对个体户名称由审查员直接核准。

2005年，对下岗人员再就业实行优惠政策，共为下岗失业人员办理营业执照共29份，免收下岗失业人员个体户注册登记费、工商户管理费、集贸市场管理费共4.53万元。鼓励、支持有条件的私营企业参与法律法规未禁止的投资与经营，共注册登记电力生产、开发的私营企业5家。推行个体工商户分层分类登记管理，由县局委托具备条件的7个工商所按区域分别就近负责全县18个工商所的登记、备案、验照工作。设立专门窗口及绿色通道，对下岗失业人员凭“再就业优惠证”从事个体经营的，自发照日起3年内免收个体工商户注册登记费、个体工商户管理费、集贸市场管理费。

1991年—2005年藤县工商企业登记情况表

表17-2-1

年度	内资企业			私营企业			个体工商户		
	新办户数（户）	注销户数（户）	注册资金（万元）	新办户数（户）	注销户数（户）	注册资金（万元）	新办户数（户）	注销户数（户）	注册资金（万元）
1991	34			19		79	1265		
1992	34			0			2565		
1993	17			18		952	4677		4696
1994	14			13		386	3119		235
1995	11			23		1218	4004		341
1996	9			10		375	3693		271
1997	11			17		814	4027		1784
1998	11	15	1104	7	1	358	2564		1226
1999	4	31	470	1	7	110	154	0	107
2000	0	68	0	4	8	855	496	0	306
2001	2	43	10	3	3	390	73	3	82
2002	1	48	3	7	13	911	118	11	208
2003	1	58	10	19	11	29628	115	82	503
2004	2	39	65	14	10	5845	530	1013	397
2005	2	67	25	11	18	3206	219	1550	1376

1991 年—2005 年藤县私营企业行业结构情况统计表

表 17-2-2

年度	工业手工业			交通运输业			建筑修缮业			商业			饮食业			服务业			修理业			其他		
	户数	从业人数	资金总额（万元）	户数	从业人数	资金总额（万元）	户数	从业人数	资金总额（万元）	户数	从业人数	资金总额（万元）	户数	从业人数	资金总额（万元）	户数	从业人数	资金总额（万元）	户数	从业人数	资金总额（万元）	户数	从业人数	资金总额（万元）
1991	10	291	74.7	6			1	13	2.79	1	10	2							1	11	41			
1992	14	342	134				1	13	2.8	2	30	82												
1993	22	384	663				2	41	597	2	32	130				1	12	40				1	15	30
1994	21	368	770				5	72	745	4	53	185	1	9	9.6	3	34	90						
1995	36	501	1056				7	93	818	8	95	340	2	29	30	7	46	120				21	205	262
1996	30	392	1216				3	58	635	10	107	571	3	37	30	1	11	3	1	11	3	4	50	180
1997	30	250	502				5	79	280	7	81	323	2	22	173	1	11	3	1	11	3	5	60	300
1998	15	216	558	2	10	100	3	43	262	13	124	515				1	9	3	1	9	3	3	34	160
1999	16	347	608	2	12	100	9	43	262	15	173	603							1	9	3	5	55	572
2000	12	320	472	1	10	88	3	31	272	16	214	725	16	214	725	2	21	40	1	9	3	6	45	634
2001	13	216	592	1	10	88	4	31	334	17	224	755	16	204	705	2	21	40	1	9	3	6	48	676
2002	27	290	1370	1	8	88	5	37	364	21	199	828	18	213	768	4	26	66	1	10	3	1	10	50
2003	37	414	2817	4	36	987	2	21	212	17	211	851	16	204	694	5	36	96	1	10	3	5	53	380
2004	46	373	912	5	47	1037	2	22	234	15	285	1961	19	197	796	14	130	1134	1	10	3	7	80	670
2005	38	369	438	4	60	414	4	52	908	16	342	511	17	203	635	20	202	1586	1	9	3	9	94	903

1991年—2005年藤县个体工商户行业结构情况统计表

表 17-2-3

年度	工业手工业			交通运输业			建筑修缮业			商业			饮食业			服务业			修理业			其他行业		
	户数	从业人数	资金总额（万元）	户数	从业人数	资金总额（万元）	户数	从业人数	资金总额（万元）	户数	从业人数	资金总额（万元）	户数	从业人数	资金总额（万元）	户数	从业人数	资金总额（万元）	户数	从业人数	资金总额（万元）	户数	从业人数	资金总额（万元）
1991	1014	1269	225	682	1158	989.9	1	1	0.1	6322	7969	995	1093	1422	150.4	514	576	114	559	583	96.4			
1992	1582	1975	421	1280	1617	2094	2	2	0.5	8353	9703	2576	1393	2009	194	795	1002	178.4	571	653	72.1			
1993	1434	1974	362	1619	2046	4768	8	13	20.3	8434	9532	3361	1303	1743	285.6	919	1133	405.3	524	579	92.4	1	1	
1994	1259	1824	404	1306	1696	5076	2	4	0.6	7360	7961	2312	1249	1508	371.8	831	926	362.7	669	719	331.1			
1995	2039	2780	706	1587	2017	5793	6	8	3.6	10064	10899	2904	1678	2124	542.7	1967	2226	851.3	899	1006	381.5	2947	2996	60.2
1996	938	1188	308	718	798	16548	1	1	6.2	7583	8071	2220	975	993	246.3	1212	1386	424.3	547	605	135	2	3	56.8
1997	1028	1267	542	547	583	968				6992	7597	2632	951	1152	269	1359	1507	514	490	491	197			
1998	961	1189	280	414	455	224				7155	8175	2730	1028	1216	310	1178	1299	606	604	605	208			
1999	910	1291	747	536	510	322	1	13	2.79	8962	9441	3274	1084	1398	355	1240	1348	724	598	598	203	2	4	26
2000	888	1395	2256	1632	1635	1492				8399	9300	2645	1005	1368	362	1190	1335	769	596	619	255			
2001	895	1530	1869	1520	1485	1653				8566	9620	2358	986	1003	321	1198	1560	784	538	632	235			
2002	803	1420	2002	1632	1650	1784	1	15	3.2	7985	8579	2241	894	963	338	1206	1420	796	521	662	258			
2003	784	1300	1971	1739	1761	1632				8414	9247	2843	834	1227	413	1253	1461	809	591	614	249			
2004	775	1468	2531	1903	1931	1959				7399	8083	2119	772	1221	518	1297	1521	510	536	589	270			
2005	819	1692	2353	1124	1141	1863	3	5	3	8255	9082	2098	883	1409	605	1456	1337	904	602	689	301			

第三节　商标广告合同管理

商标管理

1991年，做好商标管理法律法规宣传，引导、鼓励企业利用商标开拓占领市场。全年共接受企业或个人商标注册情况有关咨询20人次，发出申请商标注册建议书7份，指导企业申请商标注册20次，指导企业规范商标使用7次。

1996年，共有20个企业申办并获得注册商标20件，主要有县松脂厂的“藤松”、大黎淀粉厂的“四王”、太平松脂厂的“藤灿”、太平糖厂的“银品”、华大饲料厂的“中胜”、县水泥厂的“浮金”、技能日用化工厂的“洁泉”等。同时查处商标侵权行为，共查处假冒商品案7件，没收商标标识2万多个，没收冒牌液化气炊具6台。

1997年，濛江锁厂、太平保健品有限公司、太平床垫厂、新庆酒厂、新庆绞股蓝厂分别注册“迪达”“云雨”“太狮”“古榜”“荫家”商标，对已期满的注册商标申请核转。

1999年，共有注册商标42件。年内，加大在用注册商标检查，没收非法印刷商标标识16万套。查处广西梧州市XX制药厂违法生产假冒“长春牌”三蛇胆川贝露药品14446瓶，没收包装物、成品及半成品一批，并处以1万元罚款。

2000年，分别为商联拓展有限责任公司、医药卫生用品厂办理“藤州”“亮友”商标。查处冒充注册商标案1起，收缴冒充商标标识9.50万件，罚款7000元；查处违章印制商标案1起，没收违章印制“R”标识包装盒和说明书共21.01万只(套)，罚款300元。查处经营假冒“广州立白”商品案6起，没收冒牌“广州立白”洗衣粉15箱46包、冒牌“广州立白”香皂208块，总案值516.3元，共罚款500元。

2001年—2002年，分别为藤钛化工有限公司、梧州永康保健品有限责任公司、雅照钛白有限公司、东茂化工有限公司、水果开发公司等15家企业办理“藤钛”“叠钱”“雅照”“藤茂”“绿藤”商标。查处侵犯注册商标专用权案7起，冒充注册商标标识案1起，销售冒牌产品案3起，经销假冒商品案6起。

2004年，发出商标注册建议书15份，接受企业或个人商标注册有关情况咨询25人次，指导企业规范使用注册商标30次。查处商标侵权商品案2起，其中擅自使用知名商品包装装潢案1起，销售商标侵权商品案1起。2005年，查处藤县某食品厂冒用“古藤”牌注册商标案，货值6.05万元，罚款1800元。全县累计注册商标32个。

广告管理

1991年—1992年，重点整治药品和医疗器械广告，处理违章广告21起，收缴违章违法文字广告97份。1993年，县内登记第一家广告经营户。1994年重点整治化妆品、医疗广告，收缴违章违法文字广告75份。1998年，办理户外广告登记85件，接受户外广告登记咨询101人次。2000年—2004年，办理户外广告登记351户，接受户外广告登记咨询530人次，查处违法广告案件71起，罚款总额5.63万元。

2005年，加强对县城各出入口、主次干道、街道、广场、汽车站、候车室、建筑物等各类户外广告设置，以及公共汽车、出租汽车、私家汽车的车体广告的监管，全年办理户外广告登记79起，查处广告案件39起，罚款9300元。其中，擅自发布户外广告案件8起，违法发布医疗广告案1起。全县有广告经营户6户。

合同管理

1991年以来，工商部门做好合同法律法规的宣传，开展经济合同咨询、鉴证服务和争创“重合同守信用企业”活动。至1999年，共检查经济合同2717份，标的值89.83亿元，鉴证合同7427份，标的值1448.34万元。处理合同纠纷19起，咨询合同226份，咨询标的值2967.8万元，为企业避免和挽回经济损失2492.95万元。处理无效合同11份。1998年，率先在全自治区推行杂交水稻制种合同鉴证，当年鉴证制种合同5805份，合同制种子面积282.67公顷，标的价值553.8万元。1999年，鉴证杂交水稻制种合同1505份，标的值133.68万元。帮助49个企业建立和完善合同制度。45个企业获自治区工商局授予“重合同守信用企业”称号。

2000年—2005年，办理动产抵押登记73份，抵押物总值3.84亿元，为企业融资1.49亿元。鉴证合同395份，标的值2521万元。查处合同欺诈案件2件，案值1.2万元。督查合同339份，其中农副产品买卖合同91份，租赁合同126份，借款合同22份，金额6045万元，争议合同受理3份，解决争议合同3份。至2005年，全县创建重合同守信用企业5个，分别为藤县金茂钛白有限公司、藤县藤钛化工有限责任公司、梧州佳源实业有限公司、藤县种子公司，藤县电信分公司。其中县藤钛化工有限责任公司连续19年(1987年—2005年)获自治区"守合同重信用企业"称号，县种子公司连续8年(1998年—2005年)获自治区"守合同重信用企业"称号，电信藤县分公司、县金茂钛白有限公司连续2年(2004年—2005年)获自治区"守合同重信用企业"称号。

第四节　市场管理

1991年，县工商行政管理局经济检查中队负责维护市场经济秩序，查处流通领域的不正当竞争、查处经销假冒伪劣产品等经济违法违章案件。是年，开展市场检查专项整治行动，共检查个体户1526户，处理违章违法经营户358户，没收不合格计量器具184把，没收非法出版物690册。1992年，查处投机倒把案10件，罚没款入国库13万元，为企业追回经济损失16万元。

1995年，查处违法违章案8件，案件总值100多万元，罚没款总收入37.5万元。其中查处假冒进口燃气炉具301台，冒牌汽车、摩托车5辆。年内，开展市场大检查，查处违章违法经营户1458户，收缴不合格的杆秤47把，查处假冒进口燃气炉具301台，冒牌汽车、摩托车5辆，吊销营业执照7户。共查处大、要案13起，一般违法违章案27起。

1996年—1998年，重点开展查假打假专项整治。开展2次综合性全县大检查，开展专项检查、综合检查、突出检查300多次，先后出动1700多人次到20个乡镇、51个集贸市场进行检查，检查各类企业147个，个体工商户2896个(次)，共查处各类违法违章经营户1099户，收缴和当场销毁过期变质等假冒伪劣农资商品23种2865包(瓶)，没收违法经营稻谷6786千克，大米1762千克，查获假冒香烟56箱。查处违法违章案52件，罚没款入库20万多元。

1999年—2001年，重点整治粮食市场和打击假冒伪劣商品。共开展综合大检查9次，专项检查21次。共查获非法收购粮食案10起，无照经营案2起，走私柴油案1起。查获假冒伪劣商品53多个品种共51104包(瓶)。查封白酒经营户853户，封存白酒16038千克，整顿客运三轮摩托车660辆，拖拉机500多辆。捣毁造假窝点27个，打击传销案2起，遣散传销人员280人，清理娱乐场所118家，取缔违法经营户10家。1999年查获假冒伪劣商品12类30多个品种共3919包(瓶)，查获生产冒牌药品案1起。2000年销毁假冒伪劣商品10种1784包(瓶)，查获冒充注册商标案1起。2001年，收缴和当场销毁假冒伪劣商品、过期变质商品共13类45401瓶(包)。捣毁造假窝点27个。

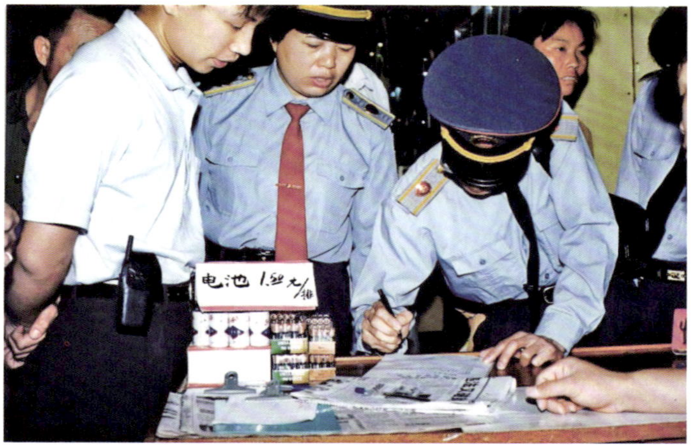

2000年，藤县工商局工作人员加强市场巡查，整顿和规范市场秩序，打击假冒伪劣产品

2002年5月，县工商行政管理局经济检查中队改为经济检查大队。全年查处无照经营、打假维权、广告等各种经济违法违章案件112件，罚没款入库20多万元。收缴或销毁假冒伪劣商品8类23种，捣毁造假、私宰窝点27个，查获掺假案1起。

2003年—2004年，查处各种经济违法违章案件161件，其中打假维权案111件，商标案3件，反不正当竞争案2件，广告案2件，其他案件 43 件，罚没款入库 71 万元。收缴或销毁假冒伪劣商品、过期变质商品 17 种。

2005 年，查处各种经济违法违章案件 72 件，其中销售不合格铝材、钢材等建筑材料案 40 件，划定市场的不正当竞争案 1 件，其他案件 12 件。没收劣质电视机 16 台，罚没款入库 31 万元。

第五节　消费者权益保护

1989 年 1 月 7 日，成立藤县消费者协会。1991 年，县消费者协会向消费者发放宣传材料 1500 份。接到群众消费咨询 23 次、受理投诉 7 起，成功调处 7 起，消费维权案件的解决率、办结率、反馈率均达到 100%，投诉的主要问题是售后服务、产品质量等，占投诉总量一半以上。

1997 年，围绕“3·15”国际消费者权益日，开展“讲诚信反欺诈”主题维权宣传活动，发放宣传资料 800 余册，接受消费者咨询 300 多人次。深入企业、个体户 1000 多户次讲授维权知识，发放宣传资料 2000 多份。

1998 年，开展“为了农村消费者”消费年主题活动，携手企业在各乡镇现场进行消费维权咨询服务，宣传《中华人民共和国消费者权益保护法》等相关法律知识，现场指导农村消费者识别假冒伪劣产品。发放资料 2000 余册，接受消费者咨询 500 多人次。全年接到群众消费咨询 58 人次，受理投诉 39 起，消费维权案件的解决率、办结率、反馈率均达到 100%。

1999 年，全年受理消费者投诉案 14 起，接待咨询 26 人次，案件办结率 100%。其中，投诉涉嫌销售冒牌药品案件 1 起，罚款 1 万元；受理举报非法从事粮食收购从而牟取非法利润行为案件 10 起，没收非法收购的大米共 3122 千克；举报走私贩私柴油案件 1 起，涉案金额 5.40 万元，对走私物品处以总值 20% 的罚款共 1.08 万元，对运输工具处以罚款 9200 元。

2003 年，接待群众消费咨询 48 次、受理投诉 29 起，成功调处 29 起。其中，受理投诉某烟花爆竹批发部销售不合格爆竹案，没收不合格烟花爆竹 528 条，没收违法所并罚款 1.02 万元。受理举报无照经营货物运输案 5 起，非法设置广告案 1 起。

2004 年，围绕“诚信·维权”消费年主题，共发放消费维权宣传资料 1000 余册，接受消费者咨询 400 多人次，接待群众消费咨询 37 次，接到消费者投诉举报件 26 起，受理投诉举报件 26 起，成功调处 26 起。其中，投诉商标侵权案件 2 起，产品质量问题投诉 7 起。

2005 年，围绕“健康·维权”消费年主题，共发放消费维权宣传资料 1800 余册，接受消费者咨询 450 多人次，全年受理消费者投诉案 32 起，接待咨询 138 人次。其中，投诉商标侵权案件 1 起，不合格产品冒充合格产品投诉案 1 起。

1991 年—2005 年，共受理消费者投诉案 1396 起，接待咨询 2496 人次，为消费者挽回经济损失 100.86 万元。

第三章　质量技术监督

20 世纪 80 年代开始实行计量单位改革，1992 年基本完成，旧计量单位全部停止使用。1999 年 2 月，县技术监督局更名为县质量技术监督局，10 月，由自治区质量技术监督局垂直管理。加强计量、质量监督，打击短斤少两、假冒伪劣商品。企业实行标准化管理，创建“消灭无标生产县”，制定“藤县无籽西瓜地方标准”。2001 年 12 月，原属劳动部门的特种设备安全监察职能划归质量技术监督局管理。2005 年 1 月 1 日起，将由卫生部门承担的生产加工环节的食品卫生监管职责划归质量技术监督局。质监部门履行食品生产加工环节的监管，通过严格实行生产许可、强制检验等食品质量安全市场准入制度，严厉查处非法添加、滥用食品添加剂等违法违规行为和加强获证食品生产企业证后监管等工作。

第一节 机 构

1991 年，县技术监督局办公地址在藤城镇天乐南街 117 号。正科级行政单位。内设办公室，人员编制 7 名，在职人员 7 人。辖计量检定测试所、产品质量监督检验所 2 个二层机构。1993 年 2 月，内设机构设置秘书股、监督股、标准化股。1995 年，设技术监督稽查队，事业编制 6 人。1999 年 2 月，县技术监督局改为县质量技术监督局。10 月，由自治区质量技术监督局垂直管理。2005 年，内设机构有办公室、综合股、法规监督股，下辖产品质量监督检验所和县计量检验检定测试所。行政编制 13 名，工勤 2 名，事业编制 16 名。实有人数 31 人。

1991 年—2005 年县质量技术监督局（技术监督局）历任局长：李行贤(1987.03—1992.11)、李明远(1992.11—1999.03)、柳安生(1999.03—2004.05)、覃志强(2004.05—)

第二节 计量监督管理

计量单位改革

1984 年开始实行法定计量单位改革。1992 年，基本完成。停止使用市制等非法定计量单位，机关公文、报表、教材、刊物、广播电视、工程设计、商品计量、计量器具等全部采用法定计量单位。把原以 10 两等于 1 市斤为计量单位的台秤、案秤，改制为以千克(kg)为计量单位的台秤、案秤，共改制 3500 台；把原以公斤力 / 平方厘米、毫米汞柱为计量单位的压力表、血压计，改制为以帕斯卡为计量单位的压力表、血压计，共改制压力表 1400 台、血压计 110 台；淘汰使用 10 寸等于 1 尺的竹木尺（售布用）400 把，以斤两为单位的液体量提（主要用于售酒、酱油）1000 套。

计量器具使用检定

1991 年，执行法定计量单位制的验收，检查验收机关、企事业 81 个，颁发法定计量单位合格证书 81 个。

1997 年，县技术监督局与县工商行政管理局联合发布《关于在公众贸易中限制使用杆秤的通告》，推广使用供需双方均清晰可见的双面度盘秤、电子秤等衡器，推广使用的主要范围为市场及商店、超市等固定摊点，每年定期定点对贸易计量器具进行强制性检定。1999 年，对 1996 年获专业计量检定机构认证的县供水公司、电力公司、濛江水厂、太平水厂 4 个专业计量检定机构进行复查考核，这 4 家单位于 1996 年专业计量检定机构获认证。1991 年—2005 年，检定和修理计量器具 36150 台。

企业计量定级、升级和计量确认

计量定级从 1986 年下半年后开始。1991 年，全县获自治区评审确认为二级计量企业 6 家，三级计量企业 13 家，计量确认 15 家。1992 年后，计量定级、升级和计量确认由强制性改为企业自愿申请。至 2005 年，全县获自治区评审定级和确认的企业数没有增加。

检查监督

1991 年，淘汰流通领域非法定计量单位的衡器，共检查市场 12 个，销毁非法定计量单位杆秤 325 支，对强制检定的计量器具加强档案管理。1993 年—1994 年，重点整治车站、码头、路旁称重计量、短称少量和定量包装商品标称情况，共检查乡镇 15 个，处理破坏计量器具准确度行为 56 起，没收杆秤 74 支，增铊 44 只，500 型台秤 1 台。开展检查 4 次，共出动 135 人次，检查门店 1240 个，检查食品、水泥、塑胶电线、化肥、农药等定量包装商品品牌 260 多个，商品 1000 多批次。1995 年，贯彻执行《零售商品称重计量监督规定》，开展打击短称少量违法行为的专项大检查。县技术监督、工商、商业、粮食、供销等部门组成检查组，对 20 个乡镇 23 个市场 1056 个门店的食品、农资、建材、低压电器等商品 1.30 万批次、34 个门店提出整改建议。1998 年，协助税务部门实行铅封燃油加油机，减少偷税漏税行为。餐饮业计量必须配备计量器具以计量收费，不准以估算收费。对医疗单位器械如 X 光机，心、脑电图机，B 型超声波源等计量器具实行监督检查，加强医疗单位计量意识。1999 年，加强对国计民生安全和重大联系的产品、商品如粮食、油料、副食品、水泥、化肥、农药、金银饰品、电线等计量管理。重点整治车站、码头、街边流动人口密集地区缺秤少量、少秤多报等以欺骗为目的的计量行为。1991 年—2005 年，共处罚以缺秤少量为目的的计量违法案件 282 起，收缴销毁属于淘汰使用的杆秤 1750 支，台秤、案秤使用的增铊 250 套，没收销毁小芯大标铝芯电线 2.7 万米。

第三节　标准化监督管理

企业标准管理

1990 年，藤县正式实施标准化管理工作。当年举办标准化生产和产品质量学习班 2 期，参加学习 118 人。1991 年，在全县的生产企业中开展以提高企业经济素质和经济效益为目的的"质量、品种、效益"年活动。1991 年—1996 年，协助县内企业制订产品标准 61 个，收集企业采用国家标准、行业标准、地方标准 120 个，食品标签备案 89 个，清理地方标准 2 个。1997 年，自治区质监局将藤县列为消灭无标生产试点县。1998 年，全县产品标准注册登记 316 个，累计制订和采用标准 420 个，全县的产品标准覆盖率 98.8%，主要工业产品标准覆盖率达到 100%。1999 年，县技术监督局共收集国家标准 2154 个，行业标准 41 个，企业标准 89 个，地方标准 15 个，标准库藏总量 2299 个。9 月，通过自治区消灭无标生产验收小组的验收。获得"消灭无标生产县"称号。2002 年，全县 379 家企业 489 个产品，有 354 个产品采用国际标准、国家标准、行业标准，135 个产品执行企业标准。2003 年，太平、和平、东荣 3 个镇被列为自治区无公害无籽西瓜标准化生产示范基地，面积 412 公顷，当年通过自治区专家组的验收。10 月，国家质量技术监督局批准立项，将藤县列为无籽西瓜标准化生产示范区。县质量技术监督局起草制定"藤县无籽西瓜地方标准 DB450422/TI-6-2005"，标准包括《种子》《种苗栽培技术规程》《大田栽培技术规程》《病虫防治技术规程》《成品瓜》《采收、包装、标志、运输、贮存》等 6 个部分。该项目实施 3 年，西瓜年平均亩产 2905 千克，比示范前三年的平均亩产增产 313 千克，增长 12%。各项栽培技术和质量要求全部达到标准。2005 年，全县 525 家企业 677 个产品，有 651 个产品采用国际标准、国家标准、行业标准，26 个产品执行企业标准。

机构代码管理

1993 年 10 月，开始办理党政机关、企事业单位和社会团体组织机构代码登记管理。1994 年，共办理单位代码证 631 个，并开始实行代码证年检。1994 年—2005 年，共办理组织机构代码证年检业务 3500 个。其间，对逾期未办理组织机构代码证书申领、变更、注销、补发、换发手续的单位或企业，先责令其限期办理，对责令后还未办理组织机构代码证书申领、变更、注销、补发、换发或者年度检验手续的，依据《广西壮族自治区组织机构代码管理办法》进行处罚。2004 年藤县质监局获自治区质监局组织机构代码管理三等奖。

第四节　质量监督管理

1991 年 5 月，县人民政府颁发《关于商业企业商品质量整顿验收细则》和《关于加强质量管理工作的通知》。开展产品质量大检查活动，抽查产品 173 批次，合格 77 批次，合格率为 44.5%。1992 年 5 月，县人民政府发布《关于颁发和使用工业产品临时生产许可证的通知》。企业要取得生产许可证，才具备生产资格。并对产品质量进行抽查，抽查产品 53 批次，合格 28 批次，合格率为 52.8%，比上年度提高 8.3 个百分点。1993 年—1994 年，宣传实施《中华人民共和国产品质量法》，县技术监督局在 20 个乡镇举办产品质量学习班，参加学习 1219 人次，印发《中华人民共和国产品质量法》2500 本，组织 19 个生产厂家、单位举行《产品质量法》座谈会。并把每年 9 月定为质量月，开展质量宣传活动。共抽查产品 371 批次，合格 242 批次，合格率为 65.23%。1995 年，宣传贯彻国家技监局《查处食品标签违法行为规定》，共抽查食品、生产资料 493 批次，合格 313 批次，合格率为 63.5%。红砖合格率最高，为 93.3%，农药、石油制品合格率最低，分别为 18.2%、18.7%。1998 年，县人民政府发出《关于加强酒类生产销售监督管理的通知》，全面清理整顿酒类生产、销售，封存白酒4600千克，抽样154份化验，没有发现用甲醇和工业酒精勾兑的白酒。全年共抽查各类产品648批次，合格402批次，合格率62%，水泥合格率最高，为100%，饮料最低，为31%。2000年11月，县人民政府办公室转发《县质量技术监督局关于在全县深入开展打假治劣综合治理的实施方案的通知》，利用3年时间重点治理钢材、铝型材、水泥、红砖等建材产品，农药、种子、农机配件等农资产品，食品、副食品以及危害人体健康、人身财产安全的假冒伪劣产品。2004年8月，县人民政府作出《关于实施质量兴县战略的决定》，全面启动提高产品质量、工程质量、服务质量为主要内容的质量兴县活动。

1991年—2005年，县质量技术监督局累计检查生产企业5600多家次，零售门店1.85万个次，抽查食品、农资、建材、化工、日用等产品1.38万批次，发现假冒伪劣产（商）品标值300万元，为经营者、消费者挽回经济损失50万元；没收销毁假化肥100吨、国家明令淘汰的杀虫咪等农药7吨，劣质电线、插座风扇等货值10万元，有毒有害、过期变质的婴幼儿食品、奶粉、饼干、果脯、八宝粥等3吨，假冒名牌洗衣粉、洗发水、香皂等12吨，黑心棉500多张，地条钢30吨；假冒名牌产品的标签50多万张，易拉罐1000多个，没收假饮料等成品25吨。

第五节　特种设备安全监察

2001年12月，特种设备安全监察职能由劳动部门划归质量技术监督局管理。每年开展安全大检查2次，节假日及全国、自治区“两会”期间对烟花爆竹、危险化学品及特种设备进行安全排查，实施分类分级监管。举办特种设备技术人员培训班，至2005年，共培训615人次，经考核达到技术要求者颁发上岗操作证，持证上岗率98%。加强电梯安全管理，全县23家电梯使用单位全部安装电梯运行记录仪，保障电梯安全运行。

2004年，实行液化石油气钢瓶及氧气钢瓶产权转移，将气瓶的产权由个人转移到各个气瓶充装单位，群众向加气站交纳押金、支付一定租金及买气费即可使用液化气。根据国家质量监督检验检疫局《气瓶安全监察规定》，液化气钢瓶自出厂日起，每隔4年检测1次，检测过程包括气密性实验、耐压实验、壁厚测定等多道专业流程，使用15年的钢瓶必须报废。全县气瓶登记建档数达到71798只，当年气瓶检验7271只，报废159只，气瓶产权转移71468只。

2005年，督促特种设备使用单位对设备进行检验，包括安全附件、安全保护装置及压力管道元件、锅炉水等检验，共检验锅炉水126批次，压力管道在线检验基本完成。对在检查中发现特种设备超期未检、未办理使用登记、安全附件不符合要求、操作人员无证上岗、安全技术档案不健全、未制定特种设备事故应急措施和救援预案等违法违规行为，发出“特种设备安全监察指令书”，责令使用单位限期整改，并做好跟踪检查，对逾期仍不按要求整改的使用单位，依法进行立案查处。至2005年，未发生重大安全生产事故。

第十八篇

食品药品安全监督　安全生产监督管理

2005 年 6 月，县安全生产监督管理局在县城开展安全生产月宣传活动

第一章　食品药品安全监督

1991年—2001年，藤县药品监督管理工作由县卫生局负责，食品安全由卫生、工商、质量监督等部门负责。2002年，成立梧州市食品监督管理局藤县分局，2004年增加食品综合监督管理职能，对药品生产经营市场直接监管，同时对食品安全履行综合协调管理职能，保障人民群众的安全健康。

第一节　机　构

2002年5月，梧州市药品监督管理局藤县分局成立，为梧州市药监局的派出机构，办公地址在藤城镇绣江路216号。内设办公室、药品监管股、医疗器械监管股。机关行政编制10名，后勤服务事业编制2名，实际在职人数12人。2003年，增设市场监督股、综合业务股，内设股室从3个增加为5个。2004年10月，增加食品综合监管职能，改为梧州市食品药品监督管理局藤县分局。至2005年不变。

梧州市食品药品监督管理局藤县分局局长：李培雄(2002.05—2011.10)。

第二节　食品安全监督管理

1991年，县工商行政管理局经济检查中队负责食品安全工作，通过开展市场检查专项整治行动确保食品安全。1995年，共查获销毁灌水猪、牛肉284千克，劣质酒、饮料819支。1996年—1998年，捣毁私设屠宰场(点)14个，制假饮料厂2个，制假油房2个，缴获注水猪肉8800多千克，查扣食油生产经营户21户，清理白酒经营户11个，查扣散装白酒500千克。其中，1998年，查获注水猪肉8500千克、制假饮料厂2个，制假油房2个。1999年—2001年，查处劣质稻谷3500千克、大米250千克、饮料27119包(瓶)。其中2001年收缴各种假冒伪劣食品累计235千克。2003年—2004年，收缴或销毁假冒伪劣商品、过期变质商品17种，其中食品85千克、饮料1500瓶、650箱米醋和200箱酱油。

2004年10月，梧州市药品监督管理局藤县分局增加食品综合监管职能，负责对食品安全的综合监督、组织协调和依法查处重大事故。12月28日，成立藤县食品安全协调委员会，下设办公室挂靠在县药监局。

2005年，在藤州、太平等镇开展食品安全宣传3次，共发放宣传资料、宣传折页2000多份，制作宣传展板6块，现场接收群众咨询200多人次。春节、“五一”“十一”等重要节日和“6·23”特大洪水过后，做好食品安全协调工作。全年共开展专项检查18次，出动人员186人次，共检查259家食品、餐饮经营单位，检查出过期食品、违规调味料品等17批次，依法对9家食品、餐饮经营单位进行行政处罚。查获假冒伪劣商品包括私宰肉500多千克，饮料3000多瓶(袋)，童食品3千克。

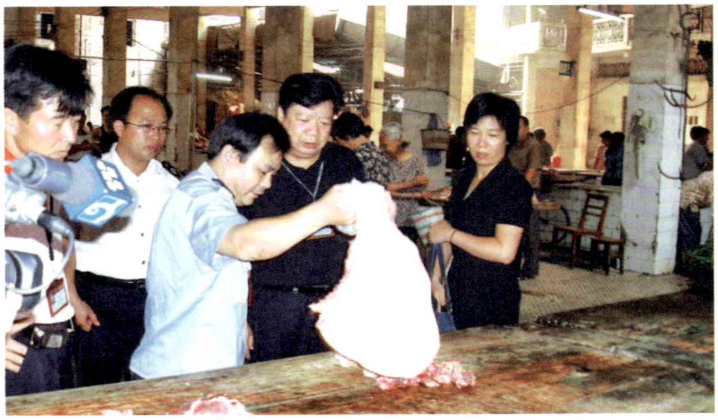

2005年7月19日，藤县多部门联合开展肉品市场专项整治活动

第三节　药品药械安全监督管理

药品药械经营资质认证

1991年，新办药店申请审批职能由县卫生部门办理。主要做好“药品经营许可证”的换发、核发，无证经营药品监督管理等工作。是年，全县有药厂1家，药品经营企业134家，其中药品批发企业19家。1994年4月，县人民政府印发《关于进一步加强医药市场管理的若干规定》，全年共年审、核发“药品经营企业许可证”149家。1999年，成立综合卫生执法队，全年共查处违法经营药品案件4起。2000年，共核发“药品经营企业许可证”167家，查处无证营药案件6起。

2002年8月6日，县食品药品监督管理局开始受理新办零售药店申请。对新办的药店，在布局、经营面积以及店堂装修、壁柜、地柜等设施都要求达到或接近GSP认证标准(即《药品质量经营管理规范》，下同)。年底，经梧州市药品监督局审批，新开药品零售企业85家，其中县城43家，乡镇37家，村级5家。

2003年10月，县药监局派出2人参加自治区药监局在南宁举办的GSP认证检查员培训，并取得GSP认证检查员资格。2004年2月，在县委党校召开全县药品经营企业《药品经营质量管理规范》(简称GSP认证)工作动员会，同时举办GSP认证培训班，全县药品经营企业负责人共206人参加培训。3—4月，开展驻店药师培训和资格考试，取得驻店药师资格163人。全年办理医疗器械经营企业许可证35家。10月，县医药公司通过了自治区GSP认证中心的认证。年末，县城63家零售药店通过GSP认证。

2005年4月，举办县以下零售药店GSP认证动员会和GSP认证上岗培训班，参加培训355人。5月4日，聘请10名县城药店药学人员为帮促指导人员，对县以下零售药店进行GSP认证帮促指导，协助做好“药学技术业务负责人”考前培训及考务工作，全县81人取得“药学技术业务负责人”资格。年底，县以下药品零售企业136家通过了GSP认证。

经营使用监督管理

1991年，对药品的抽查检测以及查处经营销售假冒伪劣药品工作，由县卫生部门负责。是年，对医药市场进行执法检查，查处无证营药案8起，罚款6200元；查处销售假劣药品案件5起，没收假劣药品113种，没收违法所得5755元。1992年，县卫生局建立药品监督员制度，强化药品的监督管理职能。年内共查出销售、使用假劣药品案件15起，没收假劣药品17种，没收违法所得和罚款共1.9万元。1994年4月，县人民政府下发《关于进一步加强医药市场管理的若干规定》，全年查处经营销售假劣药品案件8起，罚没款1.45万元。发现、查处无口岸签证的假红花油案，引起全区药品管理部门的重视。1999年，查处违法经营药品案件4起，没收药品价值5000元，罚款1.2万元。

2002年7月，药品药械安全监督管理职能，由县食品药品监督管理局承担。是年县食品药品监督管理局联合卫生、质监、工商、公安等单位分别对濛江、太平、藤城等乡镇的药品市场开展专项执法大检查。共出动执法人员120多人次，车辆22台次，检查医疗机构5家，村卫生所(室)35家，药品零售企业50多家，药品批发企业1家，查处过期药品、假药劣药、医疗器械等涉案货值1.7万元。全年共检查医疗机构11家，村卫生所(室)50多家，药品经营企业70多家，立案12起，处以罚没款共3.2万元。

2003年，加强对“非典”防治药物的管理。5—6月，开展防护衣、口罩、消毒剂等药品药具大检查，联合有关部门出动执法人员265人次，车辆91台次，监督检查商店220多家，医疗机构96家，查处过期药品5起。全年出动执法人员585人次，车辆115台次，共监督检查药品经营单位226个次，监督检查覆盖率99%；监督检查各级各类医疗机构220个次，监督检查覆盖率65%。共取缔无证经营药品2家，责令农村杂货店停止经营药品85家，立案32件，结案31件，结案率为96.8%，涉药总值3.86万元，没收药品、医疗器械866个品规，没收违法所得2275.8元，罚款7.46万元。12月，开展“诚信药店”建设活动，经审评，嘉进藤城康保药店、太平镇养生堂药店、县医药公司第一门市部、藤城镇集吉药店获“诚信药店”称号。

2004 年，开展中药材、中药饮片专项整治行动。7 月，开展假藏药专项整治，10 月，开展全县范围的人体疫苗、诊断试剂和医疗器械经营的专项整治。全年共出动执法人员 600 多人次，车辆 125 台次，共监督检查药品经营单位、医疗机构 400 多家次，责令整改 8 家，立案 55 起，结案 51 起。涉案物品总值 5.79 万元，没收药品、医疗器械 921 个品规，没收违法所得 17868 元，罚款 7.76 万元。

2005 年 3 月，开展农村药品专项整治行动，对乡镇卫生院（室）、药店进行全面排查。4 月，开展终止妊娠药品、医疗器械、医疗器械说明书、标签、包装标识的专项检查。11 月，开展打击非法邮购药品专项检查专项整治。全年共出动执法人员 318 人次，车辆 86 台次，检查单位 460 多家次，责令整改 12 家，警告 16 起，立案 56 起。涉案物品总值 3.61 万元，没收药品、医疗器械 614 个品规，没收违法所得 0.75 万元，罚款 7.58 万元。

农村药品“两网”建设

2003 年 3 月，根据梧州市药监局《关于加强农村“两网”建设工作的通知》精神，建立县、乡（镇）、村三级药品监督管理网络。在太平、天平等乡镇聘请农村药品义务监督员、信息员、协管员共 76 人。2004 年 6 月 29 日，开展农村药品监管网络和农村药品配送网络建设（简称“两网”建设）。聘请县级药品义务监督员 10 人，乡镇药品义务协管员 19 人，村级药品义务信息员 61 人；确定梧州百济医药有限公司、梧州万方医药有限公司为主要配送渠道，在县城、太平、濛江、金鸡、天平、埌南、古龙、大黎等镇共设立农村药品供应配送点 11 个。12 月，举办农村药品监督网“三员”培训班 2 期，参训人员 86 人。2005 年，完善农村供应网络，加强对配送点的监督管理。全县乡镇配送覆盖率 90% 以上，有 213 个村实现由农村药品供应配送点配送药品，覆盖率 80%。全年开展 2 次农村药品供应配送点、村卫生所、乡镇药店检查。依法立案查处利用配送点之名进行违法经营行为 4 起，涉案金额 9000 多元。

第二章　安全生产监督管理

1991 年，藤县安全生产管理由县劳动局负责。此后，每年 6 月均开展“安全生产月”活动，同时采取多种形式开展安全生产宣传教育活动。2002 年开始，安全生产监管由行政管理转为法律监管。制订防范安全事故工作会议制度、领导责任制、事故隐患举报和整顿制度、目标管理责任考核制度等一系列规章制度，制订重特大安全事故应急处理预案。此后，每年均以安全大检查的形式开展安全生产执法检查与专项整治。2004 年，印发《藤县安全生产正常巡查制度》《企业负责人定期研讨安全会议制度》。2005 年，制订《藤县安全生产委员会成员单位工作职责规定》《危险化学品等事故应急救援预案》，进一步落实安全生产行政责任。同时，县政府与各乡镇、各部门签订安全生产目标管理责任书，年底进行考核。

第一节　机　构

1991 年—2001 年，安全生产管理由县劳动局（劳动和社会保障局）负责。2002 年 1 月 1 日，特种设备安全监察管理划归县质量技术监督局负责。同年 6 月，成立县安全生产监督管理局，为县经济和贸易局下属副科级单位，编制 5 人，其中局长 1 人，副局长 1 人。负责非煤矿山、危险化学品和烟花爆竹安全生产监督管理，作业场所职业卫生监督管理，综合协调工矿企业、交通运输、建筑、消防等行业（领域）的安全生产监督管理工作。2004 年 8 月，列为单独设立的正科级行政单位，办公地址在县城登俊路 14 号。内设综合股、监督管理一股、监督管理二股，有行政编制 8 名，后勤事业编制 1 名，其中局长 1 名，副局长 1 名。2005 年，内设机构不变，有行政编制 11 名，后勤事业编制 1 名，其中局长 1 名，副局长 2 名。

2002 年—2005 年县安全生产监督管理局历任局长：莫远文（2002.06—2004.08），叶梧（2004.08—2016.10）。

第二节 安全生产监管机制

2002年，安全生产监管由行政管理转为法律监管。县政府每个季度召开1次全县防范重特大安全事故工作会议。2003年，印发《藤县防范安全事故工作会议制度》《藤县安全生产领导责任制》《藤县重特大安全事故应急处理预案》《藤县安全生产工作事故隐患举报和整顿制度》《藤县安全生产目标管理责任考核制度》等一系列规章制度。2004年，印发《藤县安全生产正常巡查制度》《企业负责人定期研讨安全会议制度》，进一步规范和约束各级安全生产责任人的工作行为。同时，县政府每年与各乡镇、各部门签订安全生产目标管理责任书，年底进行考核。实行安全生产工作保证金制度，各乡镇、各有关部门、各重点企业每年向安监局上交安全生产保证金2000元，促使安全生产责任落实。对非煤矿山、烟花爆竹、危险化学品企业安全生产实施监管，实行安全生产行政许可审批。其他行业领域由各有关部门在各自职责范围内实施安全生产监督管理。2005年，印发《藤县安全生产委员会成员单位工作职责规定》，明确各乡镇、县安委会各成员单位安全生产工作职责，进一步落实安全生产行政责任；印发《危险化学品等事故应急救援预案》，确保在事故发生时迅速、有序、有效地开展应急救援工作，最大限度地减少人员伤亡和财产损失。同时，县政府与各乡镇、各部门签订安全生产目标管理责任书，年底进行考核。

第三节 安全生产宣传教育

1991年后，每年6月开展“安全生产月”宣传活动，采取设点宣传、办培训班、知识竞赛等方式开展宣传教育。至2005年，共开展安全月活动15次，发放宣传资料31万份；开展安全知识竞赛15次，参与竞赛4460人次；举办培训班13期，培训人员1360人次，其中培训特种作业人员150人次。其中，2003年，采取召开会议、举办学习班、安全知识测验、出版宣传栏和印发宣传资料等多种形式开展宣传活动，针对不同对象将安全生产有关法律、法规、知识按各行业管理部门的职责范围印发宣传资料，分发到各自然村、各农户，使有关法律法规及安全知识家喻户晓，人人皆知。在县报纸《今日藤州》开辟宣传专版，在县电视台和县广播电台开辟宣传专栏，扩大安全生产宣传效应。2004年，对企业负责人和安全管理人员进行安全教育培训，全年共举办安全知识培训班7期，培训企业领导250人，占应培训人数的90%，培训企业安全生产管理人员550人，占应培训人数的90%，培训特种作业人员90人。组织各部门印发宣传资料30万份，组织14个单位在县城、太平等镇开展安全生产咨询宣传活动，开设安全生产知识宣传图片展览。在县城、乡镇的车站、码头等人口集中的场所悬挂宣传横幅，张贴标语，出版宣传专栏。县安监局联合县教育局、团县委举办了全县中小学生“我与安全”演讲比赛。2005年，组织公安消防、环保、建设、公安交警、卫生局、水利局、藤城镇政府、太平镇政府和相关企业进行了2次应急救援演练。在县供水公司进行液氯泄漏和灭火演练，参加演练职工100多人。在太平爆竹厂进行灭火和全员紧急撤离演练。

第四节 安全生产执法检查与专项整治

2002年，开展全县安全大检查4次，共检查矿山38家次，发现平福乡无证开采、盗采黄金严重，农民自发进行挖掘开采，存在严重安全隐患。对22家不符合安全条件的矿山下达《暂时停产通知书》，对30家存在安全隐患的矿山下达《安全生产检查整改通知书》，对存在重大事故隐患的桃花金矿库、中胜电厂供水隧道、东茂钛白粉厂烟囱等进行整治。开展以氰化钠为重点的危险化学品专项整治，共收缴封存剧毒危险化学品178千克，收缴鼠药50多千克，关闭非法使用剧毒危险化学品矿场2家。检查涉及危险化学品单位195家次，发现安全制度不全、警示标志不足等安全隐患22项，责令企业落实整改。开展水上交通安全检查，共检查渡口码头82个，检查船只1187艘次，发现“三无”（无船名号、无船舶证书、无船籍港）船只38艘，证书失效55艘以及客运渡船严重违章超载，没有配备救生、灭火设备等现象，警告、罚款115次，拆解“三无”船舶7艘，纠正缺陷117艘，责令停航148艘次。开展道路交通安全检查4次，共纠正机动车辆违章8000辆次，处罚5000辆次，暂扣证件6000本，对违章当事人刑事拘留21人，逮捕14人，提起公诉7人，治安拘留39人。检查公众场所如电影院、酒店、旅业、网吧等27家，对6家不符合安全规定的网吧下达停业整顿通知，对存在重大火灾隐患的XX商厦进行整治。

2003年，开展全县安全大检查4次，检查矿山企业157家次，发现桃花金矿旧矿井有非法开采、盗采现象。检查危险化学品从业单位295家次，针对危险化学品应急救援预案不完善、隐患整改不彻底的问题进行了专项整治，各危化企业按要求制订应急预案、落实隐患整改。检查渡口码头82个，船舶2776艘次，“三无”船舶非法营运、客圩渡船救生设备不足等现象仍不同程度存在。检查道路交通机动车辆5460辆次，发现违章1510人次，处罚违章司机1510人次，主要是客车超载、非法经营和搭客后三轮车、小货车、农用车等问题。检查公共场所单位71个，发现火灾隐患97处；检查涉及易燃易爆物品单位114个，提出整改措施8条。

2004年，开展以非煤矿山、危险化学品、道路交通、水上交通、公众聚集场所、木材加工企业为重点的专项整治5次。责令2家木材加工企业进行停产整顿；对非煤矿山企业发出责令整改通知书6份，强制措施决定书1份，行政拘留3人；对危险化学品企业发出责令整改书25份，强制措施决定书4份；开展水上交通检查，检查渡口码头82个、船舶1412艘次，发出停业整改通知书195份，暂扣营运证77艘次、处罚135艘次、滞船8艘；开展道路交通检查，查获超载客、货车2500辆次，非法改装2960辆，无证、超速超载、不带安全头盔驾乘两轮摩托车25100人次，扣报废车11辆，吊扣驾驶证31本，行政拘留3人，教育违章司机7630人次，处罚违章司机16200人次；公众聚集场所方面检查单位71个，发现火灾隐患110处，提出整改意见162条进行整改；检查易燃易爆品企业4家，督促企业完善各种安全防范措施，依法取缔7个无证经营烟花爆竹零售点；对15个重大危险源落实监控，对自治区挂牌督办的重大隐患太平健安渡口进行整治。同年实施安全许可证制度，共发放危险化学品类许可证24本。

2005年，开展全县安全生产大检查6次。对非煤矿山的74个存在安全隐患、证件不齐全的小型矿山实行停止供电等整治措施，停业整顿；对23个非法开采的场（点）立案查处，其中司法机关立案查处6起，年内共发放非煤矿山类许可证65本。对30家加油站及硫酸使用单位进行检查，对3家加油站责令停业整改。落实了全县72个渡口安全管理责任制和“一渡一岗”值班制。对公共聚集场所以排查整治安全隐患为重点，针对消防设施、电器电线、安全通道等存在的问题进行整治，整改安全隐患158处。增设道路交通防护栏和安全警示标志112块，在临水临崖急弯处建设防冲墙，交警部门24小时值班、备勤，严查交通违法违章行为，春运期间在南梧公路藤县入口处设立春运交警服务站。建立“五级”（自治区、市、县、乡镇、村）安全隐患数据库，对列入数据库的隐患实行分级督办，落实整改。

第五节　安全事故

1991年—2001年，全县发生生产经营性安全事故42起，其中死亡14人，重伤4人。2002年12月11日，藤县新建水泥有限责任公司发生一起事故，造成1人受伤，事故的直接原因是不严格按操作规程操作。2003年6月17日，在南梧二级公路潭东纯平村松塘路段，广东大客车与本地中巴车发生碰撞，事故造成20人死亡，4人重伤，11人轻伤。同年6月30日，塘步镇六坊村发生沉船事故，造成6人死亡。2004年8月13日17时10分，藤县太平镇健安渡口“藤县横渡116号”停泊候客，突然间一股急速的旋风将用竹竿固定船头的渡船吹离岸边后翻沉，船上13人（含船主1人）全部落水，其中4人自行游回岸上，8人经抢救脱险，1人经送医院抢救无效死亡。2005年9月21日，县金达船务公司工人在对328号船进行改装（硫酸运输船只改货船）切割作业时，硫酸罐体突然爆炸，造成1人死亡，2人受伤。2002年—2005年，共发生各类安全事故559起，死亡200人，受伤780人，其中生产经营性安全事故25起，死亡16人，重伤6人。

第十九篇

旅游　名优特产

石表山景区航拍图　　(2009 年摄)

第一章　旅　游

藤县位于广西东部，南梧二级公路与321国道分别于县境南北与浔江并行穿境而过。县城往东距梧州公路55千米，肇庆225千米，广州330千米；往西距桂平100千米，南宁350千米，往北距桂林260千米。在旅游地理位置上，处于桂林旅游圈和肇庆旅游圈边缘，并在广州、肇庆——桂林、南宁的旅游线上。

明清时期，藤县有新旧八景。旧八景名为：剑江春涨、龙巷露台、文岭云环、谷山列障、鸭滩霜籁、石壁秋风、东岗霁月、赤峡晴岚。新八景改为：剑江春涨、登屿耸环、龙巷露台、谷山列障、鸭滩霜籁、石壁秋风、东山夜月、赤峡晴岚。民国期间，八景多已湮没。现县内山清水秀，名人辈出，各乡镇有秀丽自然风光和人文景观。2001年开始对太平狮山、象棋石表山等景区进行开发。2005年全县有旅游资源主类8个、亚类31个、基本类型155个。

第一节　机　构

1991年，旅游工作由县人民政府办公室管理。1995年6月，成立藤县旅游局（旅游公司），属正科级财政全额拨款的事业单位。2001年，旅游局并入县政府办公室，在县政府办公室挂旅游局牌子。2003年6月，成立风光旅行社，是藤县第一家旅行社。2004年8月5日，在县政府办公室加挂牌子的县旅游局改在县文化和体育局加挂牌子。实行“一套人马，多块牌子”。

第二节　旅游规划与开发

1992年，由县政府主持，组织自治区建设厅、园林局及梧州市园林局、北海市园林局、苏州园林学院等单位的专家对太平石山进行2次考察后编写《广西藤县太平狮山风景名胜区总体规划》。2001年，太平镇对石山景区的灯盏坪景点进行初步开发，修建大门、灯盏坪、铜锣坪3个大型停车场，以及宽6米，长2.8千米的进山便道。2002年，太平石山更名为太平狮山森林公园。2003年12月，国家林业局同意建立“广西太平狮山国家森林公园”。2005年，太平镇人民政府、藤县林业局、藤县旅游局组织编纂《广西藤县太平狮山国家森

太平狮山　(2005年摄)

林公园总体规划》,规划指导思想为实施“政府主导型”战略,以市场为导向,以效益为中心,以独特的丹霞地貌景观和丰富的人文资源为依托,抓住国家西部大开发中大力发展特色旅游业和广西建设旅游先进省区的契机,突出生态主题,强调人与自然和谐共处、生态优化整合的发展理念,在切实保护好森林公园的自然生态环境和森林旅游资源的前提下,开发丹霞景观游赏、太平佛缘体验、生态游览和休闲度假等旅游产品,打造精品景区,实现社会、经济、环境三大效益最优化。规划范围为太平狮山国家森林公园狮山片区北段,东起东观村连岑山顶东面山脚一线,西至白运村连石塘村一线,南起白严冲口连岑山顶南侧山脚一线,北到荔梧二级公路,总面积65平方千米。以地貌景观、森林景观、天象景观、水体景观和人文景观五大景观为基础,以丹霞地貌奇异景观和佛教高僧契嵩和尚诞生地为特色,以“太平佛缘、狮山胜境”为主题象形,以游览观光、文化体验、休闲度假为主要功能的国家级森林公园核心景区。

2005年12月,引进广东省云浮市投资商与县内商人联营开发太平狮山,注册成立“藤县太平镇狮山旅游开发有限公司”,计划总投资5亿元对景区进行开发。同年,成立梧州市石表山休闲旅游风景区发展有限公司,对石表山景区进行开发,计划总投资20亿元,主要景点有石表山地质公园、泗罗河漂流公园、北流河沙滩公园、古鼎峡谷景区等。全县旅游线路分南北两线:南由县城—小娘山—天平石马山、罗漫山—新马袁崇焕故里;北由县城—太平狮山—大黎四王故里。

第三节 旅游资源

县境内出露地层岩性主要为砂页岩、砾岩,其次为河流相的现代冲、洪积物,岩浆岩等。丘陵、河谷地貌十分发育。北部高山峻岭,群山绵延,峰峦叠嶂,溪谷陡峻,林木郁葱,植被丰富,水源充足,从而形成以大黎为代表的山水美境;南部多为小变质的砂页岩,结构疏松,其边缘多为高山,由于山体陡峭,坡度大,山岩深切,相对高度大,呈现出高大雄伟,气势磅礴的山势。地处南亚热带季风气候区,土地疏松肥沃,水源丰富,故植被生长尤为茂盛,从而形成了以小娘山风景区为代表的自然风光;临近浔江、绣江沿岸,阶地由河流冲积物构成,河岸竹木清秀,河水清澈流淌形成了水天一色的田园风光;县境中部发育了比较典型的丹霞地貌,有奇特的山峰,动物状,塔状怪石,长岩石洞等地貌景观,形成了国家级太平狮山森林公园。

蝴蝶谷爽泉 (2005年摄)

境内人文资源丰富,宋代诗人、文学家苏东坡二到藤州,县城东山和绣江之滨,留下诗人即席吟咏的诗篇;秦观客死藤州光华亭,留下一代诗人绝笔诗句;县城东山的浮金亭、访苏亭,鸡谷山的四王亭,明督师袁崇焕故里白马村、太平天国四王故里大黎镇等,均为有名的文物景点。藤县历史悠久,人杰地灵,英贤辈出,人文资源十分丰富。藤州人李尧臣,唐贞观七年(633年)为广西首名进士,唐太宗赐其门里为登俊,即今县城藤州镇登俊路之由来;五代时陆蟾,诗名扬越楚;宋代名教大师契嵩,综述禅教宗派源流,自立儒佛之道一贯学说,仁宗皇帝赐号“明教大师”;宋冯京,连中三元,历四朝显官;明督师袁崇焕,兵部尚书,督师蓟辽,功高宇宙,气壮山河,节比文山,冤同武穆;太平天国英王陈玉城、忠王李秀城、侍王李世贤、来王陆顺德,骁勇善战,为天国后期支柱;李振亚,中国人民解放军琼崖纵队第一副司令员,为人民解放事业奋斗终生。

2005年,按照国家《旅游资源分类、调查与评价》的分类标准,县内旅游资源分为8个主类、31个亚类、155个基本类型。经过综合评分,在所调查的195个资源单体中,全县有五级旅游资源3个,四级旅游资源

4个，三级旅游资源17个，二级旅游资源66个，一级旅游资源105个。三级以上旅游资源共24个，优良级旅游资源总量不大。有自治区级保护文物单位2处，县级文物保护单位29处。

第四节　太平狮山

太平狮山，又名太平石山。位于太平镇东南5千米，距藤县县城46千米，距梧州市95千米，是丹霞地貌特色的山岳型自然风景区，总面积65平方千米。景区内山峰延绵，岩石裸露。有深谷10多条，瀑布7处，岩洞10多处，山峰21座，其中岑山寨为最高峰，海拔519米。山峰与岩石千奇百怪，有状如观音座莲、西洋伴侣，有状如狮子、天马、石蛤、石猴、石仙桃、双石烛、双石人等；岩洞多而奇，高大宽敞的如望东岩，可容纳千人；长岩长达115米；两托岩、望东岩、望西岩各有特色。植物资源丰富，茂林遍盖，藤蔓密布，马尾松占植被面积的70%以上，珍稀植物有格木、藜木、楠木、樟木和食虫草、野含笑等。有可供观赏和游憩的水库、水池和瀑布、溪流等水体景观资源。相传被宋仁宗钦赐的“明教大师”契嵩禅师曾在山上修行。1988年9月，太平石山被评为自治区级风景名胜区。2002年，改名太平狮山。12月，自治区林业局定为自治区级森林公园。2003年12月23日，被国家林业局定为国家森林公园。整个狮山景区可分为灯盏坪、岑山、净瓶山、花山、白严冲、七星山等6个小景区。

灯盏坪景区

位于狮山西北部，面积约10平方千米，主体山脉犹如一匹盘踞在山上的雄狮，气势雄伟。主要景点有：

观音坐莲。由七星岩、一线天门、向天印、石蛤戏锅、斑石帐石、琴山夕照等景点组成。观音峰海拔406米，似抚膝静坐的少女，脚下小丘陵环拱，状如莲花座，故名。西面有双石峰，从观音坐莲脚下观看，状如猴子双膝并跪，名为“猴子拜观音”；从山北观看，双峰状如奔马，故称“天马”或“天马行空”；东面有合掌石，状如竖立的大刀，被观音大士握住。整个景点如观音左牵马，右持刀。西南山坳长200米的石壁面上，有7个岩穴，其分布形如北斗七星，故称七星岩。岩穴大小不一，大可容数十人，小可容数人。在双石峰低峰近峰顶处，双石分开，形成一道石逢，底窄上宽，高30余米，底宽70厘米上宽2米，由下往上看，只见一线碧空，中间横架一石梁，形如门户，仅容一人通过，故称“一线天门”。登上峰顶，平地还有一洞口，人称为“通天洞”。在一线天门西面，有一石独立，高数米，状如古代官印，印把在下，印面朝天，故名“向天印”或“朝天印”。在双石峰西南约300米处的灯盏坪平地上，有一石如蛤，高约3米，长8米，呈匍伏状，双脚粗壮，嘴巴半张，两腮外鼓。相隔约5米处有一石，扁圆如锅，高约4米，面径约7米，锅口略向石蛤倾斜，石蛤面向石锅，呈欲跳跃状，似跳未跳，长相戏弄。双石峰西南约500米，有一幅巨大的石壁，高约100米，长200米，平整如帐，石壁有红、黄、白、黑的砾石，使壁面呈棕褐、粉黄色，故称斑帐石。斑帐石又如一张锦被，崖脚壁面1米余高的裂缝有一小石，状如婴儿，似急迫藏身，人们称之为“锦被盖孩儿”，在崖前50米处观看，小孩形态活脱，走到石缝口前小孩隐于石中略见。传说这是鬼谷仙子9个孩子之一，虽已成石，但还有灵气，人们愈走近，他愈隐匿躲藏。据传山上还有8个孩儿，只要有爱护小孩的善念，仔细寻找都能找到。石壁背后是石山，远看状如古琴，故称琴山，石壁顶是平整的石面，称为古琴台，石壁在夕阳照射时并发出五彩缤纷的光彩，非常壮观，故此景又称琴山夕照。

阿婆望月　（2005年摄）

长岩揽胜。由长岩、冲天双烛、狮子

顶、佛修顶等景点组成。长岩长 115 米，高 3 米，深约 10 米，可容千人，岩内冬暖夏凉，岩前空旷宽阔，有形态各异的独石 10 多块。长岩东 20 米，有平地拔起的两根石柱，高约 30 多米，两石底部有一圈凹槽如颈状，明显细小，上如蜡条，下如支杆。一烛顶有株老松，枝叶斜挂，遇云雾蒸腾，云烟缕缕，在石顶徐徐升起，远观俨然一对正在燃烧的蜡烛。故又名冲天双烛。双石峰西南，山峰高大雄伟，状如威武的雄狮，故名狮子顶。传说是鬼谷仙子三狮五虎中的一狮，因残害农作物被天雷轰击变成山岭，永卧于此。山岭南面有大岩，称为“狮子岩”“长岩”。西北面有小岩，称为“狮子口”，“狮子口”长约 7 米，高约 3 米，深约 3 米，口中横卧一石，远观恰似舌苔。双石烛西约 600 米处为佛修顶，传说古代“明教大师”契嵩禅师在此修行。山南小丘陵连绵起伏，有 5 条山脉向西南蜿蜒，状如游龙，称“五龙出洞”“五龙出海”“金龙戏海”。山北峭壁千仞，陡立如墙，异常险峻。狮子峰的北面有滴水岩，岩长 50 米，高约 6~7 米，深约 7~8 米，岩内石面平整，凉爽幽静，可容百余人，岩口向北，岩前灌木茂密，终年有滴水，叮咚如琴音，因而又称狮子听弹琴。

此外，景区内还有仙女池、狮山石城、灵狮望月、指天石、飞鹰石、琴台观景、情侣峰、灵芝石、西洋情侣、儿子望月等景点。

净瓶山景区

位于狮山北部。山峰既高大雄伟，又秀气玲珑，绝壁峻峭。山谷茂林修竹遍布，山花烂漫，溪水长流。主要景点有三丫石、异洞传音、文笔峰、香炉石、排雀石、王母顶等。三丫石位于良垌村南面，为三个并排的山峰，一峰名巴掌石，一峰叫关刀石，一峰称饭僧石，各因形似而得名。三峰均峻峭直立，奇伟秀丽，在烟雨或晨雾中若隐若现，景色迷人，除关刀石外，均有小径攀至峰顶，峰顶平坦。三丫石南面山峰半山腰，有两个互不相通，互相背向的望东岩、望西岩，相隔一里。在一岩内用石撞击内壁，另一岩可听到撞击声，反之亦然。因称“异洞传音”。三丫石西南面山峰，清代建有文笔塔一座，高 9 层，毁于 20 世纪 40 年代，现仅存残砖碎瓦。文笔峰顶地势平缓开阔，可饱览群山秀色，在此观赏日出，可见东方喷薄欲出，徐徐升起的红日。

岑山景区

位于狮山中部，在良垌村和仁安村境内，面积约 2 平方千米，是狮山最高的景区。主要景点有岑山寨、两托岩、莲花山、莲花水库，桃子岩、大石顶、小双石烛、岑山密村等。

岑山寨位于良垌古碌自然村南约 500 米处。据传此山属岑姓所有，古时土匪在山上扎寨，故名。又传，明清时期有岑姓女被贼抢劫上山作“压寨夫人”，故又称“岑婆寨”。山峰西、北面为绝壁，西南面为天然深沟，仅东、南面有小路登山，路径奇险。东面有人工开凿的小石梯，分三级，顶级有围墙，已毁，现存残垣。南面道路较平缓，半山坳处筑有围墙、石门(已毁)，俗称“石门口”。石门与山顶之间有桃子岩，古为贼匪巢穴。岩口前有泉水，终年不涸，可供人饮用。石门西 2 千米有石岩，长约 15 米，岩高、深各约 10 米，岩石中部横生一块厚 20 厘米的石板，将岩洞分为上层、下层。各约 3 米，称为两托岩。

花山景区

位于良垌石脚村境内，面积3平方千米。主要景点有花山三叠、独石擎天、天马寨、大水冲、九龙洞、石屋、鸡罩山等。

花山三叠位于岑山寨东南 1 千米。是平地拔起的一座山峰，高约 200 米，巍然屹立，高耸入云。从侧面看顶部，有 3 座排在一起的山峰，似“川”字形，峰与峰之间相距有 10 余米。北面的峰壁通体有梅花状的小岩窝，犹如千万朵石花，粗看似梅花图案，细看又如经精雕细镂的仙人遗迹。花山三叠南二里，有一石高耸屹立于山梁上，峰高海拔 400 米，从峰脚往上看，如一石擎天，故名。峰壁有岩状如犁劈，人称犁劈岩。

岑山寨南数百米处为天马寨，山峰西、南、北三面为绝壁，仅东面有小路通达山顶，山体状如马鞍，人称“天马”。古时贼匪作乱，村民上山顶结营扎寨，故称“天马寨”。东南半山坳处筑有两道围墙与城门，第一道城门称“外城”，围墙现只有残垣，石门已毁；第二道城门称“内城”，围墙尚在，厚 1 米多。城内有石阶直通山顶。天马寨西面有一条山沟，长七八千米，汇集数十条小溪向南流，逢雨季常泛大水，故名大水冲。冲沟两旁布满数以百计、形态各异的岩窟。其中一洞深约 50 米，洞道盘旋曲折，宽的十多米，窄处仅能侧身而过。洞内崎岖，时要拾级而上，时要沿阶而下，故称“九层洞”，洞口外林木葱茏，遮天蔽日，林木之中遍布巨石，石下有流泉，碧波涌涌。大水山峰东面，实为一个石岩，岩口向东，岩高 5 米，深 5 米，长约 40 米，可容二三百人。因岩窟酷似屋宇，故名石屋。

白严冲景区

位于柴咀村内，面积约 3 平方千米，景区内有岩洞、奇石、瀑布、溪流和丰富的植被。主要景点有岩内奇泉、碧泉岩、望月岩、盘托仙桃、狮山飞瀑、大击石、小长岩等。

白严冲内有一长岩，长 150 米，深 10 米，高 5 米，岩顶上部是 40 多米厚的巨石，岩口平整如削，岩内顶部有一小孔，泉水从小孔中流出，长年不断，水质清凉，解渴生津，每天流量可供几十人饮用。因泉水来于石内，称岩内奇泉。奇泉南约 300 米处有碧泉岩，岩长 60 米，深 11 米，高 15 米，可容数百人。岩前有石砖砌成的围墙、石门，石门有石匾刻有“碧泉岩”“咸丰八年”。石门已毁，石匾落在岩前的乱石之中。

白严冲另一侧有望月岩。岩长 40 米，高 10 余米，深 7 米，可容百余人。该岩最宜赏月，观月升月落。碧泉岩西南约 1.5 千米处，有一圆形巨石搁于石板面上。巨石高 2 米，长约 3 米，状如仙桃，故称仙桃石。石板长 40 米，宽 24 米，称托盘石，托立石倾斜，仙桃石下部与石板面接触，长宽不到 80 厘米，像摇摇欲坠，但又数十人推之不动。

七星山景区

位于狮山南部的濛江镇双德、那塘村境，面积 5 平方千米，内以峰峦、溪谷及田园风光为主。主要景点有七星联壁、石挞岩、怪瀑、连蕊盆景王以及情侣拥抱状的接吻峰，象征生命之源的阴阳和合峰，坚挺高耸的金枪不倒峰，一线天缝的内神仙府，怪山门、古建筑朱氏宗祠堂等。

七星联壁位于双德德唛自然村北 1 千米。有一山峰独立耸峙如石笋，海拔 253 米，当地群众称为“通天烛”。东面有 6 石联壁而生，六石与通天烛合称“七星岭”。狮子山西面 1 千米处，有一呈半圆形岩石称石挞岩，高 7 米，深 7 米，长 50 米。两旁有石壁拱护，如森严的古城堡，古色古香而壮观。岩内有一暗道通东，可行人，据说可通达 2 里外的狮子山。

怪瀑位于长龙峡谷中段，是长约百米的溪间河床，被溪水冲割成 8 个漩涡坑，状如水缸，紧密相接，相邻之处，有洞孔相通。每个坑潭，径 7~8 米，深 4~5 米不等，水经漩涡坑旋转流动，由洞孔从一个坑到另一个坑喷射，形成一幅怪异奇观。怪瀑东二里有连蕊峰，是由十几根石笋紧束在一起的山峰，峰顶泥土稀少，却生长着一株特大鹰梅树，直径约 4 米左右，树分五杈，每杈高均不超过 4 米，其造型比专家修剪的盆景还要优美，人称自然盆景王。

第五节　小娘山　石表山

小娘山

位于金鸡、同心、潭东交界处，距县城 26 千米，距梧州市 70 千米。景区总面积 1.76 平方千米，由大娘山、二娘山、三娘山、大梳山连接而成，最高点大娘山顶海拔 473.3 米，最低点 45 米。景区内水资源、动物植物资源丰富，植被为南亚热带季风雨林，森林覆盖率 75%。溪流众多，空气清新，高含负离子成分。景区山势雄伟，峰尖秀丽，树奇、洞奇、石异，有石榕、鸳鸯树、万丈深牢、大小穿门、人石、藏宝洞、大岩土匪洞、贼王寨、鸳鸯岩等景点。2003 年 12 月，小娘山被定为自治区级森林公园。

兴隆竹林位于小娘山交口附近的北流河两岸，翠竹茂密成林，在静静的北流河倒影成趣，远眺可见高耸秀丽的小娘山主峰，呈现一派风光如画的竹乡景色。小娘山林场场部附近，榕树众多而独特，树的根须象渔网一样紧紧地包缠着石崖石壁，有的被包缠的巨石高达十多米，形成石榕相连，密不可分，称之为“石榕”。林场场部后山茅坡石壁下有一个石洞窟，深陷地下 20 多米，主洞旁有一个更深的侧洞，蜿蜒曲折，延伸几百米，上望仅见一线天，宽可行人。登着岩壁攀藤条，可逐级滑下深牢。在洞底，石壁长满青苔，野藤到处乱攀，四面寒气逼人，阴森诡秘，黑暗角落里时而蝙蝠尖叫，时而虫鼠出没，称为“万丈深牢”。三娘顶左侧有一座高大的石山，半山腰有一个石洞穿山而过，称“大穿门”。石洞高数十米，深约百多米，进入洞内仰看顶上只见一线天，脚下山道倾斜，夏季穿洞凉风习习。大穿门后山一座巨大石壁的半腰又有一石洞，洞分两级，上宽下窄，前有巨石临空，正面是数十米高的绝壁，称“小穿门”。

在大梳山半山腰有一洞，曾是土匪的巢居。洞长约30米，深约20米，高数米。岩石建有土破墙、射击口、眺望孔，岩里地面凿有椿米用的石窝。林场内勒咩站址对面山上，有一“藏宝洞”，传说是土匪的藏宝处，洞口高十多米，洞内有洞，分三四层，需架梯攀登而上。勒咩站附近，有十多处溪流，流水潺潺，荫凉怡人，藤蔓交错攀生于树上，蔗天蔽日，溪水变暗，故名“藤暗水”。

石表山

位于象棋镇镇道家村，距藤县县城45千米，距梧州市88千米。景区总面积约15.8平方千米，核心景区面积10平方千米。景区内河水明澈，沙滩洁净，峡谷深幽，竹林青葱。主要景点有思罗河漂流、石表山寨、道家古村和道家沙滩公园等，特色景点：低海拔云海日出、淡水沙滩、原生态水上丹霞竹排休闲漂流、天然湖穴瀑布群、俯视田园风光。思罗河漂流全程7千米，沿途丹山、碧水、金滩、翠竹，恍如如诗如梦的立体画廊。道家沙滩公园数公顷连片沙波连绵起伏。石表山上植被丰富，城墙式的丹崖绝壁及险峻幽深的额状岩廊随处可见。

丹山碧水思罗河　（2005年摄）

第六节　四王故里　袁崇焕故里

四王故里

位于县境西北部大黎镇，距县城100千米。有公路与荔（浦）濛（江）线（31线）相接，连通北面蒙山太平天国封王建制永安州城，南与国家级的太平狮山森林公园相通。景区有流传神韵、如临仙境的青山顶森林，气势磅礴。有“疑是银河落九天”的朝八界瀑布，有神秘莫测、传说神奇的皇坟，有孤标挺拔、险峻的石劳峰，有当年太平天国将士拜上帝遗址古丝社，有风景秀丽、傍街临江的古榕大皇庙旧址的四王纪念馆景区，有四王故里牌坊景区，有水面开宽平静如镜缅怀四王的风雨亭和旺官旧渡，有英王陈玉成、忠王李秀成、来王陆顺德、侍王李世贤等太平天国诸王的故居遗址，有当年太平军罗大纲所部驻军居高临下易守难攻的大纲岭，有大黎的“九寨沟”之称的六吉风光，有大黎小盆地田园风光，有由瑶、壮、汉等民族交汇的民族风情。

四王故居遗址　英王陈玉成的故居在东安西岸村，忠王、来王、侍王的故居均在大黎街西北1千米处。其中来王陆顺德故居曾被清兵烧毁，后重新修建，英王、忠王、侍王的故居只剩下遗址。

四王纪念馆　位于大黎街东侧，在千年古榕绿荫之下，占地面积1800多平方米，设有四王史绩陈列馆，馆内有四王塑像、四王史绩和传略及四王当年使用过的一些历史遗物。

“四王故里”牌坊　位于大黎与国安村之间的嘉媚嘴，仿古建筑，高9.8米，宽18米，占地900平方米，旁边有翠竹、田野和一片宽阔的沙滩。

“拜上帝坪” 位于大黎街西400米的古丝社，是一块3000平方米的绿茵草坪，中间有一千年古榕，小溪从树下经过。传说四王曾在此召集大黎农民拜上帝，拜得大旗自动升起，神奇动人。

青山顶原始森林 位于镇政府的东南方，与蒙山县交界，海拔779.7米，因山顶有一大片原始森林而得名“青山顶”。原始森林面积约1平方千米，以枫、荷、樟、园、藜、楠等阔叶树为主，树木参天，巨藤遍布，野生动物出没。有泉水、飞瀑。

石劳岭 与镇政府一河之隔的石劳峰，海拔400米，从镇驻地望去，整个石劳岭象一面迎风飘扬的战旗，北高南低，顶上方圆不到10平方米，四周悬崖峭壁，只有两石梁可上。距峰尖西面，有一个50平方米的山洞，传说洞里住着“石劳大皇”。

朝八界瀑布 位于大黎街西南约3千米的朝八界，有多处瀑布，主要的有北面的钳栏飞瀑，落差约80米，分三级；有南面的藤旧瀑布，落差60米左右，春季水丰之时，大黎街隐约可闻瀑布声。

皇坟 位于镇政府驻地西，与朝八界相连。传说是一个皇帝的祖坟。皇坟上方崇山峻岭叠叠而来，突然开阔平坦。这里树林茂密，草坪开阔。

上荣六吉——白祝马儿垴 在大黎的西北角，与蒙山文圩、夏宜乡镇相邻，山水林茂，瀑布景奇，溪水清澈透明，溪涧河床平坦，砂石五彩缤纷，各种形状怪石遍布。纵深处，树木参天，溪水潺潺落差大，主要有六吉社冲风光和鱼跳瀑布。

袁崇焕故里

位于浔江南岸天平镇新马村，距县城33千米。景区江河环抱，三面环水一面环山，似玉带横腰；果树密布，四季瓜果飘香；20多棵参天古榕环绕江边连成一片，郁郁葱葱，风景秀丽。有袁崇焕纪念碑、袁崇焕手植榕、宅基地、莲花柱石墩、喂马槽、河滩跑马场，以及袁崇焕祖父袁西堂、父亲袁子鹏墓，袁妻跳江石、何家祠堂、开明中学、美的石条、石墩等古迹。

袁崇焕故里遗址　　(2005年摄)

袁崇焕(1584—1630)，明万历四十七年(1619年)进士。天启二年(1622年)进京朝觐，被破格擢兵部职方主事，后升兵备副使，再晋右参政。他统率辽军，对金兵作战，先后获宁远、宁锦、京师三次大捷，击退了当时称王后金的努尔哈赤和皇太极的向南扩张，立下了卓著的功勋。崇祯元年(1628年)擢右佥都御史，视兵部侍郎事。同年四月为兵部尚书。二年十一月，后金军入侵京都，袁崇焕回京抗敌。崇祯帝听信谗言，诬其勾引敌军来京，不许入城。袁崇焕领军与金军作战，取得京师大捷，但仍为奸党所陷害。三年八月十六日，以“通虏谋叛”等罪施磔刑。清乾隆年间袁崇焕冤案得以平反昭雪。

民国30年(1941年)，当地民众为纪念袁崇焕，建立袁崇焕纪念碑。碑高三丈一尺，宽六尺五寸，青砖结构，碑旁刻有对联“一塔表孤忠白马江边留胜迹，千秋传信史幽燕城下想英风”。为时任县长何杞所撰。1958年被毁。1983年，县人民政府拨款重建，碑高10米，四边宽各2.5米，红砖砌成，水刷石抹面，黄琉璃瓦盖顶，碑脚有水泥平台栏杆，占地64平方米，碑正面有自治区政协副主席莫乃群题词“明督师袁公崇焕故里”，1983年定为县级文物保护单位。

第七节　蝴蝶谷　罗漫山

蝴蝶谷

位于埌南镇黎寨村。距县城 36 千米，距梧州市 55 千米。是集漂流和观光为一体的山水型自然风景旅游区。景区大量珍稀蝴蝶品种，如凤蝶、枯叶蝶、虎斑蝶等，故名。景区占地 50 多公顷，林木茂密，藤蔓缠绕，流水潺潺，蝴蝶翩翩，是天然的大氧吧。有长 2.5 千米的峡谷，适宜漂流冲浪。漂流区有 10 多处天然瀑布，其中 3 米以上的梯级瀑布 15 级，滑水槽 15 道，最长水槽 130 米，全程水路 2 千米，漂流时长 1.5 小时。景区内植被属亚热带常绿针阔叶林带，森林覆盖率 90% 以上。藤萝密布，花果丛生。有罕见的原始植被和野生动物，树木以红、白黎木以及阔叶杂木林为主，有楠木、樟树等名贵树种。野生动物主要有野鸡、鹰嘴龟、猫头鹰、石蛤、石蛙、松鼠等 10 余种。

蝴蝶谷飞瀑　(2005 年摄)

罗漫山

位于天平镇，距县城 20 千米，距梧州市 70 千米。20 世纪 90 年代初由村民集资兴建。景区面积 20 平方千米，最高峰大王顶，海拔 450.2 米，最低处海拔 35.4 米。以自然生态为特色，集生态观光、休闲度假、游乐为一体。主要景点有山神（观音）石、接吻石、二老石、御林楼、龙门、接吻洞、神龟石、发财石、大王顶；还有守岭石人、五经石、峡谷龙潭等。植物景观有映山红、大红油茶花等。传说当年秦始皇派人到罗漫山鞭石筑皇殿，遗下一大批栩栩如生或似人，或似物，或似飞禽走兽的奇形异石。如接吻石、二老石（两位老人）、水帘洞、守岭石人、和尚石、熊猫石、五经石、御林楼等。其中在大石牌北端有一尊直径约 3 米、高约 5 米的大石柱，凸出石崖之外，下部同石崖相连，上部有分有合，从南边看犹如一对年轻的情侣在接吻，从北边看犹如两位老人在接吻，称之为接吻石。景区内生长许多天然杜鹃树（映山红），每年春分前后为盛花期，漫山遍野鲜红一片，十分壮观。

第八节　其他景区景点

龙母庙

相传龙母出生于藤县一都水东街孝通坊。悦城龙母祖庙《考通庙志》：“龙母娘娘，温氏，晋康郡程溪人也，其先广西藤县人……。”龙母生于广西藤县，长于广东德庆悦城，安葬于悦城。藤县一都水东街有她的祖居，有她的邻里叔伯。她生前战天斗地、治理江河、潜心行善、利泽天下等民间故事在海内外广泛流传，深得百姓敬仰和爱戴。后人为纪念龙母，在其出生地建立龙母庙，与广东悦城龙母庙、广西梧州龙母庙并名，“文化大革命”期间被当作“四旧”拆毁。1993 年冬由民间集资重修。现存旧庙遗物石狮 1 只，石香炉 2 盏，红粉石莲花柱墩 4 个。每年农历五月初一龙母诞辰悦城龙母庙派专人到藤县，请 4 位妇女作为龙母娘家人到悦城龙母庙为龙母更衣。龙母诞辰日和八月初一“龙母得道诞”，远近群众自发集中到龙母庙举行祭拜仪式。水上船家把龙母奉为西江流域的保护神，行船时凡遇见龙母庙，必停航登岸拜祭。若逢龙母诞辰，船在龙母庙 3 里之内，均焚香点烛，就地拜祭。2003 年，县政府规划在县城江北新区建设龙母文化公园。公园北靠山，主体工程在浔江河畔，核心为龙母坛。

道家风光

位于象棋镇，距县城 61 千米。是山水型自然景区。道家村为古代水路驿站，窦家司驻地，山环水绕，翠竹成林，丹霞地貌与青山绿水相映成趣。景区内有古码头、榕树、古戏台、四知堂、石表山、覆船洲、铜钟石、望江亭等景点。

道家风光（2005 年摄）

石马山

位于天平镇回龙村。距梧州市 73 千米，距县城 15 千米。是山岳型自然风景区。因山上石头像一匹骏马而得名。其中两块石头酷似一对飞奔的天马，传说是风水大师赖布衣布下的“大马赶小马，富贵登天下”的风水局。从山脚至山顶分布许多山洞，山洞周围古藤密布，虬曲盘绕。石马山左右各有一个古山寨，地势险要，传说是宋代状元冯京后代为抗击元军入侵而筑。主要景点有石马山、石马岩、鹰石顶、马钵石、留仙岩、双龟恋、元朝古寨、飞鼠洞等。

禤洲岛

位于塘步镇，县城东 4 千米。距藤县县城 10 千米。景区总面积 3.5 平方千米，岛长 5 千米，平均宽 1 千米，是浔江第二大江心岛屿，北回归线从岛上经过，有“西江明珠”之称。相传李白游禤洲岛时曾作“上苍垂爱南粤地，遗下浔江一明珠”诗句。岛上翠竹环绕，瓜果飘香，民风淳朴。有抗日名将、台儿庄战役兵站司令石云飞将军宅、将军墓、复兴中学旧址、广西最大的红棉树等景点，是世界狮王争霸赛冠军、有“东方狮王”美誉的禤洲武术醒狮团的发源地。

鸡谷山

位于县城河西，为藤州旧八景之一，称“文岭云环”。景点内茂林蔽日，青葱郁绿，空气清新。登山顶可俯瞰藤城全景，向北眺望，浔江自西向东而过，在东北处与绣江汇流，沿岸炊烟袅袅，可观藤州旧八景之“龙巷露台”；往西北方，谷山巍然屹立浔江北岸，大有阻挡江水东流之势，可见藤州八景之“谷山列障”。鸡谷山东面山脊建有纪念太平天国英王陈玉成、忠王李秀成、侍王李世贤、来王陆顺德的四王亭。原亭于民国 30 年（1941 年）建于县城西南 500 米的大坪岭上，“文化大革命”期间被毁。1982 年迁建于鸡谷山麓。亭高 8 米，深、宽各 8.4 米，有 16 条方形钢筋水泥结构水磨石柱，两层亭面，黄琉璃瓦盖尖攒顶。亭侧有大理石刻四王事略碑记，为县级文物保护单位。鸡谷山北山麓菊魁亭。藤县民众极喜养菊，民国 18 年（1929 年），梧州举办赛菊会，藤城光华小学择送菊花“粉卷胭脂”参赛，艳压群芳，荣夺魁首。县人深感自豪，募款在光华小学旁建菊魁亭纪念。“文化大革命”期间拆毁，1982 年迁建于鸡谷山。亭高 5 米，深宽各 5.25 米，钢筋混凝土结构，4 条方柱，上有厚铁皮做万寿曲线栏檐装饰，亭侧有大理石刻简介，为县级文物保护单位。

东山公园

位于县城河东，与鸡谷山隔江相望。1988 年，县人民政府建东山公园。主要景点有浮金亭、访苏亭、李振亚烈士雕像、革命烈士纪念碑等。

浮金亭　位于东山西面半山处，建于北宋年间，历代均有修葺或重建。据传宋代冯京中状元后，回藤寻祖觅亲，过绣江掷金杯于水面，杯浮而不沉。后人在附近建桥称流杯桥，建亭称浮金亭。宋哲宗元符三年（1100 年），苏轼遇赦，再过藤州，与州府徐畸元同游东山，写有《浮金亭戏作》一诗作。1962 年，县人民政府拨款重建。亭高 6 米，宽、深各 6 米，六角形，6 条方砖柱，上有回字形栏装饰，亭侧有大理石刻简介。为县级文物保护单位。

访苏亭　俗称东坡亭，位于东山西面临河处。建于清道光二十年(1840年)，是为了纪念北宋诗人苏东坡重游藤州而建。1981年县政府拨款重修，亭高5.30米，宽、深各5米，方形，四角为方形石柱，柱脚有石蹲，为四面滴水封檐筑脊。亭侧有大理石刻简介。为县级文物保护单位。

东山顶　东山最高处。有广场4000平方米，望江长廊87平方米。有革命烈士纪念碑，碑坐南向北，碑高26米，占地面积350平方米。烈士事迹陈列馆，建筑面积750平方米。有琼崖纵队第一副司令员李振亚烈士雕像。东山一面临城，景色秀美，历代名人留下不少赞颂佳作。元代黄克忠《浮金亭记》："余观古藤形胜，在东山一景。绣江经其下，镡水溱其东，春水既溢，秋波未息，自川之东望之，山势陆然如浮玻璃，苍烟乔中、斜阳古道，空实相映，过田成色者皆是也"。苏轼诗："系舟藤城下，弄月镡江滨，江月夜之好，山云朝朝新"。

大顶角

位于藤城西3千米处的浔江河畔的大顶山，依山傍水，有香火绵绵英台庙、独特的骆驼山。英台庙。清朝已有，后毁。1996年重建，与隔江对面谷山脚下的山伯庙相望，烟火相招，朝夕相守。庙约100平方米，庙前有望江亭、台。骆驼山位于大顶山山顶，由三块五彩风化巨石吻合而成，又称三块石，其高约4米，长约5米，形似骆驼，故名。驼背有一呈左脚足迹形状，长约90厘米，脚掌前宽约38厘米，后宽80厘米，深约10厘米，人称"神仙脚迹"。

第九节　旅游服务

旅行社

2003年5月前，藤县没有旅行社，外出旅游人员多与自治区、梧州市旅行社联系组团。2003年6月，成立藤县风光旅行社，是县内第一家旅行社。

旅宿餐饮服务

20世纪90年代，县内旅宿多为国营、集体开设的旅店、招待所。2002年，建成藤县东信宾馆，同年11月被评为二星级宾馆，是全县第一家星级宾馆。2005年，县城有旅宿企业20家，从业人员202人。其中藤县宾馆、东信宾馆、长城宾馆、县招待所设置有停车场供顾客停车使用。豪华间室内陈设空调、彩色电视机、沙发、地毯、电话、席梦思床，有会客室、卫生间等。

第二章　名优特产

第一节　土特产品

藤县无籽西瓜

1974年始引种。主产地古龙、太平、和平、濛江、天平、新庆、金鸡、城关等乡镇。藤县无籽西瓜普通只重4~8千克，椭圆形，浅墨绿色，皮薄而坚韧，耐于贮运。无核，瓜瓤鲜红起沙，果汁饱和；入口松化无渣，清甜如蜜。含大量糖分和丰富的瓜氨酸、维生素、碳水化合物及钙、铁、磷等多种对人体有益物质。具有清热解暑，止渴利尿，宽中下气等功效。1977、1980年先后参加武汉、郑州全国西瓜评比会，均获第一。1983年送全国出口商品基地、专厂成果展览会展出，被评为优质出口商品，藤县成为全国无籽西瓜主要产地和出口基地。1984年获长沙中南五省评比会第一，同年在香港国际市场名列第一。先后获广西科研成果一等奖，国家农牧渔业部西瓜技术改进二等奖，国家对外经济贸易部栽培技术科技优秀成果奖，并获外经部无籽西瓜出口优质产品荣誉证书。20世纪90年代后，藤县无籽西瓜迅速发展。1994年，自治区优质农产品开发服务中心实施“广西三万亩无籽西瓜丰收计划项目”，其中藤县实施2万亩，藤县太平、古龙、和平、濛江、金鸡等5个镇参与项目实施。1999年，全县播种面积1977.3公顷，产量53271.9吨。此后，生产规模逐步扩大，产量不断提高。2001年，在太平镇筹备藤县西瓜节，搭建西瓜产销平台。2003年，藤县无籽西瓜生产基地获无公害认定，成为广西首家获认定的无公害无籽西瓜基地，产品获农业部无公害认证以及自治区政府授予广西名牌产品称号。2004年获农业部质量安全中心无公害农产品认证。2005年，全县西瓜播种面积3670公顷，总产量15.92万吨。

藤县无籽西瓜　　（2005年摄于金鸡镇）

藤县八角

八角树，属偏阴树种，适宜种植于海拔300米以上山地。境内丘陵山地占总面积81.73%。多在海拔300米以上，土地为褐红色有机质土壤，有机质含量丰富。藤县地处亚热带地区，县境北部古龙、平福、东荣、大黎、宁康5个乡镇为中亚热带季风气候，其余各乡镇属南亚热带季风气候。阳光充足、雨量充沛，极其适宜八角生长。民国2年(1913年)引进，始于古龙齐村商办合兴林业股份有限公司种植。后经不断发展，种植面积逐年扩大，八角成为藤县林业经济支柱。1991年前，藤县八角主产于县共青林场及古龙、平福、大黎、东荣、宁康等乡镇。年产干果500~1200吨。1993年，县委、县政府提出实施“523389工程”，规划全县到1998年底发展八角至20万亩。此后，藤县各地，大力开展林种结构调整，适宜种植八角的山区大面积种植八角。尤其是古龙镇加大八角林的营造，八角面积迅速扩大。1994年，森林资源二类调查，全县有八角面积6610.3公顷。1999年达14015.1公顷。是年，藤县古龙镇向国家工商局申请注册古龙镇“龙淳”牌大红八角商标，2001年“龙淳”牌八角在中国名特优林产品展销会上荣获“优质产品”称号。2005年，全县八角总产量6484吨，主产地为古龙、大黎、平福、濛江、东荣等乡镇。所产的红花柔枝八角是国内著名的八角品种之一，具有果形大、色大红、角长肉厚、颗粒饱满，富有光泽，含油量高，纯馥味浓，香气浓郁。可提制香料，为饮食加香及制药和化妆品的珍贵原料。

藤县肉桂

藤县境内适宜肉桂生长，且种植肉桂历史悠久。清光绪年间藤县肉桂已畅销港澳。民国2年(1913年)，由古龙齐村商办合兴林业股份有限公司筹集广西通用毫币4500元，种植肉桂、八角。新中国建立后，肉桂生产得到发展。1983年送“全国出口商品基地、专厂成果展览会”展出，被评为优质出口商品。1993年后，藤县肉桂种植面积迅速增加。2000年3月，藤县被国家林业局和中国经济林协会命名为“中国名特优经济林肉桂之乡”。2005年，全县桂皮总产量2147吨。主要分布在岭景、象棋、新庆、金鸡、天平等乡镇，其他各乡镇均有种植。藤县肉桂桂皮表皮薄、肉丰厚，油脂多，色泽油润，味芳香，甜辣适中，是饮食行业及烹饪加香佳品。油桂、企边桂特优，是药中珍品。

藤县野生大红菌

主产地象棋、岭景、新庆、金鸡等乡镇，其中象棋镇的产量最大。富含有机物、蛋白质、碳水化合物、氨基酸、微量元素和维生素。具有较高的气血双补

野生大红菌　　（1998年摄）

功效，是滋补强身、味美可口的天然食品。产品远销福建、台湾地区和东南亚各国。

藤县香芋

盛产于藤县和平镇。1990年前，年种植266.67公顷，产量1000吨，是广西三个香芋出口基地之一。该产品个大，外皮薄亮，呈棕色，肉质细腻，有槟榔红花纹，熟后松软芳香。含高量淀粉和粗蛋白，营养丰富。切片油炸佐“红烧扣肉”或“五香兔扣”，食无油腻，甘美醇香。切成指粗粒状，拌米浆做成芋头糕，饴味芳口。1991年前年出口量700吨。

20世纪90年代，为了减小干旱影响，提高作物产量，和平农民已探索出立体种植的模式，至90年代初形成了一种成熟的农作物栽培模式，本地称为和平立体种植模式。1993年，随着县委、县政府大力倡导农业综合开发，藤县香芋产量不断增加。2005年，全县香芋种植面积1020公顷，产量2.27万吨。

藤县粉葛

粉葛，是豆科葛属植物。多年生落叶藤本。根肥大。粉葛以根入药，中药名为葛根。《本草纲目》载：葛根，性凉、气平、味甘，具清热、降火、排毒诸功效。现代医学研究表明：葛根中的异黄酮类化合物葛根素对高血压、高血脂、高血糖和心脑血管疾病有一定疗效。具有解肌退热，生津，升阳止泻，透疹。粉葛是一种营养独特、药食兼优的绿色食品。藤县地处亚热带地区，土地肥沃，气候温暖，日照充足、水源丰富，极其适宜粉葛种植。藤县粉葛种植历史悠久，晚清时期，已发展成为大叶多肉粉葛的传统产地。藤县粉葛属豆科蔓生作物，品种为大叶多肉粉葛，其感官特征为：形状似纺锤形，平均重2900~3500克，表皮皱褶呈黄白色，肉白色，沟纹少，横切面环纹纹理明显，个大、皮薄、肉多。藤县粉葛每100克含水分63~72克、淀粉15.7~21.96克、灰粉1.4~1.6克、粗纤维1.7~1.8克、葛根素410.1~477毫克。与同类产品相比，藤县粉葛纤维含量极少，富粉性，使得藤县粉葛质地粉、酥、嫩，肉质细腻无筋，无纤维感。加上其带有甜香味，因而口感绵密、清香甜糯，口感非常好。此外，藤县粉葛葛根素、葛黄酮的含量很高，其中葛黄酮的含量为99.4毫克/100克。还富含蛋白质、脂肪、糖类等营养成分，以及钙、磷、钾、铁、镁、锌、硒等13种人体所需微量元素和18种氨基酸，具有较高的药用和食用价值。

1990年前，藤县粉葛盛产于和平镇。以其皮薄质嫩、无渣，味甜，且个头大小适中而闻名区内外。同时因其淀粉含量高、纤维少，更是加工葛粉的好原料。藤县粉葛粉而无渣，可烹可煮，是桌上的美食。1993年，随着县委、县政府大力倡导农业综合开发，藤县粉葛产量不断增加。2005年，全县粉葛种植面积1101公顷，产量2.56万吨。

藤县沙田柚

藤县沙田柚有悠久的种植历史，产区集中在象棋、岭景、金鸡、塘步等镇。县内沙田柚根据生长特性可细分硬枝沙田柚和软枝沙田柚。硬枝沙田柚树形直立粗壮，果皮粗糙，品质差，产量低；软枝沙田柚是从普通的沙田柚选育出的优良品系，其特点是树形开张，枝条柔软向下，果形端正，果肉爽脆，蜜味，品质优良，产量高。一般只重1.50千克。成熟时皮色金黄闪亮，果片均匀，片大粒粗，嫩软汁足，清甜蜜味。产于象棋镇的无核柚，瓤肉润泽，晶莹似脂，蜜味浓郁，清爽可口，为珍品。1989年该品种获梧州地区水果优良单株评比第一；自治区水果评比获优。县内生产以软枝沙田柚为主，占总产量的80%以上。藤县沙田柚，自1987年起连续18年被国家指定为特供国宾果品选送北京。1990年种植1366.07公顷，挂果222.47公顷。多销往港澳及东南亚市场，年出口量约300~1000吨。

1991年，藤县沙田柚基本还是房前屋后分散种植，管理粗放，没有采取人工授粉措施，产量低。采用圈枝育苗的繁殖方法，育苗速度慢。藤县沙田柚种植面积222.47公顷。1992年，为了发挥藤县软枝沙田柚的品种优势和地理优势，县委、县政府和有关乡镇党委、政府重视沙田柚生产发展，通过专项资金扶持和贷款贴息、业务部门技术服务等措施，促进沙田柚生产快速发展。并由过去的粗放管理转变为科学管理。通过应用增施有机肥、合理修剪、人工授粉、保花保果和柑橘黄龙病防控等技术，促进沙田柚产量和质量的提高。1993年，县委、县政府提出实施“523389工程”，规划全县到1998年底发展水果至30万亩。藤县沙田柚生产迅速发展。

1996年，藤县沙田柚，参加第四届柚类评比获金杯奖。1999年冬特大霜冻冻伤部分沙田柚，面积有所下降。2000年，全县沙田柚面积1360公顷，产量3900吨。2005年，全县沙田柚面积1178公顷，总产量6828吨。

藤县江口荔枝

藤县江口荔枝因原产于太平镇江口村而得名。据民国《藤县志》（1947年稿）载：江口村之荔枝，可与粤地所产之味同其甜香。《藤县志》（1996年版）载："江口荔枝产于太平镇江口村。有二百多年栽种历史，为广西优稀品种"。《广西荔枝志》（1986年版）根据江口荔枝独有的品种特性将其取名为江口荔，并将其列为迟熟优稀荔枝品种第一名。书中记载："200多年前江口村一妇女去广东探亲，带回一株荔枝苗种植，因其果实品质优良，从此就传下来。"此老树于1960年死去。2005年，从该母树圈枝繁殖的后代，有90年树龄2株，80年龄树8株，40年龄树21株。

藤县绿藤牌江口荔枝为广西优质产品 （2003年摄）

藤县江口荔枝有200多年栽种历史，为广西优稀品种。其果实中大，平均单果重20克，扁圆形，果皮鲜红色，果顶浑圆，龟裂片中等，平坦或微隆起，排列较规则，裂片峰细且微尖突出，缝合线明显。果肉蜡白色，肉厚、爽脆、清甜带蜜香，汁中等，可食率71%。种核红褐色，小核或部分焦核。俗称折核。置于易吸水的薄纸不湿润。果肉平均含可溶性固形物质20.50%，糖19.23%，酸0.38%，每100克维生素C28.20毫克。营养丰富。一般品种的荔枝于5月上市，该果7月下旬才成熟，独占市场，更为稀贵。每年极少上市，多为客户预先订货。

藤县江口荔枝为晚熟型荔枝品种，成熟期在每年的7月下旬至8月上旬。该品种主要特点为：果实大小均匀，果皮鲜红美观，肉质爽脆清甜有蜜香，核小肉厚，种子多退化成醮核。其优良的品质与原产地的地理环境密不可分。一是纬度上的优势，原产地基本属荔枝生产的北限，再往北基本无商品性荔枝生产，这也是藤县江口荔特晚熟的原因之一；二是众多的河流水面形成特殊的小气候环境，不但降低了冬季霜冻对荔枝的危害，而且有利于荔枝品质的提升；三是种植地多为河流冲积土，肥沃的土壤造就出别处无可取代的品质。1991年前，年挂果约200株，产量3000~4000千克。

20世纪90年代后，用老木芽嫁接发展一批苗木，扩大种植。嫁接苗异地种植的，果质地较原树果稍差。1996年6月，藤县被国家农业部农垦局、农业部发展南亚热带作物办公室命名为"晚熟江口荔枝生产基地"。1998年，藤县江口荔枝获广西迟熟优质荔枝评比第一名。2002年8月注册"绿藤"牌商标，2003年"绿藤"牌江口荔枝被评为广西优质产品。

同心米粉

主产同心镇。清代有作坊百余家，销售广东等地。20世纪90年代后扩大规模。利用当地纯净水源及优质大米，经浸泡、磨浆、蒸晒、切丝、包装等而成。粉丝细薄，干爽白净，呈半透明状，润泽虾肉色。用开水烫直粉丝沥水，配以汤料可食。速熟耐煮而水不浊。汤煮滑嫩，爽脆可口；炒则粉条柔软，不粘连。行销两广，部分销往港澳。

同心米粉 （1995年摄）

太平咸酸菜

原产于太平镇江口村，历史悠久。据传清光绪年间，有一位广东潮州客商到太平镇经商，认为江口村边肥沃的淹育形沙质土壤很适宜种植他家乡的潮州大肉芥菜。

便与江口村人商议合作，将他家乡的潮州大肉芥菜种子带来，合作种植于江口村。然后用他的腌制技术腌制出美味可口的咸酸菜，拿到市场上出售，结果获得了食家的好评，广为畅销。从此后，江口咸酸菜逐步扬名。

太平咸酸菜，制作工序：将本地种植的潮州芥菜（生长期约50天左右），成棵切下，去除根部多余部分，洗净晾晒，晒至全菜皱软，然后用生盐擦匀全株，把上过盐的菜放进陶缸中，每隔两层用脚稍微轻压，依次循环，填放至缸满，放入适量的黄姜粉。用竹壳封顶，加上石头压顶。几天后有菜汁渗出，自然发酵。淹制10天左右进行翻缸，即将缸中菜全部有序翻出，然后将原来放在缸上半部分的放到缸下面，将原放缸下面的菜放到缸上部，同样用竹壳封顶，用石头压实。再淹10天以上，取出即可食用。成品金黄色，肉质爽脆，咸酸适中略带甘甜，并散出一股浓浓的菜香。配以鱼或肉鲜炒尤佳。酸菜炒猪肚尖是一道名菜。太平咸酸菜成为人们的佐餐美食。故久负盛名，远销各地。

20世纪80年代后，太平咸酸菜迅速发展，先扩展到新雅村的江口村全部，至岭儿顶、邑台、瓦片、大鸭等村，健安村的主楼、中楼、上楼等村及大坡、七政村部分农户家庭都制作出售。90年代开始，有生产厂家专业生产太平咸酸菜。1992年，太平萃香食品厂建厂，当年加工咸酸菜80吨。1996年，七政咸酸菜厂建厂，年加工蔬菜400吨。2004年注册“健旺牌”商标。2005年，健旺食品厂在原太平糖厂建厂，主要生产咸酸菜等，年加工蔬菜500吨。

大果红山茶

主产藤县。茶油原料。单果重一般为0.3~0.8千克，成年树单株产果45~100千克，每公顷产鲜果40吨左右。产籽率为8.2%，出油率约53%，比普通油茶品种高出数倍。茶油无苦涩味，可即榨即食，气味香醇。

藤县大头菜

主产濛江、太平、和平等乡镇，有200年以上历史。由鲜菜腌制而成。产品个头适中饱满，肉质细嫩，色泽褐黄叶带藏青，菜头脆爽，茎叶甘香，储藏简单，保质期长，能保持一年以上不氧化、不变质。用于拌饭，健胃增食，作火锅味美汤鲜。

茶叶

主产地岭景镇。产品“岭鼎玉剑”外形重实扁平光直，色泽翠绿，内质嫩绿，香味浓郁持久。滋味鲜爽回甘，汤色嫩绿明亮、叶底绿亮匀齐。2004年在四川省雅安举办的国际名茶评比中荣获国际名茶金奖。“岭鼎玉珠”外形呈颗粒状，紧结重实圆润，色泽黄绿或深绿。栗香持久，汤色翠绿清澈，滋味醇回甘，叶底绿亮匀齐。2005年在美国纽约举办的国际名茶评比中获国际名茶银奖。

平福香菇

主产地平福乡中太、下双、桃花、沙街、思园、仁厚等村。所产香菇个大肉厚，脚小而短，香味浓郁。鲜食肉软而脆嫩，干爽味清香，汤菜皆宜，配荤菜肉更鲜美。为高蛋白、低脂肪的席上佳品。

黑脚鹅

主产地南安镇。又称矮黑脚鹅，脚黑且矮，故名。是广西优良品种。耐粗饲，耗料少，产蛋多，繁殖快，小于狮头鹅又大于本地鹅。肉厚质嫩，骨小而软，皮下脂肪适中。

太平猪花

主产地太平镇。40年代末至50年代初从杨梅、陆川等地引进种猪与当地母猪杂交繁殖而成。属瘦肉型品种，长膘快，耐粗饲，一般饲养半年可达150千克。肉细嫩、甘香。远销广东封开、高要、郁南、江门、罗定以及区内蒙山、昭平、平南、容县、岑溪、苍梧等县市。

第二节　名优产品

涂料钛白粉

全称BA01-01涂料钛白粉。1991年前，藤县第二化工厂生产，年产量1500吨。产品具有含二氧化钛高、着色力和遮盖力强、白度和细度好等特点。主要项目的技术指标 Tio2，含量大于 97%，颜色近似标样，消色力大于 90%，温度至摄氏 105 度发挥小于 0.50%，水可溶物小于 0.60%。是橡胶、造纸、油漆、油墨、玻璃等行业的重要原料，1990 年 10 月获广西壮族自治区优质产品奖。产品畅销国内上海、天津、广州等城市和台湾地区，远销美国等 10 多个国家和地区。

2002 年，藤钛化工有限公司生产的“藤钛牌”钛白粉获广西区优质产品称号，“藤钛牌”商标评为广西著名商标。藤县金茂钛白有限公司生产的“藤茂牌”二氧化钛颜料 2006 年获广西名牌产品称号。

三环牌松香

太平松脂厂生产。产品优于国家 GT8145~87 标。特点是颜色浅，软化物高，不皂化物低，机构杂质少（不溶物低）。1990 年 10 月获广西优质产品奖。1991 年 7 月参加全国林化优质产品评比，获总分第二名；同年 10 月获林业部优质产品奖。

藤县松香　　（2002 年摄）

太平狮山　　（2005 年摄）

第二十篇

教育　科技

2003年，藤州中学校园一角

第一章　教育管理

1988年后，藤县开展办学体制、教育结构、人事制度、教育课程等改革，实行“分级办学、分级管理”，鼓励个人和社会团体集资办学。1991年，教育办学仍实行县、乡、村三级管理体制，同年开始实施普及九年义务教育。1992年，县人民政府制定《关于多渠道筹措教育经费的暂行规定》，教育经费以财政拨款为主，实行多渠道筹集。1994年后，开始实行校长负责制、教师定编聘任制、教育教学岗位责任制“三制”改革。1995年开始，实行教师资格认证制。1998年，对社会力量办学实行“积极鼓励、大力支持、正确引导、加强管理”的方针。2003年3月，撤销乡镇教育辅导站，乡镇初级中学及乡镇中心校由县教育局和乡镇人民政府共同管理，以县教育局管理为主。农村小学由乡镇所在地中心校具体实施管理。

第一节　管理机构

县教育局成立于1972年5月。1991年，办公地点在藤城镇登俊路92号。正局（科）级行政单位，内设秘书股、人事股、财务股、教学研究室、勤工俭学公司、招生办公室6个股室；定编51名，其中机关行政编制13名、事业编制38名；设局长1名、副局长3名。下设县教育学会。辖城关、白沙、南安、埌南、同心、金鸡、新庆、象棋、岭景、天平、濛江、和平、太平、平福、古龙、东荣、大黎、宁康、赤水、藤城共20个乡镇教育组。1997年3月，增设基础教育股、成人教育股、督导室，设立电教仪器站（为局直属事业单位），将教学研究室、勤工俭学公司、招生办公室改为局直属事业单位。核定机关行政编制14名，机关后勤服务人员事业编制1名。2001年3月，教学研究室更名藤县教学研究室，为藤县教育局下属的具有独立法人资格的事业单位；内设中学教研组、小教教研组、电化教学组，核定编制35名。2002年10月，县教学研究室增设教育科研组。

2002年2月，乡镇教育组改称乡镇教育辅导站。3月，教育局内设机构调整为办公室、人事股、教育股，机关行政编制减至11名，设局长1名、副局长2名。2003年3月，撤销乡镇教育辅导站，各乡镇的中心小学只保留乡镇所在地的1所。2005年，县教学研究室设中学教研组、小学教研组、教育科研组、信息技术（电化教学）组、教育理论与信息组、后勤工作组6个职能部门，有编制35名，实有人员28人。下属机构县教育学会有会员118人。

1991年—2005年县教育局历任局长：王厚业（1990.12—1997.01）、黄广源（1997.01—2002.04）、彭军（2002.04—2003.09）、蒙庆贤（2003.09—）。

第二节　教育体制

办学体制

1988年，藤县进行基础教育管理体制改革，实行“分级办学、分级管理”。国家新开办的城镇中小学校，由县人民政府负责；乡、村中小学校校舍新建、改建、扩建，主要由当地乡（镇）政府、村公所（村民委员会）负责。县教育局设立督导室，各乡镇成立教育管理委员会，村成立办学领导小组。各乡镇人民政府及教育管理委员会，制订并实施本乡镇基础教育的发展规划，对本乡镇范围内的中小学、职业中学和幼儿园的布局设点问题向上级提出建议，组织学龄儿童入学接受义务教育；制订本乡镇所属学校的招生计划。各村公所、村民委员会以及村办学领导小组，依靠学校和教师，动员和组织本村群众办好学校，动员适龄儿童入学，保证普及初等教育；修建本村校舍，实现学校设施“一无两有”（即无危房，有教室、有课桌椅）。

1991年，藤县学校的建设，以国家投资办学为主。社会力量办学必须经过教育行政部门批准，同时取得教育行政部门发给的“社会力量办学许可证”，且必须具备下列6个办学条件：有坚持党的四项基本原则和学有专长的人员担任学校的领导，建立健全学校领导班子，主持办学的人员必须在当地有正式户口；有明确的培养目标、教学计划及教材；有适合需要的专（兼）职教师及工作人员；有必需的教学场所和教学设备（含租借）；有正当可靠的办学经费来源（含收取的学费）；有切实可行的教学和行政管理制度。

1992年，县人民政府制定《关于多渠道筹措教育经费的暂行规定》，将各级财政对教育的拨款、教育费附加、社会集资、学杂费和校产收入列入教育经费范围；教育经费以财政拨款为主，实行多渠道筹集。动员全县企事业及行政单位、社会团体和群众个人，以提供资金、物资和劳务等多种形式筹措教育经费。县成立统筹教育经费管理委员会，由县长任主任、分管副县长任副主任，委员由计委、经委、建委、计生委、教育、财政、土地、工商、交通、矿业、粮食、审计、监察等部门负责人组成。各乡镇人民政府、村公所（街道委员会）成立相应机构，负责领导辖区教育经费的筹集、管理和使用。同时，将筹集教育经费纳入乡镇、村及有关部门领导工作责任制，每年进行检查评比。县统筹教育经费管理委员会统一印制“收款收据”，凡交纳教育资金的单位和个人都要发给收据。并在银行开设“统筹教育经费专户”，实行专款专用。监察、审计部门负责统筹教育经费的审查和监督工作。每年初，县、乡（镇）统筹教育经费办公室制订筹集教育经费计划和分配使用方案，分别送交县、乡（镇）统筹教育经费管理委员会主任审查批准后实施。

规定凡缴纳产品税、增值税、营业税的单位和个人，按税额2%缴纳教育费附加；开征农村教育事业费附加，按上一年度农村人均纯收入的1.50%~2%计征；城乡居民建房按建筑面积1%~2%征收学校维修费；社会集团购买专控产品加收2%教育费附加。实行“分工负责，集资办学”。将城镇各级各类学校的新建、改建、扩建列入城镇建设总体规划，国家新开办的城镇中小学校，所需资金由房建单位在公共设施配套建设中统筹安排，按照公共设施配套标准，由当地人民政府专项提留中小学基建投资，并与小区建设同步进行。违犯上述规定的，计划、城建主管部门不予立项，银行不予拨款。农村中小学校校舍新建、改建、扩建所需资金，主要由乡、村负责筹集。社会力量举办的学校，所需资金由办学单位或公民负责筹措。

集资主要范围：高中、初中、小学每生每学期收取15元、10元、5元教育基金；县内所有职工（包括日工）每人每年征收15~20元；机动车辆按用途及大小每辆每年征收20~60元；个体工商业户每年征收10~30元；城镇居民每人每年征收6元；调出教育系统的师范院校毕业生，实行一次性征收教育培训费。

县筹集的经费，主要用于支持县直各学校的基建维修和培训师资，配备各乡镇教育培训中心食品设备、扶持乡镇成人教育、职业技术教育、学前教育，设立各种奖励基金，开展各种竞赛。乡（镇）筹集的教育经费，40%用于初中、中心小学，60%按各村统筹比例拨给各村小学用于修建校舍，改善办学条件。

1997年，调整充实县集资改善办学领导小组成员，由县四大班子（县委、政府、人大、政协）分管教育领导任正副组长。各乡镇成立相应机构，加强对教育附加费征收的组织领导。是年，全县通过多渠道筹集经费2475.88万元，是1991年的12.52倍。其中各级财政拨款239.30万元，比1991年增加118.50万元；其他教育费附加及社会各界人士捐款捐物、群众献工献料等社会集资筹措经费2236.58万元，是1991年的29.05倍。新建、续建校舍面积90706平方米，是1991年的4.70倍；改造、维修校舍45360平方米，是1991年的2.05倍。8月起，乡镇教育组长、副组长、成人文化技术中心，乡镇初级中学、中心小学校长全部由乡镇人民政府任免。

1998年12月16日，县人民政府出台《藤县社会力量办学管理暂行规定》，对社会力量办学实行“积极鼓励、大力支持、正确引导、加强管理”的方针。规定社会力量举办教育机构，不得以营利为目的。申请举办教育机构的单位或个人，应具备国家规定的资格、能力和符合标准的设施和装备。举办实施以职业技能为主的技术等级、劳动就业职业技能培训的教育机构由县劳动局按国家规定的审批权限审批后送县教育局备案；举办实施卫生、艺术、体育、财经等专业性的非高等教育培训机构的，由县人民政府有关行政部门按国家有关规定审核同意后，报同级教育行政部门审批。举办实施文化补习、学历教育、学前教育、自学考试助学等的教育机构由县教育局按国家规定的审批权限审批。审批机关对批准设立的教育机构发给社会力量办学许可证。是年，全县有民办幼儿园20所。

2001年开始，办学资金的筹划，主要是寻求、争取中央财政和自治区财政的资金支持，鼓励外资和县内企业主投资办教育。是年秋学期，东荣镇人与广东人在东荣镇三江村联合开办荣江中学（属私人办学），兼招小学、初中生。

2003年3月，撤销乡镇教育辅导站，乡镇初级中学及乡镇中心校由县教育局和乡镇人民政府共同管理，以县教育局管理为主。农村小学由乡镇所在地中心校具体实施管理。各乡镇的中心小学只保留乡镇所在地的1所，其他的均改为小学。是年秋学期，苍梧县人租用藤县盐务大厦作为校舍，开办城东中学（属民办初中）。2004年6月，飞鸿教育集团租借藤城镇实验中学，开办藤县飞鸿中学（属民办），兼招初中和高中班。2003年—2005年，共投入资金3729.60万元，新建教学楼127幢，校舍72幢；计划建设面积97328平方米，实际建设完成80081.90平方米。

学校设置

幼儿园 1991年，全县有幼儿园20所（公办1所，企事业单位及民营19所），其中县城5所、南安1所、埌南1所、金鸡1所、新庆1所、象棋1所、岭景1所、天平1所、濛江2所、和平1所、东荣1所、大黎1所、宁康1所、太平2所。1992年，在县城增开公办幼儿园1所。1999年开始，民办幼儿园迅速发展，至2002年，全县共计37所，其中县城16所、新庆1所、濛江3所、金鸡3所、埌南1所、天平1所、岭景1所、太平6所、古龙1所、象棋1所、宁康1所、潭东1所、东荣1所。2005年，全县共有幼儿园37所。

小学 1991年，调整县城小学布局，增大学校规模和容量。全县以乡镇政府驻地设置中心小学校1所，并在部分村公所驻地设置中心小学校。全县中心小学设置分布：藤城1所、津北1所、赤水1所、同心1所、宁康1所、城关2所、南安2所、埌南2所、金鸡3所、新庆2所、象棋2所、岭景2所、天平4所、濛江4所、和平3所、东荣3所、大黎3所、太平4所、平福3所、古龙2所，共有中心小学校46所。对农村不足30人且离校部不足3千米的分校进行撤并，每个建制村及个别厂矿企业设置有小学，已设中心校的村公所不再设小学，全县共有小学229所。每个自然村均设有教学点，全县共计590个。1993年秋，随着城镇化建设的推进，县城人口数量增加，将藤城胜西小学中胜分校改建扩建为潭津中心校。1998年，个别乡镇农村出现未经许可开办的私立小学。2000年春学期，全县共有未经许可举办的私立小学校30所，在校学生4254人。是年6—10月，县教育局会同有关部门对这些未经当地政府、村委同意且不具备办学条件的23所农村私立小学校进行查处撤销，将在校学生分流到就近的公立小学入学就读。同时，规范对民办小学的管理，对具备办学条件的民办小学发放“办学许可证”。

2001年8月，调整县城小学布局，撤销藤城镇龙门（原称船民小学）、绣江（原渔民小学）、胜西小学及雅瑶、挂榜分校，将潭津中心校、朝阳小学收归县直管学校。2003年，调整中心小学校布局，各乡镇只保留乡镇政府驻地中心小学校，其余中心小学校改为小学。2005年，全县有中心小学校20所，小学253所，教学点456个。每个乡镇有中心小学校，每个建制村有小学，每个自然村有教学点。

初中 1991年，全县每个乡镇设立有初级中学，面向全镇招生，并以乡镇名称冠命为××乡（镇）初中，较大的乡镇有联办初中（几个村合办），冠命为××乡（镇）联中。是年，全县共有初中47所，其中藤城1所、城关3所、津北2所、南安3所、赤水1所、埌南3所、同心1所、金鸡4所、新庆1所、象棋3所、天平5所、濛江4所、和平4所、太平4所、古龙3所、平福1所、东荣1所、大黎1所、宁康1所、东南金矿1所。由县教育局和乡镇人民政府共同管理；其余基本为联办初中（由村公所联办），由乡镇人民政府和村公所共管。1993年，撤销埌南高中，改为埌南镇第一初级中学。各乡镇联中更名为乡镇二中、三中、四中。撤销个别办学条件较差的联中，全县初中减至43所。1994年，在县城河东新城区兴建藤州中学（定为县重点初中），至1996年建成，面向全县招生，按“小考”（即小学升初中考试）成绩择优录取。1997年，藤城镇初中搬迁富吉村，改名藤城镇实验中学。2001年，东荣镇增设私立初中1所，兼招小学、初中生。2003年秋，在县城河东新城区增开私立城东中学。2005年，全县有初中41所，其中县城5所，乡镇36所。

2005年藤县小学校分布情况表

表20-1-1

乡镇(单位)	中心校	小学
县直		藤城中心校、潭津中心校、朝阳小学
藤州镇	藤州	白泥、平政、东胜、纯平、礼秀、四旺、三坡、新华、积和、丽新、民生、福善、大垌、中和、古达、河口、永隆、永清、安宁、谷山、保良、贤德、车塘、汶塘
塘步镇	塘步	南安、赤水、沙田、汗池、龙安、塘村、金板、大罗、古佩、古祀、禤洲、六坊、石塘、孔良
埌南镇	埌南	冼村、双底、杨村、界田、新勤、黎寨、马地、泗门、莫埌、新光、界垌、埌南、大涩
同心镇	同心	同心、凤阁、森塘、大梳、陈底、沙村、平顶、力冲
金鸡镇	金鸡	秀安、龙头、大坟、平山、陶塘、民乐、新民、沙冲、镇安、胜安、光华、同安、旺国、同荣、思善、古华、交口、兴隆、新中
新庆镇	新庆	龙山、建新、高田、庆旺、同敏、思亥、夏荣、富荣、均平、中心
象棋镇	象棋	留村、龙凤、富祝、河柳、道家、同乐、罗文、甘村、中信、新芹、共胜、洛塘、柏塘、双荣
岭景镇	岭景	新村、中村、南荣、大益、王村、和好、罗算、都蒙、罗江、石村、古罗、麦地、坡塘
天平镇	天平	天平、新马、新兴、保燕、新大、富双、龙胜、罗平、冷水、新陈、罗盖、民益、三益、满村、罗垌、思中、石炉、回龙、罗万、塘冲
濛江镇	蒙江	江权、洲祖、那塘、新城、覃安、新安、安和、连垌、大德彩塘、义良、古厚、双德、勒竹、共和、古兰、旺家、党洲
和平镇	和平	新良、木依、石桥、屯江、座垌、志成、新平、平竹、和平、陈塘、龙塘、新塘、双垌、都坡、榄莫、官罗、思源
太平镇	太平	金田、七政、新雅、浮田、善庆、育垌、永平、古秀、罗社、仁安、永良、安福、东皇、陈垌、木崖、石夏、建安、下黎、大坡、柴咀、狮山
平福乡	平福	沙街、民安、定安、留利、思元、莫泗、中太、桃花、寻村、巷蓬、社平、仁厚、下双、桃花山(私立)
古龙镇	古龙	田心、忠隆、合隆、金凤、德安、大村、泗洲、长沙、陈平
东荣镇	东荣	三江、坡头、思排、杨垌、大带、护安、均常、华安、上峡、昨雅、荣江(私立)
大黎镇	大黎	和安、上荣、花洲、理答、白祝、太兴、古盆、兴安、东安、国安、平安、朝林、黎田、祥江、永和、来历、水运、料南、大塘、平桂、永太、孟塘、富斗、都帮、新旺

高中　1991年,藤县有高中6所,其中县城2所、太平1所、濛江1所、金鸡1所、埌南1所。1993年,撤销埌南高中,改为埌南镇第一初级中学,濛江高中(县第三中学)停招高中班。1994年,金鸡高中(县第四中学)停招高中班。1999年,金鸡高中(县第四中学)恢复高中招生。2001年秋,藤州中学开设高中班。2004年,飞鸿教育集团在县城开办飞鸿中学(高完中),兼招初中和高中班。是年秋学期藤州中学停招高中班,未毕业的高中生划拨给藤县中学。同时,调整县城中学布局,藤县第一中学由高完中改为普通高中并搬迁河东新校区(今藤州镇政贤路2号),原校舍校产拨给藤县中学,所有初中学生分流藤州中学和潭东一中。年内,藤县中学被确定为"自治区示范性普通高中"立项建设学校。2005年秋,潭东镇第一中学改名藤县第五中学。全县有高中5所。

2005年藤县初级中学分布情况表

表20-1-2

学校所在地	校名
藤州镇	藤县第一中学　藤县第五中学　藤州中学　藤州镇一中　藤州镇二中　藤州镇三中　藤城实验中学　藤县城东中学
塘步镇	禤州初中　塘步镇第一初中　塘步镇第二初中　塘步镇第三初中
埌南镇	埌南镇第一初中　埌南镇第二初中

续表

学校所在地	校名
同心镇	同心镇初中
金鸡镇	藤县第四中学　金鸡镇初中
新庆镇	新庆镇初中
象棋镇	象棋镇初中
岭景镇	岭景镇初中
天平镇	天平镇第一初中　天平镇第二初中　天平镇第四初中　开明中学
濛江镇	藤县第三中学　濛江镇第一初中　濛江镇第二初中　濛江镇第三初中
和平镇	和平镇第一初中　和平镇第二初中
太平镇	藤县第二中学　太平镇第一初中　太平镇第二初中　太平镇第三初中　太平镇第四初中
古龙镇	古龙镇初中
东荣镇	东荣镇初中　藤县荣江学校
大黎镇	大黎镇初中
平福乡	平福乡初中
宁康乡	宁康初中

教师　校长聘任制

1991 年—1993 年，全县实行教师职务任命制，中学高级教师职务由梧州地区行署任命，中学一级和小高级（含幼高）及以下教师职务由县人民政府任命。1994 年—2005 年，实行评定与聘用专业技术职务资格分开的“双轨制”，教师职务资格的聘任由县人事部门根据岗位需要，制定聘任指标择优聘任，聘任期限为 3 年，期满后经学校、单位进行全面考核合格者方可续聘。其中，2000 年，全县具有高级职务资格 172 人，接受聘用 172 人，占 100%；中级职务资格 1067 人，接受聘用 921 人，占 86.32%；初级职务资格 3286 人，接受聘用 2933 人，占 89.26%。

1997 年—2005 年，凡担任普通中小学校长职务的，须通过岗位培训获得“岗位培训合格证书”。因工作需要，培训前进入岗位的，只能任代理校长，待获得“岗位培训合格证书”后再正式任命或聘任校长职务。全县中小学校长实行全部持证上岗。此后，教育行政部门、组织人事部门每学年度对在职校长进行一次考核，考核内容为德、能、勤、绩。考核合格者，可继续担任校长职务，不合格者及时进行调整。企事业单位开办的学校，由办学单位聘任。

第三节　教　师

教师资格

1995 年 12 月 12 日，国务院发布《教师资格条例》，将教师资格分为幼儿园教师资格、小学教师资格、初级中学教师资格、高级中学教师资格、中等职业学校教师资格、中等职业学校实习指导教师资格等。取得幼儿园教师资格的，应当具备幼儿师范学校毕业及其以上学历；取得小学教师资格的，应当具备中等师范学校毕业及其以上学历；取得初级中学教师资格的，应当具备高等师范专科学校或者其他大学专科毕业及其以上学历；取得高级中学教师资格和中等职业学校教师资格的，应当具备高等师范院校本科或者其他大学本科毕业及其以上学历。对不具备教师资格学历的公民申请获得教师资格，须通过国家举办的或者认可的教师资格考试。

藤县幼儿园、小学和初级中学教师资格，由县教育局审查认定；高级中学教师资格、中等职业学校教师资格、中等职业学校实习指导教师资格由县教育局审查后，报梧州市（地区）教育局或自治区教育厅认定。1996年8月25日，县教育局成立教师资格试点工作领导小组，以县教师进修学校、藤县中学、第一职业中学、城关镇第一初级中学、藤城中心小学、县第一幼儿园作为试点学校进行教师资格认定过渡。凡具有幼儿园教师职务资格，在幼儿园任教的，可申请认定幼儿园教师资格。具有小学教师职务资格，在小学任教的，可申请认定小学教师资格；不具备教师法规定的学历和小学教师职务资格，只具备高级中学学历或中等职业学校学历的，也可申请认定小学教师资格。具有中学教师职务资格，在初级中学任教或初级职业学校担任文化课、专业课教师工作的，可申请认定初级中学教师资格。具有小学教师职务资格在初级中学任教的，可申请认定小学教师资格，待补得合格学历后再认定初级中学教师资格。具有中学教师职务资格，在高级中学任教或职业高级中学担任文化课、专业课教师工作的，可申请认定高级中学教师资格。具有中学教师职务资格，在完全中学任教的，经本人申请、所在学校考核并提出认定初级中学或者高级中学教师资格的建议，由相应的教师资格认定机关认定初级中学教师资格或高级中学教师资格。具有中等专业学校教师职务资格或者技工学校教师职务资格，在中等专业学校、技工学校担任文化课、专业课教师工作的，可申请认定中等职业学校教师资格。具有中级及其以上其他专业技术职务，在中等职业学校及普通中学职业班担任职业技术教育专业基础课、专业课教师工作的，可申请认定中等职业学校教师资格。具有其他专业技术职务资格或者中级以上工人技术等级或特殊技艺（含能工巧匠），在中等专业学校、技工学校、职业高中、初级职业学校担任实习指导教师工作的，可申请认定中等职业学校实习指导教师资格。其他专业技术人员及教育职员，必须承担过或者正在承担教育教学任务，而且必须具备教师法规定的学历，才能参加教师资格过渡。学历高于现任教学校教师资格条件要求的，在教师资格过渡中只能申请与其现任教学校层次相应的教师资格。

1998年，教师资格认定过渡工作结束，全县8623名教师中，具有幼儿园教师资格的61人、小学教师资格的6590人、初级中学教师资格的1488人、高级中学教师资格的445人、中等职业学校教师资格的39人。11月，对1993年12月1日后参加工作，在教师资格过渡时期未获得教师资格的教师，以及1994年1月1日后参加工作的大中专毕业生和代课教师进行认定相应的教师资格。

2000年秋季学期起，实行教师持证上岗制度，全县中小学（含幼儿园）教师，必须具有相应的教师资格才能在学校执教。2003年起，申请教师资格，还应提交相应等级的“普通话水平测试等级证书”。2005年，全县有教职工8934人，其中：具有幼儿园教师资格的72人、小学教师资格的6770人、初级中学教师资格的1608人、高级中学教师资格的445人、中等职业学校教师资格的39人。

教师队伍

1991年，全县中小学教职工共7992人，其中公办教师5597人，民办教师1453人，临时代课教师942人；教师中具备本科学历157人、专科学历714人、中专学历2875人、高中以下学历4246人。教师来源除大中专师范院校毕业生直接分配到中、小学任教外（直接任公办教师），其余新增小学、中学代课教师，由各乡镇教育组、教辅站、中心校和初中推荐，经县教育局审查同意，按实际需要在社会上公开招聘任用；民办及代课教师转为公办教师的，由县人事局、教育局共同组织考试、考核，从中选招。小学教职工编制参照国家、自治区制定的标准进行核编。全县乡镇初中每班配备教职工3.5人，其中专任教师2.5人；联中每班配教职工3.3人，其中专任教师2.3人。实有初中专任教师991人，在校学生16134人，教师与学生比例为1∶16.28。全县高中教师以每班级配4名教师定编定员，有高中专任教师275人，在校学生3562人，教师与学生比例为1∶12.95。

1993年年底，全县共有专任教师4908人，其中特级教师5人，中学高级教师82人，中学一级教师286人，小高级（含幼高）教师621人，其他4908人。是年，县教育局委托苍梧师范等学校从初中毕业生中择优培训，毕业后安排为代课教师，至1999年，累计委培代课教师264人。

1997年，县城小学40~45名学生班级平均配教职工2.2人，其中教师1.8人；教职工与学生比例为1∶19.5，教师与学生比1∶23.5。农村小学36~45名学生班级平均配教职工1.8人，其中教师1.7人；教职工与学生比例为1∶22.5，教师与学生比1∶24；26~35名学生班级平均配教职工1.4人，其中教师1.3人；教职工与学生比例为1∶22，教师与学生比为1∶23.5。全年实有小学教职工4077人，其中专任教师3489人；有代课教师2446人。7月，全县共有教职工7690人，其中公办教师5150人，民办教师255人，代课教师2285人；教师中具有本科学历177人，专科学历1208人，中专学历4596人，高中以下学历1709人。其中初中专任教师1479人，在校学生33450人，平均每班配教师2.7人，教师与学生比例为1∶22.6。1991年—1997年，全县累计接收大、中专毕业生1089人，招收民办、代课教师1342人，办理代课及民办教师转公办1287人。

1998年起，除招收师范类学校毕业生外，每年安排一批非师范类大、中专毕业生到中小学任教。2000年，全县有专任教师5112人，其中特级教师5人，具有高级职务资格172人，中级职务资格1067人，初级职务资格3286人，其他582人。

2001年10月，县编制办重新核定全县小学教职工编制数，县城小学按教职工与学生比例的1∶21、农村小学按1∶23标准定编。新核定的全县小学教职工编制数6321名。年底，实有教职工3599人，其中专任教师3078人；有代课教师2603人。

2002年起，县、镇高中按教职工与学生比例1∶13配备，农村高中按教职工与学生比例1∶13.5配备；确实需要配备职员、教学辅助人员和工勤人员的，其所占教职工的比例一般不超过16%。当年，全县高中有专任教师208人，在校学生4739人，教师与学生比例为1∶22.78。初中教师编制执行中央编办、教育部、财政部《关于制定中小学教职工编制标准的意见》："县镇（即县市政府所在地城区）初中教职工与学生比例为1∶16，农村为1∶18。"是年，全县实有初中专任教师1836人，在校学生人数43146人，教师与学生比例为1∶23.5。此后，高中教职工编制实行总量控制、动态管理，根据在校学生情况每2年核定一次；对初中教师实行动态管理，根据学生变动以及实际需要在乡镇内进行适当调整。1997年—2005年，全县共接收大中专毕业生4866人，其中非师范类毕业生982人；办理民办及代课教师转公办教师1162人。

2005年底，全县有教职工8934人，其中公办教师6705人，代课教师2229人。教师中具备本科学历570人，专科学历3894人，中专学历3815人，高中以下学历655人；具备中学高级教师资格的98人，中学一级教师资格530人，中学二级教师资格1232人，中学三级教师资格734人；小学高级教师资格636人，小学一级教师资格1474人，小学二级教师资格1524人，小学三级教师资格216人；幼儿园高级教师资格7人，一级教师资格15人，二级教师资格4人。全县教职员工中有小学教职工4092人，其中专任教师3425人，代课教师2159人；专任教师中具有本科学历的18人，大专学历1303人，中专及高中学历2050人、高中以下学历54人。县城城区及乡镇政府所在地小学的实际教师数超编，而乡村小学实际教师数则缺编。有初中专任教师2259人，教师与学生比例为1∶27.75。全县高中有专任教师390人，教师与学生比例为1∶23。

教师培训

教师培训一般通过学历教育、脱产进修、函授学习、集中培训、个人自学、学习观摩等形式进行学历进修和非学历培训。

学历教育　主要通过脱产进修、函授、自学考试等进行。1991年，全县共设卫星电视中师班教学点23个（函授），当年招生200人，学制四年。1992年，全县有435名初中教师参加学历进修。1993年3月，梧州地区教育学院在藤县教师进修学校设辅导站，开设数学、汉语言文学、英语、政治4个专业。当年，参加进修教师230人。

1995年起，自治区开设师专函授、卫星电视师专教育、高等自学考试相沟通的"三沟通"全员培训班。在藤县、贺县八步通过自学、面授、远程等混合形式授课。1996年，凡未取得专科毕业以上学历的初中教师均参加所任课程对应的"三沟通"全员培训。是年，参训教师90人。至2004年，全县通过卫星电视中师班招生3492人，有3125人获取学历，占89.49%。全县报名参加自学考试21204人，其中教师报考人数占80%以上。累计有6215名教师参加成人高校招生考试，其中本科1469人，专科4746人；有5745人获取学历。

非学历培训　1990年开始，县内每年选派高中、完全中学校长参加自治区教委举办的高完中校长培训班学习培训。1991年，藤县教师进修校举办2期小学校长培训班，共培训小学校长85名。10月，梧州地区教育局在梧州地区教育学院举办第一期初中校长“岗位培训合格证书”培训班，藤县共选派15人参加。此后每年举办各级校长培训班。至1998年，全县所有在职高完中正副校长、正副支书已全部接受岗位培训。至2005年，累计培训小学校长817人。培训初中校长98人，全部取得“岗位培训合格证书”。

1991年，县教育部门不定期地选派一定数量的任课教师参加全国及区、市、县举办的新教材、新课程培训班学习培训，至2005年累计培训教师11962人次。其中2003年—2004年，县教研室与县教师进修校联合对全县中小学教师实施新课改全员培训。

1992年，对全县中小学教师实施继续教育。学习内容主要有政治思想和职业道德、教育科学理论、文化专业知识和专业技能、教育教学和教育科研能力、劳动知识与技能等。继续教育形式主要通过教师自学、业余辅导、脱产培训和教改实践进行。所需经费由教育行政部门、学校和个人各负责一部分。1999年，对中小学教师接受继续教育实行登记制度。2000年，“继续教育登记证”被列入申报教师职务资格必须提交材料之一。2004年10月，自治区对藤县普及九年义务教育评估复核验收，全县小学专任教师合格率99.60%，初中专任教师合格率98.69%。

1999年5月11日，县教育局根据自治区教育厅《关于实施中小学教师队伍建设“21世纪园丁工程”的通知》，确定县教师进修学校和县教育局教研室为藤县“21世纪园丁工程”技术支撑单位，当年确定市级(B类)培养对象8名，县级(C类)培养对象120名。共培训名师128名。2000年—2005年，主要开展“义教工程”师资培训、新课改培训及教师继续教育等，有409名教师成为各学科带头人。2005年，计完成“义教工程”师资培训1551人；新课改培训5633人，其中国家级16人、区级711人、市级678人、县级4228人；教师继续教育12784人次。

教师待遇

公办教师待遇　1991年—2005年，全县公办教师工资进行6次调整，人均月工资由1991年的227元增加到2005年的668元，不低于国家机关工作人员的平均工资水平。除按照事业单位工资标准执行外，公办中小学教师标准工资每人每月提高职务工资的10%，享受教龄津贴5~10元；专职体育教师（含每周任8节以上体育课的兼职教师）、体育教研员、乡镇体育辅导员每年享受定额工作服装补贴。

1993年，实行特级教师津补贴制，凡获小学、幼儿园特级教师的，每月发放津补贴20元；中学、中等师范（含教师进修学校）特级教师津补贴每月按30元标准发放，且退休后继续享受。同年6月起，特级教师津补贴提高到每人每月80元。1999年1月1日起，凡荣获全国、自治区级、市级劳动模范、先进工作者的教师，每月享受奖励津贴分别为50元、30元、10元。2005年，全县享受特级教师津补贴7人；享受奖励津贴262人，其中全国先进教育工作者1人、自治区先进教育工作者5人、市先进教育工作者256人。教师除享受当地党政机关工作人员同等医疗待遇外，还享受寒暑假带薪休假。男性教师年满60周岁、教龄满30年，女性教师年满55周岁、教龄满25年退休的，退休后每月享受退休前全额工资待遇。每年教师节，均举行“优秀教师”“先进教育工作者”评选表彰活动，县、乡镇及有关部门领导到学校进行慰问。

民办、代课教师待遇　1991年，全县民办教师人均月工资86元，其中财政定额补助36元，乡镇统筹安排50元；代课教师人均月工资75元，全部由乡镇统筹安排。1995年，民办教师平均月工资提高至200元，代课教师平均月工资增加到150元。同年，民办、代课教师工资实行全县统筹安排。1998年，调整全县民办教师工资待遇，人均月增加工资20元。2000年，增加代课教师工资，每人平均月增资50元。2004年，代课教师平均月工资为220元。2005年，全县代课教师人均月工资295元。

第四节　经费　设施

经费

经费来源　1991年，藤县的教育经费来源以财政拨款为主，其他渠道筹措教育经费为辅。财政对教育的拨款包括预算内教育事业费、预算内教育基本建设投资、预算内教育专项资金及其他教育经费和上级补助教育经费等。县、乡（镇）人民政府确保预算内教育经费公用部分逐年增长的比例高于县、乡（镇）财政经常性收入增长比例的2%以上，并确保生均公用经费逐年增长。上级补助的教育经费主要有抢修中小学危房补助经费、洪水救灾补助经费、扫盲专项经费、中小学布局调整及改善办学条件经费等。是年，县财政拨给教育事业费1704.60万元；通过其他渠道筹集资金76.99万元，其中单位捐资26.37万元，干部职工捐资6.40万元，城镇居民捐资0.28万元，农村人口捐资14.55万元，港澳台胞、海外侨胞捐资1.15万元，勤工俭学收入用于改善办学条件11.74万元，捐物折款5.06万元，献工折款11.44万元。

1992年，县人民政府制定《关于多渠道筹措教育经费的暂行规定》，实行分工负责，集资办学。国家新开办的城镇中小学校，所需资金由房建单位在公共设施配套建设中统筹安排，按照公共设施配套标准，由当地人民政府专项提留中小学基建投资，并与小区建设同步进行，违犯上述规定的，计划、城建主管部门不予立项，银行不予拨款。社会力量举办的学校，所需资金由办学单位或公民负责筹措。农村中小学校校舍新建、改建、扩建所需资金，主要由镇（乡）、村负责筹集；县人民政府对有困难的镇（乡）、村，酌情予以帮助。是年，学杂费、校产收入及向义务教育阶段学生收取的杂费、向非义务教育阶段学生收取的学杂费，校办产业、勤工俭学和社会服务收入用于教育部分和校办厂场等企业的产品税、增值税、营业税返还教育部门用于学校改善办学条件。

1994年—1998年，通过多渠道筹措教育经费1.73亿元，其中征收农村教育费附加5204.40万元，城镇教育费附加1169万元，"三税"教育费附加288万元，社会各界人士、个体工商户、私营企业主捐款4588.40万元，港、澳、台胞赞助809万元，勤工俭学收入用于改善办学条件2494.10万元，其他学杂费收入2763.60万元。

2000年起，藤县是列入"第二期国家贫困地区义务教育工程"（简称"义教工程"）项目县，国家、自治区每年下拨"义教工程"专款。其他渠道筹措的教育经费包括：教育费附加、社会集资、学杂费和校产收入等。是年开始，办学资金的筹划，主要渠道是寻求、争取中央财政和自治区财政的资金支持，鼓励外资和县内企业主投资办教育。至2005年，共取得中央、自治区、县财政预算外拨款2.90亿元，回建校舍56.50万平方米。

经费投入 1991年，全县教育经费投入，主要依靠财政拨款为主。全年县财政教育事业费总投入1704.60万元。

1994年—1998年，藤县财政投入教育事业费逐年增长，1998年，财政拨给教育事业经费3605万元，比1994年的2544.70万元增加1060.30万元，五年间年均增长9.10%。是1991年的2.11倍。全年教育经费支出大幅度攀升，主要为人员工资和社会福利性支出增长，用于危房改造等公用事业经费以及基建经费的投入增加。是年，支付人员工资及社会福利费等4262.10万元，比1994年的2413.60万元增加1848.50万元增长76.59%，五年间年均增长15.28%；基本建设性投入1259.30万元，是1994年30万元的41.98倍，五年间年均增长54.54%。

2000年，财政教育事业费总投入3878万元，全年教育经费支出8482.50万元，其中人员工资福利等事业费支出5222.10万元占61.56%，公用事业经费支出1869.90万元占22%，基建支出1390.50万元占16.39%。2003年合计投入1.60亿元。其中人员工资福利9622.3万元，公用事业经费6385.4万元。

2005年，财政教育事业费总投入1.63亿元，是1991年的9.56倍。

设施

校园 1991年，全县学校校园总占地面积253.26万平方米，校舍总面积53.22万平方米；其中中小学校校园占地面积250.67万平方米，校舍面积51.89万平方米，校舍中危房面积9231平方米。全年投入197.79万元，更新改造校舍面积2.21万平方米，其中新建校舍1.93万平方米（砖混结构1.46万平方米，砖木结构0.47万平方米），改造校舍面积2824平方米。1992年—1996年，平均每年投入校舍建设资金500万元左右。1997年，进入普及九年义务教育攻坚阶段，至1998年，通过多渠道筹集资金3602.18万元，新建、续建中小学校校舍面积16.11万平方米，改造维修校舍面积8.85万平方米。1999年，全县中小学校校舍面积92.80万平方米。达到自治区"普九"项目小学生均面积4.18平方米、初中生均面积5.59平方米的标准，通过自治区检查验收。2001年—2005年，中央和自治区共划拨“义教工程”专款1390.10万元，县财政拨款4069.60万元，进行校舍建设和改造。2004年10月，自治区普及九年义务教育工作评估复核验收，全县中小学校校舍面积101.94万平方米，小学生均校舍建筑面积4.74平方米、初中生均校舍建筑面积6.78平方米。校舍中D级危房比例，小学0.97%，初中0.73%，通过自治区复核验收。2005年，藤县启动“西部农村中小学寄宿制学校建设工程”项目建设，解决学校教学用房紧张问题。全县共有学校771所，校园占地面积292.11万平方米，校舍建筑面积109.39万平方米。其中小学校校园占地面积139.17万平方米，校舍建筑面积50.96万平方米，小学生均校舍面积4.20平方米；中学校园占地面积150.77万平方米（含职中，下同），校舍建筑面积55.66万平方米。生均校舍面积7.77平方米。

1991年—2005年藤县学校校园占地面积统计表

表20-1-3　　单位：平方米

年度	合计	幼儿园	小学	中学	职中	进修校
1991	2532586.50	4000	1602665	903999	15589	6333.50
1992	1995047.50	4068	1396881	572176	15589	6333.50
1993	1727098.50	4396	1243512	457268	15589	6333.50
1994	1724032.50	2734	1120317	579059	15589	6333.50
1995	1966476.50	3384	1292011	649159	15589	6333.50
1996	1920221.50	2535	1293980	601784	15589	6333.50
1997	2099068.50	2545	1293980	781278	14932	6333.50
1998	2113935.50	5526	1293980	793164	14932	6333.50
1999	2115035.50	5526	1295080	793164	14932	6333.50
2000	2040820.50	8745	1217646	793164	14932	6333.50
2001	2149980.50	7271	1275819	845625	14932	6333.50
2002	2300642.50	12196	1361057	1160767	14932	6333.50
2003	2506133.50	16588	1450783	1017497	14932	6333.50
2004	2586396.50	14421	1401895	1484361	14932	6333.50
2005	2921077.5	15382	1391675	1492755	14932	6333.50

1991年—2005年藤县学校校舍建筑面积统计表

表20-1-4　　单位：平方米

年度	合计	幼儿园	小学	中学	职中	进修校
1991	532104	3180	381563	137288	5105	4968
1992	558065	4586	392339	150446	5726	4968
1993	554087	5139	389765	148489	5726	4968
1994	564667	4311	384953	164465	5970	4968
1995	607194	4474	410841	180941	5970	4968
1996	659312	5030	454129	189215	5970	4968
1997	825326	6487	555806	252395	5670	4968

续表

年度	合计	幼儿园	小学	中学	职中	进修校
1998	938657	9240	588912	329467	6070	4968
1999	949747	9540	596098	331943	7198	4968
2000	921711	19889	552726	337858	6270	4968
2001	779806	14908	481128	272532	6270	4968
2002	805878	19104	484141	380835	6270	4968
2003	810853	19580	467777	312258	6270	4968
2004	927828	21573	500234	519197	6270	4968
2005	1093896	22690	509640	550328	6270	4968

设备 1991年，全县中小学共有仪器室110间，面积2175平方米；实验室76间，面积4657平方米，专职实验员89人；电教设备有：135型幻灯机42台、幻灯片93套，各种规格投影器60台、投影片426套，各式录音机97台、录音带1501盒，磁带放像机26台、录像带716小时，电视机63台，电化教室3间，计算机室1间，微型计算机35台，16毫米电影放映机4台，电视卫星接收站1座，录、放像网点21个。是年，在藤县中学开启语音实验室，为全县学校首个语音实验室。1992年，县一中开启微机室，为全县学校首个微机室，配置电脑25台。此后逐年增加教学设备。1999年，藤县"普及九年义务教育工作"通过自治区检查团检查验收时，全县2所中小学校设有微机室，有教学微机130台；21所中小学校设有语音室；2所县直中学、1所县直小学的电教设备、音乐、美术教学器材、体育器材、图书及卫生室等设施，达到广西"普九"评估验收项目Ⅱ类标准；其余277所乡镇中心小学和村小学、40所中学达到Ⅲ类标准；2所县直中学、21所县城及乡镇驻地中心小学的理科教学设施达到Ⅱ类标准；其余40所中学、257所小学理科教学设施达到Ⅲ类标准；1所县城小学有固定劳动基地6000平方米；农村小学共有劳动基地132.16公顷，平均每班373.33平方米；中学共有劳动基地79.87公顷，平均每班1080平方米。2002年，开始在中小学安装远程教育卫星地面接收系统，至2004年，全县共有31所中学、109所小学进行安装。可接收4套电视节目、多套IP数据广播节目和1套语音广播。其中89所农村小学、5所农村初中实施远程教育，分别拨给每所学校2台彩电、2台DVD、光盘一批。2004年，全县高完中4所，初中35所，小学274所，共有实验室124间，总面积7624.10平方米；仪器室340间，总面积9363.80平方米；图书室181间，阅览室85间，体育器材室182间；2所完全中学、10所初中、7所小学实验教学达自治区级Ⅰ类标准；11所初中、15所小学达Ⅱ类标准；5所初中、218所小学达Ⅲ类标准。全县中小学校共有书写投影仪1830台、自动幻灯机12台、手动幻灯机105台、照相机29台、透视幕10幅、银幕1747幅、收录机1224台、立体声收录机117台、录像机（或单放机）18台、彩色电视机343台、话筒200个、计算机4259台、影碟机267台。3所高完中、12所初中、7所小学仪器品种达自治区级Ⅰ类标准；1所高完中、18所初中、16所小学达Ⅱ类标准，5所初中、249所小学达Ⅲ类标准。中学共有图书55.05万册，生均8.80册；小学共有图书49.15万册，生均4册；4所中学、5所小学图书达自治区Ⅰ类标准，5所中学、7所小学达Ⅱ类标准，6所中学、124所小学达

日本"利民工程"项目援建的和平镇平竹小学"中日友谊楼"（2005年摄）

Ⅲ类标准。

2005 年，藤县启动“西部农村中小学寄宿制学校建设工程”项目建设，新增中小学实验室用房 45 间，面积 2145 平方米。组织举办 3 个“英特尔未来教育项目”培训班，培训人数 75 人。实施 2004 年—2005 远程教育项目学校 531 个，其中模式三初中 32 所，模式二村小学 131 所，模式一教学点 368 所，投入项目设备资金 800 万元。“义教工程”信息技术项目学校 38 所，调拨“义教工程”教学仪器、图书、课桌等资金量达到 72 万元。年末，全县中小学校实验室总面积达 1.46 万平方米；图书室总面积达 1.25 万平方米；微机室总面积达 1.01 万平方米；语音室总面积达 3913 平方米。

第五节　普及九年义务教育

组织实施

1991 年 6 月，藤县依据《中华人民共和国义务教育法》开始实施普及九年义务教育工作（简称“普九”）。县成立由县长任组长，分管教育的县委副书记、副县长、人大常委会副主任、政协副主席及教育局局长任副组长，县委办、政府办等部门的主要领导为成员的“普九”工作领导小组、“普九”工作评估验收领导小组、《义务教育法》执法领导小组、“普九”工作督查小组等领导机构，并把“普九”工作列入各级党委、政府领导任期工作目标任务。每年利用 3 月、9 月教育法规宣传月在全县进行“普九”工作宣传。至 1998 年，累计出动宣传车 87 辆（次），书写持久性宣传标语 7600 条，开辟宣传橱窗 685 处，印发义务教育公告 1000 份。组织师生 15.30 万人次到各乡村游行宣传。通过县有线电视台、广播以及报纸等媒体进行报道宣传。宣传面覆盖全县所有乡村。1996 年—1999 年，全县新建、扩建、回建中小学校校舍 15.50 万平方米，教师住宅楼 42 幢 897 套；硬化运动场地 10.24 万平方米，校道 1.99 万米；花池花坛 2180 个，围墙长 13.78 万米；装备教育教学仪器 1003.74 万元，购买教学微机 130 台、图书 109 万册。

2004 年，自治区将藤县列为“普九”攻坚对象，县教育局、县发展计划局、县财政局联合制定《藤县“两基”攻坚工作规划（2004—2007）》。县长与各乡镇长，乡镇长与村委主任层层签订实现“普九”责任状，村委与家长签订义务教育合同书，全面落实工作责任。对在“普九”迎检工作突击攻坚阶段中没有进展的乡镇主要领导和分管教育的领导实行诫勉。同时，明确教育局局长、校长为教育系统内部控辍第一责任人，把控辍列为考核校长政绩的重要指标与年终考核挂钩。

2005 年，坚持以控掇为重点，巩固提高“两基”成果，把控掇任务层层分解落实，加强领导，做到机构不散，措施不变，力度不减，把控掇工作贯穿教育工作的全过程。全县小学巩固率为 99.10%，初中巩固率为 97.10%；秋学期适龄儿童入学率为 99.71%，适龄少年入学率为 98.10%，初中巩固率为 97.30%。

检查验收

1999 年，全县小学适龄儿童入学率为 99.17%，初等教育入学率为 97.29%，15 周岁初等教育完成率 95.90%，17 周岁初级中等教育完成率 86.80%。全县中小学校拥有教学微机 130 台，语音室 21 间，理化生物实验室 86 间，体育器械室 298 间，卫生室 68 间。校园六配套接近完善。是年 12 月，自治区“普九”验收团对藤县普及九年义务教育工作逐项进行评估验收，认为藤县普及九年义务教育的普及程度、师资配备及水平、教学经费、教育质量、办学条件等基本达到国家和自治区规定的标准要求，顺利通过了验收团的验收。此后，全县继续加强“普九”工作，巩固、提高“普九”成果。2002 年—2004 年学年，全县小学适龄儿童入学率最高 99.68%，最低 99.50%，达到了 99% 以上的标准要求；初中阶段入学率最高 98.02%，最低 95.99%，超过了 95% 以上的标准；小学辍学率最高 0.64%，初中辍学率最高 2.43%，分别控制在 1%、3% 标准以下。2004 年—2005 学年，15 周岁人口初等教育完成率 98.48%，超过 98% 标准要求；17 周岁人口初级中等教育完成率 87.92%，超过 85% 标准；适龄残疾儿童少年入学率 66.95%，在 60% 标准以上。2004 年 10 月，通过自治区普及九年义务教育评估验收团的复核验收。

藤县普及九年义务教育评估验收情况表

表 20-1-5

验收时间	学年度	人口（万人）	在校小学生（人）	在校初中生（人）	适龄儿童（人）	初等教育入学率(%)	初级中等教育毛入学率(%)	初等级教育辍学率(%)	初等中等教育辍学率(%)	15周岁初等教育完成率(%)	17周岁初级中等教育完成率(%)	文盲率(%)
1999.12	1997—1998	87.5	103906	41875	104930	99.29	90.32	0.85	1.98	95.90	84.80	0
	1998—1999	87.6	107209	43223	108192	99.35	92.42	0.80	2.00	95.80	85.40	0
	1999—2000	88.8	110831	46246	112010	99.17	97.29	0.78	1.81	96.90	89.80	0
2004.10	2002—2003	92.8	121208	39954	122267	99.52	95.99	0.64	2.34	98.20	86.62	0
	2003—2004	93.5	119479	47524	120557	99.50	96.40	0.42	1.74	98.38	87.49	0
	2004—2005	94.5	114705	57209	115548	99.68	98.02	0.39	1.48	98.48	87.92	0

第六节　教学教研

教育科研队伍

1991 年，全县有专（兼）职教研人员 18 人。2004 年，全县中小学成立学科中心教研组。高中成立以藤县中学为中心的全县高中学科中心教研组；初中学科中心教研组由教学研究室中学教研组为核心组成；小学学科中心教研组由教学研究室小学教研组为核心组成。各乡镇一中、中心校成立乡镇学科中心教研组。各中学、乡镇中心校、村级小学（含分校）成立学科教研组，在部分学校聘任一批教研（教学）成绩突出的学科带头人、骨干教师作为兼职教研员，扩大教育科研队伍，共计聘任兼职教研员 57 人。涉及政治、数学、英语、物理和信息技术、化学、生物、历史、地理、语文、艺术等各学科。全县中小学开设的各课程，县教研室均配备有专（兼）职教研员；职业教育和成人教育、学前教育等均配备专（兼）职教研员。2005 年，全县有专职教研人员 32 人，兼职教研人员 38 人。

教学科研活动

1988 年始，藤县初中教学开展黎氏最优教学法研究与实践，1991 年初获成效并在全县各初中推广应用。1992 年开始，在小学开展作文提早起步、语文自学能力的培养、数学教育目标管理等教研实验，进行动象发现教学法和愉快教学法的研究。1993 年 5 月，派出高中、初中教师代表各 1 名参加“全区青年物理教师优质课比赛”，获梧州地区二等奖。1994 年开始，在全县中小学校开展课堂教学选拔赛以及各学科优质课评比活动，促进课堂教学的改革和优化。1996 年 5 月，选派高中教师 1 名参加“全区优秀录像课评比活动”获梧州地区一等奖。1998 年 2 月，选派教师代表 2 人参加“第二届全区青年物理教师优质课比赛”，分别获高中组广西赛区二等奖和梧州赛区一等奖。1999 年 7 月，选派初中、高中教师代表各 1 名参加“梧州市青年物理教师优质课比赛”，获二等奖。2000 年，选派教师代表 1 名参加梧州市历史优质课评比，获二等奖；参加广西中学历史优质课评比获三等奖。2001 年，选派 6 位教师参加“第四届广西中学物理创新教学大赛”，有 4 位教师获梧州市赛区二等奖，2 位教师获一等奖并代表梧州市参加自治区决赛，获全区二等奖。

2000 年，经广西教育科学规划领导小组审查批准，确立《农村高中生学习心理与学习有效性的实验研究》课题项目，为藤县首个自治区级教育课题研究项目。责任单位为藤县中学，同年 9 月开始实施。2000 年—

2004 年藤县一中公开课

2005 年，全县累计确立并实施教育科研项目计 30 个课题。其中属国家基础教育实验中心外语教育研究中心课题 1 个，自治区级课题 10 个。属“广西教育科学规划课题”5 个，其中子课题有 5 个；市级课题 3 个，其中子课题 2 个；县级课题 18 个，其中 2 个既为县级课题，也属市级子课题。课题项目责任单位主要有藤县教研室、藤县中学、藤州中学、藤县一中、藤县二中、塘步一中、古龙初中以及藤城中心小学、太平中心校、太平第二中心校、朝阳小学、潭津中心校、天平镇实验中心小学、濛江中心校等。2005 年，已结题 9 个，初步结题 2 个，准备结题 2 个，其余在研究当中。2001 年—2005 年，通过举办教学示范课、课堂教学展示课等活动，全面提升中小学教师的教学水平。2004 年 12 月，县教研室被自治区教育厅评为“全区教科所（教研室）建设先进单位”。

2002 年—2005 年，鼓励全县中小学教师在教学科研活动中积极撰写教育教学论文，向各级刊物投稿，选送优质论文参加各级教育教学论文评比活动。累计选送 4678 篇论文参加全国、全区、全市级教育教学论文评比活动，其中获国家级一等奖 6 篇、二等奖 46 篇、三等奖 71 篇；获自治区级一等奖 102 篇、二等奖 603 篇、三等奖 955 篇；获市级一等奖 453 篇、二等奖 1001 篇、三等奖 991 篇。被国家级刊物采用刊登论文 3 篇、省级刊物采用刊登论文 24 篇、市级刊物刊登论文 6 篇。有 5 篇论文入编国家级专著论文集。县教研室连续 4 年获自治区教育厅授予“广西中小学教育教学论文评选工作优秀组织奖”。

第二章　基础教育

1991 年，全县有高中 6 所，在校学生 3562 人；初中 47 所，在校学生 16134 人；小学 275 所，在校学生 10.42 万人，适龄儿童入学率 98.40%，巩固率 91.60%，合格率 93.10%；幼儿园 20 所。全县中小学教职工共 7992 人，具备本科学历 157 人、专科学历 714 人。是年，全县中学推广“黎氏教学法”。全县参加高考考生 1802 人，考取重点大学 51 人，本科 79 人，大专 119 人，中专 98 人，录取率 19.25%。1995 年，开展课堂教学“三为主”（即教师为主导、学生为主体、训练为主线）的教学改革试点。1997 年，中考语文合格率居梧州市首位，3 名高中生获全国数学、化学、英语学科竞赛一等奖、11 人获二等奖。2005 年，全县有高中 5 所，在校学生 8793 人；初中 37 所，在校学生 62684 人；小学 273 所，在校学生 12.13 万人，适龄儿童入学率 99.65%，巩固率 99.69%，合格率 98.46%；幼儿园 37 所，在园幼儿 3869 人。全县中小学有教职工 8934 人，具备本科学历 570 人，专科学历 3894 人；其中小学有专任教师 3425 人，具有本科学历的 18 人，大专学历 1303 人，教师队伍整体素质大幅度提高。全县参加高考考生 2210 人，成绩达到录取分数线以上的 1952 人（含大专、本科），占考生人数的 88%；其中本科上线 1086 人，上线率 48.40%。

第一节　学前教育

幼儿园

设置　1991 年，藤县共有幼儿园 20 所，其中公办幼儿园 1 所（县第一幼儿园），社会力量办幼儿园 19 所。有公办保教人员 56 人。全县幼儿园占地面积 4000 平方米，建筑面积 3180 平方米。此后，藤县幼儿园始终以社会办学为主。1992 年增设县第二幼儿园。1993 年，社会力量办幼儿园增加到 22 所，开设 32 个班，在园幼儿1101人。1994年—1998年，社会力量办幼儿园基本维持在19所。1998年，全县幼儿园占地面积增加到5526平方米，建筑面积增加到9240平方米。2000年，社会力量办幼儿园增至28所，其中:藤城镇11所、濛江3所、潭东1所、金鸡5所、东荣1所、太平4所、古龙1所、象棋1所、南安1所；有教职工117人，其中专任教师66人，保健员8人；开设62个班，在园幼儿1895人，占全县在园幼儿人数的69.34%。2001年8月，撤销县第二幼儿园，在园幼儿及保教人员并入县第一幼儿园。是年，全县有幼儿园31所，其中公办1所、民办30所；有教职工180人，其保教员158人；开设611个班，在院幼儿1.61万人。此后，社会力量办幼儿园逐年增多，2004年达到41所，其中藤城15所、新庆2所、濛江4所、潭东2所、金鸡3所、太平7所、象棋2所、岭景2所，埌南、天平、东荣、古龙4乡镇各1所。开设104个班，在园幼儿2322人，占全县在园幼儿人数的69.34%；有保教人员193人，其中专任教师116人，保健员17人。全县幼儿园占地面积1.44万平方米，建筑面积2.16万平方米。其中社会力量办幼儿园占地面积1.23万平方米，建筑面积1.55万平方米。2005年，全县共有幼儿园37所，其中公办幼儿园1所，社会力量办幼儿园35所。在园幼儿3869人，其中公办1530人，民办2339人；有保教人员279人（专任教师207人，保健员38人），其中公办幼儿园教职工58人（专任教师47人，保健员4人），社会力量办幼儿园教职工221人（专任教师160人，保健员34人）。全县幼儿园占地面积1.54万平方米，校舍建筑面积2.27万平方米。除公办幼儿园有专属园舍外，单位办的幼儿园一般利用单位房舍作园舍，私人办的幼儿园大多利用自家房舍或租用民房作教育场所。幼儿园教学教具主要有录音机、电视机、VCD机、脚踏风琴、电子琴、小玩具和图书等，较大规模的幼儿园购置有滑梯、迷宫城、转盘等。

学制与教学 1991年—2005年，幼儿园一般招收3~6岁幼儿入学，并按幼儿年龄设小班(3~4岁)、中班(4~5岁)、大班(5~6岁)，也有根据家长要求开设小小班(3岁以下)的。有的幼儿园因招收的幼儿较少则不分班次，进行混合编班，按幼儿入院的先后进行区别教育。幼儿园执行学年制，每学年分上、下两个学期，每学期起止时间与中小学相同，上学期一般为3月初至7月中旬，下学期一般为9月1日至次年1月中下旬左右。相当部分幼儿园在暑假期间增设暑期班。幼儿教育一般采用全日制教学形式，每天早上7:30至8:00由家长送到幼儿园，下午4:30至5:00再由家长接回家，县城内个别民办幼儿园每天派专车接送幼儿。公办幼儿园的幼儿每周来院5天，民办幼儿园幼儿每周来院6天，部分民办幼儿园根据需要开设有寄宿班，留幼儿在院寄宿。小班每周上课6~8节，每节10~15分钟；中班每周上课10~11节，每节20~25分钟；大班每周上课12节，每节25~30分钟；每天的户外活动和游戏时间不少于2小时。

1991年至2001年9月，幼儿园对幼儿的教育与保健执行国家教育部1981年10月颁发的《幼儿园教育纲要（试行草案）》，教育内容与要求分为生活卫生习惯、体育活动、思想品德、语言、常识、计算、音乐、美术八个方面。2001年9月起，执行教育部2001年7月2日颁发的《幼儿园教育指导纲要（试行）》，将幼儿的教育内容划分为健康、语言、社会、科学、艺术五个领域。采用教材，开设语言、常识、计算、美术、音乐、体育、游戏等课程。采取寓教于乐的形式，将教学寓于游戏、娱乐活动之中。2003年起，使用自治区编写的新教材，并推广“双语”教学。

附:幼儿园简介

藤县第一幼儿园 属公立幼儿园。位于县城西厚路12号。1956年11月创办，隶属县教育科管理。1963年改由县直机关党委领导和管理，并易名为藤县县直机关幼儿园。1991年，占地面积2160.03平方米；开设幼儿班15班，入园幼儿670人；有教职工46人。是年1月，与县武警中队结为共建文明单位，每年开展共建活动。1997年划归县教育局管理，改称藤县第一幼儿园。开办幼儿班15班，入园幼儿698人；有教职工53人。有教工宿舍1幢，教学大楼1幢，总建筑面积6004平方米。有音乐室、多功能活动室、科学探究室、幼儿图书（阅览）室、游泳池、幼儿篮球场、70平方米的露天舞台，有迷宫、爬山坡、海洋球、小精灵隧道、滑梯及具有钻、爬、攀、转等功能的大型玩具，有投影机2台、音响2套，每个班配置有彩色电视机、影碟机、收录机、脚踏风琴、电子琴、消毒柜、桌面玩具、图书、各种教学挂图及卡片等。1999年，获自治区先进“文明单位”

称号。2000年开设双语教学班和体操兴趣实验班,园体操队在自治区第三届幼儿基本体操比赛中获三等奖。2001年,获自治区第四届幼儿体操赛二等奖,被自治区妇联授予“巾帼建功文明示范岗”称号。2005年,有幼儿班16班,学前班1班,在园幼儿707人;有教职工65人,其中高级教师16人、一级教师20人、二级教师3人;教师中大学专科以上学历22人,幼师、中师学历17人。

濛江镇康佳幼儿园　1998年开办。属民办幼儿园。位于藤县濛江镇下大街32号,占地面积275余平方米;有教学楼2幢,总建筑面积948平方米。开办幼儿班2班,招收幼儿50人;有教职工8人。置有幼儿图书(阅览)阁、保健室等;设置有70平方米的露天舞台,有多功能大型玩具如爬山坡、海洋球、毛毛虫隧道、5环隧道、滑梯等;有投影机1台、音响3套以及电钢琴等。每个班配置有彩色电视机、影碟机、收录机、电子琴、玩具、图书、各种教学挂图及卡片。2005年,招收幼儿班6个班,在园幼儿160人;有教职工13人,其中大学专科以上学历1人,幼师、中师学历3人。

学前班

学前班一般招收6~7岁儿童入学。1991年,藤县除县第一幼儿园附设学前班外,其余的学前班均附设在各小学校。全县有学前班115班,就读人数3964人。幼儿每天到校时间与所在的小学(幼儿园)学生(幼儿)到校时间相同,上午和下午则比小学生提前一节课时间放学。每周总课时22节,每节课30~35分钟。开设有语文、数学等课程。一般利用所在小学(幼儿园)的教学设备进行教学,不再单独购置教学设备。学前班教师无另外定额和编制,由各校根据具体情况在本校教师中调剂安排或自行聘请代课教师解决。2005年,全县有学前班593班,学生14025人。

1991年—2005年全县学前班数、学生人数统计表

表20-2-1

年度	班数(班)	人数(人)
1991	115	3964
1992	87	3135
1993	326	9978
1994	276	9355
1995	444	14707
1996	472	14764
1997	513	17163
1998	497	17578
1999	499	17986
2000	398	14381
2001	482	11332
2002	541	13882
2003	524	15750
2004	569	15723
2005	593	14025

第二节　小学教育

学生　学制

1991年,全县小学在校学生10.42万人,适龄儿童入学率98.40%,巩固率91.60%,合格率93.10%。此后,随着人口增长，小学入学人数逐年增加。1997年，在校学生11.33万人。2001年，在校学生13.86万人。2005年，全县小学在校学生12.13万人，适龄儿童入学率99.65%，巩固率99.69%，合格率98.46%。

1991年—2005年，全县小学沿用六年制学制。

1991年—2005年藤县小学教育情况表

表20-2-2

年度	学校数（所）	教学点（个）	招生数（人）	在校生（人）	毕业生（人）	教职工（人）		代课教师（人）
						合计	其中专任教师	
1991	275	595	17215	104243	11268	4331	3887	942
1992	275	573	19382	105583	12188	4299	9610	1104
1993	276	572	21881	108358	12518	4245	3553	1244
1994	277	566	21828	113447	12184	4141	3480	1533
1995	277	565	21115	114318	13200	4118	3482	1765
1996	278	565	22597	117592	13237	4088	3486	2044
1997	278	549	24509	113289	13382	4077	3489	2446
1998	279	549	13066	111039	17614	4088	3582	1569
1999	279	578	21201	117946	17725	3676	3186	2155
2000	280	572	19477	119879	18175	3774	3266	2336
2001	275	496	19678	138582	21676	3599	3078	2603
2002	275	478	20281	139966	24059	3989	3426	2588
2003	274	467	20132	134580	23867	3890	3268	2576
2004	274	465	20172	127634	24999	3965	3345	2370
2005	273	456	19385	121330	24698	4092	3425	2159

课程设置

1991年—1995年春学期，执行国家教委制定的课程计划，主要学科采用六年制全国统编教材。开设有思想品德、语文、数学、社会、自然、体育、音乐、美术、劳动等学科。1994年起，体育、法制、健康教育等学科使用广西教材。1995年秋，实行每周5天工作制后，把体育学科调整为体育与健康，同时增加外语、综合实践活动2个科目。当年，潭津中心校率先在四、五年级开设英语课。1997年秋，开始使用活动课本。1999年，小学四至六年级增设社会课，取消历史、地理课程。2001年秋，各乡镇中心校从三年级起全面普及英语教学，开设英语课程，使用新型英语课本。同年，部分中心校开设信息技术课。2002年1月起，执行《广西九年义务教育课程计划》，开设思想品德与生活、思想品德与社会、语文、数学、外语、科学、体育与健康、艺术（音乐、美术）、综合实践活动（包括探究性学习、信息技术、综合学习与实践）、地方与学校课程。2003年，改用新标准英语课本授课。2004年秋，小学一年级改用义务教育课程标准实验教科书，语文使用人民出版社出版的教材，数学使用北京师范大学出版社出版的教材。至2005年保持不变。

2005年，藤县举办少年儿童文学艺术比赛

教学

1991年，县内小学教育以德、智、体全面发展为方针，以德育为领先，主要进行以“五爱”为基本内容的社会公德教育和一般的政治常识教育。1992年前每周上课6天。之后至1995年春学期采用每周五日半制教学。1995年秋学期起执行双休日制度，改为每周上课5天。1999年，实施中共中央国务院发出的《关于深化教育改革全面推进素质教育的决定》，改变传统的单一授课教学方式，在教学过程中，强调学生的主体性地位，课堂教学注重师生的参与性和互动性，以培养学生积极主动的学习态度以及创新精神和实践能力为重点，使学生在获得基础知识与基本技能过程的同时成为学会学习和形成正确价值观的过程。同年，各中心校向政法机关聘请法制副校长定期或不定期到学校上法制教育课。至2005年保持不变。

对学生的评价，分综合性发展评价（包括道德品质、公民素养、学习能力、交流与合作能力、运动与健康、审美与表现等）和学业评价，综合性发展评价采取定性描述形式述评。1991年—1999年，学业评价以考试成绩评定。1999年后，采取考试和考查方式综合评定，分A、B、C、D、E五级制，A表示优秀，B表示良好，C表示中等，D表示及格，E表示不及格。

1991年—2005年，全县小学推行国家体育锻炼标准，每年达标率在97%以上。县教育局与县文体局联合举办12届“萌芽杯”儿童篮球赛、田径赛。2002年，组织全县小学生参加第七届全国中小学生绘画、书法比赛，上送参赛作品186件，其中大部分为小学生作品。

附：学校选介

藤城中心小学校　属公办完全小学校。创办于清光绪三十一年（1905年）。1991年，坐落藤城镇登俊路26号，校园占地面积1.23万平方米，校舍建筑面积1.01万平方米，有教学班41班（含学前班），在校学生2265人。有教职工103人，其中专任教师100人；拥有大专毕业以上学历教师3人，中师（中专）毕业81人；教师中获取小学高级教师职称19人，小学一级教师职称28人，小学二级教师职称53人。1997年，被评定为广西壮族自治区属举重传统项目学校；被自治区教委、体委、卫生厅授予“贯彻体育卫生工作两个《条例》优秀学校”称号；被自治区体委授予“体育传统项目学校”称号。1998年，陈健锋老师被评为全国传统项目先进工作者；胡在权老师被评为全区优秀教师。1999年，组织五、六年级学生参加自治区数学竞赛，5人获一等奖、20人获二等、12人获三等奖。此后组织学生参加全国、自治区举办的各种比赛中多次获奖。自治区第六届中小学生书画作品比赛中7人获一等奖，17人获三等奖。2002年，邓小玲老师被评为全区优秀教师。2004年，学校被广西壮族自治区教育厅等部门授予“全区中小学（中等职业学校）德育工作先进集体”“2004年广西青少年学生科技活动优秀组织奖”“广西教育科学‘十五’规划课题《小学语文“听音想象作文”教学研究》实验先进单位”“广西教育科学‘十五’规划课题《小学数学“听算训练与检测”教学研究》实验先进单位”等称号。2002年—2004年，学校举重队在广西区属传统项目举重比赛中获5枚金牌、6枚银牌；向区体校和区体工队共输送人才5人。2005年，学校被广西壮族自治区教委、区体委、区卫生厅联合授予“贯彻体育、卫生《两个条例》优秀学校”；教师李海燕被评为全国优秀少先队辅导员。

2005年，学校占地面积1.23万平方米，校舍建筑面积1.13万平方米。有音乐舞蹈室、美术室、仪器室、实验室、劳技室、图书室、阅览室、语音室、电脑网络教室、多媒体大教室、阶梯室等；电脑40多台；藏书2万多册；150米环形跑道的田径场1个，篮球场3个，羽毛球场1个。有教学班48班（包括学前班），在校学生2976人。教职工131人，其中专任教师127人；拥有大专毕业以上学历教师84人，中师（中专）毕业43人。教师中获取小学高级教师职称64人，小学一级教师职称44人，小学二级教师职称19人。

潭津中心校　1993年秋创办，为县直小学。位于县城河东区天乐一街83号。校园占地面积38000平方米，有教学楼4幢，教室54间，总建筑面积7920平方米。开办1~6年级教学班12班，招收学生586人；有教职工31人，其中专任教师30人。拥有中师（中专）毕业27人。教师中获取小学高级教师6人，小学一级教师职称9人，小学二级教师职称15人。设置有图书室、阅览室、电脑室、电教室、舞蹈室、劳技室、书画室等，各类教学仪器按Ⅰ类标准配备齐全；有4000多平方米的内操场1个，21000平方米的体育运动场1个。2005年秋学期，有教学班31个，在校学生1769人；教师88人，其中有小学高级教师38人，小学一级教师35人。教师中大学本科学历2人，大学专科学历45人。1998年—2005年，获"自治区体卫两个《条例》优秀学校""自治区群众体育先进学校""全国读书活动先进学校""'十五'规划课题《小学语文"听音想象作文"教学研究》实验优秀单位"称号。

1994年，潭津小学举办第一届运动会

藤城朝阳小学 1982年8月创办，隶属藤城镇管辖。位于藤城镇西厚路118号，校园占地面积2378.95平方米。初称藤城朝阳小学，1991年9月，升格改称藤城镇朝阳中心小学校。有教学楼2幢，教室26间，总建筑面积6200平方米。有教学班21班，在校学生1423人；学前班3班162人。教职工52人，其中专任教师50人；拥有中师（中专）毕业29人。教师中获取小学高级教师职称12人，小学一级教师职称23人，小学二级教师职称15人。2003年4月复名藤城镇朝阳小学。2004年4月归属县直小学，隶属藤县教育局管理。

1992年，被评为自治区文明学校；校少先队获全国红旗大队称号。2001年，被评为自治区体育卫生两个条例优秀学校。2005年，被评为全区"爱科学月"活动先进集体。

藤州镇潭东中心校 创办于民国8年(1919年)。1991年，位于县城南面潭东村。校园占地面积5180平方米，校舍建筑面积6430平方米。有教学班23班，在校学生1346人。有教职工36人，其中专任教师36人；拥有中师（中专）毕业26人。教师中获取小学高级教师职称4人，小学一级教师职称的11人，小学二级教师职称的21人。2003年，改称潭东镇中心校。2005年改称藤州镇潭东中心校。是年末，校园占地面积5180平方米，建筑面积6430平方米。有1000平方米的内操场，篮球场2个，有多媒体大教室、仪器室、实验室、电教室、会议室、广播室、总务室、图书阅览室、体育室、微机室、卫生室、劳技室各1个；电脑38台，图书12501册。教学班33班（包括学前班），在校学生1587人。共有教职工69人，其中专任教师66人；拥有大专毕业以上学历教师42人，中师（专）毕业21人。教师中获取小学高级教师职称16人，小学一级教师49人，小学二级教师4人。1997年，被自治区教委、体委、卫生厅授予"贯彻体育卫生工作两个《条例》优秀学校"称号。1998、1999年连续获自治区读书活动组织奖。

1999年，藤县组织青少年到桂平北回归线标志地开展科技教育活动

濛江镇江权小学 清宣统二年(1910年)创办。1991年位于濛江镇江权村，校园占地面积4500平方米，建筑面积1300平方米。有教学班16班，在校学生780人。有教职工34人，其中专任教师34人；拥有中师（中专）毕业8人。2005年，校园占地面积5933.3平方米，建筑面积1600平方米。有多媒体教室、电教室、少先队室等。配置有电脑10多台，藏书1万多册。有篮球场2个，校园展演舞台1个；教室24间。有教学班12班，在校学生480人。教师23人，其中小学高级教师12人，小学一级教师11人。教师中本科学历14人，大专学历7人，中师学历2人。

第三节 初中教育

学生 学制

1991年,全县各初中学校招生以就近划片招生为原则(考上县重点中学的除外),如学生到服务范围外的初中就读,则视为择校生,须交择校费;外来务工和经商者的子女以及投靠亲戚的外地学生在藤县借读的须缴交借读费。是年,全年初中招生6176人,全县在校学生16134人。1995年,全年初中招生8865人,全县在校学生22241人,巩固率94.56%。1998年,取消小学升初中入学考试,学生划片就近入学。是年,全县招生16980人,入学率92.42%;在校学生共45761人,是1991年的2.84倍。2000年,全年初中招生16242人,全县在校学生43140人,巩固率95.76%。2004年秋,取消择校费、借读费,外地学生享受本地学生同等待遇,学生招收仍以划片招生为原则就近安排入读。2005年,全县初中招生22608人,占适龄人口的98.70%。在校学生62684人,是1991年的3.89倍。巩固率98.80%。

1991年—2005年,全县初中沿用三年制学制。

教学

1991年,全县初中采用全国统编教材教学,一年级开设政治、语文、数学、英语、历史、地理、生物、体育、音乐、劳动、图画共11门课程,二年级在一年级课程上增加物理课程,三年级取消历史、地理,增开化学、生理卫生课程。同年,全县初中推广"黎氏教学法",建立各学科教研网络,以各乡镇第一中学为核心建立各学科教研组。1992年,组织初中学生参加广西中学生英语竞赛,56人获奖励。1993年,推广"目标教学法",开展作文优质课评比活动。1995年,全县中学实施"目标教学"管理,在城关一中、象棋一中落实试验班级,开展课堂教学"三为主"(即教师为主导、学生为主体、训练为主线)的教学改革试点。次年在全县铺开。1998年,全县中学实施"单元目标教学"实验。同年秋学期开始,全县初中实施《广西调整九年义务教育教学内容及教学要求方案》,教材统一使用人民教育出版社出版的九年义务教育教材。2001年,国家教育部课程改革,课程结构整体是九年一贯制的九年义务教育课程,适量增加健康、国情与国防教育、信息技术以及综合实践活动等课程。在抓好基础知识教学的同时,贯彻党的教育方针,全面推进素质教育,培养学生创新精神,注重学生各种能力的提高。2004年秋学期起,使用九年一贯制义务教育课程,以新课程标准代替教学大纲。思想政治使用广东教育出版社出版的义务教育课程标准实验课本,音乐、美术使用湖南文艺出版社出版课本,其他课程教材使用人民出版社出版的新课程标准教材。至2005年保持不变。

1991年—2005年藤县初中学生统计表

表20-2-3　　单位:人

年度	校内外学龄人口总数		在校学龄人口总数		在校学生数					招生数	毕业生数	巩固率(%)	合格率(%)	入学率(%)
	合计	其中:女	合计	其中:女	合计	其中:女	一年级	二年级	三年级					
1991	—	—	—		16134	5848	6538	5574	4022	6176	4515	—	—	—
1992	34822	15893	13477	5203	16091	5907	6208	5520	4363	7529	4947	95.10	94.50	56.50
1993	34655	15716	16824	6573	18379	7130	7576	5843	4960	7521	4719	89.41	97.00	58.55
1994	32184	14127	18043	7225	20310	7225	8261	6791	5258	8178	4960	93.40	97.60	56.10
1995	37648	16090	20259	8128	22241	8864	9082	7210	5949	8865	5063	94.56	98.56	53.81
1996	36933	16505	21671	8758	22565	9210	9523	7272	5770	9490	5818	94.68	98.68	58.68
1997	49120	22338	31531	13882	33450	14670	13671	10845	8934	13535	5593	95.13	97.50	90.32
1998	47097	21802	43047	18629	45761	16981	16981	15300	13481	16980	8874	95.26	97.89	92.42

续表

年度	校内外学龄人口总数		在校学龄人口总数		在校学生数					招生数	毕业生数	巩固率(%)	合格率(%)	入学率(%)
	合计	其中：女	合计	其中：女	合计	其中：女	一年级	二年级	三年级					
1999	47661	21125	39310	16031	40537	16535	15508	13142	11887	14982	13250	95.38	98.87	97.29
2000	50804	23012	43302	19626	43140	20065	16242	14525	12373	16242	11522	95.76	98.95	95.99
2001	54650	25516	36521	16439	36983	16652	17089	11444	8441	17066	12371	96.87	99.91	96.40
2002	49036	23297	41751	19475	43149	20069	18970	14232	9947	18970	8515	97.66	99.65	95.70
2003	60357	29255	58184	27348	54842	25958	21807	17927	15108	23191	11632	98.26	99.78	96.40
2004	56848	27222	55727	26685	56096	26870	22614	19002	14480	22614	15071	98.56	99.81	98.02
2005	64260	30803	62684	30064	62684	30064	22608	21801	18275	22608	14514	98.80	100.00	98.70

中考

1991年—2005年，中考工作由县教育局组织实施，每年成立以教育局局长为组长，各相关股室长为成员的中考工作领导小组，统筹协调中考工作的有关事宜。县招生办具体负责组织实施中考的各项工作。在中考开考之前，各初中针对中考各自对毕业班进行3次以上模拟考试，为中考做充分准备。考试由自治区统一命题，全县各乡镇设考点参加全区统一考试。1991年，中考考试科目有：政治、语文、数学、英语、物理、化学、历史。1993年开始，加考体育科目，总分按30%计入中考分数。2002年，取消政治科目，物理、化学两科实行合卷考试。2003年，恢复政治科目并实行开卷考试。2004年，将政治与历史两科合卷考试。2005年，中考考试科目有：语文、数学、英语、物理、化学、政治、历史，其中政治与历史同堂分卷。录取方法按照德、智、体、美、劳全面进行考核，以文化成绩考核为主，按考生填报的志愿，从高分到低分择优录取。

1994年—1996年，连续3年中师、中专上线人数居梧州地区各县前列。1997年，中考语文合格率居梧州市首位。

附：学校选介

藤州中学 位于县城河东新城区。1996年秋创建，校园占地面积98678平方米。有教学实验综合楼1幢，图书楼1幢，学生公寓楼3幢，学生食堂楼1幢，教师宿舍1幢。总建筑面积24350平方米。有教学班9班，在校学生546人。有教职工52人，其中专任教师46人；拥有大学本科学历教师7人，大专毕业学历教师38人，中师（中专）毕业1人。教师中获取高级教师职称3人，中级教师职称的11人，初级教师职称的32人。设有物理实验室2个、化学实验室2个、语音室2个、生物实验室1个、微机室2个，有电脑40台，藏书24122册。有篮球场4个、排球场2个、羽毛球场4个、足球场1个、400米椭圆型跑道田径运动场1个。学校面向全县招生，以招收初中生为主。2001年秋增招高中生。同年，被自治区教育厅、体育局、卫生厅评为“贯彻体育卫生两个条例优秀学校”。2004年秋停招高中生。2005年，有教学班28班，在校学生人数2301人，教职工100人，其中专任教师98人。教师中大学本科学历41人，大学专科学历57人；中学高级教师14人，中学一级教师37人。

藤县第三中学 位于濛江镇濛江圩，由县教育局直接管辖。1956年创办，前身为濛江高中。1992年改名藤县第三中学。有教学班12班，在校学生583人；教职工59人，其中专任教师50人；拥有大学本科学历教师13人，大专毕业学历教师28人，中师（中专）毕业6人；中学高级教师2人，中学一级教师9人。校园占地面积37333平方米，建有教学综合大楼、教师公寓楼、学生公寓楼、科教楼、学生食堂以及大型体育运动场等设施，校舍建筑面积14612平方米。1993年前以招收高中生为主，1993年秋起只招收初中生。2005年，有教学班20个，在校学生1553人；教职工67人（含工勤人员4人），其中专任教师63人，全部具备大专以上学历；中学高级教师6人，中学一级教师14人。1996年后，中考成绩一直保持全县前列，2004年，考入县重点高中43人。

藤县第四中学　位于金鸡镇政府驻地螺山，是一所完全中学。1956年秋创办，称藤县第三初级中学。1979年秋，改名藤县金鸡高中并划归县教育局直管。1992年秋，易名藤县第四中学。有教学班14班，在校学生636人。教职工58人，其中专任教师45人；拥有大学本科学历11人，大专毕业学历29人，中师（中专）毕业5人。有中学高级教师1人，中学一级教师10人。校园占地面积60000平方米，建有教学楼、科教综合楼、学生公寓楼、教师宿舍楼、学生食堂等，总建筑面积18000平方米。设有物理、化学实验室，多媒体教室，电脑室等，购置电脑130台，建立了校园远程教育网络，校园宽带网，校园通讯系统和语言教学广播系统，有藏书17280册。2005年，有教学班24个，在校学生1500人，其中高中班12班，学生600人；教职工80人，其中专任教师70人，教师中研究生2人，大学本科学历15人，专科学历58人；具备高级教师职称4人，中学一级教师12人。

藤县第五中学　1978年创办，前身为城关高中。1991年，校园占地面积16412.70平方米，校舍建筑面积2680平方米。有教学班13班，在校学生819人。有教职工31人，其中专任教师28人；拥有大专毕业学历15人，中师（中专）毕业9人；中学一级教师12人。1998年，改名潭东一中。2004年4月列入县直接管辖，并将县教师进修学校和县农机校的校园及校舍划归潭东一中。2005年8月，改称藤县第五中学。校园位于县城西城区雷庙顶南麓，占地面积29905平方米，有教学楼3幢，科教综合楼1幢，学生公寓楼2幢，教师宿舍楼1幢，学生食堂楼1幢，总建筑面积12000平方米。设有物理实验室、化学实验室、仪器室、微机室、图书室等，配备电脑45台，藏书25000册。有300米椭圆形跑道田径场1个，篮球场2个，排球场2个，足球场1个。2005年，有教学班39个，在校学生2756人。有专任教师145人；大学本科学历22人，大学专科学历120人；中学高级教师6人，中学一级教师48人。2002年，被自治区教育厅、体育厅、卫生厅评为“贯彻体育卫生工作两个条例优秀学校”。

第四节　高中教育

学生　学制

1991年，全县高中在校学生3562人。1993年在校学生2733人。1998年，全县高中在校学生2629人。2005年，全县高中在校学生8973人。

1991年—2005年，全县高中沿用三年制学制。

课程设置

1991年，开设的课程有政治、语文、数学、英语、物理、化学、生物、历史、地理、体育、劳动、信息技术课、综合实践活动课等。同年秋学期开始，将思想政治课由每周2课时改为3课时，其中1课时用于时事政策教育。1992年秋学期开始，将人口教育列为高中必修内容；并在高一年级开设世界史，高二年级开设中国近代史、现代史。1993年，高一年级使用已修改部分内容要点的思想政治课本。1998年秋，高中政治科使用新教材。2000年秋学期，使用语文新大纲、新教材。2001年，使用教育部印发的全日制普通高中课程计划。2002年秋学期，将高中一年级开设的《世界近现代史》调到二年级，《中国近现代史》调到一年级。2003年开始，使用江西人民出版社出版的选修教材《中国文化史》和《世界文化史》。2005年，全县高中开设的课程有：政治、语文、英语、数学、信息技术、物理、化学、生物、历史、地理、体育、劳动、综合实践活动课等。

教学

1991年，全县各高中开始推广黎氏教学法，把预习、自学引入课堂，倡导学生自学质疑。同年，执行自治区中学德育工作规范，把德育工作放在学校工作之首位，并实行校长全面负责学校德育工作。1993年，遵循以教师为主导，学生为主体和教学相长的教学原则。1997年，组织高中生参加全国、自治区、梧州市中学生数学、化学、英语学科竞赛，3人获全国一等奖、11人获全国二等奖。1999年开始，执行中共中央、国务院《关于深化教育改革全面推进素质教育的决定》，严格执行课程计划，控制学生作业量，高中生每天作业量不超过2小时。为保证学生文化科学素质结构合理，普通高中文理分科教学时间不早于高三上学期。各校举办有组织的、自愿参加的旨在发展学生个性、提高学生各方面素质的兴趣小组活动，开展研究性学习活动，教学手段逐步重视多媒体综合电化教学。2003年10月开始，各高中聘请1名政法机关人员任法制副校长，每月给学生上1次法制课。至2005年不变。

考试

会考 1992年开始，全县各高中实行会考制度，具体考试科目：高一年级考地理、生物及生物实验操作，高二年级考思想政治、物理、化学、历史及物理、化学实验操作，高三年级考语文、数学、外语、劳动技术。会考原始成绩用百分制，报告成绩用等级制，分优秀、良好、及格、不及格四个等次。会考、补考均由自治区统一命题，统一考试时间，制定参考答案和评分标准。2000年，实行高中会考制度改革，会考科目改为：思想政治、英语、语文、物理、化学、生物、地理、历史9科；考查科目改为：物理、化学、生物的实验操作及劳动技术；体育成绩由学校根据学生平时的学习锻炼及体育达标情况综合评定。具体会考科目安排：高一年级考地理、生物及生物实验操作；高二年级考思想政治、物理、化学、历史及物理、化学实验操作；高三年级考语文、数学、外语、劳动技术。至2005年不变。

高考 1991年—2005年，藤县普通高考由县委、县人民政府直接领导，自治区招生考试院具体指导，县招生考试委员会办公室负责组织实施。历年考场设在藤县中学和县第一中学。每年考试前强化考务和招生考试工作人员的教育与管理，严肃考风考纪，做到无差错，无个人责任事故发生。1991年—2001年，藤县高考执行自治区统一高考规定，采用“3+2”模式（“3”指所有考生必考的语文、数学、外语学科，“2”分别指理科的物理、化学和文科的政治、历史学科），分文科、理科开考。考试时间在每年7月7日、8日、9日3天进行。2002年，实行“3+X”科目设置模式和一年两次考试（“3”指所有考生必考的语文、数学、外语学科；“X”为选考科目），分别指本科的12个科目组（物理＋化学、物理＋生物、化学＋生物、政治＋历史、政治＋地理、历史＋地理、物理＋综合、化学＋综合、生物＋综合、政治＋综合、历史＋综合、地理＋综合科目）和专科的7个科目（物理、化学、生物、政治、历史、地理、综合科目）。本科最多可报考一个科目组再加一个科目，并能两两组成科目组；专科最多可报考两个同类科目。当年实行本、专科考试分离，取消文、理分科。本科在7月7日、8日、9日、10日4天开考，专科在9月1日、2日、3日、4日进行。本、专科两次考试的成绩不得交叉使用。2003年后，普通高考仍然采用“3+X”科目设置模式。本科考试与2002年相同，专科只能选考1科。本、专科考试时间相连，并在每年的6月7日、8日、9日、10日4天进行。至2005年保持不变。

1991年，全县高考考生人数1802人，考取重点大学51人，本科79人，大专119人，中专98人，录取率19.25%。1996年，全县高考考生人数1045人，考取重点大学33人，本科142人，大专178人，中专91人。2001年，全县高考考生人数1199人，考取重点大学104人，本科268人，大专132人。2005年，全县高考考生2210人，成绩达到录取分数线以上的1952人（含大专、本科），占考生人数的88%；其中本科上线1086人，上线率48.40%，为历年高考中最高年份。藤县中学有1055名学生参考，上录取线的有1047人（含大专、本科），上线率99.40%，其中本科上线708人，上线率67.40%，创历史最高。

附：学校选介

藤县中学 位于县城鸡谷山东麓，创建于清光绪二十八年（1902年）。校园占地面积46620平方米，校舍建筑面积11340平方米。有教学班20班，在校学生1530人。有教职工109人，其中专任教师92人；拥有大学本科学历教师41人，大专毕业学历教师36人；高级教师15人，中学一级教师11人。2001年，藤县中学向自治区申请建设区级示范性普通高中获得批准并立项，计划2005年建设完成。通过学校产业创收、社会多渠道筹措和贷款、县财政拨款等共投入资金156万元，进行软硬件设施改造。年末，拥有教学楼2幢、实验楼1幢、科教办公楼1幢、食堂综合楼1幢、教师公寓楼4幢、学生宿舍楼2幢；小花园2个，校园绿化面积2500平方米；有250米、300米环形跑道运动场各1个、篮球场7个、排球场4个、羽毛球场6个、乒乓球台6

张;卫生室1个;书库2个,藏书共5万多册;学生阅览室2个座位200个,教师阅览室1个座位40个;学校会议室1个座位150个,行政会议室1个座位50个;有多媒体学生计算机教室2个,配置电脑80台,多媒体电子教室1个,座位120个,语音室1个座位72个,每个教室配有投影仪;有教师电子办公室1个,配置有电脑10台、扫描仪1台、数码相机1部、打印机2台;有小型电台设备1套,可同时播放三套语音节目;有放映机1台以及VCD、放像机、放大器、调音台、音响等;有文印室1间,配有胶印机1套、一体化印刷机1台、复印机2台。2002年—2004年,累计投入资金1621万元改善办学条件,新建成学生公寓楼2幢并投入使用。2002年,藤县中学被国家基础教育实验中心外语教育研究中心吸收为英语实验学校。2003年,该校19名学生代表广西赴北京参加首届全国中学生物理、化学竞赛,获二等奖2人,获三等奖6人,获优秀奖12人。藤县中学获全国优秀组织奖和伯乐奖,被首届全国青少年物理化学大赛广西区组织委员会授予“首届全国青少年物理化学大赛指定辅导培训学校”。同年,该校生物、化学、物理实验室经自治区检查确认为国家一类配备标准。2004年暑假,县一中搬迁县城河东区,藤县中学接收其校舍及体育场地,校园面积由2001年的53360平方米扩大至94024平方米,校舍建筑面积由19430平方米扩大到40710平方米。2005年,有教学班52班,在校学生3895人;教职工168人,其中专任教师152人;拥有研究生学历2人,大学本科学历教师139人,大专毕业学历教师11人;中学高级教师职称30人,中学一级教师58人,21世纪“园丁工程”培养对象12人,研究生课程班学员25人,梧州市学科带头人4人,县优秀科技人才4人。1991年—2005年高考,大专以上上线人数共7097人,其中重点大学上线人数1112人,考上清华大学和北京大学共7人。2005年,全校有1055名学生参考,上录取线的有1047人(含大专、本科),上线率99.40%,其中本科上线708人,上线率67.40%,创历史最高。

藤县第一中学　1978年8月从藤县中学分出,成立藤城中学。校址在县城河西区与藤县中学紧邻。1991年,校园占地面积40668平方米,校舍建筑面积21070平方米。有教学班41班,在校学生2240人;教职工121人,其中专任教师99人;拥有大学本科学历教师41人,大专毕业学历教师54人;高级教师9人,中学一级教师34人。1992年8月,易名藤县第一中学。2003年11月,获广西普通高中一级学校。2004年9月,搬迁河东新城区政贤路2号。2005年,校园占地面积84667平方米,校舍建筑面积43752平方米;有教学楼1幢、实验楼1幢、办公图书综合楼1幢、学生公寓6幢、学生食堂1幢、教职工宿舍3幢;有足球场、篮球场、排球场、田径场等设施。有教学班48班,在校学生3505人;教职工161人,专任教师150人,教师中大学本科学历137人,专科学历18人;有特级教师2人,中学高级教师18人,中学一级教师43人。

1996年高考,学生申佑获广西历史科单科状元,被北京师范大学录取。2004年高考,学生吴炳旦获藤县文科总分第一名,被中国人民大学录取。2000年—2004年,连续5年被评为市“高考优秀学校”。2005年高考,全校大专以上上线人数386人。

1994年,学生秦雅获全国首届“宋庆龄基金会”奖金。1998年,学生秦艳萍的作品参加青少年科技大赛,分别获广西一等奖、全国二等奖和高士其科普大奖;学校获“广西贯彻体卫工作两个条例优秀学校”、广西首批“科技教育示范学校”。2000年,获全国“长江小小科学家”提名奖。2005年4月,组织学生参加广西青少年科技创新大赛,获一等奖1个、二等奖1个、三等奖2个。

藤县第二中学　民国18年(1929年)创办,时称藤县三民中学。1979年改名藤县太平高中并划归县教育局直管。1991年,校址位于太平镇德胜街尾圆茂岭脚。校园占地面积51506.80平方米,校舍建筑面积3780平方米。有教学班24班,在校学生2000多人;教职工65人,其中专任教师60人;拥有大学本科学历教师16人,大专毕业学历教师34人;高级教师7人,中学一级教师12人。是年,教师黄素柱获“全国千名优秀体育教师”称号。1992年秋,改名藤县第二中学。2004年,通过自治区评估确定为普通高级中学二级学校。2005年,学校占地面积72000平方米,有教学楼3幢,学生公寓楼1幢,教师宿舍楼2幢;设有物理、化学、生物实验室及多媒体教室,购买电脑68台,建立有校园远程教育网络;开办教学班30个,在校学生2113人;有教职工102人,其中大学本科学历49人,大学专科学历45人;教师中获中学高级教师7人,中学一级教师20人。1991年—2005年高考,大专以上上线人数共175人。

第五节 特殊教育

1991年11月，藤城中心校开设特殊教育班，招收县城范围内的残疾儿童8人。乡镇的残疾儿童采取就近入学，跟班学习。特殊教育班的学制采取全日制八年教学。开设语文、数学、常识、美术、音乐、体育活动等课程，有专职特教教师2人。使用普通小学课本教学，每学年使用一册。1998年起，使用弱智班教材。2000年秋，招聘大学特殊教育专业毕业生任教师。2005年，特教班在校学生11人，随班就读残疾学生298人，学龄残疾儿童入学率70.2%。

第三章 职业教育 成人教育

第一节 职业教育

1991年，全县有中等职业技术学校3所，职业高中1所，有教职工95人。开设有医疗、教育教学、驾驶、修理、养殖、种植、电子电器等专业，在校学生690人。1994年起，职中开始办义务教育初中班，职高生逐年减少，至2004年停招职高生。2005年，全县有中等职业技术学校3所，有教职工40人，在校生543人，师生比为1∶14。

藤县卫生学校 设在县卫生局综合办公大楼内，属卫生系统事业单位。1991年，有教室1间，办公室2间；教职工7人。1991年—1993年，每年开办二年制自费医士班1班，招收学生48人左右。1994年起，改为三年制。开设的课程有：解剖学、生理学、生物化学、病理学和内科、外科、儿科、妇产科、预防医学等学科。主要招收热爱卫生事业且具有初中以上文化程度的社会青年，学生毕业后面向社会自由择业。1994年—1996年，开办三年制自费医士班（中西医结合）1班，招收学生50人。1997年—1999年，开办三年制自费医士班（村医提高班）1班，招收学生50人。2000年，增加教室1间。2000年—2002年，开办三年制自费医士班2班，招收学生110人。2003年—2005年，开办三年制自费护理班2班，招收学生120人。2005年，有编制6人，实有人员5人，其中专任教师4人；教师中大专以上学历3人，中专学历1人；有中级以上职称4人。

藤县农业机械学校 1991年，校址设在县城雷庙顶雷塘冲；校园占地面积4200平方米，校舍建筑面积580平方米。有教学班11班，在校学生210人；教职工11人，其中专任教师10人；拥有大专毕业学历教师1人；中级教师1人。1993年，受梧州地区农机局、教育局批准为成人中等职业学校。主要任务为农村培训拖拉机驾驶员、农用汽车司机、农机修理工、农机管理人员、农机技术员、农机具的使用操作人员以及林、牧、副、渔业和乡（镇）村企业机械的使用、维修人员，并负责有关农机技术的咨询。培训内容分理论知识和实践操作两部分，理论知识包括机械常识、构造原理、交通规则、道路行驶注意事项等。1991年—1998年，每年培训学员在230~260人左右。其中1992年—1994年，共培训电焊工450人；开办车床班1期，培训30人；农用运输车班1期，培训13人；电动机维修班1期13人，培训推土机手10人。1996年—1997年，以培训多功能农用拖拉机手为主。1999年—2004年，共培训学员1045人。2004年春，归属县农业机械化管理中心，为县政府全额拨款事业单位，办公地点设在县农业机械化管理中心内。校舍划归潭东一中。县政府在藤县西江桥底（龙母庙附近）拨给3000平方米土地作为农机教练场。2005年，有教职工9人，其中大专学历1人、中专学历8人；有工程师4人，助理工程师3人。教职工工资由县财政全额拨给，享受农林水一线人员待遇。有教练用车3辆，其中农用拖拉机1辆，手扶拖拉机2辆。全年开办农用拖拉机培训班11期，培训人员220人；手扶拖拉机培训班2期，培训机手50人。

藤县第一职业高中 创办于1985年，称藤县农业职业中学，由县教育局与县农业局联合主办。1990年7月，改称藤县第一职业中学，并由教育局主管，县农业局协管。校址在城关乡潭东村南梧二级公路旁，占地面积1万平方米，校舍建筑面积2100平方米。1991年春至2004年4月改为县农业局主管，县教育局协管。有教学班4~10班，在校学生200~600人之间；教职工32人，其中专任教师22人；拥有大学本科学历教师2人，大专毕业学历教师20人；中级教师3人。2004年底恢复为教育局主管，农业局协管。自20世纪90年代开始，学校面向全县招收应届初中毕业生，开设有养殖、种植、电子电器等专业，学制三年，经考核成绩合格，发给自治区、市、县教育行政部门验印的毕业证。1991年—1993年，为职高在校生鼎盛时期，最高年份在校学生人数600人。1994年，始办义务教育初中班，开办2班，招生107人。次年后以初中义务教育为主。2004年，有教学班9班，在校学生412人，全部为初中生。2005年，有教学班6班，在校学生260人；教职工46人，其中专任教师37人；拥有大学本科学历教师20人，大专毕业学历教师17人；高级教师1人，中级教师10人。

藤县教师进修学校 位于县城雷庙顶。1991年，校园占地面积6333.50平方米。有教师45人。开办卫生电视中师班，中师自考辅导班，招收县内中小学校学历不达标的公办、民办、代课教师共232人，通过集中面授和业余自学等方式学习3年，修完规定课程，经考试、考核合格者，发给由自治区教育厅验印的中等师范毕业证。并开设小学教师岗前培训班、学科教师培训班、骨干教师培训班以及小学校长、教导主任培训班。1992年8月，学校获国家教委授予"全国成人中等专业教育先进学校"。1993年始，举办普通中师委培班，学制3年，招收初中应届毕业生，设置政治、语文、数学、物理、化学、生物、历史、地理、心理学、小学教育学、体育、音乐、美术等课程。同年，教师蓝瑞庭获国家教委、人事部授予"全国优秀教师"称号。1994年，获自治区党委、政府命名为"文明单位"。1996年，与梧州地区教育学院联合开办初中教师"三沟通"（即与函授、卫星电视教育、自学考试相沟通）专科学历全员培训班，招收学员90人。1999年秋，与梧州市电大合作，开办电大注册视听生（小教大专）班，招收小学在职的，未取得大专学历的教师共720人。2000年开始，停办中师委培班。1991年—2000年，通过卫生电视中师班共计培训学员2497人，招收中师委培生333人。2001年，卫生电视中师班停止招生。2004年，与广西师范大学教科院联合开办"义教工程"小学教育大专班，招收学员129人。2005年，与广西师大成教院合办小学教育大专班，中文函授本科、专科班，招收成人高考上线在职教师120人，其中本科生60人、专科生60人。年末，校园占地面积6333.50平方米，校舍建筑面积4968平方米。有教室9个，实验室2个，图书室1个，仪器室2个，微机室1间，小礼堂1个，学员宿舍500平方米。有电脑1台、幻灯投影机2台、DVD功能机及其他音响设施一批，装备卫星电视接收天线一座，有图书8000多册，各种教学参考资料、报刊30多种。有专任教师26人，其中高级讲师1人，讲师15人。

第二节 成人教育

农民业余教育

扫除青壮年文盲 1997年，藤县"扫盲"工作通过国家验收。此后，继续开展扫盲扫尾工作和脱盲后的巩固提高，县教育部门联合科技、劳动、司法等部门，组织脱盲学员参加提高班、普法学习班以及各类实用技术培训班学习，至2000年，巩固率为100%。

农村实用技术培训 2004年，县教育局与县劳动和社会保障局依托职业学校、技工学校、社会电脑培训中心以及各乡镇成人文化技术学校等，联合组织开展较大规模的农民工培训。培训共分三大类，一为定向培训，二是对初、高中应届毕业生进行全员培训，三是职业技能培训。培训内容有职业指导、就业法规、企业员工安全知识、基本职业技能培训等，开设家政服务、餐饮、客房、建筑、制造、宝石加工、针织技术等课程。教学上使用自编印的《外出务工安全知识》《职业指导》《客房服务》《电工常识》《建筑施工常识》《家政服务》《机构常识》《餐饮服务》等教材。是年，共培训学员35774人；其中定向培训24890人，新生劳动力培训 8150 人，职业技能培训 2734 人。

高等教育自学考试

1984 年 4 月，藤县首次组织自学考试。1991 年，自学考试由县招生办公室组织报名和考试。开考的专业有：汉语言文学、会计、护士、政治学、医药、法学等。1991 年—2000 年，每年上半年和下半年各开考 1 次。2001 年，开考 3 次，在 1 月、4 月、10 月开考。2002 年—2005 年，每年开考 4 次，在 1 月、4 月、7 月、10 月举行。2005 年，开考的专业有：行政管理、经济管理、小学教育、学前教育等。

1991 年—2005 年，累计参加考试 24271 人次，最多为 2002 年，有 4930 人参考。获得毕业文凭 1126 人，其中本科 237 人、专科 889 人。

成人高校招生考试

1991 年，县教育局招生办公室负责办理成人高校招生考试业务。招生学校主要有广西大学、广西医科大学、广西师范大学等。考生对象大多为在职工作人员。1996 年起，实行全国统一招生考试，一般在每年 10 月中旬或下旬进行。试题来源于国家教育部，评卷由自治区招生考试院负责，录取工作则由有关招生学校负责。成人高校教育分脱产学习和在职函授教育两类，被录取的考生由所录取的学校实施教育，学习完毕经考试合格者由负责教育的院校发给国家承认学历的毕业证书。1991 年—2005 年，累计参加考试 6909 人，最高为 2004 年 1169 人参考。

第四章　科学技术

1991 年—2005 年，全县科技队伍不断壮大，各类科技人员从 1991 年的 6344 人增加到 2005 年的 37727 人，增长 4.95 倍。共承担自治区科技项目 41 项，梧州市科技项目 8 项，其中 22 项获地市级以上奖励。累计引进种养新技术 215 项、新品种 300 个，推广应用新技术新成果 100 项。2005 年，农村适用技术推广率 10%，入户率 8%。气象预报、水文监测、防震减灾技术水平和服务不断提高，为全县各项事业发展作出贡献。

第一节　机构　队伍

机构

县科学技术局　1973 年 10 月设立科学技术局，属县人民政府序列正科级单位，办公地点设在藤城镇登俊路 55 号。1978 年 2 月，改称藤县科学技术委员会。1991 年 8 月，设财务股和县技术市场管理办公室；辖县科学技术委员会实验场和县科学技术情报所；管理县防震办公室。有编制 20 名，实有人员 20 人。1996 年，复称科学技术局。1997 年 3 月机构改革，内设秘书股、科技成果业务股、科技市场管理股；核定机关行政编制 9 名，其中局长 1 名、副局长 3 名；实有人员 11 人。同年 6 月，县科学技术局实验场与县科学技术情报所合并，实行一套人马，两块牌子，仍为县科技局下属事业单位。同年 7 月，将科技干部管理职能、专业技术职称改革管理、评审职能和专业技术人员继续教育职能划给县人事局管理。1999 年 8 月，藤县防震工作办公室，与县科技局一套人马，两块牌子。2004 年 7 月，成立藤县生产力促进中心，在县科技情报所挂牌，实行“一套人马，两块牌子”。2005 年，有编制 11 名，实有人员 16 人。

1991 年—2005 年县科学技术局（委员会）历任局长（主任）：廖永基（1989.08—1997.01），卢斌光（1997.01—1999.03），梁定宏（1999.03—2001.04），黄保绪（2001.04—2002.04），叶卫杰（2002.05—2002.07 任党组书记，主持全面工作，2002.07—2005.12 任局长、党组书记）。

县科技局下属机构　1985 年成立县科学技术情报研究所。1986 年 8 月，设立藤县科学技术委员会实验场，为副科级全额拨款事业单位。1997 年 6 月，县科学技术局实验场改名县科技实验场并与县科技情报所合并，实行一套人马，两块牌子，为县科技局下属副科级事业单位；核定编制4名，实有人员4人。2004年7月，成立藤县生产力促进中心，在县科技情报所挂牌，实行“一套人马，两块牌子”。至2005年不变。

县防震工作办公室　1976年8月设立县委防震指挥部，下设防震办公室。1979年，防震办公室隶属县科学技术委员会，并由科学技术委员会分工1名干部兼管此项工作。1999年8月，藤县防震办公室，与县科技局一套人马，两块牌子。至2005年不变。

县气象局　前身为广西藤县气候站，创建于1957年1月1日，站址在藤县城关公社潭东大队茅地坡（即潭东镇潭东茅地坡），占地面积2600平方米。1959年2月，与水文站合并，称藤县水文气象中心站。1960年，水文气象分开，称藤县气象服务站。1965年1月，站址搬迁县城雷庙顶（即现今住址），占地面积约5600平方米。辖藤县太平气象站服务站。1975年4月，改名藤县革命委员会气象站。1982年1月，改为藤县气象局，属国家一般气象站，由气象部门和地方政府双重管理，以气象部门管理为主。1987年12月，撤销藤县太平气象站。1991年—2005年，内设办公室（人工影响天气办公室指挥部）、业务股、科技服务股；有编制8名，其中局长1名、副局长1名；实有人员7人，其中局长1人、副局长1人。辖藤县太平气象站服务站和藤县避雷设施检测所。至2005年无变化。

1991年—2005年历任局长（站长）：李辉华(1985.4—2004.11)、黎建春(2004.11—)

藤县水文站　1951年11月建立。坐落今藤县藤州镇西江路391号。属国家基本水文站。1991年，为正科级事业单位，隶属广西水文总站梧州分站，配备人员1人。1992年—1994年7月，隶属广西水文总站。1994年8月—2005年隶属广西水文水资源局。2005年，主要负责藤县境浔江段水文监测。

1991年—2005年藤县水位站站长：李荣钊。

太平水文站　20世纪50年代建立。坐落县境太平镇德胜街138号。1991年，为正科级事业单位，隶属广西水文总站梧州分站，配备人员4人。1992年—1994年7月，隶属广西水文总站。1994年8月—2005年，复归广西水文总站梧州分站管辖。2005年，有人员4人。主要负责藤县境蒙江段水文监测。

1991年—2005年太平水文站站长：江达光(1991.01—)

金鸡水文站　20世纪50年代建立。坐落县境金鸡镇洲地村。1991年，为正科级事业单位，隶属广西水文总站梧州分站，配备人员4人。1992年—1994年7月，隶属广西水文总站。1994年8月—2005年，复归广西水文总站梧州分站管辖。2005年，有人员4人。主要负责藤县境北流河金鸡河段水文监测。

1991年—2005年金鸡水文站历任站长：黎明(1991.01—1992.06)、张汉华(1992.06—1993.06)、何海文(1993.06—1995.07)、梁济忠(1995.07—1997.03)、孔庆伟(1997.03—)

象棋水文站　20世纪50年代建立。位于北流河畔，距县境象棋镇政府驻地1公里。1991年，为副科级事业单位，隶属广西水文总站梧州分站，配备人员3人。1992年—1994年7月，隶属广西水文总站。1994年8月—2005年，复归广西水文总站梧州分站管辖。2005年，有人员3人。主要负责藤县境北流河象棋河段水文监测。

1991年—2005年象棋水文站历任站长：李孔文(1991.01—1997.06)、杨欣(1997.06—1999.10)、邱浩林(1999.10—)。

科技队伍

1991年，全县有各类科技人员6344人，占全县总人口的1.50%；其中高级专业技术职务资格（职称）人员64人，中级专业技术职务资格（职称）人员1258人，初级专业技术职务资格（职称）人员5022人。此后，每年度均开展职称评定工作，科技队伍不断壮大。1991年—1996年，共获高级专业技术职务资格（职称）248人，中级专业技术职务资格（职称）2217人，初级专业技术职务资格（职称）9561人。2000年，全县有各类科技人员21479人，占全县总人口的2.34%；比1991年增加15135人，增长238.6%。2000年—2005年，获取高级以上专业技术职务资格（职称）的人员有321人、中级专业技术职务资格（职称）4183人、初级专业技术职务资格（职称）15268人。2005年年底，全县有各类科技人员37727人，占全县总人口的3.96%；比2000年增加16248人，增长75.6%；是1991年的5.95倍。

1991 年—2005 年科技人员获得技术职称统计表

表 20-4-1　　　　单位：人

年度	工程			农业			卫生			教育			其他			小计
	高级	中级	初级	高级	中级	初级	高级	中级	初级	高级	中级	初级	高级	中级	初级	
1991	—	—	56	—	—	298	—	—	55	—	—	146	—	1	23	579
1992	11	118	200	15	40	307	3	72	106	8	167	1341	49	669	1588	4694
1993	10	22	270	10	17	45	6	42	140	39	608	1017	2	12	335	2575
1994	34	31	321	1	38	23	18	14	842	—	5	815	—	136	465	2743
1995	1	28	129	4	12	23	5	45	89	2	136	906	7	4	21	1412
1996	5	37	117	3	13	39	5	23	243	10	130	532	—	22	83	1262
1997	1	6	176	—	3	35	4	25	120	16	84	608	—	2	59	1139
1998	—	11	211	—	1	38	—	31	122	8	86	795	1	3	71	1378
1999	—	7	140	—	2	60	4	14	103	3	30	771	—	—	30	1164
2000	1	8	32	1	3	35	1	13	143	13	92	778	–	4	18	1142
2001	1	6	83	—	7	20	—	—	52	8	124	913	—	3	7	1224
2002	1	6	135	—	—	20	—	—	6	4	138	865	—	1	23	1199
2003	—	2	91	—	4	65	1	—	19	4	111	1047	—	—	7	1351
2004	—	3	90	—	—	20	—	—	1	8	157	781	—	—	6	1066
2005	—	8	35	—	6	13	2	—	1	10	144	1358	—	1	1	1579
合计	65	293	2086	34	146	1041	49	279	2042	133	2012	12673	59	858	2737	

第二节　科技信息　科技活动

科技信息

1991 年—1998 年，县科技局主要通过科技报刊及其他书刊等获得科技情报，之后整理汇编并以科技信息资料形式对外公布科技信息。1999 年 8 月 30 日，藤县科技信息网络分中心开通，设科技信息、综合新闻、科普活动、科普知识、科技特派员、理论学习、特色种养、供求信息等专栏，实现科技信息实时全国化。同年 10 月，县财政拨专款购置 20 多台电脑分配各乡镇，用于科技信息开发工作。2000 年 3 月 1 日，全县 20 个乡镇均开通科技信息网。1999 年—2001 年，县科技情报所先后向广西科技信息网梧州分中心提供 30 多条科技信息、科技简信，其中 9 条被登录到广西科技信息网主页，其余被登陆在农副产品供求栏目。

2002 年，藤县埌南镇利用信息网络引进人参果苗、双季莲藕种植；通过信息网络提前预测霜冻来临，预测病虫害发生季节，开展农业技术网上诊断、生猪销售等方面工作，拓宽销售渠道，实现农民增产增收。埌南镇埌南村周 ×× 种植 1 公顷东升板栗南瓜获得丰收，先后在易通网、广西科技信息网发布销售信息，引来福建、广东、容县、香港等地客商抢购，使板栗南瓜的售价由 1.60 元 / 千克上升到 3.00 元 / 千克。潭东镇礼秀村信息示范点，通过整合资源，发布宝石加工信息，与梧州宝石加工城主页链接，引来 15 家商家，收到大量订单，创收近 4 万多元，使潭东礼秀村形成了一定规模的宝石加工业基地。古龙“八角大王”雷 ×，通过网络销售八角，成交金额 200 多万元。

2003 年，潭东镇三黄鸡养殖大王李 ×× 利用网络实现年销售 20 万羽，全年实现网上成交 35 万元。太平镇农贸信息中心在全国建立农副产品销售信息联网，将藤县的拳头产品无籽西瓜、大红八角、香芋、粉葛、干茶、冬种作物、种子种苗推向全国各地，产品年销售额 3000 多万元。全年通过各乡（镇）、村网络节点发布香芋、粉葛、八角、桂皮等商品供求信息 1200 多条，促成网上商品销售额 0.58 亿元。藤县东茂钛白粉厂通过网络，将颜料钛白和搪瓷钛白系列产品销往上海、浙江、广东等地以及巴西等国家，销售金额560多万元。

2005年，开展网络技术服务，协助雅照钛白有限公司、金茂钛品公司、京桂高科技有限责任公司、潘林松脂厂等4家企业建立自主发布电子商务、动态交互型网站，免费提供技术，跟踪服务，使企业在生产销售、技术交流等方面取得成效。全年利用藤县科技信息网、藤县信息网、全农网等网站发布农业信息350多条，农产品网上销售额400多万元。其中无籽西瓜、荔枝、冬瓜等8个品种在网上展销洽谈，销售2500吨，销售额200多万元。

1995年—2005年，县科技局共编印发放种养技术小册子7000多册、《科技信息》70期约7000份、《藤县科普》6期共9000份。向各乡镇政府、农业技术推广站以及农民群众提供农作物栽培技术及病虫害防治，水产养殖技术等科技情报200多条。2001年—2005年，全县通过科技信息网络分中心平台发布供求信息9814条。2002年，埌南镇被自治区科技厅评为广西科技信息网先进服务点。

科普示范

1991年，全县有科普示范基地3个、科普示范（文明）乡镇1个、科普示范（文明）村4个、科普示范户303户。

1993年，在城关、南安、天平、濛江、太平和金鸡等乡镇建立水稻高产样板片18个片区，总面积2078公顷；当年，全县早稻总产16.53万吨，比去年同期增产2035吨，晚稻同比增产约1800吨。

1994年，县种子公司和县科委合作，在杂优制种田冬季示范种植"粤引85-38"优质马铃薯；县科委与赤水乡投资14000元，建立"粤引85-38"优质马铃薯种植示范点6.67公顷。

1999年，在埌南、同心、太平、南安4个乡镇建立科技示范点4个，利用松木根种植茯苓技术和高产蘑菇种植技术两项，示范种植面积333.33公顷。建立古龙镇无籽西瓜嫁接技术示范基地、赤水水果种植示范基地，总面积20公顷。县科协、县组织部和县农业局联合将无籽西瓜嫁接技术摄制成录像，作为全县科技电教教材进行示范宣传。

2000年，县科协建立的赤水水果种植示范科普基地被命名为自治区"十大科普示范基地"。2001年，建立2个科技示范乡镇（埌南镇、和平镇），6个科技示范村（埌南镇埌南村、塘步镇沙田村、天平镇富双村、金鸡镇旺国村、和平镇榄莫村、太平镇健安村）。

2004年，县科技局与藤县绿邦种业有限公司合作，建立大果枇杷种植示范基地20公顷，茶辣、蔓京子种植示范基地33公顷；以大果枇杷"早钟6号"为主，马来西亚甜杨桃、台湾番石榴等新水果品种为辅的种苗示范基地5.30公顷。至2005年，基本建起北片乡镇以发展八角、荔枝、龙眼以及粉葛—香芋—生姜立体种植，南片乡镇以发展西甜瓜、沙糖橘、沙田柚以及养鸡、网箱养鱼等立体种养为主的种养示范基地（示范点）15个。

2005年，全县共有科技示范乡镇4个、示范村16个、示范户997户，有基地（样板点）18个。藤县县委、县人民政府向梧州市、自治区科协和中国科协提出创建"全国科普示范县"申请，11月4日，中国科协正式批准藤县为第三批"全国科普示范县"创建单位，同时成为自治区科普示范县创建单位。

咨询服务

1991年—2000年，每年县科学技术局（委员会）、科协联合开展科技咨询、科技人员培训活动，共计邀请68位来自自治区内外高等院校、科研单位的专家到藤县通过讲座和现场指导的形式向农业推广站技术人员、农民群众及种养专业户传授水稻种植、水果栽培和松脂增产等技术。

2001年，邀请广西农科院副研究员2人次到藤县，针对县内稀有土特产品种江口荔枝、红花柔枝大红八角、瓜棚山烟的嫁接及种植开展科技咨询活动，为种植户及技术人员解答（决）水果大小年挂果问题。

2002年7月，邀请广西医学院专家13人次，为藤县961名中级教师、副处级以上领导干部以及1000多名群众体检，并举办防癌防病知识咨询活动50多场（次）。

2003年—2005年，通过讲座向农民群众和种养专业户提供"新法养猪""新法养鸡""特种养殖""科技致富"等技术咨询及面授培训，接受咨询面授433人。

农业科技特派员

2003年4月28日，梧州市委市政府出台《关于梧州市选派现代农业科技副职（助理）和科技特派员的工作实施方案》。8月29日，县委、县政府从县农业局、畜牧水产管理中心选派科技人员10人，作为首批科技特派员，派驻潭东、和平、太平和古龙4镇共10个村实施科技项目开发。被选派人员的编制、职务、职称予以保留，保留其原单位工资、福利和奖金等全额发放；对选派人员在年度考核、机构改革、提拔任用等方面采取相应的保障措施。鼓励科技人员以资金入股，技术参股等形式，与农民群众，尤其是专业大户、龙头企业结成经济利益共同体，实行风险共担，利益共享。当年，主要实施的科技项目有《潭东镇礼秀村原蚕基地小蚕共育》等8项，项目总投资264.40万元。2004年—2005年，共选派科技人员50人，分赴全县16个乡镇50个行政村，开展网箱养鱼、砂糖橘种植、八角、沙田柚、荔枝低改等重点示范项目建设开发工作。

1993年，广西大学教授莫天砚在古龙镇举办专业技术讲座

第三节　科研项目　科技经费　知识产权管理

2002年11月14日，县科技局组织专家对先优95测产

科研项目

1991年—2005年，藤县共承担自治区科技项目41项，梧州市科技项目8项，其中22项获得地市级以上奖励。1992年，"藤县农药厂的电解法生产氧化铜项目"获"广西科技进步二等奖"。1999年"市20万亩低产水田综合增产技术丰收项目"藤县荣获"自治区农业厅科技二等奖"。2000年藤县"水稻旱育秧及综合配套增产技术丰收项目"荣获农业部科技二等奖、自治区农业厅科技一等奖。2003年，塘步镇获2001年度"广西科技进步先进镇"称号。

1991年—2005年藤县承担的主要科技项目一览表

表20-4-2

年度	项目名称	项目来源	获奖情况
1991	日本网纹甜瓜引种栽培试验	广西科委	无
1991	应用综合技术措施，提高沙田柚坐果率	广西科委	无
1992	华南124良种木薯试验推广	广西科委	无
1992	电解法生产氧化亚铜	广西科委	广西科技进步二等奖、梧州地区科技进步三等奖
1992	万亩优质高效高产新技术开发	广西科委	
1993	杂交水稻推广种植	广西科委	
1993	65PNS、IOOPNS泥沙泵	广西科委	梧州地区科技进步三等奖

续表

年度	项目名称	项目来源	获奖情况
1993	低水田种植品种改良	广西科委	
1993	“稻瓜豆（稻）菜”一年四熟新模式开发研究	广西科委	梧州地区科技进步三等奖
1994	15000亩农田高效高产优质农业综合开发	广西科委	无
1994	广西藤县森林资源连续清查第一次复查报告	广西科委	梧州地区科技进步奖三等奖
1994	藤县土地利用现状调查	广西科委	国家土地管理局一等奖，广西优秀科技成果奖
1994	杂交水稻不育系龙特浦A的原种生产及杂交水稻特优63的开发利用	广西科委	自治区优秀科技成果奖、广西科技进步奖三等奖
1994	藤县马尾松工程封山育林研究与推广	广西科委	国家土地局一等奖，广西优秀科技成果奖
1994	B101表面改性处理制取1#B102肽白	广西科委	广西科技进步奖三等奖
1995	油茶牙苗嫁接技术的应用与优良无性系推广	广西科委	广西优秀科技进步三等奖
1996	低水田旱造改种地膜玉米试验	广西科技厅	梧州地区科技进步二等奖
1996	藤县蒙濛河小流域水土保持综合治理	广西科技厅	梧州地区科技进步三等奖
1997	晚造赶旱造综合技术研究开发示范	广西科技厅	
1997	藤县经济作物立体种植综合技术开发	广西科技厅	梧州地区科技进步三等奖
1998	玉桂梢枯病防治技术开发	广西科技厅	广西科技厅科技情报进步奖三等奖
1999	市20万亩低产水田综合增产技术丰收项目	广西农业厅	自治区农业厅科技二等奖
1999	烯效唑培育水稻壮秧技术试验示范	广西科技厅	自治区科技进步三等奖
2000	利用钛白粉厂外排废水开发锰系列产品	广西科技厅	
2000	水稻旱育秧及综合配套增产技术丰收项目	广西农业厅	农业部科技二等奖、自治区农业厅科技一等奖、梧州市科技进步三等奖
2001	优质谷“吨粮田”试验示范	广西科技厅	无
2002	美优138优质水稻新品种中试	广西科技厅	无
2002	农村科技信息网络建设	广西科技厅	无
2002	新品种引进示范——优质谷产业化示范项目	广西科技厅	无
2002	香芋脱毒引进示范	梧州市科技局	无
2002	尚书柚研究开发	梧州市科技局	无
2002	杂交水稻新组合华优86的选育及推广应用	梧州市科技局	广东潮州市人民政府颁发科技进步二等奖
2002	广西20万亩优质稻综合配套技术	广西科技厅	农业部科技三等奖、自治区农业厅科技二等奖
2002	市无籽西瓜嫁接技术应用项目	梧州市科技局	自治区农业厅科技三等奖
2003	藤县特种野猪养殖示范	广西科技厅	无
2003	创新计划项目灾后建设技术示范—藤县优质水稻恢复示范	广西科技厅	无
2004	优质、抗病新质源不育系“Y华农A”保纯与开发利用	广西科技厅	梧州市科技进步一等奖
2004	野猪杂交技术研究	广西科技厅	无
2004	农作物优良品种（组合）产业化示范	广西科技厅	无
2004	优质、专用农作物新品种（组合）中试	广西科技厅	无
2004	西瓜无公害标准化技术开发	梧州市科技局	梧州市科技进步二等奖

续表

年度	项目名称	项目来源	获奖情况
2005	沙田柚优质高产栽培示范	梧州市科技局	无
2005	无籽西瓜挂接示范种植	梧州市科技局	无
2005	八角低改	梧州市科技局	无
2005	博优 258 等水稻优质新品种中试	广西科技厅	无
2005	浅色树脂深加工	广西科技厅	无
2005	葛根开发利用示范	广西科技厅	无
2005	红花油茶开发研究	广西科技厅	无
2005	创新计划项目灾后建设技术示范—水稻优质谷基地及黄金瓜生产	广西科技厅	无

科技经费

1991 年—2005 年，县科技局共计获得自治区、市、县三级科技项目经费 213.99 万元。其中自治区科学技术厅科技项目支持经费 133.80 万元，梧州市科学技术局科技项目支持经费 29.86 万元，县财政科技三项经费及防震经费等共计 50.33 万元。

1991 年—2005 年获取科技项目经费统计表

表 20-4-3　　单位：万元

年度	区科技厅	市科技局	县财政	备注
1991	6.60	2.15	2.73	防震经费 0.10
1992	10.00	0.12	2.20	防震经费 0.10
1993	0	0.81	0.90	
1994	2.00	0	0.90	
1995	0	0	0.50	
1996	10.00	0	0.30	
1997	7.00	5.70	0	
1998	7.00	4.50	2.20	
1999	14.50	0	6.00	
2000	9.00	0	4.80	防震经费 3.00
2001	8.00	4.50	1.00	
2002	17.20	5.10	1.50	
2003	8.50	0.68	8.80	
2004	10.00	4.00	6.00	
2005	24.00	2.30	12.5	
合计	133.80	29.86	50.33	

知识产权管理

1991 年—2005 年，全县专利申请 32 项，其中发明 8 项，实用新型 13 项，外观设计 11 项。其中发明项“轮胎气嘴配套装置”获国家专利项目，专利号：932427375。

第四节　科技应用推广

1991 年—2005 年，全县各乡镇均设立农业技术推广站、林业站、畜牧兽医站，负责农、林种植，畜牧养殖技术应用指导与推广工作。累计引进种养新技术 215 项、新品种 300 个，推广应用新技术新成果 100 项。其中 2003 年，县农业局推广应用项目 7 个，推广种植面积 7147.40 公顷；计投入经费 30 万元，培训人员 16 万人。县林业局推广应用项目 3 个，推广种植面积 6666 公顷；计投入经费 30 万元，培训人员 5000 人。2005 年，农村适用技术推广率 10%，入户率为 8%。

环割法八角增产技术

1991 年，县科协引进"环割法八角增产技术"在古龙镇推广应用，该技术通过环割刺激，对促进八角老树生长结果，改变"八角大小年"有明显作用，可提高产量 20% 左右。

植物生长刺激素推广

1991 年—1992 年，县科协引进、县农业技术推广中心推广植物生长刺激素—农丰壮 2.50 万瓶，应用到水稻、蔬菜、西瓜等农作物，比常规产量提高 10% 左右。

超音速焊割超厚高碳钢技术

1992 年，县科协引进"路万国超音速焊割超厚高碳钢技术"，在藤县水泥厂、藤县氮肥厂、藤县农机一厂、藤县东胜等 9 家工矿企业推广应用，解决了超厚(10 毫米以上)钢板的切割难题。该技术切割厚、割口小、割口平整，且比普通切割快 3 倍。

新品种无籽西瓜引种

1993 年—1998 年，县科协引进广西 3 号、4 号、5 号、桂宝 802、雪峰 304 无籽西瓜，在太平镇、古龙镇、金鸡镇建立种植示范版样点 8 个，总面积 13 公顷。其中 1993 年，在古龙、太平、金鸡通过示范大面积推广广西 4 号无籽西瓜 250 公顷、广西 5 号无籽西瓜 171 公顷，总产 2046.60 吨，平均亩产 3240 千克，比常规品种广西 2 号亩产量增加 0.89 吨，增收 447.50 万元。1999 年，引进洋香瓜、哈密瓜等西甜瓜品种，在和平镇龙圹村、太平镇新雅村建立种植示范样板点，总面积 4 公顷。是年，在梧州市召开的全区四市一地现代农业会议农产品展览会上，藤县选送的洋香瓜、哈密瓜、方形西瓜等产品获得与会者高度评价，自治区、梧州市电视台作了专门报道。2001 年—2003 年，引进小南瓜、黑美人西瓜在埌南、新庆、岭景、天平示范种植 7.33 公顷取得成功，及后在县境逐渐得到大面积推广。

苦丁茶

1994 年，县科协引进苦丁茶在城关乡潭东村建立示范种植和苗圃 2 公顷获得成功。至 1995 年，育苗 500 多万株。

"畜必佳"饲料添加剂

2000 年 8 月，县科协引进重庆裕康实用技术研制开发中心的养猪添加剂——"畜必佳"，在天平镇新兴村，埌南镇埌南村、马地村、黄沙村示范配方喂养，示范结果料肉比达到 1∶0.44。用"畜必佳"添加剂配方的饲料比市场上的全价饲料价格低 30%~50%，而且采用全部生料喂养，既节省时间，又节省人力，还节约能源。2001 年，重庆方派出 176 名技术人员进驻各乡镇(每乡镇 10 名左右)，在全县各乡镇全面推广应用。

"日本网纹甜瓜"夏Ⅰ、夏Ⅱ、夏Ⅲ引种栽培试验

1991 年，梧州地区科委划给藤县科委科技经费 1.90 万元(回收 80%)，实施"日本网纹甜瓜"夏Ⅰ、夏Ⅱ、夏Ⅲ引种栽培试验，试种 2000 平方米。

提高沙田柚坐果率试验项目

1991 年，县科技情报所和象棋镇农业技术推广站投入 0.90 万元，试验面积 1300 平方米，应用综合技术措施提高沙田柚坐果率获得成功，总产量 7.12 吨，销售收入 3.56 万元。1992 年，在岭景镇推广种植 1000 公顷。1995 年，经县水果局验收，平均公顷产量 52.50 吨。

无籽西瓜上山栽培

1991 年，推广种植 20 公顷，平均公顷产量 45 吨，年产值 36 万元，获利 21 万元。投入与产出比例为 1∶1.71。

“华南 124”良种木薯引进种植

由县科委、县政协经科委和县南方淀粉厂共同组织实施。1992 年，上级拨给科技三项计划经费 1 万元，从广东引进“华南 124”高产木薯新品种，在新庆、南安、金鸡、同心等乡镇试行推广种植 200 公顷。1992 年，经县农业技术推广中心站、县经作站、县土肥站、县水果办、县科技情报所等部门验收、鉴定，该品种耐旱、耐寒、耐肥、耐瘠、低毒，含淀粉多，比本地品种增产 53% 以上，出粉率高 10%；比本地细叶木薯在同等条件下增产 147.8%，超过了预定技术指标。

低水田种植品种改良

1993 年，县科委、农委、农业局选用广西农业大学培育的超甜 20 号玉米品种，在濛江、赤水、南安、津北、藤城、城关、金鸡、天平等乡镇进行低水田旱玉米改制（种）4.30 公顷，平均公顷产量 7.47 吨，按每千克 1.20 元计，每公顷产值 8964 元，比种植水稻提高 2 倍以上。1995 年，在北流河、蒙江河及浔江沿岸乡镇推广低水田（地）改种地膜玉米 534.40 公顷，经梧州地区、藤县有关部门验收，平均公顷产量 4.82 吨，比种植水稻产值提高 25%。

藤县 15000 亩农田高效高产优质农业综合开发项目

由县科委与县农业部门共同组织实施。1994 年，在濛江镇示范推广应用稻瓜稻菜一年四熟新种植模式，公顷产值为 3.75 万 ~4.50 万元，比常规种植增收 2.96 万元。该项目获自治区科技成果登记和地区科技进步三等奖。

千万亩水稻节水灌溉技术推广应用

1992 年，县水利电力局在潭东、塘步、天平、太平、南安、濛江等乡镇推广水稻“薄、浅、湿、晒”节水灌溉技术。1995 年，该项目通过自治区验收，蓬蓬石灌区的验收对比每年每公顷增产稻谷 300 千克。

综合防治猪布氏病技术推广应用

由县畜牧兽医站和藤县兽医防检站组织实施。1991 年—1993 年，在全县 20 个乡镇推广应用，全年单项增收 315 万元；投入与产出占比为 1∶2.5。

鸡饲养综合技术开发

由县畜牧水产局组织实施。1991 年，在潭东、南安、新庆、塘步等 8 个乡镇推广应用，全年单项增收 386.69 万元；投入与产出占比为 1∶1.54。

电解法生产氧化亚铜

1991 年，由县有机化工厂研发成功。年内上马的第一条生产线（120 吨 / 年）投入生产，年产值 280 万元，实现税利 60 万元。投入与产出占比为 1∶4。1992 年，扩建年产量 180 吨的第二条生产线。

6 万亩双季稻亩产超吨粮项目

由县农业技术推广站组织实施。1990 年开始推广种植。1995 年，种植面积 4570.13 公顷，占可推广面积 50.7%；年产值 779.49 万元。投入与产出占比为 1∶5.77。

治理潜育化稻田，促进水稻增产项目

由县土肥站负责。1990 年开始推广应用。至 1995 年，应用面积 6319.20 公顷。累计增收 413.04 万元。投入与产出占比为 1∶5.52。

第五节　气象测报　水文监测　防震减灾

气象测报

藤县气象局属国家一般气象站，1991 年，站址位于县城雷庙顶（山顶），占地面积约 5600 平方米，观测场海拔高度53.60米。1995年6月1日，重新测得县城观测场海拔高度为54.7米。人工站白天守班，每天8时、14时、20时3个时次进行地面观测，观测项目有风向、风速、空气温度和湿度、气压、云、能见度、天气现象、降水、日照、小型蒸发、地面温度、浅层地温、雪深等。每天编发8时、14时、20时天气加密报，重要天气发报标准时、定时或不定时编发重要天气报，同时制作地面气象月报和年报报表。

1991年，观测发报使用函数型计算器辅助计算。1992年2月1日起，使用SHARP PC-1500袖珍计算机取代人工查算编报。2000年1月3日8时开始，使用微机查算编报，制作报表。

气象服务 气象服务包括气象旬月报、春播预报、农气旬月报、气象服务信息、专题气象服务、重大气象信息专报、气象短信、预警信号发布。1991年—2005年，每天通过电话传送当天制作的天气预报到县广播电视台，再通过县广播电视和县广播电台向公众发布天气预报；每逢春耕春播时节，编制旬报、月报并通过邮件方式寄送全县各乡镇政府办公室及各村委。2003年起，地面测报、预报合并为一个业务平台。2005年6月下旬，藤县遭受特大洪水袭击，县气象局为地方政府和有关部门提供准确、及时的气象服务信息，为县委、县政府指挥抗洪救灾作出贡献，获自治区气象局授予"2005年度重大气象服务先进集体"称号。

人工影响天气 20世纪70年代开始，使用自制的土火箭进行人工降雨作业，由于土火箭弹药较少，助推力不足，发射高度有限，影响降雨催化剂的发挥，达不到预期效果。1999年4月11日，成立藤县人工降雨指挥部，下设办公室（设在县武装部），负责人工降雨的日常工作，制定人工降雨的实施方案和操作规程，人工降雨的人员培训等；县气象局负责人工降雨技术指导。当月，县人民武装部组织退伍军人及民兵使用高炮作业分别在东荣镇和天平镇实施人工降雨。2000年11月，县人工降雨指挥部办公室改设县气象局内。2001年2月，购买二套WR98型火箭发射系统（车载式和固定式）和一辆轻型普通货车，开始人工火箭增雨、防雹作业。2005年，县境出现冬春连旱，县政府加大人工影响天气工程建设的投入，建立6个人工增雨作业基地，配备三套增雨作业装备和一套移动雷达监测系统，实施人工影响天气作业5次，发射火箭弹15枚，有效缓解旱情。县人工影响天气办公室获"2005年全自治区人工增雨防雹作业先进集体"称号。

水文监测

1991年，藤县水位站及太平、金鸡、象棋水文站分别配备有20厘米人工观测雨量计，水位记录台（包括水尺），水文缆道及水文测船等设备。县水位站观测项目有水位、降水量。太平水文站观测项目有水位、流量、泥沙、降水量、蒸发量、岸温。金鸡水文站观测项目有水位、流量、泥沙、降水量。象棋水文站有水位、流量、降水量。其中水位、降水量、蒸发量、岸温数据一般在每天8时进行采集；流量、泥沙项目数据分别采用流速仪及采沙器进行观测分析。

1991年—2005年，藤县汛期各月洪涝发生的频率为：4月10%，5月14%，6月8%，7月8%，8月14%，9月10%。藤县三大河流中，浔江洪水特点是峰高、量大、历时长，常常给濛江镇、和平镇、天平镇、藤州镇、塘步镇、金鸡镇6个乡镇造成灾害；北流河洪水的特点是峰高、量大、历时短、涨速快，可造成很大的破坏力；濛江洪水特点是峰高、历时短、涨幅大，常发生在5—6月间。

县境浔江段藤县水位站点警戒水位为23米。据1991年—2005年观测记载，县境浔江段断面最高水位为2005年6月23日的30.31米，超过警戒水位7.31米，亦为藤县水位站历史记录最高水位。最低水位为2005年3月12日的9.64米。1991年6月中旬，浔江上游及藤县普降暴雨，引发浔江水位不断上涨，19日，县水位站观测到浔江断面洪峰水位29.95米。在洪峰到来35小时前发出预报；洪水期间，共向上级及有关部门编发水文情报3份。全年共发预报12份。2005年6月中下旬，浔江上游连降大雨，浔江水位急剧上涨，23日，县水位站测得浔江断面洪峰水位30.31米。在洪峰到达30小时前发出预报；洪水期间，共向上级及有关部门发送水文情报预报4份。为地方政府防洪决策及抗洪抢险赢得时间。

县境蒙江段太平水文站点警戒水位为37.2米。据1991年—2005年观测记载，县境濛江段断面最高水位为2005年6月21日的43.78米，超过警戒水位6.58米，为建站以来实测最大洪水。2002年6月下旬，蒙江上游地区持续降雨，蒙江水位不断上涨，7月1日，太平站测得蒙江断面洪峰水位42.12米，超过警戒水位4.92米。在洪峰到来之前19小时发出预报；洪水期间，共向上级及有关部门编发水文情报预报2份。2005

年6月中旬，蒙江上游地区持续降雨，引发蒙江洪水，21日，太平水文监测站测得蒙江断面洪峰水位43.78米，超过警戒水位6.58米。在洪峰到来前25小时发出预报；洪水期间，共向上级发出水文情报预报3份，全年发预报12份。

县境北流河金鸡站警戒水位为31.2米。据1991年—2005年观测记载，县境北流河金鸡站点断面最高水位为1995年10月14日38.39米，超警戒水位7.19米，为该站历史记载最高水位。最低水位为1991年3月27日的27.05米。1995年10月上、中旬，北流河上游及县境南片连续降雨，引发北流河洪涝；14日，金鸡水文站测得过境洪峰水位38.39米，超警戒水位7.19米。在洪峰到来之前的17小时发出预报。洪水期间，共向上级发送水文情报预报3份。

北流河象棋水文站点警戒水位为38.7米。据1991年—2005年监测，北流河象棋水文站点断面最高水位为1995年10月15日的46.67米，超过警戒水位7.97米，为该站历史记录最高水位。最低水位为2004年3月28日的34.70米。

防震减灾

防震宣传 1991年—2005年，每年藤县防震减灾办结合科技活动周和7.28唐山地震纪念日，以讲座、出墙报等形式开展防震减灾宣传活动，编印《地震来了怎么办》科普挂图分发各乡镇（村）、学校、企事业单位，并在公共娱乐场所等人口密集区张贴宣传，宣传面40%；同时，发动各单位积极订阅国内唯一的综合性防震减灾报《中国减灾报》。2000年，以宣传《中华人民共和国防震减灾法》为主，共举办宣传活动3次，展出挂图2000幅，编印发放资料2500册。2003年是《中华人民共和国防震减灾法》施行5周年，3月5日，县防震减灾办制作横幅、标语在人口密集区张贴。

地震应急预案 1996年9月3日，县人民政府制定《藤县破坏性地震应急预案》（以下简称《预案》），预案分总则、应急机构、应急预案、临震应急、震后应急、奖励和处罚6个部分。规定地震应急工作实行县人民政府领导、统一管理和分级、分部门负责的原则；地震发生后，县设立抗震救灾指挥部，由县长任总指挥长，县防震减灾工作主管部门为其办事机构。1999年9月，对《预案》重新修订，增加建设工程需抗震设防、重大工程需进行地震安全性评价以及鼓励单位和个人参加地震灾害保险等内容。建筑抗震标准以1989年颁布施行的《国家建筑抗震设计规范》（GBJ 11-1989）为准。2001年始执行《国家建筑抗震设计规范》（GB 50011-2001）标准。2003年后，继续完善《预案》。2005年6月，制订《藤县启动地震应急指挥系统细化方案》，从初始反应和应急行动两个对地震应急预案进行细化。防震办接到县境内发生破坏性地震的信息后，要求防震办所有人员20分钟内到岗，防震减灾工作领导小组成员30分钟内赶到指定地点集中。地震发生后，县迅速成立抗震救灾指挥部开展应急行动。细化方案还设立了应急办公室、地震工作小组、抢险救灾小组、工程抢险小组、医疗卫生小组、通信保障小组、交通运输小组、救灾物资供应小组、电力抢修小组、供水抢修小组、财务管理小组、民政工作小组、保卫小组、宣传小组。

地震观测 1976年唐山大地震后，县委成立防震指挥部，下设防震办公室，设立业余地震观测组25个，业余观测员371人。1978年整顿，只保留金鸡、濛江两个观测组，有土地电、土应力、地温、地倾斜、水电阻、地磁、地声、植物电、自然电位、地震情报等仪器。2004年12月11日21时58分39秒，在藤县南安镇发生里氏2.0级地震。

藤县气象局办公楼 （2012年摄）

第二十一篇

卫生

2004年5月，全县有10家乡镇卫生院配置救护车。图为卫生部门集中采购的救护车

1991年，全县医疗机构27个，其中县直7个，乡镇卫生院18所，中心卫生院2所。共有病床528张，卫生技术人员748人，其中西医661人，中医58人，药学人员41人，检验29人。村卫生所252间，村医928人。厂矿机关学校诊所32间，有卫技人员43人。同时不断深化卫生制度改革，公立医疗内部实行院长负责制。1999年，县人民医院获国家“二级甲等医院”称号，县第二人民医院（太平中心卫生院）、濛江中心卫生院获“一级甲等医院”称号。2000年，实行医疗制度改革，2001年1月实施城镇职工基本医疗保险，自20世纪50年代实施的公费医疗制度宣告结束，原公费医疗全部纳入基本医疗保险。2002年，卫生医疗机构推进人事制度改革，实行竞聘上岗和双向选择。2005年，有医疗机构26个，其中综合医院1所，中医院1所，妇幼保健院1所，疾病控制中心1所，皮肤病防治院1所，卫生学校1所，乡镇卫生院17所，卫生监督所1个，中心卫生院2所。共有西医人员983人，中医人员42人。建制村卫生所256个，村医925人。

妇幼保健、卫生防疫、爱国卫生运动等取得显著成绩。1991年—2005年，县人民医院妇产科、县妇幼保健院、第二人民医院以及22家乡镇卫生院获“爱婴医院”“爱婴卫生院”称号。1999年，县防疫站获国家“县级一等防疫站”称号。2004年8月，县妇幼保健院获得“一级甲等妇幼保健院”称号。开展孕产妇系统和儿童保健系统管理。全县卫生医疗条件不断提高。

第一章　卫生行政

第一节　机　构

行政机构

县卫生局　1991年，属正科级行政单位。内设秘书人事股、业务股、药政股、财务股（兼挂公费医疗办公室牌子），在职人员14人。1996年，县爱国卫生运动委员会办公室并入卫生局。1997年3月，内设机构改为秘书人事股、药政医政股、防保股（兼挂县爱国卫生运动委员会办公室牌子）、财务股，在职人员14人（含爱卫办），其中局长1人，副局长3人。2002年3月，内设机构改为办公室、医政与法制监督股、疾病控制与基层卫生妇幼保健股。行政编制10人，后勤服务事业编制1人，在职11人。至2005年不变。

1991年—2005年县卫生局历任局长：胡达兴（1990.11—1999.02）、李光伟（1999.03—2002.03）、秦杰宁（2002.04—）

县爱国卫生运动委员会办公室　简称爱卫办。1991年，有副主任2名，工作人员1名。1996年，并入县卫生局，由卫生局副局长兼任主任，在卫生局防保股兼挂县爱国卫生运动委员会办公室牌子。

医疗保健防疫机构

1991年，全县有医疗机构27个，县直有人民医院、中医院、妇幼保健院、卫生防疫站、皮肤病防治院、药检所、卫生学校，乡镇卫生院18所，中心卫生院2所。共有病床528张，卫生技术人员748人，其中西医661人，中医58人，药学人员41人，检验29人。村卫生所252间，村医928人。厂矿机关学校诊所32间，有卫技人员43人。2005年，有医疗机构26个，其中综合医院1所，中医院1所，妇幼保健院1所，疾病控制中心1所，皮肤病防治院1所，卫生学校1所，乡镇卫生院17所，卫生监督所1个，中心卫生院2所。共有西医人员983人，中医人员42人。建制村卫生所256个，村医925人。

县人民医院　创建于1936年。1991年，院址在藤城镇登俊路86号。有职工263人，设急诊科、内一科、内二科、内三科、外科、妇产科、儿科、五官科、中医科、手术室、消毒供应室、营养食堂、检验科、放射科、功能科、药剂科、院办公室、医务科、护理部、财务科、门诊部、质控科、防保科、总务科等科室，病床194张，年门诊

20余万人次，住院4645人次。主要设备有救护车、激光治疗仪、心电图机、脑血流图机、双导胃电图仪、B超机、300MAX光机、尿液生化分析仪、三大常规和肝功能检验等设备。1996年，增设政工科、信息科、院感科、保卫科、医疗设备科、骨伤科。同年6月，通过自治区级“爱婴医院”的评估验收。1999年10月，获评为国家二级甲等综合医院。2005年10月，成立藤县120急救中心。年末，有职工324人，其中卫技人员272人。设内一科、内二科、外科、骨伤科、妇产科、儿科、五官科、中医科、门诊部、急诊科、麻醉手术科、检验科、放射功能科、药剂科、党办、院办、医务科、质量督查科、护理部、设备科、财务科、总务科、院感防保科、保卫科等31个科室、部门，13个护理单元，有日立全身螺旋CT、彩色实时三维B超、德国进口直接数字仪X线摄像系统(DR)、日本进口电子胃镜、血液透析机、大型全自动生化分析仪、进口840呼吸机等设备。能开展颅脑、胸腔、腹腔、骨科、泌尿、五官、妇产科各种常见病、多发病、急危重症、疑难疾病的诊治与抢救。年门诊人次19余万人，年住院人次13307人。

藤县第二人民医院　医院始建于1953年10月，院址在藤县太平镇正东街283号。1986年8月，藤县人民政府将太平中心卫生院升格为藤县第二人民医院。1991年有职工141人，设急诊科、内科、外科、妇产科、手术室、消毒应室、药剂科、办公室、财务科、防疫组、口腔科、放射科等科室，开放病床150张。全年业务总收入约53万元。1994年全院占地8100平方米，分两个区，院部6700平方米，宿舍区约2180平方米，全院建筑面积9740平方米，业务用房5350平方米，其中住院部3015平方米。主要设备有救护车、CR、成像系统，500mA高频X线诊断机，日本东亚三分类全自动血球计数仪，进口血凝仪，心电监护仪，彩超，进口纤维胃镜，麻醉机，呼吸机，脑循环功能治疗仪，心电图仪，自动尿液分析仪，半自动生化分析仪，多普勒胎心监护仪，血液透析机，业务总收入约103万元。1998年12月，通过自治区级“爱婴医院”的评估验收。2005年，国债楼建成并投入使用，住院部面积扩大340平方米，住院部业务用房约3355平方米；增加设备有进口(国产)彩超，经颅多普勒，红外乳腺透光仪，进口全自动多参数生化分析仪，进口电子胃镜；有职工188人，其中卫技人员163人，副高职称2人，中级职称54人；有开放病床160张。年住院3939人次。业务总收入约517.71万元，其中门诊收入244.69万元，住院273.02万元。

2005年5月13日，梧州市第二人民医院到藤县第三人民医院进行技术帮扶

藤县第三人民医院　创建于1976年，时为城关乡卫生院，院址在藤县城关乡潭东村兴隆三组198号。1980年搬迁至藤城镇登俊路大社巷。1989年12月3日，成立藤县精神病院，院址在藤县城关乡潭东村兴隆三组198号。设有床位20张，有人员8人，其中精神科医师2人，护士1人，护理员3人，收费、药房人员2人。1999年7月22日，县精神病院与潭东镇卫生院合并成立藤县第三人民医院，主要负责收治全县精神病人，以及潭东镇辖区常见病、多发病防治。2005年，县第三人民医院设有精神科、妇产科、综合科3个病区，开设有化验、X光、B超、心电图、简易手术室等辅助科室，医院占地面积5600平方米，建筑面积3500平方米，其中临床业务用房2500平方米。有人员52人，其中医师20人，护士15人，药房4人，收费3人，医技4人，后勤6人，年收入282万元。

县妇幼保健院　1991年为妇幼保健站，站址在藤城镇东风街262号。有职工30人。主要设备有临床检验设备、可见分光光度计、三用水箱、物理光学仪、产床、计生手术器械等。1997年11月，迁至藤城镇藤州大道296号，改为妇幼保健院。全院建筑面积6000平方米，其中保健业务用房1800平方米，临床业务用房4200平方米。设立妇产科、儿科、检验科，有病床10张，添置了B超机、心电图机、X光机、救护车等设备。1998年8月，通过自治区级爱婴医院评估验收。1999增加床位30张，并逐步完善科室及设备。2000年8月，获评为一级甲等妇幼保健院。2005年，有儿科、新生儿科、内科、外科、门诊部、麻醉科等临床科室及检验科、药剂科、影像科等医技科室。主要开展妇儿保健、优生优育、生殖健康、计划生育技术指导等业务。有职工76人，其中卫生技术人员67人，中级职称9人。

县皮肤病防治院 建于1956年，地址在回龙洲，主要收治全县麻风病人，设有皮肤门诊和分界病村。1991年3月，门诊搬迁到登俊路92号。1992年2月，在桥西路17号设门诊部。1993年5月，在太平镇上元街75号设门诊部。1996年3月，太平门诊部搬迁到石子岭，2001年2月搬迁至太平镇河塘二路62号。全院共开设有3个皮肤病专科门诊，管辖一个分界病村。2003年6月，医院自筹资金90万元，在藤城镇津南路151号建成门诊业务楼，桥西路门诊搬迁至新楼营业。2005年，全院有人员21人，其中中级职称10人，初级职称9人，工勤人员2人。

疾病预防控制中心 1956年，成立县卫生防疫站。1991年，地址在藤城镇登俊路88号。内设流行病、公共卫生、食品卫生、寄生虫防治、防痨、宣教、总务、检验、办公室9个科室。有人员50人。主要设备有A型单箱超生诊断仪，心电图机，马烨炉、生化培养箱、725C分光光度计、血凝自动稀释仪，纯水器、电冰箱、冷链专车等。2000年，内设机构调整为计免、疾控、卫生监督、卫生监测、质量管理、消杀灭、慢病防治、检验、卫技服务部、宣教、总务、办公室12个科室，人员58人。2005年1月25日，撤销县卫生防疫站，成立藤县疾病预防控制中心，内设免疫规划、疾控、艾滋病防治、结核病防治、美沙酮药物维持治疗门诊、检验、质量管理、办公室8个科室，人员56人，其中卫生专业人员39人（中级职称20人，初级职称19人）。有业务车辆6台，主要仪器设备141台（套），能开展食品卫生、环境卫生、职业卫生等8大类255项理化、生化、微生物、寄生虫检测。

县中医院 建于1982年6月。以门诊为主，有一般门诊以及跌打骨伤、痔瘘、针灸理疗等专科门诊。有职工8人，其中中医师3人。1991年，有职工12人，其中主治医师、中药师各2人，医师3人，护师、管理员各1人，工勤人员3人。门诊、药房、收费合为一处，未设职能科室及留医病床。2003年10月12日，位于藤城镇南湖路中医院业务大楼建成投入使用，业务用房面积1660平方米。购置了B超机、X光机，配备了检验室。2004年，设立手术室，开展骨科及外科手术，有病床8张。2005年，业务用房面积扩大至2160平方米，固定资产286.7万元，开设床位30张，设置骨伤科、外科、内儿科、妇科、肝病科、皮肤泌尿科、理疗科、碎石科、检验科、放射科等。有职工50人，其中卫技人员42人，中级职称11人。

县卫生监督所 成立于2005年5月，有人员21人。由卫生局副局长兼任所长，内设卫生监督一科、二科、许可审查、执法稽查、办公室5个科室。负责全县公共卫生、食品卫生监督等工作。

乡镇卫生院 1991年，全县有太平中心卫生院、濛江中心卫生院以及大黎、埌南、金鸡、赤水、天平、象棋、和平、古龙、东荣、城关、南安、岭景、平福、宁康、津北、同心、新庆、藤城等20个乡镇卫生院，共设病床228张，有职工549人，其中卫生技术人员428人。1997年10月，城关乡卫生院改称潭东镇卫生院，1999年7月22日与县精神病院合并成立藤县第三人民医院。乡镇卫生院主要承担农村、社区的疾病预防、医疗、保健、计划生育技术服务、健康教育、康复等基层卫生服务。2005年，有19个乡镇卫生院，共有病床888张，职工1614人，其中卫生技术人员1314人。年门诊量90.35万人次，年住院45156人（次）。

村卫生所（室） 1991年，全县有村卫生室270个，卫生人员1029人，接生员544人。卫生室大多由20世纪70年代的合作医疗卫生室演变而来，从业人员大多为农村“赤脚医生”（后经培训考核获得乡村医生执业证书），主要在自家或租房开展业务，业务用房一般只有10~20平方米，设备只有简单的听诊器、探温针、血压计等。2005年6月，下发《藤

天平镇新大社区卫生服务站 （2005年摄）

县医疗机构设置规划(2005—2010 年)》文件,所有新设置的村卫生所(室)的业务用房必须达到规范化标准要求。2005 年底,全县有村卫生所(室)430 个,村医 975 人,接生员 92 人,保健员 265 人。

第二节　医疗制度

公费医疗

1987 年开始,藤县实行公费医疗制度改革。1991 年,藤县享受国家财政公费医疗待遇的职工、干部共 11779 人,此后逐年增加。1991 年—1992 年,根据 1990 年 3 月 8 日藤县人民政府印发的《藤县人民政府批转藤县公费医疗管理委员会关于改革公费医疗管理制度的意见(试行)的通知》(藤政发字〔1990〕第 35 号),在全县推行公费医疗卫生部门管理责任制和承包单位管理责任制。规定医疗经费采取由国家、集体和个人共同承担的管理办法。定点医院为县人民医院、县二医院和各乡镇卫生院,实行预算定额标准和承办管理责任制。门诊医疗费定额标准为:离休和享受离休待遇的干部、二级乙等残废军人,已获得高级职称的科技人员实行实报实销;退休干部和职工,每人每年 150 元;副处级以上干部,获得中级职称的科技人员,每人每年 120 元。财政预算拨款 180 万元。由于公费医疗经费超支幅度大,县人民政府根据实际,提出进一步改革公费医疗管理制度的意见,于 1992 年 5 月 13 日印发《藤县人民政府批转县公费医疗管理委员会关于进一步改革公费医疗管理制度的意见的通知》(藤政发〔1992〕105 号),从 1992 年 6 月 1 日起实施,规定公费医疗享受人员、经费定额由各有关医疗单位管理和承包,全县每月正常经费 15 万元,按照 1992 年 4 月底各享受单位在编人数,实行定员定额,计算核拨给辖区医疗单位承包。此后财政每人每月 10 元计算增拨。门诊医疗费:离休和享受离休待遇的干部、二级乙等残废军人、1952 年底前入伍获得中级以上职称和副处级以上职务的干部,除挂号、保险金、自费药品由个人负担外,其他医药费由国家负担;除上述人员外,其他享受人员,除诊金、保险金、挂号、自费药品必须由个人负担外,其他医药费由享受单位、享受个人负担 20%。实行公费医疗的定点医院为县人民医院、县二医院、各乡镇卫生院。1996 年,藤县享受国家财政公费医疗待遇的职工、干部共 14165 人。1993 年—1996 年,财政预算拨款为 200 万元。其中 1995 年被评为广西公费医疗管理先进单位。

1998 年 3 月,全县取消公费医疗制度。此后,实行基本医疗保险制度。

农村合作医疗

20 世纪 80 年代末 90 年代初,推行集体办合作医疗制度,有“村办村管”和“乡办乡管”的合作医疗管理模式,但因国家财政无投入,地方财政困难无力支持,农民自筹经费难,农村合作医疗处于难以持续的局面。1997 年 8 月起,县卫生局根据《中共中央、国务院关于卫生改革与发展的决定》提出的“积极稳妥地发展和完善合作医疗制度”以及自治区、贺州地区卫生工作会议精神,将卫生工作的重点放在开展农村合作医疗上。9 月举办合作医疗骨干培训班,对县直医疗卫生单位各乡镇卫生院进行门诊、住院病人费用统计分析。1998 年县人民政府召开全县农村合作医疗工作会议,提出合作医疗工作责任目标。县卫生局指定县直 2 个医疗卫生单位与 3 个乡镇挂点对口扶持,将实现合作医疗卫生目标与单位领导和工作人员的评选先进、年度业绩考核、专业技术职务晋升、干部转正定级定职挂钩一起考评。制定出台了《藤县农村合作医疗制度实施方案》,要求各乡镇按自治区下达的合作医疗工作目标如期实现。此外,在全县范围内推行乡村医疗机构一体化管理,由各乡镇卫生院对辖区内的村卫生所(室)实行管理。

1999 年。县乡医疗卫生单位共抽调 100 多人组成工作组分别到各村屯宣传和指导开展合作医疗工作,县直 4 个医疗卫生单位无偿资助钱款、药品、器械及建筑材料价值达 1 万多元。至 2000 年年底,合作医疗基本瓦解。2000 年—2005 年,县财政每年划拨社会医疗救济款 2 万元,救济少部分特困户大病住院医疗,农村居民全是自费医疗。

第三节　医政管理　药品集中采购

医德医风建设

1990 年，坚持"标本兼治、纠建并举"的方针和"谁主管谁负责""管行业必须管行风"的原则，认真落实"一把手"负总责，分管领导具体抓的工作责任制，把行风建设工作列入综合目标管理，与业务工作同部署、同落实、同考核。1993 年在全系统开展学习《职业道德教育读本》。1994 年在全县卫生系统开展了"爱病人、爱医院、爱本职工作"的三热爱活动。1994 年—1998 年，分别开展卫生系统职业道德建设第一周期和第二周期活动。1996 年 4 月在全县卫生系统开展了"爱岗敬业、诚信行医、争做人民满意的医务工作者"为主要内容的社会主义荣辱观教育等专题活动，增强医务人员的法纪意识，树立医务人员爱岗敬业、忠于职守、依法执业、诚信服务的观念。同年，掀起了学习许大辉、吴登云、韦加宁和抗击非典英模人物等先进典型学习教育活动，充分发挥榜样的感召、激励和鼓舞作用。1997 年开展"救死扶伤、忠于职守、爱岗敬业、满腔热情、开拓进取、精益求精、乐于奉献、文明行医"的教育。1998 年开始，逐步建立了医务人员医德医风档案制度，1999 年开展民主评议行风活动。

2002 年起，县卫生局每年年初召开一次行风建设工作会议，与各医疗卫生单位签订年度行风建设目标管理责任状，并在年中进行督查，年底进行考评，考评结果作为评先目标管理奖励的重要指标。2003 年开展"创建文明行业诚信建设年"活动。2005 年开展"以病人为中心，以提高医疗服务质量为主题"的医院管理年活动，推进卫生行业廉洁、高效、诚信、文明的新形象。

医疗质量管理

1991 年，医疗质量实行卫生局、医院（卫生院）二级管理，院长负责制和目标管理责任制。医院建立健全三级医师查房负责制、首诊负责制、护理三级检查制、医技科室三级质量控制，每年组织 1~2 次全面性医疗安全和医疗质量大检查，发现问题及时指出、处理。组织卫生技术人员业务和专业理论培训，统一考试。向社会作出服务承诺，公开服务项目以及药品价格，接受社会各界监督。1993 年，县卫生局下发《关于加强医疗质量管理的通知》，县医院、二医院对乡镇卫生院的医疗质量进行技术支援、技术扶贫，每年为每个卫生院培训 1~2 个内科、儿科、妇科专业人才。县直医疗卫生单位轮流下派技术骨干到乡镇卫生院进行技术带教和管理指导。举办卫生院院长管理短训班，提高院长管理水平，做好医院分级管理和达标上等工作。卫生局与卫生单位签订医疗质量责任状，实行风险金抵押机制。1995 年，各医疗单位实行目标管理、岗位责任管理、全员质量管理和绩效管理，以管理促质量，以质量求效益。2002 年，县卫生局成立医疗服务质量监控委员会，印发《关于医疗机构成立医疗服务质量监控组织的通知》，加强医疗服务质量的监督和控制，促进医疗服务质量、防范医疗事故发生。2003 年，县卫生局成立医疗机构质量控制与医疗质量考核工作领导小组，每年对各医疗机构的服务质量进行 2 次督查考核，督查过程中对存在问题提出整改意见，要求单位作出整改方案并限期整改。2005 年，开展"以病人为中心，以提高医疗服务质量为主题"的医院管理年活动。

创等评级

1993 年，县卫生局成立医院等级评审工作机构，开展医院分级管理达标上等活动。各医疗卫生单位筹集资金，扩展、改善业务用房，添置医疗设备，改善医疗环境条件，抓好医疗质量管理，完善规章制度和操作规范建设。1996 年 6 月，县人民医院妇产科通过自治区级"爱婴医院"的评估验收。9 月，获国家级"爱婴医院"称号。1998 年 8 月，县妇保院、第二人民医院、濛江中心卫生院通过自治区级评估，获"爱婴医院"称号，潭东、塘步卫生院获"爱婴卫生院"称号。1999 年，县人民医院获国家"二级甲等医院"称号，县防疫站获"县级一等防疫站"称号，县第二人民医院（太平中心卫生院）、濛江中心卫生院获"一级甲等医院"称号。古龙、和平、天平、金鸡 4 个卫生院获"爱婴卫生院"称号。藤城、天平、金鸡、象棋、岭景、和平、古龙 7 个卫生院获"合格卫生院"称号。2000 年，埌南、同心、象棋、岭景、大黎、宁康 6 个卫生院获"爱婴卫生院"称号。2001 年，新庆、东荣、平福、藤城、津北等卫生院获“爱婴卫生院”称号。2004年8月，县妇幼保健院获得“一级甲等妇幼保健院”称号。

医疗执业管理

1991年—1996年，厂矿学校卫生室、个体诊所的开办，先由县卫生局审批，再经梧州地区卫生局审核后发证，每年年审一次，每三年换证一次。1997年，藤县划归梧州市管理后，由梧州市卫生局审核发证。1999年，改由县卫生局发证。厂矿学校卫生室由单位一把手为法人代表，由一名医师为负责人，行政由单位管理，业务由卫生局指导、监督。县直医疗单位及乡镇卫生院的行政管理证照一直由县卫生局管理，各部门内部管理实行院(站、所)长负责制。村卫生所(室)行政属村委会直接领导，业务由当地卫生院指导，实行村委会和卫生院共同管理。

医政执法

1991年，监督检查医疗机构14家，发现无证开业3家，进行相应的行政处罚。1992年—1997年，检查医疗机构170家，发现无证开业16家，超执业范围11家，跨地区执业3家。均作相应的行政处罚。

1998年，监督检查医疗机构134家，发现无证开业19家，超执业范围8家，跨地区执业11家，分别进行了相应的行政处罚。1999年，卫生局成立综合卫生执法队，共查处非法行医案件38件，罚没款金额27万元。2000年，取缔无证行医3起。2003年，对全县医疗市场进行全面清理整顿，立案查处非法行医案件35起，纠正违规单位26个，罚没款31.83万元。2004年，立案查处无证行医案1起，擅自超范围、超科目行医案23起，责令整改单位50家(其中聘用非卫技人员2家)，取缔无证行医的小诊所(室)6家，查处违法医疗广告2起，罚没款7.80万元。2005年，共出动卫生执法人员256人次，监督检查医疗机构76家，责令整改23家；立案查处无证行医6件，取缔非法无证行医6家，没收药品器械23箱价值9000多元，没收违法所得6625元，处以罚款16000元。

药品集中采购

1993年2月，县卫生局成立卫生系统药事管理委员会，对医疗单位购进药品实施监督管理。8月，全县医疗单位集资30万元，联合建立制剂室，产品供各医疗卫生单位自用。1997年，县卫生局印发《关于改革医疗卫生单位药品管理若干规定》，规范购入药品的管理，执行“药品推销员资格”认定制度。2001年10月，县医院、第二人民医院、妇保院、濛江中心卫生院、藤城镇卫生院试行药品集中招标采购，采取单品种招标，共有9家医药厂(商)参与竞标，中标26个品种，中标药品金额30万元，中标药品价格平均下降45%。2002年，药品招标采购在全县19家医疗机构(县医院、妇保院参加市级招标)全面铺开，共招标药品200多种，采取捆绑式招标，招标药品总额123.79万元，中标药品金额106.88万元，药品平均降幅13.66%；招标一次性医疗卫生用品品种33个，总额12万元，中标金额8万元，平均降幅33.33%。2003年，参加招标采购的单位有21家，药品、卫生用品招标总额606万元。2004年，全县21家医疗机构共招标采购药品、卫生用品招标品种400多种，招标金额593万元。2005年，全县20家医疗单位招标采购药品品种300多种，药品总额580.4万元，招标一次性医疗卫生用品30多种，总值40.1万元。

第二章　医　疗

第一节　医疗队伍

1991年，全县在岗职工566人，卫技人员414人，占在岗职工总人数的73.1%。其中高级职称2人，中级职称56人，初级职称356人。是年共派出进修学习人员共12人。其中乡镇到县医院6人，到市级医院6人。1994年，全县在岗职工612人，卫技人员455人，占在岗职工总人数的74.4%。其中高级职称2人，中级职称 62 人，初级职称 391 人。共派出进修学习人员共 18 人，乡镇到县医院 12 人，到市级医院 6 人。短期培训学习（主要在区内）10 人。1997 年，全县在岗职工 683 人，卫技人员 516 人，占总人数的 75.6%。其中高级职称 3 人，中级职称 76 人，初级职称 437 人。当年共派出进修学习人员共 22 人，其中乡镇到县医院 14 人，到市级医院 8 人。短期培训学习区内 16 人，区外 8 人。1999 年，全县在岗职工 813 人，卫技人员 620 人，占总人数的 76.3%。其中高级职称 6 人，中级职称 94 人，初级职称 520 人。当年共派出进修学习人员共 26 人，乡镇到县医院 14 人，到市级医院 12 人。短期培训学习区内 22 人，区外 12 人。2002 年，全县在岗职工 923 人，卫技人员 719 人，占总人数的 77.9%。其中高级职称 8 人，中级职称 112 人，初级职称 599 人。当年共派出进修学习人员共 28 人，其中乡镇到县医院 14 人，到市级医院 14 人。短期培训学习区内 28 人，区外 14 人。2005 年，全县在岗职工 1158 人，卫技人员 912 人，占总人数的 78.8%。其中高级职称 9 人，中级职称 126 人，初级职称 777 人。当年共派出进修学习人员共 32 人。其中乡镇到县医院 18 人，到市级医院 14 人。短期培训学习区内 36 人，区外 18 人。

第二节　医疗设施

基础设施建设

1991 年，藤城镇中心卫生院建设业务用房，占地面积 1057 平方米，建筑面积 3340 平方米，投资 266.8 万元；太平镇中心卫生院建设住院大楼，占地面积 1057 平方米，建筑面积 3340 平方米，投资 266.88 万元。1992 年，平福乡卫生院建设门诊楼，占地面积 80 平方米，建筑面积 160 平方米，投资 11 万元；县人民医院建设综合楼，占地面积 501 平方米，建筑面积 3006 平方米，投资 236 万元。1993 年，金鸡镇中心卫生院建设门诊大楼，占地面积 930 平方米，建筑面积 750 平方米，投资 13.5 万元；象棋镇卫生院建设门诊楼，占地面积 50 平方米，建筑面积 100 平方米，投资 4 万元。1994 年，东荣镇卫生院建设门诊楼，占地面积 150 平方米，建筑面积 450 平方米，投资 8 万元；古龙卫生院建设门诊楼，占地面积 602 平方米，建筑面积 602 平方米，投资 22.9 万元。1995 年，新庆镇卫生院建设门诊办公楼，占地面积 120 平方米，建筑面积 360 平方米，投资 3 万元；东荣卫生院建设门诊楼，占地面积 100 平方米，建筑面积 250 平方米，投资 10 万元；南安镇卫生院塘步门诊楼，占地面积 165 平方米，建筑面积 330 平方米，投资 15 万元；天平镇中心卫生院建设门诊楼，占地面积 400 平方米，建筑面积 1200 平方米，投资 60 万元；东荣卫生院建设门诊楼，占地面积 100 平方米，建筑面积 250 平方米，投资 10 万元。1997 年，平福乡卫生院建设门诊部，占地面积 350 平方米，建筑面积 700 平方米，投资 30 万元；妇幼保健院建设门诊楼，占地面积 500 平方米，建筑面积 1000 平方米，投资 40 万元；古龙镇卫生院建设宿舍楼，占地面积 320 平方米，建筑面积 320 平方米，投资 7 万元；藤城镇卫生院建设业务楼，占地面积 220 平方米，建筑面积 660 平方米，投资 23 万元；赤水乡卫生院建设孔良门诊楼，占地面积 117.72 平方米，建筑面积 235.44 平方，投资 20 万元。1998 年，古龙卫生院建设住院楼，占地面积 324 平方米，建筑面积 324 平方米，投资 11.5 万元。1999 年，新庆镇卫生院门诊综合大楼，占地面积 330 平方米，建筑面积 566 平方米，投资 20 万元；南安镇卫生院业务楼，占地面积 324 平方米，建筑面积 648 平方米，投资约 40 万元。2000 年，县人民医院建设锅炉房，占地面积 134.6 平方米，建筑面积 146.6 平方米，投资 13.7 万元；200 新庆镇卫生院建设国债项目楼，占地面积 360 平方米，建筑面积 360 平方米，投资 20 万元；同心镇卫生院建设综合楼，占地面积 256 平方米，建筑面积 683 平方米，投资 34.3 万元；古龙镇卫生院建设供应室，占地面积 30 平方米、建筑面积 30 平方米、投资 0.9 万元，建设发电机房，占地面积 10 平方米、建筑面积 10 平方米、投资 0.4 万元；县中医院建设业务楼，占地面积 970 平方米，建筑面积 2980 平方米，投资 135 万元。2001 年，埌南卫生院建设办公项目楼，占地面积 250 平方米，建筑面积 1000 平方米，投资 30 万元；县妇幼保健院建设门诊楼，建筑面积 1000 平方米，投资 121 万元。2002 年，金鸡镇卫生院建设业务综合楼，占地面积 650 平方米，建筑面积 1056 平方米，投资 17.352 万元。2003 年，县皮肤病防治院建设业务楼，占地面积 126 平方米，建筑面积 730 平方米，投资 93.32 万元；天平镇卫生院建设国债项目楼，占地面积 210 平方米，建筑面积630平方米，投资20万元。2004年，县皮肤病防治院建设业务用房，占地面积160平方米，建筑面积300平方米，投资18.6万元；大黎镇卫生院建设国债楼，占地面积328平方米，建筑面积1312平方米，投资约20万元；埌南镇中心卫生院建设国债项目楼，占地面积450平方米，建筑面积900平方米，投资35万元；象棋镇卫生院建设国债楼，占地面积315平方米，建筑面积841平方米，投资29万元。2005年，岭景镇卫生院建设门诊综合楼，占地面积260平方米、建筑面积521平方米、投资39.9万元，建设门诊综合楼，占地面积230平方米、建筑面积664平方米、投资32.4万元；县人民医院增建住院部南楼，占地面积128平方米、建筑面积4564.8平方米、投资250.8万元，建设高压楼，占地面积100平方米、建筑面积166平方米、投资26.5万元；金鸡镇卫生院建设国债住院楼，占地面积760平方米，建筑面积631平方米，投资44.17万元；东荣镇卫生院建设防保业务楼（国债楼），占地面积250平方米，建筑面积575平方米，投资31.4万元；古龙镇卫生院建设职工住宅楼，占地面积600平方米，建筑面积628平方米，投资34.1万元。

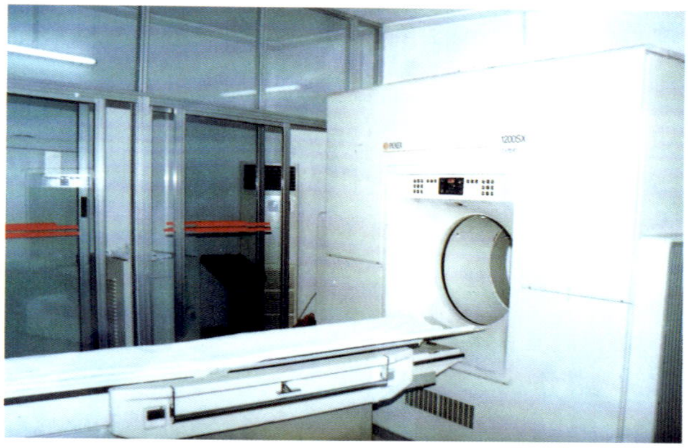
县人民医院CT检查室（美国PICKER-1200SX型CT机） （2004年摄）

医疗设备

1991年，全县医疗机构主要医疗设备有X光机22台，尿机4台，血分析仪3台，黑白B超机3台，显微镜22台，总价值约155万元。1993年，县人民医院添置彩色B超诊断机2台，X光机2台、全自动生化分析仪2台、总价值约260万元。2005年，各乡镇卫生院购买黑白B超机12台，价值60万元。年末，全县医疗机构设备总值约650万元，其中10万元以上的有X光机、生化分析仪设备；50万元~100万元有B超、血分析仪、全自动生化分析仪。

第三节 医疗技术

中医

1982年6月，成立藤县中医院，设有跌打骨伤、痔瘘、针灸理疗等专科门诊。利用传统手法、小夹板外固定及中草药（膏）外敷、外洗等方法治疗骨折患者。1991年，中医院有中医师5人。县人民医院、太平中心卫生院、濛江中心卫生院、藤城镇卫生院等开设有中医门诊。2003年10月，县中医院业务大楼建成设立住院部。2004年，设立手术室，开展骨科及外科手术，能开展普通四肢创伤骨折切开复位内固定、人工股骨头置换等手术，普外科能开展胃穿孔修补术、肠切除、肠吻合术以及疝修补、阑尾切除术等手术。

中医内儿科 能开展内科、儿科、疾病的诊疗工作，采用中医、中西医结合方法诊治眩晕、胃脘痛、肾病、小儿腹泻、小儿哮喘、肾病综合症等疾病，均取得较好疗效。

妇产科 能开展顺产接生，宫外孕手术、卵巢囊肿取出、子宫肌瘤取出、全宫切除术等手术，中西结合治疗常见妇科疾病、不孕症等。

肝病科 在治疗中突出中医特点，结合西医治疗，形成一套独特的中西医结合疗法，疗效显著，在治疗病毒性肝炎、肝炎肝硬化、酒精肝、肝脏肿瘤、黄疸型肝炎等有独特的疗效。

针灸推拿、理疗科 中医院针灸推拿、理疗科先后购置自动牵引床、按摩床等设备。采用小针刀、针灸、药烫艾灸等治疗肩颈腰腿痛症，有较好的临床疗效。

碎石科 2004年，引进体外冲击波碎石机，开设碎石科，碎石术后结合服用中药排石汤，收到更好的碎石效果。

中西医结合 县中医院能应用中西医结合方法诊治疾病，实行辨病、辨证相结合，进行分型治疗。临床科基本能运用中医、中西医方法治疗各种常见病、多发病，并取得较为满意的治疗效果。

西医

内科 内一科。1988年4月，县人民医院设立内一科，开设病床36张，设有冠心病监护病房(CCU)。主要治疗心血管病、神经内科疾病、各种急慢性中毒、血液病及其他内科系统疾病，可开展急性心肌梗死院前急救技术。1996年4月，城关乡古达村黄XX一家7口误吃食物引起有机磷中毒，入院时3人神志不清，经紧急抢救，平均住院4天全部痊愈出院。1999年，开展尿激酶治疗脑梗塞病人。2001年，成为全国冠心病急性心肌梗死、CCS试验协作单位。2002年，在梧州市县级医院首先开展微创钻颅治疗高血压性脑出血，多靶点钻颅大面积脑出血和准介入治疗缺血性脑卒中。

内二科。1988年4月，县人民医院设立内二科，主要治疗呼吸、消化、血液、内分泌等疾病。1998年，开展血液透析疗法。1999年应用复方丹参注射液（片）、优降糖（片）治疗Ⅱ型糖尿病临床观察。2004年10月，与暨南大学华侨医院合作成立血液透析中心，在慢性肾功能衰竭、各种食物、药物中毒的急救治疗达到先进水平。2005年开展康莱特注射液联合化疗治疗中晚期肺癌、肠癌、肝癌的临床应用。

内三科。1991年8月，县人民医院成立内三科，开设病床28张，主要收治的病种有病毒性肝炎、急性病毒性肝炎、重型肝炎、慢性活动性肝炎、乙型肝炎、伤寒及副伤寒、痢疾（细菌性痢疾、阿米巴性痢疾）、浸润型肺结核、结核性胸膜炎、癌症病人等。

外科 县人民医院外科于1962年成立。1995年，分设普通外科、胸外科、泌尿外科、烧伤外科、皮肤科、计划生育科等，有病床36张。收治病种有胆囊炎、胆石症、胆管炎、阑尾炎、肠梗阻、腹股沟疝、胸部外科、泌尿外科、肾结石、输尿管结石、膀胱结石、肾肿瘤、睾丸鞘膜积液，膀胱肿瘤、前列腺增生、乳腺疾病、甲状腺疾病、皮肤病、肛肠外科疾病、烧伤、破伤风等。1998年，开展肺叶切除术、尿道下裂矫治术、经皮套管肝脓肿穿刺引流术。2003，在肝胆外科手术应用彭氏手术解剖器。2004年，在肛肠疾病应用肛肠治疗仪。2005年，开展早期羊胎膜治疗烧伤创面、无张力疝修补术。

骨伤科 1991年8月，县人民医院设立骨伤科，有病床36张，主要收治骨伤、病骨及胸腹、颅胸意外伤患者。1997年，开展后路椎根切除减压DidK钉内固定矫正术。1998年，开展脊柱骨折脱位切开复位DidK钉固定术。1999年，开展神经根内减压治疗顽固性腰椎间盘脱出症。2003年，开展腓肠肌内侧头转移覆盖颈骨外露术。2004年，开展X光下行骨折复位内固定术。2005年，开展带锁髓内针、带锁鹅头髓内针术，亚低温治疗脑外伤。可开展各种肌腱血管、神经吻合手术，四肢骨折整复和切开复位内固定手术，脊柱骨折切开复位内固定术、腰椎间盘摘除术、人工股骨头置换手术和颅脑外伤清创、颅内血肿清除、颅骨整复、颅骨成形手术，以及高血压、脑出血的手术治疗。

妇产科 1991年，县人民医院妇产科能开展急性盆腔炎处理、治疗胎位不正、妊娠高血压综合症、妊娠合并心脏病、产妇出血、新生儿窒息、产褥期感染、剖宫产、宫外孕手术、子宫切除术、子宫及附件肿瘤摘除术、输卵管通液术、放（取）节育环、结扎术、无痛人流术、激光治疗妇科病、阴道下闭锁成形术、阴式子宫切除术、重度阴道前后壁膨出修补术、卵巢囊性畸形瘤剥除术等诊疗项目。1995年投入资金20万元，改建爱婴室，设置床位12张，实行母婴同室。1997年，开展应用会阴侧切内连缝术。1999年，开展筋膜内外的阴式、腹式全宫切除术和新式剖宫产术，可减轻病人痛苦和负担，减少住院日。2004年，采用一氧化氮镇痛分娩。

儿科 1991年，县人民医院儿科能开展小儿肺炎、败血病、心肌炎、哮喘、新生儿硬肿症、小儿营养性贫血、小儿惊厥及癫痫、小儿急性中毒的抢救、小儿急腹症的鉴别诊断、小儿急慢性肾炎、小儿结核病（包括结核性脑膜炎）、新生儿破伤风以及新生儿有特殊情况由产科转至新生儿特护等诊治项目。1999年，应用WZ系列微量注射泵临床应用。1999年，应用吸入疗法治疗支气管哮喘。2003年，开展儿科高压氧疗法，治疗新生儿缺氧缺血性脑病。

五官科 1993年6月，县人民医院成立五官科，门诊设口腔诊室作为一个护理单元，实行病房、门诊一条龙管理。能开展光学虹膜切除术、虹膜根切除术、青光眼滤过术、巩膜咬切术等手术。1977年，眼科能开展白内障囊内摘除术、泪小管断离吻合术、泪囊摘除术、翼状胬肉切除术、眼球摘除术、眼内容剜出术、眼球修补术、虹膜缝合术、根层角膜移植术、斜视矫正术、上睑下垂矫正术、眼睑各种手术、结膜囊形成术、鼻泪管吻合术、麦粒肿等手术。耳鼻咽喉科能开展声带息肉摘除术、鼓膜修补术、单纯乳突凿开术、鼻息肉摘除术、扁桃体摘除术、食道和气管异物取出术、上颌窦根治术、气管切开术、外耳道息肉摘除术、各种鼻甲封闭术、鼻中隔纠正术、鼻中隔黏膜划痕术、上颌窦穿刺术、副鼻窦炎电动抽吸术、鼻骨骨折复位术等手术。1998 年，眼科开展白内障囊外摘除术 + 人工晶体植入术，当年开展手术 300 多例；耳鼻咽喉科开展经鼻内窥镜行鼻息肉切除术加鼻窦开放术，利用设备对早期鼻咽癌进行检查诊断。2005 年，开展眼羊膜胎移植术。

口腔科　2005 年，县人民医院口腔科能开展龋齿、牙髓病、根尖周病、牙周病、口腔溃疡、牙槽脓肿、冠周炎、口腔颌面部蜂窝组织炎及脓肿、颌骨骨髓炎、颜面部疖痈、涎腺炎、黏液腺囊肿等诊治项目。可开展牙体缺损的修复（镶牙、补牙）、牙拔除术、唇系带修整术、黏液囊肿摘除术、牙再植术、桩冠、钢冠套修复、各种金属烤瓷牙修复，局部活动义齿、隐形义齿、全口义齿修复，牙外伤复位结扎固定术、牙颌畸形矫治，全瓷牙精密附着体义齿，颌骨骨折复位固定术，唇裂修复术等手术。

放射科（医学影像科）　1979 年 11 月，县人民医院设立 X 光室。后改为放射科，下设 B 超室、胃镜室、心电图室等检查科室。2002 年 10 月改称放射功能科。为临床提供诊疗依据。

医学检验科　1979 年 11 月，县人民医院设立检验科。能开展三大常规以及生化、免疫、放射免疫、细菌、细胞学、病理诊断等检查项目。2000 年，开展血液流变学检测。2001 年，开展输血前五项检测及优生优育四项检测。2003 年，开展血气分析项目。2004 年，开展 AFP 定性项目。2005 年，开展 AFP、CEA、FT3、FT4、TSH、CA125、CA153、CA199、TPSA、INS、C-P 及激素六项等定量项目。

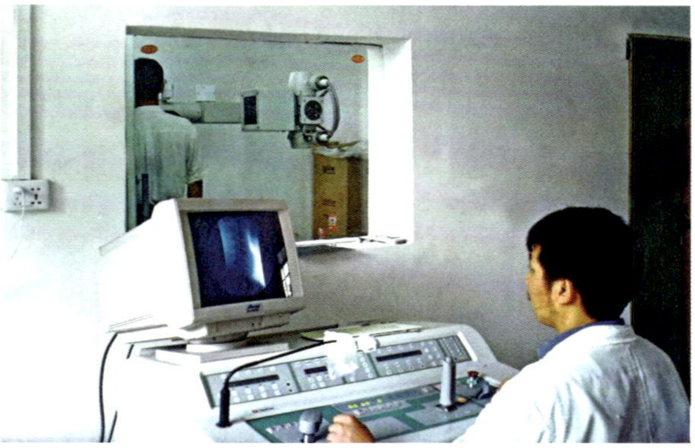

县人民医院数字化 X 射线机(DR)

（2004 年摄）

第四节　急救　护理　血液管理

急救

县医院于 1973 年设立急诊室，1992 年改为急诊科。当年急诊量 10003 人次，其中抢救危重病人 125 例，成功率达 80% 以上。1996 年有医务人员 17 人，其中副主任医师 2 人，主治医师 4 人，主管护师 4 人，护师 4 人，护士 3 人，留观床位 10 张。

1991 年 8 月 4 日，接收一被毒蛇（银环蛇）咬伤患者，送到急诊科时已呼吸、心跳停止。经对病人施行胸外心脏按压术、人工呼吸、静脉滴注用药等抢救措施，5 分钟后，病人心跳恢复；33 小时后，恢复自主呼吸。经后续住院治疗，痊愈出院。1996 年 11 月 9 日，接收一急诊患者，入院检查时仅听到一丝极缓慢、微弱的心跳，随即消失，心电图显示一条直线。立即进行胸外心脏按压、吸痰、输氧、输液等治疗。45 分钟后，病人恢复心跳动。是县人民医院有史以来成功抢救心脏停跳时间最长的病例。

护理

护理制度　全县护理工作建立健全各项护理工作制度，护理人员岗位职责，护理常规护理技术规程。1991 年，县人民医院护理部负责院内的护士编制、调配、业务技术考核、普级、奖惩、政治思想教育等。1997 年起，在全院各临床科室推行护理责任制。2005 年，重新修订护理管理制度 46 条，其中护理核心制度 11 条。各科室根据岗位特点制订各项工作制度，使医院各项护理管理制度达到规范化管理的目的。县中医院按中医护理标准制定《护理技术规范》和《中医护理常规技术操作规程》，日常的护理工作按中医标准执行。

护理技术 1991年—2005年，全县的医疗单位普遍开展注射、导尿、吸氧、洗胃、灌肠等技术护理。县直医疗单位及各中心卫生院均开展术前、术后护理等工作。

1993年，县人民医院开展光量子氧透液疗、远端静脉套管输液、HC-Me激光血管内照射等护理。2000年后，开展了新生儿重症监护、成人及小儿高压氧治疗护理、成人重症监护、经皮选择性动脉穿刺置管术护理、股骨头置换术护理、无张力疝修补术护理、新生儿抚触及新生儿游泳护理、血液透析净化技术护理、微量血糖监测及糖尿病饮食指导护理，颅内出血微创钻颅引流术护理、急诊急救护理及各专科疾病健康宣教指导护理等。

血液管理

1995年3月前，血液供应由检验科做交叉配血后，临床各科自行采血。血液来源主要是组织献血队伍，给临床配血供血。1995年3月，建立规范的贮血库，输血工作纳入血液"三统一"管理(统一规划采供血机构，统一管理血源，统一采供血和合理用血)，不得自找血液，自采自供血源。建立健全输血工作制度技术操作规程和质量标准，建立质量考核指标和质量管理信息反馈体系。临床输血必须符合适应症，用血申请单，有主治医师以上签名。严格执行用血登记制度和用血报批手续，按规定严格执行输血前的检验和核对制度。

第三章　疾病预防与控制

第一节　免疫接种

1990年开始，每年正常开展6次以上冷链运转，年初和年底组织2轮"强化免疫日"活动，0~3岁儿童普服小儿麻痹糖丸。1991年，各托幼机构、小学试行凭接种证入托、入学，对未种、漏种的儿童按免疫程序进行补种，同时开展小学入学新生麻疹、白破二联苗加强接种。1993年，农村儿童免疫接种由过去乡村医生走村串户"上门接种"方式改为以镇卫生院或各村自然片为接种点，由家长或监护人带适龄儿童到接种点进行接种的"定点接种"方式。1994年，定点接种乙肝疫苗后，发病率逐年下降，但由于乙肝疫苗收费相对较高，接种率较低。1997年后，每年对易感人群按程序接种A群流脑疫苗(2001年开始接种A+C流脑疫苗)，1997年—2005年全县共接种流脑疫苗20万人/份。

1996年，世界银行贷款"疾病预防项目"计划免疫子项目(简称卫Ⅶ项目)正式启动。计免冷链设备得到更新和补充，每年计划免疫"四苗"(卡介苗、脊灰、百白破、麻疹)报告接种率95%以上，比项目实施前提高10个百分点。1997年、2003年，分别开展2次乙肝疫苗普种，接种人群以15岁以下儿童为主。2003年全县共接种1.28万人次，接种率94.94%。2003年4月，乙肝疫苗纳入计划免疫，凡是2003年4月1日后出生儿童免费接种乙肝疫苗。2004年，县卫生局制定《藤县2004年计划免疫实施方案》，各乡镇卫生院分管防疫的院长或副院长担任防疫组长，按万分之一的比例配备足够的防疫人员，并与村屯挂钩。县卫生局与各乡镇卫生院签订计划免疫工作责任状，单位负责人交风险抵押金，加强农村的计划免疫工作。

2005年，根据国家卫生部新的预防接种工作规范，规定1.5~2岁幼儿复种麻疹疫苗，取消对一年级入学新生进行麻疹疫苗加强接种，6岁时进行白破疫苗加强接种，接种率为90%以上。

1991 年—2005 年藤县计划免疫疫苗接种情况表

表 21-3-1

年度	卡介苗			糖丸			百白破				麻疹		乙肝		
	应种（人）	实种（人）	接种率(%)	应种（人）	实种（人）	接种率(%)	应种（人）	实种（人）	接种率(%)	应种（人）	实种（人）	接种率(%)	应种（人）	实种（人）	接种率(%)
1991	5692	4662	81.9	12285	11343	92.33	11778	10938	92.87	3120	2836	90.9	–	–	—
1992	3737	3064	81.99	12817	11973	93.41	12552	11186	89.12	4013	3714	92.55	–	–	–
1993	14046	11196	79.71	26226	21609	82.4	24882	19338	77.72	16932	13236	78.17	–	–	–
1994	12452	10226	82.12	12452	9571	76.87	12452	8771	70.44	12452	8724	70.06	12452	1861	14.95
1995	14915	14425	96.71	15403	15183	98.57	15452	14650	94.81	15350	14995	97.69	14915	1805	12.1
1996	10985	10586	96.37	10600	10537	99.41	10314	10222	99.11	10540	10330	98.0	11200	7448	66.5
1997	13176	12450	94.49	14073	13695	97.31	13749	13359	97.16	12219	11625	95.14	13176	3281	24.9
1998	12220	12060	98.69	10315	10245	99.32	10127	10065	99.39	10805	10722	99.23	11063	6112	55.25
1999	14536	14231	97.78	12091	12507	99.72	11918	11858	99.5	13223	13110	99.14	12774	9814	76.83
2000	13549	13347	98.51	13831	13768	99.54	13592	13513	99.41	13496	13313	98.64	11928	8602	72.12
2001	13446	13186	98.07	14370	14263	99.26	13585	13429	98.85	13624	13401	98.36	13100	10441	79.7
2002	10574	10328	97.67	11003	10831	98.44	11061	10868	98.26	11341	10967	96.7	10348	9111	88.05
2003	13965	13587	97.29	13765	13629	99.01	12502	12278	98.21	13262	13029	98.24	13516	12832	94.94
2004	14005	13647	97.44	12952	12674	97.85	13440	12674	94.3	13073	12550	96	11430	10978	96.05
2005	11291	10924	96.75	9899	9548	96.45	9726	9375	96.39	10309	9713	94.22	11291	10896	96.5

非计划免疫群体性预防

1991 年，严格按照规定组织开展非计划免疫群体性预防接种，凡在特定人群中开展群体接种，均请示上级业务主管部门，并报请县人民政府批准。如有疫情出现，开展应急接种，也要请示上级行政部门和业务主管部门。1991 年—1996 年，未开展非群体性预防接种。1997 年上半年，风疹病例报告 20 多例，比 1995 年风疹报告 12 例、1996 年报告 7 例明显增多。下半年，开展风疹有价苗疫苗接种，接种人数 1 万人次，全县风疹疫情得到有效控制，全年报告 25 例。

推广口轮痢疾疫苗接种，1997 年报告痢疾 77 例。1998 年，在和平、太平、古龙镇开展痢疾疫苗临床试验。2000 年，报告痢疾 554 例，病例明显增多。年内推广口服痢疾疫苗 1.9 万人 / 份，疫情得到有效控制。同年，多个乡镇发生暴发麻疹疫情，全县报告麻疹病例 75 例。在全县开展 8 月龄 ~10 岁儿童麻疹普种，应种儿童 11 万人，实种 10.25 万人。根据麻疹疫情的流行趋势，每 3 年将有一个流行高峰期。2002 年，再次进行麻疹疫苗应急接种，应种儿童 4.79 万人，实种 4.71 万人。2002 年，全县发生 3 例乙脑病例。5 月，开展乙脑疫苗应急接种，应种儿童 7.28 万人，实种 7.07 万人。2005 年，广西其他县发现有流脑病例，县内开展 A+C 群流脑疫苗接种，共接种 8 万人份。

第二节　主要疾病控制

病毒性肝炎

1991 年，肝炎发病率为 200/10 万，发病率占法定报告传染病发病人数的首位。1994 年，实行定点接种乙肝疫苗后，乙肝的流行得到有效控制，发病率逐年下降。1997 年、2003 年分别开展了 2 次普种。2000 年，肝炎发病率为 6/10 万。2005 年，肝炎发病率为 57.03/10 万。

脊髓灰质炎

1991年—1998年，脊髓灰质炎发病每年在2例左右。1993年，建立AFP监测系统，设立哨点医院，形成县、镇、村三级疫情报告系统。1999年—2001年，全县无脊髓灰质炎病例。2002年，出现1例。2004年—2005年，每年开展一次大规模的AFP主动搜索和查漏补种，未发现脊髓灰质炎病例。

麻疹

1992年，岭景、和平等乡镇暴发麻疹疫情，共发生麻疹病例35例。1993年，全县大部分乡镇(除宁康、平福乡无病例外，其余乡镇均有病例)暴发麻疹疫情，共出现病例456例。1994年，全县20个乡镇均出现麻疹疫情暴发，共发生麻疹病例113例。通过开展麻疹疫苗接种，疫情逐步得到控制。之后各年麻疹疫情均控制在国家规定标准内。2000年，发病75例，2005年，发病3例。

乙脑

1994年，发生乙脑病例11例。1995年—2002年，有散发乙脑病例发生，总发病率控制在国家规定标准内(10/10万例)。2003年，全县发病9例，2004年发病10例，2005年发病18例。

流行性出血热

1991年—2005年，除2003年出现流行性出血热病例1例，其余年度均无病例发生。

狂犬病

1991年—2002年，共发病10例。2003年，发病23例。2004年，发病16例。6月，县人民政府印发《加强狂犬病预防控制工作实施方案》和《关于加强犬只管理以预防控制狂犬病流行的通知》，开展犬类管理专项整治，饲养犬只必须凭畜牧局发放的家犬免疫证，当年犬只发证率60%以上。同时加强医务人员正确处理狂犬伤口的技术，对有犬伤史未注射疫苗的人员进行排查，动员该类人员及时补种疫苗，狂犬病疫情得到有效控制。2005年，发病6例。

流行性腮腺炎

1989年，流行性腮腺炎列入丙类传染病管理。各年度均有流行性腮腺炎散发或流行，发病率居法定报告传染病的前列。1989年—2000年，每年发病约100例，无暴发疫情。2001年，发病人数300例。2005年，发病人数349例，发病率40.00/10万。其中幼托儿童和在校小学生病例占90%。通过对学校、幼儿园环境消毒，对易感者接种腮腺炎疫苗等综合防控措施，疫情得到控制。

急性出血性结膜炎

1989年，急性出血性结膜炎纳入丙类传染病管理。1991年—1993年，有散发病例发生，每年约50例。1994年、2002年，2次暴发流行，发病人数分别为568例、569例，发病率为71.71/10万。疫情波及全县19个镇，发病人群主要为0~15岁年龄组，发病高峰在8、9月。2005年，报告发病45例。

流行性感冒

1991年，发生局部暴发流行，发病3243例，发病率40.90/10万，大部分病例为在校学生。经采取隔离治疗，对易感人群应急接种流感疫苗等综合性防控措施，疫情得到及时控制。1992年，发病104例。1993年—2005年未发生暴发流行，各年度均有散发病例出现。

结核病

藤县是广西结核病疫情较严重地区之一，多年来发病率一直居各种法定报告传染病的前2位。历年病例中，农村病例占发病总数的80%以上。1991年，发病238例，发病率为29.80/10万。1995年发病351例，发病率41.44/10万。2000年发病555例，发病率62.50/10万。2003年，发病708例，发病率77.42/10万。同年12月1日，启动世界银行贷款/英国赠款中国结核病控制项目，至2005年12月31日，为第一个项目执行年。2004年9月，县人民政府下发《藤县结核病防治规划(2001—2010年)》。10月，县卫生局制定《〈藤县结核病防治规划(2001—2010年)〉2003—2005年实施计划》。县人民政府成立结核病防治规划暨结核病控制项目领导小组及办公室，负责项目规划制定实施、工作协调、督查等，县卫生防疫站负责各项防治措施的具体落实。同年相继启动实施中国结核病控制——日本援助项目、省级财政结核病控制项目、全球基金第四轮结核病项目、中央补助专项资金结核病项目、乡镇查痰中心结核病控制模式研究项目。对结核病可疑患者进行免费检查，对符合《中国结核病防治规划实施工作指南》要求的肺结核病患者免费提供抗结核药物治疗。项目覆盖全县16个乡镇、266个建制村，13个居（社区）委会，4237个自然村，DOTS（全面监督短程化疗）覆盖率100%。2005年发病1020例，发病率113.70/10万。

霍乱

1991年，县内各医疗单位设立肠道门诊，对腹泻病例逢疑必检。县防疫站每年采集江河水样10~20份、海（水）产品及夏季产品15~20份进行病原学检查，均未发现霍乱弧菌。9月，发现2例外出广东染病返乡的霍乱病人。县防疫站立即向上级部门报告，并迅速追踪调查，隔离治疗病人，采集确切接触者标本、病人可能污染的水源水标本和现症病人疗后的3次标本进行培养分离，均未发现霍乱弧菌。同时，在全县开展疫情搜索、监测，未发现继发病例或疑似病例。1992年—2005年，未发现霍乱病例。

流行性脑脊髓膜炎

1994年，发现病例5例，其中死亡1例。1996年，发病1例，无死亡病例。当年，由于邻县苍梧县出现流行性脑脊髓膜炎，县卫生防疫站立即开展防控措施，对易感人群开展流行性脑脊髓膜炎疫苗应急接种，共接种疫苗14万份。1997年—2005年，无病例发生。

细菌性痢疾

1991年—2005年，每年有散发病例出现，发病率在10/10万~30/10万。1992年病例最多，为281例，发病率35.01/10万。2000年，对幼托机构儿童及散居儿童等重点人群进行痢疾疫苗接种，同时加强饮水、饮食卫生管理及卫生知识宣传，提高个人卫生意识。2000年—2005年，痢疾发病人数每年控制在80例以内。

伤寒和副伤寒

1991年、1992年，发病人数分别为54例和76例。1993年—2000年，发病人数控制在40例内，发病率小于5/10万，均无暴发流行，无死亡病例。2001年，贺州地区富川瑶族自治县出现一起学校疫情，县防疫站对县内重点人群进行伤寒疫苗应急接种，共接种伤寒疫苗9.16万人份。当年伤寒和副伤寒发病20例。2002年—2005年，发病数均小于10例。

非典型肺炎防治

2003年春，全国部分地区出现传染性非典型肺炎（简称"非典"）疫情。4月，县成立非典型肺炎防治工作领导小组，组织开展"非典"防控工作。设立"非典"疫情报告办公室，24小时派人值班，每日实行疫情"零报告制度"，在电视、电台及报纸上公布疫情报告电话，接听、收集疫情，解答群众咨询。在塘步、古龙、岭景等镇与广东省或贵港市交界路段设立24小时值守的综合检查站，卫生部门派人对出入境流动人群进行体温检测，发现体温异常者一律留置观察，排查疑似病例。在各乡镇卫生院、县直医疗卫生单位设立"发热门诊"，专门接诊发热病人，对重点发热病人和疑似发热病人进行观察治疗，对"非典"疑似病例及疑似病例接触者进行流行病学调查，对其停留过的场所等进行严格消毒。全年共出动人员10.12万人次，发放宣传资料16万份，出版墙报、板报、宣传栏112期，张贴标语2万多张，清除垃圾618吨，清理卫生死角663处，清扫街道小巷、村道346条，平整洼地10600平方米，疏通沟渠15800米，清除积水1120处，喷洒卫生消毒药品1500公斤。至7月"非典"疫情基本结束，县内无"非典"病例。

艾滋病

2000年，县内首次监测发现2例艾滋病感染者。此后每年都新发现报告艾滋病感染者和病人。2001年10月，县人民政府下发《藤县预防与控制艾滋病中长规划（2001—2010年）》和《藤县艾滋病监测管理工作实施方案》。2004年11月，县卫生局成立艾滋病高危人群干预工作队，负责摸清全县高危人群的种类、数量和分布，开展对高危人群"面对面"咨询、宣传教育、疫情筛查、安全套推广、美沙酮替代、针具交换、性病防治等具体干预工作。2005年12月，县人民政府成立防治艾滋病工作委员会，负责项目规划制定实施、工作协调、督查等，县卫生防疫站负责各项防治措施的具体落实。至 2005 年年底，累计报告艾滋病感染者和病人共 209 例。其中艾滋病感染者 199 例，占 95.21%；艾滋病病人 10 例，占 4.78%。传播途径以注射毒品为主，其次是性传播。

钩端螺旋体病

1991 年，开始报告钩端螺旋体病例，当年共报告 15 例。病人以农民多见，其次为小学生，与易感者接触被污染的河水、田水较多有关。防控措施主要是对易感人群接种钩体疫苗，灭鼠除害运动，提倡圈养生猪，同时兴修水利，防洪排涝，减少居民群众接触疫水机会。1992 年—2005 年没有病例报告。

疟疾

1988 年，经自治区卫生部门考核，藤县达到基本消灭疟疾标准。县防疫站每年组织开展“发热病人”及流动人口监测工作，防控输入性疟疾及其二代病例的发生，巩固灭疟成果。1992 年—1995 年，发热病人血检率分别为 3.45%、3.51%、3.74%、3.50%，未发生内源性及外源性继发病例。1996 年，经自治区卫生厅考核组验收，各项灭疟工作指标均达到卫生部和自治区卫生厅规定的消灭疟疾标准。同年担任广西东部地区灭疟联防区值班县，圆满完成任务。至 2005 年未有病例发生。

丝虫病

1982 年，经自治区卫生部门考核，藤县达到基本消灭丝虫病标准。1991 年 9 月，自治区卫生厅对藤县丝虫病防治工作进行现场考核，确认各项指标达到国家卫生部规定的消灭丝虫病标准。达标后进入巩固成果阶段，每年对边远地区及流动人口进行丝虫病监测，收集各项防治和监测资料。至 2005 年未发现微丝幼阳性者。

肝吸虫病

1994 年，开始进行肝吸虫病检查，检查方法是粪便查卵。1999 年，在县直单位、藤城镇、新庆镇和金鸡镇开展调查，共调查 2000 人，粪检肝吸虫卵阳性 800 人，阳性率 40%，阳性者多有进食“鱼生”史。对阳性人员进行肝、脾 B 超检查，了解有无肝、脾实质性病变，同时口服“吡喹酮”一疗程。2000 年—2005 年，每年检查治疗病人约 200 人。

蛔虫病、蛲虫病、钩虫病

蛔虫病、蛲虫病、钩虫病均为肠道蠕虫病。1992 年在县城中小学进行甲苯达唑药盐、药糖防治肠道蠕虫病试点工作，在取得经验的基础上进行推广应用。1992 年—2001 年，每年组织在校中小学生集体服药驱虫 2 次，中小学生肠道蠕虫病感染率由防治前 1991 年的 40.0% 降至 2001 年的 5.0% 以内。2002 年—2005 年学生没有集体服驱虫药。

性病

1991 年，报告淋病 15 例；1992 年，报告淋病 34 例；1993 年，报告淋病 17 例。此后，社会上卖淫嫖娼等不良现象增多，性病呈大幅度上升趋势。1995 年，报告淋病 106 例，梅毒 5 例；1996 年，报告淋病 59 例，梅毒 1 例；1997 年，报告淋病 86 例，梅毒 1 例；1998 年，报告淋病 90 例，梅毒 3 例；1999 年，报告淋病 72 例，梅毒 4 例；2000 年报告淋病 55 例，梅毒 2 例；2001 年，淋病 192 例，梅毒 19 例；2002 年，报告淋病 145 例，梅毒 39 例；2003 年，报告淋病 167 例，梅毒 36 例；2005 年，报告淋病 98 例，报告发病率 10.49/10 万。历年无死亡病例，发病没有明显的季节性。

碘缺乏病

1991 年，全县碘缺乏病患病率 0.94%，甲状腺肿大率为 11.41%。1995 年 6 月，自治区卫生防疫站地病科抽查调查藤县古龙镇合龙校小学生，甲状腺肿大率达 30%，食用盐检测结果含碘合格率为 37.5%。1998 年，对批发、零售和用户的碘盐进行监测，并对散居儿童进行现状调查。1999 年，对在校学生进行现状调查。通过对少年儿童尿碘及甲状腺肿大率的调查，碘盐的抽检，藤县存在轻、中度缺碘现象。2000 年，对全县在校中小学生进行有计划补碘，全年发放碘油丸 32 万粒，服药人次达 27 万多。对散居儿童开展补碘，服用碘油丸 2000 人。同年 6 月，藤县通过经自治区防疫站消除碘缺乏病验收。

1991年—2005年藤县传染病报告情况表

表21-3-2

年度	合计		乙类			丙类			死亡		
	种	例	种	例	报告率(每十万)	种	例	报告率(每十万)	小计	乙类	丙类
1991	22	5484	15	1660	207.83	7	3824	478.76	12	5	7
1992	19	2077	12	1252	156.79	7	825	103.32	6	2	4
1993	18	1877	12	1472	178.61	7	825	103.32	2	2	0
1994	21	2211	14	1042	125.17	7	1169	140.42	9	6	3
1995	18	1251	12	687	81.12	6	564	66.59	16	4	12
1996	23	1574	17	557		6	1017		12	12	0
1997	17	1577	12	1178	135.90	5	399	46.03	0	0	0
1998	26	2049	20	1617	185.52	6	432	49.56	0	0	0
1999	24	1775	19	1375	155.97	5	400	45.37	1	1	0
2000	19	2399	14	1513		5	886		5	4	1
2001	23	3444	18	2013	220.05	5	1431	156.43	5	4	1
2002	18	3740	13	1559	169.16	5	2181	236.65	12	10	2
2003	18	4527	14	1547	166.70	5	2980	521.17	30	27	3
2004	18	3214	12	1821	193.33	6	1393	147.88	16	15	1
2005	18	2793	12	1969	209.92	6	824	87.85	15	14	1

第三节　卫生监督

公共场所卫生

1991年，全县公共场卫生监测、监督工作由县防疫站公共卫生科负责。是年，贯彻执行《公共场所卫生管理条例》和《公共场所卫生管理条例实施细则》，按照《公共场所卫生监测技术规范》《公共场所卫生标准检验方法》的规定，对辖区公共场所开展监测监督工作。主要监测旅宿业、文化娱乐场所、理发美容业等营业场所的空气质量及公共用品的微生物指标，监测项目包括气象条件、噪声、CO、CO_2、新风量、茶具细菌总数和大肠菌群，床上用品细菌总数和大肠菌群、理发用具大肠菌群和空气细菌总数等。组织卫生监督员不定期进行现场卫生监督检查，检查经营单位卫生状况、是否依法经营，督促经营单位组织从业人员每年进行一次健康体检和卫生知识培训，对不符合卫生要求的经营单位均下达限期整改意见书，对违法经营行为进行卫生行政处罚。1992年，全县公共场所114家，对其中的78家旅宿业、文化娱乐场所，理发美容业的CO、CO_2、新风量、茶具细菌总数和大肠菌群，床上用品细菌总数和大肠菌群、理发用具大肠菌群和空气细菌总数等进行检测，共监测482项次，合格405项次，合格率84.02%。1993年，对全县31家公共场所的卫生状况、是否依法经营等情况进行检查，督促经营单位组织从业人员每年进行一次健康体检和卫生知识培训，对不符合卫生要求的经营单位均下达限期整改意见书，对违法经营行为进行卫生行政处罚。1995年，开展公共场所专项监督检查，重点对理发美容业进行理发用具大肠菌群和从业人员卫生培训的监督检查，对9家不符合卫生要求的理发店责令限期整改。1999年，对旅宿场所进行专项监督检查，共派出26车次，55人次，对84家旅宿场所的持证经营、从业人员健康证、公共用具、被褥毛巾的换洗消毒、空气质量、卫生制度等监督检查，对16家对存在问题的住宿经营场所，下达卫生监督意见书，要求限期整改。2002年，全县共有公共场所375家，对172家进行监测，其中检查旅宿所103家、文化娱乐业(包括酒吧、卡拉OK厅、网吧、电子游戏厅、电影投影类)26家、美容美发43家，对公共场所从业人员进行健康检查583人，发放健康合格证583本；

组织公共场所从业人员进行相关卫生知识培训及相关法律法规学习，发放培训合格证612本。2005年1月25日，撤销县防疫站，分别成立藤县疾病预防控制中心和卫生监督所。公共场所卫生监测、监督工作由藤县卫生监督所负责。全县共有公共场所354家，年内监测139家，其中旅宿业70家、文化娱乐业（包括酒吧、卡拉OK厅、电子游戏厅、电影投影类）23家、沐足场所21、美容美发场所25家，其中31家被限期整改。对公共场所从业人员进行健康检查612人，发放健康合格证612本；组织公共场所从业人员进行相关卫生知识培训及相关法律法规学习，发放培训合格证612本；对检出HBsAg、HbeAg双阳性的2名从业人员按规定发出调离通知书。

1991年—2005年藤县公共场所卫生监测统计表

表21-3-3

年度	总户数（户）	监测户数（户）	监测项次数	合格项次数	项次合格率(%)
1991	106	81	591	381	64.6
1992	114	78	482	405	84.02
1993	101	31	124	107	86.29
1994	125	104	416	332	79.81
1995	134	86	120	96	80.00
1996	167	155	1323	1048	79.21
1997	172	151	468	384	82.05
1998	182	162	557	416	74.69
1999	84	84	382	310	81.15
2000	225	225	769	667	86.74
2001	324	324	872	709	81.31
2002	372	172	819	780	95.24
2003	404	196	304	287	94.41
2004	439	171	648	621	95.83
2005	354	139	408	408	100

生活饮用水卫生

1991年，全县有藤城、濛江、太平、和平和金鸡5家自来水厂，均采用氯化消毒剂进行水质消毒。县卫生防疫站按照《传染病防治法》及《自治区生活饮用水标准管理实施办法》的要求，对县（藤城）自来水厂每季度抽样一次（每次必有出厂水和末梢水）进行理化、细菌指标全分析，对乡镇自来水厂在开展卫生学调查的基础上，加强卫生技术指导，逐步开展乡镇自来水厂抽样进行细菌指标监测。每年督促供水从业人员进行健康检查。1997年，根据《生活饮用水卫生监督管理办法》，深入各乡镇集中式供水单位进行卫生监督，对发现的问题提出整改意见。统一组织消毒剂，解决乡镇水厂饮用水消毒问题。1998年后，对乡镇自来水厂的水质也做到每半年抽样检测，进行理化、细菌指标全分析，每年巡回监督2次以上。1999年，监测9家集中式供水单位118份水样，合格86份，合格率72.9%。2005年，对全县16家水厂进行水质卫生监测，监测覆盖率100%，采集县水厂水样18份，检测540项次，合格539项次，项次合格率为99.81%；镇级水厂水样63份，检测1890项次，合格1794项次，项次合格率为94.92%。不合格的指标主要为游离余氯、二氧化氯、细菌总数、大肠菌群、耐热大肠菌群、大肠埃希氏菌、浑浊度、pH值、铁、锰。

劳动卫生

1991年—2005年，县卫生防疫站每年对辖区内存在职业危害因素的厂矿、企业开展劳动环境卫生监督与监测，并指导厂矿、企业改善工人劳动环境卫生状况，督促厂矿、企业开展工人健康监护及建立健康档案。每年对钛白粉厂、水泥厂、红砖厂等重点监测企业进行工人作业场职业危害因素检测，主要监测项目有粉尘（包括煤尘、二氧化钛粉尘、矽尘）、化学因素（包括二氧化硫、氨），物理因素（包括高温、高湿、气压、辐射热、噪声等）。并了解职业病防治措施的落实情况，根据现场检查及职业危害因素浓（强）度监测结果，指出各厂矿企业职业卫生安全问题，提出整改意见，督促、指导其按要求进行整改。并对接触职业危害人员进行健康监护。1993年，对县内14家工厂179个粉尘作业点进行监测，合格点129个，点合格率为72.07%，对255名接尘工人进行体检，检出尘肺观察对象2人。1994年，对22家工厂135个粉尘作业点进行监测，合格点93个，点合格率为69%，对172名接尘工人进行体检，检出尘肺观察对象1人。1996年，对16家工厂41个粉尘作业点进行监测，合格点35个，点合格率为85%，对，195名接尘工人进行体检，检出尘肺观察对象1人。2005年，共有13家厂矿企业申报了职业病危害项目，有5家厂矿企业组织接触职业病危害因素作业工人进行职业健康检查。

1991年—2005年藤县生产环境职业有害因素检测统计表

表21-3-4 单位：个

年度	检测点数			粉尘			化学因素			物理因素		
	应测点	测定点	合格点	应测点	测定点	合格点	应测点	测定点	合格点	应测点	测定点	合格点
1991	393	382	214	132	125	41	86	84	70	175	173	103
1992	274	224	156	77	73	39	79	76	68	78	75	49
1993	402	401	299	180	179	129	70	70	62	152	152	108
1994	468	468	384	135	135	93	102	102	102	231	231	189
1995	411	390	347	129	119	99	83	83	83	199	188	165
1996	202	195	169	44	41	35	58	56	56	100	98	78
1997	212	203	175	52	50	41	59	55	55	101	98	79
1998	265	196	170	74	52	43	53	48	48	139	96	79
1999	226	175	156	72	49	47	43	39	39	111	87	70
2000	255	227	188	85	76	62	65	56	56	105	95	70
2001	240	215	175	82	74	60	61	47	47	97	94	68
2002	250	88	70	84	32	23	69	18	18	97	38	30
2003	157	82	72	56	25	22	43	27	27	58	30	23
2004	150	119	105	56	35	30	37	34	34	57	50	39
2005	120	120	117	29	29	28	40	40	40	51	49	49

1991年—2005年藤县接触职业有害因素工人健康检查一览表

表21-3-5 单位：人

年度	总计			粉尘作业			化学因素作业			物理因素作业		
	应检人数	受检人数	检出病例	应检人数	受检病例	检出人数	应检人数	受检人数	检出病例	应检人数	受检人数	检出病例
1991	3850	110	0	1306	110	0	864	0	—	1698	0	—
1992	3977	823	0	1322	227	0	942	535	0	1713	61	0
1993	4094	457	2	1311	256	2	408	0	0	2375	201	0
1994	4734	288	1	1318	172	1	756	0	0	2660	116	0

续表

年度	总计			粉尘作业			化学因素作业			物理因素作业		
	应检人数	受检人数	检出病例	应检人数	受检病例	检出人数	应检人数	受检人数	检出病例	应检人数	受检人数	检出病例
1995	4446	227	0	1265	144	0	530	0	0	2651	83	0
1996	3861	435	1	929	195	1	516	154	0	2416	86	0
1997	3619	0	—	912	0	—	372	0	—	2335	0	—
1998	2386	0	—	554	0	—	402	0	—	1430	0	—
1999	521	502	0	207	197	0	204	198	0	110	107	0
2000	479	455	0	141	135	0	139	135	0	199	185	0
2001	367	356	0	205	199	0	71	70	0	91	87	0
2002	343	134	0	139	39	0	99	56	0	105	39	0
2003	623	0	—	229	0	—	136	0	—	258	0	—
2004	855	447	0	318	151	0	318	186	0	219	110	0
2005	447	39	0	177	10	0	157	25	0	113	4	0

在做好工业生产企业劳动卫生监测的同时，加强对农业生产中农药安全使用的宣传。农业生产所使用的农药主要有敌敌畏、1605、乐果、甲胺磷、敌百虫、三环唑等。1994，全县发生各种农药中毒20例，属于生产性农药中毒者1例，其中死亡3例。1998年，共发生各种农药中毒病例15例。2000年，共发生各种农药中毒病例16例。县防疫部门加大农药中毒的宣传力度，指导群众做好农药的安全管理和使用，2001年—2005年，无农药中毒事故。

食品卫生

1991年，食品卫生监督主要由县卫生防疫站负责。县卫生防疫站每年利用板报、印发宣传资料、上街设点等形式开展食品卫生宣传活动和举办各种类型的食品生产经营单位的从业人员培训班，宣传食品卫生有关法律、法规和食品卫生知识；督促食品生产经营单位从业人员进行健康体检，核发年审卫生许可证、健康合格证；对食品生产（加工）单位的食品、原料、半成品进行卫生质量抽样检查，对餐饮单位的食具进行消毒质量卫生监测；对食品生产经营单位进行不定期巡回卫生监督检查，并本着教育为主，处罚为辅原则对违反《中华人民共和国食品卫生法（试行）》的行为给予相应的行政处罚。重点做好食物中毒预防工作，制订《藤县突发公共卫生事件应急处置预案》，在易发食物中毒季节重点对冷饮、饮料、糕点、蔬菜等食品加强监督和监测。

1991年4月—7月，配合工商、技术监督局查处非法生产销售假冒红葡萄酒和“天府可乐”5000多瓶，并分别在太平镇和藤城镇当众销毁。1994年8月，县卫生防疫站会同县工商局、县畜牧兽医站组成联合检查组，共检查全县肉食摊档215家，查处鲜肉注水2起、以病猪肉充当好肉上市出售1起。

2002年，开展打击制售假冒伪劣食品、无证生产经营食品等违法犯罪活动，重点检查米粉、粉丝、豆制品、凉果蜜饯等产品违法加入“吊白块”，大米、瓜子中掺入矿物油、色素，在水发产品如牛百叶、鱿鱼、鸡脚、黄喉等产品中加入甲醛等违法经营行为。检查发现2家食品生产经营单位在鱿鱼、卤猪上颌、卤鸡爪、鸭掌、卤兔耳、卤竹笋中违法加入甲醛，就地封存并公开销毁有毒有害食品价值约2000多元，处罚款1650元。全县发生食物中毒事件6起，中毒53人，死亡1人。同年，成立餐具消毒中心，县城各饮食店必须使用经消毒的餐具。

2003年，县卫生防疫站举办全县中小学、幼儿园等学校负责人和卫生管理人员卫生知识培训班，加强学校学生集体用餐食堂的硬件设施建设和监督整治力度。年内共有15所中学学生集体食堂进行扩建或重建。

2004年，县卫生防疫站根据《卫生部关于全面实施食品卫生监督量化分级管理制度的通知》和《2003—

2006年广西壮族自治区实施食品卫生监督量化分级管理制度工作方案》要求，以学校食堂为切入点，实施食品卫生监督量化分级管理制度。

2005年1月，成立藤县卫生监督所，承担全县的食品卫生许可和餐饮消费环节的日常监管。同年，藤县遭受特大洪水袭击，卫生监督部门对洪水期间的食品卫生进行检查，查封被洪水浸泡的饮料、调味品3600千克；对1间受浸后未经彻底环境消毒的粉店立即责令其停业整顿，并现场提供消毒药品，指导进行环境消毒。先后开展检测蔬菜农药残留量40多份。1991年—2005年，全县共发生食物中毒13起，中毒人数195人。

放射卫生

1991年，对全县医疗单位的医用X线诊断机及放射工作人员进行登记建档，当年有X线诊断机的医疗单位20个，X线诊断机22台，从业人员20人。对各单位使用的射线装置，县卫生防疫站协助梧州地区卫生防疫站每年进行防护监督监测。1992年，对10家医疗单12台医用X射线诊断机进行漏射线监测，合格率为80%。1994年，对县人民医院、第二人民医院、濛江中心卫生院等7家医疗单位8台X射线诊断机进行漏射线监测，共监测163个点，合格152个点，合格率93.25%。1998年，对14家医疗单14台医用X射线诊断机进行漏射线监测，合格率为85%。2002年，对16个医疗单位共16台X线机进行放射防护监测，14台机符合放射防护要求，合格率为87.50%。同年对全县医疗机构25名放射工作人员进行外照射个人剂量监测，受监测人员全部未超过国家规定的年剂量当量限值(50msv)。2004年，对19个医疗单位共19台X线机进行放射防护监测，16台机符合放射防护要求。同年，组织全县共45名放射工作人员进行放射防护知识培训，培训率98%，理论考试合格率100%。组织全县19个单位共45名放射作业人员进行了职业性体检，受检率为67%，受检人员全部未超过国家规定的年剂量当量限值。至2005年，没有发现血常规异常者及眼晶状体异常者。

1991年—2005年藤县放射工作人员健康监护统计表

表21-3-6 单位：人

年度	放射工作人员数	培训人数	健康检查				个人剂量监测					
			应体检人数	实体检人数	不适宜人数	调离人数	应监测人数	实监测人数	剂量分布			
									<5	5~	15~	<50
1991	20	0	0	0	0	0	20	15	15	0	0	0
1992	23	19	23	19	1	1	23	19	19	0	0	0
1993	20	0	0	0	0	0	20	20	20	0	0	0
1994	22	19	19	19	0	0	22	20	20	0	0	0
1995	23	0	1	0	0	0	23	19	19	0	0	0
1996	24	12	12	12	0	0	24	20	20	0	0	0
1997	26	0	14	0	0	0	26	25	25	0	0	0
1998	26	20	0	0	0	0	26	20	20	0	0	0
1999	26	26	26	26	0	0	26	20	20	0	0	0
2000	27	27	27	27	0	0	27	20	20	0	0	0
2001	28	0	0	0	0	0	27	25	25	0	0	0
2002	27	25	0	27	0	0	27	25	25	0	0	0
2003	45	0	45	0	0	0	45	39	39	0	0	0
2004	45	44	45	44	0	0	45	30	30	0	0	0
2005	42	0	3	0	0	0	42	30	30	0	0	0

1990 年—2005 年藤县放射工作场所放射卫生监测统计表

表 21-3-7 单位：户、个

年度	经常性卫生监督			预防性卫生监督				外照射水平监测	
	应监督户数	实监督户数	合格户数	应监督项数	审查项目数	审查合格项目数	验收合格项目	总次数	合格数
1990	21	21	12	0	0	0	0	108	87
1991	12	12	12	0	0	0	0	0	0
1992	12	12	12	0	0	0	0	0	0
1993	12	12	12	0	0	0	0	0	0
1994	13	13	10	0	0	0	0	163	152
1995	10	10	10	0	0	0	0	115	93
1996	13	13	10	0	0	0	0	42	39
1997	13	13	13	0	0	0	0	117	93
1998	14	14	14	0	0	0	0	124	98
1999	13	13	13	0	0	0	0	192	184
2000	16	16	16	0	0	0	0	79	77
2001	16	16	14	0	0	0	0	0	0
2002	16	16	14	0	0	0	0	0	0
2003	19	19	16	0	0	0	0	0	0
2004	19	19	16	0	0	0	0	0	0
2005	19	19	16	0	0	0	0	0	0

学校卫生

1991 年—2005 年，藤县卫生防疫站每年均对藤县部分监测点校的学生进行一次健康体检。1991 年，体检人数 2308 人，其中视力不良 363 人，占 15.73%，龋齿 504 人，占 21.84%，其他疾病 248 人，占 10.75%。1995 年，开展中小学生营养不良和肥胖、贫血、龋齿情况调查，共检查人数 4642 人，其中轻度营养不良 1300 人，占 28.01%；中度营养不良 198 人，占 4.27%；肥胖 3 人，占 0.06%。贫血 2062 人，占 44.42%，龋齿 609 人，占 13.12%。根据调查结果，建议学校加强健康教育，提高学生自我保健能力。对患有营养不良和肥胖的学生，通知家长注意调节饮食，做到营养均衡。同时，各学校推广大眼保健操，每天上午、下午各做一次；鼓励学生积极参加体育锻炼，增强身体素质。1999 年，参加体检学生 1.52 万人，轻度视力不良 4002 人，占 26.40%；中度视力不良 716 人，占 4.72%；贫血 1974 人，占 13.20%；沙眼 1577 人，占 10.40%；龋齿 5071 人，占 33.45%。2002 年，对全县各中小学健康体检进行建档，并结合各校实际编写学生体检情况总结，将体检资料电脑化管理，每个学生的体检结果打印送到家长手中，通知学校及家长对患有疾病的学生及早进一步检查、治疗。2005 年，组织学生体检 1.64 万人，其中视力不良占 49.55%、贫血占 14.41%、龋齿占 29.10%、HbsAg 阳性 10.23%。

第四节 爱国卫生运动

1991 年，爱国卫生工作以开展爱国卫生月、除“四害”和环境卫生综合治理活动为主。1994 年，爱国卫生工作以农村改水为主。同年成立藤县城建管理监察大队，每年每月开展 2 次常规治理乱堆、乱放、违章乱建、乱摆乱卖等工作。1997 年开始，爱卫工作以创建自治区级“卫生镇、村”为重点，以除“四害”农村改水改厕、健康教育、环境综合治理为主要内容开展工作。1999 年，天平镇、古龙镇、中隆村、潭东村、新光村等 2 个镇 5 个村获得自治区级卫生镇、村称号。2005 年洪灾期间，县爱卫会组织出动了救灾医疗队、卫生防疫和卫生监督工作队 831 队次，人员 1625 人次，出动车船 421 辆次，为受灾群众免费诊疗 7885 人次。发放和使用饮水消毒片 35.15 万片，环境消毒剂 5600 公斤，进行村（街）环境消毒 38 万平方米，发放使用灭蚊灭蝇药奋斗呐 625 公斤，喷洒蚊蝇滋生地 17.74 万平方米。

2005 年，全县农村改水改厕受益人口达 76 万人，其中 72 万人以上安全卫生水受益率 96%。县环境卫生管理站有人员 150 人；设有垃圾箱 1000 多个，垃圾中转站 1 座，垃圾填埋场 1 座，清运垃圾汽车 3 辆，洒水车 1 辆、日产垃圾 80 吨，主要街道全天保洁、部分街道一扫三保洁，日常上门收垃圾，并对垃圾清运和填埋等处理。

第四章　妇幼保健

第一节　妇女保健

围产期保健

1991 年，开展孕产妇培训，对孕产妇进行孕期保健、科学育儿喂养等指导。1996 年，开展孕产妇系统管理，以管理登记卡（簿）代替以前的门诊病历，当年孕产妇系统管理 10532 人，管理率 76.04%，高危妊娠 2082 人，管理与住院分娩均为 98%。1998 年，县妇幼保健院、县人民医院开办孕妇学校，共举办孕妇学校培训班 12 期，共 80 人次。1999 年，实行高危妊娠分级管理。2002 年，对孕妇实施胎心监护，及时掌握胎儿在子宫内的情况，开展以优生优育为目的的胎教活动。同年，对孕妇实行早孕建卡，对居住在县城的产妇开展上门随访指导产妇如何进行产褥期保健、母乳喂养和新生儿护理等。2005 年，共建卡 800 多人次，访视 600 人次，产后 42 天体检 350 人次。

新法接生、住院分娩

1991 年，全县产妇 12745 人，住院分娩率为 28%，新法接生率 18.72%，孕产妇死亡率 186.60/10 万。1995 年后，加强新法接生员的培训、复训，每年培训新法接生员 300 人。1999 年，农村接生员逐步转轨为“村级妇幼保健员”。对各乡镇交通方便的村庄划分为住院分娩村，取消家庭接生员，孕妇原则上要到当地医疗卫生单位住院分娩，高危孕产妇要 100%住院分娩。对一些交通不便的偏远山村划分为非住院分娩村，孕妇提倡住院分娩，暂时保留家庭接生员，但必须参加县卫生行政部门组织的母婴保健法知识培训和业务知识培训并经考核合格，取得“家庭接生员技术合格证书”，方可从事家庭接生工作。2000 年，孕产妇住院分娩率 46.75%，新法接生率 90.80%，孕产妇死亡率 45.53/10 万。2001 年后，各镇每年开展 4 次村级妇幼保健员、非住院分娩村接生员培训。同时规定严禁镇卫生院将有转院指征的孕产妇留置在本院住院分娩或处理。2005 年，孕产妇住院分娩率 74.49%，新法接生率 97.97%，孕产妇死亡率 14.45/10 万。

妇女病防治

1991 年后，定期开展妇科病普查普治，已列入妇女保健的常规内容，1995 年，被纳入《中国妇女发展纲要》，受到政府有关部门的关注。除做好青春期保健、围婚期保健、生育期保健、孕产期保健、围经期保健、老年期保健外，积极开展妇女生殖保健服务，提高妇女生殖健康水平。通过初级保健系统向群体提供有关计划生育、妇女保健、性保健和性病防治等方面的咨询、健康教育和医疗保健服务。每年定期进行以宫颈癌筛查为主的妇女常见病、多发病的普查普治工

2005 年，县妇幼保健院举办“降消”项目业务培训暨妇幼卫生工作会议

作，实行优惠政策。1997年，以村为单位，建立妇女健康档案，做到早发现、早诊断、早治疗。2005年妇女病筛查11116人，患病人数4267人，患病率较高的为滴虫性阴道炎、宫颈炎等。

第二节　儿童保健

新法育儿

1991年后，每年开展婴幼儿保健指导800多人次。1994年，实行"母婴同室"，推广母乳喂养。哺乳姿势由旧式的剪刀式改为新式的托乳式。1995年，普及纯母乳喂养4~6个月。2004年，开展CCSOS（同步感觉组合刺激）新生儿、婴儿智能开发项目，即婴儿抚触、婴儿游泳(0~1岁、6个月婴儿，最佳0~3个月)，使新生儿延续母亲子宫内羊水生活，消除新生儿焦虑、恐惧和孤独，刺激新生儿脑神经发育。当年接受CCSOS智能教育100多人次。2005年，开展婴幼儿饮食、防病和智力开发等保健培训2000多人次。

儿童系统管理和常见病防治

1991年后，每年开展小儿肺炎、腹泻等知识宣讲，对藤城中心校、一幼7岁以下儿童进行口腔保健调查。1997年开始，每年对7岁以下儿童缺铁性贫血进行调查，同时对检查为贫血的儿童均给予铁剂治疗。1998年，举办小儿腹泻病例的管理知识培训，在基层单位推行应用口服补液疗法。2005年，县妇幼保健院对门诊14060名儿童进行腹泻统计分析，患腹泻665例，患病率4.73%，治愈率为100%。

儿童健康检查

1991年后，每年"六一"儿童节前对0~6岁的儿童进行健康检查。1992年，开展儿童系统保健管理，建立儿童系统保健手册。1998年，对城乡集体及散居儿童体检3109人，集体儿童体检率为97%。体重达均值以上469人，占15.09%，身高达均值以上524人，占16.85%，对检出有缺点的儿童进行了对症治疗。

1999年，全县0~6岁儿童93488人，参加健康检查60323人，体检率64.52%。体重达均值以上6792人，占11.26%，身高达均值以上6647人，占11.2%。对学校学生开展营养评价、眼保健、口腔保健等调查。中重度营养不良2226人，占3.6%。儿童管理率为64.52%，体弱儿管理率为98%。2005年，对全县7岁以下儿童体检41985例，患佝偻病92人，发病率为0.22%，对患者均给予治疗，发病率比1997年显著下降。

1998年—2005年藤县儿童健康检查情况表

表21-4-1　　单位：人

年度	应检人数	实检人数	受检率(%)	体重		身高		疾病			
				均值上数	%	均值上数	%	实检人数	中重度贫血	佝偻病	龋齿
1998	3439	3109	90.4	469	15.09	524	16.85	842	128	74	863
1999	93488	60323	64.52	6792	11.26	6647	11.02	1969	479	1388	6345
2000		—	—	—	—	—	—	—	—	—	—
2001	91873	67688	73.68	7281	10.76	7316	10.81	2174	346	1602	5393
2002	91517	68432	74.78	7410	10.83	7271	10.63	3610	377	1317	13862
2003	—	70717	—	7827	11.07	6795	9.61	6340	643	1084	13403
2004	92533	72973	78.86	8196	11.23	7715	10.57	6372	610	1277	16644
2005	94682	76170	80.45	6434	8.45	6653	8.73	7266	867	868	17165
2006	94022	75172	79.95	9311	12.39	9798	13.03	6814	187	656	26440
2007	96113	75108	78.15	9141	12.17	9991	16.3	7494	124	737	29765
2008	98952	79427	80.27	9535	12	10292	12.96	8741	115	443	31253

第二十二篇

文化　体育

太平东养古民居　　（2005 年 9 月摄）

1991 年—2005 年，藤县文化、体育事业日益繁荣，群众文化、体育活动广泛开展，文化市场活跃，极大地丰富了人民群众的精神需求。1997 年，禤洲武术醒狮队成立，以禤洲武术醒狮队、濛江龙舟队为代表的民间体育文化得到传承和发展。2004 年 7 月，禤洲武术醒狮队参加马来西亚第六届云顶杯世界狮王争霸赛夺冠，获“东方狮王”称号。从此，藤县开始引起了全国乃至全世界的关注。文艺创作形式多样，多次获奖。2000 年 1 月 3 日，藤县获自治区人民政府授予“全区社会文化先进县”称号。广播电视实现村村通。新闻出版、档案、文物、图书、报刊、史志工作得到很大的发展。广泛开展全民健身活动，竞技体育水平不断提高，多项体育在自治区（省）、市取得好成绩。

第一章　文化管理

第一节　机　构

管理机构

县文化局　1991 年，县文化局办公地址在藤城镇登俊路 12 号，正科级行政机关。人员编制 7 人，在职 7 人。内设办公室、社文股、艺术股，加挂县文联牌子。下辖文化馆、图书馆、博物馆、文工团、电影发行放映公司、演出公司。1994 年，成立文化稽查队。1997 年撤销演出公司。办公地址迁至登俊路 57 号县老干局大楼七楼。全系统有干部职工 194 人（其中乡、镇文化专干 22 人）。2002 年 4 月，县文化局与县体育事业局合并为文化和体育局。

1991 年—2002 年县文化局历任局长：秦柱彬（1990.10—1992.5）、李秀港（1992.5—1994.4）、聂柱忠（1995.4—1996.08）、黄宇腾（1996.08—1997.01）、林伟朝（1997.01—2000.10）、张贵雄（2000.10—2002.04）。

县体育事业局　1991 年，县体育委员会（简称县体委）办公地址在登俊路 65 号，人员编制 9 人，在职 9 人，内设竞赛股、群体股，下辖业余体校。1997 年，更名为县体育事业局，人员编制 10 人，在职 10 人。内设竞赛股，下辖业余体校。2002 年 4 月，县文化局与县体育事业局合并为文化和体育局。

1991 年—2002 年县体育事业局（体委）历任局长（主任）：吴仁雄（1989.05—1996.08）、杨永祥（1996.08—2002.04，其中 1996.08—1997.01 副局长，主持工作）。

县文化和体育局　2002 年 4 月，县文化局与县体育事业局合并，组建县文化和体育局，为正科级行政机关。办公地址在县老干局大楼七楼。行政编制 10 人，后勤服务事业编制 1 人，在职 11 人。内设办公室、文化股（挂县文化市场管理办公室牌子）、体育股，下辖县文化馆、图书馆、博物馆、文工团、文化稽查队、电影发行放映公司、业余体校 7 个事业单位。2004 年，原在县委宣传部加挂牌子的县新闻出版办公室，更名为县新闻出版局，改在县文化和体育局加挂牌子；原在县政府办公室加挂牌子的旅游局，改在县文化和体育局加挂牌子。行政编制 13 人，后勤服务事业编制 2 人，在职人员 15 人。其中局长 1 人，副局长 3 人。至 2005 年不变。

2002 年—2005 年县文化和体育局历任局长：霍战平（2002.04—2004.08）、茹恩南（2004.08—2011.05）。

县广播电视事业局　1991 年，县广播电视局办公地址在藤城镇登俊路 36 号。内设县广播站、电视差转台、县有线电视台、办公室、财务室、太平差转台。人员编制 35 人，在职人员 35 人。1995 年 2 月，建立有线广播电视台。5 月 8 日，建立调频广播电台。1996 年 10 月，县广播电视局改为县广播电视事业局，为县政府直属事业单位。1997 年，县有线广播电视台、县人民广播电台合并为藤县广播电视台，与县广播电视事业局合署办公，局长兼任台长，副局长兼任副台长。内设办公室、总编室、社管室、计财室、广告部、电视编辑部、广播编辑部、技术部。人员编制56人，其中局长1人，副局长3人。2002年，由财政差额拨款事业单位改为财政全额拨款事业单位。2005年，县广播电视事业局内设办公室、计财室、社管室、总编室、广播编辑部、电视编辑部、广告部、技术部，人员编制58人，在职人员52人。

1991年—2005年县广播电视（事业）局历任局长：李明远（1984.10—1992.11），黄子雄（1992.11—1998.01），陈宗杰（1998.01—2004.08），欧泽璋（2004.08—2007.02）。

县档案局（馆）　成立于1974年7月，办公地点在县政府大院内，正科级单位。1991年，县档案局、县档案馆合署办公，实行两块牌子一套人马管理，定编10名，其中局行政编制4名、馆事业编制6名。实有人员11人，其中局长1人，副局长2人（1名副局长兼馆长），副馆长1人。1997年，县档案局与档案馆合并为县档案馆，保留档案局牌子，属县委直属事业单位，赋予行政管理职能。内设秘书股、业务指导管理股、执法监督股，核定事业编制10名，实有人员10人。1998年，更名为藤县档案局（馆）。2002年，撤销秘书股，设立办公室。2005年底，实有人员11人，其中局（馆）长1人、副局（馆）长2人。

1991年—2005年县档案局（馆）历任局（馆）长：彭晋南（1989.08—1992.07），黎林球（1992.07—2000.10）。周德超（2000.11—2011.12）。馆长：许开尚（1991.03—1997.01兼）。

县委党史资料征集办公室　成立于1981年3月，属县委序列正科级事业单位，办公地址在县政府大院。1991年，有编制5人，在职5人。2002年3月，与县志办公室合并称史志办公室。

1991年—2002年历任党史办主任：黄杖德（1988.10—1998.04）、肖宗孔（1998.04—2000.10）、陈权锋（2000.10—2002.04）。

县地方志编纂委员会办公室　成立于1981年12月，为临时机构。办公地址在县政府大院。1985年1月，改为正科级事业性质常设机构。人员编制7人，设主任1人，副主任2人。1991年9月，人员编制由7名增至9名，在职9人。2002年，与县委党史资料征集办公室合并称县史志办公室。

1991年—2002年县志办公室历任主任：黄汉超（1987.10—1991.05）、廖盛春（1991.05—1992.11，副主任主持全面工作）、肖宗孔（1992.11—1998.04，其中1992.11—1994.11为副主任主持全面工作）、覃安（女，1998.04—2002.03，其中1998.04—1999.03为副主任主持全面工作）。

县史志办公室　2002年3月，县委党史资料征集办公室与县志办公室合并为县史志办公室，为县委直属正科级事业单位，办公室地址在县政府大院。核定编制9名，在职9人。设主任1人，副主任2人。2005年，在职人员8人。

2002年—2005年县史志办公室主任：欧定锋（2002.03—2010.07）。

事业单位

广西广播电视信息网络股份有限公司藤县分公司　2004年6月25日成立，7月1日正式挂牌，隶属广西广电网络公司管辖。内设办公室、技术部、工程部、客户服务部、农网部、营销部，核定编制18人，其中总经理1人，副总经理1人。广电网络藤县分公司由自治区公司统一授权经营，以“统一管理、分级核算、按网分利”作为公司内部收益分配的基本方式。以“存量不变、增量分成”作为公司与各股东单位收益分配的基本方式。

总经理：陈东杰（2004.06— ）

县文化馆　1991年，馆址在藤城镇大东街173号（今藤州镇登俊路12号），建筑面积3572平方米，其中办公、业务用房2000平方米，生活用房700平方米，商业经营性用房872平方米。内设艺术辅导股、美术股、阵地股、文化服务部、社文股、财会股和办公室，在职人员24人。设有舞厅、卡拉OK厅、录像厅、桌球厅、电子游戏厅等。4月，财政预算管理由差额管理改为全额管理。1993年，获文化部评为“标准文化馆”。1994年，内设机构改为业务组、文化经营组、办公室，人员21人。1996年，撤销文化经营组。同年获梧州地区文化工作先进集体称号。1997年，内设机构改为文艺创作辅导部、办公室，人员14人。1998年，增设美术创作辅导部。2001年6月，文化馆和文工团合署办公，实行“一套人马，两块牌子”管理。内设美术摄影部、文艺创作辅导部、音乐曲艺戏剧辅导部、群文调研部、辅导部和办公室，人员36人。2005年，有人员34人，其中三级演员1人，四级演员7人，四级美术师1人，四级编剧1人，馆员1人，助理馆员4人。

图书馆 1987年3月，在藤城镇龙颈（地名）建图书馆新馆，1990年3月建成并投入使用，新馆高5层。1991年，县图书馆馆舍面积1400平方米，馆藏书88315册，在职人员9人。1994年12月，县图书馆在全国公共图书馆评估定级中，被评为国家二级图书馆。1997年，新馆续建至7层，建筑面积1800平方米，在职人员10人，藏书95288册。1998年，增设电子阅览室。1999年评估复查，因硬件设施配备不足等原因被降为国家三级馆。2005年，馆舍面积1800平方米，馆藏书112764册，在职人员11人，其中馆员5人，助理馆员1人，管理员5人。

博物馆 1991年，在藤城镇东山浮金亭左侧建成县博物馆新馆舍，占地面积6482平方米，建筑面积1292平方米，其中生活用房450平方米。另有砖瓦木结构房屋1045平方米。内设陈列室、文物库房、工作室、办公室等。2005年，在职人员8人，其中馆员1人。

电影发行放映公司 1991年，办公地址在藤城镇登俊路56号。内设经理室、办公室以及统计、财务、发行、放管、修理、片检、宣传9个股室，有职工86人。有7个乡镇电影院和27个民办电影放映队，电影放映人员97人。1993年1月，转为事业单位企业管理。1999年，有职工70人。2000年有职工46人。2002年7月，安置职工和转换职工身份23人。2005年，内设机构有经理室、办公室、计财室，职工21人，下辖藤州电影院。电影放映队已全部解散。

县文工团 1991年，县粤剧团、县牛歌剧团合并为县文工团，有人员21人，其中三级演员1人，四级演员1人。办公地址在县人民礼堂。1997年，迁至登俊路57号老干部局七楼。1998年，在县城河东政贤路10号建新楼。2001年6月建成投入使用，建筑面积600平方米。同时，与文化馆合署办公，实行“一套人马，两块牌子”管理。2005年，县文工团（文化馆）有人员34人，其中三级演员1人，四级演员7人，四级美术师1人，四级编剧1人，馆员1人，助理馆员4人。

乡镇文化广播电视站 1991年，全县20个乡镇均设有文化站。每个文化站编制一般为2人。2002年，投资160万元，新建津北、塘步、埌南、新庆、象棋、岭景、天平、濛江、太平、古龙10个乡镇文化站办公楼（每个文化站自治区拨款10万元，自筹6万元），并购置二胡、笛子、锣鼓等娱乐设备以及农业科技、群众文艺等书刊。2003年，乡镇广播电视站与文化站合并，改称文化广播电视站。2005年，乡镇区域调整，藤城、城关、津北3个乡镇文化广播电视站合并为藤州镇广播电视文化站，大黎、宁康2个乡镇文化广播电视站合并为大黎镇文化广播电视站。调整后全县有16个乡镇文化站。人员32人。

乡（镇）、村图书室（馆）

1991年，各乡镇文化站和部分村委会设立有图书室。1998年11月，广州市社科联博士朱名宏（藤县金鸡籍人）联系美国华人团体加州圣峪中华文化协会，资助3000美元给金鸡镇文化站，设立“禧莲健华图书馆”。1998年—2005年，根据自治区“知识工程”办公室的部署，各乡（镇）均建立图书馆，与乡镇文化站实行“一套人马两块牌子”。在潭东镇礼秀村、濛江镇江权村建设示范性村级图书馆。

第二节 文化市场管理

文化市场治理

1991年，全县有歌舞娱乐场所5家，音像制品10家。“扫黄打非”工作由县委宣传部负责。1994年，成立藤县文化稽查队，开始规范文化市场管理。每年节假日期间，开展对歌舞娱乐场所进行专项整治行动，打击接纳未成年人进入营业场所、播放淫秽歌目等违规行为。90年代中后期，开始出现电子游戏室。1999年，“扫黄打非”由县委宣传部移交给县文化局。8月，开展扫黄打非行动，共收缴黄色光碟约200多张。2000年，有电子游戏机室13家。2001年开始有网吧，当年有网吧5家。2003年，开展互联网上网服务营业场所专项整治行动，打击网吧违规接纳未成年人的行为。2005年，开展打击“黑网吧”专项整治行动，取缔无证照经营“黑网吧”3家。全县有歌舞娱乐场所15家，音像制品23家，电子游戏机室63家，网吧70家，书报摊10家，桌球室8家，打字复印店6家，溜冰场5家。

广播电视管理

1991 年，县卫星电视节目、卫星地面接收设施安装许可证由梧州地区广播电视局审核和年审，1997 年后由梧州市广播电视局审核和年审。同年 12 月，县广播电视事业局设社管室，对全县广播电影电视播出、卫星接收和传播节目进行监督管理和稽查。每年联合综治、公安、工商等部门开展对非法销售、安装、使用卫星地面接收设施情况进行清查整治，打击非法销售、安装、使用卫星接收设备的违法行为，同时加强电视广告审查、规范广告发布。

第二章　群众文化　文艺创作

第一节　群众文化

文艺演出

1991 年后，每年春节、“五一”“十一”等节日，县文化局、县总工会、文化馆、图书馆等单位举办各种文艺活动。1991 年 1 月，藤县、平南县联合举办歌手大奖赛。1992 年 10 月，由县委、县政府主办，广东罐头厂承办，在藤县县城举办广东省音乐家协会会员、广东知名作曲家苏炎辉（藤县籍）“创作歌曲家乡演唱会”。1995 年，举办藤县首届十大电视歌星卡拉 OK 大奖赛。11 月，组队参加在钟山县举办的广西第四届剧展文艺调演，藤县队获得三等奖。同年，县委、县政府组织县文工团到各乡镇巡回演出，宣传藤县人民路桥集资建设的文艺晚会“金光大道”，演出 20 多场，观众 5 万人。1996 年 10 月，分别在藤县、岑溪举办“藤、岑十大歌手比赛”活动。同年，县文工团到各乡镇巡回演出，宣传藤县两个文明建设成果的综艺晚会“辉煌之路”，演出 20 多场，观众 3 万多人。1998 年，市、县组织大型文化下乡活动，在太平镇举办“月圆太平”文艺晚会。12 月 10 日，在藤州电影院举行“40 年辉煌路”文艺晚会。

1999 年 11 月，县文工团应邀参加广西民间艺术荟萃展演。12 月，在县城河东文化广场举办大型焰火晚会“祝福藤州”，邀请自治区、梧州市歌舞团、贺州市民族风情艺术团、太平洋影音公司“天生两对”组合以及藤县籍著名特型电影演员周恩来扮演者苏林等共 200 多位演职人员参与演出，广西电视台主持人孙勇、王娟为晚会主持。

2002 年春节，与梧州市长洲区分别在藤县和长洲镇举办“两地情”“携手走向新世纪”文艺晚会。2004 年 6 月 18 日，藤县与广东省德庆县缔结两广友好县，县文化馆（文工团）与德庆县业余艺术团、德庆县机关幼儿园、德庆县教育幼儿园等文艺团队在德庆县文化广场演出“龙腾耀四方——藤县・德庆县联欢文艺晚会”。

2004 年 12 月，藤县第十届体育运动会文艺表演

2005 年 7 月，梧州电视台与中共藤县委员会、县人民政府共同主办“风雨同舟”情系藤县重灾区赈灾义演文艺晚会，共收到社会各界爱心捐款 100 多万元。8 月，举行文艺调演，选出歌舞《龙母的歌》、男声四重唱《东方狮王》、现代牛歌剧《扶贫村长》、小品《水中情》以及舞蹈《姥姥门前看大戏》等 5 个精品节目参加梧州市文艺会演藤县专场演出。

民间文艺

1991 年，业余文艺团队有牛歌队、木偶戏队、采茶队、八音队等。1993 年后，业余文艺团体快速发展，陆续成立藤城粤韵曲艺队、大东街金银堂管乐队、藤城曲艺队、藤城西江艺术团、群艺曲艺队、藤城业余曲艺队、桂东粤剧团、中老年艺术团、老干部业余艺术团、潭东纯平牛歌队、天平牛歌戏队、象棋牛歌队、金鸡牛歌队、春花牛歌队、天平木偶戏队、大黎木偶剧队、金鸡木偶戏队等。1995年4月，藤县中学成立雨花石文学社。1996年10月，藤县一中成立晨星文学社。这些业余文艺团体多在节日或喜庆事时应邀演出，或者参加县文工团的演出活动。2005年，全县有各类业余文艺团体40多个，其中学校2个，社区18个，农村20多个。

牛歌戏 源于民间唱"牛歌"与舞春牛。当地艺人把唱"牛歌"和"舞春牛"进行整合，演绎故事，形成地方小戏。光绪元年(1875年)，在金鸡镇镇安村村坡自然村"兆丰年"龙会演出《亚赖卖猪》，始称牛歌戏。早期牛歌戏的演员均为男性，民国35年(1946年)才有女性加入。牛歌戏的鼎盛时期是20世纪70年代至80年代中期，全县有民间剧团270个。1986年，作为地方剧种之一入编《中国戏曲志·广西卷》。牛歌戏有完整的生、旦、净、丑行当，伴奏用打击乐而无管弦乐，既保留舞春牛的舞时不歌、歌时不舞的传统，又保留民歌徒歌的风格。采用藤县白话作为舞台语言，大量运用当地的方言俚语。演唱讲究依字行腔、以腔抒情。曲调以《牛歌调》为主，兼用一些当地民歌。表演上吸纳粤剧的表演形式，注重身段的美感。舞台装置较为简单，沿袭一桌二椅的特点，服装视剧团的经济条件而定。剧目多以表现家庭伦理为主，传统剧目《亚赖卖猪》《三打穆柯寨》《包公出世》《张苍救嫂》《梁祝》《秀珠弃家》《金钗记》《文武状元》等200多个。20世纪80年代后期，随着电视、录像、歌舞的普及，很多人特别是年轻人对传统戏剧兴趣渐减，很多剧团骨干外出务工，大部分剧团解散。1997年，全县有牛歌戏剧团10个。2005年，全县仅剩县文化馆牛歌戏剧团、城关牛歌戏剧队、藤县民间牛歌戏剧队、纯平牛歌戏剧队、天平牛歌戏剧队等5个剧队。这些剧队多在节庆期间演出，或有村民办喜事时表演助兴。主要演出剧目有《金钗记》《文武状元》《薛仁贵征西》《穆桂英挂帅》《情血洒皇宫》《花为媒》《花好月难圆》《屠夫状元》《打碗记》《狸猫换太子》《梦断香销十八年》等。

木偶戏 明末清初从玉林、北流传入。主要为杖头木偶，内容多以古典小说、民间文学为主，如《龙凤再生缘》《白玉霜》等。一般每队2~3人，一人掌板、打锣鼓，另外的人舞动木偶，唱、做、念、打，生、旦、净、丑表演全包干。用藤县方言(与粤语相近)演出，曲调简单，凭演员自己的感觉演唱，没有太多的板腔约束，唱腔、对白自由。吟唱是其唱腔的风格特征。主要流行于同心、金鸡、新庆、天平、濛江、和平、太平、东荣、大黎等镇，南部以金鸡镇大坟村为代表，北部以和平镇、大黎镇为代表。观众以中老年人为主。1991年，全县有木偶剧队20个。之后由于老年艺人相继逝去，后继乏人，木偶剧逐渐衰落。2002年，主要木偶戏队有天平镇罗盖村黄世宁队、金鸡镇大坟村盘村周业彩队、和平镇垌村吴积可队和大黎镇朝林陆积威队。2003年—2005年，到各乡镇、学校演出100多场，主要演出剧目有《薛仁贵征东》《薛丁山征西》《薛江反唐》《穆桂英》等。2005年，全县仅剩天平镇罗盖村黄世宁木偶戏队正常开展活动。

采茶剧 又称"采茶歌""茶歌"。明末清初民间已有传唱。主要流行于岭景、象棋、金鸡、藤州、塘步、濛江、太平、古龙等镇。采茶歌手以走村串寨方式演唱，辅以简单的表演动作，有器乐伴奏。20世纪50年代开始搬上舞台，各村采茶队在本村及周边村寨进行文化交流演出，内容以诵唱社会主义新生事物，赞美农村中的好人好事，赞美党的政策为主。音乐结构比较简单，多由两个乐句构成，以二胡、琴伴奏。以方言传唱，大量采用比喻、夸张、双关、诙谐等手法。传统曲目有《肖永伦》《孟姜女》等，现代题材曲目有《十二月采茶歌》等。表演形式主要为1男1女，后发展为10多人的集体歌舞。平时乡间艺人在劳作中也即兴吟唱。1998年，有采茶剧团3个，主要在节庆或喜庆事时演出。随着文化娱乐的多样化，剧团逐渐解散，一些中老年人在茶余饭后或劳作休闲时偶尔吟唱。2005年，县内已无采茶剧队，会唱采茶剧的人也寥寥无几。

藤县牛歌剧 (1996年摄)

粤剧　由于与广东相邻，民间有大批粤剧爱好者。1991 年，民间业余粤剧团有藤城粤韵曲艺队、藤城曲艺队、藤城西江艺术团、群艺曲艺队、藤城业余曲艺队、藤县桂东粤剧团、太平粤剧团等 10 个。主要是休闲娱乐，也参加文艺演出活动。主要演出曲目有《帝女花》《紫钗记》《梦断香消四十年》《花田八喜》《昭君出塞》《分飞燕》等。2005 年，有藤城粤韵曲艺队、桂东粤剧团、紫藤业余曲艺团、太平商会曲艺团等 10 多个曲艺团体。

第二节　节庆文化

龙母诞

农历五月初八为龙母诞辰。传说龙母本姓温，于楚怀王辛未年（公元前 290 年）出生在藤县一都水东街孝通坊（今藤州镇胜西村），因豢养五条小龙，并得助于 5 龙，造福民众，被人民尊称为龙母。她天资聪颖、心地善良，带领老百姓整治水患，抗击洪涝灾害，扬善惩恶，为民消灾除祸，深得人民爱戴。每年五月初八，人们举行系列纪念活动，信众们上香祈祷。庙宇活动有上刀山过火海、龙母出巡等活动。龙母出巡每三年举办一次，由牌匾、花车、龙母神像、八音锣鼓队等组成方阵，沿县城各大街道巡游。河东、河西各设几个站点，出巡队伍到达各个站点的时候停下举行祈祷祝福仪式，由道工唱祈福歌。

1991 年—2005 年，每年广东德庆县悦城龙母庙举办龙母诞活动，邀请藤县作为龙母娘家人参加。藤县在民间甄选 4 名净身良家妇女，在龙母诞前夕到德庆悦城为龙母沐浴更衣，受到很高的礼遇。藤县德庆两地群众也因为龙母的关系，交流更加密切。

乞巧节

流传于藤县北部乡镇，以太平镇最为盛行。传说织女心灵手巧，民间称之为“七姐”。每年农历七月初七日，牛郎织女鹊桥相会，民间妇女们向“七姐”乞求赐予自己灵巧智慧，称为“乞巧”。七月初六晚，妇女们精心用纸、布、竹篾、藤麻、树枝等制作成天庭、龙宫、凌霄殿、南天门、鹊桥、玉皇大帝、牛郎织女等工艺品，展现鹊桥相会、穆桂英挂帅、天姬送子等故事传说。在楼顶、天台等露天的地方对着月光摆上桌子，放上水果、土特产等供品，上香唱乞巧歌，对月进行穿针比赛，谁穿得最快最多，织女就把聪明、灵巧赐予她。20 世纪 90 年代后，乞巧节除了基本传承旧俗外，还增加了民间牛歌队、曲艺队等文艺演出。制作的牛郎织女、七仙女、动物、盒子、鹊桥等工艺品材料也由纸、藤麻、竹篾等改为陶瓷、珠子等材料制作。

抢花炮

流行于岭景簕村、象棋镇甘村。每年农历正月初四、十四日举行。相传从民国年间开始，“文化大革命”期间一度中断，20 世纪 80 年代后重新举办。抢花炮是民间自由体育竞技，无须事先报名，无须专门服装，观众有兴趣可立即成为队员。村里成立有“炮委会”，负责组织活动、制定规则、安排举办时间等。开始前先组织巡游队伍舞狮舞龙、敲锣打鼓到社庙酬恩，游街、还炮后，便开始抢花炮活动。花炮有婚姻炮、添丁炮、发财炮等。据说抢到花炮的人会幸运降临、人丁兴旺、财运亨通、大富大贵。

二月二拜社

传说农历二月初二是龙冬眠醒来开始活动的日子，万物复苏，民间有“二月二，龙抬头”的说法。在二月二社日当天，村上农户自发集资宰猪杀鸡拜祭土地社公庙、祠堂，做发糕供社神。祭拜结束之后，在村上搭灶办酒，全村人一起吃饭，吃完后每家每户带一些吃的东西回家聚福。还有一个习俗认为在二月初二这天理发，会像龙一样从冬眠中醒来，转运纳福。

龙母诞　（1996 年摄）

第三节　文艺创作

文学创作

1990年10月，岑沫创作的散文《巍巍桂东第一山—太平狮山》在《旅行家》杂志发表。1991年10月，古小强、韦子源创作的报告文学《税务之歌》在《广西文学》杂志发表。1992年，岑沫创作的散文《访苏亭里觅遗风》在《旅游天地》杂志发表。李东生创作的小小说《热爱生活》在《天津日报》发表。林向芝、尹德贤创作的小品《野眼》获梧州地区群众文艺会演创作三等奖、导演奖，廖道进创作的小品《士紧马行田》获梧州地区群众文艺会演创作三等奖。1993年，李东生创作的小小说《噪音》在《人民文学》副刊发表，小小说《大哥的名字》在《萌芽》发表。县文化馆编辑《广西民间文学作品精选・藤县卷》由广西民族出版社出版。尹德贤创作的小说《但愿人长久》在《桂东文学》发表，林向芝创作的小品《厂长助理》获梧州地区"金融杯"会演创作二等奖。1994年，黄鹤创作的散文《兰姐，灰白的毛衣》《兰妹，甜甜的柿子》在《广西文学》发表。岑沫创作的散文《龙盘虎踞话赤峡》在《梧州日报》发表，并获《小说月报》转载。尹德贤与人合著的散文集《流浪往事》由广西民族出版社出版。林向芝创作的小品《彩电风波》获梧州地区戏剧创作一等奖。1995年5月30日，县文化馆创办《藤县文化》创刊，为全县文学爱好者提供了一个互相交流的平台。同年，尹德贤创作的散文《人海・歌浪・舞潮》在《广西文化报》发表。1998年5月，县文联成立文学协会，会员25人。同年，林向芝、李曼丽创作的小品《心愿》获梧州市"公德进万家"电视小品大赛创作三等奖、演出三等奖。林向芝创作的小品《结案之后》获梧州地区"钟山杯"文艺会演三等奖。2003年—2004年，廖道进创作的小品《还杖记》获梧州市级文艺会演优秀创作奖。2005年，廖道进创作的小品《拔桩》参加梧州市小戏、小品比赛获演出三等奖，现代牛歌小戏《扶贫村长》参加梧州市群众文艺会演（藤县专场）获创作奖，小品《水中情》获梧州市文艺会演优秀创作奖，同年参加自治区第三届社区文艺展演中获三等奖。

音乐　舞蹈　曲艺

1996年，何裕泽作词、苏向作曲的《共青林场之歌》获中国音乐家协会举办的"全国企业歌曲大赛"银奖。1998年，李曼丽、胡静编舞，韦晓、刘筱媛作曲的歌舞小品《水上情》获梧州市鸳江群星奖，同年参加梧州市群众文艺优秀节目会演获演出一等奖、创作优秀奖，参加广西"八桂群星奖"舞台演出比赛获银奖。2000年11月，《水上情》参加"2000年南宁国际民歌艺术节"获广场民间演出艺术类一等奖，并被作为优秀节目与全国优秀歌手同台演出。同年，覃燕、谢云芳编舞，胡宏材作曲的舞蹈《瓜乡》参加梧州市文艺调演。2004年，梧州市举办群众曲艺大赛，廖道进作词作曲的《孝通龙母的传说》获二等奖，《古城新貌》获优秀奖；廖道进作词、苏向作曲的采茶《穷村变成米粮川》《山伯临终》获三等奖。2005年，黄政致作词、苏炎辉作曲的《龙母的歌》，邓海燕创作的舞蹈《神灵乐舞》参加梧州市文艺会演获优秀创作奖。

书法　美术　摄影

1995年9月，茅丛光的国画《大刀》，容绍鹏的油画《生命》，黄孔新的篆书《沧桑史》被评为梧州地区"纪念反法西斯暨抗日战争胜利五十周年书画展"优秀作品。1997年，县文化馆选送12件书画作品参加梧州地区书画展，选送4件书画作品参加南宁地区作品展。同年，茅丛光的行书书法《庆香港回归》获广西第十二届"八桂群星奖"铜奖，李前创作的宣传画《和平・回归・繁荣・发展》获参加广西第十二届"八桂群星奖"入选展出。李前的水彩画《山里人的希望》、李灿佳的水粉宣传画《我国粮食生产震惊世界》、罗汉任的国画《新歌》、茅丛光的国画《山不转水转》参加全国第八届美术作品展评选。2000年1月，选送作品89件参加梧州市美术、书法作品巡回展。2002年，选送美术书法作品13件参加国家文化部举办的"群星奖"，获书法类全国二等奖1个，三等奖1个，美术类全国三等奖1个。同年，李前的美术作品《渡》参加广西第十三届"八桂群星奖"获美术作品优秀奖。茅丛光创作连环画脚本《村官程宏海》。2003年7月，组织学生参加广西美术家协会举办的"第二届广西儿童画大奖赛"，县文化馆获"先进单位"奖，茅丛光获优秀辅导员奖。茅丛光的国画《中和码头》参加"辉煌北京——首届全国书画艺术精品大赛"获金奖，茅丛光获"全国优秀书画艺术家”“全国优秀书画艺术教育家”称号。2004 年，组织书法、美术作品 20 件参加自治区“八桂群星奖”，获奖 11 件。其中茹延棣、施扬帆的书法《岳阳楼记》获少儿组特等奖，刘金奇的书法《中堂》获中青组二等奖，苏恩华的书法《红云》、黎伟聪书法《无题》获三等奖，茅丛光的书法《苏东坡诗》获优秀奖，周燕兰的国画《国色天香》、林有武的国画《赛龙夺锦》《高山水长流》，茅丛光的国画《藤县小娘山》《中华古窑码头》获优秀奖。茅丛光获广西美术家协会授予“儿童画优秀辅导员”称号。同年，组织 22 名学生参加广西第三届儿童画大奖赛，获一等奖 1 名，二等奖 3 名，三等奖 2 名，茅丛光获“优秀辅导员”称号，县文化馆获优秀组织工作奖。苏向获共青团中央、全国少工委主办的第二届少年儿童艺术风采展示大赛“优秀指导老师”称号。2005 年 3 月，梁翠珍的套色木刻《孕》获梧州市“春节书画作品展”最佳创作奖。7 月，李前的水彩《老墙》、彭艺洋的工笔画《盼》、蒙四海的国画《花开富贵》、岳泳谋的水彩《油漆桶》、梁翠珍的套色木刻《孕》入选梧州市建党 84 周年书画精品展。同年，刘金奇的作品《篆刻》入展“琅琊刻石奖”全国书法篆刻作品展，书法作品《岳阳楼记》入选广西艺术作品展，小楷《毛泽东诗词选》入选第四届中国海丝书法大赛。谭毅摄影作品《映山红》1998 年 10 月 28 日至 11 月 3 日入选由自治区总工会、书法家协会、美术家协会、摄影家协会共同举办的第五届广西职工书法、美术、摄影作品展览；《高空杂技》入选中国摄影家协会广西分会举办的庆祝广西壮族自治区成立四十周年“广西摄影艺术作品展览”。霍洪意摄影作品《织梦》2001 年在中国摄影家协会举办的“爱我中华，照我大地”全国摄影爱好者摄影大赛获鼓励奖；《龙脊之光》2002 年在自治区文化厅举办的全区“八桂群星奖”比赛中获优秀奖。

第三章　文　物

1989 年，藤县开展第二次全国文物普查，登记不可移动文物点 75 处。2000 年—2002 年，自治区、藤县文物部门在县境对灵济寺等遗址进行考古挖掘。至 2005 年，县人民政府公布了 4 批共 31 处县级文物保护单位，其中中和窑址、古龙窑址为自治区级文物保护单位。全县馆藏文物 7000 多件。

第一节　馆藏文物

2005 年，县博物馆馆藏文物有陶瓷器类、滑石、青铜、钱币、打击石器、化石及其他藏品等 7000 多件，其中一级文物 2 件，二级文物 77 件，三件文物 667 件。打击石器属于新石器时代；陶瓷器类主要是以汉、唐、宋代为主，多出自雅窑窑址与中和窑址；滑石器主要为汉代；青铜器主要是东汉时期，其中铜鼓以濛江冷水冲型为主型；钱币宋、清代数量最多。

铜鼓

馆内藏品铜鼓 10 件，类型分别为冷水冲型、北流型、麻江型。其中“冷水冲型”铜鼓于 1974 年 6 月在濛江镇新城冷水冲出土，并按出土地命名。专家们认为，此类型铜鼓流行时代是东汉初期至北宋年间。其特点是体型高大而轻薄，面沿多铸大蛙，蛙间饰乘骑、马、牛群、小蛙群、鸭、鸟、龟、鱼等立体装饰。

铜镜

宋平江章家铭葵瓣形铜镜　1995 年 8 月 14 日在藤城镇胜西横岗岭矿场出土，葵瓣形，直径 14.9 厘米，边厚 0.4 厘米，青绿色，六出葵瓣形，小圆纽，纽左侧有一长方形框，框内有两竖行楷体铭文“平江府章家青铜照子□”，素窄葵缘。

唐簇六团花铭带纹铜镜　1996 年 6 月 1 日在藤城镇胜西村征收，圆形，直径 15.1 厘米，边厚 0.7 厘米，青绿色，边缘微残，圆形、圆纽、圆纽座，内区纽座外环绕六个团花，每个团花的花蕊外为六瓣莲花形，团花吐出的花蕊组成一圈连珠纹，外区为铭文带，最外为锯齿纹和云气纹缘。

宋青白瓷葵瓣高足碗　（1992年摄）

唐缠枝葡萄纹铜镜　1999年6月1日在藤城镇胜西村征收，圆形，直径9.3厘米，边厚0.8厘米，青绿色，圆形、圆纽、八花瓣纽座，座外一周双弦突高圈将镜背分为内外两区，内区环绕五串葡萄枝蔓，外区有一周缠枝花，连珠纹缘。

战国铜钺

馆藏3件，微残。新庆镇庆旺村出土。分别长9.5厘米，刃宽9.3厘米；长9.5厘米，刃宽7.2厘米；长8厘米，刃宽5厘米。

清铸铁大炮

濛江镇渔业三村渔民在西江打捞时发现，铁炮比较完整，炮身长2.65米，炮口外径28厘米，内径11.5厘米，尾径50厘米，炮身铭文记载："道光二十年九月十日总局委员督造，重量一千五百斤。"

滑石

2001年2月22日在县民政局基建工地出土。汉代滑石神兽，长4.5厘米，高1.9厘米，厚1.5厘米。汉代滑石猪，长4.6厘米，高1.3厘米，厚1厘米。

第二节　不可移动文物

1989年，藤县开展第二次全国文物普查，登记不可移动文物点75处。

中和窑址

宋中和窑址　（1991年摄）

位于藤州镇中和村北流河东岸，为北宋瓷窑。1981年8月被列为自治区级重点文物保护单位。瓷窑主要分布在中和村南起芝麻坪、北至黎山口的北流河沿岸9个小山丘上，南北长2千米，东西宽0.5千米。窑址依山势而建，为斜坡式龙窑。遗迹匣钵遍地，随处可见。出土的瓷器为影青瓷，造型美观，品种有碗、盏、碟、杯、洗、盒、钵、壶、罐、瓶、灯、炉、盂、熏炉、魂瓶、枕、腰鼓和印花模具等。瓷器胎质坚硬、细密。胎骨薄而洁白，釉质润泽；器物纹饰线条精细，含蓄有力，美观雅致。图案严密完整，题材有缠枝花卉、戏婴、鱼虫和飞禽等。其中一件飞鸟花卉印花模具，背面刻"嘉熙二年戊戌岁春季念龙参造"年款，为中和窑断代提供了重要依据。考古专家李鸿庆在《广西出土的陶瓷器》中说，中和窑瓷器可与景德镇的青花瓷媲美，号称中国瓷器宋代景德镇瓷器的陪都。

古龙窑址

位于古龙镇忠龙中坡村，为东汉至南朝时期的陶瓷窑。1981年8月被列为自治区级文物保护单位。窑址分布在古龙镇忠龙中坡村马鹿头东坡中段，面积150万平方米。采集地表散布的器物有：大方格印纹陶片、水波纹陶片、灰胎敛口微撇的罐口沿陶片、平足碗残片和窑具的垫托等。曾挖掘的瓷窑属马蹄形窑室，分窑门、火膛、窑床、烟囱等部分。前部矮窄，后部稍高，后壁两个烟囱通出地面。窑内发现少量陶片、碗残片和垫托，质地与地表发现的相同。

授三公祠

位于古龙镇古龙村。建于清末，坐东向西，占地面积1200平方米。三进三开间六耳房六天井四过廊，青砖青瓦，硬山顶，抬梁穿斗式结构。博古花鸟灰雕，镬耳垂脊，卷棚式檐，有木雕花鸟、龙凤、神兽等图案，墙檐山水花鸟人物壁画精美完整。地板原为青砖，后铺设水泥。有8条花岗岩方形石檐柱，16条直径30厘米的圆木柱承梁。第一进大门上方镶石刻“授三公祠”，天井左右过廊，过廊中间设月门通耳房。2001年4月，县人民政府公布其为县级重点文物保护单位。

四王亭

位于藤州镇鸡谷山。始建于民国30年(1941年)，原名四王台，为纪念“太平天国”英王陈玉成、忠王李秀成、侍王李世贤、来王陆顺德而建。“文化大革命”期间被毁。1981年冬，县人民政府拨款在距原亭约200米处重建，改称四王亭。占地面积74平方米，亭高8米，钢筋混凝土结构，有16条钢筋水泥柱承顶，柱面为水磨石，方柱飞檐，重檐，尖攒顶，黄琉璃瓦面。亭东南侧分别有“四王事略”石刻。有联“缅怀民族复兴始于王国，若问英雄出处多在吾藤”。1982年7月17日，县人民政府公布其为县级重点文物保护单位。

浮金亭

位于藤州镇北流河东岸的东山小阜上。始建于北宋年间，原亭建于山麓李卫公祠前。据传宋代冯京中状元后，回藤州寻祖觅亲，过绣江掷金杯于水面，杯浮而不沉。后人在附近建桥称流杯桥，建亭称浮金亭。历代均有修葺。1962年，县人民政府拨款重修。亭高6米，为六角形，六条方砖柱承顶，木架构瓦面，亭柱顶端之间以木方枝制作回字形栏装饰。亭子正面有步级，亭前立保护碑。1982年7月17日，县人民政府公布其为县级重点文物保护单位。

访苏亭

位于藤州镇北流河东岸的东山小阜上，又名东坡亭，为纪念苏东坡到藤州而建。宋哲宗元符三年(1100年)，苏轼遇赦从海南还，再过藤州，与州府徐畴元同游东山，留有“爱此小天竺”诗句。清道光二十年(1840年)，知县温鹏翀建亭于山麓，后水毁。民国6年(1917年)，邑人何亮辅重建，移至今址。亭方形，方柱飞檐，周围亭园。原亭有石刻东坡笠履图一幅，“文化大革命”期间被毁。县人民政府于1962年和1981年2次拨款重修。重修后仿原貌封檐筑脊，亭顶钢筋混凝土结构。1982年7月17日，县人民政府公布其为县级重点文物保护单位。

袁崇焕故居

位于天平镇新马村，为明末杰出的政治家、军事家、爱国统帅和民族英雄袁崇焕故居所在地。遗址面积约1000平方米。故居结构和始建、拆毁时间不详。遗址内尚可见遗址青砖墙基，三合土护坡墙。1980年在遗址处发现石器遗物5件，其中廊柱石墩4件、喂马槽1件。1983年11月14日，县人民政府公布其为县级重点文物保护单位。

李振亚烈士塑像

位于藤州镇东山公园山顶上，1988年9月28日由藤县人民政府建造。李振亚(1908—1948)，藤县人，曾任中国人民解放军琼崖纵队总队参谋长、第一副司令员等职。在粉碎日军“扫荡”和国民党顽军的“清剿”，以及创建五指山根据地战斗中，功勋卓著。公园从山脚到山顶有“之”字形步级直达塑像广场。建筑物由广场台地，平台，塑像基座，李振亚塑像构成。李振亚塑像用整块花岗岩雕刻而成，塑像基座正面刻“李振亚烈士”，背部刻李振亚烈士的传略，有徐向前、宋任穷、伍修权等题词。1998年12月29日，县人民政府公布其为县级重点文物保护单位。

陆顺德故居

位于大黎镇古制村，建于清代，占地面积约300平方米。三进三开间，悬山顶，砖墙承檩，砖瓦木结构。陆顺德原名陆海平，早年参加三合会，咸丰元年(1851年)随罗大纲起义参加太平军，咸丰十一年(1861年)秋晋封来王，1865年在广东长乐(今五华)被叛徒林政扬捕送清营，英勇就义。1998年12月29日，县人民政府公布其为县级重点文物保护单位。

龙母庙

位于藤州镇胜西村。据嘉庆年《藤县志》记载：龙母姓温名媪，百越族，广西藤县一都水东街考通坊人。龙母生于广西藤县，长于广东德庆悦城，安葬于悦城。她生前治理江河、潜心行善、利泽天下，深得民众敬仰。

为了纪念龙母，藤县民众在她的出生地水东街考通坊修建龙母庙，庙内雕梁画栋，瑰丽堂皇。“文化大革命”期间被毁。1993年冬，群众自发筹资于原址重建。现存旧庙遗物石狮1只，石香炉2盏，红粉石莲花柱墩4个。2001年4月3日，县人民政府公布其为县级重点文物保护单位。

灵济寺遗址

位于塘步镇赤水大元村石厚屯。始建于宋代。遗址于1999年发现，北距浔江约30米，处在半山腰的一平台上，台地高出浔江江面10米，长宽各约30米，分布面积1000平方米。遗址出土了一批圆雕石像，有佛像、观音像、罗汉像等，质地为砂岩；在遗址处发现刻有“灵济寺界址”的石界桩。圆雕佛像在广西属首次发现，为研究广西佛教文化的传播、发展以及佛教史、圆雕工艺提供了宝贵的资料。2001年4月3日，县人民政府公布其为县级重点文物保护单位。

冯京文化墓亭

冯式墓位于藤州镇胜西村，为冯京父亲冯式之墓，俗称“冯京山”，始建于公元1016年8月23日，占地面积约300平方米。砖石围砌，历多次修葺。有1947年重修碑记，墓碑刻有冯京事略，墓宛“积厚流光”为裔孙冯璜所题。墓西南侧有“三元亭”，亭高5米，为六角形钢筋水泥结构。匾额为民国广西省政府主席黄旭初题，冯璜撰亭记。亭内有六条石柱，分别刻有李宗仁、白崇禧、石化龙等人撰写的对联。2005年3月28日，县人民政府公布为县级重点文物保护单位。

契嵩和尚修禅遗址

位于太平镇狮山景区景点石花台东面，石质地面，长20米，宽5米，分布面积约100平方米。契嵩和尚曾在此处修禅。契嵩，字仲灵，北宋景德四年（1007年）出生于藤州镡津县宁风乡（今太平镇）狮山脚下的龙德村，曾游历全国，授教于各地名师，广读经史，学识渊博，精通佛教经典。其代表著作《禅宗定祖图》《传法宗记》及《教外别传》对佛教界影响极大，文学著作有《原教》《孝论》《辅教编》《禅宗定祖图》《传法正宗记》《治平集》等100多卷，60余万字，其中《镡津文集》十九卷流传至今。契嵩在佛教界有极高的声誉，是中国佛教界60位高僧之一。2005年3月28日，县人民政府公布其为县级重点文物保护单位。

明城墙遗址

位于今藤县人民政府驻地周围。民国期间古城被拆毁，城基遗迹基本毁坏，保存相对完整的有今电影院、科协和武装部一带城墙，城墙由不规则石块砌筑而成。科协一带城墙高1.5米，长10米；武装部一带城墙高约2.5米，长约100米。2005年3月28日，县人民政府公布其为县级重点文物保护单位。

第三节　考古发掘

1994年3月18日，县博物馆对藤县红砖厂一带进行文物清理，出土了一批汉代青铜器，有青铜提梁壶、青铜甑、青铜三足釜、青铜双耳盂、青铜扁壶等。

1995年8月14日，县博物馆对藤州镇胜西横岗岭矿场进行文物清理，出土宋平江章家铭葵瓣形铜镜1件，葵瓣形，直径14.9厘米，边厚0.4厘米，青绿色，六出葵瓣形，小圆纽，纽左侧有一长方形框，框内有两竖行楷体铭文“平江府章家青铜照子□”，素窄葵缘。

1996年7月2日，县博物馆对藤州镇胜西村双女坟矿场进行文物清理，出土民国石墨台、方石砚各1件。

2000年4月19日至6月18日，自治区文物处、文物队和县博物馆对藤县赤水灵济寺遗址进行考古发掘，清理出一批圆雕石佛造像，多为残缺不全。这种圆雕石佛像在广西属首次发现，考古学者们认为“灵济寺”及圆雕石佛像的挖掘，对研究广西佛教的传播有重要的研究价值，对研究古代的圆雕工艺技术提供了比较珍贵的实物资料。

2001年2月22日，县民政局在院子北面围墙沿边紧靠西北原办公楼的东南角处修筑水沟，发现古墓1座。属拱券砖墓，平面呈长方形，通长8.5米，宽1.45米，高2.25米，由前室和后室组成，清理出滑石猪2件，铁棺材钉14枚，初步认为该墓属晋—六朝古墓。

2002年12月16日，县民政局在院子内挖排水沟时发现砖墓1座。墓室内长3.37米，宽1.10米，高1.30米，室内尸棺无存，清理出8枚铁棺材钉和3枚残青铜钉，锈蚀严重。初步认为属晋墓。

第四节　文物保护

1981年8月25日，中和窑址、古龙窑址被列为自治区级文物保护单位。1982年—2005年，县人民政府共公布4批31处县级文物保护单位，其中古建筑9处，古遗址14处，近现代重要史迹及代表性建筑8处。

2005年藤县文物保护单位情况表

表22-3-1

序号	级别	批次	名称	公布时间	年代	地点	保护范围	建设控制地带
1	自治区级	第一批	中和窑址（古遗址）	1981.08.25	宋	藤州镇中和村	南起芝麻坪，北至黎山口，南北长约2公里，西从北流河至东山林纵深约0.5公里，总面积约1平方公里	同保护范围同界
2	自治区级	第一批	古龙窑址（古遗址）	1981.08.25	汉—南朝	古龙镇	古龙镇忠隆村中坡村背的马鹿头岭东坡。东端从中坡村后250米左右山势拐弯处起直至北端，南北从坡脚直至山顶	同保护范围同界
3	县级	第一批	四王亭（近代代表性建筑）	1982.07.17	民国	藤州镇鸡谷山	亭子东面20米，西面35米，南面10米，北面6米	同保护范围同界
4	县级	第一批	菊魁亭（近代代表性建筑）	1982.07.17	民国	藤州镇鸡谷山	亭子东面25米，西面18米，南面55米，北面6米	同保护范围同界
5	县级	第一批	浮金亭（古建筑）	1982.07.17	宋	藤州镇东山	亭子前步级及步级前出5米，后与东坡亭范围相连。亭左右两旁直至山脚(原化工厂管辖地带）	原化工厂管辖地带
6	县级	第一批	访苏亭（古建筑）	1982.07.17	清	藤州镇东山	亭前整个花圃及周围建筑小品，前面平台、步级直至山脚公路边。左右直至山脚原化工厂管辖地带的厨房膳厅一带	原化工厂管辖地带
7	县级	第一批	明督师袁公崇焕故里纪念碑（近代代表性建筑）	1983.11.14	民国	天平镇新马村	东17.3米，南9米，西9米，北7米	同保护范围同界
8	县级	第一批	袁崇焕故居遗址（古遗址）	1983.11.14	明	天平镇新马村	遗址标志碑东8米，南7米，西8米，北10米	同保护范围同界
9	县级	第二批	藤县革命烈士纪念碑（近代重要史迹）	1998.12.29	现代	藤州镇东山公园	以烈士纪念碑、李振亚塑像为中心，东、南、西、北四面各外延30米范围内	以保护范围边界线为基线，外延至四边山脚范围内
10	县级	第二批	李振亚烈士塑像（近代重要史迹）	1998.12.29	现代	藤州镇东山公园	以烈士纪念碑、李振亚塑像为中心，东、南、西、北四面各外延30米范围内	以保护范围边界线为基线，外延至四边山脚范围内
11	县级	第二批	宁康革命烈士纪念碑（近代重要史迹）	1998.12.29	现代	大黎镇宁康村	以烈士碑为基点，向四周各外延20米范围内	同保护范围同界

续表

序号	级别	批次	名称	公布时间	年代	地点	保护范围	建设控制地带
12	县级	第二批	和平革命烈士纪念碑（近代重要史迹）	1998.12.29	现代	藤县和平镇	以烈士碑为基点，向四周外延20米范围内	同保护范围同界
13	县级	第二批	平福革命烈士纪念碑（近代重要史迹）	1998.12.29	现代	平福乡	以烈士碑为基点，向四周各外延20米范围内	以保护范围边界线为基线，各外延20米范围内
14	县级	第二批	陈玉成故居（古遗址）	1998.12.29	清	大黎镇西岸村	以现有文物保护标志为中心，前、后、左、右四边各外延15米范围内	同保护范围同界
15	县级	第二批	李秀成故居（古遗址）	1998.12.29	清	大黎镇新旺村	以现有文物保护标志为中心，前、后、左、右四边各外延25米范围内	以保护范围边界线为基线，各外延50米范围内
16	县级	第二批	李世贤故居（古遗址）	1998.12.29	清	大黎镇新旺村	以现有文物保护标志为中心，东、南、西、北四面各外延25米范围内	同保护范围同界
17	县级	第二批	陆顺德故居（古遗址）	1998.12.29	清	大黎镇古制村	陆顺德故居遗址整体保护	同保护范围同界
18	县级	第二批	都坡文昌阁（古建筑）	1998.12.29	清	和平镇都坡村	以文塔为中心，东、南、西、北四面各外延20米范围内	以保护范围边界线为基线，各外延100米范围内
19	县级	第三批	授三公祠（古建筑）	2001.04.03	清	古龙镇古龙村	以祠堂为中心，其左边、右边、后面外墙向外延伸1.7米，前面延伸10米	同保护范围同界
20	县级	第三批	龙母庙遗址（古遗址）	2001.04.03	唐—清	藤城镇胜西村	以龙母庙四周墙基为基线，前至西江边，左、右、后三边各外延50米范围内	以保护范围边界线为基线，左、右各外延80米范围内
21	县级	第三批	雅窑窑址（古遗址）	2001.04.03	唐	藤城镇胜西村	以李义林祖屋、新屋为中心，东以李杰荣、李森强家滴水为界；南以村中道路、李伯宁家滴水为界；西以覃庆文、覃庆元（祖屋）家滴水为界；北以村中道路坎边为界	同保护范围同界
22	县级	第三批	灵济寺遗址（古遗址）	2001.04.03	宋—民国	塘步镇大元村	以灵济寺遗址坐向，右边外延20米，左边20米，前面至西江河岸，后面20米范围内	以保护范围边界线为基线，左、右、后面各外延30米范围内
23	县级	第四批	朱氏宗祠（古建筑）	2005.03.28	清	濛江镇双德村	以朱家祠左、右、后三边外墙滴水为界，正门前天井外墙外延10米范围内	同保护范围同界
24	县级	第四批	文武二帝庙（古建筑）	2005.3.28	清	太平镇上元街	前以正大门檐阶量出至现杨家墙边5.4米，后以厨房后殿滴水为界，左与义学相连接，右边以附屋滴水出3.8~4.6米范围内	以保护范围边界线为基线，前外延30米，后外延10米范围内，右与保护范围同界
25	县级	第四批	义学（古建筑）	2005.3.28	清	太平镇上元街	前以正大门檐阶量出至现杨家墙边8米，后以义学后墙滴水为界，左以附屋外墙滴水为界，右与二帝庙相连	以保护范围边界线为基线，前外延30米，后外延10米，左外延3.2米范围内

续表

序号	级别	批次	名称	公布时间	年代	地点	保护范围	建设控制地带
26	县级	第四批	东养清代民居群（古建筑）	2005.3.28	清	太平镇金田村	重点保护吴文旺、吴来年、吴光耀、吴柱海、吴贤绪、吴发常等人祖屋	同保护范围同界
27	县级	第四批	太平天国“上帝坪”（古遗址）	2005.3.28	清	大黎镇街头村	以榕树为中心，向四周各外延50米范围内	同保护范围同界
28	县级	第四批	明城墙遗址（古遗址）	2005.3.28	明	藤州镇电影院至科协一段城墙	西至电影院，南至县科委大楼边	同保护范围同界
29	县级	第四批	冯京文化遗址（古遗址）	2005.3.28	宋	藤州镇胜西村	以封土堆边为基点，向东、南、北三面各外延20米，西面外延25米范围内	以保护范围边界线为基线，各外延30米范围内
30	县级	第四批	窦家司文化遗址（古遗址）	2005.3.28	明	象棋镇道家村	重点保护整个窦家村文化遗址遗迹范围内	同保护范围同界
31	县级	第四批	明教大师契嵩和尚修禅遗址（古遗址）	2005.3.28	宋	太平镇狮山	以文物保护标志为中心，前、后、左、右四边各外延20米范围内	以保护范围边界线为基线，各外延50米范围内

第四章　图书　报刊　档案　地方史志

第一节　图书　报刊

图书发行

1991年，图书发行主要部门是县新华书店，有门市部、服务部各1间，全年发行267.05万册。各乡镇供销社设有图书经营门市部。全县中小学课本由新华书店发行，乡镇由供销社图书门市部代理。1997年，新华书店服务部改为门市部。2001年，在太平镇开设太平门市部。2005年，县新华书店销售473.51万册。

1991年—2005年藤县新华书店经营情况表

表22-4-1　　单位：万元、万册、人

年度	营业收入	利润总额	销售册数	销售码洋	职工人数
1991	248.18	0.50	267.05	269.031	27
1992	368.25	1.45	347.67	396.57	31
1993	429.77	3.91	342.40	465.67	34
1994	490.15	5.81	356.46	602.66	34
1995	551.66	5.12	323.25	678.98	38
1996	835.65	6.57	323.51	1025.08	39
1997	1093.91	10.76	393.97	1354.93	42
1998	1286.06	12.92	471.99	1586.53	42

续表

年度	营业收入	利润总额	销售册数	销售码洋	职工人数
1999	1366.13	17.86	483.31	1658.69	44
2000	1637.36	30.28	461.29	1863.83	45
2001	1751.51	52.38	460.46	1988.74	47
2002	1753.51	55.10	492.17	1989.16	47
2003	1979.53	59.89	526.59	2250.67	45
2004	2027.45	73.24	536.17	2298.99	48
2005	1959.02	28.39	473.51	2219.35	46

图书馆藏与利用

1991年，县图书馆藏书8.83万册，馆内设有自然科学报刊阅览室、社科期刊阅览室、少儿借书阅览室。年接待读者14.9万人次。4月17日，与岑溪县图书馆在古龙镇联合举办“科技兴农点星火，图书搞助燃”的大型书展，参加活动人数3000多人次。1994年9月15日，与县知识工程办公室、县水果办、天平镇党委政府联合举办“藤县农民系列读书活动”，参加人数900多人。1998年，开设电子阅览室。2002年6月，按照国家文献著录标准，使用计算机和丹诚图书馆集成软件进行文献数据库建设，形成机读目录。2005年，馆内设少儿阅览室、电子阅览室（全国文化信息资源共享工程藤县支中心）、综合阅览室、图书外借室、地方文献室、参考咨询室，藏书11.27万册。馆藏文献录入数据库51%。1991年—2005年共开展读者活动76次。

1991年—2005年藤县图书馆基本情况表

表22-4-2

年度	藏书量（册）	购置图书（册）	订购报刊（种）	接待读者（万/人次）	办理借书证（个）	外借图书（万/册次）	阅览座位（个）	每周开放时间（小时）
1991	88315	1285	244	14.57	1166	5.13	222	67
1992	89003	1301	287	15.2	1230	5.16	222	67
1993	89820	1289	269	15.8	1020	6.2	220	67
1994	90883	1327	246	15.8	1318	8.21	230	64
1995	92052	853	254	15.8	1594	9.26	230	64
1996	93729	1320	257	16.6	1595	9.97	230	64
1997	95288	1107	257	12.5	1356	8.3	225	67
1998	97061	1235	277	13.14	1564	9.45	225	67
1999	98947	3004	282	10.57	1750	6.93	225	67
2000	100557	3001	295	11.86	1972	5.99	231	67
2001	103154	1866	305	14.54	2620	5.71	231	67
2002	105482	2433	305	13.15	2160	5.26	231	67
2003	107938	899	259	10.15	1877	7.47	231	67
2004	110530	1592	287	10.77	1850	8.05	230	67
2005	112764	2100	280	10.45	1798	7.97	230	67

《今日藤州》

1998年10月12日，创办《藤州报》，为县委机关报。报社设在县委宣传部，无独立人员编制，报社社长、总编辑由县委宣传部副部长兼任，采编人员由宣传部人员兼任。报纸由宣传部编辑出版，县委办发行。发行对象为全县各乡镇、各单位、各中小学校、村委会及广大干部群众。经费大部分来源于征订费所得，不足部分由县财政解决。创刊初期对开四版大报，一版为综合新闻版，主要刊登县委、县政府重大决策部署、重要会议、重大活动及县四家领导班子活动，各乡镇、各单位重要新闻；二版为经济类新闻，包括各乡镇、各单位在经济建设中取得的好措施、好经验、好成绩；三版为文艺副刊；四版为一般新闻。所有新闻均为本县新闻，不转载新华社新闻及区、市新闻。文艺副刊则面向全国征稿，注重培养县内文艺创作人员，为文艺爱好者提供交流平台。每旬发行1期，每期发行3500份。1999年1月，改为周报。到2001年7月27日发行至138期。2001年8月3日，《藤州报》改为《今日藤州》，报刊期数从139期开始。至2003年12月，中央整顿报业环境，撤销县级党报，停止出版。自《藤州报》创刊至《今日藤州》停刊，共出版262期。

藤州报
TENG ZHOU BAO
携手并进 走向辉煌
承前启后 继往开来 以改革发展的新业绩迎接新世纪
中国共产党藤县第十次代表大会胜利召开
展望未来 我们信心十足
中共藤县十届一次全会产生县委县纪委领导机构
新当选的中共藤县第十届委员会常务委员
认真贯彻落实我县第十次党代会精神

1998年10月12日，《藤州报》创刊

第二节 档 案

档案设施

1991年，县档案局(馆)有三层砖混结构平顶楼房1幢，占地面积300平方米，建筑面积900平方米。有铁皮档案柜115套562只，木质档案柜165套512只，电风扇3台，抽排风机21台，吸尘器、打字机、照相机、誊影机、复印机、过塑机、录像机、彩色电视机各1台；灭火器10个，自动记录温度计2个，缝纫机2台，切纸机等档案整理工具一批。

1996年，对库房密封、遮光、排气、抽风、电路等设施进行改造。1998年，迁至县委、县政府综合办公楼4~5楼办公，有办公室、档案整理室、查阅接待室、检索室各1间，档案库房6间共216平方米，安装有铁窗、铁门、防盗网等防护设施，新添去湿机1台。2001年，购置GD2000档案管理软件及计算机2台，档案管理实行微机管理。2003年后，陆续添置计算机、打印机、数码复印机、除湿机、空调机等设备。

2005年，有五层木质档案柜66套，二层木质档案柜105套，五层铁质档案柜120套，声像档案柜1套，库房温湿度自动记录仪2台，空调机3台，抽湿机4台，吸尘器1台，数码复印机1台，扫描仪1台，计算机3台，打印机3台，8公斤干粉灭火器8个。档案保管基本达到“三铁八防”(铁门、铁栅栏、铁柜，防火、防盗、防霉变、防虫、防鼠、防潮、防高温、防尘)标准要求。

馆藏档案和接收整理

1991年，县档案馆馆藏档案有84个全宗19913卷，折合总排架长度379米，其中民国时期档案233卷，中华人民共和国成立后档案19680卷。属专业档案1916卷(农村阶级成分档案、副区级以上死亡干部档案)，科技档案61卷。音像档案28盒，照片档案1098张。馆藏资料21545册(本)，其中民国时期资料435册(本)，中华人民共和国成立后资料21110册(本)。同年，接收进馆的档案1030卷。此后每年制定接收档案计划及方案，接收保管机关、团体、企事业单位永久、长期保管的档案及撤销单位的档案，同时向社会征集有保存价值的档案资料，重点征集琼崖纵队第一副司令(藤县籍的)李振亚烈士生平资料(包括照片)、藤县抗日斗争和藤县解放初期剿匪战斗等散存社会上的珍贵档案史料。至1996年，累计接收进馆档案3758卷。

征集到李振亚1939年在南岳游击干部训练任教官时与叶剑英等领导的合影照片、在解放海南岛战斗牺牲时的照片及藤县抗日斗争、藤县解放初期剿匪战斗史料一批；征集到1920年编写的《藤县民情》和各姓氏族谱10多种。1998年，接收整理藤县西江大桥等县重点工程的档案资料。2001年，县委、县政府出台《关于在县、乡镇机构改革中加强档案管理工作的意见》，要求机构改革中有变动单位，必须做好档案材料的收集、整理、保管和清理、交接工作，向县档案馆移交档案，任何单位和个人不得私自带走、留存、转移和销毁档案。新设置的单位及时建立健全档案管理制度，做好档案的收集、整理、保管和利用工作。机构合并的单位，原单位的档案材料要按原单位全宗进行收集、整理、立卷归档。属1990年以前的向县档案馆移交，1991年以后的移交给合并后机关代管。机构撤销的档案材料，按原单位全宗进行收集、整理、立卷归档后原则上全部移交县档案馆。1991年—2005年，共接收档案5766卷。2005年，有馆藏档案87个全宗24649卷，折合总排架长度467米，其中民国档案233卷，中华人民共和国成立后文书档案22288卷，科技档案61卷，专业档案1992卷，音像档案31盒，照片档案44卷(1641张)。馆藏资料24467册，其中民国时期435册(本)，中华人民共和国成立后24032册(本)。

同时对破损的档案进行抢救修复，对部分民国档案和解放初期的档案进行裱糊加固，对字迹褪变的档案做好抢救工作。1991年—2005年，共修复裱糊民国档案和解放初期破损档案198卷(其中裱糊53卷、3795页)，复制民国《藤县志》《藤城志稿》《藤县年鉴》及清光绪《藤县志》。

档案利用

1991年，向社会开放的档案有民国时期档案210卷，资料200册。接待查阅档案资料43人次，利用档案779卷，资料174册。县档案馆制订《档案查阅制度》，凡中国大陆公民，持有个人身份证、户口簿或单位介绍信等有效证件均可查阅已开放的档案；台、港、澳同胞和华侨经县以上人民政府办公室或台湾事务办、统战部、侨办等单位的介绍信，可查阅已开放的档案；外国组织和个人持有关主管部门的介绍信，并经自治区档案局批准后，可查阅已开放的档案。查阅未开放的档案资料，需持有机关、企事业单位的介绍信，并注明查阅者的身份和利用档案的目的、范围。如需大量利用档案进行专题研究或编辑资料，应先将上级批准的研究、编辑计划抄送县档案馆。查阅属于控制利用的重要档案、资料，由馆(局)长审批，必要时报经县委、县政府领导审批。查阅各种资料(控制利用的除外)，由单位介绍、经管理人员审定后即可提供利用。查阅前必须填写“查阅档案、资料登记表”，经管理人员调卷后在指定的地点阅览，查阅完毕办好归还手续。须利用档案材料作证明依据的，由县档案馆出具档案证明书。如摘录档案材料或复印原件作证明依据的，经管理人员核对无误后，加盖印章。利用属于收费范围的档案，按规定交纳利用档案费用。

1992年—1996年，累计接待查阅档案人数2408人次，利用档案4891卷次；查阅资料508人次，利用资料1050册。县档案馆提供的档案，为法院案件审理判决及各级党委政府解决民间山林权属纠纷、房屋等财产纠纷等提供确凿的依据。其中县饮食服务公司诉县人民政府的“东风旅社”产权纷争一案，档案资料证实“东风旅社”产权属县政府公产，使国家免受损失50多万元。天平镇天厚村黄××等与天平村委会历时3年多的房屋权属纠纷案，县法院依据县档案馆提供的资料依法审结。为县食品公司与县二化厂、城关乡礼秀村与园艺场以及县武装部等提供档案资料，解决房屋、地产权属纷争，县二化厂、县武装部、礼秀村分别避免损失70万元、7.5万元、12万元。为乡镇党委、政府提供档案资料解决山林权属纠纷案10多件(次)。

1997年，经县委批准，向社会开放1957年前县委、县人民政府及组织部、宣传部、纪委等部门单位档案共544卷。2001年，推行文书立卷改革，文书档案由以“卷”为单位改为以“件”为单位归档。并开始使用GD2000档案管理软件，从传统的手工管理模式转为利用计算机管理、打印、检索目录。2004年，建立电子档案目录中心，对重要全宗档案进行文件级目录录入，全年录入文件级目录6000多条。1997年—2005年，累计接待查阅档案人数5614人次，查阅档案8771卷次；查阅资料931人次，利用资料1736册。主要为编史修志、机关工作查考、经济建设、科学研究和处理山林、土地、房屋纠纷以及上山下乡知青人员办理退休等提供服务。

1991 年—2005 年藤县档案馆馆藏档案资料及利用情况表

表 22-4-3

年度	全宗（个）	馆藏档案（卷）	案卷排架长度（米）	馆藏资料（册）	利用档案（人次）	利用档案（卷、件）	利用资料（人次）	利用资料（册）
1991	84	19913	379	21545	368	779	43	174
1992	84	21105	395.5	22316	583	1496	152	385
1993	84	21855	412	22424	760	1140	85	168
1994	84	22575	426	23321	341	755	75	170
1995	84	23291	441	23671	338	635	88	145
1996	84	23671	449	23947	386	865	108	182
1997	87	23793	451	24198	932	1395	113	304
1998	87	23908	454	24417	968	1387	124	329
1999	87	24008	456	24417	986	1358	125	289
2000	87	24056	460	24417	856	1548	135	167
2001	87	24192	459	24467	428	786	75	116
2002	87	24408	464	24467	397	589	98	123
2003	87	24508	466	24467	310	567	78	136
2004	87	24508	466	24467	350	615	96	145
2005	87	24649	467	24467	387	526	87	107
合计					8390	14441	1482	2940

档案室建设

1991 年上半年，分别召开县直机关、各乡镇档案工作会议，要求各机关单位和乡镇做好 1990 年前文件材料的清理立卷归档，建立健全档案管理机构和各项规章制度。年底，全县共设立档案室 56 个，其中机关团体 29 个，乡镇 20 个，企业单位 7 个。共配备专职档案人员 21 人，兼职档案人员 119 人。未建立档案室的机关单位，设专柜保存档案，落实兼职人员管理。县档案局组织开展机关、企事业单位档案管理的定、升级和达标评定。当年，县财政局、畜牧局、中国银行藤县支行档案室被定为县直机关三级档案室，县邮电局、县交口电站档案工作目标管理达到自治区级标准。1992 年，督促各乡镇、县直机关对档案资料进行全面收集和系统整理立卷。濛江、天平、岭景等乡镇及县公安局、土地局、宣传部等单位抽出人力协助整理档案。县档案局派出业务人员指导和协助县土地局、审计局、建委等单位做好土地详查档案、审计档案和城建档案的立卷归档。全县机关单位和乡镇共购置档案卷盒 6700 个，各种目录 210 本，档案铁箱 255 个，木柜 15 个。部分机关单位和乡镇设立专门档案库房。1993 年，县水利局整理文书档案 500 多卷，水电工程技术档案 800 多卷，底图 1900 多张。县农行设立档案室，落实专职管理人员，建立规章制度，设立专门档案库房，收集、整理 1979 年以来形成的文书档案、会计档案、基建档案，组成 1037 个案卷，经梧州地区农行评审验收，定为县直机关二级档案室。同年，县农业局档案室由原来的三级档案室晋升为县直机关二级档案室，县法院、县畜牧水产局档案室定为县直机关三级档案室。1994 年，县水电局档案室定为县直机关三级档案室，县法院、县畜牧水产局档案室晋升为县直机关二级档案室。县林业局、县农业银行太平办事处和濛江办事处开展档案资料的收集、整理、立卷、归档。

1995 年，指导县公安局做好 21 个派出所档案规范化管理，自治区公安厅将藤县公安局的做法和经验转发全区公安系统。12 月，县公安局通过梧州地区档案局的考评验收，晋升为县直机关一级档案室，为全县首个一级档案室。县农行太平办事处、县农行濛江办事处、县电力公司、县人民银行、县林业局综合档案室定为二级档案室。1997 年，全面铺开 23 个派出所的建档工作，各派出所档案室全部符合合格档案室以上的标准，其中有6个派出所档案室评为二级档案室，9个派出所档案室评为三级档案室。1998年2月，经梧州市档案局评审、考核，并报请自治区档案局批准，县档案馆为自治区三级档案馆。同年，对农业发展银行、县防疫站等档案室进行定级评审验收。1999年，在城关乡的潭东村、岭景乡的麦地村开展村级建档试点工作，建立综合档案室，对历年积存文件进行收集、整理、立卷、归档。2000年6月，在藤城镇举办镇村档案工作人员培训班。10月，全县20个乡镇全部建档。有213个建制村完成村级建档，建档率达80%。同年，县检察院档案室评为县直机关二级档案室。县公安局属下的城东、城西、津北、象棋、同心、埌南、大黎、宁康8个派出派档案室升为三级档案室。2001年—2002年，加强农村档案工作，建立潭东镇礼秀小康示范村档案示范点，指导同心镇、太平镇、濛江镇做好建档工作，18个乡镇机关档案室达到合格。抓好重点项目档案工作，对县城河东开发区指挥部、县西江大桥工程指挥部的档案管理进行检查。年内，县交通警察大队档案室、工商局档案室定为县直机关二级档案室，县公路局档案室定为县直机关三级档案室。2003年—2004年，指导县委办、县政府办、县人大办、县政协办、县公路局、县农村信用联社、县人民银行、县农业发展银行、县建筑工程公司等单位和津北镇、潭东镇、塘步镇、藤城镇等乡镇和潭东镇礼秀村、藤城镇白坭村做好清理历年积存文件材料归档。县建筑工程公司、县房产管理所定为三级档案室。2005年，指导藤县西江公路大桥工程文件材料的收集、立卷、归档。县地方税务局档案室被评定为县直机关二级档案室。年底，全县机关、团体、企事业单位建立档案室90个，其中机关团体65个，乡镇16个，企事业9个。共有54个机关、团体、事业单位档案室定（升）级，其中一级档案室5个，二级档案室19个，三级档案室30个，合格档案室10个。县第二化工厂、县丝绸厂、县松脂厂、县化工厂、太平松脂厂、县邮电局7个企业档案管理达自治区级企业档案管理标准。县直机关、乡镇和企事业单位有专职档案人员18人，兼职档案人员127人。村级档案室213个，兼职人员213人。

1991年，县档案局宣传橱窗宣传档案法规和档案知识

第三节　地方史志

党史资料征编

1991年—1998年，县委党史办公室开展县内党史资料、党史文物的征集、整理，做好党史编研等工作。1999年，编辑出版《中共藤县党史大事记》，全书约20万字，主要记述1926年—1998年中国共产党藤县地方组织领导藤县人民进行革命斗争和社会主义建设的活动。2001年，编辑出版《藤县革命星火录》，全书10万字，记述藤县人民自辛亥革命时期开始的反帝反封建、抗击日本侵略者以及同国民党反动派作斗争的革命活动。

地方志

1991年8月，为加强《藤县志》的编纂，县志办在编人员增至8人，聘请退休人员4人，加强编写力量。10月，在县城召开自治区、梧州地区、县三级评稿会。会后，根据各级领导、专家学者意见，对篇目进行调整，修改志稿。同时，召开县直机关、各乡镇共100多人的资料采辑员会议，再次核实和增征资料。1992年初，邀请广西师范大学中文系教授及其第二附属中学高级教师编写方言志。9月，增征资料达170多万字，完成100万字送审稿，分别送县、梧州地区审稿小组审核。1993年，依照梧州地区审稿小组意见，对志稿作了部分修改补充。5月，经梧州地区审稿小组复审，同意上送自治区通志馆最后复审。《藤县志》于1996年由广西人民出版社正式出版发行,全书35篇,143章,450节,135万字。2001年,藤县县志办编辑出版《藤县人才录》,全书收录人数683人,其中处级(含副高级以上专业技术职称)入录人员348人,科级入录人员335人;内容主要介绍入录人员成长经历、重要事迹等。2003年—2004年,编辑完成《藤县环境与资源》初稿,共45万字。后因经费没有落实未能付印。2005年开始,协助县人民武装部编纂藤县第一部军事志《藤县军事志》,全书约45万字。

第五章　广播　电视　电影

第一节　广　播

1991年,县人民广播电台主要靠有线传输。有广播线路长度150千米,入户喇叭8000只,覆盖率80%,村广播室160个。1995年5月8日,成立调频广播电台,呼号为“藤县人民广播电台”,台址在县城鸡谷山顶,天线高度20米,发射频率104.1000兆赫,发射机功率0.1千瓦。广播覆盖率70%。节目以自办为主,主要有新闻性节目、专题性节目、文艺娱乐性节目,主要板块有新闻、法制园地、农科天地、听众信箱、生活之窗、地区新闻联播。同时转播中央、广西人民广播电台的重要节目。播出时间为早上6:00—7:30,中午11:30—12:30,17:30—21:30。

2005年,自办广播节目用粤语播音。平均每天播出时间4小时15分。其中,转播中央人民广播电台节目1小时,占23.53%,转播广西人民广播电台的节目25分钟,占9.8%,转播梧州人民广播电台节目1小时20分,占31.3%,自办节目时间1小时30分,占35.37%。自办节目中,《藤县新闻》节目10分钟,每天晚上7:00首播,次日早上7:00和中午12:00重播。专题节目有《农业科技》《法制园地》《群众生活》《信息之窗》等,次日重播。广播喇叭1.72万只,广播人口综合覆盖率97.6%,有记者8人,编辑5人,播音员4人,业余通讯员25人。1991年—2005年,年均来稿7300篇,年均用稿6500篇,被上级广播电台用稿134篇。

第二节　电　视

设施

1991年,全县有地面卫星接收站2个,发射机2台,功率100千瓦,主要转播中央台、广西台节目,覆盖人口40万人,全县有电视机7500台。县城有线电视网络于1990年建成并投入使用,为300M Hz带宽的纯电缆系统。1992年,埌南、大黎、南安3个乡镇安装卫星地面接收站。1995年6月,投资137万元建成广播电视中心大楼,建筑面积1200平方米。

1999年,实施“村村通”广播电视工程。年底,有48个村建起卫星地面接收站。2001年,在罗漫山建立微波台,发射功率0.16千瓦,全县乡镇均能收看中央1、3、5、6、8套及广西台、梧州台、藤县台等8套节目。1998年,对有线电视前端机房进行邻频改造,传输节目增加到26套。2003年,县城有线电视用户数1.2万户。2004年6月,广播电视网络藤县分公司成立后,县城有线电视由广播电视网络藤县分公司管理,乡镇有线电视由乡镇政府管理。广播电视网络公司同时承担全县“村村通”广播电视工程建设,采用光纤同轴电缆传输技术构建网络,利用区干线开口办法,通联各镇村,开口点4处建设县级光纤干线光缆线路20千米,支干线光缆线路105千米,主干电缆线路16千米,分配电缆线路23千米,覆盖藤州镇潭东村、丽新村、胜西村、礼秀村、白泥村,天平镇天平村、龙胜村、新兴村、迴龙村,塘步镇古祀村、四德村、孔良村等镇村。2005年初,广电网络藤县分公司制定了藤县县城城域网络改造实施方案,经区公司审批后,于7月正式启动网改工程,严格按照有线电视网络建设和改造的相关规范,对前端、干线、用户分配网进行全面整改升级,把网络改造升级为 860MHZ 双向 HFC 系统，建设地下管道 10 千米，埋设光缆干线、支干线 20 多千米，架设光缆 50 多千米，安装光工作站 78 个，架设分配网同轴电缆干线 120 千米。网络的升级改造，为推行有线电视数字化整体转换创造了有利条件。

2005 年，全县有卫星电视地面接收站 186 座，能传输中央台 8 套、广西台 2 套、广东台 2 套节目和云南、贵州等各省区卫视各 1 套，共 30 多套节目。网络长度 15 千米，有线电视用户 3.62 万户，电视人口综合覆盖率 98.8%。全县有 215 个自然村通广播电视。

自办节目

1991 年，县电视台主要设备有摄像机 1 台、编辑机 1 台、录放机 1 台，采编及播出人员共 6 人。每两天播出《藤县新闻》1 期，当天晚上 10：00 和次日中午 12：00 重播，播出时间 10 分钟左右，粤语播音。并用录像带播出电视剧 3 个小时。1992 年，购置摄像机 3 台，编辑机 2 台，录放机 2 台。《藤县新闻》播出每天 1 期。

1995 年，自办节目有信息类《藤县新闻》《一周要闻》《百业信息》等；文艺娱乐类有《少儿节目》《点歌台》《每周金曲》《电视剧坛》《一周电影》等；社会服务类有《专题节目》《红绿灯》《法治在线》等。每天节目播出时间：中午 3 小时，晚上 6 小时。其中《藤县新闻》在周一至周五 20：00（粤语）、22：00（国语）播出，次日中午 12：00（粤语）重播。1996 年，自办栏目调整为《藤县新闻》《专题》《点歌》《电视剧场》《广告》《农业百科》。2004 年 6 月 1 日，《藤县新闻》播出时间改为 20：30、22：30 及次日中午 12：30 重播。

县广播电视台演播室　（2004 年摄）

1991 年—2005 年，《藤县新闻》共播出近 12000 期，内容主要围绕县委、县政府的中心工作，先后开辟了“保持共产党员先进性教育”“三百项目大会战”“两整一会战”“梧州在提速，我们怎么办”“抗击非典”“实践三个代表”等 60 多个专栏，每年播出的新闻 3000 条以上。上送各级媒体被采用共 3000 条。2005 年，藤县遭受特大洪灾，电视台停播广告、专题和电视剧等，全天 24 小时滚动播出抗洪救灾新闻、快讯、资料共 24 辑 140 条，被上级及境外新闻媒体采用 37 条 97 次。同年，县电视台开设图文电视、游动字幕，充实电视节目的信息量。有摄像、编辑、播出等设备 10 台（套）。有采编人员 12 人，播音人员 4 人。

2002 年—2005 年，县电视台连续 4 年被广西电视台评为电视新闻宣传报道先进集体，被梧州市广播电视系统评为双文明建设先进集体，县电视台记者站获梧州市电视台先进记者站一等奖，有 4 名记者获广西台十佳通讯员称号。

第三节　电　影

电影体制改革

1991 年，藤城、太平、濛江、古龙、金鸡、天平 6 个乡镇设有电影院，有新庆、龙山、龙华等 10 个民办电影放映队。其中藤州电影院占地 1200 平方米，有座位 1136 个。有职工 16 人；太平电影院占地 4000 平方米，有座位 850 个，职工 9 人。6 个电影院统一使用松花江 5502 型 35 毫米放映座机放映。1993 年，和平镇建电影院。1997 年后，由于电视、录像以及其他文化娱乐节目的冲击，电影业开始大滑坡，农村电影队全部解散。同年，藤州电影院改造为融会议、文化娱乐于一体的文化中心。2001 年 11 月，拍卖古龙、金鸡、濛江 3 间电影院，所得经费用于置换公司员工身份。2003 年，太平电影院拍卖改建为购物中心。2005 年 12 月，藤州电影院改造，一楼改为商铺，二、三楼重新装修，更换灯光、座椅以及吸音吊顶、空调等，成为放映电影、文艺演出以及召开大型会议的多功能场所。全年放映场次 700 场，票价为 3 元，观众约 7.5 万人次，年收入 22.5 万元。

农村公益电影放映

1998年7月，县人民政府办公室转发县文化局《关于进一步加强和改进我县农村电影工作意见的通知》，加强全县5个教育电影放映队的放映管理，开拓农村中、小学生观看爱国主义教育影片放映阵地，从人力、物力上支持县电影放映公司大机流动放映队的流动放映，解决农民群众看电影难的问题。2000年，全县放映电影2050场，观众14万人次，票价0.50元，放映收入17万元。2001年5月30日，县人民政府办公室印发《关于进一步实施农村电影放映“2131”工程的通知》，“十五”期间，要基本实现农村电影放映“2131”目标（到21世纪实现1村1月放映1场电影），县、镇成立“2131工程”领导小组，筹集专用资金，成立11个农村公益电影放映队，全面开展农村公益电影的放映。全年放映电影3800场，观众30万人次，放映收入25万元。至2005年，每年投入农村公益电影放映专项资金76.6万元，在各自然村放映公益电影3192场，实现了1村1月放映1场电影的目标。

第六章　体　育

1991年，县内群众体育活跃，主要项目有篮球、羽毛球、乒乓球、中国象棋、舞狮、舞龙、龙舟、武术等传统体育。全县有篮球场375个。机关单位、学校均举办体育运动会，各乡镇、村在节假日举办体育活动。举办体育活动的方式，逐步由政府出资举办转向社会赞助、单位和企业举办，与县外体育交流不断增加，全民健身体育逐步兴起。1994年，藤县被评为广西施行国家体育锻炼标准先进县。1997年6月20日，藤县举行“参加自治区百万人民健身跑，百万群众第八套广播体操比赛”活动，全县约5万人参加。是年，藤县体育局被评为全国群众体育先进单位。1999年6月，举办两广八县龙舟赛。2005年，有篮球场435个，其中灯光球场110个，可纳3000观众的水泥步级灯光球场10个。是年，藤县文化和体育局再获全国群众体育先进单位；濛江镇获2005年全国亿万农民健身活动先进单位。

1995年5月，南安镇禤洲村组成少年儿童武术队，后改建为禤洲醒狮团。1997年，狮队创造推出一个全新的舞狮内容——高桩狮。1999年参加广西第三届狮王大赛（桩阵比赛）代表梧州队获双狮银牌、南单狮银牌。2000年被授予国家A级狮队。2004年7月获马来西亚“云顶杯”第六届世界狮王争霸赛冠军，赢得“东方狮王、世界狮王”的称号，在国内外引起巨大轰动。

第一节　体育设施

1991年，全县有篮球场375个，其中乡镇123个，学校252个；排球场60个，其中乡镇25个，学校35个；运动场16个，其中乡镇6个，学校10个。场地总面积4.62万平方米。

1992年，将1972年建成使用的藤县游泳池改造，取消深水跳台部分，建成边长50米、25米池各一个，采用钢混结构，取代原石墙结构，安装白瓷砖，使用自来水取代原从杉木冲引水。

2002年3月，藤县体育馆于县城藤州大道开工建设。体育馆占地面积3500平方米，建设面积8600平方米，主馆面积3500平方米，座位4000个。建有国际标准篮球场地1个，球场面积800平方米，有观众座席4000个，用于提供体育及相关服务的面积2500平方米。馆内设有国民体质测试室、舞蹈室、舞狮训练室等。体育馆前建有广场，面积2500平方米，设有小舞台，可进行文艺表演、电影放映等。2003年，藤县中学升级为自治区示范性重点高中，经县长办公会议定，将藤县游泳池置换给藤县中学。

2005年，有篮球场435个，其中乡镇155个，学校280个；排球场100个，其中乡镇35个，学校65个；田径小运动场30个。其中乡镇10个，学校20个。灯光球场110个，可纳3000名观众的水泥步级灯光球场10个。场地总面积约6.50万平方米。

第二节　群众体育

县内群众体育活跃，主要项目有篮球、羽毛球、乒乓球、中国象棋、舞狮、舞龙、龙舟、武术等。各乡镇在不同时期的节日，或由乡镇组织，或由村自办，开展各类体育活动，尤以春节、国庆节的篮球、舞狮、舞龙、中国象棋等最为活跃。县城除法定节假日举行体育活动外，还在不同时期，由体委（体育局）或各个系统、藤城镇举办各种体育运动会。

1991 年 2 月，藤县举行第四届舞狮比赛，共有 13 个狮队参加。县委书记、县长、副县长参加开幕式，县委书记作讲话。濛江子孙堂、藤城狮队获一等奖。由县领导颁奖。4 月 28 日—5 月 5 日，藤城镇举行首届运动会。项目有：篮球、中国象棋、围棋、乒乓球、门球。镇直 11 个单位，县直 31 个单位组队参加。5 月，藤县林业局在太平镇举行林业系统“兴林杯”运动会，项目有：篮球、乒乓球、中国象棋，共 11 个单位参加。

1992 年 2 月，藤县举行第五届舞狮比赛。共 10 个队参加，县委书记、副书记、县长、副县长等县领导出席观看。县个协狮队、藤城水运社狮队获一等奖。9 月，古龙、东荣、和平、埌南经区检查验收被授予为“广西第二批农村体育先进乡镇”称号。12 月，藤县举行第六届民间武术比赛，共 56 人参加。年龄最大 71 岁，最小 14 岁。

1993 年 1 月，藤县举行第二届舞龙比赛，共 5 队参加。金鸡古华村、城关界头村获一等奖。同时举行第六届舞狮比赛。12 月，在县工会球场举行六省区“神浮杯”篮球赛。门票 6 元，市面炒票至 18~20 元。约 3000 多人进场。

1994 年 1 月 6 日，梧州地区民间武术比赛在濛江镇举行，贺县、岑溪、苍梧、蒙山、藤县组队参加。老年组 10 人，成年组 15 人，少年组 16 人，其中 9 名女子。2 月，藤县举行第七届舞狮比赛共 6 队参加，特等奖：濛江子孙堂；一等奖：县个协、藤城水运社狮队。同月，藤县濛江狮队代表藤县、梧州地区参加在南宁举行的“首届中华武术八桂狮王大赛”，获南狮单狮王第三名（梧地队）群狮王第三名（藤县队）。12 月，藤县被评为广西施行国家体育锻练标准先进县。

1995 年 4 月 28 日至 5 月 7 日，藤城镇举行第二届运动会，共设 5 个比赛项目，36 个镇直、县直单位参加。在工会球场举行开幕式，首次团体操表演轰动县城。

1997 年 6 月 9 日，藤县首次由政府组织 3 支龙舟队参加纪念梧州市百年商埠“毅力杯”龙舟大赛。濛江龙舟队获 15000 米长距离第一名、500 米第一名。6 月 20 日，藤县举行“参加自治区百万人民健身跑，百万群众第八套广播体操比赛”活动。全县各乡镇均举行健身跑。全县共约 5 万人参加。县城组织启动仪式，约 2 万人参加。在家县领导跑在前列，后为离休干部。是年，藤县体育局被评为全国群众体育先进单位。9 月 29 日，自治区百万群众广播体操藤县分赛场比赛，全县各乡镇学校均举行比赛并上报比赛照片，县城各战线有 14 个队参加比赛，每队 90 人。规定副处级领导参加所管战线的队比赛，并给予加分。全县参加第八套广播体操比赛人数约 5 万人。12 月 23 日，藤县举行首届“公仆杯”比赛活动，项目有篮球、乒乓球、扑克比赛。分战线组队参加。篮球队 10 队每队 30 人，乒乓球 150 人，扑克 60 人。篮球赛每队 4 组分别上场，各 10 分钟，其中 3 组为副科级以上干部，1 组为公务员干部。县处级领导参加各战线组队。

1998 年 1 月，藤县举行首届“小康杯”篮球比赛，共 8 个小康村参加。5 月，濛江龙舟二队参加市龙舟赛，获 15000 米第一名。濛江龙舟一队参加香港西贡区国际龙舟赛，获小组第一名，国际赛第六名。濛江龙舟队参加广东肇庆国际龙舟赛获第三名。11 月，藤县被评为 1997 年—1998 年度广西施行国家体育锻炼标准先进县。

1999 年 1 月，藤县举行第二届“公仆杯”篮球、乒乓球比赛。八大战线及藤城镇共 450 人参加。2 月，举行首届“农信杯”篮球比赛。参加单位有梧州、藤县农信系统各单位和藤县有关乡镇、县直单位等队。其中岑溪、苍梧、蒙山、郊区和藤县信用社和城信社 6 队；藤县大黎、太平、古龙、和平、濛江、天平、藤城、潭东、象棋、金鸡、南安等乡镇共 11 队；藤县县直单位 10 个男队，8 个女队参加。6 月 21 日，藤县举办（县政协主办）两广八县龙舟赛，项目有 8000 米、800 米赛，共 15 个龙舟队参赛，分别有广东肇庆、郁南、封开和广西梧州、苍梧、郊区、平南、藤县组队参加。比赛采用计时定名次，算得分，8000 米、800 米两项得分之和高者列前。广西藤县濛江队获第一名。同月，濛江龙舟队获市“毅力杯”15000 米赛三连冠，南安队获第二名，赤水队获第六名。9 月，金鸡、岭景、藤城、潭东 4 镇经自治区检查验收，被授予广西第五批农村体育先进乡镇称号。

2000 年 3 月 15 日，藤县技术监督局举行“北流独石杯”篮球赛。4 月 25 日，藤县矿产局举行“矿业杯”篮球赛。6 月，藤县举行纪念中国共产党成立 80 周年“光辉杯”篮球赛。县直各党委、藤城镇党委、潭东镇党委共 10 个单位参加。同月，濛江龙舟队参加梧州市“桂海杯”龙舟赛获 15000 米第一名，获四连冠。12 月，濛江镇获 1996 年—2000 年全国群众体育先进单位；藤县体育局获 1997 年—2000 年广西群众体育先进单位。

1998 年端午节，藤县举行龙舟邀请赛

2001 年 1 月 18 日，藤县举行首届“中升杯”篮球赛，共男 8 队，女 4 队参赛。

2002 年 2 月，藤县举行三县一市第二届“中升杯”篮球赛。有藤县、岑溪、苍梧、蒙山 4 个县分别组织男、女队参加。3 月 13 日，藤县技监局举行“平南（旧线）河水杯”篮球赛，共男 10 队，女 4 队参加。5 月 1 日，濛江龙舟队参加第三届中国宜昌长江三峡国际龙舟拉力赛，获 39 公里赛第 4 名，500 米第 5 名。5 月 3 日，濛江龙舟队参加全国第 11 届“红金龙屈原杯”龙舟赛，获 800 米第 4 名，250 米第 6 名。6 月 2 日，藤县塘步龙舟队参加第五届肇庆龙舟赛。12 月 23 日，藤县举行第三届“公仆杯”篮球、乒乓球、中国象棋、扑克比赛。县直各战线，藤城镇、潭东镇组队参加。

2003 年 11 月，藤县文化和体育局获 2001 年—2003 广西体育先进单位。12 月，藤县水利局举办水利系统第五届体育运动会，设篮球、乒乓球、中国象棋 3 项，共 15 个单位参加。

2004 年 6 月，濛江龙舟队参加梧州市“建行杯”龙舟赛获 600 米第二名。

2005 年 6 月 11 日，濛江龙舟队夺梧州市首届“绣湾杯”龙舟赛 600 米第一名。是年，藤县文化和体育局获全国群众体育先进单位；濛江镇获 2005 年全国亿万农民健身活动先进单位。

第三节　禤洲武术醒狮队

1995 年 5 月，南安镇禤洲村青年祝启春在本村办第一个农村少年儿童武术队。后经县团委推荐到县城表演。县体委及时扶持、指导该武术队技术提高和成长，并定名“藤县业余体校禤洲武术队”。

1996 年 1 月，禤洲武术队十多名少年儿童经体委联系到濛江狮队拜师学艺。1997 年 7 月，组建由邓明华、廖金胜、茹恩南等人为带头人，禤洲武术队员为主要班底的禤洲狮队。1997 年 7 月，庆祝香港回归和庆七一，禤洲狮队在县体育局球场表演“十八罗汉桩”，这是藤县首次出现高桩舞狮。运用传统技艺和现代技艺相结合的方法，狮队创造推出一个全新的舞狮内容——高桩狮。高桩狮是在采青狮的基础上，根据狮子的喜、怒、醉、乐、猛、惊、疑、动、静、醒、寻、望、探、烦 14 大神态和借用武术、舞蹈、技巧、杂技的表现手法而设计的一种竞技性很强的藤县狮舞内容。

1999 年 12 月，禤洲狮队代表藤县狮队参加广西第三届狮王大赛（桩阵比赛），代表梧州队获双狮银牌、获南单狮银牌；代表藤县队，获女单狮金牌、南单狮铜牌。此后，禤洲狮队代表藤县狮队。

2000 年 4 月 29 日，藤县狮队代表广西武术院参加长沙全国南北狮王争霸赛，A 队获第三名，B 队获第五名，被授予国家 A 级狮队。9 月 27 日，广西第四届八桂狮王赛在宾阳县举行，藤县出 2 队参加，代表梧州队获第一名，代表藤县队获第二名。11 月 2 日，藤县狮队代表广西参加在四川举行全国农运会舞狮比赛，北狮获第二名，南狮获第二名，并获优秀套路编排奖。

此后，藤县高桩狮舞渐趋成熟，狮舞内容有“高桩舞狮”“金狮倒挂”“灵猴攀树”“金狮翻筋斗”“醉狮独峰赏月”“绝壁采灵芝”等，技艺（套路）有：“飞攀上桩”“侧空翻下桩”“桩上钢线前滚翻”“钢线一字腿”“飞桩 3.5 米”“独桩挟腰转体 450 度”“金狮倒挂”等。这些节目和套路（技法），造型美观、逼真、独特、雄健、惊险、生动，几年来，通过藤县舞狮队多次在国内外进行展演、比赛，均获佳绩。

2001 年 2 月 6 日，藤县狮队参加 2001 年“季华铝业杯”南粤狮王之王佛山争霸赛，获第二名。广东珠江台、岭南台，连续两周播放藤县狮队场上情况。5 月 2 日，藤县狮队参加福建石狮第五届中国国际舞狮邀请赛获第二名。同年 10 月获全国农运会南北狮比赛第二名。

2002 年 8 月，获全国武术精英赛第二名。获广东佛山南狮比赛第二名。9 月，藤县狮队参加秦皇岛全国体育展示大会舞狮比赛，获南狮第 2 名，北狮第 3 名。

2003 年 9 月 30，藤县狮队参加广东南海第七届中国国际舞狮赛获第 6 名。11 月 23 日，藤县狮队参加中国民间舞狮艺术湛江邀请赛获金杯奖。

禤洲武术醒狮队表演及获奖

2004 年 3 月 9 日，藤县狮队赴马来西亚美里砂拉越洲参加美里国际舞狮比赛，赛中失误无名次。5 月，藤县狮队参加浙江省天台全国南北狮王赛，获第一名。

2004 年 7 月，获马来西亚“云顶杯”第六届世界狮王争霸赛冠军。赢得“东方狮王、世界狮王”的称号，得到中国驻马来西亚大使王春贵接见。在国内外引起巨大轰动。马来西亚报纸、电视台和《人民日报》、新华社、凤凰电视台、中央电视台、台湾电视台等媒体纷纷报道。狮队为中国舞狮事业发展起到推动作用。9 月，狮队 5 名代表随梧州市市长钟想廷率领的市艺术团赴法国巴黎参加中国年活动表演。

2005 年 4 月 17 日，藤县狮队受越南福寿省越池市邀请，参加“雄王庙”活动表演。10 月，受中国少数民族文化基金会的邀请，进京参加在国庆节举行的 2005 年中国民族文化暨中国少数民族绝技艺术展演，期间共 7 天，表演 21 场。

藤县狮队总训练基地设在山青水秀的、浔江中的禤洲岛。2005 年，狮队共有高桩狮 28 组，地狮 100 多组，高桩双狮 6 组。已在中国香港、北京、上海、深圳、广州、南宁及湖南等地成立分队。

狮队积极钻研，刻苦训练，独创许多高难度的动作，如：“狮子攀树”“金狮倒挂”“醉狮独峰赏月”“瑞狮闯悬崖攀绝壁”“绝壁采灵芝”“侧空翻下桩”“钢线前滚翻”“钢线上一字腿”“探峰攀崖”“独桩挟腰转体 450° 绝技”“飞距 2.8 米”（狮尾起至落点）等，技惊四座，名扬东南亚，饮誉粤、港、澳、台。狮队将武术、杂技、技巧、体操、舞蹈等技术融于狮艺之中，把狮子的喜、怒、醉、乐、猛、惊、凝、动、静、醒等神态、形态表现得淋漓尽致、出神入化，给观众留下回味无穷的美好艺术享受。

第四节　学校体育

中小学校体育

1991 年—2005 年，全县中小学校实施国家教委、国家体委颁布的《学校体育工作条例》。每学期(或每周)设置体育课和开展课外体育活动，体育教学的主要内容是跑跳投等项目，包括篮球、乒乓球、羽毛球、跳高、跳远。按照《国家体育锻炼标准》达标人数、达标率均达要求。县内中小学生运动会每 4 年举办 1 次，比赛项目有篮球、田径、乒乓球、跳绳等。

1991 年 7 月 15 日，藤县举行第四届“萌芽杯”篮球、田径赛。

1992 年 4 月 23 日至 25 日，梧州地区中学生篮球比赛在藤县举行，共有 6 个男队，4 个女队参加。藤县女子队获第二名，男子队获第三名。6 月 15 日，藤县举行第五届“萌芽杯”篮球、田径比赛。9 月 6 日至 8 日，藤县举行第四届中学生运动会，全县共 30 个单位参加，其中高中 6 所、职中 2 所、初中 22 所组队。设田径、篮球赛。

1993 年 3 月 12 日至 13 日，梧州地区中学生排球赛在藤县举行。藤县女子队获第一名。3 月 18 日至 22 日，梧州地区中学生篮球比赛在蒙山县举行。藤县女队获第 2 名，男队获第 3 名。

1994 年 7 月，梧州地区少年篮球比赛在藤县举行。藤县男、女队获第一名。12 月，梧州地区中学生篮球比赛在藤县举行。藤县男、女队获第一名。

1996 年 12 月，藤县举行第七届“萌芽杯”篮球、田径赛，各小学全部参加各乡镇选拔赛。各镇冠军队参加 4 个分区赛。4 个分区赛前二名集中县城决赛。同月，濛江中学杨永文被评为全国施行国家体育锻炼标准先进工作者。1998 年 11 月，藤城船民校邓行飞被评为全国施行国家体育锻炼标准先进工作者。

1997 年 5 月 17 日，梧州地区中学生田径运动会在富川举行，藤县获团体总分第一名(236 分)，金牌数第一名。共获 15 金、11 银、8 铜、10 个第 4 名、7 个第 5 名。这是梧州地区最后一届中学生运动会，也是藤县首次在地区中学生运动会夺得总分、金牌数双第一名的一次会动会。12 月 19 日，举行藤县第五届中学生运动会。设篮球、田径 2 项。各中学组队参加，共有篮球男、女各 26 个队，19 个田径队参加。12 月 14 日，藤县举行第八届“萌芽杯”篮球、田径赛。

1998 年 11 月，藤县举行第九届“萌芽杯”篮球、田径赛。篮球由 12 所学校共 10 个男队、9 个女队参加，田径由 8 所小学男、女各 5 队参加。篮球采用素质分，身高分和比赛名次得分相加之和计最后名次，藤城龙门小学获第 1 名。12 月，藤县举行中学生篮球比赛，各乡镇初中、县直初中、高中，职中组队参加，共有 24 所学校初中、3 所高中男、女队参加。

1999 年 8 月，梧州市中小学生运动会，藤县高中组男篮队获第一名。12 月 30 日，藤县举行第十届“萌芽杯”篮球、田径赛。共有篮球男队 6 队，女队 6 队、田径 6 所小学参加。

2000 年 1 月 27 日，藤县举行第二届“园丁杯”篮球比赛，27 个单位参加。12 月，举行第十一届“萌芽杯”篮球、田径赛，有 10 所学校组队参加篮球赛，6 所学校组队参加田径赛。

2001 年 12 月 10 日，藤县举行第七届中学生运动会，项目有篮球、田径，共 27 所中学组队参加。

2002 年 12 月 18 日，藤县举行第十二届“萌芽杯”篮球、田径赛。篮球男 6 队，女 5 队，田径 6 所小学参加。

业余体校

1991 年，业余体校有学员 200 人，教练 9 人，开展篮球、武术、游泳、举重、技巧等项目训练。9 月，输送技巧队员黄静殷到区体校。1992 年，输送黎君到区体校武术队；黄彬到区体校技巧队，后转区体工队。1993 年，增设射箭项目训练。射箭、举重为训练重点。是年，输送陈大淮到区体校举重队，1995 年 10 月转区体工大队。1994 年 8 月，藤县业余体校篮球队代表梧州地区参加自治区在南宁市、横县举行的全区少年篮球赛。

1991 年—2005 年，县业余体校向自治区田径训练中心、各球类中心输送运动员 100 人，其中自治区体工大队 27 人，自治区业余体校 6 人。

第五节　竞技体育

藤县运动会

1990年11月，藤县举行第七届运动会，项目有篮球、田径、乒乓球、中国象棋、围棋。全县20个乡镇、县直8大战线分别组成代表团。其中男篮球27队，女篮20队，田径16个队，乒乓球19个队，中国象棋50人，围棋45人。全部集中县城比赛并举行开幕式。

1994年12月，原计划举行县第八届运动会，由于当年洪水上涨，全县受灾，运动会推迟举行。1995年10月，原计划举行县第八届运动会，由于地区举行八届运动会与县八届运动会冲突，故县八届运动会再次推迟举行。

1996年12月，藤县举行第八届体育运动会。共设田径、篮球、中国象棋3项。篮球赛分藤北赛区（濛江）藤南赛区（金鸡）和县直赛区（县城）。全县19个乡镇，8大战线组成代表团。开幕式在工会球场举行，组织大型团体操表演，濛江狮队、埌洲武术队与县城中、小学校师生参加表演。

2000年11月20，藤县举行第九届体育运动会。共31个代表团参加。项目有篮球、田径、中国象棋、乒乓球、门球、地掷球。预赛分设太平、濛江、藤城3个赛区，决赛集中县城举行。

2004年11月，藤县举行第十届运动会。项目有篮球、田径、羽毛球、乒乓球、中国象棋、门球6项。共28个代表团参加。

参加地市级体育竞赛

1991年10月，梧州地区第七届运动会在钟山县举行，藤县共参加技巧、武术、射箭、篮球、田径、游泳、乒乓球、举重、中国象棋、围棋共10项。共破9项地区纪录，其中田径5项、游泳4项。共夺金牌14枚、银牌20枚、铜牌13枚，22个第四名，23个第五名，23个第六名。团体总分468分，排地区第一名。

1992年4月23日—25日，梧州地区中学生篮球比赛在藤县举行，共有6个男队，4个女队参加。藤县女子队获第二名，男子队获第三名。

1994年8月，梧州地区举重锦标赛，藤县男女运动员共获11枚金牌，8枚银牌，总分第一名。是年，藤县参加梧州地区少年篮球赛，获第一名。

1995年9月6日—7日，梧州地区第八届运动会游泳比赛在藤县游泳场举行。藤县获金牌3枚。

1995年10月22日，梧州地区第八届运动会在岑溪举行，藤县83人参加7项比赛，获17枚金牌。

1996年4月14日，藤县农民代表队参加梧州地区在富川举行的农运会，获田径团体总分第1名，6枚金牌，3枚银牌，6枚铜牌。3个第四名，3个第五名，3个第六名。其中象棋赛获团体第三名，1枚铜牌，1个第六名；自行车赛获1枚银牌、1枚铜牌。武术赛获4枚金牌，5枚银牌，2枚铜牌。

1998年3月，梧州市中小学生武术比赛在藤县举行。藤县共夺6枚金牌，8枚银牌，6枚铜牌。

1999年10月，梧州市第八届运动会，藤县参加篮球、足球、田径、乒乓球、羽毛球、中国象棋、围棋、游泳、射击、武术、广播操，共获9枚金牌，14枚银牌，14枚铜牌。

2001年5月，梧州市青少年篮球锦标赛，藤县男子队获第二名。

2004年10月18日，梧州市第九届运动会，藤县获成年组象棋赛女子团体第一名和1枚金牌、1枚银牌；获男子团体第6名和1个第四名。围棋赛女子组获1枚铜牌；男子组获团体第五名。青少年组获足球第一名、女篮第二名、男篮第一名。

参加自治区级体育竞赛

1991年1月，藤县14人参加在南宁举行的全区青少年技巧比赛，获团体第二名。莫中文、黄彬获男子双人第一名。

1991年7月15日，藤县武术队代表梧州地区参加广西少年儿童武术赛，获2枚铜牌，7个第四名，8个第五名，5个第六名。

1992年5月，藤县组队参加广西中学生田径运动会。龙凤芝获女子组800米第一名，覃小龙获男子组400米第一名（平区纪录）、800米第四名，何勇获男子跳远第五名，三级跳第三名，卢长宁获男子铁饼第三名。6月，广西第二届农民运动会在河池市举行。藤县女子农民运动员余芝凤首次参赛夺铅球第一名，10月代表广西参加全国赛。7月15日—18日，广西少年儿童武术赛在阳朔举行。藤县队女甲组唐勇敏获对练第三名、枪第五名、刀第六名；蒙静静获对练第三名、棍第六名、剑第六名。女乙组阮君获对练第五名。男乙组梁华获对练第五名、剑第四名、枪第六名；朱强获对练第五名、剑第六名、枪第五名。男儿童组黎君获棍第四名、刀第六名。女儿童组廖海桃获剑术第六名。10月，广西第七届运动会在桂林举行，藤县运动员杨国英获女子射箭1个第四名，1个第五名，2个第六名，1个第七名。在南宁举行的技巧比赛中，藤县黄中文、黄彬获男子双人第三名。

1993年7月，广西少年儿童武术赛在梧州市举行。藤县获1个第三名，3个第四名，4个第五名，2个第六名。同月，全区青少年射箭比赛在河池金城江举行。藤县女子运动员杨国英获70米第二名，50米第一名，40米第一名，30米第一名，全能第一名。男子运动员黄钊获70米第一名，50米第一名，40米第二名，30米第一名，全能第一名；陈伟乐获70米第三名，50米第四名，40米第五名，30米第三名。同月，广西少年儿童武术比赛在南宁举行，藤县获2枚铜牌，6个第四名。

1993年8月，在南宁举行全区青少年技巧比赛，藤县获女子3人第三名。10月，全区青少年射箭在南宁举行，藤县杨国英获女子60米、50米、30米及全能共4个第四名，梁泽波获全能第六名。

1994年11月，全区举重分令赛，藤县陈大淮获少年70公斤级3枚金牌，破全区少年70公斤级挺举纪录。卢永强获2枚银牌。

1995年7月，藤县小学篮球队代表梧州地区参加自治区小学生篮球比赛，男子获第6名。同月，全自治区青少年射箭比赛在武鸣举行，藤县运动员胡存勇夺70米、50米、40米、30米全能5个第一名。梁泽波夺70米第二名，50米第三名，40米第四名，30米第三名，全能第三名。全区举重分令赛，藤县运动员温文龙获42公斤级抓、挺举，总成绩第三名。李彬获抓举第三名，挺举第二名，总成绩第三名。陈大淮获抓、挺举总成绩3个第一名。破三项全自治区纪录。是年，藤县参加广西小学生“三好杯”，获男子篮球赛第五名。

1996年6月10日，藤县代表梧州地区参加在北流举行的广西第三届农运会。获武术集体第三名，对练第四名。8月12日，藤县代表梧州地区参加广西第八届运动会。黄彬获技巧比赛单跳全能第一名。胡存勇获男子射箭70米第一名，50米第二名，40米第一名，30米第一名，全能第一名。杨国英获女子30米第二名。陈大淮获举重70公斤级总成绩第一名。梧州地区共获12枚金牌，其中藤县占6枚，排列广西第六名。

1998年7月，广西少年儿童武术赛在南宁市举行。藤县获2个第三名，4个第四名。8月，全区少年男子篮球锦标赛。藤县运动员李明锋、覃庆全、玉昭宁代表梧州市参加，获第五名。

1999年7月，广西少年儿童武术比赛在南宁举行。藤县获1个第三名，4个第四名，1个第六名。

2000年7月，广西第四届农运会在钦州举行，藤县男、女篮球队，女子象棋队、武术队代表梧州市参加。武术赛获1枚金牌，4枚银牌，2枚铜牌，2个第四名，2个第六名。男子篮球队获第六名。8月，广西第九届运动会射箭赛，藤县获男子团体第四名，女子团体第八名。覃炜东获男40米铜牌，50米第八名。

2001年7月29日，藤县武术队参加广西少年儿童武术赛，获1枚铜牌，2个第四名，4个第五名，2个第六名。

2002年6月8日，藤县举重队参加广西少年举重赛，获7个第四名。

2002年10月29日，藤县武术队代表梧州参加全自治区少数民族运动会武术比赛，获女子南拳第三、四名，对练第三名。

2004年9月，藤县运动员周福龙参加广西第十届运动会举重比赛，夺2枚金牌。

参加全国级体育比赛

1993 年 8 月，“狮子山区杯”全国技巧青少年锦标赛在安徽铜陵举行。藤县运动员黄静欣获女子第一套第一名，第二套第三名，全能第一名。

1996 年，陈大淮获全国举重赛少年 76 公斤级 3 枚金牌。

1997 年 11 月，在景德镇举行全国青年举重赛，陈大淮获 76 公斤级抓、挺举全能第二名，抓举第五名。

1998 年 11 月，藤县中老年健身操队代表广西参加全国比赛，获优秀奖。

1995 年 8 月，梁泽波、胡存勇参加全国青少年射箭比赛，梁泽波夺 70 米第三名。

1995 年 6 月，藤县承办梧州地区体育（游泳）比赛项目

2004 年 11 月，藤县举办第十届体育运动会

第二十三篇

民族 民俗 宗教 语言

太平乞巧节 （2006 年 7 月摄）

第一章　民族　民俗　宗教

第一节　民　族

秦和西汉初期，今县境内为古越人，主要是西瓯人。《汉书·地理志》："粤（越）地，牵牛、婺女之分野也，今苍梧、郁林、合浦、交趾、九真、南海、曰南皆粤分也。"秦始皇统一南方时，原来南方百越的支系只剩下东越（今浙江）、闽越（今福建）、南越、西瓯和骆越，而活动于岭南地区的主要是西瓯和骆越（张一民《西瓯考·骆越》）。

汉文帝间，南越王赵佗上书自称"蛮夷人长老夫"，岭南越人被称为"蛮"或"蛮夷"。东汉末年，称"乌浒人"。《后汉书·南蛮传》："《礼记》称："南方曰蛮，雕题交趾。""其俗男女同川而浴，故曰交趾，其西有啖人国，生首子轧解而食之，谓之宜弟味旨，则以遗其君，君喜而赏其父，取妻美，则让其兄。今乌浒人是也"。

魏晋至隋唐时代，被称为俚人和僚人。赵宋以后，为瑶人和壮人。宋人朱辅《溪蛮丛笑》记载，南方溪洞少数民族有五："曰苗、曰瑶、曰僚、曰僮、曰仡老"。

元、明时期，县境内居住的主要有汉、僮、瑶族。明韩雍《议处广西梧州府地方事宜疏》："看得梧州府藤县地名五屯，约有僮人二三千，系断藤峡左臂。"明、清以后，各族人民起义不断，封建统治者调集重兵镇压，少数民族被迫往边远山区或外地迁移。

今县境内的汉人，从赵佗建立南越国后，便陆续由北方迁入。如李姓于隋末唐初由江西迁入镡津（今藤县），覃姓于元大德年间（1297—1307年）迁至县内五隘（今五屯）。明清时期，因战乱或谋生从广东、福建和广西其他地方迁入较多，如周姓于明洪武年间（1368—1398年）由广东南雄县迁入，陈姓于明永乐年间（1403—1424年）由广西柳州迁入县内西隅厢（今藤城镇），黄姓于清康熙年间（1662—1722年）由平南迁入，吴姓于清顺治元年（1644年）由福建汀洲迁入，何姓于清康熙十六年（1677年）从广东顺德迁入等等。

解放后，县境内居住的主要是汉族。1964年，全国第二次人口普查，藤县有6个民族，其中汉族453696人，占总人口99.93%；壮族263人，占总人口0.06%；其他为瑶族17人，仫佬族7人，回族5人，侗族1人，共30人；另有民族不详6人。1982年，第三次全国人口普查，藤县人口672312人，其中汉族671926人，占全县人口总数99.94%；壮族318人、侗族46人、回族5人、仫佬族9人、苗族3人、满族3人、彝族1人、外国籍（越南）加入中国籍的1人，合计386人。1990年第四次全国人口普查，全县17个民族，其中汉族770301人，占总人口99.73%，少数民族2056人，占总人口0.27%。其中壮族980人，占总人口0.12%；瑶族860人，占总人口0.11%；仫佬族57人，侗族49人，苗族41人，毛南族14人，满族26人，回族10人，黎族5人，布依族、土家族、京族各3人，彝族2人，蒙古族、白族、水族各1人。2000年第五次全国人口普查，全县有民族25个。其中汉族911187人，占总人口99.29%，少数民族6526人，占0.71%。其中瑶族4209人，占全县总人口的0.46%；壮族1467人，占全县总人口的0.17%；另有苗族194人，侗族131人，仫佬族114人，布依族104人，蒙古族70人，水族66人，毛南族34人，满族30人，回族27人，藏族15人，维吾尔族12人，彝族11人，朝鲜族9人，土家族8人，仡佬族7人，白族6人，黎族4人，高山族4人，哈尼族1人，傣族1人，佤族1人，京族1人。少数民族多为外地到藤工作或婚姻迁入后繁衍发展，多为杂散居住。2005年，据县公安局资料，全县总人口953297人，其中汉族949102人、瑶族2603人、壮族1363人、其他少数民族229人。

第二节　民　俗

生活习俗

饮食　藤县居民的饮食习惯，沿袭旧俗，一日三餐。城镇居民早餐多以稀饭、面条、米粉为主，午餐、晚餐多以干饭为主；农村居民早餐、午餐则多以稀饭为主，晚餐才吃干饭。不论城乡，居民均有喝茶的习惯。20 世纪 90 年代初，所吃肉类一般以猪肉、鱼肉、蛋为主。随着物质生活水平的提高，进入 21 世纪，人们对肉类的需求出现多样化，牛肉、羊肉、鸡、鸭亦为家庭的常菜；过去不被看重的红薯叶、野菜等已为人们日常所需；吃红薯、芋头、玉米等杂粮成为时尚。城镇居民的早餐，也有部分被包子、馒头、豆浆、牛奶等取代；在早上和夜晚有上酒楼喝茶的习惯。至 2005 年，人们的食物结构逐步有变化，对吃的要求越来越高，不仅追求口感，更注重营养均衡，粗细搭配，饮食的科学卫生观念深入人心。

服饰　县内居民服饰多随潮流时尚而变化，款式多样。男人多以西装和悠闲服为主；女人喜欢着裙。20 世纪 90 年代初，男人服装布料颜色较单调。此后，随着外来文化的影响，款式和颜色不受拘束，显现出个性化的特征，进入 21 世纪，男人穿花衣服已经不足为奇；女人服装的款式和颜色更为自由多样。鞋子以皮鞋、凉鞋拖鞋为主。不论男女，均喜欢佩戴首饰，但男人多佩戒指、项链；女人除戒指、项链外，还喜欢佩戴耳环。一般以金银玉器为主。至 2005 年，人们的服饰除注重质量外，更多的是注重舒适和实用，追求个性和多变。

居住　1991 年，城乡居民的居住除国家工作人员和厂矿企业职工，一般为自己建造的房子。城镇居民以 3~5 层的砖木结构或砖混结构楼房居多；农村居民以 1~3 层的砖木结构楼房为主。20 世纪中后期，城乡居民筹钱建房是生活中的头等大事。进入 21 世纪，居住条件有了明显改善，高层住宅、花园式别墅和风格多样的装修，丰富了人们的居住环境，也体现了人们生活品位的提高。没建房的城镇居民的居住观念也有所变化，购买商品房成为亲戚朋友闲谈的重要话题。

出行　1991 年，城乡居民的交通工具以自行车为主，外出远行乘坐客船、客车。90 年代中期后，摩托车逐步代替自行车。21 世纪，个别家庭购买小汽车。

岁时习俗

春节　是藤县居民传统节日中最重大的节日。整个春节活动从农历十二月二十三日开始，至除夕和正月初一达到高潮，正月十五春节结束。农历十二月二十三日称“小年夜”。这天要“祭灶”“送灶”。从这天开始至除夕前这一段时间，要对房屋进行清扫；同时购买“年货”，准备过年。农历十二月最后一天为“除夕”，也称“大年三十”“年三十”“年三十晚”；这天的晚饭称“年饭”“年夜饭”。吃年夜饭前最重要的一个环节是“拜神”，以感谢老天爷、神佛、祖先等一年来的保佑。一般用箩筐挑着祭品按照庙宇、社坛、祠堂、老屋祖宗神坛的顺序逐个祭拜。从上午开始，至吃饭前均可进行。装祭品的箩筐要贴上红纸，讲究的祭拜者要扎上红腰带。供品包括鸡、鸭、猪肉、茶、酒、蒜、慈姑、柚子（“柚”“佑”谐音）等。有的还放上成把的面条，表示有面子。每一处祭拜都要摆上供品，然后焚香、点烛、烧元宝、放鞭炮。一系列的“拜神”结束后才开始吃“年夜饭”。年夜饭中往往做的饭菜较多，充分让其有剩余，尤其是鱼这道菜不能吃完，“鱼”和“余”同音，有“年年有余”的吉祥意思。

吃完饭开始贴新春对联。1991 年，人们还习惯买纸回来自写对联，即使字写得稍差一些，老一辈人都会很高兴，以家里有读书人而感到自豪。此后，虽然读书识字的人多了，自写春联反而少了，人们喜欢到集市请专业人员写春联，甚至买印刷的。进入 21 世纪，书写春联、卖春联成了商业活动。自写春联者已经是极个别的了。新春对联一般贴门口，在各个小门门头贴红纸。市面上卖的门头纸已经不单单是素面的红纸，而是印着精美图案和吉祥词语的红纸，分别针对不同的房子设计，如“金玉满堂”“六畜兴旺”“出入平安”“上落平安”等。1991 年时流行在大门贴门神，到 2005 年更多的家庭在大门贴“福”字，“福”字的设计也越来越多样，越来越讨喜。

除夕夜叫“吉祥夜”，要守岁，待到午夜 12 时新旧交接，烧过迎新的鞭炮后才睡觉，晚上是不能关灯的，只能到年初二开年后才能关灯。

第二天是大年初一，不能扫地、洗头，以免扫（洗）去一年的福气。不能说粗话，不能骂人。小孩起床第一件事是向长辈拜年，说吉祥的祝语，长辈也向孩子说祝语，然后给红包小孩子。初二、初三就开始走亲戚看朋友，相互拜年，道贺祝福。

正月初一至十五，开展舞狮、舞龙活动。既有体育部门训练与组织的舞狮、舞龙表演，更多的是民间自发组织的舞狮、舞龙。狮队、龙队逐户舞拜。户主摆上青菜、柚子、红包等答谢，有的人家把丰厚的红包用竹竿撑得高高的让舞狮者通过叠罗汉来摘取。

元宵节又叫“散节”，标志着春节结束，这一天要拜神，吃汤圆，表示团团圆圆，顺顺利利。

清明节 清明节是藤县古老的传统节日，是一个最重要的祭祖和扫墓的日子，藤县人称“拜山”。藤县各地祭祖和扫墓的方式略有不同。在象棋镇等个别地方，祭祖和扫墓时间在重阳节前后；全县大多数在清明节前至立夏。有“一年不过清，二年踏正清”之说，即新埋葬的坟，第一年祭拜时，要在清明前完成，第二年祭拜时，要在清明那一天进行，第三年及以后祭拜就不论时间了。但所有的祭拜活动均不能在立夏后，有俗语：“立夏拜又罢，有拜又罢”“立夏不拜就罢”，意即到了立夏，若还不“拜山”的话，就算了，待明年罢。祭拜时要将坟墓上的野草铲除，为坟培上新土，折几枝嫩绿的新枝插在坟上，盖上白纸条。然后将带上的供品鸡、肉、酒、茶、果品、香烛、纸钱等摆放到坟墓前，再将纸钱焚化，然后行礼祭拜，最后鸣炮。有的地方，不带鸡、肉等到坟地，只带酒、茶、香烛、纸钱等。

端午节 端午节为每年农历五月初五，藤县多称五月节、端阳节。这一天的主要活动便是包粽子、吃粽子，赛龙舟。赤水、南安、天平、濛江等沿江地区有赛龙舟习惯。

乞巧节 七夕乞巧，为每年农历七月初七日。藤县主要在太平镇一带盛行。这一天活动的主要参与者是妇女，活动的内容以乞巧为主。传说七月初七日的这个晚上，是天上织女与牛郎在银河鹊桥相会之时，织女是一位聪明美丽、心灵手巧的七仙女，人间的妇女便在这一天晚上向她乞求智慧和巧艺，也少不了向她求赐美满姻缘。乞巧节便成为最具浪漫色彩的一个节日。也是过去少女们最重要的日子。所以又称为“少女节”。

太平镇一带盛行“拜七姐”活动由来已久，活动一般在少女、少妇中进行。男子与老年妇女只能在一旁观看，并行祭拜。农历六月，便将一些稻谷、绿豆等浸在瓷盘里，让它们发芽。临近乞巧节就更加忙碌，大家凑一些钱，请人帮忙用竹篾扎、用纸糊成一座鹊桥，且作各种各样的精美手工艺品和米面粉做成的各式各样的糕饼。到七夕之夜便用八仙桌摆上一长台，系上刺绣的围台，摆上各种精美纷呈的花果制品及女红巧物，大显妇女们的巧艺。有用剪纸红花带围着的一盆盆谷秧、豆芽，盆中央点着油灯，灯光透过彩画薄纸灯罩，艳丽夺目；有精心布置的插花，幽香四溢的玉兰花、玫瑰花、茉莉花、米籽兰等及其他鲜花插在花瓶中；有荷花、夜合花、山茶花等摆在小盆中。有真的花和假的花混在一起，让人真假难辨。烛台、香炉必不可少，插上香烛让人们祭拜。妇女们在这个充满浪漫气息的夜晚，对着天空，插上香烛，摆上花果朝天祭拜，乞求天上的七姐女神，能赐予聪明智慧的心灵和灵巧的双手，让自己的针线女红技法娴熟，更乞求爱情婚姻的姻缘巧配。仪式虔诚而隆重。活动期间，有情男女都会在这个时刻，对着星空祈自己的姻缘美满。欢庆至半夜，人们才渐渐散去。

中元节 农历七月十四为中元节，又称“鬼节”。家家户户杀鸡劏鸭，祭奠祖先。入夜后，将肉饭摆放野外路边，燃香点烛、烧纸钱、祭拜。后将肉饭撒至路边，祭孤魂野鬼。称“摆施幽”。

中秋节 农历八月十五为中秋节。节前出嫁的女儿家送月饼、水果等给娘家；亲友间也会互送月饼。是晚，家人团聚，加菜吃团圆饭。饭后，以月饼、水果和其他小吃家人共叙天伦。青年男女，则成群结队，到野外欢乐。同时也是有情人相聚的好时光。

重阳节 农历九月初九日为重阳节。藤县人习惯开展登高活动。太平镇人重阳登狮山，每年有数以万计的人群，男男女女，老老少少，热闹非凡。有成群结队的，有单枪匹马的，有不少家庭的晚辈，也会搀扶年老的长辈，带上一些饮料食品登山。重阳节又为“敬老节”。21世纪，儿女给父母送衣物，渐成时尚；机关、学校团体，慰问退休老人，或组织从岗位上退下来的老人开展登高活动。

冬至　以一年中的24个节气中的冬至日为冬至。藤县大部分地区习惯包粽子，杀鸡祭拜祖先。

礼仪习俗

婚嫁　青年男女通过自由恋爱，确定结婚，大都经双方父母同意后，即到政府机关办理婚姻登记手续，然后确定婚期，即结婚日子。确定婚期日子，一般由男方确定。多数将青年男女双方的生辰八字经算命先生推算确定；也有部分不经算命先生推算而自定于元旦、五一、十一等为日子。1991年—2005年，藤县婚嫁风俗礼节多沿旧俗，一般经过"报日""送礼""迎亲""出门""回门"等。"报日"，即在确定婚期日子后、举行婚宴前，由男方将确定的婚期日子向女方报告；"过礼"与"迎亲"同时进行。举行婚宴的当天，男方组织"迎亲"队伍，队伍中有伴郎、较懂礼仪的司仪等。20世纪90年代初，男方的"迎亲"和女方的"送嫁"队伍多为步行，较远的以客车、客船代步。此后逐步由男方组织婚车代步。男方给女方的礼物随"迎亲"队伍一起送至女方家。1991年—2005年，男方给女方的礼物已不再送鸡鸭鱼肉，改由现金替代，只送糖果、饼干、瓜子、面条、酒等必要的礼物；各种礼金随礼物一起送。礼金、礼物送至女方家后，由女方家人一一过目，若有不足者，男方立即补足。因而有俗语："礼无十足"，意即不是重要的礼金、礼物应当给予原谅。在女方家要经过"出佛""拜堂""留裤""饮水""换鞋""泼水"等一系列仪式，新娘才离开女方家。女方家组织的人员及礼物随男方的"迎亲"队伍一起到男方家的，称"送嫁"，即送亲。送嫁人员有伴娘、"抬笼舅"等；礼物称"嫁妆"。20世纪90年代，女方的"嫁妆"已出现自行车、缝纫机、电视机等，21世纪有送摩托车。新房布置是婚礼中的一项重要内容。多数在男方家张贴对联、红纸，营造喜庆氛围；在新郎、新娘的卧室，即"洞房"，则张灯结彩，一派新景。对婚床的铺设很讲究。一般选父母健在，有子有女的妇女来铺设。在铺设过程中极其庄重而虔诚；婚床铺设好后，在床上撒上花生糖果等，让小男孩在床上拾拿逗玩，意在让新娘早生贵子。

婚宴，是婚嫁仪式的高潮。婚宴前，由男方向亲戚朋友发出请柬，亲戚朋友会依时赴宴。农村家庭宴席多在男方家里摆设；城镇家庭从20世纪90年代后多在酒楼摆设。21世纪，有条件的农村家庭亦在酒楼摆设。亲戚朋友在赴宴时会送上贺礼，有的因特殊情况不能赴宴，亦托人将贺礼送至。20世纪90年代，贺礼一般30元~50元不等。21世纪，一般50元~100元不等。在宴席开始至散席期间，男方父母带新郎、新娘逐个介绍亲戚朋友，新娘则敬上一杯茶，新郎则敬上一根烟，随行人员送上花生、糖果、瓜子等；客人则会回敬一个利市，即红包，有的直接将纸币投放置盛放花生、糖果、瓜子的托盘上。这一活动称"托茶"。

婚宴结束后的第三天，新郎伴新娘回娘家，称"回门"。结婚仪式结束。

报姜　家中生了小孩，派人到岳父家报告。在送给岳父的礼担中放一块用红纸包裹的姜。如果生的是男孩，姜块是完整的，如果生的是女孩，姜块是剖成两瓣的。岳父家从礼担中的姜块就可知道女儿生的是男婴还是女婴。此习俗从20世纪90年代后逐步消失。

满月　小孩满月时宴请亲朋好友。小孩的外婆此时会送来背带。

生日　藤县人对高寿老人在其生日时摆设宴席向老人祝寿，称"做生日"。宴席称"寿宴"。但未满60岁的和还未有儿孙的一般不设寿宴。20世纪90年代前，农村人给高寿老人办寿宴，对亲戚朋友，一般不请，凭亲戚朋友牢记老人生日，或相互告知，同时根据生日者家庭(称东家)的行动判断是否"做生日"，若判定东家摆设宴席后则赴宴。老人的儿女、孙子会给老人送礼物，多以衣服为主；老人的亲戚则会送来鸡鸭鱼肉祝贺。寿宴结束时每个客人可拿一个高寿老人办寿宴用的碗回去用作纪念，有沾寿气的意思。20世纪90年代后，摆设宴席的东家，一般会请亲戚朋友赴宴，前来祝寿的人以红包代替鸡鸭鱼肉；此外，家庭成员生日，包括小孩，不设寿宴的，往往会加菜庆祝；购买生日蛋糕，晚饭后点上蜡烛，祝福生日者。

建房　农村建房非常讲究位置坐向与动工日子。如若新选宅基地建房，一般由东家初步选址，然后请风水先生确认能否为宅基地；建房动工日子均由专业的风水地理先生根据房屋座向及建房主人的生辰八字确定动工日时。一般需要例行如下程序："旺地""落墙脚""过门头""上梁"等程序。"旺地"，一般指新选宅基地，在建房前在房基地上由师公主持的驱除鬼魅、祈求平安吉祥的仪式。"旺地"是建房活动的开始，也是整个建筑活动中最隆重的仪式，一般在晚上八时开始，至次日凌晨二时结束。整个过程有"请神""开坛""招兵集将”“行符出煞”“收邪灭妖”“送神煞”“宁龙旺宅”“油火旺地”等环节。“旺地”结束后，东家就进行房屋基础建设。完成后，即可进行房屋主体建设。房屋主体建设从“四角砖”开始，俗称“落墙脚”。即在地基的四个角及正屋大门墙脚安放砌底墙的砖。选定时辰一到，各个角落工匠要同时动手。工匠收纳主人预先放在各个墙脚上的两个红包其中的一个，另一个交回给主人，叫“福归主人”。“落墙脚”后，可不择时日进行房屋建设。但当砌至堂屋大门上方的第一行砖时。就有一个仪式，称“过门头”，没有时日规定。当砌至堂屋大门上方的第一行砖时。要在门楣上方压放红布或红纸，旧时要压放银圆或铜钱，1991 年—2005 年，多是压放硬币。工匠砌这几块砖时要讲一些吉祥祝福的话语，房屋主人会感谢说“多得贵言”，并给工匠红包。整个仪式要备祭品祭天地神灵及祖宗。当房子建设至山墙顶时，安放屋脊上的主梁，称“上梁”。主梁染为红色，中间吊挂红布。上梁时要给工匠红包。

房屋建成后，要严格选取入住时日，一般由择日先生选取。入住新居称“入火”。入住新居要履行一系列的仪式，在选定的日子及时辰举行，以先老人后小孩的顺序捧着火盆，带上小松树、甘蔗、桂枝叶、柏枝等挑着“入火担”进入新房子。“入火担”，要用新的箩筐，箩筐盖上贴上表示喜庆的红纸。箩筐内有点燃的煤油灯、发糕、“寿桃糰”（寿桃状糍粑）、算盘、秤、橘子、铁钉、剪刀、面条等。寓薪火不断、兴旺发达、步步高升、人寿年丰、添丁发财、顺顺利利、吉星高照、有面子之意。“入火担”由两头尖的扁担挑，用一段新砍的竹子做成，两头削尖并染上红色，削成两头尖即两头锋利，“利”谐“顺利”的“利”，意为各方都顺利，染成红色表示红红火火。人住新居时，用红绳将筷子、柏桂捆扎挂在房间门侧上方作为吉祥物。筷子及柏树枝、肉桂叶，藤县话“筷”“快”同音，“桂”“贵”同音；“筷子”又叫“箸”，“箸”“住”同音；柏树枝杈多、结籽多。以此寓多生贵子、开枝发叶、富贵荣华、有房子可住之意。新居入住的当晚，要摆设新居宴，称“入火酒”，宴请亲戚朋友。20 世纪 90 年代后，亲戚朋友一般以红包代礼物，另购买鞭炮在新居门前燃放示祝贺。

丧葬 是藤县居民生活中的重要且为头等之大事。家中老人过世，即向兄弟姐妹、族上宗亲及其妻子娘家报告，称“报丧”。一般在老人过世后的第二天办理丧事。先由道士定出埋葬逝者墓穴的坐向，然后请人挖墓穴。装殓死人的木器称“棺材”。1991 年后，棺材一般在市上购买，亦有请木匠自制。个别为活人准备的棺材叫“寿板”，也叫“长生”；给活着的老人准备棺材叫“撞寿”。民间有人认为“撞寿”会让老人寿命更长。在老人过世后的第二天晚上，一般会举行打斋活动，即做道场。包括净棺、入殓、开灵发食、开坛、请圣、香师沐浴、洗脚上坛、漂放莲灯、缴血湖（逝者为女性的）、过沙城（逝者为男性的）、解药塔、引渡仙桥、解结、给谍过王、洗碗、分离（抛粮，分粮）、祭奠等仪式。先设立灵堂（停放灵柩的地方）。一般设在堂屋。棺材要靠左侧停放。“灵位”设在棺材前。在灵堂贴挽联。道场的挽联一般由道士书写并布置。净棺，入殓前道士施法使棺材干净的仪式。入殓后用铁钉将棺材钉稳，“棺材钉”要用方头的大铁钉。随着钉棺材的“砰、砰”声，盖棺论定，阴阳分隔，此时往往孝子恸哭不止。灵堂上架放棺材的凳子叫“棺材凳”，也叫“寿凳”。盛放过棺材的凳子一般不再作他用。寿衣、寿鞋，给故去老人穿的衣服及鞋。纸屋，即纸房子。当地习俗，纸屋由已出嫁的女儿购买，送到坟头上烧掉。抬棺，即抬棺材。当地习俗，棺材出门时不准碰到门槛及门框，要用红纸挡着门框，以防棺材直接碰撞门框。除抬棺的人及道士外，其他人忌看棺材出门。一般人家出殡只有 4 个人抬棺材。一般由农村从事丧葬业的“棺材佬”抬棺，宗族中其他人扶棺，也有由宗族中派人抬棺及扶棺的。挽幛、题灵，亲友送的题有逝者事迹的红布叫“挽幛”。在“挽幛”上面题写逝者的身份、享年；对其一生的扼要评价叫“题灵”。逝者是男性的由同宗晚辈题写，逝者是女性的由其娘家晚辈题写，更多的是由道士题写。挽幛要用新砍的带梢的竹子挂起，表示万古长青，有出头之日。白灯笼，即白纸模的灯笼，出殡后挂在坟头上。白灯笼为一对，一只写逝者的门第姓氏；另一只写逝者逝世时的岁数，岁数一般多为虚岁甚至多加一两岁。虾□棍，即哭丧棒，是一端夹着白纸片的棍子。棍子要用当地叫“芦荻竹”的粗芦苇茎，不能用其他材料，有的村子附近没有这种植物，有心人会移植来以备用。做道场时逝者的子女及儿媳妇每人手持一根，送葬后摆在坟前。人们从坟前有多少“虾□棍”就可以大致知道逝者有多少后代。

出山，即把逝者送到山上埋葬。由一男一女两个儿童打着白灯笼，一男一女两个儿童捧着纸人走在前边，接着是长子捧着灵位走在棺材前边，女儿在棺材后撒谷米，其他送葬的人跟在后面。路祭，即送葬的路上，途中停下来祭奠。孝子面朝家的方向。撒谷米，在送葬路上由逝者的女儿一路撒混在一起的稻谷与大米。稻谷表示种子，大米表示食物，意在让逝者在阴间有吃的，并有作物种子。撒时往前少撒，往后多撒，表示多留吃的给后人。实际上是以稻谷壳代替稻谷。落棺、烧纸屋，将棺材埋进墓穴中，烧纸扎的房子。落棺时先在墓穴中烧鞭炮，再将棺材推进去，当地习俗亲属要扭转脸不准看落棺。落棺后“烧纸屋”，亲属边烧边声声呼唤逝者“火烧屋你就领，火烧山你就走”（意为：火烧房子你就收下来住，火烧山你就逃跑躲避）。送葬的人从山上回来时跨过火堆。出殡队伍经过的路口、门口都要烧上一堆火，以驱除邪气，带来旺气。人们参加葬礼后，丧主家在路边给送葬的人分发红绳红包，送葬的人在山上采摘一小枝树叶回来，在村头丢掉树枝，然后跨过火盆才进村，以示逝者的鬼魂不能跟回，并带来旺气。县内各地习俗略有不同，有的地方是回到经过清理的灵堂所在的堂屋才跨火盆，送葬的人跨过火堆或火盆才回各自的家。

当地葬俗为二次葬，第一次葬及第二次葬的坟墓都统称为“坟”。一次葬的墓穴多选在村子附近，棺材容易抬到的地方。第一次葬叫“埋臭”，就是将逝去老人的遗体放在棺材中埋葬到临时的坟地。在第一次下葬 3 年以后择日将棺材挖出来，收捡尸骨擦洗干净，放到盛骸骨的陶坛，当地人称“金埕”，叫作“捡骨”。将装有逝者骸骨的陶坛埋到坟墓中的第二次葬称“葬山”。多数人“捡骨”后，不会立即寻找墓穴“葬山”，而是将盛放尸骨的坛子找个地方暂时存放，叫“寄金”，也叫“寄”，待找到合适的坟地时再正式安葬。如果不能找到合适的坟地或没有经济能力进行二次葬，尸骨坛将这样长期寄放。二次葬埋骨坛子的坟地，称坟山，也叫“坟”，或称“山”。二次葬坟墓的选址有许多风水上的讲究，往往建在远离村庄的山岭上。

第三节　宗　教

佛教

2005 年有信徒 386 人。信徒大部分是 50 岁上下中年农民，主要分布在藤城、金鸡、太平等乡镇。主要活动场所有太平狮山宁风寺及各地寺庙。每逢农历初一、十五信徒和信教群众到寺庙进行上香许愿。

基督教

光绪年间(1875—1908 年)传入藤县。1991 年，有基督教徒 30 多人。1992 年 7 月 25 日，经县政府批准，濛江基督教会正式恢复组织并开展正常宗教活动。10 月 23 日举行复堂仪式。2000 年，财政拨款 1 万元对濛江基督教堂进行维修。2005 年，有教徒 486 人，其中男 127 人，女 359 人。教徒中大部分是农民，主要分布在藤城、濛江、太平等乡镇。主要活动场所有藤城镇基督教堂和濛江镇基督教堂。教会以房租和奉献款为活动经费，每周二、三、四、六晚上在教堂聚会，开展祈祷和唱诗等活动，每周日开展唱诗、祈祷和讲道等主日崇拜活动。

第二章　语　言

藤县境内语言以藤县话为主，藤县话当地又叫白话，属粤语勾漏片。藤县话内部有差别，但不影响交流。20 世纪 70 年代学校的教学语言还是以藤县话为主，80 年代后期开始，逐步推行普通话。90 年代初起，年轻人多到广东打工，藤县话受普通话及广府粤语的影响较大，但并没有产生根本性的变化，藤县话仍是县内日常交流的主要语言，有用藤县话演唱的牛歌戏、木偶戏、采茶戏等地方戏剧。90 年代后，木偶戏、采茶戏已见式微，但牛歌戏每年还有不少演出活动，藤县话的歌谣故事在民间口耳相传，民间信仰活动都以藤县话进行。但学校的教学语言普遍由普通话替代，党政机关会议及公务活动逐步推行普通话。县内个别地方有讲客家话人口，主要分布在和平等镇个别村，但在村内藤县话与客家话均可交流。至 2005 年，讲客家话人口已大量减少，年轻一代已改讲藤县话。

第一节　语　音

本志记藤县话语音以县城和藤州镇中和村与大邮村为代表点，并将2个代表点分述。县城代表点资料来源于前志。藤州镇中和村与大邮村为代表点资料来源于《中国语言文化典藏·藤县》(2017年出版，主要作者邓玉荣)。

县城代表点

据前志记载，藤县话县城代表点有声母24个(含零声母)，韵母50个(含声化韵母)，声调共9类。

1. **声母**

P　罢婆伴并别白	p‘　怕抛品判泼劈	b　把布半饼八必	m　麻梦灭卧网物
f　飞纺发伏科欢	w　华乌运王荣活	t　惰甜踏姐宗足	t‘　拖通塔脱采切
d　多帝胆冻答德	n　糯闹念农纳料	l　来路林亮立落	ɬ　苏心雪齐辞习
ʧ　茶纸从执扎竹	ʧ‘　岔始抽秤出测	ȵ　惹儿言入要玉	ʃ　沙愁蝉生十叔
j　夜朽欠孕犬叶	k　过已江琼及角	k‘　卡箍检级缺曲	ŋ　我牛硬午岳额
h　下巧看巷客哭	kw　瓜鬼茎葛骨菌	k‘w　夸规坤轰忽愧	Ø　哀亚余后压屋

声母说明：

(1) b、d是全浊音，并伴有前紧喉动作。

(2) w的摩擦很轻微，有时唇齿稍有接触，作 ʋ。作唇化附音也是这样的。

(3) ɬ是边擦音。舌位较前，音色较暗，有人读成齿间擦音 θ。岭景一带 ɬ 的摩擦轻而略有塞音成分。太平一带的摩擦较强而近于 s。

(4) ȵ是舌面前鼻音，有人读成舌面中音 n (i)。

(5) j是半元音，摩擦不重，不很稳定，有时读成 h 或 ʔ。

(6) Ø大多带有喉塞性质，是闭塞不太明显的 ʔ。

2. **韵母**

a　巴爬酒架牙化	ɔ　婆可禾助梳傻	ɛ　借写蔗车蛇爷	0e　代来才改海爱
i　备肥义子志耳	u　部武路苏梧做	y　取女鱼书住数	ai　排晒拐鞋大拉
ɐ　批体贵制使筛	Øi　杯梅队帅外乳	au　茅闹罩咬亩骤	ɐu　谋首勾柳旧幼
ou　抱刀劳扫豪袄	iu　表苗摇招超少	iau　猫撩撂爪撬吆	am　谈胆杉监岩咸
ɐm　浸心音针婶任	ɔm　甘敢感含坎暗	im　尖点镰严俭陕	iɛm　钳槛捡(又音)
m　唔	an　办凡产眼限惯	ɐn　品分陈恩准军	ɔn　赶岸寒看汗安
in　边年仙见缠扇	iɛn　片扁	un　盆村满船劝联	aŋ　彭庞盲猛孟坑
ɐŋ　朋藤等更肯鹰	ɔŋ　旁塘浪窗江巷	eŋ　明姓营争琼永	iaŋ　奖枪娘唱让商
uŋ　碰蒙送充用翁	ŋ　梧吾吴五午误	ap　踏答纳插眨鸭	ɐp　笠集执入湿急
op　凹鸽蛤侩合	ɛp　接贴猎业叶腌	iap　篋口(猪 diap8)	at　八达察瞎刮滑
ɐt　笔七物质日律	ɔt　渴割葛	ɛt　别节彻热薛乙	ut　泼末说月血劣
ɑk　拍伯窄刷革客	ak　北墨特德黑握	ɔk　薄落索嘲角学	ɐk　自力直织吃额
iak　鹊略着弱脚药	ok　目足叔育六缩		

韵母说明：

(1) 元音分长短，在塞音面前尤为明显。有对应关系的长短元音是(前长后短)；

a—ɐ　ɔ—o　ɛ—e

(2) a一般是前元音，作单韵母是A，在au、iau中稍偏后。

(3) o在ou中偏央，在op、ok中略高。

(4) ɔ 作单韵母和在 ɔm 中是标准元音，其余是松的 o，唇不甚圆。

(5) e 的舌位偏高，近于 I。

(6) 韵尾铺音 p、t、k 是塞音，只有成阻动作而不破裂发声。

3. 声调(9 类)

1. 阳平 554	巴低专刚梨	2. 阳平 231	牙扶传门虫	3. 阴上 344	假府婶本拟
4. 阳上 24	雅妇弟抱朗	5. 阴去 433	亚帝线送向	6. 阳去 22	夏负现共付
7. 上入 5	湿屈益屋尺	8. 中入 33	甲结客捉壳	9. 下入 1	合绝席药活

声调说明：

(1) 阴平前重后轻，在无明显变调的连读中，有时是 55，有时是 54。

(2) 阳平开头略有升程，在语句中有时读 31，有时读 21，易与阳去相混。

(3) 阴上开头有升程，主要部分是次高平。太平一带读 53。

(4) 阴去开头有很短的降程，有人读成 42。

(5) 阳去是次低平，连读是 21。江北和西部农村读低升的 13。

4. 语音特点

(1) 有全浊音 b 和 d，它们来自古清音帮端二母，声调只配阴类，不配阳类。江北和江南的象棋、岭景等地没有全浊音。

(2) 古全浊声母今读同部位清音，读塞音和塞擦音的不送气。同心、古龙送气。

(3) m 声母管字范围宽，包括普通话的 m 声母字和部分零声母字(古微母全部)。例如：无巫武舞务微尾未晚万袜文闻问物亡忘网望。

(4) t、t‘ 管字范围宽，t‘ 包括古透清两母，草＝讨，仓＝汤。t 包括古定母精母，在无全浊音的江北还有端母，江北的宗＝冬，精＝钉，椒＝丢。遭＝刀。

(5) 有边擦音 ɬ，管古从心邪三母(个别例外)，岭景及县西边缘地带还管精母，(精＝星)。同心和金鸡的新民、镇安、同安几村及濛江镇独松、塘榜，把从心邪三母读成 f，锁＝火，尽＝奋，笋＝粉，丧＝放，巡＝坟，俗＝服。

(6)塞擦音只有一套舌叶音，管知庄章三级。庄组有几个字随精组读 t、ɬ。读 t 的：簪邹绉(绉纱)臻。读 ɬ 的：搜馊漱、谗馋。

(7)澄母读 tʃ，船母读 ʃ。崇母多读 tʃ(豺柴愁、士仕柿事读 ʃ)。禅母一般读 ʃ(竖树绍邵勺垂常读 tʃ，售读 tʃ‘)。同心、埌南两乡，澄母有些读 ʃ，崇母读 ʃ 的比县城多。

(8) 有些舌根音字(见群二母在流深臻三摄的开三及通合三的“穷”字)，在农村一般读 tʃ，各地多寡不同，江南少一些，古龙最多，如鸠＝洲，舅＝宙，金＝针，琴＝沉，急＝执，紧＝准，穷＝虫。古龙只有“级斤劲吉”仍读舌根音。

(9) 溪母少数读 k‘ 或 k‘w，多数读 h，约有十个字读 f：科课苦库裤快块宽款阔。

(10) 遇合三除唇音和庄组以外都读 y，庄组的“数”字也读 y。

(11) y 的发育不完全，只有一个单韵母 y，没有作韵头的。

(12) i 韵头和 u 韵头有退化，酒＝走，留＝楼，春＝抻，文＝民，广＝讲＝港。

(13) 有 m 的韵尾，咸深两摄除唇音字外都读 m 尾，担≠单，蚕≠残，林≠邻，锦≠紧。江北古龙等地，唇音字“犯着”(冲犯神灵)的“犯”也读 m 尾。

(14) 有塞音韵尾 p、t、k，与鼻音韵尾 m、n、ŋ 对应整齐。例如：寻 ɬɐm：习 ɬap/ 栏 lɐn：辣 lat/ 升 ʃeŋ：识 ʃek。凡韵的 m 尾变成了 n，乏韵的 P 尾也相应地变成了 t。

(15)古四声各依声母清浊分阴阳两类，阴类调是古清音，阳类调是古浊音。有些次浊音字习惯读阴类调，例如：魔椤模诬箩梨瞒怜嫌(以上阴平)，爪蝇栾(阴上)，粒(阴入)。

(16) 入声按声母清浊分阴阳，阴入又按元音的长短分成两小类。短元音读音高，为上阴入；长元音读音低，为下阴入。本志把上阴入、下阴入和阳入称为上入、中入、下入。

17. 没有明显的轻声。双音字组连读时，读音较高的阴类调（入声仅指上入）作前字读得较轻较短。大致说来，前字是阴平阴上和阴去时，读 33 或 32，上入作前字读 4。

18. 有些字在某些词中的习惯读法与单字音不同，常见的有：“瞑”读阴平指蒙眼睛，“妹”读阴平用于“妹仔”。“娘”读阴平用于“姑娘”和对长辈的称呼中。“儿”读阴平用作词尾。“妈”读阴上用于“亚妈”，指祖母。“燕”读阴上指毽子，“领”读阴上用于上衣的计量，相当于“件”。“阿”读阴去用作称谓的词头，一般写作“亚”。“喊”读阴去表示责骂，相当于“吼”。“尾”读灭者切指最小的。“伏”读部目切指躲藏。“老”读罗用作词头。娶，在语句中习惯读土。

藤州镇中和村与大邮村代表点

据《中国语言文化典藏·藤县》，藤县话藤州镇中和村与大邮村代表点，声母 20 个（含零声母），韵母 108 个（含自成音节的[m][·]在内），单字调 9 个。以中老年人语音为准。

1. *声母 20 个，包括零声母在内*

p 爬病步别	p^h 派片怕撇	ɓ 八兵布帮	m 麦明味问	f 飞副蜂饭灰	
t 甜毒早酒	t^h 天草寸清	ɗ 多东带得	n 脑南年泥	θ 字坐三酸祠	l 老蓝连路
tʃ 张茶争纸	tʃ^h 抽抄车春		ȵ 热软月鱼	ʃ 事山船手十	
k 高九共权	k^h 靠区缺级		ŋ 熬我耳岳	h 开轻好响	
ø 活安王药					

2. *韵母 108 个，包括自成音节的[m][ŋ]在内*

	i 师丝试戏二飞骑鼻	u 苦布土母	y 猪雨去锯
ɛ 写茄姐社	iɛ 爷野夜惹	uɛ □ uɛ^{52}（用小工具）挖	
œ 开菜财爱	iœ □ iœ^{24} 稀松下垂		
a 茶牙瓦瓜下	ia 廿	ua 华话蛙画	
ɔ 歌坐过多婆	iɔ □ ȵiɔ^{52} 敲栗凿	uɔ 祸和窝涴	
oi 赔对靴水	ioi 惠	uoi 回会煨汇	
ɐi 米鬼世使桂季	iɐi □ ȵiɐi^{52} 用指甲掐	uɐi 位围卫威	
ai 排鞋快街买	iai □ ȵiai^{423} 咀嚼	uai 怀坏淮槐	
au 饱交咬考	iau 爪		
ɐu 豆走酒楼流手	iɐu 油有优幼		
ou 宝高毛好	iou □ iou^{21} 挥动		
ɛu 猫撬撩枭	iu 笑桥表料		
	im 盐尖严念		
ɛm 钳槛	iɛm □ ȵiɛm^{423}~~ 笑：微笑		
am 南喊减三			
ɐm 心深林针	iɐm 任音吟饮		
om 感含暗甘敢	iom □ ȵiom^{52} 用指尖拈		
m 唔			
	in 年田扁 1 片 2		
ɛn 扁 2 片 1	iɛn □ ȵiɛn^{44} 小口啃咬	uɛn □ uɛn^{52} 欲吐的感觉	
an 山犯难关	ian □ ȵian^{423}~~ 笑：傻笑	uan 还环弯湾	
ɐn 根新滚春品	iɐn 人隐闰匀	uɐn 云温混运	
ɔn 肝汉汗安	iɔn □ ȵiɔn^{44} 大口啃咬		

	iun 完软原县	un 半短官权寸船
eŋ 升争病星兄硬 1	ieŋ 影赢形营蝇 2	ueŋ 荣永横 1
	iæŋ 响墙丈样	
aŋ 彭盲硬 2 棚	iaŋ □ iaŋ^{24} 闲逛	uaŋ 横 2
ɐŋ 灯蝇 1 藤层	iɐŋ □ iɐŋ^{423} 抬脚	uɐŋ □ uɐŋ^{44} 绕，迂回
ɔŋ 糖床双讲光绑窗	iɔŋ □ ȵiɔŋ^{44} 摇动	uɔŋ 王黄汪旺
oŋ 东冬封龙	ioŋ 用容拥勇	
ŋ 五梧误		
	ip 接贴聂业	
ɛp 镊瘪	iɛp □ ȵiɛp^{3} 卷、挽	
ap 塔鸭夹甲	iap 眨	
ɐp 十急习湿	iɐp 入揖	
op 盒合鸽		
	it 热节舌铁	
ɛt □ dɛt^{3} 摔、跌	iɛt □ iɛt^{3} 单脚跳	uɛt 挖 1
at 法辣八压	iat □ ȵiat^{3} 辣～：小孩多动	uat 滑挖 2
ɐt 七出橘骨	iɐt 一逸	uɐt 屈
ɔt 割渴葛	iɔt □ iɔt^{3} 单脚跳	
	iut 月血粤	ut 活钵绝决
ek 直色白尺锡吃 1	iek 益亦	uek 疫役
	iæk 药脚着雀	
ak 窄客帕划	iak 吃 2	uak 划计～
ɐk 北得黑特	iɐk □ ȵiɐk^{5}～粗：很粗	uɐk 划画，动词
ɔk 托郭壳学国	iɔk 跃	uɔk 或镬
ok 谷六绿局	iok 育玉浴肉	uok □ uok^{1}～核棍：连枷

3. 声调

单字调

阴平	[52]	东该灯风通开天春
阳平	[231]	门龙牛油铜皮糖红
阴上	[44]	懂古鬼九统苦讨草
阳上	[24]	买老五有动罪近后树
阴去	[423]	冻怪半四痛快寸去
阳去	[21]	卖路硬乱洞地饭
阴入甲	[5]	谷百急哭刻
阴入乙	[3]	搭节塔切
阳入	[1]	六麦叶月毒白罚

连读调

两字组连读变调　藤县话的两字组大多数会发生连读变调，但只变前字，后字不变。阳调类的前字一律变 11 或 1。阴调类的前字则依照后字分两类，在阳调前变 11 或 1，在阴调前变 33 或 3。变调规律见表 1，表中数字为前字变调调值，空白为不变调。有的两字组不变调，多是结构较松散或书面色彩较浓的词语。有的两字组变调与不变调两可。

藤县两字组连续变调表

表 23-2-1

前＼后	阴平 52	阳平 231	阴上 44	阳上 24	阴去 423	阳去 21	阴入甲 5	阴入乙 3	阳入 1
阴平 52	33	11	33	11	33	11	33	33	11
阳平 231	11	11	11	11	11	11	11	11	11
阴上 44	33	11	33	11	33	11	33	33	11
阳上 24	11	11	11	11	11	11	11	11	11
阴去 423	33	11	33	11	33	11	33	33	11
阳去 21	11	11	11	11	11	11	11	11	11
阴入甲 5	3	1	3	1	3	1	3	3	1
阴入乙 3		1		1		1			1
阳入 1									

三字组连读变调 (1)藤县话的三字组连读变调，与三字组内部的语法结构有关。三字组按结构切分，一般可以分为两个部分。一个部分为两字组，另一个部分独立一个字。作为两字组的部分无论在前或在后都按照两字组的变调规律变调，另一个字无论在前或在后都不变调。例如："花头鸭 $fa^{52-11}tɐu^{231}ap^{3}$"的"花头"切分为一部分，按两字组变调规律变调。"鸭"切分为一部分，不变调。"拉头缆 $lai^{52}tɐu^{231-111}lam^{21}$"的"拉"切分为一个部分，不变调。"头缆"切分为一个部分，按两字组的变调规律变调。

(2)少数三字组可以在前字变调，也可以中字变调，或者不变调。变调位置不同，层次划分也不同，有区别意义的作用。例如：

火烧山 $fɔ^{44-33}$ $ʃiu^{52}$ $ʃan^{52}$　　前字变调，偏正词组。指被火烧过的山。

火烧山 $fɔ^{44}$ $ʃiu^{52-33}$ $ʃan^{52}$　　中字变调，主谓宾结构的句子。

水浸谷 $ʃoi^{44-33}$ $tɐm^{423}$ kok^{55}　　前字变调，偏正词组，指被水泡浸过的稻谷。

水浸谷 $ʃoi^{44}$ $tɐm^{423-33}$ kok^{55}　　中字变调，主谓宾结构的句子。

第二节　语　词

本志收录有特色的语词，并将《藤县志》(1996 年版)收录的语词与《中国语言文化典藏·藤县》收录的语词分载。词条连排，每条前面加黑▲号作标记。词形中有方言字、变音字和训读字(按意义而不按字面读音)，训读字右上方加 * 号。无适当字可写的，用同音字代替，不加标记；没有同音字的，用空围代替。必要时加注音，注音用直音、纽四声或反切。反切无字可用时，经注国际音标，用数码标明调类。

《藤县志》(1996 年版)收录的语词，以大类分，共分为 11 类。

天地　时空

▲热头，日头：太阳▲出天狗：日食▲热亮：月亮▲六伴星：启明星▲红云：霞▲腊令：闪电▲落水：下雨

▲米雪:雪珠▲落雪水:冷天的毛毛雨▲落蒙纱:下雾▲雾水:露水▲出涝:涨大水▲田塍(音成):田埂▲□(音浪阴去):山脚河岸之间的高地▲岭岗:山坡▲亚边江:江河的对岸▲水圳,水口(音劣下入):小水沟▲塘肚:塘中间▲水□(音 tɐm⁴):水坑▲过海:过江▲渊水:凉水▲捺水:热水▲滚水:开水▲汶(音文阴去):泉水▲砖朴:砖坯▲砖碌:碎砖▲琏(铺风切)尘:灰尘▲滥(音办探切)浆:泥浆▲烂滥田:烂泥较深的田▲红毛泥:水泥▲摄石:磁石▲上高:上面▲下底,底头:下面▲舷边:边儿上,旁边▲后尾:后边,指位置也指时间▲后尾底:背后▲面先:跟前儿▲六月天:夏天▲十二月天:冬天▲年晚,年卅晚:除夕▲五月节:端午节▲筒(音个)年:今年▲旧年:去年▲梅年:明年▲笛日,筒乜(埋出切):今天▲密朝:明天▲自日,自密:昨天▲早朝,朝早:上午▲到晏:午后▲到日:白天▲到夜:晚上▲今朝:今天早上▲旧时,旧阵时,早先:从前,先前▲先牌,先个驳:前些时▲筒牌:近来▲头先,啱先:刚才▲筒吕(音吕阴上):现在▲一阵儿:一会儿▲分分钟:随时

农事　生物

▲春插:春耕▲禾头:稻穗▲禾搞:稻草▲镰禾:割稻子▲口(音制阳平)禾:用牛踩稻穗使之脱粒▲□(音制阳平)田:用牛踩田代替犁田▲□地堂:晒谷场▲铏(音滂)草:锄草▲粪璞(音扑倒的扑):干塘泥与草木灰混合的肥料▲龙骨车:手摇水车▲大水车:用水流作动力的水车▲牛桊:牛鼻桊▲竹笪(敌发切):囤谷子的长条竹席▲风柜:扇车▲谷桶:打谷子用的方形木桶▲竹磨:砻▲篸(超胆切)箕:撮箕▲钉锄:镐▲铏头:宽口锄▲扫竿:扫帚▲三角麦:荞麦▲包粟,珍珠粟:玉米▲狗尾粟:小米▲谷稿(毛奏切):秕谷▲油麻:芝麻▲山大薯:山药▲雪豆,冬豆:豌豆▲菜豆,豆角:豇豆▲矮瓜:茄子▲蒜心:蒜苔▲角菜:菠菜▲地豆:花生▲铲,鸭脚粟:一种粮食作物▲木表:树梢▲木叶:树叶▲木杈:树杈▲吉木:砍树▲松鸡子:松球▲松毛:松针▲杉勒:杉针▲深木:苦楝树▲篾肚:篾黄▲鸭李:李子▲大社子:柿子▲秋风儿,夜鬼衫纽:一种小龙眼,▲花槌:花蕾▲牛牯:公牛▲生牯:未阉的公牛▲熟牯:阉过的公牛▲牛乸(音那且上):母牛▲牛牸:尚未生育的小母牛▲黄摸丁,黄摸,沙口(音楼阴平):黄牛▲牛儿:牛犊▲猪牯:阉过的公猪▲猪郎,猪头:种猪▲猪乸:能生育的母猪▲猪牸:未成年或阉过的母猪▲猪花:猪崽儿▲生鸡:公鸡▲熟鸡:阉鸡▲鸡头:种公鸡▲鸡公儿:未成年的小公鸡▲鸡乸:成年母鸡▲鸡项:末下蛋或刚下蛋的小母鸡▲痴抱鸡:抱窝鸡▲麒麟:穿山甲▲山鸡:野鸡▲飞鼠:蝙蝠▲翼:翅膀▲蚊子:苍蝇▲蚊杠:蚊子▲竹卒:蟋蟀▲暝(读阴上):蝗虫▲马狂郎:螳螂▲吱喳虫:蝉▲鲩鱼:草鱼▲三黎鱼:鲥鱼▲鱼翼:鳍▲蛤(音鸽)乸:青蛙▲蚬:蛤蜊

房舍　器用

▲屋:房子,住宅▲房:单间屋子▲大房:正房▲附屋:厢房▲厅底:客厅▲脚踏:梯子▲瓦檐口:房檐▲桷子:缘子▲厅底门:正门▲昌眼:窗子▲灶口:厨房▲屎坑:厕所▲猪陆:猪圈▲狗斗:狗窝▲茅寮:草房▲草陆:柴草房▲台盘:桌子▲四方台:方桌▲柜桶:抽屉▲春椅:躺椅▲被斗:被窝儿▲皮篋:皮制提箱▲算手:算盘▲木糠:锯末▲镬(音获),铛(音称):炒菜锅▲薄刀:菜刀▲酒埕:酒坛子▲水拐(读阳上):水瓢▲捞箕:筲箕▲□(音助)笼:蒸笼▲罂儿:瓶子▲水架:脸盆架▲枧(音简):肥皂▲长带:浴巾▲顶指:顶针▲丝辘:线轴儿▲打□(音督)棍:拐杖▲士的棍:西式手杖▲遮:伞▲银纸:钞票,钱▲铜镭(读阴平),铜仙,仙:铜圆▲银儿,镍币▲闲嘢:东西,物品

人品　称谓

▲嫩妹:出生不久的婴儿,不分性别▲细子儿,细蚊仔:小孩▲妹儿:女孩▲老公子:老头儿▲后生仔:小伙子▲村佬:乡下人▲寡公佬:单身汉▲寡母婆:寡妇▲老女:老姑娘▲过家乸:二婚头▲老举:娼妓▲监犯佬:囚犯▲乞儿佬:乞丐▲做田佬:农民▲喃么佬:道士▲蒙馆先生:私塾老师▲补镬佬:补锅匠▲蓬绒佬:货郎▲车衫佬:裁缝▲飞发佬:理发匠▲劏(音汤)猪佬:屠户▲炒手:掌勺师傅▲蛋(音蛋)家佬:船民▲亚公:祖父▲亚婆,亚妈(读阴上):祖母▲公□(得斋切):外祖父▲婆□(得斋切):外祖母▲亚爸,亚叔,亚兄,亚哥:父亲(面呼)▲老豆:父亲(背称)▲亚妈,亚婶,亚姐,亚嫂:母亲(面呼)▲老母:母亲(背称)▲外老:岳父▲外母乸:岳母▲君爷公:公公▲家婆娘:婆婆▲养饭爷:继父▲第二娘:继母▲大妗(音今阳上)婆:母亲的嫂子▲亚妗:母亲的弟媳▲姑丈:姑夫▲姨丈:姨夫▲亲家爷:姻伯▲老妈:姑奶奶▲老姨:姨奶奶▲契爷:干爹▲老公:丈夫▲老婆,妇娘:妻子(妇娘又作已婚妇女的通称)▲细叔:小叔子▲大姑娘:大姑子▲外兄:妻兄

▲内弟：妻弟▲细佬：弟弟▲细婶：弟媳▲新妇：儿媳妇▲姑爷：女婿▲妹孙：孙女▲外甥孙：外孙▲妹塞：重孙女▲外甥孙女：外孙女▲外甥孙：外孙

身体　医疗

▲头壳：脑袋▲头启（音督）：后脑勺子▲头毛：头发▲流淫：刘海儿▲眼核：眼珠▲眼白：白眼珠▲眼人：黑眼珠▲单弦眼：单眼皮▲双弦眼：双眼皮▲眼眨（叶杂切）毛：睫毛▲眼眉：眉毛▲鼻示：鼻子▲鼻隆：鼻孔▲珠砂鼻：酒糟鼻▲牙齿圿（革埋切）：牙垢▲嘴启：下巴▲喉榄：喉结▲枷膊，膊头：肩膀▲手胫（瓜省切）：前臂▲肋腋。（乙克切）：胳肢窝▲手儿：手指▲手拇公：大拇指▲尾（灭者切）指：小拇指▲手螺：指纹▲手甲：指甲▲手肚：手心▲脚：整条腿▲脚胫：小腿▲脚眼：踝子骨▲脚儿：脚趾头▲脚启：脚跟▲脚板：脚掌▲脚底：脚掌底部▲□（内姐切）：乳房▲摸脉：号脉▲执药：抓药▲药煲：药罐子▲煲药：煎药▲发泻，屙肚：泻肚▲踏伤：跌伤▲结掩：结痂▲沙腮：腮腺炎▲米子疮：粉刺▲大颈脝：大脖子▲鼻闭：鼻子不通气，发音不清，嗅觉不灵▲眼瞑佬：瞎子▲孖指：六指儿▲左踭（音闭阴平）铲：左撇子▲瘀（音那阴平）：疤痕▲咳哈：咳嗽▲扯哈：哮喘

衣食　住行

▲装整：打扮▲褪衫裤：脱衣服▲度身：量衣服▲棉衫：棉衣▲棉褂：棉背心▲大褛：大衣▲中褛：短大衣▲掘辘裤：短裤▲大裁裤：中式宽腰裤▲鸡儿裤：开裆裤▲密裆裤：死裆裤▲裤头：裤腰▲裤脚：裤腿儿▲口（勒崩切）：毛线，毛衣▲枷脂：戒指▲手绢，手袜：手套▲吃朝：吃早饭▲吃晏：吃午饭▲吃夜：吃晚饭▲吃小餐：两顿正餐之间吃些东西▲吃小口：吃零食▲旧饭：上一顿的剩饭▲饭焦：锅巴▲烧了：糊了▲莲子糊：元宵，汤圆儿▲糯米糍：糍粑▲油罩鬼：油条▲猪利：猪舌▲猪脏（读阴去）：猪肠▲猪润：猪肝▲猪红，猪黑：猪血▲腐饼：豆腐干儿▲豆腐儿：豆腐泡儿▲豆腐花：豆腐脑儿▲成油，白油：酱油▲盐碟：酱油碟▲盐点：调味品▲面豉：面酱▲饮酒：喝酒，吃酒席▲饮茶：喝茶▲肉冇脸（纳沉切）：肉不烂▲着脝：噎住了▲烧烟：抽烟▲停：住宿，居住▲起身：起床▲溯口：漱口▲洗身：洗澡▲敨（音透阴上）：休息▲敨凉：乘凉▲打欱（合答切）浪：打哈欠▲瞓（音恨阴去）：睡▲瞓晏觉：睡午觉▲出街：上街▲行街：逛街▲荡：玩耍，游玩▲转屋：回家

婚丧　交际

▲做大葵扇，揸（音渣）大葵扇：做媒▲睇人．相睇：相亲▲报使：定婚▲报日：订婚期▲土妇娘：娶亲▲三朝村：回门▲去嫁：再醮▲有身己，喜，有四眼：怀孕▲大肚妇娘：孕妇▲抱妹：接生▲人伴：胎盘▲双孖仔：双胞胎▲吃□（内姐切）：吃奶▲赖尿（又音虽）：尿床▲吃生日：祝寿▲低床：灵床▲寿木：棺材▲出山：出殡▲送山：送葬▲契钱：纸钱▲执骨：第二次安葬。初葬三五年后．将尸骨挖出来洗净，放在坛子里再行安葬▲金埕：二次葬时盛尸骨的坛子▲拜祖：上坟▲待祖：祭祖先▲自免：自杀▲做酒：办酒席▲饮胜．胜杯：干杯▲斟茶：倒茶▲唔该：谢谢▲唔该先：吃饭时对未吃饭的人说的客气话▲过屋：串门儿▲冇啱：不和，合不来▲睇小：看不起▲捧大脚，捧大春：巴结，拍马▲丢架：丢人▲着退：被辞退▲ 捰（罗碗切）：哄赶▲搞掂：弄通畅，办妥贴（掂：直，顺）▲搞祸，搞□（乌坑切）：搞糟，搞乱▲散档：散伙，分手

动作　心理

▲徛（音己阳上）：站▲□（额枕切）：蹲▲篓头：摇头▲口（额特切）头：点头▲睇：看▲睺（读阴平）：看守．求爱．看中▲瞑眼：蒙住眼睛▲抽屎：给小孩子把屎▲抻腰：伸腰▲拱腰：弯腰▲撂（了撬切）：扔▲畀（音比）：给予▲冚（卡禁切）：盖▲罱（纳胆切）：舀▲行：走▲走，跳（读阳平）：跑▲攋（音赖阳上）开；丢失了▲揾（音稳）：寻找▲嘣：吸吮▲□（人泰切）：咀嚼▲打□（阿咳切）超：打喷嚏▲嗅（月众切）：闻气味（嗅．《集韵》香仲切：鼻审气也）▲倾计：聊天，谈心▲顶颈：顶撞▲争交：吵架▲打交：打架▲着喊（读阴去）：挨骂，受批评▲吆：呼喊，招呼▲报：告诉，交代▲哈：欺负▲诈嗲（滴且切）．装嗲；撒娇▲知：知道▲识：认识，懂▲谂（纳枕切）：考虑．想念▲谂计：打主意．想方法▲断估，估大猪：估量▲张成：主张▲要紧，着紧：着急▲醒住：记着▲伯厌：讨厌▲伤气：怄气▲眼热：眼红，忌妒▲纵惯：娇惯▲舞：做．搞▲□（灭胜切）：钻．挤

性质　状态

▲靓（音亮）：美，漂亮▲威：艳丽▲难睇：难看，丑▲紧火：紧迫▲时但：凑合，随便▲涴（音寓阴去），邋遢：肮脏▲伦阵：啰唆，麻烦，多事，不清爽，无条理▲痨痄：好表现，爱添乱▲痨察：逞能，难打交道▲难顶：难受

▲逸:快乐▲舒徐:舒服▲懵懂,懵:糊涂▲醒水:明白,醒悟▲灵醒:机灵,漂亮▲大舍:大方▲合心水:称心▲晏:晚,迟▲密实:坚固▲阔:宽▲隘:窄▲崩峻:陡峭▲啱:合适,刚▲碰啱,撞啱:刚巧▲沓沓:接连▲争粒儿,争嘀:差点儿▲弸(音蓬)出:满出来(弸《广韵》薄庚切,《说文》"量旁滥也")▲好惜,好彩:幸亏,好在▲亘(革肯切):固执,肯定.一定▲公登:特地,故意▲单净,净净:单单只是▲尽係,净係:都是,全是▲含棚郎(勒彭切):总共,全部▲应份:应该▲稳阵:稳当,稳重,镇定▲淡定:镇定,别慌

称代　计量

▲侬(读阴平):我▲渠:他,她,它▲我队,我哋,侬队,侬哋:我们▲你吖:你的▲渠地吖:他们的▲人地,人□(农屋切):人家,别人▲齐仲,□(托头切)队:大家▲乜谁,边个:谁▲箇个:这个▲亚个:那个▲边只:哪一只▲箇嘀:这,这里▲亚嘀:那些,那里▲边嘀,边度,边叶:哪里▲箇叶:这里▲甘(音敢)样:这么,这样▲亚样(入向切):那么,那样▲点蚊:怎么,怎样▲事(读阴去)乜,乜嘢:什么▲餐:动量词,顿,用于吃、哭、喊▲周:动量词,趟,用于去、返▲轮:动量词,次,阵,用于打、吃等▲啖:动量词和物量词,口,用于吃、咬、饭、汤等▲间:物量词,间,家,所,用于屋子、铺子、学校▲篇:页,面,用于书页▲棵(音波):用于树木、蔬菜▲蔸:棵,根,条,用于树木、蔬菜、甘蔗、鱼▲碌、均(音沟阳去):块,个,用于块状物和大个儿的水果,还可以用于人▲件:件,片,用于衣服,肉▲领(读阴上):件,用于衣服▲眼;盏,根,用于灯、针▲呖(音历上入):畦,垅,用于菜地和按垅种植的庄稼▲樽,罂:瓶,用于油、酒、酱油等▲笪(得发切):块、片,用于地方▲秭(音子),纠(音仆人的仆):把、束、缕,用于纱线、灯草、头发、禾稿、柴火、韭菜等▲抓(入沙切):小把,用于颗粒物和细条物、如米、瓜子、韭菜、蕹菜等▲嘣(部凤切):挂,串,嘟噜,用于龙眼、荔枝、枇杷、葡萄等,也可用于猪、牛肉等▲途:群,帮,用于鸡、鸭、猪、牛、人等▲窦:窝,用于猪、狗、猫、鼠、鸡、鸟、蜂、蚁等▲链:挂,用于鞭炮▲弓:香蕉的计量单位,一棵树上的香蕉连在一起,称为一弓▲梳:香蕉的计量单位,一丛香蕉分为几层,每层若干个并列如梳,称为一梳▲脱:套,用于衣服▲孖:联,两块肥皂连成一条,称为一孖▲启:泡,用于屎、尿▲卡:拃,拇指和食指张开的距离▲攀:庹,两臂平伸的距离▲□(来探切):行走时两脚之间的距离▲塘:十里路称为一塘▲缗(音敏阴平):圆,货币一圆叫一缗▲一个字:五分钟

常用虚词

▲唔:不▲唔曾:未曾,没有▲唔使:不用,不必▲冇(唔好切):唔好二字的合音词,不要,别▲咪(音米):不要,别▲冇(毛藉切):没有,没▲认真:格外,特别,非常▲横直,横徛:横竖,反正▲剩:还,更▲慢:再,才▲春:怎么,哪能,用于反问▲唔通,唔中:难道,莫非▲敢:居然,竟然▲兜,同:和,跟,向,替▲同埋,佮(音鸽)埋:和……一起▲跟:从▲帮:替▲□(黑金切):拿,用,把▲啦:了,呀,表陈述语气▲啵:哟,用于陈述句,表提示语气▲咯:了,的,用于陈述句,表确定语气▲□(音渠):用于判断句,表限止语气▲嗜(音蔗阳去):①用于疑问句.表商榷语气,相当于吧。②用于陈述句,表限止语气,相当于罢了▲治麻:罢了,同嗜②▲呀(益鸦切):是吧,好吧,单独用于句子后面,也可连在句子末尾,构成疑问句,表示委婉的商榷语气▲冇:用于疑问句尾,表示询问语气,相当于吗▲喏(音着):吧,表商榷的疑问语气词。

《中国语言文化典藏·藤县》收录的语词词条注音。

房屋　建筑

▲屋[ok⁵]:房子▲泥砖屋[nɐi¹¹tʃun⁵²ok⁵]:用未经烧制的"泥砖"建的房子,整座房子只用墙不用柱子承重。"泥砖屋"防水性差,遇水冲刷易倒塌,墙体不美观,但隔热性好,冬暖夏凉。▲熟砖屋[ʃok¹tʃun⁵²ok⁵]:用烧制过的"熟砖"建成的房子。也叫"火砖屋"。熟砖屋防水性好,坚固美观,但隔热性稍差。建"泥砖屋"还是"熟砖屋"要根据家里财力而定,财力差的人家一般建"泥砖屋",财力好的人家一般建"熟砖屋"。▲泥□屋[nɐi¹¹tɐp¹ok⁵]:用黄土夯墙建成的房子。旧时也有富裕人家建房时在夯墙的黄土中添加石灰,甚至添加黄糖或糯米汤,夯出的墙异常坚固。▲茅屋[mau¹¹ok⁵]:用竹木做墙及架子,用茅草或稻草等盖屋顶的简陋房屋,也叫"茅寮"。以前最穷的人才住"茅屋",现在用于住人的"茅屋"早就没有了,但还有临时用作猪圈、厕所或存放农家肥的。▲骑楼[ki¹¹lɐu²³¹]:楼房向外伸出在人行道上的部分,下面形成一条长廊,犹如二楼骑在走廊上,故称"骑楼"。这种建筑适合南方的气候特征,挡风雨,防

日晒，便于商家经商和顾客选购商品。藤县的骑楼只见于沿江的藤城、濛江等城镇的旧商业街。▲厅底［tʰeŋ^{33}ɗɐi^{44}］：堂屋。也叫“厅屋”。正房居中的一间叫“中厅”。“厅底”是一家或一个家族聚会、祭祖、举办红白大事的场所，是新人结婚拜堂、老人去世时设置灵堂的地方。▲火灶口［fɔ^{11}tou^{423}hɐu^{44}］：灶膛前面烧火的地方，一般放一两张小板凳以及烧火用具，冬天也可在此取暖。▲屋顶［ok^{3}ɗeŋ^{44}］：是房子的顶部。▲灯笼梁［ɗeŋ^{11}loŋ^{231}liæŋ^{231}］：挂灯笼重的栋梁。位于堂屋前部上方。家中添男丁就于次年正月初十在灯笼梁上挂灯笼。从灯笼梁上灯笼的多少可看出家庭男丁是否兴旺。▲大梁：也叫顶梁［ɗeŋ^{11}liæŋ^{231}］、头梁［tɐu^{11}liæŋ^{231}］。是屋顶内部正上方的檩子。▲瓦檐［ŋa^{11}im^{231}］：即屋檐。▲大门［tai^{11}mun^{231}］：“大门”是进入房屋的第一道门，由厚木板做成。▲瓦亮［ŋa^{11}liæŋ^{21}］：雕花瓦，铺设在“瓦巷”（瓦垄沟）中，以增加室内的亮度。▲村［tʰun^{52}］：藤县话把村庄叫作“村”。最初的村庄大多是一村一姓，聚族建屋而居。同姓不婚，亲戚多在外村，走亲戚叫“去村”。▲屋巷［ok^{1}ɔŋ^{21}］：即胡同，也叫“巷”。▲天井［tʰin^{33}teŋ^{44}］：房屋中露天的部分叫“天井”。▲猪榩［tʃy^{11}lok^{1}］：即猪圈，建在住宅旁边。▲牛栏［ɲiɐu^{11}lan^{231}］：关牛的屋子或窝棚。▲鸡榩［kɐi^{11}lok^{1}］：鸡的固定栖宿处。▲鸡笠［kɐi^{33}lɐp^{5}］：竹编的三角形的简易关鸡鸭器具。一般只能关一两只鸡鸭。▲地堂［ti^{11}tɔŋ^{231}］：晒谷的场地。直接用泥土夯实而成的叫“泥地堂”；用石灰、沙、黄泥混合的三合土拍打而成的叫“灰沙地堂”。“地堂”常是村子里举行集体活动、儿童打闹做游戏的地方。旧时童瑶“月亮光光，照地堂”中的“地堂”，即这里。▲柴榩［ʃai^{11}lok^{1}］：存储柴草的简易建筑物，也叫“草榩”。▲粪榩［fɐn^{11}lok^{1}］：存放猪粪、牛粪、鸡屎、草木灰等农家肥的简易建筑物。▲旺地［uɔŋ^{11}ti^{21}］：即建房前在房基地上由师公主持的驱除鬼魅、祈求平安吉祥的仪式。建房是农村中头等大事，“旺地”是建房活动的开始，也是整个建筑活动中最隆重的仪式，一般在晚上八时开始，至次日凌晨二时结束。整个过程有“请神”“开坛”“招兵集将”“行符出煞”“收邪灭妖”“送神煞”“宁龙旺宅”“油火旺地”等环节。▲落墙脚［lɔk^{1}θiæŋ^{11}kiæk^{3}］：“落墙脚”就是垒地基，民间注重“落四角砖”，即在地基的四个角及正屋大门墙脚安放砌底墙的砖。选定时辰一到，各个角落工匠要同时动手，匠收纳主人预先放在墙脚上的两个红包的一个，另一个交回给主人，叫“福归主人”。▲过门头［kɔ^{423}mun^{11}tɐu^{231}］：砌堂屋大门上方的第一行砖。要在门楣上方压放红布或红纸，旧时要压放银圆或铜钱，现在是压放硬币。工匠砌这几块砖时要讲一些吉祥祝福的话语，房屋主人会感谢说“多得贵言”，并给工匠红包。整个仪式要备祭品祭天地神灵及祖宗。▲入火［ɲiɐp^{1}fɔ^{44}］：人住新居的仪式。仪式在选定的日子及时辰举行，以先老人后小孩的顺序捧着火盆，带上小松树、甘蔗、桂枝叶、柏枝等挑着入火担进入新房子。以示红红火火，四季常青，生活甜美，富贵荣华，代代相传。入住新房子一般要办“入火酒”（庆祝新居落成的酒宴），宴请亲朋。▲入火担［ɲiɐp^{1}fɔ^{44}ɗan^{423}］：入住新建成的房子时挑的礼担。要用新的箩筐，箩筐盖上贴上表示喜庆的红纸。箩筐内有点燃的煤油灯、发糕、“寿桃助”（寿桃状糍粑）、算盘、秤、橘子、铁钉、剪刀、面条等。寓薪火不断、兴旺发达、步步高升、人寿年丰、添丁发财、顺顺利利、吉星高照、有面子之意。▲筷子［fai^{33}ti^{44}］｜柏桂［ɓek^{3}kɐi^{423}］：人住新居时，用红绳捆扎挂在房间门侧上方作为吉祥物的筷子及柏树枝、肉桂叶。藤县话“筷”“快”同音，“桂”“贵”同音；“筷子”又叫“箸”，“箸”“住”同音；柏树枝杈多、结籽多。以此寓早生多生贵子、开枝发叶、富贵荣华、有房子可住之意。▲两头利［liæŋ^{24}tɐu^{231}li^{21}］：两头尖的扁担，用一段新砍的竹子做成，两头削尖并染上红色，入住新建成的房子时用于挑礼担。削成两头尖即两头锋利，“利”谐“顺利”的“利”，意为各方都顺利，染成红色表示红红火火。

日常用语

▲灶［tou^{423}］：生火做饭的设备。▲吹火唛［tʃʰoi^{33}fɔ^{44}mɐk^{5}］：也叫“吹火筒”。是用嘴鼓风使火更旺的竹筒子。▲镬［uɔk^{1}］｜镬盖［uɔk^{1}kœ^{423}］：斜口的锅头叫“镬”，也叫“镬头”。大号的叫“大镬”，小号的叫“镬儿”，边上对称的半圆状提把叫“镬耳”。“镬盖”就是锅盖，以前是用木板做的，现在木质的已少见，多为金属制品。▲潲镬［ʃau^{11}uɔk^{1}］：煮猪食的铁锅。“潲”即猪食。一般有专用的铁锅煮猪食，也有用煮菜的铁锅兼煮猪食的。▲鼎锅［ɗeŋ^{33}kɔ^{52}］：壁陡直、底尖的铁锅，20 世纪 70 年代以前很常用。因笨重不美观，现在几乎没有人使用，只有在农家的杂物间还可见到。▲捞篱［lau^{33}li^{52}］：笊篱。用篾或铁线编成，用来在热汤或热油中捞取食物。旧时主要用篾编的，现在多用铁线编成的。▲筲箕［ʃau^{33}ki^{52}］：也叫“疏篱”。篾编的

有疏眼的用具，盛放洗好的蔬菜等，可沥干水。▲罩箕［tʃau^{33}ki^{52}］：篾编的罩子，多为半球形，用来罩住饭桌上的食品，以防被灰尘刮脏、苍蝇蟑螂爬咬或者猫鼠偷吃。▲米助印［mɐi^{11}tʃɔ^{21}iɐn^{423}］：做糍粑的模子。用硬木雕刻或金属铸成。▲饼印［ɓeŋ^{33}iɐn^{423}］：做藤县米饼的模子，也叫“饼模”。有铁铸的，也有铜铸的。▲碗栈［un^{11}ʃan^{21}］：木质的放碗、菜的橱子。一般分两层或三层，有通气的栅栏或纱窗。▲箸筒［tʃy^{11}toŋ^{231}］：藤县老一辈人把筷子叫作“箸”，盛筷子的器具叫“著筒”，也叫筷子筒。有陶制的，也有木做的、篾编的，今多用塑料制的。▲生斧［ʃeŋ^{33}fu^{44}］：用生铁铸成的劈柴用具，刃口是钝的，把柄稍短，靠撞击力劈柴。被劈的柴段是竖着放的，先把柴锯成^{40}厘米左右长的木段再劈。▲熟斧［ʃok^{1}fu^{44}］：用熟铁锻造的劈柴用具，刃口锋利，斧身与刃口同大，以桂林样式的多，又叫“桂林斧”。常用于劈纹路复杂的柴或树根等。被劈的柴段是在地上躺着放的，因而“生斧”的把柄一般较长。木匠用于做木工单手操作的斧头叫“手斧”，刃口锋利，刃口比斧身大，重量稍轻。▲床［ʃɔŋ^{231}］：旧时乡间的床都是木质的，用两张条凳架两块“床板”［ʃɔŋ^{11}ɓan^{44}］组成的是最普通、最常见的床。▲睡篮［ʃoi^{11}lam^{231}］：即摇篮。用篾编成，底部有两根竹筒作为滚轴便于摇动。▲四方台［θi^{33}fɔŋ^{52}tœ^{231}］：方形的桌子。“四方台”是一般的叫法，“八仙台”是较文的叫法。用硬木为原料做工精细的“八仙台”都是有些年头的老物件，一般家庭难以见到。旧式房子的厅堂中都会放一张“四方桌”，忌放圆台。厅堂中的“四方台”是一家中最重要的桌子，办喜事时作为主桌。平时吃饭的桌子叫“吃饭台”。“吃饭台”可以是方的，也可以是圆的。▲低凳［ɗɐi^{33}ɗɐŋ^{423}］：只能坐一个人的矮凳子，一般放房间中。旧时普通人家嫁女，嫁妆中会有一张染了红色的“低凳”，给新娘放在新房中，可供女主人坐着做女红，亦可坐者给婴儿喂奶或把屎尿。▲凳儿［ɗɐŋ^{33}ɲi^{52}］：小板凳。便于移动，可坐着烧火、剁猪草、做篾工等。▲独凳［tok^{1}ɗɐŋ^{423}］：高的单人凳，也叫“独头凳”。老式的结实耐用，今已少见，现在多见的是批量生产的新式的。▲竹椅［tʃok^{3}i^{44}］：竹制的椅子。藤县多竹子，民间以竹制椅，竹椅轻便易搬动，不论城乡都常见使用。藤县的竹椅以太平镇制作的最有名。▲长凳［tʃiæŋ^{11}ɗɐŋ^{423}］：条凳，长凳可坐两个人，一般与“四方台”配合使用。▲大凳［tai^{11}ɗɐŋ^{423}］：由整块的大木板做成，可坐多人，或躺在上面休息。富有的人家堂屋两边放的是“太师椅”，平常人家堂屋两边放的是“大凳”。质地好的“大凳”传几代人，满是斑痕的大凳板记载着家族兴衰与沧桑。▲洗凉盆［θɐi^{11}liæŋ^{231}pun^{231}］：即澡盆。也叫“洗身盆”、“脚盆”。旧时用木板制作，现在多是用白铁皮或塑料做的。▲面盆［min^{11}pun^{231}］：脸盆。▲扫杆［θou^{33}kɔn^{44}］：扫帚。▲马灯［ma^{24}ɗɐŋ^{52}］：能防风的煤油灯。▲火笼［fɔ^{11}loŋ^{231}］：一种用炭火取暖的用具。篾偏的外壳。内置一个叫“火笼□”［fɔ^{11}loŋ^{231}ŋɔŋ^{44}］的陶盆，用于盛炭火。特大号的“火笼”用于烤尿布。现在“火笼”也用作仪式用具，女儿出嫁。嫁妆中一般会有一对新做的火笼，即使是城里不烧柴、没有炭火的人家亦如此，取红红火火、薪火不断之意。▲火盆［fɔ^{11}pun^{231}］：盛炭火的盆子，用于众人取暖的场合也常用作各种仪式的用具。举行乔迁新居仪式时，不论冬夏，房中要放置火盆，表示红红火火、兴旺发达。▲酸菜埕［θun^{33}t^{h}œ^{423}tʃeŋ^{231}］：腹大口小的陶制坛子叫“埕”［tʃeŋ^{231}］。根据用途，装酒的叫“酒埕”，腌制酸菜的叫“酸菜埕”。肩上有水槽，盖子盖在水槽中隔绝空气，利于酸菜发酵。▲米缸［mɐi^{11}kɔŋ^{52}］：盛大米的陶缸。有各种型号的，根据家庭人口多少而定。“米升”也叫“米唛”［mɐi^{11}mɐk^{5}］、“米筒”［mɐi^{11}toŋ^{231}］，用竹段自制或用小罐头盒代替。有盛一斤、半斤等多种规格，家庭自用，不求计量十分准确。▲水缸［ʃoi^{33}kɔŋ^{52}］：直壁或底小口大的圆筒状陶器叫“缸”，稍小点的叫“板缸”。缸的盖子叫“缸盖”［kɔŋ^{33}kœ^{423}］。放在厨房里储水的陶器叫“水缸”。▲谷柜［kok^{1}kɐi^{21}］：用于储存稻谷的方形大木桶，又叫“谷桶”。现多废弃不用，改用金属制的新式谷仓。▲樟木笼［kiæŋ^{11}mok^{1}loŋ^{24}］：樟树板做的盛衣物的箱子。“笼”［loŋ^{24}］是旧时的说法，“箱”是后起说法，也充称“笼箱”。樟树板有特殊的香味，利于防虫蛀，以前樟木箱子在农村最常见。也有用藤编的“藤笼”。▲□带［mɛ^{33}ɗai^{423}］：背婴儿的背带。▲脚踏［kiæk^{1}tap^{1}］：能移动的梯子，也有用毛竹做的。附着在建筑物上用木板做成的不能移动的梯子叫“楼梯"。▲松篮［θoŋ^{11}lam^{231}］：即铁线编的用于烧松明的篮子，也叫“火篮”。“松”（松明）是高含松脂的松柴片，也叫“松光”。松篮火用于晚上到水田中“照黄鳝”（捉黄鳝）。旧时也用于乡间演戏及夜间走路照明。

服饰

▲衫儿［ʃam^{33}ɲi^{52}］：婴儿穿的小衣服的统称。▲梭桶裤［θɔ^{33}t^{h}oŋ^{44}fu^{423}］：将裤绳缝在裤头里可活

动拉扯松紧的中式裤子。穿在外面的长度不超过膝盖的裤子叫“屈头裤”“屈辘裤”或“短裤”。▲老鸦衫［lɔ^{11}a^{52}ʃam^{52}］：襟上有白布边的童上衣。旧时人们把小孩出牙齿的顺序不对叫“出错牙”，假如外孙“出错牙”或者很迟没有出牙齿，外婆就要缝“老鸦衫”给外孙穿，以祈吉利，祈快出牙，出好牙。▲开裆裤［hœ^{33}nɔŋ^{52}fu^{423}］：也叫“鸡儿裤”。▲手钏［ʃɐu^{33}tʃʰun^{423}］：即手镯。给小孩戴“手钏”，有锁住身体，寓保佑平安成长之意。▲木络［mok^{1}lɔk^{3}］：即木屐。

饮食

▲粥［tʃɔk^{5}］：即大米做的稀饭，也叫“白粥”。稀饭中的液体称粥水。“白粥”可加各种食材和调料做成各种特色的稀饭。如加芥菜做成“芥菜粥”，加头菜做成“头菜粥”，加黄鳝做成“黄鳝粥”。▲木薯粥［mok^{1}ʃy^{231}tʃɔk^{5}］：用木薯的粉末与大米混合做成的稀饭。旧时大米不够吃的时候才吃。▲豆腐儿［tɐu^{11}fu^{21}ɲi^{52}］：由切成小方块的豆腐油炸而成，中间放上馅心可做成“豆腐酿”。▲生烟［ʃeŋ^{33}in^{52}］：晒干的烟草叶子。乡间居民抽烟以自种的为主，摘下烟叶后晾晒，因此又叫“晒烟”。将烟叶切成“烟丝”，用卷烟的小纸片“烟纸”卷成喇叭状再抽，或者用“烟斗”抽。▲苦瓜釀［fu^{11}ka^{52}ŋiæŋ^{21}］：用切成段的苦瓜塞上馅心做成的菜肴。“酿”［ŋiæŋ^{21}］是常见的荤素搭配的菜肴，样式较多，将肉类剁碎掺上捣碎的糯米饭芋头等做成馅心，填塞到剖开的素菜中蒸煮而成。▲萝卜儿［lɔ^{11}pɐk^{1}ɲi^{52}］：是农家常备干菜，又叫“咸卜儿”［am^{11}pɐk^{1}ɲi^{52}］、“萝卜干”［lɔ^{11}pɐk^{1}kɔn^{52}］，是吃稀饭时常用的配菜。▲酸菜［θun^{33}tʰœ^{423}］：经发酵变酸了的菜。腌制酸菜主要有两种方式，一种是用坛子发酵，许多农家都有一两个“酸菜埕”长年腌制酸菜，用坛子腌制的酸菜经自然发酵味道醇厚爽口；另种方法是用白醋腌制，叫“腌生酸”［im^{52}ʃeŋ^{33}θun^{52}］，这种方式直接快捷，腌制的酸菜味道清新爽脆。藤县气候湿热，吃酸菜可以解渴、提神、除湿气。在酸菜中加少许白糖及辣味就变得刚柔并济，回味无穷。▲腊肉［lap^{1}ɲiok^{1}］：一般指的是腊猪肉。秋冬时节把猪肉抹上盐油，腌几天再放到室外晾晒风干即成。秋冬时节农家屋檐下常可见到。▲腊鱼［lap^{1}ɲy^{231}］：将鱼剖开，抹上盐白酒、酱油等腌制后晾晒而成。▲鱼生［ɲy^{11}ʃeŋ^{52}］：即生鱼片，是民间喜爱的一道特色食品。县内各处制作方法略有不同，一般是将上好鱼肉切成薄片，以米醋腌制，佐以花生油、炒花生、酸料、紫苏、葱白、芫荽、薄荷等配料食用。当地以新庆镇的鱼生最为有名。

农工百艺

▲田垌［tin^{11}toŋ^{21}］：即较开阔的成片水田。“垌”，指山间的开阔地，泛指田野。▲田［tin^{231}］：是水田的简称。▲地［ti^{21}］：一般指旱地。▲牛襻［ɲiɐu^{11}pʰan^{423}］：即把“牛轭”固定在牛脖子底下的绳索及皮片。穿在牛鼻子上的铁环或绳圈叫“牛贯”。“牛贯”是管束与役使牛的关键。俗语说“牛死有优牛贯断”，喻管束有力，万无一失。▲整田头［tʃeŋ^{44}tin^{11}tɐu^{231}］：即修理崩塌的田埂，铲除田边的杂草。也叫“修田头”。春夏两季插秧前都要“整田头”。▲等水［ɗeŋ^{33}ʃoi^{44}］：即把水引进水田。▲□田［tɐp^{1}tin^{231}］：驱牛拖动专用的工具平整水田。在夏季早稻收割后，水田经牛两次将稻草踩踏之后进行，“□田”后就可以插晚造秧了。▲薅田［hou^{11}tin^{231}］：耘田。▲淋粪［lɐm^{11}fɐn^{423}］：又叫“濑粪水”，即施液状农家肥。▲镰禾［lim^{11}uɔ^{231}］：收割水稻。当地稻谷一年两熟，谚语说“六月禾生米熟，十月禾熟米生”，说的是看着早稻的稻秆好像还青，实际稻谷已经成熟了，晚稻看到稻秆变黄了，但稻谷还没有熟透。▲禾刀［uɔ^{11}ɗou^{52}］：收割稻谷用的农具，弯状的刀刃上有小锯齿。也叫“镰刀”。名称与砍柴的“镰刀”相同。▲谷桶［kok^{3}tʰoŋ^{44}］：水稻脱粒用的工具。当地的“谷桶”是方形的，翻过来内放一根扁担或竹框一个人可以扛着走。谷桶的底中间稍凸起，四周略翘，在水田中拖动可减少阻力。▲打谷［ɗa^{33}kok^{5}］：把割下来的稻子摔打在谷桶中，使谷粒脱落。▲扇谷［ʃin^{33}kok^{5}］：分离饱满的稻谷与秕谷。把稻谷从顶部的大漏斗倒进去，打开机关摇动风扇，用流动的空气将饱满程度不同的谷粒分离在不同的容器中。所使用的工具叫“风柜”。“风柜”有“风柜斗”、“风叶”等部件组成。▲开山［hœ^{33}ʃan^{52}］：砍伐开采成片的山林。以砍取圆木段为主叫“开木米”［hœ^{52}mok^{1}mɐi^{52}］。▲截柴［θit^{1}ʃai^{231}］：将木条锯成柴段，也叫“锯柴”［ky^{11}ʃai^{231}］。▲劈柴［pʰek^{11}ʃai^{231}］：用斧头将柴段劈开。▲扁挑［ɓin^{33}tʰiu^{52}］：扁担。有竹子做的，也有硬木段做成的。旧时终年劳作，搬运东西都靠肩挑，一户农家往往有多根扁担。人们根据不同重量的担子选用不同的肩担，以挑物时带一定弹性的为佳。两头带垂钩的扁担叫“担钩”。抬物用的木段或粗竹段叫“杠”。用竹

竿做成的两头尖的挑稻草和柴草的工具叫“草枪”［tʰou^{33}tʰiæŋ^{423}］“枪”读阴去。▲簸箕［ɓɔ^{33}ki^{52}］:簸粮食等物的用具,簸动可分离米与糠。藤县的“簸箕”为圆形底密有矮帮的度编器。▲篸［tʃʰam^{44}］:即篸箕,三面有高沿,一而敞口的篾编器具。▲大箕［tai^{11}ki^{52}］:篾编的器具。圆形底密有矮帮,体形大,用于晒粮食等。▲箩［lɔ^{52}］:篾编方底圆口的农具,也叫“箩头”。常用于桃稻谷或大米,一般成对使用。▲茶箩［tʃa^{11}lɔ^{231}］:盛放礼品的篾编器具。有盖子、有提把。旧时农村走亲戚常用。▲勾镰刀［ŋɐu^{11}lim^{11}ɗou^{52}］:有弯头的柴刀,也叫“镰刀”。可用于砍柴,更便于“镰草”。名称与割水稻的“镰刀”相同,往往会混淆。▲箩斗［lɔ^{11}ɗɐu^{44}］:金属密网做成的小筛子,常用于筛做糍粑的米粉。▲禾叉［uɔ^{11}tʃʰa^{52}］:两齿的、用以叉起稻草的农具,有铁叉,也有木叉。▲粪桶［fɐn^{33}tʰoŋ^{44}］:挑液状肥的用具。▲针衫［tʃɐm^{33}ʃam^{52}］:做衣服。衣车作为制衣工具后做衣服又叫作“车衫”［tʃʰɛ^{33}ʃam^{52}］。▲阉鸡［im^{33}kɐi^{52}］:阉割小公鸡,择取鸡的睾丸。当地的公鸡除留作配种用的雄鸡外,都要阉割。阉割后的公鸡才容易育肥。阉割后育肥的公鸡叫“熟公鸡”;睾丸阉割得不干净,还有部分雄性特征的公鸡叫“夹生鸡”。▲阉猪［im^{33}tʃy^{52}］:割去小猪的内生殖器。多由兽医兼做。除了留种公猪、种母猪的外都要阉割过。▲睇牛儿［tʰɐi^{11}ɲiɐu^{231}ɲi^{52}］:放牛的人。放牛的人不论年纪大小,都可叫做“睇牛儿”。

日常活动

▲倾计［kʰeŋ^{11}kɐi^{21}］:即聊天,也叫“倾大胜”“打牙鼓”“倾牙胶”。冬天农闲时,人们喜欢聚在一起边烤火边聊天。夏天多在大树下聊天,也有打牌、下棋的。▲充家［tʃʰoŋ^{11}ka^{52}］:兄弟分家,各自媳妇娘家给自己女儿家送礼物。礼物包括家具、礼担等。挑礼担的扁担是一根两头削尖的竹竿,两端染成红色或贴上红纸,寓意两头利、红红火火。▲田落［tin^{11}lɔk^{1}］:陀螺。也叫“地雷”。用硬木做成,一般两头有脚。大小刚好为手掌把握的。▲神台［ʃɐn^{11}tœ^{231}］:堂屋中祭拜祖先时摆放供品的桌子。▲社公［ʃɛ^{24}koŋ^{52}］:即社坛,是供奉土地神的地方,也叫“社主”。当地村子不论大小,一般都设有“社公”。规模大的“社公”盖有房子,规模小的由几块石头或砖头垒成。乡民每逢节日及各种祭祀活动都会先祭“社公”,外来的戏班及舞狮舞龙的队伍进村都会先拜“社公”。▲香炉［hiæŋ^{11}lu^{231}］:奉香的器具。也叫“香炉□”［hiæŋ^{11}lu^{231}ŋɔŋ^{44}］。▲神案［ʃɐn^{11}ɔn^{423}］:堂屋中祭拜祖先时摆放供品的长条案板,有的将“神台”放在“神案”前。▲社主木［ʃɛ^{11}tʃy^{44}mok^{1}］:供奉土地神的地方生长的大树,也叫“社木”。▲香台［hiæŋ^{11}tœ^{231}］:奉香的器具。▲拜神［ɓai^{33}ʃɐn^{231}］:在家里祭拜祖先、到村里的社坛祭拜社神或到寺宙里祭拜神佛等,统称为“拜神”。祭拜祖先、神佛等仪式上用的鸡、鸭、猪等祭品。要用整只的公鸡,鸡脚不能欣断,要屈弯到鸡肚子里。要用整块的猪肉,用整只的鸭子。现在供品有所简化,一般只有鸡及猪肉,没有鸭。加上“腐竹”(谐音“富足”),“葱”(谐音“通”)。祭拜祖先、神佛等仪式上用三杯茶,五杯酒。只能用单数,不能用双数。▲祠堂［θi^{11}tɔŋ^{231}］:族人祭祀祖先的建筑,大门上方多写着“×氏宗祠”,两边镶有意含祖先来源,祖德绵长的对联。门前一般有大池塘。里面安放祖先牌位,长年供奉。祠堂集一族之财力,一般都建得富丽堂皇。藤县古龙的黄氏祠堂、太平的黄氏祠堂、天平新马的何氏祠堂、濛江的朱家祠堂都是文物保护单位。何氏祠堂独具一格,大部分建筑按学堂格局建造。20世纪上半叶何氏祠堂曾一度用为学校,培养了不少人才,为藤县教育史写上了浓重的一笔。▲安龙［ɔn^{11}loŋ^{231}］:当地筑龙祈福的民俗活动。人们通过“安龙”以示尊重龙,崇拜龙,村子修筑社坛、新的祠堂使用等要“安龙”来祈福。

婚育丧葬

婚礼　▲泼水［pʰut^{3}ʃoi^{44}］:新娘出门时,娘家人在新娘的雨伞上泼一碗水。表示嫁出去的女,如泼出去的水。伞柄上红绳系着柏树枝、肉桂树叶、红包等以示吉利。▲留裤［lɐu^{11}fu^{423}］:新娘出门前给弟弟赠送的新裤子。裤与“富”同音,表示新娘留“富”给娘家。裤子放在盛嫁妆的“栊”上,加上一个表示吉利的红包。▲出佛［tʃʰɐt^{1}fɐt^{1}］:女子出嫁前用男方送来的猪头猪尾等祭拜祖宗及社坛,意为告知祖先、告知社神,女子要离开当地社神管理,到新的地方去。祭品中有猪头猪尾,表示做事情有头有尾。▲抬栊舅［tœ^{11}loŋ^{24}tʃɐu^{24}］:给新娘抬盛放嫁妆箱子的弟弟。“栊”是盛放嫁妆的箱子,旧俗一般由新娘的弟弟(可以是堂弟或族弟)抬送到新郎家。新娘的弟弟在送新娘出门前穿上新裤子,收下红包,以示领下情意。▲桂枝火笼［kɐi^{33}tʃi^{52}fɔ^{11}loŋ^{231}］:女方家送给新郎新娘的烤火用具。火笼是新编的,内放肉桂枝叶,系上红绳或贴上红纸,有祝新婚夫妇生活富贵，红红火火的意思。▲送嫁［θoŋ⁴²³ka²³］/接亲［tip³tʰɐn⁵²］：送/接新娘到新郎家。现在都是婚车接送。以步行方式的长长的送亲接亲队伍以前在乡间道路上常可见到，现在极难看到。▲饮水［ɲiɐm³³ʃoi⁴⁴］：新娘出嫁前最后一次喝娘家的水。喝的是用碗接的从泼在雨伞上流下来的水，意为饮水思源，不忘娘家养育之恩。▲换鞋［un¹¹ai²³¹］：新娘出门离开娘家，换上一双新鞋，表示人生新阶段的开始。旧时换穿的是绣花鞋，现在换穿的是在商店买的时尚款式鞋子。▲立老饭［lɐp¹lou²⁴fan²¹］：拜堂仪式上放有红糖块专供新郎新娘吃的米饭。新郎新娘吃了"立老饭"，表示从此成家立业，白头到老。老人常告诫结了婚还一身孩子气，不懂得持家的年轻人："吃了立老饭，你就冇系细子花"（意即：吃了婚礼上的红糖饭，你就不再是小孩子啦）。▲□火笼［lam⁴²³fɔ¹¹loŋ²³¹］：新娘进新郎家时跨过装有炭火的火笼，以此表示霉气不能进入屋子，并带来旺气。□［lam⁴²³］是跨的意思，有的地方跨的是火盆。新娘进房子时要跨过门槛，新婚夫妇都忌触及门槛，家中新婚夫妇不小心踩碰了门槛，老一辈人会用茅草象征性抽打其腿脚，以示惩罚及去除邪气。▲托茶［tʰɔk¹tʃa²³¹］：新娘新郎在喜宴上给亲友敬茶。敬茶时，新郎的父母将客人逐一介绍给新娘认识。客人把红包或钱放在茶盘上回谢，表示对新人的祝福。婚宴结束时新郎家"畀利事"（给红包）给参加婚礼的客人。一般只图个吉利，红包内的钱较少。▲果子撒床［kɔ³³ti⁴⁴θat¹ʃɔŋ²³¹］：铺婚床，并在床上撒上花生糖果等，让小男孩在床上拾拿逗玩，意在让新娘早生贵子。婚床要找父母健在，有子有女的妇女来铺。

生育 ▲报姜［ɓou³³kiæŋ⁵²］：到岳父家报告生了小孩。在送给岳父的礼担中放一块用红纸包裹的姜。如果生的是男孩姜块是完整的，如果生的是女孩姜块是剖成两瓣的，岳父家从礼担中的姜块就可知道女儿生的是男婴还是女婴。▲打醋烟［ɗa⁴⁴tʰu³³in⁵²］：将醋与姜汁的混合液用柚树叶拂到烧红的瓦片上，以产生阵阵带醋味的青烟，也叫"吹秽"。妇女坐月子期间此项活动要进行多次，从堂屋开始直到屋子内各处。三朝或满月时"打醋烟"要绕婴儿一圈以示吉利。打醋烟客观上起到空气消毒与清洁的作用。▲满月酒：小孩满月时宴请亲朋好友。有的人家在小孩满月时会请戏班来唱戏助兴。▲婆爹□带［pɔ¹¹ɗai⁵²mɛ³³ɗai⁴²³］：外婆送的背带。"婆爹"［pɔ¹¹ɗai⁵²］即外婆；"□带"［mɛ³³ɗai⁴²³］即背带。藤县习俗，婴儿用的背带在满月时由外婆赠送。

丧葬 ▲棺材［kun¹¹θœ²³¹］：用木板制成的装殓死人的东西。为活人准备的棺材叫"寿板"，也叫"长生"；给活着的老人准备棺材叫"撞寿"。民间有人认为"撞寿"会让老人寿命更长。▲打斋［ɗa³³tʃai⁵²］：即做道场。包括净棺、入殓、开灵发食、开坛、请圣、香师沐浴、洗脚上坛、漂放莲灯、缴血湖（逝者为女性的）、过沙城（逝者为男性的）、解药塔、引渡仙桥、解结、给谍过王、洗碗、分离（抛粮，分粮）、祭奠等仪式。▲净棺［θeŋ¹¹kun⁵²］：入殓前道士施法使棺材干净的仪式。灵堂上架放棺材的凳子叫"棺材凳"，也叫"寿凳"。盛放过棺材的凳子一般不再作他用。▲寿衣［ʃɐu¹¹i⁵²］、寿鞋［ʃɐu¹¹ai²³¹］：给故去老人穿的衣服及鞋。▲挽幛［uan¹¹tʃiæŋ²¹］/题灵［tɐi¹¹leŋ²³¹］：亲友送的题有逝者事边的红布叫"挽幛"。在"挽幛"上面题写逝者的身份、享年；对其一生的扼要评价叫"题灵"。逝者是男性的由同宗晚家题写，逝者是女性的由其娘家晚辈题写。挽幛要用新砍的带梢的竹子挂起，表示万古长青，有出头之日。▲灵堂［leŋ¹¹tɔŋ²³¹］：停放灵框的地方。一般设在堂屋。棺材要靠左侧停放。"灵位"设在棺材前。▲挽联［uan⁴⁴lun²³¹］：贴在灵堂的时联。道场的挽联一般由道士书写并布置。▲纸屋［tʃi³³ok⁵］：纸房子。当地习俗，纸屋由已出嫁的女儿购买，送到坟头上烧掉。▲钉棺材钉［ɗeŋ⁵²kun¹¹θœ²³¹ɗeŋ⁵²］：入殓后用铁钉将棺材钉稳，"棺材钉"要用方头的大铁钉。锤钉子只能砖头等，锤后扔掉。不能用铁锤，用了铁锤，铁锤就不让再使用了。随着钉棺材的"砰、砰"声，盖棺论定，阴阳分隔，此时往往孝子恸哭不止。▲抬棺［tœ¹¹kun⁵²］：抬棺材。当地习俗，棺材出门时不准碰到门槛及门框，要用红纸挡着门框，以防棺材直接碰撞门框。除抬棺的人及道士外，其他人忌看棺材出门。一般人家出殡只有四个人抬棺材。一般由农村从事丧葬业的"棺材佬"抬棺，宗族中其他人扶棺，也有由宗族中派人抬棺及扶棺的。▲白灯笼［pek¹ɗɐŋ¹¹loŋ²³¹］：白纸糊的灯笼，出殡后挂在坟头上。白灯笼为一对，一只写逝者的门第姓氏；一只写逝者逝世时的岁数，岁数一般多为虚岁甚至多加一两岁。▲虾□棍［ha¹¹paŋ²⁴kɐŋ⁴²³］：即哭丧棒，是一端夹着白纸片的棍子。棍子要用当地叫"芦荻竹"的粗芦苇茎，不能用其他材料，有的村子附近没有这种植物，有心人会移植来以备用。做道场时逝者的子女及儿媳妇每人手持一根，送葬后摆在坟前。人们从坟前有多少"虾口棍"就可以大致知道逝者有多少后代。▲路祭［lu¹¹tɐi⁴²³］：送葬的路上，途中停下来祭奠。孝子面朝家的方向。▲撒谷米［θat^{3}kok^{1}mɐi^{24}］：在送葬路上由逝者的女儿一路撒混在一起的稻谷与大米。稻谷表示种子，大米表示食物，意在让逝者在阴间有吃的，并有作物种子。撒时往前少撒，往后多撒，表示多留吃的给后人。实际上是以稻谷壳代替稻谷。▲□火□［lam^{423}fɔ^{11}pɐk^{1}］：送葬的人从山上回来时跨过火堆。出殡队伍经过的路口、门口都要烧上一堆火，以驱除邪气，带来旺气。人们参加葬礼后，丧主家在路边给送葬的人分发红绳红包，送葬的人在山上采摘一小枝树叶回来，在村头丢掉树枝“□火□”［lam^{423}fɔ^{11}pɐk^{1}］（跨过火盆）才进村，以示逝者的鬼魂不能跟回，并带来旺气。县内各地习俗略有不同，有的地方是回到经过清理的灵堂所在的堂屋“□火盆”［lam^{423}fɔ^{11}pun^{231}］（跨火盆），送葬的人跨过火堆或火盆才回各自的家。▲落棺［lɔk^{1}kun^{52}］/ 烧纸屋［ʃiu^{52}tʃi^{44}ok^{5}］：将棺材埋进墓穴中，烧纸扎的房子。落棺时先在墓穴中烧鞭炮，再将棺材推进去，当地习俗亲属要扭转脸不准看落棺。落棺后“烧纸屋”，亲属边烧边声声呼唤逝者：“火烧屋你就领，火烧山你就走。”（意为：火烧房子你就收下来住，火烧山你就逃跑躲避）。▲出山［tʃʰɐt^{3}ʃan^{52}］：把逝者送到山上埋葬。由一男一女两个儿童打着白灯笼，一男一女两个儿童捧着纸人走在前边，接着是长子捧着灵位走在棺材前边，女儿在棺材后撒谷米，其他送葬的人跟在后面。▲坟［fɐn^{231}］：坟墓。当地葬俗为二次葬，第一次葬及第二次葬的坟墓都统称为“坟”。一次葬的墓穴多选在村子附近，棺材容易抬到的地方。第一次葬叫“埋臭”，就是将逝去老人的遗体放在棺材中埋葬到临时的坟地。▲捡骨［kim^{33}kɐt^{5}］：在第一次下葬三年以后择日将棺材挖出来，收捡尸骨擦洗干净，放到盛骸骨的陶坛“金埕”［kɐm^{11}tʃeŋ^{231}］中，叫作“捡骨”。将装有逝者骸骨的陶坛埋到坟墓中的第二次葬叫“葬山”。▲寄坎岩［ki^{33}hom^{52}ŋam^{231}］/ 寄金［ki^{33}kɐm^{52}］：安放尸骨坛子的敞口洞穴叫“寄坎岩”，把盛放尸骨的坛子暂时存放“寄坎岩”中叫“寄金”，也叫“寄”，待找到合适的坟地时再正式安葬，如果不能找到合适的坟地或没有经济能力进行二次葬，尸骨坛将这样长期寄放。▲坟山［fɐn^{11}ʃan^{52}］：二次葬埋骨坛子的坟地，也叫“坟”，或称“山”。二次葬坟墓的选址有许多风水上的讲究，往往建在远离村庄的山岭上。

节日

▲扫屋［θou^{33}ok^{55}］：对房子做大扫除。在腊月廿三至除夕前这一段时间进行，特别是对老式房屋厨房的烟楼要作清扫。藤县把腊月廿三叫作“小年夜”，习惯“过小年夜”。这天要“祭灶”［ei “ou”］“送灶”［Bon “tou”］，然后“扫屋”。▲写对联［θɛ^{44}ɗoi^{11}lun^{231}］：写春联。以前读书识字的人家，都习惯买纸回来自写对联，即使字写得稍差一些，老一辈人都会很高兴，以家里有读书人而感豪。现在读书识字的人多了，自写对联反而少了，人们喜欢到集市请专业人员写春联，甚至买印刷的，书写春联几乎成了商业活动。▲□对联［na^{52}ɗoi^{11}lun^{231}］：贴春联。“□”［na^{52}］就是贴，贴对联多在正月初一早上，也有不少人在除夕夜就贴好了。▲拜社主［ɓai^{33}ʃɛ^{11}tʃy^{44}］：祭拜社神。大年三十吃年夜饭前最重要的一个环节是“拜神”，以感谢老天爷、神佛、祖先等一年来的保佑，一般用箩筐挑着祭品按照庙宇、杜坛、祠堂、老屋祖宗神坛的顺序逐个祭拜。装祭品的箩筐要贴上红纸，讲究的祭拜者要扎上红腰带。供品包括鸡、鸭、猪肉、茶、酒、蒜、慈姑、柚子（“柚”“佑”谐音）等。有的还放上成把的面条，表示有面子。每一处祭拜都要摆上供品，然后焚香、点烛、烧元宝，放鞭炮。▲舞龙［mu^{11}loŋ^{231}］：正月初一到十五每天民间都会有舞龙活动。既有体育部门训练与组织的舞龙表演，也有民间自发组织的舞龙表演。▲舞狮子［mu^{24}ʃi^{33}ti^{44}］：舞狮。是正月的主要文体活动，从正月初一始，至正月十五止。旧时许多村子有舞狮队伍，舞狮先从本村开始再到邻村，逐户舞拜。户主摆上青菜、柚子、红包等答谢，有的人家把丰厚的红包用竹竿撑得高高的让舞狮者通过叠罗汉来摘取。藤县禤洲狮队在传统舞狮的基础上加以改进提高，在高桩上表演高难度动作。藤县舞狮技艺已被列入国家级非物质文化遗产保护名录，是藤县民间体育的品牌。▲拜年［ɓai^{11}nin^{231}］：祝贺新年。正月初一早上，晚辈要向长者拜年，晚辈见到长辈都会祝福“恭喜发财”，长辈会给晚辈“利事”（红包），有熟语“恭喜发财，利事跟手来”。当地习俗正月头几天，特别是正月初一不准打骂小孩。如果小孩确实犯错被打骂了，就是被“开新年彩”。▲抢花炮［tʰiæŋ^{44}fa^{33}pʰau^{423}］：一种民间群众性体育活动，简称“抢炮”。人们抢的“花炮”是一个缠着红绸的铁环，置于内装火药的火铳上，发射火铳，花炮上天，即开始抢。同村子的青年人往往结为一队互相配合抢，抢到花炮的人会得到主办方一定的物质奖励，并换取作为供奉用的花炮到家中纪念供奉。▲接炮［tip^{3}pʰau^{423}］：把

“花炮”接到家中供奉。有的接炮者敲锣打鼓舞狮迎接以示隆重。▲暖炮[nun^{24}pʰau^{423}]:在接炮与还炮期间。每年“炮期”日将“炮”拿到庙、社坛中供拜叫“暖炮”。“炮期”是庙或社坛举行抢花炮及祭拜等活动的日子，对于社坛来说就是社日。各庙或社坛的“炮期”不同。如藤州古达村鸡笼大王庙炮期为正月初二，象棋甘村大田社炮期为正月十四。每逢炮期庙或社坛祭拜者众多，热闹异常。▲还炮[uan^{11}pʰau^{423}]:祈福者在若干年后实现了祈福愿望，带上供品，将“花炮”安放在桌子上用雨伞遮护，敲锣打鼓，舞狮舞龙，抬着花炮送回庙或社坛中叫“还炮”。▲人日[ȵiɐn^{231}ȵiɐt^{1}]:农历正月初七为人日，人日用汤圆祭神、祭祖，人日百事皆宜，家居中的改造动土等工作不用择日，都可在这一天开工。▲上灯[ʃiæŋ^{11}ɗɐŋ^{52}]:正月初十，前一年生男孩的家庭祭祖先、祭社坛、挂彩灯。上灯的人家要在社坛点一盏油灯，一直燃到正月十六。为上灯举行的酒宴叫“灯酒”，参加亲友举行的上灯酒叫饮灯酒。▲散灯坪[θan^{423}ɗɐŋ^{11}peŋ^{231}]:正月十六，人们拜祭社坛，把油灯从社坛拿回家中，也叫“散节”。散灯坪后整个春节节庆活动结束，人们开始春耕。▲抢头灯[tʰiæŋ^{44}tɐu^{11}ɗɐŋ^{52}]:正月初十这天凌晨，抢在最前面，在本村社坛前烧鞭炮、祭社坛、点油灯叫“抢头灯”。祭拜后再拿回家中挂到“灯笼梁”上。当年正月初十未满40天的男婴，要在下一年正月初十才举行上灯仪式，称为“上老灯”。▲拜祖[ɓai^{33}tu^{44}]:祭奠祖先，也叫“拜山”。祭奠同宗族人共同的祖先叫“拜众祖”，当地人的祖坟多为不硬化的泥坟，每年清明都要给坟头除草，所以上坟祭祖又叫“□山”[pʰɔŋ^{33}ʃan^{52}]，“□”[pʰɔŋ^{52}]是用锄头铲的意思。上坟祭祖从清明开始，至立夏结束，立夏后不再上坟祭祖，要到秋祭才再上坟祭祖。熟语云“立夏拜又罢，冇拜又罢”。清明节祭祖扫墓等相关活动叫“作清明”。▲赛龙船[θœ^{423}loŋ^{11}ʃun^{231}]:赛龙舟。端午节叫“五月时节”或“五月节”。是赛龙船的时节。熟语云“五月时节龙船水”。人们习惯这天到河里沐浴、游泳，叫“洗龙船水”，民间认为“洗龙船水”能去除污秽，沾上喜庆。端午节后河水水温适合沐浴，旧时从这一天开始小孩到河里游泳。▲黑米饭[hɐk^{3}mɐi^{24}fan^{21}]:用嫩枫树叶榨出的黑汁与糯米做成的饭，也叫“火黑饭”；用一种灌木的黄花煮出的黄汁与糯米做成的饭叫”黄花饭”。两者也通称为“红蓝饭”或“五色饭”。这两类饭用于清明祭祖。“黑米饭”有特殊的香味，不易变质，民间认为有祛病健体作用。春季二月二、三月三、四月八几个节日都常做来吃。▲包米粽[ɓau^{52}mɐi^{11}ɗoŋ^{423}]:做粽子。旧时最习惯冬至做粽子，冬至做的粽子一般在晚饭后熬煮，至半夜将锅中粽子翻转一次再熬煮至天亮。家长习惯让守候到半夜的小孩尝吃粽子，此俗叫“吃翻身粽”。旧时一年难得吃几次粽子，吃翻身粽是许多人对儿时生活的美好回忆。冬至是一个很隆重的节日，有“冬至大过年”的说法。藤县部分地方习惯在冬至前一天过冬至，并把这一天叫“乞儿冬”。端午等节日也“包米粽”。现在生活水平提高了，平时也常做粽子。

口彩禁忌

▲出头[tʃʰɐt^{1}tɐu^{231}]:包红包的钱不能是整数，要在整数上增加一点零钱。如不包10元，要包11元或10.1元，不包100元，要包101元或110元，哪怕多几分钱也算出头。意在有出头之日。作为送礼的红包不出头，会被认为不懂礼，不吉利。而作为“利事”的红包只包两块或几块钱，就是图一个彩头，就不再加零头钱。▲有余有利[iɐu^{24}y^{231}iɐu^{24}ʃeŋ^{21}]:除夕夜的饭菜留下很多不吃完，祈望和表示生活富足。▲长明灯[tʃiæŋ^{11}meŋ^{231}ɗɐŋ^{52}]:新居、洞房、除夕夜屋内各房间灯要长夜不灭。新居的各个房间、新婚夫妇的洞房长明灯要点满三天，堂屋的长明灯要从除夕亮到正月初二以后。即使现在有了电灯，都习惯用煤油灯作长明灯。新居、洞房的长明灯要用新的灯，并在灯囱上贴上一圈红纸。▲老开[lou^{24}hœ^{52}]:指老人去世，也叫“老了”，或“有在了”。▲牛一[ȵiɐu^{1}iɐt^{5}]:生日。“生”字上下两部分拆分为“牛”与“一”。▲寿碗:给高寿老人办寿宴用的碗。寿宴结束时每个客人可拿一个碗回去用作纪念，有沾寿气的意思。一般人家给的是普通的碗，富有的人家会在厂家定做寿碗分发给客人。

第三节　语　法

藤县方言语法跟广州粤语大体相同，也有自己的一些特点。本志仅就藤县话突出的语法现象归纳成11条，有些在语词部分已有反映的语法现象不再赘述。

名词的小称

某些指物名词和称谓名词可以加"儿"字尾表示小称，包含小巧、亲切或贬抑的附加意义。藤县儿尾词可分3类：凳儿，洋碟儿，番薯儿，裤儿，鸡儿，牛牯儿；细佬儿，亚侄儿，妹儿，大姨儿，老婆儿，老母儿，老豆儿，学生儿，教师儿，校长儿，局长儿，县长儿；师范儿，中专儿，大专儿，楼儿，水塔儿。

形容词的重叠式

形容词的重叠，后面加"嘀"或"点"。表示程度较轻，"稍微有点儿"。

AA嘀式　这是单音形容词的重叠格式，例如：白白嘀、瘦瘦嘀、甜甜嘀、傻傻嘀。

ABAB嘀式　这是双音形容词（或形容词性短语）的重叠格式。例如：伦阵伦阵嘀、难睇难睇嘀。双音形容词的这种重叠情况比较少见。

形容词的附加式

在形容词上附加某些成分，可以表示程度、情状或感情色彩的不同。

XA和XXA式　A是单音形容词，X是附加成分，这种附加成分一般无字可写。XA表示"很A"；XXA表示"有点A"，并有描写意味。这两种格式中的X用在同一个形容词前面是同一个"字"，两种格式之间有明显的演变关系。例如：□（来亩切）蓝，□□（均为来亩切）蓝；□（额压切）弯，□□（均为额压切）弯。

此种格式中的X，有时可以写出具有语素意义的字来。例如：蜡亮、蜡蜡亮；胖胀，胖胖胀（胖肿胀）。

X鬼A式和XX鬼A式　在XA和XXA两种格式中嵌进一个"鬼"字表示强调，有时有憎恶的感情色彩。例如：蜡鬼亮，蜡蜡鬼亮；更鬼勾，更更鬼勾。

好（几）鬼A式　"好"是副词"很"的意思，可以说"好A"。在"好A"中间嵌进一个"鬼"字，就成为"好鬼A"式。"鬼"表示强调，"好鬼"已经凝固成一个附加成分，广泛使用。例如：好鬼高、好鬼硬、好鬼亮、好鬼干净、好鬼罗唆。"好"可以换成"几"。作用相同。这种格式表示程度很重。

不止A式　在形容词前面加上"不止"构成"不止A"式，表示程度极重。例如：不止好、不止难、不止苦、不止逸、不止饥、不止干净、不止邋遢、不止伦阵。

"不止"的"止"是"知几"二字的缩合音变，"几"是"多么"意思。其原始形式是"不知几A"，"知几"二字合并，用"知"的声母和"几"的韵母及声调构成一个新音节，就是"止"字读音。

A（AB）过去式　形容词后面加"过头"，表示超量、过分。例如：多过头（太多）、咸过头（太咸）、晏过头（太晚）、精过头（太狡猾）、跳皮过头（太顽皮）。

形容词的生动形式

语素重叠再加"成"构成形容词的生动形式，表示"……的样子"，具有很强的描写意味。"成"是记音字，有时读成"声"，基本音节是一样的。

AX成式　这是一种单音语素的衍音重叠，用单音词（形容词、动词或名词）作语素，衍化出一个叠韵音节（声母固定用h），然后加"成"构成"AX式"。X代表那个衍生音节。例如"峨呵成"（高大突出的样子）。

ABAB成式　这是由双音形容词性语素原样重叠，然后加"成"构成的。例如：倜倔倜倔成（一踱一跛的）、速疾速疾成（忙得团团转的样子）。

动作的方式

V做　单音动词后面加"做"，表示这个动作是一种方式，含有比较选择的意思。例如："亚两袋米等我担做，冇使车"（那两袋米让我去挑，不用车拉。）；渠讲行做舒服嘀（他说步行舒服）。

V埋　单音动词加"埋"，表示连同或顺带动作，有"连……也"、"连……一起"的意思。例如："吃埋亚只鸡蛋"（连那个鸡蛋一起吃掉）。送埋个只篮去（把这个篮子也送去）。

动词的体

进行体　动词后面加"住"或"紧"，表示动作的进行或持续，相当于"着"。例如：对唔住，啱儿我打住（紧）电话（对不起，刚才我正打着电话）。咪嘈，渠瞓紧（住）觉。（别吵，他正在睡觉。）

经历体　动词后面加"开"，表示曾经发生过此种动作行为，相当于"了"。例如：洗开身唔曾？—洗开。（洗了澡没有？—洗了）。渠落开梧州了，冇在屋。（他下了梧州了，不在家。）

经历体也能用“了”表示，上面的例句也可以说成：洗了身冇？—洗了。…渠落了梧州…。

完成体 动词后面加“齐”，表示动作的完成。相当于“完”“掉”“了”。例如：“捉齐箇盘棋先”（下完这盘棋再说）。吃齐嘀饭（把这点儿饭吃掉）。吃了我个“药，包你老鼠死齐！”（吃了我的药，包你的老鼠都死光）！

回复体 动词后面加“返”（读成“翻”），表示动作的接续和回复，含有“继续”、“仍旧”、“又”等意思。例如：“睇翻你个书”（继续看你的书）。“停翻原来间屋”（仍旧住在原来的房子里）“好翻天了”（天又好起来了）。

合成词的语序

有些合成的称谓名词和动物名词，中心语素在前，修饰成分在后。例如：妹孙（孙女）、妹塞（重孙女）；妹一、妹二（大妹、二妹）；牛牯、狗牯、猫公、鸭公（公牛、公狗、公猫、公鸭）；牛乸、狗乸、猫乸、鸭乸（母牛、母狗、母猫、母鸭）。

跟动词有关的语序

“多”“少”在宾语前面 形容词“多”“少”跟动词谓语发生关系时，普通话放在动词前面作状语，藤县话放在动词后面，跟数量词结合起来作宾语的定语。例如：“穿多件□（勒崩切），穿少两件单衫”（多穿一件毛衣，少穿几件单衣服）。“饮少嘀烧酒，吃多嘀饭”（少喝点儿酒，多吃点儿饭）。

藤县话也可以象普通话那样，把“多”“少”放在动词前面作状语。

数量词作补语放在指人的宾语前面 动词带有指人的宾语时，数量词作补语放在宾语后面。例如：“我揾了半日渠”（我找了他半天）。“去问声老师”（去问老师一声）。

直接宾语在前、间接宾语在后 在双宾语中，指物的直接宾语放在前面，指人的间接宾语放在后面。例如：“畀箇件衫小妹”（把这衣服给妹妹）。“借只椅我”（借给我一张椅子）。

双宾语也有跟普通话相同的表达方式，例如：“畀渠细佬五缗纸”（给他弟弟五块钱）。“借只椅畀我”（借张椅子给我）。

比较句

藤县话比较句有跟普通话相同的表达方法（如：你比我高嘀），还有普通话所没有的表达方式。这种方式不用“比”，用“过”放在形容词后面，直接说出比较结果。如：“坐火车快过坐汽车”（坐火车比汽车快）。“荔枝好吃过龙眼”（荔枝比龙眼好吃）。

这种句式还可以另带补语，放在形容词与“过”之间。例如：“我屋里家俬少好多过渠吨”（我家的家具比他家少很多）。“渠细佬精得多过渠”（他弟弟比他精明得多）。

被动句

被动句用“着”或“畀”（给），在有些句子里，它们的表达功能是一样的，可以互换。例如：“着（畀）黄蜂锥开一枪”（被马蜂蜇了一口）。“畀（着）渠拉我上茶楼”（我被他拉上了茶楼）。

“着”与“畀”的不同之处在于：①“着”的被动遭遇意味强，“畀”的被动意味较弱。②没有受动者、在普通话中只能用“让”或“叫”的句子，藤县“畀”不用“着”。③用“着”可以省略施动者，用“畀”一定要有施动者。例如：“冇睇得稳，畀渠溜开”（不能用“着”）。“着（渠）打两掌”（可以省略施动者）；“畀渠打两掌”（不能省略施动者）。

此外，“着”还有一种宽泛的用法，表示某种不情愿、不如意的遭遇（“畀”没有这种用法），普通话没有类似的说法。例如：“今朝起身晏，上班着迟到”“我真係衰，又着补考，又着留级”。

条件句

“亲……就”式 用“亲”与“就”相配合，表示充足条件，相当于“一……就”的格式。例如；“箇个细子儿，碰亲就哭”（这个孩子，一碰就哭）。“有亲问题你就伦阵”（一出问题你就麻烦了）。

“几大（点蚊）……都”式 用“几大”或“点蚊”（怎么样）与“都”相配合，表示排除一切条件。例如：“几大（点蚊）都要插齐□（灭饼切）田先”（无论如何都要先插完这点儿田）。“点蚊（几大）都冇畀你嫁只老男人”（怎么说不让你嫁给这个老头子）。

第二十四篇

人　物

天平镇新马村袁崇焕雕像

藤县物华天宝，人杰地灵，英才辈出，各行各业涌现出许多优秀人才。本篇设人物传略和人物名录两章，其中人物传略共收集6人，其中1人为断限外补录；人物名录设藤县籍副厅（副师）级以上人员名录、获政府特殊津贴科技人员名录、获省级以上劳动模范（先进工作者）名录、获副高级及以上专业技术职称人员名录，依次列载。为确保收录人物的广泛与全面，藤县史志办公室从2008年6月开始至2018年，在每次召开的资料员培训会议、资料员座谈会均对人物资料的收集作重点强调。2016年7月22日，以县委办、县政府办名义印发《中共藤县委员会办公室、县人民政府办公室关于公开征集第二轮〈藤县志〉人物资料的通知》，发至各乡镇党委、政府，县直机关各部门、各单位，各人民团体，中直、区直、市直驻藤各单位。同月下旬，县史志办公室采购社会服务，用塑料薄膜制作“关于公开征集第二轮《藤县志》人物资料的启示”张贴到全县各乡镇集镇及较大的村级集市。公开征集断限内杰出人物资料，包括获省（部）级以上表彰的先进人物和副厅、副师级以上党政军领导、获高级专业技术职称人员与享受政府特殊津贴的专家学者等。

第一章　人物传略

何峨芳

何峨芳(1908.07—1987.08)。字雨眉。藤县和平镇新平村人，生于清光绪三十四年(1908年)七月二十五日。民国15年(1926年)九月初，在黄埔中央军事政治学校第六期步兵科入伍，录第一团第十二连。18年(1929年)五月毕业于南京中央陆军军官学校步兵科第二大队第六中队。毕业后，考取训练总监部教官学习。24年调升训练总监部学生集训总队部任队职。25年调升南京市国民兵训练总队教官，在南京社会军事训练委员会主任何志浩领导下开展社训工作。民国26年(1937年)调广州市社训总队，随后调广州市社会军事训练委员会工作。28年夏，在广东曲江（韶关）第四战区主持谍报训练班。同年调升第四战区长官司令部游击训练班大队长。29年，任军统局（军事委员会调查统计局）广西站站长，开始从事军统局工作。32年，何峨芳调广东缉私处任副处长。34年，随戴笠赴东南视察，留在息烽接任中美情报合作所第十训练班副主任。此后，被提拔为少将副主任，成为中统高级干部。35年，何峨芳调军统局广东站站长。37年，解放战争节节胜利，何峨芳出任广东东莞县县长，兼负东江军事工作。1949年冬，大陆各地陆续解放。何峨芳逃至台湾。1966年退休。

1987年8月6日，因得心脏病及大肠瘤在台北荣民总医院病死，终年82岁。

秦　超

秦超(1917—1997.09)，原名覃冠林，太平镇石夏村全村人，民国6年(1917年)出生。26年9月参加革命，27年8月加入中国共产党。抗日战争和解放战争时期历任安徽省全椒县县委书记，华东野战军第七纵队独立团参谋长，第七纵队炮兵团政委，第三野战军七兵团政治部民运部部长。抗日战争时期参加过著名的淞沪战役、徐州会战和武汉保卫战3次大战役；解放战争时期参加过宿北战役、鲁南战役、莱芜战役、孟良崮战役、淮海战役、渡江战役等8个战役。解放后历任浙赣铁路军事管制委员会副总军事任代表，上海铁路总工会副主席，广州铁路局政治部副主任、局党委副书记、第一书记等职务。1983年离职休养。1997年9月10日在广州逝世，享年80岁。中共广东省委发文通知：“秦超同志享受副省长级医疗待遇”，安葬于银河公墓纪念馆内。

张开诚

张开诚(1917—1988)，原名张凤晖，平南县富藏乡人。民国24年(1935年)，在广西省立第二中学初中部毕业。随即考上广州广雅中学高中部学习。其间，积极参加学生抗日爱国活动。抗日战争爆发后，张开诚和一批进步同学奔赴延安，寻求革命真理。他在中国人民抗日军政大学第四期毕业后，深入山东抗日根据地，在邹县、费县等地发动组织群众，开展抗日游击战争，曾光荣负伤。37年(1948年)淮海战役中，张开诚率领群众运送物资支援前线解放军作战。1949年底,随解放大军南下到广西藤县,负责中共藤县党务工作。1950年3月8日,中国共产党藤县委员会成立,张开诚任书记。继而任中共容县地委副书记兼组织部部长。1965年调任钦州地委书记。后任广西壮族自治区建材局党组书记。1988年在南宁逝世,终年72岁。

赵唯理

赵唯理(1924.03.02—2000.11.03),山东黄县人。民国31年(1942年)3月参加革命,32年(1943年)1月加入中国共产党。开始在游击区以小学教员身份作掩护,做情报传递员,后到区政府工作。34年(1945年)11月奉命调东北,参加东北民主联军辽南军区独立师,任副指导员;中国人民解放军第四野战军组建后,在41军123师政治部工作,任组织干事,后任政治部秘书。37年(1948年)调154师工作,任民运科科长。1949年12月9日,赵唯理奉命从部队转业到广西藤县,组建藤县人民政府。12月11日,藤县人民政府成立,赵唯理任县长。

解放初期,县境北部土匪猖獗。1950年3月,先后多股土匪汇集大黎地区,并在县内率先进行武装暴乱。孟塘乡土匪围攻征粮工作队和随队的解放军,工作队和解放军19人遭到土匪杀害。并扬言"悬赏"大洋5000元活捉前来大黎征粮的县人民政府首任县长赵唯理。10月10日,匪首余铸在大黎成立"匪县政府",自任"县长",实行征粮征税。县委、县政府会同驻军开展剿灭土匪,巩固政权战斗。1950年2月11日、3月20日和1951年1月20日赵唯理先后三次率队进入大黎地区开展剿匪和征粮。至1951年4月,盘踞大黎的土匪基本被剿灭。

1953年4月,赵唯理任中共藤县委员会书记。1954年9月,任容县地委宣传部部长。1961年任梧州地委副书记。1966年6月调北京市工作,先后担任市委大学部副部长、市委副秘书长、市政府教育局局长。1979年调国家林业部,任科教司司长。1983年因病提前离职休养。2000年11月3日因病于北京逝世。

彭伟宗

彭伟宗(1933.01—2000.06),天平镇石炉村人。1933年1月3日出生。1952年11月加入中国共产党。1951年2月后任中共梧州市委秘书处文书,市委组织部组织科干事、副科长。1958年2月任梧州市郊区旺步乡党委副书记、社长。1961年11月任梧州市农业畜牧局局长。1969年7月任梧州市电池厂革委会主任。1971年5月在中共梧州市第五届代表大会上当选为市委候补委员。1971年6月后任梧州市交通局副局长、中共梧州市委常委、市革委会办公室主任、副秘书长、秘书长。1977年8月任中共梧州市委副书记、市革委会副主任。1978年5月在中共梧州市第六次代表大会上当选为市委委员。1980年9月任中共梧州市委副书记、市长。1982年4月任中共梧州市委书记、市长、市人武部第一政委。1983年11月任中共梧州市委书记、市人武部第一政委、梧州军分区第一政委。1984年5月至1986年1月兼任梧州市政协主席、党组书记。1987年10月出席中国共产党第十三次全国代表大会。1990年12月至1995年9月,任梧州市人大常委会主任、党组书记。1998年退休。1999年分别担任广西"三讲"教育巡视组组长和自治区驻贺州市、玉林市"三讲"督查员。2000年6月21日,因公殉职。

莫勇强

莫勇强(1971.02—1991.05),广西藤县藤城镇人。1971年2月10日出生于一个革命军人干部家庭,童年一直跟随父亲莫观德在藤县人民武装部生活。在藤县城关中学读书期间,莫勇强思想上积极要求进步,各方面表现出色,很快加入了共青团组织。1988年,莫勇强考进广西广播电视学校。在学校里,他一直担任班干部和团支部委员。

1990年12月,莫勇强结束学校生活,分配到梧州市广播电视局属下的广播电视服务公司任无线电修理工。他给顾客修理电视机,总是想顾客之所想,急顾客之所急。莫勇强的出色工作,给职工们留下深刻的印象,并得到公司领导和员工们的称赞。随后莫勇强参加值夜班,轮流看管仓库里的电视机。1991年5月21日晚上8点30分,莫勇强依时回仓库值夜班。在他刚打开仓库卷闸门,推单车进去时,潜伏在附近的歹徒杨××突然尾随而入,并迅速将卷闸门关闭,掏出一把尺余长的不锈钢尖刀,向莫勇强威逼,意欲搬走几台电视机还赌债。面对身高1.73米、体重75公斤的歹徒,莫勇强为了保护国家财产,早已把个人安危置之度外，斩钉截铁地对歹徒说：“我的手表和身上的钱你都可以拿去。但电视机是公家的，你一台也不能取走。”利欲熏心的歹徒正要向莫勇强举起屠刀那一刹间，早已有准备的莫勇强突然扑过去，紧紧抓住歹徒的手，将刀夺了过来，并高声呼喊。歹徒凭借自己身高体壮的优势，拼命把刀夺了回去，举刀就向莫勇强身上乱砍乱刺。赤手空拳且个小体弱的莫勇强身负重伤倒在血泊中。歹徒乘莫勇强倒地之际，转身向卷闸门走去，企图开门逃跑。爱憎分明、嫉恶如仇的莫勇强，强忍着伤口的剧痛，吃力地爬起来，一把拖住歹徒，并用头向歹徒胸部猛撞。歹徒见电视机已无望抢走了，想走又走不了，恼羞成怒，拿起刀又是一阵乱砍，莫勇强再次倒在地上。眼看歹徒就要逃之夭夭，躺在血泊中的莫勇强，以惊人的毅力，用双手紧紧抱住歹徒的腿不放。完全丧失了人性的歹徒，疯狂地挥动刀子，雨点般地落在莫勇强身上。莫勇强第三次倒在血泊之中。仓库内200多台电视机，价值30多万元的国家财产保住了，莫勇强却为此献出了年轻的宝贵生命。

在莫勇强与歹徒英勇搏斗时，附近一位退休职工听到搏斗的撞击声和呼喊声，立即向公安派出所报案，公安机关很快将抢劫杀人犯杨××抓获归案，同案犯冯×、覃×、陈×也相继落入法网，受到法律的制裁。

广西壮族自治区人民政府民政厅很快作出决定，批准追认莫勇强为革命烈士。中共梧州市委员会、梧州市人民政府及时作出《在全市开展向莫勇强同志学习活动》的决定。共青团广西壮族自治区委员会、共青团梧州市委员会分别作出决定，追授莫勇强同志为全区、梧州市“优秀共青团员”称号。对莫勇强的英勇事迹，《广西日报》、广西电视台、广西电台、《梧州日报》、梧州电视台、梧州电台、《梧州广播电视报》《梧州法制报》等新闻媒介先后作了详细报道。当年水都人民评选他为梧州市“十佳青年”之一。

第二章　人物名录

1991年—2005年藤县籍副厅（副师）级以上人物名录

表24-2-1

姓名	性别	籍贯	民族	出生年月	工作单位	职务
张光皓	男	新庆镇	汉族	1931.03	中共广西壮族自治区党委	秘书长
霍寿延	男	藤城镇	汉族	1929.05	广西梧州市人民检察院	检察长
朱名胜	男	新庆镇	汉族	1954.05	广西南宁市人民检察院	检察长
何家骥	男	天平镇	汉族	1936.01	广东省第二轻工业厅	副厅长
易　华	男	濛江镇	汉族	1942.02	广东省广州市气象局	局长
莫能林	男	和平镇双垌村	汉族	1949.10	53906部队某大队	大队长（副师级）
黄华富	男	同心镇平顶村	汉族	1940.06	武警广西总队	总队长（副师级）

1991年—2005年藤县获国务院特殊津贴人员名录

表24-2-2

姓名	性别	民族	出生年月	籍贯	所在单位	颁发机关
苏　洲	男	汉	1927.09	藤州镇	湖北省超高压输变电局	国务院
石维志	男	汉	1936.08	塘步镇禤洲村	广西区卫生防疫站	国务院
吴展阳	男	汉	1938.11	和平镇座垌村	广西化工研究院	国务院
李树秀	男	汉		广东省信宜县	藤县中学	国务院

1991 年—2005 年藤县获省级以上劳动模范(先进工作者)名录

表 24-2-3

姓名	性别	出生年月	籍贯	民族	工作单位	荣誉称号	授予时间	授予单位
成发群	男	1947.07	藤县	汉	藤县公安局	全国先进工作者	1995.04	国务院
吴容平	男	1944.08	藤县	汉	藤县太平松脂厂	全国五一劳动奖章	1993.12	中华全国总工会
张传彩	男	1946.10	藤县	汉	藤县雅照钛白有限公司	全国五一劳动奖章	2004.04	中华全国总工会
邓其汉	男	1936.06	藤县	汉	藤县古龙镇古龙村公所	广西壮族自治区劳动模范	1992.08	广西壮族自治区人民政府
吴容平	男	1944.08	藤县	汉	藤县太平松脂厂	广西壮族自治区劳动模范	1993.06	广西壮族自治区人民政府
周发成	男	1949.10	藤县	汉	藤县藤钛化工有限公司	广西壮族自治区劳动模范	1993.12	广西壮族自治区人民政府
何绍坤	男	1941.12	藤县	汉	藤县中学	广西壮族自治区先进工作者	1995.04	广西壮族自治区人民政府
黄献迴	男	1951.05	藤县	汉	藤县古龙镇政府	广西壮族自治区劳动模范	1995.04	广西壮族自治区人民政府
林勇	男	1958.11	藤县	汉	藤县藤钛化工有限公司	广西壮族自治区劳动模范	1995.04	广西壮族自治区人民政府
吴凤兰	女	1951.11	藤县	汉	藤县藤城镇白泥村	广西壮族自治区劳动模范	1995.04	广西壮族自治区人民政府
钟杰英	女	1958.04	藤县	汉	藤县塘步镇政府	广西壮族自治区劳动模范	1996.04	广西壮族自治区人民政府
黄洪波	男	1963.03	藤县	汉	藤县公安局	广西壮族自治区先进工作者	1997.04	广西壮族自治区人民政府
谢廷楷	男	1950.08	藤县	汉	藤县中学	全国教育系统劳动模范	1998.09	教育部
霍小钰	男	1962.10	藤县	汉	藤县人民政府	全国抗洪模范	1998.12	国家防汛、人事部、总政部
韦考兰	女	1953.04	藤县	汉	藤县平福乡桃花村	广西壮族自治区劳动模范	1999.04	广西壮族自治区人民政府
张传彩	男	1946.10	藤县	汉	藤县雅照钛白有限公司	广西壮族自治区劳动模范	2000.04	广西壮族自治区人民政府
黄寿森	男	1962.03	桂平市	汉	藤县林业局	全国林业系统先进工作者	2003.09	林业部
黎承建	男	1969.11	藤县	汉	广西金茂钛业有限公司	广西壮族自治区劳动模范	2005.04	广西壮族自治区人民政府
梁元坤	男	1936.06	藤县	汉	藤县天平镇龙胜村委	广西壮族自治区劳动模范	2005.04	广西壮族自治区人民政府

1991年—2005年藤县获副高级及以上专业技术职称人员名录

表24-2-4

姓名	性别	取得职称时所在单位	专业技术职称	取得职称年月
吴进求	男	藤县水利工程管理站	高级工程师	1997.12
黎培芳	男	藤县藤州中学	中学高级教师	1997.12
何翰当	男	藤县藤州中学	中学高级教师	1997.12
孙　彪	男	藤县藤州中学	中学高级教师	1997.12
邓以宏	男	藤县藤州中学	中学高级教师	1997.12
马少华	男	藤县第一中学	中学高级教师	1997.12
霍济球	男	藤县第一中学	中学高级教师	1997.12
马敬南	男	藤县第一中学	中学高级教师	1997.12
黄其森	男	藤县第二中学	中学高级教师	1997.12
朱宪民	男	藤县第三中学	中学高级教师	1997.12
邓以诺	男	藤县太平镇第一初级中学	中学高级教师	1997.12
王醒明	男	藤县中学	中学高级教师	1997.12
陆增武	男	藤县中学	中学高级教师	1997.12
霍洪俊	男	藤县中学	中学高级教师	1997.12
许世全	男	藤县中学	中学高级教师	1997.12
李　恒	男	藤县天平镇第一初级中学	中学高级教师	1997.12
罗金科	男	藤县象棋镇第一初级中学	中学高级教师	1997.12
秦杰宁	男	藤县人民医院	副主任医师	1997.12
卓　超	男	藤县人民医院	副主任医师	1997.12
龚　斌	男	藤县人民医院	副主任医师	1997.12
郭满深	男	藤县卫生防疫站	副主任医师	1997.12
朱芳诗	男	藤县有机化工厂	高级经济师	1998.12
施培培	女	藤县教育局教学研究生	中学高级教师	1998.12
黄明海	男	藤县教育局教学研究生	中学高级教师	1998.12
陈　智	男	藤县藤州中学	中学高级教师	1998.12
陈典瑞	男	藤县中学	中学高级教师	1998.12
徐延坚	男	藤县中学	中学高级教师	1998.12
丁剑刚	男	藤县中学	中学高级教师	1998.12
梁金钊	男	藤县第三中学	中学高级教师	1998.12
梁旭光	男	藤县埌南镇第一初级中学	中学高级教师	1998.12
卢钊林	男	藤县教育局教学研究室	中学高级教师	1999.12
黄化功	男	藤县中学	中学高级教师	1999.12
黄际光	男	藤县中学	中学高级教师	1999.12

续表

姓名	性别	取得职称时所在单位	专业技术职称	取得职称年月
陈炳深	男	藤县人民医院	副主任医师	1999.12
梁寿云	男	藤县人民医院	副主任医师	1999.12
朱树源	男	藤县第二人民医院	副主任医师	1999.12
温广森	男	藤县第二人民医院	副主任医师	1999.12
黄家新	男	藤县藤州中学	中学高级教师	2000.12
卢宇生	男	藤县藤州中学	中学高级教师	2000.12
吴华龙	男	藤县第一中学	中学高级教师	2000.12
卢功县	男	藤县第一中学	中学高级教师	2000.12
王维宇	男	藤县第一中学	中学高级教师	2000.12
郭　纬	男	藤县第一中学	中学高级教师	2000.12
魏振兴	男	藤县第一中学	中学高级教师	2000.12
莫良友	男	藤县太平镇第一初级中学	中学高级教师	2000.12
苏赤勇	男	藤县电力管理站	高级工程师	2000.12
黄弈铭	男	藤县种子公司	高级农艺师	2000.12
黄寿森	男	藤县林业局	高级工程师	2001.12
朱福连	女	藤县藤州中学	中学高级教师	2001.12
王钧科	男	藤县藤州中学	中学高级教师	2001.12
卢铎昌	男	藤县中学	中学高级教师	2001.12
梁显明	男	藤县第一中学	中学高级教师	2001.12
吴健梅	女	藤县第一中学	中学高级教师	2001.12
陈庆群	女	藤县第一中学	中学高级教师	2001.12
韦　林	男	藤县第二职业高中	中学高级教师	2001.12
覃雄球	男	藤县潭东镇第一初级中学	中学高级教师	2001.12
冼庆伦	男	藤县第二中学	中学高级教师	2002.12
黄素柱	男	藤县第二中学	中学高级教师	2002.12
陈献来	男	藤县太平镇第一初级中学	中学高级教师	2002.12
马伟勇	男	藤县太平镇教育辅导站	中学高级教师	2002.12
邓　彩	男	藤县水利电力设计室	高级工程师	
陈　文	男	藤县中学	中学高级教师	2003.12
黎　军	男	藤县中学	中学高级教师	2003.12
邱翠珍	女	藤县第三中学	中学高级教师	2003.12
谢宝强	男	藤县第一职业高中	中学高级教师	2003.12
徐盛国	男	藤县人民医院	副主任医师	2003.12
黄蔚玲	女	藤县中学	中学高级教师	2004.12

续表

姓名	性别	取得职称时所在单位	专业技术职称	取得职称年月
卢　红	女	藤县中学	中学高级教师	2004.12
杨伟勇	男	藤县中学	中学高级教师	2004.12
何少锋	男	藤县中学	中学高级教师	2004.12
宾旭生	男	藤县第二中学	中学高级教师	2004.12
黄海功	男	藤县第三中学	中学高级教师	2004.12
容传章	男	藤县第四中学	中学高级教师	2004.12
陈世伟	男	藤县天平镇第一初级中学	中学高级教师	2004.12
黄　文	男	藤县人民医院	副主任医师	2005.12
江秀杰	男	藤县人民医院	副主任医师	2005.12
祝义勇	男	藤县藤州中学	中学高级教师	2005.12
梁海英	女	藤县中学	中学高级教师	2005.12
何坤英	女	藤县中学	中学高级教师	2005.12
黄昭华	男	藤县第二中学	中学高级教师	2005.12
杨立超	男	藤县第二中学	中学高级教师	2005.12
莫权增	男	藤县第二中学	中学高级教师	2005.12
何国松	男	藤县第三中学	中学高级教师	2005.12
杨文祖	男	藤县第四中学	中学高级教师	2005.12
何景才	男	藤县天平镇第四初级中学	中学高级教师	2005.12
郑宇明	男	藤县塘步镇第三中学	中学高级教师	2005.12

明末兵部尚书袁崇焕故里——天平镇新马村

附录

宁风寺　　（2013 年摄）

重要文件

国务院关于同意广西壮族自治区调整梧州地区和梧州市行政区划的批复

国函〔1997〕12号

广西壮族自治区人民政府：

你区《关于要求调整梧州地市行政区划的请示》（桂政报〔1996〕33号）及有关补充报告收悉。同意对梧州地区和梧州市的行政区划作如下调整：

一、撤销贺县，设立贺州市（县级），以原贺县的行政区域为贺州市的行政区域。

二、将梧州地区行署驻地由梧州市区迁至贺州市八步镇，梧州地区更名为贺州地区。贺州地区辖原梧州地区的富川、钟山、昭平3个县（自治县）和贺州市。

三、梧州市辖万秀、蝶山、郊区3个区、辖苍梧县和原梧州地区的藤县、蒙山县、代管原梧州地区的岑溪市（县级）。

上述行政区划调整后的机构设置，应本着精简、效能的原则，不增加人员。编制规模，所需经费由你区自行解决。

国务院

一九九七年二月二十七日

中共藤县委员会　藤县人民政府关于印发藤城河东新区开发工作会议纪要的通知

《藤城河东新区开发工作会议纪要》已经县委、县人民政府同意，现印发给你们，希认真贯彻执行。

藤城河东新区开发工作会议纪要

一九九二年七月二十日上午，县政府召开了藤城河东新区开发准备工作会议。参加会议的有：曾南城县长、黄自忠副县长及县政府办公室、计委、建委、财政局、粮食局、公安局、土地局、水电局、交通局、县房地产综合开发公司、藤城镇政府等部门单位的领导。会议由县长曾南城同志主持，副县长黄自忠同志首先就藤城河东新区开发的意义、近期开发目标、行动计划和急需解决的有关问题作了发言，与会同志围绕黄副县长的发言，进行了热烈认真的讨论，发表了很多积极的合理的好意见好建议，一致表示要坚决执行县委、县政府关于开发藤城河东新城区的决策，做到统一步调，通力合作，尽职尽责，努力做好各方面的工作，为藤城新区的开发作出自己的应有贡献。曾县长对开发藤城河东新区的重要意义和指导思想作了进一步的阐述，并对河东区开发的实施计划、资金筹措、组织领导等有关问题作了明确部署。现将会议研究的主要问题纪要如下。

一、关于开发藤城河东新城区的意义。会议一致认为：这是我县贯彻执行邓小平同志南巡重要谈话和中央政治局会议以及自治区对外开放工作会议精神的一个具体行动，是改善我县建设投资环境，加快我县经济发展步伐的关键措施，是藤州大地旧貌变新颜的重大决策，是我县目前所未有的伟大壮举，是全县八十万人民的共同愿望，是时代赋予我们的光荣任务，且近期动工开发的时机已经成熟，条件已经具备。我们一定要以高度的责任感，强烈的事业心，敢作敢为敢闯敢干的勇气，无坚不摧的革命气魄，排除一切阻力，冲破一切障碍，坚决完成河东新城区开发的各项任务。

二、关于开发的目标。“八五”期间，藤城城区的面积要由现在的1.7平方公里扩大到5.6平方公里。今年先从开发河东区起步，近期的目标是：开发地产一千亩，四十米大街两条共长三公里，要求开工后三个月把土地推平，年底初具规模。

三、关于开发动工的时间。拟定于今年八月八日上午八时，各有关职能部门必须尽职尽责做好准备工作，确保准时开工。

四、关于开发的资金筹措。根据初步设计，近期开发的地产一千亩，四十米大街三公里和一些基础设施配置，需要投入约二千多万元，筹措的办法：一是从今年收取的农转非城市配套费中拿一部分（一千万元）；二是在“五行一保”（即：人民银行、中国银行、工商银行、农业银行、建设银行、保险公司）拆借一部分（一千万元）；三是收取用地单位个人预付金解决一部分；四是承包开发施工队带资一部分。

五、关于施工组织。为了加强工程的领导，充分调动各行各业的开发积极性，决定建立河东区开发工程指挥部，全盘负责河东区开发工程指挥工作，并由土地局负责征地，建委负责规划、拆迁，房地产综合开发公司负责组织施工，并由公安、政法部门负责安全保卫，以确保开发工程的顺利进行。同时把开发工程划分为几个战区，以战区为单位建立指挥所，定期检查评比，开展社会主义劳动竞赛。

六、要大造舆论，大造声势。建议县委、县政府在开工前夕举行一次全城干部职工、居民群众大会，组织一次游行活动。在县城各交通路口、主要街道、人流密集的地方书写横挂大幅宣传标语；广播、电视节目以及电影放映前，每天都要有宣传藤城河东新区开发的内容，造成一个全县人民关心、支持、服从河东区开发建设需要的局面。

一九九二年七月二十四日

藤发〔1992〕68号

中共藤县委员会　藤县人民政府
关于实施“523389工程”大力发展玉桂八角林的通知

为了认真贯彻落实全国农村工作会议精神，搞好农业综合开发，发展农村经济。县委、县政府根据本县实际情况，研究制定和组织实施农业综合开发的“523389”工程，其中林业方面，在保护和发展现有森林资源，巩固灭荒成果，确保全县绿化达标的同时，要大力调整林产结构，发展玉桂、八角等经济林，到1998年底，全县玉桂、八角林面积要分别达到50万亩和20万亩。这是建设高产优质高效林业的重要组成部分，也是引导农民靠山致富奔小康的重要措施，各乡镇党委、政府，各国营林场要精心组织实施。

为了如期实现规划目标，现将各乡（镇）、各国营林场的计划任务（详见附表）下达给你们，并通知如下：

一、各乡（镇）、各国营林场要根据县下达的计划任务

结合本地实际情况，本着因地制宜，适地适树，合理布局的原则，尽快把具体计划任务落实到村公所、村民小组以及农户和山头地段。

二、发展玉桂、八角林的林业用地，要首先利用每年的采伐迹地、火烧迹地，现有荒山和山脚、田头松、杂杉林边缘空地，尽量避免毁林造林。同时要与每年的计划砍伐指标挂钩，发展玉桂、八角的重点地方，应优先安排，不能为发展玉桂、八角林所需林地而追加砍伐指标。

三、要认真抓好育苗。保证有足够苗木供应，是实现玉桂、八角造林计划任务的关键。各乡镇要及时调查掌握好现有苗木情况，做好今冬明春造林计划安排。并根据本乡（镇）1995年—1998年冬营造玉桂、八

角林的计划任务安排好育苗。要发动有玉桂、八角树种的农户进行自采、自育；要动员和组织一批有实践经验的育苗重点户、专业户自筹资金办苗圃；要动员和鼓励机关单位或干部、职工个人投资与农民联合搞育苗；各国营林场、苗圃要积极筹措资金培育玉桂、八角苗木，供应社会造林。

四、实行国家、集体、个人一齐上，实现玉桂、八角林发展规划目标。在充分发动广大农户在自有的责任山、自留山种植玉桂、八角等经济林的同时，大力鼓励农户与农户之间跨村、跨乡（镇）联办玉桂、八角林场；鼓励机关企事业单位和干部职工、城镇居民到农村与乡（镇）、村或农户联办玉桂、八角林场。

五、认真做好宣传工作。要运用多种形式，大张旗鼓地宣传实施“523389 工程”的重大意义，达到家喻户晓，把县委、县政府的决定变成广大群众的自觉行动，充分调动他们治山兴林，大造玉桂、八角林的积极性，确保发展玉桂、八角林计划任务的完成。

六、加强技术服务工作。各级林业主管部门，要认真做好种植玉桂、八角的技术指导，通过印发技术宣传资料和现场指导等多种形式，向农民提供技术服务，提高群众种植玉桂、八角的技术水平。

七、切实加强领导。实现全县 50 万亩玉桂、20 万亩八角林的发展规划目标，意义重大，任务也十分艰巨，各级党政要把它作为实施“523389 工程”的重要组成部分，切实加强领导，分工负责，明确岗位目标责任制，抓好工程项目的实施。同时各乡（镇）要下功夫花大力气抓好样板示范点，带动营造玉桂、八角林工作的全面开展，保证工程规划目标如期实现。

以上通知，望认真贯彻落实。

一九九三年十二月二十一日

藤发(1993) 56 号

中共藤县委员会　藤县人民政府
关于集资兴建藤县西江公路大桥和津濛公路的通知

我县地处桂东南，西江把我县天然分割成南北两大部分，陆路交通条件极为不便，严重制约着我县经济的发展。尽快兴建我县西江公路大桥和津蒙公路，使南北陆路交通形成网络，是我县广大人民盼望已久的共同愿望，也是加速我县经济发展的一个重大措施。最近，自治区人民政府主席成克杰为我县西江公路大桥的兴建，作了“抓紧前期工作，争取早日建设”的批示。区交通厅田经武厅长签署了“同意先由县里出资找设计单位做前期工作和工程设计，然后再商谈投资比例和开工日期”的指示。区计委对我县西江公路大桥的建设已签发了立项批文。县第十届人民代表大会第四次会议已通过“关于集资兴建藤县西江大桥”的决议。因此，集资兴建藤县西江大桥和津蒙公路，是功在当代，造福儿孙，遗泽千秋的大事。为了早日建成连结我县南北交通的纽带—藤县西江公路大桥和津蒙公路，县委、县政府要求：

（一）各级各部门要加强领导，切实抓紧抓好这项工作。

县已于去年 11 月 30 日成立了藤县西江公路大桥和津蒙公路建设指挥部，并设立办公室，负责实施大桥和公路建设的具体工作。为抓紧集资工作，要求各乡镇，县直各部、委、办、局成立兴建藤县西江公路大桥和津蒙公路集资领导小组，并分工一名主要领导专抓此项工作，切实加强领导，落实专人负责，确保集资任务的完成。

（二）发动群众，多种形式筹集资金，千方百计完成任务。

1. 集资任务：

⑴全县在职国家干部（含录用干部、招聘干部、公办教师），职工（含合同制工人，集体固定工），自治区、地区驻藤县单位的干部、职工，按 1992 年底实际在职人数计算，干部每人捐资 100 元，职工每人捐资 50 元。离退休干部、职工，由各人自愿捐资；

⑵农民、城镇居民按 1991 年底县统计局公布的实际人数，以 90% 的比例计算，作为各乡镇的实际集资

任务，每人捐资 10 元（详见附表）；

⑶民办教师、代课教师、单位临时工、日工以及干部、职工家属（指不是国家干部、职工的人员），按 1992 年席实际人数计算，每人捐资 10 元。

2. 集资办法：

⑴城镇居民、农民的捐资，由所在乡镇政府负责收集，然后按总任务数的 95% 统一上交县工程指挥部，留下的 5% 作乡镇政府维修地方公路、桥梁专项用款；

⑵国家干部、职工、离退休干部、职工（含干部、职工家属中不是国家干部、职工的人员），民办教师、代课教师，县直、乡镇直单位、厂矿企业、事业单位的临时工、日工，由各乡镇、县直由各主管的部、委、办、局统一收集后，全部上交县工程指挥部。

3. 集资时间：

⑴在职的国家干部、职工（含干部、职工中不是国家干部、职工的人员），离退休干部、职工，民办教师、代课教师、临时工、日工的捐资，要求在 1993 年元月底前一次交清；

⑵城镇居民、农民的捐资分两年进行，要求在 1993 年 6 月底前每人先交 5 元，1994 年 6 月底前全部交清。

4. 各乡镇集资款项的上解办法，要求在 1993 年 3 月底和 1994 年 3 月底前，分别上解当年集资款项的 50%，6 月底交清当年的集资款项。

一九九三年元月三日

藤发（1993）2 号

藤县人民政府关于印发城镇住房制度改革实施方案的通知

现将《藤县城镇住房制度改革实施方案》印发给你们，希认真贯彻执行，原印发的城镇住房制度改革文件与本方案不符的，一律按本方案执行。

藤县城镇住房制度改革实施方案

一、住房制度改革的指导思想，基本原则和奋斗目

党的十一届三中全会以来，在县委、县政府的领导下，县城住房建设有了较大的发展，干部职工的居住条件有了明显的改善，据调查统计，到 1990 年底，我县县城范围内住房建筑面积已达到 44.87 万平方米，人均建筑面积 13.87 平方米，人均居住面积 6.24 平方米，成套率达 46%。但是，由于种种原因，造成现行的住房实行低租金、高补贴（暗补）的现象，几乎到了无偿供给的程度。这种旧的住房体制使本来就财力有限的财政及各部门单位造成了更大的建房压力。没有一套有效的机制，在经济上制约这种无偿供给住房的不合理要求，同时又缺乏一个有效的引导机制去鼓励职工在购房建房上的资金投入，使本来就住房困难的供求矛盾显得更加突出。因此，要加快住房建设和解决县城的住房困难问题，就必须进行住房制度改革。

（一）房改的指导思想

按照社会主义市场经济需要，逐步把住房的生产、交换、分配、消费纳入商品经济轨道，将现行住房实物福利制度逐步改变成商品货币制度。

由于住房通过商品交换（售房或租赁），取得所有权和使权，使住房商品进入消费市场，实现住房资金投入产出的良性循环。采用经济手段，抑制住房的不合理要求，合理调整家庭消费结构，促进房地产业的发展，走出一条解决我县城装居民住房问题的新路子。

（二）住房改革的基本原则

1. 坚持政府、单位、个人三者共同负担的原则。通过发挥三个积极性，在保持现有建房资金渠道的前提下，逐步增加个人在住房建设投资的比重，加快我县住房建设的步伐。

2. 坚持租、售、建并举的原则。逐步提高租金，促进卖房，回收资金，促进建房，管好住房的联带原则。

3. 坚持多住房多出钱的原则。抑制不合理的住房需求，促进消费结构的合理调整。

4. 坚持机制转换的原则。改革现行住房资金分配体制，拓展住房资金渠道，建立三级住房基金，把住房消费基金纳人正常轨道，把包括住房在内的房地产开发、建设、经营、服务纳入社会主义市场经济大循环体系。

（三）我县城镇住房改革的分阶段实施目标

1."八五"目标：以改变低租金，无偿分配为基本点。房屋租金力争达到简单再生产的三项因素（维修费、管理费、折旧费）的计租水平，逐步增加家庭住房消费比重，重点解决危旧住房和人均居住 $4m^2$ 以下的住房困难户的住房问题。力争到一九九五年底，县城人均居住面积达到 7.5 平方米，住房成套率达 60%，全部建立起三级住房基金，保证住房建设有稳定的资金来源，发展房地产市场，通过改革初步奠定机制转换的基础。

2. "九五" 目标：到二 000 年，公房租金标准要努力达到五项因素（维修费、管理费、折旧费、房产税、投资利息）的成本租金水平，县城人均居住面积达 8 平方米，住房成套率这 80%，发展序地产市场，建立健全住房资金的融资体系，实现住房资金投入产出的良性循环。

3. 长期目标：住房租金要达到八项因素（前五项再加上土地使用费、保险费和利润）的商品租金水平，住房成套率大大提高，每户有一套舒适的住房。健全房地产市场，完成住房商品机制转换，实现住房商品化，管理社会化。

二、我县住房制度改革的具体做法

我县住房制度改革采取分步提租发补贴，鼓励职工买公房，新房新制度，多种形式建住宅，逐步推行公积金等多种办法以达到解决住房的目的。

（一）分步提租发补贴

1. 提租范围和计算标准

凡在我县县城辖区范围内所有单位的公有住房，不分隶属关系，一律实行统一租金标准，收取公有住房租金一律按使用面积计算，使用面积 = 建筑面积乘以 0.75。

第一步，从本方案实施之日起，旧房（指一九九一年十二月三十一日以前建成或投入使用的住房，下同）租金标准调整到包括维修费、管理费等两项因素的计租水平即每平方米使用面积平均月租金为 0.45 元；新房（即一九九二年起投入使用的公有住房，下同）租金标准调整到包括维修费、管理费、折旧费等三项因素的计租水平，即每平方米使用面积平均月租金为 0、78 元。

第二步，一九九五年底前，旧房标准租金调整到三项因素计租水平，即每平方米使用面积的月租金平均为 0.78 元；新房租金提到五项因素（即维修费、管理费、折旧变、投资利息，房产税）的成本租金水平，即每平方米使用面积月租金为 1、52 元。

第三步，2000 年以前，旧房租金标准调整到五项因素的成本租金水平，即每平方米使用面积平均月租为 1.52 元；新房力争达到商品租金水平。

对于可出售公房而住户不愿买的，租金按每平方米使用面积，月租金提 40% 计收。

实际月租金标准要根据房屋结构、楼层、朝向、设施等因素实行增减计算。

2. 补贴办法

租金调整后，根据《广西壮族自治区城镇住房制度改革的实施意见》中规定的 "多提少补" 的原则，对租住公房的职工（包括离退休职工），由所在单位按其一九九 0 年底职工的标准工资（包括民族补贴）的 4% 补贴。以后随着房租的提高，相应调整补贴标准。

根据国务院和自治区有关文件规定，房改起步阶段，对居住集体宿舍的职工暂不执行提租补贴的办法，对居住自有私房的职工暂不发补贴，对在我县县城辖区范图内有私房出租面又租住公房的，必须按期退出公房，超期不退者按有关规定处理。

各部门、各单位原有的租住公房补贴办法一律废止。

3. 补贴资金的来源

住房补贴从本单位的住房基金中列支，不足部分经财政部门核定，企业可列入成本。全额顶算的行政事业单位列入预算，差额预算的事业单位按差额比例比照全额顶算单位和企业资金开支渠道列支。

4. 减免政策

民政部门确认的社会贫困户，享受离休待遇的干部职工和已故离休干部的配偶，按规定标准住房提租补贴后，净增支过多，生活困难的，给予适当减免。

5. 超标准加租

按国务院国发〔1983〕193号和自治区桂发〔1984〕8号文件规定的住房建筑面积控制标准，每户不超过20平方米或按家庭成员（指在县城辖区内有常住户口同住的直系亲属，独生子女按二人计，超生子女不计入内，已婚夫妇无子女按三人计）人均住宅建筑面积20平方米计算，家庭住宅建筑面积超出限额20平方米外的部分按同期租金增加一倍。

上述住房标准，只是在房改中对租住公房的家庭是否超标或售房超标加价的补充计算依据，不是职工住房必须达到的标准，也不是建房和分配住房的标准。

（二）出售公有住房

1，出售范围

凡属我县县城辖区范围内的国家机关、团体、学校、全民所有制和集体所有制单位的自管公有住房，包括框架结构、砖混结构单元式，通廊式和户有独立厨房、厕所的单间住房都属出售范围。

属下列情况的住房暂不宜出售，有历史意义的名胜古迹住房，产权尚未确定的住房、代管房；划入县城规近期拆迁改造的三层以下（不含三层）的低层建筑；各行政、企事业单位与办公、科研、教学、医疗、生产场所无法分开的公有住房。

2. 出售对象

公有住房出售的对象，包括在职职工及离退休职工，也包括属于县内正常调动和人才交流调离原单位的现住户。每户职工家庭只能购买一套。县内正常工作调动和人才交流调离原单位的职工购实现住房，所需各项折款，由职工所在单位负责交给房屋产权单位、凡在我县城区范围内有私房的职工，一律不得购买这次出售的公房。

按标准价售房只适用于年人均收入5000元以下的职工家庭户。

3. 售房的价格

出售公房均以建筑面积计算。

新建住房的标准价按住房本身建筑造价加征地拆迁补偿费计算，旧房按重置价（即上一年竣工同类住房的标准价成新折扣后计算）。一九九二年元月一日起使用的新房，砖混结构平均标准价定为220元/M2；一九九一年以前投入使用的砖混结构、重置价平均定为180元/M2，框架结构提高6%。在此基础上按住房使用年限每年扣减2%折旧，但折旧率最高不能超过标准价的30%，新旧公有住房出售时，按住房结构，内部设施差异加上地段、楼层、朝向等因素采取增减系数的办法，按质定价。各单位出售新旧住房都要做好计划和方案报县房改办批准，经评估机构评估后才能安程序正式出售。

4. 超标加价

每户只能按国发〔1983〕193号部桂发［I984］8号文件规定的住房建筑面积，控制标准不超过20平方米，或按家庭成员（同上）人均建筑面积20平方米计算，家庭住房建筑总面积超过限额20平方米外的部分，按市场现行价计价。

5. 住房补贴可抵扣买房款

为鼓励干部职工买房，在标准面积内的售价可抵扣20%作为购房后暂不发放住房补贴。

6. 付款办法

⑴实行一次性付清房款和分期付款两种结算方式，对一次性付清房款的。产权单位可按应收房款减收25%。

⑵分期付款的，属框架结构的，首期付款不得少于应收款的50%，余下部分，第二年交款不少于30%，第三年全部交清；属砖混结构的，可分两次交清，首期交款不少50%，第二年全部交清，除首次交款部分，所欠房款要参照银行购建房抵押贷款利率行息。

（三）公有住房售后的维修与管理

职工购房后必须严格执行和遵守房地产的有关政策法规。凡购买面积范围之内的维修费用，一律自理。公用部分（包括房屋承重结构、屋面、楼梯、外墙公用部分，供电、供水及排水系统等维修和化粪池的清理等）经确认非人为因素损坏的，由原产权单位维修。

（四）购房的限制及其他

1. 买卖公有住房，还须鉴订买实协议，使用房政办统一印制的买卖协议书，买卖双方持协议书和价格评估表办理交易手续，领取“房屋所有权证”。

2. 职工购买公有金房、个人出资部分免交房产税，土地使用税和一次性契税，产权单位以标准价向职工个人出售住房，可免征营业税

3. 在本方案实施之前参加工作。因单位没有成套房购买的原住户，可保留一次享受购买标准价住房的权利。

4. 购房者购定后五年内因公调离本县，而无直系亲属接管的，应将房退回原产权单位，由原产权单位按原价退款已装修的费用扣除折旧后退回。

5. 购房者在未付清房款期间，调离本县或已亡故的，由其继承人继续付款（指直系亲属）。如继承人不需要该房，应退回原出售单位，退款办法按上述第（四）款第4项执行。如购房者无继承人时，主原产权单位依法按绝户接管。

6. 单职工已购了公房。结婚后如夫妇双方在同一城区原已购有公房的，必须退回一套给原产权单位。

7. 职工按标准价购买的住房。购房者拥有部分产权（即占有权，使用权和有限的收益权》可以使用、继承，交清房款五年后，可以按规定出售、出租、售房收入扣除有关税费购房人新投人的装修费后。增值部分按产权比例进行分配，其中增值部分上交县在房资金管理中心5%。原产权单位有优先购买权和租用权。

8. 单位出售公有任房回收的资金，全部存入县住房资金管理中心专户。其中行政事业单位出售公房回收的资金70%划拨给县住房资金管理中心；企业单位出售公有住房回收的资金10%划拨给县住房资金管理中心，作为县住房基金、由县住房资金管理中心调节使用。余下部分作为单位往房基金，单位住房基金所有权属单位所有，但只能定向使用于住房的新建、扩建、改建、维修和发放住房补贴，专款专用，不准挪作他用。需要使用时，由原产权单位向县住房资金管理中心提出申请，经批准后才能使用。

（五）租房收取保证金

为确保出租房屋正常使用，凡是在一九九二年新出租的新房，产权单位除按租金标准收租外，每平方米使用面积加收30元的租房保证金。

职工家庭缴交租房保证金后，如职工不需租用时，产权单位可将保证金（本金）归还给职工，如有人为损坏房屋及设施的则从保证金中扣除。

（六）推行住房公积金制度

住房公积金是一项义务性的长期储蓄，按职工月标准工资的一定比例，由单位和职工个人逐月缴存，两者均归职工所有、通过长期的积累，使职工家庭具有解决自住住房的能力，同时也扩大了住房建设资金来源的渠道。

1. 对象和范围

凡属我县县城辖区有常住户口的党政机关、人民团体、全民所有制单位和集体所有制单位（含三资企业

的中方人员》的在职工，均实行公积金制度、对经济效益差，实行公积金制度确有困难的企业、经批准可暂缓参加。

高退休人员，临时工以及“三资”企业中的外籍人员暂不参加公积金储蓄。

2. 公积金缴交率和利息

从方案批准实施之日起，每月职工缴存和单位提供的公积金，按职工个人现行的标准工资（包括民族补贴）的 5% 缴交，新参加工作的职工，从其领薪第二个月开始缴交。以后随着经济发展和个人收入的变化，职工个人和单位公积金的缴交率将分别进行调整，具体由县房改办公布调整、

存储的公积金比照银行活期利率计算利息。

3. 公积金的来源

在公积金中。个人承担部分由个人缴存，单位提供的部分原则上从单位原有住房基金和自有资金中解决，根据国家规定对于需在成本中列支或预算中变排的部分，由财政部门核定和安排。

4. 公积金的使用和提取

职工个人可使用本户成员及直系亲属积累的公积金。但只能用于支付购买自住住房，建造自住住房，私房翻修及住房大修理费用的支出，不足部分可由户主向银行申请贷款。

凡用公积金购买的住房出售后，需将原购买住房时动用的公积金如数存人该职工原公积金存户内。

公积金可以继承。职工离退休或出国定居时，结余的公积金连本带息，还给本人。职工调离本单位或到外地工作，应将其结余的公积金转到其新的工作单位该职工名下。职工去世其结余的公积金连本息转入其继承人、受遗赠人的户名下或提取。

各单位可以有偿使用本单位职工结余的公买金。用于住房建设，但必须向县住房资金管理中心提主丰请，经审查批准方能动用。

职工及其继承人或受遗赠人。提取的公积金和利息均免交个人收入调节税。

5. 公积金的管理

公积金由县住房资金管理中心负责筹集、管理使用，并委托金融机构代理存贷业务。

（七）多种形式建住宅

为了尽快解决我县职工的住房问题。住宅建设推行国家集体、个人三者共同投资的体制，积极推行集资建房和合作建房。具体方法如下：

1. 根据国家“统一规划，合理布局，因地制宜、综合开发，配套建设”的方针，认真贯彻执行自治区桂政发〔1988〕29 号和〔1990〕5 号令，各有关部门要在用地、规划、计划、信贷、税收等方面给子扶持，

凡用于解决职工住房困难建设的计划。县计委、城建委要积极进行审查按排。在用地方面，县土地局优先安排审批。凡属于解危解困建住宅的免交市政建设配套费，建筑规划费、招标费、占路费和土地管理费。另外质检费、电源建设费、供电费、用水保证金、水电增容费和卖地占用基金（土地开发费）等减收 50%。

2. 多方筹集资金建住房，集资形式可全集资，也可以部分集资。

(1) 职工全集资，单位统一建设，房屋建成后，产权全部归个人所有。

(2) 单位牵头，职工集资。职工首次交建房款 50% 以上，不足部分，单位借款或担保抵押向银行贷款支持。建房户还清借款及贷款本息后，产权全部归个人所有。建房户归还借款、贷款的本息，最长期限不得超过五年。

(3) 职工集资、单位资助，即建房资金由单位出一部分，个人出一部分、所建住房实行先售后租。职工购房，其集资款可以计抵购房款。职工租房，其集资款可计抵租赁保证金。

3. 有计划、有步骤地对城镇的旧房，危房进行改造，旧房危房的改造推行集资或合作建房方式。

（八）建立三级住房基金

住房基金来源

1. 县住房基金的提取渠道，从县财政原来用于住房建设维修和房租补贴的资金，基本建设中用于住宅

投资部分；住房制度改革后留给县用于住房建设和维修等固定资产投资方向调节税、房产税的15%；出售直管公房回收的资金以及住宅资金的经营收益、利息收入和各单位出售公房回收资金中，上交给县住房资金管理中心的资金等。上述资金全部存入住房资金管理中心开设的专户，作为县的住房基金，专户存储调节使用。

2. 单位住房基金：包括行政、事业单位原来用于住房建设、维修、房租补贴。预算外收入的8%，提租和出售公有住房回收的资金（除上交县住房资金管理中心的部分）。经财政部门核定列入经费预算的部分及其它可以用于房改的资金。个业按规定提取的住房折旧费，大修理基金，后备基金、结余奖金中分离出来的资金；企业税后留利中10%的资金，单列帐户、专户存储。

3. 职工个人住房基金，主要从公积金中筹集。

4. 住房基金的管理：建立和管好住房基金，是住房制度改革关健环节。县建立住房资金管理中心，负责住房资金的筹集、调度、使用和管理。县住房资金管理中心由县住房制度改革领导小组领导，与县房改办合署办公，房改金融业务委托专业银行代理。

三、加强房地产管理

随着住房制度改革的继续深入，房地产市场将愈来愈活跃。因此，必须加强房地产业和地产市场的领导，逐步建立地产市场法规。今后一切房地产的出租、转让、抵押房屋买卖、交换、典当、继承等活动，都要按规定办理有关手续，并按规定交清有关税费（房屋产权证颁发的收费包括测绘、资料、手续费、房屋的买卖、典当、继承、估价、鉴定、房地产出售、转让、出租、抵押时等各项费用，均按有关规定执行），严禁乘房改之机以房牟利，投机倒把或损公肥私，贱价卖房或其他活动。

四、加强房改工作领导

住房制度改革涉及面广，政策性强，是一项长期的艰苦细致的工作，直接关系到千家万户职工的切身利益。因此，各单位领导要把这项改革提到领导工作的议事日程，加强领导，统一认识，精心组织，周密安排。各主管部门和各单位都要成立住房改革领导小组，分工一名领导任组长，配备专职或兼职工作人员，切实把这项工作搞好。

五、附则

本方案具体实施办法详见各配套文件，在我县县城辖区范围内的房改政策，办法和实施步骤要统一。所有单位，不分求属关系，都应服从县人民政府的统一部署，执行县人民政府房改方案。

本方案由县房改办负责解释。各乡镇（藤城镇、城关乡除外）可结合实际情况，参照本方案制定本乡（镇）的房政方案，上报县人民政府批准后施行。

一九九四年三月八日
藤政发〔1994〕10号

中共藤县委员会　藤县人民政府
关于延长土地承包期有关问题的通知

根据中发〔1993〕11号文件和桂发［1994］4号文件关于稳定土地承包关系，再次延长耕地承包期30年不变、开发性荒山荒水承包期延长50~70年不变和允许土地使用权依法有偿转让的决定。县委、县政府为贯彻落实好中央这一政策措施，于四月中旬在同心乡开展延包试点工作。要求各乡（镇）参照同心试点经验，立即铺开延包工作，务求五月份全县完成土地延包任务。为此，特作如下通知：

一、延长土地承包期的目的意义

中央提出继续延长耕地承包期30年不变的政策措施，符合广大农民群众的切身利益和心理要求。实行家庭承包，生产发展了，农民生活水平提高了，得到全国人民的支持与拥护。江总书记说：家庭联产承包取得了举世公认的成就。打响中国十一届三中全会以来改革的第一炮。我县实行家庭土地承包是1982年开始的，当时承包期限签订三年，到1984年合同期满，于当年底至85年春，在全县范围内进行了土地小调整，延长承包期至1996年，即从1982年算起，承包期15年，现在尚差两年承包期满。随着承包期限的接近，一些农民担心家庭承包的政策会变，不敢大胆投入，不敢放手发展。现在中央的政策明确了，消除了群众的疑虑。有利于稳定人心，稳定农村，稳定农业基础地位。延长土地承包期，绝不是简单的办理土地延包手续，而是通过延包工作，落实党的政策，达到稳定、完善、搞活三个目的。

1. 稳定是根本的目的。首先是稳定生产关系，稳定承包基础。只有生产关系稳定了，承包基础稳定了，农民有了定心丸，农村就稳定，农业基础地位就稳定。有了农村的稳定，就有全国局势的稳定，全国局势稳定了，改革开放就有一个良好的社会环境。为经济建设，发展生产，改善人民生活提供有力的保证。

2.《中共中央、国务院关于当前农业和农村经济发展的若干政策措施》（即中发〔1993〕11号文件）关于稳定、完善以家庭联产承包为主的责任制和统分结合的双层经营体制中指出："以家庭联产承包为主的责任制和统分结合的双层经营体制，是我国农村经济的一项基本制度，要长期稳定并不断完善"。在延包工作中，办理土地延包合同手续是完善双层经营体制中"分"的层次，还要完善'统'的层次工作，就是继续做好统一经营的林场、果园等集体经营项目的完善，继续做好为家庭经营的产前、产中、产后的各项服务工作等。

3. 区党委赵富林书记在全区农村工作会议上指出："延长是为了稳定，有偿转让是为了搞活"。为了搞活农村经济，为引导农民走上市场，在不改变土地使用性质的前提下，经发包方同意，允许土地使用权依法有偿转让、出租、抵押、入股等，有了这条政策，土地使用权就可以进入农业生产土地市场流动，这样，有利于促进适度规模经营，有利于促进专业化生产。

二、延长土地承包期的具体任务

这次延长土地承包期的具体任务有5项：

一是以乡镇为单位，延包合同签订率和承包土地使用证发证率均要达95%以上；二是处理好与签订合同有关的遗留问题；三是村公所建立合同管理小组；四是完善合同管理制度；五是规范合同档案，实行乡、村、社分级管理。

要完成这些任务，首要一条是抓好宣传教育。要认真宣传党的延长土地承包期的政策，使广大群众明确"五不变"、"增人不增地，减人不减地"、"耕地承包期延长30年不变，开发性荒山荒水承包期延长50~70年不变"、"承包的土地可以出租、入股、抵押和使用权有偿转让"等有关政策规定，使土地延包政策深入人心，家喻户晓，达到统一思想，减少各种阻力和干扰，促进签订延包合同工作的开展。同时，要注意抓好《合同法》、《土地管理法》等法律法规的宣传，提高农民群众的法律知识水平，懂得土地延包合同是具有法律效力的法律文书，增强其签订土地延包合同的紧迫感，加快完成签订土地延包合同工作任务。

其次，组织力量深入村、组和农户帮助开展土地延包工作。各乡镇要按照同心试点的经验做法，从乡镇抽调一定数量的、有较高政策水平和业务工作能力的干部（包括从乡镇直单位抽人）组成土地延包工作队，由乡镇领导带队分别到村、到组、到户帮助开展这一工作。

工作队进村前，要抓好训干工作。培训对象主要是全体乡镇干部、村公所干部以及经联社干部。训干时间由各乡镇视情况而定，训干内容主要是学习政策文件，领会精神，明确土地延包的做法和要求，以便更好地开展工作。

第三、要普遍发发动和过细工作相结合。面上发动工作，要以村为单位召开全体党员、村委会干部和村民小组长会议，讲明这欢中央关于延长土地承包期的政策及县委、县政府的部署要求，并以他们为骨干队伍，带动广大农户把土地延包工作搞好。同时，还要从实际出发，注意个别发动，做过细工作，具体问题具体解决，以提高合同的签订率。

第四、要做到土地延包工作与解决遗留问题以及深化农村改革相结合。解决遗留问题，深化农村改革与延长土地承包期工作，是相辅相成，互相促进的。解决农村的遗留问题，尤其是解决与签订合同有关（如土地、公购粮、各项上交任务等）的遗留问题，不但对稳定农村、稳定农业起到很大作用，而且对延包合同的签订也起促进作用。根据同心试点经验，各地必须切实抓好这项工作，同时，在抓好土地延包工作中，要宣传进一步深化农村改革，展现出土地延包后农村经济发展的前景，激励农户对土地延包工作的热情，调动他们投入土地延包工作的积极性，协助调处各种疑难问题，保证延包工作的顺利进行。

三、延长土地承包期主要政策原则

根据中发(1993)11号、桂发〔1994〕1号、4号文件精神，结合我县的具体情况，这次延长土地承包期总的政策原则是：以原承包合同为基础，增人不增地，不增上交任务，减人不减地，不减上交任务。即以1984—85年土地延包的合同为基础，承包的人口不变，承包的耕地面积不变，承包的山林面积不变，上交的公购粮任务不变，上交集体积累不变的“五不变”原则。但是，由于1984年取消人民公社体制，生产队名存实亡，村委会规模也多次撤并和干部变换频繁等多种原因，致使很多地方承包合同散失不全。因此，我县于1989年—1991年深化农村改革时，部分乡（镇）又进行补订土地承包合同，因此，若在1990年前后补订有承包合同的，即以此合同为基础执行“五不变”的政策原则。在总的政策原则下，还要掌握如下具体政策原则：

1. 确立土地发包权。《中华人民共和国土地管理法》第八条规定：“集体所有的土地依照法律属于村农民集体所有，由村农业生产合作社等农业集体经济组织或者村民委员会经营、管理”，《广西壮族自治区农村集体经济承包合同管理办法》第四条规定：“承包合同的发包方是农村集体经济组织，承包方是该组织的成员。”第五条规定：“以原来两个或两个以上生产队范围设置的集体经济组织，由该组织发包”。我县集体经济组织即经济联合社是设在村委会一级，绝大部分都由两个以上生产队组成，因此，这次土地延包的发包方为经联社，承包方为该组织内的农户。为尊重生产队在我县已有二、三十年的历史习惯，经联社建立后，土地使用权、承包权原则上仍然保留在原生产队范围内，不向经联社转移，但原生产的农户、个人或联户均不愿承包的土地，承包权则可跨队流动。

2. 承包土地实行所有权、经营权、使用权分离。经联社拥有土地所有权，承包户拥有经营权、使用权。为了促进土地使用权的流动，加快土地适度规模经营，促进农村股份合作经济发展，在不改变土地使用属性的情况下，取得发包方同意，报经乡（镇）人民政府批准后，允许土地使用权依法有偿转让，也允许土地出租、转包、抵押、入股。土地使用权有偿转让价，可以由转让双方议定。

3. 在统一规划区内，各承包户要按照统一规划的项目要求，限期种上规定的品种数量，超过限期不完成种植任务的，可以通过调整以至取消其承包权和使用权，列为规划区统一经营。

4. 对于绝户、亡户，目前尚有的承包田（地）、承包山，收归集体，采取标包给专业户经营，或由集体统一办企业，不准平均分包给农户。

5.1985年土地小调整后或1990年补订土地承包合同后农转非人员（包括招工招干、升大中专、科技人员家属等）迁出人员的承包田、地、山，只要不曾丢荒，又完成各项上交任务，由其亲属继续承包。

6. 原大队或生产队第一轮承包没有分包给农户经营的田、地、水面、山场等，作为统的项目继续由集体统一经营，并依照不同情况分别处理：一是这些土地原已标包给专业户承包经营的由原承包户继续承包，承包期已满的，继续招标承包，收入归集体所有；二是这些土地当时没有标包给农户经营，而是谁手快谁侵占经营，对此，在这次延包工作，不能平均分包给农户，要实行标包，标包收入归集体所有。

7. 原来设有队干田的，可继续保留，由经联社干部或村民小组长经营，作为干部报酬。

8. 以经联社或以村民小组为单位，在群众自愿的原则下，可将各户承包的山场评估作价折股，办成股份合作制林果场，发展规模经营，批量生产。

9. 对不落实计划生育措施的人员，要限期落实计生措施，超过限期不落实计生措施，可缓办延包手续，直至收回计生对象的承包土地。

10. 关于五保户的承包土地问题。五保户本人尚健在的，其承包地仍由其承包，如本人无能力耕种的，可由他人代耕，其死亡后，如生前确立有赡养关系，可由赡养人承包，否则其承包土地收归集体，重新标包。

11. 关于国家征用土地问题。在承包期间，因国家建设需要征用的土地，按国家征用土地有关政策处理，其土地补偿费、安置费原则上作为集体积累，青苗费归承包户，如由于承包户积极开发，征地时，地类别比初承包时提高,增值部分可按一定比例的土地补偿费给予农户,以鼓励其投入。农户承包的耕地被征用后,原则上应在原生产队范围给予一定的调整。

12. 关于林业“三定”问题。按林业‘三定”政策办。林业“三定”也是从 1982 年起承包 30 年,到 2012 年才到期,要继续稳定原来的承包关系,待承包期满后再延长承包期 50~70 年。

四、加强领导,切实搞好延包工作。延长土地承包期,允许土地使用权依法有偿转让,是中央出台的重要政策措施,是深化农村改革的重大举措 . 此项工作,政策性强、涉及面广、工作量大、情况复杂。县委、县政府决定把这作为今年深化农村改革的一件大事来抓,由县委主要领导和分管农业的领导负责。各乡镇党委、政府也要加强对延包工作的领导,落实责任,做到集中领导,集中精力,集中时间,集中人力按时、按质、按量完成延长土地承包期的工作任务。

以上通知,希即研究贯彻。

一九九四年四月二十九日

藤发(1994)8 号

中共藤县委员会　藤县人民政府
关于深化国有企业产权改革,建立现代企业制度的若干试行办法

为贯彻落实《中共中央关于建立社会主义市场经济体制若干问题的决定》以及自治区党委六届七次全会精神和全区经济工作会议精神,深化企业改革,调整产权结构,转换国有企业经营机制,建立现代企业制度,保证我县经济持续、快速、健康地发展,特制定如下办法:

一、国有企业改革的思路

建立现代企业制度,是发展社会化大生产和市场经济的必然要求,是我国国有企业改革的方向。理顺产权关系,建立适应市场经济要求的现代企业制度,是建立社会主义市场经济体制的基础和中心环节。以企业产权改革为重点,采取多种形式,加快国有企业转换经营机制,为企业稳步地走向市场创造条件,奠定基础,探索建立产权清晰、权责明确、政企分开、管理科学的现代企业制度的途径。

二、采取多种形式,推进产权改革

为适应建立社会主义市场经济新体制的需要,使我县企业能够顺利地转换经营机制,发展包括国有资产、法人资产、外商资产和个人资产在内的其它多种经济成份的经济实体,以充分发挥多种经济成份在国有资产保值增值和发展地方经济中的积极作用,产权改革可采取下列形式:

1. 大中型企业,按《股份有限公司规范意见》改组为股份有限公司或按《有限责任公司规范意见》改组为有限责任公司。

2. 国有小型企业,可将现有全部资产或部分资产出让给职工,改组为股份合作制企业。

3. 可将国有企业全部资产或部分资产出让给外商,改组为外商独资企业或中外合营企业。

4. 可将国有企业的资产全部出让给个人或部分出让给个人,改组为私营企业或公私合营企业。

5. 可将国有小型企业,通过抵押租赁的办法,实行国有民营。今后新建企业按《中华人民共和国公司法》组建。

6. 有拳头产品,经济效益好的国有企业可以以产权为纽带,实行多家股份的跨地区、跨行业的股份集团公司,优势互补,加速发展。

7. 效益好的国有企业可以兼并效益差的国有企业。

8. 对那些长期亏损,扭亏无希望的国有企业则实行破产。

三、认真做好产权改革的基础工作

清产核资、评估资产、界定企业产权是理顺产权关系,进行产权改革的基础工作,凡是进行产权改革的

企业都必须经过有资格的评估中介机构评估，报国有资产管理部门确认。

1. 为了核实企业法人的财产占有量，将现有企业资产全面清产核资，包括账内账外、区内区外的总资产、总债权和总债务。在清产核资的基础上进行资产评估，在资产评估中，要根据企业的实际情况，做到合理评价。

2. 产权界定按国有资产、法人资产、集体资产和职工资产界定：国有资产产权即国家以各种形式对企业投资和投资收益形成的资产产权；法人产权即其它企业或社会团体以其依法可支配的资产进行投资所获得的产权；集体产权即企业用福利基金、奖励基金等形成的产权；职工产权即职工个人投资和投资收益形成的资产。

四、国有小型企业改组为股份合作制企业的股权设置

股份合作制企业一般设集体股、职工个人股、法人股。集体股是原有企业实行股份合作制改组时，划归劳动者集体共有的资产形成的股份；职工个人股是职工个人以合法财产折股或以资金、技术等投入形成的股份；法人股是股份合作制企业外的其它法人对股份合作制企业投资形成的股份。

国有小型企业改组为股份合作制企业，可以设国家股，即企业国有资产折价入股，但国家股的股份一般不超过总股本金额的49%，其余剩下的由国有资产管理部门确认，并下文委托股份合作制企业保值增值经营或有偿使用；也可以不设国家股，原企业的国有资产可以采取职工出资购买，一次认购，一次付款或分期付款。

国有小型企业改组为股份合作制企业，可根据企业的实际情况，在原企业的国有资产中划出一部分，以股权的形式设置在改组为股份合作制企业的股份，股权属国家所有，收益分配作为企业离退休职工政策性增资和社会保障等福利经费和奖励企业有功人员的资金等。

五、国有企业租赁、拍卖的方法

1. 国有企业的租赁。经资产评估后，经双方协商，与承租人订一定年限的租赁合同，一般为五至十年，在收回相当于原企业资产后，企业资产归承租人所有。

2. 国有企业的拍卖。企业经资产评估后，可视企业的实际价值，由产权交易机构协商确定价格，办理有关手续。付款方式，一次或分期付款，分期付款部分按银行同期同档次利率付息。

六、建立和完善相配套的社会保障体系

在国有企业转换经营机制，推进产权改革中，职工的就业问题和社会保障工作。可作如下处理：

1. 国有企业整体产权出让的，职工安置应列为企业产权出让条件，由出让方和受让方协商解决，原则上由受让方安排。如受让方确实无法安排的，由当地企业主管部门、劳动部门和出让方协调统筹安排。

2. 国有企业部分产权出让的，其职工回原企业安置。

3. 国有企业产权出让，企业的国家干部、固定工人未能按上述办法安排的，如已参加社会保险，男职工年满55周岁，女工人年满45周岁，女干部年满50周岁，可办理退休手续，由出让方发给生活费，待到法定退休年龄后，享受法定养老保险待遇。

4. 国有企业产权出让，对未达到上述第三条规定年龄，又未能重新安排工作的职工，视企业出让产权收入情况，可采取发遣散费的办法。遣散费按工作年限计发，每人每年发多少视企业实际情况，由企业、主管部门、劳动、人事等部门确定。

5. 国有企业在产权出让时，没有参加社会保险的离退休职工，出让方可用国有资产出让收人，为其缴纳一次性社会保险金，享受法定养老保险待遇。

6. 新建立的企业必须实行法定的社会保险。

七、采取各种办法减轻企业负担

我县部分企业现状就是工艺落后，设备陈旧，技术含量低，生产条件差，效益低下，后劲不足，有相当部分企业债务沉重，因此，除一些经济效益好的企业依法经营、照章纳税，国家股红按股收益外，一般企业依法经营，照章交纳增值税。对所得税可视企业不同情况由政府、财税等部门调整所得税上交财政及确定国家

股分红利应留在企业的比例。这两项收入属国家所有，留在企业，一是用于冲减原企业债务，二是没有债务的，企业可有偿使用，以缓解企业资金不足，享受年限长短由政府、财政部门根据实际情况具体确定，亦可在企业扩股时，作为国有股本金人股。

八、股份制、股份合作制企业国家股的增诚变动，必须经国有资产管理部门审查批准，报上级国有资产管理部门备案。

九、国有企业拍卖、产权转让、租赁、国家股红利(除另有规定外)的收人，由国有资产管理部门收取；建立国有资产经营基金，用于新项目的投资等。

十、加强领导，协调发展

1. 成立领导机构。转换国有企业经营机制，理顺产权关系，建立现代企业制度是一项艰巨复杂的工作，为使这一工作有组织、有计划、有步骤、又积极稳妥地推进，县成立了“企业产权制度改革”领导小组，领导小组分为工交组、财贸组、乡镇企业组、农村组，领导小组负责组织领导企业产权制度改革建立现代企业制度工作。领导小组办公室设在县体改委，负责日常工作。各乡镇、各部门、各企业单位也要相应成立领导机构，派出得力领导具体抓这项工作。

2. 建立充实中介服务机构。我县还没有资产评估所，要迅速上报自治区有关部门审批，以取得资产评估资格。可以采取先组成人员开展工作，待批下来再挂牌子的办法，为我县企业资产评估服务，减少评估费用。

3. 解放思想，真抓实干。产权改革牵涉面广，各部门都要围绕县委、县政府的决策去开展工作，决不能推诿扯皮，敷衍了事。要认真贯彻落实好县委九届二次全委(扩大)会议《关于进步开展解放思想、树立新观念，一心一意抓经济的大学习、大讨论的决定》，通过分战线层层办班培训等形式，组织广大党员干部进一步学习党的十四届三中全会《决定》精神和《邓小平文选》第三卷以及建立现代企业制度的有关知识，进步认清新的形势，破除传统计划经济的旧思想、旧观念，树立社会主义市场经济的新思想、新观念，掌握建立现代企业制度的真本领。提高深化企业产权改革的自觉性，解放思想，真抓实干。各企业要认真抓好当前的生产经营管理工作，同时做好本企业清产核资，产权界定工作，提出本企业的改革方案。实施过程中要根据对企业清产核资、评估资产、界定产权的具体状况，将企业分类排队，经营状况好，管理水平高，符合产业政策的企业先搞，由易到难，分批进行。

本试行办法，集体企业参照执行。

一九九四年五月四日

藤发〔1994〕7号

中共藤县委员会　藤县人民政府关于在全县干部、职工和城乡居民群众中筹集西江大桥、津蒙公路建设资金的通知

西江，把我县南北两片隔断，严重影响南北沟通。建设藤县西江大桥和津蒙公路、不但可以改变我县南北交通阻隔的状况，而且可以促成321国道与南梧二级公路在我县连接，对加速整个桂东南地区水陆交通网络的形成，加强我县与桂东南、桂北以及广东等发达地区的联系，促进我县经济的发展，有着十分重要的意义。西江大桥工程建设概算为7253.9万元，津蒙公路工程建设概算为8294万元，两项合计1.55亿元。根据国家、地方和群众共同办交通“三个一点”筹措资金的原则，除争取上级拨款和县财政筹措大部分资金外，资金缺口仍然较大，尚缺资金5000多万元，根据1992年县十届四次人民代表大会通过的《关于集资兴建藤县西江大桥的决议》并报经自治区有关部门批准，县委、县政府决定，不足部分资金在全县干部、职工和城乡居民群众中筹集。现就集资的有关事项作如下通知：

一、集资范围、数额：

1. 全县干部职工每人每年集资一个月的总工资。

2. 全县城镇居民每人每年集资 30 元；农民每人每年集资 15 公斤稻谷或交款 24 元。

3. 企事业单位的日工、临时工和民办教师、代课教师属非农业户口的，按城镇居民标准集资；属农业户口的则按农民标准集资。

4. 离退休干部、职工暂不集费；农村五保户、特困户不集资，鼓励其为工程建设自愿捐款。

二、集资时间：从 1995 年起到 1997 年，连续三年。

三、为了切实加强对集资工作的领导，决定成立“藤县西江大桥、津蒙公路筹集资金委员会”和工作小组，各乡镇、各部门也要成立领导机构和工作班子，指定一名领导专抓这项工作，确保集资任务顺利完成。

以上通知，希认真贯彻执行。

一九九五年八月十七日

藤发〔1995〕31 号

藤县人民政府文件
关于印发藤县建立住房公积金制度暂行规定的通知

为了逐步提高我县职工家庭解决自住住房能力，加快实现住房商品化、社会化的进程，现将《藤县建立住房公积金制度暂行规定》印发给你们，请认真贯彻执行。

藤县建立住房公积金制度暂行规定

第一章　总　则

第一条　为逐步提高职工家庭解决自住住房能力，加快实现住房商品化、社会化的进程，根据《国务院关于深化城镇住房制度改革的决定》和《藤县人民政府深化城镇住房制度改革的实施方案》的有关规定，特制定本暂行规定。

第二条　住房公积金是一项义务性、长期性的住房储金，所有党政机关、群众团体、企事业单位的固定职工、劳动合同制职工以及三资企业的中方员工，均应按“个人存储、单位资助、统一管理、专款使用”的原则交纳住房公积金，建立住房公积金制度。公积金制度起步阶段，我县首先在县城规范围内的党政机关、群众团体、企事业单位都必须实行住房公积金制度，并在九六年十月份起逐月缴存住房公积金。亏损企业推行住房公积金制度暂时有困难的，可提出申请，经县房改办批准，可暂缓推行。

离、退休职工、临时工，以及已达离、退休年龄的职工（指离法定离、退休年龄不到一年的职工）、三资企业外方员工不缴存任务公积金。

新参加工作的职工从领薪第二个月开始缴存住房公积金。

第三条　住房公积金由在职职工及其所在单位，各按职工个人工资总额（不含奖金，下同）的一定比例逐月缴存，归个人所有、作为个人住房基金，存入县住房资金管理中心帐户，用于购、建、大修住房。

第四条　住房公积金由县住房资金管理中心进行统一归集、管理、使用和归还。住房公积金不作财政预算资金，不纳入财政预算外资金管理。

第二章　住房公积金的缴存与支取

第五条　党政机关、群众团体、事业单位的住房公积金缴存率暂分别按一九九五年十二月份单位职工工资总额、职工个人工资总额的 5% 逐月缴存。企业的住房公积金缴存率分别按一九九五年单位、职工个人月工资总额 5% 逐月缴存（外资企业及其中方员工也执行同一比率缴存）。今后随着经济发展和职工工资收入提高，对缴交率要作适当调整，并由县房改办公布。

第六条　住房公积金个人缴存部份由职工个人支付，单位缴存部分：企业的在成本中列支；全额预算的行政事业单位由县财政拨付:差额预算的事业单位属财政负担部份由财政拨付,其余部分比照企业开支渠道列支;自收自支事业单位在成本中列支。

第七条　住房公积金个人缴存部分由职工所在单位在每月发工资代扣,连同单位为职工缴存部分,一并由单位按规定时间内(在发工资后五天内)存入县住房资金管理中心在银行开设的住房公积金专户。

第八条　单位首次缴存公积金,应先镇写《住房公积金汇缴清册)及《住房公积金汇缴清册总表》,报县住房资金管理中心核准,然后,报送县住房资金管理中心(县房改办)各一式一份,并按核准的缴存金额逐月缴存,如情况变更,须向县住房资金管理中心报送汇缴变更清册,经核准后按变动后的金额缴存。

第九条　住房公积金连续存满五年后,经住房资金管理中心批准可用于购、建、大修住房。

第十条　住房公积金在下列情况的处理。

(1)职工的住房公积金本息免征个人收人所得税(含单位资助部分)继承和受馈的住房公积金,受益人免交个人收人所得税。

(2)职工离退休或出国家居时,由本人提取住房公积金本息余额。

(3)职工工作单位调动时,其住房公积金本息余额转入新单位住房公积金帐户该职工名下。

(4)职工离职或受开除处分时,其在房公积金本息余额一次性清退给本人。

(5)职工停薪留职,从停薪之日起,停止交纳公积金,其住房公积金本息余额仍留在原单位该职工个人公积金户名内。

(6)职工触犯刑律被判刑,其结余的住房公积金本息余额由其家属提取。

(7)职工在职期间去世,由其合法继承人或受赠人提取住房公积金本息余额。

第三章　住房公积金的管理和运用

第十一条　县人民政府负责制定住房公积金归集、使用、管理等有关规定,审批住房公积金的使用计划和财务收支预决算。

第十二条　县住房资金管理中心负责住房公积金的归集、支付、核算和编制使用计划。

第十三条受委托办理公积金金融业务的专业银行根据住房资金管理中心提出的使用人(或单位)进行资信审查,县住房资金等理中心根据银行资信审查意见,确定是否给予贷款。银行与县住房资金管理中心双方责、权、利通过制订委托协议书给予明确。,

第十四条　县住房资金管理中心接受同级财政、审计、监察部门的监督。

第十五条　住房公积金按下列顺序运用;

(1)职工购买、建造自住住房抵押贷款;

(2)职工自住住房大修理贷款:

(3)建设经济适用住房贷款;

(4)单位购买、建设住房抵押贷款。

第十六条　县住房资金管理中心按规定留足备付金、在保证政策性需求的前提下,可接当年归集住房公积金总额的一定比例用作增值资本,用于购买国家债卷或其他增值经营。

第十七条　住房公积金的增值收入,作为住房资金管理中心增值资本滚动使用,或用于弥补其它经营是可能发生的亏损。

第十八条　县住房资金管理中心在住房公积金管理过程中所需的经费在住房公积金管理成本中列支、开支范围和开支标准按有关规定执行。

第四章　住房公积金的金融业务

第十九条　各单位住房公积金一律存入县住房资金管理中心在银行开设的帐户,具体存入哪家银行另行通知。

第二十条　县住房资金管理中心当年归集的职工个人住房公积金按银行活期储蓄利率给职工支付住房公积金利息。上年结转的职工个人住房公积金存满一年的暂按3个月整存整取存款利率计息。

第二十一条 县住房资金管理中心每年向单位公布一次公积金对帐单。

第二十二条 凡参加住房公积金缴存的职工，由单位统一到县房改办领取（住房公积金证），并由单位派专人负责填写。

第五章 公积金缴交程序

第二十三条 首次缴交公积金程序为：

各有关单位根据《藤县人民政府建立公积金制度暂行规定》的有关规定，确定缴交住房公积金的职工范围，计算每一职工和单位的缴交额，填写“住房公积金汇缴清册”和“住房公积金汇缴清册总表”，报县住房资金管理中心核准后，抄写一式二份，报送县住房资金管理中心、县房改办各一式一份，单位自存一份。

2. 核扣职工住房公积金金额。

3. 根据所扣职工住房公积金缴交额和单位提供给职工的住房公积金总额的实际金额开具转账支票，到指定银行房地产信贷部办理汇缴手续，转帐支票的收款单位应为：“藤县住房资金管理中心”。支票用途注明缴交 XX 年 X 月住房公积金。

转帐回单第一联交县住房资金管理中心作会计记帐凭证，第三联作单位会计记账凭证。

现金交款回单第一联交县住房资金管理中心作会计记帐凭证，复印件作单位会计记账凭证。

4. 单位根据实缴交的住房公积金建立个人分户明细帐。

二、住房公积金首次缴交以后各月缴存程序：

单位在完成住房公积金首次缴存后，即按月开具转帐支票，或交现金到指定银行办理汇缴手续，如有变动（如因职工调出、调入等），应填写“住房公积金汇缴变更清册”，调整住房公积金总额，然后按首次缴存程序办理汇缴手续。

三、住房公积金补缴程序：

有下列情况之一者，需进行补缴：

(1) 单位和职工因故漏缴的：

(2) 职工出售用公积金购建的住房后，按规定将原动用住房公积金重新缴存的。

住房公积金补缴程序为：

1. 单位镇写“住房公积金补缴清册”。

核扣职工补缴住房公积金额（或职工交现金额）

开具转帐支票或交现金，用途注明补缴 XX 月公积金。

持转账支票或现金到指定银行办理补缴手续。

第六章 附 则

第二十四条 工资总额计算口径管好按统计局规定((不含奖金)，企业的包括计时工资、计件工资、津贴和补贴，以及其他工资性收入。党政机关、人民团体、事业单位按 95 年 12 月份工资册所列工资计算。

第二十五条 县住房资金管理中心有权对拒不按规定缴存的单位，限期补交，并要罚滞交金，同时还有权对超越规定范围使用住房公积金的单位和个人，责令在规定时间内如数归还，并加罚利息。

第二十六条 县住房资金管理中心及有关单位，对住房公积金的交存和使用必须严格管理，对管理不善，手续不严造成漏缴或挪用住房公积金的，视情节轻重，对主管人员及直接责任人给予行政处分，构成犯罪的，交司法部门依法追究刑事责任。

第二十七条 本规定由县房改办负责解释。

第二十八条 本规定从一九九六年十月份执行。

一九九六年九月三十日

藤政发〔1996〕61 号

藤县人民政府关于发展和完善农村合作医疗的决定

根据《中共中央国务院关于卫生改革与发展的决定》和国务院国发(1997)18号文件批转卫生部、农业部等国家五部委《关于发展和完善农村合作医疗的若干意见》以及区党委、区人民政府《关于加快卫生改革与发展的决定》。为积极稳妥地发展和完善农村合作医疗,实现“2000年人人享有卫生保健”的目标,促进农村经济和社会发展,结合我县实际,现就发展和完善农村合作医疗问题作出如下决定。

一、农村合作医疗的地位和作用。

农村合作医疗是在政府和集体经济的扶持下,农民遵循自愿、受益和适度的原则,通过多种形式,民办公助,互助共济,建立起能满足基本医疗保健需求的农民健康保障制度、它对缓解农村因病致贫,因病返贫,促进农村经济发展,实现“奔小康”目标,起着不可替代的作用。合作医疗的出现,反映了农民群众在键康保障方面的迫切愿望及需求,这一制度是适合我县县情的保障农民建康的有效办法,它在农村经济建设和社会发展中占有重要地位。

二、我县农村合作医疗的奋斗目标、方针和应遵循的原则。

1. 我县农村合作医疗发展的目标是:1998年元月底前各乡镇完成一个试点村挂牌开业,6月底前全县农村合作医疗覆盖面达30%行政村,年底达到70%,有条件的乡镇达到100%,2000年全县基本普及。

2. 发展和完善农村合作医疗的方针是:坚持政府领导,集体扶持,预防为主,多方筹资,因地制宜,量力而行,科学管理,民主监督。

3. 发展和完善农村合作医疗的原则是:坚持民办、公助、自愿、适度、受益、节约。

三、深入宣传教育,引导群众自觉支持参与。

1. 教育群众认识合作医疗不是加重农民负担,而是有取之于民,用之于民,解决农民因病致贫,因病返贫的一个很好途径。

2. 宣传教育要解决好群众怕吃亏、观望等待等思想,引导他们树立互助共济的观念,积极踊跃参加合作医疗。

3. 要因地制宜,充分利用广善、电视、标语、印发宣传资料,开好各种会议、上门宣传等多种形式进行宣传,使广大农民进一步认识合作医疗的好处,了解合作医疗的方针、政策和基本原则。

4. 宣传和学习先进地区经验、指导搞好试点和面上工作,逐步摸索出适合县情、乡情的合作医疗模式。

四、合作医疗的模式、资金筹集、使用和管理。

1. 结合实际选择多种合作医疗模式。“合医不合药”;即就诊者的诊费医疗费给予减免或按比例减免,药费全部自理,这是层次较低的一种合作形式;“合药不合医”:即就诊者的药费按比例减免,医疗费全部自理;“合医合药”:即医药费按比例减免,此种模式筹资额度较大。随着合作医疗的发展和完善,还可实施病种或大病医疗保险,增强抗风险能力,这是层次较高的合作医疗形式,是农村走向医疗社会保险的基础。

合作医疗的管理模式。目前有村办村管、村办乡管、乡办乡管等几种。各乡镇要根据经济水平、卫生资源和人口分布等情况确定管理模式。

2. 认真做好合作医疗的资金筹集。根据“以农民个人投入为主,集体扶持、政府适当支持”的原则和办医模式而决定筹资多少。“合医不会药”:每人可按5元左右收取;“合药不合医”:每人可按10元左右收取;“合医合药”:每人可按15~20元筹集。县政府要求,1997年至2000年以前不低于农民人均纯收的1%或10~20元收取。合作医疗引导启动资全实行县、乡、村三级给予补助支持办法。同时,广泛动员社会各方面力量为合作医疗作贡献。县政府把发展和完善农村合作医疗列入农村基层组织建设内容,县直各挂钩单位要以实际行动给予扶持。98年度县、乡(镇》财政预算要安排一定资金扶持合作医疗。

3. 合作医疗筹资金额的分配、使用。合作医疗资金筹集后，一般安排四种用途：

⑴医疗资金：补偿合作医疗参加者在指定的医疗机构接受服务时所减免的医药费用。其中也包括乡村医生提供服务的个人报酬、一般占资金的80%。

⑵预防保健资金：用于补偿参加合作医疗农民与儿童的初级卫生保健服务费用，一般占资金的10%。

⑶风险金：主要用于大病患者在一般补偿后仍造成“因病致贫”或“因病返贫”的高额风险补偿，一般占资金的5%。

⑷储备资金和管理：主要用于财务透支和意外情况的应急补偿，以及合作医疗机构开展管理工作所支付的费用，一般占5%。

4. 加强对合作医疗资全的管理。要坚持民主监督，科学管理。建立资金等集、报销、卫生服务、管理监督等制度并认真执行。

⑴对资金实行专账专户储存，专款专用，取之于民，用之于民，使农民真正受益。

⑵合作医疗的帐目要张榜公布，以便接受群众监督。

⑶要严格财经纪律，实行民主理财，对挪用、贪污合作医疗资金的行为要严肃处理。

五、整顿我县医药市场

1998年按有关法规、效策严格整顿个体医药，坚决取缔无证行医、营药，以利于合作医疗的巩固和发展。

1. 农村合作医疗实行一所一药室，其余多出的个体药店随合作医疗制度的建立而给予兼并，所余可用药品由当地合作医疗所按价接收。

2. 农村合作医疗所的药品供应在县卫生局监督下，由乡镇卫生院统一组织供应。合作医疗所使用药品所得利润80%用于村医报酬，20%用作合作医疗发展基金。

六、如强对农村合作医疗工作的领导

各乡镇、村要建立合作医疗管理委员会（领导小组），由党委（支部）书记负总责，行政主要领导任常务副主任或副组长。下设办公室并有专人负责具体工作。乡镇、村要把发展合作医疗摆上议事日程，列入与经济发展和年度目标管理。要根据本决定精神，制订出发展和完善农村合作医疗的具体规划和措施，切实把这项“民心工程”落实好。

一九九八年二月二十五日

藤政发〔1998〕15号

中共藤县委员会　藤县人民政府关于进一步加大招商引资力度的决定

为了进一步加大招商引资力度，促进全县经济发展，根据中央西部大开发战略决策和区党委开放带动战略，以及市委、市政府有关文件精神，县委、县政府对招商引资工作作出如下决定：

一、切实加强领导，实施招商引资工作“一把手”工程

加强领导是招商引资工作取得成效的关键。为了使全县上下同心协力抢抓西部大开发的机遇，积极招商引资、加快非公有制经济的发展，县委、县政府决定进一步调整充实招商引资工作领导小组，由县委书记、县长亲自担任领导小组组长，县四套班子分管的领导担任副组长，有关部门的领导担任领导小组成员。各乡镇党委、政府，县直各部门要相应成立招商引资工作领导小组和日常办事机构，由党政“一把手”担任领导小组组长，要把招商引资工作放在重要议事日程，进一步加大招商引资工作的力度。根据乡镇和部门的工作特点，抽调专人负责招商引资工作，改变过去由专职部门和少数人抓招商引资工作的状况，形成全县上下抓招商引资的格局。县委、县政府与各乡镇和县直各部门、单位签订招商引资责任状，量化招商引资工作任务，要求上规模、上档次、讲质量、讲效益，把招商引资、发展非公有制经济列入考核各级领导工作实绩的重要内容并作为提拔、任用干部的依据。

二、从严、从快治理和改善招商引资环境

（一）优化投资环境

1. 制订外商投资优惠办法，根据上级有关文件精神，用足用活政策，给外来投资者以最大限度的政策优惠。

2. 制订招商引资奖励办法，采取企业所在地财政部门支付、中方企业支付及租金中支付等方式，对引荐外商到藤县兴办企业的单位和个人给予奖励，充分调动广大干部群众和社会各界人士招商引资的积极性。

3. 努力营造“为投资者创造赚钱机会，让投资者赢得利润”的环境，增强对外来投资者的吸引力。

4. 努力加强基础设施建设。办好娱乐、服务等第三产业，完善城镇功能，逐步改善交通、通讯、供电、供水等基础设施建设，使我县的环境更适合投资者的需要。

（二）优化收费环境

1. 加强收费管理。部门向企业的收费必须符合自治区人民政府颁布的收费项目和标准，任何单位和部门不能超出规定的收费项目和收费标准进行收费。

2. 由县委办、政府办牵头，从县纪委、监察局、财政局、物价局、审计局、招商办等部门抽调人员，在全县范围内进行一次收费项目清理工作，依照有关规定，取消一批收费项目，降低批收费标准。

3. 对外商投资企业实行“核卡制”收费，由县人民政府统一印制企业交费登记卡，收费部门凭卡收费，并使用合法票据，否则，企业对所收的费可以拒绝交付。

4. 加强收费监督，严格实行收支两条线。

（三）优化服务环境

1. 加强外商投诉管理服务。维护外商投资企业法人在申办、筹建、生产和经营过程中的合法权益；对有关部门及其工作人员不履行投资合同、协议和章程而发生争议及纠纷，县外商投诉服务中心要主动热情地受理他们的投诉，并积极协调有关部门、单位依法处理和落实外商投诉请求，切实为外资企业排忧解难。

2. 实行项目申报代办制。招商引资办公室和对外贸易经济合作局或外资企业的引荐单位指定项目代办员，投资者只要提供待批件，其他工作由代办员负责完成。项目代办员承担代办项目送批的运转、跟踪、协调、反馈等工作。县直有关单位也要设立代办员，由思想品德好、责任心和协调能力强的人员担任代办员，承担本部门、本单位对项目代办、送办业务的收件、运作、跟踪、把关、反馈等方面工作。各单位代办员如接触代办投资者，必须有项目代办员在场。各项目审批部门内设机构的经办人员，未经单位领导批准，不得与投资者接触办证。严格执行项目审批和退件登记制，凡必须联合踏勘的项目，各单位必须严格按要求派员参加，未经单位主要领导批准，个人不得到现场踏勘。对外资企业的各种审批手续，凡属县内办理的，5 个工作日内要办理完毕（有法律、法规规定的除外）。属上级审批的，要积极申报，并尽最大努力争取上级尽快审批。

3. 切实维护外资企业的合法权益，保证企业正常的生产秩序。县里成立招商引资综合整治领导小组，县委、县政府有关领导担任正副组长，县纪委、组织部、监察局、公安局、外经局、招商引资办公室等部门、单位的领导担任领导小组成员，并设立相关工作督查机构。建立招商引资工作过错责任追究制度，对设立关卡，阻碍外商投资置业。对招商引资造造成障碍和损失的，从严追究该部门、单位以及领导和当事人的责任。对涉及外资企业检查验收、评比达标、考察培训以及例行公事的检查活动，由具体执行部门提出申请。经县人民政府办公室批准方可进行。同时，任何单位和个人不准强行向外资企业要赞助、拉广告、推销书刊杂志或无偿占用外资企业的人、财、物，不准以检查、指导工作为名对外资企业进行“吃，拿、卡、要”。

4. 各有关部门要严格执行政务公开制度，建立健全机关工作制度，简化办事程序，提高工作效率和服务水平。同时，改进对外的企业的管理，促进外资企业健康发展，使我县逐步形成一个按市场经济规范运作、与国际惯例接轨的对外开放环境。

三、组建工业开发区

县政府在县城附近统一规划一片交通便捷、保证用水用电通讯畅通的土地，组建工业开发区。坚持“面向市场，发挥优势，依靠科技，示范引导”的原则，优化工业开发区投资环境，鼓励国内外客商在我县连片开发，集中办企业。使工业开发区成为我县新的经济增长点和对外开放的窗口。县内各有关部门要努力为工业开发区做好服务工作，吸引更多的外地客商在工业开发区建设一批“高、大、新、外”项目，使工业开发区真正起到示范辐射和带动作用，增强投资者的信心。县计划局、经贸局、建设局、土地局、环保办等有关部门要积极做好工业开发区申请和报批工作，尽快做出规划并组织实施。凡外来投资企业在工业开发区内兴办工业企业，投资额在 50 万元以上的，三年内实行“只收税不收费”的优惠政策，三年后的各种收费项目能免的免，能减收的减收，能低收的低收。在用地、用水、用电等方面优先给予办理。同时设立工业开发区管理委员会，作为其人民政府的派出机构，代表县人民政府对开发区实行统一管理，通过走园区式发展路子，引导发展资金、技术密集型经营企业，增强城镇工业综合发展能力。

四、加大宣传力度，做好先导工作

要发挥宣传工具的先导作用，积极宣传本县招商引资的优惠政策和优厚条件。有关部门要选择政策、资源、环境和产品开发潜力等几个宣传主题，组织好一批题材，及时准确地加以宣传报道，大造舆论声势，提高知名度，使客商了解藤县、并到藤县投资兴办实业。

2000 年 11 月 15 日
藤发〔2000〕38 号

修志机构

藤县地方志编纂委员会

藤县人民政府办公室
关于调整县地方志编纂委员会成员的通知
（藤政办发〔2001〕80 号）

主　　任：秦国明
副 主 任：唐海泉　周　峰　覃振明　何　瑾　霍煜梧　曾伟勋　蒙庆贤　覃　安
成　　员：黄祖全　黎伟义　陈世雄　余德桂　黄广源　张贵雄　黄保绪　林建华
陈宗杰　周德超　陈权锋　覃　庆　江　平　胡朝权　温恒勇　林少华
黄锦仟　李时芬　李光伟　何　超　唐伟生　李炳汉　高安礼　夏宗祉
主　　编：秦国明
副 主 编：何　瑾
常务副主编：覃　安
编　　辑：覃　安　全文汉　何云鹰　黄旭炜

2001 年 7 月 23 日

藤县人民政府办公室
关于调整县地方志编纂委员会成员的通知
（藤政办发〔2002〕170号）

主　　　任: 李军平
副　主　任: 周　峰　覃振明　黄东明　何　瑾　霍煜梧　柳明洋　蒙庆贤　欧定锋
成　　　员: 黄祖全　江　平　陈世雄　李时芬　彭　军　霍战平　叶卫杰　林建华
陈宗杰　周德超　覃　庆　黄锦仟　秦定伟　温恒勇　卢永阳　梁永文
黄保绪　秦杰宁　石维贵　何　超　李炳汉　高安礼　蒙土金
主　　　编: 李军平
副　主　编: 何　瑾
常务副主编: 欧定锋
编　　　辑: 欧定锋　梁杰荣　何云鹰　黄旭炜　聂住连　黄惠坤　唐春健

2002年11月28日

藤县人民政府办公室
关于调整县地方志编纂委员会成员的通知
（藤政办发〔2003〕83号）

主　　　任: 李军平
副　主　任: 周　峰　覃振明　黄东明　何　瑾
成　　　员: 柳明洋　蒙庆贤　欧定锋　黄祖全　江　平　陈世雄　李时芬　彭　军
霍战平　叶卫杰　林建华　陈宗杰　周德超　覃　庆　黄锦仟　秦定伟
温恒勇　卢永阳　梁永文　黄保绪　秦杰宁　何　超　石维贵　李炳汉
石　侃　蒙土金　梁杰荣
主　　　编: 李军平
副　主　编: 周　峰　何　瑾
常务副主编: 欧定锋
编　　　辑: 欧定锋　梁杰荣　何云鹰　黄旭炜　聂住连　黄惠坤　唐春健

2003年7月7日

中共藤县委员会办公室　藤县人民政府办公室
关于调整县地方志编纂委员会成员的通知
（藤办〔2006〕77号）

主　　　任: 何　棠
副　主　任: 覃震西　黄　恩　刘敬堂　胡六才　霍煜梧
成　　　员: 霍小钰　柳明洋　陈彩焕　欧定锋　茹恩南　何瑜深　李志才　祝继宏
蒙庆贤　叶卫杰　彭岳荣　欧泽璋　周德超　卢培洲　黄锦仟　秦定伟
卢永阳　梁永文　黄保绪　秦杰宁　何　超　覃祚平　唐有文　许武雄
蒙土金　吴超胜　梁杰荣

2006年11月20日

中共藤县委员会办公室　藤县人民政府办公室
关于调整县地方志编纂委员会成员的通知
（藤办〔2010〕177号）

主　　任：黄东明
副 主 任：刘敬堂　雷　兵　蒙土金　梁德林　古伟乐　霍煜梧
成　　员：韦受开　莫振明　陈权锋　周德超　覃祚平　黄水杰　叶伟杰　彭伟元
祝继宏　张　波　何瑜深　严永红　何　竞　陈彩焕　许武雄　刘仕远
胡　敏　茹恩南　吴维坚　许景强　黄莉萍　黄琼兰　黎泽富　廖阳光
何勇翔　黄裕乐　钟　平　蔡恒婵　吴柱祥　黄素波　胡杰钊　韦　璐
成　杰　莫德锦　梁　勇　李贤伟　胡　椒　陈森东　欧院深　周日华
梁杰荣　欧定锋
主　　编：黄东明
副 主 编：古伟东　梁杰荣
总　　纂：欧定锋
编　　辑：欧定锋　梁杰荣　何云鹰　黄旭炜　聂住连　黄惠坤　唐春健　石金泉

2010年12月23日

中共藤县委员会办公室　藤县人民政府办公室
关于调整县地方志编纂委员会成员的通知
（藤办发〔2012〕15号）

主　　任：黄东明
副 主 任：梁彬贤　蒙土金　孙　仿　古伟东　邓富学
成　　员：韦受开　莫振明　刘振涛　卢　猛　陈碧兰　张贵雄　黎泽富　梁杰荣
黄寿风　覃祚平　黄永杰　祝继宏　彭伟元　莫天化　黄永邦　许景强
张　波　莫天豪　严永红　卢培洲　何　竞　陈彩焕　喻　明　刘仕远
胡　敏　肖谋义　刘羡杰　麦永传　黄莉萍　叶　梧　吴维坚　李绛明
卢永阳　廖阳光　陈森东　唐宏飞　钟　平　丘启周　杨　青　吴柱祥
郭　丽　黄德勇　韦　璐　唐洪铭　梁家智　梁　勇　黄勉琛　李文锋
李贤伟　欧院深

县地方志编纂委员会下设办公室（设在县史志办公室），具体负责委员会日常工作，办公室主任由梁杰荣兼任，副主任由黄寿风兼任。

2012年3月7日

中共藤县委员会办公室　藤县人民政府办公室
关于调整藤县地方志编纂委员会成员的通知
（藤办发〔2016〕2号）

主　　任：黄东明
副 主 任：郑兆武　杨　刚　莫德锦　古伟东　邓富学
成　　员：程天华　欧院深　刘振涛　陈碧兰　周远标　黎泽富　石踏征　覃祚平

黄永杰　刘仕远　卢锦宝　甘家科　祝继宏　许景强　张　波　莫天豪
黄　勇　卢培洲　何　竞　陈彩焕　吴春生　欧展波　张光岳　刘羡杰
黄莉萍　叶　梧　李绛明　黄伟杰　卢永阳　覃惠积　梁家智　潘启潮
钟　平　梁志庆　杨　青　吴柱祥　何达龙　黄德勇　陈金生　温琼伟
朱炳新　梁　勇　黄勉琛　李文锋　黄献梅　江庆才　江海飞

县地方志编纂委员会下设办公室(设在县史志办公室),具体负责委员会日常工作,办公室主任由石踏征兼任,副主任由黄寿凤兼任。

2016 年 1 月 27 日

藤县地方志编纂委员会
关于调整县地方志编纂委员会成员的通知
藤志编发〔2016〕1 号

主　　任:覃仕平
副 主 任:莫德锦　黄裕乐　古伟东　肖建钢　秦　燕
成　　员:程天华　李贤伟　黎　蔚　文　雄　陈碧兰　周远标　区送荣　石踏征
周　战　张光岳　黄献梅　卢锦宝　黎德萍　祝继宏　许景强　张　波
莫天豪　黄　勇　卢培洲　欧院深　何　竞　吴春生　明富敏　陈北全
麦永传　黄莉萍　邓　振　卢　猛　杨　青　胡　椒　覃惠积　梁志庆
唐海明　凌用全　蒙文森　周　胜　沈二建　何达龙　郭剑光　陈金生
朱方勇　朱炳新　李培川　李高波　匡翠华　黄位源　苏有初　宋伙坤

县地方志编纂委员会下设办公室(设在县史志办公室),具体负责委员会日常工作,办公室主任由石踏征兼任,副主任由陆功彦、黄湘惠兼任。

2016 年 11 月 2 日

藤县地方志编纂委员会
关于调整县地方志编纂委员会成员的通知
(藤志编发〔2018〕2 号)

主　　任:覃仕平
副 主 任:黄裕乐　李志坚　古伟东　秦　燕
成　　员:程天华　李贤伟　黎　蔚　吴军宗　陈碧兰　周远标　区送荣　石踏征
周　战　张光岳　黄献梅　卢锦宝　黎德萍　祝继宏　许景强　张　波
莫天豪　黄　勇　卢培洲　欧院深　何　竞　朱方勇　明富敏　陈北全
麦永传　黄莉萍　邓　振　卢　猛　王柱源　胡　椒　覃惠积　凌用全
唐海明　杨　诚　蒙文森　周　胜　冯少昌　何达龙　梁辉联　陈金生
莫晓东　李秋锋　李培川　李高波　匡翠华　黄位源　苏有初　宋伙坤

县地方志编纂委员会下设办公室(设在县史志办公室),具体负责委员会日常工作,办公室主任由石踏征兼任,副主任由陆功彦、黄湘惠兼任。

2018 年 8 月 28 日

藤县地方志编纂委员会
关于调整县地方志编纂委员会成员的通知
（藤志编发〔2019〕1号）

主　　任：覃仕平
副 主 任：黄振国　黄　飞　古伟东　秦　燕
成　　员：程天华　李贤伟　黎　蔚　吴军宗　胡　椒　石踏征　区送荣　周　战
张光岳　卢锦宝　黎德萍　许景强　祝继宏　邓例宁　梁炎文　黄　勇
陈北全　欧院深　何　竞　朱方勇　明富敏　吴鑑来　麦永传　莫天豪
邓　振　黄莉萍　卢　猛　王柱源　杨　青　许　杰　何永春　潘　鸣
凌用全　黄　志　杨　诚　蒙文森　黄演志　钟仁奕　何达龙　梁辉联
陈金生　莫晓东　李秋锋　李培川　李高波　匡翠华　黄位源　苏有初
宋伙坤

县地方志编纂委员会下设办公室（设在县史志办公室），具体负责委员会日常工作，办公室主任由石踏征兼任，副主任由陆功彦、黄湘惠兼任。

2019年9月27日

《藤县志》编纂委员会

中共藤县委员会办公室　藤县人民政府办公室
关于成立《藤县志》编纂委员会的通知
（藤办发〔2006〕78号）

主　　任：何　棠
副 主 任：覃震西　黄　恩　刘敬堂　胡六才　霍煜梧
成　　员：陈彩焕　欧定锋　茹恩南　周德超　彭岳荣　欧泽璋　吴超胜　梁杰荣
主　　编：何　棠
常务副主编：欧定锋
副 主 编：梁杰荣　蓝　田
编　　辑：欧定锋　梁杰荣　蓝　田　何云鹰　黄旭炜　聂住连　黄惠坤　唐春健

2006年11月24日

中共藤县委员会办公室　藤县人民政府办公室
关于调整《藤县志》编纂委员会成员的通知
（藤办发〔2012〕16号）

主　　任：黄东明
副 主 任：梁彬贤　蒙土金　孙　仿　古伟东　邓富学
成　　员：韦受开　莫振明　刘振涛　卢　猛　陈碧兰　张贵雄　黎泽富　梁杰荣
黄寿风　覃祚平　黄永杰　祝继宏　彭伟元　莫天化　黄永邦　许景强
张　波　莫天豪　严永红　卢培洲　何　竞　陈彩焕　喻　明　刘仕远

胡　敏　肖谋义　刘羡杰　麦永传　黄莉萍　叶　梧　吴维坚　李绛明
卢永阳　廖阳光　陈森东　唐宏飞　钟　平　丘启周　杨　青　吴柱祥
郭　丽　黄德勇　韦　璐　唐洪铭　梁家智　梁　勇　黄勉琛　李文锋
李贤伟　欧院深

主　　编：黄东明
副 主 编：孙　仿
常务副主编：梁杰荣
总　　纂：欧定锋
副 总 纂：黄寿风
编　　辑：梁杰荣　黄寿风　欧定锋　何云鹰　黄旭炜　聂住连　黄惠坤　唐春健

2012年3月7日

藤县地方志编纂委员会
关于调整《藤县志》编纂委员会成员的通知
（藤志编发〔2016〕2号）

主　　任：覃仕平
副 主 任：莫德锦　黄裕乐　古伟东　肖建钢　秦　燕
成　　员：李贤伟　石踏征　陆功彦　黄湘惠　区送荣　周远标　张　波　杨　青
主　　编：覃仕平（兼）
常务副主编：石踏征
副 主 编：陆功彦　黄湘惠
总　　纂：欧定锋
编　　辑：石踏征　陆功彦　黄湘惠　欧定锋　梁杰荣　何云鹰　黄旭炜　黄惠坤
唐春健

2016年11月2日

藤县地方志编纂委员会
关于调整《藤县志》编纂委员会成员的通知
（藤志编发〔2018〕3号）

主　　任：覃仕平
副 主 任：黄裕乐　李志坚　古伟东　秦　燕
成　　员：李贤伟　石踏征　陆功彦　黄湘惠　区送荣　周远标　张　波　王柱源
主　　编：覃仕平（兼）
常务副主编：石踏征
副 主 编：陆功彦　黄湘惠
总　　纂：欧定锋
编　　辑：石踏征　陆功彦　黄湘惠　欧定锋　梁杰荣　何云鹰　黄旭炜　黄惠坤
唐春健

2018年8月28日

藤县地方志编纂委员会
关于调整《藤县志》编纂委员会成员的通知
（藤志编发〔2019〕2 号）

主　　任：覃仕平

副 主 任：黄振国　黄　飞　古伟东　秦　燕

成　　员：李贤伟　石踏征　陆功彦　黄湘惠　区送荣　邓例宁　吴鑑来　王柱源

主　　编：覃仕平

常务副主编：石踏征

副 主 编：陆功彦　黄湘惠

总　　纂：欧定锋

编　　辑：石踏征　陆功彦　黄湘惠　欧定锋　梁杰荣　何云鹰　黄旭炜　黄惠坤　唐春健

2019 年 9 月 25 日

民间歌谣

月亮光光，照地堂，照入大嫂房；大嫂离麻到半夜，大哥写字到天光。（童谣。儿童在月光下的晒谷场上游戏时唱。）

雀儿儿，倚塘基（塘基：鱼塘的堤坝）。身又湿，肚又饥。上岭扎粒花带儿。过路大哥有识我，我是深房小姐儿。（童谣。儿童看到雨后在鱼塘边觅食的小鸟时唱。）

睇牛儿，几多巴闭冇人知。落水又淋热又晒，蚊子又咬肚又饥。肚又饥，今朝吃的芋头儿。冇信同兄去睇过，芋皮正在筲箕儿。（放牛人唱的山歌。）

难了难，菜篮担水上高山，菜篮担得几多水，人情准得几多餐。（旧时慨叹生活艰难的山歌。）

索引

县城夜景——藤州大桥

索引说明

一、本索引采用主题分析索引方法。正文(包括篇、章、节、目、子目、文献、资料、图片和表格)中凡具有独立检索意义的完整资料,均可通过本索引进行检索。少数目名、子目名因语言环境需要,在名称前或者名称后酌加修饰词;有的目名、子目名动词置后。

二、索引按汉语拼音字母(同声字按声调)顺序排列。篇、章、节作索引款目用黑体字排印,其余款目用宋体字排印。表格、图片在其款目后分别注明“表”“图”。

三、索引款目后的数字表示内容所在的页码。

四、空两字位起排的款目为上一主题的“附见”。同一主题的“参见”只标页码。为便于读者检索,内容有交叉的款目,在本索引中重复出现。

五、索引一个标目在志书中出现多处页码的,依次排在同一个标目之处,用“,”号将不同的页码分开。

六、序、概述、大事记等不作索引,阿拉伯数字和拉丁字母开头的款目排在索引的前面。

D

E

F

G

K

L

M

N

P

Q

R

S

T

W

X

Y

Z

编 后 记

1981年，藤县编修解放后第一部县志《藤县志》，1996年出版发行。2006年9月，藤县人民政府根据国务院《地方志工作条例》和《自治区人民政府批转自治区地方志编纂委员会关于开展广西第二届三级地方志书编纂工作意见的通知》(〔2000〕66号)，向全县各乡镇人民政府、县政府各部门发出了《关于做好第二轮藤县志编纂工作的通知》，要求各乡镇、各单位落实一名领导具体负责第二轮藤县志编纂工作，并选定1~2名责任心强、能掌握全面情况并具备一定写作水平的专职编写人员作为资料员，负责收集、整理报送资料。同时决定由县史志办公室负责编修藤县志。11月24日，成立藤县志编纂委员会，由县长何棠担任主任及主编。11月26日，召开第二轮《藤县志》编纂工作动员会，正式启动二轮藤县志编纂工作。2007年上半年，县史志办拟定篇目，初步确定该轮藤县志记述下限时间为2008年，并将篇目下发各部门单位，开始资料收集工作。2008年开始，各部门单位陆续上送材料，经编辑人员审查，发现上送的材料中普遍存在缺项、不连贯、不齐全等问题；县史志办对各编辑反映的情况进行全面的整理、梳理后综合形成新的资料征集方案，经请示县政府同意，于6月上旬按部门及资料性质类别分成四大组，用2天时间由各编写人员与资料员进行面对面的指导、交流。针对建设局、经贸局、卫生局、农业局、供销社等一些入志材料篇幅大、改革中变化复杂的重点部门单位，组织编写人员上门进行培训指导，促进了资料收集的进度和质量。年末，全县60%以上的责编单位报送了资料。2009年下半年开始，投入资料长篇编写，至年末共编写8篇，完成字数计20万字左右。2010年，资料收集进展缓慢，编辑人员通过下发编写提纲、到单位督促、电话催交、下发催交通知等方式催交资料，但效果仍不理想。经向县政府领导汇报并征得同意，5月中旬再次召开各部门单位分管领导和资料员参加的藤县志征编工作会议。会后，各编写人员把握机会，加紧与涉管单位沟通联系，促进了资料的收集与增补。至11月，全县有75个单位上送材料；完成资料长篇字数约60多万字。12月，调整县地方志编纂委员会成员，确定由县长黄东明任主编，县史志办公室主任科员欧定锋任总纂。2012年7月，县人民政府办公室制定《关于进一步明确第二轮藤县志编纂工作的通知》，修正第二轮藤县志篇目，由原来的21篇调整为24篇，并调整下限时间为2010年。

2013年开始，由于其他工作充斥，藤县志编纂工作处于停滞状态。2015年4月15日，重新开始藤县志编纂工作，再度召开藤县志编纂工作暨业务培训会议，参加会议的人员有各乡镇党委、政府，县直机关各部门、各单位，各人民团体，中直、自治区直、市直驻藤各单位的1名分管领导和1名编写人员等200多人。藤县志总纂对与会人员进行修志理论知识培训及资料收集编写工作指导。同时，县史志办根据自治区地方志编纂委员会办公室《关于进一步明确第二轮市县地方志书记述下限的通知》，将志书下限时间调整为2005年，志书正式定名为《藤县志(1991—2005)》。同时，在各单位提供资料的基础上，编辑人员一边收集、核实补充资料，一边投入志稿编写，至2016年末形成初稿。2017年进入资料核实、修改、补充阶段。为了按照自治区、市要求在2017年完成召开《藤县志(1991—2005)》评稿会对志稿评议。5月11日，县地方志编纂委员会向全县提供资料的单位发出《关于加快地方志编纂工作的通知》，要求各单位调动一切可以调动的积极因素，确保资料质量，确保资料采集与编写任务按时完成。编辑人员根据《通知》精神，加强与资料责任单位的沟通与交流，主动地指导资料采集与资料编写，并根据资料情况分篇召开座谈会，面对面进行指导和座谈。同时，抓紧对志稿的修改，至11月形成评议稿。12月26日—27日召开《藤县志(1991—2005)》评稿会。自治区、梧州市地方志领导、专家，梧州市辖各县、市（区）地方志单位领导，相邻县（市）地方志单位领导，藤县四家班子领导、地方志编纂委员会成员、县志编辑人员以及各乡镇，县直机关各部门、各单位，各人民团体，中直、区直、市直驻藤各单位分管领导及资料员等250多人参加评稿会。自治区参加评稿的有自治区地方志编纂委员会办公室主任、研究员李秋洪，自治区地方志编纂委员会办公室副主任邓敏杰，自治区地方志编纂委员会办公室秘书处处长叶建维，自治区地方志编纂委员会办公室古籍整理处处长韦韩韫（女），钦州市地方志办公室副主任胡运动，自治区地方志编纂委员会办公室秘书处副处长何立云，自治区地方志编纂委员会办公室调研员、副编审梁燕鸣（女），办公室主任科员刘妍（女），市县志工作处编辑韦瑟钧乙（女）；梧州市参加评稿的有梧州市地方志办公室主任、副研究员覃成号，梧州市委政研室原主任、讲师陈范生，梧州市财政局原科长、经济师邓桂豪，梧州市地方志办公室编辑出版科科长黄素朝，副科长、编辑赖红柳。藤县参加评稿的有政协藤县委员会原副主席廖永基、县人大常委会原副主任陆功裕。2018年1月，编辑人员对评稿会专家提出的意见整理后，向各承编单位发出了“关于开展《藤县志(1991—2005)》修改补充完善工作的通知”，全面开展志稿资料增补工作。针对资料增补复杂，增补难度大，距离志稿达到审查验收尚有很大差距的单位，分篇组织召开资料增补座谈会，由编辑人员就志稿存在问题与单位资料采编人员进行面对面交流，并就有关问题进行座谈讨论。3月23日，召开全县地方志工作暨业务培训会议，对藤县志稿资料增补工作做了动员部署和培训。此后，编辑人员一边收集增补资料，一边逐章逐节进行修改补充，对部分节、目结构和内容进行调整，对部分资料进行核实，并加强志稿总纂。11月下旬，志稿送自治区、市专家审查验收。12月3日，成立《藤县志(1991—2005)》审查验收委员会。18日，在藤县县城召开《藤县志(1991—2005)》审查验收会，经自治区、梧州市地方志学术委员会成员与藤县退休干部共13名成员投票决定，志稿通过审查验收，并获良好等次。审查验收会后，总纂及编辑人员根据审验专家就志稿存在的问题所提出的意见，对志稿再作进一步的修改、补充和完善，于2019年10月送出版社。

续修县志时间跨度长，涉及面广，工作量大。2006年—2018年，中共藤县委员会办公室、县人民政府办公室4次调整编纂委员会成员。历届县委、县人民政府高度重视修志工作，将续修县志的专项经费列入财政预算。2015年，将县志资料征集工作纳入全县年度绩效考评指标对各部门单位进行考核。对县史志办公室配备电脑、打印机、复印机、照相机、扫描仪、投影仪等办公设备，改善办公环境，为修志工作创造良好的条件。历任县长何棠、黄东明、覃仕平十分重视修志工作，关注修志进程，解决工作困难，为修志工作提供强有力的领导和保障。分管修志工作的副县长经常深入县史志办公室调研和指导，解决修志工作中遇到的困难和问题。自治区地方志办公室调研员、副编审梁燕鸣与梧州市地方志办公室主任、副研究员覃成号多次指导本志编辑工作，给予大力的技术帮助。藤县志续修工作得到自治区地方志编纂委员会办公室、梧州市地方志编纂委员会办公室的大力支持和帮助，各乡镇党委和人民政府，县直机关各部门、各单位，各人民团体，中直、自治区直、市直驻藤各单位配合支持县志资料收集和增补审核工作。在此，对所有关心支持藤县志续修工作的领导、专家和社会各界人士表示衷心的感谢！

由于我们的水平有限，志书难免有错漏之处，恳请读者批评指正。

藤县地方志编纂委员会

2019年11月